中国城市建设统计年鉴

China Urban Construction Statistical Yearbook

2007 年

住房和城乡建设部综合财务司 编

Department of Integrated Finance,
Ministry of Housing and Urban-Rural Development, P. R. China

中国建筑工业出版社
CHINA ARCHITECTURE & BUILDING PRESS

图书在版编目(CIP)数据

中国城市建设统计年鉴. 2007年/住房和城乡建设部综合财务司编. —北京:中国建筑工业出版社,2008
ISBN 978-7-112-10324-9

Ⅰ. 中… Ⅱ. 住… Ⅲ. 城市建设-统计资料-中国-2006-年鉴 Ⅳ. F299.2-54

中国版本图书馆CIP数据核字(2008)第136162号

中国城市建设统计年鉴
2007年
住房和城乡建设部综合财务司 编

*

中国建筑工业出版社出版、发行(北京西郊百万庄)
各地新华书店、建筑书店经销
北京红光制版公司制版
北京建筑工业印刷厂印刷

*

开本：880×1230毫米 1/16 印张：56¼ 字数：1800千字
2008年9月第一版 2008年9月第一次印刷
定价：**298.00**元
ISBN 978-7-112-10324-9
(17127)

编者语

一、为贯彻落实科学发展观及城乡统筹精神，全面反映我国城乡市政公用设施建设与发展状况，方便国内外各界了解中国城乡建设全貌，我们编辑了《中国城乡建设统计年鉴》和《中国城市建设统计年鉴》中英文对照本，每年公开出版一次，供社会广大读者作为资料性书籍使用。

二、本资料是《中国城市建设统计年鉴 2007》，根据各省、自治区和直辖市建设行政主管部门上报的 2007 年及历年城市建设统计数据编辑。全书共分 14 个部分，包括城市市政公用设施水平、城市人口和建设用地、城市维护建设财政性资金收支、城市市政公用设施固定资产投资、城市供水、城市节约用水、城市燃气、城市集中供热、城市公共交通、城市道路和桥梁、城市排水和污水处理、城市园林绿化、国家级风景名胜区、城市市容环境卫生。每部分均包含分年度、分地区、分城市数据。

三、本年报数据不包括香港特别行政区、澳门特别行政区以及台湾省。

四、为促进中国建设行业统计信息工作发展进步，欢迎广大读者提出改进意见。

Preface

In order to apply "Scientific Outlook on Development", and overall urban and rural consideration, and moreover to make all the circles home and abroad look at panorama of China urban and rural construction, we have edited *China Urban and Rural Construction Statistical Yearbook* and *China Urban Construction Statistical Yearbook*. These yearbooks will be published annually in both Chinese and English version, which could be referred to by readers as an important information source.

2007 China Urban Construction Statistical Yearbook, the first volume, is complied based on statistical data on urban construction in year 2007 and past years that were reported by construction authorities at local level of province, autonomous region and municipality directly under the central government. This yearbook contains 14 parts, including 1. Level of Urban Service Facilities, 2. Urban Population and Construction Land, 3. Revenue and Expenditure of Urban Maintenance and Construction Fund, 4. Investment in Fixed Assets of Urban Service Facilities, 5. Urban Water Supply, 6. Urban Water Conservation, 7. Urban Gas, 8. Urban Centralized Heating, 9. Urban Public Transit, 10. Urban Roads and Bridges, 11. Urban drainage and Waste Water Treatment, 12. Urban landscaping, 13. State-level Scenic Spots and Historic Sites, 14. Urban Environmental Sanitation. In each part, the data is classified by year, or by region or by city.

This Yearbook does not include data of Hong Kong Special Administrative Region, Marco Special Administrative Region as well as Taiwan Province.

Any comments to improve the quality of the yearbook are welcomed to promote advancement in statistics in China's Construction Industry.

2007年中国城市建设统计年鉴编辑工作人员

顾　　问:

秦玉文　刘　灿　江小群　郑立均

编辑工作人员:

住房和城乡建设部综合财务司　赵惠珍　郭巧洪　黄海群　程　飞

北京市统计局	刘红红	天津市建委	刘　洁
河北省建设厅	张　韧	山西省建设厅	陈辅强
内蒙古建设厅	刘建华　边晓红	辽宁省建设厅	郭惠杰
吉林省建设厅	张艳春	黑龙江省建设厅	刘继忠
上海市建委	路文龙	江苏省建设厅	李　强　王佳剑
浙江省建设厅	何爱娟	安徽省建设厅	戴伟力　沈昆卉
福建省建设厅	吴　宇	江西省建设厅	潘泽洪　欧阳洪琴
山东省建设厅	娄保来	河南省建设厅	吴学英
湖北省建设厅	熊美玲	湖南省建设厅	陈　宏　李　亚
广东省建设厅	冯育文	广西建设厅	陆　翔
海南省建设厅	赵文川	重庆市建委	郑世谊
四川省建设厅	陈水林	贵州省建设厅	孙莉萍　董小星
云南省建设厅	张建军	西藏建设厅	张高荣
陕西省建设厅	刘文娟	甘肃省建设厅	邵　斌
青海省建设厅	康海霞	宁夏建设厅	魏爱群
新疆建设厅	张宏涛	新疆生产建设兵团	冯彦林

2007 China Urban Construction Statistical Yearbook Editorial Consultants and Staff

Consultants:

Qin Yuwen Liu Can Jiang Xiaoqun Zheng Lijun

Editorial Staff:

Zhao Huizhen Guo Qiaohong Huang Haiqun Cheng Fei, Department of Integrated Finance, Ministry of Housing and Urban-rural Development

Liu Honghong, Beijing Bureau of Statistics

Liu Jie, Tianjin Municipal Construction Commission

Zhang Ren, Hebei Provincial Construction Commission

Chen Fuqiang, Shanxi Provincial Construction Commission

Liu Jianhua & Bian Xiaohong, Construction Commission of Inner Mongolia Autonomous Region

Guo Huijie, Liaoning Provincial Construction Commission

Zhang Yanchun Jilin Provincial Construction Commission

Liu Jizhong, Heilongjiang Provincial Construction Commission

Lu Wenlong, Shanghai Municipal Construction Commission

Li Qiang & Wang Jiajian, Jiangsu Provincial Construction Commission

He Aijuan, Zhejiang Provincial Construction Commission

Dai Weili & Shen Kunhui, Anhui Provincial Construction Commission

Wu Yu, Fujian Provincial Construction Commission

Pan Zehong & Ouyang Hongqin, Jiangxi Provincial Construction Commission

Lou Baolai, Shandong Provincial Construction Commission

Wu Xueying, Henan Provincial Construction Commission

Xiong Meiling, Hubei Provincial Construction Commission

Chen Hong & Li Ya, Hunan Provincial Construction Commission

Feng Yuwen, Guangdong Provincial Construction Commission

Lu Xiang, Guangxi Provincial Construction Commission

Zhao Wenchuan, Hainan Provincial Construction Commission

Zheng Shiyi, Chongqing Municipal Construction Commission

Chen Shuilin, Sichuan Provincial Construction Commission

Sun Liping & Dong Xiaoxing, Guizhou Provincial Construction Commission

Zhang Jianjun, Yunnan Provincial Construction Commission

Zhang Gaorong, Construction Commission of Tibetan Autonomous Region

Liu Wenjuan, Shaanxi Provincial Construction Commission

Shao Bin, Gansu Provincial Construction Commission

Kang Haixia, Qinghai Provincial Construction Commission

Wei Aiqun, Construction Commission of Ningxia Autonomous Region

Zhang Hongtao, Construction Commission of Xinjiang Autonomous Region

Feng Yanlin, Xinjiang Production and Construction Corps

说　明

一、2007年底全国31个省、自治区、直辖市(不含台湾省)，共有设市城市655个。

二、本年鉴的统计范围为设市的城市的城区：(1)街道办事处所辖地域；(2)城市公共设施、居住设施和市政公用设施等连接到的其他镇(乡)地域；(3)常住人口在3000人以上独立的工矿区、开发区、科研单位、大专院校等特殊区域。

三、本年鉴数据共分14个部分，包括城市市政公用设施水平、城市人口和建设用地、城市维护建设财政性资金收支、城市市政公用设施固定资产投资、城市供水、城市节约用水、城市燃气、城市集中供热、城市公共交通、城市道路和桥梁、城市排水和污水处理、城市园林绿化、国家级风景名胜区、城市市容环境卫生。

四、北京市和上海市将县镇部分的数字含在本城市年鉴中。河北省邯郸县、邢台县、宣化县、沧县，山西省泽州县，辽宁省抚顺县、盘山县、铁岭县、朝阳县，江西省九江县，河南省许昌县、安阳县，新疆乌鲁木齐县、和田县共14个县，因为和所在城市市县同城，因此县城部分数据含在本城市年鉴中。

五、城市统计分组

分类一(按自然地理位置)：

(1)东部地区：北京、天津、河北、辽宁、上海、江苏、浙江、福建、山东、广东、广西和海南12个省、自治区的城市和直辖市；

(2)中部地区：山西、内蒙古、吉林、黑龙江、安徽、江西、河南、湖北和湖南9个省和自治区的城市；

(3)西部地区：重庆、四川、贵州、云南、西藏、陕西、甘肃、宁夏、青海和新疆10个省、自治区的城市和直辖市。

分类二(按区域经济带1)：

(1)东部地区：北京、天津、河北、辽宁、上海、江苏、浙江、福建、山东、广东和海南11个省的城市和直辖市；

(2)中部地区：山西、吉林、黑龙江、安徽、江西、河南、湖北和湖南8个省的城市；

(3)西部地区：内蒙古、广西、重庆、四川、贵州、云南、西藏、陕西、甘肃、宁夏、青海和新疆12个省、自治区的城市和直辖市。

分类三(按区域经济带2)：

(1)东部地区：北京、天津、河北、上海、江苏、浙江、福建、山东、广东和海南10个省的城市和直辖市；

(2)中部地区：山西、安徽、江西、河南、湖北和湖南6个省的城市；

(3)西部地区：内蒙古、广西、重庆、四川、贵州、云南、西藏、陕西、甘肃、宁夏、青海和新疆12个省、自治区的城市和直辖市；

(4)东北三省：辽宁、吉林、黑龙江3个省的城市。

六、本年鉴中对部分数据合计数或相对数由于单位取舍不同而产生的计算误差，均没有进行机械调整。

Explanatory Notes

1. There are a total of 655 cities in all the 31 provinces, autonomous regions and municipalities (excluding Taiwan Province) across China by 2007.

2. Scope of the data collected from the survey covers urban area of cities, including (1) areas administered by neighborhood office; (2) other towns (villages) connected to city public facilities, residential facilities and municipal utilities; (3) independent Industrial and Mining Districts, Development Zones, special areas like research institutes, universities and colleges with permanent residents of 3000 above.

3. The yearbook is composed of 14 parts: Ievel of Urban Service Facilities, Urban Population and Construction Iand, Revenue and Expenditure of Public Finance of Urban Maintenance and Construction Fund, Investment in Fixed Assets of Urban Service Facilities, Urban Water Supply, Urban Water Conservation, Urban gas, Urban Central Heating, Urban Public Transit, Urban Roads and Bridges, Urban Drainage and Waste Water Treatment, Urban Iandscaping, State-level Scenic Spots and Historic Sites, and Urban Environmental Sanitation.

4. Data from the counties and towns in Beijing and Shanghai are included in this yearbook. Data from the county seats of Handan, Xingtai, Xuanhua and Cangxian County in Hebei Province, Zezhou County in Shanxi Province, Fushun, Panshan, Tieling and Chaoyang County in Liaoning Province, Jiujiang County in Jiangxi Province, Xuchang and Anyang County in Henan Province, and Urumqi and Hetian County in Xinjiang Autonomous Region are included in the census for the respective cities administering the above 14 counties due to the identity of the location between the county seats and the cities.

5. Grouping of cities

Sort one: (by geographic location)

East China: Cities in 12 provinces, autonomous regions and municipalities, which are Beijing, Tianjin, Hebei, Liaoning, Shanghai, Jiangsu, Zhejiang, Fujian, Shandong, Guangdong Guangxi and Hainan

Central China: Cities in 9 provinces and autonomous regions which are Shanxi, Inner Mongolia, Jilin, Heilongjiang, Anhui, Jiangxi, Henan, Hubei and Hunan

West China: Cities in 10 provinces, autonomous regions and municipalities which are Chongqing, Sichuan, Guizhou, Yunnan, Tibet, Shaanxi, Gansu, Ningxia, Qinghai and Xinjiang

Sort two: (by Regional Economic belt 1)

East China: Cities in 11 provinces and municipalities which are Beijing, Tianjin, Hebei, Liaoning, Shanghai, Jiangsu, Zhejiang, Fujian, Shandong Guangdong and Hainan

Central China: Cities in 8 provinces which are Shanxi, Jilin' Heilongjiang, Anhui, Jiangxi, Henan,

Hubei and Hunan

West China: Cities in 12 provinces, autonomous regions and municipalities which are Inner Mongolia, Guangxi, Chongqing, Sichuan, Guizhou, Yunnan, Tibet, Shaanxi, Gansu, Ningxia, Qinghai and Xinjiang

Sort three: (by Regional Economic belt 2)

East China: Cities in 10 provinces and municipalities which are Beijing, Tianjin, Hebei, Shanghai, Jiangsu, Zhejiang, Fujian, Shandong, Guangdong and Hainan

Central China: Cities in 6 provinces which are Shanxi, Anhui, Jiangxi, Henan, Hubei and Hunan

West China: Cities in 12 provinces, autonomous regions and municipalities which are Inner Mongolia, Guangxi, Chongqing, Sichuan, Guizhou, Yunnan, Tibet, Shaanxi, Gansu, Ningxia, Qinghai and Xinjiang

Northeast China: Cities in 3 provinces which are Liaoning, Jilin and Heilongjiang

6. The calculation errors of the total or relative value of some data in this Yearbook arising from the use of different measurement units have not been mechanically aligned.

目　录

专业数据部分

Contents

Professional Data

2007年城市建设统计概述

2007年，全国城乡建设系统广大干部职工，在党中央、国务院的领导下，坚持以邓小平理论和“三个代表”重要思想为指导，全面贯彻落实科学发展观，城乡规划、建设和管理进一步加强，市政公用设施能力进一步增强，城乡人民居住和生活条件明显改善和提高。

概况 2007年末，全国设市城市655个，城市城区人口3.4亿人，暂住人口0.35亿人，城区建成区面积3.5万平方公里。

城市市政公用设施固定资产投资 2007年城市完成市政公用设施固定资产投资6419亿元，占同期全社会固定资产投资总额的4.68%，占同期城镇固定资产投资总额的5.47%。道路桥梁、公共交通、园林绿化分别占城市市政公用设施总投资的46.6%、13.3%和8.2%。

全年城市市政公用设施新增固定资产3347亿元，固定资产投资交付使用率52.1%。各主要设施的新增生产能力或效益是：供水日综合生产能力478万立方米，天然气储气能力432万立方米，蒸汽集中供热能力2206吨/小时，热水集中供热能力8483兆瓦，城市道路长度9390公里，公共交通车辆3.13万辆，轨道交通运营线路61公里，排水管道长度1.1万公里，城市污水日处理能力1040万立方米，城市生活垃圾日处理能力2.8万吨。

城市供水和节水 2007年，城市供水总量501.9亿立方米，全年生产运营用水量182.9亿立方米，公共服务用水量62.1亿立方米，居民家庭用水量163.5亿立方米。用水人口3.48亿人，用水普及率93.8%。人均日生活用水量178.4升。2007年，城市节约用水45.5亿立方米，节水措施总投资22.2亿元。

城市燃气和集中供热 2007年，人工煤气供应总量322.4亿立方米，天然气供应总量308.6亿立方米，液化气供应总量1466.8万吨。用气人口3.24亿人，燃气普及率87.4%。2007年末，蒸汽供热能力9.4万吨/小时，热水供热能力22.5万兆瓦，集中供热面积30.1亿平方米。

城市公共交通和道路 2007年末，城市拥有公共交通车辆37.9万标台，其中轨道交通车辆8636标台。每万人拥有公共交通车辆10.23标台。出租车96万辆，客运轮渡758艘。城市公共交通全年运送乘客769.9亿人次，其中公共汽电车532.6亿人次，占69.2%；轨道交通22.1亿人次，占2.9%；出租汽车212.6亿人次，占27.6%；客运轮渡2.6亿人次，占0.3%。2007年末，城市道路总长24.6万公里、道路面积42.4亿平方米，人均道路面积11.4平方米。

城市排水和污水处理 2007年末，城市共有污水处理厂883座，污水日处理能力7146万立方米，排水管道29.2万公里。城市污水年处理总量227亿立方米，城市污水处理率

62.9％，其中污水处理厂集中处理率为49.6％。

城市园林绿化 2007年末，城市建成区绿化覆盖面积125万公顷，建成区绿化覆盖率35.3％，建成区绿地面积111万公顷，建成区绿地率31.3％。城市拥有公园绿地面积33.3万公顷，人均公园绿地8.98平方米。

国家级风景名胜区保护 到2007年末，我国共有187处国家级风景名胜区，据对其中185处统计，风景名胜区面积为7.6万平方公里，供游览面积3.4万平方公里，全年接待游人量4.1亿人次，国家投入11.8亿元用于名胜区的建设和维护。

城市市容环境卫生 2007年末，城市道路清扫保洁面积37.9亿平方米，其中机械清扫面积10亿平方米，机械清扫率26.5％。全年清运生活垃圾、粪便1.77亿吨，大中城市垃圾粪便基本日产日清。

Overview

In 2007, under the leadership of the Central Committee of the Communist Party of China and the State Council and guided by the Deng Xiaoping Theory and the Important Thought of Three Represents, people in the construction sector have been committed to the implementation of the Scientific Outlook on Development. The urban planning, development and management have been further strengthened, the capacity of urban service facilities has been enhanced, and both the urban and rural living conditions have been improved significantly.

General situation

There were 655 cities across the country at the end of 2007 with a total population of 340 million, among which 35 million were non-resident population. The urban built-up areas amounted to 35,000 square kilometers.

The fixed assets investment in municipal facilities

In 2007, the total fixed assets investment in the municipal service facilities across the country reached RMB 641. 9 billion yuan, accounting for 4. 68% of the country's total fixed assets investment and 5. 47% of total urban fixed assets investment in the same period. The fixed assets investment in roads and bridges, public transit, and greening and landscaping accounted for 46. 6%, 13. 3%, and 8. 2% of the total fixed assets investment in municipal service facilities respectively.

This year saw the newly added fixed assets in the municipal service facilities amounting to RMB 334. 7 billion yuan. The fixed assets delivery rate reached 52. 1%. The newly added production capacity or efficacy of major facilities were as follows: daily overall water production capacity was 4. 78 million cubic meters, natural gas storage capacity was 4. 32 million cubic meters, supply capacity of central heating from steam and hot water was 2206 tons per hour and 8, 483 megawatts respectively, length of urban roads totaled 9,390 kilometers, number of buses used in public transit was 31, 300, length of rail transit lines in operation was 61 kilometers, drainage pipelines reached 11, 000 kilometers, daily urban wastewater treatment capacity was 10. 4 million cubic meters, and daily urban domestic garbage treatment capacity was 28, 000 tons.

Urban water supply and water conservation

In 2007, the urban water supply totaled 50. 19 billion cubic meters. 18. 29 billion cubic meters of water was consumed in production and operation, 6. 21 billion cubic meters in public service, and 16. 35 billion cubic meters was for domestic use. The water supply served a population of 348 million with coverage rate of 93. 8% and daily per capita consumption of domestic water being 178. 4 liter. 4. 55 billion cubic meters of urban water was saved in the year with total investment in water saving measures reaching RMB 2. 22 billion yuan.

Urban gas and centralized heating

In 2007, the man-made coal gas, natural gas, and LPG supply totaled 32. 24 billion cubic meters, 30. 86 billion cubic meters, and 14. 668 million tons respectively, serving a population of 324 million and with coverage rate of 87. 4%. By the end of 2007, the supply capacity of heating from steam and hot water reached 94, 000 tons per hour and 225, 000 megawatts respectively. The centrally heated area extended to reach 3. 01 billion square meters.

Urban public transit system and roads

By the end of 2007, there were 379, 000 standard vehicles for public transit across the country's urban area, and among the total, 8636 standard vehicles were devoted to rail transport. The number of vehicles possessed by every 10, 000 people was 10. 23 standard units. There were 960,000 taxies and 758 passenger ferries. The yearly ridership of the public transit system amounted to 76. 99 billion people times, among which 53. 26 billion people times were transported by bus and trolley bus system, accounting for 69. 2% of the total, 2. 21 billion people times by the rail transit system, accounting for 2. 9%, 21. 26 billion people times by taxi, accounting for 27. 6%, and 260 million people times by ferry, accounting for 0. 3%. At the end of 2007, the country claimed a total length of urban road of 246, 000 kilometers covering an area of 4. 24 billion square meters with per capita area 11. 4 square meters.

Urban drainage and wastewater treatment

At the end of 2007, there were a total of 883 wastewater treatment plants in cities with daily treatment capacity of 71. 46 million cubic meters. The length of drainage pipelines reached 292 thousand kilometers. The total quantity of urban wastewater treated within the year was 22. 7 billion cubic meters with treatment rate of 62. 9% and central treatment rate of 49. 6%.

Urban greening and landscaping

By the end of 2007, the area in urban built district covered by greenery totaled 1. 25 million hectares with coverage rate of 35. 3%. The total green space in built areas amounted to 1. 11 million hectares with coverage rate of 31. 3%. The total public green space in cities was 333,000 hectares with per capita public green space 8. 98 square meters.

Protection of state-level national parks

By the end of 2007, there were 187 state-level national parks in China. Based on the data collected from 185 national parks, the park land covered an area of 76, 000 square kilometers with 34, 000 square kilometers open to visitation which added up to 410 million people times for the whole year. The Central Government invested RMB 1. 18 billion yuan in the development and maintenance of national parks.

The urban environmental sanitation

By the end of 2007, the total surface area of road cleaned and maintained was 3. 79 billion square meters, of which mechanically cleaned area was 1 billion square meters with a mechanical cleaning rate of 26. 5%. The yearly amount of domestic garbage and night soil cleared and transported totaled 177 million tons. In large and medium-sized cities, the garbage and night soil produced in one day could basically be cleared within the same day.

综合数据部分

General Data

一、城市市政公用设施水平
1. Level of Urban Service Facilities

简要说明

本部分反映城市市政公用设施水平，均为相对指标。主要包括人口密度、用水普及率、燃气普及率、每万人拥有公交车辆、人均拥有道路面积、污水处理率、人均公园绿地、建成区绿地率、建成区绿化覆盖率、每万人拥有公厕等内容。

从2006年起，人均水平和普及率水平（除人均日生活用水量）均以城区人口和城区暂住人口合计数为分母计算。

Brief Introduction

This section demonstrates the level of urban service facilities in a comparative way. Main indicators include population density, water coverage rate, gas coverage rate, number of vehicles for public transit possessed by every 10,000 people, surface area of roads per capita, wastewater treatment rate, public green space per capita, green space rate of built-up areas, green coverage rate of built up area, number of latrines owned by every 10,000 people etc.

Since 2006, figure in terms of per capita and coverage rate, excluding domestic water use per capita have been calculated based on denominator which combines both permanent and temporary residents in urban areas.

1 全国历年城市市政公用设施水平(1978—2007)

1 Level of National Urban Service Facilities in Past Years (1978—2007)

指标 Item / 年份 Year	用水普及率(%) Water Coverage Rate (%)	燃气普及率(%) Gas Coverage Rate (%)	每万人拥有公共交通车辆(标台) Motor Vehicle for Public Traffic Per 10,000 Persons (standard units)	人均城市道路面积(平方米) Road Surface Area Per Capita (m^2)	污水处理率(%) Wastewater Treatment Rate (%)	园林绿化 人均公园绿地面积(平方米) Public Recreational Green Space Per Capita (m^2)	园林绿化 建成区绿地率(%) Green Space Rate of Built District (%)	园林绿化 建成区绿化覆盖率(%) Green Coverage Rate of Built District (%)	每万人拥有公厕(座) Number of Public Lavatories per 10,000 Persons (unit)
1978年									
1979年									
1980年									
1981年	53.7	11.6		1.81		1.50			3.77
1982年	56.7	12.6		1.96		1.65			3.99
1983年	52.5	12.3		1.88		1.71			3.95
1984年	49.5	13.0		1.84		1.62			3.57
1985年	45.1	13.0		1.72		1.57			3.28
1986年	51.3	15.2	2.5	3.05		1.84		16.90	3.61
1987年	50.4	16.7	2.4	3.10		1.90		17.10	3.54
1988年	47.6	16.5	2.2	3.10		1.76		17.00	3.14
1989年	47.4	17.8	2.1	3.22		1.69		17.80	3.09
1990年	48.0	19.1	2.2	3.13		1.78		19.20	2.97
1991年	54.8	23.7	2.7	3.35	14.86	2.07		20.10	3.38
1992年	56.2	26.3	3.0	3.59	17.29	2.13		21.00	3.09
1993年	55.2	27.9	3.0	3.70	20.02	2.16		21.30	2.89
1994年	56.0	30.4	3.0	3.84	17.10	2.29		22.10	2.69
1995年	58.7	34.3	3.6	4.36	19.69	2.49		23.90	3.00
1996年	60.7	38.2	3.8	4.96	23.62	2.76	19.05	24.43	3.02
1997年	61.2	40.0	4.5	5.22	25.84	2.93	20.57	25.53	2.95
1998年	61.9	41.8	4.6	5.51	29.56	3.22	21.81	26.56	2.89
1999年	63.5	43.8	5.0	5.91	31.93	3.51	23.03	27.58	2.85
2000年	63.9	45.4	5.3	6.13	34.25	3.69	23.67	28.15	2.74
2001年	72.26	60.42	6.10	6.98	36.43	4.56	24.26	28.38	3.01
2002年	77.85	67.17	6.73	7.87	39.97	5.36	25.80	29.75	3.15
2003年	86.15	76.74	7.66	9.34	42.39	6.49	27.26	31.15	3.18
2004年	88.85	81.53	8.41	10.34	45.67	7.39	27.72	31.66	3.21
2005年	91.09	82.08	8.62	10.92	51.95	7.89	28.51	32.54	3.20
2006年	86.07(97.04)	79.11(88.58)	9.05(10.13)	11.04(12.36)	55.67	8.3(9.3)	30.92	35.11	2.88(3.22)
2007年	93.83	87.40	10.23	11.43	62.87	8.98	31.30	35.29	3.04

注:1. 自2006年起,人均和普及率指标按城区人口计算,按照公安部门的户籍统计和暂住人口统计计算。括号中的数据为与往年同口径数据。

2. "人均公园绿地面积"指标2005年及以前年份为"人均公共绿地面积"。

Note:1. Since 2006, figure in tems of per capita and coverage rate have been calculated based on denominater which combines both permanent and temporary residents in urban areas. And the population should come from statistics of police. The data in brackets are some index calculated by the method of past years.

2. Since 2006, Public Green Space Per Capita is changed to be Public Recreational Green Space Per Capita.

1-1 2007年全国城市市政公用设施水平分组资料

地区名称 Name of Regions		人口密度（人/平方公里） Population Density (person/square kilometer)	人均日生活用水量（升） Daily Water Consumption Per Capita (liter)	用水普及率（%） Water Coverage Rate (%)	燃气普及率（%） Gas Coverage Rate (%)	每万人拥有公共交通车辆（标台） Motor Vehicle for Public Traffic Per 10,000 Persons (standard units)	人均道路面积（平方米） Road Surface Area Per Capita (m^2)	排水管道密度（公里/平方公里） Density of Sewers (kilometer/square kilometer)	建成区 Built District
全　国	**National Total**	**2104**	**178.39**	**93.83**	**87.40**	**10.23**	**11.43**	**1.66**	**8.23**
分类一	**Sort one**								
东部地区	East China	1980	185.53	96.14	93.13	10.80	11.96	1.75	9.48
中部地区	Central China	2169	169.93	90.49	79.85	9.00	10.94	1.44	6.57
西部地区	West China	2577	165.24	91.21	79.55	10.33	10.35	1.70	6.88
分类二	**Sort two**								
东部地区	East China	2009	183.21	96.31	93.60	10.91	11.99	1.79	9.64
中部地区	Central China	2683	174.60	91.19	80.18	9.16	10.84	1.76	6.59
西部地区	West China	1824	168.79	90.28	79.37	9.72	10.65	1.21	6.68
分类三	**Sort three**								
东部地区	East China	2016	189.35	96.25	93.77	11.01	12.25	1.87	10.04
中部地区	Central China	2871	186.71	93.41	80.98	9.26	11.42	2.04	7.34
西部地区	West China	1824	168.79	90.28	79.37	9.72	10.65	1.21	6.68
东北地区	Northeast China	2093	130.89	90.19	84.32	9.39	9.32	1.11	5.20

1-1 Level of National Urban Service Facilities(2007)

污水处理率(%) Wastewater Treatment Rate (%)	污水处理厂集中处理率 Centralized Treatment Rate of Wastewater Treatment Plants	人均公园绿地面积(平方米) Public Green Space Per Capita (m^2)	建成区绿地率(%) Green Space Rate of Built District (%)	建成区绿化覆盖率(%) Green Coverage Rate of Built District (%)	生活垃圾处理率(%) Domestic Garbage Treatment Rate (%)	生活垃圾无害化处理率 Domestic Garbage Harmless Treatment Rate	地区名称 Name of Regions
62.87	**49.55**	**8.98**	**31.30**	**35.29**	**80.92**	**62.03**	**全国**
							分类一
66.50	54.57	9.48	33.18	37.03	88.00	74.09	东部地区
57.42	38.09	8.61	29.43	33.65	68.95	43.50	中部地区
57.00	50.45	7.77	28.04	32.06	81.12	58.56	西部地区
							分类二
67.45	56.77	9.51	33.44	37.24	88.31	74.27	东部地区
57.44	37.45	8.45	29.73	34.17	68.99	42.68	中部地区
55.49	43.64	8.15	27.70	31.56	79.35	58.84	西部地区
							分类三
69.40	58.24	9.57	33.31	37.21	88.30	76.21	东部地区
60.15	42.26	8.52	31.21	35.79	80.55	50.01	中部地区
55.49	43.64	8.15	27.70	31.56	79.35	58.84	西部地区
50.10	33.36	8.61	29.51	33.08	60.75	37.96	东北地区

1-2 2007年全国城市市政公用设施水平(按省分列)

地区名称 Name of Regions	人口密度(人/平方公里) Population Density (person/square kilometer)	人均日生活用水量(升) Daily Water Consumption Per Capita (liter)	用水普及率(%) Water Coverage Rate (%)	燃气普及率(%) Gas Coverage Rate (%)	每万人拥有公共交通车辆(标台) Motor Vehicle for Public Traffic Per 10,000 Persons (standard unit)	人均道路面积(平方米) Road Surface Area Per Capita (m^2)	排水管道密度(公里/平方公里) Density of Sewers (kilometers/square kilometer)	建成区 Built District
全　国	**2104**	**178.39**	**93.83**	**87.40**	**10.23**	**11.43**	**1.66**	**8.23**
北　京	1132	166.80	100.00	100.00	21.56	5.60	0.70	6.61
天　津	2912	122.38	100.00	100.00	12.72	11.94	5.72	22.37
河　北	2376	125.38	99.97	95.26	8.98	13.59	1.93	8.08
山　西	2914	124.65	92.96	79.50	6.62	8.55	1.35	5.64
内蒙古	622	102.09	81.45	75.60	6.90	12.23	0.47	6.34
辽　宁	1945	127.93	96.94	91.99	10.02	9.61	1.12	6.08
吉　林	1504	121.12	88.03	82.38	8.68	9.56	0.84	5.21
黑龙江	3436	143.52	81.84	74.45	8.96	8.73	1.55	4.09
上　海	2930	215.09	100.00	100.00	12.41	4.50	1.28	9.17
江　苏	2050	199.54	99.47	97.41	11.55	19.28	3.02	12.55
浙　江	1748	189.28	99.58	97.78	11.34	14.60	2.21	11.92
安　徽	2114	180.40	94.40	83.15	8.67	13.55	1.55	6.79
福　建	2055	211.73	98.86	97.34	9.52	10.98	1.61	8.65
江　西	4407	201.50	94.59	86.18	9.37	10.50	3.11	6.44
山　东	1449	132.91	98.79	97.07	11.42	18.66	1.80	10.72
河　南	5902	125.90	88.63	68.87	7.80	10.81	4.21	6.98
湖　北	1732	244.45	97.56	89.72	11.88	12.76	1.49	10.35
湖　南	3753	240.95	93.71	83.27	10.62	11.41	2.56	6.84
广　东	2686	238.16	84.80	78.96	7.90	9.44	1.59	7.50
广　西	1464	246.62	91.89	81.51	8.13	11.28	0.85	5.76
海　南	2525	292.25	77.15	65.37	6.80	12.50	2.63	10.67
重　庆	1527	140.64	91.49	88.40	9.64	9.16	0.94	7.85
四　川	2587	200.90	86.55	78.92	9.64	10.33	2.12	8.87
贵　州	3094	172.52	82.52	62.08	8.04	6.21	1.83	7.80
云　南	3322	142.19	95.41	77.57	10.81	9.28	2.29	7.08
西　藏	1258	239.78	90.58	65.10	16.73	15.51	1.08	3.93
陕　西	5938	154.45	95.70	86.17	10.99	11.58	3.30	6.59
甘　肃	3807	144.91	91.76	64.46	7.64	9.83	1.95	4.80
青　海	1962	176.46	100.00	89.41	18.73	10.53	1.43	6.60
宁　夏	840	157.14	90.07	74.58	8.13	17.16	0.44	3.63
新　疆	4836	165.78	99.12	92.77	15.60	13.32	3.19	5.07

1-2 Level of National Urban Service Facilities by Province(2007)

污水处理率（%） Wastewater Treatment Rate (%)	污水处理厂集中处理率 Centralized Treatment Rate of Wastewater Treatment Plants	人均公园绿地面积（平方米） Public Green Space Per Capita (m^2)	建成区绿地率（%） Green Space Rate of Built District (%)	建成区绿化覆盖率（%） Green Coverage Rate of Built District (%)	生活垃圾处理率（%） Domestic Garbage Treatment Rate (%)	生活垃圾无害化处理率 Domestic Garbage Harmless Treatment Rate	地区名称 Name of Regions
62.87	**49.55**	**8.98**	**31.30**	**35.29**	**80.92**	**62.03**	**全国**
76.16	69.56	8.57	34.78	36.17	95.73	95.73	北京
61.44	58.19				93.31	93.31	天津
66.12	61.67	8.40	30.28	36.50	86.21	53.37	河北
63.32	55.56	7.13	26.31	32.58	39.72	38.15	山西
56.95	53.16	10.63	26.26	28.07	68.43	53.98	内蒙古
51.70	44.84	9.03	34.59	37.52	88.43	56.52	辽宁
38.63	31.61	8.27	26.41	31.25	62.93	38.17	吉林
52.66	17.08	8.24	25.25	28.77	37.28	22.97	黑龙江
72.98	72.98	7.48	35.71	37.60	79.42	79.16	上海
84.37	63.77	12.59	33.42	42.80	97.76	86.91	江苏
70.08	58.93	8.79	32.15	36.15	97.80	87.35	浙江
73.57	45.67	8.72	32.17	36.09	91.41	49.07	安徽
66.72	49.17	8.64	33.53	37.00	96.65	81.62	福建
39.32	29.99	8.73	35.91	39.05	98.33	70.51	江西
80.31	70.62	13.33	33.97	38.60	95.10	80.71	山东
68.28	64.29	8.92	23.98	34.34	67.26	54.90	河南
63.25	41.99	9.29	32.62	37.57	89.36	41.88	湖北
46.34	21.02	7.63	32.09	35.58	100.00	52.77	湖南
55.97	41.45	9.22	34.60	38.49	75.60	63.03	广东
49.39	14.96	8.56	27.06	32.11	78.17	68.38	广西
66.51	62.84	10.12	34.78	40.48	89.98	62.07	海南
74.38	73.78	7.61	28.92	31.81	87.54	82.33	重庆
55.18	49.04	8.37	30.96	34.20	79.82	69.92	四川
39.13	39.13	5.89	26.85	30.53	84.25	71.15	贵州
65.42	59.32	7.44	26.69	30.95	86.08	80.43	云南
		6.90	2.35	24.40	66.70	66.70	西藏
51.23	38.62	8.00	30.39	37.65	71.07	52.43	陕西
54.40	42.90	6.83	21.75	24.14	93.64	26.32	甘肃
32.07	32.07	8.47	26.75	27.47	99.52	94.88	青海
60.08	47.31	10.42	30.42	33.53	59.05	52.41	宁夏
66.50	59.71	8.09	28.34	32.03	78.85	28.16	新疆

1-3 2007 年全国城市市政公用设施水平(按城市分列)

城市名称 Name of Cities	人口密度 (人/平方公里) Population Density (person/square kilometer)	人均日生活用水量 (升) Daily Water Consumption Per Capita (liter)	用水普及率 (%) Water Coverage Rate (%)	燃气普及率 (%) Gas Coverage Rate (%)	每万人拥有公共交通车辆 (标台) Motor Vehicle for Public Traffic Per 10,000 Persons (standard unit)	人均道路面积 (平方米) Road Surface Area Per Capita (m^2)	排水管道密度 (公里/平方公里) Density of Sewers (kilometers/square kilometer)	建成区 Built District
全　国	**2104**	**178.39**	**93.83**	**87.40**	**10.23**	**11.43**	**1.66**	**8.23**
北　京	**1132**	**166.80**	**100.00**	**100.00**	**21.56**	**5.60**	**0.70**	**6.61**
天　津	**2912**	**122.38**	**100.00**	**100.00**	**12.72**	**11.94**	**5.72**	**22.37**
河　北	**2376**	**125.38**	**99.97**	**95.26**	**8.98**	**13.59**	**1.93**	**8.08**
石家庄	10831	126.78	100.00	100.00	10.06	11.54	7.79	8.86
辛　集	1327	146.77	100.00	96.32	5.38	18.74	1.01	5.82
藁　城	1423	140.29	96.59	97.67	4.58	15.15	1.46	7.69
晋　州	991	90.41	100.00	98.89	7.78	19.44	1.08	7.26
新　乐	1676	101.34	100.00	95.78	10.84	18.31	1.35	5.15
鹿　泉	1317	138.86	100.00	90.64	5.71	18.61	1.20	4.94
唐　山	1573	164.91	100.00	99.00	14.05	13.19	1.60	9.43
遵　化	1891	171.94	100.00	100.00	2.18	19.10	1.45	6.52
迁　安	1639	85.84	100.00	100.00	9.95	11.28	1.14	5.60
秦皇岛	2434	133.80	100.00	100.00	10.02	14.95	3.14	13.04
邯　郸	3516	111.13	100.00	90.07	8.68	12.68	2.69	11.23
武　安	4800	180.22	100.00	100.00	10.00	18.02	8.50	14.98
邢　台	5761	127.89	100.00	96.92	12.61	15.10	4.70	7.70
南　宫	682	125.42	100.00	76.44	3.73	14.40	0.84	11.58
沙　河	2481	176.68	100.00	100.00	7.73	22.88	2.81	7.58
保　定	3608	85.49	100.00	99.19	6.42	11.60	2.28	6.92
涿　州	4425	162.25	100.00	100.00	6.32	15.76	1.90	3.90
定　州	7555	95.51	100.00	45.37	3.94	12.69	4.55	5.16
安　国	1173	169.06	100.00	90.53	3.47	25.47	0.99	6.35
高碑店	4960	121.89	100.00	95.16	3.43	12.90	4.30	7.75
张家口	2193	104.54	100.00	86.18	7.12	11.03	1.45	7.12
承　德	888	177.85	100.00	92.17	10.96	9.95	0.55	3.59
沧　州	2788	109.55	100.00	100.00	10.31	15.05	1.82	7.77
泊　头	8091	82.74	100.00	100.00	3.88	11.24	4.95	5.53
任　丘	4767	85.04	100.00	100.00	2.68	9.64	2.18	3.95
黄　骅	800	99.64	100.00	100.00	4.88	22.00	0.84	9.32
河　间	5880	115.37	100.00	100.00	3.88	10.41	2.56	4.25
廊　坊	1582	154.18	100.00	100.00	7.38	15.65	1.22	6.56
霸　州	1844	65.81	100.00	100.00	12.63	15.65	1.19	5.34

1-3 Level of National Urban Service Facilities by City(2007)

污　水处理率(%) Wastewater Treatment Rate (%)	污水处理厂集中处理率 Centralized Treatment Rate of Wastewater Treatment Plants	人均公园绿地面积(平方米) Public Green Space Per Capita (m^2)	建成区绿地率(%) Green Space Rate of Built District (%)	建成区绿　化覆盖率(%) Green Coverage Rate of Built District (%)	生活垃圾处理率(%) Domestic Garbage Treatment Rate (%)	生活垃圾无害化处理率 Domestic Garbage Harmless Treatment Rate	城市名称 Name of Cities
62.87	**49.55**	**8.98**	**31.30**	**35.29**	**80.92**	**62.03**	**全　国**
76.16	**69.56**	**8.57**	**36.17**	**34.78**	**95.73**	**95.73**	**北　京**
61.44	**58.19**				**93.31**	**93.31**	**天　津**
66.12	**61.67**	**8.40**	**36.50**	**30.28**	**86.21**	**53.37**	**河　北**
70.63	70.63	8.11	37.06	33.58	100.00	100.00	石家庄
90.19	90.19	6.59	37.05	31.05	100.00		辛　集
76.60	76.60	6.58	35.63	30.19	100.00		藁　城
72.66	72.66	6.11	32.44	25.04	100.00		晋　州
76.81	76.81	6.75	19.77	13.23			新　乐
72.04	72.04	6.16	35.60	27.56	100.00	100.00	鹿　泉
84.44	84.44	9.73	43.31	37.54	100.00	82.35	唐　山
		6.41	25.76	22.83	100.00		遵　化
94.35	94.35	12.02	42.10	37.05	100.00	100.00	迁　安
88.90	88.90	8.96	42.70	36.80	100.00	100.00	秦皇岛
68.89	51.00	11.20	43.91	36.00	91.63	91.63	邯　郸
23.56	23.56	10.05	48.02	40.09	100.00		武　安
75.00	75.00	8.91	37.00	28.71	100.00	100.00	邢　台
		7.56	16.50	13.33	58.82		南　宫
79.94	79.94	8.06	30.32	21.28	50.00		沙　河
71.99	65.39	7.53	37.00	31.81	100.00	100.00	保　定
32.31		6.54	36.77	30.08	82.95		涿　州
11.02		4.81	13.33	9.20	100.00		定　州
		6.42	30.24	21.59	100.00		安　国
3.96		3.49	31.59	24.08	100.00		高碑店
69.55	69.55	5.03	35.29	29.00	24.60	24.60	张家口
		19.95	29.67	25.98	94.16		承　德
60.00	60.00	4.16	32.62	26.60	73.04	73.04	沧　州
29.72		2.92	37.65	22.27	45.33		泊　头
42.79		6.48	28.93	17.02	100.00		任　丘
74.32	62.30	7.00	20.31	14.48	100.00		黄　骅
		1.84	26.63	14.41			河　间
80.00	80.00	11.54	46.10	41.88	95.05	95.05	廊　坊
		5.63	31.02	28.01	100.00		霸　州

1-3续1

城市名称 Name of Cities	人口密度 （人/平方公里） Population Density (person/square kilometers)	人均日生活用水量 Daily Water Consumption Per Capita (liter)	用水普及率 （%） Water Coverage Rate (%)	燃气普及率 （%） Gas Coverage Rate (%)	每万人拥有公共交通车辆 （标台） Motor Vehicle for Public Traffic Per 10,000 Persons (standard units)	人均道路面积 （平方米） Road Surface Area Per Capita (m^2)	排水管道密度 （公里/平方公里） Density of Sewers (kilometers/square kilometer)	建成区 Built District
三　河	1581	121.73	100.00	100.00	3.70	13.08	1.03	9.61
衡　水	1366	108.35	100.00	68.67	11.19	15.93	1.20	7.47
冀　州	1124	65.49	100.00	98.68	5.21	23.00	1.40	11.78
深　州	2035	100.01	100.00	75.61	5.79	22.62	1.60	8.09
山　西	**2914**	**124.65**	**92.96**	**79.50**	**6.62**	**8.55**	**1.35**	**5.64**
太　原	2645	129.51	100.00	97.52	7.43	7.96	1.09	5.08
古　交	475	122.95	98.57	82.96	7.84	11.25	0.27	5.16
大　同	12878	119.84	100.00	70.30	5.50	9.88	3.38	3.59
阳　泉	12411	134.84	100.00	85.50	9.32	8.46	4.90	4.90
长　治	2233	208.97	77.63	65.35	4.48	5.36	0.70	5.19
潞　城	552	149.08	96.43	30.22	5.63	8.93	0.45	8.08
晋　城	2177	114.90	100.00	84.38	8.16	8.75	1.63	7.74
高　平	1281	51.26	100.00	86.74	2.11	14.62	1.40	9.17
朔　州	1922	138.00	94.55	56.20	4.04	14.55	2.66	12.43
晋　中	7326	108.25	96.11	96.93	13.83	13.32	7.32	10.40
介　休	4125	141.58	93.94	60.61	3.70	8.85	2.75	6.27
运　城	9171	77.47	88.21	75.96	9.80	5.24	3.66	5.43
永　济	822	69.18	91.43	60.00	5.14	10.51	0.51	5.29
河　津	10636	117.85	31.20	42.74	3.68	5.56	3.09	3.78
忻　州	1237	106.92	80.87	72.03	3.45	6.67	0.48	4.38
原　平	709	108.20	97.14	78.10	1.90	11.14	0.40	6.43
临　汾	11471	142.50	95.99	85.01	8.34	9.28	3.02	3.02
侯　马	7407	128.13	93.27	86.01	9.87	9.87	3.60	3.60
霍　州	10000	123.29	61.70	41.13	2.21	3.86	1.65	2.30
吕　梁	8785	88.44	87.53	68.48	2.49	9.57	6.33	10.60
孝　义	4667	70.56	87.16	72.28	3.83	9.01	1.69	7.08
汾　阳	15183	41.10	86.72	45.01	3.79	7.46	6.75	6.75
内蒙古	**622**	**102.09**	**81.45**	**75.60**	**6.90**	**12.23**	**0.47**	**6.34**
呼和浩特	649	80.84	95.00	89.90	11.67	10.17	0.24	3.26
包　头	649	112.91	78.50	84.68	8.76	10.80	0.55	7.91
乌　海	248	226.86	100.00	40.43	8.26	11.55	0.12	5.81
赤　峰	1521	99.26	62.71	77.12	4.95	6.38	0.57	3.77
通　辽	8536	144.92	88.38	81.58	3.24	12.58	9.79	14.33
霍林郭勒	197	95.06	95.74	43.48	3.65	13.65	0.35	11.50
鄂尔多斯	601	63.15	90.57	94.65	12.23	34.68	1.68	10.52

污水处理率（%）Wastewater Treatment Rate（%）	污水处理厂集中处理率（%）Centralized Treatment Rate of Wastewater Treatment Plants（%）	人均公园绿地面积（平方米）Public Green Space Per Capita (m^2)	建成区绿地率（%）Green Space Rate of Built District（%）	建成区绿化覆盖率（%）Green Coverage Rate of Built District（%）	生活垃圾处理率（%）Domestic Garbage Treatment Rate（%）	生活垃圾无害化处理率（%）Domestic Garbage Harmless Treatment Rate（%）	城市名称 Name of Cities
72.03	72.03	4.26	28.40	9.56	92.59		三河
77.31	77.31	6.43	25.10	17.97	93.57		衡水
		9.59	35.46	30.20	48.00		冀州
22.44		6.20	36.68	27.19	71.21		深州
63.32	**55.56**	**7.13**	**32.58**	**26.31**	**39.72**	**38.15**	**山西**
65.43	65.43	6.72	32.00	27.77	87.00	87.00	太原
97.75	67.44	5.18	24.72	19.37	82.00		古交
65.80	45.39	4.63	31.54	23.99			大同
63.01	63.01	6.63	34.63	12.66	20.00	20.00	阳泉
66.34	42.62	5.59	45.81	42.69	100.00	100.00	长治
92.04	92.04	7.42	40.00	34.79	92.25	92.25	潞城
90.02	90.02	11.59	45.35	44.13	90.05	90.05	晋城
		7.43	22.40	17.81			高平
85.78	38.60	18.56	48.20	34.76	16.61	16.61	朔州
62.98	62.98	7.82	29.28	26.22			晋中
		13.03	35.10	29.69			介休
65.00	65.00	4.48	26.50	20.57	26.80	26.80	运城
40.00		2.74	35.92	27.86			永济
		2.09	25.00	8.56			河津
41.48	41.48	1.10	13.33	13.33			忻州
28.61	28.61	1.14	19.96	16.47			原平
82.85	82.85	11.26	28.40	21.50			临汾
30.29		8.83	38.01	33.13			侯马
		0.77	9.71	5.76			霍州
40.00	40.00	14.74	32.33	27.07	100.00	100.00	吕梁
85.48	65.00	12.59	39.00	40.67			孝义
		14.54	29.17	20.83			汾阳
56.95	**53.16**	**10.63**	**28.07**	**26.26**	**68.43**	**53.98**	**内蒙古**
45.36	45.36	13.91	33.78	31.94	92.68	92.68	呼和浩特
81.55	63.60	10.90	36.57	35.44	97.21	91.03	包头
21.24	21.24	9.64	31.03	30.61	82.57	82.57	乌海
50.71	50.71	4.85	22.69	19.96	82.19	46.37	赤峰
87.06	87.06	10.08	37.79	32.80	100.00		通辽
77.33	77.33	2.17	18.89	12.83			霍林郭勒
73.63	73.63	8.07	17.61	17.09	87.24	87.24	鄂尔多斯

1-3 续 2

城市名称 Name of Cities	人口密度（人/平方公里） Population Density (person/square kilometers)	人均日生活用水量 Daily Water Consumption Per Capita (liter)	用水普及率（%） Water Coverage Rate (%)	燃气普及率（%） Gas Coverage Rate (%)	每万人拥有公共交通车辆（标台） Motor Vehicle for Public Traffic Per 10,000 Persons (standard units)	人均道路面积（平方米） Road Surface Area Per Capita (m²)	排水管道密度（公里/平方公里） Density of Sewers (kilometers/square kilometer) 建成区 Built District
呼伦贝尔	1950	117.24	77.51	64.59	6.57	10.22	1.08	5.21
满洲里	311	114.48	98.25	80.00	1.18	21.67	0.18	4.80
牙克石	5504	83.84	37.85	60.56	2.04	6.36	1.58	2.42
扎兰屯	463	73.97	41.78	57.80	4.04	7.87	0.10	1.56
额尔古纳	158	96.40	40.50	82.50		19.00	0.02	0.39
根河	215	65.66	75.90	39.95	3.33	7.32	0.02	0.46
巴彦淖尔	475	62.23	88.33	78.86	3.53	22.52	0.68	14.08
乌兰察布	2869	63.41	85.47	78.75	2.32	10.38	1.67	5.46
丰镇	486	46.58	58.74	19.75	0.88	7.64	0.28	3.08
乌兰浩特	917	56.02	83.61	54.08	2.95	4.95	0.41	4.11
阿尔山	234	63.22	40.63	18.75	8.44	14.69	0.22	2.87
二连浩特	7760	22.88	53.69	26.85	1.34	6.98	4.06	3.86
锡林浩特	340	88.33	83.39	92.60	3.38	22.93	0.36	6.24
辽宁	**1945**	**127.93**	**96.94**	**91.99**	**10.02**	**9.61**	**1.12**	**6.08**
沈阳	2999	135.62	100.00	100.00	12.63	9.78	2.07	8.98
新民	696	164.43	75.45	64.03	1.34	13.39	0.34	4.22
大连	2676	101.86	100.00	98.03	21.03	12.46	2.01	8.08
瓦房店	1857	72.94	100.00	92.64	6.27	10.13	1.40	7.23
普兰店	815	75.00	93.99	92.43	5.33	14.99	0.59	4.63
庄河	2356	68.17	92.08	96.36	7.23	11.94	1.78	5.64
鞍山	2400	161.07	96.91	94.48	9.62	8.79	1.23	5.33
海城	3229	76.70	96.49	96.49	9.92	7.68	0.59	1.86
抚顺	2454	156.43	98.12	97.21	10.00	7.41	1.34	5.92
本溪	1321	123.06	99.70	78.47	7.92	5.89	0.54	3.33
丹东	2857	135.08	96.91	99.14	6.65	9.86	1.11	4.64
东港	1007	86.13	99.76	59.65	4.33	16.63	0.67	3.04
凤城	534	85.29	98.35	85.52	4.22	4.62	0.14	2.78
锦州	2171	147.07	100.00	95.93	5.61	8.49	1.03	6.89
凌海	939	106.63	100.00	90.95	2.22	8.66	0.43	3.25
北镇	1408	105.63	72.10	68.76	2.16	5.60	0.44	4.00
营口	4919	104.70	95.64	98.04	6.41	6.27	2.71	5.32
盖州	1171	54.11	91.12	74.03	5.13	7.29	0.37	2.29
大石桥	1783	59.01	100.00	85.42	4.97	10.06	0.65	3.35
阜新	1746	110.68	95.91	54.99	3.80	5.45	0.55	3.67
辽阳	1308	198.14	100.00	85.51	5.05	10.62	1.14	7.15
灯塔	877	118.62	64.27	70.02	2.42	9.25	0.25	3.20

污水处理率（%）Wastewater Treatment Rate（%）	污水处理厂集中处理率（%）Centralized Treatment Rate of Wastewater Treatment Plants（%）	人均公园绿地面积（平方米）Public Green Space Per Capita（m^2）	建成区绿地率（%）Green Space Rate of Built District（%）	建成区绿化覆盖率（%）Green Coverage Rate of Built District（%）	生活垃圾处理率（%）Domestic Garbage Treatment Rate（%）	生活垃圾无害化处理率（%）Domestic Garbage Harmless Treatment Rate（%）	城市名称 Name of Cities
87.01	87.01	20.67	31.75	31.36			呼伦贝尔
		9.34	30.86	26.27			满洲里
73.33	73.33	5.15	30.38	27.90			牙克石
78.57	78.57	10.45	24.11	22.55			扎兰屯
		9.75	33.85	28.83			额尔古纳
		4.66	24.06	18.57			根河
79.18	79.18	4.45	23.90	25.69	99.80	99.80	巴彦淖尔
85.54	85.54	27.11	25.54	25.00			乌兰察布
27.29	27.29	8.15	9.28	7.12	100.00		丰镇
88.24	88.24	13.81	25.23	24.85	95.01	95.01	乌兰浩特
		1.25	28.93	11.30			阿尔山
		1.74	11.29	11.04			二连浩特
83.33	83.33	2.59	17.26	17.09	97.14	97.14	锡林浩特
51.70	**44.84**	**9.03**	**34.59**	**37.52**	**88.43**	**56.52**	**辽宁**
72.98	72.98	11.63	37.05	41.65	100.00	100.00	沈阳
		8.67	18.50	21.22			新民
90.04	56.84	10.01	45.81	43.31	100.00	100.00	大连
86.02	86.02	10.61	27.57	30.15	100.00	100.00	瓦房店
		15.56	26.00	26.13	100.00		普兰店
		9.15	37.20	40.40			庄河
26.86	26.86	8.52	35.40	36.10	100.00	100.00	鞍山
56.12	56.12	5.87	19.36	26.79	100.00		海城
48.78	48.77	7.65	34.72	40.24	100.00		抚顺
32.96	32.96	8.48	41.65	43.06	95.81		本溪
		6.34	35.84	37.34	100.00		丹东
		7.96	17.54	23.77	100.00		东港
		5.19	21.36	31.30	100.00		凤城
43.13	30.14	7.37	35.48	37.59	100.00	68.44	锦州
		9.45	19.51	26.87	100.00		凌海
		2.06	24.50	16.38	100.00		北镇
32.00	32.00	10.13	33.24	36.42	61.11		营口
		4.27	13.21	33.75	85.71		盖州
		6.66	25.44	30.29			大石桥
		6.99	29.72	33.46	65.91	65.91	阜新
96.39	52.60	7.77	30.81	33.72	99.96	79.79	辽阳
		2.78	13.70	18.60	100.00		灯塔

1-3 续 3

城市名称 Name of Cities	人口密度（人/平方公里） Population Density (person/square kilometers)	人均日生活用水量 Daily Water Consumption Per Capita (liter)	用水普及率（%） Water Coverage Rate (%)	燃气普及率（%） Gas Coverage Rate (%)	每万人拥有公共交通车辆（标台） Motor Vehicle for Public Traffic Per 10,000 Persons (standard units)	人均道路面积（平方米） Road Surface Area Per Capita (m^2)	排水管道密度（公里/平方公里） Density of Sewers (kilometers/square kilometer)	建成区 Built District
盘　锦	2291	196.96	100.00	100.00	6.91	11.29	1.74	8.03
铁　岭	2216	109.34	97.81	97.74	5.03	14.78	1.88	8.69
调兵山	7615	69.42	91.75	80.02	12.78	10.79	1.01	1.78
开　原	1261	69.00	95.73	95.52	9.38	12.28	0.68	7.57
朝　阳	974	122.58	75.68	74.57	2.52	5.82	0.41	6.91
北　票	1150	97.28	86.74	61.74	4.47	6.27	0.37	3.64
凌　源	2346	119.14	82.67	83.57	1.40	24.85	0.76	2.72
葫芦岛	774	128.47	100.00	91.69	10.56	10.52	0.09	0.76
兴　城	704	188.74	61.06	71.43	4.13	8.62	0.33	2.94
吉　林	**1504**	**121.12**	**88.03**	**82.38**	**8.68**	**9.56**	**0.84**	**5.21**
长　春	8739	146.36	96.48	96.39	14.54	12.82	7.54	8.00
九　台	7280	101.35	95.05	82.97	2.14	6.37	2.40	2.40
榆　树	4609	127.89	43.48	46.96	3.04	9.09	1.20	2.31
德　惠	2054	134.34	58.69	81.48	2.88	6.32	0.59	2.33
吉　林	1213	117.41	98.22	95.66	7.29	10.00	0.78	4.93
蛟　河	5688	50.23	92.31	98.90	8.13	11.98	3.13	4.00
桦　甸	1257	47.16	84.85	72.73	3.21	4.55	0.32	2.80
舒　兰	1117	70.02	89.55	78.86	4.38	3.48	0.14	1.00
磐　石	6000	104.27	70.83	58.50	3.83	8.00	2.40	3.62
四　平	1009	59.48	70.63	79.28	9.37	5.62	0.25	3.54
公主岭	1822	137.05	80.80	54.18	4.14	13.55	1.49	8.18
双　辽	828	121.18	63.11	66.10	2.59	6.15	0.99	10.77
辽　源	10786	42.58	77.26	70.64	7.81	10.55	2.48	2.48
通　化	632	51.04	86.43	49.03	5.51	4.45	0.12	1.92
梅河口	2241	119.88	92.02	83.66	3.51	8.31	1.00	3.70
集　安	2023	34.77	94.56	88.89	1.22	9.22	0.38	1.23
白　山	3154	82.40	95.69	51.44	4.98	6.51	0.85	2.68
临　江	12033	66.98	94.04	95.57	11.22	8.17	10.83	10.83
松　原	407	202.17	94.59	90.91	11.20	11.13	0.11	2.90
白　城	285	238.59	89.79	80.89	7.43	8.98	0.26	6.22
洮　南	5692	76.92	87.84	33.78	2.84	8.72	3.85	5.75
大　安	1308	112.09	91.12	90.73	4.99	9.20	0.67	5.68
延　吉	11439	123.42	82.99	92.35	8.73	7.33	4.57	5.36
图　们	9919	119.75	91.51	90.23	3.14	5.47	2.77	2.77
敦　化	1462	117.90	98.41	95.46	21.34	10.79	0.71	4.77
珲　春	460	237.47	79.63	72.57	3.00	15.02	0.36	8.83

污水处理率（%） Wastewater Treatment Rate (%)	污水处理厂集中处理率（%） Centralized Treatment Rate of Wastewater Treatment Plants (%)	人均公园绿地面积（平方米） Public Green Space Per Capita (m^2)	建成区绿地率（%） Green Space Rate of Built District (%)	建成区绿化覆盖率（%） Green Coverage Rate of Built District (%)	生活垃圾处理率（%） Domestic Garbage Treatment Rate (%)	生活垃圾无害化处理率（%） Domestic Garbage Harmless Treatment Rate (%)	城市名称 Name of Cities
35.97	35.97	6.71	33.34	37.79	91.25	91.25	盘锦
72.54	72.54	8.60	33.78	38.15	97.90	97.90	铁岭
93.02	93.02	9.02	34.30	38.37	100.00	64.71	调兵山
52.72		8.49	31.76	36.76	100.00		开原
		7.71	27.88	29.84	100.00	100.00	朝阳
		4.09	14.51	20.05			北票
		6.06	18.31	32.77			凌源
91.16	91.16	11.51	39.55	40.59	112.67		葫芦岛
		5.56	35.74	37.44	78.33		兴城
38.63	**31.61**	**8.27**	**31.25**	**26.41**	**62.93**	**38.17**	**吉林**
56.44	48.48	11.46	39.44	33.37	97.68	85.48	长春
		5.49	13.56	10.60			九台
		4.52	14.42	12.96			榆树
		3.32	21.15	19.74	86.11		德惠
42.19	42.19	10.46	42.20	36.83	100.00		吉林
5.43	5.43	12.09	19.28	15.84	100.00		蛟河
		14.42	41.93	21.07			桦甸
		1.49	13.44	13.44	100.00		舒兰
		6.00	29.16	22.46	94.83		磐石
		2.76	18.79	3.95			四平
97.33	54.66	1.67	15.96	16.19	40.12		公主岭
40.73	40.73	4.69	5.90	2.84			双辽
96.47	96.15	4.57	25.45	25.45			辽源
		8.83	30.74	26.60	100.00	100.00	通化
		5.58	17.56	16.68	96.97		梅河口
		10.11	38.14	36.33			集安
		6.32	15.22	13.56	94.94		白山
		8.31	20.83	18.17	2.50		临江
59.93		11.65	38.69	35.36	60.00	60.00	松原
		7.63	29.83	25.95	88.69	88.69	白城
		6.89	33.62	27.76			洮南
		7.84	26.91	8.71			大安
44.84	44.84	4.97	30.45	26.59	100.00	100.00	延吉
		0.58	12.80	11.53			图们
78.08		19.58	40.17	38.14	100.00	100.00	敦化
		4.85	29.46	23.87	83.33		珲春

1-3 续 4

城市名称 Name of Cities	人口密度（人/平方公里） Population Density (person/square kilometers)	人均日生活用水量 Daily Water Consumption Per Capita (liter)	用水普及率（%） Water Coverage Rate (%)	燃气普及率（%） Gas Coverage Rate (%)	每万人拥有公共交通车辆（标台） Motor Vehicle for Public Traffic Per 10,000 Persons (standard units)	人均道路面积（平方米） Road Surface Area Per Capita (m^2)	排水管道密度（公里/平方公里） Density of Sewers (kilometers/square kilometer)	建成区 Built District
龙井	3369	87.90	89.87	97.51	3.06	7.36	1.71	5.34
和龙	1255	251.37	46.19	49.19	5.89	5.31	0.65	4.88
黑龙江	**3436**	**143.52**	**81.84**	**74.45**	**8.96**	**8.73**	**1.55**	**4.09**
哈尔滨	12391	194.77	77.10	90.56	12.82	6.69	4.43	4.43
双城	3815	105.70	95.35	84.57	1.11	8.51	1.37	2.45
尚志	817	125.98	100.00	72.46	15.70	9.90	0.39	3.22
五常	1503	75.84	82.73	86.04	4.50	7.28	0.86	4.00
齐齐哈尔	8144	89.15	93.85	94.20	8.44	7.64	4.55	4.55
讷河	6800	55.45	61.76	46.91	2.06	3.60	2.45	4.58
鸡西	9329	150.68	97.42	78.07	7.28	7.29	3.48	3.48
虎林	546	74.15	100.00	56.98	2.56	8.40	0.32	3.81
密山	1241	114.11	97.61	62.71	26.57	16.92	0.89	3.68
鹤岗	7028	93.88	70.81	40.34	5.56	5.07	2.49	4.93
双鸭山	3907	105.93	97.40	51.63	5.88	6.46	1.94	3.89
大庆	7295	186.65	88.27	56.93	16.82	18.98	5.43	5.94
伊春	4795	86.26	63.90	72.13	2.04	8.23	1.15	1.15
铁力	5184	81.60	79.55	64.05	7.03	5.59	1.54	2.00
佳木斯	569	183.46	88.87	65.22	6.53	5.65	0.28	5.06
同江	4113	90.31	58.51	55.11		14.10	1.27	1.90
富锦	13924	81.33	37.36	22.73		6.95	3.80	3.80
七台河	6527	199.83	86.00	76.15	8.97	9.63	1.94	1.94
牡丹江	8012	111.45	88.37	80.20	7.30	12.61	4.48	6.01
绥芬河	3424	99.72	84.03	38.14	3.10	12.16	2.37	4.10
海林	4151	68.70	90.55	99.50	1.49	16.12	2.64	5.20
宁安	8148	125.64	71.36	67.91	4.09	5.73	4.96	7.98
穆棱	6824	124.12	100.00	61.43	6.50	13.13	5.82	5.82
黑河	7459	50.62	76.09	43.48	4.86	10.29	3.78	3.78
北安	4198	121.33	64.50	42.95	4.58	16.82	2.16	4.08
五大连池	3950	87.57	55.44	25.32		0.76	2.70	4.50
绥化	6372	102.37	79.39	60.61	4.24	5.94	2.66	4.60
安达	8832	92.77	82.46	82.90	1.40	7.59	3.74	5.27
肇东	554	76.10	75.00	72.22	3.06	7.03	0.34	4.47
海伦	575	53.27	91.37	65.26	1.09	4.42	0.23	2.68
上海	**2930**	**215.09**	**100.00**	**100.00**	**12.41**	**4.50**	**1.28**	**9.17**
江苏	**2050**	**199.54**	**99.47**	**97.41**	**11.55**	**19.28**	**3.02**	**12.55**

污水处理率(%) Wastewater Treatment Rate (%)	污水处理厂集中处理率(%) Centralized Treatment Rate of Wastewater Treatment Plants (%)	人均公园绿地面积(平方米) Public Green Space Per Capita (m^2)	建成区绿地率(%) Green Space Rate of Built District (%)	建成区绿化覆盖率(%) Green Coverage Rate of Built District (%)	生活垃圾处理率(%) Domestic Garbage Treatment Rate (%)	生活垃圾无害化处理率(%) Domestic Garbage Harmless Treatment Rate (%)	城市名称 Name of Cities
		5.64	16.41	15.61	100.00	100.00	龙井
		4.16	24.70	22.32			和龙
52.66	**17.08**	**8.24**	**28.77**	**25.25**	**37.28**	**22.97**	**黑龙江**
36.70	36.70	6.65	30.62	26.98	82.34	34.54	哈尔滨
		12.16	15.27	5.60			双城
		11.59	10.38	13.93			尚志
		6.62	20.60	13.44			五常
39.74	39.74	6.88	23.88	21.57	43.54	43.54	齐齐哈尔
5.00	5.00	5.88	24.32	23.01			讷河
		7.06	39.85	29.12	90.91	90.91	鸡西
		6.70	13.75	9.76			虎林
		14.79	20.00	18.95			密山
		11.75	28.30	32.93			鹤岗
		12.89	32.31	28.13	22.54	22.54	双鸭山
98.24	6.85	12.24	34.79	30.66	100.00	100.00	大庆
		17.02	23.86	23.30			伊春
		7.48	31.52	31.52			铁力
48.19	48.19	8.71	40.01	38.40	83.55	83.55	佳木斯
		11.99	32.50	14.40			同江
		4.09	26.58	18.35			富锦
		8.94	32.82	29.66	70.00	70.00	七台河
34.69	8.78	6.20	44.49	42.56	100.00	100.00	牡丹江
		4.29	40.31	35.71	11.19		绥芬河
		8.86	21.77	16.98	100.00		海林
		1.55	18.33	9.29	83.33	83.33	宁安
		7.58	18.28	12.19			穆棱
		4.86	18.70	17.89			黑河
		5.80	20.46	19.78			北安
		11.14	8.00	8.00			五大连池
		3.33	24.67	21.73			绥化
		3.23	17.26	15.26			安达
		2.50	12.86	1.85	70.00		肇东
		5.37	15.27	13.81			海伦
72.98	**72.98**	**7.48**	**37.60**	**35.71**	**79.42**	**79.16**	**上海**
84.37	**63.77**	**12.59**	**42.80**	**38.42**	**97.76**	**86.91**	**江苏**

1-3 续 5

城市名称 Name of Cities	人口密度（人/平方公里） Population Density (person/square kilometers)	人均日生活用水量 Daily Water Consumption Per Capita (liter)	用水普及率（%） Water Coverage Rate (%)	燃气普及率（%） Gas Coverage Rate (%)	每万人拥有公共交通车辆（标台） Motor Vehicle for Public Traffic Per 10,000 Persons (standard units)	人均道路面积（平方米） Road Surface Area Per Capita (m^2)	排水管道密度（公里/平方公里） Density of Sewers (kilometers/square kilometer) 建成区 Built District
南京	1933	234.41	100.00	98.50	14.84	17.12	1.82	7.60
无锡	1454	182.94	99.30	98.00	14.46	21.56	3.44	27.49
江阴	1518	191.20	100.00	100.00	11.81	24.46	2.71	10.42
宜兴	1217	182.23	100.00	100.00	5.55	21.72	1.69	8.05
徐州	3657	163.53	98.99	98.14	17.77	12.90	2.78	5.65
新沂	2017	185.67	100.00	100.00	9.92	26.78	2.25	9.22
邳州	2597	182.74	93.17	94.16	5.22	14.81	3.83	13.12
常州	3184	217.61	100.00	98.05	15.24	18.36	7.59	25.94
溧阳	1535	188.98	100.00	98.00	17.14	18.00	1.23	7.04
金坛	1552	149.46	100.00	92.50	16.44	15.69	2.31	13.92
苏州	2897	298.30	100.00	100.00	15.47	27.40	6.23	18.40
常熟	1468	229.05	100.00	100.00	6.21	29.13	5.91	16.18
张家港	2341	342.03	100.00	100.00	8.44	25.22	3.51	9.88
昆山	2976	315.32	100.00	100.00	21.79	24.79	6.23	13.95
吴江	894	325.54	100.00	100.00	6.61	36.08	3.00	12.75
太仓	3797	379.98	100.00	100.00	3.67	41.88	11.27	24.29
南通	5142	187.20	100.00	99.88	11.35	15.50	6.27	14.46
启东	2840	134.48	100.00	85.56	9.93	13.45	3.98	13.54
如皋	2552	142.98	99.08	99.68	2.86	11.40	3.30	22.45
通州	3767	246.23	100.00	100.00	3.05	12.49	4.19	12.31
海门	2471	110.26	100.00	100.00	3.38	15.69	1.90	8.52
连云港	1169	121.66	99.12	84.90	6.31	20.21	1.74	12.04
淮安	4185	104.93	98.95	98.04	8.31	13.89	4.30	10.27
盐城	2677	137.85	100.00	99.40	6.52	17.49	1.59	4.44
东台	1617	47.40	100.00	100.00	2.24	13.78	1.48	7.39
大丰	615	339.18	94.97	100.00	4.46	15.00	0.61	7.78
扬州	3344	183.97	100.00	91.78	13.28	16.80	3.71	10.46
仪征	3649	193.52	100.00	87.90	3.67	14.32	5.72	8.56
高邮	1791	103.68	95.38	95.53	2.21	9.64	0.99	5.27
江都	1745	125.42	99.80	97.96	9.96	14.86	1.47	7.36
镇江	1556	194.78	99.04	94.27	10.27	16.56	2.35	13.82
丹阳	1906	105.64	100.00	100.00	5.06	15.77	2.13	18.69
扬中	1829	125.78	100.00	99.51	10.74	15.04	1.93	11.60
句容	1606	146.92	100.00	92.62	5.10	12.62	1.02	6.30
泰州	1769	96.84	100.00	95.51	3.97	19.52	2.15	12.48
兴化	2602	104.78	100.00	99.10	5.35	16.04	3.77	14.29
靖江	1895	266.69	100.00	100.00	3.43	28.89	1.62	7.13

1-3 continued 5

污水处理率（%） Wastewater Treatment Rate (%)	污水处理厂集中处理率（%） Centralized Treatment Rate of Wastewater Treatment Plants (%)	人均公园绿地面积（平方米） Public Green Space Per Capita (m^2)	建成区绿地率（%） Green Space Rate of Built District (%)	建成区绿化覆盖率（%） Green Coverage Rate of Built District (%)	生活垃圾处理率（%） Domestic Garbage Treatment Rate (%)	生活垃圾无害化处理率（%） Domestic Garbage Harmless Treatment Rate (%)	城市名称 Name of Cities
83.58	55.03	12.99	45.92	41.61	96.64	86.42	南　京
84.83	74.13	11.93	42.20	39.60	91.27	91.27	无　锡
90.70	61.44	15.24	43.71	35.93	100.00	100.00	江　阴
71.98	34.87	14.40	44.82	36.89	100.00	100.00	宜　兴
86.62	86.62	11.89	39.00	34.45	90.56	90.56	徐　州
90.53	32.92	12.02	37.20	27.82	100.00		新　沂
71.98	44.08	14.50	42.32	37.18	100.00		邳　州
89.06	65.14	11.35	41.60	37.20	100.00	100.00	常　州
85.75	31.84	8.74	41.81	36.58	100.00	68.07	溧　阳
85.13	85.13	9.00	40.29	36.67	100.00	100.00	金　坛
95.27	87.18	16.86	44.20	38.00	100.00	100.00	苏　州
91.10	78.30	34.04	56.66	55.72	100.00	100.00	常　熟
85.48	83.14	17.06	46.32	38.73	100.00	100.00	张家港
81.01	81.01	13.43	45.03	39.84	100.00	100.00	昆　山
88.32	73.07	15.09	41.77	40.62	100.00	100.00	吴　江
93.00	93.00	11.28	42.09	37.19	100.00	100.00	太　仓
81.50	76.03	10.31	41.80	36.51	100.00	100.00	南　通
67.42	67.42	2.46	37.76	31.70	100.00		启　东
81.20	74.48	7.52	39.13	34.64	100.00	100.00	如　皋
76.40	76.40	7.87	44.12	42.48	100.00	100.00	通　州
72.14	72.14	6.43	40.01	37.87	100.00	100.00	海　门
62.66	62.66	9.48	37.50	32.79	99.44	99.44	连云港
84.48	84.48	9.80	39.20	36.11	100.00	100.00	淮　安
80.03	75.00	11.72	38.97	34.18	95.95	95.95	盐　城
76.90	18.99	9.40	41.54	35.95	100.00		东　台
68.00	34.00	4.94	39.48	29.63	92.73		大　丰
85.00	57.58	18.68	43.15	40.32	100.00	100.00	扬　州
75.22	50.66	7.65	40.06	36.16	100.00	100.00	仪　征
78.27	43.24	7.73	33.08	25.84	100.00		高　邮
93.70	72.52	10.24	41.32	37.18	100.00		江　都
83.76	41.68	14.11	41.05	37.75	100.00	100.00	镇　江
73.00	34.83	8.39	40.23	35.34	100.00	100.00	丹　阳
80.84	58.10	7.23	40.39	35.98	100.00	100.00	扬　中
81.56	74.34	10.87	40.92	39.12	100.00	100.00	句　容
83.62	58.03	8.19	40.13	35.66	100.00	100.00	泰　州
56.92		7.87	39.60	34.44	100.00		兴　化
91.64	19.61	11.51	37.87	37.69	96.36		靖　江

1-3 续 6

城市名称 Name of Cities	人口密度（人/平方公里）Population Density (person/square kilometers)	人均日生活用水量 Daily Water Consumption Per Capita (liter)	用水普及率（%）Water Coverage Rate (%)	燃气普及率（%）Gas Coverage Rate (%)	每万人拥有公共交通车辆（标台）Motor Vehicle for Public Traffic Per 10,000 Persons (standard units)	人均道路面积（平方米）Road Surface Area Per Capita (m^2)	排水管道密度（公里/平方公里）Density of Sewers (kilometers/square kilometer)	建成区 Built District
泰　　兴	3651	253.11	100.00	100.00	2.78	17.71	4.00	12.10
姜　　堰	3000	100.15	100.00	100.00	3.28	16.33	2.41	7.63
宿　　迁	1918	112.52	93.17	85.02	7.70	25.67	2.11	9.24
浙　　江	**1748**	**189.28**	**99.58**	**97.78**	**11.34**	**14.60**	**2.21**	**11.92**
杭　　州	3098	319.86	100.00	100.00	22.16	14.62	3.37	9.04
建　　德	1516	124.59	100.00	100.00	3.34	7.84	1.53	16.60
富　　阳	859	180.23	100.00	100.00	5.71	8.63	0.61	8.25
临　　安	879	167.81	99.44	98.20	5.78	10.25	0.28	4.43
宁　　波	2044	292.41	100.00	100.00	20.05	11.74	4.54	15.94
余　　姚	1669	104.34	100.00	100.00	4.63	12.41	1.35	13.71
慈　　溪	1932	243.81	100.00	98.53	2.52	23.59	3.16	25.91
奉　　化	995	215.86	100.00	100.00	7.03	9.52	0.34	8.51
温　　州	3379	210.82	100.00	94.97	15.83	11.87	3.38	8.76
瑞　　安	3520	182.86	100.00	95.99	5.28	8.75	2.44	10.99
乐　　清	2169	110.52	100.00	73.43	4.70	10.11	1.64	15.92
嘉　　兴	2661	198.69	100.00	98.10	12.31	16.43	2.98	7.96
海　　宁	1121	293.87	100.00	100.00	5.36	20.65	2.25	12.21
平　　湖	1950	126.43	100.00	96.00	6.52	19.19	4.22	20.86
桐　　乡	899	183.61	100.00	100.00	3.17	20.54	1.81	11.43
湖　　州	1206	170.29	100.00	99.34	8.34	20.75	2.40	20.95
绍　　兴	2966	141.37	100.00	99.49	11.93	16.52	3.86	9.68
诸　　暨	915	218.23	100.00	100.00	3.53	10.25	0.63	5.91
上　　虞	1908	167.26	100.00	100.00	13.17	17.66	3.93	21.48
嵊　　州	1389	74.61	97.08	95.98	3.08	7.68	0.18	1.18
金　　华	1484	110.57	99.56	99.09	12.82	23.43	2.94	16.22
兰　　溪	1119	104.18	75.96	77.96	2.47	11.78	0.62	4.70
义　　乌	2743	51.26	100.00	100.00	6.64	10.16	2.44	14.01
东　　阳	1087	105.67	98.52	98.52	2.94	14.75	1.36	15.19
永　　康	1718	98.46	100.00	100.00	4.06	23.39	3.13	13.60
衢　　州	1501	177.12	96.54	92.14	17.38	21.90	3.70	16.55
江　　山	1126	119.33	97.55	90.51	11.25	11.44	0.97	9.63
舟　　山	1045	117.05	99.46	97.59	9.18	9.14	1.33	11.02
台　　州	1521	135.95	99.78	96.35	5.15	18.74	1.64	10.78
温　　岭	4714	125.74	98.95	99.91	8.61	21.91	6.09	9.70
临　　海	760	111.92	99.63	100.00	8.48	19.59	1.19	12.45
丽　　水	1277	139.24	100.00	99.82	3.44	10.54	1.03	10.54

污水处理率(%) Wastewater Treatment Rate (%)	污水处理厂集中处理率(%) Centralized Treatment Rate of Wastewater Treatment Plants (%)	人均公园绿地面积(平方米) Public Green Space Per Capita (m^2)	建成区绿地率(%) Green Space Rate of Built District (%)	建成区绿化覆盖率(%) Green Coverage Rate of Built District (%)	生活垃圾处理率(%) Domestic Garbage Treatment Rate (%)	生活垃圾无害化处理率(%) Domestic Garbage Harmless Treatment Rate (%)	城市名称 Name of Cities
86.57	58.32	10.18	36.41	33.76	100.00		泰　兴
44.26	22.13	9.38	39.78	35.16	100.00		姜　堰
67.67	64.84	9.95	40.16	35.68	99.33	99.33	宿　迁
70.08	**58.93**	**8.79**	**36.15**	**32.15**	**97.80**	**87.35**	**浙　江**
82.08	82.08	12.18	38.56	35.24	100.00	100.00	杭　州
67.03	67.03	7.99	39.34	36.78	100.00	100.00	建　德
67.89	67.89	7.13	21.53	19.76	100.00	100.00	富　阳
82.98	82.98	4.41	36.70	33.48	100.00	100.00	临　安
78.92	37.61	10.30	37.51	33.97	100.00	98.78	宁　波
70.52	61.44	7.43	41.51	35.51	100.00	100.00	余　姚
62.55	62.55	3.79	38.04	32.51	100.00		慈　溪
53.85	53.85	6.15	37.68	33.47	100.00	100.00	奉　化
50.25	50.25	6.28	23.03	21.22	92.50	92.50	温　州
11.56	11.56	4.74	25.92	23.99	66.47	66.47	瑞　安
		6.94	19.28	14.62	75.71		乐　清
56.32	56.32	10.06	39.45	36.93	98.83	98.83	嘉　兴
75.23	75.23	10.30	41.20	35.40	100.00	100.00	海　宁
75.78	75.78	11.56	46.21	41.00	100.00	100.00	平　湖
75.01	75.01	11.74	40.10	35.53	100.00	100.00	桐　乡
81.08	81.08	10.12	42.62	37.91	100.00	86.67	湖　州
86.73	86.73	14.62	43.07	36.61	100.00	100.00	绍　兴
85.74	85.74	10.85	37.43	33.01	100.00	100.00	诸　暨
65.06	65.06	11.43	41.28	36.55	100.00	100.00	上　虞
43.20	43.20	6.27	40.77	35.48	100.00	100.00	嵊　州
69.29	60.01	11.49	38.97	36.21	100.00	98.35	金　华
2.67	2.67	5.46	32.96	30.07	98.73		兰　溪
76.97	61.23	4.50	39.47	34.84	100.00	98.10	义　乌
60.37	60.37	5.90	37.76	32.45	100.00		东　阳
45.27	45.27	5.98	37.58	31.75	100.00		永　康
63.50	18.97	11.05	41.99	36.53	100.00	100.00	衢　州
41.10	8.83	8.93	43.22	42.73	100.00	100.00	江　山
60.04	28.62	14.08	40.27	35.27	100.00	100.00	舟　山
64.89	64.89	4.51	21.09	14.67	94.19	94.19	台　州
78.80	66.71	9.00	40.03	35.08	98.54	98.54	温　岭
66.14	66.14	9.65	40.41	39.13	100.00	100.00	临　海
66.82	66.82	6.09	34.27	29.31	98.67	98.67	丽　水

城市名称 Name of Cities	人口密度（人/平方公里） Population Density (person/square kilometers)	人均日生活用水量 Daily Water Consumption Per Capita (liter)	用水普及率（%） Water Coverage Rate (%)	燃气普及率（%） Gas Coverage Rate (%)	每万人拥有公共交通车辆（标台） Motor Vehicle for Public Traffic Per 10,000 Persons (standard units)	人均道路面积（平方米） Road Surface Area Per Capita (m^2)	排水管道密度（公里/平方公里） Density of Sewers (kilometers/square kilometer)	建成区 Built District
龙　泉	491	121.60	100.00	95.54	2.34	11.46	0.46	8.28
安　徽	**2114**	**180.40**	**94.40**	**83.15**	**8.67**	**13.55**	**1.55**	**6.79**
合　肥	8923	258.35	96.57	93.44	12.76	17.71	8.66	8.66
芜　湖	4190	178.04	98.62	96.00	8.89	16.46	3.28	6.42
蚌　埠	3054	190.64	90.87	83.38	8.46	11.50	1.74	5.31
淮　南	935	136.46	99.03	80.15	10.10	9.29	0.54	6.26
马鞍山	5111	353.91	91.68	91.68	9.41	15.01	4.35	6.58
淮　北	5896	107.47	92.16	80.74	11.64	9.40	2.05	4.56
铜　陵	2294	159.87	100.00	100.00	9.41	11.08	1.01	4.07
安　庆	1935	144.24	93.69	92.78	5.48	11.35	1.39	6.85
桐　城	1607	94.58	81.31	75.05	3.13	16.18	1.30	6.64
黄　山	556	140.21	98.75	96.69	8.20	16.59	0.20	2.66
滁　州	1079	116.16	99.54	99.44	7.28	15.31	1.14	7.57
天　长	9085	122.99	99.93	93.79	2.68	8.64	3.44	4.90
明　光	513	66.16	90.40	67.59	3.23	12.53	0.58	8.72
阜　阳	2115	135.93	88.13	36.21	5.83	12.14	1.09	6.00
界　首	2299	168.02	68.97	35.94	1.62	9.99	1.21	5.88
宿　州	2676	172.13	95.64	68.61	5.52	15.13	3.13	12.41
巢　湖	1886	180.63	99.49	94.33	7.61	15.36	1.02	4.08
六　安	2579	195.94	96.95	66.67	6.98	7.46	0.57	1.75
亳　州	4276	142.87	94.41	81.51	7.53	21.64	5.80	10.25
池　州	889	197.35	94.17	85.64	7.18	18.03	1.35	13.56
宣　城	1691	147.77	97.84	87.83	5.50	10.91	1.87	9.24
宁　国	575	113.64	65.43	58.88	7.08	12.51	0.42	7.16
福　建	**2055**	**211.73**	**98.86**	**97.34**	**9.52**	**10.98**	**1.61**	**8.65**
福　州	2218	236.37	99.65	98.42	9.81	8.03	0.96	5.90
福　清	4460	146.88	99.30	98.01	15.76	11.40	7.43	13.68
长　乐	1189	313.87	98.24	95.37	2.38	18.65	1.15	8.68
厦　门	9495	197.69	99.96	100.00	12.04	11.75	6.85	8.37
莆　田	2162	193.69	96.01	94.44	11.89	11.49	2.77	13.69
三　明	1132	202.80	92.97	95.70	7.67	12.81	0.43	3.98
永　安	676	189.60	98.80	97.17	10.32	10.13	0.42	5.50
泉　州	1488	153.48	98.98	97.81	9.16	9.59	0.77	5.27
石　狮	4710	290.09	99.71	99.77	8.04	21.11	6.85	14.37
晋　江	4961	469.23	99.50	96.66	11.36	22.95	18.64	27.45

污水处理率（%）Wastewater Treatment Rate (%)	污水处理厂集中处理率（%）Centralized Treatment Rate of Wastewater Treatment Plants (%)	人均公园绿地面积（平方米）Public Green Space Per Capita (m^2)	建成区绿地率（%）Green Space Rate of Built District (%)	建成区绿化覆盖率（%）Green Coverage Rate of Built District (%)	生活垃圾处理率（%）Domestic Garbage Treatment Rate (%)	生活垃圾无害化处理率（%）Domestic Garbage Harmless Treatment Rate (%)	城市名称 Name of Cities
12.50	12.50	15.39	33.95	30.51	97.56	97.56	龙　泉
73.57	**45.67**	**8.72**	**32.17**	**36.09**	**91.41**	**49.07**	**安　徽**
99.16	79.19	9.59	34.39	39.37	100.00	100.00	合　肥
70.10	51.60	8.61	37.56	38.01	100.00	100.00	芜　湖
57.16	46.39	8.50	28.09	28.76	100.00	67.19	蚌　埠
71.25	19.74	11.42	36.55	39.75	100.00		淮　南
81.00	17.39	12.13	40.41	42.07	100.00	100.00	马鞍山
71.30	71.30	12.37	40.30	42.31	85.28	85.28	淮　北
55.17	55.17	10.72	39.11	40.89	90.06	90.06	铜　陵
76.85	76.85	8.63	36.44	38.42	99.66		安　庆
5.89		4.62	11.39	12.45	100.00		桐　城
74.46	60.80	13.69	46.32	48.86	97.39	85.53	黄　山
46.42		4.66	21.01	32.00	100.00		滁　州
25.61	12.80	0.51	14.33	17.71	39.60		天　长
62.21	52.94	3.68	3.55	3.20	100.00		明　光
78.06	62.75	4.48	24.61	26.16	100.00		阜　阳
68.15	51.16	2.06	9.50	24.25	63.97		界　首
76.11	34.30	5.45	24.05	33.66	44.99		宿　州
74.64	63.67	5.56	30.85	35.76	100.00	100.00	巢　湖
65.31	32.65	7.75	31.00	35.97	97.05	97.05	六　安
79.30	44.30	7.03	20.09	35.94	80.00	80.00	亳　州
38.69	38.69	14.80	35.60	40.72	100.00	100.00	池　州
44.74		7.62	30.22	38.51	100.00		宣　城
13.33		8.14	33.24	39.76	100.00		宁　国
66.72	**49.17**	**8.64**	**37.00**	**33.53**	**96.65**	**81.62**	**福　建**
73.76	63.44	6.92	35.57	31.91	100.00	100.00	福　州
63.00	63.00	6.34	16.84	15.00	94.97		福　清
3.75	3.75	10.25	29.64	23.88	84.00	84.00	长　乐
84.71	84.71	8.54	36.34	33.94	100.00	100.00	厦　门
59.56	59.56	11.24	42.81	37.40	94.03	94.03	莆　田
70.01	24.01	8.99	42.80	37.37	93.85	93.85	三　明
58.30	14.19	9.69	42.42	38.65	100.00	100.00	永　安
77.11	41.05	9.76	39.96	36.94	100.00	100.00	泉　州
55.59	22.24	5.04	35.05	26.71	99.46	99.46	石　狮
68.89	14.22	9.07	36.73	33.95	99.32	99.32	晋　江

城市名称 Name of Cities	人口密度（人/平方公里） Population Density (person/square kilometers)	人均日生活用水量 Daily Water Consumption Per Capita (liter)	用水普及率（%） Water Coverage Rate (%)	燃气普及率（%） Gas Coverage Rate (%)	每万人拥有公共交通车辆（标台） Motor Vehicle for Public Traffic Per 10,000 Persons (standard units)	人均道路面积（平方米） Road Surface Area Per Capita (m^2)	排水管道密度（公里/平方公里） Density of Sewers (kilometers/square kilometer)	建成区 Built District
南安	5143	133.29	98.46	96.60	12.90	11.73	4.57	9.17
漳州	4449	170.33	99.20	95.68	4.63	14.75	6.48	13.19
龙海	6404	197.53	95.60	92.42	1.97	6.25	3.48	6.34
南平	561	222.75	96.68	95.19	9.18	9.33	0.24	4.37
邵武	1080	180.67	99.03	90.06	6.73	13.55	1.00	7.51
武夷山	215	279.55	98.95	96.06	12.07	17.06	0.39	18.67
建瓯	3270	212.12	98.88	94.50	5.61	8.66	1.00	3.50
建阳	2997	157.12	94.06	95.05	4.16	6.24	0.83	3.01
龙岩	1551	268.10	99.16	95.30	10.63	11.85	0.97	5.41
漳平	5667	176.10	96.32	88.24	4.12	9.12	3.58	5.73
宁德	2047	140.97	98.41	95.91	6.68	10.73	1.13	7.09
福安	588	172.91	98.45	92.97	2.81	7.84	0.56	15.18
福鼎	2250	153.95	100.00	91.11	4.81	6.81	1.27	7.34
江西	**4407**	**210.50**	**94.59**	**86.18**	**9.37**	**10.50**	**3.11**	**6.44**
南昌	10095	242.83	99.16	99.39	14.89	8.00	5.63	6.57
景德镇	2810	148.51	97.38	75.31	9.25	8.03	1.01	2.24
乐平	2851	143.27	90.81	55.95	5.20	12.40	1.73	5.35
萍乡	4084	235.28	99.14	86.00	10.11	10.03	2.98	6.22
九江	5700	196.27	100.00	95.68	10.53	12.87	5.09	6.71
瑞昌	8626	183.13	96.27	88.21	2.32	17.24	7.74	8.08
新余	2186	222.49	99.20	86.34	10.06	16.09	3.74	13.61
鹰潭	1633	172.86	97.13	69.88	6.64	10.76	0.91	2.60
贵溪	1200	115.22	99.07	75.09	4.44	8.80	1.02	4.72
赣州	10100	187.51	100.00	99.13	7.37	11.78	6.92	6.92
瑞金	2831	81.36	97.87	70.21	2.38	5.57	0.61	2.83
南康	6098	77.98	80.00	75.68	2.05	10.59	6.13	10.16
吉安	1433	193.82	76.85	74.54	9.47	9.30	1.11	6.12
井冈山	4736	296.02	52.41	43.67	0.60	18.07	2.00	2.00
宜春	3664	198.34	98.87	80.45	9.21	12.48	4.00	9.01
丰城	11138	303.19	71.27	38.94	2.90	9.42	5.23	5.55
樟树	5694	252.10	86.53	89.05	9.85	13.62	4.41	8.02
高安	5092	141.61	98.96	81.24	2.76	7.83	2.81	4.91
抚州	5365	141.31	80.10	83.77	4.77	13.66	3.31	6.40
上饶	5212	207.00	99.44	91.07	6.41	15.73	5.32	9.37
德兴	2900	125.11	98.52	75.70		11.33	2.33	4.90

污水处理率（%） Wastewater Treatment Rate (%)	污水处理厂集中处理率（%） Centralized Treatment Rate of Wastewater Treatment Plants (%)	人均公园绿地面积（平方米） Public Green Space Per Capita (m^2)	建成区绿地率（%） Green Space Rate of Built District (%)	建成区绿化覆盖率（%） Green Coverage Rate of Built District (%)	生活垃圾处理率（%） Domestic Garbage Treatment Rate (%)	生活垃圾无害化处理率（%） Domestic Garbage Harmless Treatment Rate (%)	城市名称 Name of Cities
56.17	56.17	9.44	38.26	33.10	50.00		南安
73.46	73.46	9.39	41.42	40.41	98.35	98.35	漳州
20.88		14.00	38.87	34.21	100.00	100.00	龙海
57.59	49.89	10.53	39.15	36.16	96.05	96.05	南平
45.18		8.58	35.49	29.80	98.64		邵武
41.78	41.78	7.22	38.84	30.04	85.00		武夷山
		5.50	39.39	32.52	85.11		建瓯
		9.31	34.73	29.57	85.08		建阳
80.09	80.09	8.75	36.31	34.95	95.35	95.35	龙岩
40.00		11.91	35.73	31.73	95.45	95.45	漳平
		12.95	37.20	35.27	98.13		宁德
		4.81	30.00	22.94	100.00	100.00	福安
		10.00	38.07	35.17	99.81		福鼎
39.32	**29.99**	**8.73**	**39.05**	**35.91**	**98.33**	**70.51**	**江西**
63.94	63.94	8.08	40.40	38.00	100.00	100.00	南昌
		9.90	44.69	42.83	100.00	98.36	景德镇
		9.91	31.26	26.16	100.00		乐平
		9.00	38.90	33.90	100.00	85.60	萍乡
76.22	36.69	10.36	44.45	42.18	100.00	100.00	九江
		9.38	32.94	31.58	100.00		瑞昌
61.61	21.30	9.61	41.77	39.02	100.00	30.24	新余
84.95		11.04	37.25	30.35	83.33	83.33	鹰潭
		12.04	35.08	32.82	100.00		贵溪
		9.19	40.02	36.94	100.00	100.00	赣州
		5.36	36.28	29.33	100.00		瑞金
		6.92	32.88	30.64	100.00		南康
34.95	34.95	6.82	35.47	31.27	100.00	100.00	吉安
53.11	53.11	24.10	41.63	38.63	100.00	100.00	井冈山
65.01	65.01	12.93	40.68	38.42	100.00	100.00	宜春
		5.49	40.30	37.51	96.03		丰城
		8.54	35.94	31.30	85.19		樟树
		2.88	14.47	12.01	97.06		高安
26.12	13.06	9.63	34.63	30.75	83.74	48.78	抚州
79.26	79.26	8.93	38.82	34.94	100.00		上饶
		9.85	40.00	35.90	100.00		德兴

城市名称 Name of Cities	人口密度（人/平方公里） Population Density (person/square kilometers)	人均日生活用水量 Daily Water Consumption Per Capita (liter)	用水普及率（%） Water Coverage Rate (%)	燃气普及率（%） Gas Coverage Rate (%)	每万人拥有公共交通车辆（标台） Motor Vehicle for Public Traffic Per 10,000 Persons (standard units)	人均道路面积（平方米） Road Surface Area Per Capita (m^2)	排水管道密度（公里/平方公里） Density of Sewers (kilometers/square kilometer)	建成区 Built District
山东	**1449**	**132.91**	**98.79**	**97.07**	**11.42**	**18.66**	**1.80**	**10.72**
济南	2866	160.42	99.21	97.99	12.83	15.00	2.34	8.88
章丘	683	170.55	100.00	99.92	12.57	19.10	1.68	18.03
青岛	1964	148.54	100.00	100.00	19.50	19.63	2.91	16.27
胶州	1838	157.74	100.00	99.42	15.28	26.07	2.75	10.14
即墨	1317	163.75	100.00	98.93	11.12	22.97	1.83	10.91
平度	884	159.37	100.00	99.88	7.02	23.80	1.71	12.11
胶南	953	144.96	100.00	98.56	3.54	20.06	2.01	13.85
莱西	827	173.33	100.00	99.30	3.75	25.24	2.02	20.73
淄博	2487	106.93	100.00	100.00	18.20	16.44	2.62	7.48
枣庄	4996	130.25	98.69	98.55	13.36	13.87	4.49	7.07
滕州	4307	157.91	100.00	100.00	11.40	12.05	5.35	9.54
东营	562	192.43	100.00	98.45	11.61	27.46	1.18	13.77
烟台	1994	112.30	99.84	99.47	17.03	16.76	2.66	8.71
龙口	2112	109.74	99.97	99.29	8.84	22.90	2.40	8.37
莱阳	1081	100.30	96.12	98.90	3.88	13.61	1.04	7.78
莱州	842	77.80	98.71	99.61	1.29	13.10	1.26	13.29
蓬莱	999	77.66	91.48	98.61	4.04	25.49	1.42	8.85
招远	1248	110.93	99.64	99.70	2.86	17.18	1.90	9.88
栖霞	4134	120.38	99.17	97.20	4.31	9.98	1.63	5.47
海阳	1775	99.17	90.14	89.20	3.62	17.51	1.86	7.56
潍坊	864	69.87	93.45	76.27	6.95	13.88	0.52	6.86
青州	1187	114.70	100.00	93.40	6.50	24.16	1.65	11.23
诸城	925	89.04	100.00	97.99	5.93	25.10	0.67	8.92
寿光	1045	110.30	100.00	100.00	2.94	25.03	1.06	11.22
安丘	1070	164.56	97.30	97.15	2.58	16.93	0.84	6.20
高密	1194	136.27	97.01	89.74	7.22	29.91	1.71	8.11
昌邑	1300	104.14	100.00	97.82	2.82	16.79	0.81	4.41
济宁	1297	169.58	99.60	98.60	15.94	26.51	1.69	13.49
曲阜	2776	207.87	96.27	94.41	4.84	27.52	2.41	7.37
兖州	2035	125.51	100.00	85.19	11.50	10.36	0.60	2.01
邹城	5467	181.63	94.78	99.43	6.48	13.47	2.98	5.05
泰安	2183	176.60	99.63	98.78	13.71	14.72	4.10	11.41
新泰	961	117.72	99.87	98.24	11.76	19.50	1.55	13.26
肥城	1536	138.72	99.51	99.51	10.97	10.19	1.49	8.15
威海	2505	137.21	100.00	99.51	15.39	30.12	9.63	19.52
文登	674	95.24	100.00	98.10	3.22	21.57	0.88	8.85

污 水 处理率 （%） Wastewater Treatment Rate (%)	污水处理厂 集中处理率 （%） Centralized Treatment Rate of Wastewater Treatment Plants (%)	人均公园 绿地面积 （平方米） Public Green Space Per Capita (m^2)	建成区 绿地率 （%） Green Space Rate of Built District (%)	建成区 绿 化 覆盖率 （%） Green Coverage Rate of Built District (%)	生活垃圾 处 理 率 （%） Domestic Garbage Treatment Rate (%)	生活垃圾无 害化处理率 （%） Domestic Garbage Harmless Treatment Rate (%)	城市名称 Name of Cities
80.31	**70.62**	**13.33**	**38.60**	**33.97**	**95.10**	**80.71**	山 东
61.21	53.69	9.50	36.76	30.33	86.81	86.81	济 南
88.46	70.13	13.17	39.50	36.62	85.19	85.19	章 丘
80.97	64.82	13.28	37.81	36.66	100.00	100.00	青 岛
90.52	85.31	11.79	40.84	36.18	100.00	100.00	胶 州
92.71	75.91	14.37	40.32	38.06	100.00	100.00	即 墨
79.33	79.33	11.29	41.06	36.96	100.00	100.00	平 度
93.69	93.69	16.20	43.89	36.19	100.00	100.00	胶 南
94.99	94.99	15.33	44.27	39.27	100.00	100.00	莱 西
91.02	81.23	14.35	40.10	34.20	100.00	98.12	淄 博
60.11	57.70	8.67	34.40	27.90	67.10	20.39	枣 庄
72.57	69.49	9.27	34.57	29.10	91.69		滕 州
77.87	57.73	16.00	38.96	35.81	100.00	100.00	东 营
93.53	88.05	15.34	40.15	37.68	100.00	100.00	烟 台
82.65	82.65	8.47	37.88	33.57	100.00	100.00	龙 口
86.06	86.06	8.36	38.28	31.19	100.00	100.00	莱 阳
82.10	82.10	8.61	36.51	32.00	100.00	100.00	莱 州
82.65	77.55	12.49	39.72	35.45	100.00	100.00	蓬 莱
48.88	48.88	16.11	37.48	32.64	100.00		招 远
91.42	91.42	10.73	35.26	27.47	100.00		栖 霞
76.04	76.04	15.12	42.00	38.14	100.00	100.00	海 阳
73.05	73.05	7.59	37.66	32.73	89.60	89.60	潍 坊
88.49	88.49	9.64	38.56	30.16	94.81	94.81	青 州
91.81	91.81	9.49	35.19	32.14	100.00		诸 城
92.28	92.28	11.08	39.17	36.59	87.02	87.02	寿 光
87.01	87.01	27.01	37.23	29.63	100.00		安 丘
85.70	85.70	35.09	36.05	31.40	100.00		高 密
91.59	91.59	15.00	40.91	40.45	100.00	100.00	昌 邑
90.25	90.25	10.59	41.08	39.22	100.00	84.39	济 宁
94.34	94.34	24.60	33.95	28.05	100.00		曲 阜
98.75	65.10	10.51	35.10	30.52	96.63		兖 州
97.01	46.07	14.60	37.85	32.80	99.35	99.35	邹 城
82.11	75.74	15.06	41.40	33.55	100.00	100.00	泰 安
77.00	77.00	15.20	43.60	39.90	100.00	100.00	新 泰
72.73	72.73	15.05	41.67	40.08	92.86	92.86	肥 城
83.56	83.56	23.75	46.28	41.35	100.00	100.00	威 海
85.91	85.91	18.17	41.32	37.00	100.00	100.00	文 登

城市名称 Name of Cities	人口密度（人/平方公里） Population Density (person/square kilometers)	人均日生活用水量 Daily Water Consumption Per Capita (liter)	用水普及率（%） Water Coverage Rate (%)	燃气普及率（%） Gas Coverage Rate (%)	每万人拥有公共交通车辆（标台） Motor Vehicle for Public Traffic Per 10,000 Persons (standard units)	人均道路面积（平方米） Road Surface Area Per Capita (m^2)	排水管道密度（公里/平方公里） Density of Sewers (kilometers/square kilometer)	建成区 Built District
荣　成	755	99.58	100.00	98.71	2.87	19.53	1.05	11.29
乳　山	1009	103.79	99.22	98.03	4.72	29.60	2.23	13.49
日　照	1620	102.78	100.00	98.29	14.19	22.01	2.42	13.43
莱　芜	1091	177.36	100.00	99.44	13.97	28.17	1.45	11.33
临　沂	1429	122.58	100.00	99.66	13.83	19.44	1.55	13.07
德　州	1102	121.74	100.00	99.68	11.74	17.17	1.45	16.96
乐　陵	2017	77.61	97.25	96.97	3.86	5.12	2.17	4.11
禹　城	2422	117.13	94.98	77.08	11.15	19.75	1.77	5.10
聊　城	1502	139.43	99.65	95.16	7.53	21.77	1.98	13.67
临　清	1094	115.86	91.45	92.15	2.44	18.81	1.16	14.69
滨　州	982	106.36	99.83	99.37	6.06	17.09	1.20	8.69
菏　泽	1895	143.24	92.00	95.99	2.44	11.77	0.70	4.39
河　南	**5902**	**125.90**	**88.63**	**68.87**	**7.80**	**10.81**	**4.21**	**6.98**
郑　州	6249	155.62	100.00	92.04	15.11	10.53	6.55	8.82
巩　义	6272	63.45	88.57	31.44	4.96	9.12	4.39	7.52
荥　阳	7450	117.07	90.47	85.91	3.36	12.35	8.25	8.46
新　密	6392	171.10	86.11	59.32	9.84	13.95	3.63	4.56
新　郑	6717	108.67	66.82	61.17	6.46	10.85	2.89	5.19
登　封	2014	107.86	83.02	39.78	6.25	21.96	2.57	8.16
开　封	9794	63.75	100.00	69.57	4.80	8.77	5.13	5.13
洛　阳	13006	211.48	71.09	34.39	6.54	7.45	7.82	7.82
偃　师	6667	106.05	99.64	57.29	9.43	7.71	3.43	5.14
平顶山	11254	132.72	87.64	95.93	6.23	7.65	3.54	4.64
舞　钢	4033	208.48	96.12	37.69	4.13	13.31	1.67	3.62
汝　州	7109	48.18	74.28	28.70	2.05	6.27	3.29	4.60
安　阳	3399	117.89	100.00	96.55	8.07	12.00	3.16	8.78
林　州	3739	169.34	81.63	75.65	6.19	9.22	2.84	6.00
鹤　壁	4291	134.23	96.14	63.12	6.85	11.58	2.74	5.84
新　乡	7305	100.22	96.79	96.79	12.31	12.54	6.37	6.94
卫　辉	2971	184.03	79.28	26.40	1.65	9.20	1.96	4.82
辉　县	7320	156.75	100.00	45.46	1.09	9.29	5.24	6.15
焦　作	8322	69.06	100.00	90.85	8.02	13.31	6.81	7.86
沁　阳	3794	81.46	95.43	62.40	5.89	18.91	5.44	10.57
孟　州	6980	100.77	99.71	42.02	2.10	20.82	11.73	12.41
濮　阳	8500	128.88	92.24	90.64	11.18	9.01	5.32	7.39
许　昌	4582	96.91	98.52	64.84	10.80	11.52	4.24	6.52

污水处理率（%）Wastewater Treatment Rate（%）	污水处理厂集中处理率（%）Centralized Treatment Rate of Wastewater Treatment Plants（%）	人均公园绿地面积（平方米）Public Green Space Per Capita（m^2）	建成区绿地率（%）Green Space Rate of Built District（%）	建成区绿化覆盖率（%）Green Coverage Rate of Built District（%）	生活垃圾处理率（%）Domestic Garbage Treatment Rate（%）	生活垃圾无害化处理率（%）Domestic Garbage Harmless Treatment Rate（%）	城市名称 Name of Cities
85.74	83.02	22.02	44.90	41.12	100.00	100.00	荣成
75.79	75.79	14.80	40.13	37.80	100.00	100.00	乳山
85.18	72.03	18.87	41.85	38.24	100.00	94.71	日照
86.00	50.73	15.40	43.61	40.21	100.00	90.18	莱芜
92.33	88.46	15.04	37.77	32.65	100.00	94.26	临沂
70.54	52.39	18.86	39.26	38.11	93.59	93.59	德州
65.75	32.88	3.58	13.05	4.00	122.83		乐陵
87.12	42.47	7.50	20.43	15.00	100.00		禹城
88.42	55.00	14.23	37.15	30.40	90.45	90.45	聊城
57.54	44.11	10.09	38.60	29.52	88.68		临清
37.01	37.01	16.96	35.04	29.99	79.88	79.88	滨州
74.13	74.13	9.69	40.01	34.15	80.95	80.95	菏泽
68.28	**64.29**	**8.92**	**28.98**	**34.34**	**67.26**	**54.90**	**河南**
92.75	92.37	9.23	27.65	33.79	85.93	85.93	郑州
59.51	59.51	8.55	31.86	38.71			巩义
88.58	74.69	9.06	31.28	38.46	92.31	92.31	荥阳
60.23	60.23	11.34	27.91	33.89	85.71		新密
85.82	85.82	6.01	27.95	37.57	100.00	100.00	新郑
100.00	100.00	12.16	20.43	30.43	95.00	95.00	登封
26.23	26.23	4.89	21.08	25.07	65.27		开封
78.35	78.35	8.13	32.94	38.25	90.16	90.16	洛阳
70.26	70.26	11.00	44.07	45.43	100.00	100.00	偃师
86.04	79.69	7.76	27.98	34.00	100.00		平顶山
46.83	5.61	9.75	35.21	38.03			舞钢
82.24	82.24	6.83	6.80	16.72	8.15	8.15	汝州
79.45	55.11	8.04	31.01	36.03	94.02	94.02	安阳
22.16	22.16	12.10	30.56	36.28			林州
75.07	75.07	10.05	32.29	37.11	70.00	70.00	鹤壁
70.00	70.00	10.98	33.80	38.88	100.00	100.00	新乡
			20.20	25.73			卫辉
65.33	65.33	6.78	28.59	31.22			辉县
60.45	60.45	9.47	34.10	38.78	100.00	85.04	焦作
81.98	81.98	6.98	11.71	20.63	0.55	0.55	沁阳
		7.64	28.42	33.85	100.00		孟州
26.65	26.65	11.76	34.72	41.17			濮阳
80.27	80.27	11.27	37.86	42.57	82.14	82.14	许昌

城市名称 Name of Cities	人口密度（人/平方公里） Population Density (person/square kilometers)	人均日生活用水量 Daily Water Consumption Per Capita (liter)	用水普及率（%） Water Coverage Rate (%)	燃气普及率（%） Gas Coverage Rate (%)	每万人拥有公共交通车辆（标台） Motor Vehicle for Public Traffic Per 10,000 Persons (standard units)	人均道路面积（平方米） Road Surface Area Per Capita (m^2)	排水管道密度（公里/平方公里） Density of Sewers (kilometers/square kilometer)	建成区 Built District
禹州	5249	126.66	97.70	51.22	5.83	10.72	2.60	4.35
长葛	7695	125.39	74.62	66.61	5.01	11.60	5.36	7.31
漯河	4398	189.35	92.49	93.12	11.26	14.88	4.02	8.36
三门峡	9317	92.37	93.38	51.95	6.01	6.65	5.03	5.39
义马	1491	54.12	72.46	41.92	6.17	9.94	0.43	3.17
灵宝	5934	103.31	86.75	60.26	3.20	10.23	3.24	5.53
南阳	5087	84.49	73.09	63.37	4.19	8.69	2.83	7.49
邓州	5013	89.36	85.79	38.30	1.05	13.72	2.80	5.33
商丘	9146	107.85	78.77	54.67	4.21	7.47	2.22	3.91
永城	8348	94.98	48.40	25.80	5.48	16.10	5.67	6.09
信阳	2540	132.71	94.82	75.05	3.91	13.39	0.22	0.77
周口	2350	86.28	100.00	82.89	8.38	22.94	3.00	7.14
项城	7920	99.03	93.03	40.00	5.02	8.29	7.70	9.57
驻马店	6853	124.64	68.32	56.93	5.28	22.75	7.71	7.95
济源	5030	123.00	99.72	74.63	8.79	17.69	5.28	9.96
湖北	**1732**	**244.45**	**97.56**	**89.72**	**11.88**	**12.76**	**1.49**	**10.35**
武汉	1893	288.79	100.00	90.28	16.64	9.27	2.25	27.56
黄石	2924	219.39	100.00	98.56	12.34	12.51	1.82	6.97
大冶	1104	105.73	96.44	97.09	9.97	10.13	0.45	6.25
十堰	1539	334.04	96.09	97.23	10.78	14.30	1.17	6.46
丹江口	548	272.75	82.32	79.27	3.35	14.27	0.60	6.45
宜昌	1365	302.66	100.00	92.14	16.42	16.04	0.85	6.36
宜都	456	218.08	99.01	97.03	10.40	18.51	0.46	8.42
当阳	923	130.00	98.47	88.63	4.97	14.23	0.53	5.66
枝江	698	192.92	100.00	90.99	13.15	18.47	0.76	9.60
襄樊	2254	238.88	100.00	91.29	10.15	13.31	1.57	6.77
老河口	916	139.85	97.85	96.80	13.22	18.68	1.00	7.70
枣阳	887	152.16	98.00	93.20	3.45	14.77	0.57	7.09
宜城	5648	194.23	100.00	69.69	0.85	15.79	4.24	7.74
鄂州	1642	353.15	100.00	85.30	10.42	15.23	1.35	7.01
荆门	1749	260.57	100.00	100.00	13.70	16.45	2.37	10.31
钟祥	1533	214.69	100.00	97.07	12.69	20.98	0.90	6.44
孝感	3268	186.94	97.12	88.26	14.27	18.62	3.04	8.28
应城	837	298.49	92.20	88.24	10.66	19.43	0.50	4.66
安陆	2012	258.67	80.99	54.64	3.04	16.32	1.16	6.25
汉川	4105	162.82	97.03	90.26	0.95	7.61	1.45	7.59

污水处理率（%） Wastewater Treatment Rate (%)	污水处理厂集中处理率（%） Centralized Treatment Rate of Wastewater Treatment Plants (%)	人均公园绿地面积（平方米） Public Green Space Per Capita (m^2)	建成区绿地率（%） Green Space Rate of Built District (%)	建成区绿化覆盖率（%） Green Coverage Rate of Built District (%)	生活垃圾处理率（%） Domestic Garbage Treatment Rate (%)	生活垃圾无害化处理率（%） Domestic Garbage Harmless Treatment Rate (%)	城市名称 Name of Cities
67.10		11.12	29.81	35.62			禹　　州
87.02	87.02	10.68	23.89	33.71	100.00		长　　葛
41.67	39.39	17.01	35.36	44.02	100.00	100.00	漯　　河
99.45	99.45	14.45	39.75	42.46	87.50	87.50	三 门 峡
30.27	30.27	8.98	25.10	31.70			义　　马
63.18	63.18	7.61	22.12	25.76	100.00	100.00	灵　　宝
47.92	47.92	11.33	28.69	33.68	75.79	75.79	南　　阳
		5.29	11.19	15.48			邓　　州
84.02	84.02	4.64	30.32	30.32	81.11	81.11	商　　丘
66.67	66.67	6.21	11.09	15.00			永　　城
66.75	66.75	7.00	22.29	27.37	100.00	100.00	信　　阳
73.00	73.00	10.68	30.02	36.90			周　　口
70.82	70.82	9.32	30.12	36.24	100.00	3.64	项　　城
90.06	90.06	7.99	27.01	30.83	80.22	80.22	驻 马 店
71.48	71.48	8.87	36.83	38.60	100.00	100.00	济　　源
63.25	**41.99**	**9.29**	**37.57**	**32.62**	**89.36**	**41.88**	**湖　　北**
80.47	74.70	8.20	37.78	32.24	79.66	54.05	武　　汉
72.75	36.11	11.56	39.26	36.56	100.00	82.56	黄　　石
50.00		4.85	33.00	35.50	65.77		大　　冶
41.40	19.44	8.72	47.00	45.43	95.93	95.93	十　　堰
		60.24	36.63	35.80			丹 江 口
82.19	82.19	10.44	40.58	35.36	89.88	89.88	宜　　昌
71.76		12.18	40.25	35.17	81.33		宜　　都
55.56		6.50	32.39	32.39	87.50		当　　阳
74.42		12.79	38.25	35.08	92.19		枝　　江
75.79	70.01	9.94	38.12	36.71	100.00	100.00	襄　　樊
87.06		8.55	41.44	37.33	100.00	100.00	老 河 口
70.13		8.85	27.60	24.74	100.00		枣　　阳
		3.19	29.78	22.70	93.86		宜　　城
59.57	6.21	9.16	32.92	25.00	98.73		鄂　　州
86.85	52.02	11.14	48.39	44.30	99.46	99.46	荆　　门
55.77		10.87	37.67	35.56	100.00	100.00	钟　　祥
60.49	19.14	8.89	39.03	33.28	98.85	98.85	孝　　感
72.72		8.38	33.98	21.49	93.02		应　　城
20.97		7.56	33.93	31.52	91.67		安　　陆
37.22		4.07	26.53	21.24	94.51		汉　　川

城市名称 Name of Cities	人口密度（人/平方公里） Population Density (person/square kilometers)	人均日生活用水量 Daily Water Consumption Per Capita (liter)	用水普及率（%） Water Coverage Rate (%)	燃气普及率（%） Gas Coverage Rate (%)	每万人拥有公共交通车辆（标台） Motor Vehicle for Public Traffic Per 10,000 Persons (standard units)	人均道路面积（平方米） Road Surface Area Per Capita (m^2)	排水管道密度（公里/平方公里） Density of Sewers (kilometers/square kilometer) 建成区 Built District
荆　州	10745	172.22	100.00	98.84	8.75	10.97	5.92	5.92
石　首	6490	113.88	99.93	95.82	15.74	9.10	7.20	7.20
洪　湖	10088	252.47	72.37	67.54	3.36	9.63	5.64	6.45
松　滋	1229	128.99	95.76	85.17	4.07	17.03	2.14	13.67
黄　冈	9640	266.75	100.00	98.90	12.45	24.84	6.29	6.46
麻　城	1494	202.02	97.96	93.99	10.33	22.26	0.92	5.35
武　穴	8764	167.54	97.42	93.21	6.79	21.59	3.08	3.08
咸　宁	4676	172.65	97.71	90.34	5.31	13.31	1.59	2.99
赤　壁	446	192.66	96.29	82.43	5.34	13.00	0.29	6.66
随　州	1406	140.11	98.12	93.51	16.00	11.72	0.69	3.57
广　水	2821	213.85	80.00	74.33	5.77	14.43	1.19	4.32
恩　施	5259	184.63	87.76	53.14	8.63	6.78	1.82	3.94
利　川	11613	118.84	88.89	31.94	2.44	7.56	2.39	3.03
仙　桃	1500	281.51	100.00	100.00	12.83	22.11	2.10	13.49
潜　江	1118	311.29	100.00	96.55	11.01	16.01	1.17	9.46
天　门	778	130.46	99.84	96.87	3.57	9.31	0.39	5.25
湖　南	**3753**	**240.95**	**93.71**	**83.27**	**10.62**	**11.41**	**2.56**	**6.84**
长　沙	4036	376.44	100.00	96.10	17.25	13.94	2.03	6.25
浏　阳	6631	128.48	81.86	77.55	2.76	4.39	1.94	3.23
株　洲	1463	375.57	91.91	88.89	12.29	12.03	1.14	5.98
醴　陵	1690	123.92	85.73	83.64	6.22	9.46	0.67	2.95
湘　潭	2740	190.26	96.87	82.21	8.64	13.13	2.42	9.64
湘　乡	3394	137.62	91.49	95.74	10.00	10.96	2.27	4.58
韶　山	720	188.29	99.60	80.56	7.94	15.08	2.14	31.91
衡　阳	7542	166.83	100.00	98.36	10.24	11.23	6.32	8.15
耒　阳	10091	144.39	100.00	87.09	9.85	15.02	6.85	7.17
常　宁	4845	176.68	98.78	80.22	9.79	14.14	7.54	24.08
邵　阳	10775	185.62	94.63	75.07	5.71	9.19	7.75	10.33
武　冈	7259	197.86	89.15	61.51	2.33	7.60	3.38	8.51
岳　阳	5008	223.04	89.69	79.85	13.99	10.77	3.49	5.83
汨　罗	6595	152.27	72.02	75.82	4.40	13.19	4.30	6.84
临　湘	5664	111.91	81.38	82.76	3.31	6.28	5.16	9.10
常　德	1739	157.20	98.41	87.75	8.85	13.94	1.27	5.97
津　市	1805	113.56	97.24	80.37	5.76	5.84	0.86	5.53
张家界	1425	199.39	97.54	76.35	8.42	11.33	1.06	7.04
益　阳	7259	173.90	74.80	55.27	7.11	10.33	6.82	9.30

污 水处理率 (%) Wastewater Treatment Rate (%)	污水处理厂集中处理率 (%) Centralized Treatment Rate of Wastewater Treatment Plants (%)	人均公园绿地面积 (平方米) Public Green Space Per Capita (m^2)	建成区绿地率 (%) Green Space Rate of Built District (%)	建成区绿化覆盖率 (%) Green Coverage Rate of Built District (%)	生活垃圾处理率 (%) Domestic Garbage Treatment Rate (%)	生活垃圾无害化处理率 (%) Domestic Garbage Harmless Treatment Rate (%)	城市名称 Name of Cities
35.01	28.37	6.02	35.06	28.64	100.00		荆　州
67.50	67.50	8.90	41.18	36.16	100.00		石　首
18.78	18.78	8.18	57.29	53.97	100.00		洪　湖
		23.98	37.40	26.53	100.00		松　滋
64.34		10.29	33.06	30.91	91.37		黄　冈
49.76		6.01	34.18	28.54	93.71		麻　城
50.84		12.74	25.12	21.02	97.50		武　穴
		10.32	27.50	14.38	100.00		咸　宁
		7.61	28.08	24.40	100.00		赤　壁
48.98		8.73	27.69	26.55	97.50		随　州
41.97		10.63	21.20	15.26	89.06		广　水
84.33	82.33	8.34	38.94	34.11	98.27	98.27	恩　施
15.45		4.94	43.66	7.28			利　川
53.48	37.92	11.50	41.64	36.84	100.00	69.99	仙　桃
68.50	48.71	10.06	42.75	38.55	100.00	25.13	潜　江
		5.86	38.13	23.71	100.00		天　门
46.34	**21.02**	**7.63**	**35.58**	**32.09**	**100.00**	**52.77**	**湖　南**
48.70	43.79	8.43	36.26	31.21	100.00	100.00	长　沙
67.92	67.92	5.64	31.92	29.45	100.00		浏　阳
61.99	31.43	8.19	37.50	36.02	100.00	100.00	株　洲
40.00		9.93	30.39	26.62	100.00		醴　陵
59.78	16.54	7.96	43.46	40.11	100.00	100.00	湘　潭
35.65		7.55	17.16	9.02	100.00		湘　乡
46.30	46.30	9.92	48.94	48.30	100.00	16.67	韶　山
17.51		8.36	38.51	35.30	100.00	100.00	衡　阳
23.42		6.97	40.03	35.02	100.00		耒　阳
27.98		8.02	38.80	35.02	100.00		常　宁
27.52		6.50	31.73	28.27	100.00		邵　阳
14.01		6.43	26.45	20.99	100.00		武　冈
63.58	19.03	8.65	38.44	36.25	100.00	100.00	岳　阳
12.32		9.93	40.25	31.82	100.00		汨　罗
43.08	43.08	5.93	22.69	16.83	100.00		临　湘
62.54	49.25	8.97	39.64	35.00	100.00	100.00	常　德
35.08		9.00	41.46	35.74	100.00		津　市
67.44	50.19	7.14	35.52	31.38	100.00		张家界
50.24	50.24	5.65	34.67	33.44	100.00	100.00	益　阳

1-3 续 13

城市名称 Name of Cities	人口密度（人/平方公里） Population Density (person/square kilometers)	人均日生活用水量 Daily Water Consumption Per Capita (liter)	用水普及率（%） Water Coverage Rate (%)	燃气普及率（%） Gas Coverage Rate (%)	每万人拥有公共交通车辆（标台） Motor Vehicle for Public Traffic Per 10,000 Persons (standard units)	人均道路面积（平方米） Road Surface Area Per Capita (m^2)	排水管道密度（公里/平方公里） Density of Sewers (kilometers/square kilometer)	建成区 Built District
沅　江	11265	145.21	84.86	62.34	6.53	5.29	2.21	2.29
郴　州	5941	255.82	92.91	73.65	13.39	9.49	3.91	5.72
资　兴	7291	197.09	81.98	47.07	3.30	7.04	2.36	2.65
永　州	6091	251.27	99.33	91.75	9.95	11.71	3.70	5.31
怀　化	5652	285.43	93.57	71.45	17.76	8.34	2.79	4.42
洪　江	10750	141.55	69.77	46.51	3.95	11.16	5.50	5.50
娄　底	6866	225.60	93.21	90.30	6.99	11.30	5.96	7.34
冷水江	5017	197.24	84.91	63.75	7.95	7.28	2.94	4.39
涟　源	4904	176.68	79.93	76.43	5.38	7.99	2.08	4.48
吉　首	8964	233.20	86.21	60.85	7.35	12.78	6.50	7.53
广　东	**2686**	**238.16**	**84.80**	**78.96**	**7.90**	**9.44**	**1.59**	**7.50**
广　州	2766	280.43	97.74	97.10	12.21	8.45	1.44	6.58
增　城	846	239.21	96.00	74.40	5.60	10.40	0.34	1.11
从　化	6516	220.03	98.22	92.08	2.15	6.57	2.88	2.88
韶　关	290	158.94	97.55	95.77	5.49	10.73	0.19	4.74
乐　昌	5429	247.00	68.42	63.16	8.47	3.16		
南　雄	3513	128.19	96.89	63.40	2.39	7.30	1.51	3.69
深　圳	4412	259.66	84.15	92.93	14.84	9.66	3.49	8.91
珠　海	880	400.88	98.31	97.85	14.31	27.11	1.02	9.60
汕　头	13818	197.24	94.72	93.51	2.63	10.41	9.54	9.54
佛　山	3769	310.68	97.44	96.00	10.45	10.50	2.59	9.60
江　门	1997	230.48	100.00	99.52	6.18	14.35	1.90	10.07
台　山	5936	206.06	100.00	97.04	2.91	10.41	24.73	35.63
开　平	1764	251.57	97.99	96.34	4.52	11.83	2.22	11.29
鹤　山	4154	185.53	100.00	94.01	2.46	17.90	4.37	10.21
恩　平	1994	175.48	90.03	90.03	0.40	11.05	1.97	8.03
湛　江	20093	106.16	90.92	94.12	2.54	9.45	2.82	2.82
廉　江	3374	155.42	100.00	96.62	0.89	11.91	3.72	11.07
雷　州	4101	167.02	52.30	78.89	1.58	6.93	1.40	2.60
吴　川	4255	193.00	85.99	73.25	1.34	11.34	3.25	7.06
茂　名	4251	230.28	100.00	99.16	2.86	7.73	2.54	4.24
高　州	2003	191.29	97.46	96.60	0.70	3.34	0.75	7.78
化　州	4583	170.18	99.64	95.64	0.69	3.45	1.32	3.19
信　宜	3571	144.13	98.43	97.61	0.91	4.17	1.52	4.50
肇　庆	1312	263.95	99.84	99.26	5.04	13.41	1.21	6.98
高　要	1817	181.60	96.61	96.82	0.83	10.65	1.27	5.53

污水处理率（%） Wastewater Treatment Rate (%)	污水处理厂集中处理率（%） Centralized Treatment Rate of Wastewater Treatment Plants (%)	人均公园绿地面积（平方米） Public Green Space Per Capita (m^2)	建成区绿地率（%） Green Space Rate of Built District (%)	建成区绿化覆盖率（%） Green Coverage Rate of Built District (%)	生活垃圾处理率（%） Domestic Garbage Treatment Rate (%)	生活垃圾无害化处理率（%） Domestic Garbage Harmless Treatment Rate (%)	城市名称 Name of Cities
31.45		2.74	27.48	26.18	100.00		沅江
69.09	23.15	6.92	36.31	31.47	100.00	100.00	郴州
81.81	24.89	7.29	41.87	37.70	100.00		资兴
37.04	30.49	5.18	26.47	25.87	100.00	22.59	永州
17.97		7.69	33.97	32.66	100.00	26.52	怀化
15.08		3.95	16.25	10.00	100.00		洪江
39.44		8.16	37.44	33.45	100.00	17.19	娄底
44.21		7.48	24.90	23.48	100.00		冷水江
28.08		4.08	24.74	23.19	100.00		涟源
28.54		7.76	27.00	22.00	100.00	27.07	吉首
55.97	**41.45**	**9.22**	**38.49**	**34.60**	**75.60**	**63.03**	**广东**
74.15	61.19	7.55	37.14	33.87	98.51	82.35	广州
15.78	5.26	11.60	11.59	10.81	100.00		增城
16.24		23.45	19.92	19.24	100.00		从化
95.06	40.90	10.55	41.49	38.40	100.00	78.92	韶关
		7.11	36.50	31.54	100.00		乐昌
37.89	37.89	12.80	28.48	15.06	99.68		南雄
64.74	49.49	16.10	45.00	39.10	94.05	94.05	深圳
44.61	44.61	12.84	44.46	39.89	72.54	72.54	珠海
24.02	24.02	11.22	36.31	34.18	69.77	62.21	汕头
70.83	70.83	7.61	33.21	31.54	98.78	98.78	佛山
25.81	25.81	8.94	40.53	38.21	100.00	68.11	江门
		14.34	36.29	34.89	100.00		台山
50.22	16.74	6.08	37.57	34.85	100.00		开平
28.49	28.49	8.07	34.82	33.26	100.00		鹤山
		8.32	52.20	22.55	100.00		恩平
53.19	9.94	5.02	46.61	41.43	84.95	84.95	湛江
		39.48	56.25	55.71			廉江
		7.75	14.71	10.82			雷州
		1.85	30.24	20.82			吴川
62.78	62.78	8.29	42.60	38.84	95.35		茂名
		4.39	43.27	35.69	98.97		高州
		4.80	26.21	21.37	100.00		化州
		7.17	39.45	27.52	99.80		信宜
67.98	61.39	19.65	34.29	28.70	95.49	75.68	肇庆
48.23	44.38	17.84	43.84	42.08	70.09	70.09	高要

1-3 续 14

城市名称 Name of Cities	人口密度（人/平方公里） Population Density (person/square kilometers)	人均日生活用水量 Daily Water Consumption Per Capita (liter)	用水普及率（%） Water Coverage Rate (%)	燃气普及率（%） Gas Coverage Rate (%)	每万人拥有公共交通车辆（标台） Motor Vehicle for Public Traffic Per 10,000 Persons (standard units)	人均道路面积（平方米） Road Surface Area Per Capita (m^2)	排水管道密度（公里/平方公里） Density of Sewers (kilometers/square kilometer)	建成区 Built District
四会	4354	178.79	99.95	99.68	2.66	33.99	4.36	9.08
惠州	644	205.79	89.13	86.06	5.44	10.29	0.33	5.46
梅州	9930	230.25	95.35	91.86	4.04	15.31	8.82	8.82
兴宁	2200	110.11	78.51	69.87	1.65	10.74	5.19	39.25
汕尾	2535	163.68	94.77	92.13	3.56	8.29	1.78	12.73
陆丰	3696	150.96	96.62	82.27	1.50	9.23	2.86	8.07
河源	9857	239.88	98.59	98.48	11.80	10.16	6.12	6.12
阳江	2531	249.08	86.42	94.81	3.70		0.04	0.18
阳春	548	290.48	84.78	66.85	4.62	6.09	0.35	5.96
清远	756	252.42	64.20	66.27	3.65	0.39	0.23	5.28
英德	555	91.78	66.30	66.30	6.85	1.66	0.13	2.12
连州	992	139.73	52.05	68.31	1.43	24.79	0.86	10.35
东莞	5219	209.24	61.58	36.33	4.12	8.28	2.07	7.48
中山	2419	220.40	100.00	100.00	12.03	10.63	1.70	5.76
潮州	7727	180.54	100.00	100.00	4.14	9.84	6.00	7.20
揭阳	4160	83.19	96.95	86.32		4.00	0.87	3.81
普宁	4287	332.66	98.09	77.35	0.61	10.36	2.89	12.02
云浮	2473	182.55	100.00	71.74	3.08	3.13	0.52	2.37
罗定	5356	247.87	93.28	93.28	1.83	19.23	2.78	6.62
广西	**1464**	**246.62**	**91.89**	**81.51**	**8.13**	**11.28**	**0.85**	**5.76**
南宁	2383	288.67	100.00	99.47	14.90	12.41	0.86	3.79
柳州	3489	242.13	99.80	73.80	7.41	8.09	1.77	6.88
桂林	1448	332.87	74.95	75.28	10.69	7.04	0.88	8.46
梧州	1271	256.52	86.54	78.80	8.02	5.77	0.35	2.99
岑溪	4950	137.41	95.08	95.96	2.42	15.42	1.57	2.93
北海	608	217.19	55.33	56.53	2.10	10.57	0.29	6.90
防城港	591	191.36	99.02	83.29	6.08	18.74	0.58	7.47
东兴	498	205.73	84.62	78.77	11.23	21.54	0.74	12.47
钦州	1177	201.51	89.54	75.17	5.65	19.73	1.21	3.28
贵港	1270	181.10	100.00	73.05	3.92	16.14	0.75	4.41
桂平	584	147.52	93.35	64.74	4.06	8.18	0.26	5.96
玉林	2064	179.92	100.00	97.10	3.74	13.03	1.29	5.60
北流	1438	164.07	100.00	85.36	1.13	13.61	1.40	11.31
百色	469	352.18	98.76	70.63	5.12	13.24	0.27	3.11
贺州	3618	216.51	65.19	66.06	2.98	12.45	3.27	7.40
河池	2723	219.51	100.00	76.81	6.24	6.57	1.50	7.09

污水处理率(%) Wastewater Treatment Rate (%)	污水处理厂集中处理率(%) Centralized Treatment Rate of Wastewater Treatment Plants (%)	人均公园绿地面积(平方米) Public Green Space Per Capita (m^2)	建成区绿地率(%) Green Space Rate of Built District (%)	建成区绿化覆盖率(%) Green Coverage Rate of Built District (%)	生活垃圾处理率(%) Domestic Garbage Treatment Rate (%)	生活垃圾无害化处理率(%) Domestic Garbage Harmless Treatment Rate (%)	城市名称 Name of Cities
43.64	40.00	9.28	25.92	22.79	85.00		四会
37.03	37.03	7.43	37.09	33.14	91.01	91.01	惠州
59.96	31.41	11.30	42.23	36.52	100.00		梅州
		7.18	27.25				兴宁
		3.73	29.09	27.95			汕尾
		1.16	31.32	30.36			陆丰
61.87	61.87	9.07	40.83	37.13	100.00		河源
38.61	19.31	9.11	0.97	0.97	73.20	73.20	阳江
59.58	59.58	9.78	35.45	34.34	100.00		阳春
77.74	77.74	1.31	32.27	31.73	75.64	75.64	清远
86.93	25.31	6.96	34.54	36.32	96.12		英德
		5.14	33.67	26.25	100.00		连州
51.66	17.05	6.49	41.72	39.12	29.24	29.24	东莞
64.46	64.46	5.94	36.31	33.21	94.58	94.58	中山
75.64	75.64	10.25	41.41	37.00	100.00	100.00	潮州
		12.19	32.24	32.24	81.60	81.60	揭阳
		0.38	28.17	28.13			普宁
81.74	61.52	10.26	39.41	30.27	82.48	41.93	云浮
40.35	9.33	9.71	30.95	12.38			罗定
49.39	**14.96**	**8.56**	**32.11**	**27.06**	**78.17**	**68.38**	**广西**
79.31	23.55	10.86	39.86	34.32	100.00	100.00	南宁
56.88	9.10	10.26	37.33	32.09	100.00	100.00	柳州
69.76	64.52	6.31	40.29	37.11	100.00	100.00	桂林
		7.10	31.50	30.25	89.93		梧州
		17.17	23.49	23.12			岑溪
48.94	27.23	3.30	43.88	27.19	100.00	100.00	北海
		4.97	18.85	16.87	34.63	34.63	防城港
		8.00	30.39	23.64	85.07		东兴
71.43	53.83	5.36	14.16	7.62	78.73	78.73	钦州
11.40		10.05	24.53	19.53	98.45	98.45	贵港
23.22		6.36	32.67	29.49			桂平
		10.75	22.06	19.62	100.00	100.00	玉林
		8.01	31.54	25.43	100.00	100.00	北流
		9.36	33.01	32.34	100.00	30.00	百色
		4.44	25.60	22.80			贺州
86.80		3.76	28.13	25.89	16.30	16.30	河池

1-3 续 15

城市名称 Name of Cities	人口密度（人/平方公里） Population Density (person/square kilometers)	人均日生活用水量 Daily Water Consumption Per Capita (liter)	用水普及率（%） Water Coverage Rate (%)	燃气普及率（%） Gas Coverage Rate (%)	每万人拥有公共交通车辆（标台） Motor Vehicle for Public Traffic Per 10,000 Persons (standard units)	人均道路面积（平方米） Road Surface Area Per Capita (m^2)	排水管道密度（公里/平方公里） Density of Sewers (kilometers/square kilometer)	建成区 Built District
宜州	410	273.22	100.00	72.79	8.64	22.20	1.20	27.77
来宾	1719	318.35	100.00	85.93	9.58	11.48	1.63	6.21
合山	3105	226.77	100.00	95.33	2.09	10.47	2.85	10.27
崇左	3580	172.28	95.89	90.31	2.13	15.11	2.47	6.45
凭祥	12196	146.55	98.87	93.25	5.31	17.04	5.69	5.69
海南	**2525**	**292.25**	**77.15**	**65.37**	**6.80**	**12.50**	**2.63**	**10.67**
海口	4585	367.68	84.27	82.29	11.00	12.63	4.50	10.32
三亚	4283	200.58	97.28	66.15	10.08	10.97	5.45	16.35
五指山	993	370.96	83.89	83.89		2.68	0.03	0.31
琼海	467	261.42	86.52	72.10	2.88	16.94	0.87	11.98
儋州	8364	183.01	54.35	52.17		14.39	9.16	10.03
文昌	4922	249.80	64.25	53.14	1.89	15.95	10.94	21.30
万宁	1367	103.42	53.73	26.86	1.75	6.72	0.55	6.25
东方	4411	225.88	56.60	14.47	0.82	13.77	1.03	2.36
重庆	**1527**	**140.64**	**91.49**	**88.40**	**9.64**	**9.16**	**0.94**	**7.85**
四川	**2587**	**200.90**	**86.55**	**78.92**	**9.64**	**10.33**	**2.12**	**8.87**
成都	5071	276.09	92.98	91.50	17.67	12.45	5.07	9.66
都江堰	1386	224.63	75.22	53.97	2.13	7.96	0.90	7.74
彭州	1874	169.34	62.64	62.52	2.11	8.29	1.29	9.93
邛崃	5038	202.53	84.16	65.52	2.16	8.14	5.22	10.19
崇州	2165	115.78	90.31	83.76	8.23	10.12	2.10	7.51
自贡	2197	121.58	82.41	71.35	11.31	8.02	1.26	8.17
攀枝花	1845	202.75	94.89	82.52	9.72	8.60	1.59	9.70
泸州	1552	149.81	77.00	70.06	10.20	9.98	1.58	13.53
德阳	2455	160.81	94.12	76.39	6.41	10.19	1.82	7.64
广汉	9220	197.56	73.36	69.10	0.21	7.51	5.59	5.98
什邡	9962	171.09	76.29	72.59	3.55	10.42	7.92	10.12
绵竹	7414	178.62	69.34	68.60	4.43	12.54	9.45	11.57
绵阳	2179	171.27	95.35	89.02	10.00	11.76	2.10	9.47
江油	1452	134.97	79.72	61.21	3.80	10.71	0.79	6.56
广元	1455	159.21	89.75	73.41	4.22	10.09	1.19	8.08
遂宁	1176	132.39	85.29	75.29	4.61	11.89	1.02	8.75
内江	2416	177.10	63.98	65.12	10.18	5.96	1.00	6.23
乐山	5269	162.56	84.87	63.79	6.40	12.94	4.51	8.69

污水处理率（%） Wastewater Treatment Rate (%)	污水处理厂集中处理率（%） Centralized Treatment Rate of Wastewater Treatment Plants (%)	人均公园绿地面积（平方米） Public Green Space Per Capita (m^2)	建成区绿地率（%） Green Space Rate of Built District (%)	建成区绿化覆盖率（%） Green Coverage Rate of Built District (%)	生活垃圾处理率（%） Domestic Garbage Treatment Rate (%)	生活垃圾无害化处理率（%） Domestic Garbage Harmless Treatment Rate (%)	城市名称 Name of Cities
54.69		9.83	37.80	28.29			宜州
0.12		5.93	22.85	16.29			来宾
		4.35	34.77	30.45			合山
		6.73	39.94	38.10			崇左
		9.00	53.92	48.82			凭祥
66.51	**62.84**	**10.12**	**40.48**	**34.78**	**89.98**	**62.07**	**海南**
85.20	85.20	8.69	40.05	35.93	83.15	83.15	海口
72.09	52.51	20.74	51.70	41.30	88.89	88.89	三亚
		9.73	40.46	30.69	94.80		五指山
		17.38	37.19	33.36	100.00	100.00	琼海
		8.13	42.26	36.97	100.00		儋州
		6.05	39.13	27.39	91.55		文昌
		6.51	33.23	25.00	92.31	92.31	万宁
		5.03	36.05	32.42	100.00		东方
74.38	**73.78**	**7.61**	**31.81**	**28.92**	**87.54**	**82.33**	**重庆**
55.18	**49.04**	**8.37**	**34.20**	**30.96**	**79.82**	**69.92**	**四川**
81.99	81.19	10.41	38.03	35.06	98.25	96.05	成都
33.51	33.51	7.68	37.47	32.31	91.91		都江堰
40.48	40.48	4.70	21.47	20.38	82.11		彭州
75.79	34.50	8.27	34.38	32.81	89.78	89.78	邛崃
		11.07	38.45	34.05	98.21	98.21	崇州
72.44	46.55	4.86	33.82	28.91	72.13	72.13	自贡
28.44	25.79	8.19	39.43	36.19	93.58	93.58	攀枝花
64.58	14.27	7.10	34.85	31.26	99.34	79.65	泸州
73.04	73.04	7.02	30.37	26.87	57.45	57.45	德阳
		5.18	27.12	20.58	46.53		广汉
		6.72	22.10	16.80	93.98		什邡
		8.96	32.50	31.07	96.23		绵竹
83.53	83.47	8.01	32.67	30.07	98.97	98.97	绵阳
70.90	70.90	4.21	30.61	27.95	98.15		江油
74.32	74.32	7.80	37.90	36.96	72.16	72.16	广元
77.17	77.17	6.71	35.88	33.99	81.18	81.18	遂宁
32.19	32.19	2.80	17.71	16.22	12.67		内江
42.21	42.21	9.02	32.82	31.51	83.93	57.50	乐山

城市名称 Name of Cities	人口密度（人/平方公里） Population Density (person/square kilometers)	人均日生活用水量 Daily Water Consumption Per Capita (liter)	用水普及率（%） Water Coverage Rate (%)	燃气普及率（%） Gas Coverage Rate (%)	每万人拥有公共交通车辆（标台） Motor Vehicle for Public Traffic Per 10,000 Persons (standard units)	人均道路面积（平方米） Road Surface Area Per Capita (m^2)	排水管道密度（公里/平方公里） Density of Sewers (kilometers/square kilometer)	
								建成区 Built District
峨眉山	1586	157.27	80.71	40.32	4.40	6.71	0.52	3.41
南充	1643	192.60	97.07	95.78	8.04	12.29	1.50	10.29
阆中	1417	167.69	96.56	94.59	3.25	11.29	1.15	10.03
眉山	5513	191.99	82.93	79.95	7.52	12.99	4.50	6.40
宜宾	6834	211.54	78.10	89.14	11.74	7.16	3.79	4.42
广安	2189	157.86	86.17	74.19	1.72	7.63	1.91	10.36
华蓥	1261	186.55	74.25	58.03	3.35	8.67	1.09	15.54
达州	3463	187.81	96.37	91.40	3.54	4.77	1.33	5.90
万源	5469	112.98	93.11	75.11	0.70	7.74	4.85	7.47
雅安	8470	119.18	97.51	59.82	2.15	8.20	3.68	5.22
巴中	1837	169.25	76.40	59.08	3.43	8.73	1.02	10.11
资阳	1502	196.63	85.87	72.00	5.28	8.43	0.79	5.39
简阳	2925	152.19	72.04	65.02	1.56	6.35	0.57	3.86
西昌	8285	196.33	76.36	66.69	9.54	12.34	11.74	14.77
贵州	**3094**	**172.52**	**82.52**	**62.08**	**8.04**	**6.21**	**1.83**	**7.80**
贵阳	5238	190.22	82.33	81.93	10.30	5.25	4.33	13.62
清镇	2512	126.03	54.01	35.49		2.78	0.81	2.71
六盘水	2791	273.97	72.22	50.00	10.11	8.89	0.47	1.62
遵义	3182	207.26	94.29	74.86	7.23	5.50	1.01	4.42
赤水	802	89.37	96.16	84.93	0.82	6.99	0.78	8.99
仁怀	1326	146.33	72.03	42.37	2.54	5.85	0.39	3.50
安顺	4003	83.92	77.93	22.50	4.15	5.20	1.21	4.54
铜仁	9524	142.65	75.00	25.00	3.15	7.85	7.24	7.24
兴义	2424	119.74	92.11	20.54	3.84	12.05	1.94	8.00
毕节	5585	67.97	74.69	6.57	10.04	7.39	1.55	4.72
凯里	2787	120.10	76.41	71.81	7.21	6.00	1.55	4.86
都匀	689	206.15	98.27	74.66	10.40	7.85	0.42	8.71
福泉	3365	168.79	100.00	61.92	9.29	8.05	1.98	3.96
云南	**3322**	**142.19**	**95.41**	**77.57**	**10.81**	**9.28**	**2.29**	**7.08**
昆明	6505	123.78	99.70	97.65	15.21	6.92	2.67	4.99
安宁	595	192.57	100.00	97.10	6.45	19.49	0.65	7.81
曲靖	11033	205.52	89.24	47.07	8.58	9.95	11.36	11.36
宣威	9604	107.41	87.23	36.56	3.33	11.43	5.51	5.51
玉溪	4026	184.81	96.81	74.47	7.34	17.07	6.92	14.48
保山	4909	106.65	86.42	43.52	4.94	12.35	7.76	13.76

污水处理率（%）Wastewater Treatment Rate (%)	污水处理厂集中处理率（%）Centralized Treatment Rate of Wastewater Treatment Plants (%)	人均公园绿地面积（平方米）Public Green Space Per Capita (m^2)	建成区绿地率（%）Green Space Rate of Built District (%)	建成区绿化覆盖率（%）Green Coverage Rate of Built District (%)	生活垃圾处理率（%）Domestic Garbage Treatment Rate (%)	生活垃圾无害化处理率（%）Domestic Garbage Harmless Treatment Rate (%)	城市名称 Name of Cities
57.53	57.53	6.29	34.06	27.39			峨眉山
28.41	28.41	8.62	38.05	33.02	81.58	81.58	南充
13.35	13.35	8.05	38.08	33.06	82.13	82.13	阆中
63.80	31.90	11.63	30.71	23.63	8.40	8.40	眉山
10.44	5.22	11.63	31.84	28.94	75.00	75.00	宜宾
78.96	78.96	13.54	43.26	37.62	80.74	80.74	广安
		8.15	23.46	24.00	44.64		华蓥
14.06	14.06	9.02	35.38	36.38			达州
		4.78	14.12	11.63			万源
44.02	44.02	8.08	22.60	21.86	90.72	90.72	雅安
59.97	59.97	7.64	23.21	23.00	71.43	71.43	巴中
		9.50	22.97	21.52	80.00	80.00	资阳
		5.43	24.64	22.71	43.96	43.96	简阳
10.64	10.64	9.50	34.93	31.11	91.67	91.67	西昌
39.13	**39.13**	**5.89**	**30.53**	**26.85**	**84.25**	**71.15**	**贵州**
36.05	36.05	8.81	40.43	39.22	90.62	90.62	贵阳
		0.39	3.67	1.87			清镇
59.35	59.35	2.00	25.68	4.95	100.00	100.00	六盘水
48.40	48.40	4.93	42.15	38.04	99.55	99.55	遵义
84.56	84.56	8.77	25.82	30.76			赤水
89.71	89.71	1.78	18.80	13.30	73.00	73.00	仁怀
		1.37	14.91	13.16	100.00		安顺
		4.90	31.67	28.86	66.67	66.67	铜仁
34.82	34.82	5.37	22.00	22.00			兴义
98.14	98.14	0.45	10.42	10.42	95.00	95.00	毕节
48.66	48.66	3.66	19.48	16.01	100.00	100.00	凯里
		8.57	38.53	36.01	100.00	100.00	都匀
		11.46	30.83	27.40	100.00		福泉
65.42	**59.32**	**7.44**	**30.95**	**26.69**	**86.08**	**80.43**	**云南**
63.92	63.92	6.70	34.85	30.29	87.08	87.08	昆明
77.17	77.17	6.52	42.14	37.03	88.06	88.06	安宁
89.83	70.38	7.50	35.67	32.37	98.90	98.90	曲靖
89.82	30.82	4.07	8.13	6.22	97.50	97.50	宣威
53.64	53.64	10.27	33.18	33.36	100.00	100.00	玉溪
35.71	17.86	4.32	6.13	2.53	61.28	61.28	保山

1-3 续17

城市名称 Name of Cities	人口密度（人/平方公里） Population Density (person/square kilometers)	人均日生活用水量 Daily Water Consumption Per Capita (liter)	用水普及率（%） Water Coverage Rate (%)	燃气普及率（%） Gas Coverage Rate (%)	每万人拥有公共交通车辆（标台） Motor Vehicle for Public Traffic Per 10,000 Persons (standard units)	人均道路面积（平方米） Road Surface Area Per Capita (m^2)	排水管道密度（公里/平方公里） Density of Sewers (kilometers/square kilometer)	建成区 Built District
昭通	2779	94.44	89.08	47.30	1.84	4.64	1.07	4.27
丽江	5136	118.17	87.61	70.80	9.65	17.70	4.64	5.54
普洱	7679	148.16	78.74	54.51	5.94	4.12	7.53	8.53
临沧	6337	166.81	94.07	87.29	3.47	9.07	3.22	5.17
楚雄	6486	174.17	92.51	47.89	5.64	10.00	2.34	3.57
个旧	5026	146.85	100.00	11.50	3.51	5.06	2.63	7.49
开远	2640	142.97	98.06	68.18	7.83	12.04	2.31	5.78
景洪	1527	298.65	100.00	70.48	5.79	20.91	1.00	4.47
大理	595	166.58	93.81	61.71	10.83	13.01	0.72	10.85
瑞丽	3313	272.77	96.23	79.25		15.47	8.31	9.71
潞西	4504	140.90	62.17	62.17	3.55	22.38	11.44	19.07
西藏	**1258**	**239.78**	**90.58**	**65.10**	**16.73**	**15.51**	**1.08**	**3.93**
拉萨	1139	277.85	90.32	78.85	20.65	15.34	0.98	4.08
日喀则	1952	111.86	91.46	18.29	3.41	16.10	1.67	3.50
陕西	**5938**	**154.45**	**95.70**	**86.17**	**10.99**	**11.58**	**3.30**	**6.59**
西安	10556	187.01	100.00	98.60	18.02	12.65	6.26	7.33
铜川	7127	64.43	96.94	76.15	5.84	8.29	5.04	7.58
宝鸡	11462	132.81	99.81	95.72	11.04	15.40	7.14	7.15
咸阳	11222	182.37	97.23	78.63	5.43	10.59	4.25	4.58
兴平	4215	121.51	96.65	78.53		9.34	0.86	2.59
渭南	2548	104.92	99.23	94.51	4.08	17.44	1.78	7.45
韩城	2127	100.25	98.23	62.07	7.50	10.67	1.08	4.68
华阴	1543	145.26	95.71	47.86	4.29	5.68	0.88	3.17
延安	8162	122.11	66.57	89.52	4.33	4.70		
汉中	14161	89.37	78.05	37.17	4.46	4.16	10.32	14.00
榆林	2689	60.37	93.75	75.47	5.63	10.88	2.35	7.78
安康	9926	196.10	96.30	70.44	3.37	16.67	3.27	3.27
商洛	613	200.41	90.07	93.33	3.69	11.28	0.33	5.77
甘肃	**3807**	**144.91**	**91.76**	**64.46**	**7.64**	**9.83**	**1.95**	**4.80**
兰州	10555	158.28	98.83	68.03	12.71	6.69	2.99	3.16
嘉峪关	1503	153.82	100.00	100.00	3.11	15.64	2.67	7.86
金昌	3614	161.17	95.52	52.70	7.25	17.26	1.29	1.71
白银	4387	252.91	87.46	48.61	4.73	11.60	1.51	3.32
天水	11694	132.75	75.91	56.87	3.11	8.62	5.48	6.96

污水处理率（%） Wastewater Treatment Rate (%)	污水处理厂集中处理率（%） Centralized Treatment Rate of Wastewater Treatment Plants (%)	人均公园绿地面积（平方米） Public Green Space Per Capita (m^2)	建成区绿地率（%） Green Space Rate of Built District (%)	建成区绿化覆盖率（%） Green Coverage Rate of Built District (%)	生活垃圾处理率（%） Domestic Garbage Treatment Rate (%)	生活垃圾无害化处理率（%） Domestic Garbage Harmless Treatment Rate (%)	城市名称 Name of Cities
99.69	49.85	3.36	30.00	12.53	70.95		昭　通
98.02	94.73	27.43	28.42	24.29	100.00	100.00	丽　江
		2.24	33.21	30.58			普　洱
		2.37	26.29	24.22	86.21	86.21	临　沧
65.34	65.34	9.60	26.35	24.35	100.00	100.00	楚　雄
84.06	84.06	13.63	33.09	32.59	100.00	100.00	个　旧
29.36	29.36	7.15	28.44	25.89	100.00		开　远
66.08	66.08	15.11	43.35	37.45	100.00	100.00	景　洪
94.27	94.27	10.41	21.24	17.83	100.00	100.00	大　理
66.67	33.33	9.43	26.72	24.45	99.60	99.60	瑞　丽
100.00	50.00	4.53	27.73	21.87	47.95		潞　西
		6.90	**24.40**	**2.35**	**66.70**	**66.70**	**西　藏**
		4.12	31.45		80.00	80.00	拉　萨
		16.34	3.70	9.25			日喀则
51.23	**38.62**	**8.00**	**37.65**	**30.39**	**71.07**	**52.43**	**陕　西**
61.56	49.91	7.61	39.71	31.11	81.23	81.23	西　安
58.01	58.01	7.60	37.55	32.46	98.66		铜　川
74.39	57.90	10.53	46.36	37.54	100.00	100.00	宝　鸡
40.11	8.90	9.60	38.65	31.97	17.97		咸　阳
		5.38	31.19	28.18			兴　平
80.62	67.82	7.57	36.90	31.04	100.00	100.00	渭　南
		7.68	37.42	28.39	100.00		韩　城
		3.89	24.11	15.11	50.93		华　阴
76.28	76.28	7.96	32.99	30.38	80.98	80.98	延　安
63.33	63.33	6.45	18.93	12.75	76.92		汉　中
		4.75	31.97	26.89	94.74		榆　林
		12.48	38.16	32.17			安　康
		8.51	39.54	34.54	100.00	100.00	商　洛
54.40	**42.90**	**6.83**	**24.14**	**21.75**	**93.64**	**26.32**	**甘　肃**
50.08	36.84	8.29	22.42	22.30	98.46		兰　州
66.27	66.20	14.31	35.11	33.19	100.00	100.00	嘉峪关
86.95	58.06	16.07	29.10	26.69	95.01	95.01	金　昌
38.94	22.80	3.97	21.93	18.59	85.34	85.34	白　银
61.12	61.12	5.46	31.46	27.67	100.00		天　水

城市名称 Name of Cities	人口密度（人/平方公里） Population Density (person/square kilometers)	人均日生活用水量 Daily Water Consumption Per Capita (liter)	用水普及率（%） Water Coverage Rate (%)	燃气普及率（%） Gas Coverage Rate (%)	每万人拥有公共交通车辆（标台） Motor Vehicle for Public Traffic Per 10,000 Persons (standard units)	人均道路面积（平方米） Road Surface Area Per Capita (m^2)	排水管道密度（公里/平方公里） Density of Sewers (kilometers/square kilometer) 建成区 Built District
武威	9253	146.16	94.30	57.89	5.09	10.88	5.28
张掖	5671	150.32	98.30	92.40	9.70	14.81	7.36
平凉	1009	91.25	94.02	52.37	3.85	19.89	5.28
酒泉	4159	127.52	99.28	95.67	4.77	12.27	8.07
玉门	2494	121.77	96.04	96.04	9.45	26.07	5.90
敦煌	5096	113.26	96.13	96.13	4.46	17.64	9.04
庆阳	7948	125.90	97.37	74.40	7.88	7.82	4.90
定西	832	30.34	93.45	43.30	1.92	6.55	3.51
陇南	756	45.60	49.96	29.18	1.68	3.14	7.46
临夏	6556	75.55	73.21	16.64	4.33	8.04	2.71
合作	4445	87.06	81.37	90.42	3.07	12.30	3.34
青海	**1962**	**176.46**	**100.00**	**89.41**	**18.73**	**10.53**	**6.60**
西宁	2202	176.08	100.00	93.23	20.36	7.03	7.93
格尔木	1930	172.85	100.00	89.12	13.17	25.06	4.65
德令哈	714	191.08	100.00	27.11	4.91	34.38	4.80
宁夏	**840**	**157.14**	**90.07**	**74.58**	**8.13**	**17.16**	**3.63**
银川	541	175.22	91.78	84.02	10.66	13.13	3.93
灵武	3183	74.45	80.28	67.19	4.71	18.85	7.51
石嘴山	729	181.98	97.33	81.34	2.65	24.64	2.28
吴忠	8303	217.85	85.53	80.37	9.36	17.91	4.19
青铜峡	7194	156.18	100.00	83.79	9.71	19.51	5.24
固原	5891	63.21	84.87	37.55	5.53	18.51	4.11
中卫	3177	28.61	70.82	36.32	7.26	19.37	3.80
新疆	**4836**	**165.78**	**99.12**	**92.77**	**15.60**	**13.32**	**5.07**
乌鲁木齐	8339	176.41	99.78	99.50	20.11	7.50	3.91
克拉玛依	6835	208.69	100.00	100.00	11.35	20.75	7.07
吐鲁番	1081	365.95	98.60	97.00	13.00	17.20	5.54
哈密	6692	185.49	99.72	92.64	7.64	13.36	6.11
昌吉	8017	97.22	100.00	100.00	19.14	11.01	4.59
阜康	2135	128.77	86.96	65.22	6.52	16.96	6.52
博乐	6172	57.03	99.46	90.01	14.67	11.52	4.20
库尔勒	2398	185.38	100.00	100.00	22.04	28.40	5.67
阿克苏	8966	107.69	100.00	98.08	10.88	15.92	5.34
阿图什	4042	187.72	92.78	92.78	6.70	19.24	5.06

污　水 处理率 (%) Wastewater Treatment Rate (%)	污水处理厂 集中处理率 (%) Centralized Treatment Rate of Wastewater Treatment Plants (%)	人均公园 绿地面积 (平方米) Public Green Space Per Capita (m^2)	建成区 绿地率 (%) Green Space Rate of Built District (%)	建成区 绿　化 覆盖率 (%) Green Coverage Rate of Built District (%)	生活垃圾 处 理 率 (%) Domestic Garbage Treatment Rate (%)	生活垃圾无 害化处理率 (%) Domestic Garbage Harmless Treatment Rate (%)	城市名称 Name of Cities
76.99	76.99	4.21	24.68	24.07	76.34		武　威
81.40	81.40	8.78	20.77	18.47	88.46	88.46	张　掖
54.29	40.00	7.61	27.17	23.11	94.32	94.32	平　凉
73.74	73.74	5.27	32.00	29.55	96.72	96.72	酒　泉
19.87	19.87	10.37	22.52	17.88	94.44		玉　门
50.00		7.14	23.41	18.44	87.93		敦　煌
		2.84	15.65	9.93	90.11	90.11	庆　阳
69.68	69.68	3.55	10.08	8.37	75.00		定　西
		1.39	3.96	3.35	100.00		陇　南
66.67	66.67	1.05	22.36	5.71	89.89	89.89	临　夏
		3.07	5.68	3.56			合　作
32.07	**32.07**	**8.47**	**27.47**	**26.75**	**99.52**	**94.88**	**青　海**
36.02	36.02	9.34	35.09	34.27	100.00	100.00	西　宁
17.73	17.73	3.74	14.29	14.06	94.57	94.57	格尔木
		5.11	21.42	20.11	100.00		德令哈
60.08	**47.31**	**10.42**	**30.42**	**33.53**	**59.05**	**52.41**	**宁　夏**
82.23	82.23	8.00	34.60	36.02	100.00	100.00	银　川
		7.50	30.93	35.35	98.76	98.76	灵　武
17.18	17.18	14.35	29.59	34.64			石嘴山
87.03	86.99	12.34	25.55	20.07	98.90	98.90	吴　忠
75.97	10.34	10.86	39.63	43.62	83.33	83.33	青铜峡
72.73	72.73	3.59	24.40	24.65	88.89	88.89	固　原
76.67	76.67	22.15	19.55	34.34	96.05		中　卫
66.50	**59.71**	**8.09**	**32.03**	**28.34**	**78.85**	**28.16**	**新　疆**
54.21	47.70	6.94	24.22	21.29	56.86	28.02	乌鲁木齐
89.07	89.07	8.24	42.83	38.59	98.59	75.02	克拉玛依
65.07	65.07	2.40	42.08	30.45	100.00		吐鲁番
88.01	76.71	8.24	37.17	32.71	100.00		哈　密
96.95	96.95	8.69	39.10	34.86	100.00	100.00	昌　吉
90.00	90.00	7.17	29.41	35.93	100.00		阜　康
75.95		11.88	36.87	33.74	95.16		博　乐
97.51	93.03	8.83	40.05	35.02	100.00	68.86	库尔勒
100.00	100.00	9.15	39.57	37.62	100.00		阿克苏
96.77	96.77	2.23	23.73	23.73	100.00		阿图什

1-3 续 19

城市名称 Name of Cities	人口密度 (人/平方公里) Population Density (person/square kilometers)	人均日生活用水量 Daily Water Consumption Per Capita (liter)	用水普及率 (%) Water Coverage Rate (%)	燃气普及率 (%) Gas Coverage Rate (%)	每万人拥有公共交通车辆 (标台) Motor Vehicle for Public Traffic Per 10,000 Persons (standard units)	人均道路面积 (平方米) Road Surface Area Per Capita (m^2)	排水管道密度 (公里/平方公里) Density of Sewers (kilometers/square kilometer)	建成区 Built District
喀　什	8579	136.62	100.00	72.37	10.61	18.41	4.30	4.30
和　田	2375	187.55	94.91	97.50	10.27	13.81	1.35	3.88
伊　宁	9698	119.23	100.00	88.53	13.60	16.36	7.55	7.55
奎　屯	6372	229.86	100.00	86.26	4.41	12.91	6.60	6.60
乌　苏	4282	111.99	95.81	59.88	7.19	24.55	3.95	4.98
塔　城	3382	99.11	91.15	69.84	6.03	13.67	3.13	5.00
阿勒泰	5613	139.52	99.24	59.54	11.76	9.31	2.40	2.64
石河子	1734	194.70	100.00	91.08	16.07	22.61	1.83	10.82
阿拉尔	5342	122.19	91.88		5.78	13.28	6.84	21.93
图木舒克	220	194.31	69.12	65.20	21.57	30.88	0.27	1.74
五家渠	2304	159.49	98.26	86.81	4.17	14.76	0.96	1.69

污 水处理率 (%) Wastewater Treatment Rate (%)	污水处理厂集中处理率 (%) Centralized Treatment Rate of Wastewater Treatment Plants (%)	人均公园绿地面积 (平方米) Public Green Space Per Capita (m^2)	建成区绿地率 (%) Green Space Rate of Built District (%)	建成区绿化覆盖率 (%) Green Coverage Rate of Built District (%)	生活垃圾处理率 (%) Domestic Garbage Treatment Rate (%)	生活垃圾无害化处理率 (%) Domestic Garbage Harmless Treatment Rate (%)	城市名称 Name of Cities
		8.80	31.03	27.81	100.00		喀 什
79.94	79.94	9.92	20.96	13.68	80.90	80.90	和 田
70.05	70.05	8.00	42.20	37.43	98.17		伊 宁
67.18	67.18	5.81	38.40	35.26	100.00	100.00	奎 屯
88.50	80.48	6.23	32.77	28.51	85.14		乌 苏
97.00	97.00	16.22	37.97	35.80	96.94		塔 城
98.66	98.66	18.63	35.03	33.71	97.74	97.74	阿勒泰
65.23	39.01	9.88	44.08	37.58	94.31		石河子
		11.88	29.95	28.61			阿拉尔
92.59	46.30	9.80	17.50	10.56			图木舒克
		11.63	36.72	31.99			五家渠

主要指标解释

人口密度

指城区内的人口疏密程度。计算公式：

$$人口密度=\frac{城区人口+城区暂住人口}{城区面积}$$

人均日生活用水量

指每一用水人口平均每天的生活用水量。计算公式：

$$人均日生活用水量=\frac{居民家庭用水量+公共服务用水量}{用水人口}\div 报告期日历日数\times 1000升$$

用水普及率

指报告期末城区内用水人口与总人口的比率。计算公式：

$$用水普及率=\frac{城区用水人口}{城区人口+城区暂住人口}\times 100\%$$

燃气普及率

指报告期末城区内使用燃气的人口与总人口的比率。计算公式：

$$燃气普及率=\frac{城区用气人口}{城区人口+城区暂住人口}\times 100\%$$

每万人拥有公共交通车辆

指报告期末城区内每万人平均拥有的公共交通车辆标台数。计算公式：

$$每万人拥有公共交通车辆=\frac{公共交通运营车标台数}{城区人口+城区暂住人口}$$

人均道路面积

指报告期末城区内平均每人拥有的道路面积。计算公式：

$$人均道路面积=\frac{城区道路面积}{城区人口+城区暂住人口}$$

路网密度

指报告期末城区（建成区）内道路分布的疏密程度。计算公式：

$$路网密度=\frac{城区道路长度}{城区（建成区）面积}$$

排水管道密度

指报告期末城区（建成区）内的排水管道分布的疏密程度，计算公式：

$$排水管道密度=\frac{城区排水管道长度}{城区（建成区）面积}$$

污水处理率

指报告期内污水处理总量与污水排放总量的比率。计算公式：

$$污水处理率=\frac{污水处理总量}{污水排放总量}\times 100\%$$

污水处理厂集中处理率

指报告期内通过污水处理厂处理的污水量与污水排放总量的比率。计算公式：

$$污水处理厂集中处理率=\frac{污水处理厂处理的污水量}{污水排放总量}\times 100\%$$

人均公园绿地面积

指报告期末城区内平均每人拥有的公园绿地面积。计算公式：

$$人均公园绿地面积=\frac{城区公园绿地面积}{城区人口+城区暂住人口}$$

建成区绿化覆盖率

指报告期末建成区内绿化覆盖面积与区域面积的比率。计算公式：

$$建成区绿化覆盖率=\frac{建成区绿化覆盖面积}{建成区面积}\times100\%$$

建成区绿地率

指报告期末建成区内绿地面积与建成区面积的比率。计算公式：

$$建成区绿地率=\frac{建成区绿地面积}{建成区面积}\times100\%$$

生活垃圾处理率

指报告期内生活垃圾处理量与生活垃圾产生量的比率。计算公式：

$$生活垃圾处理率=\frac{生活垃圾处理量}{生活垃圾产生量}\times100\%$$

在统计时，由于生活垃圾产生量不易取得，用清运量代替。

生活垃圾无害化处理率

指报告期内生活垃圾无害化处理量与生活垃圾产生量的比率。计算公式：

$$生活垃圾无害化处理率=\frac{生活垃圾无害化处理量}{生活垃圾产生量}\times100\%$$

在统计时，由于生活垃圾产生量不易取得，用清运量代替。

Explanatory Notes on Main Indicators

Population Density

It refers to the quality of being dense for population in a given zone. The calculation equation is:

$$\text{Population density}=\frac{\text{Urban permanent population}+\text{Urban temporary population}}{\text{Population in urban areas}}$$

Daily Domestic Water Use Per Capita

It refers to average amount of daily water consumed by each person. The calculation equation is:

$$\text{Domestic Water Use Per Capita}=\frac{\text{Water Consumption by households}+\text{Water use for public service}}{\text{population connected to water supply}}$$

$$\div\text{calendar days in reported period}\times 1000\text{ liters}$$

Water Coverage Rate

It refers to proportion of urban population supplied with water to urban population. The calculation equation is:

$$\text{Water Coverage}=\frac{\text{Urban population supplied with water}}{\text{Urban permanent population}+\text{Urban temporary population}}\times 100\%$$

Gas Coverage Rate

It refers to the proportion of urban population supplied with gas to urban population. The calculation equation is:

$$\text{Gas Coverage}=\frac{\text{Urban population supplied with gas}}{\text{Urban permanent population}+\text{urban temporary population}}\times 100\%$$

Number of Vehicles for Public Transit Possessed By Every 10,000 People

It refers to the standard units of o vehicles for public transit possessed by every 10,000 people on average at the end of reported period. The calculation equation is:

Number of Vehicles for Public Transit Possessed By Every 10,000 People

$$=\frac{\text{Standard units of operated vehicles for public transit}}{\text{Urban permanent population}+\text{urban temporary population}}\times 100\%$$

Surface Area of Roads Per Capital

It refers to the average surface area of roads owned by each urban resident at the end of reported period. The calculation equation is:

$$\text{Surface area of roads per capital}=\frac{\text{Surface area of roads in given urban areas}}{\text{Urban permanent population}+\text{urban temporary population}}$$

Density of Road Network

It refers to the extent which roads cover given urban areas (built-up districts) at the end of reported period. The calculation equation is:

$$\text{Density of road network}=\frac{\text{Length of roads in a given urban areas}}{\text{Floor area of given urban areas (built-up districts)}}$$

Density of Drainpipe

It refers to the extent which drainpipes cover given urban areas (built-up areas) at the end of reported period. The calculation equation is:

$$\text{Density of Drainpipe}=\frac{\text{Length of drainpipe ingiven urban areas}}{\text{Floor area of given urban areas (built-up districts)}}$$

Wastewater Treatment Rate

It refers to the proportion of the quantity of wastewater treated to the total quantity of wastewater discharged at the end of reported period. The calculation equation is:

$$\text{Wastewater treatment rate}=\frac{\text{Quantity of wastewater treated}}{\text{Quantity of wastewater discharged}}\times 100\%$$

Central treatment rate of wastewater treatment facility:

It refers to the proportion of the quantity of wastewater treated in wastewater treatment facility to the total quantity of wastewater discharged at the end of reported period. The calculation equation is:

$$\text{Central treatment rate of wastewater treatment facility}=\frac{\text{Quantity of wastewater treated in wastewater treatment facility}}{\text{Quantity of wastewater discharged}}\times 100\%$$

Public Green Space Per Capital

It refers to the average public green space owned by each urban dwell in given areas. The calculation equation is:

$$\text{Public green space per capital}=\frac{\text{Public green space in given urban areas}}{\text{Urban permanent population}+\text{urban temporary population}}\times 100\%$$

Green Coverage Rate of Built-Up Districts

It refers to the ratio of green coverage area of built-up districts to surface area of built districts at the end of repored period. The calculation equation is:

$$\text{Green coverage rate of built districts}=\frac{\text{Green coverage area of built districts}}{\text{area of built-up districts}}\times 100\%$$

Green Space Rate of Built-Up Districts

It refers to the ratio of area of parks and green land of built up districts to the area of built up districts at the end of reported period. The calculation equation is:

$$\text{Green space rate of built up districts}=\frac{\text{Area of parks and green land of built -up districts}}{\text{Area of built-up districts}}\times 100\%$$

Domestic Garbage Treatment Rate

It refers to the ratio of quantity of domestic garbage treated to quantity of domestic garbage produced at the end of reported period. The calculation equation is:

$$\text{Domestic Garbage Treatment Rate}=\frac{\text{Quantity of domestic garbage treated}}{\text{Quantity of domestic garbage produced}}\times 100\%$$

Harmless Treatment Rate of Domestic Garbage

It refers to the ratio of quantity of domestic garbage treated harmlessly to quantity of domestic garbage produced at the end of reported period. The calculation equation is:

$$\text{Harmless Treatment Rate of Domestic Garbage}=\frac{\text{Quantity of domestic garbage treated harmlessly}}{\text{Quantity of domestic garbage produced}}\times 100\%$$

二、城市人口和建设用地

2. Urban Population and Construction Land

简要说明

本部分主要反映城市规模，包括人口规模和用地规模。人口规模主要包括市区人口、城区人口、城区暂住人口，用地规模主要包括市区面积、城区面积、建成区面积以及各类用地建设面积、本年征用土地面积等内容。

全国城市建设用地中未包含上海市，本年征用土地中未包含北京市、上海市、海南省、西藏自治区。

Brief Introduction

This section mainly demonstrates size of cities，including size of population and useable land. The size of population mainly covers urban permanent population population in urban centers，and urban temporary population. The size of useable land mainly covers city area，urban area，area of built-up districts construction area of land for various purposes and area of land acquired.

Urban usable land for construction purpose throughout the country does not include that in Shanghai，while land acquired this year does not include that in Beijing，Shanghai，Hainan province and Tibet.

2 全国历年城市数量及人口、面积情况（1978—2007）

2 National Changes in Number of Cities, Urban Population and Urban Area in Past Years (1978—2007)

面积计量单位：平方公里 Area Measurement Unit：Square Kilometers

人口计量单位：万人 Population Measurement Unit：10,000 persons

指标 Item / 年份 Year	城市个数 Number of Cities	地级 City at Prefecture Level	县级 City at County Level	县及其他个数 Number of Counties	城区人口 Urban Population	非农业人口 Non-Agricultural Population	城区暂住人口 Urban Temporary Population	城区面积 Urban Area	建成区面积 Surface Area of Built District	城市建设用地面积 Area of Urban Construction Land
1978年	193	98	92	2153	7682.0					
1979年	216	104	109	2153	8451.0					
1980年	223	107	113	2151	8940.5					
1981年	226	110	113	2144	14400.5	9243.6		206684.0	7438.0	6720.0
1982年	245	109	133	2140	14281.6	9590.0		335382.3	7862.1	7150.5
1983年	281	137	141	2091	15940.5	10047.2		366315.9	8156.3	7365.6
1984年	300	148	149	2069	17969.1	10956.9		480733.3	9249.0	8480.4
1985年	324	162	159	2046	20893.4	11751.3		458066.2	9386.2	8578.6
1986年	353	166	184	2017	22906.2	12233.8		805834.0	10127.3	9201.6
1987年	381	170	208	1986	25155.7	12893.1		898208.0	10816.5	9787.9
1988年	434	183	248	1936	29545.2	13969.5		1052374.2	12094.6	10821.6
1989年	450	185	262	1919	31205.4	14377.7		1137643.5	12462.2	11170.7
1990年	467	185	279	1903	32530.2	14752.1		1165970.0	12855.7	11608.3
1991年	479	187	289	1894	29589.3	14921.0		980685.0	14011.1	12907.9
1992年	517	191	323	1848	30748.2	15459.4		969728.0	14958.7	13918.1
1993年	570	196	371	1795	33780.9	16550.1		1038910.0	16588.3	15429.8
1994年	622	206	413	1735	35833.9	17665.5		1104712.0	17939.5	20796.2
1995年	640	210	427	1716	37789.9	18490.0		1171698.0	19264.2	22064.0
1996年	666	218	445	1696	36234.5	18882.9		987077.9	20214.2	19001.6
1997年	668	222	442	1693	36836.9	19469.9		835771.8	20791.3	19504.6
1998年	668	227	437	1689	37411.8	19861.8		813585.7	21379.6	20507.6
1999年	667	236	427	1682	37590.0	20161.6		812817.6	21524.5	20877.0
2000年	663	259	400	1674	38823.7	20952.5		878015.0	22439.3	22113.7
2001年	662	265	393	1660	35747.3	21545.5		607644.3	24026.6	24192.7
2002年	660	275	381	1649	35219.6	22021.2		467369.3	25972.6	26832.6
2003年	660	282	374	1642	33805.0	22986.8		399173.2	28308	28971.9
2004年	661	283	374	1636	34147.4	23635.9		394672.5	30406.2	30781.3
2005年	661	283	374	1636	35923.7	23652.0		412819.1	32520.7	29636.8
2006年	656	283	369	1635	33288.7		3984.1	166533.5	33659.8	34166.7
2007年	655	283	368	1635	33577.0		3474.3	176065.5	35469.7	36351.7

注：1. 2005年及以前年份"城区人口"为"城市人口"，"城区面积"为"城市面积"。

2. 2005年城市建设用地面积不含北京市和上海市。

Note：1. In 2005，Urban Population is the population of the city proper，and Urban Area is the area of the city proper.

2. Urban usable land for construction purpose throughout the country does not include that in Beijing and Shanghai in 2005.

2-1 2007年全国城市人口和建设用地分组资料

地区名称 Name of Regions		市区面积 Urban District Area	市区人口 Urban District Population	市区暂住人口 Urban District Temporary Population	城区面积 Urban Area	城区人口 Urban Population	城区暂住人口 Urban Temporary Population	建成区面积 Surface Area of Built District	小计 Subtotal
全国	**National Total**	**1940993**	**65089**	**5811**	**176065.50**	**33576.98**	**3474.32**	**35469.65**	**36351.65**
分类一	**Sort one**								
东部地区	East China	517674	34602	4446	106993.65	18798.37	2391.41	19706.19	20617.90
中部地区	Central China	742677	19952	806	47500.17	9664.94	636.56	10426.59	10349.04
西部地区	West China	680642	10535	559	21571.68	5113.67	446.35	5336.87	5384.71
分类二	**Sort two**								
东部地区	East China	462037	32829	4309	101452.38	18103.26	2275.30	18892.30	19834.71
中部地区	Central China	514274	19040	724	35641.93	9023.44	540.96	9539.91	9559.02
西部地区	West China	964681	13219	778	38971.19	6450.28	658.06	7037.44	6957.92
分类三	**Sort three**								
东部地区	East China	397289	29541	4229	91041.21	16139.21	2214.54	16974.71	17944.43
中部地区	Central China	271823	15180	580	25079.93	6780.46	419.38	6962.63	7046.92
西部地区	West China	964681	13219	778	38971.19	6450.28	658.06	7037.44	6957.92
东北地区	Northeast China	307199	7149	224	20973.17	4207.03	182.34	4494.87	4402.38

2-1 National Urban Population and Construction Land（2007）

面积计量单位：平方公里 Area Mrea Measurement Unit：Square Kilometer
人口计量单位：万人 Population Measurement Unit：10，000 persons

城市建设用地面积 Area of Urban Constructrion Land									本年征用土地面积		地区名称
居住用地 Residential Area	公共设施用地 Area for Public Utilities	工业用地 Area for Industrial Operation	仓储用地 Area for Storage	对外交通用地 Area for Traffic System	道路广场用地 Area for Roads and Plazas	市政公用设施用地 Area for Municipal Utilities	绿地 Greenland Area	特殊用地 Area for Specific-Purpose Land	Area of Land Requisition this Year	耕地 Arable Land	Name of Regions
10496.66	**4399.35**	**7446.02**	**1133.50**	**1497.97**	**3667.96**	**1164.06**	**3404.39**	**712.66**	**1216.03**	**447.56**	**全　国**
											分类一
5399.65	2293.93	4354.42	575.95	774.48	2004.78	572.08	1848.73	364.80	711.70	252.81	东部地区
3278.92	1375.12	2123.57	382.53	499.33	1062.94	376.65	1040.46	209.52	302.35	92.07	中部地区
1818.09	730.30	968.03	175.02	224.16	600.24	215.33	515.20	138.34	201.98	102.68	西部地区
											分类二
5161.98	2184.65	4191.22	547.10	739.09	1927.00	541.59	1773.42	339.58	690.23	244.28	东部地区
3019.09	1277.40	1977.70	349.10	463.56	992.26	352.68	934.06	193.17	267.81	84.48	中部地区
2315.59	937.30	1277.10	237.30	295.32	748.70	269.79	696.91	179.91	257.99	118.80	西部地区
											分类三
4542.54	1993.23	3752.00	476.36	655.68	1743.83	487.38	1587.52	276.81	618.23	212.11	东部地区
2104.21	1016.48	1465.79	235.44	350.52	752.70	282.51	717.20	122.07	192.94	62.76	中部地区
2315.59	937.30	1277.10	237.30	295.32	748.70	269.79	696.91	179.91	257.99	118.80	西部地区
1534.32	452.34	951.13	184.40	196.45	422.73	124.38	402.76	133.87	146.87	53.89	东北地区

2-2 2007年全国城市人口和建设用地（按省分列）

地区名称 Name of Regions	市区面积 Urban District Area	市区人口 Urban District Population	市区暂住人口 Urban District Temporary Population	城区面积 Urban Area	城区人口 Urban Population	城区暂住人口 Urban Temporary Population	建成区面积 Surface Area of Built District	小计 Subtotal
全国	**1940993**	**65089**	**5811**	**176065.50**	**33576.98**	**3474.32**	**35469.65**	**36351.65**
北京	16410	1633		12187.00	1379.90		1289.32	1289.32
天津	7399	786	103	2236.12	548.18	102.94	571.53	571.56
河北	31820	2609	142	6165.81	1370.04	94.66	1474.00	1358.97
山西	29170	1497	93	3242.25	878.67	66.11	774.42	786.00
内蒙古	228403	911	82	11858.24	641.50	95.60	886.68	790.02
辽宁	64749	3288	80	10411.17	1964.05	60.76	1917.59	1890.28
吉林	73711	1661	51	6545.50	948.82	35.64	1051.45	971.26
黑龙江	168739	2200	93	4016.50	1294.16	85.94	1525.83	1540.84
上海	6341	1858		6340.50	1858.08		885.67	2429.08
江苏	56877	4820	717	11284.60	2290.14	23.00	2713.92	2703.64
浙江	52991	3164	915	10004.96	1372.16	376.70	1851.14	1893.95
安徽	35329	2502	81	5263.53	1064.84	47.80	1201.64	1222.13
福建	41351	2431	429	4411.06	719.09	187.18	819.35	793.78
江西	32855	1571	47	1657.85	699.03	31.53	800.67	825.44
山东	82163	5309	234	18370.07	2504.59	156.98	3081.91	3023.06
河南	41219	3526	111	2943.15	1645.36	91.76	1775.34	1650.27
湖北	86362	3783	135	8998.21	1456.46	101.89	1298.66	1368.62
湖南	46888	2300	114	2974.94	1036.10	80.29	1111.90	1194.46
广东	85902	6433	1664	19215.10	3910.40	1251.16	4083.97	3530.10
广西	55637	1773	136	5541.27	695.11	116.11	813.89	783.19
海南	16035	497	25	825.99	186.63	21.92	203.90	350.97
重庆	26041	1540	95	5577.55	765.48	86.04	667.45	655.78
四川	56039	3284	79	5560.84	1393.58	45.26	1328.35	1293.25
贵州	24122	940	80	1685.46	460.55	60.94	395.80	471.38
云南	49810	1084	137	1788.32	472.08	121.99	578.43	695.14
西藏	3945	28	12	287.00	24.10	12.00	78.80	78.70
陕西	27840	1477	38	1304.11	739.28	35.13	653.34	662.32
甘肃	81824	972	52	1360.34	478.79	39.08	553.09	514.92
青海	146980	126	—	512.28	100.21	0.31	110.65	108.99
宁夏	23668	304	15	2416.01	188.28	14.71	292.29	206.31
新疆	240373	779	51	1079.77	491.32	30.89	678.67	697.92

注：市区暂住人口中"—"表示不足1万人。

Note：In Urban District Temporary Population，"—" indicates that the figure is not large enough to 10,000.

2-2 Urban Population and Construction Land by Province (2007)

面积计量单位：平方公里　Area Measurement Unit: Square Kilometer
人口计量单位：万人　Population Measurement Unit: 10,000 persons

城市建设用地面积 Area of Urban Construction Land									本年征用土地面积 Area of Land Requisition this Year		地区名称 Name of Regions
居住用地 Residential Area	公共设施用地 Area for Public Utilities	工业用地 Area for Industrial Operation	仓储用地 Area for Storage	对外交通用地 Area for Traffic System	道路广场用地 Area for Roads and Plazas	市政公用设施用地 Area for Municipal Utilities	绿地 Greenland Area	特殊用地 Area for Specific-Purpose Land		耕地 Arable Land	
10496.66	**4399.35**	**7446.02**	**1133.50**	**1497.97**	**3567.96**	**1164.06**	**3404.39**	**712.66**	**1216.03**	**447.56**	全国
372.28	229.13	288.11	39.28	45.72	134.89	41.03	123.57	15.31			北京
174.38	69.18	123.89	42.85	19.84	47.99	21.04	60.91	11.48	68.86	22.29	天津
425.02	168.71	288.04	60.10	53.37	135.58	47.96	127.25	42.94	32.45	11.67	河北
234.24	91.23	168.13	32.17	46.35	63.33	54.66	79.54	16.35	20.76	7.79	山西
259.83	97.72	145.87	33.43	35.77	70.68	23.97	106.40	16.35	34.54	7.59	内蒙古
619.44	191.42	439.22	70.74	83.41	183.17	54.21	185.90	62.77	72.00	32.17	辽宁
335.43	105.70	219.36	42.03	44.65	99.51	30.68	65.14	28.76	56.53	20.03	吉林
579.45	155.22	292.55	71.63	68.39	140.05	39.49	151.72	42.34	18.34	1.69	黑龙江
											上海
816.11	314.80	738.78	76.29	114.95	294.95	80.48	230.71	36.57	158.77	74.02	江苏
525.38	202.84	514.64	39.42	87.17	247.07	63.54	178.78	35.11	102.15	60.18	浙江
398.79	149.73	273.96	33.86	47.71	134.16	35.56	134.11	14.25	61.62	15.08	安徽
234.67	104.44	187.82	15.91	34.00	92.07	23.41	84.83	16.63	29.16	7.65	福建
261.68	124.31	162.52	18.93	30.90	103.73	27.26	87.84	8.27	24.07	7.35	江西
875.04	429.78	690.73	100.26	105.78	342.71	102.76	324.32	51.68	140.93	16.48	山东
465.82	226.72	331.53	57.82	84.73	195.14	61.30	191.83	35.38	31.53	18.59	河南
393.29	203.05	299.33	53.10	75.71	136.02	58.41	124.33	25.38	25.88	6.40	湖北
350.39	221.44	230.32	39.56	65.12	120.32	45.32	99.55	22.44	29.08	7.55	湖南
1022.68	398.14	895.38	99.17	168.80	396.28	100.75	386.15	62.75	85.91	19.82	广东
237.67	109.28	163.20	28.85	35.39	77.78	30.49	75.31	25.22	21.47	8.53	广西
96.98	76.21	24.61	3.08	16.05	52.29	6.41	71.00	4.34			海南
241.49	69.00	134.58	15.63	21.01	96.53	16.85	47.16	13.53	53.06	23.48	重庆
425.48	184.30	260.02	31.42	47.98	167.72	41.73	113.21	21.39	45.76	20.90	四川
138.90	69.05	81.67	16.91	24.12	44.83	11.59	76.11	8.20	4.81	2.96	贵州
298.33	70.06	109.63	18.59	33.67	43.94	53.10	39.17	28.65	45.39	23.29	云南
27.00	11.49	7.08	3.65	4.17	5.72	4.78	6.40	8.41			西藏
200.16	125.64	129.61	22.67	28.66	73.55	18.10	51.76	12.17	22.14	15.24	陕西
137.58	64.63	103.96	23.57	21.25	58.28	16.92	77.70	11.03	7.18	5.27	甘肃
42.32	5.40	17.15	5.17	10.59	4.43	11.66	4.83	7.44	1.20	0.98	青海
69.14	34.03	23.09	8.91	11.61	26.07	9.03	20.72	3.71	12.26	8.33	宁夏
237.69	96.70	101.24	28.50	21.10	79.17	31.57	78.14	23.81	10.18	2.23	新疆

2-3 2007 年全国城市人口和建设用地（按城市分列）

城　市 名　称 Name of Cities	市区面积 Urban District Area	市区人口 Urban District Population	市区暂住人口 Urban District Temporary Population	城区面积 Urban Area	城区人口 Urban Population	城区暂住人口 Urban Temporary Population	建成区面积 Surface Area of Built District	小计 Subtotal
全　国	**1940993**	**65089**	**5811**	**176065.50**	**33576.98**	**3474.32**	**35469.65**	**36351.65**
北　京	**16410**	**1633**		**12187.00**	**1379.90**		**1289.32**	**1289.32**
天　津	**7399**	**786**	**103**	**2236.12**	**548.18**	**102.94**	**571.53**	**571.56**
河　北	**31820**	**2609**	**142**	**6165.81**	**1370.04**	**94.66**	**1474.00**	**1358.97**
石家庄	456	238	30	212.54	204.08	26.13	186.74	187.28
辛　集	951	61	3	137.10	17.94	0.26	23.70	23.70
藁　城	813	84	1	84.39	11.81	0.20	16.00	15.44
晋　州	619	51	2	90.78	8.50	0.50	13.50	12.60
新　乐	525	45	—	49.52	8.10	0.20	13.00	11.03
鹿　泉	603	37	2	66.52	8.06	0.70	16.18	15.64
唐　山	3874	301	5	1230.20	191.47	2.00	209.11	203.12
遵　化	1509	71	3	82.48	13.60	2.00	18.40	18.20
迁　安	1208	69	—	123.88	20.10	0.20	25.18	21.77
秦皇岛	363	81	8	363.20	80.60	7.80	87.48	87.48
邯　郸	956	184	16	434.00	145.60	7.00	103.91	103.91
武　安	1806	74	2	40.00	18.20	1.00	22.70	22.70
邢　台	132	59	8	114.80	58.20	7.94	70.00	45.33
南　宫	854	46	1	165.00	10.50	0.75	12.00	12.00
沙　河	999	48	—	37.00	9.03	0.15	13.72	13.67
保　定	312	106	7	312.30	106.07	6.62	103.00	85.90
涿　州	752	59	1	52.20	22.50	0.60	25.40	24.96
定　州	1290	116	—	28.59	21.30	0.30	25.21	25.21
安　国	486	39	2	81.00	9.00	0.50	12.60	11.41
高碑店	676	57	4	30.00	12.58	2.30	16.65	15.52
张家口	819	89	2	376.27	81.50	1.00	76.82	76.82
承　德	939	52	2	524.75	44.82	1.80	80.73	45.73
沧　州	183	51	1	183.00	51.00	0.02	42.86	38.55
泊　头	1007	57	3	22.00	15.50	2.30	19.71	19.66
任　丘	1012	81	7	74.40	34.42	1.05	41.00	34.24
黄　骅	2202	51	2	200.00	12.18	3.82	18.02	16.96
河　间	1324	77	3	25.00	13.50	1.20	15.06	13.40
廊　坊	960	79	9	292.00	41.70	4.50	54.08	54.08

注：市区暂住人口中“—”表示不足1万人。

Note：In Urban District Temporary Population，“—” indicates that the figure is not large enough to 10,000.

2-3 Urban Population and Construction Land by City (2007)

面积计量单位：平方公里 Area Measurement Unit：Square Kilometer
人口计量单位：万人 Population Measurement Unit：10,000 persons

城市建设用地面积 Area of Urban Construction Land									本年征用土地面积 Area of Land Requisition this Year		城市名称 Name of Cities
居住用地 Residential Area	公共设施用地 Area for Public Utilities	工业用地 Area for Industrial Operation	仓储用地 Area for Storage	对外交通用地 Area for Traffic System	道路广场用地 Area for Roads and Plazas	市政公用设施用地 Area for Municipal Utilities	绿地 Greenland Area	特殊用地 Area for Specific-Purpose Land		耕地 Arable Land	
10496.66	**4399.35**	**7446.02**	**1133.50**	**1497.97**	**3667.96**	**1164.06**	**3404.39**	**712.66**	**1216.03**	**447.56**	**全国**
372.28	**229.13**	**288.11**	**39.28**	**45.72**	**134.89**	**41.03**	**123.57**	**15.31**			**北京**
174.38	**69.18**	**123.89**	**42.85**	**19.84**	**47.99**	**21.04**	**60.91**	**11.48**	**68.86**	**22.29**	**天津**
425.02	**168.71**	**288.04**	**60.10**	**63.37**	**135.58**	**47.96**	**127.25**	**42.94**	**32.45**	**11.67**	**河北**
50.66	33.47	28.43	7.72	8.60	17.03	10.93	25.77	4.67	7.58	1.99	石家庄
11.19	1.99	6.32	0.75	0.37	2.11	0.45	0.49	0.03	0.26	0.26	辛集
5.20	1.57	2.91	1.00	0.50	1.96	0.65	1.55	0.10			藁城
3.50	2.00	2.60	0.81	0.63	1.50	0.39	1.10	0.07	0.30		晋州
2.35	2.46	2.12	0.72	0.36	0.32	2.10	0.50	0.10	0.20	0.20	新乐
3.53	1.47	5.24	0.60	1.58	1.13	0.28	0.90	0.91			鹿泉
59.12	21.59	68.09	8.41	8.41	15.85	4.38	11.26	6.01			唐山
10.13	2.69	2.65	0.17	0.17	1.62	0.36	0.25	0.16	0.80	0.12	遵化
12.19	1.58	1.23	0.15	0.37	1.94	0.41	3.89	0.01	1.40	0.54	迁安
18.16	16.62	15.17	5.27	8.56	8.47	3.56	7.05	4.62	4.86	2.77	秦皇岛
34.57	15.70	23.93	4.18	5.25	10.01	3.33	4.58	2.36	1.26	0.83	邯郸
7.04	2.98	5.00	0.78	0.66	3.16	0.86	2.12	0.10	1.50	0.36	武安
11.51	7.90	11.39	3.26	3.81	4.69	1.02	1.14	0.61	3.99	0.91	邢台
3.90	0.86	3.48	0.30	0.20	1.20	0.86	1.10	0.10	1.13	1.13	南宫
5.19	1.38	3.31	0.53	0.34	1.37	0.95	0.53	0.07	0.20	0.09	沙河
21.00	10.80	19.20	2.88	4.22	9.90	3.40	8.94	5.56	0.81	0.71	保定
11.84	3.65	5.33	0.26	0.21	2.43	0.22	0.24	0.78	1.02	0.68	涿州
15.50	2.30	2.29	0.79	1.07	1.50	0.36	0.50	0.90	0.31	0.03	定州
5.62	2.20	0.87	0.04	0.29	1.60	0.10	0.68	0.01			安国
5.99	1.40	3.02	0.30	0.43	1.75	0.60	0.23	1.80			高碑店
22.10	3.43	21.09	5.80	2.63	8.13	1.38	5.03	7.23			张家口
11.96	6.79	7.95	1.01	3.30	4.40	1.30	7.09	1.93	1.66		承德
14.51	4.01	6.93	4.26	1.59	2.98	1.02	2.78	0.47	0.86	0.43	沧州
7.31	1.26	5.70	1.05	0.82	2.11	0.14	1.17	0.10			泊头
12.52	0.78	5.95	1.24	1.72	4.79	0.76	6.48		0.80		任丘
5.65	3.20	3.18	0.63	1.19	1.42	0.47	1.12	0.10	2.00		黄骅
6.02	1.66	1.31	0.49	0.28	1.36	0.70	1.12	0.46			河间
18.95	2.94	4.85	2.87	2.20	6.61	2.33	10.98	2.35			廊坊

城市名称 Name of Cities	市区面积 Urban District Area	市区人口 Urban District Population	市区暂住人口 Urban District Temporary Population	城区面积 Urban Area	城区人口 Urban Population	城区暂住人口 Urban Temporary Population	建成区面积 Surface Area of Built District	小计 Subtotal
霸　州	784	57	8	79.00	12.87	1.70	17.60	17.51
三　河	643	50	5	169.30	22.75	4.01	18.10	17.52
衡　水	592	47	2	273.40	35.42	1.93	43.90	36.37
冀　州	918	36	1	128.00	13.69	0.70	15.20	15.08
深　州	1252	57	5	83.19	13.45	3.48	16.44	16.18
山　西	**29170**	**1497**	**93**	**3242.25**	**878.67**	**66.11**	**774.42**	**786.00**
太　原	1460	277	28	1103.30	263.80	28.00	238.00	201.89
古　交	1527	22	1	309.00	14.00	0.67	15.90	15.90
大　同	2080	151	8	96.70	117.30	7.23	91.20	91.29
阳　泉	652	67		43.05	53.43		43.05	35.18
长　治	334	70	4	334.00	70.23	4.35	45.30	51.69
潞　城	630	22	—	132.00	7.20	0.08	7.30	11.67
晋　城	2165	215	7	147.00	32.00		31.00	42.43
高　平	946	48	1	63.00	7.74	0.33	9.60	15.49
朔　州	4499	59	3	148.00	25.78	2.67	31.70	29.73
晋　中	1311	55	3	53.40	37.12	2.00	37.60	49.42
介　休	744	38	4	40.00	14.50	2.00	17.55	18.61
运　城	640	53	6	44.50	37.00	3.81	30.00	42.96
永　济	1221	44	5	212.90	14.40	3.10	20.60	21.93
河　津	594	38	9	22.00	19.80	3.60	18.00	21.70
忻　州	1982	52	—	183.00	21.63	1.00	20.10	16.95
原　平	2571	47		148.00	10.20	0.30	9.17	9.17
临　汾	1316	75		37.40	42.90		37.40	36.54
侯　马	274	24	1	18.05	12.47	0.90	18.05	18.05
霍　州	765	30	—	19.45	17.50	1.95	13.90	13.90
吕　梁	1339	25	6	25.10	19.55	2.50	15.00	16.30
孝　义	946	44	4	50.40	23.12	0.40	12.00	15.20
汾　阳	1175	41	3	12.00	17.00	1.22	12.00	10.00
内蒙古	**228403**	**911**	**82**	**11858.24**	**641.50**	**95.60**	**886.68**	**790.02**
呼和浩特	17224	114	28	2054.00	107.65	25.65	150.00	151.87
包　头	27768	248		2591.00	138.24	30.00	180.00	130.93
乌　海	1754	44	9	1754.00	43.56		37.51	56.73
赤　峰	7078	119	6	503.00	72.25	4.25	75.90	64.79
通　辽	3212	44		51.70	44.13		35.30	35.30
霍林郭勒	585	10	2	585.00	10.00	1.50	18.00	16.40
鄂尔多斯	2685	46	13	625.00	24.34	13.20	99.68	68.84
呼伦贝尔	1351	26	1	135.00	25.53	0.79	28.00	28.00

城市建设用地面积 Area of Urban Construction Land									本年征用土地面积 Area of Land Requisition this Year		城市名称 Name of Cities
居住用地 Residential Area	公共设施用地 Area for Public Utilities	工业用地 Area for Industrial Operation	仓储用地 Area for Storage	对外交通用地 Area for Traffic System	道路广场用地 Area for Roads and Plazas	市政公用设施用地 Area for Municipal Utilities	绿地 Greenland Area	特殊用地 Area for Specific-Purpose Land		耕地 Arable Land	
8.40	1.46	1.52	0.30	0.38	2.01	0.90	2.04	0.50			霸州
2.31	2.55	5.49	0.90	0.92	2.61	0.52	2.12	0.10	0.50	0.18	三河
8.87	2.31	4.37	2.00	1.95	5.51	2.10	8.86	0.40	0.87	0.36	衡水
3.84	1.37	2.76	0.26	0.14	2.19	1.00	3.39	0.13	0.06		冀州
4.39	2.34	4.36	0.37	0.22	1.92	0.13	2.25	0.20	0.08	0.08	深州
234.24	**91.23**	**168.13**	**32.17**	**46.35**	**63.33**	**54.66**	**79.54**	**16.35**	**20.76**	**7.79**	山西
41.96	18.43	61.51	8.58	17.56	9.03	21.43	22.15	1.24	6.60	3.71	太原
5.25	1.68	3.87	0.40	0.30	1.90	0.40	2.10				古交
26.50	12.24	19.35	5.69	5.30	8.01	4.05	3.79	6.36	1.87	0.81	大同
12.21	1.70	10.30	1.22	2.96	2.95	0.60	3.03	0.21	0.28		阳泉
13.16	11.03	11.71	2.59	3.75	4.23	2.87	1.24	1.11	1.65	1.65	长治
3.40	1.41	3.50	0.30	0.16	1.45	0.32	1.10	0.03	0.47	0.15	潞城
18.11	4.47	6.85	1.22	1.03	3.53	1.34	5.75	0.13	0.36	0.32	晋城
4.12	2.26	2.32	0.26	0.50	2.76	0.23	3.03	0.01	0.12	0.12	高平
8.83	2.15	4.49	0.83	1.70	2.40	1.12	7.00	1.21	2.00		朔州
13.28	5.51	8.80	2.57	1.38	2.77	13.42	1.27	0.42	0.65		晋中
5.15	1.86	2.62	0.91	0.76	1.72	0.25	5.21	0.13	0.39	0.39	介休
16.29	6.24	5.01	1.80	2.42	6.47	1.33	3.07	0.33			运城
4.93	2.30	5.69	0.36	0.36	0.51	2.00	5.75	0.03	0.30	0.16	永济
6.70	2.20	5.40	1.00	0.30	2.60	1.00	2.50				河津
8.03	1.50	0.89	0.98	3.38	0.43	1.34	0.40				忻州
4.24	0.81	1.85	0.68	0.26	0.80	0.05	0.07	0.41			原平
14.69	4.87	4.11	0.89	0.99	3.45	0.99	2.45	4.10			临汾
6.59	2.09	2.01	0.65	1.59	2.10	0.27	2.54	0.21	0.34	0.28	侯马
6.23	0.82	3.85	0.43	0.33	1.32	0.38	0.54				霍州
5.90	3.10	1.40	0.30	0.80	1.30	0.80	2.50	0.20	4.70		吕梁
3.79	3.03	1.40	0.24	0.37	2.40	0.24	3.70	0.03	1.00	0.20	孝义
4.88	1.53	1.20	0.27	0.15	1.20	0.23	0.35	0.19	0.03		汾阳
259.83	**97.72**	**145.87**	**33.43**	**35.77**	**70.68**	**23.97**	**106.40**	**16.35**	**34.54**	**7.59**	内蒙古
40.84	27.79	23.46	5.90	5.93	10.88	4.60	26.44	6.03	4.21	0.09	呼和浩特
31.86	17.40	39.88	5.46	10.20	8.52	3.51	13.22	0.88			包头
23.10	3.21	14.70	1.80	2.90	4.40	1.95	2.75	1.92			乌海
26.46	4.20	15.01	2.01	0.77	5.74	2.35	7.76	0.49	1.55	1.00	赤峰
6.80	3.40	9.30	3.00	3.30	3.10	0.60	5.00	0.80			通辽
5.30	2.50	3.00	1.30		1.20	1.10	1.50	0.50			霍林郭勒
19.08	9.72	8.59	1.66	0.67	10.68	1.26	17.18		20.00	5.00	鄂尔多斯
15.00	2.00	2.00	2.00	1.00	1.00	1.00	3.00	1.00			呼伦贝尔

2-3 续 2

城市名称 Name of Cities	市区面积 Urban District Area	市区人口 Urban District Population	市区暂住人口 Urban District Temporary Population	城区面积 Urban Area	城区人口 Urban Population	城区暂住人口 Urban Temporary Population	建成区面积 Surface Area of Built District	
								小计 Subtotal
满洲里	732	16	7	732.44	16.30	6.50	27.06	27.00
牙克石	27590	38	1	24.00	13.12	0.09	15.70	18.67
扎兰屯	16669	15	1	310.00	13.96	0.40	19.20	18.82
额尔古纳	28445	8		253.00	4.00		10.37	10.00
根河	4564	8		350.00	7.51		17.50	12.42
巴彦淖尔	2354	53	3	668.00	29.50	2.20	32.38	32.47
乌兰察布	56039	30	3	114.20	29.44	3.32	35.00	34.86
丰镇	2674	32	1	280.00	13.17	0.45	25.00	17.91
乌兰浩特	1471	29	1	262.30	23.29	0.75	26.04	25.94
阿尔山	7409	6	—	137.00	3.00	0.20	10.44	8.00
二连浩特	4015	9	6	19.20	8.60	6.30	20.20	1.95
锡林浩特	14785	16	2	409.40	13.91		23.40	29.12
辽宁	**64749**	**3288**	**80**	**10411.17**	**1964.05**	**60.76**	**1917.59**	**1890.28**
沈阳	3495	505	20	1506.80	431.86	20.00	347.00	347.00
新民	3315	70	2	225.20	14.13	1.55	18.00	18.18
大连	2568	293		1037.57	277.70		258.00	291.47
瓦房店	3794	103	2	167.50	30.10	1.00	32.50	31.05
普兰店	2896	83	4	234.83	18.00	1.15	30.00	25.99
庄河	4086	92	2	79.30	18.38	0.30	25.00	24.00
鞍山	624	350	2	624.29	147.35	2.49	143.96	143.96
海城	2734	113	1	104.00	32.48	1.10	32.85	32.85
抚顺	765	140	2	537.75	130.48	1.50	121.56	121.56
本溪	1518	96	2	661.95	85.46	2.00	106.50	69.90
丹东	835	76	5	223.21	61.81	1.96	53.40	53.40
东港	2445	66	3	126.00	12.28	0.41	27.93	27.78
凤城	5513	59	—	328.50	17.32	0.22	16.90	16.90
锦州	729	96	3	436.00	92.00	2.65	65.45	65.45
凌海	2736	54	—	134.10	12.28	0.31	17.53	16.35
北镇	1782	53	2	72.30	8.86	1.32	8.00	6.88
营口	701	101	4	183.72	87.32	3.05	93.65	93.65
盖州	2930	73	5	150.00	14.56	3.00	24.00	24.00
大石桥	1610	72	1	150.00	26.74		29.28	29.28
阜新	468	193	1	448.00	78.00	0.20	67.00	69.00
辽阳	574	73	3	573.81	72.51	2.57	91.56	91.56
灯塔	1333	51	—	127.00	11.06	0.08	10.00	7.45
盘锦	266	59	2	266.00	59.44	1.50	57.64	57.64
铁岭	660	46	5	203.65	40.26	4.86	43.96	43.96
调兵山	263	25	—	23.73	17.86	0.21	13.50	13.50

2-3 continued 2

城市建设用地面积 Area of Urban Construction Land									本年征用土地面积		城市
居住用地	公共设施用地	工业用地	仓储用地	对外交通用地	道路广场用地	市政公用设施用地	绿地	特殊用地		耕地	名称
Residential Area	Area for Public Utilities	Area for Industrial Operation	Area for Storage	Area for Traffic System	Area for Roads and Plazas	Area for Municipal Utilities	Greenland Area	Area for Specific-Purpose Land	Area of Land Requisition this Year	Arable Land	Name of Cities
11.00	3.00	3.00	1.00	1.00	3.00	2.00	2.00	1.00			满洲里
5.30	1.50	4.54	0.80	0.75	2.76	0.21	2.80	0.01			牙克石
7.11	3.07	2.70	1.20	0.22	2.80	0.26	1.46				扎兰屯
7.00	1.00				1.00		1.00				额尔古纳
6.39	0.84	1.83	0.85	0.71	0.73	0.12	0.92	0.03			根河
14.75	3.17	2.46	1.39	2.58	3.00	1.82	1.85	1.45	1.45		巴彦淖尔
13.18	2.17	2.53	1.16	3.63	2.18	0.78	8.63	0.60			乌兰察布
6.51	1.75	2.88	0.98	0.89	2.55	0.30	2.00	0.05	3.35	0.50	丰镇
8.38	3.66	4.32	1.21	0.62	2.42	1.29	3.81	0.23	2.06		乌兰浩特
3.00	0.50	0.50	0.50	0.20	1.00	0.10	1.70	0.50			阿尔山
1.04	0.02	0.19			0.52	0.15	0.03		1.92		二连浩特
7.73	6.82	4.98	1.21	0.40	3.20	0.57	3.35	0.86			锡林浩特
619.44	**191.42**	**439.22**	**70.74**	**83.41**	**183.17**	**54.21**	**185.90**	**62.77**	**72.00**	**32.17**	**辽宁**
110.00	45.00	65.00	10.00	8.00	34.00	8.00	50.00	17.00	41.67	21.48	沈阳
8.48	2.16	3.19	1.02	0.17	2.25	0.51	0.20	0.20	0.45	0.27	新民
85.79	32.37	58.37	10.40	17.41	36.88	11.21	20.46	18.58	3.69	1.15	大连
10.30	2.71	7.14	1.42	0.62	3.49	0.64	3.75	0.98			瓦房店
5.53	1.64	13.44	0.94	1.20	1.00	0.43	0.74	1.07			普兰店
10.01	2.47	3.09	0.90	2.00	1.60	0.80	3.10	0.03	1.35	0.60	庄河
33.27	9.51	50.72	3.26	12.89	11.64	4.40	17.23	1.04	10.00	0.80	鞍山
14.84	3.25	4.68	1.15	1.05	3.24	0.48	1.68	2.48			海城
29.55	10.19	36.88	4.91	6.14	6.50	4.77	21.58	1.04	1.11	0.69	抚顺
24.07	4.03	23.11	1.68	5.04	4.63	1.34	4.41	1.59	1.77	0.88	本溪
18.29	3.66	11.50	1.79	4.65	4.01	1.14	5.96	2.40	2.51	2.14	丹东
5.63	2.22	12.51	1.01	0.88	2.50	2.34	0.59	0.10			东港
4.41	2.17	2.56	1.15	0.85	2.37	0.22	2.50	0.67			凤城
30.65	6.66	12.44	1.71	2.77	4.15	1.51	3.16	2.40	1.82	1.20	锦州
8.38	1.18	3.46	0.62	0.45	1.66	0.18	0.37	0.05			凌海
2.65	0.94	1.01	0.08	0.01	0.86	0.12	0.99	0.22			北镇
28.01	8.30	28.50	6.40	4.62	10.10	3.97	3.22	0.53	1.40		营口
12.00	1.23	0.60	0.20	0.20	3.23	0.44	6.00	0.10			盖州
11.68	2.93	7.26	0.91	1.67	2.61	0.66	1.15	0.41	0.46		大石桥
27.67	7.97	11.14	2.95	2.73	7.94	1.25	6.65	0.70	1.10	0.68	阜新
31.55	7.64	26.61	7.28	0.94	10.98	1.81	2.81	1.94	1.35	0.82	辽阳
3.09	1.13	1.66	0.30	0.44	0.49	0.11	0.21	0.02	0.27		灯塔
23.01	3.29	10.50	3.60	2.12	7.54	2.08	5.37	0.13			盘锦
15.99	6.82	8.33	1.17	0.71	4.13	1.76	4.59	0.46	0.15	0.10	铁岭
7.70	1.48	0.67	0.40	0.13	1.89	0.27	0.94	0.02	1.62	0.80	调兵山

2-3 续 3

城市名称 Name of Cities	市区面积 Urban District Area	市区人口 Urban District Population	市区暂住人口 Urban District Temporary Population	城区面积 Urban Area	城区人口 Urban Population	城区暂住人口 Urban Temporary Population	建成区面积 Surface Area of Built District	小计 Subtotal
开原	2828	59	—	150.46	18.79	0.18	13.60	13.35
朝阳	1141	61	2	533.00	50.40	1.50	32.00	30.60
北票	4469	62	—	183.00	20.89	0.15	18.40	18.40
凌源	3252	65	1	76.00	17.33	0.50	21.30	18.50
葫芦岛	2301	41	4	575.00	41.00	3.50	67.18	63.69
兴城	2118	58	2	268.50	17.40	1.50	29.94	22.98
吉林	**73711**	**1661**	**51**	**6545.50**	**948.82**	**35.64**	**1051.45**	**971.26**
长春	4789	358	14	302.14	251.67	12.38	284.76	279.43
九台	3375	85	1	25.00	17.40	0.80	25.00	22.92
榆树	4724	130	6	49.90	19.60	3.40	26.00	25.00
德惠	240	24	1	120.11	23.98	0.69	30.50	19.77
吉林	1995	182	6	1042.75	126.44		165.63	133.96
蛟河	129	15	—	16.00	9.00	0.10	12.50	11.97
桦甸	192	46	1	131.25	16.00	0.50	15.00	13.80
舒兰	4855	67		180.00	20.10		25.00	19.00
磐石	3960	54	1	20.00	11.70	0.30	13.27	13.27
四平	640	57	2	550.00	55.00	0.50	39.00	37.55
公主岭	4058	27	—	137.75	25.00	0.10	25.07	23.03
双辽	2121	41	—	149.20	12.19	0.17	13.74	19.26
辽源	438	49	—	42.00	45.00	0.30	42.00	42.00
通化	761	45	3	761.00	45.43	2.70	46.81	40.53
梅河口	2174	62		80.00	17.93		21.64	21.64
集安	3127	23	—	44.48	8.96	0.04	13.79	10.57
白山	151	62	1	132.54	41.60	0.20	41.80	41.10
临江	12	8	1	6.00	6.92	0.30	6.00	5.70
松原	1325	41	2	1000.00	39.10	1.60	36.93	36.93
白城	2525	51	—	912.00	25.90	0.06	38.11	33.89
洮南	54	15	1	26.00	14.30	0.50	17.40	16.66
大安	4879	42	1	118.00	14.98	0.45	13.90	13.90
延吉	1350	44	6	40.66	40.41	6.10	34.68	30.90
图们	1142	14	—	8.67	8.25	0.35	8.67	8.67
敦化	11957	48	2	116.00	15.76	1.20	17.20	13.80
珲春	5145	27	3	434.00	17.60	2.38	17.89	16.85
龙井	2523	24	—	31.05	10.20	0.26	9.93	9.93
和龙	5069	21	1	69.00	8.40	0.26	9.23	9.23
黑龙江	**168739**	**2200**	**93**	**4016.50**	**1294.16**	**85.94**	**1525.83**	**1540.84**
哈尔滨	7086	475	16	336.01	400.14	16.20	336.01	336.00

城市建设用地面积 Area of Urban Construction Land									本年征用土地面积 Area of Land Requisition this Year		城市名称 Name of Cities
居住用地 Residential Area	公共设施用地 Area for Public Utilities	工业用地 Area for Industrial Operation	仓储用地 Area for Storage	对外交通用地 Area for Traffic System	道路广场用地 Area for Roads and Plazas	市政公用设施用地 Area for Municipal Utilities	绿地 Greenland Area	特殊用地 Area for Specific-Purpose Land		耕地 Arable Land	
5.31	1.30	3.07	0.78	0.88	1.10	0.32	0.23	0.36			开原
9.50	4.50	2.50	1.90	2.00	2.50	0.60	4.10	3.00			朝阳
8.50	1.20	3.30	0.80	0.90	1.50	0.20	2.00				北票
6.80	2.10	5.80	0.60	0.60	1.50	0.20	0.80	0.10			凌源
14.90	7.02	18.08	1.01	1.09	5.70	2.06	8.76	5.07			葫芦岛
11.88	4.35	2.10	0.40	0.25	1.18	0.39	2.35	0.08	1.28	0.56	兴城
335.43	**105.70**	**219.36**	**42.03**	**44.65**	**99.51**	**30.68**	**65.14**	**28.76**	**56.53**	**20.03**	**吉林**
80.07	35.73	75.04	10.93	7.98	33.46	8.70	17.44	10.08	20.24	14.57	长春
7.32	2.99	3.18	0.80	1.11	3.50	0.42	3.60				九台
7.48	2.60	5.80	4.10	0.08	1.52	0.10	3.22	0.10			榆树
9.12	0.92	2.56		0.31	2.51	2.25	2.10		1.05	0.20	德惠
35.40	14.71	43.12	3.14	8.68	13.44	7.84	2.32	5.31	1.97	0.81	吉林
5.95	0.90	2.84	0.75	0.49	0.40	0.05	0.30	0.29			蛟河
9.40	1.23	1.32	0.47	0.34	0.82	0.15	0.04	0.03			桦甸
12.00	1.00	1.00	1.00		1.00	1.00	1.00	1.00	1.00	0.20	舒兰
6.36	0.67	2.34	0.85	0.16	1.16	0.22	0.93	0.58	0.11	0.11	磐石
12.16	2.95	10.23	1.85	2.18	3.46	1.03	2.83	0.86			四平
6.86	2.80	4.13	0.85	1.70	3.17	0.38	0.85	2.29	0.21	0.21	公主岭
12.88	1.25	2.39	0.95	0.61	0.56	0.39	0.20	0.03	0.87	0.06	双辽
11.50	3.68	13.10	1.30	2.35	3.41	1.23	3.57	1.86			辽源
15.09	4.03	8.31	0.88	2.76	4.44	0.38	3.71	0.93	28.76	3.11	通化
11.20	1.88	2.50	0.63	2.27	1.72	0.29	0.55	0.60	0.98	0.76	梅河口
3.04	1.69	1.83	0.25	1.16	1.30	0.20	0.80	0.30	0.34		集安
21.10	2.67	6.13	2.07	2.25	3.69	0.65	2.27	0.27			白山
2.00	0.70	0.50	0.10	0.30	0.40	0.20	1.30	0.20			临江
13.90	3.61	7.87	1.11	0.87	3.15	0.64	5.58	0.20	0.34		松原
10.41	4.74	5.71	2.72	3.13	2.80	1.26	3.02	0.10	0.65		白城
6.29	2.50	2.81	1.52	0.16	2.10	0.08	0.90	0.30			洮南
3.95	1.35	2.34	0.84	2.17	1.69	0.39	1.15	0.02			大安
13.32	4.42	3.51	0.81	0.63	4.10	1.39	1.64	1.08			延吉
3.17	0.85	1.49	0.48	1.21	0.64	0.25	0.07	0.51			图们
4.20	1.90	3.20	1.30	0.60	0.95	0.30	1.05	0.30			敦化
4.30	1.47	3.04	1.32	0.36	1.65	0.40	3.07	1.24	0.01		珲春
4.04	1.41	1.99	0.50	0.32	0.85	0.22	0.50	0.10			龙井
2.92	1.05	1.08	0.51	0.47	1.62	0.27	1.13	0.18			和龙
579.45	**155.22**	**292.55**	**71.63**	**68.39**	**140.05**	**39.49**	**151.72**	**42.34**	**18.34**	**1.69**	**黑龙江**
100.80	46.37	77.62	7.73	14.11	33.60	6.05	31.58	18.14	4.80		哈尔滨

2-3 续 4

城市名称 Name of Cities	市区面积 Urban District Area	市区人口 Urban District Population	市区暂住人口 Urban District Temporary Population	城区面积 Urban Area	城区人口 Urban Population	城区暂住人口 Urban Temporary Population	建成区面积 Surface Area of Built District	小计 Subtotal
双城	3112	80	—	49.60	18.80	0.12	27.70	26.70
尚志	8825	53	—	152.00	12.19	0.23	18.30	18.30
五常	7512	98	—	100.55	14.97	0.14	21.51	12.30
齐齐哈尔	4365	143	1	134.79	108.37	1.40	134.79	134.79
讷河	6672	72	—	20.00	13.30	0.30	10.69	10.69
鸡西	2300	89	—	79.23	73.72	0.19	79.23	79.23
虎林	9334	16	—	128.65	6.92	0.10	10.76	10.76
密山	7781	43	—	91.00	11.14	0.15	22.00	19.94
鹤岗	4551	68	1	85.00	58.81	0.93	43.00	69.51
双鸭山	1760	50	1	118.00	45.50	0.60	58.80	54.90
大庆	5107	128	33	185.17	102.54	32.55	169.40	201.05
伊春	12910	81	1	159.16	75.47	0.84	159.16	150.05
铁力	6440	39	—	21.41	11.00	0.10	16.50	21.39
佳木斯	1875	83	1	1073.90	60.60	0.50	59.84	59.84
同江	6300	17	4	15.00	5.22	0.95	10.00	10.00
富锦	8229	12	1	15.80	11.00	11.00	15.80	14.80
七台河	1767	53	4	62.37	36.50	4.21	62.37	62.37
牡丹江	2285	90	2	86.30	68.84	0.30	64.40	51.11
绥芬河	421	6	5	24.50	4.77	3.62	14.14	14.14
海林	8814	30	—	24.21	10.00	0.05	12.31	12.31
宁安	7924	42	5	13.50	8.00	3.00	8.40	9.21
穆棱	6673	32	—	10.83	7.36	0.03	10.83	10.06
黑河	14444	20	1	18.50	13.40	0.40	18.50	18.50
北安	7194	47	—	33.28	13.90	0.07	17.64	19.96
五大连池	273	19	—	10.00	3.83	0.12	6.00	5.31
绥化	2743	89	8	51.79	30.00	3.00	30.00	30.00
安达	3586	53	1	25.95	22.47	0.45	18.42	18.42
肇东	3905	90	5	650.00	32.00	4.00	48.77	45.00
海伦	4551	82	1	240.00	13.40	0.39	20.56	14.20
上海	**6341**	**1858**		**6340.50**	**1858.08**		**885.67**	**2429.08**
江苏	**56877**	**4820**	**717**	**11284.60**	**2290.14**	**23.00**	**2713.92**	**2703.64**
南京	4733	534		2414.44	466.75		577.44	578.42
无锡	1623	236		1622.64	235.92		203.00	190.20
江阴	198	120		198.00	30.05		51.52	62.60

2-3 continued 4

城市建设用地面积 Area of Urban Construction Land									本年征用土地面积 Area of Land Requisition this Year		城市名称 Name of Cities
居住用地 Residential Area	公共设施用地 Area for Public Utilities	工业用地 Area for Industrial Operation	仓储用地 Area for Storage	对外交通用地 Area for Traffic System	道路广场用地 Area for Roads and Plazas	市政公用设施用地 Area for Municipal Utilities	绿地 Greenland Area	特殊用地 Area for Specific-Purpose Land		耕地 Arable Land	
11.50	2.70	3.40	3.30	0.60	1.60	0.72	2.70	0.18			双城
7.10	0.80	7.60	0.60	0.20	1.40	0.30	0.10	0.20			尚志
6.20	1.02	1.23	0.50	0.42	0.95	0.14	1.79	0.05			五常
44.14	9.48	38.83	7.50	6.50	11.54	3.08	6.96	6.76			齐齐哈尔
3.77	1.87	1.65	0.53	0.59	1.10	0.24	0.91	0.03			讷河
47.80	4.36	9.94	1.93	2.38	8.82	1.44	2.24	0.32			鸡西
4.13	0.91	1.49	0.90	0.41	2.30	0.19	0.42	0.01			虎林
5.05	3.58	2.88	1.59	0.70	2.22	0.61	3.25	0.06			密山
38.53	4.51	11.90	1.57	2.58	4.86	1.00	4.49	0.07			鹤岗
29.90	3.80	10.00	1.50	3.60	3.30	0.60	2.10	0.10			双鸭山
61.60	21.10	36.52	9.90	11.22	24.71	8.84	24.96	2.20	10.09		大庆
58.15	16.96	18.28	5.36	5.57	6.54	2.80	34.34	2.05			伊春
8.56	0.88	1.69	0.31	1.32	0.12	2.34	0.17	6.00			铁力
19.82	3.98	14.03	3.60	4.90	2.14	0.90	9.47	1.00			佳木斯
5.70	0.80	0.70	0.80	0.30	0.60	0.20	0.80	0.10			同江
5.80	1.20	1.00	0.90	1.00	1.80	0.60	2.40	0.10			富锦
22.45	6.00	13.47	6.09	1.51	6.84	1.20	4.78	0.03	0.71		七台河
16.23	5.29	12.50	2.30	2.70	5.78	1.25	4.65	0.41	1.56	0.71	牡丹江
5.46	0.87	1.79	2.53	1.49	1.42	0.16	0.20	0.22	0.08		绥芬河
6.20	0.68	3.37	0.64	0.32	0.28	0.07	0.49	0.26	0.70	0.70	海林
4.22	0.28	1.50	0.30	0.40	0.31	1.00	1.20				宁安
5.49	0.80	1.06	0.49	0.20	1.02	0.13	0.82	0.05			穆棱
6.09	2.64	1.68	2.36	0.90	1.93	0.56	1.97	0.37	0.21	0.09	黑河
6.92	2.29	2.29	1.24	0.97	1.33	0.32	1.16	3.44	0.19	0.19	北安
2.48	0.92	0.48	0.39	0.01	0.47	0.10	0.45	0.01			五大连池
12.00	1.20	4.50	1.60	1.40	3.00	2.70	3.50	0.10			绥化
7.16	2.25	3.41	1.19	0.77	3.13	0.30	0.17	0.04			安达
20.00	6.10	6.00	3.20	1.30	3.70	1.50	3.20				肇东
6.20	1.58	1.74	0.78	0.02	3.24	0.15	0.45	0.04			海伦
											上海
816.11	**314.80**	**738.78**	**76.29**	**114.95**	**294.95**	**80.48**	**230.71**	**36.57**	**158.77**	**74.02**	**江苏**
157.59	76.80	151.12	12.75	23.38	62.65	18.88	59.16	16.09	18.07	6.51	南京
56.90	22.50	59.80	3.70	7.34	18.90	4.70	12.50	3.86			无锡
21.96	8.12	10.48	3.81	0.88	5.79	2.22	6.79	2.55			江阴

2-3 续 5

城市名称 Name of Cities	市区面积 Urban District Area	市区人口 Urban District Population	市区暂住人口 Urban District Temporary Population	城区面积 Urban Area	城区人口 Urban Population	城区暂住人口 Urban Temporary Population	建成区面积 Surface Area of Built District	小计 Subtotal
宜兴	2038	106		284.04	34.58		59.64	59.64
徐州	514	192	60	360.50	131.78	0.04	177.40	123.64
新沂	1586	99	1	120.00	23.40	0.80	29.30	28.21
邳州	2088	164	3	124.00	30.00	2.20	36.20	36.20
常州	1872	225	49	384.38	122.39		112.50	112.50
溧阳	1535	78		113.99	17.50		19.90	19.86
金坛	977	55		103.10	16.00		17.10	17.10
苏州	1650	235	194	674.60	195.41		228.31	228.31
常熟	1094	106	85	266.41	39.10		97.32	78.20
张家港	998	89	62	168.04	39.33		59.72	59.72
昆山	928	68	90	95.30	28.36		42.57	41.09
吴江	1177	79		311.45	27.83		73.33	73.29
太仓	823	46	44	48.80	18.53		22.64	22.64
南通	355	87	27	141.52	65.27	7.50	61.36	26.16
启东	1208	115	4	50.00	13.05	1.15	14.70	24.47
如皋	1477	141	6	84.90	20.47	1.20	12.47	10.82
通州	1343	127	3	27.00	9.81	0.36	9.18	8.75
海门	1149	101	9	73.02	17.83	0.21	16.32	16.32
连云港	925	82	6	621.82	69.70	3.00	90.00	109.74
淮安	3137	95		227.00	95.00		95.00	121.40
盐城	1862	159	14	218.28	58.44		78.00	70.99
东台	2308	115	6	138.25	22.35		27.73	23.16
大丰	2367	73	5	171.10	10.53		13.50	25.75
扬州	973	118	11	202.95	67.87		72.00	94.35
仪征	901	60	3	53.00	19.34		35.40	35.40
高邮	1963	83	2	111.25	19.92		20.86	20.46
江都	1333	107	5	140.38	24.50		28.00	31.00
镇江	1083	103	12	555.43	86.45		94.30	94.30
丹阳	1060	81	8	154.42	25.87	3.56	17.60	27.87
扬中	332	27	1	56.00	9.92	0.32	9.31	9.31
句容	1385	58	5	92.80	13.34	1.56	15.08	15.76
泰州	420	65		325.74	57.63		56.00	64.96
兴化	2393	154		64.00	16.65		16.87	14.82
靖江	665	66		143.00	27.10		32.40	31.30
泰兴	1253	127		64.04	23.38		21.15	20.75
姜堰	1044	89		59.00	17.70		18.60	19.28

城市建设用地面积 Area of Urban Construction Land									本年征用土地面积 Area of Land Requisition this Year		城市名称 Name of Cities
居住用地 Residential Area	公共设施用地 Area for Public Utilities	工业用地 Area for Industrial Operation	仓储用地 Area for Storage	对外交通用地 Area for Traffic System	道路广场用地 Area for Roads and Plazas	市政公用设施用地 Area for Municipal Utilities	绿地 Greenland Area	特殊用地 Area for Specific-Purpose Land		耕地 Arable Land	
15.64	5.63	22.28	1.48	0.94	6.95	1.32	5.19	0.21	17.00	5.43	宜兴
32.05	22.99	26.68	3.37	8.85	18.64	3.43	7.46	0.17	6.70	4.08	徐州
11.02	3.30	5.60	0.50	2.10	4.40	0.60	0.65	0.04			新沂
16.60	4.30	5.81	0.75	2.36	4.80	0.80	0.72	0.06			邳州
29.31	11.29	28.19	2.93	8.66	14.89	4.15	12.47	0.61	19.91	2.99	常州
6.38	1.89	5.19	0.18	2.18	1.85	0.91	1.28		2.62	0.62	溧阳
5.07	1.75	4.73	0.39	1.49	1.87	0.48	1.31	0.01			金坛
65.98	16.44	64.61	4.16	7.08	33.33	6.28	29.38	1.05			苏州
17.45	11.22	21.79	2.86	2.18	6.23	0.83	15.09	0.55			常熟
15.80	4.69	20.05	2.05	1.55	8.03	0.94	5.84	0.77	2.01	1.15	张家港
10.96	2.49	10.00	0.76	3.12	3.67	3.22	6.87				昆山
18.55	4.60	34.28	0.66	2.18	6.94	1.56	4.51	0.01	1.46	0.64	吴江
6.16	2.51	5.74	0.60	0.58	2.25	0.62	3.94	0.24	2.81	2.32	太仓
2.90	3.87	15.68	0.95	0.54	1.75	0.05	0.42		3.28	1.70	南通
7.13	2.60	7.22	0.40	0.31	1.31	0.57	4.89	0.04	0.26	0.26	启东
5.11	1.70	1.43	0.03	0.02	1.44	0.05	1.03	0.01			如皋
2.33	1.45	1.96	0.31	0.45	0.73	0.76	0.71	0.05	0.11		通州
6.09	2.17	3.13	0.22	0.11	2.15	0.30	2.15				海门
44.02	12.67	22.65	3.95	6.62	14.35	2.93	2.00	0.55	45.26	30.70	连云港
56.94	12.98	28.89	0.92	1.17	14.14	1.46	4.29	0.61			淮安
19.52	8.91	19.50	4.55	2.98	4.13	4.23	4.72	2.45	6.57	4.25	盐城
6.42	2.38	5.09	1.30	2.33	3.52	1.18	0.88	0.06	1.40	0.64	东台
6.20	2.52	11.15	0.80	0.19	2.95	0.72	1.15	0.07	0.38	0.30	大丰
27.41	14.86	28.66	2.51	3.11	8.20	2.55	4.75	2.30	5.45	3.22	扬州
9.06	2.30	14.99	0.89	1.20	4.74	0.69	1.50	0.03	3.26	1.75	仪征
4.44	2.97	1.66	2.95	3.21	1.46	1.67	1.74	0.36	2.26	1.33	高邮
11.47	4.96	5.08	1.02	1.12	2.67	1.24	3.00	0.44	1.99	0.73	江都
22.11	10.95	30.77	6.64	9.58	6.25	3.07	3.63	1.30	6.07	3.40	镇江
12.21	2.64	6.68	0.54	0.64	3.10	0.65	1.35	0.06	0.76	0.56	丹阳
2.39	1.15	1.98	0.36	0.97	1.00	0.47	0.98	0.01	0.34	0.26	扬中
7.02	1.67	3.00	0.13	0.35	2.32	0.40	0.86	0.01	1.39	0.19	句容
26.38	4.24	19.29	2.21	1.48	5.89	1.03	4.17	0.27	6.78		泰州
5.44	1.81	3.29	0.30	0.21	2.02	0.16	1.49	0.10	0.28	0.05	兴化
11.50	2.50	11.27	0.71	1.35	1.20	0.90	1.85	0.02			靖江
8.49	1.71	3.75	0.66	0.60	1.81	0.98	2.37	0.38	0.69	0.44	泰兴
8.09	3.70	2.91	0.07	0.10	1.76	0.58	2.02	0.05			姜堰

2-3 续 6

城市名称 Name of Cities	市区面积 Urban District Area	市区人口 Urban District Population	市区暂住人口 Urban District Temporary Population	城区面积 Urban Area	城区人口 Urban Population	城区暂住人口 Urban Temporary Population	建成区面积 Surface Area of Built District	小计 Subtotal
宿迁	2108	157	4	220.01	41.09	1.10	50.20	54.90
浙江	**52991**	**3164**	**915**	**10004.96**	**1372.16**	**376.70**	**1851.14**	**1893.95**
杭州	3327	417	105	923.97	254.60	31.68	344.48	310.97
建德	2364	51	4	85.00	11.39	1.50	7.83	11.01
富阳	1808	64	15	334.60	20.47	8.27	24.85	24.85
临安	3124	53	7	183.10	12.56	3.53	11.50	11.50
宁波	2634	218	24	777.97	138.70	20.29	221.40	251.26
余姚	1527	83	38	355.00	37.68	21.56	35.00	35.58
慈溪	1154	103	46	267.48	35.14	16.53	32.57	32.58
奉化	1249	48	13	319.00	23.62	8.11	12.58	13.31
温州	1187	142	40	397.00	104.15	30.00	153.00	135.10
瑞安	1271	116	49	100.60	23.45	11.96	22.30	97.15
乐清	1174	121	35	216.70	36.00	11.00	22.30	20.04
嘉兴	1022	87	54	209.46	37.06	18.68	78.50	98.00
海宁	700	65	22	149.90	14.70	2.10	27.60	27.60
平湖	537	48	27	69.23	10.49	3.01	14.00	12.63
桐乡	727	67	33	189.50	15.33	1.71	30.00	29.02
湖州	1566	104	29	625.87	55.70	19.80	71.70	70.47
绍兴	362	65	23	226.04	52.53	14.52	90.10	82.83
诸暨	2311	137	27	346.62	21.80	9.90	36.90	32.17
上虞	1403	77	20	111.00	20.82	0.36	20.30	14.06
嵊州	1790	73	—	214.70	21.47	8.36	32.30	25.95
金华	2044	92	16	379.64	45.41	10.92	68.79	68.79
兰溪	1313	66	1	206.30	22.64	0.45	27.00	27.88
义乌	1105	72	107	419.44	55.00	60.07	73.00	69.83
东阳	1739	81	19	373.00	30.03	10.50	33.50	32.10
永康	1049	56	27	157.70	17.60	9.50	36.32	36.32
衢州	2354	81	2	200.10	27.82	2.22	44.70	43.80
江山	2019	59	3	141.25	12.83	3.08	14.23	14.14
舟山	1028	69	11	408.52	36.51	6.18	49.17	47.65
台州	1536	151	28	749.98	100.52	13.52	113.87	117.01
温岭	836	117	57	48.30	22.77		30.30	30.30
临海	2171	114	14	360.00	27.36		34.30	31.71
丽水	1502	38	16	266.13	18.69	15.29	26.00	26.43
龙泉	3059	28	2	191.86	7.32	2.10	10.75	11.91

城市建设用地面积 Area of Urban Construction Land									本年征用土地面积 Area of Land Requisition this Year		城市名称 Name of Cities
居住用地 Residential Area	公共设施用地 Area for Public Utilities	工业用地 Area for Industrial Operation	仓储用地 Area for Storage	对外交通用地 Area for Traffic System	道路广场用地 Area for Roads and Plazas	市政公用设施用地 Area for Municipal Utilities	绿地 Greenland Area	特殊用地 Area for Specific-Purpose Land		耕地 Arable Land	
16.02	7.57	12.40	2.92	1.44	4.87	2.90	5.60	1.18	1.66	0.50	宿迁
525.38	**202.84**	**514.64**	**39.42**	**87.17**	**247.07**	**63.54**	**178.78**	**35.11**	**102.15**	**60.18**	**浙江**
80.80	39.09	49.22	4.66	19.16	50.11	16.84	38.99	12.10	7.45	4.56	杭州
3.92	1.36	3.74	0.88	0.09	0.08	0.34	0.55	0.05	0.87	0.52	建德
9.10	2.08	9.11	0.05	0.12	2.02	0.36	2.01		5.26	4.42	富阳
3.75	1.60	3.22	0.20	0.20	1.45	0.25	0.75	0.08	0.14	0.03	临安
57.12	21.75	117.30	7.63	10.46	20.77	2.02	7.42	6.79	10.84	7.61	宁波
12.58	2.35	11.94	0.28	0.69	5.61	0.40	1.69	0.04	3.74	2.76	余姚
15.21	3.36	7.40	0.12	0.67	3.16	0.43	2.23		1.34	0.77	慈溪
4.55	1.68	3.73	0.07	0.68	1.53	0.35	0.72		0.17	0.10	奉化
31.92	9.08	32.00	3.15	6.42	20.43	7.31	20.19	4.60	12.98	9.43	温州
32.28	8.65	22.73	1.16	0.98	14.68	2.35	14.31	0.01			瑞安
10.95	1.70	2.45	0.10	0.30	2.10	1.00	1.34	0.10	4.75	2.40	乐清
25.48	13.32	24.15	2.65	4.42	13.87	1.86	12.04	0.21	4.51	3.07	嘉兴
8.15	3.67	5.71	0.05	0.47	4.03	0.76	4.76		1.93	1.12	海宁
1.72	1.19	3.63	1.10	0.30	2.02	0.76	1.72	0.19	0.50		平湖
8.32	2.94	6.73	1.33	2.57	3.43	0.88	2.73	0.09	3.00	2.22	桐乡
15.98	10.57	16.39	1.25	4.03	8.52	2.97	8.50	2.26	4.10	2.00	湖州
28.96	9.27	20.70	0.98	0.28	13.48	1.11	7.98	0.07	2.11	2.11	绍兴
10.03	4.63	4.60	0.72	3.12	2.94	2.45	3.56	0.12			诸暨
1.38	0.92	3.02	1.11	1.37	0.34	4.68	1.20	0.04	0.60	0.44	上虞
7.17	1.24	9.97	0.19	0.14	4.85	0.36	1.95	0.08	2.64	1.90	嵊州
18.47	10.60	15.20	3.32	9.09	5.31	1.68	4.07	1.05	4.95	2.46	金华
5.22	3.59	8.40	0.83	1.30	3.86	0.93	3.62	0.13	5.20		兰溪
17.58	8.97	17.62	1.63	6.99	9.18	1.24	6.30	0.32	2.86	2.43	义乌
9.04	1.24	11.50	0.40	0.61	4.59	0.84	3.88		0.86	0.57	东阳
8.74	2.65	14.70	0.26	1.44	5.73	1.44	1.31	0.05	1.88	0.92	永康
11.10	5.58	13.05	0.76	1.44	6.53	0.98	3.04	1.32	3.59	0.81	衢州
3.99	1.73	3.51	0.21	0.31	2.08	0.22	1.39	0.70	0.21	0.11	江山
17.24	5.69	6.38	0.43	0.62	7.66	0.84	6.20	2.59	3.14	0.45	舟山
34.80	11.00	43.50	2.68	3.79	13.21	4.14	2.90	0.99	4.09	2.75	台州
11.78	3.41	6.57	0.26	1.20	3.43	1.22	2.30	0.13	0.41	0.31	温岭
6.86	3.27	11.28	0.59	1.40	3.17	1.10	3.40	0.64	2.30	2.30	临海
8.59	3.83	2.55	0.22	2.04	4.07	1.11	3.71	0.31	5.60	1.49	丽水
2.60	0.83	2.64	0.15	0.47	2.83	0.32	2.02	0.05	0.13	0.12	龙泉

2-3 续 7

城市名称 Name of Cities	市区面积 Urban District Area	市区人口 Urban District Population	市区暂住人口 Urban District Temporary Population	城区面积 Urban Area	城区人口 Urban Population	城区暂住人口 Urban Temporary Population	建成区面积 Surface Area of Built District	小计 Subtotal
安徽	**35329**	**2502**	**81**	**5263.53**	**1064.84**	**47.80**	**1201.64**	**1222.13**
合肥	596	479	2	224.74	198.39	2.14	224.74	224.74
芜湖	720	105	17	230.00	95.23	1.14	117.56	117.56
蚌埠	602	92	11	284.60	76.92	10.00	93.47	89.75
淮南	1566	179	3	1091.00	101.19	0.80	94.60	105.64
马鞍山	340	62	5	105.85	49.60	4.50	69.90	69.45
淮北	294	108	2	136.00	79.41	0.77	61.19	62.82
铜陵	227	44	3	180.60	38.83	2.60	45.00	45.00
安庆	821	74	3	311.39	57.46	2.80	63.09	62.59
桐城	1571	75	—	91.56	14.52	0.19	17.91	18.05
黄山	2361	43	1	445.80	24.44	0.33	34.20	34.25
滁州	1404	53	1	282.60	29.50	1.00	42.56	42.56
天长	1770	64	1	29.94	26.92	0.28	21.00	21.74
明光	2335	65	—	260.00	13.06	0.27	17.20	15.75
阜阳	1844	198	2	332.67	68.16	2.21	60.67	60.67
界首	667	76	—	77.95	17.54	0.38	16.00	15.90
宿州	2868	178	2	164.51	42.02	2.00	41.50	51.66
巢湖	2082	87	—	145.00	27.00	0.35	36.30	36.32
六安	3583	182	14	136.12	29.24	5.86	44.06	41.64
亳州	2226	152	2	56.52	23.38	0.79	32.00	36.82
池州	2432	65	3	250.81	19.29	3.00	25.00	26.29
宣城	2533	85	5	131.17	17.08	5.10	26.51	25.75
宁国	2487	38	3	294.70	15.66	1.29	17.18	17.18
福建	**41351**	**2431**	**429**	**4411.06**	**719.09**	**187.18**	**819.35**	**793.78**
福州	1786	186	67	1043.00	185.92	45.38	170.46	146.61
福清	225	125	20	35.00	15.60	0.01	19.00	18.09
长乐	658	67	1	176.37	20.67	0.30	23.28	23.28
厦门	1569	167	95	220.00	114.16	94.73	180.00	180.00
莆田	2284	207	14	241.25	44.95	7.20	48.80	51.07
三明	1178	28	1	220.00	24.90	0.01	23.60	24.31
永安	2942	32	2	234.93	13.62	2.27	18.01	16.00
泉州	892	774	105	529.00	66.70	12.00	77.00	77.00
石狮	160	31	15	36.20	13.05	4.00	17.26	17.36
晋江	649	104	71	44.00	16.00	5.83	29.87	32.07
南安	1047	149	9	31.50	15.33	0.87	15.71	15.71

2-3 continued 7

城市建设用地面积 Area of Urban Construction Land									本年征用土地面积 Area of Land Requisition this Year		城市名称 Name of Cities
居住用地 Residential Area	公共设施用地 Area for Public Utilities	工业用地 Area for Industrial Operation	仓储用地 Area for Storage	对外交通用地 Area for Traffic System	道路广场用地 Area for Roads and Plazas	市政公用设施用地 Area for Municipal Utilities	绿地 Greenland Area	特殊用地 Area for Specific-Purpose Land		耕地 Arable Land	
398.79	**149.73**	**273.96**	**33.86**	**47.71**	**134.16**	**35.56**	**134.11**	**14.25**	**61.62**	**15.08**	**安徽**
79.49	32.89	45.16	3.24	2.56	24.22	3.77	31.35	2.06			合肥
26.95	6.90	25.64	3.22	4.72	13.21	1.12	32.51	3.29	1.67	0.55	芜湖
28.07	11.20	20.45	2.27	7.45	8.66	4.42	6.24	0.99	0.94	0.52	蚌埠
37.88	10.35	22.04	2.95	6.68	11.38	6.00	8.23	0.13	1.17	0.89	淮南
15.76	7.04	22.67	3.00	3.73	8.06	4.99	3.48	0.72	4.09		马鞍山
21.57	5.43	13.58	0.77	2.58	9.77	0.77	7.55	0.80	2.40	0.36	淮北
12.16	7.60	9.11	3.10	2.80	3.80	2.10	3.56	0.77	9.35		铜陵
18.26	5.29	21.43	1.73	3.87	3.13	1.67	7.10	0.11	11.21	0.70	安庆
5.08	2.22	5.71	0.36	0.22	2.20	0.49	1.74	0.03	2.23	1.20	桐城
9.52	7.47	3.49	0.39	1.10	4.97	1.17	5.20	0.94	2.32	0.97	黄山
13.71	4.54	15.62	0.94	0.08	4.68	0.55	0.44	2.00	6.86	4.35	滁州
6.89	1.45	8.10	0.16	0.18	2.70	0.19	2.05	0.02			天长
6.73	1.74	2.77	0.42	0.57	2.38	0.19	0.94	0.01	1.40	1.13	明光
32.42	7.49	8.31	1.60	0.76	6.08	1.29	2.42	0.30			阜阳
6.98	2.39	2.29	0.26	0.63	2.18	0.37	0.78	0.02	0.51	0.22	界首
17.02	8.13	9.01	3.35	2.18	6.24	1.46	4.07	0.20	0.16	0.03	宿州
12.10	5.82	7.60	0.91	0.65	3.90	0.88	4.30	0.16	2.02	0.60	巢湖
16.68	6.19	9.83	0.49	0.45	4.67	0.64	2.41	0.28	10.00	2.50	六安
14.58	5.85	7.01	0.71	2.98	2.68	1.15	1.12	0.74	1.15	0.15	亳州
6.09	3.44	4.82	2.07	0.26	4.42	0.42	4.55	0.22	3.60	0.80	池州
7.19	4.42	5.40	1.01	1.57	2.46	1.41	1.96	0.33	0.05	0.03	宣城
3.66	1.88	3.92	0.91	1.69	2.37	0.51	2.11	0.13	0.49	0.08	宁国
234.67	**104.44**	**187.82**	**15.91**	**34.00**	**92.07**	**23.41**	**84.83**	**16.63**	**29.16**	**7.65**	**福建**
45.33	20.91	20.34	2.05	5.12	24.38	3.26	21.83	3.39	8.96		福州
9.27	1.98	4.03	0.04	0.21	1.88	0.23	0.36	0.09	0.30	0.20	福清
10.72	2.93	4.59	0.41	0.73	1.25	0.61	1.64	0.40	0.73	0.42	长乐
34.29	22.18	57.20	4.07	9.76	24.86	4.04	18.95	4.65			厦门
15.16	10.58	10.13	0.33	1.82	7.23	1.09	4.73		1.70	1.00	莆田
6.57	2.36	9.30	0.62	2.38	1.36	0.85	0.70	0.17	0.73		三明
6.37	1.10	2.83	0.53	0.89	1.60	0.34	2.14	0.20	1.97	0.60	永安
27.10	12.00	17.70	0.72	2.40	3.80	2.72	9.40	1.16			泉州
1.62	3.15	6.25	0.47	0.61	2.73	1.20	1.24	0.09	1.06	0.31	石狮
9.20	2.60	11.10	0.40	0.47	3.20	1.10	1.20	2.80	4.50	1.08	晋江
6.29	1.13	3.15	0.29	1.24	1.19	0.42	1.90	0.10	1.00		南安

2-3 续 8

城市名称 Name of Cities	市区面积 Urban District Area	市区人口 Urban District Population	市区暂住人口 Urban District Temporary Population	城区面积 Urban Area	城区人口 Urban Population	城区暂住人口 Urban Temporary Population	建成区面积 Surface Area of Built District	小计 Subtotal
漳州	401	54	8	95.24	36.94	5.43	46.77	46.77
龙海	1126	79	13	27.00	16.82	0.47	14.82	12.39
南平	2660	49	1	370.47	20.79	0.01	20.13	20.13
邵武	2837	30	—	95.00	10.00	0.26	12.65	12.65
武夷山	2798	26	1	353.90	6.88	0.74	7.39	7.39
建瓯	4233	52	—	30.00	9.80	0.01	8.58	8.58
建阳	3385	34	1	33.70	9.76	0.34	9.30	9.30
龙岩	2678	47	—	185.00	28.69	0.01	33.30	32.09
漳平	2958	27	1	12.00	6.40	0.40	7.50	7.46
宁德	1537	43	3	107.50	15.30	6.70	17.07	17.28
福安	1880	62	—	230.00	13.51	0.01	8.50	7.89
福鼎	1470	57	—	60.00	13.30	0.20	10.35	10.35
江西	**32855**	**1571**	**47**	**1657.85**	**699.03**	**31.53**	**800.67**	**825.44**
南昌	622	215	10	210.00	202.30	9.70	180.00	180.00
景德镇	580	45	—	160.00	44.96		72.00	67.00
乐平	1974	83	—	49.21	13.91	0.12	15.90	17.09
萍乡	1065	83	1	85.70	35.00		41.00	41.00
九江	1572	93	2	105.64	60.22		80.14	80.14
瑞昌	1423	43	—	11.50	9.80	0.12	11.02	11.40
新余	1789	82	3	160.00	32.70	2.28	44.00	32.98
鹰潭	167	20	2	87.65	12.31	2.00	30.74	37.72
贵溪	2480	57		90.00	10.80		19.50	35.40
赣州	528	59	5	50.00	45.86	4.64	50.00	52.24
瑞金	2449	60	1	83.00	23.00	0.50	18.00	18.00
南康	1845	82	11	30.34	15.14	3.36	18.31	18.31
吉安	1382	52	3	210.80	27.90	2.30	38.06	37.97
井冈山	1298	16	3	7.01	2.06	1.26	6.99	5.69
宜春	2532	101	2	72.59	26.20	0.40	32.20	34.32
丰城	2845	134		28.13	31.33		26.50	25.70
樟树	1291	54	1	34.95	19.90		19.20	19.20
高安	2439	81	3	34.13	15.35	2.03	19.56	19.09
抚州	2153	140	2	81.30	40.80	2.82	42.05	46.28

城市建设用地面积 Area of Urban Construction Land									本年征用土地面积 Area of Land Requisition this Year		城市名称 Name of Cities
居住用地 Residential Area	公共设施用地 Area for Public Utilities	工业用地 Area for Industrial Operation	仓储用地 Area for Storage	对外交通用地 Area for Traffic System	道路广场用地 Area for Roads and Plazas	市政公用设施用地 Area for Municipal Utilities	绿地 Greenland Area	特殊用地 Area for Specific-Purpose Land		耕地 Arable Land	
14.23	7.09	13.48	0.81	0.92	6.09	1.89	0.83	1.43	0.88	0.88	漳州
4.31	1.05	1.66	0.48	0.37	1.03	0.77	2.67	0.05	0.80	0.47	龙海
7.35	2.00	4.50	0.80	1.50	1.60	0.68	1.60	0.10	1.97	0.51	南平
4.81	0.91	3.20	0.73	0.59	1.00	0.36	0.95	0.10	1.20	0.32	邵武
2.73	0.73	0.85	0.12	0.36	0.76	0.49	1.34	0.01	1.22	0.57	武夷山
2.59	0.85	1.47	0.13	0.93	0.83	0.15	1.58	0.05			建瓯
2.55	0.85	1.70	0.56	0.38	0.93	0.37	1.01	0.95			建阳
7.87	2.99	6.90	1.16	1.74	2.59	1.70	6.79	0.35	1.70	1.01	龙岩
2.80	0.75	1.80	0.04	0.98	0.50	0.12	0.45	0.02			漳平
7.42	4.05	1.98	0.06	0.01	1.90	0.20	1.50	0.16	0.44	0.28	宁德
2.67	1.18	1.41	0.73	0.17	0.50	0.04	0.89	0.30			福安
3.42	1.07	2.25	0.36	0.42	0.86	0.78	1.13	0.06			福鼎
261.68	**124.31**	**162.52**	**18.93**	**30.90**	**103.73**	**27.26**	**87.84**	**8.27**	**24.07**	**7.35**	**江西**
49.28	32.92	36.54	2.59	3.57	27.00	3.83	21.62	2.65			南昌
18.76	6.57	18.09	3.05	5.00	6.70	3.07	5.76				景德镇
5.68	2.65	4.01	0.62	0.97	1.07	0.76	1.10	0.23			乐平
12.30	4.20	7.50	1.00	1.80	6.30	2.30	5.60				萍乡
28.43	9.48	20.45	1.49	1.90	8.22	2.24	7.02	0.91			九江
5.73	1.14	2.58	0.09	0.17	0.93	0.19	0.53	0.04			瑞昌
15.84	4.28	3.22	1.43	0.92	2.73	1.86	2.45	0.25	8.20	3.50	新余
8.88	2.99	7.48	0.51	2.12	3.94	0.41	11.37	0.02	1.41	0.07	鹰潭
11.00	2.00	5.00	0.90	1.20	8.30	2.50	4.50		1.92	0.85	贵溪
14.43	13.49	8.52	1.03	4.08	4.23	0.82	3.54	2.10	3.59	0.29	赣州
8.10	3.98	1.54	0.20	0.42	0.52	1.52	1.52	0.20	0.15		瑞金
5.10	4.00	2.50	0.40	0.70	2.40	0.55	2.30	0.36	3.43	1.26	南康
10.46	6.11	9.79	1.21	1.16	5.70	2.06	1.32	0.16	0.30		吉安
2.40	0.83	0.83	0.25	0.15	0.18	0.48	0.57				井冈山
8.45	7.45	4.64	0.76	1.65	4.55	0.95	5.81	0.06	2.12	0.52	宜春
4.80	3.86	8.89	0.65	0.73	3.92	1.10	1.66	0.09			丰城
6.50	2.70	4.43	0.92	0.50	2.52	0.30	1.31	0.02			樟树
4.93	2.81	6.12	0.25	0.81	2.53	0.62	0.98	0.04	0.20	0.05	高安
14.38	8.01	5.42	0.85	2.43	6.52	1.15	7.28	0.24	0.68	0.07	抚州

2-3 续 9

城市名称 Name of Cities	市区面积 Urban District Area	市区人口 Urban District Population	市区暂住人口 Urban District Temporary Population	城区面积 Urban Area	城区人口 Urban Population	城区暂住人口 Urban Temporary Population	建成区面积 Surface Area of Built District	小计 Subtotal
上饶	339	38	2	44.90	23.40		25.50	34.40
德兴	2082	31		21.00	6.09		10.00	11.51
山东	**82163**	**5309**	**234**	**18370.07**	**2504.59**	**156.98**	**3081.91**	**3023.06**
济南	3257	353	75	1195.00	280.00	62.50	315.30	315.29
章丘	1855	100	2	365.87	24.58	0.40	34.00	33.25
青岛	1403	276	—	1403.15	275.53	0.05	250.69	198.51
胶州	1210	79	1	131.10	23.42	0.67	35.60	35.60
即墨	1780	111	5	283.31	36.42	0.89	47.50	47.30
平度	3167	137	2	286.50	24.90	0.44	40.45	40.45
胶南	1846	83	2	364.00	32.70	2.00	52.70	52.70
莱西	1570	73		310.00	25.18	0.45	30.20	30.20
淄博	2970	277	18	578.06	141.09	2.67	202.92	201.39
枣庄	3093	215	7	163.18	75.88	5.65	103.70	106.49
滕州	1485	165	1	74.93	31.30	0.97	42.03	74.93
东营	3294	83	10	1087.00	58.22	2.92	92.82	97.51
烟台	2726	180	1	639.36	126.55	0.92	195.22	194.27
龙口	893	63	5	139.80	24.63	4.89	40.13	40.13
莱阳	1734	87	2	235.82	23.25	2.24	31.61	31.61
莱州	1878	86	5	368.20	28.38	2.62	35.00	34.67
蓬莱	1128	45	2	158.60	15.28	0.57	25.53	24.70
招远	1433	57	2	134.32	15.90	0.86	25.80	25.80
栖霞	2045	62	5	32.00	10.43	2.80	9.50	9.40
海阳	1882	67	1	120.00	20.30	1.00	29.50	22.20
潍坊	1993	154	8	1687.70	137.86	8.00	128.00	127.97
青州	1569	90	5	255.36	27.80	2.50	37.50	36.49
诸城	2183	107	5	501.40	41.50	4.87	37.65	37.65
寿光	2200	102	3	406.72	40.14	2.37	38.40	37.60
安丘	1928	105	1	239.00	24.67	0.91	32.26	32.26
高密	1606	87	1	196.00	22.60	0.80	41.30	41.30
昌邑	1579	68	2	120.00	14.80	0.80	22.00	22.00
济宁	1043	109	6	480.00	56.68	5.56	60.12	56.57
曲阜	896	64	1	58.00	15.50	0.60	19.00	19.00

城市建设用地面积 Area of Urban Construction Land									本年征用土地面积 Area of Land Requisition this Year		城市名称 Name of Cities
居住用地 Residential Area	公共设施用地 Area for Public Utilities	工业用地 Area for Industrial Operation	仓储用地 Area for Storage	对外交通用地 Area for Traffic System	道路广场用地 Area for Roads and Plazas	市政公用设施用地 Area for Municipal Utilities	绿地 Greenland Area	特殊用地 Area for Specific-Purpose Land		耕地 Arable Land	
23.15	2.85	2.80	0.49	0.32	4.25	0.39	0.07	0.08	0.67	0.48	上饶
3.08	1.99	2.17	0.24	0.30	1.22	0.16	1.53	0.82	1.40	0.26	德兴
875.04	**429.78**	**690.73**	**100.26**	**105.78**	**342.71**	**102.76**	**324.32**	**51.68**	**140.93**	**16.48**	**山东**
79.31	56.36	63.49	7.12	12.78	41.19	10.72	31.74	12.58	10.30		济南
6.90	11.28	7.48	0.63	0.62	2.87	0.29	2.71	0.47	3.15	1.20	章丘
57.09	23.70	44.76	14.05	7.65	17.76	7.97	14.49	11.04	4.09	1.45	青岛
8.93	4.82	11.77	1.70	1.53	2.57	1.55	2.33	0.40			胶州
14.30	4.45	12.20	1.48	1.79	7.88	1.18	3.56	0.46			即墨
13.96	4.39	12.34	0.63	0.91	3.96	0.72	3.50	0.04	2.33	1.39	平度
15.26	7.02	13.16	1.69	0.89	7.16	0.79	6.40	0.33	3.20		胶南
11.07	3.31	6.09	2.10	0.63	2.88	0.68	2.64	0.80			莱西
59.43	23.19	61.97	5.82	10.67	18.39	5.96	14.01	1.95	3.33	1.51	淄博
35.58	15.13	18.47	2.97	6.96	10.10	6.25	10.00	1.03	1.86	0.98	枣庄
22.49	10.84	15.07	1.39	0.57	12.90	0.96	10.53	0.18	0.57		滕州
29.84	16.12	20.38	3.40	3.92	13.16	4.40	6.08	0.21	3.02		东营
51.82	36.58	44.09	4.51	7.68	19.30	6.09	21.13	3.07	7.37	2.00	烟台
9.84	4.99	5.63	2.17	2.28	6.59	1.96	6.67				龙口
14.31	4.92	5.75	1.21	0.12	1.86	0.92	2.26	0.26	0.23		莱阳
8.00	5.30	8.00	1.50	0.19	4.50	1.18	4.50	1.50			莱州
7.52	4.00	4.51	0.68	1.89	3.32	0.43	2.10	0.25	0.55	0.05	蓬莱
6.50	3.45	5.60	0.46	0.36	2.84	2.34	4.22	0.03			招远
2.85	1.61	2.07	0.36	0.31	0.72	0.37	0.82	0.29	1.35	0.12	栖霞
5.50	2.00	3.60	0.40	0.60	3.10	1.20	5.60	0.20	0.05	0.05	海阳
42.26	16.97	34.96	5.34	3.47	15.46	1.67	5.94	1.90	22.71	4.71	潍坊
10.42	6.39	6.57	0.71	0.62	4.71	0.90	5.94	0.23	3.07	0.75	青州
9.17	3.65	9.25	2.50	2.60	4.32	0.90	4.90	0.36	0.22	0.12	诸城
8.30	5.10	7.10	0.90	2.60	4.50	3.00	6.00	0.10	1.30	0.52	寿光
8.46	3.80	10.18	0.48	1.02	3.47	0.73	3.72	0.40	0.38	0.20	安丘
12.90	5.17	8.70	2.40	0.33	4.90	0.30	4.70	1.90	2.70		高密
7.70	2.20	4.47	0.23	0.20	3.65	1.61	1.64	0.30	0.60	0.15	昌邑
20.27	5.84	17.50	4.00	2.34	3.15	1.88	1.59				济宁
6.30	4.00	3.70	0.12	0.41	1.75	0.42	2.20	0.10			曲阜

2-3 续 10

城 市 名 称 Name of Cities	市区面积 Urban District Area	市区人口 Urban District Population	市区暂住人口 Urban District Temporary Population	城区面积 Urban Area	城区人口 Urban Population	城区暂住人口 Urban Temporary Population	建成区面积 Surface Area of Built District	小 计 Subtotal
兖 州	648	61		103.83	21.13		30.80	30.80
邹 城	1613	114	1	55.00	29.37	0.70	32.50	35.59
泰 安	2087	160	2	271.22	58.63	0.59	97.40	97.40
新 泰	1933	136		496.47	47.70		58.00	58.00
肥 城	1277	97	1	134.10	20.60		24.55	24.55
威 海	769	63	16	221.00	46.29	9.08	109.00	109.00
文 登	1780	64	4	414.80	26.46	1.50	41.00	41.00
荣 成	1495	66	4	452.80	33.20	1.00	42.00	42.00
乳 山	1654	57	2	140.60	13.69	0.50	23.20	23.20
日 照	1915	122	5	362.00	54.65	4.00	65.28	64.72
莱 芜	2246	125	1	442.85	47.96	0.36	56.50	56.50
临 沂	1761	196	6	1003.25	137.58	5.83	118.89	118.89
德 州	539	59		539.00	59.39		46.00	45.04
乐 陵	1168	65	1	90.00	17.65	0.50	47.50	30.60
禹 城	960	51	—	60.00	14.45	0.08	20.80	20.80
聊 城	1254	104	7	412.69	57.00	5.00	59.90	56.97
临 清	960	74	—	262.00	28.43	0.22	20.70	20.61
滨 州	1042	63	4	534.54	49.09	3.40	74.00	62.69
菏 泽	1415	146	3	359.54	65.83	2.30	57.46	57.46
河 南	**41219**	**3526**	**111**	**2943.15**	**1645.36**	**91.76**	**1775.34**	**1650.27**
郑 州	1010	319		431.43	269.59		320.66	277.80
巩 义	1041	81	2	36.00	21.50	1.08	21.00	21.86
荥 阳	908	60	1	20.00	13.70	1.20	19.50	19.50
新 密	1001	85		24.00	15.34		19.06	18.28
新 郑	887	66	6	33.20	18.00	4.30	18.50	16.95
登 封	1219	66	5	58.79	10.61	1.23	18.50	15.00
开 封	546	85		86.00	84.23		86.00	69.92
洛 阳	544	161	39	144.92	151.18	37.31	144.92	144.92
偃 师	948	84		21.00	14.00		14.00	11.80
平 顶 山	443	99	2	80.00	88.25	1.78	61.00	61.00
舞 钢	635	33	—	30.00	12.00	0.10	13.83	12.06
汝 州	1573	101	—	35.00	24.80	0.08	25.00	18.92

城市建设用地面积 Area of Urban Construction Land									本年征用土地面积 Area of Land Requisition this Year		城市名称 Name of Cities
居住用地 Residential Area	公共设施用地 Area for Public Utilities	工业用地 Area for Industrial Operation	仓储用地 Area for Storage	对外交通用地 Area for Traffic System	道路广场用地 Area for Roads and Plazas	市政公用设施用地 Area for Municipal Utilities	绿地 Greenland Area	特殊用地 Area for Specific-Purpose Land		耕地 Arable Land	
9.10	3.80	8.78	0.96	0.97	4.33	0.40	2.00	0.46			兖州
10.12	3.42	5.85	2.20	1.30	5.50	2.10	4.20	0.90			邹城
34.20	20.00	18.90	0.70	2.40	12.30	0.80	6.90	1.20			泰安
13.05	4.02	11.20	1.18	2.23	7.10	4.12	14.90	0.20			新泰
8.96	2.45	3.62	0.26	0.27	4.17	0.42	4.38	0.02			肥城
27.14	11.37	29.72	3.08	3.59	13.44	3.12	15.13	2.41	17.00		威海
7.81	3.31	10.63	1.50	1.30	5.49	3.01	7.83	0.12	9.20		文登
8.37	3.59	7.20	0.62	0.94	3.92	2.13	14.61	0.62			荣成
6.50	3.04	4.56	0.90	0.55	3.25	1.23	2.95	0.22	1.40		乳山
17.75	6.55	13.16	2.29	2.99	8.99	2.13	10.12	0.74	4.00		日照
14.48	8.76	11.72	2.42	2.05	6.36	3.27	6.40	1.04	0.80	0.60	莱芜
34.82	19.06	26.62	3.12	3.61	12.57	4.03	14.39	0.67	7.52		临沂
12.59	4.82	13.44	2.05	2.08	5.79	1.34	2.66	0.27			德州
12.00	2.00	7.00	1.20	0.60	3.00	1.30	3.00	0.50			乐陵
5.20	3.40	5.17	0.63	1.20	2.18	0.50	1.86	0.66	0.66		禹城
14.83	9.00	12.00	3.00	2.00	5.06	2.89	7.76	0.43	24.57		聊城
6.78	2.61	4.56	0.57	0.15	2.98	0.23	2.68	0.05	0.50	0.38	临清
25.45	12.82	13.43	1.43	0.35		1.61	7.41	0.19			滨州
19.61	9.18	14.31	1.20	1.26	7.32	0.76	3.22	0.60	2.90	0.30	菏泽
465.82	**226.72**	**331.53**	**57.82**	**84.73**	**195.14**	**61.30**	**191.83**	**35.38**	**31.53**	**18.59**	**河南**
67.77	35.17	47.84	12.75	19.14	29.61	13.00	48.90	3.62	8.29	3.62	郑州
8.27	2.78	2.58	1.32	1.63	3.58	0.51	0.99	0.20	1.49	1.10	巩义
6.50	2.00	6.10	0.50	0.50	1.50	0.40	1.30	0.70			荥阳
4.09	3.49	3.27	1.09	1.24	3.48	0.74	0.60	0.28			新密
4.81	2.74	1.25	0.30	2.40	3.75	0.60	0.90	0.20			新郑
4.14	2.74	0.26	0.09	0.08	2.55	0.12	4.85	0.17			登封
21.44	9.26	13.99	3.36	3.42	7.14	3.05	2.46	5.80	5.90	4.57	开封
36.11	12.41	36.51	3.55	12.60	20.66	4.30	15.77	3.01	6.50	4.40	洛阳
3.80	0.80	2.80	0.10	0.50	0.80	0.70	0.40	1.90			偃师
23.40	7.40	13.80	2.90	5.10	2.60	1.20	3.50	1.10			平顶山
2.34	1.48	2.96	0.04	1.03	1.92	0.77	1.52				舞钢
5.40	1.31	3.80	0.76	0.21	2.48	0.36	4.32	0.28	0.33	0.33	汝州

2-3 续 11

城 市 名 称 Name of Cities	市区面积 Urban District Area	市区人口 Urban District Population	市区暂住人口 Urban District Temporary Population	城区面积 Urban Area	城区人口 Urban Population	城区暂住人口 Urban Temporary Population	建成区面积 Surface Area of Built District	小 计 Subtotal
安 阳	544	106		203.00	69.00		73.00	72.98
林 州	2046	101	—	38.00	14.01	0.20	18.00	17.03
鹤 壁	609	56	1	96.00	40.19	1.00	45.00	42.80
新 乡	346	100	—	99.00	72.12	0.20	90.92	90.92
卫 辉	862	49	—	45.00	13.33	0.04	18.27	22.52
辉 县	2007	82	3	25.00	16.30	2.00	21.30	19.72
焦 作	424	82	3	90.00	74.90		78.00	75.22
沁 阳	624	48	1	34.00	12.50	0.40	17.50	16.55
孟 州	542	37	—	15.00	10.37	0.10	14.18	14.18
濮 阳	263	66	2	50.00	41.00	1.50	36.00	35.90
许 昌	97	48	4	97.00	40.45	4.00	63.00	61.83
禹 州	1461	123		52.26	23.93	3.50	31.30	31.30
长 葛	650	74	—	23.86	18.24	0.12	17.50	16.40
漯 河	1020	134		106.82	46.98		51.30	49.06
三门峡	185	29	2	30.00	25.95	2.00	28.00	27.20
义 马	112	16	—	112.00	16.40	0.30	15.14	15.54
灵 宝	3011	73	6	29.00	15.81	1.40	17.00	17.00
南 阳	1988	170	19	215.48	92.01	17.61	81.26	72.95
邓 州	2294	155	5	40.00	17.55	2.50	21.00	15.33
商 丘	1697	150	2	103.00	93.00	1.20	58.50	50.00
永 城	1994	142	1	24.70	19.66	0.96	23.00	21.52
信 阳	3672	142	2	182.30	44.80	1.50	52.00	45.36
周 口	269	45		100.00	23.50		42.00	34.90
项 城	1083	128		31.69	25.10		25.50	23.04
驻马店	770	65	4	49.70	31.06	3.00	48.20	47.89
济 源	1894	67	1	50.00	24.00	1.15	26.50	25.12
湖 北	**86362**	**3783**	**135**	**8998.21**	**1456.46**	**101.89**	**1298.66**	**1368.62**
武 汉	8494	828	63	2718.00	451.61	62.79	222.30	255.42
黄 石	237	68	2	237.00	67.80	1.50	62.00	61.61
大 冶	1566	91	1	280.00	30.30	0.60	20.00	16.03
十 堰	1193	52	2	319.00	47.10	1.98	57.60	57.52
丹江口	3121	49	1	299.00	15.40	1.00	27.60	25.36

城市建设用地面积 Area of Urban Construction Land									本年征用土地面积 Area of Land Requisition this Year		城市名称 Name of Cities
居住用地 Residential Area	公共设施用地 Area for Public Utilities	工业用地 Area for Industrial Operation	仓储用地 Area for Storage	对外交通用地 Area for Traffic System	道路广场用地 Area for Roads and Plazas	市政公用设施用地 Area for Municipal Utilities	绿地 Greenland Area	特殊用地 Area for Specific-Purpose Land		耕地 Arable Land	
22.15	8.68	16.95	2.85	2.36	9.35	2.30	6.20	2.14	0.54		安阳
6.67	1.08	2.97	0.32		2.87	0.14	2.97	0.01			林州
10.03	8.87	12.37	1.03	1.53	4.58	1.36	2.72	0.31	1.29	1.24	鹤壁
23.33	12.66	26.30	2.67	2.21	8.45	2.20	8.21	4.89			新乡
8.55	2.62	4.35	0.59	0.72	2.61	0.49	1.85	0.74			卫辉
10.01	0.82	5.13	0.60	0.45	0.89	0.37	1.05	0.40			辉县
28.39	9.12	17.12	0.57	0.80	9.08	1.38	7.46	1.30			焦作
4.40	1.10	2.17	0.50	1.21	2.75	1.44	2.70	0.28			沁阳
4.39	1.83	2.60	0.36	0.97	1.86	0.68	1.39	0.10			孟州
10.00	7.50	6.40	1.30	0.50	2.80	2.30	5.00	0.10			濮阳
16.04	9.76	9.87	3.10	1.91	6.22	4.85	9.22	0.86			许昌
9.07	4.73	6.12	0.52	1.62	3.20	0.47	4.86	0.71			禹州
2.90	2.29	3.60	0.68	0.95	1.14	0.20	4.22	0.42	0.90	0.70	长葛
12.50	5.90	6.73	1.68	1.80	6.53	1.72	11.30	0.90			漯河
8.75	3.05	3.90	0.30	1.60	3.46	0.65	5.20	0.29	0.40		三门峡
3.82	2.84	2.94	0.60	0.70	1.04	0.40	3.00	0.20			义马
3.76	3.00	4.10	0.76	0.20	1.62	0.62	2.84	0.10	0.17	0.06	灵宝
16.38	16.06	13.67	2.38	3.23	10.15	4.31	5.64	1.13	1.39	0.92	南阳
4.80	1.61	2.40	1.42	0.91	2.22	0.19	1.78				邓州
15.78	6.10	10.55	2.40	3.30	4.71	2.20	3.55	1.41			商丘
8.03	4.83	1.85	0.35	0.78	2.90	0.26	2.27	0.25	1.06	0.07	永城
13.53	6.93	9.70	1.36	3.16	4.60	0.89	4.57	0.62	3.17	1.58	信阳
8.90	4.70	4.10	2.00	3.20	5.90	2.70	3.20	0.20			周口
6.45	2.70	4.37	1.98	0.68	2.70	1.30	2.71	0.15			项城
10.19	13.26	10.97	0.25	0.88	10.28	1.16	0.62	0.28			驻马店
8.93	3.10	5.14	0.49	1.21	3.16	0.97	1.79	0.33	0.10		济源
393.29	**203.05**	**299.33**	**53.10**	**75.71**	**136.02**	**58.41**	**124.33**	**25.38**	**25.88**	**6.40**	**湖北**
70.65	45.64	57.58	12.01	13.00	21.52	12.00	14.00	9.02	5.06	2.97	武汉
14.02	9.10	18.06	1.72	3.11	7.18		7.98	0.44	2.93		黄石
4.76	1.99	4.71	0.51	0.69	0.89	0.56	1.42	0.50	0.03		大冶
16.30	6.51	17.10	2.40	2.79	5.47	2.30	4.25	0.40	2.40		十堰
7.20	1.77	6.49	1.52	1.87	1.86	2.45	2.07	0.13	0.68	0.30	丹江口

2-3 续12

城市名称 Name of Cities	市区面积 Urban District Area	市区人口 Urban District Population	市区暂住人口 Urban District Temporary Population	城区面积 Urban Area	城区人口 Urban Population	城区暂住人口 Urban Temporary Population	建成区面积 Surface Area of Built District	
								小计 Subtotal
宜昌	4232	124	9	541.00	69.02	4.81	72.54	115.13
宜都	1357	39	1	221.50	10.00	0.10	12.00	15.00
当阳	2038	48	1	220.00	19.80	0.51	20.50	19.60
枝江	1310	50	8	159.00	11.10		12.60	19.60
襄樊	1187	89	1	337.80	74.90	1.23	78.42	78.42
老河口	1032	52	1	208.00	18.65	0.41	27.00	27.70
枣阳	3277	110		242.00	21.46		19.60	17.50
宜城	2115	56	2	25.00	12.69	1.43	13.70	24.08
鄂州	1594	107	1	240.67	39.00	0.53	46.20	45.13
荆门	2391	58	4	194.00	30.44	3.49	44.60	44.60
钟祥	4488	104	1	129.00	19.20	0.58	18.00	14.90
孝感	1020	88	1	87.10	27.86	0.60	32.00	26.16
应城	1103	67	1	183.78	14.89	0.50	19.54	22.06
安陆	1355	61	—	86.79	17.21	0.25	16.15	12.83
汉川	1632	110	1	82.00	33.21	0.45	15.68	15.23
荆州	1576	121	4	64.03	65.80	3.00	64.03	64.03
石首	1427	62	3	22.51	14.51	0.10	22.51	22.51
洪湖	2533	92	—	45.20	45.60		39.52	31.88
松滋	2235	84	1	96.00	10.80	1.00	15.00	13.39
黄冈	376	37	3	28.32	26.10	1.20	27.56	27.56
麻城	3605	117	2	138.00	19.76	0.86	23.76	23.47
武穴	1200	74	2	24.36	20.50	0.85	24.36	23.68
咸宁	1500	56	3	58.00	25.12	2.00	30.80	29.60
赤壁	1723	52	1	495.00	21.75	0.33	21.76	21.76
随州	6989	160	1	216.00	29.57	0.80	42.00	38.75
广水	2647	92	1	70.00	19.00	0.75	19.20	17.16
恩施	4033	79	3	39.00	19.31	1.20	18.00	15.47
利川	4612	87	7	15.50	14.20	3.80	12.23	9.23
仙桃	2538	152	3	240.00	34.50	1.50	37.30	33.07
潜江	2004	102	2	311.25	34.30	0.50	38.60	38.59
天门	2622	165	2	324.40	24.00	1.24	24.00	44.59
湖南	**46888**	**2300**	**114**	**2974.94**	**1036.10**	**80.29**	**1111.90**	**1194.46**

城市建设用地面积 Area of Urban Construction Land									本年征用土地面积 Area of Land Requisition this Year		城市名称 Name of Cities
居住用地 Residential Area	公共设施用地 Area for Public Utilities	工业用地 Area for Industrial Operation	仓储用地 Area for Storage	对外交通用地 Area for Traffic System	道路广场用地 Area for Roads and Plazas	市政公用设施用地 Area for Municipal Utilities	绿地 Greenland Area	特殊用地 Area for Specific-Purpose Land		耕地 Arable Land	
32.87	17.13	26.87	2.36	11.66	9.44	5.73	8.65	0.42	1.40		宜昌
3.00	1.69	2.50	0.40	1.10	2.40	0.80	3.11				宜都
5.60	2.00	4.00	1.00	0.80	4.20	1.00	1.00		1.80		当阳
6.10	2.10	3.20	1.00	1.00	2.10	1.10	3.00				枝江
27.84	13.55	15.63	1.55	3.79	9.89	2.34	3.28	0.55	0.91		襄樊
5.90	4.00	6.90	0.70	0.50	1.00	2.40	5.60	0.70	1.20	0.53	老河口
5.70	2.10	2.30	0.56	1.49	2.96	0.57	1.42	0.40	0.25	0.24	枣阳
7.35	3.52	4.77	0.67	1.22	2.83	1.49	2.12	0.11	0.39	0.24	宜城
11.23	2.80	12.40	1.04	2.89	4.69	2.06	7.14	0.88	0.72	0.47	鄂州
10.95	6.40	10.74	1.94	1.17	3.64	1.44	8.02	0.30	1.93	0.80	荆门
3.55	3.40	4.50	0.45	0.34	0.98	0.80	0.86	0.02	1.00		钟祥
2.11	5.25	6.11	1.20	1.57	3.60	1.12	3.20	2.00			孝感
7.54	4.84	4.70	0.94	1.49	1.02	0.43	0.98	0.12			应城
3.80	1.15	2.73	0.47	1.03	1.38	0.39	0.88	1.00			安陆
7.33	1.47	2.37	0.75	1.30	1.54	0.24	0.21	0.02	0.02		汉川
16.93	9.87	15.07	1.75	2.50	9.34	1.18	6.89	0.50	0.56	0.42	荆州
6.00	1.01	5.00	1.50	0.80	2.90	0.50	1.50	3.30			石首
10.85	4.50	6.00	2.80	0.91	4.18	0.64	1.80	0.20			洪湖
4.52	1.90	2.25	0.20	0.50	1.50	0.72	1.60	0.20	0.20		松滋
9.77	4.93	4.25	0.42	0.44	3.52	1.50	2.34	0.39	1.06		黄冈
7.29	4.06	4.38	1.38	0.95	2.57	0.84	1.78	0.22	0.24	0.08	麻城
7.63	3.73	3.11	1.32	1.38	1.40	1.39	3.72		0.05		武穴
7.65	4.23	3.92	1.50	1.90	4.20	1.80	3.77	0.63			咸宁
7.66	2.38	4.50	0.17	1.93	2.94	0.98	1.16	0.04	2.21		赤壁
13.77	4.50	9.20	1.62	1.09	3.44	1.23	3.08	0.82	0.05		随州
4.16	1.50	3.60	0.60	1.20	1.50	2.10	1.90	0.60			广水
4.16	3.98	3.06	0.45	1.05	0.79	0.41	1.39	0.18	0.68	0.35	恩施
2.20	1.10	1.03	1.03	0.88	0.71	1.53	0.54	0.21	0.11		利川
14.88	4.83	4.99	0.87	1.44	2.43	1.47	1.82	0.34			仙桃
10.99	7.81	8.00	2.70	2.83	2.80	1.06	1.86	0.54			潜江
11.03	6.31	7.31	1.60	3.10	3.21	1.84	9.99	0.20			天门
350.39	**221.44**	**230.32**	**39.56**	**65.12**	**120.32**	**45.32**	**99.55**	**22.44**	**29.08**	**7.55**	**湖南**

2-3 续 13

城市名称 Name of Cities	市区面积 Urban District Area	市区人口 Urban District Population	市区暂住人口 Urban District Temporary Population	城区面积 Urban Area	城区人口 Urban Population	城区暂住人口 Urban Temporary Population	建成区面积 Surface Area of Built District	小计 Subtotal
长沙	556	219	6	556.33	218.75	5.80	181.23	181.23
浏阳	4999	136	3	35.00	20.21	3.00	21.05	21.05
株洲	537	79	8	470.33	60.44	8.39	89.58	92.52
醴陵	2157	102		113.20	19.13		25.73	25.73
湘潭	279	72	12	278.77	71.89	4.50	70.00	82.80
湘乡	2004	91	1	27.70	8.99	0.41	13.75	13.75
韶山	210	12	—	70.00	4.85	0.19	4.70	6.87
衡阳	509	95	—	120.00	90.44	0.06	93.00	93.00
耒阳	2656	129	11	33.00	24.50	8.80	31.50	26.50
常宁	2047	88	9	30.36	13.17	1.54	9.51	9.51
邵阳	436	66	6	60.00	58.85	5.80	45.00	49.10
武冈	1532	74	5	35.54	22.20	3.60	14.10	14.40
岳阳	1247	85	6	131.30	60.50	5.25	78.59	78.59
汨罗	1562	64	3	20.00	12.08	1.11	12.57	12.57
临湘	1720	48	2	25.60	13.00	1.50	14.50	19.82
常德	2748	139	3	336.54	55.49	3.04	71.83	70.59
津市	558	27	—	68.30	12.23	0.10	10.66	10.66
张家界	2571	50	1	142.48	19.30	1.00	21.45	24.62
益阳	1852	131	5	66.30	43.10	5.03	48.60	88.00
沅江	2020	74	5	13.60	13.92	1.40	13.10	11.91
郴州	2246	68	3	59.60	32.85	2.56	40.70	40.69
资兴	2754	36	4	22.00	13.66	2.38	19.63	19.54
永州	3180	115	10	76.41	39.37	7.17	53.30	56.54
怀化	518	35	1	52.00	28.50	0.89	32.82	35.70
洪江	2174	43	1	4.00	3.70	0.60	4.00	4.00
娄底	426	44	2	50.00	31.98	2.35	40.60	46.95
冷水江	439	36	1	29.58	14.18	0.66	19.80	19.97
涟源	1895	114	1	25.00	11.60	0.66	11.60	14.95
吉首	1059	29	4	22.00	17.22	2.50	19.00	22.90
广东	**85902**	**6433**	**1664**	**19215.10**	**3910.40**	**1251.16**	**4083.97**	**3530.10**
广州	3848	637	428	3848.43	636.76	427.84	843.70	843.70
增城	1617	81	21	295.64	19.00	6.00	90.39	48.98

城市建设用地面积 Area of Urban Construction Land									本年征用土地面积 Area of Land Requisition this Year		城市名称 Name of Cities
居住用地 Residential Area	公共设施用地 Area for Public Utilities	工业用地 Area for Industrial Operation	仓储用地 Area for Storage	对外交通用地 Area for Traffic System	道路广场用地 Area for Roads and Plazas	市政公用设施用地 Area for Municipal Utilities	绿地 Greenland Area	特殊用地 Area for Specific-Purpose Land		耕地 Arable Land	
56.11	39.02	23.59	5.19	3.60	23.56	4.24	16.39	9.53	8.04		长沙
9.65	3.76	2.11	0.17	0.31	2.30	0.39	2.31	0.05	1.03	0.25	浏阳
16.76	40.38	15.75	0.03	10.50	6.47	0.78	1.85				株洲
10.25	4.62	4.94	1.00	0.90	1.72	0.90	1.40		0.19	0.13	醴陵
24.22	11.76	29.34	2.00	3.90	4.86	2.17	3.80	0.75	3.65	2.60	湘潭
6.11	1.08	4.05	0.08	0.32	1.35	0.27	0.34	0.15	0.28	0.22	湘乡
0.81	0.50	0.40	0.33	0.18	1.05	0.96	2.27	0.37	0.53	0.34	韶山
29.15	12.83	21.51	3.14	7.71	6.05	3.52	5.33	3.76			衡阳
8.06	4.88	3.34	0.90	1.50	3.70	0.55	3.00	0.57			耒阳
2.22	1.82	1.51	0.38	0.53	1.71	0.36	0.98				常宁
14.20	6.30	10.80	2.80	1.90	4.30	2.60	5.30	0.90	2.00	0.50	邵阳
4.73	2.14	1.89	0.64	0.67	1.35	1.16	1.51	0.31	0.54	0.40	武冈
21.68	8.89	15.62	4.21	3.71	7.07	4.30	12.51	0.60	1.00		岳阳
3.22	1.87	1.94	0.89	0.85	1.67	0.79	1.10	0.24	0.10	0.10	汨罗
5.10	3.10	3.40	0.90	1.40	2.53	0.64	2.70	0.05	2.10		临湘
19.71	12.77	16.57	2.36	3.75	7.81	3.11	3.78	0.73	0.47		常德
3.43	0.93	1.86	0.70	0.23	1.00	1.24	1.06	0.21			津市
7.41	5.11	1.59	0.97	4.48	1.80	1.73	1.31	0.22			张家界
22.40	14.40	20.00	2.00	3.84	12.00	3.20	9.60	0.56			益阳
3.54	2.36	3.12	0.55	0.57	0.82	0.36	0.45	0.14	0.50		沅江
15.36	6.03	8.78	1.83	0.27	2.04	1.80	3.18	1.40	1.95	0.82	郴州
6.72	2.00	2.05	1.00	1.33	3.86	2.18	0.25	0.15	0.50	0.24	资兴
16.35	9.52	9.00	1.68	2.23	6.12	4.41	6.64	0.59	2.23	0.92	永州
10.50	8.00	3.50	2.80	4.50	3.00	0.80	2.40	0.20	1.00		怀化
1.25	0.44	0.96	0.12	0.12	0.48	0.11	0.52		0.43	0.08	洪江
17.36	8.58	8.25	1.31	1.32	5.52	0.94	3.14	0.53	1.67	0.58	娄底
5.12	1.28	6.12	0.50	0.84	1.83	0.35	3.92	0.01	0.59	0.21	冷水江
4.23	2.61	2.66	0.40	0.82	2.33	0.32	1.54	0.04	0.28	0.16	涟源
4.74	4.46	5.67	0.68	2.84	2.02	1.14	0.97	0.38			吉首
1022.68	**398.14**	**895.38**	**99.17**	**168.80**	**396.28**	**100.75**	**386.15**	**62.75**	**85.91**	**19.82**	**广东**
179.79	132.97	203.58	26.66	68.84	98.97	25.40	86.06	21.43	18.94	3.68	广州
17.19	5.71	14.07	0.45	2.09	4.84	3.93	0.50	0.20			增城

2-3 续 14

城市名称 Name of Cities	市区面积 Urban District Area	市区人口 Urban District Population	市区暂住人口 Urban District Temporary Population	城区面积 Urban Area	城区人口 Urban Population	城区暂住人口 Urban Temporary Population	建成区面积 Surface Area of Built District	小计 Subtotal
从化	1984	55	13	25.00	11.75	4.54	25.00	16.90
韶关	3416	72	2	1937.68	55.03	1.25	78.30	78.30
乐昌	35	15	4	35.00	15.00	4.00	12.30	17.01
南雄	111	9	—	23.80	8.06	0.30	9.76	9.65
深圳	1953	862		1952.84	861.55		764.00	
珠海	1688	96	33	1110.13	68.88	28.82	118.34	220.96
汕头	1956	494	10	168.48	223.00	9.80	168.48	
佛山	3869	361	279	530.41	122.13	77.79	142.91	177.86
江门	1818	136	33	574.46	88.39	26.32	108.62	133.33
台山	3286	99	5	33.00	17.58	2.01	22.90	24.53
开平	1659	68	6	138.00	20.22	4.12	27.20	21.57
鹤山	1108	36	14	45.04	12.18	6.53	19.30	24.64
恩平	1697	50	2	88.00	15.75	1.80	21.55	20.93
湛江	1460	148	—	73.35	147.38		73.35	90.05
廉江	166	17	3	50.00	16.87		16.80	50.00
雷州	3459	30	2	38.70	14.01	1.86	20.80	18.22
吴川	859	95	3	36.90	13.70	2.00	17.00	17.00
茂名	907	126	7	109.50	44.40	2.15	65.58	57.58
高州	3276	167	4	157.00	31.00	0.45	15.16	12.83
化州	2354	153	2	60.00	26.50	1.00	24.80	24.80
信宜	3102	127	6	64.40	19.00	4.00	21.80	27.00
肇庆	761	52	10	393.08	42.98	8.61	67.90	67.85
高要	2198	74	3	79.60	13.98	0.48	18.25	18.25
四会	1163	44	3	50.00	20.61	1.16	24.00	24.18
惠州	4060	171	6	1839.00	112.37	6.00	110.15	125.09
梅州	322	31	2	32.89	31.08	1.58	32.89	33.59
兴宁	2105	114	3	121.00	25.12	1.50	16.00	16.00
汕尾	415	48	2	94.21	23.00	0.88	13.20	75.80
陆丰	1684	167	1	56.00	20.50	0.20	19.83	20.08
河源	450	30	8	25.96	23.46	2.13	25.96	25.96
阳江	7813	265	1	160.00	39.60	0.90	38.10	37.30
阳春	4055	21	—	335.60	18.30	0.10	19.80	36.74
清远	927	60	10	927.20	60.00	10.09	40.94	60.53

城市建设用地面积 Area of Urban Construction Land									本年征用土地面积 Area of Land Requisition this Year		城市名称 Name of Cities
居住用地 Residential Area	公共设施用地 Area for Public Utilities	工业用地 Area for Industrial Operation	仓储用地 Area for Storage	对外交通用地 Area for Traffic System	道路广场用地 Area for Roads and Plazas	市政公用设施用地 Area for Municipal Utilities	绿地 Greenland Area	特殊用地 Area for Specific-Purpose Land		耕地 Arable Land	
8.05	1.78	1.25	0.12	0.71	1.41	1.53	2.04	0.01			从化
24.08	9.05	19.84	1.09	2.90	8.47	0.93	6.81	5.13			韶关
4.88	0.76	3.10	0.17	0.26	3.07	0.22	3.88	0.67			乐昌
4.90	0.60	1.25	0.06	0.22	0.85	0.13	1.58	0.06	0.20		南雄
											深圳
64.09	37.12	52.18	18.89	6.01	12.95	6.57	18.51	4.64			珠海
											汕头
43.39	17.64	49.63	11.59	3.05	26.47	2.31	23.67	0.11			佛山
39.53	14.17	44.45	2.48	2.20	13.72	2.80	13.51	0.47	4.95	1.44	江门
8.28	2.91	5.65	0.56	0.20	3.53	0.55	2.82	0.03			台山
5.24	3.86	7.06	0.13	0.10	4.00	0.34	0.83	0.01			开平
6.88	3.63	4.16	0.46	0.70	4.67	0.61	3.53				鹤山
7.87	2.98	6.08	0.23	0.94	1.50	0.54	0.79		0.35	0.25	恩平
30.32	10.11	15.98	3.11	5.53	11.49	1.47	8.38	3.66	9.73	2.23	湛江
19.06	4.69	5.94	0.63	0.94	3.53	0.22	13.75	1.24			廉江
4.27	2.84	1.60	0.39	0.75	1.97	3.34	2.55	0.51	0.52		雷州
6.00	1.00	1.50	1.00	1.00	1.00	1.00	3.50	1.00			吴川
21.01	4.19	12.09	2.74	1.96	3.70	1.40	10.30	0.19	11.00	8.20	茂名
4.45	1.92	3.43	0.87	0.23	0.80	0.67	0.46				高州
9.30	1.20	5.20	0.70	1.10	3.20	0.70	2.60	0.80			化州
8.30	2.70	5.00	1.50	1.30	3.60	1.30	2.50	0.80	0.03	0.01	信宜
17.27	9.74	17.03	1.16	2.33	7.54	2.81	9.19	0.78			肇庆
4.76	1.10	4.57	1.00	0.55	1.27	1.73	2.67	0.60			高要
6.55	1.97	2.77	1.89	1.39	3.34	1.18	3.34	1.75	0.18		四会
42.65	14.52	22.81	2.66	5.25	17.01	4.80	14.23	1.16	1.11	0.02	惠州
4.75	1.85	6.33	0.87	1.51	1.27	1.24	15.54	0.23			梅州
7.52	2.08	1.67	0.55	1.20	1.60	0.38	0.56	0.44	0.60	0.30	兴宁
19.20	8.80	14.60	3.20	2.80	12.70	1.40	12.90	0.20			汕尾
4.08	2.58	2.11	0.42	0.64	2.29	1.63	6.06	0.27	0.74		陆丰
7.59	2.57	6.68	0.51	1.41	2.67	1.59	2.33	0.61			河源
13.90	5.50	7.90	0.20	0.60	3.90	0.75	4.50	0.05			阳江
20.12	5.42	1.88	1.44	1.23	2.49	0.83	3.00	0.33			阳春
20.94	4.49	16.38	0.75	1.99	7.20	2.99	5.31	0.48	3.20		清远

2-3 续 15

城市名称 Name of Cities	市区面积 Urban District Area	市区人口 Urban District Population	市区暂住人口 Urban District Temporary Population	城区面积 Urban Area	城区人口 Urban Population	城区暂住人口 Urban Temporary Population	建成区面积 Surface Area of Built District	小计 Subtotal
英德	5671	109	2	326.00	17.10	1.00	20.76	20.38
连州	2664	51	1	155.00	14.27	1.10	12.95	11.06
东莞	2465	729	558	2465.00	728.80	557.80	681.86	831.55
中山	761	150	159	290.02	36.24	33.93	85.60	75.42
潮州	152	39		49.98	38.62		41.68	41.68
揭阳	181	68	7	181.00	68.30	7.00	41.50	
普宁	1620	223	5	103.80	43.65	0.85	24.96	51.20
云浮	758	29	4	84.00	19.30	1.47	18.60	0.60
罗定	50	25	2	50.00	24.98	1.80	21.00	21.00
广西	**55637**	**1773**	**136**	**5541.27**	**695.11**	**116.11**	**813.89**	**783.19**
南宁	6569	260	34	793.47	159.51	29.54	179.06	179.06
柳州	658	102	58	437.11	95.04	57.45	112.50	112.50
桂林	565	76	6	565.00	75.69	6.10	58.88	58.88
梧州	1097	39	3	307.00	36.15	2.86	36.10	25.25
岑溪	2783	84		30.00	14.85		16.05	16.05
北海	957	58	2	957.00	56.70	1.50	40.75	72.44
防城港	2816	50	—	242.13	14.13	0.17	18.73	18.68
东兴	549	12	1	130.40	5.50	1.00	7.70	7.66
钦州	4767	128	3	229.98	24.69	2.37	84.66	48.34
贵港	3533	182	2	301.50	36.97	1.33	51.25	51.25
桂平	4074	175	1	291.00	16.89	0.10	12.58	13.16
玉林	1251	94	8	219.04	42.22	2.99	50.50	53.15
北流	2457	127	2	135.40	18.28	1.19	16.71	16.71
百色	3702	34	1	362.00	16.23	0.76	31.14	29.47
贺州	5334	97	9	56.60	14.08	6.40	25.00	18.04
河池	2340	33	4	80.00	19.96	1.82	16.92	15.26
宜州	3869	63	—	268.00	10.98	0.01	11.56	9.97
来宾	4363	102	2	76.52	13.15		20.13	20.13
合山	350	14	—	20.00	6.20	0.01	5.55	5.55
崇左	2951	34	1	34.02	11.68	0.50	13.02	6.89
凭祥	650	11	—	5.10	6.21	0.01	5.10	4.75
海南	**16035**	**497**	**25**	**825.99**	**186.63**	**21.92**	**203.90**	**350.97**

城市建设用地面积 Area of Urban Construction Land									本年征用土地面积 Area of Land Requisition this Year		城市名称 Name of Cities
居住用地 Residential Area	公共设施用地 Area for Public Utilities	工业用地 Area for Industrial Operation	仓储用地 Area for Storage	对外交通用地 Area for Traffic System	道路广场用地 Area for Roads and Plazas	市政公用设施用地 Area for Municipal Utilities	绿地 Greenland Area	特殊用地 Area for Specific-Purpose Land		耕地 Arable Land	
5.02	3.26	4.14	0.34	0.47	2.16	0.70	3.05	1.24			英德
2.83	1.23	1.71	0.65	0.62	0.84	0.31	2.80	0.07	0.82		连州
233.03	53.36	291.71	7.27	43.67	99.73	17.70	74.65	10.43	21.94	3.06	东莞
28.97	8.50	19.80	0.39	0.42	11.40	1.04	4.78	0.12	0.66	0.32	中山
14.15	3.98	8.18	0.42	0.42	3.63	0.52	10.10	0.28			潮州
											揭阳
36.58	5.06	1.27	1.42	0.56	0.60	2.44	0.62	2.65	10.34		普宁
0.09				0.51					0.60	0.31	云浮
15.80	0.30	0.80	0.20	0.20	0.90	0.75	1.95	0.10			罗定
237.67	**109.28**	**163.20**	**28.85**	**35.39**	**77.78**	**30.49**	**75.31**	**25.22**	**21.47**	**8.53**	**广西**
59.40	34.61	21.90	3.68	4.06	23.40	4.25	23.90	3.86	11.85	5.02	南宁
20.93	11.89	35.95	3.24	4.84	10.34	8.82	6.73	9.76	0.06	0.05	柳州
16.54	5.05	14.28	2.51	6.65	2.45	0.87	10.51	0.02	0.53	0.05	桂林
8.12	1.84	8.90	1.53	0.60	1.02	0.80	0.35	2.09	1.22	0.16	梧州
8.05	1.70	3.36	0.50	0.50	1.65	0.16	0.12	0.01			岑溪
18.31	12.69	16.66	3.54	3.07	4.62	2.82	10.31	0.42	0.14		北海
6.59	1.81	1.77	1.88	0.99	2.14	0.74	2.30	0.46			防城港
1.74	2.21	1.09	0.20	0.28	0.91	0.26	0.86	0.11	1.00	0.52	东兴
14.13	7.79	11.12	2.64	4.36	4.43	1.03	2.51	0.33	2.48	1.46	钦州
16.04	3.99	13.14	2.12	2.20	4.59	1.77	2.38	5.02	1.01	0.24	贵港
3.26	1.03	1.35	0.70	0.73	1.13	0.55	3.11	1.30			桂平
22.14	8.72	8.38	1.23	1.02	6.93	1.45	2.91	0.37	1.03	0.63	玉林
6.55	1.16	2.66	0.20	0.66	2.28	0.35	2.65	0.20	0.33	0.01	北流
11.46	2.52	6.76	1.40	1.21	1.89	2.40	1.73	0.10			百色
3.98	3.06	3.82	0.65	0.25	2.97	1.64	1.14	0.53			贺州
4.48	1.84	3.54	1.01	0.15	2.21	0.16	1.73	0.14	0.30	0.30	河池
3.04	2.47	2.37	0.36	0.22	0.89	0.11	0.41	0.10	0.07	0.06	宜州
4.86	3.16	3.51	1.00	2.15	2.92	1.61	0.86	0.06	0.44	0.03	来宾
3.65	0.11	0.66	0.01	0.52	0.22	0.18	0.10	0.10			合山
2.46	1.02	1.68	0.23	0.13	0.47	0.30	0.50	0.10	1.01		崇左
1.94	0.61	0.30	0.22	0.80	0.32	0.22	0.20	0.14			凭祥
96.98	**76.21**	**24.61**	**3.08**	**16.05**	**52.29**	**6.41**	**71.00**	**4.34**			**海南**

2-3 续 16

城市名称 Name of Cities	市区面积 Urban District Area	市区人口 Urban District Population	市区暂住人口 Urban District Temporary Population	城区面积 Urban Area	城区人口 Urban Population	城区暂住人口 Urban Temporary Population	建成区面积 Surface Area of Built District	小计 Subtotal
海口	2304	134	15	209.36	80.90	15.10	91.42	209.36
三亚	1919	54		60.00	25.70		20.00	52.37
五指山	145	11	1	60.00	5.41	0.55	6.55	6.55
琼海	1710	48	1	297.30	13.37	0.50	21.70	21.70
儋州	3400	95	4	27.50	19.10	3.90	25.13	25.13
文昌	2403	56	3	26.88	11.95	1.28	13.80	13.80
万宁	1884	58	1	108.90	14.60	0.29	9.60	8.18
东方	2270	41	1	36.05	15.60	0.30	15.70	13.88
重庆	**26041**	**1540**	**95**	**5577.55**	**765.48**	**86.04**	**667.45**	**655.78**
四川	**56039**	**3284**	**79**	**5560.84**	**1393.58**	**45.26**	**1328.35**	**1293.25**
成都	2131	503	12	779.01	386.28	8.72	408.66	401.61
都江堰	1208	61	2	227.40	29.88	1.64	26.34	26.34
彭州	1420	79	1	133.80	24.28	0.80	17.42	17.42
邛崃	1384	65	1	31.20	15.12	0.60	16.00	16.00
崇州	1090	67	1	63.42	12.77	0.96	17.71	17.41
自贡	1438	148	2	325.80	70.49	1.10	50.09	50.09
攀枝花	2018	69	4	329.00	56.88	3.81	54.00	52.72
泸州	2132	144	3	410.38	61.07	2.63	47.95	46.37
德阳	1093	65	1	168.33	40.85	0.48	40.20	40.20
广汉	551	59	8	30.78	28.24	0.14	28.76	29.21
什邡	863	43	1	13.00	12.65	0.30	10.18	10.59
绵竹	1245	51	—	12.80	9.37	0.12	10.46	10.46
绵阳	1570	119	7	362.10	73.00	5.90	80.48	80.04
江油	2720	88	5	199.41	28.70	0.25	24.08	22.70
广元	4535	92	3	216.70	29.54	1.98	31.82	27.60
遂宁	1875	150	2	373.98	42.49	1.50	43.54	42.31
内江	1569	141	3	204.09	49.21	0.10	32.92	32.92
乐山	2514	115	1	92.83	48.54	0.37	48.24	47.68
峨眉山	1168	44	1	90.20	13.66	0.65	13.80	11.88
南充	2527	191	—	420.00	69.00	0.02	61.23	61.23
阆中	1877	87		150.00	21.25		17.15	17.15

城市建设用地面积 Area of Urban Construction Land									本年征用土地面积 Area of Land Requisition this Year		城市名称 Name of Cities
居住用地 Residential Area	公共设施用地 Area for Public Utilities	工业用地 Area for Industrial Operation	仓储用地 Area for Storage	对外交通用地 Area for Traffic System	道路广场用地 Area for Roads and Plazas	市政公用设施用地 Area for Municipal Utilities	绿地 Greenland Area	特殊用地 Area for Specific-Purpose Land		耕地 Arable Land	
57.80	53.24	14.45	0.78	7.63	35.19	1.52	36.85	1.90			海口
10.23	10.92	0.59	0.40	3.82	6.36	0.53	18.75	0.77			三亚
1.68	0.81	0.93		0.60	0.08	0.80	1.20	0.45			五指山
6.80	3.21	1.50	0.50	0.86	2.66	1.07	4.92	0.18			琼海
8.09	3.31	2.36	0.67	0.39	2.39	1.69	5.72	0.51			儋州
3.33	2.70	1.71	0.11	0.21	2.58	0.31	2.53	0.32			文昌
3.95	0.86	0.12	0.04	1.12	1.11	0.18	0.75	0.05			万宁
5.10	1.16	2.95	0.58	1.42	1.92	0.31	0.28	0.16			东方
241.49	**69.00**	**134.58**	**15.63**	**21.01**	**96.53**	**16.85**	**47.16**	**13.53**	**53.06**	**23.48**	**重庆**
425.48	**184.30**	**260.02**	**31.42**	**47.98**	**167.72**	**41.73**	**113.21**	**21.39**	**45.76**	**20.90**	**四川**
135.48	54.97	84.90	7.42	5.21	75.53	11.84	23.06	3.20	14.58	5.51	成都
11.78	3.65	6.46	0.16	0.60	1.99	0.20	1.17	0.33			都江堰
4.99	1.98	5.44	0.34	0.77	2.43	0.42	1.01	0.04	2.18		彭州
6.98	2.04	3.09	0.05	0.02	1.81	0.19	1.82				邛崃
5.84	1.86	5.53	0.08	0.39	2.69	0.11	0.65	0.26			崇州
18.30	5.70	11.50	0.50	2.54	3.61	1.19	6.25	0.50	6.90	3.31	自贡
14.86	3.71	20.27	2.61	2.73	2.75	2.22	3.56	0.01	0.50		攀枝花
14.84	7.77	9.39	1.40	2.47	4.15	1.05	2.86	2.44	3.00	2.10	泸州
12.99	3.83	12.48	0.84	1.25	3.92	1.00	3.04	0.85	1.50	1.50	德阳
7.33	4.05	7.85	0.95	1.96	3.24	1.08	2.70	0.05	3.50	2.45	广汉
3.17	1.60	2.10	0.39	0.25	1.50	0.30	1.25	0.03	0.09	0.05	什邡
3.02	1.46	1.82	0.44	0.60	1.42	0.34	1.33	0.03	0.06	0.04	绵竹
23.79	15.23	15.31	1.55	2.83	13.34	1.61	5.52	0.86	2.99	1.80	绵阳
6.28	3.28	5.79	0.75	1.05	2.79	0.94	1.56	0.26	0.69		江油
7.23	6.40	4.33	0.94	1.51	2.59	1.47	1.34	1.79	0.15		广元
13.22	2.80	3.14	0.40	0.33	7.36	0.26	14.76	0.04			遂宁
11.89	4.22	6.06	0.52	3.39	2.81	1.30	1.81	0.92	0.09	0.04	内江
13.76	4.75	5.28	0.88	4.34	7.09	2.13	8.63	0.82			乐山
4.09	3.36	2.24	0.12	0.17	1.11	0.27	0.43	0.09	0.63		峨眉山
21.84	9.91	10.09	2.82	2.15	6.05	2.09	4.41	1.87	3.79	2.10	南充
5.51	2.21	2.31	0.77	1.25	1.94	0.73	1.97	0.46			阆中

2-3 续17

城 市 名 称 Name of Cities	市区面积 Urban District Area	市区人口 Urban District Population	市区暂住人口 Urban District Temporary Population	城区面积 Urban Area	城区人口 Urban Population	城区暂住人口 Urban Temporary Population	建成区面积 Surface Area of Built District	小 计 Subtotal
眉 山	1331	84	1	56.00	30.37	0.50	39.40	38.81
宜 宾	1123	79	2	52.71	35.85	0.17	45.20	46.50
广 安	1536	125	1	111.31	23.63	0.74	20.55	20.10
华 蓥	466	35	—	92.40	11.50	0.15	6.50	6.49
达 州	451	41	2	89.00	30.52	0.30	20.01	18.97
万 源	4065	59	1	13.00	7.08	0.03	8.43	8.43
雅 安	1070	35	3	28.50	21.12	3.02	20.13	16.46
巴 中	2566	133	3	160.29	28.10	1.35	16.13	15.30
资 阳	1633	107	2	175.20	25.09	1.23	25.60	17.18
简 阳	2215	143	1	112.00	32.16	0.60	16.60	15.68
西 昌	2655	60	5	36.20	24.89	5.10	28.77	27.40
贵 州	**24122**	**940**	**80**	**1685.46**	**460.55**	**60.94**	**395.80**	**471.38**
贵 阳	2408	206	38	414.77	178.88	38.39	132.00	149.47
清 镇	1492	52		51.60	12.96		15.52	0.75
六 盘 水	488	44	16	129.00	26.00	10.00	37.00	43.49
遵 义	1316	82	7	220.00	70.00		50.18	57.19
赤 水	1801	30	2	91.00	7.30		7.90	8.12
仁 怀	1788	61	—	89.00	11.80		10.00	8.11
安 顺	1710	88	4	109.48	40.32	3.50	29.10	26.59
铜 仁	1515	37	3	21.00	18.00	2.00	21.00	46.91
兴 义	2915	78		103.00	24.97		25.00	38.48
毕 节	3415	133	2	43.87	23.00	1.50	14.40	32.73
凯 里	1310	49	6	92.04	20.10	5.55	29.41	32.77
都 匀	2274	48	1	301.50	20.76		14.69	14.41
福 泉	1690	33	1	19.20	6.46		9.60	12.36
云 南	**49810**	**1084**	**137**	**1788.32**	**472.08**	**121.99**	**578.43**	**695.14**
昆 明	4061	306	92	472.57	217.09	90.33	253.30	391.02
安 宁	1302	27	2	231.97	12.70	1.10	19.20	22.77
曲 靖	1553	68	4	33.70	33.18	4.00	33.70	39.03
宣 威	6054	143	1	22.50	20.94	0.67	22.50	22.91
玉 溪	1004	41	5	46.70	13.70	5.10	22.30	14.02

城市建设用地面积 Area of Urban Construction Land									本年征用土地面积 Area of Land Requisition this Year		城市名称 Name of Cities
居住用地 Residential Area	公共设施用地 Area for Public Utilities	工业用地 Area for Industrial Operation	仓储用地 Area for Storage	对外交通用地 Area for Traffic System	道路广场用地 Area for Roads and Plazas	市政公用设施用地 Area for Municipal Utilities	绿地 Greenland Area	特殊用地 Area for Specific-Purpose Land		耕地 Arable Land	
15.20	8.45	5.49	0.83	0.70	3.69	2.61	1.47	0.37	1.47	0.15	眉山
19.75	8.13	0.93	1.86	2.33	2.33	2.79	6.98	1.40			宜宾
7.30	4.12	1.64	0.39	0.14	3.01	0.41	3.04	0.05	0.35		广安
2.39	0.84	1.41	0.04	0.43	0.94	0.17	0.26	0.01	0.20		华蓥
4.29	3.42	3.82	1.18	2.45	0.76	0.73	2.18	0.14			达州
1.87	0.92	1.18	0.51	0.43	0.61	0.53	1.74	0.64	0.01		万源
5.39	3.38	2.93	0.32	0.57	1.43	0.67	1.22	0.55	0.14	0.14	雅安
5.23	1.20	1.26	0.28	0.60	1.61	1.03	3.94	0.15			巴中
4.92	1.45	5.63	0.90	0.80	0.90	0.35	1.10	1.13	1.34	1.01	资阳
5.21	1.71	3.82	0.34	0.90	1.20	0.60	1.40	0.50	1.60	0.70	简阳
6.74	5.90	6.53	0.84	2.82	1.12	1.10	0.75	1.60			西昌
138.90	**69.05**	**81.67**	**16.91**	**24.12**	**44.83**	**11.59**	**76.11**	**8.20**	**4.81**	**2.96**	**贵州**
35.03	25.26	29.04	4.64	9.82	15.24	3.55	23.31	3.58			贵阳
0.17	0.15	0.43									清镇
10.76	4.07	11.00	1.20	4.50	4.70	1.03	6.23				六盘水
12.10	4.52	8.10	1.22	3.05	6.80	0.90	20.10	0.40			遵义
2.80	1.00	2.00	0.07	0.15	1.00	0.20	0.60	0.30			赤水
3.15	2.00	1.13	0.33	0.52	0.40	0.30	0.28				仁怀
9.34	3.60	5.03	0.66	1.54	2.85	1.03	2.44	0.10	1.54	0.15	安顺
23.50	9.32	0.14	1.90	0.35	0.30	0.45	9.00	1.95			铜仁
13.44	5.97	4.20	2.04	0.62	5.33	1.57	5.27	0.04			兴义
8.30	5.20	6.80	2.20	1.25	2.73	1.10	4.50	0.65	2.17	1.84	毕节
8.17	4.59	10.09	1.31	0.67	2.60	1.24	3.40	0.70	0.39	0.36	凯里
6.51	1.49	2.21	1.15	0.73	1.34		0.86	0.12			都匀
5.63	1.88	1.50	0.19	0.92	1.54	0.22	0.12	0.36	0.71	0.61	福泉
298.33	**70.06**	**109.63**	**18.59**	**33.67**	**43.94**	**53.10**	**39.17**	**28.65**	**45.39**	**23.29**	**云南**
196.37	17.21	72.09	9.52	13.07	12.14	40.36	10.06	20.20	33.08	15.69	昆明
4.45	2.08	6.28	0.41	1.91	1.25	0.40	5.76	0.23	2.30	1.07	安宁
15.93	3.80	5.72	1.33	1.29	7.29	0.97	1.37	1.33			曲靖
7.48	1.74	3.68	1.00	0.90	2.07	3.54	2.00	0.50	0.65	0.57	宣威
4.39	2.15	1.06	0.50	2.22	1.73	0.78	1.17	0.02			玉溪

2-3 续 18

城市名称 Name of Cities	市区面积 Urban District Area	市区人口 Urban District Population	市区暂住人口 Urban District Temporary Population	城区面积 Urban Area	城区人口 Urban Population	城区暂住人口 Urban Temporary Population	建成区面积 Surface Area of Built District	小计 Subtotal
保山	5011	88	3	33.00	15.00	1.20	18.60	10.16
昭通	2240	80	4	90.00	23.51	1.50	22.50	16.47
丽江	1255	15	1	22.00	10.50	0.80	18.40	14.10
普洱	3928	23	3	21.50	14.11	2.40	19.00	20.19
临沧	2652	30		18.62	11.80		11.60	7.81
楚雄	4433	51	6	35.00	18.53	4.17	23.00	23.00
个旧	1587	39	2	34.60	16.19	1.20	12.15	12.12
开远	1950	27	1	45.00	10.58	1.30	18.00	18.92
景洪	6959	38	7	83.63	8.27	4.50	18.80	18.80
大理	1815	61	3	556.53	30.15	2.99	36.68	32.34
瑞丽	1020	12	2	16.00	5.30		13.70	15.98
潞西	2987	35	1	25.00	10.53	0.73	15.00	15.50
西藏	**3945**	**28**	**12**	**287.00**	**24.10**	**12.00**	**78.80**	**78.70**
拉萨	245	18	10	245.00	17.90	10.00	58.80	58.80
日喀则	3700	10	2	42.00	6.20	2.00	20.00	19.90
陕西	**27840**	**1477**	**38**	**1304.11**	**739.28**	**35.13**	**653.34**	**662.32**
西安	3582	641		313.80	331.25		267.91	277.31
铜川	2406	76	2	55.00	39.20		36.54	38.62
宝鸡	3574	138	15	63.62	63.80	9.12	63.50	62.65
咸阳	156	108	1	75.93	83.91	1.30	70.51	68.85
兴平	501	58	—	43.20	17.95	0.26	14.30	13.51
渭南	1221	92	—	153.00	38.68	0.30	36.50	42.11
韩城	1621	39	1	77.11	16.35	0.05	17.72	17.69
华阴	817	26	1	65.00	9.58	0.45	18.00	17.28
延安	3541	42		43.25	24.46	10.84	24.16	24.07
汉中	556	82	1	38.00	53.00	0.81	28.00	26.37
榆林	7053	60	11	119.00	24.00	8.00	36.00	36.00
安康	140	60	2	27.20	25.00	2.00	27.20	27.20
商洛	2672	55	2	230.00	12.10	2.00	13.00	10.66
甘肃	**81824**	**972**	**52**	**1360.34**	**478.79**	**39.08**	**553.09**	**514.92**

城市建设用地面积 Area of Urban Construction Land									本年征用土地面积 Area of Land Requisition this Year		城市名称 Name of Cities
居住用地 Residential Area	公共设施用地 Area for Public Utilities	工业用地 Area for Industrial Operation	仓储用地 Area for Storage	对外交通用地 Area for Traffic System	道路广场用地 Area for Roads and Plazas	市政公用设施用地 Area for Municipal Utilities	绿地 Greenland Area	特殊用地 Area for Specific-Purpose Land		耕地 Arable Land	
3.45	2.46	1.20		1.00	1.00	0.80	0.25		1.00	0.80	保山
5.90	2.47	1.94	0.96	3.14	0.70	0.67	0.52	0.17	0.04	0.04	昭通
4.80	3.50	0.98	0.12	0.08	2.54	0.45	1.50	0.13			丽江
4.65	7.70	2.22	0.39	2.07	1.97	0.20	0.29	0.70			普洱
3.20	1.01	0.16	0.30	0.30	1.05	0.78	0.56	0.45			临沧
9.05	3.16	2.57	0.57	1.50	2.42	1.10	2.36	0.27	2.32	0.96	楚雄
2.13	1.29	1.84	0.20	0.11	1.10	0.24	5.15	0.06			个旧
4.37	2.46	3.00	2.09	1.20	1.65	0.80	1.65	1.70	0.92	0.92	开远
5.26	4.70	1.32	0.20	2.44	1.50	0.38	2.80	0.20			景洪
13.82	6.29	3.27	0.58	1.88	2.89	0.79	1.77	1.05	4.10	3.12	大理
7.00	3.86	1.00	0.11	0.22	2.00	0.32	1.14	0.33	0.31	0.12	瑞丽
6.08	4.18	1.30	0.31	0.34	0.64	0.52	0.82	1.31	0.67		潞西
27.00	**11.49**	**7.08**	**3.65**	**4.17**	**5.72**	**4.78**	**6.40**	**8.41**			**西藏**
21.20	4.12	6.30	2.80	3.98	3.82	3.28	5.50	7.80			拉萨
5.80	7.37	0.78	0.85	0.19	1.90	1.50	0.90	0.61			日喀则
200.16	**125.64**	**129.61**	**22.67**	**28.66**	**73.55**	**18.10**	**51.76**	**12.17**	**22.14**	**15.24**	**陕西**
65.70	73.48	61.29	11.61	8.01	32.69	4.97	13.95	5.61	18.19	13.00	西安
15.29	6.22	7.49	0.27	2.12	4.00	0.72	2.42	0.09	1.34		铜川
15.58	8.23	13.46	2.58	2.78	7.19	3.48	7.48	1.87			宝鸡
15.69	11.21	14.92	2.09	3.27	9.10	3.07	8.79	0.71	1.80	1.80	咸阳
6.06	1.31	3.45	0.16	0.18	0.70	0.28	0.39	0.98	0.20	0.15	兴平
11.55	8.68	8.67	1.52	3.01	3.44	0.63	3.48	1.13	0.29		渭南
6.87	0.79	4.13	1.05	2.26	1.09	0.41	0.57	0.52	0.28	0.26	韩城
7.19	1.42	3.02	0.42	0.65	1.89	0.06	1.73	0.90	0.04	0.03	华阴
13.71	2.15	1.53	0.25	1.42	1.17	0.71	3.12	0.01			延安
5.60	3.20	4.80	1.60	1.50	4.50	1.30	3.80	0.07			汉中
15.17	4.67	4.57	0.72	2.63	5.58	1.04	1.44	0.18			榆林
18.00	3.00	0.80	0.20	0.70	1.20	1.30	2.00				安康
3.75	1.28	1.48	0.20	0.13	1.00	0.13	2.59	0.10			商洛
137.58	**64.63**	**103.96**	**23.57**	**21.25**	**58.28**	**16.92**	**77.70**	**11.03**	**7.18**	**5.27**	**甘肃**

2-3续19

城 市 名 称 Name of Cities	市区面积 Urban District Area	市区人口 Urban District Population	市区暂住人口 Urban District Temporary Population	城区面积 Urban Area	城区人口 Urban Population	城区暂住人口 Urban Temporary Population	建成区面积 Surface Area of Built District	小 计 Subtotal
兰 州	1647	221	13	185.91	183.63	12.60	175.81	147.06
嘉峪关	1350	18	2	120.00	16.37	1.66	40.70	36.44
金 昌	3019	20	—	42.00	15.06	0.12	31.58	31.58
白 银	3478	48	10	90.18	34.50	5.06	41.00	48.60
天 水	412	124	9	58.61	63.34	5.20	46.12	42.24
武 威	5081	195	1	24.64	22.50	0.30	24.64	22.24
张 掖	4200	51	—	26.91	14.96	0.30	26.91	28.27
平 凉	1936	49	2	255.00	23.75	1.99	36.00	33.04
酒 泉	3349	44	7	66.60	21.30	6.40	29.00	29.00
玉 门	13500	15	—	26.30	6.30	0.26	21.36	21.15
敦 煌	31200	20	1	19.80	9.74	0.35	13.50	13.50
庆 阳	996	33	1	23.00	17.90	0.38	14.70	14.70
定 西	4225	49	1	200.00	15.71	0.92	22.22	15.83
陇 南	4683	54	4	181.45	10.74	2.97	6.57	9.10
临 夏	89	22	—	27.50	17.84	0.19	14.00	16.38
合 作	2659	8	—	12.44	5.15	0.38	8.98	5.79
青 海	**146980**	**126**	**—**	**512.28**	**100.21**	**0.31**	**110.65**	**108.99**
西 宁	380	107		380.00	83.66		64.92	64.92
格尔木	118900	12		61.00	11.77		30.51	30.51
德令哈	27700	7	—	71.28	4.78	0.31	15.22	13.56
宁 夏	**23668**	**304**	**15**	**2416.01**	**188.28**	**14.71**	**292.29**	**206.31**
银 川	2311	86	10	1773.50	86.08	9.80	107.00	107.01
灵 武	4539	23	1	18.00	5.60	0.13	6.79	8.20
石嘴山	2564	45	1	503.00	35.67	0.98	87.00	4.99
吴 忠	1316	36	—	20.98	17.29	0.13	20.98	20.04
青铜峡	2525	27	1	16.89	11.36	0.79	16.78	17.75
固 原	4489	51	3	31.64	15.98	2.66	31.64	26.22
中 卫	5924	36	—	52.00	16.30	0.22	22.10	22.10
新 疆	**240373**	**779**	**51**	**1079.77**	**491.32**	**30.89**	**678.67**	**697.92**
乌鲁木齐	14206	231	4	265.00	219.48	1.50	261.88	259.08

城市建设用地面积 Area of Urban Construction Land									本年征用土地面积		城市名称
居住用地 Residential Area	公共设施用地 Area for Public Utilities	工业用地 Area for Industrial Operation	仓储用地 Area for Storage	对外交通用地 Area for Traffic System	道路广场用地 Area for Roads and Plazas	市政公用设施用地 Area for Municipal Utilities	绿地 Greenland Area	特殊用地 Area for Specific-Purpose Land	Area of Land Requisition this Year	耕地 Arable Land	Name of Cities
35.10	17.79	29.41	2.91	3.22	23.84	4.15	28.14	2.50	2.29	1.61	兰州
5.50	4.29	13.15	2.80	2.77	1.43	0.73	5.06	0.71			嘉峪关
5.57	2.99	10.10	0.48	1.03	1.95	0.26	8.43	0.77	0.02	0.02	金昌
15.34	4.66	11.41	3.32	1.12	3.80	2.37	5.18	1.40	0.30	0.11	白银
9.21	4.17	8.40	6.43	6.90	2.96	0.28	3.89		0.25		天水
8.69	3.02	3.80	0.78	1.56	3.24	0.20	0.29	0.66			武威
5.95	4.52	4.89	1.28	0.17	5.41	0.28	4.97	0.80	2.26	2.00	张掖
12.85	5.60	4.38	0.34	0.96	4.80	0.63	3.00	0.48			平凉
9.10	3.15	4.00	2.50	1.20	1.33	1.30	5.70	0.72			酒泉
3.02	2.02	8.04	1.00	1.00	2.06	1.00	2.01	1.00	0.06	0.06	玉门
3.89	2.29	1.57	0.30	0.02	1.99	0.40	3.04				敦煌
6.83	3.57	0.58	0.51	0.18	2.06	0.29	0.66	0.02			庆阳
3.62	1.32	1.60	0.36	0.81	0.27	0.55	6.50	0.80	0.28	0.28	定西
6.42	0.86	0.40	0.16	0.02	0.53	0.45	0.14	0.12	0.04	0.04	陇南
4.37	3.32	1.49	0.11	0.09	2.13	3.88	0.44	0.55	1.49	1.13	临夏
2.12	1.06	0.74	0.29	0.20	0.48	0.15	0.25	0.50	0.19	0.02	合作
42.32	**5.40**	**17.15**	**5.17**	**10.59**	**4.43**	**11.66**	**4.83**	**7.44**	**1.20**	**0.98**	**青海**
28.96	1.52	11.39	3.22	7.56	0.16	10.35	1.75	0.01	1.20	0.98	西宁
10.26	2.52	3.43	1.30	1.68	2.90	1.01	0.78	6.63			格尔木
3.10	1.36	2.33	0.65	1.35	1.37	0.30	2.30	0.80			德令哈
69.14	**34.03**	**23.09**	**8.91**	**11.61**	**26.07**	**9.03**	**20.72**	**3.71**	**12.26**	**8.33**	**宁夏**
34.43	17.69	13.72	5.28	5.01	14.31	5.11	9.94	1.52			银川
3.26	0.71	1.95	0.06	0.12	0.75	0.16	1.16	0.03	0.69	0.38	灵武
2.11	0.86	0.95		0.02	0.79	0.09	0.17				石嘴山
10.03	3.56	1.06	0.17	0.44	2.43	1.20	1.03	0.12	0.82	0.42	吴忠
3.18	4.95	1.75	2.51	2.28	0.72	0.77	0.99	0.60	0.19	0.15	青铜峡
8.93	4.00	1.20	0.41	1.26	4.15	0.91	4.60	0.76	0.65	0.60	固原
7.20	2.26	2.46	0.48	2.48	2.92	0.79	2.83	0.68	9.91	6.78	中卫
237.69	**96.70**	**101.24**	**28.50**	**21.10**	**79.17**	**31.57**	**78.14**	**23.81**	**10.18**	**2.23**	**新疆**
83.65	35.83	39.33	13.77	9.00	23.74	13.16	28.20	12.40	1.79	1.35	乌鲁木齐

2-3 续20

城市名称 Name of Cities	市区面积 Urban District Area	市区人口 Urban District Population	市区暂住人口 Urban District Temporary Population	城区面积 Urban Area	城区人口 Urban Population	城区暂住人口 Urban Temporary Population	建成区面积 Surface Area of Built District	小计 Subtotal
克拉玛依	9608	25	9	49.36	24.91	8.83	49.36	48.97
吐鲁番	15738	26	—	46.24	4.90	0.10	9.03	1.17
哈密	85035	42	2	32.10	20.88	0.60	32.10	32.15
昌吉	7964	33	2	29.00	22.04	1.21	29.00	33.85
阜康	11726	17	—	21.55	4.60		6.29	11.97
博乐	7956	27	2	18.00	9.75	1.36	13.10	14.42
库尔勒	7117	40	7	109.53	22.03	4.24	43.00	43.00
阿克苏	18265	59	1	29.00	25.50	0.50	28.10	28.10
阿图什	16151	23	—	14.40	5.54	0.28	8.30	14.39
喀什	555	44	14	30.20	18.89	7.02	30.20	30.20
和田	466	28	1	48.80	11.13	0.46	17.03	17.03
伊宁	675	45	1	29.12	28.00	0.24	29.12	29.12
奎屯	1110	15	1	24.56	14.62	1.03	24.56	24.56
乌苏	20700	23	1	19.50	7.50	0.85	15.47	15.47
塔城	4353	16	—	22.06	7.40	0.06	13.80	22.06
阿勒泰	11481	19	—	11.67	6.50	0.05	10.62	10.62
石河子	460	27	2	150.00	24.80	1.21	25.41	25.41
阿拉尔	4196	17	2	11.98	5.40	1.00	3.74	3.73
图木舒克	1901	14	2	92.70	1.86	0.18	14.40	14.10
五家渠	710	9	—	25.00	5.59	0.17	14.16	18.52

城市建设用地面积 Area of Urban Construction Land									本年征用土地面积 Area of Land Requisition this Year		城市名称 Name of Cities
居住用地 Residential Area	公共设施用地 Area for Public Utilities	工业用地 Area for Industrial Operation	仓储用地 Area for Storage	对外交通用地 Area for Traffic System	道路广场用地 Area for Roads and Plazas	市政公用设施用地 Area for Municipal Utilities	绿地 Greenland Area	特殊用地 Area for Specific-Purpose Land		耕地 Arable Land	
16.52	7.23	10.19	0.82	0.25	5.27	3.04	4.56	1.09	4.20		克拉玛依
0.08	0.33	0.10	0.06	0.11	0.04	0.12	0.33				吐鲁番
18.06	2.36	6.01	0.92	0.94	1.77	0.42	1.52	0.15			哈密
11.02	6.86	7.24	0.45	0.27	4.27	0.65	2.62	0.47			昌吉
4.97	1.54	1.47	1.25	0.39	1.27	0.64	0.42	0.02	0.23	0.13	阜康
4.21	2.35	2.49	0.77	0.03	2.39	0.46	0.78	0.94			博乐
14.72	3.79	6.98	1.61	1.05	6.23	0.85	5.58	2.19	1.24	0.29	库尔勒
6.70	4.13	4.35	0.97	0.70	3.24	1.24	5.50	1.27			阿克苏
4.90	4.30	0.40	0.26	0.15	1.99	0.53	1.27	0.59			阿图什
8.80	2.40	3.20	2.00	4.40	4.00	1.80	3.00	0.60	0.27	0.25	喀什
8.56	3.04	0.58	0.12	0.15	1.90	1.12	1.34	0.22			和田
14.95	2.72	2.45	0.70	2.54	2.48	1.09	0.82	1.37			伊宁
5.46	2.74	2.27	0.49	0.24	4.12	3.74	5.50		0.92		奎屯
4.31	1.37	2.34	0.21	0.25	0.79	0.56	4.41	1.23			乌苏
6.50	4.47	2.60	2.50	0.12	2.42	0.09	2.97	0.39	0.23		塔城
5.19	1.71	0.96	0.39	0.02	0.76	0.28	1.06	0.25	0.01		阿勒泰
8.25	3.83	3.66	0.83	0.40	5.30	0.80	1.84	0.50			石河子
0.95	0.85	0.30			0.55	0.20	0.88		1.29	0.21	阿拉尔
4.05	1.01	2.09	0.16	0.02	3.59	0.30	2.88				图木舒克
5.84	3.84	2.23	0.22	0.07	3.05	0.48	2.66	0.13			五家渠

主要指标解释

市区面积

指城市行政区域内的全部土地面积（包括水域面积）。地级以上城市行政区不包括市辖县（市）。

城区面积

指城市的城区，包括：(1) 街道办事处所辖地域；(2) 城市公共设施、居住设施和市政公用设施等连接到的其他镇（乡）地域；(3) 常住人口在3000人以上独立的工矿区、开发区、科研单位、大专院校等特殊区域。

连接是指两个区域间可观察到的已建成或在建的公共设施、居住设施、市政设施和其他设施相连，中间没有被水域、农业用地、园地、林地、牧草地等非建设用地隔断。

对于组团式和散点式的城市，城区由多个分散的区域组成，或有个别区域远离主城区，应将这些分散的区域相加作为城区。

城区人口

指划定的城区（县城）范围的人口数。按公安部门的户籍统计为准。

暂住人口

指离开常住户口地的市区或乡、镇，到本市居住一年以上的人员。一般按公安部门的暂住人口统计为准。

建成区面积

城市行政区内实际已成片开发建设、市政公用设施和公共设施基本具备的区域。对核心城市，它包括集中连片的部分以及分散的若干个已经成片建设起来，市政公用设施和公共设施基本具备的地区；对一城多镇来说，它包括由几个连片开发建设起来的，市政公用设施和公共设施基本具备的地区组成。因此建成区范围，一般是指建成区外轮廓线所能包括的地区，也就是这个城市实际建设用地所达到的范围。

城市建设用地面积

指城市用地中除水域与其他用地之外的各项用地面积，即居住用地、公共设施用地、工业用地、仓储用地、对外交通用地、道路广场用地、市政公用设施用地、绿地和特殊用地九大类用地。

Explanatory Notes on Main Indicators

Urban District Area

It refers to the total land area (including water area) under jurisdiction of cities.

Urban Area

Urban area of a city includes: (1) areas administered by neighborhood office; (2) other towns (villages) connected to city public facilities, residential facilities and municipal utilities; (3) Independent Industrial and Mining District, Development Zones, special areas like research institutes , universities and colleges with permanent residents of 3000 above.

Towns (villages) connected to city public facilities, residential facilities and municipal utilities means that towns and urban centers are connected with public facilities, residential facilities and municipal utilities that are constructed or under construction , and not cut off by non-construction land like water area, agricultural land, parks, woodland or pasture.

As to conurbation or cities organized in scattered form, urban area should include the separated or decentralized area.

Urban Permanent Population

It refers to permanent residents in urban areas, which are in compliance with the number of permanent residents registered in public security authorities.

Temporary Population

Temporary population includes people who leave permanent address, and live for over one year in a place, which are in compliance with the number of temporary residents registered in public security authorities.

Area of Built -Up District

It refers to large scale developed quarters within city jurisdiction with basic public facilities and utilities. For a nucleus city, the built-up district consists of large-scale developed quarters with basic public facilities and utilities, which are either centralized or decentralized. For a city with several towns, the built-up district consists of several developed quarters attached in succession with basic public facilities and utilities. Range of built-up district is the area encircled by the limits of the built-up district, i. e. the range within which the actual developed land of this city exists.

Area of Urban Land for Construction Purpose

It refers to area of land except water area and land for other purposes, including land for residential development, public facilities, industrial use, storage use, transportation use, roads and squares, utilities facilities, green land and for special purpose.

三、城市维护建设财政性资金收支

3. Revenue and Expenditure of Urban Maintenance and Construction Fund

简要说明

城市维护建设资金指用于城市维护和建设的财政性资金。本部分主要包括城市维护建设财政性资金的收入和支出两方面的内容。收入包括组成收入的各项来源，包括城市维护建设税、城镇公用事业附加、中央和地方财政拨款、土地出让转让收入、国家和省规定收取的用于城市维护建设的行政事业性收费及其他收入。支出包括城市维护建设资金用于市政公用设施各行业的建设和维护资金。

Brief Introduction

Urban maintenance and construction fund is the fund used for urban maintenance and construction. This section mainly includes two parts: one is revenue from the fund, and the other is expenditure of the fund. Revenue consists of various capital resources, including urban maintenance and construction tax, extra-charge for urban utilities, appropriate funds from central and local governments, revenues from land transfer, charges by administrative and institutional units for urban maintenance and construction and other revenues. Expenditure covers funds used for construction and maintenance of public facilities in different industries.

3-1-1 全国历年城市维护建设资金收入（1980—2007）

3-1-1 National Revenue of Urban Maintenance and Construction Fund in Past Years（1980—2007）

计量单位：万元 Measurement Unit：10，000 RMB

指标 Item / 年份 Year	合计 Total	城市维护建设税 Urban Maintenance and Construction Tax	城镇公用事业附加 Fees Added of Utilities	中央财政拨款 Central Financial Allocation	地方财政拨款 Local Financial Allocation	水资源费 Water Resource Fee	国内贷款 Domestic Loan	利用外资 Foreign Investment	企事业单位自筹资金 Self-Raised Funds by Enterprises and Institutions	其他收入 Other Revenues
1980 年	276174		92963	66212						116996
1981 年	345600		92183	65657						187757
1982 年	425957		97413	69381						259160
1983 年	408524		103142	81571						223811
1984 年	468835		118443	96120						254270
1985 年	1168293	331296	129744	143313	123963	14142			49362	376473
1986 年	1448311	406817	157889	138944	351961	16812	31716	744		343428
1987 年	1638197	442275	176337	152094	225498	22420	61601	748		557224
1988 年	1845193	525452	192643	104666	181053	24396	75829	6386		734768
1989 年	1835625	603583	198409	91529	170347	24873	44494	10078		692312
1990 年	2104896	650908	226186	109126	198421	27876	88429	24713		779237
1991 年	2661198	695681	270109	99919	277595	35324	229274	107127		946169
1992 年	3934788	779701	310916	134237	576569	42506	322596	73484		1694779
1993 年	5811904	980234	329620	269593	594615	48498	445658	138159		3005527
1994 年	6748008	1161193	413851	213565	599378	47060	413327	183295		3716339
1995 年	7743732	1409097	447388	213543	725758	51964	476654	254876		4164452
1996 年	8476420	1578088	555873	103599	862641	60509	956850	558688	1194722	2605348
1997 年	11103424	1906696	561217	139392	1154245	61203	1657405	1407194	1077986	3138088
1998 年	14333158	2153203	603965	649420	1581006	63724	3069622	738402	1769411	3704405
1999 年	16271209	2191985	631558	1052000	1714628	77828	3741979	494463	2374802	3991966
2000 年	19889324	2372908	541475	1150668	2081330	100590	4146988	847124	3332242	5315999
2001 年	25262680	2709430	488144	895818	3237790	111087	7416589	563167	4095561	5745094
2002 年	31561758	3160358	498761	759545	3927309	123825	8739016	610535	6007620	7731789
2003 年	42761892	3717417	556909	771320	5329302	159757	13318273	681057	7696801	10531056
2004 年	52575966	4462912	590251	526414	6657678	206883	14455465	741815	9002038	15932510
2005 年	54225147	5512933	554799	621597	7958871	249990	16698914	927141	9460261	12240641
2006 年	35406259	5667745	762171	566632	10748459	244522				17416730
2007 年	47617452	6170604	824251	348134	12137926	279545				27856992

注：自 2006 年起，城市维护建设资金收入仅包含财政性资金，不含社会融资。地方财政拨款中包括省、市财政专项拨款和市级以下财政资金；其他收入中包括市政公用设施配套费、市政公用设施有偿使用费、土地出让转让金、资产置换收入及其他财政性资金。

Note：Since 2006，national revenue of urban maintenance and construction fund includes the fund fiscal budget，not including social funds. Local Financail Allocation include province and city special finacial allocation，and Other Revenues include fee for expansion of municipal utilites capacity，fee for use of municaipal utilities，land drainage facilities，water resource fee，property displace fee and so on.

3-1-2 2007年城市维护建设资金（财政性资金）收入分组资料

地区名称 Name of Regions		合 计 Total	中央财政拨款 Central Financial Allocation	省级财政拨款 Province Financial Allocation					
					合 计 Total	市财政专项拨款 City Special Financial Allocation	城市维护建设税 Urban Maintenance and Construction Tax	城镇公用事业附加 Fees Added of Utilities	市政公用设施配套费 Fee for Expansion of Municipal Utilities Capacity
全　国	**National Total**	**47617452**	**348134**	**818753**	**43637316**	**11319173**	**6170604**	**824251**	**2680821**
分类一	**Sort one**								
东部地区	East China	33752259	78270	230174	31699845	9116213	3893364	581286	1663782
中部地区	Central China	7909422	145362	86860	7021656	930896	1577689	161961	550283
西部地区	West China	5955771	124502	501719	4915815	1272064	699551	81004	466756
分类二	**Sort two**								
东部地区	East China	32569821	53394	192053	30596828	8954252	3762334	570653	1622812
中部地区	Central China	7187286	138159	79966	6341652	754455	1460213	125943	536661
西部地区	West China	7860345	156581	546734	6698836	1610466	948057	127655	521348
分类三	**Sort three**								
东部地区	East China	30166946	48454	175446	29204746	8886227	3409387	531352	1438538
中部地区	Central China	5859879	70450	57367	5186089	617094	1077275	97786	430283
西部地区	West China	7860345	156581	546734	6698836	1610466	948057	127655	521348
东北地区	Northeast China	3730282	72649	39206	2547645	205386	735885	67458	290652

3-1-2 Revenue of Urban Maintenance and Construction Fund(Fiscal Budget)(2007)

计量单位：万元 Measurement Unit: 10,000 RMB

市财政资金 City Financial Fund									其他财政资金	地区名称
市政公用设施有偿使用费 Fee for Use of Municipal Utilities	过桥过路费 Tolls on Roads and Bridges	污水处理费 Wastewater Treatment Fee	垃圾处理费 Garbage Treatment Fee	排水设施有偿使用费 Fee for Drainage Facilities	土地出让转让收入 Land Transfer Fee	水资源费 Water Resource Fee	资产置换收入 Property Displace Fee	其他收入 Other Revenues	Other	Name of Regions
2298326	**1142036**	**810986**	**104650**	**13200**	**11019526**	**214453**	**70852**	**1336085**	**738300**	**全国**
										分类一
2372224	1160941	855303	111022	16833	11975505	221283	78512	1797676	1743970	东部地区
352146	43832	161001	25643	39614	2802491	46288	76374	523528	655544	中部地区
191876	39354	86148	26537	928	1908755	11974	7838	275997	413735	西部地区
										分类二
2335177	1149046	835965	105869	16825	11668478	220828	78446	1383848	1727545	东部地区
338310	43731	157772	24019	39603	2544325	44522	75834	461389	627509	中部地区
242759	51350	108715	33314	947	2473948	14195	8444	751964	458194	西部地区
										分类三
2298326	1142036	810986	104650	13200	11019526	214453	70852	1336085	738300	东部地区
286024	27573	134419	21970	32321	2141818	37273	70162	428374	545973	中部地区
242759	51350	108715	33314	947	2473948	14195	8444	751964	458194	西部地区
89137	23168	48332	3268	10907	1051459	13624	13266	80778	1070782	东北地区

3-1-3　2007 年全国城市维护建设资金(财政性资金)收入(按省分列)

地区名称 Name of Regions	合计 Total	中央财政拨款 Central Financial Allocation	省级财政拨款 Province Financial Allocation	合计 Total	市财政专项拨款 City Special Financial Allocation	城市维护建设税 Urban Maintenance and Construction Tax	城镇公用事业附加 Fees Added of Utilities	市政公用设施配套费 Fee for Expansion of Municipal Utilities Capacity
全国	**47617452**	**348134**	**818753**	**43637316**	**11319173**	**6170604**	**824251**	**2680821**
北京	4102880			4102880	2679434	566323	90823	163862
天津	772413		160	749430	168678	140811	1200	86076
河北	1491838	10489	16829	1461446	206602	244752	48251	81002
山西	843577	1677	17316	808142	75089	126240	8850	34796
内蒙古	722136	7203	6894	680004	176441	117476	36018	13622
辽宁	2402875	4940	16607	1392082	68025	352947	39301	184274
吉林	474578	26856	15055	359367	48136	121259	10041	56303
黑龙江	852829	40853	7544	796196	89225	261679	18116	50075
上海	1802703			1802703	1306310			80023
江苏	6401947	4075	114314	5757644	1068299	848055	94135	329744
浙江	3931507	3475	8715	3897045	769112	337827	18158	60366
安徽	1177430	21633	9679	1120240	89348	180373	6901	82712
福建	1752645	10832	1359	1726000	774537	168968	32103	39169
江西	669621	15533	3536	601764	181323	61652	4089	20360
山东	5193940	11931	15170	5097088	1234255	636539	76225	346298
河南	1242803	3081	9674	903120	129680	219930	39071	61466
湖北	808691	2743	1639	740522	74047	232931	18653	53752
湖南	1117757	25783	15523	1012301	67607	256149	20222	177197
广东	4492454	2145	18344	4398940	652325	430012	162895	230258
广西	1182438	24876	38121	1103017	161961	131030	10633	40970
海南	224619	5507	555	211570	26675	36100	7562	21740
重庆	1490981	58454	375356	964112	211520	79867	4253	115290
四川	1519238	10956	3697	1482409	374719	200902	39957	169319
贵州	123287	1215	700	107172	38178	18416	1511	5551
云南	773459	7226	6681	748301	96753	84879	362	15055
西藏	6662			6662	6291			
陕西	1177797	14803	31605	873615	379745	99486	13640	125515
甘肃	286072	1438	46986	237133	17836	66895	2570	9470
青海	91923	16978	30432	44513	1237	17946	1259	6219
宁夏	110757	3520	4610	96759	27354	12099	13262	2845
新疆	375595	9912	1652	355139	118431	119061	4190	17492

3-1-3 Revenue of Urban Maintenance and Construction Fund（Fiscal Budget）by Province（2007）

计量单位：万元 Measurement Unit：10，000 RMB

市财政资金 City Financial Fund									其他财政资金	地区名称
市政公用设施有偿使用费					土地出让转让收入	水资源费	资产置换收入	其他收入		
	过桥过路费	污水处理费	垃圾处理费	排水设施有偿使用费						
Fee for Use of Municipal Utilities	Tolls on Roads and Bridges	Wastewater Treatment Fee	Garbage Treatment Fee	Fee for Drainage Facilities	Land Transfer Fee	Water Resource Fee	Property Displace Fee	Other Revenues	Other	Name of Regions
2916246	**1244127**	**1102452**	**163202**	**57375**	**16686751**	**279545**	**162724**	**2597201**	**2813249**	**全国**
507204	414893	92311				95234				北京
					227001			125664	22823	天津
55309	6793	35739	2359	1513	758782	23032	13752	29964	3074	河北
35278	13162	11478	5002	854	457464	4231		66194	16442	山西
13836	101	3229	1624	11	258166	1766	540	62139	28035	内蒙古
36851	7010	24979	1219	3625	648952	6375	7594	47763	989246	辽宁
32340	9132	19370	1103	614	77709	805	3769	9005	73300	吉林
19946	7026	3983	946	6668	324798	6444	1903	24010	8236	黑龙江
247743	244543				100000					上海
343000	9291	144151	20292		2458205	48718	21588	545900	525914	江苏
247115	89445	124391	16545	5922	2304427	1984	5252	152804	22272	浙江
43699	713	35620	1654	11	549480	3271	50627	113829	25878	安徽
224445	186122	20840	5203		341204	605	309	144660	14454	福建
32730	5039	6481	1223	521	265074	379		36157	48788	江西
114215	300	93313	19292	605	2547352	29829	11733	100642	69751	山东
71432	543	30236	4394	113	293473	25979	17785	44304	326928	河南
38986	5445	25791	4204	721	254469	838	822	66024	63787	湖北
63899	2671	24813	5493	30101	321858	2575	928	101866	64150	湖南
543982	190649	295080	36392	4346	2213409	14827	130	151102	73025	广东
37047	11895	19338	5153	8	307027	455	66	413828	16424	广西
15313		5161	4567	814	69146	224	18088	16722	6987	海南
10399	552	6345	2697	297	537461	470	1060	3792	93059	重庆
109360	24312	37606	11030	242	479077	729	100	108246	22176	四川
848			826		38598	478		3592	14200	贵州
7295	235	4703	2090	85	516578	5921		21458	11251	云南
								371		西藏
28649	1985	22418	3691	15	104075	848	5120	116537	257774	陕西
7505	1862	4992	651		120491	597	455	11314	515	甘肃
7229	1869	2945	1415		9292	1267		64		青海
2253		1966	200		36638	505	63	1740	5868	宁夏
18338	8539	5173	3937	289	66545	1159	1040	8883	8892	新疆

3-1-4 2007年全国城市维护建设资金(财政性资金)收入(按城市分列)

城市名称 Name of Cities	合计 Total	中央财政拨款 Central Financial Allocation	省级财政拨款 Province Financial Allocation	合计 Total	市财政专项拨款 City Maintenance and Construction Tax	城市维护建设税 Urban Maintenance and Construction Tax	城镇公用事业附加 Fees Added of Utilities	市政公用设施配套费 Fee for Expansion of Municipal Utilities Capacity
全国	**47617452**	**348134**	**818753**	**43637316**	**11319173**	**6170604**	**824251**	**2680821**
北京	**4102880**			**4102880**	**2679434**	**566323**	**90823**	**163862**
天津	**772413**		**160**	**749430**	**168678**	**140811**	**1200**	**86076**
河北	**1491838**	**10489**	**16829**	**1461446**	**206602**	**244752**	**48251**	**81002**
石家庄	266379		3000	263379	50087	40449	7569	22072
辛集	5815	179		5636		329	600	3232
藁城	5684			5684		4070	165	285
晋州	1933			1933	700	247	413	158
新乐	4583	600		3983		1683	873	715
鹿泉	5154			5154	2318	2160		311
唐山	280135			280133	21662	51303	13718	3997
遵化	33240			33240	12126	3920	588	498
迁安	57368			57368		10863	4277	
秦皇岛	219028			219028	7000	13752	2360	7507
邯郸	60620			60059	15921	12449	1075	8361
武安	16932		578	16354	6657	6937	1550	1000
邢台	37107			37107		10937	1672	2484
南宫	5043	850	15	4178		344		15
沙河	13427	600		12827		2689	258	1167
保定	88724			86824		16940	629	9266
涿州	10398	500		9898	4319	1785	349	751
定州	6568			6568	998	1762	490	818
安国	15331			15331	450	524	140	190
高碑店	1321			1321	370			724
张家口	55286	5970		48931	9050	25567	2886	600
承德	37284		12000	25058	9793	8791	2040	1256
沧州	39517			39517	5112	2354	150	2097
泊头	6135			6135	2900	945	278	1440
任丘	8881			8881		5976	266	230
黄骅	15368			15368	5568	1969	229	716
河间	3478			3478	1888	890		651
廊坊	93588		882	92706	1601	6564	410	4976

3-1-4 Revenue of Urban Maintenance and Construction Fund (Fiscal Budget) by City (2007)

计量单位：万元 Measurement Unit：10，000 RMB

市财政资金 City Financial Fund									其他财政资金	城市名称
市政公用设施有偿使用费					土地出让转让收入	水资源费	资产置换收入	其他收入		
Fee for Use of Municipal Utilities	过桥过路费 Tolls on Roads and Bridges	污水处理费 Wastewater Treatment Fee	垃圾处理费 Garbage Treatment Fee	排水设施有偿使用费 Fee for Drainage Facilities	Land Transfer Fee	Water Resource Fee	Property Displace Fee	Other Revenues	Other	Name of Cities
2916246	**1244127**	**1102452**	**163202**	**57375**	**16686751**	**279545**	**162724**	**2597201**	**2813249**	**全国**
507204	**414893**	**92311**				**95234**				**北京**
					227001			**125664**	**22823**	**天津**
55309	**6793**	**35739**	**2359**	**1513**	**758782**	**23032**	**13752**	**29964**	**3074**	**河北**
13868		7697	217	803	113428	7406	5000	3500		石家庄
1475		1040	435							辛集
260		244	16		257	647				藁城
415		400		15						晋州
78		78			556	78				新乐
						365				鹿泉
2498		1010	20		180027	4096		2832	2	唐山
144		60		84	2596	881	8647	3840		遵化
					39941	2287				迁安
4522		4522			183887					秦皇岛
5676		5446	230		5200	350		11027	561	邯郸
210			190	20						武安
1294		1294			19714	901	105			邢台
					3796	23				南宫
403		315		88	6894	198		1218		沙河
5187		5187			52917	1885			1900	保定
132		132			2332	230				涿州
35			28	7	2368	97				定州
181			31	150	13728	8		110		安国
225		225						2		高碑店
2832		2828		4	4250	603		3143	385	张家口
2128	1296	620	57	130	1050				226	承德
3700	1200	2200	300		26104					沧州
32		32				30		510		泊头
406		377	29		1094	203		706		任丘
16		16			6704	166				黄骅
49	1			28						河间
4382	2875	859	648		74773					廊坊

3-1-4 续 1

城市名称 Name of Cities	合计 Total	中央财政拨款 Central Financial Allocation	省级财政拨款 Province Financial Allocation	合计 Total	市财政专项拨款 City Maintenance and Construction Tax	城市维护建设税 Urban Maintenance and Construction Tax	城镇公用事业附加 Fees Added of Utilities	市政公用设施配套费 Fee for Expansion of Municipal Utilities Capacity
霸　州	35460			35460	27372	4277	2505	1275
三　河	40902			40902	19380	2900	1750	2500
衡　水	11499			11499			781	1515
冀　州	7870	1790	354	5726	160	1026	135	130
深　州	1780			1780	1170	350	95	65
山　西	**843577**	**1677**	**17316**	**808142**	**75089**	**126240**	**8850**	**34796**
太　原	562296		14000	548296	8051	43749	3116	16540
古　交	7622			7622	2026	3828	99	
大　同	78943		1304	77639	26000	23305	1870	5683
阳　泉	20802		658	19007		8866	698	2126
长　治	21018			17626	8462	8214		
潞　城	3588			3588	3448		10	
晋　城	18508		1316	15790	1400	9243	1000	890
高　平	14053			14053	10557	3263		
朔　州	4650			4650		2950	200	1500
晋　中	35210		20	35190	10514	2655	280	172
介　休	6031	80		5951	30	3691	331	
运　城	13019			10828	1473	2367	1	2205
永　济	6467		18	6449		2847	205	173
河　津	350			350				350
忻　州	7206			1800				1800
原　平	1286			1286		873	116	161
侯　马	4408			4408		2359	182	1467
霍　州	2652			2652		2000		646
吕　梁	8969	1597		4458	3128		140	529
孝　义	22610			22610		2545	500	554
汾　阳	3889			3889		3485	102	
内 蒙 古	**722136**	**7203**	**6894**	**680004**	**176441**	**117476**	**36018**	**13622**
呼和浩特	56517			54784	20941	11		
包　头	45910	2133	2700	37655	18536	12349		1098
乌　海	19870			19870		9896	730	353
赤　峰	130224	700		106644	56694	3580	185	503
通　辽	63516	200	3032	60284		1677	1030	1629
霍林郭勒	26848			26848	13595	2517		315
鄂尔多斯	175061	600	450	174011	10200	48771	32739	4943
呼伦贝尔	16224			16224	11105	300	346	
满 洲 里	37185			37185	12567	7883	318	444
牙 克 石	5629	910		4719	4719			
扎 兰 屯	23414	40	150	23224	3180	294		
额尔古纳	611	120		491	120	348		
根　河	214			214		214		
巴彦淖尔	23831			23831	570	21203	235	1823
乌兰察布	26531			26531	6300	3121	200	2000
丰　镇	7433		30	7403	3093			
乌兰浩特	13087	2500	532	10055	721	521		335

市财政资金 City Financial Fund									其他财政资金 Other	城市名称 Name of Cities
市政公用设施有偿使用费 Fee for Use of Municipal Utilities	过桥过路费 Tolls on Roads and Bridges	污水处理费 Wastewater Treatment Fee	垃圾处理费 Garbage Treatment Fee	排水设施有偿使用费 Fee for Drainage Facilities	土地出让转让收入 Land Transfer Fee	水资源费 Water Resource Fee	资产置换收入 Property Displace Fee	其他收入 Other Revenues		
31										霸州
3820	1330	90	68	172	8152	2400				三河
1157		1067	90		4893	157		2996		衡水
148	91			7	4026	21		80		冀州
5				5	95					深州
35278	**13162**	**11478**	**5002**	**854**	**457464**	**4231**		**66194**	**16442**	**山西**
15151	7558	3764	3829		416732	1802		43155		太原
					1163	506				古交
2158		1206	381	571	16000			2623		大同
6736	5604	1029		103		450		131	1137	阳泉
950		100	750	100					3392	长治
								130		潞城
					2302	601		354	1402	晋城
						233				高平
										朔州
5119		5119			16450					晋中
					1887	12				介休
4782									2191	运城
382		260	42	80	2517	325				永济
										河津
									5406	忻州
								136		原平
					400					侯马
								6		霍州
								661	2914	吕梁
					13			18998		孝义
						302				汾阳
13836	**101**	**3229**	**1624**	**11**	**258166**	**1766**	**540**	**62139**	**28035**	**内蒙古**
3008	1	1767	1240			235		30589	1733	呼和浩特
5481								191	3422	包头
					7958	933				乌海
155		155			45300			227	22880	赤峰
					29324			26624		通辽
					10421					霍林郭勒
4083		350	343		72798	200		277		鄂尔多斯
242		242						4231		呼伦贝尔
11				11	15932	30				满洲里
										牙克石
750	100	650			19000					扎兰屯
						23				额尔古纳
										根河
										巴彦淖尔
					14779	131				乌兰察布
					4263	47				丰镇
28		28			8368	82				乌兰浩特

3-1-4 续 2

城市名称 Name of Cities	合计 Total	中央财政拨款 Central Financial Allocation	省级财政拨款 Province Financial Allocation	合计 Total	市财政专项拨款 City Maintenance and Construction Tax	城市维护建设税 Urban Maintenance and Construction Tax	城镇公用事业附加 Fees Added of Utilities	市政公用设施配套费 Fee for Expansion of Municipal Utilities Capacity
阿尔山	2024			2024		142		33
二连浩特	31753			31753	14100	701		146
锡林浩特	16254			16254		3948	235	
辽宁	**2402875**	**4940**	**16607**	**1392082**	**68025**	**352947**	**39301**	**184274**
沈阳	1438631		7700	603394		88619	6500	113704
新民	9649			9649	5630	1014	200	800
大连	250918		6715	111651	41382	49163	7426	13680
瓦房店	7242			7242	1758	1570	250	1860
普兰店	13799			13799		2800	224	
庄河	13979			13979	1100	1981	363	3552
鞍山	116745			98444		62742	6542	2661
海城	14070			14070		1308	1660	2012
抚顺	65348			64348		12500	4383	9400
本溪	50069	2010		48059	834	26570	4139	3100
丹东	44570			41770	1410	3114	1183	505
东港	19815			19815	245	1494	168	759
凤城	7098			7098		1957	230	
锦州	40189			40189		10109	1200	7399
凌海	10037			8351	1722	2276		
北镇	2056			2056		866		880
营口	40937			38892		17284	2060	4336
盖州	1568			1205		1005	200	
大石桥	4749			4749		4269		
阜新	21045	1400		19645		6294	1160	5125
辽阳	78737		211	78526		12830	20	7234
灯塔	19899			19899	4914	2542	208	
盘锦	20584			19341	8697	8386		100
铁岭	33447			33447		4593	65	
调兵山	5575			5575		5575		
开原	18679	280		16715		3535	226	2461
朝阳	21266	1050	1881	18335		3600	423	3527
北票	5530			5530		1355	112	573
凌源	5730			5695		4216	359	
葫芦岛	17625	200		17425	145	9380		
兴城	3289		100	3189	188			606
吉林	**474578**	**26856**	**15055**	**359367**	**48136**	**121259**	**10041**	**56303**
长春	264829	12995	9023	172900	7020	48793	4200	47196
九台	3370			3370	2851	445		60
榆树	5720			5720		793	150	230
德惠	9630	3524	640	5466	1812	3496		
吉林	30676			30676		17357	2338	800
蛟河	5820		1200	4620	3400	600		70
桦甸	3471	200		3271		1131	121	
舒兰	1962			1962	960	780	222	
磐石	3500			3500		2650	500	50

市财政资金 City Financial Fund									其他财政资金	城市名称
市政公用设施有偿使用费					土地出让转让收入	水资源费	资产置换收入	其他收入		
	过桥过路费	污水处理费	垃圾处理费	排水设施有偿使用费						
Fee for Use of Municipal Utilities	Tolls on Roads and Bridges	Wastewater Treatment Fee	Garbage Treatment Fee	Fee for Drainage Facilities	Land Transfer Fee	Water Resource Fee	Property Displace Fee	Other Revenues	Other	Name of Cities
					1849					阿尔山
78		37	41		16188		540			二连浩特
					11986	85				锡林浩特
36851	**7010**	**24979**	**1219**	**3625**	**648952**	**6375**	**7594**	**47763**	**989246**	**辽宁**
11658		11658			350000	2921		29992	827537	沈阳
5				5	2000					新民
									132552	大连
519		519			1120			165		瓦房店
1813	1813				6862			2100		普兰店
					4988			1995		庄河
3288	2137	1151			22861	350			18301	鞍山
126		126			7456		192	1316		海城
6526		2905	221	3400	31539				1000	抚顺
2899	1141	1758			10462	55				本溪
730		208	521		34210			618	2800	丹东
219		144	75		16887	43				东港
120		30	90		4409	120		262		凤城
1610	510	1100			19000	871				锦州
					4353				1686	凌海
					221	89				北镇
1300		1300			11000	50		2862	2045	营口
									363	盖州
								480		大石桥
500		476		24	6300	266				阜新
1742		1742			48760	532	7300	108		辽阳
					9951	120		2164		灯塔
632	98	410	74	50	1400	126			1243	盘锦
747		579	168		27675	367				铁岭
										调兵山
36				36	10405	52			1684	开原
310	200			110	8060	350		2065		朝阳
33		33			3200			257		北票
1111	1111							9	35	凌源
840		840			5833	63	102	1062		葫芦岛
87			70					2308		兴城
32340	**9132**	**19370**	**1103**	**614**	**77709**	**805**	**3769**	**9005**	**73300**	**吉林**
25703	8432	17271			39881		9	98	59911	长春
14				14						九台
8				8	4394	145				榆树
158			158							德惠
					6500		490	3191		吉林
550	400		100	50						蛟河
					2019					桦甸
										舒兰
					300					磐石

3-1-4 续 3

城市名称 Name of Cities	合计 Total	中央财政拨款 Central Financial Allocation	省级财政拨款 Province Financial Allocation					
				合计 Total	市财政专项拨款 City Maintenance and Construction Tax	城市维护建设税 Urban Maintenance and Construction Tax	城镇公用事业附加 Fees Added of Utilities	市政公用设施配套费 Fee for Expansion of Municipal Utilities Capacity
四　平	1945			1945		1200	80	280
公主岭	9414			9414	91	7652		
双　辽	3850		510	3340	2307	200		35
辽　源	15804	2387	1800	11617		4000	207	360
通　化	17922	2250		13608	80	6114	1999	3445
梅河口	2748			2448	110	1300		700
集　安	10967			10967	10700	151	32	84
白　山	4293	400		3418	114	670		
临　江	3049			3049	910	575		95
松　原	6183			6183		6183		
白　城	14170	2700		11470	3623	1647		62
洮　南	3010			2460	1130	710		210
大　安	4096			4096	2956	960		
延　吉	18075	300	1882	15893		10135		1188
图　们	1895			1895	1005	494	75	239
敦　化	17286	2100		15186	4956	1570	63	1102
珲　春	5486			5486	3640	180		56
龙　井	3009			3009		288		
和　龙	2398			2398	471	1185	54	41
黑龙江	**852829**	**40853**	**7544**	**796196**	**89225**	**261679**	**18116**	**50075**
哈尔滨	193235			192565	20000	45000	5856	29646
双　城	18754			18754		704	92	2515
尚　志	3776	200		3576		942	366	
五　常	11672			11672		1024	16	
齐齐哈尔	49993	8447	4420	37126	6424	10867	1620	710
讷　河	2796	1339		1457		488		
鸡　西	9080	210	100	8770	400	4810	500	2800
虎　林	2219	200	100	1919	1014	516		
密　山	4415			4415	1904	640		51
鹤　岗	13391			13391		7756		2754
双鸭山	7391	1660	200	5531	3561	1500	470	
大　庆	373411	14366	2084	356961		154090	6391	5165
伊　春	22311	40	430	17187	11212	1134	525	454
铁　力	1306		70	1236		473	28	
佳木斯	21846	7110	140	14596	3129	3377	833	861
同　江	3008			3008	2450	240		
富　锦	3010			1654	1060	240		
七台河	8309			6753	787	2662		861
牡丹江	16571			16571	5790	5280	960	260
绥芬河	13317			13317	2117	2600		1200
海　林	20638	6731		13907		3200	200	
宁　安	2028	550		1478		538	106	
穆　棱	5175			5175		2210		
黑　河	10830			10830	8272	758		1800

市财政资金 City Financial Fund									其他财政资金 Other	城市名称 Name of Cities
市政公用设施有偿使用费 Fee for Use of Municipal Utilities	过桥过路费 Tolls on Roads and Bridges	污水处理费 Wastewater Treatment Fee	垃圾处理费 Garbage Treatment Fee	排水设施有偿使用费 Fee for Drainage Facilities	土地出让转让收入 Land Transfer Fee	水资源费 Water Resource Fee	资产置换收入 Property Displace Fee	其他收入 Other Revenues		
385	137	221	27							四平
91			91		120	110		1350		公主岭
150		128	22					648		双辽
1480	50	80	20	90	5100	215		255		辽源
170				170	1800				2064	通化
338		8	10	210					300	梅河口
										集安
1001			475	66	228			1405	475	白山
					1386	83				临江
										松原
147		147			5770	61		160		白城
					410				550	洮南
					120	60				大安
1144		1144			3363	11		52		延吉
						82				图们
371		371			3293		3270	561		敦化
					1450			160		珲春
311					1575			835		龙井
319	113		200	6		38		290		和龙
19946	**7026**	**3983**	**946**	**6668**	**324798**	**6444**	**1903**	**24010**	**8236**	**黑龙江**
6000				6000	84863	1200			670	哈尔滨
173		131		42	14470	125		675		双城
1313						95		860		尚志
					10577	55				五常
3802	2091	1471	240		8428	1121	403	3751		齐齐哈尔
					969					讷河
190	50		65	75				70		鸡西
6				6				383		虎林
16				16				1804		密山
1981	1624			357		560		340		鹤岗
										双鸭山
585		585			187884	2846				大庆
18			9	9				3844	4654	伊春
3				3	726	6				铁力
3430	2341	669	420		600	210		2156		佳木斯
					300			18		同江
66		12	44		288				1356	富锦
400	220		80	100	1139	90		814	1556	七台河
1203		1115	88		2500	96		482		牡丹江
					2800		800	3800		绥芬河
700	700				4800			5007		海林
					834					宁安
					2942	23				穆棱
										黑河

3-1-4 续4

城市名称 Name of Cities	合计 Total	中央财政拨款 Central Financial Allocation	省级财政拨款 Province Financial Allocation	合计 Total	市财政专项拨款 City Maintenance and Construction Tax	城市维护建设税 Urban Maintenance and Construction Tax	城镇公用事业附加 Fees Added of Utilities	市政公用设施配套费 Fee for Expansion of Municipal Utilities Capacity
北安	5728			5728	2300	2684		738
五大连池	1575			1575	1183	92	40	260
绥化	12300			12300	8300	3200	100	
安达	5611			5611	3246	2305		
肇东	7100			7100	5000	2100		
海伦	2033			2033	1076	249	13	
上海	**1802703**			**1802703**	**1306310**			**80023**
江苏	**6401947**	**4075**	**114314**	**5757644**	**1068299**	**848055**	**94135**	**329744**
南京	2072449		110300	1747572	232019	243004	22620	91992
无锡	534174			484174	267139	41801	5692	10250
江阴	89006			89006	49962	37812	1232	
宜兴	38672			7107		3500	187	420
徐州	266242			259642	3000	106144	5379	19950
新沂	8939			6939		2706	700	
邳州	4756			4756		3246		125
常州	286942	150	1927	243825	33182	72339	9289	39373
溧阳	8564			8564	4540	1741		
金坛	21391			21391	605	5577	954	5881
苏州	649369			636369	139844	84571	12237	9163
常熟	84031			70774	23855	5100		1287
张家港	165100			118100		34000	4000	6700
昆山	418772			408906	121456	31018	2000	7000
吴江	248873			248293	2840	23511	5633	2088
太仓	70355			70355	48549	13689		1030
南通	131725			122825		5026	4730	30919
启东	34880			34880		1300	730	17850
如皋	7520			7520	360	3412	370	998
通州	38121			38121		4431	1233	2044
海门	109480		921	108559	4673	5436	990	5000
连云港	293233			222433	4728	8167	1878	15043
淮安	113153			113153	26000	18100	510	1443
盐城	93482	513		92969		7033	700	11872
东台	10657	107		10550		920	750	200
大丰	45150			45150		5856	716	2272
扬州	166796	1001	566	164639	8599	10522	320	12070
仪征	16979			16979	98	600	85	680
高邮	7823			1823		429		1394
江都	40298			40298				1050
镇江	95077	764	100	94136	35460	24927	2906	8900
丹阳	39130			39130	19863	9657	1540	6097
扬中	12553			12553	4900	6068	355	820
句容	11503			7273	310	3114		1853
泰州	57930			57930	25376	7405	187	2100
兴化	24555	1340		20337	1203	611	1130	816

市财政资金 City Financial Fund									其他财政资金 Other	城市名称 Name of Cities
市政公用设施有偿使用费 Fee for Use of Municipal Utilities	过桥过路费 Tolls on Roads and Bridges	污水处理费 Wastewater Treatment Fee	垃圾处理费 Garbage Treatment Fee	排水设施有偿使用费 Fee for Drainage Facilities	土地出让转让收入 Land Transfer Fee	水资源费 Water Resource Fee	资产置换收入 Property Displace Fee	其他收入 Other Revenues		
								6		北安
										五大连池
							700			绥化
60				60						安达
										肇东
					678	17				海伦
247743	**244543**				**100000**			**68627**		**上海**
343000	**9291**	**144151**	**20292**		**2458205**	**48718**	**21588**	**545900**	**525914**	**江苏**
159399					717340	722		280476	214577	南京
17492		17492			126000			15800	50000	无锡
										江阴
3000		3000							31565	宜兴
9704	720	8842	105		115000	465			6600	徐州
149		149			3000	384			2000	新沂
185								1200		邳州
21822		15041	2900		67189	631			41040	常州
2283		1643	640							溧阳
2825		1400	1425					5549		金坛
18094		16430	1664		351514	1439		19507	13000	苏州
15860		15860			10908		1409	12355	13257	常熟
2700		2700			40000		6700	24000	47000	张家港
6008		5754	254		190206			51218	9866	昆山
19215	8421	10570	224		194430	576			580	吴江
6833		3959	828			254				太仓
7470		7470			74680				8900	南通
1100		1100			12000			1900		启东
380		380			2000					如皋
					30172	205		36		通州
1150	150	1000			91200	110				海门
8402		3820	582		179630		295	4290	70800	连云港
2100		1700	400					65000		淮安
2514		2014	500		13000	41800	150	15900		盐城
1326		650	376		6585	514		255		东台
					23176	600	12530			大丰
8580		5300	3280		120570		504	3474	590	扬州
1667		1187	480		8140	488		5221		仪征
		786	506						6000	高邮
1400		900	500		37848					江都
7130		5990	1140					14813	77	镇江
1773		1288	485		200					丹阳
410		410								扬中
425		358	67		1571				4230	句容
3742		1825	1917		12888	86		6146		泰州
900		750	150		15677				2878	兴化

城市名称 Name of Cities	合计 Total	中央财政拨款 Central Financial Allocation	省级财政拨款 Province Financial Allocation	合计 Total	市财政专项拨款 City Maintenance and Construction Tax	城市维护建设税 Urban Maintenance and Construction Tax	城镇公用事业附加 Fees Added of Utilities	市政公用设施配套费 Fee for Expansion of Municipal Utilities Capacity
靖江	15278	200		13192	1758	8200	1269	1563
泰兴	20046			19578	6830	3545	2700	2800
姜堰	23762			23762		938	42	2218
宿迁	25181		500	24081	1150	2599	1071	4483
浙江	**3931507**	**3475**	**8715**	**3897045**	**769112**	**337827**	**18158**	**60366**
杭州	1310767			1310767	65942	92007	2083	5000
建德	11743			11743		5689	686	
富阳	33325		493	32832	3480	8199		197
临安	37700			36900	13877	1732		120
宁波	261639			259797	180880	19392	2735	5988
余姚	141096			141096	41609	10895	4278	3654
慈溪	109410			109410	36778	23282	55	
奉化	11335	1500		9835	6685	746		1870
温州	189000			189000	36418	20084		
瑞安	11167			11167	6246			
乐清	325140			325140	162570	14351		11760
嘉兴	151798		29	151702	21202	24268	2319	50
海宁	27752			27752		8045	1187	
平湖	42264			42264	5569	818		
桐乡	53469		26	53443		10410		1413
湖州	89537	800	580	88000	9944	9344		64
绍兴	198053	675		197378	15844	5727	410	
诸暨	84203			84203		2800		3875
上虞	36751			36622	23178			
嵊州	19521			19403	3334	352		1507
金华	62036		200	59903	300	2400	1011	75
兰溪	2849		233	2616	1243	449		
义乌	65471		480	64991	20278	18617	1587	
东阳	53412		60	44220		6974	754	1465
永康	43623			43623	700	11133		936
衢州	114443		3650	109240	11569	12097	320	2635
江山	58042		1231	56811		2177		367
舟山	77777		295	73482	22608	4117		3993
台州	116790	500	20	114085	69055	11268	78	2828
温岭	71530		109	71421	2992	2200		6610
临海	18947			18591	90	5823	655	2846
丽水	86959		450	86509	5727	1958		1914
龙泉	13958		859	13099	994	473		1199
安徽	**1177430**	**21633**	**9679**	**1120240**	**89348**	**180373**	**6901**	**82712**
合肥	114024	1300		111751	3057	52162	421	30655
芜湖	401594	950	402	400242	2185	21600	1430	11800
蚌埠	73973	4435	3410	62673	1900	18577	426	2647
淮南	14618		300	14318		8000	1050	500
马鞍山	19451			19451	6729	6393		2300
淮北	30384			29685		14191	550	4357

市财政资金 City Financial Fund									其他财政资金	城市名称
市政公用设施有偿使用费 Fee for Use of Municipal Utilities	过桥过路费 Tolls on Roads and Bridges	污水处理费 Wastewater Treatment Fee	垃圾处理费 Garbage Treatment Fee	排水设施有偿使用费 Fee for Drainage Facilities	土地出让转让收入 Land Transfer Fee	水资源费 Water Resource Fee	资产置换收入 Property Displace Fee	其他收入 Other Revenues	Other	Name of Cities
299		500	299					103	1886	靖江
2713		1198	715			174		816	468	泰兴
1192		800	392		7431			11941		姜堰
2758		1885	463		5850	270		5900	600	宿迁
247115	**89445**	**124391**	**16545**	**5922**	**2304427**	**1984**	**5252**	**152804**	**22272**	**浙江**
128329	72000	47592	8737		998213	993	3200	15000		杭州
1316		382	934		4052					建德
1017		839	178		19939					富阳
820		820			3788			16563	800	临安
21599	7000	6663			25201			4002	1842	宁波
1970		1190			78530			160		余姚
1954		1598	356		26451			20890		慈溪
534		534								奉化
6000		6000			126498					温州
					4921					瑞安
640		640			135819					乐清
15686	4516	10506	564	100	63953	29		24195	67	嘉兴
4058		3661	397		14462					海宁
3834		3279	143	412	31650			393		平湖
2793		2543	250		38827					桐乡
7117	1074	5550	493		59996			1535	157	湖州
15347	2295	7531	111	5410	159400			650		绍兴
2271		2148	123		75257					诸暨
7383		6953	430		6000			61	129	上虞
735			735		12635			840	118	嵊州
2743		2154	589		50085			3289	1933	金华
					924					兰溪
3899		3223	676		20506	104				义乌
1119		999	120		33348			560	9132	东阳
1162		939	223		29533	159				永康
1523	550	900	63		73797	659		6640	1553	衢州
354		246	85		28900	13		25000		江山
802		531	250		38624	21		3317	4000	舟山
5810		3679	131		22983	3		2060	2185	台州
1152		750	402		33284		2052	23131		温岭
1144		946	198		3950	3		4080	356	临海
3680	2000	1400	280		73026			204		丽水
324		195	77		9875			234		龙泉
43699	**713**	**35620**	**1654**	**11**	**549480**	**3271**	**50627**	**113829**	**25878**	**安徽**
15732		14500	1232		3700			6024	973	合肥
4200		3500			262073		50627	46327		芜湖
2893		2893			35976	254			3455	蚌埠
3773					500	495				淮南
2496		2496						1533		马鞍山
2151		1988			6000	2436			699	淮北

3-1-4 续6

城　市 名　称 Name of Cities	合　计 Total	中央财政拨款 Central Financial Allocation	省级财政拨　款 Province Financial Allocation	合　计 Total	市财政专项拨款 City Maintenance and Construction Tax	城市维护建设税 Urban Maintenance and Construction Tax	城镇公用事业附加 Fees Added of Utilities	市政公用设施配套费 Fee for Expansion of Municipal Utilities Capacity
铜　陵	94791			86875	3319	18842	390	5850
安　庆	37176	1230		35946		10400	114	3121
桐　城	13401	400		13001		640		935
黄　山	27463	1267	34	25888	1518	2050	843	604
滁　州	11213	2250		8963	1804	2710	107	
天　长	11845	2772	1198	7875	1283	2380		1750
明　光	2933	300	900	1733	433	1276	24	
阜　阳	30878	180		29826	8215	6848	1056	1893
界　首	5461	2450	750	2235	197	615		470
宿　州	6180	380		5800		4032		376
巢　湖	77445	1359	440	75646	12099	1897	5	5457
六　安	44046	400	2000	41646	2978	2644	285	390
亳　州	10537	60	245	9962		1320		1850
池　州	41240	500		30307	1021	1899	200	3500
宣　城	107097	1000		105137	42610	1247		3977
宁　国	1680	400		1280		650		280
福　建	**1752645**	**10832**	**1359**	**1726000**	**774537**	**168968**	**32103**	**39169**
福　州	213884		769	206251	38962	60015	19207	
福　清	18783			18783	14562	3631		590
长　乐	18213			18213		3635		3028
厦　门	1059496	8932		1050564	694686	24000	6000	
莆　田	20332			19978	2073	2214	1245	3373
三　明	14197			7361		2912		930
永　安	4494		20	4474		2971	620	683
泉　州	5269			5269				
石　狮	12900			12900	7903	3897		
晋　江	53660			53660	10555	9665		2810
南　安	15586		15	15571	1896	5566	532	3470
漳　州	79528			79528		6858	1763	8865
龙　海	7580			7580	2168	1688		3569
南　平	42921			42921		3890	700	1629
邵　武	6480			6080		1540	550	650
武夷山	4635			4635	1032	375	548	
建　瓯	4989		10	4979		2098	192	243
建　阳	6144			6144		1063		
龙　岩	60368	500		59868		27328	500	5450
漳　平	15218	400	400	14418	700	630		240
宁　德	52637			52637		1466	246	1784
福　安	7001	800		6201		1870		1206
福　鼎	28330	200	145	27985		1656		649
江　西	**669621**	**15533**	**3536**	**601764**	**181323**	**61652**	**4089**	**20360**
南　昌	61808			60948	31479	6264		702
景德镇	7808	300		7508	1567	2218		323
乐　平	6762			6762	3670	1310		410
萍　乡	49580		300	39280	10120	6040	1400	2000

市财政资金 City Financial Fund									其他财政资金 Other	城市名称 Name of Cities
市政公用设施有偿使用费 Fee for Use of Municipal Utilities	过桥过路费 Tolls on Roads and Bridges	污水处理费 Wastewater Treatment Fee	垃圾处理费 Garbage Treatment Fee	排水设施有偿使用费 Fee for Drainage Facilities	土地出让转让收入 Land Transfer Fee	水资源费 Water Resource Fee	资产置换收入 Property Displace Fee	其他收入 Other Revenues		
1314		1267			980			56180	7916	铜陵
911		911			21400					安庆
					11426					桐城
871		801	55	11	19834	8		160	274	黄山
611		586	25		3717			14		滁州
480		300	180		1974	8				天长
										明光
2643		2643			9000			171	372	阜阳
245		245			708				26	界首
831		831			361			200		宿州
1056		1025	31		55062	70				巢湖
2742	713	1129	51		32607					六安
240		160	80		4000			2552	270	亳州
487		345			23200				10433	池州
23					56962			318	960	宣城
								350		宁国
224445	**186122**	**20840**	**5203**		**341204**	**605**	**309**	**144660**	**14454**	**福建**
15736		3456			72331				6864	福州
										福清
1251		1203	48		10000	190	109			长乐
184000	184000				16760			125118		厦门
535		535			10003	15		520	354	莆田
1114			1114		1825			580	6836	三明
							200			永安
5269		5097	172							泉州
1100			1100							石狮
3450		2762	688		26820			360		晋江
363		363			3744					南安
3349		2100	1249		58561	132				漳州
						32		123		龙海
2795	1771	874	150		33816	91				南平
330		330			2800			210	400	邵武
531	351	180			2149					武夷山
					2360	86				建瓯
					5081					建阳
2401		2300	101		11440			12749		龙岩
18			18		7800	30		5000		漳平
845		845			48296					宁德
365		365			2760					福安
993		430	563		24658	29				福鼎
32730	**5039**	**6481**	**1223**	**521**	**265074**	**379**		**36157**	**48788**	**江西**
16985			7					5518	860	南昌
					3400					景德镇
					1372					乐平
500		500			3800			15420	10000	萍乡

3-1-4 续 7

城市名称 Name of Cities	合计 Total	中央财政拨款 Central Financial Allocation	省级财政拨款 Province Financial Allocation	合计 Total	市财政专项拨款 City Maintenance and Construction Tax	城市维护建设税 Urban Maintenance and Construction Tax	城镇公用事业附加 Fees Added of Utilities	市政公用设施配套费 Fee for Expansion of Municipal Utilities Capacity
九　江	36263	367		35513	9518	6597	48	1507
瑞　昌	2043		33	2010		732		286
新　余	120172	350		119822	49439	8730	856	3717
鹰　潭	19030			19030		2564	219	507
贵　溪	21719			21719		3059		280
赣　州	81398	600	50	57144	34879	4954	974	2294
瑞　金	18109	2300	1200	14609	3200	54	10	800
南　康	12733			12733		5056		388
吉　安	41835	2040		39795	330	3670		2500
井冈山	709			709	200	150		359
宜　春	22751	400		22351	6478	1205		2500
丰　城	53213			53213	22532	4056		316
樟　树	22466		1938	20528	1911			14
高　安	12019			12019		1492		807
抚　州	58297	9176	15	46406	4321	1542	360	530
上　饶	13826			3320	1679	701	222	
德　兴	7080			6345		1258		120
山　东	**5193940**	**11931**	**15170**	**5097088**	**1234255**	**636539**	**76225**	**346298**
济　南	710021		175	699746	380980	69164	11656	
章　丘	159677	400	30	157272	136503	6500	1279	7650
青　岛	1841503	700		1839071	80357	100765	2173	138719
胶　州	49014			49014	16000	5409		4015
即　墨	59738			59738		7052	1544	8264
平　度	10993			10993		3629	753	2608
胶　南	127749			121396	11824	7352	1289	9150
莱　西	19138			19138	3818	2115	900	2924
淄　博	137412	1000	245	136167	31574	39996	9120	11506
枣　庄	97196	2700	2841	90345	36386	11615	2897	8468
滕　州	25569			25569		15185	1017	4060
东　营	178706		65	178641	430	84760	1832	12282
烟　台	308936		100	308836	100212	26853	3576	17161
龙　口	30747			29760		13099	972	5654
莱　阳	11584			11584	4461	3362		730
莱　州	8978			8978		1758		6864
蓬　莱	14354			13060	2756	3393	851	
招　远	22176	300		21876	7079	3358	2113	2300
栖　霞	5978			5978		2489	1334	
海　阳	26211			20611		3194		5355
潍　坊	90609			90609	54068	17962	2416	9486
青　州	28569			28399	23464	1600		857
诸　城	10361			10361		7185		1212
寿　光	26183			26183	18656	4028		860
安　丘	12689			12689	453	2983	400	2537
高　密	23184		58	23126	3738	6254	1743	2362
昌　邑	12331			12331	5825	642		428

市财政资金 City Financial Fund									其他财政资金 Other	城市名称 Name of Cities
市政公用设施有偿使用费 Fee for Use of Municipal Utilities	过桥过路费 Tolls on Roads and Bridges	污水处理费 Wastewater Treatment Fee	垃圾处理费 Garbage Treatment Fee	排水设施有偿使用费 Fee for Drainage Facilities	土地出让转让收入 Land Transfer Fee	水资源费 Water Resource Fee	资产置换收入 Property Displace Fee	其他收入 Other Revenues		
1804		1780		4	10053			5986	383	九江
					980	10		2		瑞昌
4518	3183	791	223	321	50617	134		1811		新余
109		19	30	60	15631					鹰潭
40				40	18300	40				贵溪
3300		1050	150		10713	30			23604	赣州
520	420	15	55	30	10000	25				瑞金
67			67		7214	8				南康
175		175			33120					吉安
										井冈山
653		503	150		10551			964		宜春
150					26000	112		47		丰城
644	24	600		20	15900			2059		樟树
1575	1412	105	32	26	8125	20				高安
972		463	509		34331			4350	2700	抚州
718		480							10506	上饶
					4967				735	德兴
114215	**300**	**93313**	**19292**	**605**	**2547352**	**29829**	**11733**	**100642**	**69751**	**山东**
14946		10403	4543		223000				10100	济南
850		500	350		1500	390		2600	1975	章丘
29068		24661	4407		1472453	494	6714	8328	1732	青岛
1263		1053	210		21715	612				胶州
978		978			40000	1900				即墨
860		854	6		2471	670		2		平度
138		138			90480	868		295	6353	胶南
674		600	74		2086	700		5921		莱西
11468		10718	730	20	28351	3742		410		淄博
5534	300	3538	1161	405	12175	860		12410	1310	枣庄
1376		1376			2302	1629				滕州
1557		1557			74780			3000		东营
5054		4897	157		149356	3265	3287	72		烟台
284		140	144		9000	751			987	龙口
643		322	321		2388					莱阳
356		310	46							莱州
191		191			501	108		5260	1294	蓬莱
402		366	36		4500	1990		134		招远
130		130			1950	75				栖霞
513		378	135		11518	31			5600	海阳
280		231	49		6330	65	2			潍坊
1966		1220	746			381		131	170	青州
1424		1364	60			540				诸城
2639		2600	39							寿光
935		732	203		4882	499				安丘
1871		1714	157		6558	600				高密
498		403	95			740		4198		昌邑

3-1-4 续 8

城市名称 Name of Cities	合计 Total	中央财政拨款 Central Financial Allocation	省级财政拨款 Province Financial Allocation	合计 Total	市财政专项拨款 City Maintenance and Construction Tax	城市维护建设税 Urban Maintenance and Construction Tax	城镇公用事业附加 Fees Added of Utilities	市政公用设施配套费 Fee for Expansion of Municipal Utilities Capacity
济宁	76359		40	75424	49065	16493	3415	1318
曲阜	4060			4060		1950		860
兖州	27853			12343	5433	5510	650	300
邹城	11905			11905	9725	1200		
泰安	90089	2320	280	87489	5	12180	1800	10444
新泰	31839	1594	190	30055		8572	2094	
肥城	27923	619	100	27204		7818	884	2951
威海	119805	898	45	118862	47019	28346	2915	3864
文登	61153			61153	21726	8421	716	4454
荣成	74380		100	67960	34403	13668	1100	8282
乳山	28457	500	125	27832	4600	3310	616	2742
日照	125335			124226	68480	7924	2976	28123
莱芜	43358		2103	41255	15906	15160	3000	2379
临沂	146551		309	144168	42351	19952	1569	2487
德州	24905			24905	6908	12402		2896
乐陵	10110			8510	4000	900	260	120
禹城	3880			3880	1750	1620	230	
聊城	29005	900	245	27860	2000	4191	1629	4373
临清	25320		5100	12114	2300	1800	2670	610
滨州	148999		85	144298		10920	1836	1446
菏泽	33048		2934	30114		2500		3197
河南	**1242803**	**3081**	**9674**	**903120**	**129680**	**219930**	**39071**	**61466**
郑州	503657		52	288982	1642	52682	4500	42896
巩义	34333		5115	29218		6611	3923	
荥阳	17721			17721	3570	1961	361	460
新密	10341		100	10241	2120	4860	680	682
新郑	105166			38525		8891	265	569
登封	15965			15965	2855	2228	409	1395
开封	42929		956	26529		4108	342	346
洛阳	35780			35780	4193	3274	5595	201
偃师	5135			5135		4540	100	
平顶山	23328			23328		15521	1700	800
舞钢	8057			8057	1503	5236	560	468
汝州	4231			4231		3762	169	
安阳	33100			33100	20300			
林州	2450		650	1800	1800			
鹤壁	43426	300	2041	41085	6407	1580	1715	
新乡	23857	1781	300	21776		3622	2443	3187
卫辉	5720			5720		972	105	
辉县	7225			7225	4764	1738	167	152
焦作	30360			30360		11636	2943	
沁阳	9025		285	8740	507	7781		132
孟州	6625			6625	3000	3200	100	95
濮阳	18000			18000	3000	8000	4500	
许昌	15070			15070	4000	7800	300	1000

市财政资金 City Financial Fund									其他财政资金 Other	城市名称 Name of Cities
市政公用设施有偿使用费					土地出让转让收入 Land Transfer Fee	水资源费 Water Resource Fee	资产置换收入 Property Displace Fee	其他收入 Other Revenues		
Fee for Use of Municipal Utilities	过桥过路费 Tolls on Roads and Bridges	污水处理费 Wastewater Treatment Fee	垃圾处理费 Garbage Treatment Fee	排水设施有偿使用费 Fee for Drainage Facilities						
2988		2984						2145	895	济宁
390		390						860		曲阜
450		450							15510	兖州
980		980								邹城
2815		2038	777		58473	1772				泰安
					18717	672				新泰
1068		966	102		12978	1505				肥城
3029		2802			31958	1483		248		威海
448		448			25245	143				文登
1046		501	545		9230	100		131	6320	荣成
639		469	170		15736	189				乳山
3365		1665	1700		13358				1109	日照
680		486	194		2468	1610	52			莱芜
2607		1422	1185		27277	125		47800	2074	临沂
2399		1949	450			300				德州
230		30	100	100				3000	1600	乐陵
280		100	100	80						禹城
1359		1189	170		14169	139				聊城
					830	330	1678	1896	8106	临清
2914		2440	130		124830	551		1801	4616	滨州
630		630			23787					菏泽
71432	**543**	**30236**	**4394**	**113**	**293473**	**25979**	**17785**	**44304**	**326928**	**河南**
39246		3857			127175	2512		18329	214623	郑州
504		429	75		18000	180				巩义
333		268	65		10931	105				荥阳
						1393		506		新密
502		332	170		19480	907		7911	66641	新郑
247		247			7986	728		117		登封
1343		1343			19400		990		15444	开封
176		9	167			17285		5056		洛阳
387		267	120			108				偃师
5307		5307								平顶山
290		271	19							舞钢
300		180	120							汝州
							12800			安阳
										林州
1642	543	1099			25746		3995			鹤壁
4037		3679	358		4295			4192		新乡
120		120			4481			42		卫辉
404			404							辉县
2060		2060			12766	955				焦作
320		320								沁阳
230		230								孟州
500		500			2000					濮阳
810		490	320		1000	160				许昌

城市名称 Name of Cities	合计 Total	中央财政拨款 Central Financial Allocation	省级财政拨款 Province Financial Allocation	合计 Total	市财政专项拨款 City Maintenance and Construction Tax	城市维护建设税 Urban Maintenance and Construction Tax	城镇公用事业附加 Fees Added of Utilities	市政公用设施配套费 Fee for Expansion of Municipal Utilities Capacity
禹州	20326			20326		4469	346	460
长葛	6282			6282		2700	1590	343
漯河	21463			21463	6985	6991	1130	
三门峡	10609			10609	5275	4375	399	
义马	7230			7230	2743	1730	82	85
灵宝	6240			6240	4960	516	328	
南阳	48399			48267	25072	14029	150	4627
邓州	5611		175	5045		850	160	175
商丘	16270			16270	6300	2600	750	1020
永城	14922			14322	6713	6854	200	100
信阳	8553			8553	4537	110	128	980
周口	31811			2714	534	1200	380	
项城	4434			4434	2183	1028	260	
驻马店	26798			26798		7734	1091	1196
济源	12354	1000		11354	4717	4741	1200	97
湖北	**808691**	**2743**	**1639**	**740522**	**74047**	**232931**	**18653**	**53752**
武汉	310000			310000		140000	10000	10000
黄石	70376			43255	11582	257		
大冶	6841			6841		4805	458	837
十堰	20180		10	20170		6900	1505	874
丹江口	5619	280	50	5289		2990	721	58
宜昌	55281		25	55256		12121	210	7518
宜都	5264			5264	2200	2038	938	7
当阳	5440			4510	1800	350		560
枝江	4010			4010		2046	279	350
襄樊	40731			40731	6000	24005	1200	7000
老河口	7545			5660	1550	960	180	
枣阳	6154			6154		1405		1300
宜城	6832			6832	2647	860		290
鄂州	35600		366	35234	12434	7521	475	1037
荆门	15855		350	14105		4889	156	980
钟祥	7926			7926	761	669		
孝感	11200			11000	1200	2300		4000
应城	1820			1670	800	500		210
安陆	1680			1560	500	450		490
汉川	2200			2000	900	350	250	300
荆州	17778			17778	500	1000	200	2918
石首	8300			7300	4500	391		470
洪湖	6538			6538		530	110	760
松滋	2891		77	2660	16	500		700
黄冈	7137	940		6197		1000	455	2351
麻城	3757	363	18	3376	500	460	150	230
武穴	2818			2818	570	1025		240
咸宁	29899			13597		1000	40	1000
赤壁	11095		300	5729	1800	600	104	600

市财政资金 City Financial Fund										其他财政资金 Other	城市名称 Name of Cities
市政公用设施有偿使用费 Fee for Use of Municipal Utilities	过桥过路费 Tolls on Roads and Bridges	污水处理费 Wastewater Treatment Fee	垃圾处理费 Garbage Treatment Fee	排水设施有偿使用费 Fee for Drainage Facilities	土地出让转让收入 Land Transfer Fee	水资源费 Water Resource Fee	资产置换收入 Property Displace Fee	其他收入 Other Revenues			
627		429	198		14288	136					禹州
298		190	33	75	1351						长葛
1006		780	226		1300	235		3816			漯河
560		560									三门峡
65		35	30		610	120		1795			义马
345		307		38				91			灵宝
2508		1478	296		700	952		229		132	南阳
180		120	60		3600	80				391	邓州
800		600	200		3200			1600			商丘
415		200	215			40				600	永城
2798		1748	1050								信阳
600		600								29097	周口
343		212	108					620			项城
1530		1530			15164	83					驻马店
599		439	160								济源
38986	**5445**	**25791**	**4204**	**721**	**254469**	**838**	**822**	**66024**		**63787**	**湖北**
10000		10000			140000						武汉
1948		1935	13		19354			10114		27121	黄石
230				230	287	224					大冶
820		820			7530	241	147	2153			十堰
140			134	6	1100			280			丹江口
5383	2320	2123	940		13000			17024			宜昌
						81					宜都
100				100	800			900		930	当阳
85			85		1250						枝江
2526		2296	230								襄樊
240	160	50	30		2500	50		180		1885	老河口
					3400			49			枣阳
41			41		2966	22		6			宜城
530		530			3700			9537			鄂州
1340		1310		30	3180			3560		1400	荆门
276		156	120		6220						钟祥
500		100	200	80	3000					200	孝感
160				30						150	应城
120				60						120	安陆
200				100						200	汉川
2869		2869			300			9991			荆州
160	15		145					1779		1000	石首
627		627			3000		600	911			洪湖
274			251	23	300			870		154	松滋
422		422			1160			809			黄冈
46			30	16	520			1470			麻城
505		138	367		408	70					武穴
640		640			8000			2917		16302	咸宁
395		300	90	5		20	75	2135		5066	赤壁

3-1-4 续 10

城市名称 Name of Cities	合计 Total	中央财政拨款 Central Financial Allocation	省级财政拨款 Province Financial Allocation	合计 Total	市财政专项拨款 City Maintenance and Construction Tax	城市维护建设税 Urban Maintenance and Construction Tax	城镇公用事业附加 Fees Added of Utilities	市政公用设施配套费 Fee for Expansion of Municipal Utilities Capacity
随州	12300			12300		1000		
广水	7088		93	6995	510	1810	33	588
恩施	11635	610	50	10566	7587	737	324	650
利川	6916	550		6366		4488	105	420
仙桃	9160			9160	2500	800	760	700
潜江	39330			30480	11190	1174		6314
天门	11495		300	11195	2000	1000		
湖南	**1117757**	**25783**	**15523**	**1012301**	**67607**	**256149**	**20222**	**177197**
长沙	329269		151	329118		88750		150000
浏阳	105829		6836	98993		9898		640
株洲	101729			101521	33931	8270	8013	5219
醴陵	27927			27927		3258	316	
湘潭	110262		262	54057	8920	7365	2984	2240
湘乡	3544	590	75	2879	60	1740	555	229
韶山	16353	9000	1800	2553	220	190	108	65
衡阳	9000			9000		1985		718
耒阳	10546			9392	800	6369		414
常宁	2990			2990	150	1035	57	98
邵阳	16989		1000	15989	244	3126	625	1031
武冈	2582			2582	500	514	250	128
岳阳	81167	500	200	80301	5000	16780	510	610
汨罗	3364			3364		2128	1221	
临湘	2604			2604	699	271	125	20
常德	76920		18	76902		70696	1062	1026
津市	1545			1517		1032	30	91
张家界	7349		85	7264	2467	468	93	90
益阳	27034			26227	532	677	670	8891
沅江	5755			5555	200	753		240
郴州	36193		147	36046	3100	11134	1108	3023
资兴	8003			8003	4786	2058	190	154
永州	46256	3	114	45920	5020	4000	550	380
怀化	12067			12067		2570	25	1026
洪江	4835			4835		534	60	30
娄底	24588	1300	40	23056	598	5412	1050	300
冷水江	3469			3469	80	1905	620	150
涟源	3730		15	3715	300	1000		70
吉首	35858	14390	4780	14455		2231		314
广东	**4492454**	**2145**	**18344**	**4398940**	**652325**	**430012**	**162895**	**230258**
广州	874574			874574	100000	71202	35296	136686
增城	94235			88235		8949	8900	
从化	76717			74858	4552	4084	1556	
韶关	32327			32327	3355	22566	2608	2800
乐昌	3458			3270	2163	955		152
南雄	3074			3074	50	698	112	56
深圳	295356			295356	192956			

市财政资金 City Financial Fund									其他财政资金 Other	城市名称 Name of Cities
市政公用设施有偿使用费 Fee for Use of Municipal Utilities	过桥过路费 Tolls on Roads and Bridges	污水处理费 Wastewater Treatment Fee	垃圾处理费 Garbage Treatment Fee	排水设施有偿使用费 Fee for Drainage Facilities	土地出让转让收入 Land Transfer Fee	水资源费 Water Resource Fee	资产置换收入 Property Displace Fee	其他收入 Other Revenues		
4800	2950	520	670		6500					随州
87		46		41	3967					广水
1214		455	758			54			409	恩施
60		60			1227	66				利川
600					2600			1200		仙桃
1463		309			10200			139	8850	潜江
185		85	100		8000	10				天门
63899	**2671**	**24813**	**5493**	**30101**	**321858**	**2575**	**928**	**101866**	**64150**	**湖南**
7261		7261			83107					长沙
26287		360		25927	62168					浏阳
4613		4613			41093	382			208	株洲
310			310			40		24003		醴陵
5334		1250		4084	24081	208		2925	55943	湘潭
83		83			212					湘乡
420	310	40	70		1200	50		300	3000	韶山
					6297					衡阳
68				68	1591			150	1154	耒阳
					1650					常宁
1588		718	634		7930		52	1393		邵阳
					1100		90			武冈
2035		1320	700	15	5300	5		50061	166	岳阳
15	8			7						汨罗
430		330						1059		临湘
2798	517	1741	540		1320					常德
341		191	150		23				28	津市
494		494			3515	137				张家界
3151	600	1556	995		8667			3639	807	益阳
					1800	1000		1562	200	沅江
3408	1176	1700	507		13923	350				郴州
333		230	103		482					资兴
1155	60	400	300		31896	312	786	1821	219	永州
1250		920	330		5441	38		1717		怀化
91		91			120			4000		洪江
830		805	25		14853	13			192	娄底
179			179		125			410		冷水江
295			230		1850			200		涟源
1130		710	420		2114	40		8626	2233	吉首
543982	**190649**	**295080**	**36392**	**4346**	**2213409**	**14827**	**130**	**151102**	**73025**	**广东**
162057	96846	55506	9705		360000	9333				广州
5000		1000			60000	386		5000	6000	增城
1334		1155	179		53365	79		9888	1859	从化
998		800	198							韶关
									188	乐昌
116		116			2022	20				南雄
102000		102000				400				深圳

城市名称 Name of Cities	合计 Total	中央财政拨款 Central Financial Allocation	省级财政拨款 Province Financial Allocation	合计 Total	市财政专项拨款 City Maintenance and Construction Tax	城市维护建设税 Urban Maintenance and Construction Tax	城镇公用事业附加 Fees Added of Utilities	市政公用设施配套费 Fee for Expansion of Municipal Utilities Capacity
珠　海	765301		2130	763171	54135	28031	669	
汕　头	74696		445	72102	42822	22746		
佛　山	943226			888634	70041	61914	32423	15188
江　门	168843	900		167943	2524	7407	2552	10291
台　山	12675			12675		2866	860	
开　平	10300		500	9800	3712	3641	71	2062
鹤　山	15306		325	14981	9284	3514	120	1477
恩　平	2100		100	2000		1060		400
湛　江	52423			52423		9370	3100	5244
廉　江	2434			2434	805	1294		
雷　州	2306			2306		1267		312
吴　川	1384			1384		1024		
茂　名	48907			48907	760	34586	4895	6560
高　州	3336			3336		1496		895
化　州	1043			1043	134	583		326
信　宜	2960		150	2810	260	1500		380
肇　庆	45522	195	4140	34094	7608	5857	65	4903
高　要	6970			6970		1375		1186
四　会	2270			2270		2270		
惠　州	290804		70	290734	59461	3592	1455	11395
梅　州	5816			5712	2700	2195	192	
兴　宁	853			853	300			229
汕　尾	7665	1000		6665	6665			
陆　丰	1890			850		477		126
阳　江	5414	50		5364	1538			2080
阳　春	1792		5	1787	1121			484
清　远	11194			11194		4300	3260	3559
英　德	3160			3160				
连　州	4510			4510	2135	105	89	120
东　莞	282604			282604	38226	72482	48480	9849
中　山	209746			209746	17480	43801	14751	12800
潮　州	45958		4100	41858	9995	2805	1244	
揭　阳	12708			12708	12000			
普　宁	3619			3619	2512		197	645
云　浮	11067		6379	4688	3031			
罗　定	51911			51911				53
广　西	**1182438**	**24876**	**38121**	**1103017**	**161961**	**131030**	**10633**	**40970**
南　宁	738240	1940	26175	694752	81442	25153	7031	26278
柳　州	96524			96524		56309	1500	4300
桂　林	55122	100		54722	28344	9900		2545
梧　州	17938	1142	20	16776	10208	2224		49
岑　溪	8881			8881	875	626	130	310
北　海	13269		25	13220	1150	1785		48
防城港	13548			13548	7136	2569		
东　兴	12076	280	709	11087	7885	1132		794

市财政资金 City Financial Fund									其他财政资金 Other	城市名称 Name of Cities
市政公用设施有偿使用费 Fee for Use of Municipal Utilities	过桥过路费 Tolls on Roads and Bridges	污水处理费 Wastewater Treatment Fee	垃圾处理费 Garbage Treatment Fee	排水设施有偿使用费 Fee for Drainage Facilities	土地出让转让收入 Land Transfer Fee	水资源费 Water Resource Fee	资产置换收入 Property Displace Fee	其他收入 Other Revenues		
35618	26653	7740	1225		622077	763		21878		珠海
6134		6032	102					400	2149	汕头
38756	4872	22271	11613		639336	2168		28808	54592	佛山
34538	12482	9071	1896	494	110353	234		44		江门
913		696	217					8036		台山
265			265			49				开平
585		405	180			1				鹤山
450	230	220				90				恩平
12278	3432	4500	619	3727	21825	283		323		湛江
280		280			38			17		廉江
398		105	22		137			192		雷州
54		54			99			207		吴川
1910	40	1546	269	35	160			36		茂名
254		192	62		691					高州
										化州
350		250	100		120			200		信宜
3012		1362	1650		5702	28		6919	7093	肇庆
452		176	276		3586	16		355		高要
										四会
2751		900	1851		191427			20653		惠州
					625				104	梅州
								324		兴宁
										汕尾
125								122	1040	陆丰
1186		344	842					560		阳江
								182		阳春
						75				清远
2727	2727				400			33		英德
831	235	275	321		620	135		475		连州
71816	3824	67992			41751					东莞
45799	37808	4549	3442		74502	613				中山
5248		4135	558		21851	74		641		潮州
708		708								揭阳
					265					普宁
					1657					云浮
5039	1500	700	800	90	800	80	130	45809		罗定
37047	**11895**	**19338**	**5153**	**8**	**307027**	**455**	**66**	**413828**	**16424**	广西
2677	1849	249	579		162596	56		389519	15373	南宁
12415	7800	4615			12000			10000		柳州
12968		10968	2000					965	300	桂林
1687		400	1287					2608		梧州
2102	2100			2	4684	13		141		岑溪
1499		1174	325		1488			7250	24	北海
6				6	2547			1290		防城港
40		28	12		1031	27	66	112		东兴

城市名称 Name of Cities	合计 Total	中央财政拨款 Central Financial Allocation	省级财政拨款 Province Financial Allocation	合计 Total	市财政专项拨款 City Maintenance and Construction Tax	城市维护建设税 Urban Maintenance and Construction Tax	城镇公用事业附加 Fees Added of Utilities	市政公用设施配套费 Fee for Expansion of Municipal Utilities Capacity
钦　州	29684		5608	24076		2962	311	1917
贵　港	21465	4681	2700	14084	2618	2349	418	478
桂　平	2678			2678	85	780	125	350
玉　林	86358	12906	1121	72331		5321	397	1433
北　流	12042		1048	10994	8422	1221	186	304
百　色	5482	1000	173	4279		3409	108	416
贺　州	2973		304	2669	1680	80	145	180
河　池	19493			18872	1069	1983		493
宜　州	9114			9114	2557	1050		359
来　宾	11782			11782	863	10637	282	
合　山	987			987	858	61		68
崇　左	14552	1000		13552		665		365
凭　祥	10230	1827	238	8089	6769	814		283
海　南	**224619**	**5507**	**555**	**211570**	**26675**	**36100**	**7562**	**21740**
海　口	167357	2877	255	164225	23611	26772		13363
三　亚	21522			21522		5426	7384	7836
五指山	4986	800		4186		145		160
琼　海	21916	830		14099		1132		
儋　州	3101		300	2801	813	1316		
万　宁	1915			1915	922	299	178	364
东　方	3822	1000		2822	1329	1010		17
重　庆	**1490981**	**58454**	**375356**	**964112**	**211520**	**79867**	**4253**	**115290**
四　川	**1519238**	**10956**	**3697**	**1482409**	**374719**	**200902**	**39957**	**169319**
成　都	1001482		3	997393	212527	107034	24967	95780
都江堰	7191			7191	3351	1129		1806
彭　州	3378			3378	993	185	220	716
邛　崃	1617			1617			617	1000
崇　州	6097	1200		4897		1162	330	1559
自　贡	20012	250	72	19690		6676	1746	5500
攀枝花	24804	1330	20	21813	11193	7659	1051	476
泸　州	12722			12602	3799	4153		1600
德　阳	44322			40822	16956	7039	700	7500
广　汉	8221			8221	1348	2825	317	1390
什　邡	5320	1900		3420		1927		960
绵　竹	11129	759		10370	6980	1020	1900	470
绵　阳	32005	1610	10	30318	10571	6180	15	8561
江　油	5135	1000	50	4085	1746	1480	669	160
广　元	20670	60	75	20535	1612	780	317	2113
遂　宁	28610		132	22254	7380	700	300	4927
内　江	9634	1214		7320	880	3450	360	2630
乐　山	33352		320	32171	13113	7788	1784	6258
峨眉山	15256	295		14961	211	3848	576	1180
南　充	24000	160	2480	21360	10570	1650	360	2650
阆　中	12680		510	12170	8760	410	200	1500
眉　山	19415	200		19215		1600	232	4040

市财政资金 City Financial Fund									其他财政资金 Other	城市名称 Name of Cities
市政公用设施有偿使用费 Fee for Use of Municipal Utilities	过桥过路费 Tolls on Roads and Bridges	污水处理费 Wastewater Treatment Fee	垃圾处理费 Garbage Treatment Fee	排水设施有偿使用费 Fee for Drainage Facilities	土地出让转让收入 Land Transfer Fee	水资源费 Water Resource Fee	资产置换收入 Property Displace Fee	其他收入 Other Revenues		
817		501	316		18069					钦州
312		246	44		7243	67		599		贵港
223			223					1115		桂平
940		842	98		64215	25				玉林
					818	43				北流
					346				30	百色
584		315	269							贺州
					15000	102		225	621	河池
631					4483	30		4		宜州
										来宾
										合山
					12458	64				崇左
146	146				49	28			76	凭祥
15313		**5161**	**4567**	**814**	**69146**	**224**	**18088**	**16722**	**6987**	**海南**
13100		4594	3735		66334	224	18088	2733		海口
876		556	320							三亚
860			60	800	2738			283		五指山
								12967	6987	琼海
399		11	388					273		儋州
78			64	14	74					万宁
								466		东方
10399	**552**	**6345**	**2697**	**297**	**537461**	**470**	**1060**	**3792**	**93059**	**重庆**
109360	**24312**	**37606**	**11030**	**242**	**479077**	**729**	**100**	**108246**	**22176**	**四川**
90279	24221	29012	5653		410704	729		55373	4086	成都
					905					都江堰
								1264		彭州
										邛崃
573			573		1255			18		崇州
2468		1409	819	240	3300					自贡
915		915			374			145	1641	攀枝花
2910			159					140	120	泸州
1443		1200	243		1477			5707	3500	德阳
2				2	2017			322		广汉
157		157			283			93		什邡
										绵竹
1015			970		3523			453	67	绵阳
					30					江油
358			358		15300			55		广元
1349		540	776		7395			203	6224	遂宁
		1038							1100	内江
1227		703	508		1996			5	861	乐山
146		50	96		9000					峨眉山
530		230	300		5500		100			南充
1300			130							阆中
					13343					眉山

3-1-4 续 13

城市名称 Name of Cities	合计 Total	中央财政拨款 Central Financial Allocation	省级财政拨款 Province Financial Allocation	合计 Total	市财政专项拨款 City Maintenance and Construction Tax	城市维护建设税 Urban Maintenance and Construction Tax	城镇公用事业附加 Fees Added of Utilities	市政公用设施配套费 Fee for Expansion of Municipal Utilities Capacity
宜宾	105219			105219	37916	19526	900	3474
广安	25519	778		24741	14036	2000		8305
华蓥	1824			1824		864	150	471
达州	20105	200	25	19880	7683	4187	2067	2099
万源	448			448	235	93	120	
雅安	1820			1820		1200		620
巴中	2324			2324		206	59	
资阳	5617			5617	1130	2460		1574
简阳	200			200				
西昌	9110			4533	1729	1671		
贵州	**123287**	**1215**	**700**	**107172**	**38178**	**18416**	**1511**	**5551**
贵阳	28046			19767	13065	2764	42	2067
清镇	4111			4111		2724	1	278
六盘水	5603			5603	5603			
遵义	2948			2948	2741			
赤水	201			201			201	
仁怀	49			49	49			
安顺	25689	400	30	20234	8839	5355		153
铜仁	3263			2367	969	843		555
兴义	14963		660	14303	1647	3932		199
毕节	28512	735		27777	327	1000	400	1700
凯里	3460		10	3450	2492	52	200	
都匀	6326	80		6246	2446	1746	667	599
福泉	116			116				
云南	**773459**	**7226**	**6681**	**748301**	**96753**	**84879**	**362**	**15055**
昆明	519619			514967	15667	38787		10231
安宁	21550			21550		2894		
曲靖	35163			35163	23569	5771		1116
宣威	5199			5199		2300		70
玉溪	18408			18408	11325	3444		
保山	1643			1643	550	300	50	50
昭通	6872			6872	6083			
丽江	12350	800	200	11350	9728	700	7	5
普洱	527			527	527			
临沧	6430		30	6400	3200	2470	250	200
楚雄	40098	601	2394	33773		9548		
个旧	8636	927	219	7490		5940	55	891
开远	7971	800		4685	4685			
景洪	5402			4682		1472		727
大理	63362	2170	3565	57627	8764	9163		1215
瑞丽	14394	1928	273	12193	10896	1297		
潞西	5835			5772	1759	793		550
西藏	**6662**			**6662**	**6291**			
拉萨	5188			5188	4817			
日喀则	1474			1474	1474			

市财政资金 City Financial Fund									其他财政资金 Other	城市名称 Name of Cities
市政公用设施有偿使用费 Fee for Use of Municipal Utilities	过桥过路费 Tolls on Roads and Bridges	污水处理费 Wastewater Treatment Fee	垃圾处理费 Garbage Treatment Fee	排水设施有偿使用费 Fee for Drainage Facilities	土地出让转让收入 Land Transfer Fee	水资源费 Water Resource Fee	资产置换收入 Property Displace Fee	其他收入 Other Revenues		
								43403		宜宾
400										广安
139	91		48		200					华蓥
1744		1744			1533			567		达州
										万源
										雅安
1337					668			54		巴中
200			200		253					资阳
								200		简阳
868		608	197		21			244	4577	西昌
848			**826**		**38598**	**478**		**3592**	**14200**	**贵州**
								1829	8279	贵阳
					979	129				六盘水
								207		遵义
										赤水
										仁怀
362			362		4596	6		923	5025	安顺
									896	铜仁
					7839	253		433		兴义
250			250		24100					毕节
120			120		386			200		凯里
					698	90				都匀
116			94							福泉
7295	**235**	**4703**	**2090**	**85**	**516578**	**5921**		**21458**	**11251**	**云南**
					445303	4979			4652	昆明
					18656					安宁
2110		1520	590			121		2476		曲靖
240		180	60		2369	220				宣威
182					3446	11				玉溪
320	235	12	73		305	68				保山
309			309					480		昭通
330		130	150	50	580					丽江
										普洱
55			20	35	200	25				临沧
925		654	271		23300				3330	楚雄
503		438	65		13	88				个旧
									2486	开远
1097		545	552		1386				720	景洪
1105		1105			19089	409		17882		大理
										瑞丽
119		119			1931			620	63	潞西
								371		**西藏**
								371		拉萨
										日喀则

3-1-4 续 14

城市名称 Name of Cities	合计 Total	中央财政拨款 Central Financial Allocation	省级财政拨款 Province Financial Allocation	合计 Total	市财政专项拨款 City Maintenance and Construction Tax	城市维护建设税 Urban Maintenance and Construction Tax	城镇公用事业附加 Fees Added of Utilities	市政公用设施配套费 Fee for Expansion of Municipal Utilities Capacity
陕西	**1177797**	**14803**	**31605**	**873615**	**379745**	**99486**	**13640**	**125515**
西安	721723	1441	23877	439583	98886	72503	10438	113367
铜川	11119	1223	268	9628	3899	4152	387	165
宝鸡	84723	7000	4000	73723	1800	12365	837	3620
咸阳	40794	1300	1800	37694	13164	3000	718	6231
兴平	7456		600	5904	1600	600	400	400
渭南	11170			11170	6912	1837		
韩城	2848			2848		1834	360	654
华阴	6676	450	860	5366	5306	60		
延安	550			550	550			
延安	10983	3389		7594	6949			
汉中	9860		200	9660	6354			
榆林	232403			232403	232325			78
安康	1850			1850		1850		
商洛	35642			35642	2000	1285	500	1000
甘肃	**286072**	**1438**	**46986**	**237133**	**17836**	**66895**	**2570**	**9470**
兰州	144957		10281	134676		33391	2290	5090
嘉峪关	13841			13841	2000	11088		100
金昌	16863		1250	15613		15500		31
白银	5032		65	4967	879	3073	170	290
天水	22740		30	22710	7479			408
武威	2803		65	2738	599	710		607
张掖	4223			4123	4123			
平凉	150			150	150			
酒泉	2331		180	1801	428	545		715
玉门	2948			2948		416		37
敦煌	2962		710	2252	58	576		
庆阳	20647		150	20432	300	656	110	886
定西	1220		240	980		200		780
陇南	2818	1438	900	480				280
临夏	40369		33115	7254		452		186
合作	2168			2168	1820	288		60

市财政资金 City Financial Fund									其他财政资金 Other	城市名称 Name of Cities
市政公用设施有偿使用费 Fee for Use of Municipal Utilities	过桥过路费 Tolls on Roads and Bridges	污水处理费 Wastewater Treatment Fee	垃圾处理费 Garbage Treatment Fee	排水设施有偿使用费 Fee for Drainage Facilities	土地出让转让收入 Land Transfer Fee	水资源费 Water Resource Fee	资产置换收入 Property Displace Fee	其他收入 Other Revenues		
28649	**1985**	**22418**	**3691**	**15**	**104075**	**848**	**5120**	**116537**	**257774**	**陕西**
20940		17879	2671		79831			43618	256822	西安
389		389						636		铜川
4250	1985	1300	950	15	5200	180	5120	40351		宝鸡
1205		1205			11840	568		968		咸阳
150					500	100		2154	952	兴平
800		800			1200			421		渭南
										韩城
										华阴
										延安
645		645								延安
					2104			1202		汉中
										榆林
										安康
270		200	70		3400			27187		商洛
7505	**1862**	**4992**	**651**		**120491**	**597**	**455**	**11314**	**515**	**甘肃**
3586		3586			89974		345			兰州
393		142	251			260				嘉峪关
82		82								金昌
80		80			475					白银
2012	1512	500			12723	88				天水
822		522	300							武威
									100	张掖
										平凉
								113	350	酒泉
								2495		玉门
					1369	249				敦煌
480	350	30	100		15800			2200	65	庆阳
										定西
50		50			150					陇南
							110	6506		临夏
										合作

3-1-4 续 15

城市名称 Name of Cities	合计 Total	中央财政拨款 Central Financial Allocation	省级财政拨款 Province Financial Allocation	合计 Total	市财政专项拨款 City Maintenance and Construction Tax	城市维护建设税 Urban Maintenance and Construction Tax	城镇公用事业附加 Fees Added of Utilities	市政公用设施配套费 Fee for Expansion of Municipal Utilities Capacity
青海	**91923**	**16978**	**30432**	**44513**	**1237**	**17946**	**1259**	**6219**
西宁	74630	4348	29782	40500		16000	1259	6207
格尔木	16327	12630	650	3047	342	1946		
德令哈	966			966	895			12
宁夏	**110757**	**3520**	**4610**	**96759**	**27354**	**12099**	**13262**	**2845**
银川	51742	1290	4000	43000	20044	678	7811	
灵武	8780	1000		7780	2378	3426	526	800
石嘴山	4648			3232	633	71	500	1905
吴忠	10005	360	90	9555	415	2149	420	
青铜峡	12785	870	520	11395	1720	4041	2005	140
固原	3164			2164	2164			
中卫	19633			19633		1734	2000	
新疆	**375595**	**9912**	**1652**	**355139**	**118431**	**119061**	**4190**	**17492**
乌鲁木齐	101452			98536	47028	27195	3000	8326
克拉玛依	82003			82003	7298	60643		800
吐鲁番	4402			4402	361	2402		44
哈密	7335	1200	177	5958	903	4366		11
昌吉	16513			16513	4869	962		898
阜康	16123			16123	15465			
博乐	5464	1380		2703		2643		
库尔勒	33856		150	33706	12395	5211		3295
阿克苏	22252			22252		1902	339	452
阿图什	722			722		237		105
喀什	13330		1285	8900	5465	1844		905
和田	4724	1325		1949	935	613		245
伊宁	14542	512		14030	2013	1924		208
奎屯	12141			12141	8320		133	409
乌苏	5074	370		4704	2310	395		
塔城	5903	1927		3976	2569	361		136
阿勒泰	4308	2428	40	1840	431	334	33	131
石河子	15626			15626	124	7548	620	1244
阿拉尔	3911			3911	3811	70		
图木舒克	551			551		65		283
五家渠	5363	770		4593	4134	346	65	

市政公用设施有偿使用费 Fee for Use of Municipal Utilities	过桥过路费 Tolls on Roads and Bridges	污水处理费 Wastewater Treatment Fee	垃圾处理费 Garbage Treatment Fee	排水设施有偿使用费 Fee for Drainage Facilities	土地出让转让收入 Land Transfer Fee	水资源费 Water Resource Fee	资产置换收入 Property Displace Fee	其他收入 Other Revenues	其他财政资金 Other	城市名称 Name of Cities
市财政资金 City Financial Fund										
7229	**1869**	**2945**	**1415**		**9292**	**1267**		**64**		**青海**
6917	1869	2708	1340		8992	1067		58		西宁
267		237	30		300	192				格尔木
45			45			8		6		德令哈
2253		**1966**	**200**		**36638**	**505**	**63**	**1740**	**5868**	**宁夏**
973		973			11858	413		1223	3452	银川
200		200						450		灵武
87					29			7	1416	石嘴山
608		408	200		5963					吴忠
385		385			2960	21	63	60		青铜峡
									1000	固原
					15828	71				中卫
18338	**8539**	**5173**	**3937**	**289**	**66545**	**1159**	**1040**	**8883**	**8892**	**新疆**
10144	8000	2144			2070	392		381	2916	乌鲁木齐
					10000	224		3038		克拉玛依
121	121						644	830		吐鲁番
617		360	257					61		哈密
1435	418		1017		7631	140		578		昌吉
					658					阜康
30		14	16		30				1381	博乐
1270		450	820		11090	49	396			库尔勒
					19559					阿克苏
197		142	55					183		阿图什
636			516	120		50			3145	喀什
156				156					1450	和田
1047		861	186		8759			79		伊宁
586		275	311		1278	169		1246		奎屯
497		52	45					1502		乌苏
208		72	136		286			416		塔城
369		155	214					542		阿勒泰
977		648	329		4951	135		27		石河子
					30					阿拉尔
					203					图木舒克
48			35	13						五家渠

3-2-1 全国历年城市维护建设资金支出(1978—2007)

指标 Item / 年份 Year	支出合计 Total	按用途分 By Purpose					
		固定资产投资支出 Expenditure From Investment in Fixed Assets	维护支出 Maintenance Expenditure	其他支出 Other Expenditures	供水 Water Supply	燃气 Gas Supply	集中供热 Central Heating
1978 年	163589	163589			38439		
1979 年	256895	114302	142593		49317		
1980 年	266451	112370	152991	1090	45258		
1981 年	325615	144837	180778		32932		
1982 年	369382	183897	172902	12583	50238		
1983 年	426986	185511	214709	26766	51642		
1984 年	462705	243479	219226		61886		
1985 年	1122714	721943	375563	25208	102424	86598	12157
1986 年	1343025	816154	431595	95276	139303	110697	17993
1987 年	1480706	895695	479768	105243	50997	99993	20339
1988 年	644695	246835	303420	94440	78875		
1989 年	737038	249516	361213	126309	99822		
1990 年	814901	269992	406025	138884	108132		
1991 年	2442190	1800536	446562	195092	265064	224584	
1992 年	3841602	2529896	1086759	224947	453996	261810	
1993 年	5573279	3757865	1550715	264699	613695	394564	
1994 年	6583051	4514337	1721457	347257	753151	376545	
1995 年	7578470	6056988	1092891	428591	839579	332546	
1996 年	8827009	6272955	2029361	524693	991630	405386	149145
1997 年	11229697	7832004	2149827	1247866	915220	477144	255485
1998 年	14374965	10927777	2354278	1092910	1250356	552624	406733
1999 年	16172386	12281137	2600945	1290304	1175347	485483	425240
2000 年	18960338	15400602	2699820	859916	1232155	620982	638120
2001 年	25372970	19207735	2367551	3797684	1530995	775355	789525
2002 年	31780253	24475402	3184473	4120378	1578903	844230	1137775
2003 年	42479605	32807384	3840924	5831298	1769459	1120184	1438295
2004 年	46617124	36924771	4662527	5029826	2013230	1237042	1538473
2005 年	52757240	40946915	5474379	6335946	2140834	1210925	1838492
2006 年	33494964	6950298	20005661	6888341	791690	344728	583932
2007 年	42473049	8689485	24649406	9134158	981690	409311	617348

注：1. 1978 至 1984，1988 至 1990 年供水支出为公用事业支出；1978 至 2000 年道路桥梁支出为市政工程支出，包含道路、

2. 自 2006 年起，城市维护建设资金支出仅包含财政性资金，不含社会融资。

Note：1. Data in the water supply column from 1978 to 1984 and from 1988 to 1990 reder to expenditure of public utilities；Data sewers.

2. From 2006，expenditure of Urban maintenance and construction fund includes the fund from fiscal buget，not including

3-2-1 Expenditure of Urban Maintenance and Construction Fund in Past Years(1978—2007)

计量单位：万元 Measurement Unit：10，000 RMB

按　行　业　分 By Industry

公共交通 Public Traffic	道路桥梁 Road and Bridge	排水 Sewerage	防洪 Flood Control	园林绿化 Landscaping	市容环境卫生 Environmental Sanitation	其他 Other
	48882			13904		
	67940			19337	26541	
	77891			24708	26093	1089
	65032			23311	31751	
	114715			30304	41112	12585
	121204			35445	44873	26766
	150554			44421	52459	−6799
56073	331930			85831	76250	25208
43281	408526	86533		93234	107719	95276
50997	481682	92141		98347	109356	105242
	214471			61143	89510	94440
	229082			66320	94189	126309
	256539			73356	114880	138884
69668	757003			186574	206776	195092
106503	1198511			245334	283664	224947
199547	2336633			311418	363825	264699
139599	2929744			402105	440382	347257
154127	3222256			523299	575786	428591
201337	3590192	393753.1		532873	616247	524693
285625	4664378	539944.6		675787	736913	1247866
509899	6263259	881923		1035178	990036	1092909
504331	7359954	985336.3		1315396	953377	1290304
1434521	8188958	1291761		1779059	1526633	859916
1901819	8640772	2181103	568835	1776331	932631	6275604
2714424	11081731	2670957	1394590	918210	2628912	6810521
2540364	17463295	3580353	1089181	3348090	1665167	8465217
2405912	19862495	3361557	1494379	953154	3619398	9000952
3467801	23719550	3555419	1786861	908127	4224763	9904468
1511917	13154564	2215124	448841	2967691	1746169	9730308
3394326	16951020	2972994	729391	3611468	2100669	10704832

桥梁、排水等。

in the bridge and road column reder to expenditure of municipal engineering construction projects，including roads，bridges and

society fund.

3-2-2 2007年全国城市维护建设资金(财政性资金)支出分组资料

地区名称 Name of Regions		合计 Total	按用途分 By Purpose 固定资产投资支出 Expenditure From Investment in Fixed Assets	维护支出 Maintenance Expenditure	其他支出 Other Expenditures	偿还贷款 Payment for Loans	供水 Water Supply	燃气 Gas Supply	集中供热 Central Heating
全国	**National Total**	**42473049**	**8689485**	**24649406**	**9134158**	**3610414**	**981690**	**409311**	**617348**
分类一	**Sort one**								
东部地区	East China	29456265	5866352	17409937	6179976	2899065	718477	296944	364471
中部地区	Central China	7239861	1510923	4460081	1268857	339990	136735	66301	193793
西部地区	West China	5776923	1312210	2779388	1685325	371359	126478	46066	59084
分类二	**Sort two**								
东部地区	East China	28272241	5734453	16729826	5807962	2838742	708578	294615	364471
中部地区	Central China	6627147	1356870	4086036	1184241	333942	126687	61301	113209
西部地区	West China	7573661	1598162	3833544	2141955	437730	146425	53395	139668
分类三	**Sort three**								
东部地区	East China	25968702	5379086	15142923	5446693	2669626	656145	255510	315050
中部地区	Central China	5551686	1075356	3522747	953583	267791	82379	50531	75172
西部地区	West China	7573661	1598162	3833544	2141955	437730	146425	53395	139668
东北地区	Northeast China	3379000	636881	2150192	591927	235267	96741	49875	87458

3-2-2 Expenditure of Urban Maintenance and Construction Fund (Fiscal Budget) (2007)

计量单位：万元　Measurement Unit：10，000 RMB

按行业分 By Industry									
公共交通 Public Traffic	道路桥梁 Road and Bridge	排水 Sewerage	污水处理 Wastewater Treatment	防洪 Flood Control	园林绿化 Landscaping	市容环境卫生 Environmental Sanitation	垃圾处理 Domestic Garbage Treatment	其他 Other Expenditures	地区名称 Name of Regions
3394326	**16951020**	**2972994**	**1274698**	**729391**	**3611468**	**2100669**	**515706**	**10704832**	**全　国**
									分类一
2801207	11308382	2053776	935716	585289	2463017	1371578	336272	7493124	东部地区
362538	3295054	439750	191626	88337	688961	431547	124942	1536845	中部地区
230581	2347584	479468	147356	55765	459490	297544	54492	1674863	西部地区
									分类二
2793590	10877831	1925762	906827	539830	2400586	1324587	326533	7042391	东部地区
347389	3039532	393360	186365	81510	576876	399276	121151	1488007	中部地区
253347	3033657	653872	181506	108051	634006	376806	68022	2174434	西部地区
									分类三
2576227	9715739	1851821	882069	520455	2157876	1250662	321459	6669217	东部地区
317635	2694052	300116	143039	67864	490959	302118	106248	1170860	中部地区
253347	3033657	653872	181506	108051	634006	376806	68022	2174434	西部地区
247117	1507572	167185	68084	33021	328627	171083	19977	690321	东北地区

3-2-3 2007 年全国城市维护建设资金（财政性资金）支出（按省分列）

地区名称 Name of Regions	合 计 Total	按用途分 By Purpose 固定资产投资支出 Expenditure From Investment in Fixed Assets	维护支出 Maintenance Expenditure	其他支出 Other Expenditures	偿还贷款 Payment for Loans	供 水 Water Supply	燃 气 Gas Supply	集中供热 Central Heating
全　国	**42473049**	**8689485**	**24649406**	**9134158**	**3610414**	**981690**	**409311**	**617348**
北　京	3161880	1409279	729924	1022677	75210	48089	46523	58093
天　津	678764	188793	443266	46705	29	5331	37841	96375
河　北	1436583	277383	923821	235379	153399	16011	19624	28970
山　西	785982	180517	272039	333426	26532	3626	7241	29672
内蒙古	612714	154053	374045	84616	6048	10048	5000	80584
辽　宁	2303539	355367	1586903	361269	169116	52433	39105	49421
吉　林	508260	140464	264652	103144	45569	22558	4494	15819
黑龙江	567201	141050	298637	127514	20582	21750	6276	22218
上　海	1710309	151660	338340	1220309	1220309	2000	1881	
江　苏	7041999	1078168	4451336	1512495	571523	97059	30073	2969
浙　江	3213995	534491	2260756	418748	293691	126892	15020	216
安　徽	1147359	197191	812696	137472	77847	15055	10456	800
福　建	1654489	142738	1460241	51510	36348	84551	25944	
江　西	610995	109525	446073	55397	1250	25892	3796	
山　东	3828986	710468	2578407	540111	139914	156343	64962	128427
河　南	1065960	265935	593286	206739	97386	8490	10876	44355
湖　北	800733	156358	578503	65872	23062	15539	10913	345
湖　南	1140657	165830	820150	154677	41714	13777	7249	
广　东	3116955	854046	1870889	392020	179203	115745	12933	
广　西	1184024	131899	680111	372014	60323	9899	2329	
海　南	124742	32060	85943	6739		4124	709	
重　庆	1484601	137341	863763	483497	77852	22741	120	800
四　川	1613789	336789	998035	278965	57731	19494	14456	800
贵　州	151694	32875	85124	33695	704	8022	80	
云　南	518129	57739	170667	289723	196088	8230	1622	
西　藏	6662	6553	109					
陕　西	1246968	495998	230566	520404	5000	34753	9924	27717
甘　肃	164618	61094	82707	20817	6587	9196	4525	12151
青　海	91923	21093	64962	5868	433	10600	5000	551
宁　夏	116626	50669	59508	6449	634	2625	1493	4519
新　疆	381913	112059	223947	45907	26330	10817	8846	12546

3-2-3 Expenditure of Urban Maintenance and Construction Fund (Fiscal Budget) by Province (2007)

计量单位：万元 Measurement Unit 10，000 RMB

按行业分 By Industry									地区名称
公共交通 Public Traffic	道路桥梁 Road and Bridge	排水 Sewerage	污水处理 Wastewater Treatment	防洪 Flood Control	园林绿化 Landscaping	市容环境卫生 Environmental Sanitation	垃圾处理 Domestic Garbage Treatment	其他 Other Expenditures	Name of Regions
3394326	**16951020**	**2972994**	**1274698**	**729391**	**3611468**	**2100669**	**515706**	**10704832**	**全国**
962596	479898	116418	99875	19810	39307	135314	43290	1255832	北京
164260	107120	59963	2510	7	108207	75507		24153	天津
23134	734195	106733	40596	26533	164587	56275	11896	260521	河北
32374	225449	15961	11235	5666	75407	38373	16147	352213	山西
15149	255522	46390	5261	6827	112085	32271	3791	48838	内蒙古
217363	1162092	73941	24758	19375	242710	73925	5074	373174	辽宁
9360	187472	56115	33130	7970	39848	39463	12582	125161	吉林
20394	158008	37129	10196	5676	46069	57695	2321	191986	黑龙江
79620	125052	77340	46448	1400	81607	60685	19702		上海
356849	3260951	445418	172968	95526	672049	288340	78693	1792765	江苏
335009	1472875	232287	89808	123678	226670	175851	56233	505497	浙江
9476	697843	65083	28591	18121	112590	56230	11411	161705	安徽
14081	1138983	64139	31420	13647	153630	63151	14122	96363	福建
5777	292652	43425	11648	10858	79739	40213	11707	108643	江西
58191	1496575	329755	150084	88824	552528	178805	38444	774576	山东
201534	313042	86801	54841	5258	107276	84994	37207	203334	河南
60317	375846	55470	18704	17449	58459	27965	10380	178430	湖北
8157	789220	33376	18020	10512	57488	54343	19396	166535	湖南
575356	881855	407323	247379	151030	132882	211024	57948	628807	广东
7617	430551	128014	28889	45459	62431	46991	9739	450733	广西
7131	18235	12445	981		26409	5710	1131	49979	海南
24884	760703	135266	83725	22990	62661	47733	18948	406703	重庆
72328	768013	196824	18242	11071	166777	106897	14568	257129	四川
10877	51704	3558	3558	4991	8847	6655	454	56960	贵州
63967	98035	22025	4047	1958	34287	27135	8644	260870	云南
170	1937				1938	1602	100	1015	西藏
48401	421936	76769	27887	3930	53389	55024	4846	515125	陕西
1163	41539	2385	82	2508	25683	3916	577	61552	甘肃
145	32067	12029	1230	7098	15442	8327	206	664	青海
1444	27347	10632	6057	164	21881	7694	1428	38827	宁夏
7202	144303	19980	2528	1055	68585	32561	4721	76018	新疆

3-2-4 2007年全国城市维护建设资金（财政性资金）支出（按城市分列）

城市名称 Name of Cities	合计 Total	按用途分 By Purpose 固定资产投资支出 Expenditure From Investment in Fixed Assets	维护支出 Maintenance Expenditure	其他支出 Other Expenditures	偿还贷款 Payment for Loans	供水 Water Supply	燃气 Gas Supply	集中供热 Central Heating
全　　国	**42473049**	**8689485**	**24649406**	**9134158**	**3610414**	**981690**	**409311**	**617348**
北　　京	**3161880**	**1409279**	**729924**	**1022677**	**75210**	**48089**	**46523**	**58093**
天　　津	**678764**	**188793**	**443266**	**46705**	**29**	**5331**	**37841**	**96375**
河　　北	**1436583**	**277383**	**923821**	**235379**	**153399**	**16011**	**19624**	**28970**
石 家 庄	248841	57222	88133	103486	92126	780		195
辛　　集	5815	2126	3689			179		
藁　　城	5091	1833	3258			350		478
晋　　州	1879	635	1244			92		76
新　　乐	4500	500	4000					
鹿　　泉	5018	800	4218			109		187
唐　　山	275161	50002	219186	5973		570		3589
遵　　化	33240	3370	29870			1200	2000	12000
迁　　安	36693	15334	2000	19359	19025	1100		3834
秦 皇 岛	219028	24147	194881			60	314	176
邯　　郸	60620	24920	24163	11537	165	50	10762	136
武　　安	16932	4212	12545	175		400	375	600
邢　　台	37107	15202	21905					
南　　宫	5043	861	4150	32		70		
沙　　河	13427	199	13228			315		
保　　定	88724	13833	3313	71578	35916	400	300	
涿　　州	10398	914	8174	1310	1200	1321	1113	
定　　州	6568	2716	3852			70		50
安　　国	9550	1960	7490	100				
高 碑 店	1321	850	300	171		100		
张 家 口	55286	17562	25710	12014		1660	1280	265
承　　德	35228	7946	21531	5751	3791	1582		1170
沧　　州	39517	11283	28234			3000	1000	1000
泊　　头	6135	820	5315			285		
任　　丘	8605	1537	7068			13		18
黄　　骅	15368	1686	13682					
河　　间	3478	1995	1402	81		320		
廊　　坊	93588	5892	87196	500				
霸　　州	35460	1467	33993			665	800	1000
三　　河	40902	1645	37257	2000		510	700	3200
衡　　水	8410	2555	4543	1312	1176			
冀　　州	7870	1020	6850			810	980	996
深　　州	1780	339	1441					
山　　西	**785982**	**180517**	**272039**	**333426**	**26532**	**3626**	**7241**	**29672**

3-2-4 Expenditure of Urban Maintenance and Construction Fund (Fiscal Budget) by City (2007)

计量单位：万元 Measurement Unit: 10，000 RMB

按行业分 By Industry									城市名称
公共交通 Public Traffic	道路桥梁 Road and Bridge	排水 Sewerage	污水处理 Wastewater Treatment	防洪 Flood Control	园林绿化 Landscaping	市容环境卫生 Environmental Sanitation	垃圾处理 Domestic Garbage Treatment	其他 Other Expenditures	Name of Cities
3394326	**6951020**	**2972994**	**1274698**	**729391**	**3611468**	**2100669**	**515706**	**10704832**	**全　国**
962596	**479898**	**116418**	**99875**	**19810**	**39307**	**135314**	**43290**	**1255832**	**北　京**
164260	**107120**	**59963**	**2510**	**7**	**108207**	**75507**		**24153**	**天　津**
23134	**734195**	**106733**	**40596**	**26533**	**164587**	**56275**	**11896**	**260521**	**河　北**
2500	65745	19840	4200	5000	33073	6676	1633	115032	石家庄
	2591	2010	1040		600	435	219		辛　集
	1510	1373	628		1200	180	180		藁　城
69	932	212			347	151			晋　州
	1720	750			1530			500	新　乐
	3438	167	127		685	332		100	鹿　泉
4934	172787	6247	3083	75	47939	7226		31794	唐　山
200	7800	1300		200	5700	900	300	1940	遵　化
	10562	1347		12140	1609	2382	1134	3719	迁　安
49	203484	7316	5086		3088	4541	632		秦皇岛
7937	17274	5784	5570	2	12972	4535	750	1168	邯　郸
648	6312	2846	1033		3800	51		1900	武　安
	31880				1427	3800			邢　台
	3073	1500	800		350	50			南　宫
	9287	1734	600	215	1506	370	21		沙　河
	3500	4172	2200		6591	2442	340	71319	保　定
	3635	1433	1000		1573	1083	561	240	涿　州
	3780	300		770	840	287	70	471	定　州
	7000	2000	300	50	220	280	31		安　国
	365	336			310	210			高碑店
2150	12164	8649	7970	5105	4854	5734	2557	13425	张家口
800	21672	680	600	600	1294	1653	80	5777	承　德
1000	15639	10669			3626	486		3097	沧　州
30	4100	490			620	100		510	泊　头
	4152	3336			718	368	30		任　丘
	7680	2434		60	4170	840	600	184	黄　骅
	2458	200			300	200			河　间
882	72976	3165	859		14413	1652	648	500	廊　坊
1135	14294	9700		1646	3734	2486	1000		霸　州
500	18130	4800	4600	500	4683	6010	1030	1869	三　河
	843			10	420	405		6732	衡　水
300	2114	1700	900	160	350	360	80	100	冀　州
	1298	243			45	50		144	深　州
32374	**225449**	**15961**	**11235**	**5666**	**75407**	**38373**	**16147**	**352213**	**山　西**

城市名称 Name of Cities	合计 Total	按用途分 By Purpose 固定资产投资支出 Expenditure From Investment in Fixed Assets	维护支出 Maintenance Expenditure	其他支出 Other Expenditures	偿还贷款 Paynent for Loans	供水 Water Supply	燃气 Gas Supply	集中供热 Central Heating
太　原	452235	60384	148101	243750	22505			6500
古　交	7605	5395	2210			75		350
大　同	78943	36313	37230	5400	2000	150	2000	11000
阳　泉	37528	5124	15612	16792	1577	1207	807	2334
长　治	21018	15541	2853	2624		648	574	350
潞　城	3588	2984		604				2670
晋　城	18287	10024	6423	1840				1552
高　平	12020	3263	8124	633		233		57
朔　州	4700	860	3000	840		420	300	200
晋　中	35210	3466	25000	6744				539
介　休	9881	1616	7473	792		20	60	
运　城	12135	2332		9803				
永　济	4863	1239	1466	2158		206		155
河　津	11790		11790			520	200	
忻　州	7206	6090		1116				726
原　平	1286	215	1071					
临　汾	26012	10000		16012			2800	130
侯　马	4408	3895		513	450	100		50
霍　州	2563	1500	500	563			500	500
吕　梁	8379	4016	1186	3177		47		2559
孝　义	22610	2545		20065				
汾　阳	3715	3715						
内蒙古	**612714**	**154053**	**374045**	**84616**	**6048**	**10048**	**5000**	**80584**
呼和浩特	59438	13050	41341	5047	5047			
包　头	57793	37298	19155	1340		205	465	20744
乌　海	28590	1655	26254	681		800	200	2336
赤　峰	130224	2678	91728	35818		5200	2271	24764
通　辽	63516	16996	26700	19820		838	1450	13107
霍林郭勒	13595	374	8947	4274		40		1131
鄂尔多斯	128078	59382	61633	7063		200	560	6020
呼伦贝尔	22829	3631	18958	240		14		2213
满洲里	37185	1848	35337					5000
牙克石	5629	342	5287					
扎兰屯	3137	275	2862					
额尔古纳	611	96	515			120		
根　河	771		771					53
巴彦淖尔	2469	2391	78					
乌兰察布	6300	500	500	5300				
丰　镇	6033	2187	3278	568		1260		1780
乌兰浩特	19868	5541	11970	2357	878	255		1500
阿尔山	2024	555	1069	400	15	48	10	300
二连浩特	18827	1551	15712	1564	108	830	44	780
锡林浩特	5797	3703	1950	144		238		856
辽　宁	**2303539**	**355367**	**1586903**	**361269**	**169116**	**52433**	**39105**	**49421**
沈　阳	1382955	87451	1170381	125123	110552	13954	736	720
新　民	9649	1952	5597	2100		1130		
大　连	250918	63114	151948	35856		18344	27631	18315
瓦房店	7798	2349	5449			779	944	700
普兰店	7201	5888	1313			28		
庄　河	16341	1674	13299	1368		441		

按行业分 By Industry									城市名称
公共交通 Public Traffic	道路桥梁 Road and Bridge	排水 Sewerage	污水处理 Wastewater Treatment	防洪 Flood Control	园林绿化 Landscaping	市容环境卫生 Environmental Sanitation	垃圾处理 Domestic Garbage Treatment	其他 Other Expenditures	Name of Cities
	102956	6101	5739	2748	37765	12055	10635	284110	太原
	5154	28	28	75	556	1367	12		古交
1400	33741	3000	2800		5062	5978	598	16612	大同
1720	10499	2668	2518		10696	1883	354	5714	阳泉
100	6320	200	100		3833	5354	850	3639	长治
				141	173			604	潞城
3140	2562	1210		1340	4242	3164		1077	晋城
8534		30			527	131		2508	高平
200	2030	720		75	360	358	80	37	朔州
514	18919			135	2531	2001	55	10571	晋中
511	7992			3	190	300	93	805	介休
963	3692				4707	521	167	2252	运城
39	1381	80		5	402	279	42	2316	永济
110	10100	110			350	400			河津
69	2894	274			1609	518	274	1116	忻州
	962	120		1	83	57		63	原平
15010		50	50	1140	712			6170	临汾
	170				895	180	90	3013	侯马
	1500							63	霍州
64	715				209	3235	2897	1550	吕梁
	11850				447	320		9993	孝义
	2012	1370		3	58	272			汾阳
15149	**255522**	**46390**	**5261**	**6827**	**112085**	**32271**	**3791**	**48838**	**内蒙古**
9779	19479				28941	1239	1239		呼和浩特
2143	6050	3002		16	13070	8847	1471	3251	包头
	7234	6720		220	1900	9180			乌海
1290	55736	3823		6000	11752	3173	500	16215	赤峰
170	30637	9941			6513	860			通辽
	6935	632			972			3885	霍林郭勒
	66566	6000		500	41092	2140		5000	鄂尔多斯
240	1020	1033	242		2080	2410	150	13819	呼伦贝尔
	26376	3750	3000		2004	55			满洲里
	3600	1117			200	370		342	牙克石
	1920	960			197	60			扎兰屯
	491								额尔古纳
	650				40	28	28		根河
	700	1000						769	巴彦淖尔
	3900	2400							乌兰察布
2	210	360		21	1870	530			丰镇
1073	9689	1735	1680		399	838	353	4379	乌兰浩特
	574	317		70	165	140		400	阿尔山
	13200	3200			399	374			二连浩特
452	555	400	339		491	2027	50	778	锡林浩特
217363	**1162092**	**73941**	**24758**	**19375**	**242710**	**73925**	**5074**	**373174**	**辽宁**
211015	914894	9486		8500	149484	3633		70533	沈阳
	2867	2100	500		139	1313		2100	新民
27	51235	13460	8765	9617	14512	11352		86425	大连
	3164	284		10	1401	516	240		瓦房店
	441	133		233	669	604	370	5093	普兰店
	9919	4200			936	481		364	庄河

3-2-4 续 2

城市名称 Name of Cities	合计 Total	按用途分 By Purpose 固定资产投资支出 Expenditure From Investment in Fixed Assets	维护支出 Maintenance Expenditure	其他支出 Other Expenditures	偿还贷款 Paynent for Loans	供水 Water Supply	燃气 Gas Supply	集中供热 Central Heating
鞍山	125305	38921	24096	62288	16939	3750	1993	
海城	9340	6545	2230	565		280		780
抚顺	42054	15254	7310	19490	19490	200	200	1000
本溪	49129	16493	27390	5246	2828			1000
丹东	44570	7247	29918	7405	4450	1350	4100	
东港	19815	4609	2889	12317		550		1400
凤城	7098	3990	1983	1125				
锦州	59826	10679	42233	6914	6532	1400	1190	2779
凌海	10880	4009	1915	4956		150	105	498
北镇	2056	1395	95	566		45		
营口	40937	4234	8807	27896		4645	769	8678
盖州	1568	517	1051			286		
大石桥	4749	1062	3687					300
阜新	18958	5294	7449	6215	1000			879
辽阳	49393	9221	20257	19915	5769	50		3000
灯塔	5828	4636	1192			264	28	
盘锦	27621	15825	7171	4625	1306	2460	620	548
铁岭	32650	18799	6362	7489		574	480	3652
调兵山	5575	1095	3443	1037		119		
开原	18679	3284	13200	2195		280		
朝阳	21266	3800	14529	2937			308	1909
北票	5530	1385	4145			945		501
凌源	5722	1928	3794					
葫芦岛	16839	10146	3224	3469	250	309		294
兴城	3289	2571	546	172		100	1	2468
吉林	**508260**	**140464**	**264652**	**103144**	**45569**	**22558**	**4494**	**15819**
长春	282673	60580	140750	81343	31785	5899	1380	3334
九台	3370	573	2797			200		
榆树	4017	1524	2493			673		565
德惠	9630	1435	4030	4165		742		
吉林	36769	29571		7198	5367	560		3000
蛟河	5270	750	4520			120		
桦甸	3471	585	2886			385	690	700
舒兰	1962	822	1140			240		
磐石	3500	1108	1828	564		418		
四平	9300		9300					4000
公主岭	9555	2255	7300			516		8
双辽	3850	2270	1580			113		
辽源	14952	3502	8950	2500	2000		20	
通化	17922	5779	10143	2000	2000	2477	544	2800
梅河口	2748	290	2458			350	170	350
集安	10967	453	6097	4417	4417	5000		
白山	7747	3043	4677	27		2335	1690	107
临江	4949	4949				646		427
松原	6183	5588	595			92		
白城	14170	4167	9117	886				
洮南	3010	710	2300			290		130
大安	4096	120	3976			187		
延吉	18075	6712	11363			311		

按行业分 By Industry									城市名称 Name of Cities
公共交通 Public Traffic	道路桥梁 Road and Bridge	排水 Sewerage	污水处理 Wastewater Treatment	防洪 Flood Control	园林绿化 Landscaping	市容环境卫生 Environmental Sanitation	垃圾处理 Domestic Garbage Treatment	其他 Other Expenditures	
120	21050	5736		15	11892	8490	376	72259	鞍山
120	3800	560			927	1700	110	1173	海城
200	600	2800	2200	580	1200	8002	650	27272	抚顺
934	26672	663		50	6255	5210	591	8345	本溪
	12390	5310	91		2350	2345	382	16725	丹东
	3048	1005			321	453		13038	东港
	1260	40			1136	630	235	4032	凤城
730	31436	1590			6640	4790	568	9271	锦州
	865	207			369	784		7902	凌海
	442	50			150	222		1147	北镇
1260	4135	2245			16693	671		1841	营口
	997	36			20	28		201	盖州
	2887	259			667	606		30	大石桥
314	3739	2649	2649		2650	2512		6215	阜新
	22692	9935	7650	195	5825	4489	150	3207	辽阳
	804	30			80	586		4036	灯塔
1248	5300	2100			4882	4894	612	5569	盘锦
	13754	530		45	2494	2478		8643	铁岭
	1709	10			1596	513	230	1628	调兵山
	8964	1679			2946	679		4131	开原
200	3379	3857	2558	100	3163	2092		6258	朝阳
	2541	1098			301	144			北票
	2092	973			858	931		868	凌源
1123	5016	899	345	30	2096	2447	490	4625	葫芦岛
72		17			58	330	70	243	兴城
9360	**187472**	**56115**	**33130**	**7970**	**39848**	**39463**	**12582**	**125161**	**吉林**
8575	107684	36700	28281	7400	14474	17185	5468	80042	长春
	2064	733			218	25		130	九台
	1925				677	177			榆树
	4041	191			391	158		4107	德惠
	7371				1300	1356		23182	吉林
	3657	1200	1200		153	140			蛟河
273	198	191			236	488		310	桦甸
	780	450	30	230	180	82	50		舒兰
	833	134			432	554		1129	磐石
	2800	1500			700	300			四平
	7450	823	323		291	467			公主岭
14	250	810			943	516		1204	双辽
	11682	80	40	50	360	1900		860	辽源
50	4179	770			645	4400	3200	2057	通化
400	290	150		210	440	160		228	梅河口
	600				200	190		4977	集安
20	1027	104		80	255	2129	2129		白山
	2122	1300			300	154			临江
23	1800	312	312		1448	1600		908	松原
	4472	3717	1300		2097	2998	1400	386	白城
	900	550			280	150		710	洮南
	3093	386			310	120			大安
	8206	1474	1144		1561	3084	100	3439	延吉

3-2-4 续 3

城市名称 Name of Cities	合 计 Total	按用途分 By Purpose				供 水 Water Supply	燃 气 Gas Supply	集中供热 Central Heating
		固定资产投资支出 Expenditure From Investment in Fixed Assets	维护支出 Maintenance Expenditure	其他支出 Other Expenditures	偿还贷款 Paynent for Loans			
图 们	1895		1895					
敦 化	17286	1109	16177			252		
珲 春	5486	1250	4192	44		350		318
龙 井	3009	330	2679			332		
和 龙	2398	989	1409			70		80
黑 龙 江	**567201**	**141050**	**298637**	**127514**	**20582**	**21750**	**6276**	**22218**
哈 尔 滨	193235	50083	66924	76228		4510		
双 城	12480	114	12366					9000
尚 志	3776	499	2800	477		2860		
五 常	11672	1800	5759	4113				1000
齐齐哈尔	49993	21210	12199	16584	16584	336	110	1560
讷 河	2796	488	2308					
鸡 西	9080	8230	680	170		600		200
虎 林	2219	1692	527			300		
密 山	4415	2518	1897			924		1536
鹤 岗	13010	4002	3201	5807	1800	70		
双 鸭 山	7391	3442	3949			1360		
大 庆	103411	7389	79415	16607		1568	4730	1000
伊 春	22311	2406	19379	526		1743	1	5964
铁 力	1306	514	701	91				230
佳 木 斯	16815	12895	2280	1640	1640	280	46	
同 江	3008	357	2651			340		
富 锦	3010	296	2714			186	380	
七 台 河	8309	500	7609	200		438		
牡 丹 江	13571	8438	1619	3514	528	236		20
绥 芬 河	13317	3500	8368	1449				
海 林	20638	257	20381			146		
宁 安	2028	1296	732			550	9	
穆 棱	4233	450	3715	68	30	370		
黑 河	10830	97	10733			1287		1500
北 安	5728	1100	4628			1500		8
五大连池	1575	260	1315			67		
绥 化	12300	2700	9600			800		
安 达	5611	2365	3206	40		187		
肇 东	7100	1500	5600			1000	1000	
海 伦	2033	652	1381			92		200
上 海	**1710309**	**151660**	**338340**	**1220309**	**1220309**	**2000**	**1881**	
江 苏	**7041999**	**1078168**	**4451336**	**1512495**	**571523**	**97059**	**30073**	**2969**
南 京	1964618	309449	1305773	349396	205126	20276	2395	765
无 锡	534174	93080	437515	3579		1064		
江 阴	89006	13346	75660			1290	2050	
宜 兴	38672	3870	21402	13400	13400			
徐 州	246060	63380	162800	19880		210		
新 沂	9145	530	8615				4	
邳 州	4755	2700	2055			520		
常 州	290719	106351	95340	89028	89028	90	60	
溧 阳	8282	4258	4024					
金 坛	21391	8553	12838					
苏 州	1716530	166991	843730	705809	162505	10386	7340	
常 熟	84031	13713	46198	24120		660	670	

按行业分 By Industry									城市名称
公共交通	道路桥梁	排水	污水处理	防洪	园林绿化	市容环境卫生	垃圾处理	其他	
Public Traffic	Road and Bridge	Sewerage	Wastewater Treatment	Flood Control	Landscaping	Environmental Sanitation	Domestic Garbage Treatment	Other Expenditures	Name of Cities
	1745				150				图们
	4340	3387			8400	710		197	敦化
	2153	225			2110	286	195	44	珲春
	950	659	500		297	20		751	龙井
5	860	269			1000	114	40		和龙
20394	**158008**	**37129**	**10196**	**5676**	**46069**	**57695**	**2321**	**191986**	**黑龙江**
	33185	2250			19233	28850		105207	哈尔滨
	3480								双城
	480	160		1	16	180	80	79	尚志
3997	559	142			61	288		5625	五常
	5682	7557	730	3798	7664	6147	325	17139	齐齐哈尔
	822	1437			150	205		182	讷河
	3560	1200		30	800	2600		90	鸡西
	380	31			135	379		994	虎林
	343	398			279	535		400	密山
	2750	166			2598	1619		5807	鹤岗
	2816	400	355		980	1165	121	670	双鸭山
2899	50069	4500	4500		3476	1812	356	33357	大庆
122	8929	336		265	2806	473		1672	伊春
	111	250		61	64	590			铁力
	395	2108	1869		1490	5681	1092	6815	佳木斯
	1410	370			750	138			同江
	930	296		1015	127	76			富锦
	3595	1369			311	235		2361	七台河
85	1404	1115	625		644	2057	75	8010	牡丹江
	6251	2817	2117		1652	683	152	1914	绥芬河
13234	3500	3540				218			海林
8	970	105			101	278	20	7	宁安
	3015	398		6	35	326		83	穆棱
	5500	1632			453	97		361	黑河
	2000	815			393	1012			北安
	1053	160			8	164		123	五大连池
	8460	1400			800	85		755	绥化
49	2887	1047			504	897		40	安达
	2200	1000		500	500	700		200	肇东
	1272	130			39	205	100	95	海伦
79620	**125052**	**77340**	**46448**	**1400**	**81607**	**60685**	**19702**	**1280724**	**上海**
356849	**3260951**	**445418**	**172968**	**95526**	**672049**	**288340**	**78693**	**1792765**	**江苏**
105421	637091	93684	64444	20720	68369	38873	10756	977024	南京
9270	308217	96128	8368	1980	69788	17343	4246	30384	无锡
6455	38095	8566			31300	1250			江阴
187	16090	3000			6758	5800	3935	6837	宜兴
163064	6770	14573	13557	790	4520	12195	1612	43938	徐州
	5852				1975	296		1018	新沂
320	2460	950			420	85			邳州
16774	72899	16708	12272	25326	39663	30171	4005	89028	常州
	2000	1361	1361		2053	2868	780		溧阳
	6162	2503	1134		9366	1425	200	1935	金坛
29297	1033869	65415	23256	23043	98915	78554	10587	369711	苏州
2219	42123	16964	8421	132	7325	5913	1500	8025	常熟

3-2-4 续 1

城市名称 Name of Cities	合计 Total	按用途分 By Purpose 固定资产投资支出 Expenditure From Investment in Fixed Assets	维护支出 Maintenance Expenditure	其他支出 Other Expenditures	偿还贷款 Paynent for Loans	供水 Water Supply	燃气 Gas Supply	集中供热 Central Heating
张家港	154300	24000	130300			3400	7800	
昆山	353407	74313	137033	142061	41792	26959		
吴江	101509	15188	84360	1961		40	5000	
太仓	70355	5446	50589	14320				
南通	148412	15673	118783	13956	281			
启东	35390	4048	29080	2262		9800	203	
如皋	7520	150	7370					
通州	7961	5748	478	1735			50	
海门	109480	4028	65286	40166	24700	200	19	
连云港	284706	28018	241384	15304	13913	1250		1670
淮安	113153	1800	91000	20353		6000	2000	
盐城	86763	21893	62740	2130		3880	1070	450
东台	9734	1122	8327	285		650	25	84
大丰	45150	4764	35186	5200				
扬州	167029	11361	151191	4477		566		
仪征	16979	3618	13361			1675		
高邮	7598	1598	6000					
江都	40298	2313	37985			1083	1300	
镇江	62086	36379	17788	7919		370	87	
丹阳	39130	8029	30591	510	510	1200		
扬中	12553	3128	6525	2900	400			
句容	11078	1271	5244	4563				
泰州	49807	4559	43696	1552	1144			
兴化	24243	1658	7831	14754	14754			
靖江	15735	2918	12245	572				
泰兴	20046	1927	17672	447		5190		
姜堰	23914	3199	15456	5259	2880			
宿迁	16280	3798	7885	4597	1090	300		
浙江	**3213995**	**534491**	**2260756**	**418748**	**293691**	**126892**	**15020**	**216**
杭州	1045847	194309	768238	83300	72210	4461	3200	
建德	15916	2189	13041	686		3679	13	
富阳	30558	8524	7095	14939	5000	1243	150	
临安	36349	682	34277	1390	830	1244	694	
宁波	252184	25168	214327	12689		3268		
余姚	141096	15213	110883	15000	15000	47575	780	
慈溪	109410	9697	99713			12380	2865	
奉化	11133	4565	6568					
温州	187800	20000	167800			2450		
瑞安	11210	4185	7025			269	5	
乐清	31369	9431	21938			2120		
嘉兴	150152	18780	92463	38909	10680	4230		
海宁	25290	4079	10930	10281	5957	935		
平湖	39092	1733	26755	10604		2000		
桐乡	43307	8000	29201	6106		7018		
湖州	87508	16722	60086	10700		1994	396	110
绍兴	171113	28563	85916	56634	56500	9062		
诸暨	83850	64320	16930	2600		4580	5700	106
上虞	34795	2967	31637	191			1	
嵊州	16303	2829	11250	2224		27		
金华	59806	4121	38763	16922	13500	667		

按行业分 By Industry									城市名称
公共交通	道路桥梁	排水		防洪	园林绿化	市容环境卫生		其他	
			污水处理				垃圾处理		
Public Traffic	Road and Bridge	Sewerage	Wastewater Treatment	Flood Control	Landscaping	Environmental Sanitation	Domestic Garbage Treatment	Other Expenditures	Name of Cities
3000	72000	5300	1080		40000	10800	10500	12000	张家港
750	64609	26804	807	203	85804	22131	10916	126147	昆山
4799	38300	12040		2050	21705	4550	4500	13025	吴江
800	41701	3959	3959		5129	4446	2425	14320	太仓
5999	109530	10350	9940		6860	2228	710	13445	南通
	17304	1980			4048	25		2030	启东
	6130	658			732				如皋
53	1273	311	218		71	65		6138	通州
	69890	1175	643		37600	596	364		海门
1650	238412	3650		1321	12480	8969	302	15304	连云港
	69000				29000	3153	1080	4000	淮安
1051	54473	5300	2850	2300	14705	2544	533	990	盐城
75	3774	1000	650		3316	525	202	285	东台
120	25120	820		4600	10420	3060	640	1010	大丰
1001	139191	8100	780		11277	6894	3280		扬州
	11799				2524	480		501	仪征
	4493				739	583	5	1783	高邮
120	24125	6000	4000	1480	1829	361		4000	江都
3378	16795	9377	5990		6673	9078	399	16328	镇江
	13881	6743	1378	810	8644	2526	1560	5326	丹阳
	3446	4108	3910	38	1041	1058	528	2862	扬中
355	5244				230	797		4452	句容
146	12981	3825		9700	12421	4170	2246	6564	泰州
200	16904	2490		1003	2800	150		696	兴化
25	7571	3005	3005	20	2560	1426		1128	靖江
	9940	1500			729	1315	658	1372	泰兴
	7197	4786		10	3870	982		7069	姜堰
320	4240	2285	945		4390	655	224	4090	宿迁
335009	**1472875**	**232287**	**89808**	**123678**	**226670**	**175851**	**56233**	**505497**	**浙江**
289017	482288	24549	12962	79353	26101	48486	30844	88392	杭州
	5407	3500	2500	900	791	940		686	建德
128	20531	2708	1000		1117	2986	178	1695	富阳
600	13807	2434	2434	14610	500	593	593	1867	临安
5047	173374	15749	2698	6855	20748	13055	1145	14088	宁波
	78957	9595	5245		1717	2472	112		余姚
	57338	10510	350	139	3255	22923	1563		慈溪
	5469	4699	1990		326	639			奉化
750	140000	7200	4000		18000	1400		18000	温州
	4376	2670			478	1503	564	1909	瑞安
	11694	12175	8190		3137	2243	704		乐清
	85766	16900	13766	7172	2970	3085	771	30029	嘉兴
	6174	3222	3222	737	1898	3604	1943	8720	海宁
	24298	200	200		430	1429	263	10735	平湖
107	12713	2402			1800	3600	2800	15567	桐乡
260	41427	5785	2510	10	9730	3013	1355	24783	湖州
4997	61315	18163			6825	3777	120	66974	绍兴
1200	16543	17800		860	16870	8965	256	11226	诸暨
	14584	8869			7344	3397	861	500	上虞
1200	9348	240	240		1415	2608	480	1465	嵊州
60	24708	9322	2183		3221	2530	645	19298	金华

3-2-4 续 5

城市名称 Name of Cities	合 计 Total	按用途分 By Purpose						
		固定资产投资支出 Expenditure From Investment in Fixed Assets	维护支出 Maintenance Expenditure	其他支出 Other Expenditures	偿还贷款 Paynent for Loans	供 水 Water Supply	燃 气 Gas Supply	集中供热 Central Heating
兰 溪	3598	546	2890	162		120	220	
义 乌	65471	25465	36013	3993	460	256	116	
东 阳	49756	433	33724	15599	12000	218	380	
永 康	18665	3260	13040	2365				
衢 州	108264	19756	78411	10097	11507	2200	86	
江 山	67574	2100	41674	23800	21000	2090		
舟 山	85962	339	65266	20357	20219	600		
台 州	46893	16342	18031	12520	9150	815		
温 岭	70801	10398	42261	18142	12478	9774	414	
临 海	14072	3093	10179	800	800			
丽 水	84962	3371	53853	27738	26400	686		
龙 泉	13889	3311	10578			931		
安 徽	**1147359**	**197191**	**812696**	**137472**	**77847**	**15055**	**10456**	**800**
合 肥	112805	78652	33623	530	530	2910	100	800
芜 湖	401594	11854	385240	4500	3550	8582	3200	
蚌 埠	63056	6917	48450	7689	1221	24		
淮 南	14525	12018	2000	507				
马 鞍 山	20808	7877	6345	6586	2055			
淮 北	30129	5416	7106	17607	2237			
铜 陵	120490	24600	49460	46430	45650	946	6970	
安 庆	41876	7500	21400	12976	12976		135	
桐 城	13101	390	11505	1206	900	435	1	
黄 山	26250	4356	21742	152		735		
滁 州	11209	5449	3643	2117				
天 长	10910	890	10020			210	50	
明 光	1733	347	1386					
阜 阳	24392	4982	17169	2241	2028	404		
界 首	4398	853	2785	760		287		
宿 州	5666	3240	2391	35				
巢 湖	44761	11096	17968	15697	5100	110		
六 安	43646	2828	28365	12453	150	65		
亳 州	10477	1550	6428	2499	1450			
池 州	37156	3644	30698	2814		175		
宣 城	107097	2112	104520	465		172		
宁 国	1280	620	452	208				
福 建	**1654489**	**142738**	**1460241**	**51510**	**36348**	**84551**	**25944**	
福 州	213884	38047	161664	14173	12736	6237		
福 清	20307	197	20008	102				
长 乐	14090		14090			4160	580	
厦 门	1059496	30000	1029496			66419	12347	
莆 田	15904	2438	12122	1344	560			
三 明	14197	12007	2190			500	280	
永 安	4494	2080	1740	674	514	200		
泉 州	51130		51130			3308	12689	
石 狮	12900	4100	8800					
晋 江	53660	6772	36457	10431	9955	1958		
南 安	15586	2525	11177	1884	899		8	
漳 州	19046	9515	5864	3667	3258		40	
龙 海	10226	728	6588	2910				
南 平	32404	18000	14204	200	200	213		

按行业分 By Industry									城市名称
公共交通 Public Traffic	道路桥梁 Road and Bridge	排水 Sewerage	污水处理 Wastewater Treatment	防洪 Flood Control	园林绿化 Landscaping	市容环境卫生 Environmental Sanitation	垃圾处理 Domestic Garbage Treatment	其他 Other Expenditures	Name of Cities
160	1380	858			380	480	180		兰溪
7616	9449	16930	14530	4332	11211	15561	2721		义乌
183	16958	4856	259	1452	6618	180	120	18911	东阳
	5560	3420			6955	2730	700		永康
575	34484	4943	1710	843	30804	4392	1253	29937	衢州
19577		2500	2500		15717	20		27670	江山
1900	31846	3111			8064	3202	51	37239	舟山
293	12503	10515	5973	24	3267	5123	849	14353	台州
105	27664	3103	500	100	10222	2599	591	16820	温岭
	4512	1724	846	100	1480	2205	171	4051	临海
1234	30601	475		6191	2719	5280	4196	37776	丽水
	7801	1160			560	831	204	2606	龙泉
9476	**697843**	**65083**	**28591**	**18121**	**112590**	**56230**	**11411**	**161705**	**安徽**
100	42635	4000		15	4763	28117	3644	29365	合肥
2595	311024	19636	14396	8365	42408	3547	1437	2237	芜湖
80	43099	7206	4345	5930	2097	1766	1204	2854	蚌埠
90	4387	210		229	2452	2945		4212	淮南
509	1861	3742	441		5535			9161	马鞍山
300	3669	1638	170	200	2306	2321	152	19695	淮北
1914	32462	1514		52	13284	4029	273	59319	铜陵
75	14288	5292			17991	1756		2339	安庆
1	7908	3150			1151	242		213	桐城
331	19917	1820	688		2549	898	24		黄山
204	6671				972	3342	2284	20	滁州
150	7950	2000		260	240	25		25	天长
	1235	157			95			246	明光
160	11947	5307	4287		5719			855	阜阳
	994	236	144	2050	265	216		350	界首
10	1433	1000			1262	1961			宿州
70	35791	1100	1025	270	320	1905	1500	5195	巢湖
477	18000	3726	400	730	4421	1575	821	14652	六安
260	2740	2470	2350		1000	550	50	3457	亳州
2150	29359	639	345	20	3143	200	22	1470	池州
	99858	60			460	715		5832	宣城
	615	180			157	120		208	宁国
14081	**1138983**	**64139**	**31420**	**13647**	**153630**	**63151**	**14122**	**96363**	**福建**
2735	122980	12333	9361	2960	7530	22778	5870	36331	福州
	18889	373			1045				福清
	2200	1100		2870	2880			300	长乐
872	835654	20939			111213	12052			厦门
779	11221	521	521	350	2363	670	435		莆田
20	7888	1648		268	1784	1809	270		三明
845	1493	49	49	150	407	682		668	永安
6580		11345	11345		11068	6140			泉州
	9559				600	2741	1100		石狮
215	30932	5052	3417	5019	4845	5149	3165	490	晋江
	4193	857	476	540	105	945	300	8938	南安
80	4747	2100	2100		1597	4224	582	6258	漳州
	4789			540	490	1073		3334	龙海
265	12129	2019	644		501	429	302	16848	南平

3-2-4 续 6

城市名称 Name of Cities	合计 Total	按用途分 By Purpose 固定资产投资支出 Expenditure From Investment in Fixed Assets	维护支出 Maintenance Expenditure	其他支出 Other Expenditures	偿还贷款 Paynent for Loans	供水 Water Supply	燃气 Gas Supply	集中供热 Central Heating
邵武	6150	1850	4040	260	130			
武夷山	3952	217	3277	458	346	300		
建瓯	3918	714	1001	2203	450			
建阳	6144	2405		3739				
龙岩	60368	8000	43840	8528	7300	1000		
漳平	15218	1461	12820	937		200		
宁德	15555		15555					
福安	5860	1682	4178			56		
江西	**610995**	**109525**	**446073**	**55397**	**1250**	**25892**	**3796**	
南昌	63692	29536	28536	5620		210		
景德镇	7808	5941	1867			330		
乐平	6986	2460	2896	1630				
萍乡	50100	4360	41200	4540	1000	2000	1230	
九江	36419	13751	17534	5134		2056	14	
瑞昌	3112	772	2340			175		
新余	120172	4598	106610	8964		5128	345	
鹰潭	12035	3157	8527	351		282		
贵溪	16029	4964	6500	4565				
赣州	58044	4751	44370	8923	250	4110	930	
瑞金	18109	7200	9709	1200		350	400	
南康	9994	345	9649					
吉安	41835	2714	38419	702				
井冈山	6119	200	5919			189		
宜春	22871	5167	17704					
丰城	47402	2750	44432	220		5446	758	
樟树	22466	1709	20757			441		
高安	12019	790	9230	1999		508	72	
抚州	35014	8704	23850	2460		2760	28	
上饶	13689	5126	914	7649		1857	19	
德兴	7080	530	5110	1440		50		
山东	**3828986**	**710468**	**2578407**	**540111**	**139914**	**156343**	**64962**	**128427**
济南	840780	206239	555873	78668	538	18762	14086	54004
章丘	159247	9200	146575	3472		960	5312	5380
青岛	542270	101206	318196	122868	113882	77276	11610	16320
胶州	23610	1930	20150	1530				1100
即墨	47587	16182	31405			1360	1303	3350
平度	8846	1061	7222	563		1000		532
胶南	18472	1795	16677			45	210	
莱西	18135	1169	16501	465		1200		
淄博	143912	40140	63526	40246	11292	670	1640	2650
枣庄	96200	24045	53415	18740	4725	2806	5770	6229
滕州	25563	10568	11366	3629		1629	1100	
东营	150184	18537	131647			75	230	3000
烟台	300257	54391	230931	14935		10544	1898	9622
龙口	24802	11352	13450					
莱阳	11584	2371	9213			15	99	90
莱州	8978	1758	6864	356		214	1155	1041
蓬莱	14354	4039	10236	79		1030	28	
招远	22058	3847	16211	2000	2000	729	155	259
栖霞	5932	3371	2561			716	282	

按行业分 By Industry										
公共交通 Public Traffic	道路桥梁 Road and Bridge	排水 Sewerage	污水处理 Wastewater Treatment	防洪 Flood Control	园林绿化 Landscaping	市容环境卫生 Environmental Sanitation	垃圾处理 Domestic Garbage Treatment	其他 Other Expenditures	城市名称 Name of Cities
10	3146				363	550		2081	邵武
	2089	315			1148	100			武夷山
350	994				109	554	112	1911	建瓯
	900	1000	1000		130	375	155	3739	建阳
500	41780	1300			2430	1641	1401	11717	龙岩
	11120	600		350	350	300	210	2298	漳平
797	10665	2288	2217		1586	219	90		宁德
33	1615	300	290	600	1086	720	130	1450	福安
5777	**292652**	**43425**	**11648**	**10858**	**79739**	**40213**	**11707**	**108643**	**江西**
526	14151	5130			25479	15463	2294	2733	南昌
20	2379			2	543	795		3739	景德镇
	1816	670			1080	876		2544	乐平
760	34100	4000	2500		1000	2000	1500	5010	萍乡
467	3551	482			2578	1482	36	25789	九江
84	401	182			175	198		1897	瑞昌
1130	72637	3198	3198	1755	21254	3461	3461	11264	新余
120	7823	1400	1400		1335	1075			鹰潭
	9862	1466			1320	984	355	2397	贵溪
778	20972	4891	1715	110	6183	2248	200	17822	赣州
120	9809	1500	20	1000	350	500	350	4080	瑞金
	5904	941			1705	664	590	780	南康
	32520	5465	2215		1943	1907	8		吉安
65	1250	115			4500				井冈山
	16001	1063		1636	1345	2070	150	756	宜春
1175	25451	1010			2962	1220		9380	丰城
	13515	3500	600	1778	232	469	11	2531	樟树
274	6250	437		875	340	103	13	3160	高安
150	8968	6240		3612	4860	3462	2739	4934	抚州
108	707	1565			480	1166		7787	上饶
	4585	170		90	75	70		2040	德兴
58191	**1496575**	**329755**	**150084**	**88824**	**552528**	**178805**	**38444**	**774576**	**山东**
17938	599017	10875	9941	10918	64825	35280		15075	济南
560	74056	15246	3000	2900	30380	650	410	23803	章丘
10180	137687	59236	25931	32070	38476	35398	8459	124017	青岛
	7680	7000			7480	350			胶州
	17132	12269	8147		11000	1173			即墨
	3577	1033		4	1165	590	270	945	平度
	8345	1332		3156	2555	2262	2152	567	胶南
	4520	5610			5810	18		977	莱西
2335	43232	34504	13086	2134	21750	6564	3468	28433	淄博
1120	22621	11612	9157	2170	15266	2843	1743	25763	枣庄
580	7261	1376	1376	260	2368	1509	100	9480	滕州
2162	31643	4129	3128	30	19966	878	268	88071	东营
655	79785	38742	19862	1272	16188	27494	816	114057	烟台
	6580	2390	540	4850	8600	486	210	1896	龙口
	3085	3618	3514		3858	819	280		莱阳
	4454				599	600	46	915	莱州
	2154	761	532	81	2567	842	101	6891	蓬莱
	8620	3324	2830	15	4480	2176	1826	2300	招远
385	2549	609	385		1081	310	50		栖霞

3-2-4 续 7

城市名称 Name of Cities	合计 Total	按用途分 By Purpose				供水 Water Supply	燃气 Gas Supply	集中供热 Central Heating
		固定资产投资支出 Expenditure From Investment in Fixed Assets	维护支出 Maintenance Expenditure	其他支出 Other Expenditures	偿还贷款 Paynent for Loans			
海　阳	26211	681	25530			3705	900	580
潍　坊	95456	32303	36271	26882	6042	649	71	
青　州	28409	1396	26162	851	600	381		820
诸　城	17272	1280	15992					
寿　光	31509	10239	21270					
安　丘	9607	3721	5886			1081	214	1711
高　密	21984	5370	9123	7491		7000		
昌　邑	12331	620	11711					
济　宁	76387	12172	41129	23086	835		470	729
曲　阜	4060	2000	1500	560				700
兖　州	30250	2683	27567			70	467	1500
邹　城	10561	2179	8382			238	168	
泰　安	78395	5836	72509	50		500		2300
新　泰	34849	12363	22486			450	5000	2775
肥　城	15725	2914	12811			200	30	260
威　海	118748	15932	102336	480		1324	421	4786
文　登	60680	18761	41702	217		1560	680	1980
荣　成	72721	14476	57875	370		3742	835	954
乳　山	27821	4712	23109			1470	50	320
日　照	125888	10895	112997	1996		2995	38	1585
莱　芜	43296	4250	39046			1042		
临　沂	147852	10273	78477	59102		1537	6600	15
德　州	27226	3056	23670	500				
乐　陵	10235	1500	8235	500		5000		
禹　城	3880	80	3800					
聊　城	29005	8085	7765	13155				
临　清	22560	5960	11760	4840		1300	1360	40
滨　州	150288	2330	35978	111980		2288	980	3795
菏　泽	33009	1200	31309	500		780	1800	
河　南	**1065960**	**265935**	**593286**	**206739**	**97386**	**8490**	**10876**	**44355**
郑　州	458365	110705	215403	132257	49513	425	525	34416
巩　义	27900	9200	12400	6300	4000			
荥　阳	19634	2203	17347	84				
新　密	11456	506	10950					
新　郑	3650	200	3450			50		
登　封	15101	5637	8490	974				
开　封	41892	4822	32330	4740	1170			
洛　阳	18049	13097	4661	291		29	58	
偃　师	2607	1159	985	463				200
平顶山	27230	5040	19720	2470			2133	3113
舞　钢	8057	1031	7026					
汝　州	5940	780	4757	403			410	
安　阳	32930	9880	14550	8500	8000			
林　州	2450		2450					
鹤　壁	43430	12004	9274	22152	16460	150		5000
新　乡	43313	9428	33885			1718	2170	
卫　辉	3270	129	3141					
辉　县	6575	2515	4060					
焦　作	33090	15592	1998	15500	15500			1000
沁　阳	9025	350	8462	213		300		

按行业分 By Industry									城市名称
公共交通	道路桥梁	排水		防洪	园林绿化	市容环境卫生		其他	
			污水处理				垃圾处理		
Public Traffic	Road and Bridge	Sewerage	Wastewater Treatment	Flood Control	Landscaping	Environmental Sanitation	Domestic Garbage Treatment	Other Expenditures	Name of Cities
	11306	630	486	430	8036	624	395		海阳
697	30809	4773	476	440	10179	4043	827	43795	潍坊
60	3017	1930	1020	350	20006	1466		379	青州
	4416	5970	2612		5464	1422	410		诸城
	13729	2005	80		15586	189			寿光
1588	1918	789	789	30	1554	722	35		安丘
1035	2313	2724	2724		300	1121	654	7491	高密
	3911	810	500		7100	510			昌邑
5635	17779	8288	4838		16635	4291		22560	济宁
	2800	10	10		450	100	15		曲阜
570	15604	3449	3449	122	965	820	540	6683	兖州
47	4151	801			2074	2738	1478	344	邹城
1500	20331	2494		2014	20675	8277	44	20304	泰安
870	16830	564		470	7330	560	81		新泰
489	882	986	966		12000	878			肥城
212	59253	5462	567	14238	26175	961	725	5916	威海
150	16019	3932	950	1214	33917	820	700	408	文登
427	28614	17326	670	439	16835	3276	210	273	荣成
30	12431	2736	636	300	6896	1300	974	2288	乳山
	34938	4077	2165	740	25115	3536	450	52864	日照
30	34924	1560	1560	280	4600	860	350		莱芜
1241	48682	26273	13985	7445	14329	6222	1762	35508	临沂
1500	13900	2800	200	150	3990	4636	4500	250	德州
2295	770	1760	120	60	200	150	100		乐陵
	320	1780	1780		1700			80	禹城
40	3764	2415	1552		4345	2239	207	16202	聊城
140	3010	3510	2825	30	2413	2760	2500	7997	临清
320	21019	2743	1653	212	10245	1042	188	107644	滨州
3400	5137	3492	2042		15000	3000	1100	400	菏泽
201534	**313042**	**86801**	**54841**	**5258**	**107276**	**84994**	**37207**	**203334**	**河南**
173954	42433	15811	15811		7481	9900	1016	173420	郑州
485	9560	560	450	120	4800	7400	1600	4975	巩义
	4697	5853	5796	53	6853	473	53	1705	荥阳
	6145	1831	1831		480	3000	3000		新密
	2900				500	200	40		新郑
2366	4774	870	627	1271	900	4920	4140		登封
1025	28783	2949	1558	1350	1530	1515	800	4740	开封
2918	3834	60		3	8831	2284	576	27	洛阳
	965	380	280		500	562	460		偃师
9765	8880	2220			707	412			平顶山
	2913	270	200		1830	2081	586	963	舞钢
54	3606	630	358		329	600	600	311	汝州
	21400	5000	2000	150	5500	880	344		安阳
	850					1600	1600		林州
543	31824	1761	1161		1800	2152	1152	200	鹤壁
4830	7980	12400	12400		6934	7281	7281		新乡
	753	2126	2126		343	48			卫辉
	2560	865	410		2180	970			辉县
1000	15141	8230	2730		603	1056	200	6060	焦作
	2234	139		152	2263	3707	507	230	沁阳

3-2-4 续 8

城市名称 Name of Cities	合计 Total	按用途分 By Purpose						
		固定资产投资支出 Expenditure From Investment in Fixed Assets	维护支出 Maintenance Expenditure	其他支出 Other Expenditures	偿还贷款 Paynent for Loans	供水 Water Supply	燃气 Gas Supply	集中供热 Central Heating
孟州	6625	625	6000					
濮阳	11524	3500	8024			500	400	
许昌	15070	10920	2850	1300	1000			
禹州	13408	562	12846					
长葛	4643	1843	2800					
漯河	12870	2235	10635					
三门峡	10609	5648	4961			1618		
义马	7230	2290	3730	1210	1080	630	1135	200
灵宝	6240	1340	4900			128		
南阳	47867	11482	34569	1816	518	952		
邓州	5511	615	4896			120		
商丘	16583	4603	11980			910	2160	
永城	14922	3900	11022					
信阳	4869	3278	1591			100	35	
周口	31811	2160	29651				50	
项城	4434	1582	2707	145	145	69		
驻马店	25426	2658	14847	7921		205		
济源	12354	2416	9938			586	1800	426
湖北	**800733**	**156358**	**578503**	**65872**	**23062**	**15539**	**10913**	**345**
武汉	310000	60000	250000			2500		
黄石	70376	4456	59441	6479	1179	321	4000	
大冶	6841	841	6000			300	200	
十堰	20180	8235	473	11472	7290			345
丹江口	5619	1235	3764	620	500	306		
宜昌	55281	7584	32278	15419	8313		400	
宜都	5264	500	4764			2200		
当阳	5440	400	4093	947		770	357	
枝江	4010	800	3000	210		200	250	
襄樊	32542	24161	4000	4381		1579		
老河口	7545	2663	3610	1272		125		
枣阳	6154	1453	4701			655		
宜城	6832	385	6345	102				
鄂州	35600	4350	29892	1358	1100	2752	4200	
荆门	15855	3688	10167	2000	2000			
钟祥	13128	1430	11698				540	
孝感	11200	1580	8850	770				
应城	1820	480	1300	40				
安陆	1680	280	1360	40				
汉川	2200	300	1850	50		300		
荆州	17778	12344	5314	120	120		96	
石首	8300	1451	6300	549		300	100	
洪湖	6538	430	5608	500		336	380	
松滋	2891	574	1660	657	90			
黄冈	7137	910	3896	2331		620	170	
麻城	3757	386	3371			510		
武穴	2818	1678	628	512	400			
咸宁	29899	1880	25219	2800		300		
赤壁	11095	805	9286	1004		700	100	
随州	12300	3000	8390	910				
广水	4689	530	3500	659	70			

按行业分 By Industry									城市名称
公共交通	道路桥梁	排水	污水处理	防洪	园林绿化	市容环境卫生	垃圾处理	其他	
Public Traffic	Road and Bridge	Sewerage	Wastewater Treatment	Flood Control	Landscaping	Environmental Sanitation	Domestic Garbage Treatment	Other Expenditures	Name of Cities
	3725				900	2000			孟州
	5174	1500			2950	1000			濮阳
1350	4760	1170		500	2067	4041	1262	1182	许昌
	5728	493			2942	4245	3416		禹州
	2000	730			537	1376	430		长葛
	4920	4450	2800	100	2600	800			漯河
100	1476	65		20	4480	1896	600	954	三门峡
	750				100	2315		2100	义马
72	2100	1130			2300	510	400		灵宝
1211	31737	3207	847	1195	1752	4826	204	2987	南阳
	2181	1125	550		1245	840	800		邓州
770	4000	1150	450	50	7213	330	120		商丘
	4300	1372			4450	4600	4600	200	永城
	3581	20		9	653	471			信阳
900	14979	600	600		13730	1172	350	380	周口
79	2206	474	326	10	429	670	450	497	项城
72	13873	5980	1530	70	2248	1141		1837	驻马店
40	3320	1380		200	2316	1720	620	566	济源
60317	**375846**	**55470**	**18704**	**17449**	**58459**	**27965**	**10380**	**178430**	**湖北**
55134	147470	8396			10000	1500		85000	武汉
	28606	2647		3055	7855	3421	206	20471	黄石
300	4000	1000	700		150	200		691	大冶
	8049	820			1094	2537		7335	十堰
	3437			360	380	452	144	684	丹江口
220	25234	8137	1600	20	2625	2267	1515	16378	宜昌
	2524	80			160	300			宜都
200	540	342		341	541	749	13	1600	当阳
	2430	700			300	130	15		枝江
	16124			10539	1500	2800	300		襄樊
80	3600	710	600	450	2500	80	15		老河口
122	2556	900	900	50	809	871	50	191	枣阳
	4544	807		36	1089	336	60	20	宜城
900	17466	3950	200		2327	3000	2609	1005	鄂州
100	9765	155	155		3432	403	403	2000	荆门
160	4474	1959	1550		190	100		5705	钟祥
	9075	600			1000	525			孝感
	1250	230			220	120			应城
	1420	150			80	30			安陆
	1500				400				汉川
	7439	3388		660	562	1063		4570	荆州
	5000	300	100	1000	300	300	150	1000	石首
136	4800	200			150	36		500	洪湖
	780	120		200	380	450		961	松滋
420	3028	1271	691		398	360	120	870	黄冈
30	2150	270			180	360		257	麻城
110	1203	1505	505						武穴
	16892	500	250		7517	880	760	3810	咸宁
334	600	4361	4156	400	2000	2200	2200	400	赤壁
300	5000	3300	2900		3500	200	200		随州
40	2500	1200			180	10	8	759	广水

3-2-4 续 9

城市名称 Name of Cities	合计 Total	按用途分 By Purpose				供水 Water Supply	燃气 Gas Supply	集中供热 Central Heating
		固定资产投资支出 Expenditure From Investment in Fixed Assets	维护支出 Maintenance Expenditure	其他支出 Other Expenditures	偿还贷款			
恩施	10367	507	9860			525		
利川	6850	1509	1767	3574				
仙桃	9160	785	8025	350		240	120	
潜江	38092	2348	29783	5961	2000			
天门	11495	2400	8310	785				
湖南	**1140657**	**165830**	**820150**	**154677**	**41714**	**13777**	**7249**	
长沙	329269	41007	288262				116	
浏阳	84414	12124	71015	1275				
株洲	133200	8631	108458	16111	6000	4904	120	
醴陵	27927	2770	21674	3483	2200	259		
湘潭	122565	4870	113083	4612		60	11	
湘乡	3544	2744	600	200		600	240	
韶山	16277	1420	13974	883		458	275	
衡阳	9000	4367	3233	1400	1400			
耒阳	7811	4454	3357			426	26	
常宁	2990	1620	1370			360	51	
邵阳	13082	4183	7333	1566			1000	
武冈	2582	118	2260	204		150	115	
岳阳	81167	7252	43501	30414		1245	40	
汨罗	3364	418	945	2001	1700		13	
临湘	2604	1787	712	105		20	21	
常德	76928	8907	15409	52612	12990	1756	5077	
津市	1545	422	1123					
张家界	2819	1452	150	1217		60	5	
益阳	27620	5269	7051	15300	4734			
沅江	5755	1055	4500	200		200	19	
郴州	22913	11020	6400	5493	1000	15	10	
资兴	7670	948	4187	2535				
永州	62603	9800	42557	10246	10000	2100		
怀化	12067	6542	5000	525				
洪江	4835	835	4000					
娄底	33588	4664	26884	2040	690	45	7	
冷水江	3110	2227	340	543		96	83	
涟源	4300	1200	2100	1000	1000	500	20	
吉首	35108	13724	20672	712		523		

按行业分 By Industry									
公共交通 Public Traffic	道路桥梁 Road and Bridge	排水 Sewerage	污水处理 Wastewater Treatment	防洪 Flood Control	园林绿化 Landscaping	市容环境卫生 Environmental Sanitation	垃圾处理 Domestic Garbage Treatment	其他 Other Expenditures	城市名称 Name of Cities
361	9133	100	100		200	48	48		恩施
970	290	678	620			323	300	4589	利川
400	4700	880			2470	350			仙桃
	10267	3814	3677	338	3550	1164	1164	18959	潜江
	8000	2000			420	400	100	675	天门
8157	**789220**	**33376**	**18020**	**10512**	**57488**	**54343**	**19396**	**166535**	**湖南**
779	267805	8076	7388		37105	13798	7605	1590	长沙
	79194	728				451	451	4041	浏阳
	107850	5009	4613	5000	3850	467	200	6000	株洲
	22605	213	213	602	252	1512	778	2484	醴陵
80	85920	1044	1044		523	1077		33850	湘潭
479	75	800	300	100	300	750	350	200	湘乡
240	5574	410	209		900	420	167	8000	韶山
25	5047				754	2212		962	衡阳
970	1450	1170		435	1466	1598	837	270	耒阳
107	1910	196			66	300			常宁
92	8556	815	815		205	1744	634	670	邵阳
89	1050	210		318	116	510		24	武冈
490	40876	2520	10	255	1535	3735	1420	30471	岳阳
17	1735	200			294	454	300	651	汨罗
96	874	434	330		97	403	48	659	临湘
1045	35609	300		1324	3554	6175	265	22088	常德
	988	22		88	213	150		84	津市
165	609	10			528	1420		22	张家界
	9754	2000	1000		377	2178	1148	13311	益阳
22	4393	60		400	97	372	71	192	沅江
56	5100	790	40		581	2500	1100	13861	郴州
20	4412	248	230		438	373		2179	资兴
1500	38250	5153	323	600	1100	3900	2000	10000	永州
	382				771	2688		8226	怀化
	4000				410	425			洪江
208	22780	2750	1505	837	1252	1987	912	3722	娄底
165	673	118		453	293	865	180	364	冷水江
200	1930	100		100	300	850	450	300	涟源
1312	29819				111	1029	480	2314	吉首

3-2-4 续 10

城市名称 Name of Cities	合计 Total	按用途分 By Purpose 固定资产投资支出 Expenditure From Investment in Fixed Assets	维护支出 Maintenance Expenditure	其他支出 Other Expenditures	偿还贷款	供水 Water Supply	燃气 Gas Supply	集中供热 Central Heating
广　东	**3116955**	**854046**	**1870889**	**392020**	**179203**	**115745**	**12933**	
广　州	756116	180000	576116				300	
增　城	7268	3792		3476				
从　化	13524	6094	4439	2991		13		
韶　关	34982	2125	32857			2074	1700	
乐　昌	2351	400	1899	52				
南　雄	3314	595	2565	154		56		
深　圳	384526	159615	205693	19218		69564		
珠　海	598785	67100	269177	262508	143795	3115		
汕　头	46577	21411	24194	972		2159		
佛　山	250717	118365	112231	20121		11494	4678	
江　门	157235	17713	117432	22090	20044	494		
台　山	11775	683	11092			556		
开　平	7529	7529						
鹤　山	9919	1631	8288					
恩　平	2100	1220	880					
湛　江	70222	16256	53010	956				
廉　江	2434	2066	368			5	3	
雷　州	2305	912	1387	6		7	2	
吴　川	945	865		80				
茂　名	13075	9375	2003	1697	1697	149		
高　州	1628	1093	295	240				
化　州	950	163	691	96				
信　宜	3150	1500	1400	250		260	250	
肇　庆	44594	11807	14928	17859	626			
高　要	6970	2038	3046	1886		377		
四　会	2270		2270			350		
惠　州	127957	20878	105184	1895		11180		
梅　州	5816	4632	1184			100		
兴　宁	853	136	717					
汕　尾	7665	100	5765	1800				
陆　丰	1890	1260	62	568		505		
阳　江	5414	2508	2166	740		50		
阳　春	1787	484	1121	182				
清　远	5011	5011						
英　德	552	552						

按行业分 By Industry									城市名称
公共交通 Public Traffic	道路桥梁 Road and Bridge	排水 Sewerage	污水处理 Wastewater Treatment	防洪 Flood Control	园林绿化 Landscaping	市容环境卫生 Environmental Sanitation	垃圾处理 Domestic Garbage Treatment	其他 Other Expenditures	Name of Cities
575356	**881855**	**407323**	**247379**	**151030**	**132882**	**211024**	**57948**	**628807**	广东
319429	197196	103511	38540		18298	34055	16750	83327	广州
		2354			788	650		3476	增城
560	2034	1282	1100		646	5835	763	3154	从化
923	18446	7447	7447		1756	1159	25	1477	韶关
	400	100	100	1048	615	151		37	乐昌
20	1910	270	116	12	40	260		746	南雄
	77517	103319	75000	19218	41284	64160	3636	9464	深圳
30231	133276	27959	16812	6056	8127	13620	3615	376401	珠海
	25933	828	335	150	2736	11907	1425	2864	汕头
53770	82091	11043	8120	5786	15917	19458	11415	46480	佛山
115325	23667	8510	8310		2620	6619	2750		江门
1700	2100	6960	3500			330	225	129	台山
2584	855	573	532		827	1838	354	852	开平
	3175	3418	2533	1375	355	799	60	797	鹤山
	1440	80			150	430	80		恩平
	22060	18489	11489	5433	9947	3829	1510	10464	湛江
29	849	48			162	639		699	廉江
26	1310	78			110	767	21	5	雷州
	30	200			105	580	17	30	吴川
50	3800	300		105	1339	1964	239	5368	茂名
	319	295	295	46	349	619			高州
	616				110	224	150		化州
300	800	200		280	320	560	210	180	信宜
130	11641	5647	1810	3738	1740	1842	351	19356	肇庆
	1807	175			96	123		4392	高要
100	700	100		843		177	100		四会
3675	54213	14823			1951	13600	1170	28515	惠州
958	1760	742			994	72		1190	梅州
	489	228						136	兴宁
	4500	1865	1065		200			1100	汕尾
	469	203			136	106		471	陆丰
	2080	344	344		445	1955	480	540	阳江
1127	85	30			28	335	325	182	阳春
					2294	2717	192		清远
	162							390	英德

城市名称 Name of Cities	合 计 Total	按用途分 By Purpose 固定资产投资支出 Expenditure From Investment in Fixed Assets	维护支出 Maintenance Expenditure	其他支出 Other Expenditures	偿还贷款	供 水 Water Supply	燃 气 Gas Supply	集中供热 Central Heating
连 州	4510	763	3747			35	20	
东 莞	282604	83289	199315					
中 山	136168	86365	38447	11356		11352	5000	
潮 州	23441	3239	5985	14217	13041			
揭 阳	12708	130	11907	671				
普 宁	4500	564	3936			200		
云 浮	8907	8907						
罗 定	51911	880	45092	5939		1650	980	
广 西	**1184024**	**131899**	**680111**	**372014**	**60323**	**9899**	**2329**	
南 宁	739576	38611	415892	285073			94	
柳 州	96524	32009	24176	40339	35682			
桂 林	55131	14356	36189	4586		1207	1209	
梧 州	16548	3306	13190	52				
岑 溪	1833	1023	810					
北 海	15703	6623	8025	1055	360	106		
防 城 港	10997	4158	6839			1100		
东 兴	10718	1647	9071			692		
钦 州	30814	2096	26588	2130		1000	1000	
贵 港	20436	3480	16948	8		224		
桂 平	2368	530	1838			43		
玉 林	77548	9652	30304	37592	24168	250		
北 流	12042	4086	7956			1600		
百 色	19357	2702	16271	384		193	7	
贺 州	2922	2231	529	162				
河 池	18164	1291	16753	120		319		
宜 州	9114	889	8112	113	113	1632		
来 宾	10058	2275	7783				19	
合 山	986	128	858					
崇 左	518	148	370					
凭 祥	32667	658	31609	400		1533		
海 南	**124742**	**32060**	**85943**	**6739**		**4124**	**709**	
海 口	81086	25146	54358	1582		976	109	
三 亚	9330	1795	7535			208		
五 指 山	4186	160	3226	800				

按行业分 By Industry									城市名称
公共交通 Public Traffic	道路桥梁 Road and Bridge	排水 Sewerage	污水处理 Wastewater Treatment	防洪 Floos Control	园林绿化 Landscaping	市容环境卫生 Environmental Sanitation	垃圾处理 Domestic Garbage Treatment	其他 Other Expenditures	Name of Cities
21	4194	147		38	24	18		13	连州
	133494	76226	67226	64012	5885			2987	东莞
34606	7692	5356		41350	8712	16766	11506	5334	中山
1292	7553	2141	1865	1540	2409	961		7545	潮州
	10704	952	840		300	752	417		揭阳
	2989	280			350	681	162		普宁
	5000				371	371		3165	云浮
8500	32499	800			346	95		7041	罗定
7617	**430551**	**128014**	**28889**	**45459**	**62431**	**46991**	**9739**	**450733**	**广西**
381	239443	73462		36019	27584	14801	2536	347792	南宁
	43758	6165	5215		5282	4872	632	36447	柳州
2269	26877	16295	1209	609	3531	1225	439	1909	桂林
836	1086	7879	7800		1179	4817	3428	751	梧州
	1083	95			24	98		533	岑溪
452	5450	3802	2032		1857	2845	376	1191	北海
395	6352	672	300	600	524	1338	220	16	防城港
140	7012	1204			946	558	17	166	东兴
570	19084	2245	1289	266	2130	2119	316	2400	钦州
400	8686	5798	3683		2227	2091	821	1010	贵港
142	1165	85			350	583			桂平
551	16856	4920	4080	3752	5913	3759	360	41547	玉林
66	4300	1898	1600	1500	980	998	110	700	北流
420	11778	1759	1681	961	2177	1848	468	214	百色
264	360	22			160	665	16	1451	贺州
206	8479	1290		810	5566	894		600	河池
482	4190	51			450	1850		459	宜州
43	8414	163			348	900		171	来宾
	865				35	86			合山
	206				211	101			崇左
	15107	209		942	957	543		13376	凭祥
7131	**18235**	**12445**	**981**		**26409**	**5710**	**1131**	**49979**	**海南**
6031	800	7550			19502	3735		42383	海口
1100	3308	2700	970		1887	127	127		三亚
	2738	800			18	60		570	五指山

3-2-4 续 12

城市名称 Name of Cities	合 计 Total	按用途分 By Purpose 固定资产投资支出 Expenditure From Investment in Fixed Assets	维护支出 Maintenance Expenditure	其他支出 Other Expenditures	偿还贷款	供 水 Water Supply	燃 气 Gas Supply	集中供热 Central Heating
琼 海	21916	680	18316	2920		2075	600	
儋 州	2487	803	724	960				
万 宁	1915	1438		477		865		
东 方	3822	2038	1784					
重 庆	**1484601**	**137341**	**863763**	**483497**	**77852**	**22741**	**120**	**800**
四 川	**1613789**	**336789**	**998035**	**278965**	**57731**	**19494**	**14456**	**800**
成 都	982118	208599	520548	252971	51998	9244	68	
都江堰	19831	3140	16691					
彭 州	3378	582	2796					
邛 崃	1617	1617						
崇 州	6097	3685	2412					
自 贡	93647	5300	86347	2000	2000	965	1534	
攀枝花	30169	18428	8649	3092	742	1027	1225	
泸 州	13881	4884	7184	1813			60	
德 阳	44322	3718	40269	335	50		7	
广 汉	8269	4094	4175			832	463	
什 邡	5320	2400	2920			742		
绵 竹	11129	2006	9123					
绵 阳	32005	14488	15422	2095		225		800
江 油	5509	1779	1820	1910				
广 元	20610	4793	15817			60		
遂 宁	28610	8145	18142	2323		60	50	
内 江	7921	4042	2814	1065	106	160		
乐 山	33249	11009	19677	2563	2164	5		
峨眉山	15256	1625	13111	520	150	1300		
南 充	35920	2100	33820			1750	950	
阆 中	22300	620	21680			1330	1780	
眉 山	19415	800	18615					
宜 宾	103375	7162	94206	2007	521		7611	
广 安	25519	6556	18963			650	638	
华 蓥	1824	600	1200	24				
达 州	20105	7993	11465	647		459		
万 源	448	213	235					
雅 安	1820	815	955	50		125	70	

按行业分 By Industry									城市名称
公共交通	道路桥梁	排水	污水处理	防洪	园林绿化	市容环境卫生	垃圾处理	其他	
Public Traffic	Road and Bridge	Sewerage	Wastewater Treatment	Flcos Control	Landscaping	Environmental Sanitation	Domestic Garbage Treatment	Other Expenditures	Name of Cities
	7585	1284			4000	700	120	5672	琼海
	31	11	11		865	630	630	950	儋州
	798					78	64	174	万宁
	2975	100			137	380	190	230	东方
24884	**760703**	**135266**	**83725**	**22990**	**62661**	**47733**	**18948**	**406703**	**重庆**
72328	**768013**	**196824**	**18242**	**11071**	**166777**	**106897**	**14568**	**257129**	**四川**
59195	352192	154861	3467	3658	123525	54241	6617	225134	成都
	14351	1670			1160	115		2535	都江堰
	3316	45			13			4	彭州
	1000	299						318	邛崃
	2571	1200			1013	1313	537		崇州
2496	80108	789			3500	4255			自贡
3308	5083	1484	1401	205	7239	7622		2976	攀枝花
	6585	1560		14	988	3135	159	1539	泸州
	39644	1808			886	1592	123	385	德阳
	4476	208	180		1263	835	38	192	广汉
	1723	2057	2057		500	298			什邡
	7095	345			330	3359	1009		绵竹
249	14836	1823		3264	3303	4479	1691	3026	绵阳
30	2866	1260	500		167	1186	500		江油
160	13912	255		85	2391	1335		2412	广元
132	16329	1643	600	80	4336	1909	300	4071	遂宁
336	3849	80	80	542	551	1673	65	730	内江
878	20173	2078	2073	1173	1253	3925	1525	3764	乐山
	8881	1222	1222		2130	1163	353	560	峨眉山
2120	19870	6950	2300	330	3000	950	350		南充
310	10060	4710	2800	1050	1910	1150			阆中
	17583			370	1322	140	40		眉山
2807	88778					3298		881	宜宾
	13100	950	410	120	1550	1910	234	6601	广安
	1100			100	200	300		124	华蓥
9	10390	2304	1152		3375	3568			达州
	338				50	60			万源
	495	120		80	378	522		30	雅安

城市名称 Name of Cities	合计 Total	按用途分 By Purpose 固定资产投资支出 Expenditure From Investment in Fixed Assets	维护支出 Maintenance Expenditure	其他支出 Other Expenditures	偿还贷款	供水 Water Supply	燃气 Gas Supply	集中供热 Central Heating
巴　中	2042	887	117	1038				
资　阳	5417	2350	3067					
简　阳	200			200				
西　昌	12466	2359	5795	4312		560		
贵　州	**151694**	**32875**	**85124**	**33695**	**704**	**8022**	**80**	
贵　阳	43883	10578	31535	1770		3977		
六盘水	5603	5603				200		
遵　义	1932	370		1562				
赤　水	201	201						
仁　怀	49	21	21	7				
安　顺	44534	2329	41705	500		1032		
铜　仁	3263	65	671	2527		442		
兴　义	13170	7143	6027					
毕　节	29142	2740	1302	25100		120	80	
凯　里	3475	2651	314	510	400			
都　匀	6326	1058	3549	1719	304	2251		
福　泉	116	116						
云　南	**518129**	**57739**	**170667**	**289723**	**196088**	**8230**	**1622**	
昆　明	296283	10396	29320	256567	187477	686	183	
安　宁	21550	2894		18656				
曲　靖	33926	9377	19147	5402	3150	800		
宣　威	2300	1613	687					
玉　溪	9538	4112	4889	537			29	
保　山	3285	1643	1400	242		300		
昭　通	6872	869	4881	1122	606	480		
丽　江	13600	5300	8300			350	800	
普　洱	527	467		60				
临　沧	3230	300	2900	30		40	10	
楚　雄	23009	2999	18787	1223		1100	600	
个　旧	8636	1032	4760	2844	2438	800		
开　远	7971	2676	3286	2009	2009			
景　洪	4781	2218	2427	136				
大　理	63362	5586	57776			2927		
瑞　丽	13295	6104	7115	76		747		
潞　西	5964	153	4992	819	408			

按行业分 By Industry									城市名称
公共交通	道路桥梁	排水		防洪	园林绿化	市容环境卫生		其他	
			污水处理				垃圾处理		
Public Traffic	Road and Bridge	Sewerage	Wastewater Treatment	Floos Control	Landscaping	Environmental Sanitation	Domestic Garbage Treatment	Other Expenditures	Name of Cities
	280	410			130	91		1131	巴中
	5217					200	200		资阳
						200			简阳
298	1812	6693			314	2073	827	716	西昌
10877	**51704**	**3558**	**3558**	**4991**	**8847**	**6655**	**454**	**56960**	**贵州**
9624	10336			881	7091	2155		9819	贵阳
120	5000					283			六盘水
						370		1562	遵义
					9	103		89	赤水
								49	仁怀
	32112	3558	3558	4110	295	1337		2090	安顺
26	1044				269			1482	铜仁
					139	382	177	12649	兴义
160					40	480	250	28262	毕节
563	963				465	992	2	492	凯里
384	2249				513	463		466	都匀
					26	90	25		福泉
63967	**98035**	**22025**	**4047**	**1958**	**34287**	**27135**	**8644**	**260870**	**云南**
61833	885	11700	1300		12854	14483	3910	193659	昆明
6	1293			33	1048	1002	700	18168	安宁
797	13730				1860	1795		14944	曲靖
	450				200	37		1613	宣威
	2760	301		1640	1168	2145	1012	1495	玉溪
793	800	342	200	200	700	150	73		保山
	4962			20	144	482	482	784	昭通
50	2000	1000	200		8500	900	750		丽江
		116			30			381	普洱
180	1970	700			100	200	70	30	临沧
	14787	624	624		2570	989	250	2339	楚雄
	2942	4		50	399	1143		3298	个旧
					947	1206	800	5818	开远
	2027				700	880	552	1174	景洪
308	38214	6741	1346	15	2523	1384	45	11250	大理
	6570	120			244	339		5275	瑞丽
	4645	377	377		300			642	潞西

3-2-4 续 14

城市名称 Name of Cities	合计 Total	按用途分 By Purpose				供水 Water Supply	燃气 Gas Supply	集中供热 Central Heating
		固定资产投资支出 Expenditure From Investment in Fixed Assets	维护支出 Maintenance Expenditure	其他支出 Other Expenditures	偿还贷款			
西　藏	**6662**	**6553**	**109**					
拉　萨	5188	5079	109					
日喀则	1474	1474						
陕　西	**1246968**	**495998**	**230566**	**520404**	**5000**	**34753**	**9924**	**27717**
西　安	968928	457369	14051	497508		1956	945	11405
铜　川	9795	1828	7458	509		950	665	
宝　鸡	84936	11085	65312	8539		18065	5185	9876
咸　阳	40641	2930	26676	11035	5000	5995	1442	2833
兴　平	7456	456	7000			23	301	
渭　南	10903	7059	1780	2064		1100		
韩　城	2848	2848						
华　阴	6676	2389	4287			285		
延　安	550		550					550
延　安	8839	3666	5173			227	729	1550
汉　中	9660	3241	5940	479				
榆　林	23403	2327	21076			5000		1503
安　康	36691		36691					
商　洛	35642	800	34572	270		1152	657	
甘　肃	**164618**	**61094**	**82707**	**20817**	**6587**	**9196**	**4525**	**12151**
兰　州	46160	45389	771			345		
嘉峪关	13841	2206	8932	2703		415	25	3807
金　昌	16863	1269	9785	5809	81	993		527
白　银	5032	3378	387	1267	291	291		
天　水	27855	708	21447	5700	5700			4100
武　威	2011	1130	881		15	15		17
张　掖	4223	349	3428	446				
平　凉	150	80	50	20				
酒　泉	2331	545	1200	586		310		280
玉　门	3167	482		2685		110		1890
敦　煌	3583	971	1704	908				
庆　阳	19057	2410	15954	693	500	6000	4500	1500
定　西	1220	200	1020					30
陇　南	14211	100	14111			200		
临　夏	2746	1589	1157			237		
合　作	2168	288	1880			280		

按行业分 By Industry									城市名称
公共交通 Public Traffic	道路桥梁 Road and Bridge	排水 Sewerage	污水处理 Wastewater Treatment	防洪 Floos Control	园林绿化 Landscaping	市容环境卫生 Environmental Sanitation	垃圾处理 Domestic Garbage Treatment	其他 Other Expenditures	Name of Cities
170	**1937**				**1938**	**1602**	**100**	**1015**	西藏
170	1630				1938	1118	100	332	拉萨
	307					484		683	日喀则
48401	**421936**	**76769**	**27887**	**3930**	**53389**	**55024**	**4846**	**515125**	陕西
41177	283861	61270	20966	356	28250	41447		493261	西安
781	3443	1449	1449		385	1085	323	1037	铜川
4530	29370	3620	1895		8765	1945	958	3580	宝鸡
650	25251	767	30	386	1581	410	120	1326	咸阳
	5600	600			862	70			兴平
488	4800	1740	800	899	1576	300	261		渭南
	598	750		120	520	860	200		韩城
175	1810	976		990	128	897		1415	华阴
									延安
	1281	1447	1447	400	766	2383	94	56	延安
	5940							3720	汉中
	13450					3450	1918		榆林
600	27099	1850			1277	405		5460	安康
	19433	2300	1300	779	9279	1772	972	270	商洛
1163	**41539**	**2385**	**82**	**2508**	**25683**	**3916**	**577**	**61552**	甘肃
	384			10	32			45389	兰州
82	5082	60		211	1100	530		2529	嘉峪关
5	8140	82	82	7	1625	214	6	5270	金昌
140	1579	130		60	832			2000	白银
	4762				18668	125	125	200	天水
	882				130	507	112	460	武威
	1567	243			1379			1034	张掖
						150			平凉
100	986	130			365	160			酒泉
36	300				76	186		569	玉门
	285				286	225		2787	敦煌
800	1200	1740		2190	497	630			庆阳
	650				60			480	定西
	13611			30	50	100		220	陇南
	1111				583	815	60		临夏
	1000					274	274	614	合作

城市名称	合　计	按用途分 By Purpose				供　水	燃　气	集中供热
		固定资产投资支出	维护支出	其他支出	偿还贷款			
Name of Cities	Total	Expenditure From Investment in Fixed Assets	Maintenance Expenditure	Other Expenditures		Water Supply	Gas Supply	Central Heating
青　　海	**91923**	**21093**	**64962**	**5868**	**433**	**10600**	**5000**	**551**
西　　宁	74630	19486	49796	5348		10000	5000	
格 尔 木	16327	1327	14480	520	433	600		
德 令 哈	966	280	686					551
宁　　夏	**116626**	**50669**	**59508**	**6449**	**634**	**2625**	**1493**	**4519**
银　　川	51223	21029	30126	68	68	189	12	847
灵　　武	7051	1796	4750	505		655	250	1100
石 嘴 山	5194	4124	889	181			214	140
吴　　忠	10005	8338	650	1017		411	70	606
青 铜 峡	12841	1390	11321	130		220	735	200
固　　原	10679	1067	5630	3982		350	212	1626
中　　卫	19633	12925	6142	566	566	800		
新　　疆	**381913**	**112059**	**223947**	**45907**	**26330**	**10817**	**8846**	**12546**
乌鲁木齐	101424	67490		33934	24807	2486	146	2391
克拉玛依	69701	5377	58814	5510		220		278
吐 鲁 番	4402	1159	2632	611		862		
哈　　密	7335	1551	5702	82	82			255
昌　　吉	16513	6390	9056	1067	519	140		
阜　　康	15465		15465			1700	170	600
博　　乐	5464	2643	2821			580		
库 尔 勒	33856	5628	28228			500	800	850
阿 克 苏	38377	1472	36905			150	5880	3000
阿 图 什	722	237	183	302			30	
喀　　什	13330	2548	10782			850	150	
和　　田	4724	1346	2948	430		268		
伊　　宁	14542	3902	8512	2128	120	160		
奎　　屯	12258	2006	9450	802	802	506	1360	519
乌　　苏	5074	395	4679			370	310	94
塔　　城	5902	1867	3819	216		330		640
阿 勒 泰	5010	1075	3881	54		679		1981
石 河 子	17625	5556	11298	771		596		1938
阿 拉 尔	3911	100	3811			400		
图木舒克	915	330	585					
五 家 渠	5363	987	4376			20		

3-2-4 continued 15

按行业分 By Industry									城市名称
公共交通 Public Traffic	道路桥梁 Road and Bridge	排水 Sewerage	污水处理 Wastewater Treatment	防洪 Floos Control	园林绿化 Landscaping	市容环境卫生 Environmental Sanitation	垃圾处理 Domestic Garbage Treatment	其他 Other Expenditures	Name of Cities
145	**32067**	**12029**	**1230**	**7098**	**15442**	**8327**	**206**	**664**	**青海**
	20804	10241	1000	7098	13831	7359	62	297	西宁
145	11192	1788	230		1606	909	90	87	格尔木
	71				5	59	54	280	德令哈
1444	**27347**	**10632**	**6057**	**164**	**21881**	**7694**	**1428**	**38827**	**宁夏**
1374	18921	4670	4670	134	13902			11174	银川
38	1350	1490	790	30	1620	218	150	300	灵武
	235					3416		1189	石嘴山
	2142	408	408		480	1360	200	4528	吴忠
32	3649	1664	189		5131	1210	496		青铜峡
	1050	1500			628			5313	固原
		900			120	1490	582	16323	中卫
7202	**144303**	**19980**	**2528**	**1055**	**68585**	**32561**	**4721**	**76018**	**新疆**
160	47183	6838	1516	70	14808	14558	1000	12784	乌鲁木齐
4223	23668	1349	550	13	14492	3337	480	22121	克拉玛依
	44	230			121	132		3013	吐鲁番
177	1725	444	82		1618	963	6	2153	哈密
59	10170			5	1581	1918	824	2640	昌吉
	6005				3590			3400	阜康
	991	800		450	420	387		1836	博乐
750	5782	1035		450	19992	2737		960	库尔勒
	7056	610			743	938		20000	阿克苏
	64				34	55		539	阿图什
857	6878	1262			1026	1016		1291	喀什
	2481	588			670	287	287	430	和田
	10339	1231	130		958	1664	532	190	伊宁
	7213	309		67	1616	460		208	奎屯
145	2160	500	250		800	300	45	395	乌苏
20	2325	80			153	817	817	1537	塔城
	46	38			410	715	715	1141	阿勒泰
374	7595	1076			3782	1486		778	石河子
	1910	745			656	100		100	阿拉尔
320	210				253	30	15	102	图木舒克
117	458	2845			862	661		400	五家渠

主要指标解释

城市维护建设资金

指用于城市维护和建设的资金，资金来源包括城市维护建设税、公用事业附加、中央和地方财政拨款、国内贷款、债券收入、利用外资、土地出让转让收入、资产置换收入、市政公用企事业单位自筹资金、国家和省规定收取的用于城市维护建设的行政事业性收费、集资收入以及其他收入。资金支出包括固定资产投资支出、维护支出和其他支出。

本年鉴中仅统计了用于城市维护和建设的财政性资金。

城市维护建设税

指依据《中华人民共和国城市维护建设税暂行条例》开征的一种地方性税种。现行的征收办法是以纳税人实际缴纳的增值税、消费税、营业税税额为计税依据，与增值税、消费税、营业税同时缴纳。根据纳税人所在地不同执行不同的纳税率：市区的税率为百分之七；县城、镇的税率为百分之五；不在市区、县城或镇的税率为百分之一。

城镇公用事业附加

指在部分公用事业产品（服务）价外征收的用于城市维护建设的附加收入。包括工业用电、工业用水附加，公共汽车、电车、民用自来水、民用照明用电、电话、煤气、轮渡等附加。

Explanatory Notes on Main Indicators

Urban Maintenance and Construction Fund

It refers to fund used for urban construction and maintenance, including urban maintenance and construction tax, extra-charges for public utilities, financial allocation from the central government and local governments, domestic loan, securities revenue, foreign investment, revenue from land transfer and assets replacement, self-raised fund by municipal utilities, charges by administrative and institutional units for urban maintenance and construction, pooled revenue and other revenues.

Urban Maintenance and Construction Tax

It is one of local taxes imposed according to Temporary Regulations of People's Republic of China on Urban Maintenance and Construction Tax. It is levied based on actual value-added tax, consumption tax and business tax paid by a taxpayer. It is also paid with value-added tax, consumption tax and business tax at the same time. Different rates apply different places. The rate comes to 7% in urban areas, 5% in counties and towns and 1% beyond these places.

Extra Charge from Urban Utilities

It is additional revenue obtained from additional fees imposed on provision of products and service of such urban utilities as power generation, water supply for the industry, operation of public bus and trolley bus, taped water supply, electricity for lightening, telephone operation, gas and ferry etc. for the purpose of urban construction and maintenance.

四、城市市政公用设施建设固定资产投资

4. Investment in Fixed Assets of Urban Service Facilities

简要说明

本部分包含用于城市市政公用设施建设各行业的固定资产投资及投资的资金来源和投资产生的能力或效益。行业包括城市供水、燃气、集中供热、公共交通、道路和桥梁、排水和污水处理、园林绿化、市容环卫行业，不含住宅投资。

本部分还包括项目计划总投资 1 亿元以上的市政公用设施建设项目情况。

Brief Introduction

This section includes investment in different utilities facilities, including urban water supply, urban gas supply, central heating, public transit, roads and bridges, water drainage and wastewater treatment, landscaping, and urban environmental sanitation, with exception of housing development.

This section also includes engineering construction projects of service facilities with planned investment of over 100 million RMB.

4 全国历年城市市政公用设施建设固定资产投资（1978—2007）

4 National Investment in Fixed Assets of Urban Service Facilities in Past Years（1978—2007）

计量单位：亿元 Measurement Unit：100 million RMB

指标 Item / 年份 Year	国内生产总值 Gross Domestic Product		财政收入 Government Revenue		全社会固定资产投资 Tatol Investment in Fixed Assets		城市建设固定资产投资 Investment in Fixed Assets of Urban Construction			
	国内生产总值 GDP	增长速度（%） Growth Rate（%）	财政收入 Government Revenuse	环比增长率（%） Chain Growth Rate（%）	投资完成额 Completed Volume of Investment	环比增长率（%） Chain Growth Rate（%）	投资完成额 Completed Volume of Investment	环比增长率（%） Chain Growth Rate（%）	占同期全社会固定资产投资比重（%） Percentage in Total Investment in Fixed Assets During the Same Period（%）	占同期国内生产总值的比重（%） Percentage in GDP of the Same Period（%）
1978 年	3645.2	11.7	1132	29.5	669.0		11.99		1.79	0.33
1979 年	4062.6	7.6	1146	1.2	699.0	4.5	14.15	18.02	2.02	0.35
1980 年	4545.6	7.8	1160	1.2	911.0	30.3	14.40	1.77	1.58	0.32
1981 年	4891.6	5.2	1176	1.4	961.0	5.5	19.53	43.81	2.03	0.40
1982 年	5323.4	9.1	1212	3.1	1230.4	28.0	27.16	39.07	2.21	0.51
1983 年	5962.7	10.9	1367	12.8	1430.1	16.2	28.17	3.72	1.97	0.47
1984 年	7208.1	15.2	1643	20.2	1832.9	28.2	41.66	47.89	2.27	0.58
1985 年	9016.0	13.5	2005	22.0	2543.2	38.8	63.99	53.60	2.52	0.71
1986 年	10275.2	8.8	2122	5.8	3120.6	22.7	80.07	25.13	2.57	0.78
1987 年	12058.6	11.6	2199	3.6	3791.7	21.5	90.31	12.79	2.38	0.75
1988 年	15042.8	11.3	2357	7.2	4753.8	25.4	113.24	25.39	2.38	0.75
1989 年	16992.3	4.1	2665	13.1	4410.4	−7.2	106.97	−5.54	2.43	0.63
1990 年	18667.8	3.8	2937	10.2	4517.0	2.4	121.20	13.30	2.68	0.65
1991 年	21781.5	9.2	3149	7.2	5594.5	23.9	170.88	40.99	3.05	0.78
1992 年	26923.5	14.2	3483	10.6	8080.1	44.4	283.17	65.71	3.50	1.05
1993 年	35333.9	14.0	4349	24.8	13072.3	61.8	521.83	84.28	3.99	1.48
1994 年	48197.9	13.1	5218	20.0	17042.1	30.4	666.04	27.64	3.91	1.38
1995 年	60793.7	10.9	6242	19.6	20019.3	17.5	807.64	21.26	4.03	1.33
1996 年	71176.6	10.0	7408	18.7	22974.0	14.8	948.63	17.46	4.13	1.33
1997 年	78973.0	9.3	8651	16.8	24941.1	8.8	1142.65	20.45	4.58	1.45
1998 年	84402.3	7.8	9876	14.2	28406.2	13.9	1477.61	29.31	5.20	1.75
1999 年	89677.1	7.6	11444	15.9	29854.7	5.1	1590.84	7.66	5.33	1.77
2000 年	99214.6	8.4	13395	17.0	32917.7	10.3	1890.65	18.85	5.74	1.91
2001 年	109655.2	8.3	16386	22.3	37213.5	13.0	2351.91	24.40	6.32	2.14
2002 年	120332.7	9.1	18904	15.4	43499.9	16.9	3123.23	32.79	7.18	2.60
2003 年	135822.8	10.0	21715	14.9	55566.6	27.7	4462.43	42.88	8.03	3.29
2004 年	159878.3	10.1	26396	21.6	70477.4	26.6	4762.21	6.72	6.76	2.98
2005 年	183867.9	10.4	31649	19.9	88773.6	26.0	5602.22	17.64	6.31	3.06
2006 年	209406.8	10.7	38731	22.4	109869.8	24.0	5765.06	2.91	5.25	2.75
2007 年	249529.9	11.9	51304	32.4	137239.0	24.8	6418.93	11.34	4.68	2.57

注：1. 1978、1979 年全社会固定资产投资仅为基本建设与更新改造投资额。
2. 本表数据除国内生产总值增长指数按可比价格计算外，其余均按当年价格统计。

Note：1. Total investment in fixd asseets only refers to investment in basic construction and renovation in 1978 and 1979.
2. Data in this table are calculated at current prices（expect GDP Droeth Rate）.

4-1-1 按行业分全国历年城市市政公用设施建设固定资产投资（1978—2007）

4-1-1 National Investment in Fixed Assets of Urban Service Facilities by Industry in Past Years（1978—2007）

计量单位：亿元 Measurement Unit：100 Million RMB

指标 Item / 年份 Year	本年固定资产投资总额 Completed Investment of this Year	供水 Water Supply	燃气 Gas Supply	集中供热 Central Heating	公共交通 Public Traffic	道路桥梁 Road and Bridge	排水 Sewerage	污水处理及其再生利用 Wastewater Treatment and Reuse	防洪 Flood Control	园林绿化 Landscaping	市容环境卫生 Environmental Sanitation	垃圾处理 Garbage Treatment	其他 Other
1978年	12.0	4.7				2.9							4.4
1979年	14.2	3.4	0.6		1.8	3.1	1.2		0.1	0.4	0.1		3.4
1980年	14.4	6.7				7.0							0.7
1981年	19.5	4.2	1.8		2.6	4.0	2.0		0.2	0.9	0.7		3.2
1982年	27.2	5.6	2.0		3.1	5.4	2.8		0.3	1.1	0.9		5.9
1983年	28.2	5.2	3.2		2.8	6.5	3.3		0.4	1.2	0.9		4.7
1984年	41.7	6.3	4.8		4.7	12.2	4.3		0.5	2.0	0.9		5.9
1985年	64.0	8.1	8.2		6.0	18.6	5.6		0.9	3.3	2.0		11.3
1986年	80.1	14.3	12.5	1.6	5.6	20.5	6.0		1.6	3.4	2.8		11.9
1987年	90.3	17.2	10.9	2.1	5.5	27.1	8.8		1.4	3.4	2.1		11.9
1988年	113.2	23.1	11.2	2.8	6.0	35.6	10.0		1.6	3.4	2.6		16.9
1989年	107.0	22.2	12.3	3.3	7.7	30.1	9.7		1.2	2.8	2.8		14.8
1990年	121.2	24.8	19.4	4.5	9.1	31.3	9.6		1.3	2.9	2.9		15.4
1991年	170.9	30.2	24.8	6.4	9.8	51.8	16.1		2.1	4.9	3.6		21.3
1992年	283.2	47.7	25.9	11.0	14.9	90.6	20.9		2.9	7.2	6.5		55.6
1993年	521.8	69.9	34.8	10.7	22.1	191.8	37.0		5.9	13.2	10.6		125.8
1994年	666.0	90.3	32.5	13.4	25.1	279.8	38.3		8.0	18.2	10.9		149.7
1995年	807.6	112.4	32.9	13.8	30.9	291.6	48.0		9.5	22.5	13.6		232.5
1996年	948.6	126.1	48.3	15.7	38.8	354.2	66.8		9.1	27.5	12.5		249.7
1997年	1142.7	128.3	76.0	25.1	43.2	432.4	90.1		15.5	45.1	20.9		266.1
1998年	1477.6	161.0	82.0	37.3	86.1	616.2	154.5		35.8	78.4	36.7		189.6
1999年	1590.8	146.7	72.1	53.6	103.1	660.1	142.0		43.0	107.1	37.1		226.0
2000年	1890.7	142.4	70.9	67.8	155.7	737.7	149.3		41.9	143.2	84.3		297.5
2001年	2351.9	169.4	75.5	82.0	194.9	856.4	224.5	116.4	70.5	163.2	50.6	23.5	466.6
2002年	3123.2	170.9	88.4	121.4	293.8	1182.2	275.0	144.1	135.1	239.5	64.8	29.7	551.0
2003年	4462.4	181.8	133.5	145.8	281.9	2041.4	375.2	198.8	124.5	321.9	96.0	35.3	760.4
2004年	4762.2	225.1	148.3	173.4	328.5	2128.7	352.3	174.5	100.3	359.5	107.8	53.0	838.4
2005年	5602.2	225.6	142.4	220.2	476.7	2543.2	368.0	191.4	120.0	411.3	147.8	56.7	947.0
2006年	5765.1	205.1	155.0	223.6	604.0	2999.9	331.5	151.7	87.1	429.0	175.8	51.8	554.3
2007年	6418.9	233.0	160.1	230.0	852.4	2989.0	410.0	212.2	141.4	525.6	141.8	53.0	735.6

4-1-2 2007年按行业分全国城市市政公用设施建设固定资产投资分组资料

地区名称 Name of Regions		本年完成投资 Completed Investment of this Year	供水 Water Supply	燃气 Gas Supply	集中供热 Central Heating	公共交通 Public Traffic	道路桥梁 Road and Bridge
全国	**National Total**	**64189297**	**2330143**	**1600611**	**2300334**	**8523920**	**29889695**
分类一	**Sort one**						
东部地区	East China	41053489	1734688	1067414	1320008	7607282	17156723
中部地区	Central China	13913796	454713	361060	698968	322358	7803302
西部地区	West China	9222012	140742	172137	281358	594280	4929670
分类二	**Sort two**						
东部地区	East China	39684530	1703938	1031360	1320008	7582156	16345893
中部地区	Central China	12792912	415663	329635	534463	306485	7417770
西部地区	West China	11711855	210542	239616	445863	635279	6126032
分类三	**Sort three**						
东部地区	East China	36364141	1574841	976690	1154957	7155277	14967604
中部地区	Central China	10635951	246123	273145	232199	223059	6454769
西部地区	West China	11711855	210542	239616	445863	635279	6126032
东北地区	Northeast China	5477350	298637	111160	467315	510305	2341290

4-1-2 National Investment in Fixed Assets of Urban Service Facilities by Industry (2007)

计量单位：万元 Measurement Unit：10，000 RMB

排 水 Sewerage	污水处理及其再生利用 Wastewater Treatment and Reuse	防 洪 Flood Control	园林绿化 Landscaping	市容环境卫生 Environmental Sanitation	垃圾处理 Domestic Garbage Treatment	其 他 Other	本年新增固定资产 Newly Added Fixed Assets of This Year	地区名称 Name of Regions
4100104	**2121774**	**1414215**	**5255588**	**1418365**	**530220**	**7356322**	**33471439**	**全 国**
								分 类 一
2649494	1409126	1265037	3442034	1013433	338595	3797376	20015626	东部地区
792624	479082	88106	1175284	297128	142320	1920253	8044022	中部地区
657986	233566	61072	638270	107804	49305	1638693	5411791	西部地区
								分 类 二
2437871	1320116	1208715	3300189	985900	328821	3768500	19281374	东部地区
748232	452834	80482	924681	275198	142320	1760303	7328295	中部地区
914001	348824	125018	1030718	157267	59079	1827519	6861770	西部地区
								分 类 三
2209434	1250001	1162192	2976284	966581	320102	3220281	17600595	东部地区
562036	335559	58651	811208	222204	107733	1552557	6075101	中部地区
914001	348824	125018	1030718	157267	59079	1827519	6861770	西部地区
414633	187390	68354	437378	72313	43306	755965	2933972	东北地区

4-1-3 2007年按行业分全国城市市政公用设施建设固定资产投资（按省分列）

地区名称 Name of Regions	本年完成投资 Completed Investment of this Year	供 水 Water Supply	燃 气 Gas Supply	集中供热 Central Heating	公共交通 Public Traffic	道路桥梁 Road and Bridge	排 水 Sewerage
全 国	**64189297**	**2330143**	**1600611**	**2300334**	**8523920**	**29889695**	**4100104**
北 京	5736800	210392	137786	433620	2022483	1338094	110138
天 津	1260837	54808	40427	58860	460610	493350	12000
河 北	3084939	66505	80888	257658	37197	1668509	167228
山 西	933663	11814	32611	190538	6720	496904	14880
内蒙古	1120884	39050	31425	164505	15873	385532	44392
辽 宁	3320389	129097	54670	165051	426879	1378289	228437
吉 林	1005055	51671	26948	115226	65158	547682	93036
黑龙江	1151906	117869	29542	187038	18268	415319	93160
上 海	4854253	112415	152398		2545218	1239069	248726
江 苏	6586295	381184	152526	5284	451540	3524247	356525
浙 江	3568978	258912	75947	36331	339578	1695599	235797
安 徽	2516437	78385	67449	11276	38946	1747626	98282
福 建	2969893	99863	53614		66476	2015930	126826
江 西	1048835	30237	33198		19493	479607	46296
山 东	4552107	144833	156849	363204	137089	1742125	565229
河 南	1147743	23695	34146	30385	27366	640189	113206
湖 北	2528555	55358	65498		97279	1546194	146868
湖 南	2460718	46634	40243		33255	1544249	142504
广 东	3496613	243854	102655		1095086	1092092	346599
广 西	1368959	30750	36054		25126	810830	211623
海 南	253426	2075	23600			158589	40366
重 庆	2197983	22642	32152		196079	1560180	164314
四 川	2639542	48029	41494		214906	1185220	220873
贵 州	529147	10251	518		12049	420736	76011
云 南	492090	15081	6712		3915	300220	15131
西 藏	56502					56502	
陕 西	1450075	15542	21549	36297	117138	558296	87480
甘 肃	800121	3278	21773	38727	18136	484687	50712
青 海	128402	3191	3660	2260	4253	56525	5822
宁 夏	343969	11214	9155	155721	9097	53276	10421
新 疆	584181	11514	35124	48353	18707	254028	27222

4-1-3 National Investment in Fixed Assets of Urban Service Facilities by Industry (by Province in Column) (2007)

计量单位：万元 Measurement Unit：10，000 RMB

污水处理及其再生利用 Wastewater Treatment and Reuse	防　洪 Flood Control	园林绿化 Landscaping	市容环境卫生 Environmental Sanitation	垃圾处理 Domestic Garbage Treatment	其　他 Other	本年新增固定资产 Newly Added Fixed Assets of This Year	地区名称 Name of Regions
2121774	**1414215**	**5255588**	**1418365**	**530220**	**7356322**	**33471439**	全　国
106376	490475	253425	424797	100681	315590	1900901	北　京
1201		80602	8879	2109	51301	338987	天　津
77593	132581	310125	56419	10330	307829	2006245	河　北
5615	1199	65482	22312	16382	91203	520164	山　西
26248	7624	250603	21930		159950	715727	内蒙古
70115	46523	323905	19319	8719	548219	1680778	辽　宁
69539	7340	47312	36331	29158	14351	702936	吉　林
47736	14491	66161	16663	5429	193395	550258	黑龙江
115160	112284	246639	35424	31504	162080	607369	上　海
289970	130296	985230	110244	29688	489219	5803163	江　苏
111708	49693	267719	40377	17221	569025	1503227	浙　江
43941	12563	249077	27394	15332	185439	1117524	安　徽
67814	42256	178254	43366	26204	343308	890212	福　建
32297	3414	86828	15808	12398	333954	431421	江　西
219677	98561	548345	105089	68904	689783	2937454	山　东
61418	1298	175908	59317	44745	42233	629112	河　南
76730	1148	135928	33634	5170	446648	1510113	湖　北
115558	39029	97985	63739	13706	453080	1866767	湖　南
260502	106046	85077	135482	33401	289722	1516057	广　东
89010	56322	141845	27533	9774	28876	734252	广　西
		20868	5504	60	2424	96981	海　南
67052	6926	70390	16474	6164	128826	1666216	重　庆
76313	11533	237500	32156	7684	647831	1620782	四　川
16225	4110	2617	2333	1114	522	285224	贵　州
1223	8079	29954	1397	946	111601	264765	云　南
						56502	西　藏
11502	19610	121150	27639	21904	445374	771775	陕　西
42323	157	28868	4739	2280	149044	143519	甘　肃
3675	10344	28757	6581	5389	7009	116160	青　海
4014		47408	1508	1300	46169	122601	宁　夏
11239	313	71626	14977	2524	102317	364247	新　疆

4-1-4　2007 年按行业分全国城市市政公用设施建设固定资产投资（按城市分列）

城市名称 Name of Cities	本年完成投资 Completed Investment of this Year	供　水 Water Supply	燃　气 Gas Supply	集中供热 Central Heating	公共交通 Public Traffic	道路桥梁 Road and Bridge
全　国	**64189297**	**2330143**	**1600611**	**2300334**	**8523920**	**29889695**
北　京	**5736800**	**210392**	**137786**	**433620**	**2022483**	**1338094**
天　津	**1260837**	**54808**	**40427**	**58860**	**460610**	**493350**
河　北	**3084939**	**66505**	**80888**	**257658**	**37197**	**1668509**
石家庄	449950	937	4600	13800	4000	368102
辛　集	5620	325	1233	360		2144
藁　城	6039	350	400	878		1896
晋　州	1550					750
新　乐	5340	80	280	50	930	1720
鹿　泉	16386	109	100	3302		11909
唐　山	570142	4704	12919	23127	4875	395371
遵　化	42440	1000	1360	12000		10480
迁　安	28026	400	186	20000		3440
秦皇岛	237003	11606	4393	26052	2312	58279
邯　郸	239043	2461	660	10076	2300	123095
武　安	44205	2030	1500	4280	562	19600
邢　台	172787	2200	15723	8200	4557	45294
南　宫	13242	70	380	700		9632
沙　河	17438	300	775	485	300	9197
保　定	154805	7108	3676	10568	5684	25799
涿　州	20932		1300	1100	426	9662
定　州	12217	400				4789
安　国	14580	2000	50	1000	30	7000
高碑店	9050	350	300		350	2150
张家口	320505	1315	2600	2000	2200	276124
承　德	99650	1450	2000	28040	1080	28426
沧　州	93333	5502	2064	24145	1842	32217
泊　头	14000	650	320	800	225	8159
任　丘	28003	405	4000	1800	1000	10324
黄　骅	22121	2398	2519	1700	200	7800
河　间	10302	699	950			6853
廊　坊	204201	13600	6000	29290	1772	123079
霸　州	35716	720	800	1000	1335	14295
三　河	41104	1478	6600	8000	1058	13300
衡　水	124041	800	2000	22905	109	20683
冀　州	23000	800	1000	2000		13340
深　州	8168	258	200		50	3600

4-1-4 National Investment in Fixed Assets of Urban Service Facilities by Industry (by City in Column) (2007)

计量单位：万元 Measurement Unit：10，000 RMB

排水 Sewerage	污水处理及其再生利用 Wastewater Treatment and Reuse	防洪 Flood Control	园林绿化 Landscaping	市容环境卫生 Environmental Sanitation	垃圾处理 Domestic Garbage Treatment	其他 Other	本年新增固定资产 Newly Added Fixed Assets of This Year	城市名称 Name of Cities
4100104	**2121774**	**1414215**	**5255588**	**1418365**	**530220**	**7356322**	**33471439**	**全国**
110138	**106376**	**490475**	**253425**	**424797**	**100681**	**315590**	**1900901**	**北京**
12000	**1201**		**80602**	**8879**	**2109**	**51301**	**338987**	**天津**
167228	**77593**	**132581**	**310125**	**56419**	**10330**	**307829**	**2006245**	**河北**
1886			52251	474		3900	448444	石家庄
880			678				4582	辛集
859			1656				6039	藁城
150			650				1200	晋州
750			1530					新乐
167			685			114	13605	鹿泉
13466	12901		54492	19970		41218	457782	唐山
7500			5700	1300	800	3100	42440	遵化
			4000				23840	迁安
3985	3787	3000	25565	192		101619	54760	秦皇岛
25385	5591		35115	1584	1015	38367	101241	邯郸
7500			7250	83		1400	23505	武安
1025	600	87714	6202	60		1812	163723	邢台
1930	1110	80	350			100	13242	南宫
1668	600	213	1447	403		2650	16826	沙河
13396	3146	5704	11752	150		70968	124680	保定
4907	2232		2534	1003	890		1526	涿州
6004	6004		950	74			3013	定州
3000	2000		900	600			8280	安国
4650	4650		870	380			350	高碑店
9272	9272	15000	8255	2770	2620	969	147981	张家口
4200	4200	19164	2910	12310		70	20900	承德
18524	9600		5816	486		2737	37412	沧州
750			2912	184			13305	泊头
4550			2633	405	405	2886	28003	任丘
2434		60	4170	840	600		19689	黄骅
600			605	595			10302	河间
7630	5000		22000	830			19092	廊坊
9700		1646	3734	2486			35716	霸州
3800	2600		1653	1240		3975	17858	三河
			38600	8000	4000	30944	115741	衡水
3360	1000		1500			1000	23000	冀州
3300	3300		760				8168	深州

城市名称 Name of Cities	本年完成投资 Completed Investment of this Year	供水 Water Supply	燃气 Gas Supply	集中供热 Central Heating	公共交通 Public Traffic	道路桥梁 Road and Bridge
山西	**933663**	**11814**	**32611**	**190538**	**6720**	**496904**
太原	411532	5170		85583		242883
古交	6382	42				6014
大同	133746		3000	39256	3400	42150
阳泉	41625	3364	2341	18345	1600	642
长治	22053	600	574		1510	11988
潞城	5881	1350	206	3500		
晋城	8172			5700		
高平	10937					8219
朔州	15001			10840		2101
晋中	45586	788		4011		27400
介休	19361				100	17250
运城	29278		3500	22013		3765
永济	1251	250		270		501
河津	9100					9100
忻州	19743	250	14990			2894
原平	1165					962
临汾	74458					74458
侯马	37489		8000	1020	110	18015
吕梁	30053					18862
孝义	10850					9700
内蒙古	**1120884**	**39050**	**31425**	**164505**	**15873**	**385532**
呼和浩特	197412	20098	24319	67227	9779	37585
包头	307457			29234	4250	162125
乌海	34031	2350	220	2808		8470
赤峰	121759	5200	2271	25252	1290	61204
通辽	63516	838	1450	13107		40748
霍林郭勒	9710	40		1131		6809
鄂尔多斯	245160	5920	2365	2300		13386
呼伦贝尔	22829			2213	240	2053
满洲里	35337			5000		26532
牙克石	5484	197				3600
扎兰屯	3137					1920
额尔古纳	611	120				491
根河	771			53		650
巴彦淖尔	4411	670				
乌兰察布	25934	90	800	8000	54	8100
丰镇	5480	1260		1780		
乌兰浩特	11970			800		9689
阿尔山	679					679
二连浩特	23689	760		5600	260	1491
锡林浩特	1507	1507				

排水 Sewerage	污水处理及其再生利用 Wastewater Treatment and Reuse	防洪 Flood Control	园林绿化 Landscaping	市容环境卫生 Environmental Sanitation	垃圾处理 Domestic Garbage Treatment	其他 Other	本年新增固定资产 Newly Added Fixed Assets of This Year	城市名称 Name of Cities
14880	**5615**	**1199**	**65482**	**22312**	**16382**	**91203**	**520164**	**山西**
		739	16001	5931	3000	55225	148239	太原
47		85		59		135	6382	古交
			11500	700		33740	119416	大同
3053	1185		7380	4900	4900		20620	阳泉
			6637	744			21737	长治
		375	450				1031	潞城
				2472	2472			晋城
2000	2000		535			183	2060	高平
				2060	2060		15001	朔州
5000			7124	1263			27296	晋中
			1863	148			19389	介休
							961	运城
230							786	永济
							9100	河津
			1609				15653	忻州
120			83					原平
							75016	临汾
4200	2200		3309	2835	2750		26627	侯马
			8991	1200	1200	1000		吕梁
230	230					920	10850	孝义
44392	**26248**	**7624**	**250603**	**21930**		**159950**	**715727**	**内蒙古**
			37125	1279			57578	呼和浩特
14555	4300		24460	2480		70353	262159	包头
8470	8470	633	1900	9180				乌海
4823	2300	6794	11752	3173			109271	赤峰
			6513	860			63516	通辽
632			972			126	9710	霍林郭勒
1360			158996	500		60333	104260	鄂尔多斯
			2080	2410		13833	22829	呼伦贝尔
3750	3750			55			31587	满洲里
1117			200	370			5484	牙克石
960		197		60			2537	扎兰屯
							611	额尔古纳
			40	28			718	根河
2628	2628			1113				巴彦淖尔
4810	4800		4000	50		30	10600	乌兰察布
570			1870				3278	丰镇
664			615	202			11355	乌兰浩特
							679	阿尔山
53			80	170		15275	18048	二连浩特
							1507	锡林浩特

4-1-4 续2

城市名称 Name of Cities	本年完成投资 Completed Investment of this Year	供水 Water Supply	燃气 Gas Supply	集中供热 Central Heating	公共交通 Public Traffic	道路桥梁 Road and Bridge
辽宁	**3320389**	**129097**	**54670**	**165051**	**426879**	**1378289**
沈阳	2011098	83239	15500	3753	270723	1030559
新民	10067		2000	600		2676
大连	606390	13893	15747	66197	144691	71358
瓦房店	10225		944	6396		
普兰店	1217			457		290
庄河	16874	798	165	1089	128	9799
鞍山	74398	17000	3614	1500	5178	34884
海城	2230	280			120	1830
抚顺	60990	3200	200	10582		30975
本溪	44637		945	12783	1252	21600
丹东	36643	1350	4470	3033	788	17700
东港	4119	66				4053
凤城	3846			1102		830
锦州	47542	1060	1296	9970		27432
凌海	1915	150	105	498		865
北镇	2395	45				37
营口	31725	2400	769	8578		2386
盖州	11417	286		10000		967
大石桥	5758	186		2185		2371
阜新	8077			879	314	2573
辽阳	48218	718	3009	8916	2000	13547
灯塔	1192	284				804
盘锦	28277	280	1038	2366	248	15683
铁岭	161041	1635	4016	5195	380	50960
调兵山	7868	18	595			2909
开原	20468	1047		5565	927	8664
朝阳	29576		257	2410	36	6395
北票	7726	945		744		4555
凌源	3794					1960
葫芦岛	20077					9627
兴城	589	217		253	94	
吉林	**1005055**	**51671**	**26948**	**115226**	**65158**	**547682**
长春	567306	11240	15500	17549	61213	356256
九台	2502					653
榆树	2347	941		425		
德惠	511					
吉林	128311	4150	2123	18700	2380	73615
蛟河	4520					2250

排水 Sewerage	污水处理及其再生利用 Wastewater Treatment and Reuse	防洪 Flood Control	园林绿化 Landscaping	市容环境卫生 Environmental Sanitation	垃圾处理 Domestic Garbage Treatment	其他 Other	本年新增固定资产 Newly Added Fixed Assets of This Year	城市名称 Name of Cities
228437	**70115**	**46523**	**323905**	**19319**	**8719**	**548219**	**1680778**	**辽宁**
122343	12350	23385	149484	3329		308783	696454	沈阳
1319	500					3472	7967	新民
39259	33536	8417	29727	8070	6772	209031	405979	大连
			238	315		2332	8330	瓦房店
			470				760	普兰店
4200			574	121			14858	庄河
7483			4739				48549	鞍山
							2230	海城
1900			4800			9333	37100	抚顺
867		1000	4945	1245	754		35143	本溪
922			2780	400		5200	30077	丹东
							2889	东港
40			1033	80		761	2289	凤城
1590			2735	720	568	2739	42993	锦州
207			51	39			1915	凌海
13						2300	2393	北镇
2245			15236	111			22578	营口
36			100	28			567	盖州
259			667	90			5758	大石桥
2649	2649		650	1012			3766	阜新
7230	3150	1221	6919	799	625	3859	54862	辽阳
			80	24			1192	灯塔
2421			5213	1028			22529	盘锦
1505		12500	83842	910		98	160350	铁岭
3830	3830		246	270			3788	调兵山
1498			2456			311	18939	开原
14100	14100		6033	345			28436	朝阳
1098			240	144			7768	北票
973			647	214			2734	凌源
10450							7027	葫芦岛
				25			558	兴城
93036	**69539**	**7340**	**47312**	**36331**	**29158**	**14351**	**702936**	**吉林**
58164	46306	7340	25714	14330	9137		408256	长春
1849							1246	九台
506			475				2122	榆树
						511		德惠
6525			6530	14288	14288		107921	吉林
2270	2270						4520	蛟河

4-1-4 续 3

城市名称 Name of Cities	本年完成投资 Completed Investment of this Year	供水 Water Supply	燃气 Gas Supply	集中供热 Central Heating	公共交通 Public Traffic	道路桥梁 Road and Bridge
桦甸	2100	1400		700		
舒兰	1962					
磐石	4340	403				3744
四平	33882		1576	27306		
公主岭	32758	2850		10020		15861
双辽	3579	179				700
辽源	12650	2100		3500	650	5120
通化	11170	2243	1109	1000	439	4179
梅河口	38390	18500	3000	9000		2690
集安	9030			1500		2600
白山	27190	1900	1690	6000		17535
临江	2300					2300
松原	30942	660				29687
白城	25307	176		10440	76	2272
洮南	2300	290		130		900
大安	4838	187		476		3479
延吉	34696	3864	800	5650	400	19501
敦化	16177					4340
珲春	350	350				
龙井	5128	168	1150	2750		
和龙	469	70		80		
黑龙江	**1151906**	**117869**	**29542**	**187038**	**18268**	**415319**
哈尔滨	622115	96820	5200	40220	11576	222956
双城	12366			9000		3366
尚志	4275	2860		695		
五常	1762			1000		209
齐齐哈尔	52747	210	3670	23789	507	7179
讷河	5788					792
鸡西	7851	1100				2151
虎林	11300	300		11000		
密山	1897	420		176		270
鹤岗	8235	39		3963	41	2860
双鸭山	15804	1360	855	11000		1579
大庆	223441	3390	18499	45168	2899	92337
伊春	19379	1493		5949	122	8479
铁力	1039	30		230		402
佳木斯	26107	623	700	5792	2196	6698
同江	2451	340				1349
富锦	1620					1620

排水 Sewerage	污水处理及其再生利用 Wastewater Treatment and Reuse	防洪 Flood Control	园林绿化 Landscaping	市容环境卫生 Environmental Sanitation	垃圾处理 Domestic Garbage Treatment	其他 Other	本年新增固定资产 Newly Added Fixed Assets of This Year	城市名称 Name of Cities
								桦甸
						1962	1140	舒兰
			193				4340	磐石
						5000	33364	四平
4027	3100						18728	公主岭
2700	2700						3579	双辽
			180	600		500	5350	辽源
				1600	1600	600	15155	通化
3600	3600		510	370	300	720	14470	梅河口
			200	230		4500	6230	集安
			65				3609	白山
							2300	临江
			595				1255	松原
7483	7483		2750	2110	2110		25307	白城
550			280	150			1180	洮南
386			310				4838	大安
1427	800			2496	1616	558	18199	延吉
3280	3280		8450	107	107		12897	敦化
							350	珲春
			1060				6111	龙井
269				50			469	和龙
93160	**47736**	**14491**	**66161**	**16663**	**5429**	**193395**	**550258**	**黑龙江**
25298	15346	10714	45956	2161	603	161214	41813	哈尔滨
							12366	双城
160						560	4275	尚志
142			61			350	5759	五常
12592	630	3777	1023				50784	齐齐哈尔
4819			70	50		57	4449	讷河
2500	2500			2100	2100			鸡西
							11527	虎林
348			155	128		400	1897	密山
166	166		1166				6749	鹤岗
355	355		437	218			15804	双鸭山
26692	21352		4880	7561	356	22015	206196	大庆
340			2696	300			12884	伊春
			30	347			1010	铁力
5270	5270		2458	2370	2370		26107	佳木斯
51			711					同江
								富锦

4-1-4 续 4

城市名称 Name of Cities	本年完成投资 Completed Investment of this Year	供水 Water Supply	燃气 Gas Supply	集中供热 Central Heating	公共交通 Public Traffic	道路桥梁 Road and Bridge
七台河	15097	553	548	4147		4845
牡丹江	32088			210	828	26386
绥芬河	19903	85		10171	43	1600
海林	14626	3600	40	3500		3500
宁安	2216	550	30	392	56	132
穆棱	9166	350		2696		5700
黑河	10733	1287		1500		5500
北安	6266	1500		1140		1950
五大连池	1315	67				953
绥化	16460	800		5000		8460
安达	3678					2887
肇东	800			300		
海伦	1381	92				1159
上海	**4854253**	**112415**	**152398**		**2545218**	**1239069**
江苏	**6586295**	**381184**	**152526**	**5284**	**451540**	**3524247**
南京	1149001	51395	37834		288941	321993
无锡	929123	132031	17757		6946	643009
江阴	36513				2565	22495
宜兴	36749		3760		562	27040
徐州	284910	220	10107		12100	92238
新沂	8405	55			190	3860
邳州	5855	520	860		750	2460
常州	831165	23957	22400		77559	466373
溧阳	27044	1291	4734		995	18000
金坛	51733	3000	5400			24593
苏州	874820	35271	2637		18807	459959
常熟	102610	5458	10770		5900	42123
张家港	134684	4920				119455
昆山	139670	34577				51784
吴江	98360	224	1471		10200	70121
太仓	50589				800	41701
南通	465183	21125			13008	320126
启东	33283	15000	203			12100
如皋	19965	380	400			15348
通州	1394		50			1273
海门	67118					29541
连云港	288190	6834	2200	5200	3529	165625
淮安	20260	6700				8060

排　水 Sewerage	污水处理及其再生利用 Wastewater Treatment and Reuse	防　洪 Flood Control	园林绿化 Landscaping	市容环境卫生 Environmental Sanitation	垃圾处理 Domestic Garbage Treatment	其　他 Other	本年新增固定资产 Newly Added Fixed Assets of This Year	城市名称 Name of Cities
1369			2382	354		899	10680	七台河
						4664	42348	牡丹江
2817	2117		1652	783		2752	16076	绥芬河
3540			339	107			27860	海　林
1006			50				422	宁　安
420							9166	穆　棱
1632			453			361	8922	黑　河
1388			248	40			6266	北　安
100			8	64		123	379	五大连池
1400			800				16460	绥　化
625			86	80			3678	安　达
			500				5000	肇　东
130							1381	海　伦
248726	**115160**	**112284**	**246639**	**35424**	**31504**	**162080**	**607369**	**上　海**
356525	**289970**	**130296**	**985230**	**110244**	**29688**	**489219**	**5803163**	**江　苏**
51303	50510	17402	115322	34143	1646	230668	1206510	南　京
25417		45494	38818	19651			984454	无　锡
4553	4553		5700	1200			2565	江　阴
			5387				39242	宜　兴
22003	21823		74092	10150	450	64000	463287	徐　州
1785			2293	222			9565	新　沂
			420	85		760	5855	邳　州
22359	14710	21865	156954	22311	22237	17387	418647	常　州
			1400	624			9044	溧　阳
			18740				51733	金　坛
73723	72268		199910	473		84040	675178	苏　州
16964	8421	132	7325	5913	1500	8025	74468	常　熟
1837	1438		4652	3470		350	128584	张家港
3689	2712		18206	986		30428	113891	昆　山
2984	1832		13360				66475	吴　江
3959	3959		4129					太　仓
63741	63741		47183				465183	南　通
1980			4000				18283	启　东
1680			732			1425	18140	如　皋
			71				1394	通　州
			37577				67118	海　门
9450	9450	5800	87733	1819	1819		228248	连云港
2000			3000			500	20260	淮　安

4-1-4 续5

城市名称 Name of Cities	本年完成投资 Completed Investment of this Year	供水 Water Supply	燃气 Gas Supply	集中供热 Central Heating	公共交通 Public Traffic	道路桥梁 Road and Bridge
盐城	138292				1230	90071
东台	11203			84		5146
大丰	13966					10600
扬州	224649	1623	6092		1917	149605
仪征	13361					11261
高邮	12402				160	11542
江都	40298	1083	1300		120	26125
镇江	200993	11794	7246		2300	143028
丹阳	65244	2800	3574			22123
扬中	7551	1750	643		40	2480
句容	7268	206				5340
泰州	77666	3000	638		1738	40700
兴化	21306	114	900		483	7607
靖江	25401	10306	2850			6811
泰兴	17950	5190	700			9940
姜堰	15510				300	8560
宿迁	36611	360	8000		400	14031
浙江	**3568978**	**258912**	**75947**	**36331**	**339578**	**1695599**
杭州	855057	35827	20677	1000	303825	308484
建德	13041	3124			283	5174
富阳	23833		1386			15527
临安	39189	1244	692		190	15367
宁波	762633	60681	17858	2100	12147	403175
余姚	119777	48610	780		263	57393
慈溪	109960	14357	4731		600	36680
奉化	9647		265			5445
温州	196140	2450				136504
瑞安	13446	1427	513		354	4972
乐清	8425	175				60
嘉兴	292153	10230	10627	300	3413	72522
海宁	48622	14942	3095		869	22011
平湖	55164	3782			397	48938
桐乡	31709	7018	523	3814		17894
湖州	284923	5970	1104	300	1068	225179
绍兴	85656	4756	4084	28501	4974	21793
诸暨	13643	580	264	106	28	1000
上虞	20851	1922	1000	50		12478
嵊州	17406	727		160		8490
金华	19520	813	972		1559	12054

排水		防洪	园林绿化	市容环境卫生		其他	本年新增固定资产	城市名称
	污水处理及其再生利用				垃圾处理			
Sewerage	Wastewater Treatment and Reuse	Flood Control	Landscaping	Environmental Sanitation	Domestic Garbage Treatment	Other	Newly Added Fixed Assets of This Year	Name of Cities
		11389	18302			17300	90589	盐　城
			5861	112			4720	东　台
2200	2200		666	500	500		865	大　丰
4471	4471	2220	32959	4202		21560	197351	扬　州
			2100				6165	仪　征
			700				12602	高　邮
4000	4000	1480	1829	361		4000	29816	江　都
5777	4370	8200	18328	320	320	4000	186883	镇　江
13020	5687	700	18091	1660	1054	3276	65244	丹　阳
1000	1000		1546	92			6551	扬　中
			1630	92			7268	句　容
720		14470	14900			1500	30266	泰　州
4985	3400	1144	5707	366			14202	兴　化
3005	3005		2337	92	42		22396	靖　江
1500			20	600			16480	泰　兴
			6250	400	120		15510	姜　堰
6420	6420		7000	400			28131	宿　迁
235797	**111708**	**49693**	**267719**	**40377**	**17221**	**569025**	**1503229**	**浙　江**
62080	18720	2325	59944	4467	2217	56428	196777	杭　州
3560	3560	900					8538	建　德
4136	3136		414	570		1800		富　阳
2433	716	14610		311	205	4342	12793	临　安
41491	17378	6444	12326	2402	1106	204009	199120	宁　波
8966	5966		1254	811		1700	63697	余　姚
2771			6681	968		43172	56639	慈　溪
3003			275	639	639	20	2413	奉　化
7161	3898		18275	1385		30365	7084	温　州
1500	1500		4487	75	58	118	29638	瑞　安
8190	8190						8250	乐　清
27672	23773	2675	13280	7013	5294	144421	79929	嘉　兴
2125	315		2813	2767	2489		41328	海　宁
1015			775	257			1911	平　湖
			2460				36078	桐　乡
6570	4650		44560			172	278335	湖　州
4529		5525	3172	97		8225	46996	绍　兴
4720	2850		76	330		6539	11324	诸　暨
2	2		4739	110		550	21437	上　虞
5132			787			2110	9233	嵊　州
280			3511	331			17988	金　华

城市名称 Name of Cities	本年完成投资 Completed Investment of this Year	供水 Water Supply	燃气 Gas Supply	集中供热 Central Heating	公共交通 Public Traffic	道路桥梁 Road and Bridge
兰溪	3320					3320
义乌	42816				3264	20761
东阳	32611	218	380		183	23208
永康	13704		675		36	5574
衢州	72373	2802	1398		879	30952
江山	40074	1290				24087
舟山	71464	10701	2226		3252	24150
台州	63919	6150	1769			20786
温岭	63216	9822				37132
临海	10327	473	482		580	4854
丽水	109415	7770	446		1414	48417
龙泉	24944	1051				21218
安徽	**2516437**	**78385**	**67449**	**11276**	**38946**	**1747626**
合肥	1019584	14912	11722	8876	16892	854853
芜湖	370846	8464	2500		1500	245851
蚌埠	99168	1720	6461		2574	51994
淮南	80001	4658	5511	2000	973	34508
马鞍山	71282	2352	8547		128	21470
淮北	13172	1288	983		1250	3073
铜陵	53491	946	6970		1914	15751
安庆	147571	2483	3000		872	88667
桐城	16246	260	1161		568	12565
黄山	43390	805	500		2281	29034
滁州	22773	1354	599		1290	14301
天长	11915	6800	1800		2200	795
明光	11095	150	64		550	7630
阜阳	110338	2777	3000		2345	91463
界首	9585	287	400			6314
宿州	50311		1000	400	60	27949
巢湖	15157		3241		507	9835
六安	40694	3515	1590		1271	19000
亳州	26861	872	610			6249
池州	138404	1100	890		951	127804
宣城	125819	15172	6000		720	67506
宁国	38734	8470	900		100	11014
福建	**2969893**	**99863**	**53614**		**66476**	**2015930**
福州	785474		5880		9084	490796
福清	26407	1357	300		600	21450

排水 Sewerage	污水处理及其再生利用 Wastewater Treatment and Reuse	防洪 Flood Control	园林绿化 Landscaping	市容环境卫生 Environmental Sanitation	垃圾处理 Domestic Garbage Treatment	其他 Other	本年新增固定资产 Newly Added Fixed Assets of This Year	城市名称 Name of Cities
							1520	兰溪
7929	7193	630	8007	1400	1400	825	39504	义乌
259		1467	6546	60		290	14504	东阳
2723			4696				13704	永康
5223		1845	22565	2812	1665	3897	58515	衢州
2500			11207	20		970	37919	江山
3509			8143	3115		16368	8551	舟山
10447	8626	6	75	1516	1387	23170	43766	台州
2240			12527	250		1245	54976	温岭
978	160	161	202	287	187	2310	13701	临海
1412		13105	12766	8170	370	15915	73864	丽水
1241	1075		1156	214	204	64	13195	龙泉
98282	**43941**	**12563**	**249077**	**27394**	**15332**	**185439**	**1117524**	**安徽**
23692			87370	1267			122215	合肥
17396	14396	3000	25436	2496		64203	112512	芜湖
10956	8019	6700	6710	1954	1000	10099	65390	蚌埠
5351		31	15089	4655		7225	49090	淮南
4928	2328		3315			30542	29430	马鞍山
5478	4330		1100				7134	淮北
		52	11131			16727	26309	铜陵
6631	3420		39996	187		5735	173505	安庆
			900	232		560	8376	桐城
2870			7525			375	47905	黄山
			1492	3287	3287	450	20793	滁州
80			240				7016	天长
2200			400	36		65	11095	明光
2270	2270		8213	270			79908	阜阳
292		2050	200	30		12	1983	界首
1000			12577	1145		6180	53600	宿州
229	229		755	590	500		11312	巢湖
7744	4018	730	6138	706	420		36071	六安
4765	2531		8970	3705	3675	1690	27644	亳州
1800	1800		5500	84		275	115283	池州
600	600		400	1900	1750	33521	71379	宣城
			5620	4850	4700	7780	39574	宁国
126826	**67814**	**42256**	**178254**	**43366**	**26204**	**343308**	**890212**	**福建**
30690	30690	19482	30563	2400	2400	196579	3850	福州
1000			1500	200			24407	福清

4-1-4 续 7

城市名称 Name of Cities	本年完成投资 Ccmpleted Investment of this Year	供水 Water Supply	燃气 Gas Supply	集中供热 Central Heating	公共交通 Public Traffic	道路桥梁 Road and Bridge
长乐	14090					14090
厦门	1043496	66419	12377		4404	791357
莆田	241594	895	20050		47455	152726
三明	10370	500	280			8187
永安	23908	1000	1138		1008	18018
泉州	398417				1330	276036
石狮	24716	4294				1930
晋江	93598	12263				32947
南安	45713		2602			14289
漳州	102785	1998	7097		77	83295
龙海	16363	500	500		20	13040
南平	37102	2144			608	30922
邵武	8911	1520				4827
武夷山	5337					4150
建瓯	756					756
建阳	2516					900
龙岩	44650	5400	2690		900	31594
漳平	12720	300				9520
宁德	17861	1136	700		957	10665
福安	4178	56			33	1615
福鼎	8931	81				2820
江西	**1048835**	**30237**	**33198**		**19493**	**479607**
南昌	449121	2304	9661		7307	162004
景德镇	15091	555	3509		735	5851
乐平	3446	400			150	1506
萍乡	54150	1500	1230		1100	40500
九江	54696	6411	3450		807	18021
瑞昌	669					495
新余	102379	2500	345		1130	72612
鹰潭	7997	240			120	4541
贵溪	22637	200	3800		650	11587
赣州	48955	3215	930		778	22313
瑞金	19059	350	400		450	9000
南康	13363	200	900		236	7264
吉安	50066	70	860		2000	36062
井冈山	6619	189			65	1750
宜春	27080	210	200		794	15436
丰城	47330	5446	758		1175	26251
樟树	27569	3698	4507		438	7767
高安	2320	150			203	1559
抚州	50187	1713	2200		405	19320
上饶	40452	686	448		950	11968
德兴	5649	200				3800

排水 Sewerage	污水处理及其再生利用 Wastewater Treatment and Reuse	防洪 Flood Control	园林绿化 Landscaping	市容环境卫生 Environmental Sanitation	垃圾处理 Domestic Garbage Treatment	其他 Other	本年新增固定资产 Newly Added Fixed Assets of This Year	城市名称 Name of Cities
								长乐
33054		8168	110881	14218		2618	481520	厦门
1737	1737		2380	1000	1000	15351	55409	莆田
			707	696	504		10177	三明
49	49	231	402	7		2055	1266	永安
32491	21164		5252	600	600	82708		泉州
5092	2152			13400	13400		19002	石狮
7465	2600	11152	1190	900		27681	93302	晋江
3500			14652	8170	7800	2500	13316	南安
576	496	1843	691	100		7108	81606	漳州
1100	1100	780	179	244	164		15110	龙海
368			1000	120		1940	8140	南平
2004	2004					560	10512	邵武
462	315		725				3277	武夷山
								建瓯
1500	1500			116	116			建阳
700			958	500		1908	44650	龙岩
900				300		1700	6020	漳平
2598	2527		1586	219	90		5539	宁德
60		600	1038	176	130	600	4178	福安
1480	1480		4550				8931	福鼎
46296	**32297**	**3414**	**86828**	**15808**	**12398**	**333954**	**431421**	**江西**
8596	4160		13420			245829	39507	南昌
3759	3599		124	227		331	1099	景德镇
310			1080				1260	乐平
4300	2500		1200	2500	1500	1820	12700	萍乡
3148	3128		8495	678		13686	36421	九江
			83	91	61		367	瑞昌
3198	3198		20399	1993	1993	202	99198	新余
1455	1389		947	235	200	459	834	鹰潭
						6400		贵溪
4416	2215		433	41		16829	22631	赣州
500	500			350	350	8009	9280	瑞金
1231			1928	684	610	920	11803	南康
4524	4364		2250			4300	28589	吉安
115			4500				6600	井冈山
6702	5994	1636	755	827		520	20612	宜春
1010			2962	348		9380	29601	丰城
1231		1778	8150				27490	樟树
			218			190	2372	高安
551			10560	2259	2234	13179	34759	抚州
1250	1250		7675	5575	5450	11900	41614	上饶
			1649				4684	德兴

城市名称 Name of Cities	本年完成投资 Completed Investment of this Year	供水 Water Supply	燃气 Gas Supply	集中供热 Central Heating	公共交通 Public Traffic	道路桥梁 Road and Bridge
山东	**4552107**	**144833**	**156849**	**363204**	**137089**	**1742125**
济南	649884	4087	13021	54004	14408	396452
章丘	160447	960	5312	5380	560	47856
青岛	550896	29311	15773	51844	20660	292233
胶州	36500		2200	1200	1200	13200
即墨	46488	5210	2442	4860	500	12903
平度	20455	1000	594	1267	226	13250
胶南	21163		210	4110	319	8174
莱西	45931	661	9153	2550		13971
淄博	187458	3367	7049	10872	5491	51785
枣庄	114153	2149	7396	7558	2118	25474
滕州	80874	3000	2800	609	600	26992
东营	142335			21630	2162	30643
烟台	308689	14988	4104	18337	47748	137025
龙口	68280	8800	17360	11600	860	16210
莱阳	26364	256	10510	6400		2675
莱州	11113		1155	1041		4454
蓬莱	23249	1417	1830	6702	1080	1760
招远	18614	729	396	1930	847	7487
栖霞	2561	380	57		185	979
海阳	26211	3705	900	580		11306
潍坊	95731	1111	1651	13601	4581	38930
青州	55575	350	305	3025	350	4000
诸城	39286	770	527	3028	2868	19532
寿光	35314	569	1745	2450	1120	8768
安丘	5549	648	200	1100	1318	441
高密	17829	7190	3000	320	231	1026
昌邑	14621	240	150	3000		3900
济宁	123280	200	1076	180	5635	15163
曲阜	19207					
兖州	35907	70	467	5500	570	10669
邹城	35704			7320		
泰安	114642	3256	1521	7996	960	30532
新泰	46461	450	5000	2665	390	26830
肥城	12220					160
威海	190264	9502	14549	16139	7925	69778
文登	63076	2090	880	11060	218	11160
荣成	82270	11100	1100	1500	490	37650
乳山	45299	3517	980	8550	700	14155
日照	310982	6141	6800	10850	2941	85800

排水 Sewerage	污水处理及其再生利用 Wastewater Treatment and Reuse	防洪 Flood Control	园林绿化 Landscaping	市容环境卫生 Environmental Sanitation	垃圾处理 Domestic Garbage Treatment	其他 Other	本年新增固定资产 Newly Added Fixed Assets of This Year	城市名称 Name of Cities
565229	**219677**	**98561**	**543345**	**106089**	**68904**	**689783**	**2939454**	山东
10268		17944	75422	1440		62838	169485	济南
5416	1200		13380			76583	94333	章丘
48325	24036	23918	21229	11706	2644	35897	287778	青岛
8500			10200				29190	胶州
8400			11000	1173			26943	即墨
2818	1876		687	200	200	413	21239	平度
		3156	2555	2072	2072	567	20101	胶南
10660	5260		7933	18		985	45931	莱西
56832	38988	3492	21862	20548	17245	6160	141693	淄博
19446	18141	2100	37207	1190	575	9515	61082	枣庄
6966	6966		680	100		39127	47965	滕州
77934	1200	30	9843	93			63748	东营
40407	23751	5180	14996	6577	3517	19327	188642	烟台
		4850	8600				44250	龙口
3010	2600		3420	93			19208	莱阳
214	214		1238	96		2915	11113	莱州
2136	400		1171			7153	20635	蓬莱
2474	2024		2980	1771	1771		15385	招远
87	35		763	110			1855	栖霞
630	486	430	8036	624	395		26211	海阳
1930	703	1100	8320	80		24427	105365	潍坊
1350	1350		19592	282		26321	55575	青州
6739	2318		4400	1422			31486	诸城
2222			17093	158		1189	35314	寿光
278			1554	10			5785	安丘
3510	800		1300	1000		252	6220	高密
310			7021				14251	昌邑
16090	16090		14909	8021		62006	71080	济宁
			207			19000	2300	曲阜
13449	13449	122	965	820		3275	22716	兖州
			484			27900	7804	邹城
2370	1820	8704	846	12211	12038	46246	54243	泰安
3236	1290		7330	560			35176	新泰
			12060				12220	肥城
17631	11785	13862	32598	1446	745	6834	129058	威海
4960	1200	1180	30440	728	608	360	50810	文登
10750	1650		13680	2800		3200	72065	荣成
2450	50	230	8744	732	444	5241	40660	乳山
13000	4100		59570	1300	1300	124580	310722	日照

城市名称 Name of Cities	本年完成投资 Completed Investment of this Year	供水 Water Supply	燃气 Gas Supply	集中供热 Central Heating	公共交通 Public Traffic	道路桥梁 Road and Bridge
莱　芜	122408	795	3650		256	106063
临　沂	320090	2204	6773	36740	4528	91726
德　州	61806	300	520	550	55	12445
乐　陵	9580				1000	1980
禹　城	4200			400		320
聊　城	37750		258	3246	420	12618
临　清	14543	680	1360	910	170	3010
滨　州	32128	1106	875	3600	640	15503
菏　泽	64720	12524	1200	7000	759	5137
河　南	**1147743**	**23695**	**34146**	**30385**	**27366**	**640189**
郑　州	455750	5592	1544	16438	12968	313573
巩　义	11924				313	8858
荥　阳	2738					750
新　密	11876		420			6145
新　郑	3450	50				2900
登　封	9156		666			2400
开　封	64660	1398	700		810	37587
洛　阳	60172	904	6452	1825	2897	35633
偃　师	4334	650	527	550	77	180
平顶山	61073	1023	2700	3350	2100	31280
舞　钢	7136	90			20	2097
汝　州	5165		218		54	3606
安　阳	39019	412	881	2156		21660
林　州	5193				80	850
鹤　壁	13257	180	496	583	798	4804
新　乡	33885	222	1448		1099	7980
卫　辉	4220	2305				1615
辉　县	6457					2560
焦　作	36782	702	1650	727	2596	19616
沁　阳	10433	300	688			2439
孟　州	16203	1403	3800			5100
濮　阳	7585					4463
许　昌	41721		173	1500	571	11091
禹　州	17782	190	630	560	122	5599
长　葛	13779	100	125		160	6960
漯　河	16179	1000	419	240		5270
三门峡	7651	1538		840	188	2789
义　马	3730	695	1135			300
灵　宝	9647	557				3860

排水 Sewerage	污水处理及其再生利用 Wastewater Treatment and Reuse	防洪 Flood Control	园林绿化 Landscaping	市容环境卫生 Environmental Sanitation	垃圾处理 Domestic Garbage Treatment	其他 Other	本年新增固定资产 Newly Added Fixed Assets of This Year	城市名称 Name of Cities
4840	4840	280	5664	860			116784	莱芜
127984	15793	11983	13558	13298	12800	11296	199733	临沂
2800	1200		3536	4500	4500	37100	54316	德州
1600						5000	1350	乐陵
1780	1780		1700				4200	禹城
7910	4325		3720			9578	37760	聊城
3500			2413	2500	2500		12170	临清
2620	2010		7139			645	31277	滨州
7397	5947		11300	5550	5550	13853	80227	菏泽
113206	**61418**	**1298**	**175908**	**59317**	**44745**	**42233**	**629112**	河南
32607	26783		38028	6583	5235	28417	43274	郑州
			1947	806			6694	巩义
			1550	308		130	438	荥阳
1831	1831		480	3000			8456	新密
			500				3450	新郑
870			900	4320	4320		9156	登封
15695	12454		1100			7370	70400	开封
2712	1412		8903	357		489	65740	洛阳
280	280		1900	35		135	2704	偃师
9220			11100	300			49973	平顶山
81			1648	1387		1813	5766	舞钢
358			329	600	600		4556	汝州
			13700	210			48311	安阳
180			60	2654	2654	1369	1211	林州
1788	1226		2350	2258	1800		12036	鹤壁
12400			4995	5741	5741		33885	新乡
			300				4220	卫辉
			1500	2397	2397		4060	辉县
4750	4000		500	6241	5386		24539	焦作
			2983	3200		823	7138	沁阳
3000	3000		900	2000	2000		16203	孟州
			2650	200		272	7624	濮阳
350	350		28000	36			30630	许昌
4453			2680	3548	3416		17782	禹州
			5750	684	684		13779	长葛
6650	5000		2600				18475	漯河
			1502	600	600	194	7051	三门峡
				1600	1600		393	义马
		320	4800	110			9647	灵宝

4-1-4 续 10

城市名称 Name of Cities	本年完成投资 Completed Investment of this Year	供水 Water Supply	燃气 Gas Supply	集中供热 Central Heating	公共交通 Public Traffic	道路桥梁 Road and Bridge
南阳	38174	670	938	290	922	30193
邓州	9981	120				2181
商丘	11980		2160		350	2500
永城	15864	662	600	900		3080
信阳	24833	455	1325		171	21070
周口	29651				900	14637
项城	8165	110	2200		130	2506
驻马店	18200	1781	451			8738
济源	9938	586	1800	426	40	3319
湖北	**2528555**	**55358**	**65498**		**97279**	**1546194**
武汉	1930193	31577	16012		85298	1199187
黄石	65121		4000		1721	40019
大冶	6841	300	200		300	4691
十堰	34908					33810
丹江口	12210	306				11544
宜昌	61398	1392	60		1009	47524
宜都	6650	2200	600			1700
当阳	2144		357			726
枝江	5250	200	250			4800
襄樊	44243	5049	3444		866	9820
老河口	15266	150	4800			3600
枣阳	4504	655			122	2359
宜城	7474	300	289			4689
鄂州	34595	2752	4200		900	17466
荆门	37689	45	1800		100	23790
钟祥	18825		540		160	4474
孝感	24910		8200		2237	11900
应城	4530	230	2150			1550
安陆	5630	1230	2650			1420
汉川	4460	560	1000		150	1800
荆州	28146	150	700		2109	22657
石首	6300	300	100			5000
洪湖	6538	336	380		136	4800
松滋	13000	300	3000			8500
黄冈	22172	550				18500
麻城	6057	650	630			3120
武穴	3015				110	1200
咸宁	15076					9536
赤壁	9186	700			230	600

排水 Sewerage	污水处理及其再生利用 Wastewater Treatment and Reuse	防洪 Flood Control	园林绿化 Landscaping	市容环境卫生 Environmental Sanitation	垃圾处理 Domestic Garbage Treatment	其他 Other	本年新增固定资产 Newly Added Fixed Assets of This Year	城市名称 Name of Cities
1385	32	978	1747	472		579	21149	南阳
5515	4940		1245	840	800	80	9981	邓州
			6800	170			11980	商丘
1372			4450	4600	4600	200	11684	永城
1296			276	240			14742	信阳
			13560	392		162	204	周口
574	110		1485	1160	1100		6467	项城
4458			1124	1648	1192		15376	驻马店
1381			1566	620	620	200	9938	济源
146868	**76730**	**1148**	**135928**	**33634**	**5170**	**446648**	**1510113**	**湖北**
68936	28885		82483	20867		425833	1106721	武汉
10589	812		7560	844	450	388	39416	黄石
1000			150	200			4300	大冶
545	545			210		343	330	十堰
		360					12165	丹江口
5059	5059		3048	208		3098	36487	宜昌
1450	1450					700	6400	宜都
13			148			900	518	当阳
							5250	枝江
22120	22120		1214	300		1430	41142	襄樊
3606	1500	450	2500	160			12866	老河口
900	900		423			45	5452	枣阳
1107	300		1089				7324	宜城
3950			2327	3000			29849	鄂州
2204	1364		3600	1150	1150		15143	荆门
1644	1235		190	100		11717	18825	钟祥
598			1450	525			18595	孝感
250			350				3548	应城
150			180				5065	安陆
350			600				3220	汉川
1600			930				27446	荆州
300			300	300			4741	石首
200			150	36		500	6038	洪湖
			580			620	11100	松滋
2262	691		530	330			1960	黄冈
382			524	751			5790	麻城
1505			200				3015	武穴
200			4460			880	14576	咸宁
4156	4156		1300	2200	2200		9186	赤壁

4-1-4 续 11

城市名称 Name of Cities	本年完成投资 Completed Investment of this Year	供水 Water Supply	燃气 Gas Supply	集中供热 Central Heating	公共交通 Public Traffic	道路桥梁 Road and Bridge
随州	10084	350	1731		400	3978
广水	3288	2118				980
恩施	9860	525			361	8826
利川	4637	66				1977
仙桃	24900	1440	1470		800	11200
潜江	31455	927	6935		270	10451
天门	8000					8000
湖南	**2460718**	**46634**	**40243**		**33255**	**1544249**
长沙	1437140	26610	10033		15665	935147
浏阳	11680		120		260	5972
株洲	66796		5231		1978	49347
醴陵	16398	1541	5118		450	3800
湘潭	151139	1636	4423		600	95584
湘乡	2655					2475
韶山	14274				440	3754
衡阳	66518	453	1779		822	45080
耒阳	5322	400			402	280
常宁	3420					350
邵阳	84105		1730			68604
武冈	15359	900	3000			7535
岳阳	51412		1674			18407
汨罗	1951	280			706	480
临湘	296					296
常德	54260	506	5078		1045	33577
津市	4006	600	250		28	
张家界	119823	3000	700		6700	75990
益阳	12854	392				12192
沅江	9178	400	300			8033
郴州	76874	200			1016	18332
资兴	15897	170				200
永州	45204	1030				32260
怀化	81960		450		2540	43889
洪江	4000					4000
娄底	44430	415	357		603	30418
冷水江	11033	5358				5675
涟源	7930	2220				2450
吉首	44804	523				40122

排水 Sewerage	污水处理及其再生利用 Wastewater Treatment and Reuse	防洪 Flood Control	园林绿化 Landscaping	市容环境卫生 Environmental Sanitation	垃圾处理 Domestic Garbage Treatment	其他 Other	本年新增固定资产 Newly Added Fixed Assets of This Year	城市名称 Name of Cities
1125			2500				7081	随州
105				85			3108	广水
100	100			48			9235	恩施
2100	2100			300		194	1321	利川
3170	458		6170	650			24900	仙桃
5192	5055	338	5972	1370	1370			潜江
							8000	天门
142504	**115558**	**39029**	**97985**	**63739**	**13706**	**453080**	**1866767**	**湖南**
49654	49654	9949	26380	40000		323702	1419119	长沙
1300	1300					4028	6518	浏阳
6400			3829	11			15124	株洲
4537				952	952		6639	醴陵
32809	32809		4998			11089	29546	湘潭
180	180						5455	湘乡
			980	300	300	8800	18612	韶山
9602	5202		5725	3057			34676	衡阳
1170			3070				2242	耒阳
			780			2290		常宁
10591	10591	2000	1180				1730	邵阳
819			350	2755	2755		6860	武冈
2300			28000			1031	37681	岳阳
185				300	300		1566	汨罗
							296	临湘
2025	395	720	3888	1547		5874	21930	常德
						3128	985	津市
		23000	8473	1960			80893	张家界
270	270						12393	益阳
30			192	223			3408	沅江
1915		240	3026	430		51715	2056	郴州
400	400		686	1000		13441	13097	资兴
3320			3450	4744	4736	400	15247	永州
7783	7783			816	816	26482	70636	怀化
							4000	洪江
3640	3400	3120	1678	4199	2402		31130	娄底
							8165	冷水江
			1300	860	860	1100	6370	涟源
3574	3574			585	585		10393	吉首

4-1-4 续 12

城市名称 Name of Cities	本年完成投资 Completed Investment of this Year	供水 Water Supply	燃气 Gas Supply	集中供热 Central Heating	公共交通 Public Traffic	道路桥梁 Road and Bridge
广　东	**3496613**	**243854**	**102655**		**1095086**	**1092092**
广　州	2117075	32459	44428		881310	636838
增　城	174					
从　化	2469	449				1870
韶　关	14306	650	1703			7174
南　雄	2010					2010
深　圳	303168	115267	34349			38986
珠　海	189638	27182	3100		2048	118887
汕　头	35078	5601	1004		488	16356
佛　山	34736				34736	
佛　山	218441	32289	6277		47611	41926
江　门	72312	3998			19125	35071
台　山	11715	531			3692	532
开　平	2708					
鹤　山	10363	2200				663
恩　平	2328	620			235	
廉　江	736					736
雷　州	1056					310
吴　川	49					
茂　名	6656					5700
高　州	1832					32
化　州	744					616
信　宜	423	315				
肇　庆	42835	1955	1885		3443	11170
高　要	3465					2783
四　会	12484					8674
惠　州	30253	525	4274			20766
梅　州	3856					3856
兴　宁	823					823
汕　尾	5365					4300
陆　丰	245	245				
阳　江	12118	3381				7025
阳　春	3056					900
清　远	5950	5950				
东　莞	228197	1130	1159		98236	50734
中　山	62590	5476	4476		4141	30334
潮　州	1677	1324			21	
揭　阳	38745					34415
普　宁	15000	1830				8605
云　浮	1742	477				
罗　定	195					

排水		防洪	园林绿化	市容环境卫生		其他	本年新增固定资产	城市名称
	污水处理及其再生利用				垃圾处理			
Sewerage	Wastewater Treatment and Reuse	Flood Control	Landscaping	Environmental Sanitation	Domestic Garbage Treatment	Other	Newly Added Fixed Assets of This Year	Name of Cities
346599	**260502**	**106046**	**85077**	**135482**	**33401**	**289722**	**1516057**	**广东**
212516	156448	72070	29721	40609	14070	167124	751061	广州
						174	183	增城
			150				599	从化
900	500		80	3799			13076	韶关
							1756	南雄
32975	32975	12390	7901	51836	3636	9464	151676	深圳
6697		8116	3880	5970	3708	13758	90100	珠海
4909	4909		3714	894		2112	34078	汕头
								佛山
12256	8749	2380	13906	3853	2500	52943	73252	佛山
2366	1016	382	3082	184		8104	44041	江门
6960	6960						12745	台山
2708	2708							开平
4946	3330	1375	209			970	1740	鹤山
				430		1043	2275	恩平
								廉江
36			300			410	1056	雷州
			49				49	吴川
12						944	12	茂名
1800	1800						2	高州
			110	18			744	化州
				108	80		318	信宜
9454	969	6334	4738	46	26	3810	23604	肇庆
212			76			394	3114	高要
		843				2967	6824	四会
1745			237	2706	2200		82940	惠州
								梅州
								兴宁
1065	1065						3565	汕尾
							650	陆丰
1521	1521			191			7815	阳江
		2156					3256	阳春
								清远
33588	33096		5509	16344	335	21497	112751	东莞
5521	181		1850	8099	6451	2693	76675	中山
				332	332		353	潮州
4267	4267			63	63		63	揭阳
			4565				15000	普宁
						1265	489	云浮
145	8					50	195	罗定

城市名称 Name of Cities	本年完成投资 Completed Investment of this Year	供水 Water Supply	燃气 Gas Supply	集中供热 Central Heating	公共交通 Public Traffic	道路桥梁 Road and Bridge
广西	**1368959**	**30750**	**36054**		**25126**	**810830**
南宁	564826	9415	14286		13431	349597
柳州	318302	2116	1609		1344	179043
桂林	125126	2877	2570		4300	64939
梧州	19226	86	8129		1646	3012
岑溪	2356	160			65	1819
北海	26715	1694	800			19718
防城港	12846	1217			310	7122
东兴	10859	1561			356	6794
钦州	69449	639	720		8	59516
贵港	28622	4260	555		1630	12258
桂平	2374	43			220	508
玉林	81392	1013	7002		237	48510
北流	12231	2317	213		155	4100
百色	16271	214				11387
贺州	2509					368
河池	16907	319			206	8479
宜州	7962	1286			482	4096
来宾	16341		170		728	13374
合山	866				8	850
崇左	2070					206
凭祥	31709	1533				15134
海南	**253426**	**2075**	**23600**			**158589**
海口	195408		23000			110530
三亚	14833					14833
五指山	60					
琼海	21196	2075	600			12973
儋州	6374					5709
万宁	13750					13750
东方	1805					794
重庆	**2197983**	**22642**	**32152**		**196079**	**1560180**
四川	**2639542**	**48029**	**41494**		**214906**	**1185220**
成都	1930093	14749	6763		190257	734882
都江堰	17153	220	942			12256
彭州	24300	5064	1800			15260
邛崃	15715		568			15147
崇州	12311	980	300			1889

排水 Sewerage	污水处理及其再生利用 Wastewater Treatment and Reuse	防洪 Flood Control	园林绿化 Landscaping	市容环境卫生 Environmental Sanitation	垃圾处理 Domestic Garbage Treatment	其他 Other	本年新增固定资产 Newly Added Fixed Assets of This Year	城市名称 Name of Cities
211623	**89010**	**56322**	**141845**	**27533**	**9774**	**28876**	**734252**	**广西**
98079	13582	41814	33225	2900	1008	2079	139061	南宁
61812	56136	4746	65690	1942	814		183264	柳州
26814	4058	609	5400	8257		9360	125126	桂林
791	550		1977	3585	3428		14850	梧州
196			18	98			2356	岑溪
2946	795		20			1537	6484	北海
3010	2511	300	202	685	560		6890	防城港
1172			761	215			7376	东兴
3230	1289	266	3696	500	60	874	78116	钦州
		822	5793	1304	843	1000	17930	贵港
			120	283		1200	2331	桂平
6778	5838	3752	13350	750			55922	玉林
2359	1570	1300	1105	682			12231	北流
1681	1681	961	1331	671	468	26	15424	百色
342	300		39	1640	1593	120	2509	贺州
1290		810	5370	433			15043	河池
51			300	1747			6862	宜州
163			1389	517			28851	来宾
				8			16	合山
700	700		147	1017	1000		306	崇左
209		942	912	299		12680	13304	凭祥
40366			**20868**	**5504**	**60**	**2424**	**96981**	**海南**
39082			16270	5385		1141	58885	海口
							14833	三亚
				60	60		4161	五指山
1284			3992			272	18296	琼海
			606	59			606	儋州
								万宁
						1011	200	东方
164314	**67052**	**6926**	**70390**	**16474**	**6164**	**128826**	**1666216**	**重庆**
220873	**76313**	**11533**	**237500**	**32156**	**7684**	**647831**	**1620782**	**四川**
166820	45578		192050	12336	1713	612236	1159881	成都
1670			430	115		1520	9162	都江堰
			480	1696			22940	彭州
							6235	邛崃
9142	1460						6631	崇州

4-1-4 续 14

城市名称 Name of Cities	本年完成投资 Completed Investment of this Year	供水 Water Supply	燃气 Gas Supply	集中供热 Central Heating	公共交通 Public Traffic	道路桥梁 Road and Bridge
自贡	86347	965	1534		1896	64247
攀枝花	27092	1027	307		4043	9639
泸州	26855	1368	1031		1760	16959
德阳	19883	730	300		551	12152
广汉	9462	832	463			7841
什邡	5105					3278
绵竹	7451	43	120			4497
绵阳	46911	1850	2165		3417	34880
江油	20704	1770	2678		82	6837
广元	14569	193	290		252	10529
遂宁	38016	900			330	23165
内江	2526	463	305		113	1530
乐山	19300	1643	3200		743	12223
峨眉山	25117	3900	582			14670
南充	33820	1600	800		1970	18870
阆中	21680	1280	1750		280	9890
眉山	39658	3841	1040		807	25738
宜宾	100602	351	7211		2310	86218
广安	16036	650	638		3740	3614
华蓥	8060	400	1550		1000	3310
达州	16969	1550	2066		69	11260
万源	605					605
雅安	5625					2162
巴中	9034	1100	391		988	2960
资阳	15699		2700			5290
简阳	12720					11700
西昌	10124	560			298	1722
贵州	**529147**	**10251**	**518**		**12049**	**420736**
贵阳	308823	7954			9049	274636
清镇	915					529
六盘水	12402				3000	9402
遵义	3879	1057				
赤水	1045					
安顺	41615	407				32022
铜仁	2653					2653
兴义	5511					5511
毕节	143159	120	178			92861
凯里	5159	684				1824
都匀	3889	29	340			1298
福泉	97					

排　水 Sewerage	污水处理及其再生利用 Wastewater Treatment and Reuse	防　洪 Flood Control	园林绿化 Landscaping	市容环境卫生 Environmental Sanitation	垃圾处理 Domestic Garbage Treatment	其　他 Other	本年新增固定资产 Newly Added Fixed Assets of This Year	城市名称 Name of Cities
379			2950	3480		10896	85577	自　贡
5322	4933	130	2041	3664		919	16177	攀枝花
530	33		3472	916	8	819	23075	泸　州
500			5393			257	11133	德　阳
95	95			42		189	2194	广　汉
1767	1750		60				8995	什　邡
				2451	2451	340	2544	绵　竹
211	100	3458		749	576	181	41448	绵　阳
1855	1260		5482	2000	2000		16174	江　油
1264		27	1691	323			8138	广　元
4794	2329		8341	486			33333	遂　宁
50	50	65					3199	内　江
669	610	403	151	54		214	22719	乐　山
1303	1303	4310		352	352		8790	峨眉山
6750	2250	300	2700	830	310		33820	南　充
4600	2800	1030	1800	1050			21680	阆　中
		370	7722	140	40		21477	眉　山
3942	3882					570	14157	宜　宾
348	68	120	540	524	234	5862	1856	广　安
1000		300	300	200			8060	华　蓥
330	280		1583	111			16247	达　州
							605	万　源
						3463	68	雅　安
				100		3495	820	巴　中
839	839					6870	9729	资　阳
		1020						简　阳
6693	6693		314	537			3918	西　昌
76011	**16225**	**4110**	**2617**	**2333**	**1114**	**522**	**285224**	**贵　州**
14823	9515		1480	881			86997	贵　阳
386								清　镇
								六盘水
2300						522	3357	遵　义
930	930			115	115			赤　水
3558	3558	4110	1040	478	220		32647	安　顺
							578	铜　仁
							5511	兴　义
50000							146289	毕　节
1792				859	779		5859	凯　里
2222	2222						3889	都　匀
			97				97	福　泉

城市名称 Name of Cities	本年完成投资 Completed Investment of this Year	供水 Water Supply	燃气 Gas Supply	集中供热 Central Heating	公共交通 Public Traffic	道路桥梁 Road and Bridge
云南	**492090**	**15081**	**6712**		**3915**	**300220**
昆明	186726	7412	3545		2599	165760
安宁	12987		800			9998
曲靖	104557	847			558	37942
宣威	14030	245			300	11996
玉溪	19683					8387
保山	45000					
昭通	5480	480	38			4962
丽江	3300				40	
普洱	841		841			
临沧	3762					2000
楚雄	11828	1230	1488			5839
个旧	8188	1168			110	3402
开远	3529					1250
景洪	2427					2147
大理	57766	2927			308	35886
瑞丽	8856	772				7571
潞西	3130					3080
西藏	**56502**					**56502**
拉萨	56502					56502
陕西	**1450075**	**15542**	**21549**	**36297**	**117138**	**558296**
西安	1123107	8304	12854	27345	112715	359362
铜川	14276	2136	665		323	2073
宝鸡	76863	1365	4700	6000	3500	48808
咸阳	36637		1143			17033
兴平	7224	23	301			6900
渭南	18744	275				15700
韩城	6790		500			4960
延安	555			555		
延安	9169	2287	729	1897		1281
汉中	34400					34400
榆林	50847			500		21047
安康	36691				600	27099
商洛	34772	1152	657			19633
甘肃	**800121**	**3278**	**21773**	**38727**	**18136**	**484687**
兰州	610178	782	6248	1856	16427	429791
嘉峪关	21297			15115		5082
金昌	16573			650		10910
白银	9776	320	1500		440	1495
天水	22155			4100		4762
武威	4994				1269	2534

排水 Sewerage	污水处理及其再生利用 Wastewater Treatment and Reuse	防洪 Flood Control	园林绿化 Landscaping	市容环境卫生 Environmental Sanitation	垃圾处理 Domestic Garbage Treatment	其他 Other	本年新增固定资产 Newly Added Fixed Assets of This Year	城市名称 Name of Cities
15131	**1223**	**8079**	**29954**	**1397**	**946**	**111601**	**264765**	**云南**
						7410	400	昆明
				128		2061	3640	安宁
9257	914	50	18422	323		37158	104557	曲靖
209	209		1140	140	140		14030	宣威
		7929		276	276	3091	24930	玉溪
						45000	56000	保山
							5480	昭通
100	100		3100	60	60		2640	丽江
								普洱
			1420			342	2792	临沧
			2700			571	8606	楚雄
		100	297			3111	4596	个旧
				470	470	1809	13340	开远
			280				6675	景洪
5395			2202			11048	11717	大理
120			393				2099	瑞丽
50							3263	潞西
							56502	**西藏**
							56502	拉萨
87480	**11502**	**19610**	**121150**	**27639**	**21904**	**445374**	**771775**	**陕西**
68803	1521	10	101952	9544	5932	422218	511814	西安
1255	1255		670	537		6617	17610	铜川
7505	4185		4985				76863	宝鸡
3241	3241			15220	15000		8304	咸阳
							6173	兴平
769			2000				18660	渭南
230			600	500			1990	韩城
								延安
1527		221	766	461			4711	延安
							20940	汉中
		18600	1500			9200	33247	榆林
1850			1277	405		5460	36691	安康
2300	1300	779	7400	972	972	1879	34772	商洛
50712	**42323**	**157**	**28868**	**4739**	**2280**	**149044**	**143519**	**甘肃**
35323	32770	22	6810	1920	870	110999	3389	兰州
			1100				19187	嘉峪关
3588	3238		1016	409	186		11012	金昌
1260	1260		155	225	145	4381	11573	白银
			12968	125	125	200	8575	天水
170	170					1021	4505	武威

4-1-4 续 16

城市名称 Name of Cities	本年完成投资 Completed Investment of this Year	供水 Water Supply	燃气 Gas Supply	集中供热 Central Heating	公共交通 Public Traffic	道路桥梁 Road and Bridge
张掖	25017					
平凉	23779		5150	4960		
酒泉	5084	267		3294		744
玉门	3644	535				891
敦煌	3910		525			
庆阳	17462		6500	6000		1425
定西	4486	577		31		3070
陇南	14171	200				13611
临夏	15082	317	1850	2376		9372
合作	2513	280		345		1000
青海	**128402**	**3191**	**3660**	**2260**	**4253**	**56525**
西宁	97935	1405	3000		3692	41713
格尔木	21771	1550	610		521	12172
德令哈	8696	236	50	2260	40	2640
宁夏	**343969**	**11214**	**9155**	**155721**	**9097**	**53276**
银川	197680	4292	6617	136587	9032	23019
灵武	5149					
石嘴山	53473	2860	1233	12164		11546
吴忠	23131	737	570	5810	65	11904
青铜峡	41070	685	735	1160		4179
固原	2666					1528
中卫	20800	2640				1100
新疆	**584181**	**11514**	**35124**	**48353**	**18707**	**254028**
乌鲁木齐	267087	120	16552	23571	9530	168699
克拉玛依	81302	3315	1158	5083	4043	23282
吐鲁番	2662		260	89		
哈密	18227		4575	675	562	2962
昌吉	35063	760	987	2237		3925
阜康	15465	1700	170	600		6005
博乐	14870	1311		1200		2858
库尔勒	34483	700	2900	2300	1176	5957
阿克苏	31451	150	5880	3000	130	
阿图什	94		30			64
喀什	12522				572	7576
和田	1325	268				
伊宁	19259	817		1710	807	13023
奎屯	9561	324	1360	405		7010
乌苏	4279	370	310	94	145	2160
塔城	5983	330	500	1592	20	2623
阿勒泰	5298	649	250	2551		412
石河子	13438	280	192	3246	1300	5104
阿拉尔	3811	400				1910
图木舒克	585				320	210
五家渠	7416	20			102	248

排水 Sewerage	污水处理及其再生利用 Wastewater Treatment and Reuse	防洪 Flood Control	园林绿化 Landscaping	市容环境卫生 Environmental Sanitation	垃圾处理 Domestic Garbage Treatment	其他 Other	本年新增固定资产 Newly Added Fixed Assets of This Year	城市名称 Name of Cities
755			1339			22923	21598	张掖
3800	3800		4436	150		5283	22009	平凉
84			74	556		65	3490	酒泉
						2218		玉门
3300			85				6166	敦煌
2132	932			65		1340	7962	庆阳
153	153		210	445	400		3537	定西
		30	50	280	280		14171	陇南
147		105	625	290			5720	临夏
				274	274	614	625	合作
5822	**3675**	**10344**	**28757**	**6581**	**5389**	**7009**	**116160**	**青海**
4239	3675	10344	22136	6351	5351	5055	87517	西宁
1373			4506	230	38	809	19947	格尔木
210			2115			1145	8696	德令哈
10421	**4014**		**47408**	**1508**	**1300**	**46169**	**122601**	**宁夏**
2616	674		13975			1542	24111	银川
			5149				3694	灵武
849			23596	208		1017	29531	石嘴山
1391	20		2554	100	100		11028	吴忠
1415	1200		1196	1200	1200	30500	42929	青铜峡
			938			200	2618	固原
4150	2120					12910	8690	中卫
27222	**11239**	**313**	**71626**	**14977**	**2524**	**102317**	**364247**	**新疆**
11396	5470		15813	8475		12931	184978	乌鲁木齐
4860	4860		15080	721	147	23760	25774	克拉玛依
		313				2000	2662	吐鲁番
640			3670	17		5126	13248	哈密
652			4600	785		21117	760	昌吉
			3590			3400	15465	阜康
361			183			8957	14870	博乐
200			21000	250			24633	库尔勒
610			743	938		20000	10917	阿克苏
							30	阿图什
1142			850	500		1882	16319	喀什
100			670	287	287			和田
1697			574	631	631		11864	伊宁
51			315	96			9561	奎屯
250	250		800	150	150		4279	乌苏
100			220	494	494	104	2420	塔城
38			419	715	715	264	2788	阿勒泰
1535	659		1159	448		174	13033	石河子
745			656	100	100		3823	阿拉尔
			55				670	图木舒克
2845			1229	370		2602	6153	五家渠

4-2-1 按资金来源分全国历年城市市政公用设施建设固定资产投资（1978—2007）

4-2-1 National Investment in Fixed Assets of Urban Service Facilities by Capital Resource in Past Years (1978—2007)

计量单位：亿元 Measurement Unit：100 million RMB

指标 Item / 年份 Year	本年资金来源合计 Completed Investment of this Year	上年末结余资金 The Balance of the Previous Year	本年资金来源 小计 Subtotal	中央财政拨款 Financial Allocation of the Central Government	地方财政拨款 Financial Allocation of Local Governments	国内贷款 Domestic Loan	债券 Securities	利用外资 Foreign Investment	自筹资金 Self-Raised Funds	其他资金 Other Funds
1978年	12.0		6.4	6.4						
1979年	14.0									
1980年	14.4		14.4	6.1		0.1			8.2	
1981年	20.0		20.0	5.3		0.4		—	13.8	0.5
1982年	27.2		27.2	8.6		1.0		—	16.5	1.1
1983年	28.2		28.2	8.2		0.6			17.2	2.2
1984年	41.7		41.7	11.8		2.1		—	25.5	2.3
1985年	63.8		63.8	13.9		3.1		0.1	40.9	5.8
1986年	79.8		79.8	13.2		3.1		0.1	57.4	6.0
1987年	90.0		90.0	13.4		6.2		1.3	61.4	7.7
1988年	112.6		112.6	10.2		7.1		1.6	78.0	15.7
1989年	106.8		106.8	9.7		6.0		1.5	72.9	16.7
1990年	121.2		121.2	7.4		11.0		2.2	82.2	18.4
1991年	169.9		169.9	8.6		25.3		6.0	108.1	21.9
1992年	265.4		265.4	9.9		42.9		10.3	180.4	38.9
1993年	521.6		521.6	15.9		72.8		20.8	304.5	107.6
1994年	665.5		665.5	27.9		58.3		64.2	397.1	118.0
1995年	837.0		807.5	24.2		65.1		84.9	493.3	140.0
1996年	939.1	68.0	871.1	34.8		122.2	4.9	105.6	486.1	117.5
1997年	1105.6	49.0	1056.6	43.0		165.3	3.1	129.5	554.3	161.4
1998年	1404.4	58.0	1346.4	100.2		284.8	40.3	110.1	600.4	210.6
1999年	1534.2	81.0	1453.2	173.8		357.8	55.9	68.6	595.2	201.9
2000年	1849.5	109.0	1740.5	222.0		428.6	29.0	76.7	682.7	301.5
2001年	2351.9	109.0	2112.8	104.9	379.1	603.4	16.8	97.8	636.4	274.5
2002年	3123.2	111.0	2705.9	96.3	516.9	743.8	7.3	109.6	866.3	365.7
2003年	4264.1	120.7	4143.4	118.9	733.4	1435.4	17.4	90.0	1350.2	398.0
2004年	4650.9	267.9	4383.0	63.0	938.4	1468.0	8.5	87.2	1372.9	445.0
2005年	5505.5	229.0	5276.6	63.9	1050.6	1805.9	5.2	170.0	1728.0	453.0
2006年	5800.6	365.4	5435.2	89.2	1339.0	1880.5	16.4	92.9	1638.1	379.2
2007年	6283.5	369.5	5914.3	77.3	1925.7	1763.7	29.5	73.1	1635.7	409.0

注：利用外资中“—”表示金额不足0.1亿。

Note：In Foreign Investment，“—” indicates that the figure is not large enough to 10 million.

4-2-2 2007年按资金来源分全国城市市政公用设施建设固定资产投资分组资料

地区名称 Name of Regions		合计 Total	上年末结余资金 The Balance of the Previous Year	本年资			
				小计 Subtotal	中央财政拨款 Financial Allocation of the Central Government	地方财政拨款 Financial Allocation of Local Governments	国内贷款 Domestic Loan
全国	**National Total**	**62835287**	**3695336**	**59143060**	**773081**	**19257043**	**17637263**
分类一	**Sor tone**						
东部地区	East China	40386102	2876245	37509857	415137	13221224	10183062
中部地区	Central China	13231820	438219	12796710	169686	3610039	3824846
西部地区	West China	9217365	380872	8836493	188258	2425780	3629355
分类二	**Sort two**						
东部地区	East China	38905183	2747034	36158149	374669	12959527	9696028
中部地区	Central China	12335327	437352	11901084	161755	3212670	3675762
西部地区	West China	11594777	510950	11083827	236657	3084846	4265473
分类三	**Sort three**						
东部地区	East China	35979499	2737850	33241649	366411	11741681	8691778
中部地区	Central China	10288627	420432	9868195	78526	2743792	3169879
西部地区	West China	11594777	510950	11083827	236657	3084846	4265473
东北地区	Northeast China	4972384	26104	4949389	91487	1686724	1510133

4-2-2 National Investment in Fixed Assets of Urban Service Facilities by Capital Resource (by Group in Column) (2007)

计量单位：万元 Measurement Unit：10，000 RMB

金 来 源 Fund Resources						各项应付款 Sum Payable This Year	地区名称 Name of Regions
债券 Securities	利用外资 Foreign Investment	外商直接投资 Foreign Direct Investment	自筹资金 Self-Raised Funds	单位自有资金 Self-Owned Funds	其他资金 Other Funds		
295331	**730628**	**229078**	**16357386**	**4161135**	**4089763**	**5517882**	**全　国**
							分 类 一
163255	371218	128352	10814193	3149295	2341768	3189547	东部地区
81389	232864	95343	4045321	720717	830000	1231110	中部地区
50687	126546	5383	1497872	291123	917995	1097225	西部地区
							分 类 二
82255	303730	109043	10471049	3081773	2270891	3140673	东部地区
81389	222860	95343	3807647	652578	736436	1124864	中部地区
131687	204038	24692	2078690	426784	1082436	1252345	西部地区
							分 类 三
77925	284076	102763	9938332	2872039	2141446	2888722	东部地区
78159	181406	67239	2985610	526704	630823	1014968	中部地区
131687	204038	24692	2078690	426784	1082436	1252345	西部地区
7560	61108	34384	1354754	335608	235058	361847	东北地区

4-2-3 2007 年按资金来源分全国城市市政公用设施建设固定资产投资（按省分列）

地区名称 Name of Regions	合计 Total	上年末结余资金 The Balance of the Previous Year	本年资金				
			小计 Subtotal	中央财政拨款 Financial Allocation of the Central Government	地方财政拨款 Financial Allocation of Local Governments	国内贷款 Domestic Loan	债券 Securities
全　国	**62835287**	**3695336**	**59143060**	**773081**	**19257043**	**17637263**	**295331**
北　京	7309330	1274118	6035212	278789	3022903	1409378	
天　津	1370928	259131	1111797		120877	786852	800
河　北	3055248	10562	3044686	26089	776964	739443	
山　西	876056	17019	859037	24520	426228	190670	800
内蒙古	896493	867	895626	7931	397369	149084	
辽　宁	2925684	9184	2916500	8258	1217846	1004250	4330
吉　林	988968	7121	984956	24801	181923	377719	3230
黑龙江	1057732	9799	1047933	58428	286955	128164	
上　海	4348828	221702	4127126	2401	143249	1528131	
江　苏	5777087	219831	5557256	9861	1797975	1054194	21202
浙　江	3807875	290816	3517059	12325	1462440	1195123	113
安　徽	2393573	27038	2366535	17259	428960	937651	
福　建	1735631	69982	1665649	1320	1017774	308203	810
江　西	1077651	29619	1048032	8270	341767	145672	
山　东	4439547	111026	4328521	24520	1940779	521137	55000
河　南	1062988	18955	1044033	2843	676780	93018	2520
湖　北	2588070	306524	2281546	7993	435188	1087573	60000
湖　南	2290289	21277	2269012	17641	434869	715295	14839
广　东	3860546	258870	3601676	6876	1411757	1034065	
广　西	1480919	129211	1351708	40468	261697	487034	81000
海　南	274479	21812	252667	4230	46963	115252	
重　庆	2224768	124257	2100511	78336	564989	457900	27895
四　川	2580958	116090	2464868	8568	750112	1072150	15000
贵　州	467627	60221	407406	6195	111533	250628	1045
云　南	513634	10038	503596	8374	122917	231704	
西　藏	77016		77016	45819	28397		
陕　西	1505242	38141	1467101	4575	327349	811442	4520
甘　肃	807449	9728	797721	5487	223317	459522	84
青　海	124602	200	124402	16905	49285	45216	
宁　夏	307817	21372	286445	1308	35699	144250	1290
新　疆	608252	825	607427	12691	212182	156543	853

4-2-3 National Investment in Fixed Assets of Urban Service Facilities by Capital Resource (by Province in Column) (2007)

计量单位：万元 Measurement Unit：10，000 RMB

来源 Fund Resources					各项应付款	地区名称
利用外资 Foreign Investment	外商直接投资 Foreign Direct Investment	自筹资金 Self-Raised Funds	单位自有资金 Self-Owned Funds	其他资金 Other Funds	Sum Payable This Year	Name of Regions
730628	**229078**	**16357386**	**4161135**	**4089763**	**5517882**	全　国
6523		1069224		248395	377473	北　京
5626	5626	164109	38590	33533	97050	天　津
19979	4712	1319102	245395	163109	29824	河　北
4000		116568	14564	96251	76478	山　西
10004		237674	68139	93564	106246	内蒙古
19654	6280	532717	209734	129445	251951	辽　宁
23370	10020	268793	100221	102555	48657	吉　林
18084	18084	553244	25653	3058	61239	黑龙江
31111		2264124	1250971	158110	1134825	上　海
37458	27458	1822166	451603	814400	544041	江　苏
36265	675	712293	244084	98500	161118	浙　江
41296	22224	799082	158378	142287	260621	安　徽
7446		270597	150443	59499	22764	福　建
43163	17419	416219	32018	92941	59134	江　西
81968	21582	1325188	198799	379929	289062	山　东
4390	4390	216834	45921	47648	40014	河　南
63381	21206	590094	159297	37317	175288	湖　北
25176	2000	846813	116526	214379	403433	湖　南
56700	42710	930594	290404	161684	212392	广　东
67488	19309	343144	67522	70877	48874	广　西
1000		60935	1750	24287	20173	海　南
20200		461912	27708	489279	121032	重　庆
4267		469749	114441	145022	346314	四　川
266		18152	8937	19577	296416	贵　州
8233	233	74295	12095	58073	29204	云　南
				2800		西　藏
57031		175206	81167	86978	148021	陕　西
14825	5150	72873	7468	21613	54663	甘　肃
2900		3254	485	6842	3848	青　海
627		84956	13264	18315	78866	宁　夏
18197		137465	25558	69496	18861	新　疆

4-2-4 2007年按资金来源分全国城市市政公用设施建设固定资产投资（按城市分列）

城市名称 Name of Cities	合计 Total	上年末结余资金 The Balance of the Previous Year	本年资			
			小计 Subtotal	中央财政拨款 Financial Allocation of the Central Government	地方财政拨款 Financial Allocation of Local Governments	国内贷款 Domestic Loan
全国	**62835287**	**3695336**	**59143060**	**773081**	**19257043**	**17637263**
北京	**7309330**	**1274118**	**6035212**	**278789**	**3022903**	**1409378**
天津	**1370928**	**259131**	**1111797**		**120877**	**786852**
河北	**3055248**	**10562**	**3044686**	**26089**	**776964**	**739443**
石家庄	441542	331	441211		81291	186350
辛集	5620		5620	179	3448	
藁城	6039		6039		3518	920
晋州	1550		1550		850	
新乐	5880		5880	600	3400	
鹿泉	16386		16386		4457	
唐山	570281	139	570142		189603	61232
遵化	42440		42440		12990	7000
迁安	27926		27926		7640	
秦皇岛	243046	2761	240285	4700	50787	62198
邯郸	227987		227987		21646	166088
武安	42430		42430		18697	14428
邢台	164295		164295		18273	24092
南宫	13242		13242	40	10802	
沙河	17438		17438	600	12628	
保定	148783	6260	142523	100	22520	12457
涿州	20932		20932	500	9811	6483
定州	12217		12217		3067	3600
安国	14580		14580		9365	2000
高碑店	9050		9050			
张家口	320505		320505	5970	25720	105200
承德	99090		99090	12000	21029	47411
沧州	93333		93333		38571	19575
泊头	14000		14000		6625	
任丘	28003		28003		10203	
黄骅	22121		22121		15304	1885
河间	10302		10302		3408	
廊坊	204201	723	203478		104561	10024
霸州	35716		35716		31861	
三河	41104	348	40756		25026	
衡水	124041		124041		4543	7000
冀州	23000		23000	1400	4150	
深州	8168		8168		1170	1500

4-2-4 National Investment in Fixed Assets of Urban Service Facilities by Capital Resource (by City in Column) (2007)

计量单位：万元 Measurement Unit：10，000 RMB

金来源 Fund Resources							
债券 Securities	利用外资 Foreign Investment	外商直接投资 Foreign Direct Investment	自筹资金 Self-Raised Funds	单位自有资金 Self-Owned Funds	其他资金 Other Funds	各项应付款 Sum Payable This Year	城市名称 Name of Cities
295331	**730628**	**229078**	**16357386**	**4161135**	**4089763**	**5517882**	**全国**
	6523		**1069224**		**248395**	**377473**	**北京**
800	**5626**	**5626**	**164109**	**38590**	**33533**	**97050**	**天津**
	19979	**4712**	**1319102**	**245395**	**163109**	**29824**	**河北**
	5100		166470	8226	2000		石家庄
			1993				辛集
			1601	400			藁城
			700	400			晋州
			1340		540		新乐
			11929	3329			鹿泉
	2967		289533	15023	26807	1940	唐山
			22450	22450			遵化
			20286	20286			迁安
			122229	3444	371	7869	秦皇岛
	4712	4712	31626		3915	532	邯郸
			3877	400	428		武安
			119648	4951	2282	8492	邢台
			2400				南宫
			2760	2675	1450		沙河
	7200		17591	1800	82655	10991	保定
			4138				涿州
			5550				定州
			2880	30	335		安国
			9050	9050			高碑店
			161338		22277		张家口
			14050	9700	4600		承德
			35187				沧州
			7375				泊头
			17800				任丘
			4932	4932			黄骅
			6894				河间
			83893	16977			廊坊
			3855	3855			霸州
			15730	15730			三河
			97049	97049	15449		衡水
			17450				冀州
			5498	4688			深州

4-2-4 续 1

城市名称 Name of Cities	合计 Total	上年末结余资金 The Balance of the Previous Year	本年资			
			小计 Subtotal	中央财政拨款 Financial Allocation of the Central Government	地方财政拨款 Financial Allocation of Local Governments	国内贷款 Domestic Loan
山　西	**876056**	**17019**	**859037**	**24520**	**426228**	**190670**
太　原	357887		357887	19246	154564	121789
古　交	3870		3870		3870	
大　同	113698		113698		56230	24180
阳　泉	35281	1035	34246	1300	14219	
长　治	22232	480	21752		11595	975
潞　城	3460		3460	300	2854	
晋　城	13489	8272	5217	400	4300	517
高　平	12893	100	12793		12788	
朔　州	24151	160	23991	500	20141	
晋　中	49884	4238	45646	1089	10741	14359
介　休	29509		29509		19747	4650
运　城	32967	2734	30233		9765	10000
永　济	270		270			
河　津	8800		8800		8800	
忻　州	19853		19853		4503	
原　平	1165		1165		1165	
临　汾	75016		75016		75016	
侯　马	36834		36834	1285	3709	3500
霍　州	7981		7981		7981	
吕　梁	22920		22920		800	10700
孝　义	3896		3896	400	3440	
内蒙古	**896493**	**867**	**895626**	**7931**	**397369**	**149084**
呼和浩特	154610		154610		30313	38741
包　头	262952	443	262509	150	34787	88130
乌　海	34031		34031		33731	
赤　峰	121271	424	120847	4951	69921	3000
通　辽	63516		63516	200	36332	5000
霍林郭勒	9710		9710		9710	
鄂尔多斯	149820		149820	400	121620	12000
呼伦贝尔	16224		16224		11993	2213
满洲里	35337		35337		30337	
牙克石	5484		5484	910	4377	
扎兰屯	3137		3137		2117	
额尔古纳	611		611	120	491	
根　河	771		771		771	
巴彦淖尔	4371		4371		4371	
乌兰察布	4800		4800		4800	
丰　镇	5480		5480	1200		
乌兰浩特						
阿尔山	679		679		679	
二连浩特	23689		23689		1019	

金来源 Fund Resources						各项应付款 Sum Payable This Year	城市名称 Name of Cities
债券 Securities	利用外资 Foreign Investment	外商直接投资 Foreign Direct Investment	自筹资金 Self-Raised Funds	单位自有资金 Self-Owned Funds	其他资金 Other Funds		
800	**4000**		**116568**	**14564**	**96251**	**76478**	**山西**
			5250	5250	57038	36245	太原
						2512	古交
			29188		4100	20316	大同
			15514		3213	9481	阳泉
			7772	1410	1410	300	长治
			306	306			潞城
						13	晋城
					5	2000	高平
			1750	150	1600		朔州
	4000		5252	1098	10205	610	晋中
600			4492	4280	20		介休
			7434	1800	3034	1968	运城
			270	270			永济
							河津
200			13150		2000		忻州
							原平
							临汾
			26190		2150	1730	侯马
						1303	霍州
					11420		吕梁
					56		孝义
	10004		**237674**	**68139**	**93564**	**106246**	**内蒙古**
	10004		49618	27128	25934	75953	呼和浩特
			94632	9472	44810	10670	包头
			300				乌海
			42975	3090		2650	赤峰
			18234	18234	3750		通辽
							霍林郭勒
			13800	8000	2000		鄂尔多斯
			2018	2018		6605	呼伦贝尔
			5000				满洲里
			197	197			牙克石
			1020				扎兰屯
							额尔古纳
							根河
							巴彦淖尔
							乌兰察布
			4280				丰镇
						9689	乌兰浩特
						679	阿尔山
			5600		17070		二连浩特

城市名称 Name of Cities	合　计 Total	上年末结余资金 The Balance of the Previous Year			本 年 资	
			小　计 Subtotal	中央财政拨款 Financial Allocation of the Central Government	地方财政拨款 Financial Allocation of Local Governments	国内贷款 Domestic Loan
辽　　宁	**2925684**	**9184**	**2916500**	**8258**	**1217846**	**1004250**
沈　　阳	1643624	197	1643427		657583	809478
新　　民	10067		10067	500	5072	
大　　连	597218	206	597012	600	283813	39407
瓦 房 店	9562		9562		3716	
普 兰 店	1280		1280		760	
庄　　河	14858		14858		13135	
鞍　　山	68921	2527	66394		49880	
海　　城	2230		2230		2230	
抚　　顺	56600		56600		6400	47800
本　　溪	44533		44533	2178	23647	3484
丹　　东	38048	3542	34506	800	29918	
东　　港	4119		4119		4119	
凤　　城	3846		3846		1983	
锦　　州	40476		40476		22140	4672
凌　　海	1915		1915	150	1072	
北　　镇	2395		2395		95	
营　　口	28902	2111	26791		8807	3000
盖　　州	11417		11417		1051	10000
大 石 桥	5758		5758		3387	
阜　　新	6424		6424	1400	2595	
辽　　阳	47778	198	47580	300	20257	2830
灯　　塔	1192		1192		1192	
盘　　锦	36450	14	36436		7171	4998
铁　　岭	156073	389	155684	1000	8861	72961
调 兵 山	7868		7868		3443	
开　　原	19826		19826	280	12929	120
朝　　阳	22407		22407	1050	14529	
北　　票	7787		7787		5840	
凌　　源	3794		3794		3794	
葫 芦 岛	29727		29727		18427	5500
兴　　城	589		589			
吉　　林	**988968**	**7121**	**984956**	**24801**	**181923**	**377719**
长　　春	567702	1458	566244	12469	102436	290066
九　　台	890		890		890	
榆　　树	2347		2347		2015	
德　　惠	511		511		511	

金 来 源 Fund Resources						各项应付款 Sum Payable This Year	城市名称 Name of Cities
债券 Securities	利用外资 Foreign Investment	外商直接投资 Foreign Direct Investment	自筹资金 Self-Raised Funds	单位自有资金 Self-Owned Funds	其他资金 Other Funds		
4330	**19654**	**6280**	**532717**	**209734**	**129445**	**251951**	**辽宁**
			176345	135190	21	69483	沈阳
			600	600	3895		新民
			241542	26607	31650	87445	大连
			5846	5846		663	瓦房店
			520	520			普兰店
			1723				庄河
			16514	1722		19773	鞍山
							海城
			2400	2400		3733	抚顺
	825		14035	10612	364		本溪
			3788	3788			丹东
							东港
			1213	1213	650	111	凤城
	6521		3154	3154	3989	4394	锦州
			693	48			凌海
			2300				北镇
	5400		8815		769	6534	营口
			286		80		盖州
			2371				大石桥
	628		1801	1193		1413	阜新
	2450	2450	13114	4738	8629	5203	辽阳
							灯塔
			10972	3844	13295	9624	盘锦
			11204	900	61658	7989	铁岭
	3830	3830	595			27727	调兵山
			6497	3970		647	开原
4330					2498	7212	朝阳
					1947		北票
							凌源
			5800	2800			葫芦岛
			589	589			兴城
3230	**23370**	**10020**	**268793**	**100221**	**102555**	**48657**	**吉林**
2570	5722		65729	17878	87252	6812	长春
							九台
			174	174	158	258	榆树
							德惠

城市名称 Name of Cities	合计 Total	上年末结余资金 The Balance of the Previous Year	本年资 小计 Subtotal	中央财政拨款 Financial Allocation of the Central Government	地方财政拨款 Financial Allocation of Local Governments	国内贷款 Domestic Loan
吉林	119835		119835		2996	17335
蛟河	4520		4520	2270	2250	
桦甸	1840	480	1360	200		
舒兰	1962		1962		1962	
磐石	4340		4340		840	3500
四平	34278	1000	33278			22000
公主岭	32778		32778		7300	
双辽	3579		3579		1580	
辽源	12950		12950	500	4370	
通化	11185		11185	2250	6136	2064
梅河口	19241	2783	16458		3514	3000
集安	32380		32380		30880	
白山	27059	1	27058	400	814	18610
临江	2300		2300		900	
松原	18971	816	18155	400	2525	14970
白城	25307		25307	2700		5710
洮南	2300		2300		1700	
大安	4838		4838		4362	
延吉	34696		34696	1512	1852	
敦化	15538	568	14970	2100		
珲春	350		350			
龙井	6802	15	6787		1691	
和龙	469		469		319	
黑龙江	**1057732**	**9799**	**1047933**	**58428**	**286955**	**128164**
哈尔滨	477120	8380	468740	27488	51995	76447
双城	12366		12366		12366	
尚志	4275		4275	200	60	
五常	5759		5759		620	
齐齐哈尔	49998	33	49965	8447	3752	18700
讷河	5788		5788	1339	969	
鸡西	8751		8751	2100	6651	
虎林	11527		11527	200	327	7000
密山	1897		1897		1721	
鹤岗	8750		8750		3201	4717
双鸭山	15804		15804	1515	2434	
大庆	223441		223441		103411	
伊春	19379		19379	40	19217	
铁力	1039		1039		701	

金 来 源 Fund Resources						各项应付款	城市名称
债券	利用外资		自筹资金		其他资金		
		外商直接投资		单位自有资金			
Securities	Foreign Investment	Foreign Direct Investment	Self-Raised Funds	Self-Owned Funds	Other Funds	Sum Payable This Year	Name of Cities
	136		97788	35797	1580	23393	吉林
							蛟河
			1160	700		260	桦甸
							舒兰
							磐石
			6278	4702	5000		四平
	13140	10020	10988		1350		公主岭
			1999				双辽
	1100		6480	5180	500	2430	辽源
			735			1002	通化
	3272		892		5780		梅河口
			1500	1500			集安
			6299	1500	935		白山
			1400				临江
260						12787	松原
			16897	232			白城
200			400	400			洮南
			476	476			大安
			31332	31332			延吉
200			12670			1402	敦化
			350	350			珲春
			5096			313	龙井
			150				和龙
	18084	**18084**	**553244**	**25653**	**3058**	**61239**	**黑龙江**
	12915	12915	299595		300	35495	哈尔滨
							双城
			4015				尚志
			5139			500	五常
			19066	2670		3692	齐齐哈尔
			3480	3480			讷河
							鸡西
			4000	4000		40	虎林
			176				密山
			591		241	39	鹤岗
			11855	11855			双鸭山
			120030				大庆
			122				伊春
			338				铁力

4-2-4 续4

城市名称 Name of Cities	合计 Total	上年末结余资金 The Balance of the Previous Year	本年资			
			小计 Subtotal	中央财政拨款 Financial Allocation of the Central Government	地方财政拨款 Financial Allocation of Local Governments	国内贷款 Domestic Loan
佳木斯	26337		26337	5310	1885	
同江	2451		2451		2451	
富锦	310		310			
七台河	15274		15274		8329	
牡丹江	62628	1000	61628	4508	1508	18000
绥芬河	21769		21769		11470	
海林	27860		27860	6731	13000	
宁安	1210		1210	550	182	
穆棱	9166		9166		3470	3000
黑河	10733		10733		10733	
北安	6266	386	5880		5111	300
五大连池	1315		1315		172	
绥化	16460		16460		11460	
安达	3678		3678		3678	
肇东	5000		5000		4700	
海伦	1381		1381		1381	
上海	**4348828**	**221702**	**4127126**	**2401**	**143249**	**1528131**
江苏	**5777087**	**219831**	**5557256**	**9861**	**1797975**	**1054194**
南京	1319617	103711	1215906		52800	443560
无锡	996142	26020	970122	4060	375305	76199
江阴	14617	5502	9115		7565	500
宜兴	40520		40520	100	11020	15679
徐州	158682	21600	137082		106214	2000
新沂	2129		2129		1884	
邳州	5835		5835	760	2610	
常州	698002	35067	662935		92845	191712
溧阳	27044		27044		4024	16000
金坛	51733		51733			
苏州	650813	2072	648741		195579	25934
常熟	96697		96697		70774	
张家港	95022	203	94819		87257	2628
昆山	143214	5181	138033		67124	29000
吴江	104793		104793		50507	400
太仓	50589		50589		42648	
南通	161583		161583		146737	
启东	40283		40283		5980	22000
如皋	19185		19185		6200	3800

4-2-4 continued

金来源 Fund Resources								
债券 Securities	利用外资 Foreign Investment	外商直接投资 Foreign Direct Investment	自筹资金 Self-Raised Funds	单位自有资金 Self-Owned Funds	其他资金 Other Funds	各项应付款 Sum Payable This Year	城市名称 Name of Cities
	5169	5169	13973	1780		3893	佳木斯
							同江
			310			1310	富锦
			6945			1360	七台河
			35095		2517	11140	牡丹江
			10299	256		2759	绥芬河
			8129				海林
			478			1006	宁安
			2696				穆棱
							黑河
			469	469			北安
			1143	1143			五大连池
			5000				绥化
							安达
			300				肇东
							海伦
	31111		**2264124**	**1250971**	**158110**	**1134825**	**上海**
21202	**37458**	**27458**	**1822166**	**451603**	**814400**	**544041**	**江苏**
			670696	322670	48850	159160	南京
21202			123191		370165		无锡
			1050				江阴
			11511	4340	2210		宜兴
			27268	5413	1600	726	徐州
			245				新沂
			835		1630	20	邳州
	21094	21094	113747	48189	243537	188526	常州
			7020	7020			溧阳
			51733				金坛
			376999	19629	50229		苏州
			12666		13257	5913	常熟
			2396		2538	14052	张家港
			37239		4670	27446	昆山
	64	64	51592		2230	3692	吴江
					7941		太仓
			14846	8603			南通
			203	203	12100		启东
					9185	80	如皋

4-2-4 续5

城市名称 Name of Cities	合计 Total	上年末结余资金 The Balance of the Previous Year	本 年 资			
			小计 Subtotal	中央财政拨款 Financial Allocation of the Central Government	地方财政拨款 Financial Allocation of Local Governments	国内贷款 Domestic Loan
通　州	1394		1394		1394	
海　门	67118		67118		67118	
连云港	234511	132	234379	1800	91291	71008
淮　安	20260		20260		20260	
盐　城	73219	4375	68844		21984	8000
东　台	8286		8286	141	6672	1000
大　丰	2700	2700				
扬　州	185289	10500	174789	960	111920	31185
仪　征	13361		13361			
高　邮	6160		6160			
江　都	39146		39146		770	
镇　江	195981	197	195784	500	14691	101989
丹　阳	56751		56751		30591	500
扬　中	14391		14391		4458	
句　容	6372		6372		5566	
泰　州	60438	500	59938		30200	
兴　化	17738	1065	16673	1340	8733	
靖　江	23896		23896	200	9958	500
泰　兴	19125	606	18519		12845	
姜　堰	15510		15510		15210	
宿　迁	38941	400	38541		17241	10600
浙　江	**3807875**	**290816**	**3517059**	**12325**	**1462440**	**1195123**
杭　州	923686	89672	834014	140	605848	74116
建　德	10257	676	9581		2425	
富　阳	27128	1271	25857		7095	16076
临　安	35749		35749		9613	600
宁　波	724460	33098	691362	1242	204301	438158
余　姚	135160	7863	127297		70859	13794
慈　溪	109960		109960		104003	2800
奉　化	9752	2535	7217		6744	
温　州	217406	32737	184669		55475	101356
瑞　安	13460	7	13453		6971	1301
乐　清	10610	502	10108		8433	
嘉　兴	300327	8057	292270		82560	151697
海　宁	44389	330	44059		10930	17445
平　湖	54124		54124		3159	18345
桐　乡	39857		39857	2	1225	1500
湖　州	297127	19000	278127	500	14328	200956

金来源 Fund Resources						各项应付款 Sum Payable This Year	城市名称 Name of Cities
债券 Securities	利用外资 Foreign Investment	外商直接投资 Foreign Direct Investment	自筹资金 Self-Raised Funds	单位自有资金 Self-Owned Funds	其他资金 Other Funds		
							通州
							海门
	5800	5800	64480	7111		51029	连云港
							淮安
			37480		1380	16571	盐城
			473	473		3925	东台
							大丰
			27717	6642	3007	20370	扬州
			13361				仪征
			160		6000	12484	高邮
	500	500	36793	2242	1083		江都
	8000		56853	8311	13751	7841	镇江
	2000		14819	6819	8841	8493	丹阳
			8773		1160	1050	扬中
			806	600			句容
			29738	1738		17590	泰州
			5600	900	1000	3568	兴化
			13238			1505	靖江
			1038	700	4636		泰兴
			300				姜堰
			7300		3400		宿迁
113	**36265**	**675**	**712293**	**244084**	**98500**	**161118**	**浙江**
	238		123650	86420	30022	14053	杭州
			7156	2794		1154	建德
			1886	1886	800	1410	富阳
			25536				临安
	3317		38526	25080	5818	41826	宁波
70			41052	297	1522	6863	余姚
			2807	2207	350		慈溪
			473				奉化
			16677	2410	11161	9695	温州
			5181	5164		58	瑞安
			1675			478	乐清
43	23635		34335	14671		10996	嘉兴
	8400		7284	1694		7056	海宁
			32620			1475	平湖
			37130	7208		1165	桐乡
			62343	1298		22180	湖州

4-2-4 续 6

城市名称 Name of Cities	合计 Total	上年末结余资金 The Balance of the Previous Year	本年资			
			小计 Subtotal	中央财政拨款 Financial Allocation of the Central Government	地方财政拨款 Financial Allocation of Local Governments	国内贷款 Domestic Loan
绍兴	114978	8102	106876	675	34964	24929
诸暨	92664	76260	16404		1033	10927
上虞	27321		27321		6452	11261
嵊州	14584	80	14504	500		3900
金华	22043	419	21624		8293	4497
兰溪	1120		1120		1120	
义乌	42488		42488		39190	1129
东阳	32460		32460	165	29178	
永康	13904		13904		4144	6299
衢州	79757	3708	76049	341	13222	19563
江山	42609	1675	40934		532	300
舟山	75121	2536	72585		37721	17465
台州	79318	544	78774	500	13328	5000
温岭	64387	1671	62716	8260	4513	10740
临海	24627		24627		2118	
丽水	102109	73	102036		62138	35052
龙泉	24933		24933		10525	5917
安徽	**2393573**	**27038**	**2366535**	**17259**	**428960**	**937651**
合肥	940575		940575	1000	93756	651288
芜湖	361983		361983		29513	
蚌埠	97301	2495	94806	5150	35364	10686
淮南	88533	3174	85359	1520	4724	28630
马鞍山	63585		63585		3726	52203
淮北	19474	3620	15854		1580	5947
铜陵	40130	1062	39068		7214	24000
安庆	111223	464	110759		540	69654
桐城	16246		16246		3540	9787
黄山	42079	30	42049	1000	26569	
滁州	22773		22773	3287	2072	14835
天长	15544		15544		535	4993
明光	12515		12515		1733	6070
阜阳	110697	9048	101649	180	30141	20550
界首	9585		9585	2250	535	6400
宿州	54703	572	54131	722	6717	
巢湖	16817	1166	15651	650	2845	120
六安	40084		40084		28365	2680
亳州	26861		26861		3916	11794
池州	144060	5407	138653	500	79874	18014
宣城	120071		120071	1000	65651	
宁国	38734		38734		50	

金 来 源 Fund Resources						各项应付款	城市名称
债券 Securities	利用外资 Foreign Investment	外商直接投资 Foreign Direct Investment	自筹资金 Self-Raised Funds	单位自有资金 Self-Owned Funds	其他资金 Other Funds	Sum Payable This Year	Name of Cities
			45108	4466	1200	10525	绍兴
			4444			80	诸暨
			9473	8722	135		上虞
			10034	887	70	3108	嵊州
			5436	587	3398	5548	金华
							兰溪
			2169				义乌
			3117			956	东阳
	675	675	2786	2750			永康
			32095	6439	10828	1496	衢州
			40102	40102			江山
			17183	12295	216	200	舟山
			39399	8753	20547	8175	台州
			31650	1800	7553	2150	温岭
			22029	4844	480	1949	临海
			446	446	4400	8522	丽水
			8491	864			龙泉
	41296	**22224**	**799082**	**158378**	**142287**	**260621**	**安徽**
	835		189401	66842	4295	100521	合肥
			330872		1598	9243	芜湖
	1382		40954	5850	1270	3216	蚌埠
	3008		25365	3358	22112	21525	淮南
	3352	3352	4304	2446		3743	马鞍山
			8327				淮北
	5908	5908	1946			12115	铜陵
			21618	8999	18947	30456	安庆
			276		2643		桐城
	510	510	2405	1185	11565	2157	黄山
	599		626	541	1354	37	滁州
	7016	7016	3000			210	天长
	1000		3198		514	1100	明光
	373		46612	4280	3793	1081	阜阳
			400	400			界首
	3260	3000	43399	2400	33	900	宿州
	2038	2038	9498	357	500	3509	巢湖
	2128		3941		2970	610	六安
	1017		2169	2099	7965		亳州
	400	400	6351	6201	33514	70198	池州
			53420	53420			宣城
	8470		1000		29214		宁国

4-2-4 续 7

城市名称 Name of Cities	合计 Total	上年末结余资金 The Balance of the Previous Year	本年资 小计 Subtotal	中央财政拨款 Financial Allocation of the Central Government	地方财政拨款 Financial Allocation of Local Governments	国内贷款 Domestic Loan
福建	**1735631**	**69982**	**1665649**	**1320**	**1017774**	**308203**
福州	239004	5578	233426		130395	85056
福清	26207		26207			22950
厦门	887603	1987	885616		663328	97170
莆田	113251	43107	70144		40418	21556
三明	10214	1050	9164		1134	200
永安	27242	2932	24310	20	3101	5150
石狮	37292	5841	31451		5000	8578
晋江	93680		93680		90680	
南安	52166	1425	50741		4060	11600
漳州	102133	7020	95113		2226	20641
龙海	16377		16377		15443	
南平	32278		32278		14204	8000
邵武	7417		7417		5797	
武夷山	3277		3277		3277	
建瓯	756		756		756	
龙岩	45100	740	44360	500	17648	17042
漳平	12720		12720	100	320	7000
宁德	15805	302	15503	200	10442	3260
福安	4178		4178	500	1060	
福鼎	8931		8931		8485	
江西	**1077651**	**29619**	**1048032**	**8270**	**341767**	**145672**
南昌	434488	5015	429473	300	78480	39500
景德镇	14354	27	14327	300	2665	
乐平	8446		8446		1716	
萍乡	54150		54150		3300	38000
九江	53915		53915		1996	1591
瑞昌	2035		2035		411	
新余	98160		98160	350	37521	9555
鹰潭	14844	5713	9131	2310	1600	400
贵溪	22637		22637		5677	4300
赣州	75824	5272	70552		50272	15160
瑞金	18759		18759	2300	16129	
南康	13663		13663		9994	300
吉安	58241	11031	47210	2040	35750	
井冈山	6619	500	6119		240	1295
宜春	29827	1019	28808	610	20481	3900
丰城	45825		45825		16770	10600

债券 Securities	利用外资 Foreign Investment	外商直接投资 Foreign Direct Investment	自筹资金 Self-Raised Funds	单位自有资金 Self-Owned Funds	其他资金 Other Funds	各项应付款 Sum Payable This Year	城市名称 Name of Cities
资金来源 Fund Resources							
810	**7446**		**270597**	**150443**	**59499**	**22764**	**福建**
			2232	2232	15743	9830	福州
			3257	3257			福清
			124426	124426	692		厦门
			6870	6854	1300	3284	莆田
			7645		185	71	三明
110			3019	1137	12910	6609	永安
	6446		11312	9310	115		石狮
			3000				晋江
			29542	600	5539		南安
			60752	157	11494	924	漳州
			880	500	54	152	龙海
			3738		6336		南平
			1620	1620		1494	邵武
							武夷山
							建瓯
700			7540	350	930		龙岩
	1000		1000		3300		漳平
			1450		151	400	宁德
			1368		750		福安
			446				福鼎
	43163	**17419**	**416219**	**32018**	**92941**	**59134**	**江西**
			302310	13057	8383	8057	南昌
	3599	3599	328		6935		景德镇
			5550		1180		乐平
			10130		2720		萍乡
			13425	26	36903	781	九江
			1624				瑞昌
	22000	2000	6996	350	21738	4847	新余
			3021	80	1800	6553	鹰潭
	4300	4300	8360				贵溪
	904		4216			5335	赣州
			330				瑞金
			3369	2770		13358	南康
			4611	3211	4809	4373	吉安
	4500		84	19			井冈山
			3817	2794		626	宜春
	7520	7520	4935		6000	14931	丰城

4-2-4 续 8

城市名称 Name of Cities	合计 Total	上年末结余资金 The Balance of the Previous Year	本年资 小计 Subtotal	中央财政拨款 Financial Allocation of the Central Government	地方财政拨款 Financial Allocation of Local Governments	国内贷款 Domestic Loan
樟树	27569		27569		18753	
高安	2372		2372		1686	143
抚州	51996	542	51454	60	14443	13728
上饶	38278	500	37778		18234	7200
德兴	5649		5649		5649	
山东	**4439547**	**111026**	**4328521**	**24520**	**1940779**	**521137**
济南	684344	8397	675947		248455	191019
章丘	160447		160447		96435	
青岛	635121	11492	623629	700	271223	124075
胶州	36500		36500		27800	
即墨	46488		46488		22308	400
平度	12504		12504		4972	2000
胶南	25360		25360		18357	700
莱西	45931		45931		14383	
淄博	162032	5543	156489	1000	42973	13798
枣庄	114386	13568	100818	2400	44144	8700
滕州	89957		89957		12654	38622
东营	134639		134639		107486	
烟台	290339	51475	238864		172639	38934
龙口	59980		59980		12830	
莱阳	26364		26364		9213	
莱州	9779		9779		7779	
蓬莱	19249	202	19047		10236	5830
招远	18614		18614	300	15555	400
栖霞	2561		2561		2319	
海阳	26211		26211		24245	
潍坊	94252	1424	92828	17722	50328	7500
青州	54965		54965		20345	
诸城	39286		39286		29775	
寿光	35314		35314		27107	
安丘	5229	27	5202		582	350
高密	23459	600	22859		4255	3600
昌邑	14621		14621		11231	
济宁	114909	6938	107971		23990	
曲阜	16150		16150		950	
兖州	35367		35367		5700	8216
邹城	35704		35704		28384	7320
泰安	109728	1100	108628		26141	2581

金 来 源 Fund Resources						各项应付款	城市名称
债券 Securities	利用外资 Foreign Investment	外商直接投资 Foreign Direct Investment	自筹资金 Self-Raised Funds	单位自有资金 Self-Owned Funds	其他资金 Other Funds	Sum Payable This Year	Name of Cities
			8816	8666			樟树
	340				203		高安
			23223	295		273	抚州
			10074	750	2270		上饶
							德兴
55000	**81968**	**21582**	**1325138**	**198799**	**379929**	**289062**	山东
			236000	200	473	21050	济南
			63532	19372	480		章丘
50000	4408		147237	60973	25936	20969	青岛
	800		7900	2600			胶州
			23780				即墨
			5532	2552		1424	平度
			6191	3511	112		胶南
	4550	4550	21353	4550	5645		莱西
	133		93493	33576	5092	33275	淄博
	700		27000	3108	17874	16614	枣庄
	6036	6036	25450	720	7195	1130	滕州
			4602	872	22551	4696	东营
			24291	2885	3000	18350	烟台
	13860	9360	33290			8300	龙口
	16910		241				莱阳
			2000	2000		1334	莱州
			2931			4000	蓬莱
			2359	852			招远
			242	242			栖霞
			1936				海阳
			16178	8479	1100	14600	潍坊
			4450	4450	30170	610	青州
			9511				诸城
			8207	8207			寿光
			2952	233	1318		安丘
			15004	1000		4047	高密
			3390	1390			昌邑
5000			78445	10722	536	9263	济宁
			200		15000	3357	曲阜
			157		21284		兖州
							邹城
			40513		39393	5807	泰安

4-2-4 续 9

城市名称 Name of Cities	合　计 Total	上年末结余资金 The Balance of the Previous Year	本年资 小　计 Subtotal	中央财政拨款 Financial Allocation of the Central Government	地方财政拨款 Financial Allocation of Local Governments	国内贷款 Domestic Loan
新　泰	42511		42511	600	120	380
肥　城	12220		12220		12170	
威　海	152304	983	151321	898	102336	12381
文　登	53539		53539		41702	
荣　成	69170		69170		56470	
乳　山	36473		36473		23109	
日　照	310382		310382		123810	9800
莱　芜	124538		124538		39046	6300
临　沂	282464	7303	275161		50264	21627
德　州	37281		37281		18001	600
乐　陵	770	770				
禹　城	4200		4200		3800	
聊　城	31641		31641	900	7033	2575
临　清	14543		14543		13575	
滨　州	32370		32370		26426	2080
菏　泽	55351	1204	54147		28123	11349
河　南	**1062988**	**18955**	**1044033**	**2843**	**676780**	**93018**
郑　州	413012		413012		361650	15245
巩　义	6051		6051		6051	
荥　阳	5471		5471		5471	
新　密	11876		11876		9625	
新　郑	3450		3450		3450	
登　封	9256		9256		8590	
开　封	70400	12454	57946	400	21271	2510
洛　阳	42912	463	42449		2912	2596
偃　师	4104		4104		965	650
平顶山	30173		30173		17700	3350
舞　钢	7136		7136		7026	
汝　州	5165		5165	200	806	70
安　阳	31640		31640		10827	
林　州	10420		10420		1860	2840
鹤　壁	12011	850	11161	1300	7974	
新　乡	33885		33885		21366	10050
卫　辉	4220		4220		1915	
辉　县	6457		6457		6457	
焦　作	36782		36782		18505	8929
沁　阳	9993		9993		8585	
孟　州	16203		16203		8000	

金来源 Fund Resources							
债券 Securities	利用外资 Foreign Investment	外商直接投资 Foreign Direct Investment	自筹资金 Self-Raised Funds	单位自有资金 Self-Owned Funds	其他资金 Other Funds	各项应付款 Sum Payable This Year	城市名称 Name of Cities
	450	450	40951				新泰
			50				肥城
	2216		24853	280	8627	37960	威海
			11837			9537	文登
			12700	2200		13100	荣成
			13334	150	30	8826	乳山
			88222	2941	88550		日照
			72601	6304	6591	6667	莱芜
	27800		112074	10471	63396	16301	临沂
			10630		8000	7990	德州
							乐陵
			400	400		2180	禹城
	1186	1186	18517	320	1430	6739	聊城
					968		临清
			2156	639	1708	1527	滨州
	2919		8236	2600	3470	9409	菏泽
2520	**4390**	**4390**	**216834**	**45921**	**47648**	**40014**	**河南**
			35668	101	449	1176	郑州
						5778	巩义
							荥阳
			2251				新密
							新郑
			666				登封
			33765	7208			开封
			36941	1903		22668	洛阳
			2459	727	30	230	偃师
			5823		3300	1500	平顶山
			110	90			舞钢
					4089		汝州
			20813				安阳
2520			2550	1553	650		林州
			1787	1054	100	2221	鹤壁
			2469				新乡
			2305				卫辉
							辉县
			8448	8448	900		焦作
			1408				沁阳
			8203	8203			孟州

4-2-4 续10

城市名称 Name of Cities	合计 Total	上年末结余资金 The Balance of the Previous Year	本年资			
			小计 Subtotal	中央财政拨款 Financial Allocation of the Central Government	地方财政拨款 Financial Allocation of Local Governments	国内贷款 Domestic Loan
濮阳	7785		7785		6485	
许昌	44373		44373		17036	13091
禹州	17782	800	16982		8411	
长葛	13779		13779		2800	
漯河	19375	2450	16925		8820	4150
三门峡	5989		5989		4961	
义马	4162		4162		1418	600
灵宝	9647		9647		9090	
南阳	37446		37446		34781	300
邓州	11731		11731		7166	
商丘	11980		11980		6670	
永城	17173	1739	15434		10272	3000
信阳	23185		23185		1591	1000
周口	29651		29651		1472	22637
项城	8165		8165	450	2577	
驻马店	20455	199	20256	443	15138	2000
济源	9693		9693	50	7086	
湖北	**2588070**	**306524**	**2281546**	**7993**	**435188**	**1087573**
武汉	1999491	298936	1700555		250000	917747
黄石	66254		66254		21401	23871
大冶	6841		6841			
十堰	38383	140	38243		4343	28850
丹江口	13434		13434	1687	255	10567
宜昌	51575	5699	45876	2482	10356	14978
宜都	6650		6650		2600	3100
当阳	2144		2144		1787	
枝江	5200		5200		3000	
襄樊	55178	554	54624		15902	20922
老河口	15268		15268		3636	2380
枣阳	4606	460	4146		3034	
宜城	7724		7724		6585	
鄂州	33545		33545		10200	1000
荆门	29259		29259		6538	17821
钟祥	12534		12534	954		2400
孝感	24910		24910		13123	
应城	4530		4530		1700	
安陆	5630		5630		1650	
汉川	4460		4460		2200	

金来源 Fund Resources							
债券 Securities	利用外资 Foreign Investment	外商直接投资 Foreign Direct Investment	自筹资金 Self-Raised Funds	单位自有资金 Self-Owned Funds	其他资金 Other Funds	各项应付款 Sum Payable This Year	城市名称 Name of Cities
			1300	1300		439	濮阳
			12046	9150	2200	48	许昌
			7956		615		禹州
			669	225	10310		长葛
			3955	1719			漯河
			1028			1662	三门峡
			1044	1000	1100	220	义马
			557				灵宝
			2225	675	140	1381	南阳
	4390	4390			175		邓州
			4960		350		商丘
			2162	1500			永城
			2320	325	18274	2068	信阳
			5542				周口
			1378	240	3760		项城
			1650	500	1025	378	驻马店
			2376		181	245	济源
60000	**63381**	**21206**	**590094**	**159297**	**37317**	**175288**	**湖北**
60000	38965		433843	110249		146246	武汉
			13960	4945	7022		黄石
			6841				大冶
			2050		3000	545	十堰
			645		280	508	丹江口
	1210		16850	1400		7991	宜昌
			950	600			宜都
			357				当阳
			1400		800	50	枝江
			11553	7487	6247		襄樊
	6300	6300	1952	1552	1000		老河口
			1080	770	32	563	枣阳
			1139	1139			宜城
			22345	16493		2250	鄂州
			4900	4900		8430	荆门
			9180			7195	钟祥
	7800	7800	1900		2087		孝感
	1950	1950	160		720		应城
	2250	400	1230		500		安陆
	600	600	610		1050		汉川

4-2-4 续11

城市名称 Name of Cities	合计 Total	上年末结余资金 The Balance of the Previous Year	本年资			
			小计 Subtotal	中央财政拨款 Financial Allocation of the Central Government	地方财政拨款 Financial Allocation of Local Governments	国内贷款 Domestic Loan
荆州	25447		25447		5314	16317
石首	6300		6300		4500	
洪湖	6502		6502		4800	
松滋	13480		13480		1660	
黄冈	22172		22172	940	4817	13000
麻城	5618		5618	363	3297	
武穴	3015		3015		2400	505
咸宁	15076		15076			
赤壁	9186		9186		2980	600
随州	11349		11349		8868	1990
广水	3288	618	2670	407	905	863
恩施	9945		9945	610		
利川	4921		4921	550	1044	1800
仙桃	24700		24700		9160	7278
潜江	31455	117	31338		19133	1584
天门	8000		8000		8000	
湖南	**2290289**	**21277**	**2269012**	**17641**	**434869**	**715295**
长沙	1248177		1248177		272255	501864
浏阳	11015	3212	7803		50	200
株洲	68057	1000	67057	200	51666	
醴陵	18432	962	17470	3271	8061	2000
湘潭	150278		150278		5330	9479
湘乡	2790	1	2789		485	1960
韶山	14664	400	14264	7254		
衡阳	65241		65241	2400	1323	33478
耒阳	5322		5322		2960	
常宁	3430		3430		350	
邵阳	59891	469	59422	240	1000	21440
武冈	15135		15135	1000	2325	
岳阳	43807	395	43412		37681	
汨罗	1951		1951		185	200
临湘	267		267			
常德	37735	9004	28731		20313	1995
津市	1779		1779		1095	200
张家界	111324		111324	146		
益阳	12194	500	11694		920	6280
沅江	9178		9178		5116	700
郴州	77034		77034		2700	12857

金 来 源 Fund Resources						各项应付款	城市名称
债券 Securities	利用外资 Foreign Investment	外商直接投资 Foreign Direct Investment	自筹资金 Self-Raised Funds	单位自有资金 Self-Owned Funds	其他资金 Other Funds	Sum Payable This Year	Name of Cities
			3816	2259			荆州
			1800	1000			石首
			1702	1202			洪湖
			11620		200		松滋
			1853	511	1562		黄冈
			1678	970	280	439	麻城
			110				武穴
			6490		8586		咸宁
	4306	4156	1030	930	270		赤壁
			350		141		随州
			495			871	广水
			9335				恩施
			1527				利川
			4722	2790	3540	200	仙桃
			10621	100			潜江
							天门
14839	**25176**	**2000**	**846813**	**116526**	**214379**	**403433**	**湖南**
	18176		382447	56297	73435	282761	长沙
			7436		117	786	浏阳
			14388	8038	803	15150	株洲
			4138	492		4	醴陵
3819			122699	2236	8951	861	湘潭
			344	84		165	湘乡
					7010	338	韶山
			13961	6266	14079	1277	衡阳
			1960		402		耒阳
			3080				常宁
			30543	8050	6199	26692	邵阳
	2800		8730	430	280	224	武冈
			1384		4347	9191	岳阳
180			806	100	580		汨罗
			150		117	29	临湘
			6423	6123		32708	常德
			456	456	28	2227	津市
			111178			4000	张家界
			3562	1692	932	4180	益阳
			2970	200	392	192	沅江
	3200	2000	26267	1396	32010	452	郴州

4-2-4 续 12

城市名称 Name of Cities	合计 Total	上年末结余资金 The Balance of the Previous Year	本年资			
			小计 Subtotal	中央财政拨款 Financial Allocation of the Central Government	地方财政拨款 Financial Allocation of Local Governments	国内贷款 Domestic Loan
资兴	21754		21754		4807	15591
永州	37230	75	37155	410	6848	16569
怀化	165239	2889	162350	1000	4732	53950
洪江	4000		4000			
娄底	38664		38664	1300	2683	9400
冷水江	10633		10633		330	980
涟源	7380		7380		480	2750
吉首	47688	2370	45318	420	1174	23402
广东	**3860546**	**258870**	**3601676**	**6876**	**1411757**	**1034065**
广州	2106232	83564	2022668		605136	947461
增城	1032		1032		182	750
从化	2319		2319		1870	208
韶关	23723		23723		14790	7230
南雄	1740		1740		1740	
深圳	421617	51661	369956		197228	14921
珠海	191686		191686		60873	42685
汕头	39078	1220	37858		4441	17325
佛山	45704	727	44977			
佛山	317734	99156	218578	4776	129548	−38608
江门	72312		72312	300	980	
台山	11803	600	11203		3932	
开平	4703	4203	500		500	
鹤山	10363		10363		7163	
恩平	2328		2328		520	
廉江	736		736		736	
雷州	1056		1056		1056	
吴川	49		49		49	
茂名	6656	580	6076		5712	
高州	3473	1402	2071	400	691	350
化州	744		744		519	
信宜	458		458		108	
肇庆	48772	3335	45437		20261	15962
高要	5560		5560		5308	
四会	12484		12484			
惠州	108494	1317	107177		87276	4428
梅州	3856		3856		3856	
兴宁	823		823			
汕尾	9450	1960	7490	1000	2240	4250

资金来源 Fund Resources							
债券 Securities	利用外资 Foreign Investment	外商直接投资 Foreign Direct Investment	自筹资金 Self-Raised Funds	单位自有资金 Self-Owned Funds	其他资金 Other Funds	各项应付款 Sum Payable This Year	城市名称 Name of Cities
			670		686		资兴
			524	300	12804	14052	永州
10840			71173	400	20655	466	怀化
			4000				洪江
	1000		3931	3931	20350	5981	娄底
			3358		5965	400	冷水江
			200		3950	550	涟源
			20035	20035	287	747	吉首
	56700	**42710**	**930594**	**290404**	**161684**	**212392**	**广东**
	13137		376307	35310	80627	124585	广州
			100				增城
			241				从化
			1703	1703			韶关
						1510	南雄
	42240	42240	115567	104648		21117	深圳
			84938	80265	3190	11727	珠海
			9446	3416	6646		汕头
			27477		17500		佛山
			81311	30223	41551	3180	佛山
			70907		125		江门
			4031		3240		台山
							开平
			3200				鹤山
			1706	140	102		恩平
							廉江
							雷州
							吴川
			364				茂名
			630			2462	高州
					225		化州
			350	350			信宜
			9031	5046	183	2527	肇庆
			252	252			高要
			12484	4114			四会
	1000	470	10058		4415	19950	惠州
							梅州
	323		500				兴宁
							汕尾

城市名称 Name of Cities	合计 Total	上年末结余资金 The Balance of the Previous Year	本年资 小计 Subtotal	中央财政拨款 Financial Allocation of the Central Government	地方财政拨款 Financial Allocation of Local Governments	国内贷款 Domestic Loan
陆丰	650		650	400	150	
阳江	26549	270	26279		1228	589
阳春	3256		3256		1056	
清远	5950		5950			5000
东莞	264006	8043	255963		167470	5030
中山	61484	832	60652		49581	2484
潮州	4447		4447		100	4000
揭阳	35318		35318		34478	
云浮	3901		3901		979	
罗定						
广西	**1480919**	**129211**	**1351708**	**40468**	**261697**	**487034**
南宁	547764	87646	460118	1197	65139	129332
柳州	430355	24080	406275	8400	37831	254954
桂林	127512	2282	125230	1992	53176	30687
梧州	19075		19075	1142	2509	3826
岑溪	2356		2356		810	
北海	26716	325	26391	581	1966	3426
防城港	12846		12846		5470	340
东兴	10859		10859	280	9034	
钦州	77427		77427	5038	16695	13659
贵港	32705	2991	29714	6551	10719	2565
桂平	1174		1174		911	
玉林	76853		76853	12906	17398	15262
北流	12231		12231		7956	
百色	25892	11864	14028	554	5802	6900
贺州	1460		1460		1185	
河池	16907	23	16884		5679	5606
宜州	7962		7962		6543	
来宾	16341		16341		5615	8422
合山	866		866		858	
崇左	2070		2070		365	570
凭祥	31548		31548	1827	6036	11485
海南	**274479**	**21812**	**252667**	**4230**	**46963**	**115252**
海口	210960	21812	189148	1000	12882	92394
三亚	14833		14833		14833	
五指山	4161		4161		4161	
琼海	21196		21196	830	13379	6387

金 来 源 Fund Resources						各项应付款	城市名称
债券	利用外资		自筹资金		其他资金		
		外商直接投资		单位自有资金			
Securities	Foreign Investment	Foreign Direct Investment	Self-Raised Funds	Self-Owned Funds	Other Funds	Sum Payable This Year	Name of Cities
			100				陆丰
			22732	4394	1730	7543	阳江
			200	200	2000		阳春
			950	950			清远
			83463	12463		16834	东莞
			8587	6930		409	中山
			347			353	潮州
			840				揭阳
			2772		150		云浮
						195	罗定
81000	**67488**	**19309**	**343144**	**67522**	**70877**	**48874**	**广西**
	22789		185144	45728	56517	11385	南宁
81000	21525		2565	2034		21686	柳州
	4137	272	34349	360	889	41	桂林
			9255	133	2343		梧州
			1159	225	387		岑溪
			19568	2254	850	2748	北海
			6218	2211	818		防城港
			1545				东兴
			42035				钦州
	4585	4585	3645	280	1649	6098	贵港
			263			1200	桂平
	14452	14452	16835	12932		4539	玉林
			4275				北流
			772				百色
			245	45	30		贺州
			159	9	5440	1016	河池
			1419	1002			宜州
			2304	300			来宾
			8				合山
			1135				崇左
			10246	9	1954	161	凭祥
	1000		**60935**	**1750**	**24287**	**20173**	**海南**
	1000		57585	1750	24287	3940	海口
						14833	三亚
							五指山
			600				琼海

4-2-4 续 14

城市名称 Name of Cities	合计 Total	上年末结余资金 The Balance of the Previous Year	本年资			
			小计 Subtotal	中央财政拨款 Financial Allocation of the Central Government	地方财政拨款 Financial Allocation of Local Governments	国内贷款 Domestic Loan
儋州	6374		6374		903	5471
万宁	13750		13750			11000
东方	3205		3205	2400	805	
重庆	**2224768**	**124257**	**2100511**	**78336**	**564989**	**457900**
四川	**2580958**	**116090**	**2464868**	**8568**	**750112**	**1072150**
成都	1907880	102300	1805580		494782	968047
都江堰	4513		4513		3236	
彭州	9240		9240		1749	4200
邛崃	15715		15715		9141	
崇州	9459		9459	1196	3443	187
自贡	86347		86347	250	32722	45700
攀枝花	30383	322	30061	1330	14173	24
泸州	31505	5084	26421	220	11021	2427
德阳	18951		18951		12768	
广汉	9089		9089		661	
什邡	6934		6934	1900	729	4305
绵竹	7451		7451	759	3489	400
绵阳	37819		37819	220	11391	
江油	20944		20944	1000	820	1198
广元	9463		9463	60	8803	
遂宁	38016		38016		14643	300
内江	5263		5263		845	
乐山	18806		18806		13939	
峨眉山	22028		22028	295	10700	9090
南充	33820		33820	160	7020	5050
阆中	21680		21680		3900	4860
眉山	39658		39658	200	13560	
宜宾	97457	5455	92002		28546	17379
广安	22114	623	21491	778	14036	3900
华蓥	8060		8060			
达州	12050		12050	200	8687	
万源	605		605		235	
雅安	5734		5734		3587	
巴中	9394	26	9368		824	820
资阳	15699		15699		1050	2590
简阳	17610		17610		17610	
西昌	7271	2280	4991		2002	1673

资金来源 Fund Resources						各项应付款	城市名称
债券	利用外资		自筹资金		其他资金		
		外商直接投资		单位自有资金			
Securities	Foreign Investment	Foreign Direct Investment	Self-Raised Funds	Self-Owned Funds	Other Funds	Sum Payable This Year	Name of Cities
							儋州
			2750				万宁
						1400	东方
27895	**20200**		**461912**	**27708**	**489279**	**121032**	**重庆**
15000	**4267**		**469749**	**114441**	**145022**	**346314**	**四川**
			259540	9890	83211	211626	成都
			1277			12970	都江堰
	427		2864			15060	彭州
			6574				邛崃
			4253		380	4465	崇州
			7675	350			自贡
	3840		8414	8414	2280	4878	攀枝花
			10874	10409	1879		泸州
			2563	774	3620	2682	德阳
			1453	463	6975	373	广汉
						125	什邡
			2803				绵竹
			25948	8562	260	1385	绵阳
			842	440	17084		江油
			600			5514	广元
			23073	3330			遂宁
			4418	4190		500	内江
			4707	4438	160	11554	乐山
			1943			3190	峨眉山
			21590	21590		5900	南充
			12920	12920		3510	阆中
			5898	150	20000		眉山
15000			28523	15191	2554	28838	宜宾
			2777	219		962	广安
			8030	1300			华蓥
			3133	2963		4919	达州
					370		万源
			1838	1838	309	1155	雅安
			7694	391	30	280	巴中
			6619	6619	5440	8584	资阳
						17610	简阳
			846		470	234	西昌

4-2-4 续 15

城市名称 Name of Cities	合计 Total	上年末结余资金 The Balance of the Previous Year	本年资			
			小计 Subtotal	中央财政拨款 Financial Allocation of the Central Government	地方财政拨款 Financial Allocation of Local Governments	国内贷款 Domestic Loan
贵州	**467627**	**60221**	**407406**	**6195**	**111533**	**250628**
贵阳	222089	33404	188685		99488	66214
清镇	915		915			886
六盘水	9013		9013		3200	5813
遵义	3879		3879	740	1022	1400
赤水	1045		1045			
安顺	51556	20604	30952	200	3668	15744
铜仁	10102		10102	1200	400	8052
兴义	8468		8468		3468	5000
毕节	149204	3321	145883		120	145095
凯里	5859		5859	3255	70	2424
都匀	5400	2892	2508	800		
福泉	97		97		97	
云南	**513634**	**10038**	**503596**	**8374**	**122917**	**231704**
昆明	170757	4984	165773		34509	113139
安宁	12987		12987		12187	400
曲靖	86827		86827		17281	21327
宣威	14308	800	13508		150	7750
玉溪	17944		17944	500		
保山	57000		57000		20000	30000
昭通	5500		5500		318	
丽江	36220		36220		13980	14200
普洱	1317	579	738	426		
临沧	4328		4328		4095	
楚雄	16376	3375	13001	600	5737	3808
个旧	8188	300	7888	300	3440	
开远	5782		5782	800		2486
景洪	1605		1605		720	605
大理	62376		62376	4698	3586	37989
瑞丽	8856		8856	1050	6914	
潞西	3263		3263			
西藏	**77016**		**77016**	**45819**	**28397**	
拉萨	77016		77016	45819	28397	
陕西	**1505242**	**38141**	**1467101**	**4575**	**327349**	**811442**
西安	1157655	28947	1128708		244896	655521
铜川	16619	950	15669	1223	4972	

金来源 Fund Resources						各项应付款	城市名称
债券 Securities	利用外资 Foreign Investment	外商直接投资 Foreign Direct Investment	自筹资金 Self-Raised Funds	单位自有资金 Self-Owned Funds	其他资金 Other Funds	Sum Payable This Year	Name of Cities
1045	**266**		**18162**	**8937**	**19577**	**296416**	**贵州**
			7829	7829	15154	151230	贵阳
					29		清镇
							六盘水
			517		200		遵义
1045							赤水
			7340		4000		安顺
	266				184	725	铜仁
							兴义
			668	668		143159	毕节
			100	100	10		凯里
			1708	340		1302	都匀
							福泉
	8233	**233**	**74295**	**12095**	**58073**	**29204**	**云南**
			280	280	17845		昆明
			400				安宁
			19608		28611		曲靖
			5306	981	302	800	宣威
			17444			11857	玉溪
			6000	5000	1000		保山
			538	500	4644		昭通
	8000		40				丽江
			312				普洱
	233	233				4062	临沧
			495		2361	6219	楚雄
			4148	3228			个旧
			916		1580	4092	开远
			40		240	124	景洪
			14613	2106	1490	220	大理
			892			1830	瑞丽
			3263				潞西
					2800		**西藏**
					2800		拉萨
4520	**57031**		**175206**	**81167**	**86978**	**148021**	**陕西**
	55431		139851	74239	33009	103346	西安
			1236		8238	1659	铜川

4-2-4 续16

城市名称 Name of Cities	合计 Total	上年末结余资金 The Balance of the Previous Year	本年资 小计 Subtotal	中央财政拨款 Financial Allocation of the Central Government	地方财政拨款 Financial Allocation of Local Governments	国内贷款 Domestic Loan
宝鸡	81663		81663		9970	62058
咸阳	35677		35677		13502	1290
兴平	7224		7224		600	
渭南	18744		18744		2769	
韩城	6290		6290		6290	
延安	550		550		550	
延安	9610	2244	7366	1100	4761	1505
汉中	48940		48940		25940	18000
榆林	50847		50847		4550	33498
安康	36651		36651		1850	19949
商洛	34772	6000	28772	2252	6699	19621
甘肃	**807449**	**9728**	**797721**	**5487**	**223317**	**459522**
兰州	619480	8096	611384		168443	408659
嘉峪关	21297		21297		9989	
金昌	22699	1451	21248		10571	2700
白银	8706	53	8653		1666	1317
天水	20338		20338		1779	14459
武威	5421		5421	238	920	
张掖	18985		18985	755	4203	14027
平凉	23779		23779	3000	3040	2800
酒泉	4743		4743		1150	
玉门	615		615		615	
敦煌	6151		6151		5626	
庆阳	17462		17462		1890	12032
定西	4485	4	4481	854	1941	1348
陇南	14871		14871			1180
临夏	15854	124	15730	366	9939	1000
合作	2563		2563	274	1545	
青海	**124602**	**200**	**124402**	**16905**	**49285**	**45216**
西宁	96048	200	95848	4275	47732	33394
格尔木	19858		19858	12630	931	4883

金 来 源 Fund Resources							
债 券 Securities	利用外资 Foreign Investment	外商直接投资 Foreign Direct Investment	自筹资金 Self-Raised Funds	单位自有资金 Self-Owned Funds	其他资金 Other Funds	各项应付款 Sum Payable This Year	城市名称 Name of Cities
4320			5315				宝鸡
			3653	3653	17232	960	咸阳
			6624			5230	兴平
			275	275	15700		渭南
							韩城
							延安
						9828	延安
			5000	3000			汉中
					12799	26998	榆林
	1600		13252				安康
200							商洛
84	**14825**	**5150**	**72873**	**7468**	**21613**	**54663**	**甘肃**
84	9645		24553			133	兰州
			11308			21297	嘉峪关
			1277		6700	11949	金昌
	30		5400	100	240	6727	白银
			4100				天水
			4263	457			武威
						2094	张掖
	5150	5150	8953		836		平凉
			3593	3578		541	酒泉
							玉门
			525	20		3910	敦煌
			3540	3000			庆阳
			338	313		4445	定西
			750		12941	3260	陇南
			4215		210	307	临夏
			58		686		合作
	2900		**3254**	**485**	**6842**	**3848**	**青海**
	2900		1705		5842	1935	西宁
			1414	485		1913	格尔木

城市名称 Name of Cities	合计 Total	上年末结余资金 The Balance of the Previous Year	本年资			
			小计 Subtotal	中央财政拨款 Financial Allocation of the Central Government	地方财政拨款 Financial Allocation of Local Governments	国内贷款 Domestic Loan
德令哈	8696		8696		622	6939
宁夏	**307817**	**21372**	**286445**	**1308**	**35699**	**144250**
银川	185218	13400	171818		13634	120875
灵武	6781		6781	295		3000
石嘴山	38993	3302	35691	613	10662	12915
吴忠	18325		18325		940	5421
青铜峡	47708		47708		5874	2039
固原	638		638		610	
中卫	10154	4670	5484	400	3979	
新疆	**608252**	**825**	**607427**	**12691**	**212182**	**156543**
乌鲁木齐	266216	535	265681	860	24660	149130
克拉玛依	92586		92586		68399	
吐鲁番	2662		2662	313	2000	
哈密	14345		14345	1200	3656	
昌吉	34622		34622		9356	
阜康	15465		15465		15465	
博乐	14870		14870	2786		
库尔勒	32083		32083	200	25407	400
阿克苏	31451		31451		21681	
阿图什	94		94		64	
喀什	10782		10782		7896	
和田	1325		1325	1325		
伊宁	13299	54	13245	512	8000	1886
奎屯	9083		9083		8099	4
乌苏	4279		4279	370	2310	
塔城	5568		5568	1767	2519	
阿勒泰	4776	22	4754	2358	21	200
石河子	42922	214	42708	230	8778	1955
阿拉尔	3823		3823			
图木舒克	585		585		265	
五家渠	7416		7416	770	3606	2968

4-2-4 continued 17

金来源 Fund Resources						各项应付款 Sum Payable This Year	城市名称 Name of Cities
债券 Securities	利用外资 Foreign Investment	外商直接投资 Foreign Direct Investment	自筹资金 Self-Raised Funds	单位自有资金 Self-Owned Funds	其他资金 Other Funds		
			135		1000		德令哈
1290	**627**		**84956**	**13264**	**18315**	**78866**	**宁夏**
1290	362		26787	7037	8870	29619	银川
			3486			2062	灵武
	265		11236	300		25156	石嘴山
			5821	5257	6143	4208	吴忠
			37598	670	2197	295	青铜峡
			28			1978	固原
					1105	15548	中卫
853	**18197**		**137465**	**25558**	**69496**	**18861**	**新疆**
	6840		79971	8886	4220		乌鲁木齐
			8694	8673	15493		克拉玛依
			349	349			吐鲁番
			9466		23	3883	哈密
800			3395		21071		昌吉
							阜康
	10619		585		880		博乐
			4212	1036	1864	2400	库尔勒
			9770	150			阿克苏
			30				阿图什
			1634		1252	1740	喀什
							和田
	738		2109	1690		5960	伊宁
			980	980			奎屯
			1599				乌苏
			1177		105	675	塔城
			1566	165	609	1444	阿勒泰
53			8045	3557	23647	2551	石河子
			3811		12		阿拉尔
					320		图木舒克
			72	72		208	五家渠

4-3 2007年全国城市施工规模和新增生产能力（或效益）

指标名称	Index	计量单位	Measurement Unit
1. 供水综合生产能力	1. Integrated Water Production Capacity	万立方米/日	10，000m^3/day
2. 供水管道长度	2. Length of Water Pipelines	公里	Kilometer
3. 人工煤气生产能力	3. Production Capacity of Man-made Coal Gas	万立方米/日	10，000m^3/day
4. 人工煤气储气能力	4. Storage Capacity of Man-made Coal Gas	万立方米	10，000 m^3
5. 人工煤气供气管道长度	5. Length of Man-made Gas Piping	公里	Kilometer
6. 天然气储气能力	6. Storage Capacity of Natural Gas	万立方米	10，000m^3
7. 天然气供气管道长度	7. Length of Natural Gas Pipelines	公里	Kilometer
8. 液化石油气储气能力	8. LPG Storage Capacity	吨	Ton
9. 液化石油气供气管道长度	9. Length of LPG Pipelines	公里	Kilometer
10. 集中供热能力：蒸汽	10. Central Heating Capacity (Steam)	吨/小时	Ton/Hour
11. 集中供热能力：热水	11. Central Heating Capacity (Hot Water)	兆瓦	Mega Watts
12. 集中供热管道长度：蒸汽	12. Length of Central Heating Pipelines (Steam)	公里	Kilometer
13. 集中供热管道长度：热水	13. Length of Central Heating Pipelines (Hot Water)	公里	Kilometer
14. 轨道交通运营线路长度	14. Length of Operational Lines for Transit Traffic	公里	Kilometer
15. 公共交通车辆购置	15. Number of Motor Vehicles for Public Traffic	辆	Unit
16. 桥梁座数	16. Number of Bridges	座	Unit
17. 道路新建、扩建长度	17. Length of Extension of Roads and New Roads	公里	Kilometer
18. 道路新建、扩建面积	18. Surface Area of Extension of Roads and New Roads	万平方米	10，000m^2
19. 排水管道长度	19. Length of Sewers	公里	Kilometer
20. 污水处理厂处理能力	20. Wastewater Treatment Capacity	万立方米/日	10，000m^3/day
21. 再生水生产能力	21. Recycled Water Production Capacity	万立方米/日	10，000m^3/day
22. COD削减能力	22. COD Reduction Ability	万吨/年	10，000 ton/day
23. 园林绿地面积	23. Landscaping Area	公顷	Hectare
24. 垃圾无害化处理能力	24. Garbage Harmless Treatment Capacity	吨/日	Ton/day

4-3 National Urban Construction Scale and Newly Added Production Capacity (or Benefits) (2007)

计量单位：万元 Measurement Unit：10，000RMB

本年施工规模 Construction Scale this Year	本年新开工 Construction Scale this Year	累计新增生产能力（或效益） Accumulative Newly Added Productivity (or Benefits)	新增生产能力（或效益） Newly Added Productivity (or Benefits)
1133.42	532.60	714.54	478.34
12091.14	10139.82	11125.37	9498.19
77	77	77	77
14.4	12.4	17.4	17.4
1483.15	1436.15	1508.56	1257.44
429.73	397.08	555.93	432.08
9560.33	8541.68	9948.33	8307.06
6804.4	5807.9	6654.4	6144.4
900.32	394.32	951.20	716.53
2827.7	2434.7	2397.3	2205.8
11032.60	9112.40	9724.85	8482.85
760.69	733.79	818.19	736.19
2910.74	2598.04	2829.73	2472.75
622.11	158.02	161.47	61.20
33456	32419	31707	31260
1491	1145	1271	1051
13521.80	10794.29	10115.88	9390.25
30945.81	22880.80	20499.03	17562.93
15259.10	10962.17	12860.48	11148.57
1880.26	1162.26	1344.86	1040.46
189.11	181.11	110.08	97.08
2.42	2.13	2.01	2.01
59158.89	41627.56	43323.32	40232.76
46546	26300	32048	28100

4-4 2007年全国城市规模以上市政公用设施建设项目（亿元以上）

建设项目名称 Name of Development Projects	建设地址 Construction Site	建设性质 Nature of Building	建设阶段 Construction Phrase
北　京			
工体西门城中村改造工程	北　京	新建	本年收尾
东北二环路机场联络线城中村拆迁工程	北　京	新建	本年收尾
德内危改工程	北　京	新建	本年正式施工
新街口东街改造工程	北　京	新建	本年正式施工
北二环环境整治工程	北　京	新建	本年正式施工
西外南路整治工程	北　京	新建	本年正式施工
北中轴整治工程	北　京	新建	本年正式施工
地内大街整治工程	北　京	新建	本年正式施工
景山西街北段环境整治工程	北　京	新建	本年正式施工
大剧院周边道路环境整治工程	北　京	新建	本年正式施工
地内大街油漆作胡同1号、3号	北　京	新建	本年正式施工
西四南大街基督教堂周边整治工程	北　京	新建	本年正式施工
宣武区环境整治工程	北　京	新建	本年正式施工
边角地环境整治工程	北　京	新建	本年正式施工
环境建设项目	北　京	新建	本年正式施工
城中村改造工程	北　京	新建	本年正式施工
燃煤锅炉改造工程	北　京	新建	本年收尾
朝阳公园、红领巾公园水系联通工程	北　京	新建	本年收尾
朝阳区环境整治工程	北　京	新建	本年正式施工
奥林匹克中心公园周边环境整治工程	北　京	新建	本年正式施工
大郊亭城中村改造（2005年）工程	北　京	新建	本年正式施工
城中村拆迁（2005年）	北　京	新建	本年正式施工
2006年城中村拆迁工程	北　京	新建	本年正式施工
2007年城中村拆迁工程	北　京	新建	本年正式施工
成寿寺路拆迁工程	北　京	新建	本年正式施工
地铁4号线及马家楼车辆段拆迁工程	北　京	新建	筹建
北京南站改扩建及动车段拆迁工程	北　京	新建	本年正式施工
蒲黄榆路拆迁工程	北　京	新建	本年正式施工
六环路长辛店段拆迁工程	北　京	新建	本年正式施工
光彩路拆迁工程	北　京	新建	本年正式施工
光彩西路拆迁工程	北　京	新建	本年正式施工
石榴庄路拆迁工程	北　京	新建	本年正式施工
晨光路拆迁工程	北　京	新建	本年正式施工
锅炉改造工程	北　京	新建	本年收尾
长青路建设工程	北　京	新建	本年正式施工
城中村拆迁工程	北　京	新建	本年正式施工
永定大沙坑生态修复工程	北　京	新建	本年收尾

4-4 National Construction Projects above Designated Size (above 100 million RMB) (2007)

开工年月 Commence Date	项目计划总投资 Total Investment of Project	自开始建设至本年底累计 Accumulated Investment From Start of Project to the End of This Year		本年计划投资 Planned Investment this Year	本年完成投资 Completed Investment this Year	本年新增固定资产 Newly Added Fixed Assets of This Year
		完成投资 Completed Investment	新增固定资产 Newly Added Fixed Assets			
	27692888	**13072757**			**5736800**	**1900901**
2007-1	22961	22961			22961	22961
2007-10	166400	124800			124800	
2006-4	65881	65881			13123	
2005-10	16021	16021			2895	
2006-5	87368	84073			4852	
2006-6	18900	10528			4207	10528
2004-6	58300	55000			6404	55000
2005-6	25860	12864			508	
	14000	12284			7163	
2007-3	62879	36803			36803	
	10763	3338			3338	
	11746	695			695	
2005-3	69550	64440			540	
2007-8	56600	9714			9714	
2007-5	19214	2929			2929	
2006-3	139200	94284			39868	
2007-1	39248	39248			39248	39248
2006-1	10460	6878			300	
2007-10	95546	20018			20018	
2006-4	105500	61167			7639	
2005-4	22452	21752			511	21752
2005-4	32369	21799			953	
2006-4	86082	68967			18042	
2007-7	374336	50068			50068	
2006-11	12000	5005			23	
2007-6	69155	30338			30338	
2007-4	270000	54496			54496	
2007-8	108000	29235			29235	
2007-9	50000	47872			47872	
2007-9	17906	14065			14065	
2007-9	18211	3831			3831	
2007-9	55873	9064			9064	
2007-9	50594	15789			15789	
2007-7	61000	48822			48822	48822
2007-6	19460	12400			12400	
2006-8	114135	20351			5341	
2007-5	10540	6890			6890	

4-4 续 1

建设项目名称 Name of Development Projects	建设地址 Construction Site	建设性质 Nature of Building	建设阶段 Construction Phrase
天然气入区工程	北　京	新建	本年正式施工
冯石路改造工程	北　京	新建	本年正式施工
中门寺路改建工程	北　京	新建	本年正式施工
门之路改造工程	北　京	新建	本年正式施工
高家园路改造工程	北　京	新建	本年正式施工
南城西北环线工程	北　京	新建	本年正式施工
西苑道路工程	北　京	新建	本年正式施工
良乡东路改造工程	北　京	新建	筹建
高教园区 16 号路工程	北　京	新建	本年正式施工
白杨西路改造工程	北　京	新建	本年正式施工
长于路延长线工程	北　京	新建	筹建
白杨东路道路工程	北　京	新建	筹建
长周路道路工程	北　京	新建	筹建
通惠南北路综合整治工程	北　京	新建	本年收尾
通朝大街工程	北　京	新建	本年正式施工
东六环西侧路工程	北　京	新建	本年正式施工
芙蓉路工程	北　京	新建	本年正式施工
玉带河东大街工程	北　京	新建	本年正式施工
通顺路工程	北　京	新建	本年正式施工
壁富路工程	北　京	新建	本年正式施工
改水工程	北　京	新建	本年正式施工
温榆河水资源利用工程	北　京	新建	筹建
杨雁路工程	北　京	新建	筹建
111 国道改造（河防口-汤河口）	北　京	新建	本年正式施工
永安公园工程	北　京	新建	筹建
101 绕城线道路工程	北　京	新建	本年正式施工
站西站东路道路工程	北　京	新建	本年正式施工
2002 年热网勾调工程	北　京	新建	筹建
三环路热力工程	北　京	新建	筹建
2003 年热力联通线工程	北　京	新建	筹建
草桥供热管网工程	北　京	新建	筹建
2004 年热力联通线工程	北　京	新建	筹建
奥运公园及周边地区热力工程	北　京	新建	筹建
公主坟西延及车公庄西延工程	北　京	新建	筹建
驻京部队燃煤锅炉房改集中供热新建管线工程	北　京	新建	筹建
郑常庄热电厂配套热力管线工程	北　京	新建	筹建
2006 年热力联通线工程	北　京	新建	筹建
西客站南广场公交枢纽工程	北　京	新建	筹建
车辆购置	北　京	新建	单纯购置
3 号供热厂工程	北　京	新建	筹建
再生水项目	北　京	新建	筹建

4-4 continued 1

开工年月 Commence Date	项目计划 总投资 Total Investment of Project	自开始建设至本年底累计 Accumulated Investment From Start of Project to the End of This Year		本年计划投资 Planned Investment this Year	本年完成投资 Completed Investment this Year	本年新增 固定资产 Newly Added Fixed Assets of This Year
		完成投资 Completed Investment	新增固定资产 Newly Added Fixed Assets			
2005-5	12023	12023			4614	12023
2006-10	10776	3170			2810	
2006-5	16828	10740			3450	
2006-4	28000	1100			100	
2005-5	14199	7728			670	
2006-4	27038	17029			4039	
2006-4	27018	1200				
2005-8	14142	14142			449	14142
2007-8	14055	2855			2855	
2005-9	10096	2630				
2006-4	29330	1396				
2006-11	13556	10069			7033	
2007-9	166000	30000			30000	
2006-3	12500	12500			4200	12500
2006-9	15140	10400			6400	
2006-4	37857	35964			9464	
2006-4	44511	40000				
2006-11	23978	23978			21183	21183
2007-6	35638	30292			30292	
2007-7	59256	37331			37331	
2005-12	25180	15835			2415	
2007-3	42333	42333			42333	42333
2005-4	21149	21149			3937	21149
2006-5	152000	82937			42451	
2006-8	11579	11579			7579	11579
2007-3	17852	14668			14668	
2007-4	26629	1840			1840	
2002-10	44400	35833			896	
2003-6	135000	132752			1856	6532
2003-6	58600	34209			12466	19207
2004-12	47550	40898			9853	
2004-9	41500	27621			12040	3599
2003-6	100569	100569			74071	
2004-9	94962	94692			20862	
2006-10	23900	21332			16408	
2007-7	64000	42287			42287	
2007-12	51500	1215			1215	
2006-11	10352	6690			2041	
	213914	213914			213914	213914
2006-5	10136	8897			7530	
2006-3	13595	2374			716	

4-4 续 2

建设项目名称 Name of Development Projects	建设地址 Construction Site	建设性质 Nature of Building	建设阶段 Construction Phrase
车辆购置	北　京	新建	单纯购置
平谷应急水源工程	北　京	新建	本年正式施工
十厂配水管线	北　京	新建	本年正式施工
田村山水厂改扩建工程	北　京	新建	本年正式施工
第三水厂改扩建工程	北　京	新建	本年正式施工
2005 年一户一表工程	北　京	新建	本年收尾
一线工程	北　京	新建	筹建
小红门污水处理厂及其配套管线工程	北　京	新建	筹建
北小河污水处理厂改扩建工程	北　京	新建	本年收尾
清河污水处理厂再生水回用工程	北　京	新建	筹建
吴家村污水处理厂再生水回用工程	北　京	新建	筹建
高碑店再生水补水工程（天坛南路至八一湖）	北　京	新建	筹建
高碑店再生水补水工程（八一湖至高井）	北　京	新建	筹建
广安胡同北段	北　京	新建	本年正式施工
南横街四段	北　京	新建	本年正式施工
园区建设	北　京	新建	本年正式施工
出租车更新	北　京	迁建	单纯购置
工业区市政工程	北　京	新建	本年正式施工
燕中路改造	北　京	新建	本年收尾
云蒙山道路建设	北　京	新建	筹建
京津城际轨道交通工程	北　京	新建	筹建
北京大屯垃圾转运站改建项目	北　京	新建	本年收尾
新址建设工程	北　京	新建	
通香路改建工程	北　京	新建	本年正式施工
地铁 5 号线环保拆迁	北　京	新建	筹建
月坛公园整治	北　京	新建	本年收尾
圆明园西部山形水系整治工程	北　京	新建	恢复
供暖设施	北　京	新建	筹建
新建道路	北　京	新建	筹建
出租汽车更新	北　京	迁建	单纯购置
车辆更新	北　京	扩建	单纯购置
蓝靛厂南路道路工程	北　京	新建	本年正式施工
康辛路道路工程（榆树庄路至西四环）	北　京	新建	本年正式施工
阜石路道路工程	北　京	新建	本年正式施工
北京南站外部路网工程	北　京	新建	本年正式施工
一亩园公交枢纽工程	北　京	新建	筹建
马家堡东路道路改扩建工程	北　京	新建	本年正式施工
北辰东路北延道路工程	北　京	新建	本年正式施工
奥运中心区中轴路立交改造工程	北　京	新建	本年正式施工
上庄东路道路工程	北　京	新建	本年正式施工
清华东路道路工程	北　京	新建	本年正式施工

4-4 continued 2

开工年月 Commence Date	项目计划总投资 Total Investment of Project	自开始建设至本年底累计 Accumulated Investment From Start of Project to the End of This Year		本年计划投资 Planned Investment this Year	本年完成投资 Completed Investment this Year	本年新增固定资产 Newly Added Fixed Assets of This Year
		完成投资 Completed Investment	新增固定资产 Newly Added Fixed Assets			
	36401	36401			36401	36401
2004-3	84857	84857			25135	84857
2002-4	10598	10598			1	10598
2007-4	24870	6562			6562	
2007-3	29000	11040			11040	
2005-3	13100	12000				12000
2007-1	120539	69713			69713	
2001-10	137386	85656			6198	
2005-12	29331	5981			4727	
2004-8	29380	19949			2166	
2005-3	17644	13789			3815	
2006-3	12173	10849			2576	
2006-10	14941	13905			10449	
2007-5	20000	11670			11670	
2007-5	25000	12150			12150	
2004-3	117858	117858			10879	
	15273	15273			15273	15273
2006-3	18526	15099			4064	
2006-10	12000	5000				
2006-6	10200	6349			4245	
2005-7	681503	681503			335583	
2006-5	10417	3871			2482	
2007-9	47592	6058			5746	
2006-10	30000	15808			9371	15808
	120000	7810			7810	
2004-5	26945	24557			5757	
2003-9	27882	9141			1585	
2004-3	21500	20304			3335	
2005-6	27444	17983			4279	1832
	14225	14225			14225	14225
	13821	13821			13821	13821
2004-6	51638	41310			5164	
2006-6	18937	11589			5760	
2007-2	97578	29274			29274	
2007-6	295362	56728			56728	
2007-1	70530	20000			20000	
2007-5	12367	1236			1236	
2007-2	10248	4729			4729	
2007-2	13692	8215			8215	
2005-12	11394	5593			2175	
2005-12	10538	6889			1620	

4-4 续 3

建设项目名称 Name of Development Projects	建设地址 Construction Site	建设性质 Nature of Building	建设阶段 Construction Phrase
大屯路道路工程	北　京	新建	本年正式施工
北辰东路道路工程（北四环路至成府路）	北　京	新建	本年正式施工
北土城东路道路工程	北　京	新建	本年正式施工
展西路道路工程	北　京	新建	本年正式施工
机场第二通道及姚家园路工程	北　京	新建	筹建
环保治理项目	北　京	新建	本年收尾
道路改造	北　京	新建	本年正式施工
北京市轨道交通工程首都机场线	北　京	新建	筹建
北京市安定垃圾卫生填埋厂扩建工程	北　京	新建	筹建
民族大道绿化工程	北　京	新建	本年正式施工
雁栖环岛—河防口工程	北　京	新建	本年正式施工
商业项目及市政设施	北　京	新建	筹建
密云新城城北供热体系工程热源厂	北　京	扩建	本年收尾
核心区荣华路市政工程	北　京	改建和技术改造	筹建
一、二号线车辆设备消隐改造	北　京	新建	本年收尾
一、二号线 AEC 系统改造	北　京	新建	本年收尾
防恐处突工程	北　京	新建	本年收尾
车辆购置	北　京	新建	单纯购置
强检强修	北　京	新建	单纯购置
八通线 AFC 工程	北　京	新建	本年收尾
800M 无线证务网	北　京	新建	本年收尾
地铁十号线（二期）	北　京	新建	筹建
地铁八号线（二期）	北　京	新建	筹建
地铁六号线（一期）	北　京	新建	筹建
地铁大兴线	北　京	新建	筹建
地铁亦庄线	北　京	新建	筹建
地铁五号线	北　京	新建	筹建
地铁四号线	北　京	新建	筹建
地铁十号线（含奥运支线）	北　京	新建	筹建
地铁九号线	北　京	新建	筹建
河西区 06 年一期市政	北　京	新建	筹建
路东区搬迁房工程	北　京	新建	全部停缓建
高安屯生活垃圾焚烧场	北　京	迁建	筹建
凉水河干流综合治理工程	北　京	新建	本年收尾
北环水系下段治理工程（北护-亮马河）	北　京	新建	本年收尾
二道沟综合治理工程	北　京	新建	本年正式施工
奥运森林公园	北　京	新建	筹建
辛店路拆迁	北　京	新建	本年正式施工
北辰东路及南北辅路	北　京	新建	本年正式施工
马西路南延工程	北　京	扩建	本年正式施工
北京机动车排放实验室一期工程	北　京	新建	筹建

4-4 continued 3

开工年月 Commence Date	项目计划总投资 Total Investment of Project	自于始建设至本年底累计 Accumulated Investment From Start of Project to the End of This Year		本年计划投资 Planned Investment this Year	本年完成投资 Completed Investment this Year	本年新增固定资产 Newly Added Fixed Assets of This Year
		完成投资 Completed Investment	新增固定资产 Newly Added Fixed Assets			
2005-12	84113	55467			30233	
2007-2	11884	5490			5490	
2007-2	15760	4728			4728	
2006-10	60645	44729			26535	
2007-6	418323	121419			121419	
2001-12	21684	18523			967	339
2003-6	55468	38733			8404	
2005-6	622311	404488			264567	
	34204	4709			4709	
2007-3	12052	12052			12052	
2007-1	34226	24933			24933	
2005-11	51715	51715			3073	
2007-4	24242	8888			6442	
2005-3	65570	65570			22274	
2004-6	383631	186359			45640	
2006-2	65704	34443			17460	
2006-9	12565	7742			5595	
	58800	14568			1397	1397
	23427	23427			7313	7313
2007-1	10844	9393			6092	
2007-1	11500	5055			5055	
2007-12	1780000	3235			3235	
2007-12	880000	2156			2156	
2007-12	1680000	3165			3165	
2007-12	630000	2020			2020	
2007-12	630000	1980			1980	
2000-9	1275979	1018205			304431	304431
2003-12	1538522	617375			276878	
2003-12	1599400	870563			349009	
2007-5	858324	7058			7058	
2005-5	37799	37799			1337	
2006-11	110030	110030			37537	
2003-10	75000	51705			15887	
2004-10	41185	30034			2959	
2005-8	43255	25797			12843	
2006-11	24801	13500			10054	
2005-6	591126	455405			77235	
2005-6	53489	43328			30	
2006-9	66612	15361			11142	
2005-12	25000	17375			499	
2007-7	10548	2680			2680	

4-4 续 4

建设项目名称 Name of Development Projects	建设地址 Construction Site	建设性质 Nature of Building	建设阶段 Construction Phrase
北部基础设施	北　京	新建	本年正式施工
道路建设工程	北　京	新建	本年正式施工
黑石头村路建设工程	北　京	新建	本年正式施工
五里坨西路建设工程	北　京	新建	本年正式施工
南水北调中线京石段应急供水工程（北京段）	北　京	新建	筹建
景观工程	北　京	新建	本年正式施工
红螺路二期	北　京	新建	本年正式施工
范崎路	北　京	新建	本年正式施工
密云新城城西北集中供热工程	北　京	改建和技术改造	筹建
开发区东部区燃气工程	北　京	新建	筹建
轨道交通路网管理服务中心工程	北　京	新建	筹建
东区 1 号路工程	北　京	新建	筹建
东区 2 号路工程	北　京	新建	筹建
东区 3 号路工程	北　京	新建	筹建
东区中心路工程	北　京	新建	筹建
东区滨河路工程	北　京	新建	筹建
前门地区市政道路工程	北　京	新建	筹建
龙潭路工程	北　京	新建	筹建
滨河路工程	北　京	新建	筹建
南城供暖工程	北　京	改建和技术改造	筹建
庆丰路工程	北　京	新建	本年正式施工
春林大街工程	北　京	新建	本年正式施工
昆玉河水景走廊工程	北　京	新建	本年正式施工
上庄路工程	北　京	新建	本年正式施工
清华南路二期工程	北　京	新建	本年正式施工
颐阳路工程	北　京	新建	本年正式施工
地铁四号线拆迁工程	北　京	新建	本年正式施工
地铁十号线拆迁工程	北　京	新建	本年正式施工
车公庄西路西延拆迁工程	北　京	新建	本年正式施工
温阳路工程	北　京	新建	本年正式施工
稻香湖东路（春阳路）工程	北　京	新建	本年正式施工
五环路拆迁工程	北　京	新建	本年正式施工
石板房路拆迁工程	北　京	新建	本年正式施工
莲花池东路西延拆迁工程（3 期）	北　京	新建	本年正式施工
圆清路工程	北　京	新建	本年正式施工
六环路拆迁工程	北　京	新建	本年正式施工
圆明园西路二期拆迁工程	北　京	新建	本年正式施工
玉泉路二期工程	北　京	新建	本年正式施工
莲花池东路西延一、二期拆迁工程	北　京	新建	本年正式施工
城市轻轨拆迁工程	北　京	新建	本年正式施工
蓝靛厂南路拆迁工程	北　京	新建	本年正式施工

开工年月 Commence Date	项目计划总投资 Total Investment of Project	自开始建设至本年底累计 Accumulated Investment From Start of Project to the End of This Year		本年计划投资 Planned Investment this Year	本年完成投资 Completed Investment this Year	本年新增固定资产 Newly Added Fixed Assets of This Year
		完成投资 Completed Investment	新增固定资产 Newly Added Fixed Assets			
2003-9	48580	42380			5178	
2004-7	58600	11168			1939	
2006-9	14260	3301			1079	
2007-6	13000	2974			2590	
2003-12	767645	534334			258107	
2005-3	40000	39487			13546	
2005-3	12234	12234			726	12234
2006-6	12860	5279			2879	
2006-4	20766	13397			10107	
2005-10	11092	5186			2429	
2005-10	131700	49205			32248	
2005-3	10070	5330			429	
2006-5	14440	5126			278	
2005-5	20214	20214			4764	20214
2006-5	40289	63			3	
2006-5	22465	2268			1073	
2006-1	136000	101187			16093	
2005-12	21758	18571			4880	
2007-6	21428	3104			3104	
2006-1	17740	17740			2684	17740
2003-4	11746	493			12	
2006-11	14833	2209			642	
2005-4	20000	19672			6349	
	22000	86			24	
2003-6	16000	13761			23	
2003-3	26500	24798			1102	
2004-3	60000	51224			37780	
2004-6	34039	25612			1806	
2003-6	21000	19112			15	
2003-3	49500	46377			171	
2002-4	31184	22041			3042	
2003-8	82783	80644				
2004-3	16000	14416			261	
2004-4	34000	31782				
2002-5	30930	25710				
2002-5	31458	31152			72	
2003-12	10600	8328				
2004-2	11304	11009			4	11009
2003-2	54000	51670				
2003-5	32100	32100			2845	
2004-5	61000	58504			7546	

4-4 续 5

建设项目名称 Name of Development Projects	建设地址 Construction Site	建设性质 Nature of Building	建设阶段 Construction Phrase
农大北路工程	北　京	新建	本年正式施工
安宁庄东路	北　京	新建	本年正式施工
昆明湖东路	北　京	新建	本年正式施工
北安河路（安阳西路）工程	北　京	新建	本年正式施工
翠湖北路工程	北　京	新建	本年正式施工
巨山路工程	北　京	新建	本年正式施工
香颐路工程	北　京	新建	本年正式施工
香山南路工程	北　京	新建	本年正式施工
动物园北路工程	北　京	新建	本年正式施工
学院西路工程	北　京	新建	本年正式施工
大西山旅游区路网工程	北　京	新建	本年正式施工
蓝靛厂路跨河桥（两座）工程	北　京	新建	本年正式施工
林翠路拆迁工程	北　京	新建	本年正式施工
沙阳路工程	北　京	新建	本年正式施工
田村路工程	北　京	新建	本年正式施工
万寿路工程	北　京	新建	本年正式施工
西直门交通枢纽拆迁工程	北　京	新建	本年正式施工
温泉路东段工程	北　京	新建	本年正式施工
翠湖南路工程	北　京	新建	本年正式施工
长河路工程	北　京	新建	本年正式施工
索家坟路工程	北　京	新建	本年正式施工
上庄东路	北　京	新建	本年正式施工
翠湖湿地建设工程	北　京	新建	本年正式施工
展西路拆迁工程	北　京	新建	本年正式施工
西三旗东路工程	北　京	新建	本年正式施工
阜石路拆迁工程	北　京	新建	本年正式施工
西六环（寨口段）拆迁工程	北　京	新建	本年正式施工
北京市危险废物处置中心	北　京	新建	筹建
危旧燃气管线改造工程	北　京	迁建	本年收尾
2004 年天然气建设工程	北　京	迁建	本年正式施工
2005 年天然气建设工程	北　京	迁建	本年正式施工
2006 年天然气建设工程	北　京	迁建	本年正式施工
2007 年天然气建设工程	北　京	迁建	本年正式施工
热电厂天然气外管线	北　京	迁建	本年正式施工
2004 年天然气市内应急工程	北　京	迁建	本年正式施工

开工年月 Commence Date	项目计划总投资 Total Investment of Project	自开始建设至本年底累计 Accumulated Investment From Start of Project to the End of This Year		本年计划投资 Planned Investment this Year	本年完成投资 Completed Investment this Year	本年新增固定资产 Newly Added Fixed Assets of This Year
		完成投资 Completed Investment	新增固定资产 Newly Added Fixed Assets			
2004-1	29952	29197			13619	
2004-5	16500	10690			1208	
2005-1	11818	7739			1260	
2005-5	44625	64			32	
2005-5	24000	11722			2838	
2005-5	56000	39753			4223	
2005-5	20000	131			44	
2005-5	41037	19179			19026	
2005-5	17000	11375			4188	
2005-5	12800	28			28	
	24000	0				
2005-5	10600	199			150	
2005-5	26000	22658			8048	
2005-5	25000	24065			3857	
2005-5	46684	28835			5646	
2007-10	10000	4783			4781	
2005-5	15000	8123			3892	
2005-5	19000	14115			3090	
2005-5	15000	1480			30	
2006-3	34936	904			251	
	14000	0				
2006-3	11000	6567			1210	
2006-1	75000	28791			13388	
2006-5	15028	14376			1850	
2007-3	26279	842			842	
2007-8	30750	26118			26118	
2007-9	17033	7873			7873	
2007-2	40859	25328			25328	
2004-8	47674	38259			8902	4809
2004-4	17174	12572			811	1848
2005-1	27924	19667			3294	3729
2006-1	48904	17099			7220	
2007-4	96633	27848			27848	
2005-4	11000	10880			295	
2004-10	29900	18725			742	

4-4 续 6

建设项目名称 Name of Development Projects	建设地址 Construction Site	建设性质 Nature of Building	建设阶段 Construction Phrase
天然气支户线及无燃煤区配套管线	北　京	迁建	本年收尾
陕北天然气进京市内工程	北　京	迁建	筹建
陕北天然气进京市内扩建工程	北　京	迁建	本年正式施工
配合城市道路建设天然气管线工程	北　京	迁建	本年正式施工
奥运场馆及设施周边工程	北　京	迁建	本年正式施工
六环路天然气工程	北　京	迁建	本年正式施工
郑常庄燃气热电工程	北　京	新建	
市政交通一卡通项目	北　京	新建	筹建
奥运环境整治	北　京	新建	本年收尾
"城中村"环境整治	北　京	新建	本年收尾
燕山至长辛店汽、柴油、航煤管线	北　京	新建	本年收尾
西二环路示范街环境整治工程	北　京	新建	本年收尾
1—4号炉烟气脱硝改造工程	北　京	新建	本年收尾
萧太后河水环境治理工程	北　京	新建	本年收尾
北小河水环境治理工程	北　京	新建	本年收尾
坝河水环境治理工程	北　京	新建	本年收尾
新农村建设（改水、修路、修墙）	北　京	新建	本年收尾
改水工程	北　京	新建	本年正式施工
世界地质公园建设工程	北　京	扩建	筹建
北部旅游渡假区基础设施	北　京	扩建	本年收尾
旅游	北　京	扩建	本年正式施工
官厅水库库区塌岸治理工程	北　京	新建	恢复
农村供水改造一期	北　京	新建	本年收尾
清河综合治理（二期）工程	北　京	新建	本年正式施工
北运河北关分洪枢纽改建工程	北　京	新建	本年收尾
大云峰禅寺	北　京	改建和技术改造	筹建
集中供热工程	北　京	扩建	筹建
基础设施绿化	北　京	扩建	本年正式施工
圣泉旅游渡假村	北　京	扩建	本年正式施工
旅游项目	北　京	改建和技术改造	本年正式施工
旅游设施	北　京	改建和技术改造	筹建
天　津			
华苑产业园区供热工程	西青区	新建	本年正式施工
金谷园供热工程	南开区	新建	本年正式施工
金厦新都集中供热工程	西青区	新建	本年正式施工

4-4 continued 6

开工年月 Commence Date	项目计划总投资 Total Investment of Project	自开始建设至本年底累计 Accumulated Investment From Start of Project to the End of This Year		本年计划投资 Planned Investment this Year	本年完成投资 Completed Investment this Year	本年新增固定资产 Newly Added Fixed Assets of This Year
		完成投资 Completed Investment	新增固定资产 Newly Added Fixed Assets			
1999-5	450000	124592			1109	
1996-2	390000	363842			338	
2000-10	104347	80553			486	
2003-3	45000	40688			39	
2005-4	11591	2496			1107	
2005-8	167000	114727			44950	64362
2006-4	225949	182088			150848	
2001-12	40750	29093			2229	
2007-6	22267	3169			3169	
2005-5	218970	218970			48536	
2006-8	28497	28497			19118	28497
2006-7	10500	7313			2245	
2007-4	20889	15853			15684	15853
2007-9	21194	4750			4750	
2007-3	42882	19110			17443	
2006-3	28057	25000			9100	
2006-2	11430	11430			6890	11430
2006-8	14094	11800			2918	
2007-11	14977	0				
2005-3	11000	11000			4100	11000
1999-3	15000	13205			900	900
2005-9	12000	2760				
2007-1	28024	2969			2969	
2006-1	64224	38543			33993	
2006-5	26950	15173			13937	
2004-7	12000	2320				
2006-11	14938	3200			1200	
2004-3	10000	10000			5000	5000
2004-6	13000	11420			6220	
2004-3	20000	2150				
2005-9	20000	3000				
	11108978	**5435827**	**127652**	**729901**	**1038842**	**151704**
2005-4-6	55000	28249	28249	10971	10971	10971
2004-6-5	19500	11185	11185	4008	4008	4008
2006-4-5	66000	17775	17775	13670	13670	13670

4-4 续 7

建设项目名称 Name of Development Projects	建设地址 Construction Site	建设性质 Nature of Building	建设阶段 Construction Phrase
市区至滨海新区快速轨道二期工程	开发区	扩建	本年正式施工
道路改造工程	天津中心区	新建	本年正式施工
河道治理工程	天津中心区	新建	本年正式施工
场站建设工程	天津中心区	新建	本年正式施工
铁路沿线整顿治理工程	天津中心区	新建	本年正式施工
开发项目配套工程	天津中心区	新建	本年正式施工
配套管线及其他	天津中心区	新建	本年正式施工
快速路系统工程	天津中心区	新建	本年正式施工
海河基础设施建设项目	天津中心区	新建	本年正式施工
地铁一号线	天津中心区	新建	本年收尾
地铁二号线	天津中心区	新建	本年正式施工
地铁三号线	天津中心区	新建	本年正式施工
李七庄街排水工程	西青区	新建	本年正式施工
港东新城海景路道路工程	大港区	新建	本年正式施工
青凝侯淤泥卫生填埋厂工程	南开区	新建	本年正式施工
大韩庄垃圾填埋场	天津市	新建	本年正式施工
青光垃圾处理厂	天津市 天津市	新建	本年正式施工
宝坻区高压天然气工程	宝坻区	新建	本年收尾
煤制气气源转换工程	红桥区	改建和技术改造	本年收尾
天津城建管理职业技术学院二期	北辰区	新建	本年正式施工
北环高压天然气管道工程	塘沽区	新建	本年正式施工
南水北调水源管道工程	河北区	新建	本年正式施工
市内旧管网改造工程	南开区	新建	本年正式施工
津滨水厂工程	东丽区	新建	本年正式施工
东部地区输水干管南北连线工程	东丽区	新建	本年正式施工
二次供水设施改造工程	和平区	新建	本年正式施工
临港工业区供水工程	东丽区	新建	本年正式施工
西横堤供热工程	红桥区	新建	本年正式施工
丁字沽扩建工程	红桥区	新建	本年正式施工
开发区西区高速两侧绿化	开发区	改建和技术改造	本年正式施工
保税区绿化建设项目	保税区	改建和技术改造	本年正式施工
一期供水管网	东丽区	新建	本年正式施工
排水管道工程	宝坻区	新建	本年正式施工
京津新城东山自来水厂	宝坻区	新建	本年收尾
空客项目配套道路、桥梁及交通设施工程	天津市	新建	本年正式施工
华苑产业园区	新技术产业园区	新建	本年正式施工
河北			
城市景观绿地	石家庄市	新建	筹建
西北部水利防洪生态工程二期工程	石家庄市	新建	本年正式施工
滹沱河生态开发整治工程	石家庄市	新建	本年正式施工

开工年月 Commence Date	项目计划 总投资 Total Investment of Project	自开始建设至本年底累计 Accumulated Investment From Start of Project to the End of This Year		本年计划投资 Planned Investment this Year	本年完成投资 Completed Investment this Year	本年新增 固定资产 Newly Added Fixed Assets of This Year
		完成投资 Completed Investment	新增固定资产 Newly Added Fixed Assets			
2007-4-19	380000	95765		140000	40191	
	571108	346927		30000	54011	
	161930	112771		30000	6854	
	90751	54306		10000	12213	
	97433	87398		1000		
	293997	106471		80000	32601	
	84019	53913		14000	10483	
	2820000	1565201			128846	44590
	1960000	1179096		215000	191529	
	920520	910520			48492	
	1233333	222490			180490	
	1351957	150476			150476	
2007-5-27	15120	1512	1512	1512	1512	1512
2007-1-19	14650	13593		3099	2042	
2006-12-28	15401	5830		3330	3330	
	12417					
2004-4-4	22000	16386				
2005-6-19	17924	8680		6500	6500	8680
2006-4-19	13226	9800		7945	7945	9800
2007-8-19	13095	3000		6000	3000	
2007-11-12	11691	300		11691	300	
2005-4-1	26650	10500		3000	1000	1000
2001-5-1	50000	48712		8000	6300	
2006-6-30	157000	24227		10000	10300	
2007-4-1	150000	6081		3000	6081	
2007-5-1	21254	600		2000	600	
2007-6-1	22570	11119		10000	11119	
2004-7-6	31920	28220	28220	5959	5959	5959
2006-7-8	40358	4476	4476	2941	2941	2941
2007-10-5	16150	10960	10960	10960	10960	10960
2007-3-15	11000	11000	11000	11000	11000	11000
2003-4-1	26044	1738		2042	1738	1738
2007-2-20	26198	17144	1800	26198	17144	1800
2005-11-1	13000	10800		10600	10600	10600
2007-3-7	15762	15762	12475	12475	12475	12475
	260000	232844		23000	21161	
	3738384	**2632885**	**1391285**	**1532199**	**1674455**	**1042307**
	13000	600		2500	600	
	99400	17751		27000	7820	7820
	158896	84162	84162	12981	12981	12000

4-4 续 8

建设项目名称 Name of Development Projects	建设地址 Construction Site	建设性质 Nature of Building	建设阶段 Construction Phrase
动物园搬迁工程	石家庄市	新建	本年收尾
动物园完善工程	石家庄市	扩建	本年正式施工
槐安路东拓、西延及体育大街南延绿化	石家庄市	新建	本年正式施工
希望绿洲公园	石家庄市	新建	本年收尾
街旁绿地工程	石家庄市	新建	本年正式施工
高速口绿化	石家庄市	新建	筹建
石家庄城市交通项目	石家庄市	新建	本年正式施工
体育大街南延工程	石家庄市	新建	本年收尾
槐安路西延工程	石家庄市	新建	本年收尾
石环公路工程	石家庄市	新建	本年正式施工
建华东路工程	石家庄市	新建	本年正式施工
供热管网工程	石家庄市	新建	本年正式施工
高新区市政基础设施	开发区	新建	本年正式施工
建华东路工程	裕华区	新建	本年正式施工
槐安路西延（鹿泉段）道路工程	鹿泉市	新建	本年收尾
市区垃圾填埋场工程	唐山市	新建	本年正式施工
站前路工程	唐山市	新建	本年正式施工
丰润污水厂扩建工程	唐山市	扩建	本年正式施工
引滦三期供水工程	唐山市	新建	本年正式施工
唐山市天然气工程	唐山市	新建	本年正式施工
曹妃甸工业区基础工程	唐山市	新建	本年正式施工
曹妃甸工业区项目	唐山市	新建	本年正式施工
城市地下公用管网工程	遵化市	新建	本年正式施工
华明商贸街工程	遵化市	新建	本年正式施工
沙河改造及附属设施工程	遵化市	新建	本年正式施工
迁安市集中供热扩容改造工程	迁安市	扩建	本年正式施工
热电联网集中供热（二期）工程	秦皇岛市	新建	本年正式施工
秦皇植物园工程	秦皇岛市	改建和技术改造	本年正式施工
港城大街东延伸道路工程	海港区	扩建	本年收尾
金梦海湾道路工程	海港区	新建	本年正式施工
引青济秦东西线对接工程	秦皇岛市	新建	本年收尾
赵王城绿化工程	邯郸	新建	本年正式施工
输元河桥梁一期工程	邯郸市	新建	本年正式施工
中华大街南延工程	邯郸市	新建	本年正式施工
邯马复线工程	邯郸市	新建	本年正式施工
路网工程	邯郸市	新建	本年正式施工
经济技术开发区污水处理厂	邯郸市	新建	本年正式施工
邯山商业步行街工程	邯郸市	改建和技术改造	本年正式施工
城市道路改造工程	峰峰矿区	改建和技术改造	本年正式施工
城市基础设施建设	峰峰矿区	新建	本年正式施工
人民路东延工程	邯郸县	新建	筹建

开工年月 Commence Date	项目计划总投资 Total Investment of Project	自开始建设至本年底累计 Accumulated Investment From Start of Project to the End of This Year		本年计划投资 Planned Investment this Year	本年完成投资 Completed Investment this Year	本年新增固定资产 Newly Added Fixed Assets of This Year
		完成投资 Completed Investment	新增固定资产 Newly Added Fixed Assets			
2005-3-11	31290	31540		4000	941	941
2007-8-17	15000	333	333		333	333
	15000	5000		5000	4000	4000
2006-7-5	28000	5070	5070		2670	2670
	10412	4600	4600	5660	4600	4600
	98769	75	75			75
2000-3-9	235600	245600	245600	50000	48000	48000
2005-3-10	14162	14162	14162	3000	3000	3000
2005-3-10	12450	12450	12450	6200	6200	6200
	477100	411000	411000	250000	241000	241000
	10768	5000	5000	5000	5000	5000
	14100	13800	13800	14100	13800	13800
2007-3-6	65855	43000	43000	65855	43000	43000
2005-7-6	10768	4280	4280	5000	200	200
2006-9-8	11000	11000	6000	8600	8600	6000
2005-4-30	17600	11551			3660	
2005-4-30	13172	10309	10309		1655	1655
2005-4-30	17148	13029	13029		4539	4539
2002-10-30	36806	25668			3838	
2007-4-1	37572	2817		2817	2817	
2007-3-1	37062	18008		19000	18008	
2007-3-1	23000	23210		23000	23210	
2005-3-1	21000	5610	5610	1360	1360	1360
2005-1-1	20000	20000	20000	3100	3100	3100
2007-5-8	40000	7000	7000	7000	7000	7000
2007-4-5	40000	20000	20000	20000	20000	20000
2005-4-1	99917	28730	3289	22000	19500	3289
2007-3-1	21300	10076	4240	10076	10076	4240
2006-1-1	46762				33124	
2007-9-1	14968	6500		8000	6500	
2006-6-1	13000	13000	13000		10000	13000
2007-2-2	33700	10119		4637	4637	
2005-6-2	12000	10859		955	955	
2004-5-2	13300	12792		2745	2745	
2005-10-1	12000	4724		518	518	
2007-3-3	33000	33000	33000	33000	33000	33000
2007-3-1	12000	11194		12000	11194	
	100000	30000		30000	30000	
	11842	6871	6871	7342	6871	6871
	31083	27500	17550	17550	17550	17550
2007-11-2	25000	500	500	500	500	500

4-4 续 9

建设项目名称 Name of Development Projects	建设地址 Construction Site	建设性质 Nature of Building	建设阶段 Construction Phrase
热力管网及西部锅炉房工程	邯郸市	新建	本年正式施工
东污水处理厂扩建工程	邯郸市	扩建	本年正式施工
人民路改造工程	邯郸市	改建和技术改造	本年正式施工
城市道路及桥梁建设	武安市	新建	本年正式施工
七里河改造工程	邢台市	改建和技术改造	本年正式施工
邢台市燃气工程	邢台市	扩建	本年正式施工
东三环道路改造工程	邢台市	扩建	本年正式施工
配套收水管网工程	邢台市	新建	本年正式施工
城中村改造	保定市	改建和技术改造	本年正式施工
市区河道综合治理工程	保定市	改建和技术改造	本年正式施工
其他工程	保定市	新建	本年正式施工
市区道路建设	保定市	改建和技术改造	本年正式施工
保定市污水处理厂二期工程	保定市	扩建	本年收尾
集中供热工程	保定市	新建	本年正式施工
平和园绿地	保定市	新建	本年正式施工
涿州市道路工程	涿州市	新建	本年正式施工
污水处理厂工程	涿州市	新建	本年正式施工
城市快速路东西环线工程	张家口市	新建	本年正式施工
高新区集中供热工程	高新区	新建	本年正式施工
高新区道路建设工程	高新区	新建	本年正式施工
五一路道路改造工程	张家口市	改建和技术改造	本年正式施工
张宣大道道路改造工程	张家口市	改建和技术改造	本年正式施工
清水河综合治理工程	张家口市	改建和技术改造	本年正式施工
建国路道路改造工程	张家口市	改建和技术改造	本年正式施工
主城区污水二期管网工程	张家口市	新建	本年正式施工
山庄南路工程	双桥区	新建	本年正式施工
南环二期工程	双桥区	新建	本年正式施工
城市道路桥梁改造工程	双桥区	改建和技术改造	本年正式施工
城市集中供热工程	双桥区	新建	本年正式施工
城市污水处理项目	双桥区	新建	本年正式施工
城市环境卫生项目	双桥区	新建	本年正式施工
城市防洪	双桥区	新建	本年正式施工
污水处理厂	双滦区	新建	本年正式施工
天然报导管网工程	新华区	新建	本年正式施工
城区热网工程	沧州市	改建和技术改造	本年正式施工
沧州渤海新区道路建设	沧州市	改建和技术改造	本年正式施工
天然气入户工程	任丘市	新建	筹建
廊坊市金辛道	廊坊市	新建	本年正式施工
廊坊市龙河工业园道路工程	安次区	新建	本年正式施工
廊坊富士康供水工程	廊坊市	改建和技术改造	本年正式施工
廊坊市龙河工业园供热站建设一期工程	广阳区	新建	本年正式施工

4-4 continued 9

开工年月 Commence Date	项目计划总投资 Total Investment of Project	自开始建设至本年底累计 Accumulated Investment From Start of Project to the End of This Year		本年计划投资 Planned Investment this Year	本年完成投资 Completed Investment this Year	本年新增固定资产 Newly Added Fixed Assets of This Year
		完成投资 Completed Investment	新增固定资产 Newly Added Fixed Assets			
2007-6-1	20000	10076	8000	10000	10076	8000
2003-12-1	24682	20786	20000	5000	5591	5591
2007-1-1	14055	9500	9500	9500	9500	9500
2007-4-10	27100	19600		19600	19600	
	87714	87714	87714	87714	87714	87714
2007-1-1	15700	15723		15700	15723	15723
2007-5-1	17417	15206	15206	15206	15206	15206
2003-5-1	22172	16422		600	600	600
	50000	50000		50000	50000	50000
	31834	31834		704	704	704
	19768	19768		19768	19768	19768
	12301	10107		10107	10107	10107
2004-6-20	49897	33990		8800	9450	
	41634	41634		7200	7200	7200
2007-3-1	15000	10527		15000	10527	264
2006-9-21	12762	11562		9662	9662	
2006-4-20	13683	10581		2232	2232	
2007-5-1	164700	164700			164700	100000
	18231	11000		2000	2000	
	159683	70453		20424	18424	10200
	32000	32000		32000	32000	14000
	52000	52000		52000	52000	12000
	41121	37734		15000	15000	11000
	11602	9941			1350	
	12105	6320			5320	
	21450	6732		1532	1532	
	17955	5979		8000	5979	
	15000	15000		15000	15000	
	35000	28000		26000	26000	
	24480	24000		5000	3000	
2007-3-20	15000	12300		15000	12300	
	18000	18000		18000	18000	10000
2007-7-1	16192	1200		5000	1200	
1999-12-1	19800	13594	11486	1500	1514	510
2007-5-1	23000	23000	10000	23000	23000	10000
2007-3-1	12500	12500	5700	12500	12500	5700
2006-1-1	17000	20500	20500	4000	4000	4000
2007-3-6	14016	14020		14016	14020	
2007-3-12	19730	20000		19730	20000	
2007-6-6	11974	12000		11974	12000	
2007-3-12	22000	18000		22000	18000	

4-4 续 10

建设项目名称 Name of Development Projects	建设地址 Construction Site	建设性质 Nature of Building	建设阶段 Construction Phrase
光明道改造工程	廊坊市	改建和技术改造	本年正式施工
新开路、金星道等工程	廊坊市	新建	本年正式施工
建设路工程	廊坊市	新建	本年正式施工
郊区快速路	廊坊市	新建	本年正式施工
开发区道路工程	廊坊市	新建	本年正式施工
园林绿化工程	廊坊市	新建	本年正式施工
截流管网及中水回用工程	廊坊市	新建	本年收尾
清北干渠	霸州市	新建	本年正式施工
燃气管网建设	三河市	新建	本年正式施工
衡水市垃圾处理厂工程	衡水市	新建	本年收尾
市区天然气工程	衡水市	新建	本年收尾
恒兴电厂供热入市工程	衡水市	新建	本年正式施工
外环路工程	衡水市	新建	本年收尾
前进大街工程	衡水市	扩建	筹建
衡水市垃圾处理厂工程	衡水市	新建	本年收尾
市区绿化工程	衡水市	新建	本年正式施工
其他工程	衡水市	新建	本年正式施工
山西			
龙城大街	太原市	新建	本年收尾
滨河东路南延工程	太原市	新建	本年收尾
迎宾路工程	太原市	扩建	本年正式施工
滨河东路快速化改造工程	太原市	改建和技术改造	本年正式施工
南内环街工程	太原市	改建和技术改造	本年正式施工
新晋祠路南段工程	太原市	改建和技术改造	本年正式施工
胜利街工程	太原市	改建和技术改造	本年正式施工
胜利街东延工程	太原市	新建	本年正式施工
晋阳街工程	太原市	扩建	本年正式施工
大同路工程	太原市	改建和技术改造	本年正式施工
南内环桥工程	太原市	扩建	本年正式施工
迎泽大街微循环工程	太原市	改建和技术改造	本年正式施工
迎泽大街工程	太原市	改建和技术改造	本年正式施工
火炬桥工程	太原市	新建	本年正式施工
南内环东街工程	太原市	新建	筹建
南中环桥工程	太原市	新建	本年正式施工
汾河二期北延工程	太原市	新建	本年正式施工
汾河二期南延工程	太原市	新建	本年正式施工
二电六期工程	太原市	新建	本年正式施工
城西热源厂工程	太原市	新建	本年正式施工
热力管网工程	太原市	新建	本年正式施工
太原市严重老化供水管网改造工程	太原市	改建和技术改造	本年正式施工

4-4 continued 10

开工年月 Commence Date	项目计划总投资 Total Investment of Project	自开始建设至本年底累计 Accumulated Investment From Start of Project to the End of This Year 完成投资 Completed Investment	 新增固定资产 Newly Added Fixed Assets	本年计划投资 Planned Investment this Year	本年完成投资 Completed Investment this Year	本年新增固定资产 Newly Added Fixed Assets of This Year
2007-4-2	15900	15900		15900	15900	
2007-4-3	17960	17960		17960	17960	
2007-4-3	22000	10000		20000	10000	
2007-3-6	21667	20500		21667	20500	
2007-3-6	15000	15787		15000	15787	
2007-3-7	10000	22000		10000	22000	
2002-2-1	11853	6696		2630	2630	
2007-3-1	15000	5000	5000	5000	5000	5000
	14600	8000	8000	6600	6600	6600
2005-6-15	15000	15000	15000	4000	4000	4000
2007-4-20	24000	24000	24000	2000	2000	2000
2007-4-19	24000	22905	22905	22905	22905	22905
2007-4-20	39800	39800	39800	5728	5728	5728
2007-4-20	32000	8300		8300	8300	
2005-4-25	15000	15000	15000	4000	4000	4000
2007-3-10	38600	38600	38600	38600	38600	38600
	30944	30944	30944	30944	30944	30944
	1637500	**1014800**	**415180**	**567424**	**664342**	**353530**
	87577	85272	85272	29572	29572	29572
	28110	27022	27022	10353	10353	10353
	16999	14191		14191	14191	
	32412	27484		27484	27484	
	16852	10565		10565	10565	
	10780	9228		9228	9228	
	19377	14930		14184	14184	
	10815	6420	6420	6420	6420	6420
	19921	11437		5235	5235	5235
	44683	36436		36436	36436	
	18192	7818		7818	7818	
	13876	10937		10183	10183	
	41224	29784		29784	29784	
	60329	5724		5724	5724	
	24278	10425		3128	3128	
	52045	10938		3938	3938	
	10000	6300		2800	2800	2800
	19381	8718		8718	8718	
	60000	21219	21219		21219	21219
	44793	42338	42338		40896	40896
	18246	18218	18218	18246	18218	18246
	26000	5009		6000	5009	

4-4 续 11

建设项目名称 Name of Development Projects	建设地址 Construction Site	建设性质 Nature of Building	建设阶段 Construction Phrase
黄河水源太原市城市供水工程	太原市	新建	筹建
晋祠环境综合整治二期工程	太原市	扩建	本年正式施工
红旗广场改造工程	城区	改建和技术改造	本年正式施工
集中供热工程	城区	新建	本年收尾
道路改造工程	城区	扩建	本年正式施工
博物馆改造工程	城区	改建和技术改造	本年收尾
燃气管网改造工程	城区	改建和技术改造	本年正式施工
燃煤设施改造工程	城区	改建和技术改造	本年正式施工
开发东区调峰热源厂工程	城区	新建	本年正式施工
园林绿化	城区	新建	本年正式施工
矿区集中供热	矿区	改建和技术改造	本年正式施工
矿区供水工程	矿区	改建和技术改造	本年正式施工
城南生态苑新建工程	长治市	新建	本年收尾
晋城市城市生活垃圾无害化处理工程	晋城市	新建	本年收尾
朝阳路工程	高平市	新建	本年正式施工
道路工程	晋中市	新建	本年正式施工
市政管网工程	晋中市	新建	本年收尾
绿化（城区和环城）工程	晋中市	新建	本年收尾
介休集中供热有限责任公司工程	介休市	新建	本年正式施工
东外环工程	介休市	新建	本年正式施工
介休市生活垃圾焚烧发电厂	介休市	新建	本年正式施工
运城市集中供热工程	运城市	新建	本年正式施工
空港南区集中供热工程	运城市	新建	本年正式施工
忻州市天然气工程	忻府区	新建	本年正式施工
忻州市热电集中供热工程	忻府区	新建	本年正式施工
迎宾大道及平阳大桥加宽工程	尧都区	扩建	本年正式施工
滨河西路南段建设工程	尧都区	新建	本年正式施工
中大街及规划四路建设工程	尧都区	新建	本年正式施工
平阳南街拓宽改造工程	尧都区	改建和技术改造	本年正式施工
南外环东段建设工程	尧都区	新建	本年正式施工
侯马市集中供热一期工程	侯马市	扩建	本年正式施工
侯马市天然气输配工程	侯马市	新建	本年正式施工
北川河综合整治工程	离石区	新建	本年正式施工
内蒙古			
集中供热工程	呼和浩特市	新建	本年正式施工
道路新建扩建工程	呼和浩特市	扩建	本年正式施工
集中供热工程	呼和浩特市	扩建	本年正式施工
集中供热工程	呼和浩特市	新建	本年正式施工
园林工程	呼和浩特市	新建	本年正式施工
智能水表改造工程	呼和浩特市	改建和技术改造	本年正式施工

4-4 continued 11

开工年月 Commence Date	项目计划 总投资 Total Investment of Project	自开始建设至本年底累计 Accumulated Investment From Start of Project to the End of This Year 完成投资 Completed Investment	自开始建设至本年底累计 新增固定资产 Newly Added Fixed Assets	本年计划投资 Planned Investment this Year	本年完成投资 Completed Investment this Year	本年新增 固定资产 Newly Added Fixed Assets of This Year
	138564	111958			161	26
	110000	46800		46800	46800	
2007-4-3	30000	27000	27000	30000	27000	27000
	25830	24756	24756	25830	24756	24756
	39800	21000	21000	39800	21000	21000
2006-5-10	13000	13000	12000	2260	2260	2260
2007-1-1	11358	2735		500	516	
2007-1-1	12478	3945		1000	1035	
2007-4-1	20800	18000	18000	13900	16400	18000
2007-3-1	28705	9614		8915	7380	55
2005-4-1	17218	17218	17218	1945	1945	1945
2006-4-1	12494	9483		5466	3364	
2006-9-24	12061	12061	3784	3784	3784	3784
2005-9-1	10780	2472			2472	
2007-8-1	11958	6934		6984	6934	
2006-6-1	96274	70000	19000		21340	
2006-9-6	23000	20000	5000		5000	5000
2006-4-1	16248	11000		7500	6624	6624
2007-1-1	21000					
2004-5-1	20000	15000	15000	13000	13000	13000
2007-4-1	14165	8057				
2007-6-20	65556	16000	16000	17800	16000	
2007-1-10	11300	3106	3081	1000	1000	961
2005-3-10	10177	4090	3652	4200	4090	
2007-4-1	11386	10900	10900	10900	10900	10900
2007-3-21	17645	17645			17645	17645
2007-3-21	14802	14802		14802	14802	14802
2007-3-21	10448	10448		10448	10448	10448
2007-3-21	12263	12263		12263	12263	12263
2007-3-21	19300	19300		19300	19300	19300
2007-4-11	14000	10300	10300	1020	1020	1020
2007-4-1	14000	8000	8000	8000	8000	8000
2007-4-1	75000	16000			16000	
	1696786	**989248**	**578712**	**738529**	**702790**	**447355**
2006-10-1	38722	24590	1525	18983	24590	1525
2005-4-1	102915	21828	5202	15388	10312	
2005-5-1	109715	50791	37079	42346	8529	6983
2007-4-1	60669	34108		35558	34108	
	40000	40000		40000	37125	44120
2007-4-1	34200	1484			1484	

建设项目名称 Name of Development Projects	建设地址 Construction Site	建设性质 Nature of Building	建设阶段 Construction Phrase
配水管网工程	呼和浩特市	扩建	本年正式施工
河道治理工程	呼和浩特市	改建和技术改造	本年正式施工
水环境治理工程	呼和浩特市	新建	本年正式施工
供气管道工程	呼和浩特市	新建	本年正式施工
哈屯高勒大街工程	包头市	新建	本年正式施工
建华南路建设工程	包头市	新建	本年正式施工
行政新区基础设施工程	包头市	新建	本年正式施工
包头市污水管网完善工程	包头市	新建	本年正式施工
包头市污水资源化利用工程	包头市	新建	本年正式施工
包头国际会展中心、科技馆工程	青山区	新建	本年正式施工
高新区一期道路桥梁工程	包头市	新建	本年正式施工
高新区一期道路桥梁工程	包头市	新建	本年正式施工
南海生态旅游工程	东河区	新建	本年收尾
二里半村改造工程	东河区	新建	本年正式施工
昆合综合治理工程	昆都仑区	新建	本年正式施工
包头市东河区集中供热管网建设工程	东河区	新建	本年正式施工
区集中供热联网建设工程（一）	昆都仑区	新建	本年正式施工
污水处理工程	赤峰市	扩建	本年收尾
河道治理工程	红山区	改建和技术改造	本年正式施工
供热工程	红山区	扩建	本年收尾
平双公路改造工程	松山区	扩建	本年正式施工
水源井、管线工程	松山区	扩建	本年收尾
热力工程	松山区	扩建	筹建
供水工程	鄂尔多斯市	新建	本年正式施工
东胜区道路建设工程	东胜区	新建	本年正式施工
东胜区绿地广场建设工程	东胜区	新建	本年正式施工
园林绿化工程	东胜区	新建	本年正式施工
其他工程	海拉尔区	新建	本年正式施工
满洲里市公用事业局	满洲里市	新建	本年正式施工
西区基础设施建设工程	二连浩特市	新建	本年正式施工
辽宁			
沈西出海通道	沈阳	新建	本年收尾
苏桃线	沈阳	新建	本年收尾
沈胡线工程	沈阳	新建	本年收尾
沈营线工程	沈阳	新建	本年收尾
沈通线工程	沈阳	新建	本年收尾
沈抚大道工程	沈阳	新建	本年收尾
给水管网改造工程	和平区	改建和技术改造	本年正式施工
大青储备站工程	沈阳	新建	本年正式施工
水系桥梁工程	和平区	新建	本年正式施工

开工年月 Commence Date	项目计划 总投资 Total Investment of Project	自开始建设至本年底累计 Accumulated Investment From Start of Project to the End of This Year		本年计划投资 Planned Investment this Year	本年完成投资 Completed Investment this Year	本年新增 固定资产 Newly Added Fixed Assets of This Year
		完成投资 Completed Investment	新增固定资产 Newly Added Fixed Assets			
2007-5-1	27800	1500		1500	1500	
2007-5-1	150000	3439		3439	3439	
2007-4-1	90962	10004			10004	
2003-5-1	56539	50406		25000	24319	
2006-10-1	49000	39545	23000	28200	34515	23000
2007-3-1	15000	15000	9800	12000	11800	
2007-3-15	22678	19700	4700	19700	19700	4700
2006-4-15	19800	7500	7500	7500	7500	7500
2006-4-15	13200	12180	12180	1200	1200	1200
	45000	2630	2630		2630	
2006-9-28	59605	59605	59605	59605	59605	59605
2007-5-10	23871	3822	3822	3822	3822	3822
2005-4-15	30000	30000	30000	18000	18000	30000
2006-5-10	31000	16000		16000	16000	
2007-2-5	50000	40000	40000	40000	40000	40000
2007-5-1	26900	18000	18000	12000	10400	18000
2006-9-20	13000	10000	10000	9000	10000	10000
2007-4-8	15300	2300	2300	2300	2300	2300
2007-9-10	42000	6000	6000	6000	6000	6000
2005-5-7	134760	128866	127827	16155	16155	16155
2007-8-1	23600	16000	16000	16000	16000	16000
2007-4-1	11285	11285	11285	5000	5000	5000
2003-8-1	22400	9800	9292	2368	2368	1880
2005-5-15	45000	26000		22000	4920	26000
	60000	60000	14100	60000	60000	14100
	118000	118000	28000	118000	118000	28000
	26500	26500	26500	26500	26500	26500
2007-4-10	13833	13333	13833	13833	13833	13833
2007-4-20	26532	26532	26532	26532	26532	26532
2007-4-15	47000	32000	32000	14600	14600	14600
	5674320	**3017993**	**1103954**	**2466236**	**2179253**	**1001666**
2007-5-9	57200	57200	57200	57200	57200	57200
2007-5-9	24323	24323	24323	24323	24323	24323
2007-5-9	28803	28303	28803	28803	28803	28803
2007-5-9	26057	26057	26057	26057	26057	26057
2007-5-9	13407	13407	13407	13407	13407	13407
2007-5-9	47746	47746	47746	47746	47746	47746
2007-4-1	24141	9311	9311	24141	9311	9311
	24706	9500		24706	9500	
2007-8-8	12603	9795	9795	9795	9795	9795

4-4 续 13

建设项目名称 Name of Development Projects	建设地址 Construction Site	建设性质 Nature of Building	建设阶段 Construction Phrase
北一路公铁桥工程	沈阳	新建	本年正式施工
浑河景观带提升改造工程	沈阳	新建	本年正式施工
浑河刚性堤改造工程	沈阳	新建	本年正式施工
五爱隧道工程	沈阳	新建	本年正式施工
和谐社区建设工程	沈阳市	新建	本年正式施工
地铁一号线工程	沈阳	扩建	本年正式施工
地铁二号线工程	沈阳	扩建	本年正式施工
大伙房水库工程	沈阳市	新建	筹建
奥体中心工程	沈阳	扩建	筹建
村镇规划及建设	沈阳	新建	本年正式施工
基础设施工程	辽宁	新建	本年正式施工
道路桥梁工程	辽宁	新建	本年正式施工
金钱松路工程	苏家屯区	单纯购置	本年正式施工
园林绿化工程	东陵区	新建	本年收尾
道路桥梁工程	于洪区	新建	本年正式施工
浑河堤防防洪工程	棋盘山开发区	新建	本年正式施工
沈通线道路工程	棋盘山开发区	新建	本年正式施工
棋盘山开发区滨水景观基础工程项目	棋盘山开发区	新建	本年正式施工
蒲河大道道路排水工程	蒲河新城	新建	本年正式施工
鸭绿江街道路排水改造工程	蒲河新城	新建	本年正式施工
辉山北大街改造工程	蒲河新城	新建	本年正式施工
浑南新区南滩地绿化工程	浑南新区	新建	本年正式施工
220kV 高压线迁移工程	浑南新区	新建	本年正式施工
绮霞街道路工程	浑南新区	新建	本年正式施工
产业区污水处理厂	浑南新区	新建	本年正式施工
王士屯工业园道路工程	浑南新区	新建	本年正式施工
产业园道路工程	浑南新区	新建	本年正式施工
中部地区道路工程	浑南新区	新建	本年正式施工
朗明街道路工程	浑南新区	新建	本年正式施工
新园地区道路工程	浑南新区	新建	本年正式施工
道路改造工程	浑南新区	新建	本年正式施工
公检法综合办公楼工程	浑南新区	新建	本年正式施工
浑南大道景观提升工程	浑南新区	新建	本年正式施工
张官屯村道路改造工程	浑南新区	新建	本年正式施工
重点地区配套道路工程	浑南新区	新建	本年正式施工
城市功能部分道路工程	浑南新区	新建	本年正式施工
开发用地配套道路工程	浑南新区	新建	本年正式施工
污水处理厂一期工程	新民市	新建	筹建
城区管理燃气工程	新民市	新建	本年正式施工
大连快轨三号线续建工程	大连市	新建	本年正式施工
兴工街至张前路快速公交线路工程	大连市	新建	本年正式施工

开工年月 Commence Date	项目计划总投资 Total Investment of Project	自开始建设至本年底累计 Accumulated Investment From Start of Project to the End of This Year		本年计划投资 Planned Investment this Year	本年完成投资 Completed Investment this Year	本年新增固定资产 Newly Added Fixed Assets of This Year
		完成投资 Completed Investment	新增固定资产 Newly Added Fixed Assets			
2007-2-1	13823	13823	13823	13823	13823	13823
2007-8-1	11777	11777	11777	11777	11777	11777
2007-9-15	14895	14895	14895	14895	14895	14895
2007-11-15	30924	18234	18234	18234	18234	18234
2007-5-1	12600	12393	12393	12600	12393	12393
2005-11-1	1169697	404732		192245	216823	
2006-11-1	828021	49232		124313	36361	
2007-3-1	113000	6000		61000	6000	
	100000	100000		37000	37000	
	23000	29760		23000	29760	
2007-3-5	31200	31610		31200	31610	
	400000	358000		190000	160000	
	20000	500		2000	500	
	18929	18929		18929	18929	
	107361	93692	93692	107361	93692	13692
2007-6-1	20958	23365		20958	23365	23365
2007-5-1	15000	25475		15000	25475	9560
2006-10-1	25000	30714		20000	28705	28705
2007-3-20	56302	55000		56302	55000	30000
2007-5-15	15996	12846		15996	12846	12846
2007-3-20	10303	10264		10303	10264	5386
2007-3-1	14200	14200		14200	14200	
2007-4-1	28600	28600		28600	28600	
2007-4-1	11764	11764		11764	11764	
2007-4-1	12350	12350		12350	12350	
2007-4-1	14145	14145		14145	14145	
2007-5-1	15317	15317		15317	15317	
2007-5-1	12754	12754		12754	12754	
2007-5-1	14965	14965		14965	14965	
2007-6-1	11200	11200		11200	11200	
2007-6-1	12623	12623		12623	12623	
2007-4-1	16000	16000		16000	12350	
2007-9-1	16500	16500		16500	16470	
2007-9-1	10030	10030		10030	10030	
2007-6-1	16219	16219		16219	16219	
2007-6-1	15490	15490		15490	15490	
2007-6-1	14420	14420		14420	14420	
2007-3-1	10279	3540	3540	1000	500	500
2006-9-15	15000	3500	3000	3000	2000	2000
2005-5-10	187501	161420		94577	94577	
2007-5-10	33700	26000		33700	26000	

4-4 续 14

建设项目名称 Name of Development Projects	建设地址 Construction Site	建设性质 Nature of Building	建设阶段 Construction Phrase
城市公交车辆更新	大连市	单纯购置	单纯购置
煤气新厂二期扩建工程	大连市	扩建	本年收尾
香海热电厂二期工程	大连市	扩建	本年正式施工
星海湾水源热泵	大连市	新建	本年正式施工
烟尘综合整治	大连市	改建和技术改造	本年收尾
大连发电公司整体搬迁改造工程	甘井子区	迁建	本年正式施工
小平岛水源热泵工程	大连市	新建	本年正式施工
中心城区垃圾应急处理工程	大连市	扩建	本年正式施工
凌水、马栏河、夏家河等污水处理厂建设工程	大连市	新建	本年正式施工
夏家河污泥处理厂工程	大连市	新建	本年正式施工
黄河路、人民路、长春路、五五路、东北路改造	大连市	改建和技术改造	本年正式施工
三道沟综合整治工程	大连市	新建	本年正式施工
开发区排洪渠、河流整治工程	开发区	新建	本年正式施工
开发区道路工程	开发区	新建	本年正式施工
开发区二次网配套工程	开发区	新建	本年正式施工
开发区场平填海工程	开发区	新建	本年正式施工
学苑广场至大学城供水工程	大连市	新建	本年正式施工
市区应急通道工程	大连市	新建	本年正式施工
西郊森林公园工程	甘井子区	新建	本年正式施工
开发区第三热电厂工程	开发区	新建	本年正式施工
保税区大窑湾港区基础设施配套工程	大连市	新建	本年正式施工
旅顺开发区园区基础设施建设	大连市	新建	本年正式施工
金州园区基础设施建设	大连市	新建	本年正式施工
鞍山市自来水公司工程	鞍山市	扩建	本年正式施工
汤河水源工程	铁东区	扩建	本年正式施工
城市路桥	抚顺市	扩建	本年收尾
城市供热	抚顺	改建和技术改造	本年收尾
污水治理工程	辽宁	新建	本年收尾
道路工程	平山区	新建	本年正式施工
丹东市城市污水治理工程	振兴区	新建	筹建
万通焦化二期焦炉工程	振兴区	扩建	本年正式施工
辽东烈士陵园改造工程	振兴区	改建和技术改造	本年正式施工
道路和桥梁工程	锦州市	新建	本年正式施工
管道燃气输配工程	营口	新建	本年正式施工
西部热电厂改扩建工程	营口	扩建	本年正式施工
园林绿化工程	营口	扩建	本年正式施工
盖州市集中供热管网改造工程	盖州市	改建和技术改造	本年正式施工
污水处理厂	阜新市	新建	本年正式施工
辽阳市体育场迁建工程	白塔区	迁建	本年收尾
太子河右岸整治工程	太子河区	新建	本年正式施工
东外环（城区段）工程	兴隆台区	新建	本年正式施工

开工年月 Commence Date	项目计划总投资 Total Investment of Project	自开始建设至本年底累计 Accumulated Investment From Start of Project to the End of This Year		本年计划投资 Planned Investment this Year	本年完成投资 Completed Investment this Year	本年新增固定资产 Newly Added Fixed Assets of This Year
		完成投资 Completed Investment	新增固定资产 Newly Added Fixed Assets			
2007-1-5	18089	18089	18089	18089	18089	18089
2006-4-1	18860	16981			15347	15347
	41927	32934	32934	10000	7949	7949
	56000	18400		6400	6400	
	25000	25000	25000	25000	25000	25000
	292901	3961		10000	3171	
	18150	3316		3000	2947	
	81585	18135	17686	81585	6772	17686
	41063	33372	23276		23016	23276
	14912	10300			10300	
	20069	11929	10818		11929	10818
	14560	528			528	
	10926	8417	8417	10926	8417	8417
	62788	40137	40137	62788	40137	40137
	46519	38598	38598	46519	38598	38598
	48340	48241	48241	15354	18517	18517
	14392	9000		10000	9000	
	15826	6000	6000	10326	6000	6000
	13923	13923	13923	13923	13923	13923
	95000	45730		40000	45730	
	60000	35000	35000	50000	35000	35000
	69400	16500		16500	16500	
	193524	138000	75200	75200	75200	75200
2005-7-10	41109	27000		10000	6000	
2005-7-2	41109	23700		11000	11000	
2007-4-3	31000	30975	28000	31000	30975	24000
2007-5-8	11000	10582	5000	11000	10582	5000
	30977	29542	29542	700	699	
2007-3-20	21483	21600	18050	21483	21600	18050
2003-3-28	26800	4931		9000	922	
2007-4-1	12000	9750		2100	2100	
2007-4-15	11000	1100	1100	1100	1100	1100
2007-4-1	27432	27432	26232	27432	27432	26232
1988-4-1	18000	21234		20465	769	
2005-3-1	31950	28478	22000	6478	6478	
2007-1-1	11924	11924	11924	11924	11924	11924
2007-6-15	16000	10000		10000	10000	
2003-4-12	16648	15000	15000	2649	2649	
2005-8-6	13271	13271	13271	3439	3439	3439
2004-5-4	10176	8043		774	1026	1026
2007-4-18	12087	10613	10613	12087	10613	10613

4-4 续 15

建设项目名称 Name of Development Projects	建设地址 Construction Site	建设性质 Nature of Building	建设阶段 Construction Phrase
城区道路绿化工程	银州区	新建	本年正式施工
凡河一期绿化工程	银州区	新建	本年正式施工
凡河一期绿化工程	银州区	新建	本年正式施工
凡河新村一期绿化工程	银州区	新建	本年正式施工
凡河路网工程	银州区	新建	本年正式施工
凡河路网工程	银州区	新建	本年正式施工
凡河防洪工程	银州区	新建	本年正式施工
凡河二期绿化工程	银州区	新建	本年正式施工
朝阳净源污水处理厂建设工程	朝阳市	新建	本年正式施工
葫芦岛市城市河道管理处	葫芦岛市	新建	本年正式施工
吉林			
北郊污水处理厂升级改造工程及污水再生利用工程	长春市	改建和技术改造	本年正式施工
南部污水处理厂工程	长春市	新建	本年正式施工
轻轨三期工程（净月线）	长春市	新建	本年收尾
铁北区域集中供热锅炉房工程	长春	扩建	本年收尾
大唐长春热电三厂配套供热管网工程	高新技术开发区	扩建	本年正式施工
改建和技术改造工程	长春	改建和技术改造	本年正式施工
长春市玉潭集中供热工程	南关区	新建	本年正式施工
供热四厂工程	二道区	新建	本年正式施工
珲春北街道路续建工程	昌邑区	新建	本年收尾
雾凇中路立交桥续建工程	昌邑区	新建	本年收尾
垃圾焚烧电站建设工程	昌邑区	新建	本年正式施工
热网工程	四平市	扩建	本年正式施工
市政工程	四平市	新建	本年正式施工
热网工程	四平市	扩建	本年正式施工
道路改建工程	公主岭市	改建和技术改造	本年正式施工
城区供水改造工程	公主岭市	改建和技术改造	本年收尾
供水管网改造	辽源	改建和技术改造	筹建
通化市垃圾无害化处理公司工程	通化市	新建	本年正式施工
老旧楼房改造工程	通化市	改建和技术改造	本年正式施工
老城区管网改造工程	通化市	改建和技术改造	本年收尾
白山市供热三期工程	八道江区	扩建	本年正式施工
燃气供气项目	八道江区	单纯购置	单纯购置
新建道路工程	八道江区	新建	本年正式施工
东镇大路工程	松原市	新建	本年收尾
道路工程	松原市	新建	本年收尾
集中供热工程	延吉市	新建	本年正式施工
铁南供热工程	延吉市	改建和技术改造	本年正式施工
中环路二期工程	延吉市	新建	本年正式施工
净水厂工程	延吉市	新建	本年正式施工

开工年月 Commence Date	项目计划 总投资 Total Investment of Project	自开始建设至本年底累计 Accumulated Investment From Start of Project to the End of This Year		本年计划投资 Planned Investment this Year	本年完成投资 Completed Investment this Year	本年新增 固定资产 Newly Added Fixed Assets of This Year
		完成投资 Completed Investment	新增固定资产 Newly Added Fixed Assets			
2007-1-1	10000	10000	10000	10000	10000	10000
2007-3-1	15400	15400	15400	15400	15400	15400
2007-3-1	15277	15277	15277	15277	15277	15277
2007-4-1	10410	9890	9890	10410	9890	9890
2006-5-1	29284	9000	9000	9000	9000	9000
2006-10-1	79600	31840	31840	31840	31840	31840
2006-8-1	31000	12500	12500	12500	12500	12500
2007-3-1	14500	14500	14500	14500	14500	14500
2007-3-12	17300	14100	14100	14100	14100	14100
2007-3-15	13000	9400	9400	13000	9400	
	868945	**661815**	**373736**	**308130**	**269781**	**184384**
	59066	43500		25000	24306	
	45441	22000		22000	22000	
2003-4-1	180200	213879	213879	50000	57834	57834
	23762	11941	11000	1545	1762	1762
	23956	1250	161	1700	1250	161
2007-4-15	15000	14590	690	700	690	690
	27543	23805		4000	4050	
	29292	5817	5817	5000	5817	
2006-6-1	27000	27552		7132	7256	27552
2006-5-1	20500	38098	38098	6101	6421	38098
2007-5-1	29600	12535		29600	12535	
2003-5-1	33200	18888	18888	13653	13653	13653
2007-7-5	10000	5000	5000	10000	5000	5000
2003-5-1	33200	18888	18888	13653	13653	13653
2007-4-28	10000	10000	10000		10000	1000
2006-5-1	15000	3600	3400	3000	2850	2800
2006-2-1	22800	2500	2500	11800	2100	
2006-4-1	10838	5843	5843	1300	1600	1600
2007-4-27	11156	1946		2900	1946	
2003-4-27	10194	10194	10194	297	297	7337
2007-7-1	15200	11600		4800	6000	
2007-7-20	12700	5938		1271	1690	1690
2007-3-1	15000	11235		15000	11235	
2007-5-1	14046	14046		14046	14046	
2007-6-1	20004	20004		20004	11259	
2007-5-8	57381	57578		3210	2800	
2007-5-8	15000	12000	12000	5000	2850	2850
2007-5-8	25800	12954		8000	8921	
2007-5-8	13082	2100		4400	2100	

4-4 续 16

建设项目名称 Name of Development Projects	建设地址 Construction Site	建设性质 Nature of Building	建设阶段 Construction Phrase
道路改造工程	延吉市	扩建	本年收尾
桥梁工程	延吉市	新建	本年收尾
污水处理工程	敦化市	新建	本年正式施工
黑龙江			
公交车购置	哈尔滨市	单纯购置	单纯购置
哈尔滨西南部集中供热工程	哈尔滨市	新建	本年正式施工
道里集中供热工程	哈尔滨市	新建	本年收尾
哈热供热改扩建配套热网工程	哈尔滨市	新建	本年正式施工
城区绿化工程	哈尔滨市	新建	本年正式施工
哈尔滨市西南生活垃圾处理场	哈尔滨市	新建	本年正式施工
哈尔滨市供水管网改造一期工程	哈尔滨市	改建和技术改造	本年收尾
磨盘山水库供水二期工程	哈尔滨市	新建	本年正式施工
文昌污水处理厂三期工程	哈尔滨市	新建	本年正式施工
群力堤防洪加固工程	哈尔滨市	新建	本年正式施工
何家沟综合整治工程	哈尔滨市	新建	本年正式施工
沿江景区升级改造工程	哈尔滨市	新建	本年正式施工
中华巴洛克保护更新工程	哈尔滨市	恢复	本年正式施工
道外二十道街跨松花江大桥工程	哈尔滨市	新建	本年正式施工
三环路哈阿立交桥工程	哈尔滨市	新建	本年正式施工
抚顺街、民安街、民众街道路改造工程	道里区	新建	本年正式施工
开发区基础设施建设	哈尔滨市	新建	本年正式施工
三环路江北段工程	松北区	新建	本年正式施工
松北区基础设施建设工程	松北区	新建	本年正式施工
群力新区基础设施建设	哈尔滨市	新建	本年正式施工
呼兰区基础设施建设	呼兰区	新建	本年正式施工
城市环境综合整治工程	哈尔滨市	新建	本年正式施工
哈西新区基础设施建设	哈尔滨市	新建	本年正式施工
热源厂工程	五常市	扩建	本年收尾
热电联产 2×300WM 新建工程	建华区	新建	本年收尾
热电联产热网工程	齐齐哈尔市	新建	本年正式施工
市区污水处理厂	鸡冠区	新建	本年正式施工
鸡西市宝川垃圾处理厂	鸡冠区	新建	本年正式施工
集中供热工程	虎林市	新建	本年正式施工
鹤岗市热力公司供热三期工程	工农区	扩建	本年正式施工
鹤岗市污水处理工程	兴安区	新建	本年正式施工
集中供热工程	双鸭山市	扩建	本年正式施工
银浪锅炉房集中供热工程	大庆市	新建	本年正式施工
东环路延伸工程	大庆市	新建	本年正式施工
佳木斯市城市燃气输配工程	佳木斯市	新建	本年正式施工
配水管见网改造工程	佳木斯市	改建和技术改造	本年正式施工

4-4 continued 16

开工年月 Commence Date	项目计划总投资 Total Investment of Project	自开始建设至本年底累计 Accumulated Investment From Start of Project to the End of This Year		本年计划投资 Planned Investment this Year	本年完成投资 Completed Investment this Year	本年新增固定资产 Newly Added Fixed Assets of This Year
		完成投资 Completed Investment	新增固定资产 Newly Added Fixed Assets			
2007-5-8	17378	17378	17378	17378	8704	8704
2007-5-8	11800	1876		5640	1876	
2007-3-8	13806	3280			3280	
	1926345	**990906**	**336374**	**647369**	**690570**	**175432**
	11576	11576	11576	11576	11576	11576
2005-9-11	161571	70798			31502	1340
2001-2-11	185512	174042	112600	5121	1542	
2005-5-11	28800	21600	21600	6500	6500	21600
2007-4-2	45599	45599		45599	45599	
2004-11-17	16635	8607		600	603	603
2004-5-17	10417	10336		2000	6398	
	199182	90422		80000	90422	
2006-6-18	19948	15146			11646	
2006-10-20	13416	10714		10714	10714	3636
2007-5-20	270000	7512		54800	7512	
2007-5-20	19400	20211		19400	20211	
2007-5-20	24900	20047		20000	20047	
2007-5-20	164700	78119		40000	78119	
2007-5-20	48088	37115		25000	37115	
2007-5-20	13000	18776		13000	18776	
2007-5-1	37389	31700		37389	31700	
2007-5-1	106000			17717	17717	
2007-5-1	33000			33000	33004	
2007-5-1	48446	24190		21000	14919	
2007-5-20	20000	20279		20000	20279	
2007-5-1	35000	35250		35000	35250	
2007-5-1	10000	10110		10000	10110	
2007-5-1	11600	11600	1000	500	1000	1000
2005-8-1	15000	15000	15000	15000	15000	15000
2007-6-1	50812	5700	5700	8500	5700	5700
	16216	11400		2500	2500	
	15424	8098			2100	
2007-4-1	13522	11000	11000	11000	11000	11000
2006-4-15	21460	6400			3963	3963
2006-5-1	20410	561			166	
2007-9-5	27800	11000	11000	11000	11000	11000
	38000	38000	38000	38000	38000	38000
2007-3-17	20000	20000	20000	20000	20000	20000
2001-1-5	22400	11695	11695	700	700	700
2004-5-10	12133	8420	8420	623	623	623

建设项目名称 Name of Development Projects	建设地址 Construction Site	建设性质 Nature of Building	建设阶段 Construction Phrase
污水处理及排水管网工程（东区污水处理厂）	佳木斯市	新建	本年正式施工
佳木斯市西区污水处理厂及排水管网工程	佳木斯市	新建	本年正式施工
佳木斯市生活垃圾处理工程	佳木斯市	新建	本年正式施工
污水处理厂	绥芬河市	新建	本年正式施工
绥芬河市日晟供热工程	绥芬河市	新建	本年正式施工
海林市交通局工程	海林市	新建	本年正式施工
上海			
斜土路拓宽工程	上海市	扩建	本年正式施工
长宁路拓宽（内环线-威宁路）	上海市	扩建	本年正式施工
外滩通道改建工程	上海市	新建	本年正式施工
龙吴路改建	上海市	改建和技术改造	本年正式施工
虹漕、古北、大渡河路改建一期	上海市	改建和技术改造	筹建
宝山东江湾西体育会路改建工程	上海市	改建和技术改造	本年正式施工
河南路道路（中华～天目东）	上海市	改建和技术改造	本年正式施工
广中路道路拓宽改建工程	上海市	改建和技术改造	本年正式施工
上海中环线（浦西段）工程	上海市	新建	本年正式施工
军工路道路改建工程	上海市	改建和技术改造	筹建
长宁路拓宽二期（威宁～外环）	上海市	扩建	本年正式施工
祁连山路桥新建工程	上海市	新建	本年正式施工
镇坪路苏州河桥梁工程	上海市	新建	本年正式施工
大渡河路跨苏州河桥工程	上海市	新建	本年正式施工
福建路桥改建工程	上海市	改建和技术改造	本年正式施工
四平路中山北二路下立交工程	上海市	新建	本年正式施工
四平路大连路下立交工程	上海市	新建	本年正式施工
上海新建路越江隧道工程	上海市	新建	本年正式施工
上海人民路越江隧道工程	上海市	新建	本年正式施工
西藏南路越江隧道工程	上海市	新建	本年正式施工
中环线上中路越江隧道工程	上海市	新建	本年正式施工
军工路越江隧道工程	上海市	新建	本年正式施工
打浦路越江隧道工程	上海市	扩建	本年正式施工
北横主干道交通改善工程	上海市	改建和技术改造	本年正式施工
龙川北路道路改建工程	上海市	改建和技术改造	本年正式施工
石龙路、老沪闵路道路改建工程	上海市	扩建	本年正式施工
武宁路桥改建工程	上海市	改建和技术改造	本年收尾
场中路南何支线铁路立交	上海市	新建	本年收尾
杨浦区市政道路改扩建工程	上海市	扩建	本年正式施工

开工年月 Commence Date	项目计划总投资 Total Investment of Project	自开始建设至本年底累计 Accumulated Investment From Start of Project to the End of This Year		本年计划投资 Planned Investment this Year	本年完成投资 Completed Investment this Year	本年新增固定资产 Newly Added Fixed Assets of This Year
		完成投资 Completed Investment	新增固定资产 Newly Added Fixed Assets			
2004-5-15	34336	24586	24586	1000	670	670
2007-5-10	28606	3400	3400	3400	3400	3400
2004-10-1	18455	14590	14590	1370	1370	1370
2006-5-1	14358	4073	4073	2117	2117	2117
2007-3-3	10000	10000	8900	10000	10000	8900
2007-4-5	13234	13234	13234	13243		13234
	29323898	**13902724**	**477881**	**4278593**	**4545769**	**542644**
2004-3-31	88332	84187	84187	10000	8034	84187
2003-1-31	17995	15797	15797			15797
2007-11-30	380837	27453		102000	27453	
2000-10-31	90613	92057				
	60264	12067		1000	67	
2007-3-31	135243	56462		53000	56462	
2007-2-28	146071	124406		20000	20457	
2007-4-30	37727	24992		24000	24992	
2003-3-31	1399300	1321852		70000	72339	
	124813	57465		65000	18228	
2003-10-31	86467	86467	86467	5582	5582	86467
2007-3-31	23954	18048		15000	18048	
2007-11-30	12628	6066		7000	6066	
2005-3-31	38304	34901		1500	495	
2004-2-28	37180	34901	26970	35000	26970	26970
2007-12-31	37392	5912		12000	5912	
2007-12-31	33002	4260		5000	4260	
2007-4-30	371747	266658		250000	263658	
2007-4-30	374765	254075		250000	253040	
2006-1-31	145500	81731		60000	60539	
2003-12-31	169600	133796		30000	24447	
2006-12-31	223500	72465		50000	71465	
2007-9-30	170000	20646		5000	20646	
2005-11-30	10197	7900		3000	2500	
2007-11-30	36967	100		5000	100	
2004-10-31	62188	57863	57863	30000	40163	57863
2000-11-30	12476	12476	12476	927	927	927
2002-12-31	26651	26651				
2007-1-31	11992	8333	5862		7233	

4-4 续 18

建设项目名称 Name of Development Projects	建设地址 Construction Site	建设性质 Nature of Building	建设阶段 Construction Phrase
闸北区市政道路改扩建工程	上海市	扩建	本年正式施工
徐汇区市政道路改扩建工程	上海市	扩建	本年正式施工
宝山区市政道路改扩建工程	上海市	扩建	本年正式施工
浦东新区市政道路改扩建工程	上海市	扩建	本年正式施工
青浦区市政道路改扩建工程	上海市	扩建	本年正式施工
金山区市政道路改扩建工程	上海市	扩建	本年正式施工
松江区市政道路改扩建工程	上海市	扩建	本年正式施工
崇明县市政道路改扩建工程	上海市	扩建	本年正式施工
奉贤区市政道路改扩建工程	上海市	扩建	本年正式施工
上海大众燃气有限公司排管、更新改造等项目	上海市	改建和技术改造	本年正式施工
上海燃气市北销售有限公司排管、更新改造等项目	上海市	改建和技术改造	本年正式施工
上海燃气浦东销售有限公司排管、更新改造等项目	上海市	改建和技术改造	本年正式施工
上海市天然气主干网工程	上海市	新建	本年正式施工
5号沟LNG事故气源备用站扩建工程	上海市	扩建	本年正式施工
郊区燃气投资项目	上海市	新建	本年正式施工
广场公园（三期）工程	上海市	改建和技术改造	本年正式施工
小桃园街公共绿地工程	上海市	新建	本年正式施工
西藏路大吉路公共绿地工程	上海市	新建	筹建
徐汇区生态专项工程	上海市	新建	筹建
东诸安浜路江苏路绿地工程	上海市	新建	筹建
延天绿地工程	上海市	新建	筹建
武宁绿地工程	上海市	新建	本年正式施工
建民公共绿地工程	上海市	新建	本年正式施工
桃浦楔型绿地工程	上海市	新建	筹建
普陀区生态专项工程	上海市	新建	筹建
大连路公共绿地工程	上海市	新建	筹建
宝山区生态专项工程	上海市	新建	筹建
辰山国家植物园一期工程	上海市	新建	本年正式施工
浦东新区生态专项建设工程	上海市	新建	筹建
老港四期主体工程	上海市	新建	本年收尾
消防装备专项	上海市	单纯购置	单纯购置
黄浦江上游干流工程	上海市	新建	本年正式施工
拦路港工程	上海市	新建	本年正式施工
红旗塘工程	上海市	新建	本年正式施工
黄浦江110公里防洪工程	上海市	新建	本年正式施工
大泖港防洪应急除险工程	上海市	新建	本年正式施工
苏州河下游防汛墙加固和底泥疏浚工程	上海市	新建	本年正式施工
上海白龙港污水处理厂升级改造工程	上海市	新建	本年正式施工
上海白龙港污水处理厂扩建工程	上海市	新建	本年正式施工

4-4 continued 18

开工年月 Commence Date	项目计划总投资 Total Investment of Project	自开始建设至本年底累计 Accumulated Investment From Start of Project to the End of This Year		本年计划投资 Planned Investment this Year	本年完成投资 Completed Investment this Year	本年新增固定资产 Newly Added Fixed Assets of This Year
		完成投资 Completed Investment	新增固定资产 Newly Added Fixed Assets			
2007-1-31	10986	6717	6717		5600	2517
2007-1-31	32710	28692	922	25387	21600	922
2007-1-31	47249	24938		44067	24938	
2007-1-31	276503	198877	58668	51992	37583	58668
2007-1-31	13752	4884		9372	4077	
2007-1-31	15000	15000	15000	2000	2920	15000
2007-1-31	19650	9949		11173	1313	
2007-1-31	33431	27584	26784	7984	7139	26784
2007-1-31	35187	32987	21887	23741	21541	21887
2007-1-31	30303	27379		28791	27379	27379
2007-1-31	28522	26467		26467	26467	26467
2007-1-31	17803	11685		17803	11685	11685
2001-10-31	348500	264025		29000	19068	21770
2007-6-30	108567	45577		40000	33597	
2007-1-31	41528	31944	5176	36469	26418	5176
2002-5-7	101280	99897		1700	478	
2005-3-7	18706	14937		1028	3210	
	30244	20455		10669	10669	
	208000	58700		41000	43798	
	11350	7				
	33500	16446		23000	16325	
2005-7-4	69780	41857		2500	92	
2005-11-4	52961	34656		2000		
	27118	20000		10000	19800	
	137200	62800		44430	28800	
	72504	89304		7201	8252	
	690000	104879		26000	32879	
2005-6-3	75965	74247		24312	24312	
	147500	108123		50000	47886	
2004-12-26	62908	60908		8777	8777	
2005-1-1	20000	18871		2000	1959	
	60958	60699			2190	
	93777	53413			914	
	65021	51901			459	
	114643	107784			19168	
	11822	4800		4800	4800	
	165215	70000		70000	70000	
2007-4-26	93695	25478	25478	42374	25478	25478
2007-7-19	128643	39649	26700	77424	39649	26700

建设项目名称 Name of Development Projects	建设地址 Construction Site	建设性质 Nature of Building	建设阶段 Construction Phrase
南市水厂改造一期 50 万吨/日	上海市	改建和技术改造	本年正式施工
自来水市南排管工程	上海市	改建和技术改造	本年正式施工
青浦徐泾华新供水管线 APL	上海市	改建和技术改造	本年正式施工
长江引水三期取水泵站及输水管道工程	上海市	新建	本年收尾
长江引水三期陆域水库工程	上海市	新建	筹建
长江原水过江管工程	上海市	新建	本年正式施工
源江水厂一期工程	闵行区	新建	本年正式施工
大场水厂扩建工程	上海市	扩建	本年正式施工
闸北水厂排泥水工程	上海市	扩建	本年正式施工
杨厂 7#生产系统深度处理工程	上海市	扩建	本年正式施工
长兴、横沙给水一期工程	上海市	新建	本年正式施工
武宁路桥改建工程	上海市	改建和技术改造	本年收尾
北虹北块地区排水工程	上海市	新建	本年正式施工
吴中路地区排水工程	上海市	新建	本年正式施工
上海市污水治理三期工程	上海市	新建	本年正式施工
肇嘉浜排水系统改造工程	上海市	新建	本年正式施工
铜川地区排水系统工程	上海市	新建	本年正式施工
昌平、康定地区排水系统改造工程	上海市	新建	本年正式施工
西干线改建工程	上海市	改建和技术改造	本年正式施工
2007 积水改善工程	上海市	改建和技术改造	本年正式施工
苏州河环境综合整治三期工程 1——真江东、虹南排水系统工程	上海市	新建	本年正式施工
苏州河环境综合整治三期工程 2——福建北排水系统改建工程	上海市	新建	本年正式施工
苏州河环境综合整治三期工程 3——分流制雨水泵站旱流污水截污工程	上海市	改建和技术改造	筹建
苏州河环境综合整治三期工程 4——排涝泵站内河污水收集系统工程	上海市	新建	筹建
大光复西排水系统工程	上海市	新建	筹建
白龙港污水处理厂污泥处理处置工程	上海市	新建	筹建
新延安东排水系统工程	上海市	新建	本年正式施工
苏州河环境综合整治一期工程	上海市	新建	本年收尾
富锦路停车场	上海市	新建	本年正式施工
上海轨道交通 2 号线西延伸工程	上海市	新建	本年正式施工
上海轨道交通 2 号线东延伸工程	上海市	新建	本年正式施工
上海轨道交通 4 号线工程	上海市	新建	本年正式施工
上海轨道交通 6 号线工程	上海市	新建	本年正式施工
上海轨道交通 7 号线工程	上海市	新建	本年正式施工
罗店中心镇公共交通配套工程	上海市	新建	本年正式施工
上海轨道交通杨浦线一期工程	上海市	新建	本年正式施工
浦江镇公共交通配套工程	上海市	新建	本年正式施工
上海轨道交通 9 号线一期工程	上海市	新建	本年正式施工

开工年月 Commence Date	项目计划总投资 Total Investment of Project	自开始建设至本年底累计 Accumulated Investment From Start of Project to the End of This Year 完成投资 Completed Investment	新增固定资产 Newly Added Fixed Assets	本年计划投资 Planned Investment this Year	本年完成投资 Completed Investment this Year	本年新增固定资产 Newly Added Fixed Assets of This Year
2007-8-8	91550	15508		20000	10625	
	13808	4912		500	308	
	46795	32778		5000	4980	
2005-7-1	53469	43238			4127	
	173938	1609				
2007-6-5	130549	26250		25474	26250	
2007-8-12	61236	17695		15000	5671	
2005-8-1	42910	33458		12000	12000	
2005-9-1	20838	8750		2500	2500	
2005-7-1	51984	49000		6000	6000	
2006-9-1	11094	13000		6594	8900	
2000-11-1	12476	12476	927	927	927	
2000-5-25	13820	13312		299	60	
2000-12-28	21114	13367		7035	26	
2003-2-20	461080	316691		90000	87466	
2002-3-1	33670	30961		400	400	
2004-8-1	17953	13340		5000	6164	
2004-2-1	13984	9470		100	2872	
2007-12-1	94598	3030		1000	830	
2007-1-1	11918	9528		11918	9528	
	16838	427		427	427	
	29804	1247		1247	1247	
	10008	516		516	516	
	55211	891		891	891	
	16954	864		864	864	
	68051	1100		1100	1100	
2007-12-1	20077	160		160	160	
1999-12-25	699800	666865				
2005-6-6	183617	149259		34016	35685	
	545000	414575		50000	58330	
	1110000	120009		180000	120009	
	1330800	1266358		98000	136324	
	1161600	888479		280000	297009	
	1527299	704917			352054	
	319740	30673			30673	
	1459348	1142839		206200	290356	
	533235	121663		110700	121663	
	1219830	696910		200509	214776	

建设项目名称 Name of Development Projects	建设地址 Construction Site	建设性质 Nature of Building	建设阶段 Construction Phrase
上海轨道交通 9 号线二期工程	上海市	新建	本年正式施工
上海轨道交通十号线	上海市	新建	本年正式施工
轨道交通世博园区交通联络线工程	上海市	新建	本年正式施工
轨道交通 12 号线工程	上海市	新建	本年正式施工
上海轨道交通 3 号线北延伸工程	上海市	新建	本年正式施工
上海轨道交通 11 号线北段一期工程	上海市	新建	本年正式施工
轨道交通 11 号线南段工程	上海市	新建	本年正式施工
奉贤区集约化供水输水系统工程	上海市	新建	本年正式施工
奉贤区第三水厂三期扩建工程	上海市	扩建	筹建
曹杨路桥 3＃4＃绿地工程	上海市	新建	本年正式施工
苏州河沿岸市政泵站雨天排江量削减工程	上海市	新建	本年收尾
苏州河河口水闸工程	上海市	新建	本年收尾
苏州河中下游水系截污工程	上海市	新建	本年收尾
苏州河上游截污工程	上海市	新建	本年收尾
上海市金山区永久生活垃圾综合处理厂	上海市	新建	本年正式施工
普陀区生活垃圾综合处理厂	上海市	新建	本年收尾
上海崇明生活垃圾综合处理厂一期工程	上海市	新建	本年收尾
上海城投城桥污水处理厂一期工程	上海市	新建	本年收尾
长兴岛污水处理厂一期工程	上海市	新建	本年收尾
江苏			
燃气供应工程	南京市	扩建	本年正式施工
长江引水工程（二期）	南京市	扩建	本年正式施工
改造供水管网工程	南京市	扩建	本年正式施工
新建污水处理工程	南京市	新建	本年正式施工
城北污水处理系统工程	南京市	新建	本年正式施工
江心洲污水处理厂扩建工程	南京市	扩建	本年正式施工
南京地铁二号线东延工程	南京市	新建	本年正式施工
地铁 2 号线一期	南京市	新建	本年正式施工
地铁南延线工程	南京市	新建	本年正式施工
天后村互通工程	南京市	新建	本年正式施工
江大路下穿桥涵工程	南京市	扩建	本年正式施工
水环境综合整治工程	南京市	新建	本年正式施工
秦淮河环境综合整治工程	南京市	扩建	本年正式施工
金川河水环境综合整治工程	南京市	改建和技术改造	本年正式施工
中山陵园风景区环境综合整治工程	南京市	扩建	本年正式施工
中山植物园南园二期工程	南京市	扩建	本年正式施工
中华门城堡原貌恢复及复建东西门工程	南京市	扩建	本年正式施工
白鹭洲公园改造工程	南京市	扩建	本年正式施工
续建中央公园工程	南京市	新建	本年正式施工
河西基础设施建设工程	南京市	扩建	本年正式施工

开工年月 Commence Date	项目计划 总投资 Total Investment of Project	自开始建设至本年底累计 Accumulated Investment From Start of Project to the End of This Year		本年计划投资 Planned Investment this Year	本年完成投资 Completed Investment this Year	本年新增 固定资产 Newly Added Fixed Assets of This Year
		完成投资 Completed Investment	新增固定资产 Newly Added Fixed Assets			
	859000	283326		185000	188140	
	2240000	611315		321620	331994	
	224812	45610		45608	45610	
	2329339	46403		46400	46403	
	321880	290317		29100	31683	
	1884409	493704		242877	243509	
	1428888	4120		1000	1000	
2005－5－10	98696	34906		23452	7956	
	12190	1840		4000	1840	
2004－1－30	12397	11800		2360	5800	
2003－7－31	61849	60700		3284	2427	
2003－4－30	26863	26086		1477	1400	
2003－11－30	94423	83760		28163	22500	
2004－3－31	15460	14328		2632	2400	
2006－9－13	24500	3785		14822	429	
2006－1－28	29744	22573		15000	9039	
2005－11－8	10981	9049		4620	6670	
2005－11－8	20224	19239		11727	15846	
2006－6－30	24061	12185		7604	8102	
	11779118	**7755686**	**3176099**	**4139458**	**3978008**	**3529844**
	35000	34934			29934	34934
	17200	12122		12000	7121	
	31323	32101			20456	23873
	39000	17123		39000	17123	17123
	103069	101906			4291	
	100000	106556		30000	7856	99
	210000	3000		210000	3000	
	1000100	392630		180000	181887	
	720100	77281		60000	77281	
	20997	18832		6500	8218	
	12000	20		20	20	
	54779	7000			7000	
	378943	301732		35780	19220	300000
	49228	24881		2000	1857	
	388500	341741			70234	1970
	14100	14100			4100	14100
	19200	12546			12546	
	13000	16000			6000	
	20000	14800		8000	4800	
	200000	200834		200000	200180	200834

建设项目名称 Name of Development Projects	建设地址 Construction Site	建设性质 Nature of Building	建设阶段 Construction Phrase
312 国道城市化改造工程	南京市	扩建	本年正式施工
滨江大道（下关段-定淮门大街）	南京市	新建	本年正式施工
大谷线	南京市	新建	本年正式施工
茶亭东街道路工程	南京市	扩建	本年正式施工
白果桥及其连接线工程	南京市	扩建	本年正式施工
河滨大道二期工程	南京市	扩建	本年正式施工
双拜岗道路改造工程	南京市	扩建	本年正式施工
仙新路三期工程	南京市	扩建	本年正式施工
云锦路拓宽一期工程	南京市	扩建	本年正式施工
华电北路一期工程	南京市	新建	本年正式施工
新迈化路建设工程	南京市	新建	本年正式施工
滨江大道续建工程	南京市	扩建	本年正式施工
续建江嵊路工程（大学城）	南京市	新建	本年正式施工
内环北线二期工程	南京市	扩建	本年正式施工
快速内环东线二期工程	南京市	新建	本年正式施工
纬七路过江隧道工程	南京市	新建	本年正式施工
渔港路工程	无锡市	扩建	本年收尾
南湖大道工程	无锡市	扩建	本年收尾
锡沪路工程	无锡市	扩建	本年收尾
学前西路工程	无锡市	扩建	本年收尾
湖滨路工程	无锡市	扩建	本年收尾
清名西路工程	无锡市	扩建	本年收尾
蠡湖新城中央公园工程	无锡市	扩建	本年收尾
渤公岛工程	无锡市	扩建	本年收尾
无锡市防洪工程	无锡市	改建和技术改造	本年收尾
十八湾环太湖公路两侧环境整治工程	无锡市	改建和技术改造	本年收尾
园林绿化工程	无锡市	改建和技术改造	本年收尾
桃花山扩建工程	无锡市	扩建	本年正式施工
天燃气利用工程	无锡市	扩建	本年收尾
锡澄供水工程一期	无锡市	新建	本年正式施工
无锡自来水公司给水工程	无锡市	扩建	本年正式施工
芦村升级改造工程	无锡市	改建和技术改造	本年正式施工
华庄等地污水管网工程	无锡市	扩建	本年正式施工
城北污水处理厂二期工程	无锡市	扩建	本年正式施工
城北污水处理厂三期工程	无锡市	扩建	本年正式施工
太湖新城污水处理一期工程	无锡市	扩建	本年正式施工
锡山区市政工程	锡山区	改建和技术改造	本年正式施工
惠山区市政工程	无锡市	扩建	本年收尾
滨湖区市政工程	滨湖区	改建和技术改造	本年收尾
新区市政工程	新区	扩建	本年收尾
江阴市花山路	江阴市	新建	本年收尾

开工年月 Commence Date	项目计划总投资 Total Investment of Project	自开始建设至本年底累计 Accumulated Investment From Start of Project to the End of This Year		本年计划投资 Planned Investment this Year	本年完成投资 Completed Investment this Year	本年新增固定资产 Newly Added Fixed Assets of This Year
		完成投资 Completed Investment	新增固定资产 Newly Added Fixed Assets			
	10000	6890			1490	
	11000	4862		4862	4862	
	11308	11308		2950	2950	
	12000	13069		12000	13069	
	12000	6650			6000	
	12000	12000			9500	12000
	14000	5100			5100	
	15000	12750			3450	
	16000	16000		16000	16000	16000
	21000	19550			1500	19550
	22000	4900		22000	4900	
	22390	22390			12375	
	27500	27600			2300	27600
	100000	48814		50000	48814	
	304000	286064		10000	10910	289856
	331792	133449		35256	78625	
2006-7-1	19968	19968	19968	5968	5968	19968
2006-6-1	46097	46097	46097	16097	16097	16097
2007-6-1	12443	22600	22600	22600	22600	22600
2007-3-1	52855	52855	52855	52855	52855	52855
2007-3-1	102646	102646	102646	102646	102646	102646
2007-2-1	27388	27388	27388	27388	27388	27388
2007-4-1	32231	32231	32231	6432	6432	6432
2006-8-1	17620	17620	17620			
2007-1-1	126145	45494	45494	45494	45494	45494
2007-6-1	25000	24708	24708	24708	24708	24708
2007-1-1	51437	51437	51437	51437		51437
2007-1-1	20490	18750	18750	18750	18750	18750
2007-1-1	59097	66854	66854	17757	17757	17757
2006-6-1	236600	113166	113166	91707	91707	91707
2007-1-1	40324	40324	40324	40324	40324	40324
2007-12-1	13361	946	946	7700	946	946
2007-7-1	13068	3450	3450	8663	3450	3450
2007-7-1	24052	18219	18219	17068	3105	8749
2007-1-1	34415	15243	15243	10150	8732	15243
2005-8-1	26218	29469	29469		1788	7987
2007-1-1	251072	165114	165114	165114	165114	165114
2007-1-1	50763	55123	26181		33931	26181
2007-12-31	243800	83017	83017	83017	83017	83017
2007-1-1	120000	120000	97008	120000	120000	97008
2006-1-1	42800	33100		10300	10300	

建设项目名称 Name of Development Projects	建设地址 Construction Site	建设性质 Nature of Building	建设阶段 Construction Phrase
江阴市延陵东路	江阴市	新建	筹建
江阴市梅园路二期	江阴市	新建	本年正式施工
江阴市城区污水管网建设	江阴市	新建	本年正式施工
江阴市普惠路改造工程	江阴市	新建	本年正式施工
滨江污水处理厂三期工程	江阴市	新建	筹建
环境绿化工程	江阴市	新建	本年正式施工
云龙湖北大堤及广场改造	徐州市	改建和技术改造	本年正式施工
九里湖公园基础设施建设	徐州市	新建	本年正式施工
两汉文化景区二期建设	徐州市	扩建	本年正式施工
和平路东延续建工程	徐州市	扩建	本年收尾
三环北路东延工程	徐州市	新建	本年正式施工
金鹰国际二期建设工程	徐州市	新建	本年正式施工
兵工路棚户区改造工程	徐州市	改建和技术改造	本年正式施工
卧牛村旧村改造工程	徐州市	改建和技术改造	本年正式施工
玉潭湖周边旧村改造工程	徐州市	改建和技术改造	本年正式施工
翟山村新农村建设工程	徐州市	改建和技术改造	本年正式施工
朱庄村城中村改造工程	徐州市	改建和技术改造	本年正式施工
奎山公园改造工程	徐州市	改建和技术改造	本年正式施工
云龙湖广场东地块改造工程	徐州市	改建和技术改造	本年正式施工
西区商圈两路两街联动项目	徐州市	新建	本年正式施工
鼓楼商业步行街工程	徐州市	改建和技术改造	本年正式施工
彭城广场东地块改造	徐州市	改建和技术改造	本年正式施工
南郊宾馆改造工程	徐州市	改建和技术改造	本年正式施工
文化大厦建设工程	徐州市	改建和技术改造	本年正式施工
中枢商业街建设工程	徐州市	新建	本年正式施工
珠山文化旅游区建设工程	徐州市	新建	本年正式施工
鼓楼苏洋环保热电厂建设工程	徐州市	新建	本年正式施工
堤北村城中村改造工程	徐州市	改建和技术改造	本年正式施工
天然气置换工程	徐州市	改建和技术改造	本年收尾
铁路两侧危旧房改造工程	徐州市	改建和技术改造	本年收尾
小南湖二期工程	徐州市	新建	本年收尾
城市污水处理厂二期工程	新沂市	扩建	本年正式施工
背街小巷综合整治工程	常州市	改建和技术改造	本年正式施工
中心城区弱电杆线入地整治工程	常州市	改建和技术改造	本年正式施工
健身北路延伸工程	常州市	新建	本年正式施工
水环境综合整治污水截流工程	常州市	新建	本年正式施工
天然气利用一期工程	常州市	扩建	本年正式施工
天然气高压管网工程	常州市	新建	本年正式施工
城市供水管线工程	常州市	新建	本年正式施工
道路市容环境综合整治街景美化工程	常州市	改建和技术改造	本年正式施工
青枫公园续建工程	常州市	新建	本年正式施工

开工年月 Commence Date	项目计划 总投资 Total Investment of Project	自开始建设至本年底累计 Accumulated Investment From Start of Project to the End of This Year		本年计划投资 Planned Investment this Year	本年完成投资 Completed Investment this Year	本年新增 固定资产 Newly Added Fixed Assets of This Year
		完成投资 Completed Investment	新增固定资产 Newly Added Fixed Assets			
2007-1-1	17580	2695		2695	2695	
2006-1-1	14734	6700		3700	3700	
2006-1-1	24700	4600		2600	2600	
2006-1-7	14000	6740		740	740	
2007-6-1	22000	20943	19626	5000	1953	
	19500	5700		5700	5700	
2007-1-1	26500	26500	26500	26500	26500	
2007-1-1	60000	60000	5000	2600	2600	
2007-1-1	130000	130000	50000	10000	10000	
2007-1-1	48000	27600	27600	27600	27600	
2007-1-1	18000	18000	18000	18000	18000	
2007-1-1	64000	64000		64000	64000	
2007-1-1	53000	53000	53000			50000
2007-1-1	50000	50000	50000			30000
2007-1-1	40000	40000	40000			20000
2007-1-1	160000	160000	60000			40000
2007-1-1	22000	22000	22000			22000
2007-1-1	10000	10000	10000			10000
2007-1-1	16800	16800	16800			16800
2007-1-1	21000	21000	21000			21000
2007-1-1	10000	10000	10000			10000
2007-1-1	22300	22300	22300			22300
2007-1-1	150000	150000				
2007-1-1	60000	60000	60000			60000
2007-1-1	150000	150000	5000			5000
2007-1-1	300000	300000	2000			2000
2007-1-1	25000	25000	25000			25000
2007-1-1	20000	20000	20000			20000
2007-1-1	10000	10000	10000	10000	10000	10000
2006-1-1	25000	25000	25000	10000		25000
2006-3-2	11600	8801		4300	3010	3010
2007-2-18	12900					
2007-7-1	10793	6593		6000	6593	
2007-7-1	10867	10867	10867	10867	10867	10867
2006-3-1	21675	21675	21675	18595	18595	21675
2006-3-1	87098	17960		10000	5557	
2002-1-1	34734	41437		5000	8240	
2006-6-1	18388	4897		1500	1810	
2007-3-1	10000	12658	12658	10000	12658	12658
2007-3-1	12671	12671	12671	12671	12671	12671
2006-10-1	52629	34088		12000	13348	

建设项目名称 Name of Development Projects	建设地址 Construction Site	建设性质 Nature of Building	建设阶段 Construction Phrase
梧桐路工程	常州市	新建	本年正式施工
常州市高架道路一期工程	常州市	改建和技术改造	本年正式施工
常金线改造工程	常州市	扩建	本年正式施工
快速公交（BRT）一号线	常州市	改建和技术改造	本年正式施工
市容环境（晋陵中路、广化街、戚大街）综合整治工程	常州市	改建和技术改造	本年正式施工
新市滨河绿地工程	常州市	新建	本年正式施工
五一路工程	常州市	新建	本年正式施工
青山绿地工程	常州市	新建	本年正式施工
江边污水处理厂二期及排江口工程	常州市	扩建	本年正式施工
玉龙路新北区段工程	常州市	新建	本年正式施工
常州市生活垃圾焚烧发电厂项目	常州市	新建	本年正式施工
2007年度八路八口绿化工程	常州市	扩建	本年正式施工
天然气管网工程	武进区	新建	本年正式施工
区域供水二期（礼河水厂）工程	武进区	新建	本年正式施工
新天地工程（含南田）	武进区	新建	本年正式施工
道路桥梁建设工程	溧阳市	新建	本年正式施工
绿化工程	金坛市	改建和技术改造	本年收尾
城市道路建设工程	金坛市	改建和技术改造	本年收尾
劳动东路道路工程	沧浪区	改建和技术改造	本年正式施工
平江、金阊、沧浪新城排管工程	苏州市	新建	本年正式施工
苏州市城市管网改造工程	苏州市	改建和技术改造	本年正式施工
相城水厂一期工程	苏州市	新建	本年正式施工
绿地建设工程	苏州市	新建	本年正式施工
购置公交车辆	金阊区	单纯购置	单纯购置
苏福快速路一期工程	虎丘区（高新区）	新建	本年正式施工
北环快速路（隧道主体）工程	平江区	新建	本年收尾
北环快速路东延（官渎里立交）工程	平江区	新建	本年正式施工
北环快速路东、西段工程	平江区	新建	本年正式施工
城南污水处理工程	吴中区	新建	本年正式施工
城南污水处理工程	吴中区	新建	本年正式施工
琴川河改造工程	常熟市	改建和技术改造	本年正式施工
城北污水处理厂二期工程	常熟市	扩建	本年收尾
城南污水处理厂工程	常熟市	扩建	本年正式施工
城西污水处理厂工程	常熟市	扩建	本年正式施工
天然气管道工程	常熟市	扩建	本年正式施工
204国道张家港段扩建工程	张家港市	扩建	本年正式施工
港城大道北延工程	张家港市	扩建	本年正式施工
204国道一级化改造工程	张家港市	改建和技术改造	本年正式施工
锡张高速公路工程	张家港市	新建	本年正式施工
苏虞张公路快速化改造工程	张家港市	改建和技术改造	本年正式施工
张家港市垃圾处理场工程	张家港市	新建	本年正式施工

开工年月 Commence Date	项目计划总投资 Total Investment of Project	自开始建设至本年底累计 Accumulated Investment From Start of Project to the End of This Year		本年计划投资 Planned Investment this Year	本年完成投资 Completed Investment this Year	本年新增固定资产 Newly Added Fixed Assets of This Year
		完成投资 Completed Investment	新增固定资产 Newly Added Fixed Assets			
2005-9-1	13649	4500		5000	3000	
2006-9-1	459323	259390		200000	244910	
2006-9-1	32194	32194	32194	7152	7152	32194
2007-4-1	71149	66127		71149	66127	
2007-4-1	10235	10235	10235	10235	10235	10235
2007-4-1	31823	849		31823	849	
2006-9-1	20746	11143		5000	1769	
2007-3-1	17243	22935		17243	22935	
2007-1-1	43637	14710		12000	14710	
2004-6-1	68988	40996		7000	7149	
2004-12-1	48900	29337		20000	22237	
2007-1-8	82000	82000	82000	82000	82000	82000
2007-1-2	12000	12000	12000	12000	12000	12000
2007-1-18	37780	11000		11000	11000	
2006-2-20	29800	22000		12000	12000	
2007-2-1	18000	18000	15725	18000	18000	
2007-1-1	18740	18740	18740	18740	18740	18740
2007-1-1	24593	24593	24593	24593	24593	24593
2006-9-1	25973	20173	3000	16173	10373	2800
2005-1-1	15957	4861	4861	2240	2268	2268
2004-1-1	17650	8786	8786	3100	1054	1054
2006-3-1	92841	69495	69495	23000	21582	21582
2007-1-1	147000	147000	147000	147000	147000	147000
2007-2-1	16065	16065	16065	16065	16065	16065
2006-11-8	23399	25506	21998		21528	20382
2006-10-28	82365	64770	51530		55009	50720
2006-12-18	43079	34033	18833	34850	34033	18833
2007-4-5	122050	90712	39010	97450	90712	39010
2005-10-17	66000	45000		30000	35000	
2005-10-14	66000	45000		30000	35000	
2007-2-10	10277	3547		3547	3547	3547
2003-1-10	12628	12628	12628	557	557	557
2004-1-20	14899	11195	11195	1509	1509	1509
2005-1-1	16845	12678	12678	3943	3943	3943
2007-1-1	35130	10100		10100	10100	10100
	98000	38867	38867	40000	38867	38867
2007-1-20	22500	23380	23380	4600	4600	4600
2007-5-11	98000	60000	60000	50000	50000	50000
2007-2-20	12000	4000	4000	3500	3500	3500
2007-2-20	25000	6000	6000	6000	6000	6000
	21360	3470		12000	3470	

建设项目名称 Name of Development Projects	建设地址 Construction Site	建设性质 Nature of Building	建设阶段 Construction Phrase
昆嘉路改建工程	昆山市	改建和技术改造	本年正式施工
市民文化广场	昆山市	新建	本年正式施工
滨江景观带一期	昆山市	新建	本年正式施工
苏浏线航道整治工程	昆山市	改建和技术改造	本年正式施工
城北大道工程	昆山市	扩建	本年正式施工
三水厂二期以及供水管道深度处理工程	昆山市	新建	本年正式施工
吴江城市南北快速干线工程	吴江市	新建	本年正式施工
吴江污水处理厂三期扩建工程	吴江市	扩建	本年正式施工
城区道路桥梁工程	太仓市	新建	本年收尾
经济开发区绿化工程	太仓市	新建	本年收尾
供水工程	启东市	扩建	本年正式施工
道路与桥梁工程	启东市	新建	本年正式施工
道路桥梁工程	如皋市	新建	本年正式施工
南入口拆迁安置工程	新浦区	改建和技术改造	本年正式施工
绿化工程	新浦区	新建	本年正式施工
绿化工程	连云港	新建	本年正式施工
垃圾焚烧热电项目	连云港	新建	筹建
碱厂南路（新光路至跃湖路）	连云港	新建	本年收尾
海堤达标工程	连云港	新建	本年收尾
242省道（临洪路至先导段）	连云港	新建	本年正式施工
临洪路（昌圩湖路至大港路）	连云港	新建	本年正式施工
花果山北路开发区段工程	连云港	新建	本年正式施工
嘉泰工业城内市政道路工程	连云港	新建	本年正式施工
江宁工业城内市政道路工程	连云港	新建	本年正式施工
中国海盐博物馆	盐城市	新建	本年正式施工
串场河景观带工程	盐城市	新建	本年正式施工
西环路整治工程	盐城市	改建和技术改造	本年正式施工
蟒蛇河防洪闸工程	盐城市	新建	本年正式施工
解放南路拓宽工程	盐城市	扩建	本年正式施工
火车站地段四路一广场建设工程	盐城市	新建	本年收尾
亭湖大道工程	亭湖区	新建	本年正式施工
经一路工程	亭湖区	新建	本年正式施工
北环路工程	亭湖区	新建	本年正式施工
世纪大道拓宽与西延工程	盐都区	扩建	本年正式施工
防洪闸工程	盐都区	新建	本年正式施工
便益门大桥至徐凝门桥景观完善工程	扬州市	新建	本年正式施工
西北地区乡镇供水工程	邗江区	新建	本年收尾
双塘路工程	扬州市	新建	本年收尾
运河南路工程	扬州市	扩建	本年收尾
运河北路工程	扬州市	扩建	本年收尾
文昌大桥工程	扬州市	新建	本年收尾

开工年月 Commence Date	项目计划总投资 Total Investment of Project	自开始建设至本年底累计 Accumulated Investment From Start of Project to the End of This Year		本年计划投资 Planned Investment this Year	本年完成投资 Completed Investment this Year	本年新增固定资产 Newly Added Fixed Assets of This Year
		完成投资 Completed Investment	新增固定资产 Newly Added Fixed Assets			
2007-8-1	15000	2900		2900	2900	
2006-10-1	15000	15000	15000	15000	15000	15000
2007-3-1	12200	10200	10200	10200	10200	10200
2005-6-1	23000	12347		4000	4230	
2004-3-1	68000	32928		20650	6920	
2006-7-1	66333	43087	43087	35000	34577	43087
	26000	10200		26000	10200	
2007-8-8	20661	1832		2000	1832	
2007-3-1	20000	20000		20000	20000	
2007-3-5	15452	15452		15452	15452	
2007-5-1	22000	15000		22000	15000	
2007-1-1	15000	12100	12100	15000	12100	12100
2007-2-2	16000	15348		15348	15348	15348
2007-3-1	30000	38000		30000	38000	
2007-1-1	15000	15455	15455	15000	15455	15455
2007-1-1	15000	15255	15255	15000	15255	15255
2007-11-25	26000	1830		719	719	
2006-1-12	12457	12457	12457	2400	2366	2366
2006-1-10	14586	14586	14586		5800	5854
2007-3-20	15600	3583	3583	4800	3583	3583
2007-3-20	12400	2415	2415	2400	2415	2415
2007-1-10	29000	22877	22877	21000	22877	22877
2007-1-1	19500	3193	3193	3200	3193	3193
2007-1-1	50000	30916	30916	11000	10916	10916
2007-10-5	10000	800	800	800	800	800
2007-8-1	12755	9600	9600	9600	9600	9600
2007-7-7	14048	8000	8000	8000	8000	
2007-10-1	17299	4280	4280	4280	4280	4280
2007-7-1	15150	15030	15030	15030	15030	15030
2006-5-1	15000	39900	21421	21421	21421	21421
2007-4-1	12488	5000	5000	12488	5000	5000
	10291			10291		
2007-9-5	25800	6000	6000	25800	6000	
2007-6-5	26500	13000	13000	13000	13000	13000
2007-4-10	20608	18000	18000	2450	1370	1370
2007-3-4	19000	18245	18245	19000	18245	18245
2004-1-20	11500	9900	9900	300	300	300
2007-9-18	15186	9067	9067	9667	9067	
2007-9-18	12332	7075	7075	7075	7075	7075
2007-5-18	12224	11380	11380	11380	11380	11380
2006-9-18	15929	10674	10674	10674	10674	10674

4-4 续 25

建设项目名称 Name of Development Projects	建设地址 Construction Site	建设性质 Nature of Building	建设阶段 Construction Phrase
新扬圩路工程	扬州	扩建	本年收尾
吴州东路和大桥新建工程	市辖区	新建	本年收尾
万花园建设工程	扬州市	新建	本年收尾
傍花村开发工程	扬州市	新建	本年收尾
宋夹城河护城河保护工程、建湿地公园工程	扬州市	新建	本年正式施工
八万吨污水处理工程	广陵区	新建	本年正式施工
徐凝门桥至五台山大桥段景观完善工程	广陵区	扩建	本年正式施工
引航道水利枢纽工程	镇江市	新建	本年正式施工
九华山路工程	镇江市	新建	本年正式施工
团山路工程	镇江市	新建	本年正式施工
长山路工程	镇江市	新建	本年正式施工
南徐西路工程	镇江市	新建	本年正式施工
健康路西延工程	镇江市	新建	本年正式施工
金桥大道二期工程	镇江市	新建	本年收尾
戴家门路工程	镇江市	新建	本年收尾
金山湖景区工程	镇江市	改建和技术改造	本年正式施工
内江码头整治工程	镇江市	改建和技术改造	本年正式施工
区域供水工程（东部乡镇）	镇江市	新建	本年正式施工
供水管网改造工程	镇江市	改建和技术改造	本年正式施工
丁卯污水处理厂一期工程	镇江市	新建	本年正式施工
天然气利用工程	镇江市	新建	本年正式施工
黄山北路工程	镇江市	新建	本年收尾
第一楼街道路工程	镇江市	新建	本年正式施工
长香路工程	镇江市	新建	本年收尾
长香路二期工程	镇江市	新建	本年正式施工
经十二路南延工程	镇江市	新建	本年正式施工
圌山风景区保护整治工程	镇江市	改建和技术改造	本年正式施工
道路桥梁工程	丹阳市	扩建	本年正式施工
园林绿化工程	丹阳市	扩建	本年正式施工
东风北路拓宽改造工程	海陵区	新建	本年正式施工
凤城河风景区二期工程	海陵区	新建	本年正式施工
城市防洪工程	海陵区	新建	本年正式施工
三水厂改扩建	海陵区	新建	本年正式施工
区域供水一期（江防水厂）工程	靖江市	新建	本年收尾
污水处理工程	靖江市	扩建	本年收尾
泰兴市自来水浑水工程及输黄工程	泰兴市	扩建	本年正式施工
中油燃气工程	宿城区	扩建	本年收尾
运河风光带等工程	宿豫区	扩建	本年收尾
浙江			
德胜快速路中段	老城区	新建	本年收尾

开工年月 Commence Date	项目计划总投资 Total Investment of Project	自开始建设至本年底累计 Accumulated Investment From Start of Project to the End of This Year 完成投资 Completed Investment	新增固定资产 Newly Added Fixed Assets	本年计划投资 Planned Investment this Year	本年完成投资 Completed Investment this Year	本年新增固定资产 Newly Added Fixed Assets of This Year
	17851	11380	11380		11380	11380
2006-9-1	19217	19217	19217	5488	5488	19217
2006-1-20	18000	18813	18813	16000	16662	18813
2006-1-20	12000	9873	9873	10000	8322	9873
2004-5-20	12000	2928		1000	1370	
2003-8-1	19799	19108			2782	
2007-1-22	18000	1380	1380	1380	1380	
2006-10-1	20000	2200		10000	2200	
2006-7-1	27300	22300		21000	16000	
2006-6-1	22800	22300		14000	13500	
2006-6-1	10000	7000		6000	3000	
2007-3-1	28000	5100		25000	5100	
2007-5-1	28000	1500		13000	1500	
2006-5-1	14100	14100	14100	9000	9000	14100
2006-5-1	26000	26000	26000	6800	6800	26000
2007-12-1	64800	5000		6000	5000	
2006-8-1	20000	3000		16000	3000	
2006-3-1	12445	9056	9056	1550	1944	1944
2003-12-1	18790	17009	8504	4500	4345	4345
	12925	771	771	771	771	771
2001-1-1	51800	38531	26852	9000	7246	1438
2006-6-1	14000	13682	13682	1000	1433	13682
2005-3-1	22000	7700	1200	2000	1700	1200
2005-3-1	25000	25000	25000	6000	4482	25000
2007-5-1	17700	17700	17700	17700	17700	17700
2007-1-1	12000	11500	11500	12000	11500	11500
2007-5-1	30000	5000		10000	5000	
2007-1-1	25000	22123	22123	25000	22123	22123
2007-1-1	18000	18091	18091	18000	18091	18091
	41000	31500		31500	31500	
	33580	12500		23580	12500	
2007-1-3	15000	14470	14470	15000	14470	14470
	15000	3000		15000	3000	
2007-5-8	10306	10306	10306	10306	10306	10306
2007-2-8	33800	12987		5000	3005	
2007-4-20	30900	7055	5190	6378	5190	5190
2006-2-2	30000	25000		8000	8000	8000
2005-3-2	20000	13000		3000	3000	3000
	12925846	**5859748**	**1116619**	**1999562**	**2423287**	**808394**
2005-3-31	127152	94271	94271	34000	31867	

4-4 续 26

建设项目名称 Name of Development Projects	建设地址 Construction Site	建设性质 Nature of Building	建设阶段 Construction Phrase
杭州市拱康路（石祥路至余杭界）工程	老城区	新建	本年正式施工
杭州市丁桥东路工程	老城区	新建	本年收尾
杭州市大农港（同协路至丁桥东路）工程	老城区	新建	本年正式施工
杭州市七格污水处理厂（三期）工程	老城区	新建	本年正式施工
留石快速路一期工程	老城区	新建	本年正式施工
庆春路整治工程	老城区	改建和技术改造	本年收尾
东新路综合整治工程	老城区	改建和技术改造	本年收尾
石桥立交工程	老城区	新建	本年正式施工
重工路（东新路—杨家路）工程	老城区	新建	本年正式施工
萍水东路（丰潭路—莫干山路）工程	老城区	新建	本年正式施工
三墩路工程	老城区	新建	本年正式施工
留石快速路二期（莫干山路至三墩）工程	老城区	新建	本年正式施工
上塘路道路改善工程	老城区	改建和技术改造	本年正式施工
杭州市城区绿化工程	老城区	新建	本年收尾
灵隐景区扩建工程	老城区	扩建	本年正式施工
杭州碑林扩建工程	老城区	扩建	本年正式施工
西湖疏浚工程	老城区	恢复	本年正式施工
秋石快速路一期工程	老城区	新建	本年正式施工
石桥路整治改造工程	老城区	新建	本年正式施工
同协路（临丁路至石大线）工程	老城区	新建	本年收尾
灵隐路、梅灵北路下穿地下通道工程	老城区	新建	本年正式施工
康桥路工程	老城区	新建	本年正式施工
东新东路工程	老城区	新建	本年正式施工
上塘河整治工程（石桥路至丁桥路）	老城区	改建和技术改造	本年正式施工
和睦港整治工程（钱塘江至余杭交界）	老城区	改建和技术改造	本年正式施工
余杭塘河整治工程（紫金港至运河）	老城区	改建和技术改造	本年正式施工
运河建材码头江河汇流区块绿化工程	老城区	新建	筹建
运河景观带拱墅区段工程	老城区	改建和技术改造	本年正式施工
严家弄路工程	老城区	新建	本年正式施工
车站南路工程	老城区	新建	本年收尾
运河东路工程	老城区	新建	本年正式施工
昙花庵路工程	老城区	新建	筹建
下沙新业北路工程	老城区	新建	本年正式施工
下沙开发区生态公园工程	老城区	新建	本年收尾
2007 年背街小巷改善工程	老城区	改建和技术改造	本年收尾
2007 年截污纳管工程	老城区	扩建	本年收尾
杭州市天然气利用工程	老城区	新建	本年正式施工
公交车辆购置	老城区	单纯购置	单纯购置
杭州市地铁 1 号线工程	老城区	新建	本年正式施工
杭州市第二垃圾填埋场工程	老城区	新建	本年正式施工
钱塘江引水入城工程	老城区	新建	本年正式施工

开工年月 Commence Date	项目计划总投资 Total Investment of Project	自开始建设至本年底累计 Accumulated Investment From Start of Project to the End of This Year		本年计划投资 Planned Investment this Year	本年完成投资 Completed Investment this Year	本年新增固定资产 Newly Added Fixed Assets of This Year
		完成投资 Completed Investment	新增固定资产 Newly Added Fixed Assets			
2007-10-31	13000	2631		5450	2578	
2005-12-30	29452	5141		2814	2414	3437
2006-12-29	15682	8250		4660	4653	
2007-12-31	143021	18720		23000	18720	
2006-12-31	89000	40879		26700	38326	
2005-7-28	18613	18762	18762	1479	2250	2250
2006-5-28	14659	13975			3704	
2006-6-28	100065	69476		23843	21028	
2006-12-28	24918	15754		3660	6546	
2006-7-28	11264	8499		1659	4864	
2003-12-28	10522	8239			300	
2007-11-28	30000	797		3200	797	
2007-12-28	11609	67		5000	67	
2007-1-31	13987	12028	12028	13987	12028	12028
2003-2-28	80000	85562			11452	
2007-11-28	10814	9771		300	429	
1999-7-28	23150	21022			187	
2006-8-28	41312	22779	22779	25940	20359	20359
2007-12-28	18359	301		2200	301	
2005-8-28	23022	15572	15572	2130	1611	1611
2007-12-28	13261	450		2450	450	
2007-11-28	51840	1131		2600	1022	
2007-6-28	15140	985	985	660	660	660
2007-4-28	45524	12694	12694	7377	10444	10444
2007-1-28	17396	4920	4920	1420	4920	4920
2007-5-28	41179	3338	3338	8863	3338	3338
	10000	11739			4653	
2005-11-28	30000	10502			3369	
2006-9-28	12000	3035	3035	4600	2134	2134
2005-7-28	18917	5234	5234		1672	1672
2005-12-28	11000	4744	4744	2300	2789	2789
	11800	4547		4600	4043	
2006-12-28	11683	8499			8499	
2005-3-28	11282	6471	6471		1205	1205
2007-1-28	39524	32321	32321	39524	32321	32321
2007-1-28	26732	23640		26732	23640	
2002-1-28	163876	117733	112114	17902	19698	17902
	13430	15334	15334	13430	15334	15334
2007-3-8	2207600	310112		230000	287152	
2003-12-28	89925	37200			2166	
2006-8-28	92120	18639		15000	14989	

4-4 续 27

建设项目名称 Name of Development Projects	建设地址 Construction Site	建设性质 Nature of Building	建设阶段 Construction Phrase
南星水厂饮用水改造及扩建工程	老城区	扩建	本年正式施工
永久河、时代河等整治工程	老城区	改建和技术改造	本年正式施工
产业大楼配套支路工程	老城区	新建	本年正式施工
高教路一期工程	余杭区	改建和技术改造	本年收尾
和睦港两岸整治工程	余杭区	改建和技术改造	本年正式施工
西安路北延二期	余杭区	新建	本年正式施工
一馆四中心工程	余杭区	新建	本年正式施工
临平第二污水系统应急工程	余杭区	新建	本年正式施工
余杭组团污水处理工程	余杭区	新建	本年正式施工
良渚组团污水处理工程	余杭区	新建	本年收尾
建德市城防工程建设指挥部	建德市	新建	本年收尾
江滨南大道工程	富阳市	新建	本年正式施工
鹿山新区文化中心工程	富阳市	新建	筹建
富阳市客运南站迁建工程	富阳市	新建	本年正式施工
天然气利用工程	富阳市	新建	本年正式施工
浙江春南污水处理厂工程	富阳市	新建	筹建
锦城镇城市防洪工程	临安市	新建	筹建
污水处理续建工程	临安市	扩建	筹建
白溪引水工程	宁波市	新建	本年正式施工
宁波水环境-周公宅引水工程	宁波市	新建	本年正式施工
东钱湖水厂工程	鄞州区	新建	本年收尾
后海塘污水处理厂工程	镇海区	新建	本年收尾
宁波市江东南区污水处理厂及配套管网工程	鄞州区	新建	本年正式施工
新外滩工程	江北区	新建	本年收尾
和义路1#地块工程	海曙区	新建	本年正式施工
和义路2#地块工程	海曙区	新建	本年正式施工
鄞奉路地块工程	海曙区	新建	筹建
南外环东延工程	宁波市	新建	本年正式施工
东外环路工程	宁波市	新建	本年正式施工
通途路西段工程	宁波市	新建	本年正式施工
惊驾路、城庄路工程	宁波市	新建	本年正式施工
机场路北延工程	宁波市	新建	本年正式施工
西南片区路网工程	江北区	新建	筹建
太湖路历史街区工程	江北区	改建和技术改造	筹建
三湖一路工程	江北区	新建	筹建
滨江大道及沿江绿带工程	江东区	扩建	本年正式施工
庆丰桥及连接线工程	江东区	扩建	本年正式施工
姚江北侧滨江景观带工程	江北区	扩建	本年正式施工
解放南路延伸工程	海曙区	扩建	本年正式施工
中兴路东侧支路工程	江东区	扩建	本年正式施工
惊驾二路工程	宁波市	新建	本年正式施工

4-4 continued 27

开工年月 Commence Date	项目计划总投资 Total Investment of Project	自开始建设至本年底累计 Accumulated Investment From Start of Project to the End of This Year		本年计划投资 Planned Investment this Year	本年完成投资 Completed Investment this Year	本年新增固定资产 Newly Added Fixed Assets of This Year
		完成投资 Completed Investment	新增固定资产 Newly Added Fixed Assets			
2006-10-28	31600	19785		15000	16185	
2007-1-8	13858	7176			2565	
2007-1-8	42058	19031			1963	
2006-4-1	10100	5503		3000	3000	
2007-8-1	10900	5990		9000	5990	
2006-8-1	10700	7918		3500	4966	
2006-5-1	15700	12135		8000	9345	
2007-5-1	30195	6500		8000	6500	
2003-9-1	13547	13168		3895	3516	
2003-9-1	14283	17497	5845	2631	5845	5845
2000-12-28	31800	30100		900	900	
	17582	14450		3500	2050	
	11000	4388		2000		
	10495	3852		5000	1800	
	14133	4145		3800	1386	
	52165	36800		50	12	
2003-6-7	118400	89050		14610	14610	
	15570	8554		904	904	
	95123	65721		2591	2591	
2006-1-1	140252	45274		26974	26974	
2006-1-1	78195	46488			31048	31048
2004-4-1	21510	16694		3976	3976	
2004-6-1	367000	34538	46	8426	8426	12
2002-9-1	42359	55478		2800	2800	2800
2003-7-1	147200	138449		35599	35599	
2007-2-1	182879	113123		113123	113123	
2005-6-1	830000	101936		20791	20791	
2007-1-1	55237	3617		3617	3617	
2005-8-1	289954	48796		4434	4434	
2005-6-1	62000	49109		9382	9382	
2005-4-1	196291	88514		7462	7462	
2005-5-1	68726	29597		18323	18323	
	35926	6067		836	836	
	18573	11162		3733	3733	
2006-12-1	39602	16885		5211	5211	
2003-10-1	124284	82612		12750	12750	
2006-7-1	117955	68789		22689	22689	
2006-7-1	16261	2110		164	164	
2007-4-1	51807	34746		34746	34746	
2007-12-1	10983	6285		6285	6285	
2005-6-1	71982	47796		35258	35258	

建设项目名称 Name of Development Projects	建设地址 Construction Site	建设性质 Nature of Building	建设阶段 Construction Phrase
中山东二路工程	宁波市	新建	本年正式施工
江澄路工程	宁波市	新建	本年正式施工
海晏路工程	宁波市	新建	本年正式施工
福庆路工程	宁波市	新建	本年正式施工
甬新河东部新城段工程	宁波市	新建	本年正式施工
甬江防洪堤坝（科技园区段）工程	宁波市	改建和技术改造	本年收尾
城市燃气管道工程	海曙区	扩建	本年正式施工
丽园南路工程	海曙区	新建	全部停缓建
环城北路西段工程	江北区	改建和技术改造	本年收尾
大庆南路拓宽改造	江北区	改建和技术改造	本年正式施工
太河路南延（329-牌楼）	北仑区	新建	本年正式施工
宁波市经济技术开发区岩东再生水厂工程	北仑区	新建	本年正式施工
镇海生态林工程	镇海区	新建	本年收尾
北外环镇海段工程	镇海区	新建	本年正式施工
垃圾多元化综合处理厂工程	镇海区	新建	本年正式施工
宁波北区污水处理厂及配套管网工程	镇海区	新建	本年正式施工
沧海路工程	鄞州区	扩建	本年正式施工
下应至鄞州大道连接（二期）工程	鄞州区	改建和技术改造	本年正式施工
明州热电一期工程	鄞州区	新建	本年正式施工
新城区城市防洪工程	鄞州区	新建	本年正式施工
东钱湖连心路（莫枝-东海舰队）工程	鄞州区	新建	本年正式施工
城市污水改造工程	余姚市	改建和技术改造	本年正式施工
阳明西路改造工程（丰南桥东至玉立路）	余姚市	改建和技术改造	本年正式施工
姚东城东供水一期工程	余姚市	新建	本年正式施工
余马公路城区段改造工程	余姚市	改建和技术改造	本年正式施工
南雷路磨刀桥村地块改造工程	余姚市	改建和技术改造	本年收尾
姚西北地区自来水一户一表改造工程	余姚市	改建和技术改造	本年正式施工
余姚市自来水公司一户一表改造	余姚市	改建和技术改造	本年正式施工
康复路东侧地块改造工程	余姚市	改建和技术改造	本年正式施工
余姚市四明湖引水工程	余姚市	新建	本年正式施工
天然气 2002-1 工程	余姚市	扩建	本年正式施工
汤浦引水工程	慈溪市	新建	本年收尾
城区东南部水厂工程	慈溪市	新建	本年正式施工
西外环线南段工程	慈溪市	新建	本年正式施工
三北大街西段工程	慈溪市	新建	本年正式施工
东三环南延段及南三环线工程	慈溪市	新建	筹建
浒溪线景观绿化改造工程	慈溪市	迁建	筹建
旧城改造二期工程	慈溪市	改建和技术改造	本年正式施工
滨海五路（兴慈七路至兴慈大道）工程	慈溪市	新建	本年正式施工
滨海四路（兴慈七路至兴慈大道）工程	慈溪市	新建	本年正式施工
滨海二路（兴慈七路至兴慈大道）工程	慈溪市	新建	本年正式施工

开工年月 Commence Date	项目计划总投资 Total Investment of Project	自开始建设至本年底累计 Accumulated Investment From Start of Project to the End of This Year		本年计划投资 Planned Investment this Year	本年完成投资 Completed Investment this Year	本年新增固定资产 Newly Added Fixed Assets of This Year
		完成投资 Completed Investment	新增固定资产 Newly Added Fixed Assets			
2005-6-1	24366	20110		5360	5360	
2005-6-1	37987	21579		15306	15306	
2005-6-1	46891	29225		22923	22923	
2005-10-1	43438	42071		13602	13602	
2005-4-1	39910	30489		2772	2772	
2003-7-30	19007	12804	12804	426	415	415
2003-1-10	166000	58091	37330	23338	17858	17858
2006-6-7	15581	3074	57	57	57	57
2006-12-12	12000	12000	10200	1463	1463	1463
2007-10-18	70817	62600	62600	64910	62600	62600
2007-8-5	23199	14740	14740		14740	14740
2007-10-1	10365	1333		3000	1333	1333
2005-5-1	22724	22724		9724	9724	
2005-12-1	37728	25760		8000	8000	
2005-3-1	21000	21000		11727	11727	
2005-10-1	41659	32438		23338	17858	
2005-3-9	26250	12600		4000	2407	
2006-6-8	38700	10736		370	370	
2005-8-5	33000	29471		5629	2100	
2003-10-6	55183	20944		30000	6444	
2007-7-1	11100	4471		1479	1479	
2004-1-1	41413	30051	24261	5966	5966	5966
2006-4-1	17800	15800	14821	2000	2000	2000
2006-7-1	35600	4950		300	300	
2006-11-1	17317	8100		7100	7100	
2007-7-1	20000	20000		20000	20000	20000
2007-7-1	25800	8842	8842	8842	8842	
2007-7-1	15000	9500		2738	2738	2738
2007-9-1	36000	8246		8246	8246	
2006-9-1	10904	5048		5000	5048	
2002-1-1	13000	7552	7552	780	780	780
2004-11-4	78165	78160	54710	12215	12210	12210
2004-4-8	29464	13572		1300	1300	1300
2003-6-12	13780	13440		4290	4290	
2006-11-8	11482	5900		2950	2950	
	51993	7564		500	500	
2005-3-2	37900	34062			404	
2004-1-7	225610	209457			42774	1902
2003-11-25	13758	7972		3770	3770	3770
2003-11-13	28768	17461			9385	9385
2003-11-12	24370	20162			1895	1895

建设项目名称 Name of Development Projects	建设地址 Construction Site	建设性质 Nature of Building	建设阶段 Construction Phrase
兴慈大道（滨海一路至滨海五路）工程	慈溪市	新建	本年正式施工
南山路扩建工程	奉化市	扩建	本年正式施工
瓯海大道工程	温州市	新建	本年收尾
沿江路工程	温州市	新建	本年正式施工
温州市西向水排洪工程	温州市	新建	本年正式施工
中央公园工程	鹿城区	新建	本年正式施工
温州西向水厂工程	瓯海区	新建	本年正式施工
汤家桥路三期工程	鹿城区	新建	本年正式施工
瓯海区道路工程	瓯海区	新建	筹建
南塘大道仙岩段工程	瓯海区	新建	本年正式施工
经济开发新建道路桥梁工程	瓯海区	新建	本年收尾
三垟大道工程	瓯海区	新建	本年正式施工
三垟湿地保护及配套工程一期项目工程	瓯海区	新建	本年正式施工
瑞安市污水处理厂工程	瑞安市	新建	本年收尾
污水处理工程	乐清市	新建	本年收尾
燃气管线工程	南湖区	新建	本年正式施工
南郊水厂一期工程	南湖区	新建	本年收尾
嘉兴市区污水管网系统二期工程	南湖区	新建	本年正式施工
嘉兴市区污水收集管网三期工程	南湖区	新建	本年正式施工
嘉兴市污水二期工程	海盐县	新建	本年正式施工
嘉桐公路工程	经济开发区	新建	本年收尾
三环路东南段工程	嘉兴市	新建	本年正式施工
天然气管网（德吉普线）工程	嘉兴市	新建	本年正式施工
月河历史街区工程	嘉兴市	新建	本年收尾
梅湾街历史街区工程	嘉兴市	新建	本年收尾
城中村拆迁安置房建设工程	嘉兴市	新建	本年正式施工
南片楔形绿地安置房工程	嘉兴市	新建	筹建
南湖六期安置房建设工程	嘉兴市	新建	本年正式施工
江南新水乡安置房建设工程	嘉兴市	新建	本年收尾
东片楔形绿地拆迁工程	嘉兴市	新建	本年正式施工
南湖湖滨拆迁工程	嘉兴市	新建	本年正式施工
城中村拆迁工程	嘉兴市	新建	本年收尾
南湖六期拆迁工程	嘉兴市	新建	本年正式施工
湘家荡拆迁工程	嘉兴市	新建	本年正式施工
老城区（1812）改造工程	嘉兴市	新建	本年正式施工
港区污水工程	嘉兴市	新建	本年正式施工
海宁市天然气利用工程	海宁市	新建	本年正式施工
海昌路南延（城南大道至东西大道）工程	海宁市	新建	本年正式施工
三水厂 30 万吨日处理工程	海宁市	新建	本年收尾
城投路工程	平湖市	新建	本年正式施工
广陈水厂址工程	平湖市	新建	本年正式施工

开工年月 Commence Date	项目计划总投资 Total Investment of Project	自开始建设至本年底累计 Accumulated Investment From Start of Project to the End of This Year		本年计划投资 Planned Investment this Year	本年完成投资 Completed Investment this Year	本年新增固定资产 Newly Added Fixed Assets of This Year
		完成投资 Completed Investment	新增固定资产 Newly Added Fixed Assets			
2003-11-11	14913	8063			353	353
2007-10-8	14688	3450	3450	3450	3450	
	170500	260352		45000	82439	
2000-10-1	12000	8926				
2004-10-1	75000	23115			11600	
2002-9-1	54294	49506			6249	
2005-5-1	27801	1761			347	
2007-8-1	13076	13368			4230	
	30374	10000			10000	
2007-12-31	43000	9281			9281	
	20000	15030	15030	20000	15030	
	13449	10262		4034	8759	
2007-8-1	59217	13668			13668	
2004-6-1	23115	23115	23115			23115
2001-12-28	32880	26690		8000	8190	8190
1998-2-1	58582	52904		5396	3789	1134
2005-10-1	19500	17016	17016	5810	7133	17016
2002-7-1	13720	10946			410	
2004-10-1	21225	1667			13	
2007-2-1	104325	23773			23773	
2006-2-1	27335	26262	26262	15335	14252	14252
2006-2-1	29959	28459		4459	5101	
2007-2-1	16000	5100		16000	5100	
2004-1-1	34620	39259		7000	7300	
2003-12-1	40054	47088		5000	5100	
2006-12-1	30467	12545		15000	4074	
2007-7-1	21747	3526			3526	
2007-7-1	18954	2680		3000	2680	
2004-12-1	46600	38984		4800	6241	
2007-7-1	85000	38372		20000	38372	
2007-7-1	94400	27500		10000	27500	
2006-10-1	63192	44128			18128	
2007-9-1	13680	12917		13680	12917	
2004-7-1	22000	640		1800	640	
2007-5-1	67000	13500		25000	13500	
2006-9-1	10600	3770	2100	1600	1644	1600
2007-1-1	10446	9721	8839	3000	3095	2683
2007-4-20	19767	9342	5000	5300	5000	5000
2006-7-1	31368	17609	17609	12800	12800	12800
	140990	79048		45000	44345	
	24796	3782		5000	3782	

建设项目名称 Name of Development Projects	建设地址 Construction Site	建设性质 Nature of Building	建设阶段 Construction Phrase
污水管网工程	平湖市	扩建	本年正式施工
运河水厂供水工程	桐乡市	新建	本年正式施工
振东新区道路桥梁工程	桐乡市	新建	本年正式施工
纬五路工程	吴兴区	新建	本年正式施工
纬三路工程	吴兴区	新建	本年正式施工
道路工程	吴兴区	新建	本年正式施工
申嘉湖高速公路湖州段绿化工程	吴兴区	新建	本年正式施工
东部新区道路新建项目	吴兴区	新建	本年正式施工
年丰路道路改造工程	南浔区	改建和技术改造	本年正式施工
江蒋漾主题文化公园工程	南浔区	新建	本年正式施工
向阳路建设工程	南浔区	新建	本年正式施工
越西路北延等五条城中村配套道路工程	绍兴市	新建	本年收尾
绍兴市西南片清水河道工程	绍兴市	新建	本年正式施工
绍兴市城区曹娥江引水工程	绍兴市	新建	本年正式施工
群贤路连接工程	绍兴市	新建	全部停缓建
垃圾及污泥发电供热项目	绍兴市	改建和技术改造	本年正式施工
迪荡湖路北延段工程	绍兴市	新建	本年正式施工
外环线工程	诸暨市	新建	全部停缓建
陈蔡水库引水及城南水厂建设工程	诸暨市	新建	本年收尾
西施故里工程	诸暨市	扩建	本年正式施工
商贸步行街工程	嵊州市	新建	本年正式施工
嵊州市污水收集系统工程	嵊州市	新建	本年收尾
燃气管道工程	婺城区	扩建	本年正式施工
330 国道拓宽改造工程	兰溪市	扩建	筹建
商博大桥工程	义乌市	新建	本年正式施工
江滨景观带（节庆广场、百工园、江堤春）工程	东阳市	新建	本年收尾
东义路改造工程	东阳市	改建和技术改造	本年正式施工
东阳市污水处理工程	东阳市	新建	本年正式施工
衢化路南段工程	衢州市	扩建	本年收尾
民航大道工程	衢州市	新建	本年正式施工
衢州市生活垃圾填埋场工程	衢州市	新建	本年收尾
衢州市高新园区城南道路建设工程	衢州市	新建	本年正式施工
巨化物流道路工程	衢州市	新建	本年正式施工
开发区市政公用设施建设（道路）工程	衢江区	新建	本年正式施工
城市污水处理工程	江山市	新建	本年收尾
鹿溪北路向并延伸工程	江山市	新建	本年正式施工
千万农民饮用水工程	舟山市	新建	本年正式施工
沿港东路景观改造工程	定海区	新建	本年收尾
杜家岭安置小区五期工程	定海区	新建	本年正式施工
环城北路二期工程	定海区	新建	本年收尾
胜山小区二期工程	定海区	新建	本年正式施工

开工年月 Commence Date	项目计划总投资 Total Investment of Project	自开始建设至本年底累计 Accumulated Investment From Start of Project to the End of This Year		本年计划投资 Planned Investment this Year	本年完成投资 Completed Investment this Year	本年新增固定资产 Newly Added Fixed Assets of This Year
		完成投资 Completed Investment	新增固定资产 Newly Added Fixed Assets			
	14115	13296		800	1015	
2005-9-1	20995	20200		1945	1150	
2007-1-14	16313	16313	16313	16313	16313	16313
2004-1-2	16850	6160	3003	3200	3003	3003
2004-1-2	12360	8381	1740	2000	1740	1740
2007-1-1	11066	5373		11066	4350	
	21800	21800		21800	21800	21800
	150000	150000			150000	150000
	12600	8190	8190	5000	8190	8190
2007-3-10	15000	2800	2800	2500	2800	2800
2006-10-15	11983	4500	4500	3200	3500	3500
2005-7-6	21802	16222	16222	5051	5051	16222
2004-7-6	57209	11799		2000	5525	
2007-10-6	49714	8225		4000	8225	
2003-10-16	61000	55000				
2007-1-10	55284	24501		20000	24501	
2007-2-20	11163	2078		2078	2078	
2002-8-1	70063	64056				
2004-6-1	23128	22700	21580	600	580	580
	88054	85757			6539	
2007-1-1	23000	8874		2500	2110	
2005-10-1	13182	13182	6745	5132	5132	6699
	30000	7200	1980	1000	785	520
	12000	5800	2100	3000	3000	1200
2006-12-28	12030	4094		3784	3784	
2006-6-15	10000	10000	10000	2000	2000	2000
2006-12-29	15897	7046		1800	1760	
2002-12-25	13000	12068		270	259	
2005-6-15	10821	10819	10819	529	527	8619
2006-11-16	12630	8094		7630	4094	
2005-11-16	12794	5480		1500	1510	
2003-12-17	23488	21652	2300	1751	2000	2300
2007-10-25	20007	5599		3000	4303	
2007-1-1	37213	5313	5313	1500	1500	1500
2005-1-8	15942	15942	15942	2500	2500	15942
2007-4-8	14555	5000		5000	5000	
2007-1-1	19000	4282		4282	4282	
2005-5-1	14000	8619	8619	500	83	83
2007-11-1	10290	1378		2000	1351	
2006-11-1	11624	7910		4200	5125	
2007-6-1	21855	4768		2400	4548	

建设项目名称 Name of Development Projects	建设地址 Construction Site	建设性质 Nature of Building	建设阶段 Construction Phrase
海景公园工程	定海区	新建	本年正式施工
台州市椒江污水处理二期与再生水回用工程	椒江区	扩建	本年正式施工
黄岩城市供水工程	黄岩区	新建	本年收尾
黄岩城区排污设施工程	黄岩区	新建	本年正式施工
市政基础设施工程	黄岩区	新建	本年正式施工
滨江世纪工程	黄岩区	新建	本年正式施工
黄岩区垃圾处理工程	黄岩区	新建	本年收尾
桐屿小区工程	路桥区	新建	本年收尾
路桥污水处理工程	路桥区	扩建	本年正式施工
污水处理建设工程	温岭市	新建	本年正式施工
工业城道路桥梁及附属设施建设工程	温岭市	新建	本年正式施工
经济开发区道路桥梁建设工程	温岭市	新建	本年正式施工
城建指挥部道路桥梁建设工程	温岭市	新建	本年正式施工
城建指挥部园林绿化建设工程	温岭市	新建	本年正式施工
长潭引水工程	温岭市	新建	本年收尾
锦屏公园建设工程	温岭市	新建	本年收尾
旧城改造建设工程	温岭市	新建	筹建
石牛路（枫岭街至立交桥头）工程	市辖区	新建	本年正式施工
征地拆迁项目	市辖区	新建	本年正式施工
丽水市滨水公园工程	市辖区	新建	本年正式施工
丽水市务岭根垃圾填埋场一期工程	市辖区	新建	本年正式施工
丽水市江滨路道路工程	市辖区	新建	本年正式施工
丽水市大猷街道路工程	市辖区	新建	本年正式施工
丽水市长虹路道路工程	市辖区	新建	本年正式施工
水阁水厂工程	市辖区	新建	本年收尾
水利防洪工程	市辖区	新建	本年收尾
水利玉溪引水工程	市辖区	新建	本年正式施工
江滨南路西段拆迁工程	龙泉市	新建	本年正式施工
大沙连接线工程	龙泉市	新建	本年正式施工
安徽			
合肥市城乡区域供水管网改扩建工程	合肥市	新建	本年正式施工
五水厂改扩建工程	合肥市	扩建	本年正式施工
公交场站建设工程	合肥市	新建	本年正式施工
合肥市天然气利用工程	合肥市	新建	本年正式施工
合肥市中、西、北区供热管网工程	合肥市	扩建	本年正式施工
合肥市众诚热电二期热网工程	合肥市	扩建	本年正式施工
合肥市天源热电三期工程	高新技术开发区	扩建	本年正式施工
森林公园工程	庐阳区	新建	本年正式施工
望湖城工程	包河区	新建	本年正式施工
宿州路工程	合肥市	新建	本年收尾

开工年月 Commence Date	项目计划 总投资 Total Investment of Project	自开始建设至本年底累计 Accumulated Investment From Start of Project to the End of This Year		本年计划投资 Planned Investment this Year	本年完成投资 Completed Investment this Year	本年新增 固定资产 Newly Added Fixed Assets of This Year
		完成投资 Completed Investment	新增固定资产 Newly Added Fixed Assets			
2007-1-1	29000	15315		5300	6881	
	452437	4596		6000	4596	
2003-7-1	18317	18372	88		4075	
2003-7-1	24600	8644			1650	
2002-7-1	100000	61792		7265	7265	
	28840	47522	17077		4801	17077
2005-8-1	13000	10500	10200	2600	1100	800
2005-4-7	22992	22992		13387	13387	13387
2007-1-1	23000	22358		2500	2380	2380
2007-1-20	18000	12000	11000	2240	2240	2000
2003-1-20	21865	8563	7632	13626	4742	4742
2007-1-1	12000	7304	5800	2000	1800	1500
2001-1-1	274886	134602	120000	32790	30590	25000
2005-2-1	23000	15000	12000	6000	6000	5000
2005-7-2	17279	13530	13000	7500	7430	7200
2005-5-2	18300	15000	12000	6000	6000	6000
2007-1-1	13000	8000	6000	1245	1245	1000
2007-2-27	14294	9980	6986	2676	2676	1873
2007-1-1	12385	12385		12385	12385	8400
2006-12-15	19103	7498		7000	5198	3600
2006-12-15	12580	10902		6000	7122	4900
2005-11-20	19234	14694	10773	1000	2560	1800
2007-10-20	19389	9246		5000	4854	3400
2006-7-18	14234	7500	533	5900	4949	3500
2006-4-14	12567	12070	8500	7000	7010	4900
2007-3-20	12000	6334		8000	6090	4260
2007-3-20	20000	18300		8000	7015	4000
	28000	9336	33	9336	9336	
2004-1-20	10039	6126		2316	2316	
	5174320	**3010145**	**736918**	**1344337**	**1726697**	**577752**
2006-10-1	18625	6382			4334	
2006-2-1	18852	11445			4130	
2007-1-20	38319	17931	2662		7875	
	68081	67350			11722	
	36741	30747		3000	3100	
2006-9-1	10200	5006	5006	5000	4576	4576
2007-1-1	13000	1286	618	800	1200	
2003-6-1	386000	146223			42174	
2003-6-3	117000	131595			11403	
2006-7-20	18138	18763			13673	

4-4 续 32

建设项目名称 Name of Development Projects	建设地址 Construction Site	建设性质 Nature of Building	建设阶段 Construction Phrase
蒙城北路工程	合肥市	新建	本年收尾
清溪路工程	合肥市	新建	本年收尾
包公大道（原振东大道）工程	合肥市	新建	本年收尾
美丹路工程	合肥市	新建	本年正式施工
黄山路工程	合肥市	新建	本年正式施工
望江西路工程	合肥市	新建	本年收尾
四里河路南段工程	合肥市	新建	本年收尾
职教路工程	合肥市	新建	本年正式施工
畅通一环C标（宣城路—金寨路）工程	合肥市	新建	本年正式施工
畅通一环D、E、F标(淮南铁路—阜阳路西)(阜阳路—亳州路)(亳州路—长岗路)	合肥市	新建	本年正式施工
畅通一环A、B标(长岗路—淠河路,西园路—金寨路)	合肥市	新建	本年收尾
学府路工程	合肥市	新建	本年正式施工
徽州大道北段工程	合肥市	新建	本年收尾
学林路工程	合肥市	新建	本年正式施工
张洼路工程	合肥市	新建	本年正式施工
金寨路高架桥工程	合肥市	新建	本年收尾
宿松路工程	合肥市	扩建	本年收尾
金寨路高架桥工程	合肥市	新建	本年正式施工
大建设配套工程	合肥市	新建	本年正式施工
合肥市老城区排水系统改造工程	合肥市	改建和技术改造	本年收尾
合肥市污水管网完善工程	合肥市	新建	筹建
合肥市十五里河污水厂工程	合肥市	新建	本年正式施工
合肥市望塘污水厂一期工程	合肥市	新建	本年正式施工
合肥市排管办其他工程	合肥市	新建	筹建
道路桥梁建设工程	合肥市	新建	本年正式施工
滨湖新区拓展区3条道路工程	合肥市	新建	本年正式施工
合肥市滨湖新区启动11条道路工程	合肥市	新建	本年正式施工
市政公用设施建设工程	经济技术开发区	新建	本年正式施工
道路新建工程	高新技术开发区	新建	本年正式施工
新站区工程	合肥市	扩建	本年正式施工
滨江公园一期工程	芜湖市	新建	本年正式施工
保兴埠综合整治工程	芜湖市	新建	本年正式施工
赤铸山东路工程	芜湖市	新建	本年正式施工
神山南路工程	芜湖市	新建	本年正式施工
滨江南路一期工程	芜湖市	新建	本年正式施工
神山公园工程	芜湖市	扩建	筹建
扁担河整治一期工程	芜湖市	改建和技术改造	本年正式施工
三环路中段工程	芜湖市	新建	本年收尾
城东经六路工程	芜湖市	新建	本年正式施工
华电大道工程	芜湖市	新建	本年正式施工

开工年月 Commence Date	项目计划 总投资 Total Investment of Project	自开始建设至本年底累计 Accumulated Investment From Start of Project to the End of This Year		本年计划投资 Planned Investment this Year	本年完成投资 Completed Investment this Year	本年新增 固定资产 Newly Added Fixed Assets of This Year
		完成投资 Completed Investment	新增固定资产 Newly Added Fixed Assets			
2006-9-1	65730	48404			45604	
2006-12-1	11114	13129			12716	
2007-10-1	25312	17529			17529	
2006-3-1	74029	55288			28288	
	32884	21706			21706	
2005-12-1	12000	13200		11400	11400	
2006-6-1	10028	9616			4616	
2007-8-1	23300	4932			4932	
2007-7-1	13586	4583			4583	
2007-7-1	55620	13711			13711	
2007-3-1	15335	6631			6631	
2007-9-1	23300	3835			3835	
2007-11-1	11931	4611			4611	
2007-8-1	23300	4296			4296	
2007-9-1	23660	2278			2278	
	120000	116494			116494	
	18138	21854			21854	
	179000	116494		120000	105624	
	100000	100000			100000	
2007-10-2	26754	9390			1930	
2007-12-2	18534	2410			2410	
2005-12-2	21111	6430			6430	
2005-12-2	21815	11880			1880	
	12280	12280			1228	
2002-6-2	139165	17260			17260	
	10000	6700		10000	6700	
	65000	64000		65000	64000	
2007-1-2	42918	42918	42918	40605		40605
	200000	100000	100000	54000	48000	48000
	40000	30000	20000	10000	21000	
2006-1-16	117000	78135		16500	18108	
	27000	19786		15000	16186	
	42500	24464		21000	24464	
	33000	18033		21000	18033	
	25000	26598		13000	26598	
	50000	2438		12000	1628	
	23000	3000		3000	3000	
	20643	20643	20643	10000	10000	20643
	15000	7500		7500	7500	
	12000	8000		5400	5400	

建设项目名称 Name of Development Projects	建设地址 Construction Site	建设性质 Nature of Building	建设阶段 Construction Phrase
弋江路拓宽改造工程	芜湖市	改建和技术改造	本年正式施工
商务文化中心工程	芜湖市	新建	筹建
芜湖市经济技术开发区路桥工程	芜湖市	新建	本年正式施工
镜湖区市政公用设施建设工程	芜湖市	新建	本年正式施工
鸠江区市政公用设施建设项目	芜湖市	新建	本年正式施工
朱家桥一期管网工程	芜湖市	新建	本年收尾
朱家桥二期及配套管网工程	芜湖市	新建	本年正式施工
城南污水处理厂工程	芜湖市	新建	筹建
一般建设性专项工程	芜湖市	扩建	本年收尾
城市污水管网工程	蚌埠市	新建	本年正式施工
城市燃气管道工程	蚌埠市	新建	本年正式施工
东海大道改造工程	蚌埠市经济开发区	扩建	本年收尾
第二污水处理厂一期工程	龙子湖区	新建	本年正式施工
二甲醚项目工程	龙子湖区	新建	本年正式施工
张公山大堤周边整治工程	禹会区	改建和技术改造	本年正式施工
燕山路、解放路改造工程	蚌埠市经济开发区	扩建	本年正式施工
龙子湖桥头公园建设工程	蚌埠市经济开发区	新建	本年正式施工
垃圾卫生填埋场工程	龙子湖区	新建	本年正式施工
城市防洪工程	蚌埠市	新建	本年正式施工
第三污水处理厂工程	淮上区	新建	本年正式施工
解放路淮河桥购置	龙子湖区	单纯购置	单纯购置
黄山大道工程	蚌埠市高新技术开发区	新建	本年正式施工
淮南市龙王山生活垃圾卫生填埋场工程	淮南市	新建	本年正式施工
淮南市体育文化中心工程	田家庵区	新建	本年正式施工
十涧湖湿地公园一期工程	淮南市	新建	本年正式施工
洞山西路工程	田家庵区	扩建	本年正式施工
大通井生态修复工程	大通区	新建	本年正式施工
洞山井生态修复工程	田家庵区	新建	本年正式施工
老龙眼生态修复工程	田家庵区	新建	本年正式施工
第二水源工程	淮南市	新建	本年收尾
主城区管网集中供热工程	淮南市	新建	本年正式施工
淮南市东部污水管网工程	淮南市	新建	本年正式施工
淮南市西部污水处理厂工程	淮南市	新建	本年正式施工
淮南天然气利用工程	淮南市	扩建	本年正式施工
洞山隧道工程	淮南市	新建	本年正式施工
陈洞南路工程	淮南市	新建	本年正式施工
马鞍山市政公园项目	花山区	迁建	本年正式施工
313省道改造建设工程	雨山区	新建	本年正式施工
西南排水整治工程	雨山区	新建	本年正式施工
江东大道三期建设工程	雨山区	新建	本年正式施工
天然气利用工程	马鞍山市	扩建	本年正式施工

开工年月 Commence Date	项目计划总投资 Total Investment of Project	自开始建设至本年底累计 Accumulated Investment From Start of Project to the End of This Year 完成投资 Completed Investment	新增固定资产 Newly Added Fixed Assets	本年计划投资 Planned Investment this Year	本年完成投资 Completed Investment this Year	本年新增固定资产 Newly Added Fixed Assets of This Year
	63939	45000		45000	45000	
	80000	30000		30000	30000	
	60000	42500	12000	40000	40000	22000
	11000	9400	8500	8000	8000	8500
	18000	15000	13000	11000	11000	13000
	14400	15646	15646	3000	3891	3891
	32500	4790		5000	4790	
	26500	6415		6000	5715	
	18017	18017		18017	18017	
2003-8-28	14954	13744	12600	2000	2194	2100
2001-12-8	27140	18315	17716	2000	2350	2079
2006-7-1	15170	15170	9170	9170	9170	6170
2007-5-18	12566	3208	150	6000	2019	150
2005-12-20	14426	4270	2011	5000	2011	2011
2006-1-8	30000	13053		10000	5874	
2007-6-28	16000	4800	3800	5000	4800	3800
2006-6-6	15000	9800	7000	4000	3800	3300
2004-8-18	10256	6245	6245	1200	1000	1000
2005-9-22	45567	39813	35000	6000	6700	6700
2006-6-29	12101	11500	10500	8000	6000	5500
2007-8-1	13600	13600		13600	13600	
	12000	5400	2900	4000	3600	2300
2007-9-16	11800	4600	1200	5000	4600	1200
2005-3-5	15600	21019	21019	7000	7225	21000
2007-7-9	10000	920	400	4000	920	400
2004-8-24	24000	15831	12000	3000	2147	2147
2007-2-2	30000	3373	3373	4000	3373	
2007-2-2	50000	580	580	1000	580	580
2007-2-2	30000	1012	1012	1000	1012	1012
1999-10-1	12331	13516		141		
2007-10-8	16000	2000		4000	2000	
2003-7-28	13366	10276		3380	290	
2004-7-16	19326	14620		9500	4800	
2003-5-1	30880	14425	7559	1700	2376	1222
2006-5-1	19400	12320		10000	12320	
2006-12-1	13000	2895		3000	2895	
	12300	100300		29600	29200	
2007-5-1	11494	3109			3109	
2007-5-1	11789	2000			2000	
2007-5-1	12800	3011			3011	
2002-12-1	35000	32500	32500	6500	8547	2940

4-4 续 34

建设项目名称 Name of Development Projects	建设地址 Construction Site	建设性质 Nature of Building	建设阶段 Construction Phrase
杨村基础设施工程	铜官山区	新建	本年正式施工
铜陵植物园工程	狮子山区	新建	本年正式施工
车站新区道路及配套设施工程	狮子山区	新建	本年正式施工
天井湖地区环境整治及景观工程	铜官山区	扩建	本年正式施工
石城大道工程	铜官山区	扩建	本年正式施工
铜陵市天然气利用工程	铜官山区	新建	本年正式施工
独秀大道综合开发项目工程	安庆市	新建	本年正式施工
振风大道综合开发项目工程	安庆市	新建	本年正式施工
皖江大道二期工程	安庆市	新建	本年正式施工
集贤北路 A 标段改建工程	安庆市	改建和技术改造	本年正式施工
龙眠山路改建工程	安庆市	改建和技术改造	本年正式施工
皖江大道三期工程	安庆市	新建	本年正式施工
纬五路二期工程	安庆市	新建	本年收尾
菱湖风景区二期工程	安庆市	新建	本年正式施工
东大湖拆迁工程	安庆市	新建	本年正式施工
安庆市城东污水处理厂工程	安庆市	新建	本年收尾
新建道路排水工程	阜阳市	新建	本年收尾
污水管网工程	阜阳市	改建和技术改造	本年正式施工
城市道路改造工程	阜阳市	扩建	本年正式施工
燃气管道工程	阜阳市	新建	本年收尾
天然气管道工程	界首市	新建	本年正式施工
蓝天碧水工程	宿州市	新建	本年正式施工
迎宾大道	宿州市	新建	本年收尾
城市天然气工程	宿州市	新建	本年收尾
淮河东路路网建设工程	宿州市	新建	本年正式施工
天然气利用工程	巢湖市	新建	本年正式施工
城市管道燃气利用工程	巢湖市	新建	本年正式施工
龟山路工程	巢湖市	新建	本年收尾
城北污水处理厂项目	六安市	新建	筹建
道路桥梁工程	六安市	新建	本年正式施工
城市污水管网泵站建设工程	亳州市	新建	本年正式施工
贵池工业园区基础设施建设工程	贵池区	新建	本年正式施工
道路工程	池州市	新建	本年正式施工
齐山大道等续建工程	池州市	扩建	本年收尾
百牙西路等新建完成工程	池州市	新建	本年收尾
南八口延伸段等新建未完成工程	池州市	新建	本年正式施工
城南市场及周边改造工程	宣城市	新建	筹建
北门改造	宣城市	改建和技术改造	筹建
鳌鱼湖景区工程	宣城市	新建	筹建
污水处理厂工程	宣城市	新建	本年正式施工
府山广场工程	宣城市	新建	本年收尾

4-4 continued 34

开工年月 Commence Date	项目计划总投资 Total Investment of Project	自开始建设至本年底累计 Accumulated Investment From Start of Project to the End of This Year		本年计划投资 Planned Investment this Year	本年完成投资 Completed Investment this Year	本年新增固定资产 Newly Added Fixed Assets of This Year
		完成投资 Completed Investment	新增固定资产 Newly Added Fixed Assets			
2002-12-6	18000	12994		1000	711	
2002-9-16	16000	3834		1000	691	
2005-5-5	85000	21106		10000	9386	
2005-9-21	40000	5869		2500	2146	
2007-3-5	13000	8753	8753	10000	8753	8753
2003-3-1	23034	20050		5300	6970	
2003-8-1	53012	30360		2790	2790	
2003-8-5	48173	25410		8835	8835	
2004-11-1	46000	31902		7602	7602	
2007-9-1	12800	9000		9000	9000	
2007-9-1	10700	8000		8000	8000	
2007-7-1	15200	10000		10000	10000	
2005-4-1	12578	12500	12500	728	780	12500
2000-5-1	70014	55130	38917	31900	16213	38917
2007-4-1	23000	22623	1500	23000	22623	1500
2004-4-25	16319	21566	21566	2282	2376	21566
2007-1-1	54488	51032	41720	52419	48963	41720
2007-3-2	11454	8050	2270	2600	2270	3265
2007-2-1	50500	42500		42500	42500	
2005-1-6	22701	21318	21318	3000	3000	21318
2007-10-19	80000	400		400	400	
2007-3-10	17000	6180		6500	6180	
2005-3-4	10850	10850	10850	2150	2150	10850
2004-7-25	20882	12432		1288	1000	220
2007-11-1	40000	3000			2930	
2003-3-20	13013	4504	3438	1219	1865	778
2003-6-30	13013	4015	2949	769	1376	289
2005-10-28	12085	6164	2200	500	503	503
2000-10-1	28873	23538		4018	4018	4018
2007-1-1	19000	19000	19000	19000	19000	19000
2007-2-15	13079	10448	2242	2300	2242	2242
2006-2-21	80000	64014		20000	23514	
2007-4-19	20000	37000	17000	20000	18000	15000
2006-6-19	56825	49338	39153	30000	28000	29138
2007-9-19	14733	32050	18265	31000	32050	40000
2007-3-19	38255	23873	12000	22323	23873	20000
2007-5-1	30000	2000		15000	2000	
2007-5-1	186000	1000		15000	1000	
2007-10-1	80000	150		20000	150	
2006-4-1	11570	3231		600	600	
2005-1-1	37000	37000		14000	14000	37000

建设项目名称 Name of Development Projects	建设地址 Construction Site	建设性质 Nature of Building	建设阶段 Construction Phrase
水阳江大道北段工程	宣城市	新建	筹建
阳得路工程	宣城市	新建	本年正式施工
水阳江大道东南段工程	宣城市	新建	本年正式施工
宣港路北段工程	宣城市	扩建	本年正式施工
鳌峰东路延伸工程	宣城市	新建	本年正式施工
水阳江大道南段工程	宣城市	新建	本年正式施工
第三水厂工程	宣城市	新建	本年正式施工
天然气利用工程	宣城市	新建	本年正式施工
宣州工业新园区三通一平工程	宣州区	新建	本年收尾
宁国市三水厂工程	宁国市	新建	本年收尾
福建			
福湾路工程	福州市	新建	本年正式施工
站后路工程	福州市	新建	筹建
站前路工程	福州市	新建	筹建
螺城路工程	福州市	新建	筹建
福峡路工程	福州市	新建	本年正式施工
鼓山大桥工程	福州市	新建	本年正式施工
林浦路工程	福州市	新建	筹建
魁歧大桥工程	福州市	新建	筹建
三环路东北段工程	福州市	新建	筹建
三环二期工程	福州市	新建	本年正式施工
三江路工程	福州市	新建	筹建
洋头口改造工程	福州市	改建和技术改造	筹建
八一七北路改造工程	福州市	新建	筹建
西庄小区工程	福州市	新建	本年正式施工
得贵巷工程	福州市	新建	本年正式施工
高桥路工程	福州市	新建	本年正式施工
洪湾路工程	福州市	新建	本年正式施工
南江滨上下店路工程	福州市	扩建	本年正式施工
三环一期 B 段工程	福州市	新建	本年正式施工
福州市 LNG 项目	福州市	新建	本年正式施工
公交场站建设工程	福州市	新建	本年正式施工
福州市园林绿化工程	福州市	新建	筹建
中级人民法院审判大楼	福州市	新建	本年正式施工
螺洲大桥	福州市	新建	本年正式施工
南江滨东段工程	福州市	新建	本年正式施工
南台大道南段工程	福州市	新建	本年正式施工
环岛路工程	福州市	新建	本年正式施工
马尾大桥	福州市	新建	本年正式施工
南台大道北段工程	福州市	新建	本年正式施工

开工年月 Commence Date	项目计划总投资 Total Investment of Project	自开始建设至本年底累计 Accumulated Investment From Start of Project to the End of This Year		本年计划投资 Planned Investment this Year	本年完成投资 Completed Investment this Year	本年新增固定资产 Newly Added Fixed Assets of This Year
		完成投资 Completed Investment	新增固定资产 Newly Added Fixed Assets			
2007-10-1	21000	50		9543	50	
2007-10-1	23370	600		12800	600	
2006-7-1	28136	3200		12397	3200	
2007-1-1	16500	7500		7200	7500	
2007-1-1	50000	20000		25000	18000	
2007-1-1	19328	13700		7560	12000	
2006-6-1	16000	15585		15000	15000	
	36000	11800		6000	6000	
2006-1-1	12000	13879	13879	831	831	13879
2004-6-30	19670	19670	19670	8470	8470	8470
	9312120	**3340565**	**937575**	**1907041**	**2035687**	**627253**
2007-9-1	26296	6535		6255	6255	
2007-1-1	27255	664		664	664	
2007-1-1	22484	631		631	631	
2007-1-1	52105	1221		1221	1221	
2007-1-1	79558	9212		8300	8300	3500
2007-9-1	142631	14784		13659	13659	
2007-1-1	41040	6487		5982	5982	
2007-1-1	53350	2988		1985	1985	
2007-1-1	246000	56723		52000	56723	
2007-1-1	167838	8776		4704	4704	350
2007-1-1	54270	5595		5595	5595	
2007-1-1	11500	472		472	472	
2007-1-1	16972	5446		5446	5446	
2007-1-1	32290	26152		11359	11359	
2007-1-1	13380	10830		430	430	
2006-8-1	23281	14283		1043	1043	
2003-10-1	19800	18600		2650	2650	
2007-1-1	16909	11056		8786	8786	
2007-1-1	12982	11056		5250	5250	
2007-1-1	58884	8100		8100	5430	
2007-1-1	20587	1252		15587	1252	
2007-1-1	10526	10526		10300	10526	
2007-1-1	13000	13000		473	473	
2007-1-1	113798	4831		3267	3267	
2007-1-1	119542	8975		7450	7450	
2007-1-1	66353	3477		3304	3304	
2007-1-1	105683	3462		2458	2458	
2007-1-1	161666	1005		949	949	
2007-1-1	13702	542		542	542	

4-4 续 36

建设项目名称 Name of Development Projects	建设地址 Construction Site	建设性质 Nature of Building	建设阶段 Construction Phrase
福州市湾边互通立交工程	福州市	新建	本年正式施工
洋里污水处理厂厂外管网二期工程	福州市	新建	本年正式施工
连坂污水处理厂厂外管网工程	福州市	新建	本年正式施工
连坂污水处理厂厂区工程	福州市	新建	本年正式施工
洋里污水处理厂厂区二期工程	福州市	新建	本年正式施工
福州湾边大桥及接线工程	福州市	新建	本年正式施工
福州长乐国际机场高速公路二期工程	福州市	新建	本年正式施工
福州绕城高速公路工程	福州市	新建	本年正式施工
清盛大道工程	福清市	新建	本年收尾
市政公用设施建设和园林绿化工程	长乐市	新建	本年正式施工
扳头水库扩容工程	集美区	扩建	本年正式施工
北溪干渠龙海段二期工程	龙海市	改建和技术改造	本年正式施工
海沧水厂工程	海沧区	新建	本年正式施工
给水管道工程	厦门市	新建	本年正式施工
污水二厂扩建工程	思明区	扩建	本年正式施工
污水管道工程	厦门市	新建	本年正式施工
海湾公园配套工程	思明区	改建和技术改造	本年正式施工
东坪山体育公园	思明区	新建	本年正式施工
同安湾大桥及接线工程	同安区	新建	本年正式施工
县黄路北段飞科至仙岳段工程	湖里区	新建	本年正式施工
县黄路北段湖边水库段工程	湖里区	新建	本年正式施工
仙岳路西段高架桥改造工程	湖里区	新建	本年正式施工
环湖里大道湖里至吕岭工程	湖里区	新建	本年正式施工
杏林至英村一期工程	集美区	新建	本年正式施工
环湖里大道吕岭至洪前工程	湖里区	新建	本年正式施工
丙州海域综整一期工程	同安区	新建	本年正式施工
环岛干道工程	湖里区	新建	本年正式施工
湖边水库综合整治工程	湖里区	新建	本年正式施工
快速公交 BRT 一号线工程	思明区	新建	本年正式施工
东界路工程	翔安区	新建	本年正式施工
集美北大道工程	集美区	新建	本年正式施工
东坑湾综合整治期工程	翔安区	新建	本年正式施工
棣头溪下游整治工程	翔安区	新建	本年正式施工
灌口中路一期工程	集美区	新建	本年正式施工
疏港路改造工程海沧至高殿二号高架桥工程	厦门市	新建	本年正式施工
疏港路改造工程象屿至公铁大桥改造工程	厦门市	新建	本年正式施工
疏港路改造工程高殿至石鼓山工程	厦门市	新建	本年正式施工
疏港路改造工程滨北至海沧工程	厦门市	新建	本年正式施工
内垵路工程	厦门市	新建	本年正式施工
钟鼓山隧道改造工程	厦门市	新建	本年正式施工
杏林大桥工程	厦门市	新建	本年正式施工

开工年月 Commence Date	项目计划总投资 Total Investment of Project	自开始建设至本年底累计 Accumulated Investment From Start of Project to the End of This Year		本年计划投资 Planned Investment this Year	本年完成投资 Completed Investment this Year	本年新增固定资产 Newly Added Fixed Assets of This Year
		完成投资 Completed Investment	新增固定资产 Newly Added Fixed Assets			
2007-1-1	31500	26002		7148	7148	
2007-1-1	36000	14428		14000	14428	
2007-1-1	33000	8000		8000	8000	
2007-1-1	23700	2600		2600	2600	
2007-1-1	12706	11700		5662	5662	
2007-1-1	70908	26500		20000	22009	
2007-1-1	536774	125988		125000	125988	
2007-1-1	585929	123050		123000	123050	
	15000	8000	8000	15000	8000	8000
2007-1-1	14090	14090		14090	14090	
2006-1-1	10700	7341		6541	6541	
2007-1-1	22000	255		245	245	
2007-1-1	15544	7331		5314	5314	
2007-1-1	80629	64845	64845	43290	43290	22512
2007-1-1	37000	33462		3345	3345	
2007-1-1	43779	29978	29978	16427	16427	6049
2007-1-1	11000	9367		3342	3342	
2007-1-1	45000	7837		1888	1888	
2005-3-1	45403	51864		29410	29410	
2005-10-1	50642	5993		2475	2475	
2005-12-1	10873	2354	2354	1057	1057	2354
2005-12-1	55415	45700	45700	12682	12682	45700
2005-9-1	42614	19118		6282	6282	
2005-11-1	14923	14898	14898	10101	10101	14898
2006-10-1	13347	6628		3400	3400	
2006-8-1	776630	128216		82851	82851	
2006-10-1	18438	6493		5903	5903	
2007-3-1	17846	11769		11754	11754	
2007-5-1	364674	67516		67516	67516	
2007-5-1	25000	5455		5455	5455	
2007-11-1	21600	605		605	605	
2007-12-1	11334	551		551	551	
2007-11-1	10283	866		866	866	
2005-1-1	12140	12140		6000	6000	6000
2006-1-1	29137	14943		14943	14943	
2005-1-1	23651	18200		7500	7500	7500
2005-1-1	10233	7826		2000	2000	2000
2005-1-1	11835	5188		2000	2000	2000
2005-1-1	11324	7223		4906	4906	4906
2006-1-1	15571	8000		8000	8000	8000
2005-1-1	193600	95000		95000	95000	

建设项目名称 Name of Development Projects	建设地址 Construction Site	建设性质 Nature of Building	建设阶段 Construction Phrase
翔安隧道工程	厦门市	新建	本年正式施工
集美大桥工程	厦门市	新建	本年正式施工
成功大道工程	厦门市	新建	本年正式施工
英村-环东海域道路工程	厦门市	新建	本年正式施工
杏林北外环路工程	厦门市	新建	本年正式施工
仙岳路湖边水库至五石路工程	厦门市	新建	本年正式施工
集美大道锦园至兑山工程	厦门市	新建	本年正式施工
环东海域旅游道路工程	厦门市	新建	本年正式施工
环岛干道文曾路段工程	厦门市	新建	本年正式施工
海沧疏港通道一期工程	厦门市	新建	本年正式施工
灌新路灌口至环湾大道工程	厦门市	新建	本年正式施工
岛外快速路工程	厦门市	新建	本年正式施工
环东海域旅游道路洪塘头至潘涂段工程	厦门市	新建	本年正式施工
园博市政配套及园区建设工程	集美区	新建	本年收尾
中华教育岛工程	集美区	新建	本年收尾
东部固废物处理中心工程	翔安区	新建	本年正式施工
环卫综合处理厂及进厂道路工程	湖里区	新建	本年正式施工
东部垃圾发电厂	翔安区	新建	本年正式施工
西部垃圾发电厂	海沧区	新建	本年正式施工
环卫综合厂二期前期工程	湖里区	新建	本年正式施工
殿前排洪整治工程	湖里区	改建和技术改造	本年正式施工
天然气工程	厦门市	新建	本年正式施工
荔港大道工程	荔城区	新建	本年正式施工
城港大道一期工程	莆田	扩建	本年正式施工
莆田市 LNG 城市利用工程	莆田	扩建	本年正式施工
莆田市生活垃圾焚烧发电厂	莆田	新建	本年正式施工
秀屿区环城北路工程	莆田	新建	本年正式施工
福建省莆田市城市 LNG 项目工程	城厢区	扩建	本年正式施工
滨海大道枫笏路城厢段工程	莆田	新建	本年正式施工
荔涵大道安置房（涵江段续建）工程	涵江区	新建	本年正式施工
涵港大道（涵江段）工程	涵江区	新建	本年正式施工
河滨路建设工程	涵江区	新建	本年正式施工
南环城路工程	涵江区	新建	筹建
滨海大道涵江段工程	涵江区	新建	本年正式施工
白塘湖公园	涵江区	新建	筹建
高新园区设施配套工程	涵江区	新建	本年收尾
荔涵大道涵江段工程	莆田	扩建	本年收尾
北岸工业路工程	莆田	新建	筹建
燕江大道工程	永安市	新建	本年正式施工
永安市城区管道燃气工程	永安市	新建	本年正式施工
泉州大桥南片区及立交桥工程	泉州市	新建	本年收尾

4-6 continued 37

开工年月 Commence Date	项目计划总投资 Total Investment of Project	自开始建设至本年底累计 Accumulated Investment From Start of Project to the End of This Year		本年计划投资 Planned Investment this Year	本年完成投资 Completed Investment this Year	本年新增固定资产 Newly Added Fixed Assets of This Year
		完成投资 Completed Investment	新增固定资产 Newly Added Fixed Assets			
2005-1-1	319767	133020	89000	89000	89000	89000
2006-1-1	264608	130465		130465	130465	
2005-1-1	324794	98959		72000	72000	
2005-1-1	23444	15192		5000	5000	5000
2005-1-1	19642	7710		6000	6000	6000
2005-1-1	57787	24836		3000	3000	3000
2003-1-1	29834	26855		2000	2000	2000
2004-1-1	11099	9295		4000	4000	4000
2006-1-1	63631	19500		19500	19500	19500
2006-1-1	11693	3000		3000	3000	
2006-1-1	16814	5200		5200	5200	5200
2005-1-1	102477	40136		26000	26000	26000
	10417	3000		3000	3000	3000
2006-1-1	149121	149121	149121	75094	75094	75094
2007-1-1	16000	16000		16000	16000	16000
2007-1-1	132484	13655		4022	4022	
2007-1-1	33241	25973		3234	3234	
2007-1-1	28220	2834		2834	2834	
2007-1-1	27125	668		668	668	
2007-1-1	27060	211		211	211	
2007-1-1	13645	6268		6268	6268	
2006-1-1	62800	62800		5841	5841	5841
2006-8-1	59416	49518	49518	42420	42420	42420
2006-3-1	186686	93735		45000	83735	
2006-1-1	55186	28000		10000	10000	
2007-10-1	32459	1000		1000	1000	
2007-1-1	25000	14000		2500	14000	
2003-10-1	55186	26525		10000	10050	
2007-4-1	58620	5000			5000	
2006-10-1	30518	30518		12218	12218	
2007-11-1	38000	9865		10000	9865	
2007-10-1	40000	850		900	850	180
	15000	787		4000	787	
2007-9-1	12000	2500	1800	2500	2500	
	33000	1600	1300	1000	300	1300
2007-7-1	22000	20616	236	1000	1616	236
2007-1-1	30518	30518		5000	12218	
	12000	1000			1000	
2006-1-1	28000	19065		6000	6307	
2003-1-1	11200	5693	5693	1100	1138	
	20000	205705		10000	109418	

建设项目名称 Name of Development Projects	建设地址 Construction Site	建设性质 Nature of Building	建设阶段 Construction Phrase
石狮市生活垃圾焚烧综合处理厂工程	石狮市	扩建	本年收尾
石狮市供水股份有限公司工程	石狮市	扩建	本年正式施工
博览大道工程	晋江市	新建	本年正式施工
鹏青路工程	晋江市	新建	本年正式施工
晋江大桥市区连接线工程（仙石至鹏头）	晋江市	新建	本年正式施工
九十九溪河道整治及农桥工程	晋江市	恢复	本年正式施工
晋东平原南港西滨片防防洪排涝工程	晋江市	恢复	本年正式施工
省道201线晋江仙石至石狮水头段建设工程（沿海大通道陈埭外线）	晋江市	扩建	筹建
晋江下游九十九溪河道整治工程	晋江市	恢复	本年正式施工
晋江供水二期工程	晋江市	扩建	本年正式施工
湖光西路区域改造一期工程	晋江市	改建和技术改造	本年正式施工
晋江市第二水厂扩建工程	晋江市	扩建	本年正式施工
晋江市（省级）经济开发园区配套设施项目（五里园）	晋江市	新建	本年正式施工
南安市垃圾焚烧发电厂工程	南安市	新建	本年正式施工
市区绿岸工程	南安市	新建	本年收尾
污水管网工程	南安市	新建	本年正式施工
成功三期工程	南安市	新建	筹建
柳美北路工程	南安市	扩建	本年正式施工
外二环路一、三标段道路工程	南安市	新建	本年收尾
扶茂工业园市政路工程	南安市	扩建	本年正式施工
龙文开发区道路建设工程	漳州市	新建	本年正式施工
蓝田开发区工业区道路建设工程	漳州市	新建	本年正式施工
漳州市液化天然气利用工程	漳州市	新建	本年正式施工
西洋坪大桥工程	漳州市	新建	本年收尾
三湘江整治工程	漳州市	改建和技术改造	本年收尾
江滨路石堤防洪段工程	漳州市	新建	本年正式施工
江滨路西延伸段工程	漳州市	新建	本年正式施工
西环城路工程	漳州市	新建	本年正式施工
龙文北路工程	漳州市	新建	本年收尾
南山景区开发	漳州市	新建	本年正式施工
漳华路芗城段工程	漳州市	新建	本年正式施工
瑞京路西段工程	漳州市	新建	本年正式施工
锦江道防洪防潮工程	龙海市	新建	本年正式施工
南平跨江大桥工程	延平区	新建	本年正式施工
浦南高速公路城区连接线工程	延平区	新建	本年正式施工
朱熹三期工程	延平区	新建	本年正式施工
成功路工程	延平区	新建	本年正式施工
城市污水处理工程及配套管网建设工程	邵武市	新建	本年正式施工
武夷山滨江大道建设工程	武夷山市	新建	本年正式施工
莲南路一期工程	新罗区	新建	本年正式施工

开工年月 Commence Date	项目计划总投资 Total Investment of Project	自开始建设至本年底累计 Accumulated Investment From Start of Project to the End of This Year		本年计划投资 Planned Investment this Year	本年完成投资 Completed Investment this Year	本年新增固定资产 Newly Added Fixed Assets of This Year
		完成投资 Completed Investment	新增固定资产 Newly Added Fixed Assets			
	23296	16306	16306	18168	13400	17000
2005-5-1	115400	5890			4294	
	11000	1000	1000	3000	650	650
	15000	2600	2600	2500	2600	2600
	28777	4671	4671	5000	4671	4671
	49029	23417	23417	6000	5158	5158
	12835	8296	8296	7000	6514	6514
	52500	5100	5100	20000	5100	5100
	28330	15199	15199	5576	4638	4638
	24634	4370	4370	7500	2483	2483
	60000	61170	61170	10000	11170	11170
	10475	10475	10475	9275	9270	9270
	231960	173280	173280	13000	25800	25800
2007-4-1	15000	9300		7000	7800	
2006-7-1	13500	14920	14920	8000	7842	7842
2005-10-1	13000	7000	7000	6000	3500	3500
	10700	2100		3000	2100	
	10000	7456		1000	739	
2004-11-1	11610	9800		500	500	
2007-1-1	80000	22357		6000	10600	
	10000	4490	3800	4000	3800	3800
	45750	31390	10094	10000	10094	10094
	31470	22055	6377	7000	7097	6377
	22225	19000	19000	5000	7927	19000
	10322	9704	9700	2800	1985	9704
	11713	2443		5500	1843	
	24857	11266		8000	8065	
	17400	5800		3780	3931	
	10100	11010	11010	1200	2098	11010
	200000	16720	6708	12000	6708	
	42460	20500		8000	20500	
	20000	1100		6000	1100	
2006-5-18	16481	12481	12481	10000	8536	8536
	10000	5740		5740	5740	
2007-8-1	62900	10450		10450	10450	
2006-8-1	14715	12100		4100	4100	
	13000	3130		3130	3130	
2007-9-28	15828	3004		2000	2004	
2007-2-21	50000	2060		2060	2060	
2007-12-1	10198	3542	3542	3542	3542	3542

建设项目名称 Name of Development Projects	建设地址 Construction Site	建设性质 Nature of Building	建设阶段 Construction Phrase
燃气管道建设工程	新罗区	新建	本年正式施工
第二水源工程	新罗区	新建	本年正式施工
官昌水库工程	宁德市	新建	本年正式施工
福宁北路工程	宁德市	新建	筹建
金马路工程	宁德市	新建	筹建
闽东路东兰段工程	宁德市	新建	本年正式施工
福宁路一期工程	宁德市	新建	本年正式施工
宁德市垃圾焚烧厂工程	宁德市	新建	筹建
防洪堤改建工程	福安市	改建和技术改造	本年正式施工
江西			
老城区煤气输配工程	南昌市	新建	本年正式施工
新气源燃气工程	南昌市	新建	本年正式施工
南昌市象湖污水处理厂工程	西湖区	新建	本年收尾
城市管网工程	南昌市	新建	本年正式施工
牛行水厂工程	南昌市	新建	本年正式施工
高新南大道（三期）工程	南昌市	新建	本年正式施工
洪都大桥工程	南昌市	新建	本年正式施工
青山湖隧道下穿工程	南昌市	新建	本年正式施工
高新路网工程三期工程	南昌高新区	新建	筹建
昌东大道辅道设施	南昌高新区	新建	筹建
青山湖南大道（新溪桥路至昌南大道）工程	青云谱区	迁建	本年正式施工
动物园迁建工程	西湖区	新建	本年正式施工
红谷滩新区市政路网工程	红谷滩区	新建	本年正式施工
南昌市红谷滩新区中心区及周边拆迁工程	红谷滩区	新建	本年正式施工
南昌市红谷滩污水处理厂一期工程	红谷滩区	新建	本年收尾
污水处理厂工程	萍乡市	新建	本年收尾
九江市鹤问湖污水处理厂工程	开发区	新建	本年正式施工
安置小区、赛城湖工程	开发区	新建	本年正式施工
天然气利用工程	浔阳区	新建	本年正式施工
新余市污水处理厂工程	新余市	新建	本年收尾
白竹路工程	新余市	新建	本年正式施工
抱石大道改造工程	新余市	改建和技术改造	本年正式施工
长青南路立交桥工程	新余市	新建	本年收尾
天工大桥及连接线工程	新余市	新建	本年收尾
新欣南大道工程	新余市	新建	本年收尾
仰天岗大道西延段工程	新余市	新建	本年正式施工
第四水厂（15 万立方米）工程	新余市	新建	本年正式施工
仙女湖大道工程	仙女湖区	新建	本年正式施工
高新经济开发区道路建设工程	新余市	新建	本年正式施工
贵溪大桥东西延伸段道路工程	贵溪市	新建	本年正式施工

开工年月 Commence Date	项目计划 总投资 Total Investment of Project	自开始建设至本年底累计 Accumulated Investment From Start of Project to the End of This Year		本年计划投资 Planned Investment this Year	本年完成投资 Completed Investment this Year	本年新增 固定资产 Newly Added Fixed Assets of This Year
		完成投资 Completed Investment	新增固定资产 Newly Added Fixed Assets			
2002-8-1	26000	8900	8900	5000	2690	2690
	27560	5000	5000	5000	5000	5000
2006-4-13	21700	3527		5234	818	
	19190	261		200	261	
	28500	418		500	418	
2004-12-22	19939	18056	18056	800	764	764
2005-1-12	17320	12687		2200	5318	2200
	15000	1170		2300	90	
	14500	12660	12660	1000	600	600
	3217414	**1030439**	**268555**	**397054**	**640950**	**166460**
1985-10-5	14126	44783		4000	7462	215
2003-6-6	11300	10348		1750	1983	
2005-5-13	18500	19330	19330	4060	4060	4060
2004-8-12	36322	3116			84	
2003-12-3	17980	2420			82	
2006-5-20	19420	8889		13720	3189	
2006-10-1	167433	77030		85000	70530	
2007-9-1	40500	18432		22068	20600	
2007-7-1	41122	16622			16622	
2007-12-31	13000	13000		13000	13000	
	18000	9000		9000	9000	
2004-3-1	18900	8539	1000	1989	1989	1000
2006-3-15	60998	51158			13105	
2007-1-8	600000	243891			243891	
2005-5-8	18500	18730	16630	100	100	46
2005-2-18	11000	11000	6000	2500	2500	1800
2007-8-28	11300	3128		3500	3128	
2007-10-1	26000	2513		2500	2513	
	15000	11542	11542	2290	2950	2950
2003-6-1	12160	12160	12160	1500	1793	12160
2005-5-8	12000	9322		2000	1758	
2007-10-6	13000	6400		6000	6400	
2006-3-1	12000	12168	12168	6200	6368	6368
2003-8-1	16800	16800	16800	3593	3593	16800
2005-8-1	10000	10530	10530	1500	1878	10530
2007-3-1	10000	9100		10000	9100	
2007-7-1	17660	1800			1800	
2007-1-1	20000	20000		20000	19200	
2007-4-1	16370	16370	16370	16370	16370	16370
	15512	6715		6000	1915	

建设项目名称 Name of Development Projects	建设地址 Construction Site	建设性质 Nature of Building	建设阶段 Construction Phrase
管道液化天然气工程	贵溪市	新建	本年正式施工
飞龙岛大桥工程	赣州市	新建	本年正式施工
水西有色基地零星市政工程	章贡区	新建	本年收尾
打造红都形象工程	瑞金市	扩建	本年正式施工
吉州大道南延工程	吉安	新建	本年正式施工
吉安市螺子山污水工程	吉安市	新建	本年收尾
吉安市螺子山污水处理厂工程	吉州区	新建	本年收尾
天然气燃气管网建设工程	吉安市	新建	本年正式施工
吉安市后河综合改造一期工程	吉州区	改建和技术改造	本年收尾
吉安市城北连接线工程	吉州区	新建	本年正式施工
吉安市井冈山大道综合改造工程	吉州区	改建和技术改造	本年正式施工
市工业园区三通一平工程	宜春市	新建	本年正式施工
医药园三通一平工程	宜春市	新建	本年正式施工
城市防洪工程	宜春市	新建	本年正式施工
剑邑大桥建设工程	丰城市	新建	本年正式施工
新城大道东延伸段工程	丰城市	扩建	本年正式施工
丰城玉龙河改造工程	丰城市	改建和技术改造	本年正式施工
新城区丰水湖公园工程	丰城市	新建	本年正式施工
钟岭水厂工程	抚州市	扩建	本年收尾
抚州市园林绿化建设项目	抚州市	扩建	本年收尾
市政道路改扩建项目	抚州市	扩建	本年收尾
城市道路建设项目	抚州市	新建	本年正式施工
城市管道天然气建设项目	抚州市	扩建	本年正式施工
城市新区建设工程	抚州市	新建	本年正式施工
一江两岸工程	上饶市	改建和技术改造	全部停缓建
火车站基础设施建设（站前广场、货场路、站前大道、站前广场环路、凤凰东大道）	上饶市	新建	本年正式施工
信江南岸防洪堤改造工程	上饶市	改建和技术改造	全部停缓建
燃气管网改造工程	上饶市	新建	本年正式施工
上饶市污水处理厂工程	上饶市	新建	全部停缓建
山东			
解放路综合改造工程	历下区	改建和技术改造	本年收尾
水泥厂路（阳光新路）改造工程	市中区	改建和技术改造	本年正式施工
舜耕路南段建设工程	市中区	改建和技术改造	本年正式施工
济微路工程	槐荫区	改建和技术改造	本年正式施工
北园大街工程	天桥区	改建和技术改造	本年正式施工
奥体中心道路工程	历下区	新建	本年正式施工
国道 104 线南二环——五峰路口改建工程	长清区	改建和技术改造	本年正式施工
省道 102 线改建工程	天桥区	改建和技术改造	本年正式施工
济荷高速公路	历城区	新建	本年正式施工

开工年月 Commence Date	项目计划总投资 Total Investment of Project	自开始建设至本年底累计 Accumulated Investment From Start of Project to the End of This Year		本年计划投资 Planned Investment this Year	本年完成投资 Completed Investment this Year	本年新增固定资产 Newly Added Fixed Assets of This Year
		完成投资 Completed Investment	新增固定资产 Newly Added Fixed Assets			
	18900	6300		5000	3800	
2007 - 9 - 1	21950	3745	1279	1500	3186	1279
2006 - 6 - 1	10000	10000		10000	10000	
2007 - 1 - 18	12000	9000	7230	12000	9000	7230
2007 - 1 - 3	12000	7585		10000	6735	
2004 - 6 - 1	10140	2307	2300	53	53	2300
2006 - 7 - 1	17525	5200	5200	1500	1500	5200
2005 - 3 - 1	12000	5997	5500	860	860	739
2003 - 6 - 1	13000	12500	11500	800	800	
2005 - 1 - 1	18000	16000	13000	12000	12000	13000
2007 - 5 - 1	12000	10000		10000	10000	
2001 - 2 - 22	48783	38288		10288	10288	10288
2000 - 11 - 22	25000	17869		1010	1010	
2001 - 2 - 22	16359	7300		1636	1636	1636
2006 - 9 - 8	41600	14931	11000	20000	14331	10000
2007 - 7 - 15	13000	5000	5000	7000	5000	
2007 - 11 - 9	30000	7000	2000		7000	
2007 - 11 - 28	16000	400	400		400	400
	1240039	5621			1504	
	22000	10000	10000	10000	10000	10000
	13272	10338		7169	7169	7169
	73569	10220		10220	10220	
	12000	6259	4817	2400	2200	1824
	100000	46944		11380	11697	9598
2004 - 8 - 1	11500	9841	9841			
2006 - 1 - 1	39600	23000	23000	11900	11900	11900
2001 - 10 - 10	14330	12430	12430			
1995 - 3 - 5	14044	10528	10528	448	448	448
2002 - 8 - 5	13900	11000	11000	1250	1250	1250
	8485478	**4199713**	**1643016**	**2409633**	**2353777**	**1309882**
2005 - 8 - 18	15000	15000		2357	2357	
2005 - 8 - 17	16400	9858		3989	3989	
2005 - 7 - 14	18400	7939		2687	2687	
2005 - 6 - 9	22100	17318		2018	2018	
2006 - 5 - 19	440000	232931		118891	118891	
2006 - 5 - 10	30000	23950		18440	18440	
2004 - 11 - 12	40000	38500		6500	6500	
2004 - 5 - 5	31667	26076		19543	19543	
2005 - 1 - 12	223905	178118		26294	26294	

建设项目名称 Name of Development Projects	建设地址 Construction Site	建设性质 Nature of Building	建设阶段 Construction Phrase
省道 243、244 改建工程	天桥区	改建和技术改造	本年正式施工
省道 321 线改建工程	槐荫区	改建和技术改造	本年正式施工
济莱高速公路	槐荫区	新建	本年正式施工
济南市腊山分洪工程	天桥区	改建和技术改造	本年正式施工
青银高速济南绕城高速路北线工程	历城区	新建	本年正式施工
小清河综合治理工程	天桥区	改建和技术改造	本年正式施工
大明湖综合整治工程	天桥区	改建和技术改造	本年正式施工
热电厂及其配套管网工程	槐荫区	新建	本年正式施工
公交车辆购置	市中区	单纯购置	单纯购置
历山路改造工程	历下区	改建和技术改造	本年正式施工
城区河道整治工程	历下区	改建和技术改造	本年正式施工
园林绿化工程	济南市	新建	本年正式施工
燃气管道工程	济南市	扩建	本年正式施工
市中区 103 国道改造及绿化工程	济南市	新建	本年正式施工
市中区 104 国道改造及综合整治工程	济南市	新建	本年正式施工
燕山 1 地块道路工程	济南市	新建	本年正式施工
人防工程	济南市	改建和技术改造	本年正式施工
党杨路工程	槐荫区	新建	本年正式施工
物流大道工程	槐荫区	新建	本年正式施工
4、6、7 号道路市政工程	长清区	新建	本年收尾
园区道路绿化工程	长清区	新建	本年收尾
景观湖综合整治绿化工程	长清区	新建	本年正式施工
百脉泉公园扩建工程	章丘市	扩建	本年正式施工
城区综合治理工程	章丘市	扩建	本年正式施工
城东工业园基础设施建设工程	章丘市	新建	本年正式施工
大学园区服务区基础设施建设工程	章丘市	新建	本年正式施工
赭山工业园区基础设施建设工程	章丘市	新建	本年正式施工
龙枣组团基础设施建设工程	章丘市	新建	本年正式施工
社会福利院供热工程	崂山区	新建	本年正式施工
金谷热电工程	莱西市	新建	本年正式施工
团岛流域截污工程	青岛市	改建和技术改造	本年正式施工
麦岛污水处理厂扩建工程	崂山区	扩建	本年收尾
新建楼山河污水处理厂	市内四区	新建	本年正式施工
李村河污水处理厂二期工程	市内四区	扩建	本年正式施工
小涧西生活垃圾综合处理场生化处理场工程	城阳区	新建	本年正式施工
青岛海湾大桥工程	市内四区	新建	本年正式施工
海湾隧道接线工程	市内四区	改建和技术改造	本年正式施工
华电青岛公司热网输配工程	市内四区	扩建	本年正式施工
公交车辆购置	市内四区	单纯购置	单纯购置
青岛胶州湾隧道工程	市内四区	新建	本年正式施工
杭州之路—鞍山路快速路工程	市内四区	新建	本年收尾

开工年月 Commence Date	项目计划 总投资 Total Investment of Project	自开始建设至本年底累计 Accumulated Investment From Start of Project to the End of This Year		本年计划投资 Planned Investment this Year	本年完成投资 Completed Investment this Year	本年新增 固定资产 Newly Added Fixed Assets of This Year
		完成投资 Completed Investment	新增固定资产 Newly Added Fixed Assets			
2003-11-12	14389	12693		1754	1754	
2007-7-12	12000	11673		11673	11673	
2004-12-15	258000	192149		37203	37203	
2007-11-7	64658	24		24	24	
2005-5-18	317000	232636		57125	57125	
2007-11-14	850000	1030		1030	1030	
2006-2-9	163800	70405		42574	42574	
2006-2-1	183246	120404	86027	55000	54004	47332
2007-2-13	14000	14408	14408	14000	14408	14408
2007-6-22	25232	11000	11000	11000	11000	
2007-1-9	80700	4000		4000	4000	
2007-1-13	64289	64289	64289	64289	64289	64289
2007-2-8	63659	60462	5449	11367	13021	5449
2007-2-7	10500	12992		1625	1625	
2007-2-8	10000	8085		3707	3707	
2007-1-19	30000	26000		26000	26000	
2005-12-7	30000	30000	30000	2800	2800	30000
2006-4-13	20000	18000		5550	5550	
2005-10-13	17000	5600		3860	3860	
2004-1-1	17401	15948		7858	7858	
2004-1-1	56690	57476		1585	1585	
2005-1-20	32124	17624		5728	5728	
2006-4-5	27000	27000	12000	6000	6000	2600
2006-4-12	27000	27000	24000	27000	27000	26000
2007-1-25	18000	18000	9200	18000	18000	9200
2007-1-4	15000	15000	4000	15000	15000	4000
2007-1-25	16000	16000	5000	16000	16000	5000
2007-1-18	12000	12000	6000	12000	12000	6000
2001-6-1	10600	10168			1818	
2002-3-1	17500	1839			661	
2002-12-30	19143	17249		900	1015	
2005-7-1	29000	29710	29710		2445	29710
2007-5-6	24593	5848		6714	5848	
2007-9-17	12817	2359			2359	
2007-7-12	11637	2644		10244	2644	
	904751	162954		107399	110177	
	328000	25030		25030	25030	
2005-6-3	80000	24586		8000	14726	
	15635	16285	16285	15635	16285	16285
2007-8-12	329800	23839		30000	23839	
2005-12-27	91306	87357			19804	

建设项目名称 Name of Development Projects	建设地址 Construction Site	建设性质 Nature of Building	建设阶段 Construction Phrase
大村河（含晓翁村河）综合治理工程	市内四区	改建和技术改造	本年收尾
奥运场馆周边道路环境综合整治工程	市内四区	改建和技术改造	本年正式施工
长沙路（308 国道-海尔路）打通工程	市内四区	新建	本年正式施工
浮山新区劲松三路劲松九路打通工程	市内四区	新建	本年正式施工
浮山新区合肥路等基础设施配套工程	市内四区	新建	本年正式施工
A 区西线供热等工程	黄岛区	新建	本年正式施工
青莱高速区内段、齐长城路东延等道路工程	黄岛区	新建	本年正式施工
滨海大道三水工程等排水工程	黄岛区	新建	本年正式施工
滨海公路以南岸线整理及绿化回填等工程	黄岛区	新建	本年收尾
黄岛石化区监控中心及配套工程	黄岛区	新建	本年正式施工
管家楼水厂二期建设工程	黄岛区	扩建	本年收尾
东亿实业总公司供热二期扩建工程	崂山区	扩建	筹建
东亿热电厂青岛高新区热电项目	崂山区	新建	本年正式施工
金田热电热源工程	城阳区	扩建	本年收尾
即墨市园林环卫处工程	即墨市	新建	本年正式施工
燃气工程	张店区	新建	本年收尾
光大水务南北厂改造工程	张店区	改建和技术改造	本年正式施工
昌国路立交桥建设工程	张店区	新建	本年正式施工
周村火车站广场工程	周村区	迁建	本年正式施工
花山森林公园	淄博市高新技术开发区	新建	本年正式施工
罗斜污水处理厂	淄博市高新技术开发区	新建	本年正式施工
淄博垃圾焚烧电厂	淄博市高新技术开发区	新建	本年正式施工
市中区西郊生态植物园工程	市中区	新建	本年正式施工
垃圾无害化处理工程	市直辖区	扩建	本年收尾
东沙河治理工程	市直辖区	新建	本年收尾
滕州市第二污水处理厂	滕州市	新建	本年收尾
滕州市“两河”治理工程	滕州市	新建	本年正式施工
新兴北路建设工程	滕州市	新建	本年正式施工
城市基础设施配套工程	滕州市	新建	本年正式施工
热力工程	滕州市	新建	本年正式施工
滕州市天然气工程	滕州市	新建	本年正式施工
河口区集中供热工程	河口区	新建	本年正式施工
市区学院路工程	芝罘区	新建	本年正式施工
套子湾污水处理厂二级处理扩建工程	芝罘区	扩建	本年正式施工
辛安河污水处理厂二期工程	莱山区	扩建	本年正式施工
市区道路维护工程	芝罘区	改建和技术改造	本年正式施工
火车站改造工程	芝罘区	改建和技术改造	本年正式施工
红旗西路新建工程	芝罘区	新建	本年收尾

开工年月 Commence Date	项目计划总投资 Total Investment of Project	自开始建设至本年底累计 Accumulated Investment From Start of Project to the End of This Year		本年计划投资 Planned Investment this Year	本年完成投资 Completed Investment this Year	本年新增固定资产 Newly Added Fixed Assets of This Year
		完成投资 Completed Investment	新增固定资产 Newly Added Fixed Assets			
2005-5-1	26000	24550	24550	50	50	50
	10052	280			280	
2006-11-1	25394	20038		17246	17246	
2006-6-1	24485	3618		881	881	
2004-11-30	66022	21052		6392	6392	
2007-1-10	18695	9375	9375	18695	9375	9375
	32882	28914	28914	32882	28914	28914
	10205	9176	9176	10205	9176	9176
	27040	16639		27040	16639	
	16829	10869	10000	16829	10869	10000
2006-9-6	29000	4000	4000	4000	4000	4000
2007-8-1	137800	2308		32000	2308	
2004-4-1	32100	4910		2820	4910	
2007-7-2	30000	22000	22000	6000	6000	6000
2007-3-31	11000	11000		11000	11000	
1990-2-1	24913	46665	38164	2591	2591	3642
2007-3-1	13000	8194	8194	13000	8194	8194
2007-1-1	13500	10459	10459	13500	10459	10459
2007-7-18	24138	6160	6160	6160	6160	6160
2007-1-20	12280	1900	1900	4280	1900	1900
2006-1-2	15000	14253		9663	9663	9663
2006-3-20	27000	27203	17245	17042	17245	17245
2007-8-1	53000	18000		18000	18000	
2000-3-16	10652	9369		720	395	
2006-10-1	22600	12804	1273		3000	590
2007-8-1	13000	6000	6000	6600	6000	6000
2007-1-1	23000	15000	15000	15000	15000	5500
2007-10-8	16000	16000	500	16000	16000	500
2007-1-1	24127	24127	24127	24127	24127	24127
2007-5-28	12000	10622			609	
2007-5-1	21000	2800	2800	2700	2800	2700
2006-3-25	22000	20000	20000	20000	20000	20000
2005-10-20	26000	13297		25000	12297	
2006-8-18	23500	9597		15000	7697	
2006-7-18	18967	10637		10167	9587	
2007-2-28	14000	13573	10850	14000	13573	10850
2007-5-22	133247	44914		41281	41300	
2006-8-9	47500	40000	28000	20000	23110	20000

4-4 续 43

建设项目名称 Name of Development Projects	建设地址 Construction Site	建设性质 Nature of Building	建设阶段 Construction Phrase
红旗东路新建工程	芝罘区	新建	本年收尾
红旗南路新建工程	芝罘区	新建	本年收尾
同福路工程	芝罘区	新建	本年收尾
化工北路改造工程	芝罘区	改建和技术改造	本年正式施工
文化广场工程	芝罘区	新建	本年正式施工
供热工程	莱山区	新建	本年收尾
道路建设工程	开发区	新建	本年正式施工
海滨路（古现1路—古现15路）工程	开发区	新建	本年正式施工
天然气长输管线工程	莱阳市	扩建	本年正式施工
蓬莱水城保护利用项目	蓬莱市	恢复	本年正式施工
城区集中供热工程	蓬莱市	新建	本年正式施工
市政道路工程	海阳市	新建	本年正式施工
市政燃气干线工程	潍坊市	新建	本年正式施工
2×23MW热电联产工程	潍坊市高新技术开发区	新建	本年收尾
白浪河综合整治工程	潍坊市	改建和技术改造	本年正式施工
旧居住区整治改造项目	潍城区	改建和技术改造	本年正式施工
道路桥梁工程	潍坊市高新技术开发区	改建和技术改造	本年正式施工
城市会展中心建设工程	青州市	新建	本年正式施工
道路桥梁建设工程	诸城市	新建	本年正式施工
燃气管道改造工程	高密市	新建	本年正式施工
城市燃气设施工程	济宁市	扩建	本年正式施工
垃圾处理厂建设工程	济宁市	新建	本年正式施工
东城新区-南沙河综合治理工程	邹城市	新建	本年正式施工
供水管网改造工程	泰安市	改建和技术改造	本年正式施工
双龙河、箭河、唐庄河改造工程	泰安市	改建和技术改造	本年正式施工
时代发展线拆迁项目	泰安市	新建	本年正式施工
财源大街、通天街建设工程	泰安市	改建和技术改造	本年正式施工
泮河大街改造建设工程	泰安市	改建和技术改造	本年正式施工
灵山大街东段建设改造项目	泰安市	改建和技术改造	本年收尾
垃圾发电项目	泰安市	新建	本年正式施工
道路桥梁工程	新泰市	新建	本年正式施工
燃气工程	新泰市	新建	本年正式施工
新泰市开发区基础设施建设工程	新泰市	改建和技术改造	本年正式施工
康王河公园	肥城市	新建	本年收尾
经区道路工程	威海市经济技术开发区	新建	本年正式施工
米威引水三期工程	环翠区	新建	本年正式施工
市工业园污水工程	环翠区	新建	本年正式施工
三污配套管网工程	环翠区	新建	本年正式施工

4-4 continued 43

开工年月 Commence Date	项目计划总投资 Total Investment of Project	自开始建设至本年底累计 Accumulated Investment From Start of Project to the End of This Year		本年计划投资 Planned Investment this Year	本年完成投资 Completed Investment this Year	本年新增固定资产 Newly Added Fixed Assets of This Year
		完成投资 Completed Investment	新增固定资产 Newly Added Fixed Assets			
2006-5-17	18000	17000	12000	10000	12000	10000
2006-5-22	25000	18000	7000	10000	10000	6000
2006-5-11	14000	13000	8000	11000	11000	7000
2007-4-6	12300	12300	8500	12300	8724	8500
2007-10-5	84000	10000		10000	2000	
	15000	13083	5677	5677	5677	5677
2007-1-1	10483	10483	10483	10483	10483	10483
2006-1-1	13025	9900	9900	6700	5500	5360
2006-5-18	10000	10000	10000	6000	6000	6000
2005-6-11	50000	37000	37000	10800	7000	5300
2006-7-21	22000	22000	16386	6702	6702	5026
2007-5-12	11306	11306	11306	11306	11306	11306
	31200	4472	1651	2435	1651	1651
2006-6-10	37000	31536	30493	5000	5218	30493
2006-2-22	150000	11784	10000	11784	11784	10000
2007-3-5	12000	7435	7435	7435	7435	7435
	17500	17500	17500	17500	17500	17500
2007-4-1	52000	26000	26000	26000	26000	26000
2007-4-10	19532	19532	19532	19532	19532	11732
2007-3-2	13500	8000	8000	3000	3000	3000
2007-1-20	14000	4876	4876	5941	1076	1076
	14700	11194		7379	7379	7379
2007-1-1	28000	27900		28000	27900	
2007-3-1	17478	2979	2500	1000	997	800
2007-3-1	18852	14510	13000	5000	4504	4200
2006-3-1	72700	50012		46000	46200	
2006-3-1	42400	8560	7000	5500	5190	4500
2004-3-1	44772	31698	26000	6000	5280	4000
2006-3-1	17134	17100	17100	1800	1800	1800
2007-3-1	20000	4000	3500	4000	4000	3500
2007-2-1	16830	16830	7690	16830	16830	7690
2007-2-1	15000	5000	5000	5000	5000	5000
2007-3-1	10000	10000	10000	10000	10000	10000
2006-3-1	16000	16000	16000	12000	12000	12000
2007-3-16	15580	15580	5580	15580	15580	5580
2007-12-1	14098	1525	1525	2500	1525	1525
2006-6-12	13296	1988	321	4762	321	321
2007-3-10	14410	4651	4431	6309	4431	4431

建设项目名称 Name of Development Projects	建设地址 Construction Site	建设性质 Nature of Building	建设阶段 Construction Phrase
悦海公园工程	环翠区	新建	本年收尾
垃圾场工程	环翠区	新建	本年收尾
张村镇市政基础设施工程	环翠区	新建	本年收尾
道路工程	环翠区	新建	本年收尾
燃气工程	环翠区	新建	本年收尾
文登学公园建设工程	文登市	新建	本年收尾
抱龙河公园建设工程	文登市	新建	本年收尾
文体中心绿化、排水、道路等	荣成市	扩建	本年收尾
乳山市华地热力厂房建设及设备购置	乳山市	新建	本年正式施工
水上运动基地建设项目	日照市	新建	本年正式施工
供热工程	日照市	新建	本年正式施工
东港区城市建设工程	东港区	新建	本年正式施工
岚山区城市建设工程	岚山区	新建	本年正式施工
开发区城市建设工程	日照市开发区	新建	本年正式施工
绿化工程	日照市	新建	本年正式施工
城市基础设施	日照市	新建	本年正式施工
长勺路南段工程	莱芜	改建和技术改造	本年收尾
青莱高速莱钢连接线工程	莱芜	新建	本年正式施工
台莱线口镇至莱城段路面翻修工程	莱芜	改建和技术改造	本年正式施工
南坊热力管网工程	兰山区	新建	本年正式施工
南坊桥梁工程	兰山区	新建	本年正式施工
南坊道路建设工程	兰山区	新建	本年正式施工
南坊污水处理厂	兰山区	新建	本年正式施工
南坊垃圾焚烧发电工程	兰山区	新建	本年正式施工
临沂鲁能热力有限公司工程	兰山区	新建	本年正式施工
南坊道路建设拆迁工程	兰山区	改建和技术改造	本年正式施工
刘家道口水利枢纽工程	兰山区	新建	本年正式施工
涑河治理工程	兰山区	改建和技术改造	本年正式施工
南环路工程	罗庄区	新建	本年收尾
天然气管道敷设工程	罗庄区	新建	本年正式施工
工业供水及生活供水工程	临沂市经济开发区	扩建	本年正式施工
热电联产工程	临沂市经济开发区	新建	本年收尾
体育公园	东昌府区	新建	本年正式施工
供热设施建设工程	东昌府区	扩建	本年正式施工
供热工程	东昌府区	扩建	本年正式施工
供热工程	东昌府区	扩建	本年正式施工
新天地、新世纪、大剧院、演武楼重点工程	牡丹区	新建	本年正式施工
菏泽市引黄供水中心工程	牡丹区	新建	本年收尾
菏泽市污水处理有限公司工程	牡丹区	新建	本年收尾
菏泽市于洼垃圾处理有限公司工程	牡丹区	新建	筹建
园林绿化工程	牡丹区	新建	本年正式施工

开工年月 Commence Date	项目计划总投资 Total Investment of Project	自开始建设至本年底累计 Accumulated Investment From Start of Project to the End of This Year		本年计划投资 Planned Investment this Year	本年完成投资 Completed Investment this Year	本年新增固定资产 Newly Added Fixed Assets of This Year
		完成投资 Completed Investment	新增固定资产 Newly Added Fixed Assets			
2007-5-10	12000	12000	12000	12000	12000	12000
1999-8-1	10546	8875	8875	745	745	206
2007-1-3	14610	14610	14610	14610	14610	14610
2007-3-15	27251	27251	8700	26548	26548	8700
2007-2-8	28856	21847	5456	14000	13949	5456
2007-1-24	20000	19600	16100	20000	19600	16100
2007-1-12	10000	9860	7200	10000	9860	7200
2006-1-2	56000	55000	49000	29000	28000	26000
2007-7-1	20000	7250	7250	8000	7250	7250
2005-3-16	58420	58420	58420	58420	58420	58420
2007-4-12	10850	10850	10850	10850	10850	10850
2007-3-12	12000	12000	12000	12000	12000	12000
2007-3-16	25000	25000	25000	25000	25000	25000
2007-2-13	39400	39400	39400	39400	39400	39400
2007-2-16	36800	36800	36800	36800	36800	36800
2007-2-19	59500	59500	59500	59500	59500	59500
	15000	12000	12000	15000	12000	12000
	13600	13600		13600	13600	13600
	16860	11076			11076	11076
	12000	12000	12000	12000	12000	12000
	10500	10500	10500	10500	10500	10500
	20000	20000	20000	20000	20000	20000
	22000	11000	11000	4000	4000	4000
	27800	27800	12800	12800	12800	12800
2007-7-25	12650	12650	8500	12650	12650	8500
2007-1-28	50000	49895		50000	29895	
2007-1-18	58000	51000		12000	11000	
2007-1-12	200000	160000	32000	10000	95000	32000
2006-2-13	11000	7436	7436	5166	3852	3852
2007-2-16	11000	600		700	600	
	15000	12200	200	500	200	
2006-6-30	45000	22159	11970	12000	11970	11970
	10000	5600	5600	5600	5600	5600
2007-9-21	20600	20600	20600	1075	1075	1075
	11528	11528	11528			
	11528	11528	11528	2171	2171	3382
2007-2-10	47533	13853		47533	13853	
2001-10-20	50300	46205	46205	11696	11696	46205
	17730	19247	19247	3000	2947	2947
2006-5-10	12900	4680		5500	4500	
2007-3-20	11300	11300	11300	11300	11300	11300

建设项目名称 Name of Development Projects	建设地址 Construction Site	建设性质 Nature of Building	建设阶段 Construction Phrase
河南			
安阳路工程	上街区	改建和技术改造	本年正式施工
郑州市热力总公司工程	郑州市	扩建	本年正式施工
王新庄污水处理厂改造工程	郑州市	改建和技术改造	本年正式施工
马头岗污水处理厂工程	郑州市	新建	本年正式施工
中央大道工程	开发区	新建	本年收尾
龙子湖道路工程	开发区	新建	本年收尾
107 国道综合整治工程	郑州市	扩建	本年正式施工
须水、索河截污工程	郑州市	改建和技术改造	筹建
数字化建设工程	郑州市	新建	本年正式施工
郑州市植物园工程	郑州市	新建	筹建
新兴路石河道大桥工程	巩义市	扩建	筹建
开封市东区污水处理厂工程	开封市	新建	本年收尾
宋城路西延工程	开封市	新建	本年收尾
衡山路建设工程（二期）	洛阳市	新建	本年正式施工
瀛洲大桥工程	洛阳市	新建	本年正式施工
热力管网工程	涧西区	新建	本年正式施工
隋唐城遗址植物园工程	洛阳市	新建	本年正式施工
市区供水配水管网及加压站工程	洛阳市	扩建	本年正式施工
洛阳新区集中供热热力管网一期工程	洛阳市	新建	本年正式施工
洛阳瀍东污水处理厂工程	瀍河回族区	新建	本年收尾
城市燃气工程	洛阳	扩建	本年正式施工
新区燃气工程	洛阳	扩建	本年正式施工
平顶山市园林绿化工程	平顶山市	新建	本年正式施工
南出口工程	安阳市	扩建	本年收尾
中华路开发区段工程	安阳市	新建	本年收尾
各区创园新增绿地工程	安阳市	新建	本年正式施工
新乡市生活垃圾无害化处理场工程	新乡市	新建	本年收尾
新乡市小尚庄污水处理厂工程	新乡市	新建	本年收尾
焦作市城市生活垃圾处理场工程	焦作市	新建	本年正式施工
中原路（人民路至黄河路）工程	焦作市	新建	本年正式施工
焦作市城区天然气利用工程	焦作市	新建	本年正式施工
焦作市污水处理二期项目	焦作市	新建	本年正式施工
西外环、新沁河桥改造工程	沁阳市	新建	本年正式施工
天然气管网建设工程	许昌市	新建	本年正式施工
107 国道建设工程	许昌市	新建	本年正式施工
园林绿地建设工程	许昌市	新建	本年正式施工
张衡东路道路新建工程	南阳市	新建	本年正式施工
仲景北路扩建工程	南阳市	扩建	本年正式施工
车站北路新建工程	南阳市	新建	本年正式施工

开工年月 Commence Date	项目计划总投资 Total Investment of Project	自开始建设至本年底累计 Accumulated Investment From Start of Project to the End of This Year		本年计划投资 Planned Investment this Year	本年完成投资 Completed Investment this Year	本年新增固定资产 Newly Added Fixed Assets of This Year
		完成投资 Completed Investment	新增固定资产 Newly Added Fixed Assets			
	909372	**626557**	**180749**	**413938**	**353604**	**143548**
2007-3-1	10700	10700		10700	10700	
2007-3-1	15643	15643		15643	15643	
2006-8-1	28163	5037			3319	
2006-9-1	69423	34894			23464	
2004-9-1	20396	11439		60	60	
2004-9-1	28956	31933		5355	5355	
2005-1-1	50858	74209		74209	74209	
2007-5-1	11520	11520		11520	11520	
2006-7-1	15000	8300		5000	8000	
2007-9-1	13988	2000	270	7000	2000	270
2005-3-1	12000	5230		9800	5230	
2004-9-1	36043	36043	36043	12454	12454	12454
2007-5-1	10812	10812	10812	10812	10812	10812
2007-1-16	12103	8000		8000	8000	
2007-2-16	21000	11700		11700	11700	
2004-4-1	28304	5924		1000	1036	
2005-12-1	20000	20142			5355	
2001-1-1	17514	11014	1798		904	
2004-1-1	22826	19011			789	
2003-5-19	32362	32362	32362			32362
1998-3-1	46591	42812		2910	2594	
2004-1-1	32812	4718		1000	1261	
2007-1-11	11100	11100		11100	11100	
2006-8-10	11082	10000	10000	3500	3500	10000
2006-5-10	10562	9000	9000	1800	1800	9000
2007-1-11	12000	12000	12000	12000	12000	12000
2004-3-1	11690	5741	5741	5741	5741	5741
2002-12-1	16418	11700	11700	11700	11700	11700
2007-9-1	12716	5386	5386	5386	5386	5386
	10866	7500		7500	7500	
	17950	17637	17637	1650	1650	1650
	13700	4000		4000	4000	
2007-6-12	20000	537		537	537	
2007-1-1	10569	11000		1100	173	173
2007-1-3	15467	15798		15467	11091	
2007-3-9	28000	28000	28000	28000	28000	28000
2007-9-18	16145	4408		16145	4408	
2007-11-29	45992	766		45992	766	
2007-11-28	29157	8200		29157	8200	

建设项目名称 Name of Development Projects	建设地址 Construction Site	建设性质 Nature of Building	建设阶段 Construction Phrase
沱滨公园建设工程	永城市	新建	本年收尾
羊山新区供水工程	信阳市	新建	本年正式施工
文昌大道新建工程	周口市	新建	本年收尾
滨河公园改造工程	周口市	改建和技术改造	本年收尾
驻马店市褚堂城市生活垃圾处理工程	驻马店市	新建	本年收尾
湖北			
路灯建设工程	武汉市	新建	本年正式施工
园林绿化建设工程	武汉市	新建	本年正式施工
环卫设施建设工程	武汉市	新建	本年正式施工
村镇建设工程	武汉市	新建	本年正式施工
东湖生态旅游风景区建设工程	武汉市	新建	本年正式施工
公交场站建设工程	武汉市	新建	本年正式施工
轨道交通建设工程	武汉市	新建	本年正式施工
封闭运营项目	武汉市	新建	本年正式施工
建设前期、应急项目及其他	武汉市	新建	本年正式施工
城市道路项目	武汉	新建	本年正式施工
排水设施建设工程	武汉市	新建	本年正式施工
武汉水专项工程	武汉市	新建	本年正式施工
天河机场二航站楼配套工程	武汉	新建	本年正式施工
天兴洲大桥工程	武汉	新建	本年正式施工
长江隧道工程	武汉	新建	本年正式施工
支铁项目工程	武汉	新建	本年正式施工
收费桥梁维修工程	武汉	恢复	本年收尾
污水处理工程	武汉	新建	本年正式施工
供水设施建设工程	武汉	新建	本年正式施工
燃气热力建设工程	武汉	新建	本年正式施工
武汉新区四新片区基础设施和环境整治项目	武汉	新建	本年正式施工
武汉国际博览中心建设工程	武汉	新建	本年正式施工
武昌火车站周边改造工程	武汉	改建和技术改造	本年正式施工
武汉火车站周边改造工程	武汉	改建和技术改造	本年正式施工
武青四干道（铁机路-王青公路）道路工程	武汉市	新建	本年正式施工
建十路（临江大道-中北路延长线）道路工程	武汉	新建	本年正式施工
西河路道路排水工程	黄石港区	新建	本年正式施工
黄石市天然气利用工程	黄石市	扩建	本年正式施工
城市排渍工程	黄石市	改建和技术改造	本年收尾
大棋路工程	黄石市	新建	本年正式施工
黄金山新区道路建设	黄石市	新建	本年正式施工
金山大道工程	黄石市	新建	本年收尾
十堰市泗河污水处理工程	十堰市	新建	筹建
十堰市神定河污水处理厂改造工程	十堰市	改建和技术改造	筹建

开工年月 Commence Date	项目计划总投资 Total Investment of Project	自开始建设至本年底累计 Accumulated Investment From Start of Project to the End of This Year		本年计划投资 Planned Investment this Year	本年完成投资 Completed Investment this Year	本年新增固定资产 Newly Added Fixed Assets of This Year
		完成投资 Completed Investment	新增固定资产 Newly Added Fixed Assets			
2006-2-2	12000	12000		4000	4000	4000
2006-6-1	10341	10341		5000	455	
2005-3-13	12000	12000		8000	8000	
2006-3-18	14000	14000		8000	8000	
2007-1-1	10603	2000		1000	1192	
	10554372	**4169461**	**1485503**	**2101052**	**2129748**	**1211252**
2007-1-31	25845	22631	12631	15000	12631	12631
2007-1-1	209865	82483	82483	88000	82483	82483
2007-1-1	107763	40562	40562	20740	16020	16020
2007-1-1	98231	53000	51900	51000	53000	51900
2007-1-1	47166	5000	5000	5370	4000	4000
2007-1-1	28167	5982	5982	6000	5982	5982
2007-1-1	2748500	128665		72000	79316	
	369000	323594		369000	323594	323594
2007-1-31	269162	19481	17158	24808	16808	17158
	2283256	1154374	1054374	512259	459555	459555
	281076	58661	40051	27820	40051	40051
	43000	25117		5000	4847	4847
	13642	15565		11300	15565	15565
2004-9-2	274600	435848		107460	215910	
2004-11-20	204860	134070		50000	53500	
2004-9-20	532600	285905		150000	160100	
2006-10-20	10895	12026	12026	7000	7026	12026
2005-1-20	266433	114136		26875	28885	28885
2007-1-20	63570	122734		4972	16012	16012
	105130	122734		15000	16012	16012
2004-5-20	550000	394836		120000	126000	
2007-12-20	783000	103600		97534	103600	
2006-6-20	130000	97622		62500	66694	
2006-9-10	428841	14296		15000	9000	
2007-12-20	45323	9468		8000	5500	
2007-12-20	62000	8128		8000	8102	
2006-12-4	22000	17139		13240	8059	8059
2004-7-5	25000	12000	6000	6500	4000	4000
2005-11-7	17700	16400		275	275	275
2007-7-9	15000	8500	8500	8500	8500	8500
2007-8-28	10500	2200	2200	2500	2200	2200
2006-10-15	10500	12900		8500	11500	
2007-12-25	14960	450			450	
2007-12-28	17391	95			95	

建设项目名称 Name of Development Projects	建设地址 Construction Site	建设性质 Nature of Building	建设阶段 Construction Phrase
凯旋大道（甘肃路一期）建设工程	十堰市	新建	本年正式施工
丹江路的改造工程	茅箭区	改建和技术改造	本年正式施工
许白路建设工程	茅箭区	改建和技术改造	本年正式施工
右岸道路新建工程	丹江口市	新建	本年正式施工
临江溪污水处理厂项目	宜昌市	新建	本年收尾
城东大道延伸段工程	宜昌市	新建	本年正式施工
发展大道夷陵区段扩建工程	宜昌市	扩建	本年正式施工
天然气管道施工工程	襄樊市	扩建	本年正式施工
鱼梁洲污水处理厂二级处理项目	樊城区	新建	本年正式施工
观音阁污水处理工程	襄城区	新建	本年正式施工
污水处理工程	老河口市	新建	本年正式施工
道路桥梁工程	鄂州市	新建	本年正式施工
天然气管道工程	荆州市	新建	本年正式施工
黄冈市区道路建设工程	黄冈市	改建和技术改造	本年正式施工
黄冈市遗爱湖污水处理工程项目	黄冈市	新建	筹建
污水处理工程	赤壁市	新建	本年正式施工
神农大道二期工程	随州市	新建	本年正式施工
城市内河污染综合处理工程	随州市	新建	本年正式施工
随州市天然气利用工程	随州市	扩建	本年正式施工
城区污水处理工程	利川市	新建	本年正式施工
城市道路建设工程	仙桃市	新建	本年正式施工
污水处理项目建设工程	潜江市	新建	本年收尾
湖南			
二环线工程	长沙市	新建	本年正式施工
浏阳河风光带西岸工程	芙蓉区	新建	本年正式施工
韶高北路工程	天心区	新建	本年正式施工
木莲冲路工程	天心区	新建	本年正式施工
省府景观中轴线工程	天心区	新建	本年正式施工
省府文化公园工程	天心区	新建	本年正式施工
友谊西路工程	天心区	新建	本年正式施工
中信新城广场工程	天心区	新建	本年正式施工
湘江生态经济沿江防洪道路工程	天心区	新建	本年正式施工
营盘路工程	芙蓉区	新建	本年正式施工
湘江大道南段道路工程	天心区	新建	本年正式施工
太平街历史文化街区工程	芙蓉区	新建	本年正式施工
土城头路工程	长沙市	新建	本年正式施工
简牍物馆前停车场工程	长沙市	新建	本年正式施工
后湖路工程	长沙市	新建	本年正式施工
圭白路工程	长沙市	新建	本年正式施工
两馆一厅工程	长沙市	新建	本年正式施工

开工年月 Commence Date	项目计划总投资 Total Investment of Project	自开始建设至本年底累计 Accumulated Investment From Start of Project to the End of This Year		本年计划投资 Planned Investment this Year	本年完成投资 Completed Investment this Year	本年新增固定资产 Newly Added Fixed Assets of This Year
		完成投资 Completed Investment	新增固定资产 Newly Added Fixed Assets			
2005－9－1	26900	21000		13150	13150	
2007－3－1	10200	4000		4000	4000	
2007－2－1	26640	15980		18000	15980	
2005－4－12	19135	13125	13125	9127	9127	9127
2004－8－31	62768	61269	61269	5000	4387	4387
2006－5－20	30308	26544		12000	14457	
2006－9－8	10000	11900	11900	11900	11900	11900
2003－3－3	29559	16414	1162	3700	3444	1162
2006－8－1	11800	10054	10054	10054	10054	10054
	11000	11000	11000	11000	11000	11000
2005－9－20	15600	8600	2100	3000	1500	1000
2007－3－3	18000	17466	15720	18000	17466	15720
2002－8－15	23744	21199		2300	700	
2007－1－1	21500	18500		21500	18500	
2003－1－1	10800	3305		1010	691	550
2005－12－15	28000	9106	9106	4000	4156	4156
2007－8－8	11000	3243		3243	3243	
2007－7－20	14929	1125		1125	1125	
2005－9－29	19000	13401		1200	1241	1241
2006－11－1	11335	2100		11335	2100	
2007－2－28	11200	11200	11200	11200	11200	11200
2004－12－2	15978	8728		5055	5055	
	4331973	**2570664**	**2149309**	**1321360**	**1336915**	**1224946**
1994－12－20	731806	776258	776258	30867	61184	61184
2007－12－1	24000	20500	20500	11000	15500	15500
2006－12－1	16000	16843	16843	6240	7083	7083
2006－12－1	34300	36640	36640	6525	8865	8865
2006－12－1	14600	14290	14290	5162	7220	7220
2006－12－1	16600	14163	14163	4745	6421	6421
2007－6－20	14370	3178	3178	3000	3178	3178
2007－6－20	85700	22867	22867	16000	20667	20667
2006－11－20	91000	63190	63190	19800	43440	43440
2007－9－20	63737	43580	43580	43000	43580	43580
2007－9－20	93866	66458	64458	80200	66458	66458
2005－11－20	45000	45000	45000	12168	12168	12168
2006－11－20	11866	11700	11700	8666	8500	8500
2007－5－20	11950	9400	9400	8950	9400	9400
2006－1－20	19118	16911	16911	13241	11211	11211
2007－2－25	11000	5800	5800	9000	5800	5800
2007－10－15	137600	19600	19600	24115	19600	19600

4-4 续 48

建设项目名称 Name of Development Projects	建设地址 Construction Site	建设性质 Nature of Building	建设阶段 Construction Phrase
湘江大道北段五合垸段工程	长沙市	新建	本年正式施工
湘江大道北段三角洲段工程	长沙市	新建	本年正式施工
湘江大道捞刀河桥工程	长沙市	新建	本年正式施工
潇湘大道北段道路工程	长沙市	新建	本年正式施工
环保大道工程	长沙市	新建	本年正式施工
长沙大道工程	长沙市	新建	本年正式施工
圭塘河生态景观区工程	长沙市	新建	本年正式施工
花卉路工程	长沙市	新建	本年正式施工
万芙路工程	长沙市	新建	本年正式施工
银杉路工程（二期）	长沙市	新建	本年正式施工
谷丰路工程	长沙市	新建	本年正式施工
咸嘉湖路工程	长沙市	新建	本年正式施工
青山路工程	长沙市	新建	本年正式施工
尖山路工程	长沙市	新建	本年正式施工
观沙路延长线工程	长沙市	新建	本年正式施工
火星大道浏阳河大桥工程	长沙市	新建	本年正式施工
火星北路工程	长沙市	新建	本年正式施工
朝正垸大堤建设工程	长沙市	新建	本年正式施工
芙蓉北路工程	长沙市	新建	本年正式施工
新世纪大道东延线工程	长沙市	新建	本年正式施工
秀峰路工程	长沙市	新建	本年正式施工
栖凤路工程	长沙市	新建	本年正式施工
车站北路延线工程	长沙市	新建	本年正式施工
兴联东路工程	长沙市	新建	本年正式施工
火星大道暮云段工程	长沙市	新建	本年正式施工
引水及水质环境工程	长沙市	新建	本年正式施工
新河三角洲整治及棚户区改造工程	长沙市	改建和技术改造	本年正式施工
火车南北站迁建工程	长沙市	新建	本年正式施工
橘子洲风景区建设工程	长沙市	改建和技术改造	本年正式施工
长沙市天然气利用工程	长沙市	新建	筹建
长沙生态动物园	长沙县	新建	本年正式施工
岳麓山风景名胜区麓山景区保护工程	岳麓区	改建和技术改造	本年正式施工
长沙生态苗圃工程	开福区	新建	本年正式施工
项目批地	浏阳市	单纯购置	单纯购置
河西污水处理厂工程	株洲市	新建	本年正式施工
天然气利用工程	株洲市	扩建	本年正式施工
石宋路工程	荷塘区	扩建	本年正式施工
建宁大道工程	芦淞区	新建	本年正式施工
衡阳市第二生活垃圾处置场工程	衡阳市	新建	本年正式施工
市城西污水处理有限责任公司工程	蒸湘区	新建	本年收尾
邵阳市桃花路工程	邵阳市	新建	本年正式施工

开工年月 Commence Date	项目计划总投资 Total Investment of Project	自开始建设至本年底累计 Accumulated Investment From Start of Project to the End of This Year		本年计划投资 Planned Investment this Year	本年完成投资 Completed Investment this Year	本年新增固定资产 Newly Added Fixed Assets of This Year
		完成投资 Completed Investment	新增固定资产 Newly Added Fixed Assets			
2007-7-21	52600	52008	52008	35400	52008	52008
2007-7-21	101210	31600	31600	31000	31600	31600
2007-12-21	15000	300	300	300	300	300
2007-5-21	150933	180359	180359	86200	180359	180359
2007-1-21	27004	6315	6315	6315	6315	6315
2007-12-1	38000	12500	12500	12000	12500	12500
2007-2-1	280000	41000	41000	280000	41000	41000
2007-7-1	22103	4790	4790	4000	4790	4790
2007-7-1	10000	10000	10000	10000	10000	10000
2007-6-1	12830	12000	12000	7330	7918	7918
2007-6-1	16200	4844	4844	4000	4844	4844
2007-6-1	12633	4340	4340	4200	4340	4340
2007-6-1	15000	5030	5030	4700	5030	5030
2007-6-1	15000	4865	4865	4565	4865	4865
2007-6-1	20102	1500	1500	6000	1500	1500
2005-4-1	23400	23400	23400	5000	5000	5000
2007-1-1	53000	6500	6500	4000	6500	6500
2007-1-1	12949	9949	9949	12949	9949	9949
2007-1-1	43048	10200	10200	10207	10200	10200
2007-1-1	39556	5420	5420	4000	5420	5420
2007-1-1	11818	3600	3600	2000	3600	3600
2007-1-1	19100	6000	6000	6000	6000	6000
2007-1-1	16000	8000	8000	8000	8000	8000
	20472	8000	8000	10236	8000	8000
2005-2-25	22800	21850	21850	14000	14000	14000
2007-2-25	569735	180172	180172	126128	180172	180172
2007-2-25	272757	49630	49630	46127	49630	49630
2007-2-25	49307	52900	52900	28486	52900	52900
2006-3-3	98000	43567	43567	37800	43567	43567
2003-9-25	69217	80238		9223	10033	10033
2005-8-29	46000	28458	28458	13458	13458	5900
2006-3-1	14800	8800	8800	8800	8800	8800
2004-1-1	30000	22489	22489	9700	3902	3902
2005-2-14	10000	7638			3588	
2007-11-28	34410	3600		3000	3200	
2007-1-1	18000	23058	4283	4283	5223	
2007-10-28	18000	3000	500	3000	3000	500
2007-4-5	14174	11500	3000	11500	11500	3000
	26540	2667		3000	2667	2667
	16558	19855	19855	1905	5202	19855
2007-11-1	10000	1878		2000	1828	

建设项目名称 Name of Development Projects	建设地址 Construction Site	建设性质 Nature of Building	建设阶段 Construction Phrase
邵阳市余湖新城路网工程	邵阳市	新建	本年正式施工
邵阳市余湖新城路网工程	邵阳市	新建	本年正式施工
城市管道天然气工程	武冈市	新建	本年正式施工
樟桥路扩建工程	武陵区	扩建	本年收尾
常德市天然气管网利用工程	常德市	新建	本年正式施工
机场路、且东路、组农路工程	张家界市	新建	本年收尾
宾河路工程	张家界市	新建	本年正式施工
火车站广场和迎宾南路工程	永定区	新建	本年收尾
秀峰水系治理二期工程	益阳市	扩建	本年收尾
生活垃圾处理工程	永州市	改建和技术改造	本年收尾
舜帝广场配套工程	冷水滩区	新建	本年收尾
珍珠商贸城等七个小区的配套工程	永州市	新建	本年正式施工
舜皇大道道路工程	永州市	新建	本年正式施工
零陵南路道路改造工程	永州市	改建和技术改造	本年收尾
永州大道工程	永州市	新建	本年正式施工
污水处理工程	怀化市	新建	本年正式施工
吉星路工程	娄底市	新建	本年正式施工
娄底市城市防洪工程	娄底市	新建	本年正式施工
污水处理工程	吉首市	新建	本年收尾
垃圾处理工程	吉首市	新建	本年收尾
工业园区道路工程	吉首市	新建	本年正式施工
广东			
广州市新光快速路（新滘南路至番禺区光明北路）工程	番禺区	新建	本年收尾
新光快速路项目猎德大桥系统(江海大道至花城大道)工程	天河区	新建	本年正式施工
广州地铁二号线调整工程	海珠区	新建	本年收尾
广州市轨道交通三号线工程	越秀区	新建	本年正式施工
广州市轨道交通四号线工程	越秀区	新建	本年正式施工
广州市轨道交通五号线工程	越秀区	新建	本年正式施工
广州市轨道交通六号线工程	越秀区	新建	本年正式施工
广州市轨道交通二八号线延长线工程	越秀区	新建	本年正式施工
广州市轨道交通三号线北延段工程	越秀区	新建	本年正式施工
珠江新城旅客自动运输系统工程	天河区	新建	本年正式施工
广州地铁一号线新增工程	越秀区	改建和技术改造	本年正式施工
珠江三角洲城际快速轨道交通广州至佛山工程(广州段)工程	越秀区	新建	本年正式施工
路灯改造工程	海珠区	扩建	本年正式施工
光亮工程	海珠区	扩建	本年正式施工
李坑生活垃圾焚烧发电厂项目	白云区	新建	本年正式施工
兴丰生活垃圾填埋场项目	白云区	新建	本年正式施工
金沙洲生活垃圾真空管道收集系统工程	白云区	新建	本年正式施工
李坑生活垃圾焚烧发电二厂	白云区	新建	筹建

开工年月 Commence Date	项目计划 总投资 Total Investment of Project	自开始建设至本年底累计 Accumulated Investment From Start of Project to the End of This Year		本年计划投资 Planned Investment this Year	本年完成投资 Completed Investment this Year	本年新增 固定资产 Newly Added Fixed Assets of This Year
		完成投资 Completed Investment	新增固定资产 Newly Added Fixed Assets			
2004-12-1	12000	3000		2000	2000	
2004-3-1	51000	33022		6500	9397	
2005-5-12	15000	12250	11000	3000	3000	2800
2003-5-31	28753	28753		4833	4833	
1996-9-1	45000	20442	5078	3817	5078	5078
	11000	11200		6900	6900	
	65000	8968		6500	6500	
	18000	20000	20000	20000	20000	20000
2005-9-1	19000	15000	15000	200	270	
2007-1-12	16451	16451	2036	1960	2036	2036
2004-4-6	15000	15000	2000	2000	2000	2000
2007-8-17	25000	12000		12000	12000	
2003-6-18	15777	14311	400	2000	1483	400
2006-8-23	18400	2049		2000	1851	
2000-6-13	10000	5100		4000	3800	
2004-11-20	17575	13873	7000	7000	7783	7000
2006-7-22	31660	22200		6000	7600	
2000-8-18	19122	7220	4000	3000	3120	
2007-2-28	19891	15898		3574	3574	
	15575	10393	10393	585	585	10393
	92000	83336		40000	40122	
	25821778	**11262003**	**3927355**	**2482674**	**2511248**	**968548**
2004-1-1	372000	350418	350418	11769	9539	350418
2005-12-1	153941	102941		72844	67162	
2001-12-28	65000	42387	35000		1294	
2001-12-28	1499626	979871	270000	97641	130414	60000
2003-1-5	1294300	782238	180000	87647	167692	50000
2004-5-28	1590071	573720		186280	201066	
2006-6-28	1400800	137567		131170	90841	
2004-5-28	1472900	188816		116273	128194	
2005-12-28	848900	31401		67295	22842	
2006-11-28	171299	28792		15459	21850	
2005-1-1	87400	74938	65000	3951	13453	10000
2002-12-28	722925	41301		1622	12745	
	29757	26369	11425	10480	11425	11425
	53459	43077	4434	9500	4434	4434
2000-11-30	82170	85773		1500	8973	
2000-11-30	93794	83680		11784	861	
2005-1-1	16889	11446		6500	8222	
	96700	1610		127	830	

建设项目名称 Name of Development Projects	建设地址 Construction Site	建设性质 Nature of Building	建设阶段 Construction Phrase
环卫设备购置	越秀区	单纯购置	单纯购置
迎亚运公厕建设专项	越秀区	新建	本年正式施工
历年市政征地拆迁旧案结案费用	广州市	迁建	本年收尾
广州市中心区交通项目	广州	新建	本年正式施工
放射线项目	广州	新建	本年正式施工
广州市会展中心周边市政道路工程	广州	新建	本年正式施工
广卫路停车场工程	广州	新建	本年正式施工
夏港大道工程	广州	新建	本年正式施工
广清高速公路连接线（市政部分）工程	广州	新建	本年收尾
花城大道工程	广州	新建	本年正式施工
洲头咀隧道工程	广州	新建	本年正式施工
联邦快递转运中心周边市政道路工程	广州	新建	本年正式施工
白云国际会议中心周边道路工程（二期）	广州	新建	本年正式施工
深涌东路工程	天河区	新建	本年收尾
新塘水厂技术改造工程	增城市	改建和技术改造	筹建
西村水厂技术改造工程	荔湾区	改建和技术改造	筹建
南部供水工程	海珠区	扩建	本年收尾
广州市第一阶段饮用净水工程	海珠区	扩建	本年正式施工
东山办公大楼网络交换设备购置安装等	越秀区	改建和技术改造	本年正式施工
广州市西江引水工程	越秀区	改建和技术改造	筹建
计量系统改造	越秀区	改建和技术改造	本年正式施工
石门水厂技术改造	白云区	改建和技术改造	筹建
西洲水厂技术改造	增城市	改建和技术改造	筹建
江村水厂技术改造	白云区	改建和技术改造	筹建
西洲水厂项目工程	越秀区	扩建	本年收尾
江南大道南（江泰路至工业大道）工程	海珠区	新建	本年正式施工
结算项目（隧道公司代建）	广州市	扩建	本年收尾
临江大道东延长线（华南桥至车陂路）工程	天河区	新建	本年正式施工
黄石路西路延长线（石潭路至广清高速）工程	广州市	扩建	筹建
生物岛至大学城隧道工程	海珠区	新建	本年正式施工
仑头至生物岛隧道工程	海珠区	新建	本年正式施工
广汕路延长线（龙洞至北二环）工程	天河区	扩建	本年正式施工
康王路下穿流花湖隧道工程	越秀区	新建	筹建
孙中山大元帅府及江湾桥头地区景观工程	海珠区	扩建	本年正式施工
珠吉路延长线（黄云路至广园东路）工程	天河区	新建	本年正式施工
迎宾大道延长线工程	广州市	新建	本年正式施工
白云国际会议中心周边市政道路（一期）工程	白云区	新建	本年正式施工
市疾病控制中心周边道路改造工程	白云区	扩建	本年正式施工
广州大道系统改造-禺东西立交改造	天河区	扩建	本年正式施工
科韵路北延长线（北环高速至云溪路）工程	天河区	扩建	本年正式施工
黄埔大道支线（黄埔大道至中山大道）工程	黄埔区	扩建	本年正式施工

开工年月 Commence Date	项目计划 总投资 Total Investment of Project	自开始建设至本年底累计 Accumulated Investment From Start of Project to the End of This Year		本年计划投资 Planned Investment this Year	本年完成投资 Completed Investment this Year	本年新增 固定资产 Newly Added Fixed Assets of This Year
		完成投资 Completed Investment	新增固定资产 Newly Added Fixed Assets			
2007-1-1	14327	9420	9020	10920	9420	
2007-1-1	15700	4400		3200	4400	
	21027	1079		1000	500	
1998-7-1	888900	993477	600000	14350	14503	
1999-9-1	1098660	860628	567177	7700	6092	
2001-9-15	78576	64688	35483		975	
	15535	11117		500	2	
2002-11-5	50935	59562	48799	7000	7143	
2003-11-15	25560	26799	25466	900	382	
	45302	1819		1500	1113	
2007-11-3	142466	35694		20000	26982	
2007-5-3	35000	35506		35000	35334	
2006-5-3	81600	66303	66303	11500	14613	66303
2004-3-2	12000	8039	8039			
	31140	346		300	346	
	47500	557		1650	557	
1998-3-1	202910	177298	177298		351	351
1998-7-1	49861	31183	31183	1000	115	115
1999-1-1	22471	14182	3993	8914	4496	3993
	812500	1000		800	1000	
2006-1-1	115950	20615		15000	19048	
	37200	271		50	271	
	11400	79		50	79	
	24200	240		50	240	
1995-7-1	61800	61785	61785			
2007-5-1	27000	6966		4500	4403	
	68128	56441			1935	
2005-9-1	26000	23953		300		
	66280	345		1000	199	
2006-4-1	48354	27203		12000	12858	
2005-3-1	49809	34154		10000	10395	
2004-12-1	55209	53473		9800	9826	
	81300	1119		300	644	
2005-9-1	11000	295		69	224	
2007-8-1	26805	5077		9500	5060	
2007-12-1	14000	257		2500	80	
2006-4-1	36000	38299		13000	16315	
2007-6-1	38642	18510		15000	18487	
2007-8-1	14916	776		600	756	
2007-8-1	18906	11643		12000	11638	
2007-8-1	46580	22829		18000	22365	

4-4 续 51

建设项目名称 Name of Development Projects	建设地址 Construction Site	建设性质 Nature of Building	建设阶段 Construction Phrase
云溪路（华南路至大观路）工程	天河区	扩建	本年正式施工
华南快速干线东侧市政路工程	天河区	扩建	本年正式施工
科韵北路（北环高速至黄埔大道）工程	天河区	扩建	本年收尾
新滘南路东段工程	海珠区	扩建	本年收尾
新滘南路西段工程	海珠区	扩建	本年收尾
科韵路延长线工程	海珠区	扩建	本年收尾
科韵路～新港东立交工程	海珠区	扩建	本年收尾
五山路改造（粤汉路～汇景北路）工程	天河区	扩建	本年收尾
新港东改造工程	海珠区	扩建	本年正式施工
荔湾区青山绿地工程	荔湾区	扩建	本年正式施工
越秀区青山绿地工程	越秀区	扩建	本年正式施工
市政园林局青山绿地工程	越秀区	扩建	本年正式施工
市政园林局青山绿地工程（二期）	越秀区	扩建	本年正式施工
海珠区青山绿地工程	海珠区	扩建	本年正式施工
天河区青山绿地工程	天河区	扩建	本年正式施工
白云区青山绿地工程	白云区	扩建	本年正式施工
黄埔区青山绿地工程	黄埔区	扩建	本年正式施工
水浸街排水改造工程	广州市	新建	本年正式施工
丰乐北路延长线工程	越秀区	新建	本年正式施工
猎德污水处理系统工程（二期）	天河区	新建	本年正式施工
西朗污水处理系统和泵站工程	荔湾区	新建	本年正式施工
大坦沙污水处理系统工程（三期）	荔湾区	新建	本年正式施工
沥滘污水处理系统工程（首期）	海珠区	新建	本年正式施工
四大污水分区系统完善工程	广州市	新建	本年正式施工
大沙地污水处理系统工程（首期）	黄埔区	新建	本年正式施工
猎德（三期）污水治理工程	天河区	新建	本年正式施工
竹料污水处理系统一期工程	白云区	新建	本年正式施工
九佛污水处理系统一期工程	白云区	新建	本年正式施工
龙归污水处理系统一期工程	白云区	新建	本年正式施工
江高-石井污水处理系统一期工程	白云区	新建	本年正式施工
西朗污水处理系统工程	荔湾区	新建	本年正式施工
新洲至化龙快速路工程	海珠区	新建	本年正式施工
大庆至广州高速公路（粤境段）工程	广东	新建	筹建
南沙港快速路横沥立交工程	广州	新建	筹建
新光大桥桥头公园	海珠区	新建	本年正式施工
通宝大厦工程	荔湾区	新建	本年正式施工
广州市体育西路（北段）人防工程及过街隧道工程	天河区	新建	本年正式施工
广州市江南西人防工程	海珠区	新建	本年收尾
南洲路（广州大道至南洲水厂）工程	海珠区	扩建	本年正式施工
革新路工程	海珠区	改建和技术改造	本年正式施工
地珠江新城核心区市政交通项目	广州市	新建	本年正式施工

开工年月 Commence Date	项目计划总投资 Total Investment of Project	自开始建设至本年底累计 Accumulated Investment From Start of Project to the End of This Year		本年计划投资 Planned Investment this Year	本年完成投资 Completed Investment this Year	本年新增固定资产 Newly Added Fixed Assets of This Year
		完成投资 Completed Investment	新增固定资产 Newly Added Fixed Assets			
2007-9-1	49305	11346		15000	10859	
2006-12-1	11500	5798		4500	4042	
2005-1-1	115000	117998		650	3680	
2003-12-1	34727	19639		700	2450	
2005-2-1	104761	100946			2093	
2004-5-1	55005	47796			637	
2005-1-1	19487	18457		1000	1737	
2004-9-1	28995	20672		400	961	
1997-4-1	68583	70895		500	353	
2004-5-1	23902	20271		2977	1462	
2004-5-1	15046	3192		2255	1004	
2004-5-1	38933	21340		5210	1950	
2007-9-1	20000	2882		8000	2882	
2004-5-1	26271	17624		735	558	
2004-5-1	17371	8203		1355	989	
2004-5-1	18675	19004		300	362	
2004-5-1	13491	10379		325	403	
2006-1-1	10309	6775		6357	5602	
2007-11-1	27500	11154		10000	11154	
2000-4-1	185285	162255	159817	5150	3666	248
2002-4-1	110701	123678	81944	9360	14171	29807
2002-4-1	225188	174999	161021	3940	5603	266
2002-6-1	227210	176916	16617	10080	10866	127
2005-1-1	111072	41973		13575	10901	
2004-12-1	134200	78016		27240	16904	
2003-1-1	104190	106200	17480	38357	37823	1681
2005-10-1	24108	30696	136	4005	4797	136
2005-10-1	11827	11567	75	1920	568	75
2005-10-1	56290	70496	1317	15251	13892	1317
2005-9-1	110488	80993		36503	34146	
2001-12-1	98587	101356	101356	1268	702	702
2007-12-28	199700	19152		20000	17432	
	1576200	1280		3000	1280	
	20000	890		5000	890	
2006-2-1	16080	11935			1863	
2006-6-1	10500	2845			858	
2006-3-10	15635	9366		8375	3563	
2006-5-1	11000	8577		4000	3700	
2006-11-1	19364	21041	17771	12000	17771	17771
2007-5-1	10632	2878	421	5500	421	421
	373902	81494		64524	77000	

建设项目名称 Name of Development Projects	建设地址 Construction Site	建设性质 Nature of Building	建设阶段 Construction Phrase
广园东路（禺东西立交～丰乐立交）工程	广州	新建	本年收尾
广园东路延工线工程	增城市	新建	本年收尾
广园东路（丰乐立交～荔新路）工程	广东	新建	本年收尾
广州市亚运村项目燃气配套工程	越秀区	新建	筹建
广州市天然气利用工程（珠海项目）	越秀区	新建	筹建
广州市天然气利用工程	越秀区	新建	本年正式施工
广东南沙出口加工区建设工程	南沙区	新建	本年正式施工
蕉门河建设启动区社区服务中心	南沙区	新建	本年正式施工
南沙行政中心大楼工程	南沙区	新建	本年正式施工
龙穴岛港区二期工程（5＃、6＃等泊位）配套道路	南沙区	新建	本年正式施工
汽配园Ｂ区配套道路	南沙区	新建	本年正式施工
科海路延长线（含滨海北段）工程	南沙区	新建	本年正式施工
造船基地配套道路工程	南沙区	新建	本年正式施工
市南路改造工程（南段）	南沙区	扩建	本年正式施工
凤凰大道工程	南沙区	新建	本年正式施工
龙穴大道工程	南沙区	新建	本年正式施工
凫洲大桥工程	南沙区	新建	本年正式施工
万环西路工程	南沙区	新建	本年正式施工
珠江安置区及其配套工程	南沙区	新建	本年正式施工
广隆安置区及期配套工程	南沙区	新建	本年正式施工
黄阁农民安置区（二期）及其配套工程	南沙区	新建	本年正式施工
大角山海滨公园工程	南沙区	新建	本年正式施工
市政道路两侧绿化隔离带工程	南沙区	新建	本年正式施工
横沥工业园配套道路工程	南沙区	新建	本年正式施工
南沙港区二期工程	南沙区	新建	本年正式施工
国道323线建设工程	韶关市	新建	本年正式施工
花拉寨垃圾填埋场工程	韶关市	新建	本年正式施工
韶关市第二污水厂建设工程	始兴县	新建	本年收尾
深圳市天然气利用工程	深圳市	新建	本年正式施工
道路路面修缮工程	深圳市	改建和技术改造	本年正式施工
梧桐山基础设施建设	罗湖区	扩建	本年正式施工
深圳市垃圾转运站建设工程	深圳市	新建	本年收尾
深圳市下坪固体废弃物填埋场填埋区扩建工程	罗湖区	扩建	本年正式施工
宝安区92项防洪排涝工程应急工程	宝安区	新建	本年正式施工
深圳河三期工程	深圳市	恢复	本年正式施工
北线引水工程	深圳市	新建	本年正式施工
大鹏半岛供水支线工程	深圳市	新建	本年正式施工
东部供水水源二期工程	深圳市	新建	本年正式施工
公明供水调蓄工程	深圳市	新建	本年正式施工
观澜清湖段生态治理工程	宝安区	新建	本年正式施工
横岭污水处理厂二期工程	龙岗区	新建	本年正式施工

开工年月 Commence Date	项目计划 总投资 Total Investment of Project	自开始建设至本年底累计 Accumulated Investment From Start of Project to the End of This Year		本年计划投资 Planned Investment this Year	本年完成投资 Completed Investment this Year	本年新增 固定资产 Newly Added Fixed Assets of This Year
		完成投资 Completed Investment	新增固定资产 Newly Added Fixed Assets			
1998-11-1	247361	213708		1900	1883	
2002-8-1	154370	138291	138291			
2000-12-1	164908	151913	146387	18000	18521	
	43855	10		10	10	
	120000	10		100	10	
2003-10-1	232683	159447	93648	44010	44107	44107
2006-8-25	40000	27000		15100	15060	
2006-1-15	25000	9500		5000	5000	
2007-3-3	30000	7000		7000	7000	
2006-9-10	15000	10000		8000	8000	
2005-10-8	40000	21150		3600	3600	
2006-12-1	11000	6000		6000	6000	
2006-12-10	20000	13100		12000	12000	
2004-8-10	15000	7200		3500	3500	
2006-11-3	20000	7000		4210	4210	
2006-9-10	90000	66000		53000	52280	
2006-4-28	60000	45500		8200	8150	
2005-2-20	90000	61500		7000	7000	
2006-4-20	30000	17500		5500	5500	
2006-6-1	25000	18000		3500	3500	
2006-10-20	40000	17000		14000	14000	
2005-4-10	25000	17323		3500	3500	
2004-2-5	10000	2219		800	800	
2007-10-3	20000	2500		2500	2500	
2006-9-3	190000	100000		60000	59829	
2005-5-1	25052	17272			4709	
2005-11-1	12000	5170			3230	
2005-1-1	12097	8847	8847		500	8847
2004-11-16	131773	90000		76851	34349	44084
2007-1-1	72811	54590		38546	38546	
2002-9-1	24191	8729			1315	
2004-5-1	63830	63830	63830	42150	42150	42150
2005-12-1	43650	39351	39351	2412	2340	2340
2007-4-1	14150	4000		4000	4000	
2001-12-1	98240	46003		4200	1331	
2006-9-1	81917	37400		22000	22400	
2005-1-1	24024	16825		8000	6520	
2006-7-1	50138	19100		25000	16100	
2007-10-1	98385	1113		2000	1113	
2007-9-1	13536	600		1500	600	
2007-4-1	50960	3080		12000	3080	

建设项目名称 Name of Development Projects	建设地址 Construction Site	建设性质 Nature of Building	建设阶段 Construction Phrase
布吉河污水处理厂粤宝路河道改造、配套管网工程	龙岗区	改建和技术改造	本年正式施工
光明污水处理厂工程	宝安区	新建	筹建
梅林水厂深度处理工程	福田区	扩建	本年正式施工
笔架山水厂改扩建工程	福田区	扩建	本年正式施工
南山水厂一期工程	南山区	新建	本年正式施工
红木山水厂一期工程	宝安区	新建	本年正式施工
南山污水厂二级生化处理工程	南山区	扩建	本年正式施工
凤凰水厂改扩建工程	宝安区	扩建	本年正式施工
深圳市大工业区水厂一期工程	龙岗区	新建	本年收尾
苗坑水厂扩建（一期）工程	龙岗区	扩建	本年收尾
金唐西路市政道路工程	香洲区	新建	本年正式施工
前山河东岸市政及景观二期工程	香洲区	新建	本年正式施工
前山河东岸市政及景观一期工程	香洲区	新建	本年正式施工
人民西路改造工程	香洲区	改建和技术改造	本年正式施工
粤海路改造工程	香洲区	改建和技术改造	全部停缓建
乾务水厂黄杨泵站及配套管线扩建工程	斗门区	新建	本年正式施工
西坑尾垃圾填埋场填埋 A 区工程	珠海市	新建	本年正式施工
管道建设工程	珠海市	扩建	筹建
乾务东坎联围加固达标工程斗门东堤应急项目	斗门区	改建和技术改造	本年正式施工
平沙东坝三前闸鸡啼门下段工程	金湾区	改建和技术改造	本年收尾
高栏港东大堤南段工程	金湾区	新建	本年正式施工
高栏港东大堤北段工程	金湾区	新建	本年正式施工
高栏港大平湾三期填土工程	金湾区	扩建	本年收尾
龙湖沟整治工程	汕头市	改建和技术改造	本年收尾
汕头市第二过海水管工程	汕头市	新建	本年正式施工
龙珠水质净化厂扩建工程	汕头市	扩建	筹建
澄海清源污水处理厂	汕头市	新建	本年正式施工
峡山大溪综合整治工程	汕头市	新建	本年正式施工
亚洲艺术公园工程	禅城区	新建	本年收尾
文华公园工程	禅城区	新建	本年收尾
雾岗路（第二标）工程	禅城区	新建	本年收尾
新城区建设工程	禅城区	扩建	本年收尾
镇安污水厂二期扩建工程	禅城区	扩建	本年正式施工
第二水源工程	禅城区	新建	本年正式施工
东鄱污水厂二期扩建工程	禅城区	扩建	本年正式施工
沙岗污水厂工程	禅城区	扩建	本年正式施工
海五东路工程	南海区	新建	本年正式施工
桃园西路工程	南海区	新建	本年正式施工
华阳路（南海段）工程	南海区	新建	本年正式施工
海八路改造工程	南海区	改建和技术改造	本年正式施工

开工年月 Commence Date	项目计划总投资 Total Investment of Project	自开始建设至本年底累计 Accumulated Investment From Start of Project to the End of This Year		本年计划投资 Planned Investment this Year	本年完成投资 Completed Investment this Year	本年新增固定资产 Newly Added Fixed Assets of This Year
		完成投资 Completed Investment	新增固定资产 Newly Added Fixed Assets			
2007-4-1	87262	3150		6000	3150	
	28298					
2002-11-20	17534	17534		1485	642	
2002-7-18	28036	26789		1125	607	
2006-7-26	16491	9091		8413	5259	
2004-8-1	25385	17202		7803	5868	
2006-7-20	87791	15094		18396	12023	
2005-9-1	12400	11195		1700	1700	
2006-9-28	14993	13653	10160		7660	7510
2005-6-25	11399	8251	8251			
2007-8-1	18070	8000			8000	
2007-6-1	12000	4500			4500	
2007-6-1	12300	11000			11000	
2007-7-1	34000	25000			25000	
	10160	400	400	10160	286	286
2006-9-1	38000	24462		33000	23640	
2005-12-1	24606	6331		3613	3613	3613
	59333	3100	3100	3100	3100	3085
2006-12-1	11850	3975		4198	3502	
2005-1-1	12686	8125	8125	1440	1400	
	13500	8290	8290	8290	8290	8290
	10794	6456	6456	6456	6456	6456
	12012	12012	12012	12012	12012	12012
2005-12-1	14820	14000	14000	3101	3101	3101
	19685	5107	5107	5000	2673	2673
	39938	21276	21276	18000	1409	1409
	23170	10600	10600	14470	1900	1900
	14750	5000			1500	
2005-7-1	13500	7446	7446		30	30
2005-7-1	14300	4425	4425		28	28
2004-11-1	29300	3669	3669		17	17
	470000	284264	11402		28450	
	12845	10090			1705	
2007-3-1	34854	2153			2153	
	11603	12428			6391	
	17000	14829			84	
	13000	7250		600	479	
	20000	12882		1500	1135	
	11400	5435		820	694	
	18130	5993		8000	5993	

建设项目名称 Name of Development Projects	建设地址 Construction Site	建设性质 Nature of Building	建设阶段 Construction Phrase
叠滘截污工程	南海区	新建	本年正式施工
南海文化中心工程	南海区	新建	本年正式施工
珠江三角洲城际快速轨道交通广州至佛山段项目(南海段)	南海区	新建	本年正式施工
中心城区道路及市政配套工程	三水区	新建	本年收尾
汇源豪庭绿化工程	高明区	新建	本年正式施工
九江大桥（G325 线）滨江大道新建工程	蓬江区	新建	本年正式施工
S364 江门新会过境公路（南环路）工程	江海区	新建	本年正式施工
广珠城际轨道交通工程	江海区	新建	本年正式施工
污水处理管网项目	开平市	新建	本年收尾
鹤山市第二污水处理厂工程	鹤山市	新建	本年正式施工
霞山污水厂厂外管网配套工程	湛江市	改建和技术改造	本年收尾
羚山污水厂建设工程	端州区	新建	本年收尾
道路工程	端州区	新建	本年正式施工
肇庆市大旺围堤防加固工程	高新区	扩建	本年收尾
南江工业园市政配套设施	四会市	新建	本年正式施工
东城区防洪达际工程	四会市	改建和技术改造	本年正式施工
道路桥梁建设工程	惠州	新建	本年正式施工
管道燃气工程	惠阳区	扩建	本年正式施工
市区金湖路市政工程（首期）	城区	新建	本年正式施工
市区汕马路市政综合改造工程	城区	新建	本年正式施工
城区防洪工程	阳春市	新建	本年正式施工
东莞出租车辆购置	东莞	单纯购置	单纯购置
东莞公交基础设施建设	东莞	新建	本年正式施工
东莞公共汽车购置	东莞	单纯购置	单纯购置
东莞大提加固工程	东莞	改建和技术改造	本年收尾
挂影洲围加固工程	东莞市	改建和技术改造	本年收尾
茶山镇污水处理配套截污主干管工程	茶山镇	新建	本年正式施工
茶山镇环保基础设施	茶山镇	新建	本年正式施工
黄江镇污水处理厂截污主干管工程	东莞市	新建	本年收尾
清溪大道工程	东莞市	扩建	本年正式施工
北环路工程	东莞市	新建	本年正式施工
罗马垃圾填埋场工程	东莞市	改建和技术改造	筹建
东莞市虎门镇宁洲污水处理厂工程	东莞市	新建	本年正式施工
西大坦首期市政配套工程	东莞市	新建	本年正式施工
港口大道工程	东莞市	新建	本年收尾
北外环工程	中山市	新建	本年正式施工
北部组团垃圾综合处理基地工程	中山市	新建	本年正式施工
二期扩建工程	中山市	扩建	本年收尾
潮州市锡岗生活垃圾卫生填埋场工程	潮州市	新建	本年正式施工
渔湖围沿江绿化带及市政道路工程	揭阳市	新建	本年正式施工
国道 G206 市政配套工程（东入口至新亨）工程	揭阳市	改建和技术改造	本年正式施工

开工年月 Commence Date	项目计划总投资 Total Investment of Project	自开始建设至本年底累计 Accumulated Investment From Start of Project to the End of This Year		本年计划投资 Planned Investment this Year	本年完成投资 Completed Investment this Year	本年新增固定资产 Newly Added Fixed Assets of This Year
		完成投资 Completed Investment	新增固定资产 Newly Added Fixed Assets			
	12000	1731		6000	1693	
	17000	10965		1500	1035	
2007-6-1	1451956	43456		56406	34736	
2007-1-1	10120	10118	10118	10118	10118	10118
	13500	9000	9000	9000	9000	9000
	144100	89870	23272	23272	23272	23272
	27742	11958		4486	4486	
	19000	19000		19000	19000	
2005-4-1	11000	8046		2708	2708	
2007-9-1	12210	3800		3230	3230	
	11000	11000				
2002-4-28	10705	10720	746	731	746	746
2005-4-18	18600	16964	16964	1098	1098	1098
2004-3-20	11859	7271		6665	3061	
2007-2-1	92960	32324	379	379	379	379
2007-2-1	12955	13799		843	843	
2007-1-11	30000	23809		10000	7889	
2003-10-15	50000	10224			4274	
2007-11-28	12000	1500		2000	1500	300
2003-12-29	24000	18000	10000	1500	1000	1000
2007-3-20	14281	10028	2156	2156	2156	2156
	30000	30000	30000	30000	30000	30000
	19000	19000		19000	19000	
	41000	41000	41000	41000	41000	41000
1998-7-30	57159	66291				
2002-7-8	26949	26484				
	13811	6335			6335	
	13811	6335			6335	
2007-3-13	10584	7000	7000	6400	7000	7000
2007-9-1	10000	8800		9000	8800	
2006-6-12	10000	9500				
	80000					
2007-4-10	23190	4782		4782	4782	
2006-8-15	58100	20195		18611	18611	
2003-7-4	127200	91172	65	7774	7774	
2004-1-6	42000	39295	9290	9290	9290	9290
2005-10-5	81518	12741	12741	5451	5451	5451
2004-1-1	14085	14085	14085			14085
2004-9-1	11000	6688	6688	1000	332	332
2007-2-8	81600	2244		2000	2244	
2006-11-9	16359	14815		14000	13315	

建设项目名称 Name of Development Projects	建设地址 Construction Site	建设性质 Nature of Building	建设阶段 Construction Phrase
揭阳市区污水处理厂工程	揭阳市	新建	本年收尾
广西			
建设生态南宁市内种植 170 万株树木工程	南宁市	新建	本年收尾
南宁市三津水厂一期工程	南宁市	新建	本年收尾
城市水环境综合治理工程	南宁市	新建	本年正式施工
朝阳溪综合整治工程	南宁市	新建	本年正式施工
五象大道工程	南宁市	新建	本年正式施工
富宁路工程	江南区	新建	本年正式施工
滨江路工程	青秀区	新建	本年正式施工
南宁大桥工程	南宁市	新建	本年正式施工
凌铁大桥工程	南宁市	新建	全部停缓建
葫芦顶大桥工程	南宁市	新建	本年正式施工
北大桥工程	南宁市	新建	本年正式施工
桃源大桥工程	南宁市	新建	本年正式施工
青竹立交桥工程	青秀区	新建	本年正式施工
长罡路一期（望州南路至长罡火车站）工程	青秀区	新建	本年正式施工
葫芦顶大桥桥底与江南堤路园地面交通完善工程	青秀区	新建	本年正式施工
凤岭南路（青秀路至青环路）工程	青秀区	新建	本年正式施工
五象大道景观工程	南宁市	新建	本年正式施工
平乐大道（南宁桥至银海大道）工程	良庆区	新建	本年正式施工
竹溪民族立交桥工程	南宁市	新建	本年正式施工
长岗路一期工程	南宁市	新建	本年正式施工
南宁市七一总渠(古城路至长湖路)改造及景观亮化工程	南宁	改建和技术改造	本年收尾
南宁大桥工程	南宁市	新建	本年正式施工
凌铁大桥工程	南宁市	新建	本年正式施工
燃气管道工程	南宁市	新建	本年正式施工
城南生活垃圾填埋场扩建工程	良庆区	扩建	本年正式施工
南梧大道三期工程	兴宁区	扩建	本年收尾
朝阳溪三期（二十八中至重型机械厂）工程	西乡塘区	新建	筹建
二坑溪综合治理工程	西乡塘区	新建	本年正式施工
南宁市竹排冲环境综合整治工程	青秀区	新建	本年正式施工
南宁市心圩江环境综合整治工程	青秀区	新建	本年正式施工
南宁市云景路工程	青秀区	新建	本年正式施工
南宁市南站南侧路工程	青秀区	新建	本年正式施工
南宁市青环路工程	青秀区	新建	本年正式施工
凤岭北路工程	青秀区	新建	筹建
灵秀北路工程	青秀区	新建	筹建
清川立交交桥工程	南宁市	新建	本年正式施工
高坡岭路工程	南宁市	新建	本年正式施工
轨道交通工程	南宁市	新建	筹建

开工年月 Commence Date	项目计划 总投资 Total Investment of Project	自开始建设至本年底累计 Accumulated Investment From Start of Project to the End of This Year		本年计划投资 Planned Investment this Year	本年完成投资 Completed Investment this Year	本年新增 固定资产 Newly Added Fixed Assets of This Year
		完成投资 Completed Investment	新增固定资产 Newly Added Fixed Assets			
2005 - 10 - 20	16000	12787			4267	
	5559942	**2225203**	**838581**	**1180108**	**813343**	**354619**
2007 - 5 - 1	13779	14003	14003	13779	14003	14003
2003 - 1 - 10	29829	28850	28850		606	
2002 - 8 - 1	44201	22703		6000	6854	
1999 - 11 - 1	106600	73042		3000	6681	
2006 - 6 - 28	170000	163192		65000	35507	
2000 - 9 - 28	18463	24990		1200	1181	
2005 - 2 - 2	28602	29898			1057	
2005 - 2 - 1	55176	35072		15000	20286	
2005 - 2 - 1	74285	10390				
2004 - 7 - 1	45660	49000		13800	6764	
2005 - 1 - 1	54807	36791		32098	13394	
2005 - 1 - 1	28404	13633		14773	7474	
2006 - 12 - 1	24555	25996		20000	25140	
2007 - 12 - 1	20208	9697		16000	5697	
2007 - 8 - 20	10000	2839		10000	2839	
2006 - 12 - 1	23577	13575		15000	7653	
2007 - 9 - 1	95000	7850		20000	7850	
2007 - 8 - 1	96500	6586		40000	6586	
	21004	25576			73	
	31838	5997			5697	
2007 - 4 - 20	18275	8515	8515	16000	8015	8515
2005 - 12 - 1	64684	20286		35000	20286	
2005 - 12 - 1	77240			54000		
	22570	36745	29273		7143	5775
2002 - 2 - 20	20165	15291		2290	705	
2006 - 3 - 15	53000	49214		26106	22000	
	30000	1916		1000	1592	
2004 - 6 - 1	30000	4380		800	1300	
2004 - 2 - 18	87299	83006		24000	24062	
2007 - 6 - 18	89809	46037		28000	38067	
2005 - 6 - 8	11668	10168	10168	2500	1000	10168
2005 - 1 - 15	31866	31191	31191	8800	8819	31191
2007 - 11 - 8	31786	5021		5000	5021	
	36460	80		10000	80	
	24194	480		3000	480	
	29568	1000		1000	1000	
	17337	458		6000	458	
	100000	482		6000	482	

4-4 续56

建设项目名称 Name of Development Projects	建设地址 Construction Site	建设性质 Nature of Building	建设阶段 Construction Phrase
鲁班南路（大学东路至江北大道）	西乡塘区	新建	本年收尾
玉洞大道（银海大道至八鲤工业园）工程	良庆区	新建	本年正式施工
北际路至中尧南路工程	西乡塘区	新建	本年正式施工
白沙至星光立交桥工程	江南区	新建	筹建
桂雅路至翡翠园2号路隧道工程	青秀区	新建	本年正式施工
五一路扩建工程道路工程	江南区	扩建	本年收尾
可利江环境综合整治	西乡塘区	新建	本年正式施工
石埠路（高速至罗文南）工程	西乡塘区	新建	筹建
石埠路（罗文至新村）工程	西乡塘区	新建	筹建
西明江左支流工程	西乡塘区	新建	本年收尾
可利大道工程	西乡塘区	新建	本年正式施工
石埠河环境综合整治工程	南宁市	新建	筹建
罗文大道工程	南宁市	新建	筹建
龙腾路（新阳路至江北大道）工程	西乡塘区	新建	本年正式施工
北湖北路延长线工程	西乡塘区	新建	筹建
银海大道拓宽工程	良庆区	扩建	本年正式施工
龙岗大道工程	邕宁区	新建	筹建
仙葫大桥工程	邕宁区	新建	本年正式施工
阳和南路道路工程	柳州市	新建	本年正式施工
柳州市防洪工程	柳州市	新建	本年正式施工
东区中心路网道路工程	柳州市	新建	本年收尾
柳太路北段改造工程	柳州市	扩建	本年收尾
静兰桥改建工程	柳州市	扩建	本年正式施工
三门江大桥收尾工程	柳州市	新建	本年收尾
桂柳路改造收尾工程	柳州市	扩建	本年收尾
桂中大道延长线道路工程	柳州市	新建	本年正式施工
学院路延长线工程	柳州市	新建	本年正式施工
东环路延长线工程	柳州市	新建	本年正式施工
白沙路工程	柳州市	新建	本年正式施工
河东公园工程	柳州市	新建	本年正式施工
汇轮路工程	柳州市	新建	本年正式施工
柳太公路道路工程	柳州市	扩建	本年正式施工
南环路西段道路改造工程	柳州市	扩建	本年正式施工
东堤路及沿江景观道路工程	柳州市	新建	本年正式施工
进出口道路节点景观工程	柳州市	改建和技术改造	本年正式施工
路桥收费系统工程	柳州市	新建	本年收尾
内环路及桥梁重要节点景观工程	柳州市	改建和技术改造	本年正式施工
迎宾路道路改造工程	柳州市	改建和技术改造	本年正式施工
立冲沟生活垃圾卫生填埋场一期工程	柳州市	新建	本年正式施工
民用煤气三期工程	柳州市	新建	本年收尾
龙泉山污水处理厂收集系统工程	柳州市	新建	本年正式施工

开工年月 Commence Date	项目计划总投资 Total Investment of Project	自开始建设至本年底累计 Accumulated Investment From Start of Project to the End of This Year		本年计划投资 Planned Investment this Year	本年完成投资 Completed Investment this Year	本年新增固定资产 Newly Added Fixed Assets of This Year
		完成投资 Completed Investment	新增固定资产 Newly Added Fixed Assets			
2007-6-10	18230	3157			89	
2007-10-7	127700	1307			65	
	13505	342		16000	20	
	15000					
	20000	100		14000	100	
2006-5-11	17594	7337	7337	8760	3777	3777
	91500	21627		21000	21627	
	29520	343		100	48	
	11566			5000		
	21000	1615		1600	1615	
	31120	13157		3000	1329	
	43900	178			17	
2005-4-1	21046	13454		2500	86	
2006-9-15	15000	10000		10000	6300	
2007-5-2	32000	300			300	
2007-4-1	36000	12000		36000	12000	
2007-7-28	20300	400	400	3000	400	400
2006-4-12	20000	4234		3000	4234	
2005-12-1	11956	6916		3000	432	
1995-5-1	185061	150594	146729	10790	4746	13483
2006-11-1	11397	4542	4542	700	3500	4542
2005-6-1	10000	14071	14071	500	1947	1947
2006-10-1	16000	9143		9000	6812	
2005-12-1	61000	67750	67750	10000	14306	14306
2005-12-1	22700	25827	25827	3000	8889	8889
2007-8-1	21099	3718		10000	3718	
2007-8-1	27053	3401		5000	3401	
2007-8-1	12425	3300		3900	3300	
2007-8-1	15605	4019		10000	4019	
2006-3-1	15000	14227	14227	3000	2227	14227
2007-4-1	40955	6971		10000	6971	
2005-10-1	32000	39197		6500	10005	
2005-6-1	18000	10560	8690	4500	1890	
2005-3-1	90000	30000	30000	4200	16500	
2007-3-1	54000	44083	44083	45000	39072	39072
2005-9-1	19655	14862	14862	500	5022	14862
2006-7-1	36000	15431	15431	16000	13340	13340
2007-4-1	23300	4007	4007	23300	4007	
1999-1-1	14829	12754	12754	1600	685	685
2000-4-1	21140	24707	24707	500	1609	1609
2002-6-1	32792	17518	17518	2646	1582	1582

4-4 续57

建设项目名称 Name of Development Projects	建设地址 Construction Site	建设性质 Nature of Building	建设阶段 Construction Phrase
香兰白露桃花片区排水工程	柳州市	新建	本年收尾
白沙污水处理工程	柳州市	新建	本年正式施工
龙泉山污水处理厂二期工程	柳州市	新建	本年正式施工
竹鹅溪综合治理工程	柳州市	新建	本年正式施工
阳和污水处理工程	柳州市	新建	本年正式施工
体育中心广场工程	柳州市	新建	本年收尾
河西花卉公园一期工程	柳州市	新建	本年收尾
水南路改造工程	柳州市	改建和技术改造	本年正式施工
鱼峰-马鞍山片区绿地改造建设工程	柳州市	改建和技术改造	本年正式施工
龙潭路景观改造	柳州市	改建和技术改造	本年正式施工
蟠龙山文化公园工程	柳州市	新建	本年正式施工
桂林市漓江南洲大桥建设工程	叠彩区	新建	本年收尾
桂林城北污水处理系统工程	秀峰区	扩建	本年收尾
防洪堤工程	桂林市	新建	本年正式施工
东二环路（叠彩段）工程	桂林市	新建	本年正式施工
东二环路（七星段）工程	桂林市	新建	本年正式施工
桂林西环路改造三期工程	桂林市	扩建	本年正式施工
琴潭区中隐路建设项目	桂林市	新建	本年正式施工
雁山新城区中心环线道路工程	桂林市	新建	本年正式施工
站前路建设工程	桂林市	改建和技术改造	本年正式施工
城市生活垃圾处理系统工程	桂林市	改建和技术改造	本年收尾
铁山园基础设施道路工程	桂林市	新建	本年正式施工
高新信息园区基础设施道路工程	七星区	新建	本年正式施工
机场路改造工程	桂林市	新建	筹建
万福路西延长线新建工程	桂林市	新建	筹建
中隐路二期工程	桂林市	新建	本年正式施工
铁西小区环境整治工程	象山区	新建	本年正式施工
梧州市生活垃圾综合处理工程	长洲区	新建	本年收尾
梧州市第一污水处理厂工程	梧州市	新建	本年收尾
厂区一期工程	北海市	新建	本年收尾
厂区二级处理一期工程	北海市	新建	筹建
北海市工业园区路网工程	北海市	新建	本年正式施工
海景大道一至四标段工程	北海市	新建	本年正式施工
北海市内涝整治（一期）工程	北海市	新建	本年正式施工
银滩东区改造项目工程	银海区	新建	筹建
银滩（中区）二期改造工程	银海区	改建和技术改造	本年收尾
滨海公路银滩支线工程	北海市	新建	本年收尾
海景大道第三责任段工程	北海市	新建	本年正式施工
南珠西大街延长至师专工程	钦州市	扩建	本年正式施工
滨河西路（电厂至一桥段）工程	钦州市	新建	筹建
滨河东路北段（二桥至化工总厂）工程	钦州市	扩建	本年正式施工

开工年月 Commence Date	项目计划总投资 Total Investment of Project	自开始建设至本年底累计 Accumulated Investment From Start of Project to the End of This Year		本年计划投资 Planned Investment this Year	本年完成投资 Completed Investment this Year	本年新增固定资产 Newly Added Fixed Assets of This Year
		完成投资 Completed Investment	新增固定资产 Newly Added Fixed Assets			
2006-7-1	21709	274	274	600	274	274
2006-5-1	28402	20028		11444	10541	
2006-5-1	23364	14077		8298	8396	
2006-8-1	43754	29562		17209	23858	
2006-10-1	40868	11759		11837	11759	
2006-10-1	11426	10178	10178	785	8563	10178
2007-1-1	16861	11713	11713	3000	11713	11713
2007-1-1	26350	4054		12515	4054	
2004-8-1	57835	58248		9249	9467	
2007-5-1	45165	7422		12162	7422	
2006-10-1	43698	16824		10000	15573	
2003-12-31	28600	23600	23600	5618	5374	5374
2002-1-1	13240	8567	4100	2304	962	962
1998-10-4	87334	21401	21401	5267	609	609
	23568	19500	19500	13972	14100	14100
2003-6-1	30558	21500	21500	16211	12153	12153
2003-8-1	19083	11670	11670	7441	1215	1215
2006-5-1	11408	4981		5000	1685	1685
2005-6-1	19400	3800		10000	688	688
2005-7-1	11300	2260	2260	1800	2050	2050
2004-6-1	16441	12550		2750	2750	2750
2002-10-1	53000	15500	15500	8000	5000	5000
2005-3-10	42000	16500	16500	8600	8200	8200
2007-11-12	304260	600		30000	600	600
2007-3-2	174558	2500	2500	15000	500	500
2007-3-2	11602	4500	4500	4500	4500	4500
2004-4-8	12000	6736		2500	3500	3500
2003-10-1	16300	13497		3011	3428	
2002-10-1	12133	7800		4333	550	
1997-9-1	14323	14853		1000	49	
2007-1-1	14200	181			181	
	15437	5260	5260	2960	2960	2960
2005-9-1	90171	54881		5000	13368	
2005-9-1	10668	5011			1536	
2006-4-1	18368	1426			1426	
2003-5-1	15000	11611		5000	1463	
	11995	9459			69	
	20000	189			42	
2005-8-16	10168	4041		2500	3540	
2007-1-7	13500	1060		2000	1060	
2005-2-28	14000	11659		1000	260	

建设项目名称 Name of Development Projects	建设地址 Construction Site	建设性质 Nature of Building	建设阶段 Construction Phrase
扬帆大道建设工程	钦州市	新建	本年正式施工
富民路延长线至南珠东大街工程	钦州市	新建	本年正式施工
兴桂路延长线至南珠东大街工程	钦州市	新建	本年正式施工
子材大桥（钦江四桥）工程	钦州市	新建	筹建
沙井大道北段（南珠西大街至钦州湾大道）工程	钦州	新建	筹建
金海湾东大街扩建工程	钦州	扩建	本年正式施工
钦州市江海湖旅游项目-白石湖建设一期工程	钦州	新建	筹建
钦州市环城路北段工程	钦南区	新建	本年正式施工
蓬莱大道南段、新华路北延长线工程	钦南区	新建	筹建
钦州市河西污水处理厂工程	钦南区	新建	本年收尾
市级公共场馆	钦南区	新建	筹建
信息地下共用管网建设工程	贵港市	新建	本年正式施工
郁江北堤防洪工程	贵港市	新建	本年正式施工
中心城区给水管网工程	贵港市	新建	本年正式施工
贵港市城西污水处理厂工程	贵港市	新建	本年正式施工
贵港市垃圾无害化处理厂工程	贵港市	新建	本年正式施工
中山路北延段建设工程	贵港市	新建	本年正式施工
新奥燃气工程	贵港市	新建	本年正式施工
大南路北段（西街口至江滨路）工程	玉林市	改建和技术改造	本年正式施工
为民路道路工程（城东区）	玉林市	新建	本年正式施工
秀水路（城东区）工程	玉林市	新建	本年正式施工
岑兴高速公路玉林城区段工程	玉林市	新建	本年正式施工
玉州区工业集中区管委博洋佛山工业园一期道路排水排污基础工程	玉林市	新建	本年正式施工
玉林市水环境综合治理工程子项目玉林市污水处理治理工程	玉林市	新建	本年正式施工
玉林市水环境综合治理工程子项目郁江引水工程(一期)	玉林市	新建	筹建
玉林市城区管道燃气建设工程	玉林市	新建	本年收尾
南流江防洪路堤结合三期工程	玉林市	改建和技术改造	本年收尾
江滨二期工程	右江区	扩建	本年收尾
拉域大桥工程	右江区	新建	本年正式施工
污水处理厂工程	右江区	新建	本年正式施工
河道堤防工程	右江区	扩建	本年正式施工
污水处理厂工程	金城江区	新建	本年正式施工
河池市城西大道工程	金城江区	新建	本年正式施工
河池市城东进城大道工程	金城江区	新建	本年收尾
中心广场改造一期工程	金城江区	新建	本年正式施工
中山大道道路工程	宜州市	新建	本年正式施工
红水河二桥	来宾市	新建	本年收尾
海南			
海甸岛环富路工程	海口市	改建和技术改造	本年正式施工

开工年月 Commence Date	项目计划总投资 Total Investment of Project	自开始建设至本年底累计 Accumulated Investment From Start of Project to the End of This Year		本年计划投资 Planned Investment this Year	本年完成投资 Completed Investment this Year	本年新增固定资产 Newly Added Fixed Assets of This Year
		完成投资 Completed Investment	新增固定资产 Newly Added Fixed Assets			
2004-8-13	23000	14014		2000	1596	
2007-1-26	17337	500		1000	500	
2007-1-26	16566	500		1000	500	
	27213	1000		2000	1000	
2007-5-9	16243	100		1000		
2007-4-25	15000	1000		1000	1000	
	200000	1000		1000	1000	
2007-11-1	15000	1650		3000	1650	
2007-12-12	10000	1350		3000	1350	
2002-12-12	17000	13962	13962	2000	1289	13962
2007-9-1	26000	870		4100	870	
2006-2-1	20000	1700	1000	2000	1000	1000
2002-3-14	17922	7456		4844		
2002-12-1	14566	2009	2000	300	307	2000
2003-7-1	24138	7777			3683	
2002-7-3	10407	4738			777	777
	13000	1854		2000	1000	
2005-1-10	23000	3366		1000	555	
2007-3-15	10000	800		3000	800	
2007-11-18	22600	3500		3500	3500	
2007-11-19	26900	6200		6200	6200	
2007-1-20	17000	7486		7486	7486	
2007-1-20	41800	3100		5000	3100	
2006-11-3	50340	7660		5838	5838	
	49700	250		250	250	
2004-5-1	36000	14750	14750	7002	7002	14750
2002-11-1	17770	7293	7293	3752	3752	7293
2005-4-26	13000	12247			233	
2007-1-18	11566	4817	4817		3593	3593
2007-10-8	21235	1921	1921		1681	1681
2007-3-26	18035	7094	6351	578	961	796
2007-1-1	13000	1290			1290	
2003-3-20	15800	9090	9090	7500	4287	4287
2003-1-1	10160	10160	10160	2750	2750	2750
	16800	16800	16800	5300	5300	5300
2003-9-10	12015	8140		1100	1100	
2006-9-1	10425	5398	5046	4000	4866	5046
	577392	**312769**	**97943**	**222384**	**199076**	**80852**
2007-1-3	27769	13832		14000	13832	

建设项目名称 Name of Development Projects	建设地址 Construction Site	建设性质 Nature of Building	建设阶段 Construction Phrase
长秀片区路网工程	海口市	改建和技术改造	本年正式施工
教育路网工程	海口市	改建和技术改造	本年正式施工
滨江西路工程	海口市	改建和技术改造	本年正式施工
绕城公路工程	海口市	改建和技术改造	本年正式施工
海新大桥工程	海口市	新建	本年正式施工
一园两湖环境综合整治工程	海口市	新建	本年正式施工
燃气管网工程	海口市	新建	本年正式施工
海口市园林管理局工程	海口市	新建	本年正式施工
海口市城市发展有限公司工程	海口市	新建	本年正式施工
海口市城市发展有限公司工程	海口市	新建	本年正式施工
桂林洋高校区工程	海口市	新建	本年正式施工
海新大桥工程	海口市	新建	本年正式施工
绕城公路东区工程	海口市	新建	本年正式施工
海口市老城区管网改造工程	海口市	新建	本年正式施工
海口市市政路网改造工程	海口市	新建	本年收尾
海口市中心区污水截流并网工程	海口市	新建	本年正式施工
府城分区污水管网工程	海口市	新建	本年正式施工
三亚市政设施建设工程	三亚市	新建	本年正式施工
沿河北路工程	琼海市	新建	本年正式施工
海榆东线万城区段道路改造及配套建设项目	万宁市	改建和技术改造	本年正式施工
重庆			
城市污水处理工程	万州区	新建	本年正式施工
万州区北滨路工程	万州区	新建	本年收尾
江南新区市政设施改建工程	万州区	改建和技术改造	本年正式施工
基础设施建设工程	万州区	新建	本年正式施工
万州区申明坝污水处理工程	万州区	新建	本年正式施工
基础设施建设工程		新建	本年正式施工
李渡东西干道一期工程	涪陵区	新建	本年正式施工
李渡长江大桥工程	涪陵区	新建	本年收尾
涪陵东西干道工程	涪陵区	新建	本年收尾
公园路改造及乌江二桥 A、B 匝道工程	涪陵区	新建	本年正式施工
李渡南北快速通道工程	涪陵区	新建	本年收尾
涪陵火车站站前大道工程	涪陵区	新建	本年收尾
李渡府院路一期工程	涪陵区	新建	本年正式施工
石板沟长江大桥工程	涪陵区	新建	本年正式施工
乌江二桥工程	涪陵区	新建	本年正式施工
陈庹路西半幅快速干道工程	重庆市	新建	本年正式施工
双山公园工程	重庆市	新建	本年正式施工
重庆鱼洞长江大桥北导道工程	重庆市	新建	本年正式施工
鱼洞大桥工程	重庆市	新建	本年正式施工
金建路工程	重庆市	新建	本年正式施工
新郭伏路工程	重庆市	新建	本年正式施工
双山路及土地整治开发工程	重庆市	新建	本年正式施工
石林大道工程	大渡口区	新建	本年正式施工
建桥工业园区土地整治工程	大渡口区	新建	本年正式施工

开工年月 Commence Date	项目计划总投资 Total Investment of Project	自开始建设至本年底累计 Accumulated Investment From Start of Project to the End of This Year		本年计划投资 Planned Investment this Year	本年完成投资 Completed Investment this Year	本年新增固定资产 Newly Added Fixed Assets of This Year
		完成投资 Completed Investment	新增固定资产 Newly Added Fixed Assets			
2006-10-8	20000	18610		19000	18610	
2006-6-8	19936	7903			3886	
2005-1-8	84874	45456		4447	4447	
2005-10-8	40121	30722		14000	13935	
2007-11-8	12850	528			528	
	50000	7108		14741		
2007-2-15	24000	23000	23000	24000	23000	23000
2007-10-15	16270	16270	16270		16270	
	68700	21787		20000	5157	
	22711	8806		22711	8806	
	20779	14281			2816	
	12850	528			528	
	34128	24098		11632	11632	
2006-7-2	20742	2299		2477	976	
2007-3-6	32743	32743	32743	32743	32743	32743
	15693	3742	1899	6750	1460	1393
	12959	2439	2064	5650	1833	1749
2007-1-1	16483	14833	14833	16483	14833	14833
2007-4-1	10034	10034	7134		10034	7134
2007-9-10	13750	13750		13750	13750	
	7959603	**4554397**	**1095719**	**1599027**	**1745295**	**1325831**
2000-12-7	41408	32109		7000	6718	
2002-1-11	120000	113700		14000	11250	113700
2002-3-3	150000	148820	14820	29000	31020	148820
2007-1-20	25000	20000	20000	20000	20000	20000
2007-4-29	25000	8690		10000	8690	
	21900	6010		8000	6010	
2007-8-17	16500	6200			6200	
2004-1-16	35509	35509		4868	4868	35509
2004-5-17	57715	53000			18364	53000
2007-11-16	30700	6000			6000	
2006-3-16	20917	20900			10000	20900
2004-5-14	12000	9344			1535	9344
2007-8-16	11657	5100			5100	
2004-12-16	33626	25880		10000	10500	
2004-10-15	27013	27812		5882	5882	
2005-8-1	42000	40369	4434	4500	4434	4434
2006-1-1	35000	24654	1026	1000	1026	1026
2006-12-1	54000	37712		25000	21551	
2005-1-1	16319	15930		10000	8705	
2007-6-1	20000	11000		11000	11000	
2007-4-27	117791	1430		1430	1430	
2007-4-7	130000	51500		50000	51500	
2006-9-1	22000	21870	21870	15000	16870	21870
2003-9-1	100000	64478		25000	24118	

4-4 续 60

建设项目名称 Name of Development Projects	建设地址 Construction Site	建设性质 Nature of Building	建设阶段 Construction Phrase
大渡口污水处理厂工程	大渡口区	新建	本年正式施工
李家沱污水处理厂工程	巴南区	新建	本年正式施工
井口污水处理厂工程	沙坪坝区	新建	本年正式施工
中梁山污水处理厂工程	九龙坡区	新建	本年正式施工
观鸿大道及东部立交工程	江北区	新建	本年正式施工
寸滩立交工程	江北区	新建	本年正式施工
港城工业园基础设施工程	江北区	迁建	本年正式施工
土主城市污水处理工程（一期）	沙坪坝区	新建	本年收尾
石新路道路及排水改建工程	沙坪坝区	改建和技术改造	本年收尾
凤中路拓宽改造工程	沙坪坝区	扩建	本年收尾
汉渝路立交工程	沙坪坝区	改建和技术改造	本年正式施工
天扬路拓宽改造工程	沙坪坝区	改建和技术改造	本年正式施工
梨高路连接干道工程	沙坪坝区	新建	本年正式施工
大学城基础设施建设工程	沙坪坝区	新建	本年正式施工
西永微电园基础设施工程	沙坪坝区	新建	本年正式施工
井口工业园区基础设施工程	沙坪坝区	新建	本年正式施工
陈家桥中心镇基础设施工程	沙坪坝区	新建	本年正式施工
嘉陵路改造工程	沙坪坝区	改建和技术改造	本年正式施工
212 国道杨双段拓宽改造工程	沙坪坝区	扩建	本年正式施工
歌乐山烈士陵园红岩魂广场二期工程	沙坪坝区	扩建	本年正式施工
清水溪流域环境综合整治一期工程	沙坪坝区	新建	本年正式施工
梁滩河整治项目（土主污水处理厂）	沙坪坝区	新建	本年正式施工
园林绿化建设工程	九龙坡区	新建	本年收尾
华岩风景区扩建二期	九龙坡区	扩建	本年正式施工
半山环道工程	九龙坡区	新建	本年正式施工
市政道路建设工程	南岸区	新建	本年正式施工
跳墩河沿线道路土地整治工程	南岸区	新建	本年正式施工
通江大道综合管网工程	南岸区	新建	本年正式施工
南坪中心交通枢纽工程	南岸区	改建和技术改造	本年正式施工
滨江路三期工程	南岸区	新建	本年收尾
北碚防洪护岸工程	北碚区	新建	本年正式施工
中环线快速干道 A	北碚区	新建	本年正式施工
嘉悦大桥工程	北碚区	新建	本年正式施工
北碚同兴工业园区基础设施建设工程	北碚区	新建	本年正式施工
三溪口立交工程	北碚区	新建	本年正式施工
万盛公园改扩建工程	万盛区	新建	本年正式施工
中环线立交桥工程	渝北区	新建	本年正式施工
重庆空港工业园区凌空大道 BT 工程	渝北区	新建	筹建
嘉华大桥北引段渝北段工程	渝北区	新建	筹建
长江鱼洞段防洪护岸综合整治一期工程	巴南区	新建	本年正式施工
鱼洞长江大桥南引道工程	巴南区	新建	本年正式施工

4-1 continued 60

开工年月 Commence Date	项目计划 总投资 Total Investment of Project	自开始建设至本年底累计 Accumulated Investment From Start of Project to the End of This Year		本年计划投资 Planned Investment this Year	本年完成投资 Completed Investment this Year	本年新增 固定资产 Newly Added Fixed Assets of This Year
		完成投资 Completed Investment	新增固定资产 Newly Added Fixed Assets			
2005-12-11	12663	11882		346	346	
2006-1-17	14448	13814		3716	3716	
2006-1-15	11895	7071		3603	3603	
2006-11-28	13593	9038		7073	7073	
2007-9-1	26000	10000		15800	10000	
2007-9-1	25000	4278		5000	4200	
2003-9-30	168400	83160		65000	64884	
2006-1-1	15922	14844	14844	5780	6514	6514
2004-4-1	30000	30000	30000	1501	1501	30000
2006-1-1	27803	27803	27803	13075	13075	13075
2006-6-1	12673	12618		4100	8472	
2007-5-1	57633	9956		1600	9956	
2007-5-1	51211	10010		170	10010	
2003-11-1	520000	452543	393543	98505	98505	58505
2005-8-1	480000	159850	21493	102000	63311	21493
2006-1-1	97000	51613	46397	5216	5216	
2004-1-1	21654	18034	17034	7500	7500	6500
2007-4-1	13163	13163	13163	13163	13163	13163
2005-3-1	85800	85800	85800	585	13050	85800
2006-8-1	13179	12300			5500	
2001-12-1	29316	13463	13463		2229	13463
2006-1-1	15922	13843			13843	
2007-1-20	10864	10864	10864	10864	10864	10864
	36000	26400		11800	11800	
2007-10-1	12000	4000		4000	4000	
2007-5-1	45000	44411	44411	12219	12219	12219
2007-6-1	14000	13074	13074	13074	13074	13074
2007-1-1	10000	2660		2660	2660	
2007-12-1	122700	9200	8605	8605	8605	8605
2007-1-1	58000	58000	58000	58000	58000	58000
2005-1-23	21417	13388		1575	1575	
2007-2-9	22000	13000		13000	13000	
2007-4-12	78050	5090		5090	5090	
2007-1-1	113709	74257		12950	12950	
2007-1-1	20000	9800		9800	9800	
2007-1-1	12000	118	37	118	118	37
2007-1-23	52300	26040		26000	26040	
2007-7-25	28400	300		300	300	
	15780	1000		1000	1000	
2004-4-10	41000	40493	40493	12000	11205	40493
2006-11-8	20000	10334		12000	9060	

4-4 续 61

建设项目名称 Name of Development Projects	建设地址 Construction Site	建设性质 Nature of Building	建设阶段 Construction Phrase
老城、正阳新城基础设施建设工程	黔江区	新建	本年正式施工
茶涪路工程	长寿区	新建	本年正式施工
滨江路工程	长寿区	改建和技术改造	本年正式施工
高九路(高新区段)工程	高新区	新建	本年收尾
金州大道工程	高新区	扩建	本年正式施工
龙头寺铁路客运站片区道路工程	高新区	扩建	本年正式施工
人和组团道路工程	高新区	扩建	本年正式施工
金海大道工程	经开区	新建	本年收尾
金渝大道西延段工程	经开区	新建	本年收尾
南滨路工程	经开区	新建	本年收尾
金兴大道工程	经开区	新建	本年收尾
江津区双福工业园基础设施建设项目	江津区	新建	本年正式施工
迎宾大道等“白改黑”工程	合川区	改建和技术改造	本年正式施工
嘉陵江二桥工程	合川区	新建	筹建
城北大道及北环延伸段建设工程	合川区	新建	筹建
合川城区污水处理工程	合川区	新建	本年正式施工
一环路建设工程	永川区	新建	本年正式施工
重庆市南山植物园(中心景区景观园)工程	重庆市	新建	筹建
燃气集团项目	重庆市	扩建	本年正式施工
大渡口污水处理厂工程	大渡口区	新建	本年正式施工
李家沱污水处理厂工程	巴南区	新建	本年正式施工
井口污水处理厂工程	沙坪坝区	新建	本年正式施工
中梁山污水处理厂工程	九龙坡区	新建	本年正式施工
主城区净水工程	重庆	改建和技术改造	本年正式施工
唐家沱污水处理厂污泥处理工程	江北区	新建	本年正式施工
鸡冠石污水厂污泥处理工程	南岸区	新建	筹建
主城排水工程	重庆市	新建	本年正式施工
西永微电子园污水处理厂工程	重庆	新建	本年正式施工
永川污水处理厂工程	重庆	新建	本年收尾
固定资产投资	江北区	单纯购置	单纯购置
重庆市轨道交通三号线一期工程	重庆市	新建	本年正式施工
重庆市轨道交通一号线一期工程	重庆市	新建	本年正式施工
重庆市轨道交通二号线工程	重庆	新建	本年收尾
朝天门大桥	江北区	新建	本年正式施工
重庆鱼洞大桥正桥一期工程	巴南区	新建	本年正式施工
重庆鱼洞大桥北引道工程	大渡口区	新建	本年正式施工
重庆鱼洞大桥南引道工程	巴南区	新建	本年正式施工
菜园坝大桥工程	渝中区	新建	本年收尾
牛滴路工程	渝中区	新建	本年收尾
高九路沙区段工程	沙坪坝区	新建	本年正式施工
菜九路工程	渝中区	新建	本年正式施工

开工年月 Commence Date	项目计划 总投资 Total Investment of Project	自开始建设至本年底累计 Accumulated Investment From Start of Project to the End of This Year		本年计划投资 Planned Investment this Year	本年完成投资 Completed Investment this Year	本年新增 固定资产 Newly Added Fixed Assets of This Year
		完成投资 Completed Investment	新增固定资产 Newly Added Fixed Assets			
2004-1-21	122197	41977	6700	26000	18577	6700
2007-1-1	24000	12000		12000	12000	
	25000	15575		350	350	
2006-9-30	50000	49000	49000	34000	34000	34000
2006-4-20	20000	10000		7200	7200	
2006-1-20	14600	4330		4700	4700	
2006-1-20	11290	9000		6000	6000	
2006-1-20	48400	1600	1600	1600	1600	1600
2006-1-20	41700	34000	7700	7700	7700	7700
2005-11-17	34000	24000	24000	10000	10000	10000
2007-1-5	39000	39000	39000	39000	39000	39000
2002-10-14	60000	43416		15000	14168	
2007-7-20	19500	9000		8500	9000	
2007-11-29	18200	500		500	500	
	57000	1690		1690	1690	
2006-8-18	15531	9186		3000	3000	
2007-2-5	15000	15000	15000	15000	15000	15000
1998-1-1	48000	28793	9555	8000	9555	9555
	81746	53219		22397	15292	
2005-12-11	12663	11882		346	346	
2006-1-17	14448	13814		3716	3716	
2006-1-15	11895	7071		3603	3603	
2006-11-28	13593	9038		7073	7073	
2003-12-31	118301	69446		12462	12462	
2007-12-26	20660	8850		8250	8250	
	28992	1209		1110	1110	
2001-9-26	371923	347097		15296	15296	
2007-12-31	19258	400		400	400	
2004-5-26	13318	12651		1351	1351	
	27146	27146	27146	27146	27146	27146
2007-4-13	638693	157795		86888	86888	
2007-6-17	747817	47068		47068	47068	
2004-4-17	508100	470300		32200	32200	
2004-12-23	302241	154987		60000	84984	
2004-12-23	37286	36772		8000	13204	
2006-12-8	82048	19157		3000	7150	
2007-5-9	72309	36147			36147	
2003-12-9	224136	245460		37233	49169	245460
2006-1-26	121960	102748		50000	79731	102748
2006-12-22	19180	15560		15000	14717	
2007-3-15	20000	6000			6000	

建设项目名称 Name of Development Projects	建设地址 Construction Site	建设性质 Nature of Building	建设阶段 Construction Phrase
土主城市污水处理一期工程	沙坪坝区	新建	本年收尾
道路桥梁工程	重庆市	新建	本年正式施工
四川			
成都市东部新区工程	锦江区	新建	本年正式施工
中心城水环境综合整治工程	成都市	扩建	本年正式施工
中心城四座污水处理厂建设工程	成都市	新建	本年正式施工
两场一站一所项目	成都市	新建	本年收尾
大熊猫生态园建设项目	成都市	扩建	本年正式施工
郊县污水处理厂建设项目	成都	新建	本年正式施工
成都地铁1号线一期工程	成都市	新建	本年正式施工
南部新区起步区基础设施建设(园林)	高新区	新建	本年正式施工
成华区东郊企业生活区危旧房改造工程	成华区	扩建	本年正式施工
成华区赖家店城镇综合改造工程	成华区	扩建	本年正式施工
沙河二期工程	成都市	扩建	本年正式施工
沙河堡工程	锦江区	扩建	本年正式施工
驷马桥工程	成华区	扩建	本年正式施工
沙河配置土地整理工程	成都市	扩建	本年正式施工
北新大道工程	成都	新建	本年正式施工
IT大道入城段及配套工程	金牛区	新建	本年正式施工
成都市成彭高速入城段改造工程	成都市	新建	本年正式施工
北新大道工程	成都市	新建	本年收尾
华润拆迁工程	锦江区	迁建	本年收尾
IT大道、三环路、成彭路整治拆迁工程	金牛区	恢复	本年正式施工
金牛区金新路工程	金牛区	新建	本年正式施工
污水干管工程	武侯区	新建	本年正式施工
三环路风貌整治工程	武侯区	新建	本年正式施工
大邦第一城财富广场工程	青白江区	新建	本年正式施工
新城区道路建设工程	温江区	新建	本年正式施工
高新区西部园区道路工程	温江区	新建	本年正式施工
高新区南部园区排水工程	温江区	新建	本年正式施工
高新区南部园区道路工程	温江区	新建	本年正式施工
高新区西部园区排水工程	温江区	新建	本年正式施工
内二环路建设工程	都江堰市	新建	本年正式施工
新城区建设工程	邛崃市	新建	筹建
旧城改造工程	邛崃市	改建和技术改造	筹建
工业区"女鞋之都"基础设施建设	崇州市	新建	本年正式施工
沿滩新城道路基础设施建设	自贡市	新建	本年正式施工
板仓工业园基础设施	自贡市	新建	本年正式施工
张家沱保护性改造工程	自贡市	改建和技术改造	本年正式施工
东兴寺道路景观改造	自贡市	扩建	本年正式施工

开工年月 Commence Date	项目计划总投资 Total Investment of Project	自开始建设至本年底累计 Accumulated Investment From Start of Project to the End of This Year		本年计划投资 Planned Investment this Year	本年完成投资 Completed Investment this Year	本年新增固定资产 Newly Added Fixed Assets of This Year
		完成投资 Completed Investment	新增固定资产 Newly Added Fixed Assets			
2006-1-1	15922	14844	14844	5780	6514	6514
2006-10-18	130000	121640		130000	121640	
	6358802	**4679087**	**234975**	**933228**	**1008752**	**340474**
2004-2-2	708000	66466	11184	90000	26915	
2003-2-2	390301	306146			25680	25680
2007-5-22	73887	33244			33244	
2005-6-2	60212	51083			5497	5497
2005-10-2	35000	35497			8987	8987
2007-6-7	13461	5714			5710	
2005-12-28	788500	286000		169000	171000	
2003-12-31	904080	102644		100000	60360	60360
2006-10-1	904865	150759		150000	150759	
2007-12-1	127314	405		400	405	
2005-10-1	58225	14183		1000	1619	
2003-8-1	140000	64670		4000	4079	
2003-7-1	176400	142159		6000	6687	
2004-8-1	360000	2730720		80000	89316	
2005-10-5	51600	48430	48430	29000	27638	48430
	25000	1729			1729	
	148000	669			669	
	48000	41192			9192	
	23000	23000		23000	23000	23000
	10000	3304			3304	
2007-10-18	10000	1764			1764	
2007-1-10	16800	14000	14000	14000	14000	14000
2007-1-10	23000	8200	8200	8200	8200	8200
	50000	5809		10000	5809	5809
2007-1-1	22455	18315		13288	13288	8450
	31294	42428	68	12438	22384	68
	11992	40715	26429	8963	37134	26429
	17987	61072	39642	13446	55702	39642
	20862	28285	45	8292	14923	45
2007-7-11	17220	4700		4700	4700	
2002-11-1	50000	31367		18633	6574	
	24678	20389		4289	2268	
2007-5-30	30477	4991			4991	
2005-4-6	32500	6017	6000	5000	6017	6000
2006-7-6	15000	12703	12703	4759	12703	12703
2007-9-13	20000	9296	9000		9296	9000
2007-11-7	35600	720	700		720	700

建设项目名称 Name of Development Projects	建设地址 Construction Site	建设性质 Nature of Building	建设阶段 Construction Phrase
炳仁路后段工程	攀枝花市	新建	本年正式施工
沱江复线桥、茜草长江大桥前期工程	江阳区	新建	本年正式施工
大件路扩建工程	市中区	扩建	本年正式施工
峨眉河整治工程	峨眉山市	新建	本年正式施工
城市道路桥梁建设工程	南充市	扩建	本年正式施工
岷江大道建设工程	东坡区	新建	本年正式施工
通惠河一期整治工程	东坡区	改建和技术改造	本年收尾
天池滨江路工程	翠屏区	新建	本年正式施工
交通街综合开发项目	翠屏区	新建	本年正式施工
城市西环线南二段工程	翠屏区	新建	本年正式施工
三江路三四期工程	翠屏区	新建	本年正式施工
滨江环城工程	翠屏区	新建	本年正式施工
中坝组团综合开发	翠屏区	新建	本年正式施工
翠柏大道及天池片区工程	翠屏区	新建	本年正式施工
天池金沙江特大桥工程	翠屏区	新建	本年正式施工
两路桥下穿通道工程	翠屏区	新建	本年正式施工
城市西环线城南一段工程	翠屏区	新建	本年正式施工
白纱工业园区工程	翠屏区	新建	本年正式施工
金龙大桥工程	通川区	新建	本年正式施工
三贤文化公园	雁江区	新建	本年正式施工
市污水处理厂建设工程	西昌市	改建和技术改造	本年收尾
贵州			
观山路工程	贵阳市	新建	本年正式施工
金西路工程	贵阳市	新建	本年正式施工
迎宾路工程	贵阳市	新建	本年正式施工
金阳大道工程	贵阳市	新建	本年正式施工
兴筑路工程	贵阳市	新建	本年正式施工
体育路工程	贵阳市	新建	本年正式施工
诚信路工程	贵阳市	新建	本年正式施工
碧海花园八号路网工程	贵阳市	新建	本年正式施工
金朱路工程	贵阳市	新建	本年正式施工
长岭路工程	贵阳市	新建	本年正式施工
金阳中央商务区路网工程	贵阳市	新建	本年正式施工
兴黔路一期工程	贵阳市	新建	本年正式施工
兴黔路二期工程	贵阳市	新建	本年正式施工
金朱西路工程	贵阳市	新建	本年正式施工
金岭西路工程	贵阳市	新建	本年正式施工
十四号路工程	贵阳市	新建	本年正式施工
兴筑东路三期工程	贵阳市	新建	本年正式施工
贵金线工程	贵阳市	新建	本年正式施工

开工年月 Commence Date	项目计划总投资 Total Investment of Project	自开始建设至本年底累计 Accumulated Investment From Start of Project to the End of This Year		本年计划投资 Planned Investment this Year	本年完成投资 Completed Investment this Year	本年新增固定资产 Newly Added Fixed Assets of This Year
		完成投资 Completed Investment	新增固定资产 Newly Added Fixed Assets			
2007-1-1	52230	4660		8379	4660	
2007-1-1	57369	674		2100	649	
2006-3-1	13626	13626	13626	7800	7800	13626
2006-2-10	15000	9310		6500	4310	
	20000	18870	18870	18870	18870	18870
2006-12-20	10500	8318		7300	5118	
2006-3-1	12000	13000	13000	5500	6500	1300
2007-1-1	19300	2460		2460	2460	
2007-1-1	14084	4300		4300	4300	
2007-1-1	12422	2200		12422	2200	
2007-1-1	33615	17281		17281	17281	
2007-1-1	57406	7650		7650	7650	
2007-1-1	50038	43877		900	900	
2007-1-1	58578	37735		5100	5100	
2007-1-1	17518	9200		9200	9200	
2007-1-1	12100	6579		3100	3100	
2007-1-1	14154	5050		5050	5050	
2007-12-1	375000	38619		15068	15068	
2007-12-13	10000	800	800	800	800	800
	13200	9400	9400	5800	4780	
	14952	6693	2878	9240	6693	2878
	1966685	**887336**	**231584**	**353403**	**406378**	**182037**
2002-11-29	113956	59453	1467	4500	4549	933
	59124	56234	1511		1730	1044
	109644	49233	495		2662	264
	70103	66212	1534		1661	915
	69038	61277	1124		11945	750
	24065	18848	307		11945	200
	26850	24890	582		1130	358
	20000	12401	11001		3	1
	34000	28678	209		10828	126
	39404	36948	526		760	345
	40000	30917	47		3638	13
	22000	21164	344		6122	271
	14500	116	48		44	16
	40000	3014	40		243	17
	24303	720	46		51	20
	30000	2463	12		379	
	11263	5391	87		2615	58
	73146	7764	21		7755	19

4-4续 64

建设项目名称 Name of Development Projects	建设地址 Construction Site	建设性质 Nature of Building	建设阶段 Construction Phrase
西南环线一期工程	小河区	新建	本年正式施工
北京西路工程	云岩区	新建	本年正式施工
小河污水处理厂二期工程	小河区	新建	本年正式施工
服务大楼立交桥工程	南明区	新建	本年正式施工
花溪二道工程	花溪区	新建	本年正式施工
朝阳洞路工程	南明区	扩建	本年正式施工
贵金线(瑞金北路延伸段)工程	云岩区	新建	本年正式施工
黔江北路工程	小河区	扩建	本年正式施工
道路改造遗留工程	云岩区	扩建	本年收尾
新庄污水处理厂工程	乌当区	新建	本年正式施工
水东路工程	乌当区	新建	本年正式施工
西南环线(小河段)工程	小河区	扩建	本年正式施工
凉都大道工程	钟山区	改建和技术改造	本年正式施工
中华东西路友爱路段工程	安顺市	改建和技术改造	本年正式施工
污水处理厂工程	西秀区	新建	本年正式施工
黄果树大街西秀新区段工程	安顺市	扩建	本年正式施工
黄果树大街开发区段工程	安顺市	扩建	本年正式施工
机场路工程	安顺市	扩建	本年正式施工
环东路道路改造工程	毕节市	改建和技术改造	本年正式施工
迎宾路道路改造工程	毕节市	改建和技术改造	本年正式施工
东升路道路改造工程	毕节市	改建和技术改造	本年正式施工
倒天河流域综合治理及灌溉二期工程	毕节市	改建和技术改造	本年正式施工
东出口公路改扩建工程	毕节市	改建和技术改造	本年正式施工
城区污水管网收集系统工程	凯里市	新建	本年正式施工
管道燃气工程	都匀市	新建	本年正式施工
污水处理工程	都匀市	新建	本年收尾
云南			
虹山煤乞储备站搬迁工程	昆明市区	迁建	本年收尾
呈贡新区供水工程	昆明市区	新建	本年正式施工
广福路改扩建工程	昆明市区	扩建	本年收尾
西坝路改扩建工程	昆明市区	扩建	本年正式施工
东入城口综合整治	昆明市区	扩建	本年收尾
国道昆明东连接线	昆明市区	新建	本年收尾
海埂路改扩建工程	昆明市区	扩建	本年正式施工
国道昆明东连接线工程	昆明市区	新建	本年收尾
昆明交通微循环改造工程	昆明市区	扩建	本年正式施工
环湖东路建设工程	昆明市区	新建	本年正式施工
一、二、一大街和学府路改造工程	昆明市区	扩建	本年正式施工
昆明入城段改扩建工程	昆明市区	扩建	本年正式施工
老城区道路绿化工程	曲靖市	改建和技术改造	本年收尾

开工年月 Commence Date	项目计划 总投资 Total Investment of Project	自开始建设至本年底累计 Accumulated Investment From Start of Project to the End of This Year		本年计划投资 Planned Investment this Year	本年完成投资 Completed Investment this Year	本年新增 固定资产 Newly Added Fixed Assets of This Year
		完成投资 Completed Investment	新增固定资产 Newly Added Fixed Assets			
2006-9-14	77333	46145		50000	40985	
2007-10-22	134542	20336		21000	20386	
2006-7-1	12577	7875		8000	4930	
2007-3-20	19020	19019	19019	19020	19019	19019
2007-10-28	229425	22935		24000	22985	
2007-10-28	27204	7053		8000	7053	
2007-6-30	116637	25517		26000	25517	
2007-12-28	32932	5791		6000	5791	
2006-1-28	33745	32745	32745	15000	14990	14990
2006-9-20	58235	11345		10000	9515	
2007-2-1	47034	3419			3419	
2007-5-8	50000	8600	8600		8600	
	63616	23203			6642	
2007-5-10	12500	4250	1000	1500	1500	1000
2006-1-25	11870	5200	4892	5000	3558	3000
2007-2-8	11835	9250	4500	11835	9250	4500
	12473	11340	8050	8000	8022	8022
2006-12-1	13121	6522	2877	3000	2778	2778
2007-4-5	18469	18469	18469	18469	18469	18469
2007-4-5	18558	18558	18558	18558	18558	18558
2007-4-5	10997	10997	10997	10997	10997	10997
2007-1-24	50000	50000	50000	50000	50000	50000
2007-2-28	21000	21000	21000	21000	21000	21000
2007-5-20	17803	2260	1792	9000	1792	1792
2007-8-18	32557	340	340	340	340	340
	11806	9344	9344	4184	2222	2222
	1640438	**1109569**	**114109**	**326381**	**311304**	**127958**
2006-10-20	29148	11187		3265	3265	
2007-1-20	28700	7412		7412	7412	
2006-3-20	184897	159805		63334	63334	
2007-9-30	60500	1443		1443	1443	
2007-3-6	78000	14300		14300	14300	
2003-5-6	293800	264916		940	940	
2007-9-30	35495	1152		1152	1152	
2003-5-2	293800	264916		940	940	
2007-9-8	30500	8465		8465	8465	
2007-4-30	70500	9713		9713	9713	
2007-9-25	16760	10907		10907	10907	
2006-11-2	72600	50900		50900	50900	
2007-1-20	12838	12838	12838	12838	12838	12838

4-4 续 65

建设项目名称 Name of Development Projects	建设地址 Construction Site	建设性质 Nature of Building	建设阶段 Construction Phrase
西城区道路建设工程	曲靖市	新建	本年收尾
东片区土地购置	曲靖市	单纯购置	单纯购置
宣威榕峰路、西河治理工程	宣威市	新建	本年收尾
中心城区防洪水系综合整治一期工程	红塔区	新建	本年正式施工
生活垃圾综合处理厂工程	红塔区	新建	本年正式施工
基础设施建设工程	隆阳区	改建和技术改造	本年收尾
丽江市垃圾处理场工程	古城区	新建	本年正式施工
丽江市第二污水处理厂工程	古城区	新建	本年正式施工
开远市泸江河综合治理工程	开远市	改建和技术改造	本年收尾
二期路网改造工程	景洪市	新建	本年收尾
大理市经济开发区供排水二期工程	大理市	新建	本年正式施工
大理经济开发区环洱海排污干渠(上河至灯笼河)	大理市	新建	本年正式施工
大理市交通局214国道工程	大理市	新建	本年收尾
大理市交通局西环线至环洱海连络线工程	大理市	新建	本年正式施工
大理市交通局兴盛大桥工程	大理市	新建	本年正式施工
大理创新工业园区产业发展三纵一横道路建设工程	大理市	新建	本年正式施工
西藏			
新建柳梧大桥工程	城关区	新建	本年收尾
陕西			
西安城市交通项目(三环路系统)	西安市	新建	本年正式施工
西安城市交通项目(三环路系统)	西安市	新建	本年正式施工
西安地铁二号线(铁路北客站—长延堡段)工程	西安市	新建	本年正式施工
乐游原公园建设工程	西安市	改建和技术改造	筹建
历史街区改造和传统民居保护工程	西安	改建和技术改造	筹建
城建项目征地拆迁	西安市	新建	本年正式施工
其他	西安市	新建	本年正式施工
太华集中供热工程	西安市	新建	本年正式施工
雁东集中供热工程	西安市	新建	本年正式施工
天然气城市气化二期工程	西安市	新建	本年正式施工
城市给水改扩建二期工程	西安市	新建	本年正式施工
浐灞河中心区城市基础设施建设项目	西安	新建	本年正式施工
桃花潭生态区治理项目	西安	扩建	本年收尾
广运潭生态治理工程(世园会项目)	西安	扩建	本年正式施工
浐灞河中心区城市基础设施建设项目(污水)	西安	新建	本年正式施工
场站建设工程	西安	新建	筹建
污水处理厂工程	西安市	新建	本年正式施工
市政配套及三通一平工程	西安市	新建	本年正式施工
市政道路建设工程	西安市	新建	本年正式施工
西安高架快速干道一期续建工程	西安	扩建	本年收尾

开工年月 Commence Date	项目计划 总投资 Total Investment of Project	自开始建设至本年底累计 Accumulated Investment From Start of Project to the End of This Year		本年计划投资 Planned Investment this Year	本年完成投资 Completed Investment this Year	本年新增 固定资产 Newly Added Fixed Assets of This Year
		完成投资 Completed Investment	新增固定资产 Newly Added Fixed Assets			
2007-1-20	14982	14982	14982	14982	14982	14982
	19499	19499	19499	19499	19499	19499
2005-1-2	17895	10995	10995	4750	4256	4256
2006-6-1	20292	1620		1620	1620	
2005-10-1	13948	2145		2145	276	
	56000	47000	45000	56000	45000	56000
2007-12-1	10880	60	60	60	60	60
2007-11-2	14000	100	80	100	100	80
2003-12-20	27960	8656	8656	1233	1233	1916
2004-2-1	31700	6401			371	6401
2006-6-10	16323	6306		3000	2927	2927
2007-6-8	16988	18080			2100	
2003-5-25	117000	117000		7000	7000	7000
2006-2-6	12000	10000		10000	10000	
2006-5-8	21000	17300		5000	5000	
2007-2-7	10361	3700		4000	3700	
	45819	**45819**	**45819**	**45819**	**45819**	**45819**
2007-5-2	45819	45819	45819	45819	45819	45819
	4089485	**2390218**	**1072848**	**1010676**	**1038874**	**473381**
2004-1-1	707380	626045	151494	147420	156611	151494
2004-1-1	20371	8642	8642	8642	8642	8642
2006-9-29	1005300	94305		80000	85616	
2005-2-4	10290	389		919	258	
2007-2-16	10000	971		959	959	
2007-1-1	35000	28380		35000	28380	
2007-1-1	299052	299052		299052	299052	
2005-9-8	44221	28820		3500	8737	
2007-5-8	36000	7150		6500	7150	
2004-1-10	84050	80219		7000	11600	
2006-3-10	77932	19000		7000	7000	
	219000	87700	75070	36000	41630	38500
	200000	210057	210057	10000	11057	11057
	50000	51661	51661	20000	21661	21661
	10000	9000	8500	4000	3360	3360
	10035	7790		2250	933	
	29876	3430				
2007-3-30	10317	10317		10317	10317	
	22595	22595	22595	22595	22595	22595
2005-5-6	20556	16477	16477	2021	2021	

4-4 续 66

建设项目名称 Name of Development Projects	建设地址 Construction Site	建设性质 Nature of Building	建设阶段 Construction Phrase
幸福渠排水系统综合治理工程	未央区	扩建	本年正式施工
团结水库水环境综合治理工程	未央区	新建	本年正式施工
曲江池遗址公园、唐城墙遗址公园工程	西安市	新建	本年正式施工
曲江池西路等 11 条道路工程	西安市	新建	本年正式施工
草滩尚稷路工程	西安市	扩建	本年正式施工
北郊泾渭组团污水处理工程	西安市	新建	本年正式施工
顺城巷沿线屋面立面改造工程	西安	扩建	本年收尾
陇海铁路沿线环境综合整治工程	西安市	新建	本年正式施工
一环路平改立工程	西安市	扩建	本年收尾
太华北路北段打通工程	未央区	扩建	全部停缓建
辛王路拓宽改造工程	未央区	扩建	本年正式施工
红光路(西段)道路排水	莲湖区	新建	本年正式施工
城区支路道路改造	西安市	扩建	本年收尾
北新街拓宽等其他工程	西安市	扩建	本年正式施工
西安市第四污水处理厂工程	未央区	扩建	本年正式施工
西安市第五污水处理厂工程	未央区	新建	筹建
西安市第三污水处理厂工程	灞桥区	扩建	本年收尾
城市污水管网改造工程	西安市	新建	本年正式施工
城市市政设施维护等项目	西安市	新建	本年正式施工
城市线网落地缆沟建设等工程	西安市	扩建	本年正式施工
陇海线环境整治工程	西安	新建	本年收尾
长鸣路拓宽改造(东月路至南三环)	西安	新建	本年收尾
西部慧谷集中供热项目	长安区	新建	本年正式施工
代家湾渭河大桥工程	宝鸡市	新建	本年正式施工
小道路建设工程	宝鸡市	新建	本年收尾
代家湾集中供热二期工程	宝鸡市	新建	本年正式施工
天燃气利用二期工程	宝鸡市	新建	本年正式施工
农村公路建设工程	宝鸡市	新建	本年正式施工
咸阳渭河上林大桥工程	咸阳市	新建	本年正式施工
垃圾焚烧发电工程	咸阳市	新建	本年正式施工
天然气输配二期工程	宝塔区	新建	本年正式施工
上郡南路改造工程	榆林市	改建和技术改造	本年正式施工
榆溪河整治二期工程	榆林市	扩建	本年收尾
榆林经济开发区广场建设工程	榆林市	新建	本年正式施工
江滨大道工程	商洛市	新建	本年正式施工
丹江公园工程	商洛市	新建	本年正式施工
商洛市污水处理场工程	商洛市	新建	本年正式施工
西片路网工程	商洛市	新建	本年正式施工
丹江城防工程	商洛市	新建	本年正式施工

开工年月 Commence Date	项目计划总投资 Total Investment of Project	自开始建设至本年底累计 Accumulated Investment From Start of Project to the End of This Year		本年计划投资 Planned Investment this Year	本年完成投资 Completed Investment this Year	本年新增固定资产 Newly Added Fixed Assets of This Year
		完成投资 Completed Investment	新增固定资产 Newly Added Fixed Assets			
2007-10-10	34570	7804	7562	5000	7804	7562
2006-1-15	94700	33600		10000	12811	
2007-7-8	48544	16844		21225	16844	
2007-4-12	13934	11427	8726	13334	11367	8726
	29000	28901		19778	9589	9589
2007-12-7	36767	4000				
	69000	79083		4000	5280	
2007-3-11	14958	14958		14958	14958	
2004-1-19	47000	44825	44000	3000	4379	4379
2005-10-5	10700	6721	5500	2000	2366	2366
2006-10-6	14000	11140	10500	2500	9106	9100
2007-9-10	11000	1890	1890	1670	1890	1890
2005-5-10	25600	32525	32000		2022	2022
2005-10-25	117870	128887	128000	2437	5840	5818
2006-2-8	38248	28295	28000	9000	18035	18035
2007-6-15	32196	4220	4220	4000	4220	4220
2004-11-2	26155	26556	26556	1500	402	402
2006-9-5	49600	28020	28000	13700	8630	8630
2007-2-15	26170	25430	25430	24370	25430	25430
2006-7-15	93690	42549	42500	19330	16401	19401
	10575	10575		10575	10575	
2006-8-3	10000	10980	10980	6480	6480	6480
2007-1-23	41967	11458	11458	11458	11458	11458
2005-4-5	13000	12000	12000	7200	7200	7200
2007-2-2	10170	10170	10170	2281	2800	2800
2006-5-15	18987	16500	16500	6000	6000	6000
2005-7-12	18750	11760	11760	3500	3500	3500
2007-2-20	42000	3200	3200	6226	3200	3200
2007-11-1	31000	1515		1515	1515	
	36000	15000		15000	15000	
2006-3-20	11659	3185			729	
	10000	10000	5500	10000	10000	5500
2007-3-11	18600	18600	5500	18600	18600	5500
2007-4-11	12000	8200	8200	8200	8200	8200
2005-3-9	21500	21500	21500	16185	16185	16185
2005-5-9	13000	13000	13000	7000	7000	7000
2007-2-1	13000	1300	1300	1300	1300	1300
2005-2-9	11600	11600	3400	3400	3400	3400
2005-2-9	10000	10000	1000	779	779	779

4-4 续 67

建设项目名称 Name of Development Projects	建设地址 Construction Site	建设性质 Nature of Building	建设阶段 Construction Phrase
甘肃			
兰州供水扩建工程	兰州市	扩建	本年收尾
兰州市西热东输供热工程	兰州市	新建	本年正式施工
兰州市 362#道路建设	兰州市	新建	本年正式施工
兰州市天然气管网改造工程	兰州市	扩建	筹建
雁滩南河道二期工程	兰州市	改建和技术改造	本年正式施工
中心滩污水工程	兰州市	新建	本年收尾
兰州市东出口道路建设工程	兰州市	新建	本年收尾
兰州市大砂坪出口整治工程	兰州市	新建	本年正式施工
兰州市雁滩 603#道路建设工程	兰州市	新建	本年正式施工
兰州市 607#道路建设工程	兰州市	新建	本年正式施工
兰州市 606#道路建设工程	兰州市	新建	本年正式施工
兰州市天水路北出口道路建设工程	兰州市	新建	本年收尾
兰州市邓家花园综合整治工程	兰州市	新建	本年正式施工
兰州市南出口建设工程	兰州市	新建	本年收尾
兰州市银沙段道路建设工程	兰州市	新建	本年收尾
兰州市雁滩 605#道路建设	兰州市	新建	本年正式施工
中川空港园区道路建设工程	兰州市	新建	本年正式施工
兰州市安宁区世纪大道建设工程	兰州市	新建	全部停缓建
兰州市 188#道路工程	兰州市	新建	筹建
兰州市安宁新城区原 571 道路建设工程	兰州市	新建	筹建
兰州市银滩大桥北匝道工程	兰州市	改建和技术改造	筹建
兰州市深安黄河大桥建设工程	兰州市	新建	筹建
兰州市西北大门城市规划工程	兰州市	新建	筹建
和平干道建设工程	兰州市	新建	本年正式施工
兰州市金城关文化博览园建设工程	兰州市	改建和技术改造	本年正式施工
河口新城——雁伏滩污水管网工程	兰州市	新建	筹建
雷坛河——南河道污水管网工程	兰州市	新建	筹建
兰州市雁滩工业园区道路建设工程	兰州市	新建	筹建
兰州市洪门子公交枢纽站工程	兰州市	新建	筹建
兰州市城市南出口整治拆迁、安置工程	兰州市	新建	本年正式施工
兰州市路网配套及综合开发工程	兰州市	新建	筹建
孙家台经济适用性住宅小区工程	兰州市	新建	本年正式施工
砂坪村地区经济适用房建设工程	兰州市	新建	本年正式施工
五一新村地区经济适用房建设工程	兰州市	新建	本年正式施工
城关区咬家沟-王家沟朝阳村地区综合改造	兰州市	新建	本年正式施工
南山路一期工程	兰州市	新建	筹建
兰州市雁滩污水处理厂工程	兰州市	新建	筹建
兰州市西固污水处理厂工程	兰州市	新建	筹建
兰州市盐场污水处理厂工程	兰州市	新建	筹建
嘉峪关市供热工程改造工程	嘉峪关市	改建和技术改造	本年正式施工
城市道路工程建设项目	金昌市	改建和技术改造	本年正式施工

4-4 continued 67

开工年月 Commence Date	项目计划总投资 Total Investment of Project	自开始建设至本年底累计 Accumulated Investment From Start of Project to the End of This Year		本年计划投资 Planned Investment this Year	本年完成投资 Completed Investment this Year	本年新增固定资产 Newly Added Fixed Assets of This Year
		完成投资 Completed Investment	新增固定资产 Newly Added Fixed Assets			
	1744731	**1013730**	**196253**	**779930**	**640110**	**70412**
1998-9-1	100126	86370	80553	800	782	782
2007-7-1	53392	1856		1856	1856	
2006-7-1	12870	13081		5801	4116	
2001-6-1	73000	27467	14973	13595	6248	2607
2006-5-1	57816	54876		14816	34517	
2007-7-1	10033	6450		10033	6450	
2006-7-1	25927	30190		5927	12277	
2007-10-1	36756	8050		12000	8050	
2007-10-1	12320	4788		7320	4788	
2007-1-1	63885	15350		35000	12150	
2007-10-1	11194	8700		110000	8350	
2006-9-1	46041	42952		4500	14352	
	20000	13230		15000	9300	
2005-1-1	37230	37230		10000	10050	
2004-12-1	93444	93444		21359	42844	
2007-1-1	28236	4793		18000	4793	
2006-10-1	14499	12000		6000	6000	
2006-1-1	57000	10745			1415	
	26600	508		8000	508	
	12796	84		5104	84	
	14418	550		4000	550	
	50291	1806		5000	1806	
	14800	200		10000	200	
	25000	1977		20000	1977	
	35000	31800			23662	
	21544	862		21544	862	
	19907	796		15769	796	
	30000	1100		29119	1100	
	27518	16427		10000	16427	
	46416	11233		10000	11233	
	100000	191700		100000	191700	
2006-12-25	56700	32506		30000	32506	
	23050	12321		10000	12321	
	54000	100		10000	100	
	100000	24545		20000	24545	
	50000	2000		50000	2000	
	23138	12396		20400	12396	
	21308	12973		18400	12973	
	13829	7362		13100	7362	
	19113	18218	14587	15313	15115	14587
2007-3-20	10910	10910	10910	10910	10910	5928

建设项目名称 Name of Development Projects	建设地址 Construction Site	建设性质 Nature of Building	建设阶段 Construction Phrase
中水蓄水池工程	金昌市	新建	本年收尾
污水处理工程	金昌市	新建	本年正式施工
白银区污水处理工程	白银区	新建	本年收尾
伏羲城保护建设项目	秦州区	扩建	本年正式施工
天水市藉河区域段生态环境治理工程	秦州区	改建和技术改造	本年正式施工
张掖市城区道路改拓建工程	甘州区	新建	本年收尾
张掖市污水处理厂工程	张掖市	新建	本年收尾
城区管道燃气工程	崆峒区	新建	本年正式施工
新区集中供热工程	西峰区	新建	本年正式施工
城市天然气工程	西峰区	新建	本年正式施工
G212 道路拓改工程	武都区	改建和技术改造	本年正式施工
临夏市大夏河南岸综合治理工程	临夏市	新建	本年正式施工
青海			
南川东路绿化工程	西宁市	新建	本年正式施工
建国南路工程	西宁市	新建	本年正式施工
浦宁之珠多功能观光塔工程	西宁市	新建	本年正式施工
儿童公园改造及泉水整治工程	西宁市	改建和技术改造	本年正式施工
城南新区污水处理厂一期工程	西宁市	新建	本年正式施工
大南山生态绿化工程	西宁市	新建	本年正式施工
西宁市第二污水处理厂(一期)工程	西宁市	新建	本年正式施工
文华路工程	西宁市	新建	本年正式施工
文苑路工程	西宁市	新建	本年正式施工
文汇路工程	西宁市	新建	本年正式施工
海晏路西段工程	西宁市	新建	本年正式施工
五四西路西延段工程	西宁市	新建	本年正式施工
火烧沟治理工程	西宁市	新建	本年正式施工
格尔木市滨河路道路建设工程	格尔木市	新建	本年正式施工
宁夏			
天然气热电厂工程	银川市	新建	筹建
西夏热电厂工程	银川市	新建	本年正式施工
海宝公园工程	银川市	新建	本年正式施工
天然气管道铺设(哈纳斯)工程	银川市	扩建	本年收尾
第二三水厂扩建工程	银川市	扩建	本年正式施工
沈阳路(亲水大街-唐徕渠)一期工程	银川市	新建	本年正式施工
清和北街(北塔东路-贺兰山路)工程	银川市	扩建	本年正式施工

4-1 continued 68

开工年月 Commence Date	项目计划 总投资 Total Investment of Project	自开始建设至本年底累计 Accumulated Investment From Start of Project to the End of This Year		本年计划投资 Planned Investment this Year	本年完成投资 Completed Investment this Year	本年新增 固定资产 Newly Added Fixed Assets of This Year
		完成投资 Completed Investment	新增固定资产 Newly Added Fixed Assets			
2005-1-8	10589	10354	2659	2659	3238	2659
	14347	11466	10421	350	350	350
2002-2-25	10108	7842				7842
2004-2-25	10706	6110		3000	1681	
2004-4-1	19000	28605			10586	
2005-4-26	36000	36000	36000	17000	20079	17000
	10626	10457		755	755	507
	16505	10150	10150	5000	5150	5150
2007-4-10	18600	6000	3000	6000	6000	3000
2007-3-10	11440	6500	3000	6500	6500	
2007-1-10	12203	10000	10000	10000	10000	10000
	24500	6300			6300	
	186917	**91362**	**10000**	**54064**	**49406**	**49045**
2007-3-20	12000	14977		500	881	881
2006-8-20	14377	14441		6000	6090	6090
2006-1-2	10000	9081		6000	4572	4572
2007-3-20	16689	6418			6418	6418
2007-3-1	13540	3675			3675	3675
	15000	10000		5000	5000	5000
	11000	10214		214	214	214
2007-10-4	12658	236		2600	236	236
2007-10-4	11601	361		2000	361	
2007-10-8	10947	511		3500	511	511
2007-3-1	17604	1757		2200	1757	1757
2007-3-1	18139	3112		6050	3112	3112
2007-6-4	11362	6579		8000	6579	6579
2007-4-6	12000	10000	10000	12000	10000	10000
	523433	**313685**	**62700**	**242949**	**229045**	**56507**
	31000	17333		13000	10787	
2006-6-1	197000	160000		130000	125000	
2006-5-8	84916	2271			362	
2004-3-1	18787	12690	12690	3300	6497	6497
2004-12-1	13489	14093			2376	
2007-5-1	12973	3992			3992	
2007-7-15	10410	1158			1158	

4-4 续 69

建设项目名称 Name of Development Projects	建设地址 Construction Site	建设性质 Nature of Building	建设阶段 Construction Phrase
西湖公园工程	灵武市	扩建	本年正式施工
大武口集中供热二期工程	大武口区	新建	筹建
石嘴山市天然气工程	大武口区	扩建	本年正式施工
城市园林绿化工程	石嘴山市	新建	本年正式施工
城市道路续扩建二期工程	吴忠市	新建	本年正式施工
各企业基础设施工程	青铜峡市	新建	本年正式施工
黄河公园工程	沙坡头区	扩建	本年正式施工
城市道路工程	沙坡头区	扩建	本年正式施工
新疆			
锅炉增容及管网改造工程	乌鲁木齐	改建和技术改造	本年正式施工
新华南北路工程	天山区	改建和技术改造	本年正式施工
河南东西路工程	新市区	改建和技术改造	本年正式施工
喀什东路工程	新市区	改建和技术改造	本年正式施工
城北主干道工程	米东新区	改建和技术改造	本年正式施工
苏州路西延项目	头屯河区	新建	本年正式施工
外环路及其配套项目	乌鲁木齐市	新建	本年正式施工
米东大道改造工程	米东新区	新建	本年正式施工
第四水源工程	独山子区	新建	本年正式施工
东环路建设项目	克拉玛依区	新建	本年正式施工
克拉玛依河河道改造工程	克拉玛依区	改建和技术改造	本年正式施工
世纪公园建设工程	克拉玛依区	新建	本年正式施工
城市燃气工程	昌吉市	扩建	本年正式施工
华电二期项目城乡电网改造	昌吉市	改建和技术改造	本年正式施工
孔雀风景旅游带二期工程	库尔勒市	新建	本年正式施工
天然气二期工程	库尔勒市	新建	本年收尾
阿克苏市城市天然气入户工程	阿克苏市	新建	本年正式施工
阿克苏市多浪河景观带改造工程	阿克苏市	新建	本年正式施工
老城区改造项目	喀什市	新建	本年正式施工
排水改扩建工程	喀什市	新建	本年正式施工
道路改扩建工程	伊宁市	扩建	本年正式施工
排水管网改扩建工程	伊宁市	扩建	本年正式施工
供水工程	伊宁市	改建和技术改造	本年正式施工
生活垃圾处理厂工程	伊宁市	单纯购置	单纯购置
奎屯市天然气输配工程	奎屯市	新建	本年正式施工
天然气利用工程	塔城市	新建	本年正式施工
石河子市污水处理厂部分改造	石河子市	改建和技术改造	本年正式施工
天然气供气工程	新疆兵团	新建	筹建

开工年月 Commence Date	项目计划总投资 Total Investment of Project	自开始建设至本年底累计 Accumulated Investment From Start of Project to the End of This Year		本年计划投资 Planned Investment this Year	本年完成投资 Completed Investment this Year	本年新增固定资产 Newly Added Fixed Assets of This Year
		完成投资 Completed Investment	新增固定资产 Newly Added Fixed Assets			
	13200	5149		13200	5149	
2007-6-1	25948	10389			10389	
2003-8-1	19685	17038			1233	
2007-1-4	21478	23596	22640	21478	23596	22640
2007-3-15	12001	8000		12001	8000	
2007-3-16	27200	27200	27200	27200	27200	27200
2005-8-1	12000	4930		9184	2124	
2006-6-1	23346	5846	170	13586	1182	170
	875018	**584906**	**425970**	**257971**	**224050**	**101842**
2007-4-20	19465	19465	9320	19465	19465	9320
2007-3-15	30000	30000	30000	30000	30000	10000
2007-5-20	13100	13100	13100	13100	13100	13100
2007-8-3	11000	11000	11000	11000	11000	11000
2007-3-15	10000	10000	10000	10000	10000	
2005-4-22	31000	17233	17233	16000	2000	
2000-6-20	226000	193782	193782	7600	7600	7600
2006-8-1	68366	30272	30272	28400	28400	28400
2007-4-1	25000	8808	8808	8808		
2007-5-2	22584	7000		7000	7000	
2007-7-2	26000	11000		11000	11000	
2006-5-1	21500	16000		8000	8000	
2007-5-28	18961	987		2360	987	
2007-5-28	60500	20067		9000	20067	
2006-4-20	26000	10386		9000	9000	
2006-12-20	21500	21500	21500	2900	2900	2900
2007-4-15	12500	12491	12491	6000	5880	5880
2006-6-15	40000	44000		20000	20000	
2001-11-20	66570	47099	46004	2000	1882	6821
	13134	5804		1142	1142	
2007-4-5	15130	9854	3399	15130	9854	3399
2007-5-9	17690	2165	1146	4767	1146	1146
2007-5-11	13082	966	966	3080	817	817
2007-10-27	12338	1206	99	4000	99	99
2007-5-1	13390	8460	1360	1360	1360	1360
2006-5-6	10222	3700		6200	500	
2002-8-16	15425	11168		659	659	
2002-4-15	14561	17393	15490		192	

主 要 指 标 解 释

固定资产投资

指建造和购置市政公用设施的经济活动，即市政公用设施固定资产再生产活动。市政公用设施固定资产再生产过程包括固定资产更新（局部更新或全部更新）、改建、扩建、新建等活动。新的企业财务会计制度规定，固定资产局部更新的大修理作为日常生产活动的一部分，发生的大修理费用直接在成本费用中列支。按照现行投资管理体制及有关部门的规定，凡属于养护、维护性质的工程，不纳入固定资产投资统计。对新建和对现有市政公用设施改造工程，应纳入固定资产统计。

新增固定资产

指报告期内交付使用的固定资产价值。包括报告期内建成投入生产或交付使用的工程投资和达到固定资产标准的设备、工具、器具的投资及有关应摊入的费用。

新增生产能力（或效益）

指通过固定资产投资活动而增加的设计能力。计算新增生产能力（或效益）是以能独立发挥生产能力（或效益）的工程为对象。当工程建成，经有关部门验收鉴定合格，正式移交投入生产，即应计算新增生产能力（或效益）。

Explanatory Notes on Main Indicators

Investment in Fixed Assets

It is the economic activities featuring construction and purchase of fixed assets, i. e. it is an essential means for social reproduction of fixed assets. The process of reproducing fixed assets includes fixed assets renovation (part and full renovation), reconstruction, extension and new construction etc. According to the new industrial financial accounting system, cost of major repairs for part renovation of fixed assets is covered by direct cost. According to the current investment management and administrative regulations, any repair and maintenance works are not included in statistics as investment in fixed assets. Innovation projects on current municipal service facilities should be included in statistics

Newly Added Fixed Assets

They refer to the newly increased value of fixed assets, including investment in projects completed and put into operation in the reported period, and investment in equipment, tools, vessels considered as fixed assets as well as relevant expenses should be included in.

Newly Added Production Capacity (or Benefits)

It refers to newly added design capacity through investment in fixed assets. Newly added production capacity or benefits is calculated based on projects which can independently produce or bring benefits once projects are put into operation.

专业数据部分

Professional Data

五、城市供水
5. Urban Water Supply

简要说明

城市供水指通过供水设施向单位和居民的生活、生产和其他各项建设提供符合国家标准用水的活动，包括公共供水和自建设施供水。

本部分主要包括城市供水的生产能力、产量、服务情况等内容，并按公共供水企业和自建设施供水单位分别统计。

Brief Introduction

Urban water supply refers to supplying water to institutions and urban residents through water supply facilities according to national standards and codes. It includes water supply by public suppliers and by suppliers with self-built facilities.

This section covers such indicators as production capacity, total quantity of water supplied and employment etc. Statistics on urban water supply by water suppliers and by suppliers with self-built facilities respectively is adopted.

5 全国历年城市供水情况（1978—2007）

5 National Urban Water Supply in Past Years (1978—2007)

指标 Item / 年份 Year	综合生产能力（万立方米/日） Integrated Production Capacity (10,000m³/Day)	供水管道长度（公里） Length of Water Supply Pipelines (km)	供水总量（万立方米） Total Quantity of Water Supply (10,000m³)	生活用量 Residential Use	用水人口（万人） Population Supplied (10,000 persons)	人均日生活用水量（升） Daily Water Consumption Per Capita (liter)	用水普及率（%） Water Coverage Rate (%)
1978年	2530.4	35984	787507	275854	6267.1	120.6	81.60
1979年	2714.0	39406	832201	309206	6951.0	121.8	82.30
1980年	2979.0	42859	883427	339130	7278.0	127.6	81.40
1981年	3258.0	46966	969943	367823	7729.3	130.4	53.70
1982年	3424.9	51513	1011319	391422	8102.2	132.4	56.70
1983年	3539.0	56852	1065956	421968	8370.9	138.1	52.50
1984年	3960.9	62892	1176474	465651	8900.7	143.3	49.50
1985年	4019.7	67350	1280238	519493	9424.3	151.0	45.10
1986年	10407.9	72557	2773921	706971	11757.9	161.9	51.30
1987年	11363.6	77864	2984697	759702	12684.6	164.1	50.40
1988年	12715.8	86231	3385847	873800	14049.9	170.4	47.60
1989年	12821.1	92281	3936648	930619	14786.3	172.4	47.40
1990年	14220.3	97183	3823425	1001021	15611.1	175.7	48.00
1991年	14584.0	102299	4085073	1159929	16213.2	196.0	54.80
1992年	16036.4	111780	4298437	1172919	17280.8	186.0	56.20
1993年	16927.9	123007	4502341	1282543	18636.4	188.6	55.20
1994年	18215.1	131052	4894620	1422453	20083.0	194.0	56.00
1995年	19250.4	138701	4815653	1581451	22165.7	195.4	58.70
1996年	19990.0	202613	4660652	1670673	21997.0	208.1	60.70
1997年	20565.8	215587	4767788	1757157	22550.1	213.5	61.20
1998年	20991.8	225361	4704732	1810355	23169.1	214.1	61.90
1999年	21551.9	238001	4675076	1896225	23885.7	217.5	63.50
2000年	21842.0	254561	4689838	1999960	24809.2	220.2	63.90
2001年	22900.0	289338	4661194	2036492	25832.8	216.0	72.26
2002年	23546.0	312605	4664574	2131919	27419.9	213.0	77.85
2003年	23967.1	333289	4752548	2246665	29124.5	210.9	86.15
2004年	24753.0	358410	4902755	2334625	30339.7	210.8	88.85
2005年	24719.8	379332	5020601	2437374	32723.4	204.1	91.09
2006年	26965.6	430426	5405246	2220459	32304.1	188.3	86.67(97.04)
2007年	25708.4	447229	5019488	2263676	34766.5	178.4	93.83

注：1. 1978～1985年综合供水生产能力为系统内数；1978～1995年供水管道长度为系统内数。

2. 自2006年起，用水普及率指标按城区人口和城区暂住人口合计为分母计算，括号中的数据为往年同口径数据。

Note: 1. Integrated production capacity from 1978 to 1985 is limited to the statistical figure in building secter; Length of water supply pipelines from 1978 to 1995 is limited to the statistical figure in building secter.

2. Since 2006, water coverage rate has been calculated based on denominator which combines both permanent and temporary residents in urban areas, and the datas of brackets are the same index but calculated by the method of past years.

5-1 2007年全国城市供水分组资料

地区名称 Name of Regions		综合生产能力（万立方米/日） Integrated Production Capacity (10,000m³/Day)	地下水 Underground Water	供水管道长度（公里） Length of Water Supply Pipelines (km)	供水总 Total Quantity of Water			
					合计 Total	生产运营用水 The Quantity of Water for Production and Operation	公共服务用水 The Quantity of Water for Public Service	居民家庭用水 The Quantity of Water for Household Use
全　国	**National Total**	**25708.4**	**6333.6**	**447229**	**5019488**	**1828530**	**621323**	**1635276**
分类一	**Sort one**							
东部地区	East China	15466.4	3729.7	300461	3100635	1126871	389535	988383
中部地区	Central China	7182.0	1697.8	94186	1345505	529818	152482	422034
西部地区	West China	3060.0	906.1	52582	573348	171841	79306	224859
分类二	**Sort two**							
东部地区	East China	14834.6	3635.8	289998	2956689	1063698	372993	937849
中部地区	Central China	6809.1	1456.0	87309	1289254	507298	143339	408833
西部地区	West China	4064.7	1241.8	69922	773545	257534	104991	288595
分类三	**Sort three**							
东部地区	East China	13501.6	3070.0	264576	2673516	942357	334865	884418
中部地区	Central China	5266.6	1059.0	68226	1015988	383462	114058	340918
西部地区	West China	4064.7	1241.8	69922	773545	257534	104991	288595
东北地区	Northeast China	2875.6	962.8	44506	556439	245177	67409	121346

5-1 National Urban Water Supply（2007）

量(万立方米) Supply($10,000m^3$)				用水户数（户） Households Supplied (unit)		用水人口（万人） Population Supplied (10,000 persons)	地区名称 Name of Regions
消防及其他用水 The Quantity of Water for Fire Control and Other Purposes	免费供水量 The Quantitiy of Free Water		漏损水量 The Lossed Water		家庭用户 Families Supplied		
		生活用水量 Domestic Water					
256772	**118463**	**7077**	**559124**	**72948727**	**64712238**	**34766.48**	**全　国**
							分类一
178522	73644	1685	343681	41053927	36590488	20372.88	东部地区
45530	35230	3685	160411	22987524	20584439	9322.21	中部地区
32720	9590	1706	55032	8907276	7537311	5071.39	西部地区
							分类二
176755	72737	1658	332656	39882881	35508668	19627.44	东部地区
41940	34543	3657	153302	21408198	19160989	8721.84	中部地区
38076	11184	1761	73166	11657648	10042581	6417.20	西部地区
							分类三
162740	68983	1563	280154	33146742	29343465	17664.62	东部地区
34769	30347	3371	112434	14794287	13058481	6725.71	中部地区
38076	11184	1761	73166	11657648	10042581	6417.20	西部地区
21187	7950	381	93370	13350050	12267711	3958.95	东北地区

5-2 2007年按省分列的城市供水

地区名称 Name of Regions	综合生产能力（万立方米/日） Integrated Production Capacity ($10,000m^3$/Day)	地下水 Underground Water	供水管道长度（公里） Length of Water Supply Pipelines (km)	供水总量 Total Quantity of Water Suppy 合计 Total	生产运营用水 The Quantity of Water for Production and Operation	公共服务用水 The Quantity of Water for Public Service	居民家庭用水 The Quantity of Water for Household Use
全国	**25708.4**	**6333.6**	**447229**	**5019488**	**1828530**	**621323**	**1635276**
北京	1686.9	1493.9	21998	142626	30189	42535	53993
天津	370.5	25.4	8083	68733	31461	12165	16920
河北	816.7	606.6	12699	150208	64202	18170	48651
山西	442.1	211.5	6261	88141	38411	8236	30793
内蒙古	372.9	241.7	6877	56251	22520	9143	13201
辽宁	1333.0	565.8	25422	283174	121342	38128	53431
吉林	733.6	98.0	8591	100319	34422	13744	24386
黑龙江	808.9	299.1	10492	172947	89414	15537	43528
上海	1418.6	29.9	28950	346069	109736	56042	89833
江苏	2334.7	76.1	49354	452628	198647	36787	130553
浙江	1357.9	13.9	31889	265542	100646	26397	93870
安徽	999.2	109.3	10049	207574	116823	20918	48145
福建	568.1	14.7	9200	121593	37407	15727	53472
江西	453.2	21.0	7229	99411	24918	11708	38696
山东	1474.5	687.0	32695	271151	107024	32625	94029
河南	1039.9	573.3	14406	167348	69396	18163	51429
湖北	1290.9	38.4	19085	255067	67149	34485	100861
湖南	1041.3	105.6	11196	198448	66765	20548	70995
广东	3292.2	57.5	67088	826588	260376	90338	290013
广西	631.8	93.9	10463	143945	63172	16542	50534
海南	181.4	65.0	2621	28378	2668	4079	13084
重庆	419.2	1.8	7554	69497	20866	7058	32841
四川	759.2	143.1	15856	153956	41055	23069	67808
贵州	261.7	15.7	4746	51416	14150	4827	22234
云南	288.9	14.0	6351	52956	9860	6970	22326
西藏	19.3	19.3	645	6600	1562	1246	1186
陕西	371.9	190.3	5062	75182	21966	15434	26272
甘肃	383.4	128.4	3967	60141	28884	7044	18011
青海	78.6	78.6	1246	15641	6778	1031	5195
宁夏	138.3	115.2	1972	24927	11851	4017	6437
新疆	339.5	199.6	5184	63033	14870	8610	22549

5-2 Urban Water Supply by Province（2007）

（万立方米）
（10,000m³）

消防及其他用水 The Quantity of Water for Fire Control and Other Purposes	免费供水量 The Quantitiy of Free Water	生活用水 Domestic Water	漏损水量 The Lossed Water	用水户数（户） Households Supplied (unit)	家庭用户 Families Supplied	用水人口（万人） Population Supplied (10,000 persons)	地区名称 Name of Regions
256772	**118463**	**7077**	**559124**	**72948727**	**64712238**	**34766.48**	**全　国**
1619	597		13693	3952876	3819718	1585.48	北　京
1356	595		5236			651.12	天　津
2942	1543	192	14700	2922507	2667616	1464.29	河　北
4111	1692	929	4898	960633	778120	878.26	山　西
3590	687	28	7109	1579326	1423450	600.37	内蒙古
14016	3754	95	52503	6736139	6165203	1962.82	辽　宁
2631	2610	185	22526	2818045	2579405	866.65	吉　林
4540	1586	101	13341	3795866	3523103	1129.48	黑龙江
26006	32826		31627	56		1858.08	上　海
27499	10005	242	49136	7294848	6727287	2300.91	江　苏
8070	4059	47	32500	4726092	4111506	1741.47	浙　江
3780	1435	100	15473	2898078	2633806	1050.38	安　徽
4412	1016	39	9560	1281456	1151402	895.93	福　建
2789	3174	418	13126	1429344	1109621	691.02	江　西
8276	10553	896	13643	5444463	4903330	2629.28	山　东
6157	2156	1160	20048	2866046	2523230	1539.62	河　南
8992	12396	298	31184	4268552	3933637	1520.25	湖　北
8940	9494	465	21705	2371634	2080067	1046.18	湖　南
77603	7568	148	100691	7306374	5844932	4377.16	广　东
1766	906	27	11025	1171046	1081820	745.44	广　西
4958	221		3368	218070	117674	160.9	海　南
3525	625	92	4581	1671395	1314865	779.05	重　庆
5200	2137	436	14685	2706179	2415076	1245.25	四　川
1833	1278	35	7095	700871	649444	430.31	贵　州
4401	518	122	3881	853463	699001	566.81	云　南
1044	925	430	638	25838	24337	32.7	西　藏
3433	674	72	7404	623998	372201	741.11	陕　西
2931	377	77	2894	552297	461252	475.18	甘　肃
978	276	248	1383	74898	62281	100.52	青　海
1787	131	33	705	419167	374374	182.84	宁　夏
7589	2649	161	5766	1279170	1164480	517.62	新　疆

5-3 2007年按省分列的城市供水（公共供水）

地区名称 Name of Regions	综合生产能力（万立方米/日） Integrated Production Capacity ($10,000m^3$/Day)	地下水 Underground Water	供水管道长度（公里） Length of Water Supply Pipelines (km)	供水总量 Total Quantity of Water 合计 Total	售水量 Water sold 小计 Subtotal	生产运营用水 The Quantity of Water for Production and Operation	公共服务用水 The Quantity of Water for Public Service	居民家庭用水 The Quantity of Water for Household Use
全国	**18654.4**	**3055.8**	**399388**	**3871979**	**3194392**	**993312**	**537235**	**1461411**
北京	391.0	198.0	13133	92068	77778	12382	28150	36603
天津	297.2	13.1	7788	51079	44248	19369	7097	16475
河北	549.6	362.0	9933	92933	76690	21243	14392	38925
山西	293.2	148.9	4783	54645	48055	19997	5641	19044
内蒙古	305.3	176.1	6184	40410	32614	13080	6250	10533
辽宁	883.4	316.5	22344	171265	115008	40176	27591	43680
吉林	307.4	47.5	7128	71915	46779	12934	11906	20349
黑龙江	514.5	160.6	9124	100127	80200	28439	12404	36502
上海	1080.0	25.0	27659	303403	238951	67775	56042	89833
江苏	1646.6	42.0	47915	348360	289219	114363	32586	124089
浙江	1170.2	9.5	30738	243056	206497	81119	25015	92389
安徽	507.9	52.8	8677	94789	76881	19634	14802	39364
福建	549.1	10.0	8914	110123	99547	29014	15212	51499
江西	366.2	5.4	6777	82401	61102	13479	11278	33866
山东	1125.4	422.1	26343	195846	166650	61466	24255	75803
河南	695.2	288.5	12749	106502	84298	26260	13508	39986
湖北	1060.9	10.0	17454	206894	163314	36651	32313	90396
湖南	776.6	19.6	10143	147532	116333	26436	18293	65494
广东	3185.1	50.0	65444	802345	694086	244654	89416	285622
广西	405.3	52.0	8972	87147	75215	15681	16361	41480
海南	143.1	30.0	2547	25982	22393	2134	3826	11789
重庆	313.1	1.3	6134	56658	51452	12660	6308	30106
四川	552.5	77.0	13009	117982	101160	18265	21261	57433
贵州	227.2	7.6	4276	38900	30527	5291	3072	20433
云南	275.9	9.9	6019	48520	39121	6677	6854	21303
西藏	19.3	19.3	645	6591	5028	1562	1246	1176
陕西	325.2	143.6	4172	59575	51498	12746	14823	22415
甘肃	293.1	95.2	3205	40090	36819	14878	6023	15052
青海	52.5	52.5	1112	8446	6787	1286	1031	3664
宁夏	64.7	53.8	1361	12413	11578	3022	2852	5147
新疆	277.7	155.9	4708	53981	44566	10642	7426	20961

5-3 Urban Water Supply by Province (Public Water Suppliers) (2007)

(万立方米)
Supply(10,000m³)

消防及其他用水 The Quantity of Water for Fire Control and Other Purposes	免费供水量 The Quantitiy of Free Water	生活用水 Domestic Water	漏损水量 The Lossed Water	用水户数(户) Households Supplied (unit)	家庭用户 Families Supplied	用水人口(万人) Population Supplied (10,000 persons)	地区名称 Name of Regions
202433	**118463**	**7077**	**559124**	**65503481**	**58266831**	**31766.04**	**全国**
643	597		13693	2916304	2790182	1053.08	北京
1307	595		6236			643.42	天津
2130	1543	192	14700	2393066	2202559	1233.67	河北
3373	1692	929	4898	665726	562221	697.76	山西
2751	687	28	7109	1414495	1271166	547.68	内蒙古
3561	3754	95	52503	6246114	5712031	1794.55	辽宁
1591	2610	185	22526	2501159	2282270	767.86	吉林
2854	1586	101	18341	3382547	3149316	974.14	黑龙江
25301	32826		31627			1858.08	上海
18181	10005	242	49136	7055234	6522767	2230.24	江苏
7974	4059	47	32500	4612316	4049784	1708.98	浙江
3081	1435	100	16473	2546836	2293911	930.27	安徽
3822	1016	39	9560	1222089	1099646	871.94	福建
2479	3174	418	18126	1306801	1026743	644.90	江西
5127	10553	896	18643	4649628	4284523	2299.90	山东
4545	2156	1160	20048	2367986	2110879	1350.54	河南
3953	12396	298	31184	3927351	3654753	1417.09	湖北
6110	9494	465	21705	2218455	1933497	972.89	湖南
74393	7568	148	100691	7060647	5644607	4346.56	广东
1693	906	27	11025	1084325	1007518	655.75	广西
4645	221		3368	198320	98139	160.40	海南
2377	625	92	4581	1391271	1118892	683.56	重庆
4200	2137	436	14685	2212195	1994778	1104.17	四川
1732	1278	35	7095	680803	630788	414.16	贵州
4287	518	122	8881	812033	666277	550.96	云南
1044	925	430	638	25838	24337	30.50	西藏
1514	674	72	7404	581857	334506	666.37	陕西
866	377	77	2894	503646	417940	436.78	甘肃
806	276	248	1383	58258	50294	87.90	青海
556	131	33	705	302583	259498	141.53	宁夏
5538	2649	161	6766	1165598	1073009	490.41	新疆

5-4 2007 年按省分列的城市供水（自建设施供水）

地区名称 Name of Regions	综合生产能力（万立方米/日） Integrated Production Capacity (10,000m³/Day)		供水管道长度（公里） Length of Water Supply Pipelines (km)	供水总量 Total Quantity of Water		
		地下水 Underground Water		合计 Total	生产运营用水 The Quantity of Water for Production and Operation	公共服务用水 The Quantity of Water for Public Service
全国	**7053.9**	**3277.7**	**47842**	**1147509**	**835218**	**84088**
北京	1295.9	1295.9	8865	50557	17807	14385
天津	73.2	12.3	295	17654	12092	5067
河北	267.1	244.5	2766	57274	42959	3778
山西	148.9	62.6	1478	33496	18414	2595
内蒙古	67.6	65.7	693	15841	9441	2893
辽宁	449.6	249.3	3079	111909	81166	10537
吉林	426.2	50.5	1463	28403	21488	1838
黑龙江	294.5	138.5	1368	72820	60975	3133
上海	338.6	4.9	1291	42666	41961	
江苏	688.1	34.1	1439	104267	84284	4201
浙江	187.7	4.4	1151	22487	19528	1382
安徽	491.3	56.5	1371	112785	97189	6116
福建	19.0	4.7	286	11471	8394	515
江西	87.0	15.6	453	17010	11439	430
山东	349.1	264.9	6353	75305	45558	8370
河南	344.7	284.7	1657	60846	43136	4655
湖北	230.0	28.4	1631	48172	30498	2172
湖南	264.7	85.9	1053	50916	40329	2256
广东	107.1	7.5	1644	24243	15722	922
广西	226.5	41.9	1491	56799	47491	181
海南	38.3	35.0	74	2397	534	253
重庆	106.1	0.5	1421	12839	8206	750
四川	206.7	66.2	2847	35973	22790	1808
贵州	34.5	8.1	470	12516	8859	1755
云南	13.0	4.1	331	4435	3183	115
西藏				10		
陕西	46.7	46.7	891	15607	9220	611
甘肃	90.3	33.2	762	20051	14006	1021
青海	26.1	26.1	134	7195	5492	
宁夏	73.6	61.4	611	12514	8829	1164
新疆	61.8	43.7	476	9052	4228	1184

5-4 Urban Water Supply by Province (Suppliers with Self-Built Facilities) (2007)

(万立方米) Supply(10,000m³)					
居民家庭用水 The Quantity of Water for Household Use	消防及其他用水 The Quantity of Water for Fire Control and Other Purposes	用水户数(户) Households Supplied (unit)	家庭用户 Families Supplied	用水人口(万人) Population Supplied (10,000 persons)	地区名称 Name of Regions
173865	**54339**	**7445246**	**6445407**	**3000.44**	**全国**
17390	976	1036572	1029536	532.40	北京
445	49			7.70	天津
9725	812	529441	465057	230.62	河北
11749	738	294907	215899	180.50	山西
2668	839	164831	152284	52.69	内蒙古
9751	10455	490025	453172	168.27	辽宁
4037	1040	316886	297135	98.79	吉林
7026	1686	413319	373787	155.34	黑龙江
	705	56			上海
6464	9318	239614	204520	70.67	江苏
1481	96	113776	61722	32.49	浙江
8781	700	351242	339895	120.11	安徽
1973	589	59367	51756	23.99	福建
4830	310	122543	82878	46.12	江西
18227	3149	794835	618807	329.38	山东
11443	1612	498060	412351	189.08	河南
10464	5038	341201	278884	103.16	湖北
5501	2830	153179	146570	73.29	湖南
4391	3209	245727	200325	30.60	广东
9054	73	86721	74302	89.69	广西
1296	313	19750	19535	0.50	海南
2735	1148	280124	195973	95.49	重庆
10375	1000	493984	420298	141.08	四川
1801	101	20068	18656	16.15	贵州
1023	113	41430	32724	15.85	云南
10				2.20	西藏
3857	1919	42141	37695	74.74	陕西
2959	2065	48651	43312	38.40	甘肃
1531	172	16640	11987	12.62	青海
1290	1231	116584	114876	41.31	宁夏
1588	2051	113572	91471	27.21	新疆

5-5 2007年按城市分列的城市供水

城市名称 Name of Cities	综合生产能力（万立方米/日） Integrated Production Capacity (10,000m³/Day)	地下水 Underground Water	供水管道长度（公里） Length of Water Supply Pipelines (km)	供水总量 Total Quantity of Water Supply 合计 Total	生产运营用水 The Quantity of Water for Production and Operation	公共服务用水 The Quantity of Water for Public Service	居民家庭用水 The Quantity of Water for Household Use
全　国	**25708.36**	**6333.57**	**447229.23**	**5019488.18**	**1828530.17**	**621322.74**	**1635276.14**
北　京	**1686.90**	**1493.90**	**21998.00**	**142625.56**	**30188.80**	**42534.76**	**53992.60**
天　津	**370.45**	**25.43**	**8083.02**	**68733.20**	**31461.35**	**12164.62**	**16920.20**
河　北	**816.71**	**606.58**	**12698.94**	**150207.53**	**64201.89**	**18169.88**	**48650.51**
石家庄	114.96	84.96	1343.16	22757.12	8536.88	4137.40	6473.10
辛　集	20.10	20.10	128.00	2885.00	1871.00	34.00	941.00
藁　城	9.00	9.00	104.60	1210.00	590.00	114.00	480.00
晋　州	8.00	8.00	99.00	1372.00	1045.00	47.00	250.00
新　乐	3.25	3.25	111.00	610.00	268.00	84.00	223.00
鹿　泉	5.80	5.80	105.00	1042.00	439.00	102.00	342.00
唐　山	118.10	76.60	1820.47	19918.82	4855.58	1920.96	9724.39
遵　化	12.00	12.00	99.00	1380.00	230.00	318.00	661.00
迁　安	14.40	14.40	124.00	3483.00	2774.00	390.00	246.00
秦皇岛	41.70	7.70	876.72	10917.93	4152.51	1870.41	2399.10
邯　郸	102.00	54.40	1215.36	19853.00	12560.00	1964.00	4226.00
武　安	6.50	1.50	487.30	2007.00	650.00	573.00	690.00
邢　台	53.60	53.60	476.00	7000.00	3262.84	1347.82	1729.54
南　宫	5.40	5.40	99.00	785.00	250.00	37.00	478.00
沙　河	8.30	8.30	121.00	1010.00	381.20	100.10	491.90
保　定	43.17	17.64	712.84	9432.94	3946.70	274.69	3183.13
涿　州	27.90	27.90	150.00	3227.00	1762.00	208.00	1160.00
定　州	7.80	7.80	103.00	1229.00	370.00	193.00	560.00
安　国	13.60	13.60	111.00	1155.90	562.00	106.00	480.00
高碑店	2.90	2.90	212.00	1050.00	378.00	70.00	592.00
张家口	50.00	50.00	505.00	9130.00	5114.00	918.00	2197.00
承　德	31.62	31.62	387.49	6580.46	2360.94	695.42	2330.85
沧　州	31.40	8.40	463.00	4386.00	1654.00	560.00	1480.00
泊　头	3.12	3.12	107.00	1032.44	385.53	107.60	429.95
任　丘	6.60	6.60	524.50	1638.88	484.00	186.00	915.00
黄　骅	7.20	3.70	266.00	1110.90	333.00	80.00	501.90
河　间	2.40	2.40	184.00	1295.00	524.00	103.00	516.00
廊　坊	24.20	24.20	558.50	3893.00	950.00	660.00	1940.00
霸　州	2.80	2.80	243.40	667.00	279.00	36.00	314.00
三　河	16.30	16.30	307.00	3164.00	1145.00	458.00	731.00

5-5 National Urban Water Supply by City (2007)

(万立方米) (10,000m³) 消防及其他用水 The Quantity of Water for Fire Control and Other Purposes	免费供水量 The Quantity of Free Water	生活用水 Domestic Water	漏损水量 The Lossed Water	用水户数(户) Households Supplied (unit)	家庭用户 Families Supplied	用水人口(万人) Population Supplied (10,000 persons)	城市名称 Name of Cities
256771.76	**118463.32**	**7076.79**	**559124.05**	**72948727**	**64712238**	**34766.48**	**全　国**
1619.40	**597.00**		**13693.00**	**3952876**	**3819718**	**1585.48**	**北　京**
1355.98	**594.95**		**6236.10**			**651.12**	**天　津**
2941.94	**1543.39**	**191.72**	**14699.92**	**2922507**	**2667616**	**1464.29**	**河　北**
167.72	287.27	42.00	3154.75	50557	42632	230.21	石家庄
26.00			13.00	65456	65032	18.20	辛　集
10.00			16.00	35889	32526	11.60	藁　城
10.00			20.00	20383	17871	9.00	晋　州
10.00			25.00	19400	18300	8.30	新　乐
96.00	8.00		55.00	28009	24213	8.76	鹿　泉
13.70	196.00		3208.19	637593	615441	193.47	唐　山
88.00	55.00		28.00	49762	49573	15.60	遵　化
45.00			28.00	89100	67300	20.30	迁　安
17.61	249.31	47.78	2228.99	140118	132901	88.40	秦皇岛
223.00	78.00		802.00	197409	184758	152.60	邯　郸
11.00	11.00		72.00	30241		19.20	武　安
	97.00	10.00	562.80	117795	107630	66.14	邢　台
4.00	10.00		6.00	32200	28000	11.25	南　宫
1.80	5.00		30.00	24206	22966	9.18	沙　河
702.66	302.65	58.74	1023.11	56747	48635	112.69	保　定
	6.00		91.00	57675	54234	23.10	涿　州
16.00	30.00		60.00	79878	75652	21.60	定　州
7.00	0.40	0.20	0.50	26945	24330	9.50	安　国
7.00			3.00	30450	26340	14.88	高碑店
118.00	33.00	33.00	750.00	272405	226158	82.50	张家口
284.45	99.70		809.10	135591	126976	46.62	承　德
162.00	30.00		500.00	139976	138226	51.02	沧　州
7.30	12.06		90.00	56610	48200	17.80	泊　头
24.00	3.00		26.88	125495	118065	35.47	任　丘
2.00	1.00		193.00	45957	45657	16.00	黄　骅
145.00	7.00			61792	51131	14.70	河　间
			343.00	41040	36410	46.20	廊　坊
14.00	2.00		22.00	43839	42033	14.57	霸　州
694.60			135.40	38091	29550	26.76	三　河

5-5 续 1

城市名称 Name of Cities	综合生产能力（万立方米/日） Integrated Production Capacity (10,000m³/Day)	地下水 Underground Water	供水管道长度（公里） Length of Water Supply Pipelines (km)	供水总量 Total Quantity of Water Supply 合计 Total	生产运营用水 The Quantity of Water for Production and Operation	公共服务用水 The Quantity of Water for Public Service	居民家庭用水 The Quantity of Water for Household Use
衡水	10.90	10.90	277.60	2916.54	1017.71	212.48	1264.65
冀州	2.40	2.40	157.00	639.10	270.00	125.00	219.00
深州	9.29	9.29	220.00	1428.50	800.00	137.00	481.00
山西	**442.14**	**211.46**	**6261.42**	**88140.88**	**38411.04**	**8235.92**	**30793.01**
太原	126.30	46.30	880.27	33118.53	14856.07	1763.72	12029.74
古交	7.50	2.20	63.00	1534.85	730.41	220.32	428.62
大同	55.10	47.94	1040.55	12054.83	5736.36	311.49	5135.70
阳泉	21.87	4.50	892.51	6519.07	3254.19	741.68	1887.99
长治	41.28	30.10	539.24	8477.51	3737.72	1198.97	2610.64
潞城	2.67	1.50	65.50	619.20	169.50	152.80	225.00
晋城	13.00		290.00	2198.00	158.00	270.00	1072.00
高平			152.00	254.00	75.00	22.00	129.00
朔州	88.50	23.41	233.00	4831.00	3188.00	486.00	869.00
晋中	9.00	9.00	350.42	3325.08	1311.66	560.96	924.60
介休	7.70	7.70	139.82	1403.00	280.00	340.00	406.00
运城	16.00	6.00	194.00	1483.00	181.00	128.00	890.00
永济	3.61	3.61	106.00	1050.00	607.00	130.00	274.00
河津	1.30	1.30	100.00	914.00	544.00		314.00
忻州	6.31	3.80	234.60	1848.53	824.88	182.00	532.20
原平	8.80	8.80	114.61	1328.48	670.45	205.91	196.92
临汾	16.30	4.30	330.00	3181.00	905.00	903.00	998.00
侯马	3.14	3.14	100.00	1205.60	588.80	93.07	489.60
霍州	4.20		91.60	592.00	42.00	160.00	380.00
吕梁	5.65	5.65	79.30	1018.00	284.00	208.00	415.00
孝义	1.91	1.91	93.00	740.00	128.00	96.00	410.00
汾阳	2.00	0.30	172.00	445.20	139.00	62.00	175.00
内蒙古	**372.93**	**241.73**	**6876.78**	**56251.05**	**22520.47**	**9143.17**	**13201.44**
呼和浩特	58.70	38.30	638.54	10258.92	3283.08	1792.07	1944.51
包头	102.69	4.14	1548.44	12080.00	3911.06	1989.02	3426.91
乌海	48.40	46.80	965.00	8957.00	4414.00	1749.00	1858.00
赤峰	36.00	36.00	653.00	4808.20	2082.00	629.00	1109.00
通辽	45.80	45.80	540.00	7265.00	4098.00	1358.00	705.00
霍林郭勒	4.60	4.60	281.00	445.00	49.00	63.00	319.00
鄂尔多斯	8.70	0.55	589.00	1911.71	430.93	185.08	598.62
呼伦贝尔	12.70	12.70	135.00	2059.00	1120.00	309.00	564.00
满洲里	4.30	4.30	327.30	1616.00	338.40	166.70	769.30
牙克石	1.60	1.60	28.00	183.00		65.00	88.00
扎兰屯	1.20	1.20	65.80	334.00	80.00	55.00	107.00
额尔古纳	0.17	0.17	38.00	63.00	4.00	30.00	27.00

5-5 continued 1

(万立方米)(10,000m³) 消防及其他用水 The Quantity of Water for Fire Control and Other Purposes	免费供水量 The Quantity of Free Water	生活用水 Domestic Water	漏损水量 The Lossed Water	用水户数(户) Households Supplied (unit)	家庭用户 Families Supplied	用水人口(万人) Population Supplied (10,000 persons)	城市名称 Name of Cities
21.00			400.70	99511	96711	37.35	衡　水
10.10	13.00		2.00	37107	35705	14.39	冀　州
3.00	7.00		0.50	35280	34460	16.93	深　州
4111.13	**1691.62**	**929.17**	**4898.16**	**960633**	**778120**	**878.26**	**山　西**
1869.93	265.94		2333.13	85682	79532	291.80	太　原
133.50			22.00			14.46	古　交
252.25	26.50		592.53	212767	204439	124.53	大　同
369.85			265.36	39350	37337	53.43	阳　泉
323.61	606.57	606.57		30145	28202	57.90	长　治
42.70	4.20	4.20	25.00	8775	8477	7.02	潞　城
332.00			366.00	83062	80270	32.00	晋　城
7.00			21.00	11230	10210	8.07	高　平
59.00	143.00		86.00	76049	50950	26.90	朔　州
89.89			437.97	34352	6085	37.60	晋　中
215.00	55.00	55.00	107.00	50457	21777	15.50	介　休
92.00	50.00		142.00	30016		36.00	运　城
4.00			35.00	11240	8820	16.00	永　济
			56.00	12300		7.30	河　津
116.45	45.00		148.00	8300	5660	18.30	忻　州
17.35	172.78		65.07	7222	5710	10.20	原　平
75.00	300.00	240.90		132152	123770	41.18	临　汾
	0.63	0.50	33.50	18226	17331	12.47	侯　马
10.00						12.00	霍　州
53.00			58.00	6026	4945	19.30	吕　梁
36.00	22.00	22.00	48.00	90000	72000	20.50	孝　义
12.60			56.60	13282	12605	15.80	汾　阳
3590.00	**686.97**	**27.76**	**7109.00**	**1579326**	**1423450**	**600.37**	**内蒙古**
1025.57			2213.69	310000	270000	126.64	呼和浩特
427.72	200.77	26.76	2124.52	403465	369045	132.07	包　头
936.00				127000	118212	43.56	乌　海
173.20	199.00		616.00	159024	157208	47.97	赤　峰
565.00	113.00		426.00	106622	92214	39.00	通　辽
14.00				14942	4410	11.01	霍林郭勒
124.42	15.00		557.66	66946	60730	34.00	鄂尔多斯
4.00			62.00	61179	55819	20.40	呼伦贝尔
24.60			317.00	52696	51493	22.40	满洲里
5.00			25.00	16500	13300	5.00	牙克石
88.00	1.00		3.00	14402	11980	6.00	扎兰屯
1.00	0.20		0.80	3820	3319	1.62	额尔古纳

5-5 续 2

城市名称 Name of Cities	综合生产能力（万立方米/日） Integrated Production Capacity (10,000m³/Day)	地下水 Underground Water	供水管道长度（公里） Length of Water Supply Pipelines (km)	供水总量 Total Quantity of Water Supply 合计 Total	生产运营用水 The Quantity of Water for Production and Operation	公共服务用水 The Quantity of Water for Public Service	居民家庭用水 The Quantity of Water for Household Use
根河	7.10	6.60	43.80	252.70	89.20	59.00	76.60
巴彦淖尔	4.40	4.40	141.00	831.00	128.00	143.00	493.00
乌兰察布	4.80	4.80	242.00	1190.00	380.00	148.00	500.00
丰镇	11.80	11.80	109.50	2193.00	2014.00	35.00	101.00
乌兰浩特	5.60	5.60	107.00	912.00	8.00	210.00	201.00
阿尔山	0.57	0.57	28.00	60.00	15.00	11.00	19.00
二连浩特	2.10	2.10	62.00	201.52	43.80	42.30	24.50
锡林浩特	11.70	9.70	334.40	630.00	32.00	104.00	270.00
辽宁	**1333.02**	**565.76**	**25422.49**	**283173.85**	**121341.63**	**38128.41**	**53431.37**
沈阳	170.10	130.10	2782.50	46637.50	10116.70	9466.50	12901.20
新民	3.30	3.30	400.00	1440.00	463.00	267.00	443.00
大连	171.70	2.52	4243.40	37181.90	8237.80	4238.50	6086.50
瓦房店	15.80	3.80	399.00	2161.00	657.00	79.00	657.00
普兰店	5.20	2.00	190.77	1915.50	566.36	290.40	202.38
庄河	5.00		191.50	809.00	131.00	184.00	244.00
鞍山	158.30	102.50	2114.43	46356.00	29140.00	3209.00	5328.00
海城	8.00	8.00	453.00	2170.00	679.00	240.00	667.00
抚顺	130.00	4.80	1807.60	19570.00	9877.00	4791.00	2603.00
本溪	139.50	10.90	630.00	32119.22	25115.47	2805.47	1111.19
丹东	92.96	11.50	1020.30	7827.95	2461.28	791.41	2255.70
东港	12.50		184.00	1237.00	171.00	123.00	275.00
凤城	8.80	6.10	119.00	1974.00	803.00	171.00	366.00
锦州	82.60	82.60	787.00	15750.00	8189.00	1593.00	3488.00
凌海	13.50	13.50	86.00	3220.00	2670.00	110.00	380.00
北镇	2.25	2.25	72.00	410.00	24.00	91.00	192.00
营口	50.00	25.54	1709.00	6777.00	1581.00	1240.00	2063.00
盖州	2.50	2.50	96.99	601.00	59.00	27.00	289.00
大石桥	7.00	7.00	749.83	1585.20	161.08	92.58	483.36
阜新	31.00	18.00	1395.00	8041.00	3262.00	854.00	2176.00
辽阳	89.75	31.25	1203.40	16712.20	6886.00	3383.00	2044.00
灯塔	3.60	3.50	122.50	461.00	24.00	120.00	190.00
盘锦	26.23	26.23	762.00	8644.61	3609.61	1486.00	2895.00
铁岭	18.39	7.19	765.17	3822.53	471.83	696.69	1064.46
调兵山	6.10	4.84	410.10	1750.59	1078.00	92.96	327.13
开原	4.94	4.94	237.40	890.65	334.00	166.20	291.15
朝阳	25.40	25.40	484.60	4739.40	1196.50	690.10	1067.30
北票	3.80	3.50	282.00	1057.00	133.00	115.00	533.00
凌源	9.80	9.80	440.00	1404.00	382.00	165.00	476.00
葫芦岛	30.00	7.20	1089.00	4586.60	2442.00	179.60	1907.00
兴城	5.00	5.00	195.00	1322.00	420.00	370.00	425.00

(万立方米)
(10,000m³)

消防及其他用水 The Quantity of Water for Fire Control and Other Purposes	免费供水量 The Quantity of Free Water	生活用水 Domestic Water	漏损水量 The Lossed Water	用水户数(户) Households Supplied (unit)	家庭用户 Families Supplied	用水人口(万人) Population Supplied (10,000 persons)	城市名称 Name of Cities
25.60	2.00	1.00	0.30	8683	8104	5.70	根河
51.00	16.00			69180	64343	28.00	巴彦淖尔
28.00	24.00		110.00	61130	51000	28.00	乌兰察布
23.00	16.00		4.00	25543	22517	8.00	丰镇
2.00			491.00	58224	53046	20.10	乌兰浩特
5.00	5.00		5.00	2200	1600	1.30	阿尔山
16.89	45.00		29.03	8250	6000	8.00	二连浩特
50.00	50.00		124.00	9520	9110	11.60	锡林浩特
14015.62	**3754.30**	**95.00**	**52502.52**	**6736139**	**6165203**	**1962.82**	**辽宁**
438.00	9.60		13705.50	1505859	1438697	451.86	沈阳
75.00	192.00			34738	31988	11.83	新民
2194.30	382.00		16042.80	1194717	1128451	277.70	大连
293.00	92.00	92.00	383.00	104941	100533	31.10	瓦房店
293.06			563.30	42400	40593	18.00	普兰店
			250.00	50787	47000	17.20	庄河
4178.00	356.00		4145.00	494478	477333	145.21	鞍山
91.00			493.00	84500	79200	32.40	海城
	50.00		2249.00	461656	440908	129.50	抚顺
1585.00			1502.09	295408	277573	87.20	本溪
183.58	700.00		1435.98	185967	178681	61.80	丹东
21.00	647.00			41385	38400	12.66	东港
68.00	65.00		501.00	62205	57908	17.25	凤城
	922.00		1558.00	270818	258546	94.65	锦州
20.00			40.00	50904	50330	12.59	凌海
103.00				19543	18333	7.34	北镇
	7.00		1886.00	260199	237488	86.43	营口
8.00	8.00		210.00	45714	43514	16.00	盖州
154.78	1.90		691.50	95000	85000	26.74	大石桥
			1749.00	251111	245070	75.00	阜新
3004.00	3.00	3.00	1392.20	227298	210325	75.08	辽阳
	15.00		112.00	21151	19041	7.16	灯塔
136.00	12.00		506.00	228146	212940	60.94	盘锦
6.10	220.30		1363.15	137262	123849	44.13	铁岭
155.50	19.00		78.00	64647	62458	16.58	调兵山
11.90	24.50		62.90	68000	63277	18.16	开原
707.40			1078.10	138424	27326	39.28	朝阳
25.00			251.00	61800	61290	18.25	北票
133.00	20.00		228.00	45305	42173	14.74	凌源
50.00	8.00			148000	26407	44.50	葫芦岛
81.00			26.00	43776	40571	11.54	兴城

5-5 续 3

城市名称 Name of Cities	综合生产能力（万立方米/日） Integrated Production Capacity (10,000m³/Day)	地下水 Underground Water	供水管道长度（公里） Length of Water Supply Pipelines (km)	供水总量 Total Quantity of Water Supply 合计 Total	生产运营用水 The Quantity of Water for Production and Operation	公共服务用水 The Quantity of Water for Public Service	居民家庭用水 The Quantity of Water for Household Use
吉　林	**733.61**	**97.97**	**8590.96**	**100318.63**	**34421.83**	**13743.75**	**24386.12**
长　春	107.96	3.67	2001.00	28639.00	4779.00	7489.00	6120.30
九　台	3.70	2.10	167.00	839.00	138.00	120.00	520.00
榆　树	5.40	5.40	153.60	1827.20	398.00	293.80	173.00
德　惠	8.91	8.91	435.00	3124.00	2315.00	482.00	228.00
吉　林	411.00	4.40	1142.20	28064.00	18293.00	1245.00	4077.00
蛟　河	1.40	0.50	125.00	376.00	10.00	41.00	113.00
桦　甸	2.30	1.10	121.00	504.00	24.00	13.00	213.00
舒　兰	2.50		45.70	879.00	405.00	60.00	400.00
磐　石	2.30	0.90	106.00	566.20	52.00	98.00	225.50
四　平	19.60	0.46	391.85	1173.90	102.00	474.00	377.00
公主岭	17.84	8.84	421.62	1769.47	579.00	21.00	993.47
双　辽	11.80	11.80	56.90	550.50	110.50	97.90	247.00
辽　源	18.00		296.00	2429.00	714.00	45.00	484.00
通　化	15.20		426.03	4225.50	621.00	92.00	683.00
梅河口	7.00	7.00	163.00	2425.00	1081.00	398.00	224.00
集　安	3.15	0.15	93.58	565.78	105.42	44.00	64.00
白　山	13.90	4.40	553.18	3232.72	802.00	129.00	1074.00
临　江	3.85		92.90	450.00	50.00	45.00	121.00
松　原	11.20	9.50	379.00	4066.00	1044.00	174.00	2667.00
白　城	15.60	15.60	331.00	4018.00	753.00	485.00	1495.00
洮　南	3.00	3.00	122.20	430.00	50.00	80.00	280.00
大　安	2.20	2.20	58.00	817.00	93.00	32.00	543.22
延　吉	20.00	5.00	290.87	4022.76	1164.11	816.75	922.13
图　们	1.60		106.00	687.00	76.00	93.00	251.00
敦　化	11.10	3.04	148.00	1278.00	380.80	217.00	501.20
珲　春	6.00		145.00	1655.30		550.00	829.00
龙　井	3.50		91.00	869.60	246.00	77.30	224.30
和　龙	3.60		128.33	834.70	36.00	31.00	336.00
黑龙江	**808.93**	**299.08**	**10492.49**	**172947.05**	**89413.90**	**15536.91**	**43528.41**
哈尔滨	201.36	66.60	1611.19	40342.20	10166.00	6618.00	16202.00
双　城	2.80	2.80	105.00	1855.00	999.00	101.00	595.00
尚　志	5.00	5.00	166.00	1153.20	580.00	320.00	251.00
五　常	2.00	2.00	114.00	476.00	94.00	52.00	294.00
齐齐哈尔	37.95	27.95	1004.23	6609.00	934.48	1179.19	2173.11
讷　河	1.90	1.90	62.00	358.00		40.00	130.00
鸡　西	29.00	13.27	593.00	7660.00	3190.00	1130.00	2830.00
虎　林	1.10	1.10	177.43	347.00	85.00	34.00	156.00
密　山	2.10	2.10	230.00	686.00	196.00	109.00	350.00
鹤　岗	25.75	5.79	524.49	4636.60	1891.13	487.35	962.11

(万立方米)
(10,000m³)

消防及其他用水 The Quantity of Water for Fire Control and Other Purposes	免费供水量 The Quantity of Free Water	生活用水 Domestic Water	漏损水量 The Lossed Water	用水户数(户) Households Supplied (unit)	家庭用户 Families Supplied	用水人口(万人) Population Supplied (10,000 persons)	城市名称 Name of Cities
2631.10	**2609.50**	**185.10**	**22526.33**	**2818045**	**2579405**	**866.65**	**吉林**
1046.00	3.30		9201.40	814257	776708	254.76	长春
6.00	20.00		35.00	63664	58167	17.30	九台
561.40	177.00		224.00	48565	45202	10.00	榆树
43.00			56.00	45146	32948	14.48	德惠
	350.00		4099.00	422724	383514	124.19	吉林
16.00	74.00		122.00	26000	24000	8.40	蛟河
19.00	235.00	15.00		68177	63638	14.00	桦甸
14.00				21500	21500	18.00	舒兰
12.00	2.70		176.00	35795	32960	8.50	磐石
			220.90	116272	103176	39.20	四平
26.00	100.00		50.00	59501	51815	20.28	公主岭
71.00	0.10	0.10	24.00	23010	23000	7.80	双辽
35.00	310.00	15.00	841.00	134765	128600	35.00	辽源
21.00	477.32		2331.18	90358	82182	41.60	通化
300.00	102.00	100.00	320.00	55000	44000	16.50	梅河口
147.00	11.36		194.00	36942	34813	8.51	集安
	83.72		1144.00	111910	103571	40.00	白山
136.00	2.00		96.00	26435	22040	6.79	临江
39.00	34.00		108.00	124220	119000	38.50	松原
76.00	557.00	50.00	652.00	82850	74667	23.31	白城
10.00	5.00	5.00	5.00	42600	41560	13.00	洮南
10.00			138.78	44000	43500	14.06	大安
			1119.77	133967	130777	38.60	延吉
	19.00		248.00	30810	23690	7.87	图们
19.00	1.00		159.00	63417	27199	16.69	敦化
	15.00		261.30	46844	43813	15.91	珲春
22.00			300.00	33410	30300	9.40	龙井
1.70	30.00		400.00	15906	13065	4.00	和龙
4540.37	**1586.30**	**101.10**	**18341.16**	**3795866**	**3523103**	**1129.48**	**黑龙江**
1226.00	208.00		5922.20	1201298	1118810	321.00	哈尔滨
158.00			2.00	52655	51680	18.04	双城
2.00	0.10	0.10	0.10	45189	37834	12.42	尚志
36.00				40000	35000	12.50	五常
97.00	91.22		2134.00	391575	365265	103.02	齐齐哈尔
7.00			181.00	23000	21000	8.40	讷河
210.00	250.00		50.00	209490	206600	72.00	鸡西
	1.00		71.00	20861	17027	7.02	虎林
7.00	8.00		16.00	41001	39894	11.02	密山
40.00	231.81		1024.20	188859	172922	42.30	鹤岗

城市名称 Name of Cities	综合生产能力（万立方米/日） Integrated Production Capacity (10,000m³/Day)	地下水 Underground Water	供水管道长度（公里） Length of Water Supply Pipelines (km)	供水总量 Total Quantity of Water Supply 合计 Total	生产运营用水 The Quantity of Water for Production and Operation	公共服务用水 The Quantity of Water for Public Service	居民家庭用水 The Quantity of Water for Household Use
双鸭山	20.10	15.00	294.00	2794.00	678.00	566.00	1090.00
大庆	139.60	49.60	1344.75	29429.30	16947.51	1304.62	6819.06
伊春	23.50	16.60	771.55	3546.74	1480.61	329.33	1203.90
铁力	3.10	3.10	174.00	429.00	50.00	68.00	195.00
佳木斯	45.48	45.48	506.20	9053.00	3892.00	1024.00	2612.00
同江	0.70	0.70	97.00	155.00	15.00	37.00	82.00
富锦	1.50	1.50	7.00	322.00	41.00	72.00	172.00
七台河	40.30	2.50	671.70	10000.69	5958.59	438.10	2111.40
牡丹江	164.40	1.65	552.00	45393.37	39973.92	652.83	1832.73
绥芬河	2.70		82.00	477.60	121.00	85.00	171.60
海林	2.79	0.14	43.00	589.03	268.53	43.20	170.00
宁安	3.00		112.50	930.00	445.00	40.00	320.00
穆棱	2.40	0.20	104.80	510.00	43.80	93.60	241.20
黑河	7.20	0.40	175.32	401.82	173.33	50.69	143.30
北安	5.60	0.60	104.10	590.00	86.00	74.00	325.00
五大连池	0.50		97.00	80.00		6.00	64.00
绥化	19.90	19.90	381.00	1300.50	310.00	119.00	860.00
安达	5.70	5.70	55.50	853.00	162.00	28.00	612.00
肇东	6.00	4.00	169.00	1470.00	500.00	400.00	350.00
海伦	5.50	3.50	162.73	499.00	132.00	35.00	210.00
上海	**1418.63**	**29.89**	**28950.07**	**346068.75**	**109736.16**	**56041.95**	**89832.59**
江苏	**2334.72**	**76.12**	**49353.64**	**452627.55**	**198646.90**	**36787.39**	**130553.27**
南京	726.00		8536.00	104760.00	42154.00	5144.00	34670.00
无锡	128.10		5312.00	34400.30	13293.26	3306.16	12336.61
江阴	70.00		944.65	6766.19	3151.91	618.33	1478.78
宜兴	25.00		721.00	3695.38	667.38	220.00	2080.00
徐州	50.69	27.79	1207.83	11808.84	1868.01	2897.92	4836.82
新沂	19.20	19.20	483.15	2310.00	468.00	650.00	990.00
邳州	9.20	9.20	606.00	2733.00	440.00	161.00	1840.00
常州	132.50		4672.07	33770.06	16049.00	1886.07	7834.97
溧阳	13.50		425.38	3473.87	1970.56	123.76	1083.32
金坛	5.00		646.57	1660.11	453.23	345.98	526.85
苏州	211.80		4086.76	45550.15	15811.35	3789.85	17468.60
常熟	100.50		847.00	27602.92	19143.10	1154.20	2114.62
张家港	55.00		628.86	12950.00	6570.00	866.00	3997.00
昆山	100.00		1485.00	25813.00	15965.00	1947.00	1317.00
吴江	84.12	0.01	654.79	24358.04	19566.24	1149.67	2157.13
太仓	30.00		435.00	7164.00	3497.00	922.00	1648.00
南通	90.00		1419.74	11303.91	3948.71	61.50	4910.70

(万立方米) (10,000m³) 消防及其他用水 The Quantity of Water for Fire Control and Other Purposes	免费供水量 The Quantity of Free Water	生活用水 Domestic Water	漏损水量 The Lossed Water	用水户数(户) Households Supplied (unit)	家庭用户 Families Supplied	用水人口(万人) Population Supplied (10,000 persons)	城市名称 Name of Cities
100.00	100.00	80.00	260.00	112500	107800	44.90	双鸭山
725.00			3633.11	375860	362992	119.24	大庆
365.90	10.00	2.00	157.00	165928	138654	48.76	伊春
41.00			75.00	24886	22381	8.83	铁力
96.00	519.00		910.00	180560	167447	54.30	佳木斯
	20.00		1.00	11000	10800	3.61	同江
33.00			4.00	21770	21220	8.22	富锦
307.40	8.00	4.00	1177.20	103190	92169	35.01	七台河
503.87	19.67		2410.35	207150	190531	61.10	牡丹江
			100.00	12699	11649	7.05	绥芬河
7.30	60.00	15.00	40.00	31822	29639	9.10	海林
125.00				29540	23540	7.85	宁安
21.90			109.50	23906	23027	7.39	穆棱
10.00	24.50			41260	36433	10.50	黑河
75.00			30.00	36800	30120	9.01	北安
10.00				8319	8319	2.19	五大连池
11.00			0.50	83168	80880	26.20	绥化
5.00	25.00		21.00	55580	50670	18.90	安达
220.00				14900	8900	27.00	肇东
100.00	10.00		12.00	41100	39900	12.60	海伦
26005.56	**32825.79**		**31626.70**	**56**		**1858.08**	**上海**
27498.95	**10004.62**	**241.50**	**49136.42**	**7294848**	**6727287**	**2300.91**	**江苏**
10402.00	5349.00	121.00	7041.00	1777361	1681571	466.75	南京
98.63			5365.64	515266	491426	234.27	无锡
995.31			521.86	113583	107505	30.05	江阴
368.00			360.00	107570	102973	34.58	宜兴
774.71	584.00	54.00	847.38	259278	246586	130.49	徐州
70.00			132.00	91023	89657	24.20	新沂
292.00				95000	88500	30.00	邳州
	115.52		7884.50	492958	461806	122.39	常州
	10.84		285.39	63737	58788	17.50	溧阳
95.79			238.26	66187	60515	16.00	金坛
3846.78	422.57	18.00	4211.00	796442	647883	195.41	苏州
2084.00	62.07		3044.93	330475	297018	39.10	常熟
460.00	47.00	47.00	1010.00	78660	76797	39.33	张家港
4000.00	454.00		2130.00	196000	182903	28.36	昆山
	511.00		974.00	79179	70670	27.83	吴江
423.00			674.00	39789	34397	18.53	太仓
	118.56		2264.44	163220	153890	72.77	南通

5-5 续 5

城市名称 Name of Cities	综合生产能力（万立方米/日） Integrated Production Capacity (10,000m³/Day)	地下水 Underground Water	供水管道长度（公里） Length of Water Supply Pipelines (km)	供水总量 Total Quantity of Water Supply 合计 Total	生产运营用水 The Quantity of Water for Production and Operation	公共服务用水 The Quantity of Water for Public Service	居民家庭用水 The Quantity of Water for Household Use
启东	10.00		534.00	1827.00	442.00	130.00	567.00
如皋	10.00		421.03	1979.81	453.48	140.77	979.73
通州	7.50		438.32	2886.00	1534.00	76.00	838.00
海门	18.30	4.20	477.90	1748.50	526.00	58.60	667.40
连云港	37.50		953.30	8742.26	3527.33	781.95	2417.81
淮安	25.50		2250.00	5957.00	2000.00	1000.00	2600.00
盐城	22.69	0.19	993.16	6026.11	1189.15	3.00	2937.47
东台	7.50		519.00	885.66	262.60	136.80	248.40
大丰	10.00	1.00	207.40	2725.00	702.00	300.00	938.00
扬州	51.00	4.50	1659.06	10663.67	3771.94	2061.88	2495.48
仪征	58.80		841.50	4526.55	2678.20	1231.59	134.50
高邮	19.00		152.00	1364.00	645.00	163.00	556.00
江都	11.92	2.53	353.11	2612.21	910.42	130.27	989.05
镇江	62.20	0.20	1702.50	15389.00	6779.00	2354.00	3733.00
丹阳	20.00		369.27	4539.42	2477.96	585.30	549.45
扬中	5.00		208.58	803.30	270.24	20.46	449.66
句容	11.50		257.00	1581.00	46.00	393.00	406.00
泰州	31.00		1258.11	4884.39	1570.03	470.53	1566.42
兴化	12.00		197.00	1302.40	312.20	63.30	573.50
靖江	17.50		924.00	4336.00	956.00	151.00	2487.00
泰兴	10.20	0.80	290.00	3588.00	1345.00	580.00	1580.00
姜堰	10.00	5.00	531.00	1375.00	364.00	116.00	531.00
宿迁	15.00	1.50	704.60	2765.50	867.60	596.50	1018.00
浙江	**1357.90**	**13.93**	**31888.63**	**265542.45**	**100646.33**	**26397.17**	**93870.08**
杭州	274.00		5515.00	66753.00	19519.00	8216.00	25466.00
建德	5.00		250.00	1020.00	272.95	96.61	489.58
富阳	15.00		510.40	3360.50	1097.86	213.00	1677.64
临安	10.00		454.00	2007.00	512.00	157.00	823.00
宁波	165.00		2694.10	40107.28	17583.84	3949.23	13019.46
余姚	28.50		1192.30	5099.00	1838.00	327.00	1927.00
慈溪	34.00		1221.00	6472.64	1072.45	816.54	3781.65
奉化	15.00	3.00	355.00	4810.00	1781.00	592.00	1908.00
温州	108.00		1668.77	25138.04	9564.21	943.04	9379.82
瑞安	13.00		440.11	3483.90	984.97	387.48	1975.95
乐清	23.50	0.50	452.07	3503.10	188.94	101.77	1794.25
嘉兴	49.09	1.09	679.00	8355.32	3032.74	1793.20	2249.24
海宁	21.16	0.07	271.00	5288.00	1925.00	1246.00	556.00
平湖	9.40	3.90	300.00	2052.00	994.00	65.00	558.00
桐乡	30.00		522.00	3084.40	1491.00	98.00	1044.00
湖州	27.00		1812.35	7970.94	2274.52	1524.62	3158.74

消防及其他用水 The Quantity of Water for Fire Control and Other Purposes	免费供水量 The Quantity of Free Water	生活用水 Domestic Water	漏损水量 The Lossed Water	用水户数（户） Households Supplied (unit)	家庭用户 Families Supplied	用水人口（万人） Population Supplied (10,000 persons)	城市名称 Name of Cities
（万立方米）(10,000m³)							
85.00			603.00	55344	50100	14.20	启东
9.87			395.96	73107	68721	21.47	如皋
27.00	24.00		387.00	35572	32761	10.17	通州
16.50	86.00		394.00	70629	62355	18.04	海门
256.48			1758.69	135865	127181	72.06	连云港
100.00	57.00		200.00	31229	30010	94.00	淮安
262.44	490.21		1143.84	169925	166409	58.44	盐城
26.20	11.96	1.50	199.70	41440	37077	22.35	东台
570.00			215.00	64000	49800	10.00	大丰
405.00	770.14		1159.23	210961	192401	67.87	扬州
222.70			259.56	54941	49954	19.34	仪征
				52627	41356	19.00	高邮
			582.47	83290	75438	24.45	江都
756.00	20.00		1747.00	270685	255651	85.62	镇江
217.97	25.97		682.77	84341	75906	29.43	丹阳
62.94				31259	30181	10.24	扬中
25.00	7.00		704.00	36059	32958	14.90	句容
118.63	600.88		557.90	209536	192982	57.63	泰州
	234.90		118.50	51441	50917	16.65	兴化
			742.00	64338	58657	27.10	靖江
5.00			78.00	60012	58200	23.38	泰兴
152.00	2.00		210.00	46597	44987	17.70	姜堰
270.00			13.40	95922	90400	39.31	宿迁
8069.94	**4058.90**	**46.84**	**32500.03**	**4726092**	**4111506**	**1741.47**	**浙江**
3705.00	875.00		8972.00	589478	561815	288.50	杭州
9.28	6.00		145.58	29424	25783	12.89	建德
18.50	353.50			83017	73062	28.74	富阳
158.00	85.00		272.00	34086	25527	16.00	临安
254.37	609.00		4691.38	583304	531483	158.99	宁波
50.00	47.00	2.00	910.00	132569	120899	59.24	余姚
	38.00		764.00	287821	212665	51.67	慈溪
	38.00		491.00	109619	99618	31.73	奉化
69.21	978.26		4203.50	259815	235427	134.15	温州
	135.50			73830	52317	35.41	瑞安
14.60	132.74		1270.80	13280	10820	47.00	乐清
94.32			1185.82	216200	181384	55.74	嘉兴
1349.00			212.00	61200	57900	16.80	海宁
	100.00		335.00	48892	48892	13.50	平湖
42.00	9.40		400.00	53000	52000	17.04	桐乡
72.75	105.31	9.49	835.00	214870	133452	75.50	湖州

5-5 续 6

城市名称 Name of Cities	综合生产能力（万立方米/日） Integrated Production Capacity (10,000m³/Day)	地下水 Underground Water*	供水管道长度（公里） Length of Water Supply Pipelines (km)	供水总量 Total Quantity of Water Supply 合计 Total	生产运营用水 The Quantity of Water for Production and Operation	公共服务用水 The Quantity of Water for Public Service	居民家庭用水 The Quantity of Water for Household Use
绍兴	97.00		1506.00	9482.15	5432.20	1281.20	2178.50
诸暨	20.00		527.00	4786.00	1502.00	775.00	1750.00
上虞	31.00		847.68	3675.00	1650.00	88.00	1195.00
嵊州	22.00		525.55	2952.03	1486.25		788.71
金华	50.75	1.18	1022.00	5170.61	2139.32	464.91	1798.38
兰溪	14.00		735.00	1590.00	597.00	45.00	622.00
义乌	30.96	0.96	1262.00	5628.00	2754.00	265.00	1888.00
东阳	11.44	0.50	1145.71	2508.74	769.02	27.43	1512.66
永康	18.00	0.60	872.00	2711.89	1006.22	79.14	882.81
衢州	105.34	0.10	834.38	11620.60	8829.84	480.00	1394.84
江山	6.26	0.01	278.52	2144.00	1339.00	278.00	398.00
舟山	27.50		824.00	4194.00	1427.00	267.00	1542.00
台州	53.34	2.02	1575.60	12708.41	5797.00	908.00	4738.60
温岭	8.00		243.10	1500.00	267.00	339.00	690.00
临海	11.66		680.60	2829.80	795.00	30.00	1083.55
丽水	20.00		501.00	2850.00	623.00	476.00	1250.00
龙泉	3.00		171.39	686.10	100.00	67.00	348.70
安徽	**999.22**	**109.32**	**10048.51**	**207573.84**	**116822.96**	**20917.96**	**48144.75**
合肥	117.00		1764.82	24680.80	3466.60	6790.30	11470.80
芜湖	77.00		1014.71	13070.77	5030.51	992.46	5183.53
蚌埠	71.00	1.62	647.00	14354.60	7006.00	2557.00	2938.60
淮南	55.20	1.40	1134.04	13622.57	5445.01	1139.95	3890.81
马鞍山	323.70		474.03	69785.33	61011.31	2513.33	3893.84
淮北	37.50	36.50	566.50	4530.00	1278.46	649.21	2249.27
铜陵	61.30	2.70	408.60	18478.27	13758.80	796.61	1620.87
安庆	66.10		682.00	6301.88	2837.07	741.19	2231.25
桐城	3.50	0.10	109.61	786.00	134.00	22.40	390.50
黄山	18.36	0.36	276.23	2379.77	443.39	317.64	860.62
滁州	18.00		343.73	2785.10	890.60	253.22	1034.05
天长	13.22	12.20	198.20	2108.33	500.00	488.00	732.11
明光	3.00	0.20	128.00	412.00	77.00	22.00	269.00
阜阳	35.50	25.50	600.00	6008.00	2333.00	453.00	2602.00
界首	5.70	5.70	93.00	1646.00	788.00	74.00	684.00
宿州	15.14	15.14	248.00	5657.00	2959.00	711.00	1934.00
巢湖	16.20	0.20	272.00	4627.00	1943.00	1018.00	776.00
六安	25.00		373.50	8802.42	4716.71	361.25	2072.50
亳州	7.50	7.50	172.00	2210.00	910.00	260.00	930.00
池州	8.70		161.18	2125.50	131.00	405.00	1107.00
宣城	12.70	0.20	237.00	2114.50	683.50	312.40	854.00
宁国	7.90		144.36	1088.00	480.00	40.00	420.00

(万立方米) (10,000m³)							
消防及其他用水 The Quantity of Water for Fire Control and Other Purposes	免费供水量 The Quantity of Free Water	生活用水 Domestic Water	漏损水量 The Lossed Water	用水户数(户) Households Supplied (unit)	家庭用户 Families Supplied	用水人口(万人) Population Supplied (10,000 persons)	城市名称 Name of Cities
199.94	12.47		377.84	234843	212365	67.05	绍兴
49.00	10.00		700.00	63434	54200	31.70	诸暨
21.00	10.00	10.00	711.00	89326	83591	21.18	上虞
252.33	150.00		274.74	82637	79016	28.96	嵊州
62.56	153.77		551.67	145688	127165	56.08	金华
214.00			112.00			17.54	兰溪
			721.00	356000	340000	115.07	义乌
10.25			189.38	114995	95962	39.93	东阳
15.70	11.95	11.95	715.07	40027	36623	27.10	永康
295.92	57.00		563.00	107506	93996	29.00	衢州
14.00			115.00	60585	47085	15.52	江山
418.00	25.00	5.00	515.00	202608	183974	42.46	舟山
343.81	16.00		905.00	256733	202507	113.79	台州
13.00	5.00	5.00	183.00	28351	24821	22.53	温岭
308.00	10.00		603.25	69129	57447	27.26	临海
13.00	1.00	1.00	487.00	52748	46300	33.98	丽水
2.40	84.00	2.40	84.00	31077	3410	9.42	龙泉
3780.15	**1435.00**	**99.50**	**16473.02**	**2898078**	**2633806**	**1050.38**	**安徽**
	159.90		2793.20	406283	365411	193.65	合肥
			1864.27	344006	319372	95.04	芜湖
1049.00			804.00	232008	127799	78.98	蚌埠
130.00	168.00		2843.80	287843	278462	101.00	淮南
154.48	249.85		1962.52	141134	132001	49.60	马鞍山
3.06			350.00	219205	209500	73.89	淮北
521.18			1780.81	85098	82795	41.43	铜陵
386.75	86.20		19.42	144887	130276	56.46	安庆
101.10			138.00	36843	33441	11.96	桐城
372.12	111.88	73.50	274.12	80580	69454	24.46	黄山
124.11			483.12	103993	98692	30.36	滁州
174.00	2.00		212.22	99566	98202	27.18	天长
13.00	11.00		20.00	14195	14195	12.05	明光
	90.00	22.00	530.00	186660	184310	62.02	阜阳
4.00			95.00	36269	34871	12.36	界首
53.00				122240	121809	42.10	宿州
20.00	1.00		869.00	62723	54622	27.21	巢湖
451.25	140.17		1060.54	88188	85412	34.03	六安
	70.00		40.00	69430	69150	22.82	亳州
181.50	221.00		80.00	60200	59600	20.99	池州
34.60	34.00	4.00	195.00	32027	27432	21.70	宣城
7.00	90.00		51.00	44700	37000	11.09	宁国

5-5 续 7

城市名称 Name of Cities	综合生产能力（万立方米/日） Integrated Production Capacity (10,000m³/Day)	地下水 Underground Water	供水管道长度（公里） Length of Water Supply Pipelines (km)	供水总量 Total Quantity of Water Supply 合计 Total	生产运营用水 The Quantity of Water for Production and Operation	公共服务用水 The Quantity of Water for Public Service	居民家庭用水 The Quantity of Water for Household Use
福建	**568.13**	**14.72**	**9199.80**	**121593.20**	**37407.19**	**15726.93**	**53471.52**
福州	150.90		1266.42	24940.20	3627.09	7074.26	12811.30
福清	10.00		294.50	1596.00	43.00	135.00	696.00
长乐	10.26	0.62	263.35	3677.50	461.50	390.00	1970.00
厦门	100.00		2205.27	28298.02	9645.49	3846.49	11220.17
莆田	17.00		633.21	5488.03	1685.02	220.35	3319.48
三明	74.90		674.00	7232.76	4703.89	350.00	1364.31
永安	9.30		251.00	4616.00	3273.62	307.93	769.38
泉州	29.00		1405.36	10041.00	4188.00	517.00	3847.00
石狮	35.00		443.00	3900.00	2100.00		1800.00
晋江	15.00		255.22	8332.69	3486.00	66.00	3654.00
南安	7.00		134.00	1324.00	111.00	93.00	680.00
漳州	32.50		283.70	4114.00	1286.00	443.00	2170.00
龙海	8.27		104.00	1803.00	360.00	116.00	1049.00
南平	10.50		52.83	2204.00	165.00	572.00	1063.00
邵武	8.00		114.00	920.00	135.00	141.00	529.00
武夷山	5.00		92.00	1965.00	532.40	218.96	550.40
建瓯	3.90		72.85	884.00	74.00	166.00	585.00
建阳	3.00		64.29	712.00	61.18	80.34	464.48
龙岩	13.10	13.10	155.00	4470.00	973.00	739.00	2046.00
漳平	5.20	1.00	79.00	702.00	205.00	15.00	406.00
宁德	5.50		146.55	1605.00	113.00	228.00	886.00
福安	8.80		95.25	1368.00	73.00	5.00	835.00
福鼎	6.00		115.00	1400.00	105.00	2.60	756.00
江西	**453.17**	**20.96**	**7229.19**	**99410.99**	**24917.97**	**11708.17**	**38695.67**
南昌	140.50	1.00	2108.80	33220.48	6503.08	5916.30	12665.90
景德镇	31.22	1.87	356.18	8182.70	2120.67	274.49	2098.60
乐平	12.80	3.10	110.00	2039.20	1084.00	76.20	581.00
萍乡	24.40	3.00	435.00	4846.00	1389.00	380.00	2600.00
九江	57.95	1.73	482.86	11445.04	3601.00	808.00	3506.01
瑞昌	2.60	2.60	76.00	976.36	137.00	22.00	616.36
新余	23.00		305.00	6547.00	3075.00	676.00	1947.00
鹰潭	10.00		88.53	1769.00	521.00	156.00	621.00
贵溪	3.10		140.00	1010.00	65.00	50.00	400.00
赣州	27.00		1008.83	5881.11	1023.20	694.70	2761.10
瑞金	3.00		48.20	1434.00	628.00	305.00	378.00
南康	10.00		213.10	890.99	395.17	51.94	369.33
吉安	21.00		363.70	2760.00	319.00	615.00	1027.00
井冈山	3.50	0.20	60.60	219.20	2.00	108.00	80.00
宜春	11.00		356.36	2904.00	460.00	190.00	1655.00

（万立方米）
(10,000m³)

消防及其他用水 The Quantity of Water for Fire Control and Other Purposes	免费供水量 The Quantity of Free Water	生活用水 Domestic Water	漏损水量 The Lossed Water	用水户数（户） Households Supplied (unit)	家庭用户 Families Supplied	用水人口（万人） Population Supplied (10,000 persons)	城市名称 Name of Cities
4411.74	**1015.99**	**39.00**	**9559.83**	**1281456**	**1151402**	**895.93**	**福　建**
1427.55				62601	49774	230.49	福　州
303.00	43.00		376.00	39670	30100	15.50	福　清
	178.00		678.00	21883	18880	20.60	长　乐
			3585.87	370296	349571	208.80	厦　门
47.18	15.00		201.00	107797	93648	50.07	莆　田
			814.56	56795	49140	23.16	三　明
38.40	9.47	9.20	217.20	63947	52611	15.70	永　安
1288.00	201.00			116463	102299	77.90	泉　州
						17.00	石　狮
139.69			987.00	19754	18304	21.72	晋　江
80.00	3.00	3.00	357.00	25719	25185	15.95	南　安
12.00	203.00			27360	22271	42.03	漳　州
	151.00	26.80	127.00	48636	45465	16.53	龙　海
	5.00		399.00	50138	45374	20.11	南　平
	75.00		40.00	41558	38617	10.16	邵　武
348.52	112.52		202.20	20467	16529	7.54	武夷山
20.00			39.00	24630	22612	9.70	建　瓯
12.00			94.00	16311	13443	9.50	建　阳
295.00			417.00	59882	56000	28.46	龙　岩
17.00	5.00		54.00	9803	8026	6.55	漳　平
11.00	10.00		357.00	37208	36530	21.65	宁　德
123.00	5.00		327.00	29384	27504	13.31	福　安
249.40			287.00	31154	29519	13.50	福　鼎
2789.29	**3173.98**	**418.49**	**18125.91**	**1429344**	**1109621**	**691.02**	**江　西**
1247.40	200.00	50.00	6687.80	363631	284180	210.22	南　昌
80.32	1304.00		2304.62	53227	47742	43.78	景德镇
39.00	69.00	9.00	190.00	23270	4950	12.74	乐　平
206.00	205.00		66.00	127615	18862	34.70	萍　乡
236.03	240.00		3054.00	115780	102906	60.22	九　江
	18.00		183.00	31560	30460	9.55	瑞　昌
263.00	335.00	195.00	251.00	97495	88529	34.70	新　余
15.00	102.00	100.00	354.00	36376	28150	13.90	鹰　潭
60.00	35.00		400.00	40537	18837	10.70	贵　溪
333.90	44.80	0.49	1023.41	77049	65284	50.50	赣　州
67.00	36.00		20.00	38683	37909	23.00	瑞　金
6.55			68.00	24711	17297	14.80	南　康
41.00	168.00		590.00	71064	61692	23.21	吉　安
8.00	10.00		11.20	7060	6200	1.74	井冈山
47.00	59.00	59.00	493.00	89799	76436	26.30	宜　春

5-5 续 8

城市名称 Name of Cities	综合生产能力（万立方米/日） Integrated Production Capacity (10,000m³/Day)	地下水 Underground Water	供水管道长度（公里） Length of Water Supply Pipelines (km)	供水总量 Total Quantity of Water Supply 合计 Total	生产运营用水 The Quantity of Water for Production and Operation	公共服务用水 The Quantity of Water for Public Service	居民家庭用水 The Quantity of Water for Household Use
丰城	12.00	5.10	207.79	3068.00	490.20	92.40	2378.70
樟树	14.50	2.00	95.44	4099.31	2217.83	189.36	1395.17
高安	6.50	0.26	115.24	1349.00	350.00	109.00	780.00
抚州	21.00		280.56	2970.50	312.90	387.60	1414.50
上饶	15.10	0.10	244.00	3194.10	145.92	557.18	1201.00
德兴	3.00		133.00	605.00	78.00	49.00	220.00
山东	**1474.53**	**686.95**	**32695.37**	**271151.04**	**107024.00**	**32625.36**	**94029.48**
济南	165.00	73.00	1560.00	34113.43	7028.50	1859.95	18037.00
章丘	17.50	17.50	224.00	3571.00	1386.00	120.00	1435.00
青岛	134.22	7.10	5123.73	31533.06	10909.03	3532.83	11407.92
胶州	12.66	5.16	440.00	2218.00	454.00	259.00	1119.00
即墨	17.50	1.00	460.00	3366.00	901.00	83.00	2147.00
平度	11.00	9.00	398.00	2442.00	600.00	281.00	1193.00
胶南	19.00	6.00	324.30	4044.00	1744.10	389.20	1446.80
莱西	14.00	2.00	431.38	2847.20	876.00	524.00	1097.00
淄博	131.81	99.29	2776.54	23533.97	15200.36	1173.18	4382.29
枣庄	67.17	54.18	987.95	7010.51	2147.46	781.04	3004.59
滕州	14.00	8.00	591.00	4343.00	1501.00	670.00	1190.00
东营	106.50	2.00	2498.40	13374.74	4935.29	1695.94	2598.35
烟台	73.50	26.50	2317.30	9710.05	4020.98	2415.25	2801.43
龙口	19.80	11.50	365.00	1544.00	278.00	122.00	1060.00
莱阳	13.80	8.80	253.90	1844.80	793.30	318.00	578.90
莱州	13.50	1.50	480.00	1332.19	315.00	359.00	510.00
蓬莱	5.10	2.80	266.20	909.70	415.00	155.00	256.00
招远	6.00	3.00	298.00	1515.27	759.10	246.87	429.30
栖霞	3.50	0.50	82.20	690.70	58.15	233.13	342.14
海阳	4.70	4.70	193.00	1011.20	275.00	90.00	605.00
潍坊	39.70	14.00	275.50	8476.86	3036.31	1169.78	2306.04
青州	13.00	11.00	409.30	2479.45	1143.10	526.65	733.90
诸城	16.00		338.00	3447.10	1745.00	140.00	1367.00
寿光	12.21	12.21	164.00	4785.01	2929.62	282.77	1428.71
安丘	15.00	11.00	200.00	2395.50	446.00	208.00	1287.00
高密	13.00	4.50	175.60	4182.50	2856.00	250.10	879.00
昌邑	9.48	9.48	93.66	1625.00	887.00	38.00	555.00
济宁	58.00	55.00	506.00	10152.00	4942.00	1927.00	1910.00
曲阜	10.00	4.00	220.00	2265.00	930.00	541.00	635.00
兖州	5.00	5.00	240.00	3045.00	1734.00	335.00	633.00
邹城	12.60	12.60	166.00	6355.40	3916.00	307.20	1582.20
泰安	31.00	17.00	450.70	6571.00	1890.00	1803.00	2000.00
新泰	17.10		738.00	3200.00	830.00	262.00	1785.00

(万立方米) (10,000m³)				用水户数 (户) Households Supplied (unit)		用水人口 (万人) Population Supplied (10,000 persons)	城市名称 Name of Cities
消防及其他用水 The Quantity of Water for Fire Control and Other Purposes	免费供水量 The Quantity of Free Water	生活用水 Domestic Water	漏损水量 The Lossed Water		家庭用户 Families Supplied		
52.60	43.10		11.00	48657	45534	22.33	丰城
5.89	0.08		290.98	15201	14372	17.22	樟树
5.00			105.00	17460	16970	17.20	高安
26.60	100.00		728.90	67558	65743	34.94	抚州
26.00	200.00		1064.00	64747	63368	23.27	上饶
23.00	5.00	5.00	230.00	17864	14200	6.00	德兴
8275.97	**10553.46**	**896.43**	**18642.77**	**5444463**	**4903330**	**2629.28**	山东
187.98	6000.00		1000.00	516000	515800	339.80	济南
20.00	500.00		110.00	79466	78613	24.98	章丘
604.00	704.88		4374.40	671797	653586	275.58	青岛
110.00	10.00	9.00	266.00	78190	74925	24.09	胶州
4.00			231.00	25202	21036	37.31	即墨
37.00	52.00		279.00	70383	69426	25.34	平度
28.60	40.00		395.30	103023	101993	34.70	胶南
120.00	16.20	0.45	214.00	67285	67198	25.63	莱西
1009.07	94.98	55.23	1674.09	372823	335924	143.76	淄博
4.19	351.28	39.48	721.95	85457	75165	80.46	枣庄
219.00	60.00		703.00	32815	28871	32.27	滕州
1730.58	605.08		1809.50	207000	200864	61.14	东营
12.90	256.00		203.49	447433	431371	127.27	烟台
13.00	8.00		63.00	112191	96807	29.51	龙口
43.60	13.00		98.00	48990	48422	24.50	莱阳
40.00	0.19		108.00	114826	83686	30.60	莱州
4.00	3.00		76.70	49669	46741	14.50	蓬莱
	20.00		60.00	56050	53493	16.70	招远
23.08	8.00	1.20	26.20	41846	31841	13.12	栖霞
18.00	2.20		21.00	67080	63280	19.20	海阳
1214.23	0.05	0.04	750.45	106981	102995	136.30	潍坊
50.80	15.00	8.00	10.00	31081	29741	30.30	青州
119.00	76.00		0.10	24000	23360	46.37	诸城
	40.40		103.51	76144	75940	42.51	寿光
342.00	5.50		107.00	70103	65423	24.89	安丘
33.00			164.40	15511	13310	22.70	高密
27.00	20.00		98.00	3276	1552	15.60	昌邑
295.00	204.00		874.00	88980	77265	61.99	济宁
22.00			137.00	37400	34056	15.50	曲阜
203.00			140.00	32726	23440	21.13	兖州
			550.00	13236	9930	28.50	邹城
36.00	180.00		662.00	79437	9000	59.00	泰安
268.00	5.00		50.00	62832	1000	47.64	新泰

5-5 续 9

城市名称 Name of Cities	综合生产能力（万立方米/日）Integrated Production Capacity (10,000m³/Day)	地下水 Underground Water	供水管道长度（公里）Length of Water Supply Pipelines (km)	供水总量 Total Quantity of Water Supply 合计 Total	生产运营用水 The Quantity of Water for Production and Operation	公共服务用水 The Quantity of Water for Public Service	居民家庭用水 The Quantity of Water for Household Use
肥城	9.50	9.50	152.30	1900.00	636.00	328.00	710.00
威海	33.50	6.10	1613.00	6330.00	2839.00	958.00	1815.00
文登	11.20	1.45	388.80	1987.00	762.00	393.00	579.00
荣成	40.40	13.80	668.33	1577.00	241.00	322.00	921.00
乳山	11.00	4.60	423.80	1022.50	349.90	146.80	386.60
日照	32.20	14.70	1158.21	6478.10	3664.00	918.47	1281.81
莱芜	25.50	12.80	346.60	6000.00	2588.00	277.50	2650.50
临沂	54.16	29.16	1166.00	10252.90	3179.60	2188.00	3645.50
德州	26.30	20.00	603.00	4770.00	1966.00	507.00	2132.00
乐陵	11.00	11.00	9.00	2697.00	1900.00	400.00	100.00
禹城	20.00	20.00	123.00	2491.00	1810.00	90.00	500.00
聊城	22.42	22.42	827.90	4044.00	760.00	850.00	2294.00
临清	16.50	15.10	285.00	3466.00	2080.00	498.00	610.00
滨州	33.50		667.77	4000.90	1623.20	281.70	1752.50
菏泽	25.00	7.00	215.00	4200.00	743.00	1368.00	1909.00
河南	**1039.85**	**573.25**	**14405.97**	**167348.36**	**69395.64**	**18163.17**	**51428.87**
郑州	133.24	60.24	2211.00	27930.82	7563.80	3998.10	10856.70
巩义	12.00	8.50	138.50	1532.59	916.00	100.20	363.00
荥阳	4.20	3.80	208.00	816.00	230.00	95.00	481.00
新密	10.50	9.50	185.00	989.00	64.00	219.00	606.00
新郑	4.70	4.70	215.00	1384.00	675.00	291.00	300.00
登封	3.45	0.45	75.00	551.00	101.00	162.00	225.00
开封	62.50	12.50	892.08	6671.33	2079.70	397.13	1562.74
洛阳	93.67	81.67	1136.60	19227.29	6705.01	2470.50	7873.17
偃师	8.00	8.00	166.00	949.50	320.00	68.00	472.00
平顶山	74.20	18.60	525.00	8470.27	4648.26	220.50	3601.51
舞钢	12.80	12.70	105.00	3440.00	2359.00	145.00	740.00
汝州	7.30	7.30	220.83	917.10	390.70	37.70	287.30
安阳	87.00	60.00	728.00	12201.00	7858.00	1217.00	1752.00
林州	5.00	2.00	133.00	1264.00	535.00	204.00	513.00
鹤壁	38.33	16.34	322.99	3923.69	1625.34	167.99	1580.02
新乡	62.00	29.00	505.89	8900.00	4279.14	646.24	1914.47
卫辉	6.00	3.00	105.00	1894.00	786.00	221.00	491.00
辉县	11.00	11.00	293.00	2661.00	1100.00	561.00	486.00
焦作	59.50	54.70	683.66	7526.46	3758.00	380.00	1508.00
沁阳	7.60	7.60	89.95	1110.80	493.10	70.00	296.00
孟州	11.80	4.50	106.00	1015.00	579.00	182.00	202.00
濮阳	27.60	17.80	93.00	4783.00	2761.00	473.00	1371.00
许昌	30.00	10.00	416.00	4103.00	1791.00	466.00	1083.00
禹州	6.70	1.70	119.00	1805.00	452.00	96.00	1143.00

(万立方米) (10,000m³)				用水户数(户) Households Supplied (unit)		用水人口(万人) Population Supplied (10,000 persons)	城市名称 Name of Cities
消防及其他用水 The Quantity of Water for Fire Control and Other Purposes	免费供水量 The Quantity of Free Water	生活用水 Domestic Water	漏损水量 The Lossed Water		家庭用户 Families Supplied		
26.00	50.00		150.00	52508	51700	20.50	肥城
19.00	36.00		663.00	167911	150713	55.37	威海
124.00	26.00		103.00	85962	83286	27.96	文登
30.00	15.00		48.00	72646	70840	34.20	荣成
37.20	21.00		81.00	47118	46517	14.08	乳山
75.62	21.20		517.00	173213	172065	58.65	日照
10.50	202.00	200.00	271.50	96211	95290	48.32	莱芜
344.62	680.50	583.03	214.68	285925	264504	143.41	临沂
20.00			145.00	168990	164810	59.39	德州
280.00	10.00		7.00	165980	48200	17.65	乐陵
26.00			65.00	37135	37062	13.80	禹城
22.00	15.00		103.00	94100	92950	61.78	聊城
258.00	10.00		10.00	41620	40000	26.20	临清
69.00	156.00		118.50	15161	11589	52.40	滨州
95.00	20.00		65.00	50750	27750	62.68	菏泽
6156.76	**2156.19**	**1160.08**	**20047.73**	**2866046**	**2523230**	**1539.62**	**河南**
383.22	458.00	458.00	4671.00	467739	377511	269.59	郑州
134.39	19.00			51568	51086	20.00	巩义
5.00	5.00			31876	26715	13.48	荥阳
39.00			61.00	32009	24569	13.21	新密
			118.00	40830	34246	14.90	新郑
26.00	7.00		30.00	23702	20974	9.83	登封
576.37	365.00		1690.39	94080	81391	84.23	开封
376.61			1802.00	195525	172018	134.00	洛阳
68.50	21.00			3251	2590	13.95	偃师
				121225	115134	78.90	平顶山
160.00	1.00		35.00	32960	28860	11.63	舞钢
2.50	5.40		193.50	28750	27722	18.48	汝州
478.00			896.00	111316	104656	69.00	安阳
			12.00	31840	30080	11.60	林州
45.82	192.08	192.08	312.44	49452	41188	39.60	鹤壁
871.11			1189.04	118349	110468	70.00	新乡
90.00	8.00		298.00	23420	3341	10.60	卫辉
354.00			160.00	45626	44933	18.30	辉县
307.00	31.46		1542.00	94609	85719	74.90	焦作
107.00	6.00		138.70	10539	278	12.31	沁阳
15.00	1.00		36.00	31493	27449	10.44	孟州
178.00				96963	46700	39.20	濮阳
125.00	24.00		614.00	141230	126080	43.79	许昌
54.00			60.00	50398	49960	26.80	禹州

5-5 续 10

城市名称 Name of Cities	综合生产能力（万立方米/日） Integrated Production Capacity (10,000m³/Day)	地下水 Underground Water	供水管道长度（公里） Length of Water Supply Pipelines (km)	供水总量 Total Quantity of Water Supply 合计 Total	生产运营用水 The Quantity of Water for Production and Operation	公共服务用水 The Quantity of Water for Public Service	居民家庭用水 The Quantity of Water for Household Use
长葛	11.00	11.00	73.00	1482.00	443.00	173.00	304.00
漯河	35.00	6.38	444.00	10297.00	5655.00	1128.00	1645.00
三门峡	14.50	6.00	183.25	1906.00	505.00	153.00	727.00
义马	14.80	3.80	64.00	1389.50	1050.00	40.00	199.00
灵宝	8.20	8.20	104.60	1708.00	950.00	150.00	413.00
南阳	51.46	40.22	862.78	6289.27	2758.70	695.26	1645.43
邓州	10.30	10.30	479.60	1133.00	450.00	181.00	380.00
商丘	37.80	9.05	311.00	4615.00	1034.00	838.00	2083.00
永城	2.00	2.00	165.00	427.50	9.50	38.00	308.00
信阳	26.70	0.70	1144.10	3662.00	318.70	1072.30	1054.10
周口	16.00	9.00	232.95	1898.84	58.19	115.65	624.43
项城	6.50	6.50	190.60	2415.00	1345.00	102.00	742.00
驻马店	12.50	0.50	230.00	3152.40	1245.50	178.60	880.00
济源	14.00	14.00	247.59	2907.00	1503.00	410.00	716.00
湖北	**1290.90**	**38.41**	**19084.80**	**255066.71**	**67149.30**	**34484.66**	**100860.65**
武汉	424.86	1.82	8208.00	102927.45	25621.31	18154.00	36068.00
黄石	94.10		626.00	13916.36	4607.90	1157.51	4391.91
大冶	12.00		122.00	2000.00	350.00	250.00	900.00
十堰	40.60		352.00	13010.00	6288.00	1437.00	4313.00
丹江口	19.31	0.11	167.94	2623.00	298.00	155.00	1189.00
宜昌	84.50		825.89	10267.00	795.00	2868.00	5250.00
宜都	12.50		192.00	1988.00	967.00	129.00	667.00
当阳	18.00		202.00	1500.00	498.00	159.00	789.00
枝江	9.00		135.00	2224.60	1214.00	607.40	172.20
襄樊	102.08		655.67	13866.01	3400.49	1330.77	5307.18
老河口	18.00		208.00	1615.00	510.00	45.00	907.00
枣阳	11.00		126.00	1616.00	136.00	91.00	923.00
宜城	6.15	0.75	90.73	1598.12	415.12	77.00	916.00
鄂州	20.00		690.00	6222.63	224.22	730.00	4316.00
荆门	42.90	3.00	403.00	7306.00	3273.00	775.00	2452.00
钟祥	10.00		119.00	2017.00	360.00	160.00	1390.00
孝感	14.50	6.50	287.00	2921.00	965.00	226.00	1650.00
应城	12.70	5.50	134.00	2406.00	716.00	140.00	1400.00
安陆	10.80	5.80	136.00	2989.00	1513.00	392.00	933.00
汉川	7.20		155.00	2603.00	466.00	128.00	1798.00
荆州	73.50		1072.07	10985.87	1548.50	1161.08	3163.64
石首	10.00		91.52	1400.00	42.58	157.49	449.35
洪湖	15.00		747.00	5171.50	1145.00	410.00	2631.00
松滋	5.51	0.30	239.00	969.00	50.00	25.00	507.00
黄冈	23.00		217.10	3820.00	891.00	799.00	1859.00

(万立方米)
(10,000m³)

消防及其他用水 The Quantity of Water for Fire Control and Other Purposes	免费供水量 The Quantity of Free Water	生活用水 Domestic Water	漏损水量 The Lossed Water	用水户数(户) Households Supplied (unit)	家庭用户 Families Supplied	用水人口(万人) Population Supplied (10,000 persons)	城市名称 Name of Cities
202.00	150.00	150.00	210.00	41031	36041	13.70	长葛
471.00	260.00	230.00	1138.00	159250	156074	43.45	漯河
122.00			399.00	66980	65650	26.10	三门峡
3.50	1.00		96.00	23070	22226	12.10	义马
55.00	50.00		90.00	60824	55810	14.93	灵宝
171.20	178.89	130.00	839.79	125213	122175	80.12	南阳
122.00				38850	38210	17.20	邓州
40.00			620.00	81351	71094	74.20	商丘
6.00	6.00		60.00	25420	24226	9.98	永城
26.40			1190.50	68710	67787	43.90	信阳
199.84	131.36		769.37	51742	48004	23.50	周口
102.00	45.00		79.00	49622	46040	23.35	项城
230.30			618.00	81310	72712	23.27	驻马店
9.00	190.00		79.00	63923	63513	25.08	济源
8991.50	**12396.40**	**298.40**	**31184.20**	**4268552**	**3933637**	**1520.25**	**湖北**
1337.14	9519.00		12228.00	1639136	1574327	514.40	武汉
2909.30	115.82		733.92	130537	125027	69.30	黄石
60.00			440.00	34050	30600	29.80	大冶
211.00			761.00	201966	139385	47.16	十堰
480.00	21.00		480.00	47600	45598	13.50	丹江口
75.00	436.00	38.00	843.00	142373	128846	73.83	宜昌
12.00			213.00	26712	25581	10.00	宜都
31.00	10.00	1.00	13.00	76889	76689	20.00	当阳
25.00	2.00	2.00	204.00	26416	23686	11.10	枝江
687.57			3140.00	55668	26218	76.13	襄樊
40.00	38.00		75.00	49825	49078	18.65	老河口
70.00	154.00	154.00	242.00	25819	25149	21.03	枣阳
34.00	18.00	8.00	138.00	32692	31832	14.12	宜城
220.00	49.40	49.40	683.01	134734	134534	39.53	鄂州
248.00	30.00		528.00	142998	124955	33.93	荆门
60.00	21.00		26.00	59417	58010	19.78	钟祥
43.00	15.00	10.00	22.00	82493	80850	27.64	孝感
13.00	12.00	6.00	125.00	41297	40223	14.19	应城
20.00	16.00	10.00	115.00	33283	31466	14.14	安陆
30.00	25.00	15.00	156.00	92956	92612	32.66	汉川
	164.88		4947.77	90650	85039	68.80	荆州
50.58	10.00		690.00	35800	35150	14.60	石首
99.00			886.50	113775	86645	33.00	洪湖
20.00	67.00		300.00	32399	32066	11.30	松滋
221.00	31.00		19.00	84310	81292	27.30	黄冈

5-5 续 11

城市名称 Name of Cities	综合生产能力（万立方米/日） Integrated Production Capacity (10,000m³/Day)	地下水 Underground Water	供水管道长度（公里） Length of Water Supply Pipelines (km)	供水总量 Total Quantity of Water Supply 合计 Total	生产运营用水 The Quantity of Water for Production and Operation	公共服务用水 The Quantity of Water for Public Service	居民家庭用水 The Quantity of Water for Household Use
麻城	9.50	6.00	274.04	2675.50	1075.00	240.50	1248.97
武穴	10.20		120.36	2998.00	1672.00	402.00	870.00
咸宁	18.00		154.00	3580.00	660.00	260.00	1410.00
赤壁	28.10		165.00	3348.00	408.00	346.00	1149.00
随州	28.00		283.00	3031.00	800.00	74.00	1450.00
广水	6.56		165.80	2245.70	798.00	16.30	1217.00
恩施	10.00		209.00	2326.00	213.00	276.00	932.00
利川	6.70		80.00	951.00	216.00	67.00	627.00
仙桃	31.00	3.00	579.20	6231.00	1980.00	255.00	3444.00
潜江	29.20	4.20	744.68	6214.17	1549.38	703.61	3250.40
天门	16.43	1.43	107.80	3503.80	1482.80	280.00	920.00
湖南	**1041.29**	**105.57**	**11196.04**	**198447.65**	**66765.11**	**20548.47**	**70995.20**
长沙	167.00		1659.70	38877.02	4998.31	7810.98	22954.86
浏阳	7.50	1.50	155.00	1350.00	159.00	239.00	652.00
株洲	128.10		806.95	18157.98	6516.28	2732.91	5938.91
醴陵	6.50	0.50	355.00	1300.00	253.80	3.40	738.40
湘潭	117.20	60.14	1094.14	15200.44	7019.09	3062.45	2040.00
湘乡	7.00		323.00	1360.00	823.00	295.00	137.00
韶山	7.00	5.10	116.00	644.83	227.50	85.60	219.40
衡阳	101.50	13.00	751.29	21898.75	7411.43	873.33	4579.63
耒阳	6.00	1.10	109.00	2075.00	160.00	135.00	1620.00
常宁	4.70	0.94	55.00	1610.00	290.00	127.00	810.00
邵阳	66.50	6.00	530.00	9385.00	2416.00	856.00	3289.00
武冈	5.70		173.00	2077.40	77.40	431.00	1230.00
岳阳	72.65		536.50	16828.16	10084.30	89.80	4632.90
汨罗	3.50	0.50	86.00	620.00	22.00	55.00	473.00
临湘	8.20		149.50	1660.00	475.00	4.00	478.00
常德	40.00		792.42	8180.17	2062.00	87.00	3218.00
津市	9.00	1.00	115.00	1912.00	1212.00	38.00	453.00
张家界	14.50		349.00	2488.00	735.00	386.00	1055.00
益阳	36.00		221.00	4264.00	746.00	414.00	1871.00
沅江	3.00	3.00	65.00	747.00	30.00	39.00	650.00
郴州	50.90	8.65	478.20	8157.00	2737.00	607.00	2453.00
资兴	10.00	0.70	245.00	1715.80	310.00	8.00	928.00
永州	44.64	0.44	717.24	10287.30	2464.00	403.00	3831.00
怀化	35.20		220.00	3930.00	205.00	200.00	2565.00
洪江	3.50	0.50	24.00	398.00	203.00	43.00	112.00
娄底	24.00		283.00	8500.00	5013.00	512.00	2123.00
冷水江	41.00		152.10	10200.80	8885.00	59.00	836.10
涟源	8.50	2.50	202.00	1730.00	695.00	120.00	512.00

(万立方米)(10,000m³)				用水户数(户) Households Supplied (unit)		用水人口(万人) Population Supplied (10,000 persons)	城市名称 Name of Cities
消防及其他用水 The Quantity of Water for Fire Control and Other Purposes	免费供水量 The Quantity of Free Water	生活用水 Domestic Water	漏损水量 The Lossed Water		家庭用户 Families Supplied		
64.03	43.00		4.00	58161	53998	20.20	麻　城
20.00	30.00		4.00	58822	58105	20.80	武　穴
50.00	600.00		600.00	87200	80000	26.50	咸　宁
45.00	400.00		1000.00	73521	72008	21.26	赤　壁
82.00	185.00		440.00	40000	36000	29.80	随　州
26.10	5.30		183.00	52468	52468	15.80	广　水
10.00	15.00	5.00	880.00	83000	72000	18.00	恩　施
16.00	13.00		12.00	65229	13400	16.00	利　川
362.00	150.00		40.00	114803	113078	36.00	仙　桃
498.78	200.00		12.00	130453	127722	34.80	潜　江
821.00				71100	70000	25.20	天　门
8940.09	**9493.60**	**465.49**	**21705.18**	**2371634**	**2080067**	**1046.18**	**湖　南**
812.89	1487.38	87.20	812.60	662878	653222	224.55	长　沙
78.00	20.00		202.00	31455	24116	19.00	浏　阳
25.00	2091.34		853.54	105321	96299	63.26	株　洲
81.40	62.00		161.00	30973	30020	16.40	醴　陵
793.64	37.42	36.50	2247.84	158287	145261	74.00	湘　潭
52.00	45.00		8.00	7101	5500	8.60	湘　乡
35.25	73.10	40.00	3.98	11799	7797	5.02	韶　山
3713.81	2568.00	57.79	2752.55	174328	141446	90.50	衡　阳
60.00			100.00	24949	22180	33.30	耒　阳
113.00	200.00		70.00	36750	36000	14.53	常　宁
142.00	35.00		2647.00	145906	111918	61.18	邵　阳
316.00	15.00		8.00	45986	38335	23.00	武　冈
128.30	201.36	78.00	1691.50	195026	126705	58.97	岳　阳
20.00			50.00	9020	3000	9.50	汨　罗
20.00	20.00		663.00	16110	14969	11.80	临　湘
235.50	279.00		2298.67	208341	190340	57.60	常　德
82.00	23.00	6.00	104.00	17328	16838	11.99	津　市
47.00			265.00	47437	43585	19.80	张家界
494.00	80.00		659.00	30107	27728	36.00	益　阳
20.00			8.00	22000	16750	13.00	沅　江
233.00	320.00	12.00	1807.00	76960	57650	32.90	郴　州
400.00	32.00	10.00	37.80	56000	55480	13.15	资　兴
438.30	739.00	6.00	2412.00	98663	92011	46.23	永　州
50.00	600.00	100.00	310.00	17000	5500	27.50	怀　化
18.00	11.00		11.00	7465	6200	3.00	洪　江
371.00			481.00	63008	59042	32.00	娄　底
112.00	20.00	12.00	288.70	27369	26104	12.60	冷水江
27.00			376.00	19500	18700	9.80	涟　源

城市名称 Name of Cities	综合生产能力（万立方米/日）Integrated Production Capacity (10,000m³/Day)	地下水 Underground Water	供水管道长度（公里）Length of Water Supply Pipelines (km)	供水总量 Total Quantity of Water Supply 合计 Total	生产运营用水 The Quantity of Water for Production and Operation	公共服务用水 The Quantity of Water for Public Service	居民家庭用水 The Quantity of Water for Household Use
吉首	12.00		432.00	2893.00	535.00	832.00	595.00
广东	**3292.19**	**57.50**	**67087.52**	**826588.02**	**260375.89**	**90337.59**	**290012.95**
广州	668.74	0.04	13750.44	178808.63	39798.66	32571.63	73933.35
增城	15.00		310.01	8724.04	4143.53	1231.23	864.28
从化	12.00		461.65	2241.74	704.36	339.27	945.73
韶关	36.50	30.00	984.00	5235.00	1091.00	203.00	2982.00
乐昌	10.00		236.60	1470.00	74.00	148.00	1024.00
南雄	5.00		56.10	537.00	138.00	27.00	341.00
深圳	623.62		15170.62	156104.73	61015.95	11080.95	57558.44
珠海	82.56		2481.00	30331.00	11065.00	4861.00	9169.00
汕头	131.20		2006.00	29682.00	7795.00	2235.00	13639.00
佛山	263.00		4547.11	67703.37	14692.76	7029.63	15061.20
江门	113.72	0.31	1395.00	24720.00	10385.60	2870.50	6776.50
台山	12.00		428.00	3166.60	937.20	226.80	1246.60
开平	27.00		363.00	3920.00	1060.00	480.00	1710.00
鹤山	17.00		328.00	3414.00	437.00	244.00	1023.00
恩平	6.00		890.00	1286.00	82.00	303.00	709.00
湛江	45.15	25.15	485.80	9803.61	3432.34	1026.30	4165.77
廉江	4.70		961.00	1110.00	72.00	212.00	745.00
雷州	6.80		83.36	698.00	60.00	56.00	450.00
吴川	6.00		220.00	1141.00	110.00	236.00	715.00
茂名	65.60		442.51	12548.17	7710.97	1342.34	2570.37
高州	6.00		182.00	2970.00	210.00	180.00	1960.00
化州	5.50		116.90	2215.40	195.00	382.00	1320.00
信宜	5.00		188.00	1690.00	250.00	230.00	950.00
肇庆	44.70	2.00	918.47	9941.00	3493.40	1893.71	3065.80
高要	9.00		2.00	1877.00	430.00	329.00	597.00
四会	15.00		72.00	3358.00	874.00	485.00	935.00
惠州	79.00		1215.16	18596.25	5281.87	2239.59	5684.72
梅州	24.00		784.00	4536.00	413.00	532.00	2085.00
兴宁	10.20		524.90	1883.00	130.00	73.00	764.00
汕尾	16.50		424.00	2856.00	351.00	123.00	1229.00
陆丰	9.00		1174.51	1598.10	436.00	211.00	891.00
河源	9.50		756.90	6921.00	3295.00	385.00	1824.00
阳江	26.00		382.00	3769.00	349.00	862.00	2320.00
阳春	4.30		206.00	2350.00	92.00	310.00	1344.00
清远	32.00		1838.00	10884.00	1548.00	884.00	3262.00
英德	3.00		91.00	882.00	463.00	68.00	334.00
连州	6.00		40.00	719.00	209.00	41.00	367.00
东莞	638.40		9257.52	174180.80	70554.78	12586.77	47916.51

(万立方米) (10,000m³) 消防及其他用水 The Quantity of Water for Fire Control and Other Purposes	免费供水量 The Quantity of Free Water	生活用水 Domestic Water	漏损水量 The Lossed Water	用水户数(户) Households Supplied (unit)	家庭用户 Families Supplied	用水人口(万人) Population Supplied (10,000 persons)	城市名称 Name of Cities
21.00	534.00	20.00	376.00	24567	7371	17.00	吉　首
77602.79	**7567.93**	**147.95**	**100690.87**	**7306374**	**5844932**	**4377.16**	**广　东**
1445.81	4647.51		26411.67	1202495	1075466	1040.54	广　州
2030.00	18.00		437.00	47995	41099	24.00	增　城
61.76			190.62	21687	18182	16.00	从　化
940.00	19.00			56057	47834	54.90	韶　关
224.00				69716	39482	13.00	乐　昌
	11.00	11.00	20.00	25310	23240	8.10	南　雄
4583.59	670.55	71.25	21195.25	885318	729564	724.98	深　圳
362.00	63.00	24.00	4811.00	398996	353935	96.05	珠　海
213.00	240.00		5560.00	411124	355572	220.50	汕　头
26636.28	61.06		4222.44	550007	434023	194.81	佛　山
2058.40	129.00	3.00	2500.00	425250	135932	114.71	江　门
452.00	28.00		276.00	79103	55663	19.59	台　山
			670.00	99850	87000	23.85	开　平
1186.00			524.00	71877	25974	18.71	鹤　山
			192.00	40490	37020	15.80	恩　平
35.20			1144.00	66352	60976	134.00	湛　江
81.00				22928	22625	16.87	廉　江
10.00	7.00		115.00	21000	20646	8.30	雷　州
	80.00			35200	34200	13.50	吴　川
40.00	75.00		809.49	133408	121224	46.55	茂　名
310.00			310.00	75660	65000	30.65	高　州
35.00	3.40		280.00	74100	71640	27.40	化　州
130.00	100.00	11.00	30.00	54000	44800	22.64	信　宜
252.40	30.00	3.00	1205.69	156452	137976	51.51	肇　庆
375.00	16.00		130.00	29229	28895	13.97	高　要
190.00	14.00		860.00	73176	61437	21.76	四　会
1977.45	52.49		3360.13	145832	114071	105.50	惠　州
521.00	253.00		732.00	144231	111171	31.14	梅　州
570.00	48.00	3.00	298.00	65291	56824	20.90	兴　宁
53.00	410.00		690.00	56910	53714	22.63	汕　尾
30.10	30.00			39527	35120	20.00	陆　丰
735.00			682.00	91425	72346	25.23	河　源
238.00				91756	80686	35.00	阳　江
174.00			430.00	89000	83800	15.60	阳　春
4229.00			961.00	187104	156412	45.00	清　远
17.00				31200	31200	12.00	英　德
102.00				22109	19987	8.00	连　州
24771.44	133.72	4.70	18217.58	631459	400690	792.28	东　莞

5-5 续 13

城市名称 Name of Cities	综合生产能力（万立方米/日）Integrated Production Capacity (10,000m³/Day)	地下水 Underground Water	供水管道长度（公里）Length of Water Supply Pipelines (km)	供水总量 Total Quantity of Water Supply 合计 Total	生产运营用水 The Quantity of Water for Production and Operation	公共服务用水 The Quantity of Water for Public Service	居民家庭用水 The Quantity of Water for Household Use
中山	90.00		1034.00	11592.20	4607.00	924.00	4704.00
潮州	29.00		382.00	4300.00	895.00		2545.00
揭阳	28.00		437.30	5858.00	424.50	201.50	2015.10
普宁	23.50		262.23	5300.00			5300.00
云浮	14.00		960.43	2986.38	1068.97	393.37	990.58
罗定	13.00		238.00	2680.00		280.00	1980.00
广西	**631.78**	**93.90**	**10462.53**	**143945.08**	**63172.03**	**16541.70**	**50533.83**
南宁	126.70	5.00	1833.67	29378.45	6037.15	6530.60	13388.52
柳州	141.80	10.80	1924.39	48101.11	32148.62	2119.39	11324.68
桂林	61.36	10.22	1038.58	11636.13	2827.68	2341.82	5105.96
梧州	35.50		315.52	4718.42	996.69	1181.62	1979.35
岑溪	5.30	1.00	85.90	1061.00	222.00	96.64	611.56
北海	32.86	32.86	798.58	3613.36	558.77	912.64	1639.21
防城港	15.00		283.00	2401.00	557.00	126.00	863.00
东兴	2.00		84.00	915.00	1.00	4.00	404.00
钦州	15.50		567.05	3168.74	965.82	223.00	1558.37
贵港	28.70	1.90	804.00	9561.20	5947.44	507.40	2024.35
桂平	14.30	0.20	110.00	2261.00	1405.00	236.00	618.00
玉林	17.00		492.30	4255.00	564.00	1304.00	1665.00
北流	7.00	2.50	166.00	2564.00	1290.00	60.00	1106.00
百色	13.23		261.85	4040.00	1465.00	209.00	1948.00
贺州	13.60	1.00	439.99	1869.00	716.00	160.00	895.00
河池	53.30	27.00	273.72	6522.00	4515.00	124.00	1607.00
宜州	19.70	0.10	162.00	3647.00	2238.00	119.00	977.00
来宾	15.23		467.32	2101.80	338.00	61.00	1467.00
合山	5.00		98.00	710.00	124.00	78.00	436.00
崇左	2.00	0.22	133.00	1060.04	226.00	86.00	648.45
凭祥	6.70	1.10	123.66	360.83	28.86	61.59	267.38
海南	**181.40**	**65.00**	**2620.68**	**28378.19**	**2668.35**	**4079.07**	**13084.37**
海口	112.00	63.00	813.45	16774.79	1876.45	2754.97	8102.17
三亚	23.50		500.47	6104.90	331.90	193.10	1637.20
五指山	4.80		142.00	757.00	4.00	85.00	592.00
琼海	4.80		342.00	1353.00	92.00	399.00	746.00
儋州	16.50	2.00	143.00	938.00	29.00	177.00	658.00
文昌	4.80		98.50	1071.50	275.00	315.00	460.00
万宁	5.00		559.80	602.00	25.00	81.00	221.00
东方	10.00		21.46	777.00	35.00	74.00	668.00
重庆	**419.20**	**1.81**	**7554.39**	**69496.67**	**20866.49**	**7058.11**	**32840.86**

(万立方米)
(10,000m³)

消防及其他用水 The Quantity of Water for Fire Control and Other Purposes	免费供水量 The Quantity of Free Water	生活用水 Domestic Water	漏损水量 The Lossed Water	用水户数（户） Households Supplied (unit)	家庭用户 Families Supplied	用水人口（万人） Population Supplied (10,000 persons)	城市名称 Name of Cities
308.00	18.20	17.00	1031.00	184233	161686	70.17	中山
			860.00			38.62	潮州
1998.90	210.00		1008.00	120685	70453	73.00	揭阳
				142641	142641	43.65	普宁
126.46			407.00	55187	43926	20.77	云浮
100.00	200.00		120.00	81004	80800	24.98	罗定
1766.13	**906.49**	**26.87**	**11024.90**	**1171046**	**1081820**	**745.44**	**广西**
	287.62		3134.56	193602	183543	189.05	南宁
	10.27	6.27	2498.15	166691	153903	152.19	柳州
306.78	50.00		1003.89	171516	159550	61.30	桂林
	70.00		490.76	101612	96457	33.76	梧州
	0.80		130.00	19840	18276	14.12	岑溪
66.34	151.00	0.80	285.40	65753	61527	32.20	北海
282.00			573.00	45377	43188	14.16	防城港
345.00	8.00	5.00	153.00	11434	7543	5.50	东兴
	0.80	0.80	420.75	45361	43706	24.23	钦州
258.01	230.00		594.00	67754	63742	38.30	贵港
2.00				34200	30950	15.86	桂平
92.00	53.00		577.00	52260	42363	45.21	玉林
40.00	10.00		58.00	30979	23729	19.47	北流
			418.00	15645	14400	16.78	百色
98.00				33522	28650	13.35	贺州
136.00	14.00	14.00	126.00	19479	15808	21.78	河池
21.00	21.00		271.00	13397	12805	10.99	宜州
			235.80	45276	44958	13.15	来宾
70.00			2.00	15470	15270	6.21	合山
46.00			53.59	13482	13357	11.68	崇左
3.00				8396	8095	6.15	凭祥
4957.60	**220.72**		**3368.08**	**218070**	**117674**	**160.90**	**海南**
1875.70	211.72		1953.78	88366		80.90	海口
2945.90			996.80	10324	7508	25.00	三亚
45.00			31.00	26500	26070	5.00	五指山
8.00			108.00	23004	18724	12.00	琼海
73.00	1.00			36250	34500	12.50	儋州
10.00	8.00		3.50	12500	10739	8.50	文昌
			275.00	11161	11031	8.00	万宁
				9965	9102	9.00	东方
3524.89	**625.34**	**92.00**	**4580.98**	**1671395**	**1314865**	**779.05**	**重庆**

城市名称 Name of Cities	综合生产能力（万立方米/日） Integrated Production Capacity (10,000m³/Day)	地下水 Underground Water	供水管道长度（公里） Length of Water Supply Pipelines (km)	供水总量 Total Quantity of Water Supply 合计 Total	生产运营用水 The Quantity of Water for Production and Operation	公共服务用水 The Quantity of Water for Public Service	居民家庭用水 The Quantity of Water for Household Use
四川	**759.18**	**143.14**	**15855.77**	**153955.52**	**41055.43**	**23069.02**	**67807.83**
成都	180.95	18.95	4338.70	52126.97	7505.35	12224.06	24488.70
都江堰	15.50	11.30	386.15	2776.50	382.00	136.00	1808.00
彭州	9.50	0.50	309.00	1668.00	295.00	83.00	888.00
邛崃	7.80	6.00	619.60	1609.40	422.40	127.00	851.00
崇州	7.00	7.00	202.00	1363.00	650.00	74.00	450.00
自贡	34.35		1263.10	5142.00	1504.00	389.00	2229.30
攀枝花	49.26	0.60	930.74	10080.80	5118.02	1077.66	3184.24
泸州	59.60	0.80	426.77	7558.00	3660.00	86.00	2584.00
德阳	26.40	20.30	413.70	4508.90	1825.40	619.20	1664.10
广汉	15.96	15.96	177.50	3851.70	1742.00	335.60	1165.70
什邡	5.70	5.70	264.95	1801.00	585.00	152.00	465.00
绵竹	7.70	7.70	167.00	860.00	357.00	172.00	257.00
绵阳	35.21	8.32	987.47	7293.06	1818.70	944.34	3758.60
江油	25.00	0.20	150.00	3034.00	1597.00	144.00	993.00
广元	14.11	13.01	271.60	2306.10	179.84	351.78	1292.21
遂宁	17.22	2.00	302.30	2588.00	662.00	277.00	1536.00
内江	23.00		362.00	3618.99	1270.63	656.82	1382.64
乐山	38.92	4.70	833.29	4538.38	908.09	234.56	2228.34
峨眉山	8.70		152.00	1061.00	119.00	143.00	520.00
南充	24.00		377.00	6675.00	1300.00	1600.00	3110.00
阆中	10.60		260.00	1892.00	438.00	430.00	826.00
眉山	10.00	5.00	200.00	2756.00	458.00	278.00	1516.00
宜宾	28.90	4.50	543.00	5484.00	2936.00	765.00	1407.00
广安	5.50		130.00	2330.00	535.00	210.00	1000.00
华蓥	7.70	2.70	147.00	1289.00	620.00	117.00	472.00
达州	18.90		368.50	3904.00	1122.00	213.00	1823.00
万源	4.40	2.50	184.00	441.50	69.00	32.00	241.00
雅安	15.60	0.10	155.00	2808.00	1250.00	175.00	849.00
巴中	8.00		151.00	2096.00	575.00	291.00	1095.00
资阳	18.70		327.13	2619.72	543.00	438.00	1068.00
简阳	4.20		170.70	1399.50	75.00	52.00	1255.00
西昌	20.80	5.30	284.57	2475.00	533.00	241.00	1400.00
贵州	**261.70**	**15.70**	**4745.63**	**51416.00**	**14149.85**	**4826.90**	**22233.90**
贵阳	127.70	5.30	2462.40	24134.80	4473.00	2460.00	9959.50
清镇	2.00		83.00	400.00	67.00	38.00	284.00
六盘水	13.00		192.73	3808.00	589.00	694.00	1906.00
遵义	23.40		276.00	6265.00	1097.00	11.00	4982.00
赤水	3.00		58.00	334.00	75.00	57.00	172.00
仁怀	2.40		76.00	559.00	89.00	33.00	421.00

(万立方米) (10,000m³)				用水户数（户） Households Supplied (unit)		用水人口（万人） Population Supplied (10,000 persons)	城市名称 Name of Cities
消防及其他用水 The Quantity of Water for Fire Control and Other Purposes	免费供水量 The Quantity of Free Water	生活用水 Domestic Water	漏损水量 The Lossed Water		家庭用户 Families Supplied		
5200.45	**2137.30**	**436.00**	**14685.49**	**2706179**	**2415076**	**1245.25**	四　川
574.00	346.93	300.00	6987.93	463717	432552	367.29	成　都
66.00	101.00		283.50	78308	60628	23.71	都江堰
212.00			190.00	56366	52877	15.71	彭　州
101.00	2.00		106.00	91560	65732	13.23	邛　崃
103.00	29.00		57.00	15926	15010	12.40	崇　州
168.70	87.00		764.00	207877	195899	59.00	自　贡
261.40	27.54		411.94	114999	82858	57.59	攀枝花
411.00	15.00	12.00	802.00	160297	139032	49.05	泸　州
77.20			323.00	152782	149955	38.90	德　阳
205.00	62.00		341.40	69595	48074	20.82	广　汉
285.00	133.00		181.00	33985	33894	9.88	什　邡
5.00	1.00		68.00	25990	23174	6.58	绵　竹
217.74	14.47		539.21	144144	138056	75.23	绵　阳
			300.00	78782	76622	23.08	江　油
34.82	60.99		386.46	24176	22392	28.29	广　元
23.00	33.00		57.00	38855	33865	37.52	遂　宁
71.40			237.50	60290	46188	31.55	内　江
490.96	133.37		543.06	111508	100404	41.51	乐　山
38.00	70.00		171.00	54597	41026	11.55	峨眉山
350.00	5.00		310.00	19720	19720	67.00	南　充
68.00	5.00		125.00	70510	70510	20.52	阆　中
244.00			250.00	86732	74000	25.60	眉　山
45.00			331.00	86331	86331	28.13	宜　宾
516.00	69.00			40437	33111	21.00	广　安
32.00	8.00		40.00	28320	27350	8.65	华　蓥
276.00	470.00			114364	108899	29.70	达　州
36.50			63.00	20399	19594	6.62	万　源
20.00	260.00		254.00	32334	26479	23.54	雅　安
70.00	4.00	4.00	61.00	75820	70250	22.50	巴　中
104.73	116.00	116.00	349.99	28740	23320	22.60	资　阳
12.00	4.00	4.00	1.50	40000	36750	23.60	简　阳
81.00	80.00		140.00	78718	60524	22.90	西　昌
1832.60	**1278.10**	**35.10**	**7094.65**	**700871**	**649444**	**430.31**	贵　州
899.50	1015.80		5327.00	303263	285991	178.88	贵　阳
			11.00	10600	8936	7.00	清　镇
96.00			523.00	95695	89337	26.00	六盘水
110.00	6.00		59.00	23010	19733	66.00	遵　义
20.00	10.00			18500	16004	7.02	赤　水
16.00				14121	13167	8.50	仁　怀

城市名称 Name of Cities	综合生产能力(万立方米/日) Integrated Production Capacity (10,000m³/Day)	地下水 Underground Water	供水管道长度(公里) Length of Water Supply Pipelines (km)	供水总量 Total Quantity of Water Supply 合计 Total	生产运营用水 The Quantity of Water for Production and Operation	公共服务用水 The Quantity of Water for Public Service	居民家庭用水 The Quantity of Water for Household Use
安顺	9.60	2.30	124.80	1382.35	245.35	105.00	941.00
铜仁	13.50		90.60	1117.00	150.00	209.00	538.00
兴义	12.50		280.00	1564.30	320.00	93.20	912.00
毕节	14.90		358.90	1277.50	89.50	59.00	395.00
凯里	8.20	2.30	476.50	1489.05	88.00	9.70	848.40
都匀	29.80	5.30	202.00	8366.00	6640.00	1049.00	486.00
福泉	1.70	0.50	64.70	719.00	227.00	9.00	389.00
云南	**288.90**	**14.02**	**6350.57**	**52955.59**	**9859.51**	**6969.86**	**22326.21**
昆明	159.30	5.60	3051.10	25549.10	2832.20	3823.80	10024.20
安宁	10.00		160.00	1895.00	770.00	325.00	645.00
曲靖	19.00	1.00	281.53	5234.00	807.00	921.00	1568.00
宣威	11.20	2.60	92.10	3692.00	2796.00	16.00	723.00
玉溪	11.30		212.20	1749.30	407.00	318.00	906.00
保山	6.00		186.00	1124.00	360.00	90.00	455.00
昭通	3.58	0.50	204.70	1313.00	226.00	103.00	665.00
丽江	6.50		90.00	1009.00	490.00	87.00	340.00
普洱	3.50		176.00	851.00	12.00	185.00	518.00
临沧	5.60		439.00	833.85	70.00	34.00	640.00
楚雄	10.30		530.32	1859.00	172.00	208.00	1127.00
个旧	7.10	3.30	257.00	1371.10	225.00	75.80	845.20
开远	4.72	0.22	140.03	807.12	96.99	25.49	577.44
景洪	7.00		116.00	1845.00	115.00	245.00	1047.00
大理	15.50	0.50	198.40	2659.87	311.00	405.00	1485.37
瑞丽	4.00		126.19	607.25	66.32	107.77	400.00
潞西	4.30	0.30	90.00	556.00	103.00		360.00
西藏	**19.26**	**19.26**	**644.79**	**6600.38**	**1562.00**	**1246.14**	**1185.71**
拉萨	19.26	19.26	594.45	5579.64	1562.00	1042.00	1083.64
日喀则			50.34	1020.74		204.14	102.07
陕西	**371.91**	**190.31**	**5062.00**	**75181.73**	**21965.51**	**15433.91**	**26271.91**
西安	180.68	53.68	2424.30	32958.50	5569.80	8650.33	13930.67
铜川	12.20	3.10	309.80	1538.00	87.60	254.00	639.60
宝鸡	30.00	13.00	749.57	6256.00	2139.52	828.79	2684.79
咸阳	60.58	60.58	313.19	12101.02	5379.68	2582.79	2932.06
兴平	11.60	11.60	30.01	6051.40	3942.87	23.40	757.20
渭南	11.50	7.50	165.33	3187.09	851.78	260.19	1221.11
韩城	12.20	9.20	154.40	2756.00	1894.30	254.50	335.00
华阴	8.75	8.75	96.90	1330.00	630.00	148.00	352.00
延安	5.50		133.00	1343.72	30.96	417.91	629.48
汉中	11.00	11.00	244.00	1935.00	29.00	604.00	749.00
榆林	9.50	4.50	257.00	798.00	137.00	361.00	300.00
安康	11.00		109.00	3609.00	978.00	852.00	1009.00
商洛	7.40	7.40	75.50	1318.00	295.00	197.00	732.00
甘肃	**383.37**	**128.44**	**3966.99**	**60141.20**	**28883.86**	**7044.26**	**18011.17**
兰州	145.30	10.00	812.97	24063.97	11088.89	2994.89	8209.12
嘉峪关	82.89	59.25	463.30	9053.28	5449.21	549.95	385.33

(万立方米) (10,000m³)				用水户数 (户) Households Supplied (unit)		用水人口 (万人) Population Supplied (10,000 persons)	城市名称 Name of Cities
消防及其他用水 The Quantity of Water for Fire Control and Other Purposes	免费供水量 The Quantity of Free Water	生活用水 Domestic Water	漏损水量 The Lossed Water		家庭用户 Families Supplied		
56.00			35.00	24944	20064	34.15	安顺
34.00	50.00	34.00	136.00	25063	24011	15.00	铜仁
38.80	80.00		120.30	71300	69709	23.00	兴义
287.00	102.00		345.00	21338	18920	18.30	毕节
230.30	1.30	1.10	311.35	58361	51193	19.60	凯里
22.00			169.00	11611	9442	20.40	都匀
23.00	13.00		58.00	23065	22937	6.46	福泉
4400.60	**518.12**	**121.65**	**8881.29**	**853463**	**699001**	**566.81**	**云南**
3067.90			5801.00	481044	375114	306.50	昆明
155.00				42447	42447	13.80	安宁
81.00			1857.00	12000	10385	33.18	曲靖
33.00	70.00		54.00	54666	42482	18.85	宣威
78.00	5.30	3.70	35.00	9104	6860	18.20	玉溪
184.00	23.00		12.00	9876		14.00	保山
12.00			307.00	53000	51468	22.28	昭通
92.00				29850	22300	9.90	丽江
25.00			111.00	13000	12000	13.00	普洱
56.00	17.85	1.85	16.00	16050	15870	11.10	临沧
8.00	1.00		343.00	10125	8999	21.00	楚雄
39.00	11.10	11.10	175.00	5003	2579	17.39	个旧
10.20	5.00	5.00	92.00	50821	50711	11.65	开远
8.00	360.00	100.00	70.00	41200	40897	12.77	景洪
458.50				13098	11644	31.09	大理
	24.87		8.29	6991	5245	5.10	瑞丽
93.00				5188		7.00	潞西
1043.50	**925.00**	**430.00**	**638.03**	**25838**	**24337**	**32.70**	**西藏**
429.00	925.00	430.00	538.00	25838	24337	25.20	拉萨
614.50			100.03			7.50	日喀则
3432.96	**673.60**	**72.44**	**7403.84**	**623998**	**372201**	**741.11**	**陕西**
307.00	106.30	32.00	4394.40	74305	63354	331.29	西安
343.30	38.00		175.50	22630	18637	38.00	铜川
181.70	25.20	14.44	396.00	7544	5758	72.78	宝鸡
415.92	59.00		731.57	272975	130202	82.85	咸阳
1277.53	8.40		42.00	5780	4964	17.60	兴平
186.31	395.70		272.00	4492	3520	38.68	渭南
191.20			81.00	19079	13447	16.11	韩城
125.00	9.00	9.00	66.00	18310	15142	9.60	华阴
			265.37	10528	9582	23.50	延安
50.00	32.00	17.00	471.00	24235	21202	42.00	汉中
				24451	22943	30.00	榆林
350.00			420.00	113619	42900	26.00	安康
5.00			89.00	26050	20550	12.70	商洛
2930.91	**377.17**	**77.00**	**2893.83**	**552297**	**461252**	**475.18**	**甘肃**
91.20	40.77		1639.10	24943	20744	193.93	兰州
1950.26	174.40	77.00	544.13	59922	54993	18.03	嘉峪关

5-5续16

城市名称 Name of Cities	综合生产能力(万立方米/日) Integrated Production Capacity (10,000m³/Day)	地下水 Underground Water	供水管道长度(公里) Length of Water Supply Pipelines (km)	供水总量 Total Quantity of Water Supply 合计 Total	生产运营用水 The Quantity of Water for Production and Operation	公共服务用水 The Quantity of Water for Public Service	居民家庭用水 The Quantity of Water for Household Use
金　　昌	33.00		297.40	6034.97	4902.17	154.00	699.00
白　　银	43.70	0.09	453.00	5950.00	2652.00	667.00	2527.00
天　　水	9.00	9.00	182.00	3591.64	1060.00	837.04	1684.00
武　　威	10.00	10.00	187.50	1760.00	344.00	293.00	854.00
张　　掖	10.00	10.00	159.70	1153.00	160.00	50.00	773.00
平　　凉	6.40	6.40	257.00	1430.80	540.00	280.00	526.00
酒　　泉	11.90	11.40	206.10	2560.00	1060.00	750.00	530.00
玉　　门	6.30	3.00	239.00	1412.00	1062.00	60.00	220.00
敦　　煌	7.00		268.00	632.00	115.00	150.00	251.00
庆　　阳	5.38	1.80	98.29	1041.00	120.00	98.00	720.00
定　　西	5.00	5.00	148.03	397.54	77.59	46.38	125.72
陇　　南	1.00	1.00	57.20	205.00	21.00	32.00	82.00
临　　夏	5.00		80.00	512.00	72.00	59.00	305.00
合　　作	1.50	1.50	57.50	344.00	160.00	23.00	120.00
青　　海	**78.59**	**78.59**	**1246.38**	**15641.16**	**6777.90**	**1031.00**	**5195.40**
西　　宁	47.89	47.89	756.98	10671.84	3681.00	831.00	4297.84
格 尔 木	19.00	19.00	330.55	2580.32	1261.90	115.00	627.56
德 令 哈	11.70	11.70	158.85	2389.00	1835.00	85.00	270.00
宁　　夏	**138.33**	**115.23**	**1971.60**	**24927.36**	**11850.90**	**4016.85**	**6437.25**
银　　川	47.00	47.00	794.00	9059.00	2789.00	2215.00	3413.00
灵　　武	2.00		96.00	175.35	19.00	35.00	90.00
石 嘴 山	54.20	35.40	502.00	8821.26	5170.13	928.97	1440.35
吴　　忠	10.10	10.10	148.20	2536.00	985.00	452.00	700.00
青 铜 峡	17.30	15.90	174.00	3423.80	2601.00	210.60	482.00
固　　原	3.50	2.60	155.00	541.00	121.00	162.00	203.00
中　　卫	4.23	4.23	102.40	370.95	165.77	13.28	108.90
新　　疆	**339.52**	**199.64**	**5184.26**	**63032.99**	**14869.98**	**8609.68**	**22549.01**
乌鲁木齐	118.30	71.94	1097.30	29074.58	6232.12	2947.69	11249.89
克拉玛依	62.41	6.58	891.30	7339.25	3503.53	1561.84	1008.23
吐 鲁 番	6.12	6.12	37.00	874.80	37.30	358.10	300.40
哈　　密	13.90	13.90	292.87	2118.43	412.88	698.95	751.30
昌　　吉	23.10		6.00	1457.10	241.10	76.00	749.00
阜　　康	2.00	2.00	6.30	274.50	6.50	35.00	153.00
博　　乐	1.49		102.00	416.00	35.00	24.00	200.00
库 尔 勒	28.40	28.40	332.59	4395.00	239.00	352.00	1402.60
阿 克 苏	10.00	10.00	260.75	1573.00	66.00	128.00	894.00
阿 图 什	2.70	2.70	41.00	422.00	7.30	32.00	338.00
喀　　什	7.60	7.60	168.20	1854.00		165.00	1127.00
和　　田	5.50	5.50	162.00	816.00	7.00	89.00	664.00
伊　　宁	9.80		397.70	2089.00	156.00	550.00	679.00
奎　　屯	13.20	13.20	224.48	2337.63	842.92	520.83	660.16
乌　　苏	3.20	3.20	180.00	591.00	65.00	74.00	253.00
塔　　城	2.50	2.50	182.00	365.00	42.00	138.00	108.00
阿 勒 泰	1.80		143.00	373.00	26.00	27.00	304.00
石 河 子	24.80	24.80	412.17	5799.40	2852.68	577.82	1270.64
阿 拉 尔			125.00	357.06	28.00	52.45	209.79
图木舒克	1.50		36.00	134.00	28.00	15.00	85.00
五 家 渠	1.20	1.20	86.60	372.24	41.65	187.00	142.00

(万立方米) (10,000m³) 消防及其他用水 The Quantity of Water for Fire Control and Other Purposes	免费供水量 The Quantity of Free Water	生活用水 Domestic Water	漏损水量 The Lossed Water	用水户数(户) Households Supplied (unit)	家庭用户 Families Supplied	用水人口(万人) Population Supplied (10,000 persons)	城市名称 Name of Cities
279.80				23290	22847	14.50	金　昌
36.00	45.00		23.00	28500	22150	34.60	白　银
10.60				26533		52.03	天　水
	9.00		260.00	56000	52300	21.50	武　威
20.00	50.00		100.00	44000	42690	15.00	张　掖
12.80	42.00		30.00	55142	54382	24.20	平　凉
220.00				93400	80000	27.50	酒　泉
			70.00	20800	20000	6.30	玉　门
66.00			50.00	25950	25100	9.70	敦　煌
68.00	5.00		30.00	33440	32006	17.80	庆　阳
115.25			32.60	21718	20725	15.54	定　西
29.00			41.00	2254	2065	6.85	陇　南
22.00			54.00	24571		13.20	临　夏
10.00	11.00		20.00	11834	11250	4.50	合　作
977.86	**276.00**	**248.00**	**1383.00**	**74898**	**62281**	**100.52**	**青　海**
560.00	276.00	248.00	1026.00	21521	14964	83.66	西　宁
328.86			247.00	39717	36673	11.77	格尔木
89.00			110.00	13660	10644	5.09	德令哈
1787.01	**130.50**	**32.80**	**704.85**	**419167**	**374374**	**182.84**	**宁　夏**
193.00			449.00	228227	219290	88.00	银　川
	12.50		18.85	10983	9600	4.60	灵　武
1281.81				88451	83089	35.67	石嘴山
192.00	115.00	32.80	92.00	40696	20836	14.90	吴　忠
55.20	3.00		72.00	24769	20101	12.15	青铜峡
45.00			10.00	5945	5620	15.82	固　原
20.00			63.00	20096	15838	11.70	中　卫
7588.97	**2649.09**	**161.40**	**6766.26**	**1279170**	**1164480**	**517.62**	**新　疆**
3525.88	1812.00		3307.00	390590	385022	220.50	乌鲁木齐
661.00	1.44		603.21	84006	80468	33.74	克拉玛依
167.00			12.00	14639	13321	4.93	吐鲁番
1.30			254.00	76354	70845	21.42	哈　密
142.00			249.00	70601	70000	23.25	昌　吉
40.00			40.00	13000	12400	4.00	阜　康
120.00	6.00	6.00	31.00	28100	15000	11.05	博　乐
1783.50	22.90	22.90	595.00	94048	90260	26.27	库尔勒
175.00	189.00		121.00	86000	85648	26.00	阿克苏
13.70			31.00	16353	16303	5.40	阿图什
323.00	239.00			65835	64775	25.91	喀　什
11.00	7.00		38.00	24722	24101	11.00	和　田
6.00	100.00		598.00	40509	37455	28.24	伊　宁
	132.00	132.00	181.72	53700	48068	15.65	奎　屯
74.00			125.00	22732	22200	8.00	乌　苏
35.00			42.00	18300	16353	6.80	塔　城
2.00	14.00			20470	19208	6.50	阿勒泰
474.50	124.75		499.01	90743	70862	26.01	石河子
28.00			38.82	44000		5.88	阿拉尔
6.00				4530	2709	1.41	图木舒克
0.09	1.00	0.50	0.50	19938	19482	5.65	五家渠

5-6 2007年按城市分列的城市供水（公共供水）

城市名称 Name of Gities	综合生产能力（万立方米/日） Integrated Production Capacity (10,000m³/Day)		供水管道长度（公里） Length of Water Supply Pipelines (km)	供水总量(万立方米)			
					售水量		
		地下水 Underground Water		合 计 Total	小 计 Subtotal	生产运营用水 The Quantity of Water for Production and Operation	公共服务用水 The Quantity of Water for Public Service
全 国	**18654.42**	**3055.84**	**399387.55**	**3871978.89**	**3194391.52**	**993312.18**	**537234.67**
北 京	**391.00**	**198.00**	**13133.00**	**92068.16**	**77778.16**	**12382.00**	**28150.16**
天 津	**297.23**	**13.11**	**7787.65**	**51079.10**	**44248.05**	**19368.89**	**7097.26**
河 北	**549.57**	**362.04**	**9933.44**	**92933.30**	**76689.99**	**21243.02**	**14392.20**
石家庄	90.18	60.18	1321.66	15428.12	11986.10	1414.88	4132.00
辛 集	3.10	3.10	96.00	562.00	549.00	108.00	34.00
藁 城	4.00	4.00	84.60	450.00	434.00		114.00
晋 州	4.00	4.00	89.00	500.00	480.00	215.00	35.00
新 乐	3.25	3.25	111.00	610.00	585.00	268.00	84.00
鹿 泉	4.90	4.90	53.00	697.00	634.00	208.00	94.00
唐 山	98.00	56.50	1548.47	16754.82	13350.63	2384.58	1724.96
遵 化	2.00	2.00	83.00	514.00	431.00	60.00	58.00
迁 安	4.20	4.20	109.00	563.00	535.00	24.00	250.00
秦皇岛	39.00	6.00	731.72	9918.93	7440.63	3153.51	1870.41
邯 郸	61.90	35.90	721.36	7386.00	6506.00	1250.00	1498.00
武 安	5.00		407.30	1732.00	1649.00	437.00	511.00
邢 台	26.30	26.30	355.00	2628.70	1968.90	494.00	395.90
南 宫	4.40	4.40	69.00	595.00	579.00	160.00	21.00
沙 河	5.00	5.00	105.00	352.00	317.00	121.20	22.10
保 定	40.13	14.60	712.84	8332.94	7007.18	3946.70	48.69
涿 州	3.00	3.00	65.00	821.00	724.00	218.00	49.00
定 州	1.80	1.80	83.00	518.00	428.00	50.00	50.00
安 国	1.00	1.00	92.00	355.90	355.00	25.00	60.00
高碑店	1.80	1.80	182.00	800.00	797.00	163.00	70.00
张家口	39.30	39.30	496.00	5666.00	4883.00	1762.00	890.00
承 德	25.30	25.30	322.49	4275.83	3367.03	644.91	511.06
沧 州	28.40	5.40	343.00	3826.00	3296.00	1254.00	490.00
泊 头	2.12	2.12	85.00	652.44	550.38	127.53	107.60
任 丘	3.00	3.00	275.50	403.88	374.00	54.00	51.00
黄 骅	6.00	2.50	259.00	994.00	800.00	219.00	80.00
河 间	1.10	1.10	141.00	989.00	982.00	365.00	78.00
廊 坊	16.20	16.20	214.50	2093.00	1750.00	450.00	560.00

5-6 Urban Water Supply by City (Public Water Suppliers) (2007)

Total Quantity of Water Supply(10,000m³)								
Water sold								
居民家族用水 The Quantity of Water for Household Use	消防及其他用水 The Quantity of Water for Fire Control and Other Purposes	免费供水量 The Quantity of Free Water	生活用水 Domestic Water	漏损水量 The Lossed Water	用水户数（户） Households Supplied (unit)	家庭用户 Families Supplied	用水人口（万人） Population Supplied (10,000 persons)	城市名称 Name of Cities
1461411.49	**202433.18**	**118463.32**	**7076.79**	**559124.05**	**65503481**	**58266831**	**31766.04**	**全　　国**
36603.00	**643.00**	**597.00**		**13693.00**	**2916304**	**2790182**	**1053.08**	**北　　京**
16475.08	**1306.82**	**594.95**		**6236.10**			**543.42**	**天　　津**
38925.13	**2129.64**	**1543.39**	**191.72**	**14699.92**	**2393066**	**2202559**	**1233.67**	**河　　北**
6277.40	161.82	287.27	42.00	3154.75	40701	34132	220.43	石家庄
381.00	26.00			13.00	38619	38516	11.22	辛　　集
310.00	10.00			16.00	15210	15210	5.62	藁　　城
220.00	10.00			20.00	19823	17826	7.70	晋　　州
223.00	10.00			25.00	19400	18300	8.30	新　　乐
236.00	96.00	8.00		55.00	17809	16063	5.69	鹿　　泉
9227.39	13.70	196.00		3208.19	619142	606615	186.71	唐　　山
255.00	58.00	55.00		28.00	29262	29230	9.09	遵　　化
216.00	45.00			28.00	75000	57000	17.20	迁　　安
2399.10	17.61	249.31	47.78	2228.99	140118	132901	88.40	秦皇岛
3697.00	61.00	78.00		802.00	165419	158430	119.95	邯　　郸
690.00	11.00	11.00		72.00	30221		17.70	武　　安
1079.00		97.00	10.00	562.80	88752	81284	53.71	邢　　台
398.00		10.00		6.00	30000	26200	9.05	南　　宫
171.90	1.80	5.00		30.00	19666	18526	8.58	沙　　河
2318.13	693.66	302.65	58.74	1023.11	56747	48635	92.00	保　　定
457.00		6.00		91.00	12775	11634	6.20	涿　　州
320.00	8.00	30.00		60.00	54489	52376	12.12	定　　州
270.00		0.40	0.20	0.50	17400	15410	5.70	安　　国
557.00	7.00			3.00	21450	17440	11.88	高碑店
2125.00	106.00	33.00	33.00	750.00	268285	222108	80.50	张家口
1926.61	284.45	99.70		809.10	105322	98676	36.09	承　　德
1390.00	162.00	30.00		500.00	130320	129115	47.52	沧　　州
307.95	7.30	12.06		90.00	39210	33000	14.00	泊　　头
265.00	4.00	3.00		26.88	46495	46495	14.22	任　　丘
499.00	2.00	1.00		193.00	45161	45161	15.84	黄　　骅
406.00	133.00	7.00			46829	43521	9.30	河　　间
740.00				343.00	21500	17380	37.00	廊　　坊

5-6 续 1

城市名称 Name of Gities	综合生产能力(万立方米/日) Integrated Production Capacity (10,000m³/Day)	地下水 Underground Water	供水管道长度(公里) Length of Water Supply Pipelines (km)	供水总量(万立方米) 合计 Total	售水量 小计 Subtotal	生产运营用水 The Quantity of Water for Production and Operation	公共服务用水 The Quantity of Water for Public Service
霸州	1.60	1.60	134.40	542.00	518.00	252.00	18.00
三河	14.00	14.00	160.00	1212.70	1077.30	545.00	119.00
衡水	5.70	5.70	232.60	1574.54	1173.84	299.71	212.48
冀州	0.90	0.90	98.00	267.00	252.00	109.00	38.00
深州	2.99	2.99	152.00	917.50	910.00	460.00	115.00
山西	**293.20**	**148.90**	**4783.42**	**54644.57**	**48054.79**	**19997.12**	**5640.71**
太原	126.30	46.30	880.27	24202.53	21603.46	11290.07	1763.72
古交	5.10	1.10	63.00	704.73	682.73	210.10	132.21
大同	40.80	33.64	528.55	7211.83	6592.80	3301.36	311.49
阳泉	20.56	3.20	409.51	3461.36	3196.00	1389.46	456.38
长治	24.28	17.40	341.24	3694.51	3087.94	389.72	384.97
潞城	1.50	1.50	65.50	199.20	170.00	59.50	6.80
晋城	13.00		290.00	1748.00	1382.00	158.00	270.00
高平			152.00	254.00	233.00	75.00	22.00
朔州	8.50	8.50	233.00	1378.00	1149.00	268.00	248.00
晋中	5.50	5.50	350.42	1925.08	1487.11	545.66	310.96
介休	3.50	3.50	79.82	543.00	381.00	30.00	100.00
运城	8.00	6.00	97.00	849.00	657.00	51.00	110.00
永济	1.60	1.60	53.00	315.00	280.00	76.00	65.00
河津	1.30	1.30	100.00	684.00	628.00	314.00	
忻州	3.80	3.80	234.60	933.00	740.00	246.00	25.00
原平	6.00	6.00	71.61	540.13	302.28	60.45	55.11
临汾	12.30	4.30	330.00	3181.00	2881.00	905.00	903.00
侯马	1.50	1.50	100.00	607.00	572.87	301.80	35.07
霍州	4.20		91.60	592.00	592.00	42.00	160.00
吕梁	1.85	1.85	79.30	538.00	480.00	72.00	143.00
孝义	1.91	1.91	93.00	740.00	670.00	128.00	96.00
汾阳	1.70		140.00	343.20	286.60	84.00	42.00
内蒙古	**305.33**	**176.07**	**6183.78**	**40409.95**	**32613.98**	**13079.77**	**6249.83**
呼和浩特	58.70	38.30	638.54	8618.42	6404.73	1932.38	1713.13
包头	100.99	3.78	1496.44	11797.00	9471.71	3911.06	1988.42
乌海	29.20	28.20	587.00	3868.00	3868.00	2714.00	91.00
赤峰	25.00	25.00	572.00	2095.00	1280.00	430.00	293.00
通辽	29.00	29.00	504.00	4865.00	4326.00	2498.00	758.00
霍林郭勒	3.10	3.10	215.00	389.00	389.00	49.00	43.00
鄂尔多斯	8.70	0.55	589.00	1911.71	1339.05	430.93	185.08
呼伦贝尔	3.70	3.70	87.00	582.00	520.00	40.00	162.00

Total Quantity of Water Supply(10,000m³)					用水户数（户）Households Supplied (unit)		用水人口（万人）Population Supplied (10,000 persons)	城市名称 Name of Cities
Water sold		免费供水量 The Quantity of Free Water		漏损水量 The Lossed Water		家庭用户 Families Supplied		
居民家族用水 The Quantity of Water for Household Use	消防及其他用水 The Quantity of Water for Fire Control and Other Purposes		生活用水 Domestic Water					
239.00	9.00	2.00		22.00	31550	30144	11.17	霸　州
231.00	182.30			135.40	20590	18550	19.76	三　河
661.65				400.70	95211	93211	35.35	衡　水
98.00	7.00	13.00		2.00	15310	15010	6.74	冀　州
333.00	2.00	7.00		0.50	15280	14460	8.93	深　州
19043.99	**3372.97**	**1691.62**	**929.17**	**4898.16**	**665726**	**562221**	**697.76**	**山　西**
6679.74	1869.93	265.94		2333.13	85682	79532	253.80	太　原
268.12	72.30			22.00			9.86	古　交
2929.70	50.25	26.50		592.53	31193	28877	84.30	大　同
1067.82	282.34			265.36	39286	37274	27.13	阳　泉
1989.64	323.61	606.57	606.57		30145	28202	51.00	长　治
102.00	1.70	4.20	4.20	25.00	8775	8477	7.02	潞　城
622.00	332.00			366.00	83062	80270	29.50	晋　城
129.00	7.00			21.00	11230	10210	8.07	高　平
624.00	9.00	143.00		86.00	57800	32770	19.35	朔　州
624.60	5.89			437.97	7352	6085	29.60	晋　中
186.00	65.00	55.00	55.00	107.00	22457	21777	7.00	介　休
450.00	46.00	50.00		142.00	15280		15.50	运　城
137.00	2.00			35.00	5620	5170	8.00	永　济
314.00				56.00	12300		7.30	河　津
365.00	104.00	45.00		148.00	8300	5660	18.30	忻　州
171.37	15.35	172.78		65.07	5424	3940	9.50	原　平
998.00	75.00	300.00	240.90		132152	123770	41.18	临　汾
236.00		0.63	0.50	33.50	9300	8797	9.35	侯　马
380.00	10.00						12.00	霍　州
212.00	53.00			58.00	1426	945	16.50	吕　梁
410.00	36.00	22.00	22.00	48.00	90000	72000	20.50	孝　义
148.00	12.60			56.60	8942	8465	13.00	汾　阳
10533.18	**2751.20**	**686.97**	**27.76**	**7109.00**	**1414495**	**1271166**	**547.68**	**内蒙古**
1741.65	1017.57			2213.69	310000	270000	126.64	呼和浩特
3144.51	427.72	200.77	26.76	2124.52	394653	360777	130.70	包　头
617.00	446.00				42280	41000	14.16	乌　海
505.00	52.00	199.00		616.00	121604	121604	35.66	赤　峰
705.00	365.00	113.00		426.00	106572	92214	39.00	通　辽
289.00	8.00				10262		10.00	霍林郭勒
598.62	124.42	15.00		557.66	66946	60730	34.00	鄂尔多斯
318.00				62.00	39465	35375	12.80	呼伦贝尔

城市名称 Name of Gities	综合生产能力（万立方米/日） Integrated Production Capacity (10,000m³/Day)	地下水 Underground Water	供水管道长度（公里） Length of Water Supply Pipelines (km)	供水总量(万立方米) 合 计 Total	售水量 小 计 Subtotal	生产运营用水 The Quantity of Water for Production and Operation	公共服务用水 The Quantity of Water for Public Service
满洲里	4.30	4.30	327.30	1616.00	1299.00	338.40	166.70
牙克石	1.60	1.60	28.00	183.00	158.00		65.00
扎兰屯	1.20	1.20	65.80	334.00	330.00	80.00	55.00
额尔古纳	0.17	0.17	38.00	63.00	62.00	4.00	30.00
根 河	4.30	3.80	19.80	93.30	91.00	8.20	16.20
巴彦淖尔	4.40	4.40	141.00	831.00	815.00	128.00	143.00
乌兰察布	4.80	4.80	242.00	1190.00	1056.00	380.00	148.00
丰 镇	6.20	6.20	101.50	170.00	150.00	37.00	25.00
乌兰浩特	5.60	5.60	107.00	912.00	421.00	8.00	210.00
阿尔山	0.57	0.57	28.00	60.00	50.00	15.00	11.00
二连浩特	2.10	2.10	62.00	201.52	127.49	43.80	42.30
锡林浩特	11.70	9.70	334.40	630.00	456.00	32.00	104.00
辽 宁	**883.41**	**316.51**	**22343.79**	**171264.67**	**115007.85**	**40176.02**	**27591.22**
沈 阳	155.10	115.10	2721.50	42782.50	29067.40	7347.70	9147.50
新 民	2.50	2.50	390.00	1150.00	958.00	298.00	195.00
大 连	171.70	2.52	4243.40	37181.90	20757.10	8237.80	4238.50
瓦房店	12.00		378.00	1373.00	898.00	221.00	79.00
普兰店	5.20	2.00	190.77	1915.50	1352.20	566.36	290.40
庄 河	5.00		191.50	809.00	559.00	131.00	184.00
鞍 山	46.30	20.00	1856.43	12200.00	7699.00	2854.00	2009.00
海 城	5.50	5.50	270.00	1240.00	747.00	210.00	120.00
抚 顺	110.70	1.30	1762.00	12770.00	10471.00	6877.00	1891.00
本 溪	34.50		460.00	5105.02	3602.93	753.47	2021.17
丹 东	75.46	10.40	678.30	5584.86	3448.88	1284.28	651.72
东 港	12.50		184.00	1237.00	590.00	171.00	123.00
凤 城	2.70		64.00	819.00	253.00	23.00	16.00
锦 州	36.60	36.60	642.00	8842.00	6362.00	2367.00	838.00
凌 海	2.50	2.50	69.00	480.00	440.00	160.00	60.00
北 镇	1.50	1.50	60.00	270.00	270.00	17.00	80.00
营 口	47.70	23.24	1692.00	6627.00	4734.00	1532.00	1187.00
盖 州	2.50	2.50	96.99	601.00	383.00	59.00	27.00
大石桥	5.00	5.00	566.83	1340.20	646.80	121.08	62.58
阜 新	28.00	15.00	1311.00	7251.00	5502.00	2841.00	554.00
辽 阳	27.65	12.35	740.40	4627.20	3232.00	872.00	1163.00
灯 塔	3.50	3.50	77.50	438.00	311.00	23.00	120.00
盘 锦	7.50	7.50	447.00	2675.00	2157.00	125.00	373.00
铁 岭	17.70	6.50	763.97	3686.53	2103.08	378.83	674.69
调兵山	1.30	1.30	122.60	356.59	259.59	2.00	68.96

Total Quantity of Water Supply(10,000m³)								
Water sold								
居民家族用水 The Quantity of Water for Household Use	消防及其他用水 The Quantity of Water for Fire Control and Other Purposes	免费供水量 The Quantity of Free Water	生活用水 Domestic Water	漏损水量 The Lossed Water	用水户数（户） Households Supplied (unit)	家庭用户 Families Supplied	用水人口（万人） Population Supplied (10,000 persons)	城市名称 Name of Cities
769.30	24.60			317.00	52696	51493	22.40	满洲里
88.00	5.00			25.00	16500	13300	5.00	牙克石
107.00	88.00	1.00		3.00	14402	11980	6.00	扎兰屯
27.00	1.00	0.20		0.80	3820	3319	1.62	额尔古纳
50.60	16.00	2.00	1.00	0.30	4648	4083	4.50	根河
493.00	51.00	16.00			69180	64343	28.00	巴彦淖尔
500.00	28.00	24.00		110.00	61130	51000	28.00	乌兰察布
65.00	23.00	16.00		4.00	22143	20192	7.20	丰镇
201.00	2.00			491.00	58224	53046	20.10	乌兰浩特
19.00	5.00	5.00		5.00	2200	1600	1.30	阿尔山
24.50	16.89	45.00		29.03	8250	6000	8.00	二连浩特
270.00	50.00	50.00		124.00	9520	9110	11.60	锡林浩特
43679.89	**3560.72**	**3754.30**	**95.00**	**52502.52**	**6246114**	**5712031**	**1794.55**	**辽宁**
12572.20		9.60		13705.50	1504159	1438697	412.60	沈阳
390.00	75.00	192.00			34738	31988	11.23	新民
6086.50	2194.30	382.00		16042.80	1194717	1128451	277.70	大连
485.00	113.00	92.00	92.00	383.00	103371	99333	30.80	瓦房店
202.38	293.06			563.30	42400	40593	18.00	普兰店
244.00				250.00	50787	47000	17.20	庄河
2836.00		356.00		4145.00	490574	473519	144.20	鞍山
415.00	2.00			493.00	45600	42100	21.20	海城
1703.00		50.00		2249.00	453146	432508	127.00	抚顺
828.29				1502.09	252752	238524	74.50	本溪
1469.30	43.58	700.00		1435.98	180028	173109	60.34	丹东
275.00	21.00	647.00			41385	38400	12.66	东港
186.00	28.00	65.00		501.00	34000	30000	9.00	凤城
3157.00		922.00		1558.00	240792	228546	85.45	锦州
200.00	20.00			40.00	35384	35040	8.34	凌海
83.00	90.00				17593	16383	6.68	北镇
2015.00		7.00		1886.00	250199	230683	85.20	营口
289.00	8.00	8.00		210.00	45714	43514	16.00	盖州
333.36	129.78	1.90		691.50	70000	65000	20.00	大石桥
2107.00				1749.00	244311	238370	73.00	阜新
1197.00		3.00	3.00	1392.20	197498	186058	67.80	辽阳
168.00		15.00		112.00	13100	11000	4.28	灯塔
1523.00	136.00	12.00		506.00	99504	93142	32.60	盘锦
1044.46	5.10	220.30		1363.15	137251	123849	44.13	铁岭
167.13	21.50	19.00		78.00	12547	11458	4.58	调兵山

5-6 续 3

城市名称 Name of Cities	综合生产能力（万立方米/日） Integrated Production Capacity (10,000m³/Day)		供水管道长度（公里） Length of Water Supply Pipelines (km)	供水总量（万立方米）			
		地下水 Underground Water		合　计 Total	售水量		
					小　计 Subtotal	生产运营用水 The Quantity of Water for Production and Operation	公共服务用水 The Quantity of Water for Public Service
开　原	3.50	3.50	232.00	529.37	441.97	24.00	156.00
朝　阳	15.60	15.60	341.60	2757.40	1679.30	212.50	569.10
北　票	3.70	3.40	277.00	1027.00	776.00	133.00	115.00
凌　源	6.00	6.00	400.00	1031.00	783.00	162.00	157.00
葫芦岛	30.00	7.20	939.00	3686.60	3678.60	1842.00	179.60
兴　城	4.00	4.00	175.00	871.00	845.00	330.00	240.00
吉　林	**307.41**	**47.52**	**7128.46**	**71915.26**	**46779.43**	**12933.53**	**11905.85**
长　春	104.40	1.00	1741.00	27439.00	18234.30	4504.00	7069.00
九　台	3.70	2.10	167.00	839.00	784.00	138.00	120.00
榆　树	2.60	2.60	108.60	652.20	251.20		49.80
德　惠	4.86	4.86	301.00	1673.00	1617.00	1157.00	270.00
吉　林	50.50	1.40	982.20	10592.00	6143.00	1292.00	1118.00
蛟　河	1.40	0.50	125.00	376.00	180.00	10.00	41.00
桦　甸	1.30	0.10	101.00	384.00	149.00	4.00	13.00
舒　兰	2.50		45.70	879.00	879.00	405.00	60.00
磐　石	1.40		102.00	505.70	327.00	27.00	68.00
四　平	19.60	0.46	391.85	1173.90	953.00	102.00	474.00
公主岭	4.40	0.40	187.62	527.00	377.00	50.00	
双　辽	1.00	1.00	56.90	182.10	158.00	16.00	
辽　源	15.00		296.00	2192.00	1041.00	579.00	45.00
通　化	15.20		426.03	4225.50	1417.00	621.00	92.00
梅河口	5.50	5.50	136.00	1804.00	1382.00	691.00	310.00
集　安	3.00		93.58	511.78	306.42	105.42	44.00
白　山	9.90	3.00	268.58	2358.72	1131.00	452.00	82.00
临　江	2.85		67.90	241.00	143.00	28.00	25.00
松　原	11.20	9.50	379.00	4066.00	3924.00	1044.00	174.00
白　城	10.00	10.00	251.00	2397.00	1188.00	294.00	253.00
洮　南	1.50	1.50	61.10	220.00	210.00	25.00	40.00
大　安	2.00	2.00	54.00	742.00	603.22	70.00	30.00
延　吉	15.00		290.87	3839.76	2719.99	1089.11	729.75
图　们	1.60		106.00	687.00	420.00	76.00	93.00
敦　化	5.90	1.60	76.20	840.00	680.00	118.00	217.00
珲　春	4.00		110.00	1276.30	1000.00		420.00
龙　井	3.50		74.00	456.60	156.60		37.30
和　龙	3.60		128.33	834.70	404.70	36.00	31.00
黑龙江	**514.47**	**160.58**	**9124.01**	**100127.25**	**80199.79**	**28439.23**	**12403.68**
哈尔滨	148.20	21.70	1451.19	30368.20	24238.00	3558.00	5456.00

Total Quantity of Water Supply(10,000m³)								
Water sold								
居民家族用水 The Quantity of Water for Household Use	消防及其他用水 The Quantity of Water for Fire Control and Other Purposes	免费供水量 The Quantity of Free Water	生活用水 Domestic Water	漏损水量 The Lossed Water	用水户数（户） Households Supplied (unit)	家庭用户 Families Supplied	用水人口（万人） Population Supplied (10,000 persons)	城市名称 Name of Cities
261.97		24.50		62.90	60951	56385	15.67	开原
630.30	267.40			1078.10	118488	11074	32.19	朝阳
503.00	25.00			251.00	55000	54490	17.00	北票
426.00	38.00	20.00		228.00	44305	41193	14.40	凌源
1607.00	50.00	8.00			135000	13407	41.20	葫芦岛
275.00				26.00	40820	38217	9.60	兴城
20348.95	**1591.10**	**2609.50**	**185.10**	**22526.33**	**2501159**	**2282270**	**767.86**	**吉林**
5815.30	846.00	3.30		9201.40	803127	766897	248.44	长春
520.00	6.00	20.00		35.00	63664	58167	17.30	九台
173.00	28.40	177.00		224.00	48482	45202	8.50	榆树
174.00	16.00			56.00	34996	22973	11.47	德惠
3733.00		350.00		4099.00	407716	368514	119.65	吉林
113.00	16.00	74.00		122.00	26000	24000	8.40	蛟河
113.00	19.00	235.00	15.00		32526	31809	7.00	桦甸
400.00	14.00				21500	21500	18.00	舒兰
220.00	12.00	2.70		176.00	35295	32960	8.30	磐石
377.00				220.90	116272	103176	39.20	四平
327.00		100.00		50.00	17605	15605	6.60	公主岭
142.00		0.10	0.10	24.00	23000	23000	6.00	双辽
382.00	35.00	310.00	15.00	841.00	99565	93500	26.00	辽源
683.00	21.00	477.32		2331.18	90358	82182	41.60	通化
81.00	300.00	102.00	100.00	320.00	42000	35000	12.00	梅河口
64.00	93.00	11.36		194.00	21942	19813	4.28	集安
597.00		83.72		1144.00	83079	76184	30.50	白山
58.00	32.00	2.00		96.00	17625	13775	4.89	临江
2667.00	39.00	34.00		108.00	124220	119000	38.50	松原
565.00	76.00	557.00	50.00	652.00	61488	53500	15.30	白城
140.00	5.00	5.00	5.00	5.00	21300	20780	6.50	洮南
493.22	10.00			138.78	39300	38900	12.66	大安
901.13				1119.77	123467	121277	35.30	延吉
251.00		19.00		248.00	30810	23690	7.87	图们
326.00	19.00	1.00		159.00	36197		9.80	敦化
580.00		15.00		261.30	34709	31801	11.70	珲春
117.30	2.00			300.00	29010	26000	8.10	龙井
336.00	1.70	30.00		400.00	15906	13065	4.00	和龙
36502.41	**2854.47**	**1586.30**	**101.10**	**18341.16**	**3382547**	**3149316**	**974.14**	**黑龙江**
15015.00	209.00	208.00		5922.20	1113208	1043850	297.80	哈尔滨

城市名称 Name of Gities	综合生产能力（万立方米/日） Integrated Production Capacity (10,000m³/Day)	地下水 Underground Water	供水管道长度（公里） Length of Water Supply Pipelines (km)	供水总量(万立方米) 合　计 Total	售水量 小　计 Subtotal	生产运营用水 The Quantity of Water for Production and Operation	公共服务用水 The Quantity of Water for Public Service
双　　城	2.00	2.00	100.00	1422.00	1420.00	780.00	40.00
尚　　志	3.40	3.40	91.00	867.20	867.00	320.00	300.00
五　　常	2.00	2.00	114.00	476.00	476.00	94.00	52.00
齐齐哈尔	29.57	19.57	763.75	5251.00	3025.78	211.48	992.19
讷　　河	1.90	1.90	62.00	358.00	177.00		40.00
鸡　　西	19.00	3.27	320.00	4620.00	4320.00	1790.00	900.00
虎　　林	0.80	0.80	160.43	293.00	221.00	54.00	18.00
密　　山	1.50	1.50	174.00	470.00	446.00	129.00	78.00
鹤　　岗	22.10	2.14	524.49	3577.60	2321.59	1124.13	195.35
双 鸭 山	15.10	10.00	294.00	2524.00	2164.00	465.00	509.00
大　　庆	127.70	37.70	1214.75	25080.30	21447.19	13695.51	1037.62
伊　　春	16.90	14.20	742.55	2676.90	2509.90	954.00	271.00
铁　　力	3.00	3.00	149.00	395.00	320.00	22.00	68.00
佳 木 斯	30.00	30.00	346.20	5855.00	4426.00	1312.00	756.00
同　　江	0.70	0.70	97.00	155.00	134.00	15.00	37.00
富　　锦	1.50	1.50	7.00	322.00	318.00	41.00	72.00
七 台 河	22.60		613.70	3530.69	2345.49	1318.59	238.10
牡 丹 江	36.00		552.00	6710.54	4280.52	1291.09	652.83
绥 芬 河	2.70		78.00	448.60	348.60	105.00	74.00
海　　林	2.10		43.00	337.90	237.90	42.30	25.30
宁　　安	3.00		112.50	930.00	930.00	445.00	40.00
穆　　棱	2.20		97.80	438.00	328.50	43.80	87.60
黑　　河	7.00	0.20	170.32	336.82	312.32	128.33	40.69
北　　安	5.00		100.10	400.00	370.00	66.00	54.00
五大连池	0.50		97.00	80.00	80.00		6.00
绥　　化	2.50	2.50	291.00	586.50	586.00	120.00	15.00
安　　达	1.50	1.50	50.50	493.00	447.00	42.00	28.00
肇　　东	2.00	1.00	149.00	750.00	750.00	200.00	300.00
海　　伦	2.00		157.73	374.00	352.00	72.00	20.00
上　　海	**1080.00**	**25.00**	**27658.89**	**303403.00**	**238950.51**	**67775.23**	**56041.95**
江　　苏	**1646.64**	**41.99**	**47915.12**	**348360.21**	**289219.17**	**114362.56**	**32586.39**
南　　京	301.00		7587.00	60957.00	48567.00	10348.00	3428.00
无　　锡	128.10		5312.00	33380.30	28014.66	12273.26	3306.16
江　　阴	70.00		944.65	6766.19	6244.33	3151.91	618.33
宜　　兴	25.00		721.00	3695.38	3335.38	667.38	220.00
徐　　州	41.89	21.89	1173.23	7944.73	6513.35	1188.90	2226.92
新　　沂	3.60	3.60	423.15	702.00	570.00	180.00	130.00

Total Quantity of Water Supply($10,000m^3$)					用水户数（户）Households Supplied (unit)		用水人口（万人）Population Supplied (10,000 persons)	城市名称 Name of Cities
Water sold		免费供水量 The Quantity of Free Water		漏损水量 The Lossed Water		家庭用户 Families Supplied		
居民家族用水 The Quantity of Water for Household Use	消防及其他用水 The Quantity of Water for Fire Control and Other Purposes		生活用水 Domestic Water					
595.00	5.00			2.00	52500	51680	18.00	双　城
246.00	1.00	0.10	0.10	0.10	38120	30765	9.22	尚　志
294.00	36.00				40000	35000	12.50	五　常
1790.11	32.00	91.22		2134.00	337118	317419	88.62	齐齐哈尔
130.00	7.00			181.00	23000	21000	8.40	讷　河
1480.00	150.00	250.00		50.00	158100	155600	43.00	鸡　西
149.00		1.00		71.00	18561	16107	6.00	虎　林
232.00	7.00	8.00		16.00	37980	36943	10.07	密　山
962.11	40.00	231.81		1024.20	188859	172922	42.30	鹤　岗
1090.00	100.00	100.00	80.00	260.00	112500	107800	44.90	双鸭山
5989.06	725.00			3633.11	33206	320992	104.44	大　庆
1048.90	236.00	10.00	2.00	157.00	141380	121506	41.56	伊　春
189.00	41.00			75.00	22696	20210	8.09	铁　力
2322.00	36.00	519.00		910.00	142610	129806	39.20	佳木斯
82.00		20.00		1.00	11000	10800	3.61	同　江
172.00	33.00			4.00	21770	21220	8.22	富　锦
511.40	277.40	8.00	4.00	1177.20	78190	72169	28.01	七台河
1832.73	503.87	19.67		2410.35	206882	190531	61.10	牡丹江
169.60				100.00	12600	11580	7.00	绥芬河
163.00	7.30	60.00	15.00	40.00	31148	28999	8.90	海　林
320.00	125.00				29540	23540	7.85	宁　安
175.20	21.90			109.50	22114	21235	6.95	穆　棱
143.30		24.50			41224	36433	10.50	黑　河
215.00	35.00			30.00	31200	25120	7.61	北　安
64.00	10.00				8319	8319	2.19	五大连池
440.00	11.00			0.50	54388	53200	14.20	绥　化
372.00	5.00	25.00		21.00	35480	30670	11.80	安　达
150.00	100.00				8900	3900	13.00	肇　东
160.00	100.00	10.00		12.00	31100	30000	9.10	海　伦
89832.59	**25300.74**	**32825.79**		**31626.70**			**1858.08**	上　海
124089.27	**18180.95**	**10004.62**	**241.50**	**49136.42**	**7055234**	**6522767**	**2230.24**	江　苏
33060.00	1731.00	5349.00	121.00	7041.00	1642945	1566277	431.65	南　京
12336.61	98.63			5365.64	515266	491426	234.27	无　锡
1478.78	995.31			521.86	113583	107505	30.05	江　阴
2080.00	368.00			360.00	107570	102973	34.58	宜　兴
2336.82	760.71	584.00	54.00	847.38	257170	246086	122.49	徐　州
190.00	70.00			132.00	75243	74215	22.50	新　沂

城市名称 Name of Gities	综合生产能力（万立方米/日） Integrated Production Capacity (10,000m³/Day)	地下水 Underground Water	供水管道长度（公里） Length of Water Supply Pipelines (km)	供水总量（万立方米）			
				合 计 Total	售水量		
					小 计 Subtotal	生产运营用水 The Quantity of Water for Production and Operation	公共服务用水 The Quantity of Water for Public Service
邳 州	4.60	4.60	556.00	997.00	997.00		45.00
常 州	100.50		4672.07	23636.33	15636.31	5915.27	1886.07
溧 阳	10.00		425.38	2244.87	1948.64	741.56	123.76
金 坛	5.00		646.57	1660.11	1421.85	453.23	345.98
苏 州	211.80		4086.76	45550.15	40916.58	15811.35	3789.85
常 熟	67.50		847.00	17880.92	14773.92	9421.10	1154.20
张 家 港	55.00		628.86	12950.00	11893.00	6570.00	866.00
昆 山	100.00		1485.00	25813.00	23229.00	15965.00	1947.00
吴 江	20.45		654.79	8617.04	7132.04	3825.24	1149.67
太 仓	30.00		435.00	7164.00	6490.00	3497.00	922.00
南 通	90.00		1419.74	11303.91	8920.91	3948.71	61.50
启 东	10.00		534.00	1827.00	1224.00	442.00	130.00
如 皋	10.00		421.03	1979.81	1583.85	453.48	140.77
通 州	7.50		438.32	2886.00	2475.00	1534.00	76.00
海 门	18.30	4.20	477.90	1748.50	1268.50	526.00	58.60
连 云 港	30.00		924.30	6792.26	5033.57	1683.33	781.95
淮 安	25.50		2250.00	5957.00	5700.00	2000.00	1000.00
盐 城	22.50		988.36	5958.11	4324.06	1179.15	
东 台	7.50		519.00	885.66	674.00	262.60	136.80
大 丰	5.00	0.50	105.40	1863.00	1648.00	468.00	200.00
扬 州	40.50		1659.06	8402.17	6472.80	1510.44	2061.88
仪 征	10.00		680.00	1366.55	1106.99	43.20	994.59
高 邮	9.50		152.00	979.00	979.00	260.00	163.00
江 都	11.20	2.20	352.65	2351.21	1768.74	649.42	130.27
镇 江	50.20		1702.50	11089.00	9322.00	3279.00	1554.00
丹 阳	15.00		331.11	2939.42	2230.68	877.96	585.30
扬 中	5.00		208.58	803.30	803.30	270.24	20.46
句 容	11.50		257.00	1581.00	870.00	46.00	393.00
泰 州	31.00		1258.11	4884.39	3725.61	1570.03	470.53
兴 化	12.00		197.00	1302.40	949.00	312.20	63.30
靖 江	17.50		924.00	4336.00	3594.00	956.00	151.00
泰 兴	9.00		288.00	3178.00	3100.00	935.00	580.00
姜 堰	10.00	5.00	531.00	1375.00	1163.00	364.00	116.00
宿 迁	13.50		697.60	2612.50	2599.10	782.60	558.50
浙 江	**1170.24**	**9.52**	**30737.61**	**243055.71**	**206496.78**	**81118.69**	**25015.03**
杭 州	274.00		5515.00	66753.00	56906.00	19519.00	8216.00
建 德	5.00		250.00	1020.00	868.42	272.95	96.61
富 阳	15.00		510.40	3360.50	3007.00	1097.86	213.00

5-6 continued 5

Total Quantity of Water Supply(10,000m³)					用水户数（户）Households Supplied (unit)		用水人口（万人）Population Supplied (10,000 persons)	城市名称 Name of Cities
Water sold		免费供水量 The Quantity of Free Water		漏损水量 The Lossed Water		家庭用户 Families Supplied		
居民家族用水 The Quantity of Water for Household Use	消防及其他用水 The Quantity of Water for Fire Control and Other Purposes		生活用水 Domestic Water					
880.00	72.00				65000	64500	22.00	邳　州
7834.97		115.52		7884.50	492958	461806	122.39	常　州
1083.32		10.84		285.39	63713	58788	17.50	溧　阳
526.85	95.79			238.26	66187	60515	16.00	金　坛
17468.60	3846.78	422.57	18.00	4211.00	796442	647883	195.41	苏　州
2114.62	2084.00	62.07		3044.93	330470	297018	39.10	常　熟
3997.00	460.00	47.00	47.00	1010.00	78660	76797	39.33	张家港
1317.00	4000.00	454.00		2130.00	196000	182903	28.36	昆　山
2157.13		511.00		974.00	79179	70670	27.83	吴　江
1648.00	423.00			674.00	39789	34397	18.53	太　仓
4910.70		118.56		2264.44	163220	153890	72.77	南　通
567.00	85.00			603.00	55344	50100	14.20	启　东
979.73	9.87			395.96	73107	68721	21.47	如　皋
838.00	27.00	24.00		387.00	35572	32761	10.17	通　州
667.40	16.50	86.00		394.00	70629	62355	18.04	海　门
2311.81	256.48			1758.69	132949	124267	70.96	连云港
2600.00	100.00	57.00		200.00	31229	30010	94.00	淮　安
2882.47	262.44	490.21		1143.84	165845	162369	52.74	盐　城
248.40	26.20	11.96	1.50	199.70	41440	37077	22.35	东　台
600.00	380.00			215.00	32000	24900	8.00	大　丰
2495.48	405.00	770.14		1159.23	210961	192401	67.87	扬　州
64.50	4.70			259.56	38541	34014	10.94	仪　征
556.00					52627	41356	19.00	高　邮
989.05				582.47	83267	75438	24.45	汇　都
3733.00	756.00	20.00		1747.00	270685	255651	85.62	镇　江
549.45	217.97	25.97		682.77	84341	75906	29.43	丹　阳
449.66	62.94				31259	30181	10.24	扬　中
406.00	25.00	7.00		704.00	36059	32958	14.90	句　容
1566.42	118.63	600.88		557.90	209536	192982	57.63	泰　州
573.50		234.90		118.50	51441	50917	16.65	兴　化
2487.00				742.00	64338	58657	27.10	靖　江
1580.00	5.00			78.00	60000	58200	23.38	泰　兴
531.00	152.00	2.00		210.00	46597	44987	17.70	姜　堰
993.00	265.00			13.40	94072	88910	38.64	宿　迁
92389.04	**7974.02**	**4058.90**	**46.84**	**32500.03**	**4612316**	**4049784**	**1708.98**	浙　江
25466.00	3705.00	875.00		8972.00	589478	561815	288.50	杭　州
489.58	9.28	6.00		145.58	29424	25783	12.89	建　德
1677.64	18.50	353.50			83017	73062	28.74	富　阳

5-6 续 6

城市名称 Name of Gities	综合生产能力（万立方米/日） Integrated Production Capacity (10,000m³/Day)		供水管道长度（公里） Length of Water Supply Pipelines (km)	供水总量(万立方米)			
				合 计 Total	售水量		
					小 计 Subtotal	生产运营用水 The Quantity of Water for Production and Operation	公共服务用水 The Quantity of Water for Public Service
		地下水 Underground Water					
临　安	10.00		454.00	2007.00	1650.00	512.00	157.00
宁　波	130.00		2208.06	36189.08	30888.70	13665.64	3949.23
余　姚	28.50		1192.30	5099.00	4142.00	1838.00	327.00
慈　溪	31.00		1077.00	5582.00	4780.00	825.00	590.00
奉　化	15.00	3.00	355.00	4810.00	4281.00	1781.00	592.00
温　州	108.00		1668.77	25138.04	19956.28	9564.21	943.04
瑞　安	13.00		440.11	3483.90	3348.40	984.97	387.48
乐　清	23.50	0.50	452.07	3503.10	2099.56	188.94	101.77
嘉　兴	49.00	1.00	679.00	8330.32	7144.50	3032.74	1793.20
海　宁	15.00		271.00	2934.00	2722.00	591.00	226.00
平　湖	7.90	2.40	290.00	2012.00	1577.00	954.00	65.00
桐　乡	30.00		522.00	3084.40	2675.00	1491.00	98.00
湖　州	27.00		1812.35	7970.94	7030.63	2274.52	1524.62
绍　兴	50.00		1474.00	6572.15	6181.84	2522.20	1281.20
诸　暨	20.00		527.00	4786.00	4076.00	1502.00	775.00
上　虞	31.00		847.68	3675.00	2954.00	1650.00	88.00
嵊　州	22.00		525.55	2952.03	2527.29	1486.25	
金　华	47.00		884.00	4860.61	4155.17	1850.32	462.31
兰　溪	14.00		735.00	1590.00	1478.00	597.00	45.00
义　乌	30.00		1262.00	5548.00	4827.00	2694.00	245.00
东　阳	10.00		1143.71	2052.74	1863.36	523.02	17.43
永　康	17.00	0.60	842.00	2401.89	1673.87	876.22	79.14
衢　州	22.00		567.00	3269.00	2649.00	801.00	480.00
江　山	5.20		252.52	815.00	700.00	156.00	181.00
舟　山	27.50		824.00	4194.00	3654.00	1427.00	267.00
台　州	50.14	2.02	1560.00	11308.41	10387.41	4677.00	902.00
温　岭	8.00		243.10	1500.00	1309.00	267.00	339.00
临　海	11.50		680.60	2764.50	2151.25	773.85	30.00
丽　水	20.00		501.00	2850.00	2362.00	623.00	476.00
龙　泉	3.00		171.39	639.10	471.10	100.00	67.00
安　徽	**507.90**	**52.80**	**8677.15**	**94788.62**	**76880.60**	**19634.43**	**14801.67**
合　肥	117.00		1764.82	24680.80	21727.70	3466.60	6790.30
芜　湖	52.00		934.11	11199.77	9335.50	3524.51	992.46
蚌　埠	41.00	1.00	634.00	5804.60	5000.60	1784.00	358.00
淮　南	42.70		1027.04	8319.57	5302.77	1263.41	1086.95
马鞍山	38.50		366.03	7209.33	4996.96	1325.31	1013.33
淮　北	13.50	13.50	302.00	1750.00	1400.00	178.46	549.21
铜　陵	19.00		263.60	5428.27	3647.46	1238.80	346.61

5-6 continued 6

Total Quantity of Water Supply(10,000m³)					用水户数（户） Households Supplied (unit)		用水人口（万人） Population Supplied (10,000 persons)	城市名称 Name of Cities
Water sold		免费供水量 The Quantity of Free Water		漏损水量 The Lossed Water		家庭用户 Families Supplied		
居民家族用水 The Quantity of Water for Household Use	消防及其他用水 The Quantity of Water for Fire Control and Other Purposes		生活用水 Domestic Water					
823.00	158.00	85.00		272.00	34086	25527	16.00	临安
13019.46	254.37	609.00		4691.38	583252	531483	158.99	宁波
1927.00	50.00	47.00	2.00	910.00	132569	120899	59.24	余姚
3365.00		38.00		764.00	237946	212636	41.82	慈溪
1908.00		38.00		491.00	109619	99618	31.73	奉化
9379.82	69.21	978.26		4203.50	259815	235427	134.15	温州
1975.95		135.50			73830	52317	35.41	瑞安
1794.25	14.60	132.74		1270.80	13280	10820	47.00	乐清
2249.24	69.32			1185.82	216200	181384	55.74	嘉兴
556.00	1349.00			212.00	61200	57900	16.80	海宁
558.00		100.00		335.00	48892	48892	13.50	平湖
1044.00	42.00	9.40		400.00	53000	52000	17.04	桐乡
3158.74	72.75	105.31	9.49	835.00	214870	133452	75.50	湖州
2178.50	199.94	12.47		377.84	234771	212365	67.05	绍兴
1750.00	49.00	10.00		700.00	63434	54200	31.70	诸暨
1195.00	21.00	10.00	10.00	711.00	89326	83591	21.18	上虞
788.71	252.33	150.00		274.74	82637	79016	28.96	嵊州
1779.98	62.56	153.77		551.67	139920	121525	54.68	金华
622.00	214.00			112.00			17.54	兰溪
1888.00				721.00	356000	340000	114.62	义乌
1312.66	10.25			189.38	92195	73262	29.82	东阳
702.81	15.70	11.95	11.95	716.07	37977	35823	26.30	永康
1081.00	287.00	57.00		563.00	87775	74742	24.80	衢州
351.00	12.00			115.00	59358	45987	14.65	江山
1542.00	418.00	25.00	5.00	515.00	202608	183974	42.46	舟山
4524.60	283.81	16.00		905.00	256273	202047	112.99	台州
690.00	13.00	5.00	5.00	186.00	28351	24821	22.53	温岭
1039.40	308.00	10.00		603.25	60798	49116	24.35	临海
1250.00	13.00	1.00	1.00	487.00	52748	46300	33.98	丽水
301.70	2.40	84.00	2.40	84.00	27667		8.32	龙泉
39363.85	**3080.65**	**1435.00**	**99.50**	**16473.02**	**2546836**	**2293911**	**930.27**	**安徽**
11470.80		159.90		2793.20	406283	365411	193.65	合肥
4818.53				1864.27	335436	310811	92.52	芜湖
2009.60	849.00			804.00	226518	123369	70.55	蚌埠
2822.41	130.00	168.00		2848.80	262043	252802	91.00	淮南
2503.84	154.48	249.85		1962.52	140134	131001	49.20	马鞍山
669.27	3.06			350.00	79605	76000	25.55	淮北
1620.87	441.18			1780.81	85098	82795	41.43	铜陵

5-6 续 7

城市名称 Name of Gities	综合生产能力（万立方米/日） Integrated Production Capacity (10,000m^3/Day)	地下水 Underground Water	供水管道长度（公里） Length of Water Supply Pipelines (km)	供水总量(万立方米)			
				合　计 Total	售水量		
					小　计 Subtotal	生产运营用水 The Quantity of Water for Production and Operation	公共服务用水 The Quantity of Water for Public Service
安　庆	42.10		474.00	3810.88	3705.26	1473.07	553.19
桐　城	3.20		105.61	733.00	595.00	120.00	11.40
黄　山	18.00		275.97	2253.55	1867.55	400.46	234.35
滁　州	18.00		343.73	2785.10	2301.98	890.60	253.22
天　长	8.60	8.60	108.20	1645.33	1431.11	350.00	398.00
明　光	2.00		126.00	297.00	266.00	13.00	20.00
阜　阳	22.50	12.50	573.00	2206.00	1586.00	143.00	201.00
界　首	2.70	2.70	80.00	776.00	680.00	142.00	72.00
宿　州	8.50	8.50	161.00	1676.00	1676.00	394.00	245.00
巢　湖	8.00		210.00	2307.00	1437.00	243.00	398.00
六　安	16.50		233.50	5856.42	4655.71	1798.71	361.25
亳　州	6.00	6.00	170.00	1160.00	1050.00	20.00	160.00
池　州	8.70		161.18	2125.50	1824.50	131.00	405.00
宣　城	11.50		219.00	1676.50	1446.50	254.50	312.40
宁　国	7.90		144.36	1088.00	947.00	480.00	40.00
福　建	**549.10**	**10.00**	**8913.64**	**110122.70**	**99546.88**	**29013.69**	**15212.33**
福　州	150.90		1266.42	24940.20	24940.20	3627.09	7074.26
福　清	10.00		294.50	1596.00	1177.00	43.00	135.00
长　乐	9.40		253.35	3666.00	2810.00	460.00	390.00
厦　门	100.00		2205.27	28298.02	24712.15	9645.49	3846.49
莆　田	17.00		633.21	5488.03	5272.03	1685.02	220.35
三　明	74.90		674.00	7232.76	6418.20	4703.89	350.00
永　安	7.00		125.00	1528.00	1301.33	401.62	266.33
泉　州	29.00		1378.00	7298.00	7097.00	2193.00	224.00
石　狮	35.00		443.00	3900.00	3900.00	2100.00	
晋　江	15.00		255.22	5741.69	4754.69	1283.00	60.00
南　安	7.00		134.00	1324.00	964.00	111.00	93.00
漳　州	22.50		244.50	3094.00	2891.00	819.00	437.00
龙　海	8.00		81.00	1511.00	1233.00	218.00	76.00
南　平	10.50		19.23	2204.00	1800.00	165.00	572.00
邵　武	8.00		114.00	920.00	805.00	135.00	141.00
武夷山	5.00		92.00	1965.00	1650.28	532.40	218.96
建　瓯	3.90		71.85	884.00	845.00	74.00	166.00
建　阳	3.00		64.29	712.00	618.00	61.18	80.34
龙　岩	10.00	10.00	143.00	3007.00	2590.00	408.00	626.00
漳　平	3.00		71.00	502.00	443.00	65.00	5.00
宁　德	5.50		146.55	1605.00	1238.00	113.00	228.00
福　安	8.50		89.25	1306.00	974.00	65.00	

Total Quantity of Water Supply(10,000m³)					用水户数（户） Households Supplied (unit)		用水人口（万人） Population Supplied (10 000 persons)	城市名称 Name of Cities
Water sold		免费供水量 The Quantity of Free Water		漏损水量 The Lossed Water		家庭用户 Families Supplied		
居民家族用水 The Quantity of Water for Household Use	消防及其他用水 The Quantity of Water for Fire Control and Other Purposes		生活用水 Domestic Water					
1662.25	16.75	86.20		19.42	133445	119134	53.02	安庆
365.00	98.60			138.00	35513	32196	11.50	桐城
860.62	372.12	111.88	73.50	274.12	80554	69454	24.46	黄山
1034.05	124.11			483.12	103993	98692	30.36	滁州
552.11	131.00	2.00		212.22	77046	77046	26.60	天长
223.00	10.00	11.00		20.00	11000	11000	11.03	明光
1242.00		90.00	22.00	530.00	116340	115450	37.92	阜阳
463.00	3.00			96.00	25471	24325	8.68	界首
984.00	53.00				78240	78059	27.10	宿州
776.00	20.00	1.00		869.00	57343	49332	25.60	巢湖
2044.50	451.25	140.17		1060.54	87377	84612	33.75	六安
870.00		70.00		40.00	68930	68800	22.71	亳州
1107.00	181.50	221.00		80.00	60200	59600	20.99	池州
845.00	34.60	34.00	4.00	196.00	31567	27022	21.56	宣城
420.00	7.00	90.00		51.00	44700	37000	11.09	宁国
51498.52	**3822.34**	**1015.99**	**39.00**	**9559.83**	**1222089**	**1099646**	**871.94**	**福建**
12811.30	1427.55				62601	49774	230.49	福州
696.00	303.00	43.00		376.00	39670	30100	15.50	福清
1960.00		178.00		678.00	16383	13880	19.60	长乐
11220.17				3585.87	370296	349571	208.80	厦门
3319.48	47.18	15.00		201.00	107797	93648	50.07	莆田
1364.31				814.56	56795	49140	23.16	三明
633.38		9.47	9.20	217.20	39151	33560	14.50	永安
3534.00	1146.00	201.00			110663	96799	77.44	泉州
1800.00							17.00	石狮
3356.00	55.69			987.00	17654	16354	20.13	晋江
680.00	80.00	3.00	3.00	357.00	25719	25185	15.95	南安
1635.00		203.00			22367	17576	33.13	漳州
939.00		151.00	26.80	127.00	45787	42678	15.78	龙海
1063.00		5.00		399.00	50099	45371	16.84	南平
529.00		75.00		40.00	38808	36117	9.46	邵武
550.40	348.52	112.52		202.20	20467	16529	7.54	武夷山
585.00	20.00			39.00	24630	22612	9.70	建瓯
464.48	12.00			94.00	16311	13443	9.50	建阳
1556.00				417.00	51482	47800	23.15	龙岩
356.00	17.00	5.00		54.00	8313	6576	5.95	漳平
886.00	11.00	10.00		357.00	37208	36530	21.65	宁德
804.00	105.00	5.00		327.00	28734	26884	13.10	福安

5-6 续 8

城市名称 Name of Gities	综合生产能力(万立方米/日) Integrated Production Capacity (10,000m³/Day)	地下水 Underground Water	供水管道长度(公里) Length of Water Supply Pipelines (km)	供水总量(万立方米) 合计 Total	售水量 小计 Subtotal	生产运营用水 The Quantity of Water for Production and Operation	公共服务用水 The Quantity of Water for Public Service
福鼎	6.00		115.00	1400.00	1113.00	105.00	2.60
江西	**366.20**	**5.40**	**6776.67**	**82401.49**	**61101.60**	**13478.75**	**11277.97**
南昌	120.50		2009.80	29456.00	22568.20	4109.30	5916.30
景德镇	27.50		343.68	6892.28	3283.66	1050.23	269.49
乐平	4.10	2.10	84.00	634.00	375.00	4.00	70.00
萍乡	22.90	1.50	412.00	4646.00	4375.00	1389.00	360.00
九江	34.00		381.56	8396.00	5102.00	1486.00	727.00
瑞昌	1.60	1.60	60.00	844.00	643.00	77.00	13.00
新余	12.50		200.00	3881.00	3295.00	910.00	520.00
鹰潭	10.00		88.53	1769.00	1313.00	521.00	156.00
贵溪	3.10		140.00	1010.00	575.00	65.00	50.00
赣州	27.00		1008.83	5881.11	4812.90	1023.20	694.70
瑞金	3.00		48.20	1434.00	1378.00	628.00	305.00
南康	10.00		213.10	890.99	822.99	395.17	51.94
吉安	21.00		363.70	2760.00	2002.00	319.00	615.00
井冈山	3.50	0.20	60.60	219.20	198.00	2.00	108.00
宜春	11.00		356.36	2904.00	2352.00	460.00	190.00
丰城	6.00		200.79	2214.00	2159.90	37.20	86.40
樟树	6.00		47.72	1156.31	865.25	259.83	94.36
高安	4.50		115.24	985.00	880.00	240.00	100.00
抚州	21.00		280.56	2970.50	2141.60	312.90	387.60
上饶	14.00		229.00	2853.10	1589.10	111.92	514.18
德兴	3.00		133.00	605.00	370.00	78.00	49.00
山东	**1125.44**	**422.07**	**26342.86**	**195846.33**	**166650.10**	**61465.68**	**24255.01**
济南	157.00	65.00	1520.00	27833.43	20833.43	1985.50	1659.95
章丘	16.00	16.00	203.00	3270.00	2660.00	1252.00	100.00
青岛	131.12	5.20	4073.13	30412.06	25332.78	10426.03	3529.83
胶州	10.00	2.50	398.00	1448.00	1172.00	454.00	129.00
即墨	15.00	1.00	460.00	3175.00	2944.00	901.00	83.00
平度	6.90	4.90	364.00	1946.00	1615.00	364.00	93.00
胶南	16.00	3.00	244.30	2894.00	2458.70	1294.10	289.20
莱西	12.00		390.38	1936.20	1706.00	596.00	184.00
淄博	85.00	65.50	1252.84	11942.21	10173.14	5770.32	606.59
枣庄	31.51	22.46	821.74	4755.87	3682.64	986.03	293.77
滕州	8.00	8.00	569.00	2610.00	1847.00	880.00	320.00
东营	106.50	2.00	2498.40	13374.74	10960.16	4935.29	1695.94
烟台	67.00	21.50	2228.10	8230.25	7770.76	2553.98	2410.25

Total Quantity of Water Supply(10,000m³)					用水户数（户）		用水人口（万人）	城市名称
Water sold		免费供水量		漏损水量		家庭用户		
居民家族用水 The Quantity of Water for Household Use	消防及其他用水 The Quantity of Water for Fire Control and Other Purposes	The Quantity of Free Water	生活用水 Domestic Water	The Lossed Water	Households Supplied (unit)	Families Supplied	Population Supplied (10,000 persons)	Name of Cities
756.00	249.40			287.00	31154	29519	13.50	福鼎
33865.94	**2478.94**	**3173.98**	**418.49**	**18125.91**	**1306801**	**1026743**	**644.90**	江西
11295.20	1247.40	200.00	50.00	6687.80	329989	284180	197.06	南昌
1963.94		1304.00		2304.62	51591	46142	43.00	景德镇
292.00	9.00	69.00	9.00	190.00	18070		11.76	乐平
2420.00	206.00	205.00		66.00	117365	9612	32.10	萍乡
2755.00	134.00	240.00		3054.00	94953	83667	50.20	九江
553.00		18.00		183.00	29800	28700	9.03	瑞昌
1688.00	177.00	335.00	195.00	251.00	82160	75387	30.10	新余
621.00	15.00	102.00	100.00	354.00	36376	28150	13.90	鹰潭
400.00	60.00	35.00		400.00	40537	18837	10.70	贵溪
2761.10	333.90	44.80	0.49	1023.41	77049	65284	50.50	赣州
378.00	67.00	36.00		20.00	38683	37909	23.00	瑞金
369.33	6.55			68.00	24711	17297	14.80	南康
1027.00	41.00	168.00		590.00	71064	61692	23.21	吉安
80.00	8.00	10.00		11.20	7060	6200	1.74	井冈山
1655.00	47.00	59.00	59.00	493.00	89799	76436	26.30	宜春
1987.70	48.60	43.10		11.00	46174	43117	19.57	丰城
508.17	2.89	0.08		290.98	11001	10272	13.62	樟树
540.00				105.00			13.30	高安
1414.50	26.60	100.00		728.90	67558	65743	34.94	抚州
937.00	26.00	200.00		1064.00	54997	53918	20.07	上饶
220.00	23.00	5.00	5.00	230.00	17864	14200	6.00	德兴
75802.60	**5126.81**	**10553.46**	**896.43**	**18642.77**	**4649628**	**4284523**	**2299.90**	山东
17000.00	187.98	6000.00		1000.00	504000	503900	333.00	济南
1288.00	20.00	500.00		110.00	71205	70392	22.08	章丘
10772.92	604.00	704.88		4374.40	627130	617119	263.69	青岛
479.00	110.00	10.00	9.00	266.00	71690	68713	22.04	胶州
1956.00	4.00			231.00	25012	20850	37.31	即墨
1121.00	37.00	52.00		279.00	70044	69128	24.94	平度
846.80	28.60	40.00		395.30	91763	90833	29.10	胶南
856.00	70.00	16.20	0.45	214.00	66900	66880	25.49	莱西
3669.23	127.00	94.98	55.23	1674.09	298605	268522	128.50	淄博
2398.65	4.19	351.28	39.48	721.95	71684	65607	69.04	枣庄
437.00	210.00	60.00		703.00	31215	27282	30.67	滕州
2598.35	1730.58	605.08		1809.50	207000	200864	61.14	东营
2793.63	12.90	256.00		203.49	443127	427176	126.17	烟台

5-6 续 9

城市名称 Name of Gities	综合生产能力(万立方米/日) Integrated Production Capacity (10,000m³/Day)	地下水 Underground Water	供水管道长度(公里) Length of Water Supply Pipelines (km)	供水总量(万立方米) 合 计 Total	售水量 小 计 Subtotal	生产运营用水 The Quantity of Water for Production and Operation	公共服务用水 The Quantity of Water for Public Service
龙 口	14.00	6.00	220.00	1096.00	1025.00	173.00	86.00
莱 阳	9.00	4.00	253.90	1077.90	966.90	430.80	185.20
莱 州	7.50	1.00	480.00	1012.19	904.00	205.00	259.00
蓬 莱	4.10	1.80	226.20	795.70	716.00	358.00	117.00
招 远	4.50	2.00	228.00	1005.87	925.87	429.00	149.87
栖 霞	3.00		82.20	289.70	255.50	30.15	76.13
海 阳	3.90	3.90	187.00	661.20	638.00	70.00	65.00
潍 坊	34.20	9.00	214.50	6384.86	5634.36	1921.31	969.78
青 州	9.70	7.70	307.00	790.00	765.00	201.00	270.00
诸 城	8.00		169.00	2716.10	2640.00	1438.00	104.00
寿 光	7.00	7.00	164.00	1105.01	961.10	211.37	211.69
安 丘	11.00	7.00	170.00	853.50	741.00	162.00	45.00
高 密	6.50	1.50	125.00	2065.30	1900.90	1400.00	53.80
昌 邑	8.00	8.00	74.16	1084.00	966.00	376.00	38.00
济 宁	24.00	24.00	506.00	4016.00	2938.00	1148.00	340.00
曲 阜	5.00		220.00	1729.00	1592.00	700.00	500.00
兖 州	5.00	5.00	240.00	838.00	698.00	27.00	235.00
邹 城	6.60	6.60	116.00	3276.40	2726.40	1958.00	108.20
泰 安	24.00	10.00	370.70	5726.00	4884.00	1340.00	1782.00
新 泰	13.10		555.00	2100.00	2045.00	330.00	206.00
肥 城	4.60	4.60	97.30	1235.00	1035.00	310.00	190.00
威 海	21.00	1.00	1032.00	4683.00	3984.00	2028.00	873.00
文 登	10.00	0.90	388.80	1802.00	1673.00	635.00	346.00
荣 成	12.00		373.33	1044.00	981.00	187.00	315.00
乳 山	9.40	3.00	420.30	887.51	785.51	269.90	109.90
日 照	28.50	11.00	982.21	5480.73	4942.53	3025.10	886.21
莱 芜	21.80	10.80	320.00	4998.00	4524.50	2272.00	142.00
临 沂	38.50	14.50	536.00	7253.70	6358.52	2330.60	1422.00
德 州	16.30	10.00	578.00	2917.00	2772.00	1146.00	206.00
乐 陵	5.50	5.50	9.00	1397.00	1380.00	950.00	200.00
禹 城	14.00	14.00	123.00	1691.00	1626.00	1160.00	40.00
聊 城	14.71	14.71	541.60	2171.00	2053.00	235.00	465.00
临 清	6.00	6.00	183.00	950.00	930.00	120.00	380.00
滨 州	33.50		665.77	3640.90	3366.40	1263.20	281.70
菏 泽	19.50	4.50	161.00	3245.00	3160.00	227.00	1202.00
河 南	**695.17**	**288.51**	**12748.65**	**106502.08**	**84298.16**	**26259.69**	**13507.71**
郑 州	116.00	43.00	2162.00	24626.00	19497.00	5617.00	3482.00
巩 义	6.00	2.50	130.50	623.59	604.59	108.00	53.20

5-6 continued 9

Total Quantity of Water Supply(10,000m^3)					用水户数（户） Households Supplied (unit)		用水人口（万人） Population Supplied (10,000 persons)	城市名称 Name of Cities
Water sold		免费供水量 The Quantity of Free Water		漏损水量 The Lossed Water		家庭用户 Families Supplied		
居民家族用水 The Quantity of Water for Household Use	消防及其他用水 The Quantity of Water for Fire Control and Other Purposes		生活用水 Domestic Water					
762.00	4.00	8.00		63.00	84832	72889	23.28	龙口
350.30	0.60	13.00		98.00	48990	48422	23.10	莱阳
400.00	40.00	0.19		108.00	98672	72456	26.00	莱州
237.00	4.00	3.00		76.70	49621	46741	14.50	蓬莱
347.00		20.00		60.00	50575	48046	14.90	招远
126.14	23.08	8.00	1.20	26.20	25300	19294	7.85	栖霞
485.00	18.00	2.20		21.00	55080	51280	15.70	海阳
2186.04	557.23	0.05	0.04	750.45	102881	99195	118.80	潍坊
294.00		15.00	8.00	10.00	12781	12101	21.00	青州
1024.00	74.00	76.00		0.10	12000	11680	32.00	诸城
538.04		40.40		103.51	581	377	18.33	寿光
519.00	15.00	5.50		107.00	58103	56303	20.21	安丘
428.30	18.80			164.40	11884	10770	21.20	高密
525.00	27.00	20.00		98.00	2326	857	9.40	昌邑
1450.00		204.00		874.00	88974	77259	43.20	济宁
390.00	2.00			137.00	37400	34056	15.50	曲阜
433.00	3.00			140.00	32726	23440	16.00	兖州
660.20				550.00	6618	4965	17.20	邹城
1726.00	36.00	180.00		662.00	69437		51.30	泰安
1385.00	124.00	5.00		50.00	61780		39.34	新泰
510.00	25.00	50.00		150.00	29183	28700	12.20	肥城
1064.00	19.00	36.00		663.00	145896	131988	48.69	威海
568.00	124.00	26.00		103.00	85275	82665	27.68	文登
462.00	17.00	15.00		48.00	50671	49744	25.40	荣成
369.60	36.11	21.00		81.00	43978	43467	13.12	乳山
955.60	75.62	21.20		517.00	171274	170166	51.05	日照
2110.00	0.50	202.00	200.00	271.50	90245	89370	45.21	莱芜
2282.30	323.62	680.50	583.03	214.68	185260	173959	111.67	临沂
1420.00				145.00	126002	122610	42.19	德州
50.00	180.00	10.00		7.00	69580	48200	17.65	乐陵
420.00	6.00			65.00	26918	26918	10.80	禹城
1342.00	11.00	15.00		103.00	90000	89000	48.78	聊城
350.00	80.00	10.00		10.00	24000	23000	17.60	临清
1752.50	69.00	156.00		118.50	15160	11589	52.40	滨州
1664.00	67.00	20.00		65.00	6250	5750	53.48	菏泽
39985.91	**4544.85**	**2156.19**	**1160.08**	**20047.73**	**2367986**	**2110879**	**1350.54**	河南
10112.00	286.00	458.00	458.00	4671.00	460436	371982	266.09	郑州
312.00	131.39	19.00			50968	50586	16.70	巩义

5-6 续 10

城市名称 Name of Gities	综合生产能力（万立方米/日） Integrated Production Capacity (10,000m³/Day)	地下水 Underground Water	供水管道长度（公里） Length of Water Supply Pipelines (km)	供水总量(万立方米) 合 计 Total	售水量 小 计 Subtotal	生产运营用水 The Quantity of Water for Production and Operation	公共服务用水 The Quantity of Water for Public Service
荥　阳	2.20	2.20	150.00	400.00	395.00	110.00	35.00
新　密	7.00	6.00	176.00	789.00	728.00	64.00	169.00
新　郑	1.50	1.50	170.00	411.00	293.00		91.00
登　封	3.20	0.20	75.00	460.00	423.00	101.00	162.00
开　封	57.50	7.50	892.08	5997.73	3942.34	1771.70	282.13
洛　阳	76.00	64.00	1136.60	12807.02	11005.02	3923.84	2128.00
偃　师	6.50	6.50	130.00	588.00	567.00	120.00	55.00
平顶山	50.60		457.00	5650.27	5650.27	2998.26	220.50
舞　钢	1.10	1.00	67.00	200.00	164.00	5.00	14.00
汝　州	1.20	1.20	220.83	549.80	350.90	32.70	37.70
安　阳	42.00	32.00	608.00	4118.00	3222.00	608.00	612.00
林　州	4.00	1.00	123.00	694.00	682.00	150.00	72.00
鹤　壁	15.65	0.65	186.99	2031.69	1527.17	244.34	167.99
新　乡	44.00	11.00	505.89	5572.70	4383.66	951.84	646.24
卫　辉	3.00		100.00	1022.00	716.00	137.00	101.00
辉　县	5.00	5.00	195.00	451.00	291.00		31.00
焦　作	29.50	24.70	541.66	4301.46	2728.00	702.00	364.00
沁　阳	1.60	1.60	89.95	585.80	441.10	43.10	25.00
孟　州	7.30		91.00	255.00	218.00	90.00	2.00
濮　阳	12.20	3.20	93.00	2425.00	2425.00	1400.00	300.00
许　昌	15.00	5.00	208.00	2302.00	1664.00	443.00	356.00
禹　州	5.20	0.20	114.00	1231.00	1171.00	96.00	24.00
长　葛	3.00	3.00	73.00	949.00	589.00	142.00	70.00
漯　河	17.40	2.73	313.00	4435.00	3037.00	820.00	943.00
三门峡	12.50	4.00	134.25	1544.00	1145.00	215.00	143.00
义　马	13.30	2.30	34.00	1069.50	972.50	860.00	35.00
灵　宝	4.00	4.00	76.50	750.00	610.00	130.00	125.00
南　阳	31.92	25.48	606.06	4354.68	3336.00	1448.93	420.00
邓　州	2.50	2.50	456.60	615.00	615.00	80.00	145.00
商　丘	31.80	4.05	311.00	3700.00	3080.00	764.00	733.00
永　城	1.50	1.50	153.00	337.00	271.00	8.00	32.00
信　阳	26.00		1114.10	3453.00	2262.50	198.70	1042.30
周　口	14.00	7.00	227.45	1698.84	798.11	18.28	65.65
项　城	4.00	4.00	163.60	1572.00	1448.00	705.00	63.00
驻马店	12.00		230.00	2788.00	2170.00	1063.00	60.00
济　源	8.00	8.00	232.59	1144.00	875.00	90.00	200.00
湖　北	**1060.86**	**10.00**	**17453.97**	**206894.36**	**163313.76**	**36651.03**	**32313.05**
武　汉	386.00		8208.00	88742.00	66995.00	12773.00	18154.00

5-6 continued 10

Total Quantity of Water Supply (10,000m³) Water sold 居民家族用水 The Quantity of Water for Household Use	消防及其他用水 The Quantity of Water for Fire Control and Other Purposes	免费供水量 The Quantity of Free Water	生活用水 Domestic Water	漏损水量 The Lossed Water	用水户数（户） Households Supplied (unit)	家庭用户 Families Supplied	用水人口（万人） Population Supplied (10,000 persons)	城市名称 Name of Cities
245.00	5.00	5.00			29216	24555	12.34	荥阳
456.00	39.00			61.00	27259	20769	11.21	新密
202.00				118.00	14830	13046	12.50	新郑
134.00	26.00	7.00		30.00	21302	18574	9.03	登封
1330.54	557.97	365.00		1690.39	93811	81265	80.06	开封
4734.77	218.41			1802.00	162067	139274	122.10	洛阳
330.00	62.00	21.00			3054	2405	9.10	偃师
2431.51					82225	76574	62.50	平顶山
140.00	5.00	1.00		35.00	6800	6800	2.83	舞钢
278.00	2.50	5.40		193.50	27120	26214	17.60	汝州
1524.00	478.00			896.00	90316	84506	61.50	安阳
460.00				12.00	27220	25700	10.60	林州
1069.02	45.82	192.08	192.08	312.44	49403	41188	28.80	鹤壁
1914.47	871.11			1189.04	118349	110468	70.00	新乡
418.00	60.00	8.00		298.00	20000		9.60	卫辉
216.00	44.00			160.00	26226	25553	9.50	辉县
1401.00	261.00	31.46		1542.00	81459	76419	71.27	焦作
276.00	97.00	6.00		138.70	10181		12.20	沁阳
126.00		1.00		36.00	20173	18639	7.20	孟州
625.00	100.00				49003	45900	22.20	濮阳
775.00	90.00	24.00		614.00	70615	63040	35.79	许昌
1020.00	31.00			60.00	50288	49960	23.00	禹州
216.00	161.00	150.00	150.00	210.00	38348	33523	12.70	长葛
1131.00	143.00	260.00	230.00	1138.00	125570	122435	34.60	漯河
665.00	122.00			399.00	62700	61400	24.50	三门峡
74.00	3.50	1.00		96.00	1320	596	5.50	义马
300.00	55.00	50.00		90.00	39867	39810	10.73	灵宝
1367.07	100.00	178.89	130.00	839.79	95710	93021	59.57	南阳
280.00	110.00				30250	29710	13.60	邓州
1583.00				620.00	81000	71000	73.00	商丘
226.00	5.00	6.00		60.00	18910	18220	7.32	永城
995.10	26.40			1190.50	60210	59487	41.40	信阳
544.43	169.75	131.36		769.37	51625	47887	20.30	周口
618.00	62.00	45.00		79.00	43802	42100	21.60	项城
871.00	176.00			618.00	71410	63437	20.30	驻马店
585.00		190.00		79.00	54943	54836	21.70	济源
90396.30	**3953.38**	**12396.40**	**298.40**	**31184.20**	**3927351**	**3654753**	**1417.09**	**湖北**
36068.00		9519.00		12228.00	1639061	1574327	514.40	武汉

城市名称 Name of Cities	综合生产能力（万立方米/日） Integrated Production Capacity (10,000m³/Day)		供水管道长度（公里） Length of Water Supply Pipelines (km)	供水总量（万立方米）			
					售水量		
		地下水 Underground Water		合 计 Total	小 计 Subtotal	生产运营用水 The Quantity of Water for Production and Operation	公共服务用水 The Quantity of Water for Public Service
黄　石	48.00		443.00	7717.36	6867.62	2246.90	964.51
大　冶	12.00		122.00	2000.00	1560.00	350.00	250.00
十　堰	14.50		197.00	3736.00	2975.00	628.00	862.00
丹江口	19.20		166.84	2588.00	2087.00	263.00	155.00
宜　昌	68.50		769.89	9479.00	8200.00	395.00	2868.00
宜　都	11.40		173.00	1648.00	1435.00	817.00	99.00
当　阳	15.10		151.00	1010.00	987.00	198.00	79.00
枝　江	6.00		125.00	1657.60	1451.60	854.00	467.40
襄　樊	89.50		572.87	11980.36	8840.36	2190.69	1330.77
老河口	17.00		206.00	1293.00	1180.00	385.00	45.00
枣　阳	11.00		126.00	1616.00	1220.00	136.00	91.00
宜　城	5.00		88.00	1264.00	1108.00	81.00	77.00
鄂　州	18.00		328.00	4222.63	3490.22	224.22	350.00
荆　门	20.00	3.00	315.00	3250.00	2692.00	302.00	640.00
钟　祥	10.00		119.00	2017.00	1970.00	360.00	160.00
孝　感	8.00		255.00	1984.00	1947.00	500.00	182.00
应　城	5.00		104.00	1722.00	1585.00	310.00	118.00
安　陆	5.00		110.00	1671.00	1540.00	537.00	325.00
汉　川	7.20		155.00	2603.00	2422.00	466.00	128.00
荆　州	71.50		1072.07	10883.87	5771.22	1548.50	1161.08
石　首	10.00		91.52	1400.00	700.00	42.58	157.49
洪　湖	15.00		747.00	5171.50	4285.00	1145.00	410.00
松　滋	5.00		239.00	937.00	570.00	50.00	25.00
黄　冈	23.00		217.10	3820.00	3770.00	891.00	799.00
麻　城	9.50	6.00	274.04	2675.50	2628.50	1075.00	240.50
武　穴	10.20		120.36	2998.00	2964.00	1672.00	402.00
咸　宁	18.00		154.00	3580.00	2380.00	660.00	260.00
赤　壁	20.00		109.00	3280.00	1880.00	386.00	341.00
随　州	28.00		283.00	3031.00	2406.00	800.00	74.00
广　水	6.56		165.80	2245.70	2057.40	798.00	16.30
恩　施	10.00		209.00	2326.00	1431.00	213.00	276.00
利　川	6.70		80.00	951.00	926.00	216.00	67.00
仙　桃	24.00	1.00	336.00	4451.00	4261.00	1400.00	175.00
潜　江	12.00		524.68	3953.84	3741.84	769.14	283.00
天　门	15.00		96.80	2989.00	2989.00	968.00	280.00
湖　南	**776.55**	**19.64**	**10142.79**	**147532.10**	**116333.32**	**26436.01**	**18292.57**
长　沙	167.00		1659.70	38877.02	36577.04	4998.31	7810.98
浏　阳	7.50	1.50	155.00	1350.00	1128.00	159.00	239.00

Total Quantity of Water Supply(10,000m³)					用水户数（户） Households Supplied (unit)		用水人口（万人） Population Supplied (10,000 persons)	城市名称 Name of Cities
Water sold		免费供水量 The Quantity of Free Water		漏损水量 The Lossed Water		家庭用户 Families Supplied		
居民家族用水 The Quantity of Water for Household Use	消防及其他用水 The Quantity of Water for Fire Control and Other Purposes		生活用水 Domestic Water					
3328.91	327.30	115.82		733.92	104105	99051	61.00	黄石
900.00	60.00			440.00	34050	30600	29.30	大冶
1452.00	33.00			761.00	62726	58155	18.36	十堰
1189.00	480.00	21.00		480.00	47600	45598	13.50	丹江口
4862.00	75.00	436.00	38.00	843.00	135261	121734	61.00	宜昌
512.00	7.00			213.00	24015	23081	9.00	宜都
689.00	21.00	10.00	1.00	13.00	75689	75689	18.00	当阳
130.20		2.00	2.00	204.00	25366	22766	10.75	枝江
4646.53	672.37			3140.00	29343		68.90	襄樊
710.00	40.00	38.00		75.00	48263	47521	18.45	老河口
923.00	70.00	154.00	154.00	242.00	25819	25149	21.03	枣阳
916.00	34.00	18.00	8.00	138.00	32686	31832	14.12	宜城
2916.00		49.40	49.40	683.01	115266	115066	33.30	鄂州
1602.00	148.00	30.00		528.00	129175	111132	29.88	荆门
1390.00	60.00	21.00		26.00	59417	58010	19.78	钟祥
1225.00	40.00	15.00	10.00	22.00	73912	72513	24.35	孝感
1152.00	5.00	12.00	6.00	125.00	32102	31108	10.95	应城
660.00	18.00	16.00	10.00	115.00	24103	22315	10.92	安陆
1798.00	30.00	25.00	15.00	156.00	92956	92612	32.66	汉川
3061.64		164.88		4947.77	84150	78539	66.54	荆州
449.35	50.58	10.00		690.00	35800	35150	14.60	石首
2631.00	99.00			886.50	113775	86645	33.00	洪湖
475.00	20.00	67.00		300.00	31199	30866	10.80	松滋
1859.00	221.00	31.00		19.00	84310	81292	27.30	黄冈
1248.97	64.03	43.00		4.00	58161	53998	20.20	麻城
870.00	20.00	30.00		4.00	58822	58105	20.80	武穴
1410.00	50.00	600.00		600.00	87200	80000	26.50	咸宁
1108.00	45.00	400.00		1000.00	72841	71418	19.80	赤壁
1450.00	82.00	185.00		440.00	40000	36000	29.80	随州
1217.00	26.10	5.30		183.00	52468	52468	15.80	广水
932.00	10.00	15.00	5.00	880.00	83000	72000	18.00	恩施
627.00	16.00	13.00		12.00	65229	13400	16.00	利川
2456.00	230.00	150.00		40.00	88303	87655	26.00	仙桃
2611.70	78.00	200.00		12.00	90078	88958	26.10	潜江
920.00	821.00				71100	70000	25.20	天门
65494.40	**6110.34**	**9493.60**	**465.49**	**21705.18**	**2218455**	**1933497**	**972.89**	**湖南**
22954.86	812.89	1487.38	87.20	812.60	662878	653222	224.55	长沙
652.00	78.00	20.00		202.00	31455	24116	19.00	浏阳

5-6 续 12

城市名称 Name of Cities	综合生产能力（万立方米/日） Integrated Production Capacity (10,000m³/Day)	地下水 Underground Water	供水管道长度（公里） Length of Water Supply Pipelines (km)	供水总量(万立方米) 合　计 Total	售水量 小　计 Subtotal	生产运营用水 The Quantity of Water for Production and Operation	公共服务用水 The Quantity of Water for Public Service
株　洲	125.00		737.52	17070.88	14126.00	6406.28	2594.81
醴　陵	6.00		328.00	1200.00	977.00	179.00	
湘　潭	42.50	1.50	595.14	7051.44	4766.18	1085.09	1464.45
湘　乡	4.00		323.00	673.00	620.00	136.00	295.00
韶　山	5.00	3.40	108.00	530.78	453.70	160.00	71.50
衡　阳	67.00		650.29	12562.75	7242.20	1743.43	873.33
耒　阳	5.20	0.30	73.00	1825.00	1725.00	100.00	75.00
常　宁	4.00	0.94	55.00	1390.00	1120.00	240.00	77.00
邵　阳	37.50		508.00	8557.00	5875.00	1656.00	788.00
武　冈	5.70		173.00	2077.40	2054.40	77.40	431.00
岳　阳	43.00		536.50	7340.06	5447.20	998.50	70.50
汨　罗	3.00		76.00	500.00	450.00	22.00	45.00
临　湘	5.20		139.50	1193.00	510.00	55.00	4.00
常　德	40.00		792.42	8180.17	5602.50	2062.00	87.00
津　市	5.00		105.00	650.00	523.00	97.00	38.00
张家界	14.50		349.00	2488.00	2223.00	735.00	386.00
益　阳	36.00		221.00	4264.00	3525.00	746.00	414.00
沅　江	3.00	3.00	65.00	747.00	739.00	30.00	39.00
郴　州	40.25	6.50	405.60	6801.00	4674.00	1637.00	467.00
资　兴	5.00		160.00	687.80	618.00	155.00	4.00
永　州	30.50		678.02	9018.00	5867.00	1581.00	382.00
怀　化	25.20		220.00	3765.00	2855.00	205.00	200.00
洪　江	3.00		22.00	230.00	208.00	35.00	43.00
娄　底	18.00		221.00	2861.00	2380.00	204.00	382.00
冷水江	11.00		152.10	1668.80	1360.10	353.00	59.00
涟　源	5.50	2.50	202.00	1080.00	704.00	45.00	120.00
吉　首	12.00		432.00	2893.00	1983.00	535.00	832.00
广　东	**3185.12**	**50.04**	**65443.82**	**802344.60**	**694085.80**	**244654.39**	**89415.99**
广　州	668.74	0.04	13750.44	178808.63	147749.45	39798.66	32571.63
增　城	15.00		310.01	8723.00	8268.00	4143.00	1231.00
从　化	12.00		461.65	2241.74	2051.12	704.36	339.27
韶　关	36.50	30.00	984.00	5235.00	5216.00	1091.00	203.00
乐　昌	5.00		118.10	735.00	735.00	37.00	74.00
南　雄	5.00		56.10	537.00	506.00	138.00	27.00
深　圳	623.62		15170.62	156104.73	134238.93	61015.95	11080.95
珠　海	82.56		2481.00	30331.00	25457.00	11065.00	4861.00
汕　头	131.20		2006.00	29682.00	23882.00	7795.00	2235.00
佛　山	263.00		4547.11	67703.37	63419.87	14692.76	7029.63

Total Quantity of Water Supply(10,000m³)					用水户数（户） Households Supplied (unit)		用水人口（万人） Population Supplied (10,000 persons)	城市名称 Name of Cities
Water sold		免费供水量 The Quantity of Free Water		漏损水量 The Lossed Water		家庭用户 Families Supplied		
居民家族用水 The Quantity of Water for Household Use	消防及其他用水 The Quantity of Water for Fire Control and Other Purposes		生活用水 Domestic Water					
5124.91		2091.34		853.54	91108	82195	59.00	株洲
720.00	78.00	62.00		161.00	29504	28645	16.00	醴陵
1800.00	416.64	37.42	36.50	2247.84	94905	82243	54.00	湘潭
137.00	52.00	45.00		8.00	7100	5500	8.60	湘乡
194.00	28.20	73.10	40.00	3.98	9859	6912	4.71	韶山
2479.63	2145.81	2568.00	57.79	2752.55	169328	136536	76.50	衡阳
1500.00	50.00			100.00	23949	21280	30.00	耒阳
690.00	113.00	200.00		70.00	36750	36000	14.00	常宁
3289.00	142.00	35.00		2647.00	145867	111918	55.08	邵阳
1230.00	316.00	15.00		8.00	45986	38335	23.00	武冈
4271.90	106.30	201.36	78.00	1691.50	189813	121552	51.97	岳阳
373.00	10.00			50.00	6000		8.50	汨罗
431.00	20.00	20.00		663.00	14110	13069	11.30	临湘
3218.00	235.50	279.00		2298.67	208341	190340	57.60	常德
367.00	21.00	23.00	6.00	104.00	14761	14271	11.15	津市
1055.00	47.00			265.00	47437	43585	19.80	张家界
1871.00	494.00	80.00		659.00	30107	27728	36.00	益阳
650.00	20.00			8.00	22000	16750	13.00	沅江
2337.00	233.00	320.00	12.00	1807.00	75200	56000	32.40	郴州
459.00		32.00	10.00	37.80	28000	27740	8.80	资兴
3472.00	432.00	739.00	6.00	2412.00	93806	91185	43.13	永州
2400.00	50.00	600.00	100.00	310.00	11500		26.00	怀化
112.00	18.00	11.00		11.00	7455	6200	3.00	洪江
1763.00	31.00			481.00	49800	46000	26.40	娄底
836.10	112.00	20.00	12.00	288.70	27369	26104	12.60	冷水江
512.00	27.00			376.00	19500	18700	9.80	涟源
595.00	21.00	534.00	20.00	376.00	24567	7371	17.00	吉首
285622.09	**74393.33**	**7567.93**	**147.95**	**100690.87**	**7060647**	**5644607**	**4346.56**	广东
73933.35	1445.81	4647.51		26411.67	1202495	1075466	1040.54	广州
864.00	2030.00	18.00		437.00	47995	41099	24.00	增城
945.73	61.76			190.62	21687	18182	16.00	从化
2982.00	940.00	19.00			56057	47834	54.90	韶关
512.00	112.00				34358	19482	10.00	乐昌
341.00		11.00	11.00	20.00	25310	23240	8.10	南雄
57558.44	4583.59	670.55	71.25	21195.25	885318	729564	724.98	深圳
9169.00	362.00	63.00	24.00	4811.00	398996	353935	96.05	珠海
13639.00	213.00	240.00		5560.00	411124	355572	220.50	汕头
15061.20	26636.28	61.06		4222.44	550007	434023	194.81	佛山

城市名称 Name of Gities	综合生产能力（万立方米/日） Integrated Production Capacity (10,000m³/Day)	地下水 Underground Water	供水管道长度（公里） Length of Water Supply Pipelines (km)	供水总量（万立方米） 合　计 Total	售水量 小　计 Subtotal	生产运营用水 The Quantity of Water for Production and Operation	公共服务用水 The Quantity of Water for Public Service
江　门	91.50		1389.00	21259.00	18630.00	7014.60	2860.50
台　山	12.00		428.00	3166.60	2862.60	937.20	226.80
开　平	27.00		363.00	3920.00	3250.00	1060.00	480.00
鹤　山	17.00		328.00	3414.00	2890.00	437.00	244.00
恩　平	6.00		890.00	1286.00	1094.00	82.00	303.00
湛　江	40.00	20.00	426.00	8313.61	7169.61	2392.34	1026.30
廉　江	4.70		961.00	1110.00	1110.00	72.00	212.00
雷　州	5.00		83.36	698.00	576.00	60.00	56.00
吴　川	6.00		220.00	1141.00	1061.00	110.00	236.00
茂　名	34.60		442.51	5348.17	4463.68	510.97	1342.34
高　州	6.00		182.00	2970.00	2660.00	210.00	180.00
化　州	5.50		116.90	2215.40	1932.00	195.00	382.00
信　宜	5.00		188.00	1690.00	1560.00	250.00	230.00
肇　庆	40.60		835.47	8870.00	7634.31	2747.40	1853.71
高　要	9.00		2.00	1877.00	1731.00	430.00	329.00
四　会	15.00		72.00	3358.00	2484.00	874.00	485.00
惠　州	79.00		1215.16	18596.25	15183.63	5281.87	2239.59
梅　州	22.00		762.00	4519.00	3534.00	400.00	530.00
兴　宁	8.20		460.90	1688.00	1342.00	118.00	53.00
汕　尾	16.50		424.00	2856.00	1756.00	351.00	123.00
陆　丰	9.00		1174.51	1598.10	1568.10	436.00	211.00
河　源			568.50	4113.00	3431.00	1425.00	247.00
阳　江	26.00		382.00	3769.00	3769.00	349.00	862.00
阳　春			103.00	1390.00	960.00	46.00	155.00
清　远	16.00		919.00	5442.00	4481.00	774.00	442.00
英　德	3.00		91.00	882.00	882.00	463.00	68.00
连　州	6.00		40.00	719.00	719.00	209.00	41.00
东　莞	638.40		9257.52	174180.80	155829.50	70554.78	12586.77
中　山	90.00		1034.00	11592.20	10543.00	4607.00	924.00
潮　州	29.00		382.00	4300.00	3440.00	895.00	
揭　阳	28.00		437.30	5858.00	4640.00	424.50	201.50

Total Quantity of Water Supply(10,000m³)					用水户数（户） Households Supplied (unit)		用水人口（万人） Population Supplied (10,000 persons)	城市名称 Name of Cities
Water sold		免费供水量 The Quantity of Free Water		漏损水量 The Lossed Water		家庭用户 Families Supplied		
居民家族用水 The Quantity of Water for Household Use	消防及其他用水 The Quantity of Water for Fire Control and Other Purposes		生活用水 Domestic Water					
6696.50	2058.40	129.00	3.00	2500.00	425167	135932	113.92	江门
1246.60	452.00	28.00		276.00	79103	55663	19.59	台山
1710.00				670.00	99850	87000	23.85	开平
1023.00	1186.00			524.00	71877	25974	18.71	鹤山
709.00				192.00	40490	37020	15.80	恩平
3715.77	35.20			1144.00	46243	40976	127.00	湛江
745.00	81.00				22928	22625	16.87	廉江
450.00	10.00	7.00		115.00	21000	20646	8.30	雷州
715.00		80.00			35200	34200	13.50	吴川
2570.37	40.00	75.00		809.49	133408	121224	46.55	茂名
1960.00	310.00			310.00	75660	65000	30.65	高州
1320.00	35.00	3.40		280.00	74100	71640	27.40	化州
950.00	130.00	100.00	11.00	30.00	54000	44800	22.64	信宜
2946.80	86.40	30.00	3.00	1205.69	151085	133309	49.81	肇庆
597.00	375.00	16.00		130.00	29229	28895	13.97	高要
935.00	190.00	14.00		860.00	73176	61437	21.76	四会
5684.72	1977.45	52.49		3360.13	145832	114071	105.50	惠州
2083.00	521.00	253.00		732.00	143000	110584	31.00	梅州
726.00	445.00	48.00	3.00	298.00	52930	44792	15.90	兴宁
1229.00	53.00	410.00		690.00	56910	53714	22.63	汕尾
891.00	30.1.00	30.00			39527	35120	20.00	陆丰
1024.00	735.00			682.00	66425	55346	17.23	河源
2320.00	238.00				91756	80686	35.00	阳江
672.00	87.00			430.00	44500	42400	15.30	阳春
1631.00	1634.00			961.00	93552	78206	45.00	清远
334.00	17.00				31200	31200	12.00	英德
367.00	102.00				22109	19987	8.00	连州
47916.51	24771.44	133.72	4.70	18217.58	631459	400690	792.28	东莞
4704.00	308.00	18.20	17.00	1031.00	184233	161686	70.17	中山
2545.00				860.00			38.62	潮州
2015.10	1998.90	210.00		1008.00	120685	70453	73.00	揭阳

5-6 续 14

城市名称 Name of Cities	综合生产能力（万立方米/日） Integrated Production Capacity (10,000m³/Day)	地下水 Underground Water	供水管道长度（公里） Length of Water Supply Pipelines (km)	供水总量(万立方米) 合 计 Total	售水量 小 计 Subtotal	生产运营用水 The Quantity of Water for Production and Operation	公共服务用水 The Quantity of Water for Public Service
普　宁	23.50		262.23	5300.00	5300.00		
云　浮	10.00		880.43	2123.00	1716.00	457.00	353.00
罗　定	13.00		238.00	2680.00	2360.00		280.00
广　西	**405.28**	**52.00**	**8971.68**	**87146.53**	**75215.14**	**15680.79**	**16361.15**
南　宁	119.00	5.00	1693.67	27648.70	24226.52	4532.55	6506.69
柳　州	45.50		1202.39	12418.11	9909.69	2388.62	2119.39
桂　林	44.00		828.58	9630.13	8576.24	1581.68	2341.82
梧　州	35.50		315.52	4718.42	4157.66	996.69	1181.62
岑　溪	4.20		80.90	700.80	570.00	22.00	80.00
北　海	32.86	32.86	798.58	3613.36	3176.96	558.77	912.64
防城港	15.00		283.00	2401.00	1828.00	557.00	126.00
东　兴	2.00		84.00	915.00	754.00	1.00	4.00
钦　州	12.50		556.55	2897.34	2475.79	912.72	212.00
贵　港	10.22	0.22	676.00	3125.00	2301.00	315.90	507.40
桂　平	5.00		107.00	860.00	860.00	84.00	236.00
玉　林	17.00		492.30	4255.00	3625.00	564.00	1304.00
北　流	4.50		154.00	1619.00	1551.00	365.00	60.00
百　色	10.00		254.00	2675.00	2257.00	295.00	209.00
贺　州	9.10		407.99	1311.00	1311.00	236.00	110.00
河　池	15.00	13.50	237.22	3872.00	3732.00	1870.00	124.00
宜　州	6.00		143.00	1538.00	1246.00	138.00	110.00
来　宾	9.20		373.32	1414.80	1179.00		49.00
合　山	1.00		32.00	150.00	148.00	7.00	20.00
崇　左	2.00	0.22	133.00	1060.04	1006.45	226.00	86.00
凭　祥	5.70	0.20	118.66	323.83	323.83	28.86	61.59
海　南	**143.10**	**30.00**	**2546.68**	**25981.61**	**22392.81**	**2133.94**	**3825.84**
海　口	77.00	28.00	813.45	14858.21	12692.71	1344.04	2544.74
三　亚	23.50		500.47	6104.90	5108.10	331.90	193.10
五指山	3.00		71.00	377.00	346.00	2.00	42.00

Total Quantity of Water Supply(10,000m³) Water sold 居民家族用水 The Quantity of Water for Household Use	消防及其他用水 The Quantity of Water for Fire Control and Other Purposes	免费供水量 The Quantity of Free Water	生活用水 Domestic Water	漏损水量 The Lossed Water	用水户数（户） Households Supplied (unit)	家庭用户 Families Supplied	用水人口（万人） Population Supplied (10,000 persons)	城市名称 Name of Cities
5300.00					142641	142641	43.65	普宁
904.00	2.00			407.00	47021	37493	16.10	云浮
1980.00	100.00	200.00		120.00	81004	80800	24.98	罗定
41480.08	**1693.12**	**906.49**	**26.87**	**11024.90**	**1084325**	**1007518**	**655.75**	**广西**
13187.28		287.62		3134.56	178746	168687	184.85	南宁
5401.68		10.27	6.27	2498.15	166555	153871	91.13	柳州
4345.96	306.78	50.00		1003.89	165516	156450	60.20	桂林
1979.35		70.00		490.76	101612	96457	33.76	梧州
468.00		0.80		130.00	14000	13020	11.20	岑溪
1639.21	66.34	151.00	0.30	285.40	65753	61527	32.20	北海
863.00	282.00			573.00	45377	43188	14.16	防城港
404.00	345.00	8.00	5.00	153.00	11434	7543	5.50	东兴
1351.07		0.80	0.30	420.75	36849	35506	21.40	钦州
1219.70	258.00	230.00		594.00	51051	47435	35.44	贵港
538.00	2.00				31400	28350	14.66	桂平
1665.00	92.00	53.00		577.00	52260	42363	45.21	玉林
1086.00	40.00	10.00		58.00	21779	21649	17.87	北流
1753.00				418.00	13428	12686	16.00	百色
867.00	98.00				32422	27730	12.05	贺州
1602.00	136.00	14.00	14.00	126.00	18380	14709	19.96	河池
977.00	21.00	21.00		271.00	13395	12805	10.99	宜州
1130.00				235.80	38600	38300	9.69	来宾
121.00				2.00	4540	4440	1.91	合山
648.45	46.00			53.59	13482	13357	11.68	崇左
233.38					7746	7445	5.89	凭祥
11788.53	**4644.50**	**220.72**		**3368.08**	**198320**	**98139**	**160.40**	**海南**
7202.33	1601.60	211.72		1953.78	88366		30.90	海口
1637.20	2945.90			996.80	10324	7508	25.00	三亚
296.00	6.00			31.00	13250	13035	5.00	五指山

5-6 续 15

城市名称 Name of Cities	综合生产能力（万立方米/日）Integrated Production Capacity ($10,000m^3$/day)		供水管道长度（公里）Length of Water Supply Pipelines (km)	供水总量（万立方米）			
				合 计 Total	售水量		
		地下水 Underground Water			小 计 Subtotal	生产运营用水 The Quantity of Water for Production and Operation	公共服务用水 The Quantity of Water for Public Service
琼 海	4.80		342.00	1353.00	1245.00	92.00	399.00
儋 州	15.00	2.00	140.00	838.00	837.00	29.00	177.00
文 昌	4.80		98.50	1071.50	1060.00	275.00	315.00
万 宁	5.00		559.80	602.00	327.00	25.00	81.00
东 方	10.00		21.46	777.00	777.00	35.00	74.00
重 庆	**313.14**	**1.29**	**6133.65**	**56657.87**	**51451.55**	**12660.26**	**6308.05**
四 川	**552.50**	**76.98**	**13009.00**	**117982.34**	**101159.55**	**18265.06**	**21261.22**
成 都	166.70	8.70	3743.72	46796.97	39462.11	5125.35	11693.06
都 江 堰	10.60	6.40	346.15	2106.50	1722.00	142.00	136.00
彭 州	9.00		299.00	1535.00	1345.00	255.00	77.00
邛 崃	6.80	5.00	265.60	751.00	643.00	48.00	75.00
崇 州	4.70	4.70	152.00	663.00	577.00	56.00	54.00
自 贡	32.00		1255.00	4663.00	3812.00	1384.00	368.00
攀 枝 花	22.70		608.74	5136.31	4696.83	1288.73	977.36
泸 州	18.10	0.80	266.77	3783.00	2966.00	687.00	
德 阳	16.00	10.00	254.00	2429.80	2106.80	267.00	544.50
广 汉	10.56	10.56	170.20	1568.20	1164.80	144.00	248.80
什 邡	4.10	4.10	223.95	1383.00	1069.00	365.00	110.00
绵 竹	5.20	5.20	116.00	455.00	386.00	31.00	145.00
绵 阳	29.70	5.82	987.47	5522.77	4969.09	889.82	944.34
江 油	9.00	0.20	123.00	1251.00	951.00	31.00	144.00
广 元	12.60	11.50	224.80	1777.70	1330.25	21.44	285.78
遂 宁	15.22		292.30	2148.00	2058.00	262.00	277.00
内 江	15.90		305.00	2081.99	1844.49	289.63	424.82
乐 山	25.92	1.40	822.90	4238.38	3561.95	628.09	234.56
峨 眉 山	5.00		118.00	839.00	598.00	14.00	103.00
南 充	24.00		377.00	6675.00	6360.00	1300.00	1600.00
阆 中	10.60		260.00	1892.00	1762.00	438.00	430.00
眉 山	5.00		146.00	1358.00	1098.00	158.00	162.00
宜 宾	22.00		173.00	3614.00	3283.00	1766.00	565.00
广 安	5.50		130.00	2330.00	2261.00	535.00	210.00
华 蓥	1.60		107.00	630.00	582.00	105.00	82.00
达 州	11.30		308.00	2824.00	2354.00	188.00	211.00
万 源	2.50	2.50	102.00	441.50	378.50	69.00	32.00
雅 安	9.10	0.10	122.00	1572.00	1058.00	141.00	162.00
巴 中	8.00		151.00	2096.00	2031.00	575.00	291.00

Total Quantity of Water Supply(10,000m³) Water sold 居民家族用水 The Quantity of Water for Household Use	消防及其他用水 The Quantity of Water for Fire Control and Other Purposes	免费供水 The Quantity of Free Water	生活用水 Dowestic Water	漏损水量 The Lossed Water	用水户数（户） Households Supplied (unit)	家庭用户 Families Supplied	用水人口（万人） Population Supplied (10,000 persons)	城市名称 Name of Cities
746.00	8.00			108.00	23004	18724	12.00	琼　海
558.00	73.00	1.00			29750	28000	12.00	儋　州
460.00	10.00	8.00		3.50	12500	10739	8.50	文　昌
221.00				275.00	11161	11031	8.00	万　宁
668.00					9965	9102	9.00	东　方
30106.16	**2377.08**	**625.34**	**92.00**	**4580.98**	**1391271**	**1118892**	**683.56**	**重　庆**
57432.82	**4200.45**	**2137.30**	**436.00**	**14685.49**	**2212195**	**1994778**	**1104.17**	**四　川**
22492.70	151.00	346.93	300.00	6987.93	419400	388663	358.19	成　都
1408.00	36.00	101.00		283.50	66358	51692	21.31	都江堰
806.00	207.00			190.00	53066	49585	14.58	彭　州
439.00	81.00	2.00		106.00	26060	25970	8.53	邛　崃
370.00	97.00	29.00		57.00	13126	13010	11.30	崇　州
1937.00	123.00	87.00		764.00	186452	175966	53.00	自　贡
2430.74		27.54		411.94	46062	39865	43.96	攀枝花
1868.00	411.00	15.00	12.00	802.00	154900	133822	46.74	泸　州
1236.10	59.20			323.00	105515	103904	29.28	德　阳
570.00	202.00	62.00		341.40	32737	15903	9.81	广　汉
321.00	273.00	133.00		181.00	23955	23929	7.08	什　邡
206.00	4.00	1.00		68.00	22014	19222	5.43	绵　竹
2957.09	177.84	14.47		539.21	144039	137951	59.44	绵　阳
776.00				300.00	66870	64722	19.48	江　油
992.21	30.82	60.99		386.46	14376	12842	25.54	广　元
1496.00	23.00	33.00		57.00	35955	31195	36.72	遂　宁
1079.64	50.40			237.50	38490	25288	24.85	内　江
2208.34	490.96	133.37		543.06	109908	98904	41.06	乐　山
447.00	34.00	70.00		171.00	48077	34716	9.72	峨眉山
3110.00	350.00	5.00		310.00	19720	19720	67.00	南　充
826.00	68.00	5.00		125.00	70510	70510	20.52	阆　中
538.00	240.00			260.00	54120	44000	15.60	眉　山
907.00	45.00			331.00	52261	52261	16.41	宜　宾
1000.00	516.00	69.00			40437	33111	21.00	广　安
380.00	15.00	8.00		40.00	23170	22300	7.10	华　蓥
1718.00	237.00	470.00			110044	104599	28.56	达　州
241.00	36.50			63.00	20083	19278	6.52	万　源
755.00		260.00		254.00	30732	24926	22.34	雅　安
1095.00	70.00	4.00	4.00	61.00	75820	70250	22.50	巴　中

5-6 续 16

城市名称 Name of Cities	综合生产能力(万立方米/日) Integrated Production Capacity (10,000m³/day)	地下水 Underground Water	供水管道长度(公里) Length of Water Supply Pipelines (km)	供水总量(万立方米) 合 计 Total	售水量 小 计 Subtotal	生产运营用水 The Quantity of Water for Production and Operation	公共服务用水 The Quantity of Water for Public Service
资阳	18.70		277.13	2515.72	2049.73	523.00	401.00
简阳	2.20		125.70	679.50	674.00	55.00	32.00
西昌	12.20		155.57	2225.00	2005.00	483.00	241.00
贵州	**227.20**	**7.60**	**4275.83**	**38900.00**	**30527.25**	**5290.85**	**3071.90**
贵阳	116.00	2.50	2000.40	20775.80	14433.00	2414.00	1801.00
清镇	2.00		83.00	400.00	389.00	67.00	38.00
六盘水	10.00		192.73	2186.00	1663.00	331.00	428.00
遵义	23.40		276.00	6265.00	6200.00	1097.00	11.00
赤水	3.00		58.00	334.00	324.00	75.00	57.00
仁怀	2.40		76.00	559.00	559.00	89.00	33.00
安顺	8.80	1.50	117.00	1147.35	1112.35	203.35	75.00
铜仁	13.50		90.60	1117.00	931.00	150.00	209.00
兴义	12.50		280.00	1564.30	1364.00	320.00	93.20
毕节	14.90		358.90	1277.50	830.50	89.50	59.00
凯里	8.20	2.30	476.50	1489.05	1176.40	88.00	9.70
都匀	10.80	0.80	202.00	1066.00	897.00	140.00	249.00
福泉	1.70	0.50	64.70	719.00	648.00	227.00	9.00
云南	**275.88**	**9.90**	**6019.24**	**48520.47**	**39121.06**	**6676.52**	**6854.37**
昆明	158.00	4.30	3027.10	25139.10	19338.10	2682.20	3763.80
安宁	10.00		160.00	1895.00	1895.00	770.00	325.00
曲靖	18.00		258.53	4699.00	2842.00	569.00	898.00
宣威	4.00	1.00	80.80	561.00	437.00	45.00	10.00
玉溪	11.30		212.20	1749.30	1709.00	407.00	318.00
保山	6.00		186.00	1124.00	1089.00	360.00	90.00
昭通	3.58	0.50	204.70	1313.00	1006.00	226.00	103.00
丽江	6.50		90.00	1009.00	1009.00	490.00	87.00
普洱	3.50		176.00	851.00	740.00	12.00	185.00
临沧	2.80		219.50	533.85	500.00	35.00	17.00
楚雄	10.30		530.32	1859.00	1515.00	172.00	208.00
个旧	7.10	3.30	257.00	1371.10	1185.00	225.00	75.80
开远	4.00		86.50	748.00	651.00	88.00	16.00
景洪	7.00		116.00	1845.00	1415.00	115.00	245.00
大理	15.50	0.50	198.40	2659.87	2659.87	311.00	405.00
瑞丽	4.00		126.19	607.25	574.09	66.32	107.77
潞西	4.30	0.30	90.00	556.00	556.00	103.00	

Total Quantity of Water Supply(10,000m³)					用水户数（户） Households Supplied (unit)		用水人口（万人） Population Supplied (10 000 persons)	城市名称 Name of Cities
Water sold		免费供水 The Quantity of Free Water		漏损水量 The Lossed Water		家庭用户 Families Supplied		
居民家族用水 The Quantity of Water for Household Use	消防及其他用水 The Quantity of Water for Fire Control and Other Purposes		生活用水 Dowestic Water					
1042.00	83.73	116.00	116.00	349.99	18220	15000	18.10	资阳
580.00	7.00	4.00	4.00	1.50	19000	16150	11.60	简阳
1200.00	81.00	80.00		140.00	70718	55524	20.90	西昌
20432.90	**1731.60**	**1278.10**	**35.10**	**7094.65**	**680803**	**630788**	**414.16**	**贵州**
9348.50	869.50	1015.80		5327.00	303181	285973	172.68	贵阳
284.00				11.00	10600	8936	7.00	清镇
873.00	31.00			523.00	83059	77909	22.60	六盘水
4982.00	110.00	6.00		59.00	23010	19733	66.00	遵义
172.00	20.00	10.00			18500	16004	7.02	赤水
421.00	16.00				14121	13167	8.50	仁怀
784.00	50.00			35.00	17594	12854	31.20	安顺
538.00	34.00	50.00	34.00	136.00	25063	24011	15.00	铜仁
912.00	38.80	80.00		120.30	71300	69709	23.00	兴义
395.00	287.00	102.00		345.00	21338	18920	18.30	毕节
848.40	230.30	1.30	1.10	311.35	58361	51193	19.60	凯里
486.00	22.00			169.00	11611	9442	16.80	都匀
389.00	23.00	13.00		58.00	23065	22937	6.46	福泉
21302.77	**4287.40**	**518.12**	**121.65**	**8881.29**	**812033**	**666277**	**550.96**	**云南**
9904.20	2987.90			5801.00	474544	369114	304.50	昆明
645.00	155.00				42447	42447	13.80	安宁
1296.00	79.00			1857.00	11986	10385	31.98	曲靖
352.00	30.00	70.00		54.00	34375	30293	11.00	宣威
906.00	78.00	5.30	3.70	35.00	9104	6860	18.20	玉溪
455.00	184.00	23.00		12.00	9876		14.00	保山
665.00	12.00			307.00	53000	51468	22.28	昭通
340.00	92.00				29850	22300	9.90	丽江
518.00	25.00			111.00	13000	12000	13.00	普洱
420.00	28.00	17.85	1.85	16.00	8025	7935	8.30	临沧
1127.00	8.00	1.00		343.00	10125	8999	21.00	楚雄
845.20	39.00	11.10	11.10	175.00	5003	2579	17.39	个旧
537.00	10.00	5.00	5.00	92.00	44221	44111	9.65	开远
1047.00	8.00	360.00	100.00	70.00	41200	40897	12.77	景洪
1485.37	458.50				13098	11644	31.09	大理
400.00		24.87		8.29	6991	5245	5.10	瑞丽
360.00	93.00				5188		7.00	潞西

城市名称 Name of Cities	综合生产能力（万立方米/日） Integrated Production Capacity (10,000m³/day)	地下水 Underground Water	供水管道长度（公里） Length of Water Supply Pipelines (km)	供水总量（万立方米） 合 计 Total	售水量 小 计 Subtotal	生产运营用水 The Quantity of Water for Production and Operation	公共服务用水 The Quantity of Water for Public Service
西　藏	**19.26**	**19.26**	**644.79**	**6590.74**	**5027.71**	**1562.00**	**1246.24**
拉　萨	19.26	19.26	594.45	5570.00	4107.00	1562.00	1042.00
日喀则			50.34	1020.74	920.71		204.14
陕　西	**325.23**	**143.63**	**4171.50**	**59575.23**	**51497.79**	**12745.51**	**14822.91**
西　安	172.60	45.60	1849.80	32256.00	27755.30	5264.80	8525.33
铜　川	11.40	2.30	309.80	1088.00	874.50	87.60	254.00
宝　鸡	20.00	3.00	559.57	3314.00	2892.80	635.52	702.79
咸　阳	58.58	58.58	313.19	11375.02	10584.45	5239.68	2497.79
兴　平	1.50	1.50	30.01	287.40	237.00	6.87	15.40
渭　南	7.50	3.50	165.33	1617.09	949.39	131.78	260.19
韩　城	5.00	2.00	71.30	523.00	442.00	2.30	76.50
华　阴	5.45	5.45	59.00	377.00	302.00	42.00	59.00
延　安	5.50		133.00	1343.72	1078.35	30.96	417.91
汉　中	11.00	11.00	244.00	1935.00	1432.00	29.00	604.00
榆　林	9.50	4.50	257.00	798.00	798.00	137.00	361.00
安　康	11.00		109.00	3609.00	3189.00	978.00	852.00
商　洛	6.20	6.20	70.50	1052.00	963.00	160.00	197.00
甘　肃	**293.07**	**95.24**	**3205.39**	**40090.07**	**36819.07**	**14877.77**	**6023.48**
兰　州	139.30	10.00	697.67	21769.87	20090.00	9929.19	2839.89
嘉峪关	42.89	31.65	115.00	1445.42	726.89	133.99	271.17
金　昌	10.00		213.40	1010.80	1010.80	186.00	107.00
白　银	28.00	0.09	279.00	2185.00	2117.00	457.00	667.00
天　水	9.00	9.00	182.00	3591.64	3591.64	1060.00	837.04
武　威	10.00	10.00	187.50	1760.00	1491.00	344.00	293.00
张　掖	10.00	10.00	159.70	1153.00	1003.00	160.00	50.00
平　凉	5.00	5.00	257.00	1399.80	1327.80	520.00	280.00
酒　泉	7.70	7.20	166.10	1240.00	1240.00	460.00	210.00
玉　门	6.30	3.00	239.00	1412.00	1342.00	1062.00	60.00
敦　煌	7.00		268.00	632.00	582.00	115.00	150.00
庆　阳	5.38	1.80	98.29	1041.00	1006.00	120.00	98.00
定　西	5.00	5.00	148.03	397.54	364.94	77.59	46.38
陇　南	1.00	1.00	57.20	205.00	164.00	21.00	32.00
临　夏	5.00		80.00	503.00	449.00	72.00	59.00
合　作	1.50	1.50	57.50	344.00	313.00	160.00	23.00

Total Quantity of Water Supply (10,000m³)					用水户数（户） Households Supplied (unit)		用水人口（万人） Population Supplied (10,000 persons)	城市名称 Name of Cities
Water sold		免费供水 The Quantity of Free Water		漏损水量 The Lossed Water		家庭用户 Families Supplied		
居民家族用水 The Quantity of Water for Household Use	消防及其他用水 The Quantity of Water for Fire Control and Other Purposes		生活用水 Dowestic Water					
1176.07	**1043.50**	**925.00**	**430.00**	**638.03**	**25838**	**24337**	**30.50**	**西　藏**
1074.00	429.00	925.00	430.00	538.00	25838	24337	23.00	拉　萨
102.07	614.50			100.03			7.50	日喀则
22415.41	**1513.96**	**673.60**	**72.44**	**7403.84**	**581857**	**334506**	**666.37**	**陕　西**
13658.17	307.00	106.30	32.00	4394.40	61785	50854	322.79	西　安
439.60	93.30	38.00		175.50	11630	10637	34.80	铜　川
1412.79	141.70	25.20	14.44	396.00	5444	3928	49.77	宝　鸡
2529.06	317.92	59.00		731.57	272975	130202	77.00	咸　阳
147.20	67.53	8.40		42.00	5780	4964	4.90	兴　平
541.11	16.31	395.70		272.00	3842	3060	23.80	渭　南
197.00	166.20			81.00	9508	4724	12.11	韩　城
197.00	4.00	9.00	9.00	66.00	12510	9410	7.20	华　阴
629.48				265.37	10528	9582	23.50	延　安
749.00	50.00	32.00	17.00	471.00	24235	21202	42.00	汉　中
300.00					24451	22943	30.00	榆　林
1009.00	350.00			420.00	113619	42900	26.00	安　康
606.00				89.00	25550	20100	12.50	商　洛
15052.30	**865.52**	**377.17**	**77.00**	**2893.83**	**503646**	**417940**	**436.78**	**甘　肃**
7298.92	22.00	40.77		1639.10	16043	11961	190.33	兰　州
124.66	197.07	174.40	77.00	544.13	27399	23759	8.53	嘉峪关
549.00	168.80				20212	19852	10.00	金　昌
957.00	36.00	45.00		23.00	28500	22150	16.10	白　银
1684.00	10.60				26533		52.03	天　水
854.00		9.00		260.00	56000	52300	21.50	武　威
773.00	20.00	50.00		100.00	44000	42690	15.00	张　掖
518.00	9.80	42.00		30.00	54792	54082	23.10	平　凉
470.00	100.00				89600	80000	26.30	酒　泉
220.00				70.00	20800	20000	6.30	玉　门
251.00	66.00			50.00	25950	25100	9.70	敦　煌
720.00	68.00	5.00		30.00	33440	32006	17.80	庆　阳
125.72	115.25			32.60	21718	20725	15.54	定　西
82.00	29.00			41.00	2254	2065	6.85	陇　南
305.00	13.00			54.00	24571		13.20	临　夏
120.00	10.00	11.00		20.00	11834	11250	4.50	合　作

城市名称 Name of Cities	综合生产能力（万立方米/日） Integrated Production Capacity (10,000m³/day)	地下水 Underground Water	供水管道长度（公里） Length of Water Supply Pipelines (km)	供水总量（万立方米）			
					售水量		
				合 计 Total	小 计 Subtotal	生产运营用水 The Quantity of Water for Production and Operation	公共服务用水 The Quantity of Water for Public Service
青 海	**52.50**	**52.50**	**1112.38**	**8446.00**	**6787.00**	**1286.00**	**1031.00**
西 宁	36.00	36.00	756.98	6312.00	5010.00	619.00	831.00
格 尔 木	10.00	10.00	217.55	1390.00	1143.00	442.00	115.00
德 令 哈	6.50	6.50	137.85	744.00	634.00	225.00	85.00
宁 夏	**64.70**	**53.80**	**1360.60**	**12413.15**	**11577.80**	**3022.20**	**2852.40**
银 川	29.00	29.00	645.00	6027.00	5578.00	364.00	1912.00
灵 武	2.00		96.00	175.35	144.00	19.00	35.00
石 嘴 山	16.00	8.00	172.00	2540.00	2540.00	1527.00	264.00
吴 忠	8.00	8.00	143.20	2286.00	2079.00	785.00	452.00
青 铜 峡	3.40	3.40	67.00	563.80	488.80	59.00	47.60
固 原	2.10	1.20	148.00	461.00	451.00	108.00	130.00
中 卫	4.20	4.20	89.40	360.00	297.00	160.20	11.80
新 疆	**277.72**	**155.94**	**4708.09**	**53981.42**	**44566.07**	**10641.55**	**7425.63**
乌鲁木齐	112.30	65.94	1097.30	27274.58	22155.58	5832.12	2947.69
克拉玛依	62.33	6.50	882.30	7314.25	6709.60	3503.53	1556.84
吐 鲁 番	6.00	6.00	35.00	862.00	850.00	35.00	353.00
哈 密	5.00	5.00	111.00	980.00	726.00	204.00	157.00
昌 吉	5.00		6.00	1155.00	906.00	64.00	76.00
阜 康	1.50	1.50	0.30	250.00	210.00	5.00	35.00
博 乐	1.49		102.00	416.00	379.00	35.00	24.00
库 尔 勒	20.00	20.00	222.59	3425.00	2807.10	62.00	240.00
阿 克 苏	10.00	10.00	260.75	1573.00	1263.00	66.00	128.00
阿 图 什	2.70	2.70	41.00	422.00	391.00	7.30	32.00
喀 什	7.60	7.60	168.20	1854.00	1615.00		165.00
和 田	5.50	5.50	162.00	816.00	771.00	7.00	89.00
伊 宁	9.80		397.70	2089.00	1391.00	156.00	550.00
奎 屯	5.30	5.30	156.48	1186.63	872.91	121.92	280.83
乌 苏	3.20	3.20	180.00	591.00	466.00	65.00	74.00
塔 城	1.90	1.90	157.00	317.00	275.00	22.00	128.00
阿 勒 泰	1.80		143.00	373.00	359.00	26.00	27.00
石 河 子	13.80	13.80	351.17	2270.40	1646.64	362.68	307.82
阿 拉 尔			125.00	357.06	318.24	28.00	52.45
图木舒克	1.50		36.00	134.00	134.00	28.00	15.00
五 家 渠	1.00	1.00	73.30	321.50	320.00	11.00	187.00

Total Quantity of Water Supply(10,000m^3)					用水户数（户） Households Supplied (unit)		用水人口（万人） Population Supplied (10,000 persons)	城市名称 Name of Cities
Water sold		免费供水 The Quantity of Free Water		漏损水量 The Lossed Water		家庭用户 Families Supplied		
居民家族用水 The Quantity of Water for Household Use	消防及其他用水 The Quantity of Water for Fire Control and Other Purposes		生活用水 Dowestic Water					
3664.00	**806.00**	**276.00**	**248.00**	**1383.00**	**58258**	**50294**	**87.90**	**青海**
3000.00	560.00	276.00	248.00	1026.00	17921	13694	74.26	西宁
429.00	157.00			247.00	26987	26260	8.57	格尔木
235.00	89.00			110.00	13350	10340	5.07	德令哈
5147.00	**556.20**	**130.50**	**32.80**	**704.85**	**302583**	**259498**	**141.53**	**宁夏**
3263.00	39.00			449.00	188491	179554	76.00	银川
90.00		12.50		18.85	10983	9600	4.60	灵武
535.00	214.00				28560	23375	15.00	石嘴山
650.00	192.00	115.00	32.80	92.00	38596	19298	14.30	吴忠
336.00	46.20	3.00		72.00	16208	12497	6.31	青铜峡
168.00	45.00			10.00	2745	2420	14.72	固原
105.00	20.00			63.00	17000	12754	10.60	中卫
20961.31	**5537.58**	**2649.09**	**161.40**	**6766.26**	**1165598**	**1073009**	**490.41**	**新疆**
11249.89	2125.88	1812.00		3307.00	390590	385022	220.50	乌鲁木齐
998.23	651.00	1.44		603.21	83506	79968	33.56	克拉玛依
295.00	167.00			12.00	14354	13050	4.80	吐鲁番
365.00				254.00	42720	41824	13.82	哈密
624.00	142.00			249.00	50601	50000	17.25	昌吉
130.00	40.00			40.00	12000	11600	3.50	阜康
200.00	120.00	6.00	6.00	31.00	28100	15000	11.05	博乐
1299.60	1205.50	22.90	22.90	595.00	80548	77000	22.59	库尔勒
894.00	175.00	189.00		121.00	86000	85648	26.00	阿克苏
338.00	13.70			31.00	16353	16303	5.40	阿图什
1127.00	323.00	239.00			65835	64775	25.91	喀什
664.00	11.00	7.00		38.00	24722	24101	11.00	和田
679.00	6.00	100.00		598.00	40509	37455	28.24	伊宁
470.16		132.00	132.00	181.72	42900	38000	12.75	奎屯
253.00	74.00			125.00	22732	22200	8.00	乌苏
93.00	32.00			42.00	16300	15353	6.00	塔城
304.00	2.00	14.00			20470	19208	6.50	阿勒泰
560.64	415.50	124.75		499.01	62293	57714	21.61	石河子
209.79	28.00			38.82	44000		5.88	阿拉尔
85.00	6.00				4530	2709	1.41	图木舒克
122.00		1.00	0.50	0.50	16535	16079	4.64	五家渠

5-7 2007年按城市分列的城市供水(自建设施供水)

城市名称 Name of Cities	综合生产能力(万立方米/日) Integrated Production Capacity ($100,000m^3/day$)	地下水 Underground Water	供水管道长度(公里) Length of Water Supply Pipelines(km)	供水总量(万立方米) 合计 Total	生产运营用水 The Quantity of Water for Production and Operation
全　　国	**7053.94**	**3277.73**	**47841.68**	**1147509.29**	**835217.99**
北　　京	**1295.90**	**1295.90**	**8865.00**	**50557.40**	**17806.80**
天　　津	**73.22**	**12.32**	**295.37**	**17654.10**	**12092.46**
河　　北	**267.14**	**244.54**	**2765.50**	**57274.23**	**42958.87**
石 家 庄	24.78	24.78	21.50	7329.00	7122.00
辛　　集	17.00	17.00	32.00	2323.00	1763.00
藁　　城	5.00	5.00	20.00	760.00	590.00
晋　　州	4.00	4.00	10.00	872.00	830.00
鹿　　泉	0.90	0.90	52.00	345.00	231.00
唐　　山	20.10	20.10	272.00	3164.00	2471.00
遵　　化	10.00	10.00	16.00	866.00	170.00
迁　　安	10.20	10.20	15.00	2920.00	2750.00
秦 皇 岛	2.70	1.70	145.00	999.00	999.00
邯　　郸	40.10	18.50	494.00	12467.00	11310.00
武　　安	1.50	1.50	80.00	275.00	213.00
邢　　台	27.30	27.30	121.00	4371.30	2768.84
南　　宫	1.00	1.00	30.00	190.00	90.00
沙　　河	3.30	3.30	16.00	658.00	260.00
保　　定	3.04	3.04		1100.00	
涿　　州	24.90	24.90	85.00	2406.00	1544.00
定　　州	6.00	6.00	20.00	711.00	320.00
安　　国	12.60	12.60	19.00	800.00	537.00
高 碑 店	1.10	1.10	30.00	250.00	215.00
张 家 口	10.70	10.70	9.00	3464.00	3352.00
承　　德	6.32	6.32	65.00	2304.63	1716.03
沧　　州	3.00	3.00	120.00	560.00	400.00
泊　　头	1.00	1.00	22.00	380.00	258.00
任　　丘	3.60	3.60	249.00	1235.00	430.00
黄　　骅	1.20	1.20	7.00	116.90	114.00
河　　间	1.30	1.30	43.00	306.00	159.00
廊　　坊	8.00	8.00	344.00	1800.00	500.00
霸　　州	1.20	1.20	109.00	125.00	27.00
三　　河	2.30	2.30	147.00	1951.30	600.00
衡　　水	5.20	5.20	45.00	1342.00	718.00
冀　　州	1.50	1.50	59.00	372.10	161.00
深　　州	6.30	6.30	68.00	511.00	340.00

5-7 Urban Water Supply by City(Suppliers with Self-Built Facilities)(2007)

Total Quantity of Water Supply(10,000m³)			用水户数（户） Households Supplied (unit)		用水人口（万人） Population Supplied (10,000 persons)	城市名称 Name of Cities
公共服务用水 The Quantity of Water for Public Service	居民家庭用水 The Quantity of Water for Household Use	消防及其他用水 The Quantity of Water for Fire Control and Other Purposes		家庭用户 Families Supplied		
84088.07	**173864.65**	**54338.58**	**7445246**	**6445407**	**3000.44**	**全　国**
14384.60	**17389.60**	**976.40**	**1036572**	**1029536**	**532.40**	**北　京**
5067.36	**445.12**	**49.16**			**7.70**	**天　津**
3777.68	**9725.38**	**812.30**	**529441**	**465057**	**230.62**	**河　北**
5.40	195.70	5.90	9856	8500	9.78	石家庄
	560.00		26837	26516	6.98	辛　集
	170.00		20679	17316	5.98	藁　城
12.00	30.00		560	45	1.30	晋　州
8.00	106.00		10200	8150	3.07	鹿　泉
196.00	497.00		18451	8826	6.76	唐　山
260.00	406.00	30.00	20500	20343	6.51	遵　化
140.00	30.00		14100	10300	3.10	迁　安
						秦皇岛
466.00	529.00	162.00	31990	26328	32.65	邯　郸
62.00			20		1.50	武　安
951.92	650.54		29043	26346	12.43	邢　台
16.00	80.00	4.00	2200	1800	2.20	南　宫
78.00	320.00		4540	4440	0.60	沙　河
226.00	865.00	9.00			20.69	保　定
159.00	703.00		44900	42600	16.90	涿　州
143.00	240.00	8.00	25389	23276	9.48	定　州
46.00	210.00	7.00	9545	8920	3.80	安　国
	35.00		9000	8900	3.00	高碑店
28.00	72.00	12.00	4120	4050	2.00	张家口
184.36	404.24		30269	28300	10.53	承　德
70.00	90.00		9656	9111	3.50	沧　州
	122.00		17400	15200	3.80	泊　头
135.00	650.00	20.00	79000	71570	21.25	任　丘
	2.90		796	496	0.16	黄　骅
25.00	110.00	12.00	14963	7610	5.40	河　间
100.00	1200.00		19540	19030	9.20	廊　坊
18.00	75.00	5.00	12289	11889	3.40	霸　州
339.00	500.00	512.30	17501	11000	7.00	三　河
	603.00	21.00	4300	3500	2.00	衡　水
87.00	121.00	3.10	21797	20695	7.65	冀　州
22.00	148.00	1.00	20000	20000	8.00	深　州

城市名称 Name of Cities	综合生产能力（万立方米/日） Integrated Production Capacity (100,000m^3/day)	地下水 Underground Water	供水管道长度（公里） Length of Water Supply Pipelines(km)	供水总量（万立方米） 合计 Total	生产运营用水 The Quantity of Water for Production and Operation
山　　西	**148.94**	**62.56**	**1478.00**	**33496.31**	**18413.92**
太　　原				8916.00	3566.00
古　　交	2.40	1.10		830.12	520.31
大　　同	14.30	14.30	512.00	4843.00	2435.00
阳　　泉	1.31	1.30	483.00	3057.71	1864.73
长　　治	17.00	12.70	198.00	4783.00	3348.00
潞　　城	1.17			420.00	110.00
晋　　城				450.00	
朔　　州	80.00	14.91		3453.00	2920.00
晋　　中	3.50	3.50		1400.00	766.00
介　　休	4.20	4.20	60.00	860.00	250.00
运　　城	8.00		97.00	634.00	130.00
永　　济	2.01	2.01	53.00	735.00	531.00
河　　津				230.00	230.00
忻　　州	2.51			915.53	578.88
原　　平	2.80	2.80	43.00	788.35	610.00
临　　汾	4.00				
侯　　马	1.64	1.64		598.60	287.00
吕　　梁	3.80	3.80		480.00	212.00
汾　　阳	0.30	0.30	32.00	102.00	55.00
内 蒙 古	**67.60**	**65.66**	**693.00**	**15841.10**	**9440.70**
呼和浩特				1640.50	1350.70
包　　头	1.70	0.36	52.00	283.00	
乌　　海	19.20	18.60	378.00	5089.00	1700.00
赤　　峰	11.00	11.00	81.00	2713.20	1652.00
通　　辽	16.80	16.80	36.00	2400.00	1600.00
霍林郭勒	1.50	1.50	66.00	56.00	
呼伦贝尔	9.00	9.00	48.00	1477.00	1080.00
根　　河	2.80	2.80	24.00	159.40	81.00
丰　　镇	5.60	5.60	8.00	2023.00	1977.00
辽　　宁	**449.61**	**249.25**	**3078.70**	**111909.18**	**81165.61**
沈　　阳	15.00	15.00	61.00	3855.00	2769.00
新　　民	0.80	0.80	10.00	290.00	165.00
瓦 房 店	3.80	3.80	21.00	788.00	436.00
鞍　　山	112.00	82.50	258.00	34156.00	26286.00
海　　城	2.50	2.50	183.00	930.00	469.00
抚　　顺	19.30	3.50	45.60	6800.00	3000.00
本　　溪	105.00	10.90	170.00	27014.20	24362.00
丹　　东	17.50	1.10	342.00	2243.09	1177.00
凤　　城	6.10	6.10	55.00	1155.00	780.00

Total Quantity of Water Supply(10,000m³)			用水户数（户） Households Supplied (unit)		用水人口（万人） Population Supplied (10,000 persons)	城市名称 Name of Cities
公共服务用水 The Quantity of Water for Public Service	居民家庭用水 The Quantity of Water for Household Use	消防及其他用水 The Quantity of Water for Fire Control and Other Purposes		家庭用户 Families Supplied		
2595.21	**11749.02**	**738.16**	**294907**	**215899**	**180.50**	**山西**
	5350.00				38.00	太原
88.11	160.50	61.20			4.60	古交
	2206.00	202.00	181574	175562	40.23	大同
285.30	820.17	87.51	64	63	26.30	阳泉
814.00	621.00				6.90	长治
146.00	123.00	41.00				潞城
	450.00				2.50	晋城
238.00	245.00	50.00	18249	18180	7.55	朔州
250.00	300.00	84.00	27000		8.00	晋中
240.00	220.00	150.00	28000		8.50	介休
18.00	440.00	46.00	14736		20.50	运城
65.00	137.00	2.00	5620	3650	8.00	永济
						河津
157.00	167.20	12.45				忻州
150.80	25.55	2.00	1798	1770	0.70	原平
						临汾
58.00	253.60		8926	8534	3.12	侯马
65.00	203.00		4600	4000	2.80	吕梁
20.00	27.00		4340	4140	2.80	汾阳
2893.34	**2668.26**	**838.80**	**164831**	**152284**	**52.69**	**内蒙古**
78.94	202.86	8.00				呼和浩特
0.60	282.40		8812	8268	1.37	包头
1658.00	1241.00	490.00	84720	77212	29.40	乌海
336.00	604.00	121.20	37420	35604	11.31	赤峰
600.00		200.00	50			通辽
20.00	30.00	6.00	4680	4410	1.01	霍林郭勒
147.00	246.00	4.00	21714	20444	7.60	呼伦贝尔
42.80	26.00	9.60	4035	4021	1.20	根河
10.00	36.00		3400	2325	0.80	丰镇
10537.19	**9751.48**	**10454.90**	**490025**	**453172**	**168.27**	**辽宁**
319.00	329.00	438.00	1700		39.26	沈阳
72.00	53.00				0.60	新民
	172.00	180.00	1570	1200	0.30	瓦房店
1200.00	2492.00	4178.00	3904	3814	1.01	鞍山
120.00	252.00	89.00	38900	37100	11.20	海城
2900.00	900.00		8510	8400	2.50	抚顺
784.30	282.90	1585.00	42656	39049	12.70	本溪
139.69	786.40	140.00	5939	5572	1.46	丹东
155.00	180.00	40.00	28205	27908	8.25	凤城

5-7 续 2

城市名称 Name of Cities	综合生产能力（万立方米/日） Integrated Production Capacity (100,000m³/day)	地下水 Underground Water	供水管道长度（公里） Length of Water Supply Pipelines(km)	供水总量（万立方米） 合计 Total	生产运营用水 The Quantity of Water for Production and Operation
锦州	46.00	46.00	145.00	6908.00	5822.00
凌海	11.00	11.00	17.00	2740.00	2510.00
北镇	0.75	0.75	12.00	140.00	7.00
营口	2.30	2.30	17.00	150.00	49.00
大石桥	2.00	2.00	183.00	245.00	40.00
阜新	3.00	3.00	84.00	790.00	421.00
辽阳	62.10	18.90	463.00	12085.00	6014.00
灯塔	0.10		45.00	23.00	1.00
盘锦	18.73	18.73	315.00	5969.61	3484.61
铁岭	0.69	0.69	1.20	136.00	93.00
调兵山	4.80	3.54	287.50	1394.00	1076.00
开原	1.44	1.44	5.40	361.28	310.00
朝阳	9.80	9.80	143.00	1982.00	984.00
北票	0.10	0.10	5.00	30.00	
凌源	3.80	3.80	40.00	373.00	220.00
葫芦岛			150.00	900.00	600.00
兴城	1.00	1.00	20.00	451.00	90.00
吉林	**426.20**	**50.45**	**1462.50**	**28403.37**	**21488.30**
长春	3.56	2.67	260.00	1200.00	275.00
榆树	2.80	2.80	45.00	1175.00	398.00
德惠	4.05	4.05	134.00	1451.00	1158.00
吉林	360.50	3.00	160.00	17472.00	17001.00
桦甸	1.00	1.00	20.00	120.00	20.00
磐石	0.90	0.90	4.00	60.50	25.00
公主岭	13.44	8.44	234.00	1242.47	529.00
双辽	10.80	10.80		368.40	94.50
辽源	3.00			237.00	135.00
梅河口	1.50	1.50	27.00	621.00	390.00
集安	0.15	0.15		54.00	
白山	4.00	1.40	284.60	874.00	350.00
临江	1.00		25.00	209.00	22.00
白城	5.60	5.60	80.00	1621.00	459.00
洮南	1.50	1.50	61.10	210.00	25.00
大安	0.20	0.20	4.00	75.00	23.00
延吉	5.00	5.00		183.00	75.00
敦化	5.20	1.44	71.80	438.00	262.80
珲春	2.00		35.00	379.00	
龙井			17.00	413.00	246.00
黑龙江	**294.46**	**138.50**	**1368.48**	**72819.80**	**60974.67**
哈尔滨	53.16	44.90	160.00	9974.00	6608.00

Total Quantity of Water Supply($10,000m^3$)			用水户数（户）Households Supplied (unit)		用水人口（万人）Population Supplied (10,000 persons)	城市名称 Name of Cities
公共服务用水 The Quantity of Water for Public Service	居民家庭用水 The Quantity of Water for Household Use	消防及其他用水 The Quantity of Water for Fire Control and Other Purposes		家庭用户 Families Supplied		
755.00	331.00		30026	30000	9.20	锦　州
50.00	180.00		15520	15290	4.25	凌　海
11.00	109.00	13.00	1950	1950	0.66	北　镇
53.00	48.00		10000	6805	1.23	营　口
30.00	150.00	25.00	25000	20000	6.74	大石桥
300.00	69.00		6800	6700	2.00	阜　新
2220.00	847.00	3004.00	29800	24267	7.28	辽　阳
	22.00		8051	8041	2.88	灯　塔
1113.00	1372.00		128642	119798	28.34	盘　锦
22.00	20.00	1.00	11			铁　岭
24.00	160.00	134.00	52100	51000	12.00	调兵山
10.20	29.18	11.90	7049	6892	2.49	开　原
121.00	437.00	440.00	19936	16252	7.09	朝　阳
	30.00		6800	6800	1.25	北　票
8.00	50.00	95.00	1000	980	0.34	凌　源
	300.00		13000	13000	3.30	葫芦岛
130.00	150.00	81.00	2956	2354	1.94	兴　城
1837.90	**4037.17**	**1040.00**	**316886**	**297135**	**98.79**	**吉　林**
420.00	305.00	200.00	11130	9811	6.32	长　春
244.00		533.00	83		1.50	榆　树
212.00	54.00	27.00	10150	9975	3.01	德　惠
127.00	344.00		15008	15000	4.54	吉　林
	100.00		35651	31829	7.00	桦　甸
30.00	5.50		500		0.20	磐　石
21.00	666.47	26.00	41896	36210	13.68	公主岭
97.90	105.00	71.00	10		1.80	双　辽
	102.00		35200	35100	9.00	辽　源
88.00	143.00		13000	9000	4.50	梅河口
		54.00	15000	15000	4.23	集　安
47.00	477.00		28831	27387	9.50	白　山
20.00	63.00	104.00	8810	8265	1.90	临　江
232.00	930.00		21362	21167	8.01	白　城
40.00	140.00	5.00	21300	20780	6.50	洮　南
2.00	50.00		4700	4600	1.40	大　安
87.00	21.00		10500	9500	3.30	延　吉
	175.20		27220	27199	6.89	敦　化
130.00	249.00		12135	12012	4.21	珲　春
40.00	107.00	20.00	4400	4300	1.30	龙　井
3133.23	**7026.00**	**1685.90**	**413319**	**373787**	**155.34**	**黑龙江**
1162.00	1187.00	1017.00	88090	74960	23.20	哈尔滨

5-7 续 3

城市名称 Name of Cities	综合生产能力（万立方米/日） Integrated Production Capacity (100,000m³/day)	地下水 Underground Water	供水管道长度（公里） Length of Water Supply Pipelines(km)	供水总量(万立方米)	
				合　计 Total	生产运营用水 The Quantity of Water for Production and Operation
双　城	0.80	0.80	5.00	433.00	219.00
尚　志	1.60	1.60	75.00	286.00	260.00
齐齐哈尔	8.38	8.38	240.48	1358.00	723.00
鸡　西	10.00	10.00	273.00	3040.00	1400.00
虎　林	0.30	0.30	17.00	54.00	31.00
密　山	0.60	0.60	56.00	216.00	67.00
鹤　岗	3.65	3.65		1059.00	767.00
双鸭山	5.00	5.00		270.00	213.00
大　庆	11.90	11.90	130.00	4349.00	3252.00
伊　春	6.60	2.40	29.00	869.84	526.61
铁　力	0.10	0.10	25.00	34.00	28.00
佳木斯	15.48	15.48	160.00	3198.00	2580.00
七台河	17.70	2.50	58.00	6470.00	4640.00
牡丹江	128.40	1.65		38682.83	38682.83
绥芬河			4.00	29.00	16.00
海　林	0.69	0.14		251.13	226.23
穆　棱	0.20	0.20	7.00	72.00	
黑　河	0.20	0.20	5.00	65.00	45.00
北　安	0.60	0.60	4.00	190.00	20.00
绥　化	17.40	17.40	90.00	714.00	190.00
安　达	4.20	4.20	5.00	360.00	120.00
肇　东	4.00	3.00	20.00	720.00	300.00
海　伦	3.50	3.50	5.00	125.00	60.00
上　海	**338.63**	**4.89**	**1291.18**	**42665.75**	**41960.93**
江　苏	**688.08**	**34.13**	**1438.52**	**104267.34**	**84284.34**
南　京	425.00		949.00	43803.00	31806.00
无　锡				1020.00	1020.00
徐　州	8.80	5.90	34.60	3864.11	679.11
新　沂	15.60	15.60	60.00	1608.00	288.00
邳　州	4.60	4.60	50.00	1736.00	440.00
常　州	32.00			10133.73	10133.73
溧　阳	3.50			1229.00	1229.00
常　熟	33.00			9722.00	9722.00
吴　江	63.67	0.01		15741.00	15741.00
连云港	7.50		29.00	1950.00	1844.00
盐　城	0.19	0.19	4.80	68.00	10.00
大　丰	5.00	0.50	102.00	862.00	234.00
扬　州	10.50	4.50		2261.50	2261.50
仪　征	48.80		161.50	3160.00	2635.00
高　邮	9.50			385.00	385.00

Total Quantity of Water Supply($10,000m^3$)			用水户数（户）Households Supplied (unit)		用水人口（万人）Population Supplied (10,000 persons)	城市名称 Name of Cities
公共服务用水 The Quantity of Water for Public Service	居民家庭用水 The Quantity of Water for Household Use	消防及其他用水 The Quantity of Water for Fire Control and Other Purposes		家庭用户 Families Supplied		
61.00		153.00	155		0.04	双　城
20.00	5.00	1.00	7069	7069	3.20	尚　志
187.00	383.00	65.00	54457	47846	14.40	齐齐哈尔
230.00	1350.00	60.00	51390	51000	29.00	鸡　西
16.00	7.00		2300	920	1.02	虎　林
31.00	118.00		3021	2951	0.95	密　山
292.00						鹤　岗
57.00						双鸭山
267.00	830.00		43800	42000	14.80	大　庆
58.33	155.00	129.90	24548	17148	7.20	伊　春
	6.00		2190	2171	0.74	铁　力
268.00	290.00	60.00	37950	37641	15.10	佳木斯
200.00	1600.00	30.00	25000	20000	7.00	七台河
			268			牡丹江
11.00	2.00		99	69	0.05	绥芬河
17.90	7.00		674	640	0.20	海　林
6.00	66.00		1792	1792	0.44	穆　棱
10.00		10.00	36			黑　河
20.00	110.00	40.00	5600	5000	1.40	北　安
104.00	420.00		28780	27680	12.00	绥　化
	240.00		20100	20000	7.10	安　达
100.00	200.00	120.00	6000	5000	14.00	肇　东
15.00	50.00		10000	9900	3.50	海　伦
		704.82	**56**			**上　海**
4201.00	**6464.00**	**9318.00**	**239614**	**204520**	**70.67**	**江　苏**
1716.00	1610.00	8671.00	134416	115294	35.10	南　京
						无　锡
671.00	2500.00	14.00	2108	500	8.00	徐　州
520.00	800.00		15780	15442	1.70	新　沂
116.00	960.00	220.00	30000	24000	8.00	邳　州
						常　州
			24			溧　阳
			5			常　熟
						吴　江
	106.00		2916	2914	1.10	连云港
3.00	55.00		4080	4040	5.70	盐　城
100.00	338.00	190.00	32000	24900	2.00	大　丰
						扬　州
237.00	70.00	218.00	16400	15940	8.40	仪　征
						高　邮

5-7 续4

城市名称 Name of Cities	综合生产能力（万立方米/日） Integrated Production Capacity (100,000m³/day)	地下水 Underground Water	供水管道长度（公里） Length of Water Supply Pipelines(km)	供水总量(万立方米) 合 计 Total	生产运营用水 The Quantity of Water for Production and Operation
江　都	0.72	0.33	0.46	261.00	261.00
镇　江	12.00	0.20		4300.00	3500.00
丹　阳	5.00		38.16	1600.00	1600.00
泰　兴	1.20	0.80	2.00	410.00	410.00
宿　迁	1.50	1.50	7.00	153.00	85.00
浙　江	**187.66**	**4.41**	**1151.02**	**22486.74**	**19527.64**
宁　波	35.00		486.04	3918.20	3918.20
慈　溪	3.00		144.00	890.64	247.45
嘉　兴	0.09	0.09		25.00	
海　宁	6.16	0.07		2354.00	1334.00
平　湖	1.50	1.50	10.00	40.00	40.00
绍　兴	47.00		32.00	2910.00	2910.00
金　华	3.75	1.18	138.00	310.00	289.00
义　乌	0.96	0.96		80.00	60.00
东　阳	1.44	0.50	2.00	456.00	246.00
永　康	1.00		30.00	310.00	130.00
衢　州	83.34	0.10	267.38	8351.60	8028.84
江　山	1.06	0.01	26.00	1329.00	1183.00
台　州	3.20		15.60	1400.00	1120.00
临　海	0.16			65.30	21.15
龙　泉				47.00	
安　徽	**491.32**	**56.52**	**1371.36**	**112785.22**	**97188.53**
芜　湖	25.00		80.60	1871.00	1506.00
蚌　埠	30.00	0.62	13.00	8550.00	5222.00
淮　南	12.50	1.40	107.00	5303.00	4181.60
马鞍山	285.20		108.00	62576.00	59686.00
淮　北	24.00	23.00	264.50	2780.00	1100.00
铜　陵	42.30	2.70	145.00	13050.00	12520.00
安　庆	24.00		208.00	2491.00	1364.00
桐　城	0.30	0.10	4.00	53.00	14.00
黄　山	0.36	0.36	0.26	126.22	42.93
天　长	4.62	3.60	90.00	463.00	150.00
明　光	1.00	0.20	2.00	115.00	64.00
阜　阳	13.00	13.00	27.00	3802.00	2190.00
界　首	3.00	3.00	13.00	870.00	646.00
宿　州	6.64	6.64	87.00	3981.00	2565.00
巢　湖	8.20	0.20	62.00	2320.00	1700.00
六　安	8.50		140.00	2946.00	2918.00
亳　州	1.50	1.50	2.00	1050.00	890.00
宣　城	1.20	0.20	18.00	438.00	429.00

Total Quantity of Water Supply(10,000m³)			用水户数(户) Households Supplied (unit)	家庭用户 Families Supplied	用水人口(万人) Population Supplied (10,000 persons)	城市名称 Name of Cities
公共服务用水 The Quantity of Water for Public Service	居民家庭用水 The Quantity of Water for Household Use	消防及其他用水 The Quantity of Water for Fire Control and Other Purposes				
			23			江　都
800.00						镇　江
						丹　阳
			12			泰　兴
38.00	25.00	5.00	1850	1490	0.67	宿　迁
1382.14	**1481.04**	**95.92**	**113776**	**61722**	**32.49**	**浙　江**
			52			宁　波
226.54	416.65		49875	29	9.85	慈　溪
		25.00				嘉　兴
1020.00						海　宁
						平　湖
			72			绍　兴
2.60	18.40		5768	5640	1.40	金　华
20.00					0.45	义　乌
10.00	200.00		22800	22700	10.11	东　阳
	180.00		2050	800	0.80	永　康
	313.84	8.92	19731	19254	4.20	衢　州
97.00	47.00	2.00	1227	1098	0.87	江　山
6.00	214.00	60.00	460	460	0.80	台　州
	44.15		8331	8331	2.91	临　海
	47.00		3410	3410	1.10	龙　泉
6116.29	**8780.90**	**699.50**	**351242**	**339895**	**120.11**	**安　徽**
	365.00		8570	8561	2.52	芜　湖
2199.00	929.00	200.00	5490	4430	8.43	蚌　埠
53.00	1068.40		25800	25660	10.00	淮　南
1500.00	1390.00		1000	1000	0.40	马鞍山
100.00	1580.00		139600	133500	48.34	淮　北
450.00		80.00				铜　陵
188.00	569.00	370.00	11442	11142	3.44	安　庆
11.00	25.50	2.50	1330	1245	0.46	桐　城
83.29			26			黄　山
90.00	180.00	43.00	22520	21156	0.58	天　长
2.00	46.00	3.00	3195	3195	1.02	明　光
252.00	1360.00		70320	68860	24.10	阜　阳
2.00	221.00	1.00	10798	10546	3.68	界　首
466.00	950.00		44000	43750	15.00	宿　州
620.00			5380	5290	1.61	巢　湖
	28.00		811	800	0.28	六　安
100.00	60.00		500	350	0.11	亳　州
	9.00		460	410	0.14	宣　城

5-7 续 5

城市名称 Name of Cities	综合生产能力（万立方米/日） Integrated Production Capacity (100,000m³/day)	地下水 Underground Water	供水管道长度（公里） Length of Water Supply Pipelines(km)	供水总量（万立方米） 合计 Total	生产运营用水 The Quantity of Water for Production and Operation
福　建	**19.03**	**4.72**	**286.16**	**11470.50**	**8393.50**
长　乐	0.86	0.62	10.00	11.50	1.50
永　安	2.30		126.00	3088.00	2872.00
泉　州			27.36	2743.00	1995.00
晋　江				2591.00	2203.00
漳　州	10.00		39.20	1020.00	467.00
龙　海	0.27		23.00	292.00	142.00
南　平			33.60		
邵　武					
建　瓯			1.00		
龙　岩	3.10	3.10	12.00	1463.00	565.00
漳　平	2.20	1.00	8.00	200.00	140.00
福　安	0.30		6.00	62.00	8.00
江　西	**86.97**	**15.56**	**452.52**	**17009.50**	**11439.22**
南　昌	20.00	1.00	99.00	3764.48	2393.78
景德镇	3.72	1.87	12.50	1290.42	1070.44
乐　平	8.70	1.00	26.00	1405.20	1080.00
萍　乡	1.50	1.50	23.00	200.00	
九　江	23.95	1.73	101.30	3049.04	2115.00
瑞　昌	1.00	1.00	16.00	132.36	60.00
新　余	10.50		105.00	2666.00	2165.00
丰　城	6.00	5.10	7.00	854.00	453.00
樟　树	8.50	2.00	47.72	2943.00	1958.00
高　安	2.00	0.26		364.00	110.00
上　饶	1.10	0.10	15.00	341.00	34.00
山　东	**349.09**	**264.88**	**6352.51**	**75304.71**	**45558.32**
济　南	8.00	8.00	40.00	6280.00	5043.00
章　丘	1.50	1.50	21.00	301.00	134.00
青　岛	3.10	1.90	1050.60	1121.00	483.00
胶　州	2.66	2.66	42.00	770.00	
即　墨	2.50			191.00	
平　度	4.10	4.10	34.00	496.00	236.00
胶　南	3.00	3.00	80.00	1150.00	450.00
莱　西	2.00	2.00	41.00	911.00	280.00
淄　博	46.81	33.79	1523.70	11591.76	9430.04
枣　庄	35.66	31.72	166.21	2254.64	1161.43
滕　州	6.00		22.00	1733.00	621.00
烟　台	6.50	5.00	89.20	1479.80	1467.00
龙　口	5.80	5.50	145.00	448.00	105.00
莱　阳	4.80	4.80		766.90	362.50

Total Quantity of Water Supply(10,000m³)			用水户数（户）Households Supplied (unit)		用水人口（万人）Population Supplied (10,000 persons)	城市名称 Name of Cities
公共服务用水 The Quantity of Water for Public Service	居民家庭用水 The Quantity of Water for Household Use	消防及其他用水 The Quantity of Water for Fire Control and Other Purposes		家庭用户 Families Supplied		
514.60	**1973.00**	**589.40**	**59367**	**51756**	**23.99**	**福建**
	10.00		5500	5000	1.00	长乐
41.60	136.00	38.40	24796	19051	1.20	永安
293.00	313.00	142.00	5800	5500	0.46	泉州
6.00	298.00	84.00	2100	1950	1.59	晋江
6.00	535.00	12.00	4993	4695	8.90	漳州
40.00	110.00		2849	2787	0.75	龙海
			39	3	3.27	南平
			2750	2500	0.70	邵武
						建瓯
113.00	490.00	295.00	8400	8200	5.31	龙岩
10.00	50.00		1490	1450	0.60	漳平
5.00	31.00	18.00	650	620	0.21	福安
430.20	**4829.73**	**310.35**	**122543**	**82878**	**46.12**	**江西**
	1370.70		33642		13.16	南昌
5.00	134.66	80.32	1636	1600	0.78	景德镇
6.20	289.00	30.00	5200	4950	0.98	乐平
20.00	180.00		10250	9250	2.60	萍乡
81.00	751.01	102.03	20827	19239	10.02	九江
9.00	63.36		1760	1760	0.52	瑞昌
156.00	259.00	86.00	15335	13142	4.60	新余
6.00	391.00	4.00	2483	2417	2.76	丰城
95.00	887.00	3.00	4200	4100	3.60	樟树
9.00	240.00	5.00	17460	16970	3.90	高安
43.00	264.00		9750	9450	3.20	上饶
8370.35	**18226.88**	**3149.16**	**794835**	**618807**	**329.38**	**山东**
200.00	1037.00		12000	11900	6.80	济南
20.00	147.00		8261	8221	2.90	章丘
3.00	635.00		44667	36467	11.89	青岛
130.00	640.00		6500	6212	2.05	胶州
	191.00		190	186		即墨
188.00	72.00		339	298	0.40	平度
100.00	600.00		11260	11160	5.60	胶南
340.00	241.00	50.00	385	318	0.14	莱西
566.59	713.06	882.07	74218	67402	15.26	淄博
487.27	605.94		13773	9558	11.42	枣庄
350.00	753.00	9.00	1600	1589	1.60	滕州
5.00	7.80		4306	4195	1.10	烟台
36.00	298.00	9.00	27359	23918	6.23	龙口
132.80	228.60	43.00			1.40	莱阳

城市名称 Name of Cities	综合生产能力(万立方米/日) Integrated Production Capacity (100,000m³/day)	地下水 Underground Water	供水管道长度(公里) Length of Water Supply Pipelines(km)	供水总量(万立方米) 合 计 Total	生产运营用水 The Quantity of Water for Production and Operation
莱　州	6.00	0.50		320.00	110.00
蓬　莱	1.00	1.00	40.00	114.00	57.00
招　远	1.50	1.00	70.00	509.40	330.10
栖　霞	0.50	0.50		401.00	28.00
海　阳	0.80	0.80	6.00	350.00	205.00
潍　坊	5.50	5.00	61.00	2092.00	1115.00
青　州	3.30	3.30	102.30	1689.45	942.10
诸　城	8.00		169.00	731.00	307.00
寿　光	5.21	5.21		3680.00	2718.25
安　丘	4.00	4.00	30.00	1542.00	284.00
高　密	6.50	3.00	50.60	2117.20	1456.00
昌　邑	1.48	1.48	19.50	541.00	511.00
济　宁	34.00	31.00		6136.00	3794.00
曲　阜	5.00	4.00		536.00	230.00
兖　州				2207.00	1707.00
邹　城	6.00	6.00	50.00	3079.00	1958.00
泰　安	7.00	7.00	80.00	845.00	550.00
新　泰	4.00		183.00	1100.00	500.00
肥　城	4.90	4.90	55.00	665.00	326.00
威　海	12.50	5.10	581.00	1647.00	811.00
文　登	1.20	0.55		185.00	127.00
荣　成	28.40	13.80	295.00	533.00	54.00
乳　山	1.60	1.60	3.50	134.99	80.00
日　照	3.70	3.70	176.00	997.37	638.90
莱　芜	3.70	2.00	26.60	1002.00	316.00
临　沂	15.66	14.66	630.00	2999.20	849.00
德　州	10.00	10.00	25.00	1853.00	820.00
乐　陵	5.50	5.50		1300.00	950.00
禹　城	6.00	6.00		800.00	650.00
聊　城	7.71	7.71	286.30	1873.00	525.00
临　清	10.50	9.10	102.00	2516.00	1960.00
滨　州			2.00	360.00	360.00
菏　泽	5.50	2.50	54.00	955.00	516.00
河　南	**344.68**	**284.74**	**1657.32**	**60846.28**	**43135.95**
郑　州	17.24	17.24	49.00	3304.82	1946.80
巩　义	6.00	6.00	8.00	909.00	808.00
荥　阳	2.00	1.60	58.00	416.00	120.00
新　密	3.50	3.50	9.00	200.00	
新　郑	3.20	3.20	45.00	973.00	675.00
登　封	0.25	0.25		91.00	
开　封	5.00	5.00		673.60	308.00

Total Quantity of Water Supply(10,000m³)			用水户数（户） Households Supplied (unit)		用水人口（万人） Population Supplied (10,000 persons)	城市名称 Name of Cities
公共服务用水 The Quantity of Water for Public Service	居民家庭用水 The Quantity of Water for Household Use	消防及其他用水 The Quantity of Water for Fire Control and Other Purposes		家庭用户 Families Supplied		
100.00	110.00		16154	11230	4.60	莱州
38.00	19.00		48			蓬莱
97.00	82.30		5475	5447	1.80	招远
157.00	216.00		16546	12547	5.27	栖霞
25.00	120.00		12000	12000	3.50	海阳
200.00	120.00	657.00	4100	3800	17.50	潍坊
256.65	439.90	50.80	18300	17640	9.30	青州
36.00	343.00	45.00	12000	11680	14.37	诸城
71.08	890.67		75563	75563	24.18	寿光
163.00	768.00	327.00	12000	9120	4.68	安丘
196.30	450.70	14.20	3627	2540	1.50	高密
	30.00		950	695	6.20	昌邑
1587.00	460.00	295.00	6	6	18.79	济宁
41.00	245.00	20.00				曲阜
100.00	200.00	200.00			5.13	兖州
199.00	922.00		6618	4965	11.30	邹城
21.00	274.00		10000	9000	7.70	泰安
56.00	400.00	144.00	1052	1000	8.30	新泰
138.00	200.00	1.00	23325	23000	8.30	肥城
85.00	751.00		22015	18725	6.68	威海
47.00	11.00		687	621	0.28	文登
7.00	459.00	13.00	21975	21096	8.80	荣成
36.90	17.00	1.09	3140	3050	0.96	乳山
32.26	326.21		1939	1899	7.60	日照
135.50	540.50	10.00	5966	5920	3.11	莱芜
766.00	1363.20	21.00	100665	90545	31.74	临沂
301.00	712.00	20.00	42988	42200	17.20	德州
200.00	50.00	100.00	96400			乐陵
50.00	80.00	20.00	10217	10144	3.00	禹城
385.00	952.00	11.00	4100	3950	13.00	聊城
118.00	260.00	178.00	17620	17000	8.60	临清
			1			滨州
166.00	245.00	28.00	44500	22000	9.20	菏泽
4655.46	**11442.96**	**1611.91**	**498060**	**412351**	**189.08**	**河南**
516.10	744.70	97.22	7303	5529	3.50	郑州
47.00	51.00	3.00	600	500	3.30	巩义
60.00	236.00		2660	2160	1.14	荥阳
50.00	150.00		4750	3800	2.00	新密
200.00	98.00		26000	21200	2.40	新郑
	91.00		2400	2400	0.80	登封
115.00	232.20	18.40	269	126	4.17	开封

5-7 续 7

城市名称 Name of Cities	综合生产能力（万立方米/日） Integrated Production Capacity (100,000m³/day)	地下水 Underground Water	供水管道长度（公里） Length of Water Supply Pipelines(km)	供水总量（万立方米） 合计 Total	生产运营用水 The Quantity of Water for Production and Operation
洛阳	17.67	17.67		6420.27	2781.17
偃师	1.50	1.50	36.00	361.50	200.00
平顶山	23.60	18.60	68.00	2820.00	1650.00
舞钢	11.70	11.70	38.00	3240.00	2354.00
汝州	6.10	6.10		367.30	358.00
安阳	45.00	28.00	120.00	8083.00	7250.00
林州	1.00	1.00	10.00	570.00	385.00
鹤壁	22.68	15.69	136.00	1892.00	1381.00
新乡	18.00	18.00		3327.30	3327.30
卫辉	3.00	3.00	5.00	872.00	649.00
辉县	6.00	6.00	98.00	2210.00	1100.00
焦作	30.00	30.00	142.00	3225.00	3056.00
沁阳	6.00	6.00		525.00	450.00
孟州	4.50	4.50	15.00	760.00	489.00
濮阳	15.40	14.60		2358.00	1361.00
许昌	15.00	5.00	208.00	1801.00	1348.00
禹州	1.50	1.50	5.00	574.00	356.00
长葛	8.00	8.00		533.00	301.00
漯河	17.60	3.65	131.00	5862.00	4835.00
三门峡	2.00	2.00	49.00	362.00	290.00
义马	1.50	1.50	30.00	320.00	190.00
灵宝	4.20	4.20	28.10	958.00	820.00
南阳	19.54	14.74	256.72	1934.59	1309.77
邓州	7.80	7.80	23.00	518.00	370.00
商丘	6.00	5.00		915.00	270.00
永城	0.50	0.50	12.00	90.50	1.50
信阳	0.70	0.70	30.00	209.00	120.00
周口	2.00	2.00	5.50	200.00	39.91
项城	2.50	2.50	27.00	843.00	640.00
驻马店	0.50	0.50		364.40	182.50
济源	6.00	6.00	15.00	1763.00	1413.00
湖北	**230.04**	**28.41**	**1630.83**	**48172.35**	**30498.27**
武汉	38.86	1.82		14185.45	12848.31
黄石	46.10		183.00	6199.00	2361.00
十堰	26.10		155.00	9274.00	5660.00
丹江口	0.11	0.11	1.10	35.00	35.00
宜昌	16.00		56.00	788.00	400.00
宜都	1.10		19.00	340.00	150.00
当阳	2.90		51.00	490.00	300.00
枝江	3.00		10.00	567.00	360.00
襄樊	12.58		82.80	1885.65	1209.80

Total Quantity of Water Supply(10,000m³)			用水户数（户） Households Supplied (unit)		用水人口（万人） Population Supplied (10,000 persons)	城市名称 Name of Cities
公共服务用水 The Quantity of Water for Public Service	居民家庭用水 The Quantity of Water for Household Use	消防及其他用水 The Quantity of Water for Fire Control and Other Purposes		家庭用户 Families Supplied		
342.50	3138.40	158.20	33458	32744	11.90	洛阳
13.00	142.00	6.50	197	185	4.85	偃师
	1170.00		39000	38560	16.40	平顶山
131.00	600.00	155.00	26160	22060	8.80	舞钢
	9.30		1630	1508	0.88	汝州
605.00	228.00		21000	20150	7.50	安阳
132.00	53.00		4620	4380	1.00	林州
	511.00		49		10.80	鹤壁
						新乡
120.00	73.00	30.00	3420	3341	1.00	卫辉
530.00	270.00	310.00	19400	19380	8.80	辉县
16.00	107.00	46.00	13150	9300	3.63	焦作
45.00	20.00	10.00	358	278	0.11	沁阳
180.00	76.00	15.00	11320	8810	3.24	孟州
173.00	746.00	78.00	47960	800	17.00	濮阳
110.00	308.00	35.00	70615	63040	8.00	许昌
72.00	123.00	23.00	110		3.80	禹州
103.00	88.00	41.00	2683	2518	1.00	长葛
185.00	514.00	328.00	33680	33639	8.85	漯河
10.00	62.00		4280	4250	1.60	三门峡
5.00	125.00		21750	21630	6.60	义马
25.00	113.00		20957	16000	4.20	灵宝
275.26	278.36	71.20	29503	29154	20.55	南阳
36.00	100.00	12.00	8600	8500	3.60	邓州
105.00	500.00	40.00	351	94	1.20	商丘
6.00	82.00	1.00	6510	6006	2.66	永城
30.00	59.00		8500	8300	2.50	信阳
50.00	80.00	30.09	117	117	3.20	周口
39.00	124.00	40.00	5820	3940	1.75	项城
118.60	9.00	54.30	9900	9275	2.97	驻马店
210.00	131.00	9.00	8980	8677	3.38	济源
2171.61	**10464.35**	**5038.12**	**341201**	**278884**	**103.16**	**湖北**
		1337.14	75			武汉
193.00	1063.00	2582.00	26432	25976	8.30	黄石
575.00	2861.00	178.00	139240	81230	28.30	十堰
						丹江口
	388.00		7112	7112	12.83	宜昌
30.00	155.00	5.00	2697	2500	1.00	宜都
80.00	100.00	10.00	1200	1000	2.00	当阳
140.00	42.00	25.00	1050	920	0.35	枝江
	660.65	15.20	26325	26218	7.23	襄樊

城市名称 Name of Cities	综合生产能力（万立方米/日） Integrated Production Capacity (100,000m³/day)	地下水 Underground Water	供水管道长度（公里） Length of Water Supply Pipelines(km)	供水总量（万立方米）	
				合计 Total	生产运营用水 The Quantity of Water for Production and Operation
老河口	1.00		2.00	322.00	125.00
宜城	1.15	0.75	2.73	334.12	334.12
鄂州	2.00		362.00	2000.00	
荆门	22.90		88.00	4056.00	2971.00
孝感	6.50	6.50	32.00	937.00	465.00
应城	7.70	5.50	30.00	684.00	406.00
安陆	5.80	5.80	26.00	1318.00	976.00
荆州	2.00			102.00	
松滋	0.51	0.30		32.00	
赤壁	8.10		56.00	68.00	22.00
仙桃	7.00	2.00	243.20	1780.00	580.00
潜江	17.20	4.20	220.00	2260.33	780.24
天门	1.43	1.43	11.00	514.80	514.80
湖南	**264.74**	**85.93**	**1053.25**	**50915.55**	**40329.10**
株洲	3.10		69.43	1087.10	110.00
醴陵	0.50	0.50	27.00	100.00	74.80
湘潭	74.70	58.64	499.00	8149.00	5934.00
湘乡	3.00			687.00	687.00
韶山	2.00	1.70	8.00	114.05	67.50
衡阳	34.50	13.00	101.00	9336.00	5668.00
耒阳	0.80	0.80	36.00	250.00	60.00
常宁	0.70			220.00	50.00
邵阳	29.00	6.00	22.00	828.00	760.00
岳阳	29.65			9488.10	9085.80
汨罗	0.50	0.50	10.00	120.00	
临湘	3.00		10.00	467.00	420.00
津	4.00	1.00	10.00	1262.00	1115.00
郴州	10.65	2.15	72.60	1356.00	1100.00
资兴	5.00	0.70	85.00	1028.00	155.00
永州	14.14	0.44	39.22	1269.30	883.00
怀化	10.00			165.00	
洪江	0.50	0.50	2.00	168.00	168.00
娄底	6.00		62.00	5639.00	4809.00
冷水江	30.00			8532.00	8532.00
涟源	3.00			650.00	650.00
广东	**107.07**	**7.46**	**1643.70**	**24243.42**	**15721.50**
增城				1.04	0.53
乐昌	5.00		118.50	735.00	37.00
江门	22.22	0.31	6.00	3461.00	3371.00
湛江	5.15	5.15	59.80	1490.00	1040.00

Total Quantity of Water Supply(10,000m³)			用水户数（户） Households Supplied (unit)		用水人口（万人） Population Supplied (10,000 persons)	城市名称 Name of Cities
公共服务用水 The Quantity of Water for Public Service	居民家庭用水 The Quantity of Water for Household Use	消防及其他用水 The Quantity of Water for Fire Control and Other Purposes		家庭用户 Families Supplied		
	197.00		1562	1557	0.20	老河口
			6			宜城
380.00	1400.00	220.00	19468	19468	6.23	鄂州
135.00	850.00	100.00	13823	13823	4.05	荆门
44.00	425.00	3.00	8581	8337	3.29	孝感
22.00	248.00	8.00	9195	9115	3.24	应城
67.00	273.00	2.00	9180	9151	3.22	安陆
	102.00		6500	6500	2.26	荆州
	32.00		1200	1200	0.50	松滋
5.00	41.00		680	590	1.46	赤壁
80.00	988.00	132.00	26500	25423	10.00	仙桃
420.61	638.70	420.78	40375	38764	8.70	潜江
						天门
2255.90	**5500.80**	**2829.75**	**153179**	**146570**	**73.29**	**湖南**
138.10	814.00	25.00	14213	14104	4.26	株洲
3.40	18.40	3.40	1469	1375	0.40	醴陵
1598.00	240.00	377.00	63382	63018	20.00	湘潭
			1			湘乡
14.10	25.40	7.05	1940	885	0.31	韶山
	2100.00	1568.00	5000	4910	14.00	衡阳
60.00	120.00	10.00	1000	900	3.30	耒阳
50.00	120.00				0.53	常宁
68.00			39		6.10	邵阳
19.30	361.00	22.00	5213	5153	7.00	岳阳
10.00	100.00	10.00	3020	3000	1.00	汨罗
	47.00		2000	1900	0.50	临湘
	86.00	61.00	2567	2567	0.84	津
140.00	116.00		1760	1650	0.50	郴州
4.00	469.00	400.00	28000	27740	4.35	资兴
21.00	359.00	6.30	4857	826	3.10	永州
	165.00		5500	5500	1.50	怀化
			10			洪江
130.00	360.00	340.00	13208	13042	5.60	娄底
						冷水江
						涟源
921.60	**4390.86**	**3209.46**	**245727**	**200325**	**30.60**	**广东**
0.23	0.28					增城
74.00	512.00	112.00	35358	20000	3.00	乐昌
10.00	80.00		83		0.79	江门
	450.00		20109	20000	7.00	湛江

5-7 续 9

城市名称 Name of Cities	综合生产能力（万立方米/日） Integrated Production Capacity (100,000m³/day)		供水管道长度（公里） Length of Water Supply Pipelines(km)	供水总量（万立方米）	
		地下水 Underground Water		合计 Total	生产运营用水 The Quantity of Water for Production and Operation
雷　州	1.80				
茂　名	31.00			7200.00	7200.00
肇　庆	4.10	2.00	83.00	1071.00	746.00
梅　州	2.00		22.00	17.00	13.00
兴　宁	2.00		64.00	195.00	12.00
河　源	9.50		188.40	2808.00	1870.00
阳　春	4.30		103.00	960.00	46.00
清　远	16.00		919.00	5442.00	774.00
云　浮	4.00		80.00	863.38	611.97
广　西	**226.50**	**41.90**	**1490.85**	**56798.55**	**47491.24**
南　宁	7.70		140.00	1729.75	1504.60
柳　州	96.30	10.80	722.00	35683.00	29760.00
桂　林	17.36	10.22	210.00	2006.00	1246.00
岑　溪	1.10	1.00	5.00	360.20	200.00
钦　州	3.00		10.50	271.40	53.10
贵　港	18.48	1.68	128.00	6436.20	5631.54
桂　平	9.30	0.20	3.00	1401.00	1321.00
北　流	2.50	2.50	12.00	945.00	925.00
百　色	3.23		7.85	1365.00	1170.00
贺　州	4.50	1.00	32.00	558.00	480.00
河　池	38.30	13.50	36.50	2650.00	2645.00
宜　州	13.70	0.10	19.00	2109.00	2100.00
来　宾	6.03		94.00	687.00	338.00
合　山	4.00		66.00	560.00	117.00
凭　祥	1.00	0.90	5.00	37.00	
海　南	**38.30**	**35.00**	**74.00**	**2396.58**	**534.41**
海　口	35.00	35.00		1916.58	532.41
五指山	1.80		71.00	380.00	2.00
儋　州	1.50		3.00	100.00	
重　庆	**106.06**	**0.52**	**1420.74**	**12838.80**	**8206.23**
四　川	**206.68**	**66.16**	**2846.77**	**35973.18**	**22790.37**
成　都	14.25	10.25	594.98	5330.00	2380.00
都江堰	4.90	4.90	40.00	670.00	240.00
彭　州	0.50	0.50	10.00	133.00	40.00
邛　崃	1.00	1.00	354.00	858.40	374.40
崇　州	2.30	2.30	50.00	700.00	594.00
自　贡	2.35		8.10	479.00	120.00
攀枝花	26.56	0.60	322.00	4944.49	3829.29

Total Quantity of Water Supply(10,000m^3)			用水户数（户） Households Supplied (unit)		用水人口（万人） Population Supplied (10,000 persons)	城市名称 Name of Cities
公共服务用水 The Quantity of Water for Public Service	居民家庭用水 The Quantity of Water for Household Use	消防及其他用水 The Quantity of Water for Fire Control and Other Purposes		家庭用户 Families Supplied		
						雷州
						茂名
40.00	119.00	166.00	5367	4667	1.70	肇庆
2.00	2.00		1231	587	0.14	梅州
20.00	38.00	125.00	12361	12032	5.00	兴宁
138.00	800.00		25000	17000	8.00	河源
155.00	672.00	87.00	44500	41400	0.30	阳春
442.00	1631.00	2595.00	93552	78206		清远
40.37	86.58	124.46	8166	6433	4.67	云浮
180.55	**9053.75**	**73.01**	**86721**	**74302**	**89.69**	**广西**
23.91	201.24		14856	14856	4.20	南宁
	5923.00		136	32	61.06	柳州
	760.00		6000	3100	1.10	桂林
16.64	143.56		5840	5256	2.92	岑溪
11.00	207.30		8512	8200	2.83	钦州
	804.65	0.01	16703	16307	2.86	贵港
	80.00		2800	2600	1.20	桂平
	20.00		9200	2080	1.60	北流
	195.00		2217	1714	0.78	百色
50.00	28.00		1100	920	1.30	贺州
	5.00		1099	1099	1.82	河池
9.00			2			宜州
12.00	337.00		6676	6658	3.46	来宾
58.00	315.00	70.00	10930	10830	4.30	合山
	34.00	3.00	650	650	0.26	凭祥
253.23	**1295.84**	**313.10**	**19750**	**19535**	**0.50**	**海南**
210.23	899.84	274.10				海口
43.00	296.00	39.00	13250	13035		五指山
	100.00		6500	6500	0.50	儋州
750.06	**2734.70**	**1147.81**	**280124**	**195973**	**95.49**	**重庆**
1807.80	**10375.01**	**1000.00**	**493984**	**420298**	**141.08**	**四川**
531.00	1996.00	423.00	44317	43889	9.10	成都
	400.00	30.00	11950	8936	2.40	都江堰
6.00	82.00	5.00	3300	3292	1.13	彭州
52.00	412.00	20.00	65500	39762	4.70	邛崃
20.00	80.00	6.00	2800	2000	1.10	崇州
21.00	292.30	45.70	21425	19933	6.00	自贡
100.30	753.50	261.40	68937	42993	13.63	攀枝花

城市名称 Name of Cities	综合生产能力（万立方米/日） Integrated Production Capacity (100,000m³/day)	地下水 Underground Water	供水管道长度（公里） Length of Water Supply Pipelines(km)	供水总量（万立方米） 合计 Total	生产运营用水 The Quantity of Water for Production and Operation
泸州	41.50		160.00	3775.00	2973.00
德阳	10.40	10.30	159.70	2079.10	1558.40
广汉	5.40	5.40	7.30	2283.50	1598.00
什邡	1.60	1.60	41.00	418.00	220.00
绵竹	2.50	2.50	51.00	405.00	326.00
绵阳	5.51	2.50		1770.29	928.88
江油	16.00		27.00	1783.00	1566.00
广元	1.51	1.51	46.80	528.40	158.40
遂宁	2.00	2.00	10.00	440.00	400.00
内江	7.10		57.00	1537.00	981.00
乐山	13.00	3.30	10.39	300.00	280.00
峨眉山	3.70		34.00	222.00	105.00
眉山	5.00	5.00	54.00	1398.00	300.00
宜宾	6.90	4.50	370.00	1870.00	1170.00
华蓥	6.10	2.70	40.00	659.00	515.00
达州	7.60		60.50	1080.00	934.00
万源	1.90		82.00		
雅安	6.50		33.00	1236.00	1109.00
资阳			50.00	104.00	20.00
简阳	2.00		45.00	720.00	20.00
西昌	8.60	5.30	129.00	250.00	50.00
贵州	**34.50**	**8.10**	**469.80**	**12516.00**	**8859.00**
贵阳	11.70	2.80	462.00	3359.00	2059.00
六盘水	3.00			1622.00	258.00
安顺	0.80	0.80	7.80	235.00	42.00
都匀	19.00	4.50		7300.00	6500.00
云南	**13.02**	**4.12**	**331.33**	**4435.12**	**3182.99**
昆明	1.30	1.30	24.00	410.00	150.00
曲靖	1.00	1.00	23.00	535.00	238.00
宣威	7.20	1.60	11.30	3131.00	2751.00
临沧	2.80		219.50	300.00	35.00
开远	0.72	0.22	53.53	59.12	8.99
西藏				**9.64**	
拉萨				9.64	
陕西	**46.68**	**46.68**	**890.50**	**15606.50**	**9220.00**
西安	8.08	8.08	574.50	702.50	305.00
铜川	0.80	0.80		450.00	
宝鸡	10.00	10.00	190.00	2942.00	1504.00

Total Quantity of Water Supply($10,000m^3$)			用水户数(户) Households Supplied (unit)		用水人口(万人) Population Supplied (10,000 persons)	城市名称 Name of Cities
公共服务用水 The Quantity of Water for Public Service	居民家庭用水 The Quantity of Water for Household Use	消防及其他用水 The Quantity of Water for Fire Control and Other Purposes		家庭用户 Families Supplied		
86.00	716.00		5397	5210	2.31	泸州
74.70	428.00	18.00	47267	46051	9.62	德阳
86.80	595.70	3.00	36858	32171	11.01	广汉
42.00	144.00	12.00	10030	9965	2.80	什邡
27.00	51.00	1.00	3976	3952	1.15	绵竹
	801.51	39.90	105	105	15.79	绵阳
	217.00		11912	11900	3.60	江油
66.00	300.00	4.00	9800	9550	2.75	广元
	40.00		2900	2670	0.80	遂宁
232.00	303.00	21.00	21800	20900	6.70	内江
	20.00		1600	1500	0.45	乐山
40.00	73.00	4.00	6520	6310	1.83	峨眉山
116.00	978.00	4.00	32612	30000	10.00	眉山
200.00	500.00		34070	34070	11.72	宜宾
35.00	92.00	17.00	5150	5050	1.55	华蓥
2.00	105.00	39.00	4320	4300	1.14	达州
			316	316	0.10	万源
13.00	94.00	20.00	1602	1553	1.20	雅安
37.00	26.00	21.00	10520	8320	4.50	资阳
20.00	675.00	5.00	21000	20600	12.00	简阳
	200.00		8000	5000	2.00	西昌
1755.00	**1801.00**	**101.00**	**20068**	**18656**	**16.15**	**贵州**
659.00	611.00	30.00	82	18	6.20	贵阳
266.00	1033.00	65.00	12636	11428	3.40	六盘水
30.00	157.00	6.00	7350	7210	2.95	安顺
800.00					3.60	都匀
115.49	**1023.44**	**113.20**	**41430**	**32724**	**15.85**	**云南**
60.00	120.00	80.00	6500	6000	2.00	昆明
23.00	272.00	2.00	14		1.20	曲靖
6.00	371.00	3.00	20291	12189	7.85	宣威
17.00	220.00	28.00	8025	7935	2.80	临沧
9.49	40.44	0.20	6600	6600	2.00	开远
	9.64				**2.20**	**西藏**
	9.64				2.20	拉萨
611.00	**3856.50**	**1919.00**	**42141**	**37695**	**74.74**	**陕西**
125.00	272.50		12520	12500	8.50	西安
	200.00	250.00	11000	8000	3.20	铜川
126.00	1272.00	40.00	2100	1830	23.01	宝鸡

5-7 续 11

城市名称 Name of Cities	综合生产能力（万立方米/日） Integrated Production Capacity (100,000m³/day)	地下水 Underground Water	供水管道长度（公里） Length of Water Supply Pipelines(km)	供水总量（万立方米） 合计 Total	生产运营用水 The Quantity of Water for Production and Operation
咸阳	2.00	2.00		726.00	140.00
兴平	10.10	10.10		5764.00	3936.00
渭南	4.00	4.00		1570.00	720.00
韩城	7.20	7.20	83.10	2233.00	1892.00
华阴	3.30	3.30	37.90	953.00	588.00
商洛	1.20	1.20	5.00	266.00	135.00
甘肃	**90.30**	**33.20**	**761.60**	**20051.13**	**14006.09**
兰州	6.00		115.30	2294.10	1159.70
嘉峪关	40.00	27.60	348.30	7607.86	5315.22
金昌	23.00		84.00	5024.17	4716.17
白银	15.70		174.00	3765.00	2195.00
平凉	1.40	1.40		31.00	20.00
酒泉	4.20	4.20	40.00	1320.00	600.00
临夏				9.00	
青海	**26.09**	**26.09**	**134.00**	**7195.16**	**5491.90**
西宁	11.89	11.89		4359.84	3062.00
格尔木	9.00	9.00	113.00	1190.32	819.90
德令哈	5.20	5.20	21.00	1645.00	1610.00
宁夏	**73.63**	**61.43**	**611.00**	**12514.21**	**8828.70**
银川	18.00	18.00	149.00	3032.00	2425.00
石嘴山	38.20	27.40	330.00	6281.26	3643.13
吴忠	2.10	2.10	5.00	250.00	200.00
青铜峡	13.90	12.50	107.00	2860.00	2542.00
固原	1.40	1.40	7.00	80.00	13.00
中卫	0.03	0.03	13.00	10.95	5.57
新疆	**61.80**	**43.70**	**476.17**	**9051.57**	**4228.43**
乌鲁木齐	6.00	6.00		1800.00	400.00
克拉玛依	0.08	0.08	9.00	25.00	
吐鲁番	0.12	0.12	2.00	12.80	2.30
哈密	8.90	8.90	181.87	1138.43	208.88
昌吉	18.10			302.10	177.10
阜康	0.50	0.50	6.00	24.50	1.50
库尔勒	8.40	8.40	110.00	970.00	177.00
奎屯	7.90	7.90	68.00	1151.00	721.00
塔城	0.60	0.60	25.00	48.00	20.00
石河子	11.00	11.00	61.00	3529.00	2490.00
五家渠	0.20	0.20	13.30	50.74	30.65

Total Quantity of Water Supply(10,000m³)			用水户数（户） Households Supplied (unit)		用水人口（万人） Population Supplied (10,000 persons)	城市名称 Name of Cities
公共服务用水 The Quantity of Water for Public Service	居民家庭用水 The Quantity of Water for Household Use	消防及其他用水 The Quantity of Water for Fire Control and Other Purposes		家庭用户 Families Supplied		
85.00	403.00	98.00			5.85	咸　阳
8.00	610.00	1210.00			12.70	兴　平
	680.00	170.00	650	460	14.88	渭　南
178.00	138.00	25.00	9571	8723	4.00	韩　城
89.00	155.00	121.00	5800	5732	2.40	华　阴
	126.00	5.00	500	450	0.20	商　洛
1020.78	**2958.87**	**2065.39**	**48651**	**43312**	**38.40**	**甘　肃**
155.00	910.20	69.20	8900	8783	3.60	兰　州
278.78	260.67	1753.19	32523	31234	9.50	嘉峪关
47.00	150.00	111.00	3078	2995	4.50	金　昌
	1570.00				18.50	白　银
	8.00	3.00	350	300	1.10	平　凉
540.00	60.00	120.00	3800		1.20	酒　泉
		9.00				临　夏
	1531.40	**171.86**	**16640**	**11987**	**12.62**	**青　海**
	1297.84		3600	1270	9.40	西　宁
	198.56	171.86	12730	10413	3.20	格尔木
	35.00		310	304	0.02	德令哈
1164.45	**1290.25**	**1230.81**	**116584**	**114876**	**41.31**	**宁　夏**
303.00	150.00	154.00	39736	39736	12.00	银　川
664.97	905.35	1067.81	59891	59714	20.67	石嘴山
	50.00		2100	1538	0.60	吴　忠
163.00	146.00	9.00	8561	7604	5.84	青铜峡
32.00	35.00		3200	3200	1.10	固　原
1.48	3.90		3096	3084	1.10	中　卫
1184.05	**1587.70**	**2051.39**	**113572**	**91471**	**27.21**	**新　疆**
		1400.00				乌鲁木齐
5.00	10.00	10.00	500	500	0.18	克拉玛依
5.10	5.40		285	271	0.13	吐鲁番
541.95	386.30	1.30	33634	29021	7.60	哈　密
	125.00		20000	20000	6.00	昌　吉
	23.00		1000	800	0.50	阜　康
112.00	103.00	573.00	13500	13260	3.68	库尔勒
240.00	190.00		10800	10068	2.90	奎　屯
10.00	15.00	3.00	2000	1000	0.80	塔　城
270.00	710.00	59.00	28450	13148	4.40	石河子
	20.00	0.09	3403	3403	1.02	五家渠

主要指标解释

供水设计综合生产能力

指按供水设施取水、净化、送水、出厂输水干管等环节设计能力计算的综合生产能力。包括在原设计能力的基础上，经“挖、革、改”增加的生产能力。计算时，以各环节中最薄弱的环节为主要确定能力。

供水管道长度

指从送水泵至用户水表之间所有管道的长度。在同一条街道埋设两条或两条以上管道时，应按每条管道的长度计算。

供水总量

指报告期供水企业（单位）供出的全部水量。包括有效供水量和漏损水量。

有效供水量指水厂将水供出厂外后，各类用户实际使用到的水量。包括售水量和免费供水量。售水量指收费供应的水量，免费供水量指无偿供应的水量。

漏损水量指在供水过程中由于管道及附属设施破损而造成的漏水量、失窃水量以及因水表失灵少计算的水量。

按用水用途可分为生产运营用水、公共服务用水、居民家庭用水和消防及其他特殊用水四类。

生产运营用水指在城市范围内生产、运营的农、林、牧、渔业、工业、建筑业、交通运输业等单位在生产、运营过程中的用水。

公共服务用水指为城市社会公共生活服务的用水。包括行政事业单位、部队营区和公共设施服务、社会服务业、批发零售贸易业、旅馆饮食业等单位的用水。

居民家庭用水指城市范围内所有居民家庭的日常生活用水。包括城市居民、农民家庭、公共供水站用水。

消防及其他特殊用水指城市灭火以及除居民家庭、公共服务、生产运营用水范围以外的各种特殊用水。包括消防用水、深井回灌用水和其他用水。

Explanatory Notes on Main Indicators

Integrated Water Production Design Capacity

It refers to a comprehensive capacity based on the design capacity of components of the process, including water collection, purification, delivery and transmission through mains. The integrated capacity also includes added capacity through reform and renovation of water system based on the original design capacity. In calculation, the capacity of weakest component is the principal determining capacity.

Length of Water Pipelines

It refers to the total length of all pipes from the pumping station to individual water meters. If two or more pipes line in parallel in a same street, the length of water pipelines is the length sum of each line.

Total Quantity of Water Supplied

It refers to the total quantity of water delivered by water suppliers during the repored period, including accounted water and unaccounted water.

Accounted water refers to the actual quantity of water delivered to and used by end users, including water sold and free. Water sold refers to the quantity of water billed. Free water refers to water supplied without charge.

Unaccounted water refers to sum of water leakage, theft water due to degeneration of water pipes and accessories as well as non-billed water due to malfunction of water meters.

Water supplied are classified into four types due to different purposes: water for production and operation, water for public service, water for domestic use, water for fire control and other special purposes.

Water for production and operation refers to the quantity of water used by units in sectors of agriculture, forestry, animal husbandry, industry, construction, and transportation for production and operation within cities.

Water for public service refers to water used for public services by units in administration, military, utilities, retail trades, hotel and food services etc.

Water for domestic use refers to daily water quantity consumed by all urban households, such as urban dwellers, farmers. It also includes water used by public water supply stations.

Water for fire control and other special purposes refers to water used for fire control within cities and other specific purposes, including deep-well recharge, other than for domestic, public service, production and operation purposes.

六、城市节约用水

6. Urban Water Conservation

简要说明

本部分主要反映城市节约用水情况，只统计设有节约用水管理机构的城市，汇总量均不代表全社会。主要包括设有节约用水管理机构城市的计划用水户、计划用水量、实际用水量、节约用水量等内容。

Brief Introduction

This section mainly demonstrates status of urban water conservation. Statistics only covers cities with water conservation authorities，therefore the data does not represent the situation of the whole society. Main indicators e. g. planned households supplied，planned quantity of water used，actual quantity of water used，quantity of water saved，are adopted.

6 全国历年城市节约用水情况(1991—2007)

6 National Urban Water Conservation in Past Years(1991—2007)

指标 Item / 年份 Year	计划用水量(万立方米) Planned Quantity of Water Used ($10,000m^3$)	新水取用量(万立方米) Fresh Water Used ($10,000m^3$)	工业用水重复利用量(万立方米) Quantity of Industrial Water Recycled ($10,000m^3$)	节约用水量(万立方米) Water Saved ($10,000m^3$)
1991年	1977024	1921307	1985326	211259
1992年	2077092	1939390	2843918	205087
1993年	2076928	2004922	3000109	218317
1994年	2299596	2497236	3375652	276241
1995年	2123215	1930610	3626086	235113
1996年	6285246	2166806	3345351	235194
1997年	2004412	1875974	4429175	260885
1998年	2490390	2343370	3978967	278835
1999年	2409254	2223035	3966355	287284
2000年	2153979	2071731	3811945	353569
2001年	2504134	2126401	3881683	377733
2002年	2463717	2091365	4849164	372352
2003年	2353286	2014528	4572711	338758
2004年	2441914	2048488	4183937	393426
2005年	2676425	2300332	5670096	376093
2006年		2356268	5535492	415755
2007年		2295192	6026048	454794

注:从2006年起,不统计计划用水量指标。

Note:From 2006,"Planned Quantity of Water Used" has not been counted.

6-1 2007年全国城市节约用水分组资料

地区名称 Name of Regions		实际用水量 Actual Quantity of Water Used					
		合计（万立方米） Total (10,000m³)	工业 Industry	新水取用量（万立方米） Fresh Water Used (10,000m³)	工业 Industry	重复利用量（万立方米） Water Reused (10,000m³)	工业 Industry
全国	**National Total**	**8678344**	**7203224**	**2295192**	**1177176**	**6383152**	**6026048**
分类一	**Sor tone**						
东部地区	East China	5574228	4514098	1472737	682037	4101491	3832061
中部地区	Central China	2509959	2208461	608403	388943	1901556	1819518
西部地区	West China	594157	480665	214052	106196	380105	374469
分类二	**Sort two**						
东部地区	East China	5387742	4367246	1413263	659617	3974479	3707629
中部地区	Central China	2413418	2152073	550424	370149	1862994	1781924
西部地区	West China	877184	683905	331505	147410	545679	536495
分类三	**Sort three**						
东部地区	East China	4208029	3257362	1268014	570243	2940015	2687119
中部地区	Central China	1590862	1397996	293495	158735	1297367	1239261
西部地区	West China	877184	683905	331505	147410	545679	536495
东北地区	Northeast China	2002269	1863961	402178	300788	1600091	1563173

6-1 National Urban Water Conservation（2007）

节约用水量（万立方米）Water Saved（10,000m³）	工业 Industry	重复利用率（%）Reuse Rate（%）	工业用水重复利用率 Reuse Rate of Water for Industrial Purpose	再生水利用量（建筑中水）（万立方米）Volume of Recycled Water Used（Recycled Water Used in Buildings）（10,000m³）	节水措施投资总额（万元）Total Investment in Water-Saving Measures（10,000yuan）	地区名称 Name of Regions
454794	**311574**	**73.55**	**83.66**	**20608**	**221790**	**全　　国**
						分 类 一
315746	216148	73.58	84.89	16493	135439	东部地区
93173	69964	75.76	82.39	2144	64778	中部地区
45875	25462	63.97	77.91	1971	21573	西部地区
						分 类 二
300192	202949	73.77	84.90	16487	132983	东部地区
83972	64756	77.19	82.80	2044	64778	中部地区
70630	43869	62.21	78.45	2077	24029	西部地区
						分 类 三
262391	173782	69.87	82.49	16330	105235	东部地区
63016	47093	81.55	88.65	912	60120	中部地区
70630	43869	62.21	78.45	2077	24029	西部地区
58757	46830	79.91	83.86	1289	32406	东北地区

6-2 2007年按省分列的全国城市节约用水

地区名称 Name of Regions	实际用水量 Actual Quantity of Water Used					
	合计（万立方米） Total (10,000m³)	工业 Industry	新水取用量（万立方米） Fresh Water Used (10,000m³)	工业 Industry	重复利用量（万立方米） Water Reused (10,000m³)	工业 Industry
全国	**8678344**	**7203224**	**2295192**	**1177176**	**6383152**	**6026048**
北京	204229	26368	204229	26368		
天津	73531	70294	5252	2104	68279	68190
河北	744069	695392	72022	50489	672047	644903
山西	817686	779068	73774	41293	743912	737775
内蒙古	96541	56388	57979	18794	38562	37594
辽宁	1179713	1109884	145249	89374	1034464	1020510
吉林	367747	344831	114710	93834	253037	250997
黑龙江	454809	409246	142219	117580	312590	291666
上海	295270	210551	90885	38952	204385	171599
江苏	911667	691658	339846	232226	571821	459432
浙江	278309	194340	100093	49503	178216	144837
安徽	52887	35839	20806	7661	32081	28178
福建	99335	77393	32593	10976	66742	66417
江西	31602	18077	17792	4761	13810	13316
山东	1225654	1086469	182381	85046	1043273	1001423
河南	414085	335138	83575	43814	330510	291324
湖北	252913	213950	77346	46472	175567	167478
湖南	21689	15924	20202	14734	1487	1190
广东	353965	200397	225713	73479	128252	126918
广西	186486	146852	59474	22420	127012	124432
海南	22000	4500	15000	1100	7000	3400
重庆	10122	100	10042	20	80	80
四川	91336	69735	42822	21761	48514	47974
贵州	93373	86539	43950	37960	49423	48579
云南	18548	5810	16131	4050	2417	1760
陕西	53512	37408	23434	8106	30078	29302
甘肃	209539	189641	38627	20351	170912	169290
青海	2434	786	2178	530	256	256
宁夏	97306	85887	20636	9217	76670	76670
新疆	17987	4759	16232	4201	1755	558

6-2 Urban Water Conservation by Province（2007）

计量单位：万立方米 Measurement Unit：10,000m³

节约用水量（万立方米） Water Saved (10,000m³)	工 业 Industry	重复利用率（%） Reuse Rate (%)	工业用水重复利用率 Reuse Rate of Water for Industrial Purpose	再生水利用量（建筑中水）（万立方米） Volume of Recycled Water Used (Recycled Water Used in Buildings) (10,000m³)	节水措施投资总额（万元） Total Investment in Water-Saving Measures (10,000yuan)	地区名称 Name of Regions
454794	**311574**	**73.55**	**83.66**	**20608**	**221790**	**全　国**
16513	1396			1272	52783	北　京
1586	593	92.86	97.01			天　津
22312	21794	90.32	92.74	525	6812	河　北
14269	10456	90.98	94.70	32	1829	山　西
9201	5208	39.94	66.67	100		内蒙古
37801	29167	87.69	91.95	157	27748	辽　宁
12808	11235	68.81	72.79	732	666	吉　林
8148	6428	68.73	71.27	400	3992	黑龙江
18697	13453	69.22	81.50			上　海
31051	23735	62.72	66.42	4960	17116	江　苏
82315	56558	64.04	74.53	2223	1659	浙　江
8602	4649	60.66	78.62	150	2059	安　徽
7374	1839	67.19	85.82		260	福　建
3766	2841	43.70	73.66		80	江　西
46272	32913	85.12	92.17	4721	24781	山　东
13548	10240	79.82	86.93	386	13056	河　南
20686	17184	69.42	78.28	305	40935	湖　北
2145	1723	6.86	7.47	39	2161	湖　南
34471	20801	36.23	63.33	2379	1724	广　东
15554	13199	68.11	84.73	6	2456	广　西
1800	700	31.82	75.56	250	100	海　南
3110	80	0.79	80.00		200	重　庆
7785	5045	53.12	68.79	22	2214	四　川
10574	10394	52.93	56.14	13	7641	贵　州
3257	1004	13.03	30.29	561	2700	云　南
6219	4204	56.21	78.33	1162	3250	陕　西
5389	2398	81.57	89.27			甘　肃
986	434	10.52	32.57		28	青　海
1582	736	78.79	89.27	96	428	宁　夏
6973	1167	9.76	11.73	117	5112	新　疆

6-3 2007 年按城市分列的全国城市节约用水

城市名称 Name of Cities	实际用水量 Actual Quantity of Water Used 合 计（万立方米） Total (10,000m³)	工 业 Industry	新水取用量（万立方米） Fresh Water Used (10,000m³)	工 业 Industry	重复利用量（万立方米） Water Reused (10,000m³)	工 业 Industry
全 国	**8678344**	**7203224**	**2295192**	**1177176**	**6383152**	**6026048**
北 京	**204229**	**26368**	**204229**	**26368**		
天 津	**73531**	**70294**	**5252**	**2104**	**68279**	**68190**
河 北	**744069**	**695392**	**72022**	**50489**	**672047**	**644903**
石家庄	102464	102289	7284	7109	95180	95180
唐 山	238952	210878	8715	4683	230237	206195
秦皇岛	58182	57315	2466	1599	55716	55716
邯 郸	74568	64014	18684	10161	55884	53853
武 安	3753	2772	1313	332	2440	2440
邢 台	119066	118584	4357	3875	114709	114709
保 定	91835	87951	8633	4749	83202	83202
定 州	158	158	120	120	38	38
张家口	18102	16762	6250	4910	11852	11852
承 德	14613	13435	12308	11719	2305	1716
沧 州	16396	16150	504	258	15892	15892
黄 骅	3287	2552	738	374	2549	2178
衡 水	2693	2532	650	600	2043	1932
山 西	**817686**	**779068**	**73774**	**41293**	**743912**	**737775**
太 原	313230	297569	26108	13553	287122	284016
大 同	83638	76275	11763	6178	71875	70097
阳 泉	215151	212170	9296	6315	205855	205855
长 治	18826	14086	8477	3737	10349	10349
高 平	233	50	233	50		
朔 州	162123	160701	8823	7401	153300	153300
晋 中	1878	392	496	103	1382	289
运 城	4800	3220	3600	2120	1200	1100
永 济	280	158	120	48	160	110
河 津	523	156	455	88	68	68
忻 州	620	388	580	348	40	40
原 平	7678	7020	1328	670	6350	6350
侯 马	7291	6714	1110	533	6181	6181
霍 州	293		293			
吕 梁	480	39	480	39		

6-3 Urban Water Conservation by City (2007)

计量单位：万立方米 Measurement Unit：10,000m³

节约用水量（万立方米） Water Saved (10,000m³)	工 业 Industry	重复利用率（%） Reuse Rate (%)	工业用水重复利用率 Reuse Rate of Water for Industrial Purpose	再生水利用量（建筑中水）（万立方米） Volume of Recycled Water Used (Recycled Water Used in Buildings) (10,000m³)	节水措施投资总额（万元） Total Investment in Water-Saving Measures (10,000yuan)	城市名称 Name of Citties
454794	**311574**	**73.55**	**83.66**	**20608**	**221790**	**全 国**
16513	**1396**			**1272**	**52783**	**北 京**
1586	**593**	**92.86**	**97.01**			**天 津**
22312	**21794**	**90.32**	**92.74**	**525**	**6812**	**河 北**
6158	6158	92.89	93.05			石家庄
1100	850	96.35	97.78		3626	唐 山
1015	950	95.76	97.21	65	2044	秦皇岛
375	375	74.94	84.13		350	邯 郸
242	242	65.01	88.02			武 安
84	84	96.34	96.73			邢 台
1534	1534	90.6	94.60			保 定
		24.05	24.05			定 州
835	765	65.47	70.71			张家口
10003	10003	15.77	12.77	460	420	承 德
370	272	96.93	98.40			沧 州
116	116	77.55	85.34		120	黄 骅
480	445	75.86	76.30		252	衡 水
14269	**10456**	**90.98**	**94.70**	**32**	**1829**	**山 西**
3350	2345	91.66	95.45			太 原
8784	6726	85.94	91.90			大 同
317	261	95.63	97.02			阳 泉
320		54.97	73.47		754	长 治
50						高 平
198	150	94.53	95.39			朔 州
248	248	73.59	73.72			晋 中
460	340	25.00	34.16		420	运 城
49	13	57.14	69.62	32	35	永 济
83	83	13.00	43.59			河 津
130	90	6.45	10.31			忻 州
		82.70	90.46			原 平
210	180	84.78	92.06		620	侯 马
						霍 州
40						吕 梁

6-3 续 1

城市名称 Name of Cities	实际用水量 Actual Quantity of Water Used					
	合　计（万立方米） Total (10,000m³)	工　业 Industry	新水取用量（万立方米） Fresh Water Used (10,000m³)	工　业 Industry	重复利用量（万立方米） Water Reused (10,000m³)	工　业 Industry
孝　义	642	130	612	110	30	20
内蒙古	**96541**	**56388**	**57979**	**18794**	**38562**	**37594**
呼和浩特	32008	27530	7543	3365	24465	24165
包　头	130		130			
乌　海	37576	19376	26900	8700	10676	10676
赤　峰	3021	1271	3021	1271		
通　辽	1450	1400	1060	1010	390	390
鄂尔多斯	2684	1292	1085	350	1599	942
乌兰察布	306	306	200	200	106	106
丰　镇	1803	1770	1716	1694	87	76
乌兰浩特	17391	3443	16152	2204	1239	1239
二连浩特	172		172			
辽　宁	**1179713**	**1109884**	**145249**	**89374**	**1034464**	**1020510**
沈　阳	59324	48376	13068	4380	46256	43996
大　连	62925	58974	9974	6179	52951	52795
瓦房店	1372	905	886	419	486	486
普兰店	43	10	38	5	5	5
庄　河	559	184	559	184		
鞍　山	362710	348124	21384	16699	341326	331425
海　城	1642	150	1642	150		
抚　顺	118602	113366	18210	12974	100392	100392
本　溪	203798	201156	20380	17738	183418	183418
丹　东	8330	7866	2720	2366	5610	5500
锦　州	157786	155754	9554	7522	148232	148232
凌　海	82	82	82	82		
北　镇	116	42	116	42		
营　口	15743	12307	4438	2057	11305	10250
盖　州	319	26	319	26		
大石桥	1820	250	1585	125	235	125
阜　新	38622	35962	5502	2842	33120	33120
辽　阳	19489	10346	9495	442	9994	9904
盘　锦	61170	58870	8540	6240	52630	52630
铁　岭	1357	240	1228	163	129	77
调兵山	267		97		170	
朝　阳	27005	24445	4369	1809	22636	22636
北　票	6173	2410	5623	1910	550	500

节约用水量（万立方米） Water Saved (10,000m³)	工业 Industry	重复利用率（%） Reuse Rate (%)	工业用水重复利用率 Reuse Rate of Water for Industrial Purpose	再生水利用量（建筑中水）（万立方米） Volume of Recycled Water Used (Recycled Water Used in Buildings) (10,000m³)	节水措施投资总额（万元） Total Investment in Water-Saving Measures (10,000yuan)	城市名称 Name of Cities
30	20	4.67	15.38			孝　义
9201	**5208**	**39.94**	**66.67**	**100**		**内蒙古**
948	435	76.43	87.78			呼和浩特
						包　头
5797	2538	28.41	55.10			乌　海
						赤　峰
450	450	26.90	27.86			通　辽
270	210	59.58	72.91			鄂尔多斯
200	106	34.64	34.64	100		乌兰察布
297	230	4.83	4.29			丰　镇
1239	1239	7.12	35.99			乌兰浩特
						二连浩特
37801	**29167**	**87.69**	**91.95**	**157**	**27748**	**辽　宁**
5200	2803	77.97	90.95			沈　阳
6588	3843	84.15	89.52	156	2800	大　连
215	143	35.42	53.70			瓦房店
18	5	11.63	50.00			普兰店
40	36					庄　河
3005	2745	94.10	95.20			鞍　山
65					20	海　城
3200	3069	84.65	88.56		17800	抚　顺
815	773	90.00	91.18			本　溪
950	850	67.35	69.92			丹　东
2168	1796	93.94	95.17		6500	锦　州
18	18					凌　海
33	16					北　镇
1008	687	71.81	83.29			营　口
319	26				60	盖　州
60	48	12.91	50.00			大石桥
945	772	85.75	92.10			阜　新
10114	9496	51.28	95.73			辽　阳
680	590	86.04	89.40			盘　锦
385	48	9.51	32.08			铁　岭
100	80	63.67		1		调兵山
628	439	83.82	92.60		418	朝　阳
185	72	8.91	20.75		150	北　票

城市名称 Name of Cities	实际用水量 Actual Quantity of Water Used 合计（万立方米） Total (10,000m³)	工业 Industry	新水取用量（万立方米） Fresh Water Used (10,000m³)	工业 Industry	重复利用量（万立方米） Water Reused (10,000m³)	工业 Industry
凌源	880	630	850	600	30	30
葫芦岛	29445	29328	4456	4339	24989	24989
兴城	134	81	134	81		
吉林	**367747**	**344831**	**114710**	**93834**	**253037**	**250997**
长春	26032	18997	12734	5699	13298	13298
榆树	2510	1305	2510	1305		
德惠	115	95	115	95		
吉林	286539	284200	74746	72407	211793	211793
蛟河	860	400	430	200	430	200
桦甸						
舒兰	551	281	500	230	51	51
磐石	697	146	697	146		
四平	13802	13802	3200	3200	10602	10602
公主岭	9924	8106	1297	479	8627	7627
通化	13290	10736	7395	5616	5895	5120
梅河口	1881	1281	1850	1250	31	31
集安	13	12	7	6	6	6
临江	560	460	500	400	60	60
松原	3860	1193	3520	853	340	340
白城	1645	926	1168	449	477	477
洮南	59	24	50	15	9	9
延吉	680	410	285	50	395	360
图们	420	76	420	76		
敦化	1234	1130	624	520	610	610
珲春	1050	830	750	530	300	300
龙井	390	338	298	246	92	92
和龙	1635	83	1614	62	21	21
黑龙江	**454809**	**409246**	**142219**	**117580**	**312590**	**291666**
哈尔滨	59485	40815	17485	6815	42000	34000
齐齐哈尔	253293	253250	78601	78558	174692	174692
大庆	71988	64701	26988	19701	45000	45000
伊春	499	215	499	215		
佳木斯	5690	5580	2210	2100	3480	3480
七台河	6300	6200	300	200	6000	6000
牡丹江	53304	37312	13326	9328	39978	27984
北安	890	90	850	80	40	10

节约用水量（万立方米） Water Saved (10,000m³)		重复利用率（%） Reuse Rate (%)		再生水利用量（建筑中水）（万立方米） Volume of Recycled Water Used (Recycled Water Used in Buildings) (10,000m³)	节水措施投资总额（万元） Total Investment in Water-Saving Measures (10,000yuan)	城市名称 Name of Citties
	工业 Industry		工业用水重复利用率 Reuse Rate of Water for Industrial Purpose			
50	50	3.41	4.76			凌源
950	700	84.37	85.21			葫芦岛
62	62					兴城
12808	**11235**	**68.81**	**72.79**	**732**	**666**	**吉林**
590	211	51.08	70.00	730	386	长春
50	14					榆树
						德惠
4948	4217	73.91	74.52			吉林
100		50.00	50.00			蛟河
8					120	桦甸
40	20	9.26	18.15			舒兰
						磐石
96	36	76.81	76.81			四平
81	44	86.93	94.09			公主岭
5128	5120	44.36	47.69		160	通化
86	80	1.65	2.42			梅河口
8	5	46.15	50.00			集安
70	65	10.71	13.04			临江
320	320	8.81	28.50			松原
269	238	29.00	51.51	2		白城
9	9	15.25	37.50			洮南
162	25	58.09	87.80			延吉
						图们
300	288	49.43	53.98			敦化
430	430	28.57	36.14			珲春
92	92	23.59	27.22			龙井
21	21	1.28	25.30			和龙
8148	**6428**	**68.73**	**71.27**	**400**	**3992**	**黑龙江**
2280	1368	70.61	83.30		1358	哈尔滨
857	857	68.97	68.98	400	454	齐齐哈尔
1200	1100	62.51	69.55		2100	大庆
31	7					伊春
300	300	61.16	62.37		80	佳木斯
2000	2000	95.24	96.77			七台河
630	441	75.00	75.00			牡丹江
30		4.49	11.11			北安

6-3 续 3

城市名称 Name of Cities	实际用水量 Actual Quantity of Water Used					
	合计（万立方米） Total (10,000m³)	工业 Industry	新水取用量（万立方米） Fresh Water Used (10,000m³)	工业 Industry	重复利用量（万立方米） Water Reused (10,000m³)	工业 Industry
绥　化	3042	971	1942	571	1100	400
肇　东	318	112	18	12	300	100
上　海	**295270**	**210551**	**90885**	**38952**	**204385**	**171599**
江　苏	**911667**	**691658**	**339846**	**232226**	**571821**	**459432**
南　京	324593	183399	80499	41631	244094	141768
无　锡	45874	42995	14458	11579	31416	31416
江　阴	25388	24206	4108	2926	21280	21280
徐　州	39212	20383	19268	4279	19944	16104
新　沂	3130	3050	1180	1100	1950	1950
邳　州	1660	1231	1210	1021	450	210
常　州	46732	28288	26582	8268	20150	20020
金　坛	1422	1088	787	453	635	635
苏　州	30961	25561	9266	5195	21695	20366
常　熟	7371	4904	1742	1352	5629	3552
张家港	7448	5605	1272	525	6176	5080
昆　山	16007	15274	3432	2990	12575	12284
吴　江	64838	61380	5187	2099	59651	59281
太　仓	3573	2078	2678	1275	895	803
南　通	230039	222104	140192	132257	89847	89847
启　东	5347	2522	5347	2522		
连云港	5581	3677	2411	507	3170	3170
东　台	965	315	965	315		
大　丰	9062	8552	3123	2613	5939	5939
扬　州	21428	21428	3889	3889	17539	17539
仪　征	5300	3800	1800	400	3500	3400
高　邮	1099	1064	495	460	604	604
江　都	1867	1797	1185	1115	682	682
镇　江	4483	3533	1805	855	2678	2678
丹　阳	307		307			
扬　中	75	75	55	55	20	20
句　容	134	63	118	47	16	16
兴　化	590	590	295	295	295	295
靖　江	4351	956	3580	683	771	273
泰　兴	2830	1740	2610	1520	220	220

节约用水量（万立方米）Water Saved (10,000m³)	工业 Industry	重复利用率（%）Reuse Rate (%)	工业用水重复利用率 Reuse Rate of Water for Industrial Purpose	再生水利用量（建筑中水）（万立方米）Volume of Recycled Water Used (Recycled Water Used in Buildings) (10,000m³)	节水措施投资总额（万元）Total Investment in Water-Saving Measures (10,000yuan)	城市名称 Name of Citties
620	235	36.16	41.19			绥化
200	120	94.34	89.29			肇东
18697	**13453**	**69.22**	**81.50**			**上海**
31051	**23735**	**62.72**	**66.42**	**4960**	**17116**	**江苏**
3280	2790	75.20	77.30		455	南京
2041	1456	68.48	73.07			无锡
331	265	83.82	87.91		1114	江阴
4342	2447	50.86	79.01			徐州
260	260	62.30	63.93			新沂
480	480	27.11	17.06			邳州
2928	2890	43.12	70.77	15	2516	常州
		44.66	58.36			金坛
2258	1178	70.07	79.68	312	2195	苏州
2097	2016	76.37	72.43		1235	常熟
270	198	82.92	90.63			张家港
550	410	78.56	80.42			昆山
138	82	92.00	96.58		2160	吴江
		25.05	38.64	2314	400	太仓
2356	2356	39.06	40.45		5161	南通
1407						启东
1385	1011	56.80	86.21			连云港
205	130					东台
551	551	65.54	69.45	75	1680	大丰
3509	3509	81.85	81.85	2146		扬州
150	130	66.04	89.47			仪征
176	113	54.96	56.77			高邮
314	215	36.53	37.95		200	江都
1272	672	59.74	75.80			镇江
52						丹阳
15	15	26.67	26.67			扬中
20	7	11.94	25.40			句容
295	280	50.00	50.00			兴化
149	54	17.72	28.56	98		靖江
220	220	7.77	12.64			泰兴

6-3 续 4

城市名称 Name of Cities	实际用水量 Actual Quantity of Water Used 合计（万立方米） Total (10,000m³)	工业 Industry	新水取用量（万立方米） Fresh Water Used (10,000m³)	工业 Industry	重复利用量（万立方米） Water Reused (10,000m³)	工业 Industry
浙江	**278309**	**194340**	**100093**	**49503**	**178216**	**144837**
杭州	100874	58718	33775	10630	67099	48088
建德	8	8			8	8
临安	2229	692	2229	692		
宁波	91611	77976	24844	17848	66767	60128
慈溪	1204		696		508	
奉化	828	65	74		754	65
嘉兴	5756	3844	3250	1755	2506	2089
海宁	5859	4844	3706	2691	2153	2153
平湖	1044	867	434	257	610	610
桐乡	2478	848	2398	788	80	60
湖州	4444	3362	2524	1552	1920	1810
绍兴	29691	26499	6925	5432	22766	21067
诸暨	5185	3045	2380	995	2805	2050
嵊州	2802	1686	2802	1686		
金华	4242	3494	1531	1291	2711	2203
义乌	4200	1050	1200	490	3000	560
东阳	3437	2250	1907	720	1530	1530
永康	314	89	257	64	57	25
舟山	3802	1531	3042	919	760	612
台州	5928	3222	3861	1533	2067	1689
温岭	2373	250	2258	160	115	90
安徽	**52887**	**35839**	**20806**	**7661**	**32081**	**28178**
合肥	34292	24415	10716	3318	23576	21097
蚌埠	5001	1784	2758	950	2243	834
淮南	4335	1396	3468	529	867	867
安庆	2441	2441	597	597	1844	1844
黄山	1938	1938	317	317	1621	1621
天长	930	395	880	360	50	35
阜阳	3600	3120	1880	1400	1720	1720
界首	350	350	190	190	160	160
福建	**99335**	**77393**	**32593**	**10976**	**66742**	**66417**
福州	15528	10694	8448	3614	7080	7080
厦门	13015		13015			
莆田	493	148	451	136	42	12
三明	64537	63173	6418	5054	58119	58119

节约用水量（万立方米） Water Saved (10,000m³)	工业 Industry	重复利用率（%） Reuse Rate (%)	工业用水重复利用率 Reuse Rate of Water for Industrial Purpose	再生水利用量（建筑中水）（万立方米） Volume of Recycled Water Used (Recycled Water Used in Buildings) (10,000m³)	节水措施投资总额（万元） Total Investment in Water-Saving Measures (10,000yuan)	城市名称 Name of Cities
82315	**56558**	**64.04**	**74.53**	**2223**	**1659**	**浙江**
67088	47525	66.52	81.90			杭州
8	8	100.00	100.00			建德
						临安
2050	1248	72.88	77.11			宁波
1400		42.19				慈溪
174	17	91.06	100.00			奉化
2221	1522	43.54	54.34			嘉兴
29	13	36.75	44.45		30	海宁
160	95	58.43	70.36			平湖
304		3.23	7.08			桐乡
813	597	43.20	53.84		30	湖州
3221	1678	76.68	79.50		1211	绍兴
835	768	54.10	67.32			诸暨
						嵊州
922	750	63.91	63.05	2100	200	金华
810	360	71.43	53.33			义乌
410	369	44.52	68.00		130	东阳
133	87	18.15	28.09			永康
682	658	19.99	39.97	123	43	舟山
940	768	34.87	52.42			台州
115	95	4.85	36.00		15	温岭
8602	**4649**	**60.66**	**78.62**	**150**	**2059**	**安徽**
2434		68.75	86.41		1834	合肥
600	600	44.85	46.75			蚌埠
2389	989	20.00	62.11		106	淮南
1001	1001	75.54	75.54			安庆
1621	1621	83.64	83.64	134	29	黄山
50	35	5.38	8.86			天长
347	243	47.78	55.13	16	90	阜阳
160	160	45.71	45.71			界首
7374	**1839**	**67.19**	**85.82**		**260**	**福建**
1649	437	45.60	66.21			福州
3883						厦门
85	26	8.52	8.11			莆田
201	201	90.06	92.00		260	三明

城市名称 Name of Cities	实际用水量 Actual Quantity of Water Used 合　计（万立方米）Total (10,000m³)	工　业 Industry	新水取用量（万立方米）Fresh Water Used (10,000m³)	工　业 Industry	重复利用量（万立方米）Water Reused (10,000m³)	工　业 Industry
泉　州	3069	2087	2148	1461	921	626
漳　州	1600	1047	1020	467	580	580
龙　岩	785	192	785	192		
福　安	308	52	308	52		
江　西	**31602**	**18077**	**17792**	**4761**	**13810**	**13316**
南　昌	19809	9600	10209		9600	9600
景德镇	3003	2780	788	702	2215	2078
赣　州	4331	2984	2956	1966	1375	1018
樟　树	4454	2708	3839	2093	615	615
上　饶	5	5			5	5
山　东	**1225654**	**1086469**	**182381**	**85046**	**1043273**	**1001423**
济　南	322226	299710	30253	11520	291973	288190
章　丘	13232	11907	1820	535	11412	11372
青　岛	87445	64643	27450	10447	59995	54196
胶　州	5307	4192	1948	973	3359	3219
即　墨	5577	4956	2590	1980	2987	2976
平　度	3165	2642	1596	1073	1569	1569
胶　南	5393	2588	2499	1294	2894	1294
莱　西	6137	5305	1827	1061	4310	4244
淄　博	503233	495883	22318	14968	480915	480915
枣　庄	6291	3957	5131	3157	1160	800
滕　州	2528	2293	1510	1510	1018	783
东　营	23305	14200	9257	3291	14048	10909
烟　台	19820	5567	4262	1007	15558	4560
龙　口	4160	1228	925	273	3235	955
莱　阳	2404	1686	752	366	1652	1320
莱　州	2568	1688	1283	403	1285	1285
蓬　莱	1921	1456	793	358	1128	1098
招　远	2848	2848	710	710	2138	2138
栖　霞	256	30	256	30		
海　阳	1550	1150	650	320	900	830
潍　坊	38305	32432	6473	3600	31832	28832
诸　城	4795	3031	1973	1091	2822	1940
寿　光	29020	26328	3360	2367	25660	23961
安　丘	1484	549	1333	398	151	151
高　密	1812	1512	1452	1152	360	360

节约用水量（万立方米）Water Saved (10,000m³)	工业 Industry	重复利用率（%）Reuse Rate (%)	工业用水重复利用率 Reuse Rate of Water for Industrial Purpose	再生水利用量（建筑中水）（万立方米）Volume of Recycled Water Used (Recycled Water Used in Buildings) (10,000m³)	节水措施投资总额（万元）Total Investment in Water-Saving Measures (10,000yuan)	城市名称 Name of Cities
829	564	30.01	30.00			泉州
580	580	36.25	55.40			漳州
122	28					龙岩
25	3					福安
3766	**2841**	**43.70**	**73.66**		**80**	**江西**
700		48.46	100.00			南昌
2222	2042	73.76	74.75		80	景德镇
176	131	31.75	34.12			赣州
668	668	13.81	22.71			樟树
		100.00	100.00			上饶
46272	**32913**	**85.12**	**92.17**	**4721**	**24781**	**山东**
2950	2000	90.61	96.16	2326	8505	济南
39	18	86.25	95.51		280	章丘
5120	3813	68.61	83.84	1140	2000	青岛
563	331	63.29	76.79			胶州
615	583	53.56	60.05			即墨
1299	1299	49.57	59.39			平度
2698	1000	53.66	50.00			胶南
79	66	70.23	80.00	180		莱西
2385	2017	95.57	96.98		1680	淄博
2166	1423	18.44	20.22	10	691	枣庄
773	733	40.27	34.15			滕州
3709	2286	60.28	76.82	406	699	东营
2148	1160	78.50	81.91		65	烟台
3235	955	77.76	77.77		540	龙口
1283	668	68.72	78.29			莱阳
388	324	50.04	76.13	200	149	莱州
90	68	58.72	75.41	107	101	蓬莱
355	355	75.07	75.07			招远
52	24				80	栖霞
150	120	58.06	72.17			海阳
1100	850	83.10	88.90			潍坊
60	60	58.85	64.01		73	诸城
158	110	88.42	91.01		5440	寿光
412	412	10.18	27.50			安丘
360	360	19.87	23.81			高密

6-3 续 6

城市名称 Name of Cities	实际用水量 Actual Quantity of Water Used					
	合计（万立方米） Total (10,000m³)	工业 Industry	新水取用量（万立方米） Fresh Water Used (10,000m³)	工业 Industry	重复利用量（万立方米） Water Reused (10,000m³)	工业 Industry
昌邑	630	630	530	530	100	100
曲阜	5508	4846	1565	920	3943	3926
兖州	2489	1707	2307	1707	182	
邹城	4224	13	4224	13		
泰安	25222	16927	6009	1890	19213	15037
新泰	3615	1290	3215	890	400	400
肥城	3560	2800	2180	1420	1380	1380
威海	20047	17948	4024	1961	16023	15987
文登	4189	3147	1603	690	2586	2457
荣成	3918	2393	1832	312	2086	2081
乳山	1977	1435	892	350	1085	1085
日照	31455	28975	5978	3763	25477	25212
莱芜	2258	755	1850	455	408	300
临沂	10550	5400	4950	1800	5600	3600
德州	4760	2760	4465	2510	295	250
乐陵	1380		1380			
禹城	1960	1510	1510	1060	450	450
菏泽	3130	2152	1446	891	1684	1261
河南	**414085**	**335138**	**83575**	**43814**	**330510**	**291324**
郑州	93750	81496	12700	4396	81050	77100
巩义	23443	5247	5758	658	17685	4589
荥阳	850	830	350	330	500	500
新密	495	48	275	28	220	20
新郑	502	345	67	40	435	305
登封	450	110	425	85	25	25
洛阳	25644	5991	13250	5991	12394	
偃师	7249	6600	949	300	6300	6300
平顶山	12300	9183	5561	2444	6739	6739
舞钢	3650	3070	2250	1670	1400	1400
汝州	2500	2500			2500	2500
安阳	44000	42500	9000	7500	35000	35000
林州	525	102	493	73	32	29
鹤壁	107323	106884	3923	3484	103400	103400
新乡	23900	18500	8900	5500	15000	13000
卫辉	1499	1499	649	649	850	850
焦作	12986	12484	4527	4025	8459	8459
沁阳	743	545	493	305	250	240

节约用水量（万立方米） Water Saved (10,000m³)	工业 Industry	重复利用率（%） Reuse Rate (%)	工业用水重复利用率 Reuse Rate of Water for Industrial Purpose	再生水利用量（建筑中水）（万立方米） Volume of Recycled Water Used (Recycled Water Used in Buildings) (10,000m³)	节水措施投资总额（万元） Total Investment in Water-Saving Measures (10,000yuan)	城市名称 Name of Citties
130	130	15.87	15.87		86	昌　邑
3943	3926	71.59	81.02			曲　阜
182		7.31				兖　州
					46	邹　城
1300	1100	76.18	88.83	116	605	泰　安
370	290	11.07	31.01			新　泰
1380	1380	38.76	49.29			肥　城
439	357	79.93	89.07	10	451	威　海
283	267	61.73	78.07		350	文　登
2213	2207	53.24	86.96		280	荣　成
120	70	54.88	75.61	4	110	乳　山
460	286	81.00	87.01	212	1338	日　照
610	299	18.07	39.74	10	312	莱　芜
2310	1300	53.08	66.67			临　沂
145	140	6.20	9.06			德　州
						乐　陵
		22.96	29.80			禹　城
200	126	53.80	58.60		900	菏　泽
13548	**10240**	**79.82**	**86.93**	**386**	**13056**	**河　南**
2160	1066	86.45	94.61		816	郑　州
287	176	75.44	87.46	380	280	巩　义
1000	1000	58.82	60.24			荥　阳
30	7	44.44	41.67			新　密
296	172	86.65	88.41			新　郑
75	35	5.56	22.73			登　封
545		48.33				洛　阳
155	145	86.91	95.45			偃　师
1306	1279	54.79	73.39			平顶山
60	60	38.36	45.60			舞　钢
104	71	100.00	100.00			汝　州
2100	2100	79.55	82.35		600	安　阳
65	30	6.10	28.43	1		林　州
309	240	96.34	96.74		30	鹤　壁
500	500	62.76	70.27			新　乡
850	850	56.70	56.70			卫　辉
230	210	65.14	67.76			焦　作
250	240	33.65	44.04			沁　阳

城市名称 Name of Cities	实际用水量 Actual Quantity of Water Used 合计（万立方米） Total (10,000m³)	工业 Industry	新水取用量（万立方米） Fresh Water Used (10,000m³)	工业 Industry	重复利用量（万立方米） Water Reused (10,000m³)	工业 Industry
许昌	4711	3541	2293	1166	2418	2375
长葛	319	92	201	92	118	
漯河	19075	10539	2935	1534	16140	9005
三门峡	1250	1250	250	250	1000	1000
南阳	17971	15583	3667	1279	14304	14304
邓州	1696	1530	536	370	1160	1160
周口	429	94	368	83	61	11
项城	710	440	550	280	160	160
驻马店	6115	4135	3205	1282	2910	2853
湖北	**252913**	**213950**	**77346**	**46472**	**175567**	**167478**
武汉	202100	175400	46500	27000	155600	148400
黄石	11116	9629	3082	2157	8034	7472
十堰	10011	6310	10011	6310		
宜昌	6788	6716	4870	4870	1918	1846
襄樊	2400	2400			2400	2400
老河口	1222	153	1211	145	11	8
宜城	1644	368	1598	339	46	29
荆门	9071	6974	5815	3909	3256	3065
荆州	6589	5429	2563	1403	4026	4026
潜江	1972	571	1696	339	276	232
湖南	**21689**	**15924**	**20202**	**14734**	**1487**	**1190**
韶山	361	127	279	79	82	48
耒阳	710	80	710	80		
邵阳	756	568	655	467	101	101
岳阳	9225	9079	9225	9079		
郴州	4486	3726	3541	2851	945	875
资兴	689	155	689	155		
永州	5462	2189	5103	2023	359	166
广东	**353965**	**200397**	**225713**	**73479**	**128252**	**126918**
广州	155070	129254	32023	6207	123047	123047
增城	4727		4727			
乐昌	747	37	747	37		
深圳	154230	54523	154230	54523		
汕头	18787	5615	18594	5424	193	191
佛山						

节约用水量（万立方米）Water Saved (10,000m³)	工 业 Industry	重复利用率（%）Reuse Rate (%)	工业用水重复利用率 Reuse Rate of Water for Industrial Purpose	再生水利用量（建筑中水）（万立方米）Volume of Recycled Water Used (Recycled Water Used in Buildings) (10,000m³)	节水措施投资总额（万元）Total Investment in Water-Saving Measures (10,000yuan)	城市名称 Name of Citties
192	98	51.33	67.07	5	30	许昌
52	24	36.99				长葛
573	335	84.61	85.44			漯河
350	200	80.00	80.00		100	三门峡
1126	943	79.59	91.79		3105	南阳
146	90	68.40	75.82		35	邓州
397	24	14.22	11.70			周口
130	120	22.54	36.36			项城
260	225	47.59	69.00		8060	驻马店
20686	**17184**	**69.42**	**78.28**	**305**	**40935**	**湖北**
16000	14000	76.99	84.61	169	40000	武汉
868	807	72.27	77.60	24	140	黄石
						十堰
300	228	28.26	27.49			宜昌
320		100.00	100.00			襄樊
192	167	0.90	5.23		15	老河口
70	29	2.80	7.88		100	宜城
1454	1368	35.89	43.95	112	680	荆门
1176	525	61.10	74.16			荆州
306	60	14.00	40.63			潜江
2145	**1723**	**6.86**	**7.47**	**39**	**2161**	**湖南**
57	28	22.71	37.80		60	韶山
						耒阳
174	142	13.36	17.78		254	邵阳
1000	1000				1800	岳阳
321	256	21.07	23.48			郴州
						资兴
593	297	6.57	7.58	39	47	永州
34471	**20801**	**36.23**	**63.33**	**2379**	**1724**	**广东**
12219	4462	79.35	95.20			广州
						增城
						乐昌
18943	13260			2379	900	深圳
193	191	1.03	3.40			汕头
150					600	佛山

城市名称 Name of Cities	实际用水量 Actual Quantity of Water Used					
	合　计 （万立方米） Total (10,000m³)	工　业 Industry	新水取用量 （万立方米） Fresh Water Used (10,000m³)	工　业 Industry	重复利用量 （万立方米） Water Reused (10,000m³)	工　业 Industry
江　门	4330	3996	2098	1936	2232	2060
湛　江	1580	1130	1490	1040	90	90
肇　庆	6020	2142	6020	2142		
梅　州	1314	1314	384	384	930	930
陆　丰	1598	436	1598	436		
河　源	1732	260	1732	260		
阳　春	960		600		360	
中　山	2870	1690	1470	1090	1400	600
广　西	**186486**	**146852**	**59474**	**22420**	**127012**	**124432**
南　宁	16765	2778	16765	2778		
柳　州	136880	125131	24384	12739	112496	112392
桂　林	22132	10418	11636	2398	10496	8020
北　海	1971	1708	371	108	1600	1600
贵　港	6745	6745	4360	4360	2385	2385
玉　林	1993	72	1958	37	35	35
海　南	**22000**	**4500**	**15000**	**1100**	**7000**	**3400**
海　口	22000	4500	15000	1100	7000	3400
重　庆	**10122**	**100**	**10042**	**20**	**80**	**80**
四　川	**91336**	**69735**	**42822**	**21761**	**48514**	**47974**
成　都	9803	6682	8425	5399	1378	1283
邛　崃	370	170	347	162	23	8
崇　州	790	115	750	85	40	30
自　贡	35202	33928	3358	2089	31844	31839
攀枝花	12427	6847	9739	4159	2688	2688
泸　州	6723	5860	6093	5230	630	630
德　阳	480	350	130		350	350
广　汉	477	354	315	192	162	162
绵　阳	10496	9383	2480	1481	8016	7902
广　元	13	12	3	2	10	10
遂　宁	1539		1462		77	

节约用水量（万立方米）Water Saved (10,000m³)	工业 Industry	重复利用率（%）Reuse Rate (%)	工业用水重复利用率 Reuse Rate of Water for Industrial Purpose	再生水利用量（建筑中水）（万立方米）Volume of Recycled Water Used (Recycled Water Used in Buildings) (10,000m³)	节水措施投资总额（万元）Total Investment in Water-Saving Measures (10,000yuan)	城市名称 Name of Citties
1942	1864	51.55	51.55		224	江门
90	90	5.70	7.96			湛江
						肇庆
934	934	70.78	70.78			梅州
						陆丰
						河源
		37.50				阳春
		48.78	35.50			中山
15554	**13199**	**68.11**	**84.73**	**6**	**2456**	**广西**
2460	878					南宁
9228	9228	82.19	89.82			柳州
1111	624	47.42	76.98		2106	桂林
262	43	81.18	93.68	6		北海
2388	2388	35.36	35.36		350	贵港
105	38	1.76	48.61			玉林
1800	**700**	**31.82**	**75.56**	**250**	**100**	**海南**
1800	700	31.82	75.56	250	100	海口
3110	**80**	**0.79**	**80.00**		**200**	**重庆**
7785	**5045**	**53.12**	**68.79**	**22**	**2214**	**四川**
1559	1488	14.06	19.20		1600	成都
68	68	6.22	4.71			邛崃
40	35	5.06	26.09			崇州
210	150	90.46	93.84		143	自贡
899	728	21.63	39.26	2	15	攀枝花
660	630	9.37	10.75			泸州
300	100	72.92	100.00	20	20	德阳
162	162	33.96	45.76			广汉
457	252	76.37	84.22		436	绵阳
8	8	76.92	83.33			广元
77		5.00				遂宁

城市名称 Name of Cities	实际用水量 Actual Quantity of Water Used 合　计 （万立方米） Total (10,000m³)	工　业 Industry	新水取用量 （万立方米） Fresh Water Used (10,000m³)	工　业 Industry	重复利用量 （万立方米） Water Reused (10,000m³)	工　业 Industry
内　江	3841	2360	2936	1469	905	891
乐　山	489	118	489	118		
南　充	698	603	150	134	548	469
眉　山	1393	324	1254	217	139	107
宜　宾						
广　安	1121		1121			
达　州	1784	462	1768	446	16	16
资　阳	2340	2126	668	552	1672	1574
简　阳	1350	41	1334	26	16	15
贵　州	**93373**	**86539**	**43950**	**37960**	**49423**	**48579**
贵　阳	36518	29759	13375	7460	23143	22299
清　镇	56855	56780	30575	30500	26280	26280
云　南	**18548**	**5810**	**16131**	**4050**	**2417**	**1760**
昆　明	8638	2899	6448	1225	2190	1674
曲　靖	3377	104	3377	104		
宣　威	3763	2656	3692	2585	71	71
玉　溪						
昭　通	922	23	866	23	56	
丽　江	1100	40	1000	25	100	15
个　旧						
开　远	748	88	748	88		
陕　西	**53512**	**37408**	**23434**	**8106**	**30078**	**29302**
西　安	38430	26815	16500	5655	21930	21160
宝　鸡	14372	10554	6256	2438	8116	8116
延　安	52	39	20	13	32	26
商　洛	658		658			
甘　肃	**209539**	**189641**	**38627**	**20351**	**170912**	**169290**
兰　州	179985	170166	20387	10629	159598	159537

节约用水量(万立方米) Water Saved (10,000m³)	工业 Industry	重复利用率(%) Reuse Rate (%)	工业用水重复利用率 Reuse Rate of Water for Industrial Purpose	再生水利用量(建筑中水)(万立方米) Volume of Recycled Water Used (Recycled Water Used in Buildings) (10,000m³)	节水措施投资总额(万元) Total Investment in Water-Saving Measures (10,000yuan)	城市名称 Name of Citties
1035	791	23.56	37.75			内江
195						乐山
548	299	78.51	77.78			南充
179	129	9.98	33.02			眉山
1150						宜宾
						广安
135	135	0.90	3.46			达州
87	55	71.45	74.04			资阳
16	15	1.19	36.59			简阳
10574	**10394**	**52.93**	**56.14**	**13**	**7641**	**贵州**
649	564	63.37	74.93	13	7641	贵阳
9925	9830	46.22	46.28			清镇
3257	**1004**	**13.03**	**30.29**	**561**	**2700**	**云南**
2937	866	25.35	57.74	516	2620	昆明
21	11					曲靖
71	71	1.89	2.67			宣威
47	34					玉溪
81	7	6.07				昭通
100	15	9.09	37.50	8	80	丽江
				37		个旧
						开远
6219	**4204**	**56.21**	**78.33**	**1162**	**3250**	**陕西**
6050	4060	57.06	78.91	100	2450	西安
81	81	56.47	76.90	1062	800	宝鸡
88	63	61.54	66.67			延安
						商洛
5389	**2398**	**81.57**	**89.27**			**甘肃**
3780	1296	88.67	93.75			兰州

6-3续10

城市名称 Name of Cities	实际用水量 Actual Quantity of Water Used 合计（万立方米） Total (10,000m³)	工业 Industry	新水取用量（万立方米） Fresh Water Used (10,000m³)	工业 Industry	重复利用量（万立方米） Water Reused (10,000m³)	工业 Industry
嘉峪关	8734	5915	8134	5315	600	600
金昌	16616	13380	7465	4229	9151	9151
白银	3474		1913		1561	
武威	228		228			
平凉	130	80	130	80		
定西	372	100	370	98	2	2
青海	**2434**	**786**	**2178**	**530**	**256**	**256**
西宁	2434	786	2178	530	256	256
宁夏	**97306**	**85887**	**20636**	**9217**	**76670**	**76670**
银川	79235	72965	9059	2789	70176	70176
石嘴山	16491	12238	10127	5874	6364	6364
吴忠	1580	684	1450	554	130	130
新疆	**17987**	**4759**	**16232**	**4201**	**1755**	**558**
乌鲁木齐	6558	1127	6161	730	397	397
吐鲁番	450	36	450	36		
哈密	264		264			
昌吉	731	276	731	276		
阜康	250		250			
阿克苏	1254	57			1254	57
喀什	778	371	694	287	84	84
和田	449		449			
伊宁	209	72	189	52	20	20
奎屯	872		872			
阿勒泰	373		373			
石河子	5799	2820	5799	2820		

节约用水量(万立方米) Water Saved ($10,000m^3$)	工业 Industry	重复利用率(%) Reuse Rate (%)	工业用水重复利用率 Reuse Rate of Water for Industrial Purpose	再生水利用量(建筑中水)(万立方米) Volume of Recycled Water Used (Recycled Water Used in Buildings) ($10,000m^3$)	节水措施投资总额(万元) Total Investment in Water-Saving Measures (10,000yuan)	城市名称 Name of Cities
150	150	6.87	10.14			嘉峪关
928	928	55.07	68.39			金昌
464		44.93				白银
19						武威
30	14					平凉
18	10	0.54	2.00			定西
986	**434**	**10.52**	**32.57**		**28**	**青海**
986	434	10.52	32.57		28	西宁
1582	**736**	**78.79**	**89.27**	**96**	**428**	**宁夏**
767	274	88.57	96.18	96	413	银川
555	322	38.59	52.00			石嘴山
260	140	8.23	19.01		15	吴忠
6973	**1167**	**9.76**	**11.73**	**117**	**5112**	**新疆**
4710	616	6.05	35.23	117	1669	乌鲁木齐
98	9				43	吐鲁番
39						哈密
140	41					昌吉
						阜康
1254	57	100.00	100.00			阿克苏
		10.80	22.64			喀什
132						和田
38	13	9.57	27.78			伊宁
103						奎屯
28						阿勒泰
431	431				3400	石河子

主 要 指 标 解 释

新水取用量

指取自任何水源被第一次利用的水量。就一个城市来说，新水量包括城市供水企业新水量和社会各单位的新水量。

用水重复利用量

指各用水单位在生产和生活中，循环利用的水量和直接或经过处理后回收再利用的水量之和。

节约用水量

指报告期新节水量。系通过采用各项节水措施（如改进生产工艺、技术、生产设备、用水方式、换装节水器具、加强管理等）后，而节约的水量。

Explanatory Notes on Main Indicators

Quantity of Fresh Water Used

Itrefers to the quantity of water obtained from any water source for the fist time. As for a city, it includes the quantity of fresh water used by urban water suppliers and customers in different industries and sectors.

Quantity of Recycled Water

Itre fers to the sum of water recycled, reclaimed and reused by customers.

Quantity of Water Saved

It refers to the water saved in the reported period through efficient water saving measures, e. g. improvement of production methods, technologies, equipment, water use behavior or replacement of defective and inefficient devices, or strengthening of managementetc.

七、城市燃气
7. Urban Gas

简要说明

城市燃气指符合《城镇燃气设计规范》的规定，供城市生产和生活作燃料使用的人工煤气、天然气和液化石油气等气体能源的统称。

本部分共分人工煤气、天然气和液化石油气三部分，主要包括城市燃气的供应能力、产量和服务情况等内容。

Brief Introduction

Urban gas is a general designation describing energy such as man-made coal gas, natural gas and LPG, which is provided for urban production and domestic use according to the Code on Design of Urban Gas in Towns and Cities.

This section includes three parts: statistics on man-made coal gas, statistics on natural gas and statistics on LPG. Indicators such as supply capacity, quantity of gas produced, service and employment are used

7 全国历年城市燃气情况(1978—2007)

指标 Item / 年份 Year	人工煤气 Man-Made Coal Gas				天然气	
	供气总量(万立方米) Total Gas Supplied (10,000m³)	家庭用量 Domestic Consumption	用气人口(万人) Population Supplied (10,000persons)	管道长度(公里) Length of Gas Supply Pipeline (km)	供气总量(万立方米) Total Gas Supplied (10,000m³)	家庭用量 Domestic Consumption
1978年	172541	66593	450	4157	69078	4103
1979年	182748	73557	500	4446	68489	9833
1980年	195491	83281	561	4698	58937	4893
1981年	199466	90326	594	4830	93970	8575
1982年	208819	94896	630	5258	90421	8938
1983年	214009	89012	703	5967	49071	9443
1984年	231351	96228	768	7353	168568	38258
1985年	244754	107060	911	8255	162099	43268
1986年	337745	139374	951	7990	435887	65262
1987年	686518	170887	1177	11650	501093	77719
1988年	667927	171376	1357	13028	573983	73305
1989年	841297	204709	1498	14448	591169	91770
1990年	1747065	274127	1674	16312	642289	115662
1991年	1258088	311430	1867	18181	754616	154302
1992年	1495531	305325	2181	20931	628914	152013
1993年	1304130	345180	2490	23952	637207	139297
1994年	1262712	416453	2889	27716	752436	146938
1995年	1266894	456585	3253	33890	673354	163788
1996年	1348076	472904	3490	38486	637832	138018
1997年	1268944	535412	3735	41475	663001	177121
1998年	1675571	480734	3746	42725	688255	195778
1999年	1320925	494001	3918	45856	800556	215006
2000年	1523615	630937	3944	48384	821476	247580
2001年	1369144	494191	4349	50114	995197	247543
2002年	1989196	490258	4541	53383	1259334	350479
2003年	2020883	583884	4792	57017	1416415	374986
2004年	2137225	512026	4654	56419	1693364	454248
2005年	2558343	458538	4369	51404	2104951	521389
2006年	3964500	381518	4067	50524	2447742	573441
2007年	3223512	373522	4022	48630	3086363	662196

注:自2006年起,燃气普及率指标按城区人口和城区暂住人口合计为分母计算,括号中的数据为与往年同口径数据。

Note:Since 2006,gas coverage rate has been calculated based on denominator which combines both permanent and temporary

7 National Urban Gas in Past Years (1978—2007)

Natural Gas		液化石油气 LPG				
用气人口（万人）Population Supplied (10,000persons)	管道长度（公里）Length of Gas Supply Pipeline (km)	供气总量（吨）Total Gas Supplied (ton)	家庭用量 Domestic Consumption	用气人口（万人）Population Supplied (10,000persons)	管道长度（公里）Length of Gas Supply Pipeline (km)	燃气普及率（%）Gas Coverage Rate(%)
24	560	194533	175744	635		14.40
76	751	243576	218797	788		16.10
80	921	290460	269502	924		17.30
83	1059	330987	308028	995		11.60
93	1098	388596	342828	1076		12.60
91	1149	456192	414635	1159		12.30
135	1965	535289	424318	1435		13.00
281	2312	601803	540761	1534		13.00
492	2409	1011308	763590	2041		15.20
634	5465	1049116	954534	2399		16.70
748	6186	1730261	1136883	2764		16.50
896	6849	1898003	1259349	3156		17.80
972	7316	2190334	1428058	3579		19.10
1072	8054	2423988	1694399	4084		23.70
1119	8487	2996699	2019620	4796		26.30
1180	8889	3150296	2316129	5770		27.90
1273	9566	3664948	2817702	6745		30.40
1349	10110	4886528	3701504	8355		34.30
1470	18752	5758374	3943604	8864	2762	38.20
1656	22203	5786023	4370979	9350	4086	40.00
1908	25429	7972947	5478535	9995	4458	41.80
2225	29510	7612684	4990363	10336	6116	43.80
2581	33655	10537147	5322828	11107	7419	45.40
3127	39556	9818313	5583497	13875	10809	60.42
3686	47652	11363884	6561738	15431	12788	67.17
4320	57845	11263475	7817094	16834	15349	76.74
5628	71411	11267120	7041351	17559	20119	81.53
7104	92043	12220141	7065214	18013	18662	82.08
8319	121498	12636613	6936513	17100	17469	79.11(88.58)
10190	155251	14667692	7280415	18172	17202	87.40

residents in urban areas, and the datas in brackets are the same index but calculated by the method of past years.

7-1-1 2007 年全国城市人工煤气分组资料

地区名称 Name of Regions		生产能力（万立方米/日） Production Capacity (10,000m³/day)	储气能力（万立方米） Gas Storage Capacity (10,000m³)	供气管道长度（公里） Length of Gas Supply Pipeline (km)	自制气量（万立方米） Self-Produced Gas(10,000m³)	外购气量（万立方米） Purchased Gas (10,000m³)	供气 Total 合 计 Total
全　　国	**National Total**	**9787.5**	**3075.3**	**48630**	**3037709**	**362377**	**3223512**
分 类 一	**Sort one**						
东部地区	East China	5597.0	1113.2	27398	1928250	156163	2081306
中部地区	Central China	1810.4	986.8	15291	366385	155334	355968
西部地区	West China	2380.1	975.3	5942	743074	50881	786238
分 类 二	**Sort two**						
东部地区	East China	5580.4	1101.8	26884	1924554	153513	2076445
中部地区	Central China	1615.0	945.2	14588	359882	154834	348968
西部地区	West China	2592.1	1028.3	7158	753273	54031	798098
分 类 三	**Sort three**						
东部地区	East China	5306.5	975.6	22056	1893094	125868	2020660
中部地区	Central China	1261.2	693.9	9689	247025	150736	293081
西部地区	West China	2592.1	1028.3	7158	753273	54031	798098
东北地区	Northeast China	627.7	377.5	9727	144317	31743	111672

7-1-1 National Urban Man-made Coal Gas (2007)

总量(万立方米) Total Gas Supplied (10,000m³)			用气户数(户) Households Supplied (unit)		用气人口(万人) Population Supplied (10,000persons)	地区名称 Name of Regions
销售气量 Domestic Consumption	居民家庭 Households	燃气损失量 Loss Amount		家庭用户 Families Supplied		
3169376	**373522**	**54136**	**12373553**	**12172381**	**4021.71**	**全　国**
						分类一
2040133	226989	41173	7062130	6985740	2181.45	东部地区
344709	113210	11259	4040926	3958396	1394.40	中部地区
784534	33324	1704	1270497	1228245	446.86	西部地区
						分类二
2035273	223147	41173	6995819	6919900	2156.31	东部地区
338132	108712	10836	3829566	3747450	1313.19	中部地区
795971	41664	2128	1548168	1505031	552.21	西部地区
						分类三
1985468	186931	35192	5310013	5244598	1669.68	东部地区
284061	79111	9021	2324110	2265064	824.20	中部地区
795971	41664	2128	1548168	1505031	552.21	西部地区
103877	65816	7795	3191262	3157688	975.62	东北地区

7-1-2 2007年按省分列的城市人工煤气

地区名称 Name of Regions	生产能力 (万立方米/日) Production Capacity (10,000m³/day)	储气能力 (万立方米) Gas Storage Capacity (10,000m³)	供气管道长度 (公里) Length of Gas Supply Pipeline (km)	自制气量 (万立方米) Self-Produced Gas (10,000m³)	外购气量 (万立方米) Purchased Gas (10,000m³)	供气总量 合计 Total
全国	**9787.5**	**3075.3**	**48630**	**3037709**	**362377**	**3223512**
河北	132.6	124.4	3648	11231	82908	89864
山西	309.9	438.2	4246	73464	81936	95750
内蒙古	195.4	41.6	703	6502	500	7000
辽宁	273.9	126.2	4828	31460	27645	55785
吉林	92.4	131.5	2293	30319	2449	17196
黑龙江	261.4	119.8	2605	82538	1649	38691
上海	1013.4	411.0	8097	208496		208319
江苏	3780.0	84.0	2760	1622872	10320	1633281
浙江	5.5	13.4	733	1676	1156	1847
安徽	3.5	22.3	558		4850	5827
福建	8.0	28.8	265	1455	904	2489
江西	127.2	63.1	1911	4115	11297	40595
山东	189.1	90.1	4452	15162	22810	49030
河南	466.0	80.2	1816	57874	47919	48669
湖北	58.0	45.7	705	21288	448	13155
湖南	296.6	44.4	452	90284	4286	89086
广东	177.9	223.9	2099	32202	7771	35831
广西	16.6	11.4	514	3697	2650	4861
四川	511.0	35.0	469	159567	2397	158597
贵州	190.8	888.5	2627	120	25007	23491
云南	76.0	26.8	1856	1369	21843	20365
甘肃	15.9	11.0	570	2982	840	3955
宁夏		5.0	320		794	794
新疆	1586.4	9.0	100	579036		579036

7-1-2 Urban Man-made Coal Gas by Province (2007)

(万立方米) Total Gas Supplied (10,000m³)			用气户数(户) Households Supplied (unit)		用气人口(万人) Population Supplied (10,000persons)	地区名称 Name of Regions
销售气量 Domestic Consumption	居民家庭 Households	燃气损失量 Loss Amount		家庭用户 Families Supplied		
3169376	**373522**	**54136**	**12373553**	**12172381**	**4021.71**	全国
83100	30971	6763	1113218	1102214	399.01	河北
94867	43514	883	1157455		398.76	山西
6576	4498	424	211360	210946	81.21	内蒙古
49805	36215	5980	1685806	1675302	486.63	辽宁
15603	8434	1593	493444	447582	150.85	吉林
38469	21167	222	1012012	1034804	338.14	黑龙江
184770	103053	23549	2164586	2133804	576.13	上海
1630679	13228	2602	481861	480676	146.11	江苏
1782	1146	65	112410	108507	33.45	浙江
5644	4896	183	133416	133103	45.23	安徽
2310	1698	179	41276	41100	18.44	福建
35795	9975	4800	366162	356462	127.05	江西
47971	17724	1059	776747	762465	282.00	山东
47265	10746	1404	366250	364001	152.62	河南
11908	6903	1247	173018	172899	58.23	湖北
88582	3076	504	127809	113855	42.31	湖南
34857	19111	974	619915	615832	214.54	广东
4861	3842		66311	65840	25.14	广西
158587	4960	10	104846	104209	34.39	四川
23234	9439	257	399190	360377	145.11	贵州
20365	13849		628142	626537	219.70	云南
3394	2881	561	87735	86657	28.66	甘肃
794	443		29538	29441	11.82	宁夏
578160	1752	876	21046	21024	6.18	新疆

7-1-3 2007年按城市分列的城市人工煤气

城市名称 Name of Cities	生产能力 (万立方米/日) Production Capacity (10,000m³/day)	储气能力 (万立方米) Gas Storage Capacity (10,000m³)	供气管道长度 (公里) Length of Gas Supply Pipeline (km)	自制气量 (万立方米) Self-Produced Gas (10,000m³)	外购气量 (万立方米) Purchased Gas (10,000m³)	供气总量 合计 Total
全　　国	**9787.5**	**3075.3**	**48630**	**3037709**	**362377**	**3223512**
河　　北	**132.6**	**124.4**	**3648**	**11231**	**82908**	**89864**
石　家　庄	6.0	22.4	338	2000	10823	12327
唐　　山		39.0	1478		42453	42453
邯　　郸	8.8	28.0	489	3112	9965	13077
武　　安	15.0	6.0	300	4500		1604
邢　　台		13.0	217		13657	13451
张　家　口	0.1	11.0	692	19	5410	5392
承　　德	60.0	5.0	134	1600	600	1560
泊　　头	42.7					
山　　西	**309.9**	**438.2**	**4247**	**73464**	**81936**	**95750**
太　　原	136.0	350.0	1929	46870	61587	58376
古　　交	11.0	4.0	200	1000		1000
大　　同	60.2	25.5	376	16170	6647	8637
长　　治	46.0	9.0	344			10353
潞　　城			176		365	365
晋　　城		17.0	183		2013	2065
晋　　中	10.0	6.0	230	2500		2200
介　　休	3.5	3.3	16			835
运　　城		2.0	197			489
忻　　州	20.0	2.7	137	20	1950	1580
临　　汾		9.0			6774	6794
霍　　州	4.0	3.0	100		1800	550
吕　　梁	19.2	2.2	128	6904		1714
孝　　义		4.5	230		800	793
内　蒙　古	**195.4**	**41.6**	**703**	**6502**	**500**	**7000**
呼和浩特	16.4	10.8	250	3416		3416
包　　头	164.0	25.8	317	3081		3084
乌　　海	15.0	5.0	136	5	500	500
辽　　宁	**273.9**	**126.2**	**4828**	**31460**	**27645**	**55785**
大　　连	140.0	51.0	2071	23577	2452	25708
瓦　房　店	8.0	6.0	25	820		760
鞍　　山		20.0	1063		12744	12569
本　　溪	0.6	19.4	292	219	4447	4537
丹　　东	61.0	9.0	393	6	3731	3737

7-1-3 Urban Man-made Coal Gas by City (2007)

(万立方米) Total Gas Supplied (10,000m³)			用气户数(户) Households Supplied (unit)		用气人口(万人) Population Supplied (10,000persons)	城市名称 Name of Cities
销售气量 Domestic Consumption	居民家庭 Households	燃气损失量 Loss Amount		家庭用户 Families Supplied		
3169376	**373522**	**54136**	**12373553**	**12172381**	**4021.71**	**全　国**
83100	**30971**	**6763**	**1113218**	**1102214**	**399.01**	**河　北**
11575	6832	752	298931	298521	121.01	石家庄
38233	7982	4220	313163	312256	103.22	唐　山
12877	10156	200	251677	246594	95.32	邯　郸
1580	950	24	31786	31597	12.20	武　安
12163	514	1287	22182	22127	7.74	邢　台
5112	3852	280	175120	171025	52.80	张家口
1560	685		20359	20094	6.72	承　德
						泊　头
94867	**43514**	**883**	**1157455**	**1124744**	**398.76**	**山　西**
58376	18092		534582	532404	167.71	太　原
1000	600		32000	31500	11.17	古　交
8637	7781		217285	216135	70.04	大　同
9937	4319	416	101232	79081	36.61	长　治
360	330	5	6461	6424	2.20	潞　城
2065	800		21373	21174	7.63	晋　城
2200	1980		62009	61998	24.80	晋　中
835	589		25000	24700	9.00	介　休
480	351	9	15514	13000	9.00	运　城
1230	950	350	25636	25636	10.00	忻　州
6774	6120	20	68029	67262	25.50	临　汾
500	300	50	10000	9930	8.00	霍　州
1714	922		20118	17500	7.10	吕　梁
760	380	33	18216	18000	10.00	孝　义
6576	**4498**	**424**	**211360**	**210946**	**81.21**	**内蒙古**
2995	1017	421	33268	32854	16.50	呼和浩特
3081	3081	3	162000	162000	56.70	包　头
500	400		16092	16092	8.01	乌　海
49805	**36215**	**5980**	**1685806**	**1675302**	**486.63**	**辽　宁**
21292	16295	4416	675626	668931	187.00	大　连
760	64		520	518	0.16	瓦房店
11950	6451	619	330535	330535	97.67	鞍　山
4336	3875	201	168120	167557	55.13	本　溪
3300	3091	437	164936	162393	45.99	丹　东

7-1-3 续 1

城市名称 Nameof Cities	生产能力 （万立方米/日） Production Capacity （10,000m³/day）	储气能力 （万立方米） GasStorage Capacity （10,000m³）	供气管道长度 （公里） Lengthof GasSupply Pipeline （km）	自制气量 （万立方米） Self-Produced Gas （10,000m³）	外购气量 （万立方米） Purchased Gas （10,000m³）	供气总量 合 计 Total
锦州	32.8	11.0	725	6677	2634	6676
朝阳	1.5	8.3	248	1	1637	1637
凌源	30.0	1.5	12	160		160
吉林	**92.4**	**131.5**	**2294**	**30319**	**2449**	**17196**
长春	80.0	20.0	1879	30052		14752
吉林		2.0	75		878	878
通化	10.0	12.5	148		1301	1302
延吉	2.4	97.0	192	267	270	264
黑龙江	**261.4**	**119.8**	**2605**	**82538**	**1649**	**386901**
哈尔滨	165.0	89.0	1968	68195		31921
齐齐哈尔	8.0	5.4	115		956	956
鸡西	6.9	5.0	245	1825		815
双鸭山	13.0	5.0	76		693	693
七台河	45.5	10.0	114	11760		3548
牡丹江	23.0	5.4	88	758		758
上海	**1013.4**	**411.0**	**8097**	**208496**		**208319**
江苏	**3780.0**	**84.0**	**2760**	**1622872**	**10320**	**1633281**
南京	3717.0	39.0		1612365		1612365
无锡					61	61
徐州		12.0	814		6031	5699
苏州	38.0	22.6	925	2484	4008	6913
昆山		2.0	56		220	220
南通	25.0	8.4	965	8023		8023
浙江	**5.5**	**13.4**	**733**	**1676**	**1156**	**1847**
慈溪		11.5	80		154	195
衢州	1.8	1.9	112	680		656
舟山	3.7		541	996	1002	996
安徽	**3.5**	**22.3**	**559**		**4850**	**5827**
淮南	3.5	0.7	2			1029
淮北		10.8	346		2287	2287
铜陵					1452	1475
安庆		10.8	211		1111	1036

(万立方米) Total Gas Supplied (10,000m³)			用气户数(户) Households Supplied (unit)		用气人口(万人) Population Supplied (10,000persons)	城市名称 Name of Cities
销售气量 Domestic Consumption	居民家庭 Households	燃气损失量 Loss Amount		家庭用户 Families Supplied		
6403	4937	273	255699	254998	71.08	锦州
1613	1352	24	84196	84196	27.70	朝阳
150	150	10	6174	6174	1.90	凌源
15603	**8434**	**1593**	**493444**	**447582**	**150.85**	**吉林**
13324	6411	1428	399491	397238	115.20	长春
740	682	138	20985	20949	6.35	吉林
1302	1159		43472		17.30	通化
237	182	27	29496	29395	12.00	延吉
38469	**21167**	**222**	**1012012**	**1034804**	**338.14**	**黑龙江**
31921	17326		846189	872308	261.69	哈尔滨
950	850	6	45200	45000	13.20	齐齐哈尔
815	400		60000	58000	42.10	鸡西
658	337	35	19323	19052	5.70	双鸭山
3380	2117	168	31600	30800	11.00	七台河
745	137	13	9700	9644	4.45	牡丹江
184770	**103053**	**23549**	**2164586**	**2133804**	**576.13**	**上海**
1630679	**13228**	**2602**	**481861**	**480676**	**146.11**	**江苏**
1610365	500	2000	18021	18000	4.57	南京
61						无锡
5699	4050		164946	164546	50.00	徐州
6883	4774	30	163046	162702	53.00	苏州
214	142	6	5845	5828	1.75	昆山
7457	3762	566	130003	129600	36.79	南通
1782	**1146**	**65**	**112410**	**108507**	**33.45**	**浙江**
195	51		2005	1356	0.60	慈溪
656	585		14300	14150	4.14	衢州
931	510	65	96105	93001	28.71	舟山
5644	**4896**	**183**	**133416**	**133103**	**45.23**	**安徽**
945	945	84	7860	7860	2.75	淮南
2188	1669	99	80407	80170	28.06	淮北
1475	1398					铜陵
1036	884		45149	45073	14.42	安庆

7-1-3 续 2

城市名称 Name of Cities	生产能力（万立方米/日） Production Capacity (10,000m³/day)	储气能力（万立方米） Gas Storage Capacity (10,000m³)	供气管道长度（公里） Length of Gas Supply Pipeline (km)	自制气量（万立方米） Self-Produced Gas (10,000m³)	外购气量（万立方米） Purchased Gas (10,000m³)	供气 合计 Total
福建	**8.0**	**28.8**	**265**	**1455**	**904**	**2489**
莆田		23.8	53		158	113
三明	8.0	5.0	212	1455	746	2376
江西	**127.2**	**63.1**	**1911**	**4115**	**11297**	**40595**
南昌		16.2	800		6332	7502
景德镇	108.0	20.0	338			25864
萍乡		10.0	189		3399	3305
新余	12.0	10.8	351	2200	1566	2247
贵溪	2.2	3.1	13	730		520
宜春	5.0	3.0	221	1185		1157
山东	**189.1**	**90.1**	**4452**	**15162**	**22810**	**49030**
济南		15.0	500		4251	4251
章丘	2.8		4	110		110
青岛	75.0	20.0	170	11925		9516
平度	3.5	1.5	68		379	379
莱西	6.0	1.0	70	330		330
淄博	78.4	10.2	1024	2797		16797
枣庄	15.0	8.4	672		4111	4342
滕州		4.0	378		1973	1776
潍坊		9.0	438		5400	5360
济宁		11.0	437		3782	3327
兖州		6.0	159		1145	1074
邹城	8.4		373		780	780
新泰		1.0	47		135	135
肥城		3.0	113		854	854
河南	**466.0**	**80.2**	**1816**	**57874**	**47919**	**48669**
郑州			36		469	468
巩义			75		9546	9546
荥阳			69		1718	1718
洛阳		19.2	257		22482	22485
偃师			15		28	28
平顶山	0.3	16.2	728	110	7329	7329
舞钢	1.5	7.0	21	580		575
汝州		3.4	155		1548	1548
安阳	160.0	15.0	6	55000		160
辉县	0.2		4	0		57
义马	260.0	5.0	70	260	344	300
南阳	44.0	9.0	239	1924	1848	1848
济源		5.4	141		2608	2608

(万立方米)Total Gas Supplied (10,000m³)			用气户数(户) Households Supplied (unit)		用气人口(万人) Population Supplied (10,000persons)	城市名称 Name of Cities
销售气量 Domestic Consumption	居民家庭 Households	燃气损失量 Loss Amount		家庭用户 Families Supplied		
2310	**1698**	**179**	**41276**	**41100**	**18.44**	**福建**
110	11	3.30	3033	3000	5.10	莆田
2200	1687	176	38243	38100	13.34	三明
35795	**9975**	**4800**	**366162**	**356462**	**127.05**	**江西**
7502	3707		170103	169593	62.45	南昌
21382	867	4482	39594	39594	11.93	景德镇
3175	3150	130	41002	38620	13.00	萍乡
2130	1965	118	79829	79566	27.57	新余
520	286		6726	1523	2.00	贵溪
1087		70	28908	27566	10.10	宜春
47972	**17724**	**1059**	**776747**	**762465**	**282.00**	**山东**
4251	2518		122923	122484	41.60	济南
105	105	5	1650	1650	1.00	章丘
9238	3537	278	41652	41592	12.11	青岛
379	257		11028	10981	3.50	平度
317	267	13	16485	16340	5.73	莱西
16583	1388	214	91001	90863	20.00	淄博
4339	2284	3	120566	108294	43.86	枣庄
1509	1023	267	53029	52975	21.10	滕州
5200	1858	160	103877	103766	55.30	潍坊
3327	2464		115304	114701	40.00	济宁
1074	578		29128	29040	11.00	兖州
745	600	35	26100	25800	6.40	邹城
135	135		10975	10975	4.10	新泰
769	710	85	33029	33004	16.30	肥城
47265	**10747**	**1404**	**366250**	**364001**	**152.62**	**河南**
467	368	1	10600	10450	2.53	郑州
9486	376	60	12896	12741	3.50	巩义
1718	580		8384	8315	3.90	荥阳
21793	716	692	32356	32191	11.10	洛阳
27	27	1	3000	3000	0.99	偃师
7171	4205	158	156390	155760	78.90	平顶山
530	400	45	6656	6534	2.87	舞钢
1548			17279	17017	6.10	汝州
160	160		12000	12000	4.50	安阳
57	57		560	560	0.19	辉县
300	205		9000	9000	4.00	义马
1400	1108	448	60315	59758	21.24	南阳
2608	2544		36814	36675	12.80	济源

城市名称 Name of Cities	生产能力（万立方米/日） Production Capacity (10,000m³/day)	储气能力（万立方米） Gas Storage Capacity (10,000m³)	供气管道长度（公里） Length of Gas Supply Pipeline (km)	自制气量（万立方米） Self-Produced Gas (10,000m³)	外购气量（万立方米） Purchased Gas (10,000m³)	供气总量 合计 Total
湖北	**58.0**	**45.7**	**705**	**21288**	**448**	**13155**
武汉	24.0	29.2	615	8788		8417
黄石		6.1	83		448	448
宜昌	34.0	10.4	7	12500		4290
湖南	**296.6**	**44.4**	**452**	**90284**	**4287**	**89086**
株洲	20.0	4.0		6205	2339	2339
湘潭	276.6	26.0	35	84079		84079
邵阳		9.4	125		848	800
娄底		5.0	292		1100	1868
广东	**177.9**	**223.9**	**2099**	**32202**	**7771**	**35831**
广州	165.9	40.1	2067	30782	4271	30911
增城		180.0			3500	3500
梅州	12.0	3.8	32	1420		1420
广西	**16.6**	**11.4**	**514**	**3697**	**2650**	**4861**
柳州	9.6	7.4	352	3500	2060	4060
北海	6.0	4.0	159		590	604
河池	1.0		3	197		197
四川	**511.0**	**35.0**	**469**	**159567**	**2397**	**158597**
攀枝花	511.0	35.0	469	159567	2397	158597
贵州	**190.8**	**888.5**	**2627**	**120**	**25007**	**23491**
贵阳	180.0	30.0	1846		22495	20859
清镇		587.0	89		812	812
六盘水	6.0	270.0	515		1700	1700
毕节	4.8	1.5	178	120		120
云南	**76.0**	**26.8**	**1856**	**1369**	**21843**	**20365**
昆明	68.6	20.0	1673		21843	18774
安宁	3.8	6.0	178	1369		1360
开远	3.6	0.8	5			231
甘肃	**15.9**	**11.0**	**570**	**2982**	**840**	**3955**
嘉峪关	9.9	8.0	340	1899		1899
白银	6.0	3.0	230	1083	840	2056
宁夏		**5.0**	**320**		**794**	**794**
石嘴山		5.0	320		794	794
新疆	**1586.4**	**9.0**	**100**	**579036**		**579036**
乌鲁木齐	1586.4	9.0	100	579036		579036
克拉玛依						

(万立方米) Total Gas Supplied (10,000m³) 销售气量 Domestic Consumption	居民家庭 Households	燃气损失量 Loss Amount	用气户数(户) Households Supplied (unit)	家庭用户 Families Supplied	用气人口(万人) Population Supplied (10,000persons)	城市名称 Name of Cities
11908	**6904**	**1247**	**173018**	**172899**	**58.23**	**湖北**
7187	6487	1230	154247	154184	52.00	武汉
431	416	17	18686	18635	6.20	黄石
4290	0		85	80	0.03	宜昌
88582	**3076**	**504**	**127809**	**113855**	**42.31**	**湖南**
2161	148	177	7611	7603	2.28	株洲
84079	885		19000	19000	6.00	湘潭
800	650		55100	41325	16.53	邵阳
1541	1393	327	46098	45927	17.50	娄底
34857	**19111**	**974**	**619915**	**615832**	**214.54**	**广东**
29937	15511	974	617577	613526	198.84	广州
3500	3500		6	6	15.00	增城
1420	100		2332	2300	0.70	梅州
4861	**3842**		**66311**	**65840**	**25.14**	**广西**
4060	3634		57310	57035	19.46	柳州
604	101		7173	7073	5.00	北海
197	107		1828	1732	0.68	河池
158587	**4960**	**10**	**104846**	**104209**	**34.39**	**四川**
158587	4960	10	104846	104209	34.39	攀枝花
23234	**9439**	**257**	**399190**	**360377**	**145.11**	**贵州**
20859	8319		349249	347494	122.00	贵阳
568	185	244	11491	11443	4.60	清镇
1700	900		37000		18.00	六盘水
107	35	13	1450	1440	0.51	毕节
20365	**13849**		**628142**	**626537**	**219.70**	**云南**
18774	12358		583348	582093	206.00	昆明
1360	1260		41100	40750	12.40	安宁
231	231		3694	3694	1.30	开远
3394	**2881**	**561**	**87735**	**86657**	**28.66**	**甘肃**
1383	1268	516	50285	50237	15.43	嘉峪关
2011	1613	45	37450	36420	13.23	白银
794	**443**		**29538**	**29441**	**11.82**	**宁夏**
794	443		29538	29441	11.82	石嘴山
578160	**1752**	**876**	**21046**	**21024**	**6.18**	**新疆**
578160	1752	876	20546	20524	6.00	乌鲁木齐
			500	500	0.18	克拉玛依

7-2-1 2007年全国城市天然气分组资料

地区名称 Name of Regions		储气能力（万立方米） Gas Storage Capacity (10,000m³)	供气管道长度（公里） Length of Gas Supply Pipeline (km)	外购气量（万立方米） Purchased Gas (10,000m³)	供气总量（万立方米） 合计 Total	销售气量 Domestic Consumption
全　　国	**National Total**	**6847.4**	**155251**	**2940048**	**3086363**	**2983190**
分　类　一	**Sor tone**					
东部地区	East China	4840.9	83142	1468760	1446540	1379701
中部地区	Central China	1502.5	32853	369625	412307	399754
西部地区	West China	504.1	39257	1101660	1227516	1203734
分　类　二	**Sort two**					
东部地区	East China	4696.1	81221	1466730	1444267	1377437
中部地区	Central China	1487.6	31542	341325	381779	370272
西部地区	West China	663.8	42488	1131990	1260317	1235481
分　类　三	**Sort three**					
东部地区	East China	4554.8	75281	1411562	1390182	1326834
中部地区	Central China	1407.3	27256	305339	331311	322527
西部地区	West China	663.8	42488	1131990	1260317	1235481
东北地区	Northeast China	221.5	10226	91154	104553	98348

7-2-1 National Urban Natural Gas (2007)

Total Gas Supplied (10,000m^3)		用气户数(户) Households Supplied (unit)		用气人口(万人) Population Supplied (10,000persons)	天然气汽车加气站(座) Gas Stations for CNG-Fueled Motor Vehicles (unit)	地区名称 Name of Regions
居民家庭 Households	燃气损失量 Loss Amount		家庭用户 Families Supplied			
662196	**103173**	**33491309**	**32023307**	**10189.81**	**685**	**全　　国**
						分 类 一
285083	66839	17947487	17594061	5521.50	181	东部地区
125665	12553	6848098	6020611	2077.65	118	中部地区
251447	23782	8695724	8408635	2593.66	386	西部地区
						分 类 二
284472	66830	17834204	17481669	5481.77	181	东部地区
109800	11507	6471193	5657452	1928.54	98	中部地区
267925	24836	9185912	8884186	2782.50	406	西部地区
						分 类 三
253333	63348	15799488	15486718	4824.51	169	东部地区
94492	8784	5484523	4679739	1610.55	88	中部地区
267925	24836	9185912	8884186	2782.50	406	西部地区
46446	6205	3021386	2972664	975.25	22	东北地区

7-2-2 2007年按省分列的城市天然气

地区名称 Name of Regions	储气能力（万立方米） Gas Storage Capacity (10,000m³)	供气管道长度（公里） Length of Gas Supply Pipeline (km)	外购气量（万立方米） Purchased Gas (10,000m³)	供气总量（万立方米） 合计 Total	销售气量 Domestic Consumption
全国	**6847.4**	**155251**	**2940048**	**3086363**	**2983190**
北京	140.5	10425	434513	433823	409419
天津	129.4	9076	120142	120100	106987
河北	146.9	3946	48788	48408	47599
山西	110.6	1309	38792	65266	64577
内蒙古	14.9	1311	28301	30528	29482
辽宁	141.2	5940	55167	54085	50603
吉林	46.7	2432	26859	26861	24733
黑龙江	33.6	1854	9130	23607	23012
上海	1235.0	10867	277660	277458	265952
江苏	496.5	15081	259735	260919	254507
浙江	249.7	7057	53196	50645	50073
安徽	277.0	4808	44629	47920	45793
福建	92.5	332	849	848	821
江西	189.3	1472	3660	3508	3298
山东	1474.7	13364	159348	142638	138224
河南	506.8	8716	87631	85165	83214
湖北	158.1	7372	75509	76214	73803
湖南	165.4	3579	55120	53238	51842
广东	553.1	4236	55500	41418	39549
广西	144.8	1921	2031	2273	2264
海南	36.6	897	1830	13926	13704
重庆	56.8	10127	184223	175128	169328
四川	127.0	16342	618275	629864	617123
贵州	49.4	75	1671	1449	1360
云南	0.9	143	3	835	834
陕西	82.4	5319	103093	108022	106013
甘肃	44.7	571	43804	47043	46896
青海	34.8	744	48729	103810	101490
宁夏	10.5	1464	7853	90762	90677
新疆	97.6	4471	94009	70603	70013

7-2-2 Urban Natural Gas by Province(2007)

Total Gas Supplied (10,000m³) 居民家庭 Households	燃气损失量 Loss Amount	用气户数（户） Households Supplied (unit)	家庭用户 Families Supplied	用气人口（万人） Population Supplied (10,000persons)	天然气汽车加气站（座） Gas Stations for CNG-Fueled Motor Vehicles (unit)	地区名称 Name of Regions
662196	**103173**	**33491309**	**32023307**	**10189.81**	**685**	**全　国**
70339	24404	3735796	3707133	1000.89	33	北　京
21304	13113	1754615	1744135	595.62	4	天　津
11573	809	812135	694046	318.82	20	河　北
21794	689	837668	290412	165.39	7	山　西
15866	1046	376905	363159	149.11	20	内蒙古
31139	3482	2034716	1994951	657.26	12	辽　宁
7282	2128	553989	550741	181.74	6	吉　林
8025	595	432681	426972	136.25	4	黑龙江
46038	11506	2598267	2579446	696.45	2	上　海
39383	6412	2395084	2384230	699.86	16	江　苏
17007	572	847117	832722	300.02	1	浙　江
12234	2128	1020248	1013449	328.45	23	安　徽
126	27	20343	20234	20.03		福　建
1673	210	161536	148811	59.77		江　西
34528	4414	2330538	2226233	760.40	75	山　东
26172	1951	1488240	1472026	469.12	18	河　南
22600	2411	1125379	1117777	381.06	26	湖　北
10019	1395	851452	637264	206.76	14	湖　南
11410	1869	1195530	1190334	398.60	4	广　东
611	9	113283	112392	39.73		广　西
1626	222	110063	108205	32.82	14	海　南
54973	5800	2180725	2036512	640.24	55	重　庆
133021	12740	3470562	3369859	960.13	115	四　川
1006	89	17820	17495	8.65	3	贵　州
732	1	10517	10284	5.65	2	云　南
16927	2009	1290149	1265660	400.58	91	陕　西
4855	147	460614	456050	144.91	15	甘　肃
5001	2320	70980	68202	69.67	13	青　海
13084	85	175678	175255	54.66	18	宁　夏
21849	590	1018679	1009318	307.17	74	新　疆

7-2-3 2007年按城市分列的城市天然气

城市名称 Name of Cities	储气能力（万立方米） Gas Storage Capacity (10,000m³)	供气管道长度（公里） Length of Gas Supply Pipeline (km)	外购气量（万立方米） Purchased Gas (10,000m³)	供气总量（万立方米） 合计 Total	供气总量（万立方米） 销售气量 Domestic Consumption
全　国	**6847.4**	**155251**	**2940048**	**3086363**	**2983189**
北　京	**140.5**	**10425**	**434513**	**433823**	**409419**
天　津	**129.4**	**9076**	**120142**	**120100**	**106987**
河　北	**146.9**	**3946**	**48788**	**48408**	**47599**
石家庄	19.0	326	8610	8510	8510
藁　城	0.5	25	40	40	40
晋　州		11	46	42	41
新　乐		38	72	72	70
鹿　泉	2.5	11	3851	3851	3851
唐　山	3.6	97	107	476	475
遵　化	20.0	45.0	355	351	345
迁　安	35.0	22	270	270	270
秦皇岛		581	1459	1326	1318
邯　郸	0.5	223	3382	3382	3083
邢　台	0.2	165	3924	3483	3434
南　宫	0.6	9	5	5	5
沙　河	1.6	52	5980	5980	5980
保　定	12.0	601	5421	5421	5161
涿　州		92	1930	1930	1930
定　州		213	423	423	415
高碑店		31	285	285	285
沧　州	3.0	88	3313	3300	3300
泊　头		43	98	92	83
任　丘	0.9	273	290	290	289
黄　骅	10.0	40	1500	1500	1500
河　间	0.6	20	95	95	95
廊　坊	5.0	727	5278	5250	5122
霸　州	5.0	72	1142	1142	1142
三　河	21.2	84	840	821	783
衡　水	3.0	31	40	40	40
冀　州	1.5	15	26	25	25
深　州	1.2	12	6	6	6
山　西	**110.6**	**1309**	**38792**	**65266**	**64577**
太　原		12	17952	17952	17831

7-2-3 Urban Natural Gas by City(2007)

Total Gas Supplied (10,000m³)						
居民家庭 Households	燃气损失量 Loss Amount	用气户数(户) Households Supplied (unit)	家庭用户 Families Supplied	用气人口(万人) Population Supplied (10,000persons)	天然气汽车加气站(座) Gas Stations for CNG-Fueled Motor Vehicles (unit)	城市名称 Name of Cities
662196	**103173**	**33491309**	**32023307**	**10189.81**	**685**	**全　　国**
70339	**24404**	**3735796**	**3707133**	**1000.89**	**33**	**北　　京**
21304	**13113**	**1754615**	**1744135**	**595.62**	**4**	**天　　津**
11573	**809**	**812135**	**694046**	**318.82**	**20**	**河　　北**
511		58429	58389	23.80	12	石 家 庄
39		2500	2500	0.90		藁　　城
41	1	5500	5500	2.10		晋　　州
21	2	1532	1516	0.85		新　　乐
38	0	2098	2098	0.80		鹿　　泉
475	1	21609	21609	7.93		唐　　山
175	6	14683	14681	4.70		遵　　化
170		5500	2000	0.70		迁　　安
310	8	146345	146172	71.51		秦 皇 岛
744	299	26270	26228	10.91	1	邯　　郸
585	49	78073	77873	27.25	1	邢　　台
5		379	379	0.30		南　　宫
56		5980	4000	1.55		沙　　河
1176	260	118662	11842	42.00		保　　定
893		17050	15025	5.40		涿　　州
415	8	16350	16350	5.20		定　　州
280		12000	11930	5.46		高 碑 店
432		59091	57176	26.71	2	沧　　州
22	9	2010	1996	0.80		泊　　头
289	1	19500	19500	6.37		任　　丘
1328		11030	11000	3.63		黄　　骅
95		8337	8337	2.92		河　　间
2212	128	101874	101534	36.00	3	廊　　坊
900		16696	16474	7.57	1	霸　　州
292	38	54857	54235	21.31		三　　河
40		1000	1000	0.35		衡　　水
22	0	4120	4042	1.50		冀　　州
6	0	660	660	0.30		深　　州
21794	**689**	**837668**	**290412**	**165.39**	**7**	**山　　西**
105	121	598687	59866	80.00		太　　原

城市名称 Name of Cities	储气能力（万立方米） Gas Storage Capacity (10,000m^3)	供气管道长度（公里） Length of Gas Supply Pipeline (km)	外购气量（万立方米） Purchased Gas (10,000m^3)	供气总量（万立方米） 合 计 Total	销售气量 Domestic Consumption
大　　同		75	1350	7825	7825
阳　　泉	36.0	467	8541	26809	26810
长　　治		14.00	52	54	55
晋　　城	3.6	53		1273	1273
朔　　州		217	2749	3144	2579
晋　　中		21	8	8	8
运　　城		175			
忻　　州		70	110	109	108
原　　平	1.0	54	8030	8030	8030
侯　　马	70.0	152		62	60
内 蒙 古	**14.9**	**1311**	**28301**	**30528**	**29482**
呼和浩特	10.0	528	13180	13180	12839
包　　头		339	14725	14895	14192
通　　辽	1.5	47	207	207	206
鄂尔多斯		160	159	2197	2197
乌兰察布	1.0	56	25	44	44
锡林浩特	2.4	181	5	5	4
辽　　宁	**141.2**	**5940**	**55167**	**54085**	**50603**
沈　　阳	33.0	2364	20569	20569	19391
新　　民	0.0	25			0
瓦 房 店	5.0	113	146	146	146
鞍　　山	6.0	336	1736	1736	1529
抚　　顺	35.6	660	13255	12830	12490
营　　口	7.0	335	1174	953	832
大 石 桥		20		30	30
阜　　新	10.0	221	2290	2283	1905
辽　　阳	7.0	381	933	933	869
盘　　锦	2.0	364	933	933	686
铁　　岭	16.5	406	3100	2800	2698
调 兵 山	13.8	139	9600	9506	8664
葫 芦 岛	1.3	495	1281	1219	1219
兴　　城	4.0	81	150	147	144
吉　　林	**46.7**	**2432**	**26857**	**26861**	**24733**
长　　春	25	1189	17056	17061	15468
吉　　林	9.0	520	3482	3482	3245

Total Gas Supplied (10,000m³)		用气户数（户） Households Supplied (unit)		用气人口（万人） Population Supplied (10,000persons)	天然气汽车加气站（座） Gas Stations for CNG-Fueled Motor Vehicles (unit)	城市名称 Name of Cities
居民家庭 Households	燃气损失量 Loss Amount		家庭用户 Families Supplied			
7214		6978	6928	4.60	1	大同
12075		125787	125147	39.68		阳泉
55		2794	2794	1.13		长治
680		25278	25112	6.87	4	晋城
1485	565	36194	36157	13.59	1	朔州
2	0	410	408	0.12		晋中
		11000	11000	7.00		运城
	1	7500		2.50		忻州
130		13040	13000	5.40		原平
48	2	10000	10000	4.50	1	侯马
1586	**1046**	**376905**	**363159**	**149.11**	**20**	**内蒙古**
1342	341	178964	176013	54.04	12	呼和浩特
14192	703	73197	73033	56.96	4	包头
72	0	100000	90000	30.00		通辽
235	0	16944	16513	5.53	2	鄂尔多斯
23	0	5200	5000	1.80	2	乌兰察布
2	1	2600	2600	0.78		锡林浩特
31139	**3482**	**2034716**	**1994951**	**657.26**	**12**	**辽宁**
11462	1178	1096849	1068073	374.43	11	沈阳
0		116	116	0.04		新民
130		20761	20722	7.85		瓦房店
1189	207	117900	117718	35.90		鞍山
11350	340	222000	214800	66.20		抚顺
681	121	86447	85067	25.60	1	营口
29		451	450	0.84		大石桥
1351	377	95101	94990	27.00		阜新
779	64	89387	89109	25.60		辽阳
686	247	63727	63727	20.00		盘锦
1567	102	100514	99016	32.00		铁岭
1200	842	40112	40112	12.80		调兵山
648		97681	97400	27.90		葫芦岛
74	3	3670	3651	1.10		兴城
7283	**2128**	**553989**	**550741**	**181.74**	**6**	**吉林**
3402	1593	261069	260204	76.10		长春
1345	237	153645	153450	47.49		吉林

7-2-3 续 2

城市名称 Name of Cities	储气能力（万立方米） Gas Storage Capacity (10,000m³)	供气管道长度（公里） Length of Gas Supply Pipeline (km)	外购气量（万立方米） Purchased Gas (10,000m³)	供气总量（万立方米） 合计 Total	销售气量 Domestic Consumption
磐石	0.9	11	1	1	1
四平	2.0	494	2467	2467	2271
公主岭	5.0	50	965	965	865
双辽	2.3	3	9	9	8
白山	0.9	17	5	5	4
松原	0.6	90	2800	2800	2800
图们	1.0	34	28	28	28
龙井		24	44	44	43
黑龙江	**33.6**	**1854**	**9130**	**23607**	**23012**
哈尔滨	7.0	405	1572	1572	1477
齐齐哈尔	12.0	572	4270	4270	4182
鹤岗	4.5	89	1653	1653	1441
大庆	6.9	590		14489	14460
佳木斯	3.2	197	1635	1623	1452
上海	**1235.0**	**10867**	**277660**	**277458**	**265952**
江苏	**496.5**	**15081**	**259735**	**260919**	**254507**
南京	40.0	2138	38440	38408	34762
无锡		1544	25697	25394	25394
江阴	40.0	562	26200	25676	25676
宜兴	85.0	654	14925	14889	14889
徐州	4.5	209	629	615	615
新沂	2.4	21.0	10	10	10
邳州	2.0	48	6	6	6
常州	15.4	2400	26958	26943	25891
溧阳		170	903	903	890
金坛	14.0	222	295	280	248
苏州	53.2	1534	36383	36383	36182
常熟	35.0	457	14310	14303	14174
张家港		63	18117	18917	18669
昆山	3.5	607	20930	20910	20780
吴江		131	2619	2621	2621
太仓		252	1236	1236	1236
启东	96.0	102	6552	6409	6408
连云港	22.0	482	2559	2425	2425
淮安		488	1953	1773	1773
盐城		130		2050	2000

Total Gas Supplied (10,000m³)		用气户数（户）Households Supplied (unit)		用气人口（万人）Population Supplied (10,000persons)	天然气汽车加气站（座）Gas Stations for CNG-Fueled Motor Vehicles (unit)	城市名称 Name of Cities
居民家庭 Households	燃气损失量 Loss Amount		家庭用户 Families Supplied			
1		58	58	0.02		磐石
760	196	80635	79856	40.00		四平
472	100	23681	23136	7.60		公主岭
8	1	353	353	0.17	1	双辽
2	1	5058	5054	1.50		白山
1250		20150	20000	6.00	5	松原
		6340	5630	1.96		图们
43	1	3000	3000	0.90		龙井
8025	**595**	**432681**	**426972**	**136.25**	**4**	**黑龙江**
405	95	62799	62031	26.46		哈尔滨
1922	88	198279	196481	60.00		齐齐哈尔
1390	212	42000	40200	12.60		鹤岗
3966	29	90945	90602	26.09	4	大庆
342	171	38658	37658	11.10		佳木斯
46038	**11506**	**2598267**	**2579446**	**696.45**	**2**	**上海**
39383	**6412**	**2395084**	**2384230**	**699.86**	**16**	**江苏**
8350	3646	717913	716125	181.68	8	南京
3975		353969	352771	106.19		无锡
300		30097	30000	10.50		江阴
374		38127	37404	11.30		宜兴
138		28667	28571	10.00		徐州
9	0	453	451	0.20		新沂
2	0	271	269	0.12		邳州
3516	1052	230437	229231	68.77	3	常州
122	13	12444	12322	4.00	2	溧阳
136	32	15333	15264	4.15		金坛
4401	201	270849	269665	84.84		苏州
446	129	37221	37101	11.10		常熟
1072	248	18145	18102	5.03		张家港
5646	130	94062	93798	19.81		昆山
175		15775	15641	4.28		吴江
1165		13848	13635	5.32		太仓
3200	1	33040	32040	12.15		启东
797	0	74232	73962	23.52	2	连云港
453		51862	51765	14.49		淮安
560	50	45250	45000	13.50		盐城

城市名称 Name of Cities	储气能力（万立方米） Gas Storage Capacity (10,000m³)	供气管道长度（公里） Length of Gas Supply Pipeline (km)	外购气量（万立方米） Purchased Gas (10,000m³)	供气总量（万立方米）	
				合 计 Total	销售气量 Domestic Consumption
东 台		6	220	165	150
大 丰	0.5	157	202	203	194
扬 州	6.0	476	2497	2478	2178
高 邮		210	220	227	220
镇 江		1058	14607	14549	14033
丹 阳	5.0	220	918	870	829
扬 中		122	388	392	388
兴 化	1.0	97	170	170	170
靖 江	12.0	45	78	75	75
泰 兴	32.8	113	1324	1251	1242
姜 堰	6.2	310	349	348	339
宿 迁	20.0	52	40	40	40
浙 江	**249.7**	**7057**	**53196**	**50645**	**50073**
杭 州	18.0	3099	21010	21079	20757
建 德	6.0	26	160	167	167
富 阳	0.8	353	808	809	762
宁 波	8.8	920	3323	3038	3022
余 姚	9.0	148	1210	1101	1085
温 州	77.0	102	5402	5236	5236
嘉 兴	0.5	105	1487	1451	1411
海 宁	20.2	129	1174	444	442
桐 乡	24.0	136	1804	1808	1803
湖 州	8.0	263	3510	3510	3510
绍 兴	20.0	772	7877	6632	6608
诸 暨	0.9	298	850	850	782
上 虞	2.0	212	2000	2002	2000
嵊 州	0.0	111			0
金 华	22.0	82	1500	1480	1456
永 康	12.0	85	574	553	553
衢 州	20.4	217	507	484	478
安 徽	**277.0**	**4808**	**44629**	**47920**	**45793**
合 肥	46.0	1425	12537	13978	13280
芜 湖	120.0	572	9615	10253	9615
蚌 埠	10.4	415	4947	5049	5049
淮 南	23.4	227	2217	4112	3522
马 鞍 山	15.0	629	6499	5942	5884
铜 陵	10.8	258	1487	1280	1280

Total Gas Supplied (10,000m³)		用气户数(户) Households Supplied (unit)		用气人口(万人) Population Supplied (10,000persons)	天然气汽车加气站(座) Gas Stations for CNG-Fueled Motor Vehicles (unit)	城市名称 Name of Cities
居民家庭 Households	燃气损失量 Loss Amount		家庭用户 Families Supplied			
150	15	3600	3600	1.45		东台
60	9	6991	6966	4.53		大丰
806	300	97651	97412	34.09		扬州
213	7	5872	5800	2.03		高邮
2753	517	131150	130434	45.00		镇江
188	41	24046	23983	7.19		丹阳
97	4	15260	15133	4.54		扬中
40		7501	7437	2.50		兴化
15		1500	1200	0.40		靖江
80	9	7288	7120	3.68		泰兴
114	9	11548	11378	3.20		姜堰
30		682	650	0.30	1	宿迁
17007	**572**	**847117**	**832722**	**300.02**	**1**	**浙江**
4010	322	375456	374556	134.06		杭州
50	0	6400		1.60		建德
159	47	36247	36141	12.47		富阳
839	16	150766	150213	52.68		宁波
778	16	11291	11197	3.36		余姚
4800		2688	2669	5.00		温州
287	40	50858	50702	15.27		嘉兴
90	2	13098	12960	4.70		海宁
45	5	6675	6410	2.00		桐乡
472		32200	27120	7.59	1	湖州
2758	24	98996	98751	26.27		绍兴
510	68	25000	24800	17.60		诸暨
1950	2	4040	3950	2.62		上虞
0		2500	2500	0.75		嵊州
142	24	15631	15557	5.10		金华
17	0	2482	2449	5.13		永康
100	6	12789	12747	3.82		衢州
12234	**2128**	**1020248**	**1013449**	**328.45**	**23**	**安徽**
3610	698	364916	363599	102.47	7	合肥
1850	638	139700	138000	45.54	2	芜湖
590		46710	46579	16.35	4	蚌埠
2182	590	98601	97624	34.00	1	淮南
1942	58	168370	167000	45.38	3	马鞍山
389		94068	93904	36.43	1	铜陵

7-2-3 续 4

城市名称 Name of Cities	储气能力（万立方米） Gas Storage Capacity (10,000m³)	供气管道长度（公里） Length of Gas Supply Pipeline (km)	外购气量（万立方米） Purchased Gas (10,000m³)	供气总量（万立方米） 合计 Total	销售气量 Domestic Consumption
滁州		237	4756	4731	4649
天长	3.0	12	3	1	1
明光	0.5	7	14	12	12
阜阳	12.0	200	600	626	596
宿州	3.0	235	382	376	375
巢湖	14.2	189	833	836	835
六安	5.9	174	287	266	250
亳州	10.0	126	245	249	240
池州	2.0	59	76	79	76
宣城	0.8	43	131	128	128
福建	**92.5**	**332**	**849**	**848**	**822**
莆田	11.4	53	128	129	128
永安	0.7	53	79	78	76
泉州	68.4	136	363	317	295
石狮		10		70	70
晋江		52	239	221	221
南安	12.0	29	40	32	31
江西	**189.3**	**1472**	**3660**	**3508**	**3298**
南昌	7.2	149	268	251	251
景德镇	35.0	29	548	501	488
九江	24.0	190	465	468	464
赣州	49.0	378	1048	943	893
瑞金	6.4	13	9	8	8
吉安	36.0	321	519	574	471
丰城	9.0	88	450	423	420
樟树	6.4	50	35	30	29
抚州	13.3	106	16	7	6
上饶	3.0	150	302	302	266
山东	**1474.7**	**13364**	**159348**	**142638**	**138224**
济南	15.0	1746	11180	11180	11180
章丘	0.4	93	784	785	784
青岛	86.0	2400	18220	18103	16157
胶州	2.2	88	560	560	560
即墨	3.5	200	1797	1797	1797
平度	11.0	137	300	285	285
胶南	13.4	254	230	214	214

Total Gas Supplied (10,000m³)		用气户数(户)		用气人口(万人)	天然气汽车加气站(座)	城市名称
居民家庭 Households	燃气损失量 Loss Amount	Households Supplied (unit)	家庭用户 Families Supplied	Population Supplied (10,000persons)	Gas Stations for CNG-Fueled Motor Vehicles (unit)	Name of Cities
403	82	30684	30557	11.00	1	滁州
1		1653	1653	0.50		天长
0	0	10	8	0.01		明光
580	30	13270	13000	4.20		阜阳
152	1	15580	15513	5.00		宿州
117	1	9544	9341	6.30	1	巢湖
131	16	18459	18411	7.50	2	六安
200	9	10200	9800	3.20	1	亳州
72	2	7254	7241	10.09		池州
15	0	1229	1219	0.48		宣城
126	**27**	**20343**	**20234**	**20.03**		**福建**
22	1	3033	3000	5.10		莆田
76	2	5508	5490	1.65		永安
28	22	8507	8477	3.40		泉州
		700	700	0.21		石狮
		2595	2567	9.02		晋江
	1			0.65		南安
1673	**210**	**161536**	**148811**	**59.77**		**江西**
15		4228	4102	1.56		南昌
	13	130	13	0.10		景德镇
122	4	13280	13228	4.02		九江
625	50	62616	62466	25.66		赣州
8	0	405	400	1.50		瑞金
312	103	31000	30000	12.00		吉安
410	3	13500	13480	6.00		丰城
22	1	4302	4300	1.72		樟树
1	1	1800	1782	0.54		抚州
159	36	30275	19040	6.67		上饶
34528	**4414**	**2330538**	**2226233**	**760.40**	**75**	**山东**
5930		300000	270000	102.00	13	济南
137	1	26370	26317	10.96		章丘
5348	1946	496746	494882	159.36	4	青岛
356		8909	8567	3.67		胶州
521		18711	18651	5.68		即墨
60		8810	8785	2.80		平度
39		4170	4166	1.50		胶南

7-2-3 续 5

城市名称 Name of Cities	储气能力（万立方米） Gas Storage Capacity (10,000m³)	供气管道长度（公里） Length of Gas Supply Pipeline (km)	外购气量（万立方米） Purchased Gas (10,000m³)	供气总量（万立方米） 合 计 Total	销售气量 Domestic Consumption
莱　西	0.5	52	92	90	89
淄　博	136.5	1750	69694	30061	29731
滕　州		16			
东　营	724.0	588		21625	21583
烟　台	46.0	723	7105	7075	6268
龙　口	39.0	275	8890	8902	8690
莱　阳		122	257	250	250
莱　州	0.4	95	350	375	350
蓬　莱	0.7	64	3053	3053	3053
招　远	0.3	39	144	117	111
栖　霞	0.7	18	105	104	99
海　阳	0.3	12	1	1	1
潍　坊	7	480	4185	4180	4136
青　州		84	503	503	501
诸　城	1.2	194	341	341	334
寿　光	2.0	36	144	145	144
安　丘	1.5	68	597	597	592
高　密		80		1112	1086
昌　邑	1.0	129	860	850	850
济　宁		147	396	317	317
曲　阜	243.0	85.4	182	162	154
邹　城		373	85	85	82
泰　安		660	11464	11464	10806
威　海	35.0	635	2005	1949	1865
文　登	2.0	5	2	2	2
日　照	24.0	222	439	401	390
莱　芜	5.0	268	2488	2488	2465
临　沂	72.0	221	3509	3406	3404
德　州		445	3387	3147	3147
禹　城	0.7	65	1700	1735	1730
聊　城		277	1686	1686	1639
临　清	0.2	18	663	762	663
滨　州		91	1000	1000	1000
菏　泽	0.3	106	950	1731	1715
河　南	**506.8**	**8716**	**87631**	**85165**	**83214**
郑　州	240.0	2435	35467	33040	33040
新　密	1.8	40	61	58	58
新　郑	0.9	88	920	706	662

7-2-3 continued 5

Total Gas Supplied (10,000m³) 居民家庭 Households	燃气损失量 Loss Amount	用气户数(户) Households Supplied (unit)	家庭用户 Families Supplied	用气人口(万人) Population Supplied (10,000persons)	天然气汽车加气站(座) Gas Stations for CNG-Fueled Motor Vehicles (unit)	城市名称 Name of Cities
5	1	3672	3671	0.51		莱西
1727	330	213459	200857	44.62	21	淄博
		732	732	0.28		滕州
6632	41	145727	118158	43.19	10	东营
1557	807	168634	168323	50.62	3	烟台
208	212	37658	35730	18.68		龙口
120		15470	15462	4.70	1	莱阳
18	25	13400	13100	4.88		莱州
172		11318	11271	3.16		蓬莱
25	6	2789	1818	0.60		招远
85	5	26215	26132	1.36		栖霞
1		180	180	0.50		海阳
419	44	62066	61888	25.51		潍坊
426	2	13045	13000	7.30		青州
188	6	19169	19126	5.73		诸城
86	1	11370	11344	3.51		寿光
23	5	6460	6460	2.85	1	安丘
1060	26	15000	15000	6.00	1	高密
660		21500	21000	6.96	1	昌邑
40		40000	39911	12.50		济宁
120	8	14200	14150	7.00	1	曲阜
68	3	26100	26100	14.50		邹城
1098	658	125525	125175	40.00	6	泰安
649	84	77724	77361	27.00		威海
2		100	100	0.34		文登
365	11	27301	27116	7.65		日照
1266	23	68600	54825	20.35	1	莱芜
610	2	69691	67648	29.41	5	临沂
749		89000	80000	30.20	2	德州
240	5	8500	8460	5.20		禹城
804	47	57264	57066	20.00	1	聊城
246	99	7500	6500	5.40	1	临清
860		41537	41300	15.80		滨州
1609	16	25916	25901	8.12	3	菏泽
26172	**1951**	**1488240**	**1472026**	**469.12**	**18**	**河南**
11245		706806	705067	202.72	8	郑州
12		2900	2886	1.10		新密
258	44	10032	8470	3.14		新郑

城市名称 Name of Cities	储气能力（万立方米） Gas Storage Capacity (10,000m³)	供气管道长度（公里） Length of Gas Supply Pipeline (km)	外购气量（万立方米） Purchased Gas (10,000m³)	供气总量（万立方米） 合 计 Total	销售气量 Domestic Consumption
登　　封	1.2	32	61	57	57
开　　封	5.4	808	3196	3103	3101
洛　　阳	100.0	356	1748	1711	1591
平 顶 山		278	6654	6654	6468
安　　阳	3.0	1224	8962	8934	8475
林　　州	2.0	186	380	380	356
鹤　　壁	1.0	252	816	816	679
新　　乡		682	4560	4645	4267
卫　　辉		13.00	79	79	73.00
焦　　作	16.0	535	8883	8158	8158
沁　　阳		43	17	17	17
濮　　阳		245	1564	1564	1564
许　　昌	102.5	76	442	448	443
禹　　州		60	2090	2072	1790
长　　葛		65	4420	4420	4270
漯　　河	1.0	141		1064	1064
三 门 峡	1.0	17	40	39	39
商　　丘	5.0	150	350	368	350
永　　城	3.5	36	65	63	61
信　　阳	16.0	177	710	697	670
周　　口		361	1002	1000	1000
项　　城	0.5	35	119	116	116
驻 马 店		353	1102	1102	990
济　　源	6.0	29	3923	3854	3854
湖　　北	**158.1**	**7372**	**75509**	**76214**	**73803**
武　　汉	100.0	3475	28971	29512	28469
黄　　石	5.0	163	5956	5956	5924
宜　　昌	6.8	430	3324	3303	2799
宜　　都	0.4	100	1100	1100	1070
当　　阳	0.5	62	11000	13000	13000
枝　　江	0.3	61	254	249	230
襄　　樊	3.0	229	4200	4200	4200
宜　　城	2.3	126	1026	1014	992
鄂　　州		83	2356	2356	2226
荆　　门	0.6	154	1900	1900	1900
钟　　祥		86	280	280	273
孝　　感	3.5	39	420	424	420
应　　城	1.2	60	780	729	720

Total Gas Supplied (10,000m³) 居民家庭 Households	燃气损失量 Loss Amount	用气户数（户） Households Supplied (unit)	家庭用户 Families Supplied	用气人口（万人） Population Supplied (10,000persons)	天然气汽车加气站（座） Gas Stations for CNG-Fueled Motor Vehicles (unit)	城市名称 Name of Cities
5	0	477	463	1.23		登封
1798	1	114115	113397	35.60		开封
428	120	45023	44813	15.40	1	洛阳
52	186	10835	8890	2.67		平顶山
2189	459	160796	160000	51.00	1	安阳
285	25	11875	11875	4.75		林州
302	137	19331	19188	7.00		鹤壁
1350	378	110960	110638	38.72	2	新乡
48	6	1527	1527	0.53		卫辉
3130		118658	118658	45.62		焦作
		339	177	0.07		沁阳
1389		60110	54320	19.90		濮阳
443	5	13663	13663	5.94		许昌
1500	282	3532	3500	1.05		禹州
126	150	4450	4192	1.68	2	长葛
550		22658	22436	7.85		漯河
11		4100	4050	1.42		三门峡
180	18	9200	8000	3.00	1	商丘
52	2	1897	1877	0.72		永城
180	27	10000	10000	2.89	2	信阳
50		7000	6200	2.48	1	周口
112		3758	3756	1.50		项城
345	112	30539	30324	9.86		驻马店
132		3659	3659	1.28		济源
22600	**2411**	**1125379**	**1117777**	**381.06**	**26**	**湖北**
8109	1043	664892	662897	225.38	12	武汉
70	32	6356	6316	2.10	1	黄石
1183	504	96354	95991	39.00		宜昌
70	30	3600	2900	1.30		宜都
5000		85	83			当阳
86	19	2980	2880	1.10		枝江
		35000	35000	10.50	3	襄樊
81	22	5400	5270	1.84		宜城
600	130	24866	24566	7.37	1	鄂州
452		17000	16904	4.15	1	荆门
160	7	3913	3720	1.20		钟祥
410	4	12500	12460	4.40		孝感
695	9	4675	4625	1.95		应城

城市名称 Name of Cities	储气能力（万立方米） Gas Storage Capacity (10,000m^3)	供气管道长度（公里） Length of Gas Supply Pipeline (km)	外购气量（万立方米） Purchased Gas (10,000m^3)	供气总量（万立方米） 合 计 Total	销售气量 Domestic Consumption
安　陆	2.6	56	825	809	806
汉　川	1.2	54	950	940	925
荆　州	1.3	337	4458	2747	2526
洪　湖	10.0	100	48	48	48
松　滋		105	3	3	2.98
黄　冈	2.6	175	900	890	872
麻　城		29	3	2	2
武　穴	0.1	19	65	62	62
随　州	2.2	142	347	347	345
恩　施	10.0	508	1654	1650	1600
利　川	2.0	460	1460	1462	1380
仙　桃	1.5	55	1600	1600	1585
潜　江		242	1594	1594	1391
天　门	1.0	22	35	37	35
湖　南	**165.4**	**3579**	**55120**	**53238**	**51842**
长　沙	10.0	875	19254	19254	18764
株　洲	4.5	616	5721	5559	5272
醴　陵		91	11101	10360	9845
湘　潭	5.0	120	2988	2830	2830
湘　乡		25			
韶　山	1.0	9		14	14
衡　阳	40.0	636	10000	9200	9200
邵　阳	72.0	73	445	429	390
武　冈	6.0	53	18	17	17
岳　阳	3.0	219	2191	2251	2191
常　德	8.1	688	3082	3052	3051
津　市	9.0	70	80	80	80
益　阳	3.8	54	100	102	100
沅　江	0.2	1	50		
郴　州	2.8	50	90	90	89
娄　底					
广　东	**553.1**	**4236**	**55500**	**41418**	**39549**
广　州	110.7	648	21257	7102	5765
韶　关	77.1	205	772	770	735
深　圳	40.0	1586	14893	15102	14657
汕　头	12.0	19	162	158	158
佛　山	24.0	594	7383	7304	7304

Total Gas Supplied($10,000m^3$)						
居民家庭 Households	燃气损失量 Loss Amount	用气户数（户） Households Supplied (unit)	家庭用户 Families Supplied	用气人口（万人） Population Supplied (10,000persons)	天然气汽车加气站（座） Gas Stations for CNG-Fueled Motor Vehicles (unit)	城市名称 Name of Cities
792	3	2789	2756	1.05		安陆
762	15	5268	5168	1.72		汉川
538	221	91041	90848	29.00	2	荆州
40		5292	5292	1.80		洪湖
3	0	3000	3000	1.05		松滋
132	18	11600	9775	3.90	1	黄冈
2	0	420	420	0.15		麻城
62	0	3200	3200	0.90		武穴
32	2	5300	5255	6.40	1	随州
726	50	26983	26298	8.90	1	恩施
910	82	17500	17000	0.75	1	利川
780	15	10000	10000	8.00	2	仙桃
906	203	63865	63663	16.70		潜江
	2	1500	1490	0.45		天门
10019	**1395**	**851452**	**637264**	**206.76**	**14**	**湖南**
4647	490	273012	272422	90.09	4	长沙
2004	287	125207	117538	35.26	2	株洲
23	515	1758	1625	0.60	1	醴陵
886	0	62746	62570	21.80	1	湘潭
						湘乡
2	0	167	164	0.06		韶山
605		54672	54254	16.30		衡阳
340	39	46658	44786	14.00		邵阳
9		3000		1.50		武冈
588	60	222754	22601	7.70	3	岳阳
731	1	47673	47522	14.96	1	常德
58	0	3505	3500	1.00		津市
58	2	4000	4000	1.60	1	益阳
		1000	1000	0.30		沅江
70	1	5300	5282	1.59		郴州
					1	娄底
11410	**1869**	**1195530**	**1190334**	**398.60**	**4**	**广东**
2287	1337	309196	307935	98.20		广州
497	35	37213	37083	13.90		韶关
5994	445	604782	603049	217.00		深圳
19		2709	2693	1.31		汕头
1265		93575	92914	20.48		佛山

城市名称 Name of Cities	储气能力（万立方米） Gas Storage Capacity (10,000m³)	供气管道长度（公里） Length of Gas Supply Pipeline (km)	外购气量（万立方米） Purchased Gas (10,000m³)	供气总量（万立方米） 合计 Total	销售气量 Domestic Consumption
湛　江	36.0	166	728	767	741
肇　庆	12.0	15	35	31	30
梅　州	0.1	2			
阳　江	24.0	43	663	671	662
东　莞	77.2	578	6661	6568	6552
中　山	140.0	381	2946	2945	2945
广　西	**144.8**	**1921**	**2031**	**2273**	**2264**
南　宁	0.0	1244	631	618	618
柳　州	21.4	271	451	700	692
桂　林	16.0	135	387	371	371
梧　州	0.0	15			0
钦　州	18.0	46	100	90	90
贵　港	10.0	65		40	40
玉　林	18.0	67	41	41	41
北　流	60.0	50	411	403	403
来　宾	1.4	29	10	10	10
海　南	**36.6**	**896.9**	**1830**	**13926**	**13704**
海　口		521		11647	11437
三　亚	6.0	263	1485	1450	1444
琼　海	0.6	27	301	301	301
儋　州		10	44	44	44
文　昌		37		364	363
东　方	30.0	39		120	115
重　庆	**56.8**	**10127**	**184223**	**175128**	**169328**
四　川	**127.0**	**16342**	**618275**	**629864**	**617123**
成　都	61.1	6069	308497	308353	301378
都江堰	0.3	474	4900	4747	4730
彭　州		559	7100	7100	7050
邛　崃		265	1646	1646	1435
崇　州		280	3000	3000	2900
自　贡	8.0	530	17617	24170	24094
泸　州	4.0	402	106476	105439	105026
德　阳		729	55300	55300	55300
广　汉		184	3906	3896	3757
什　邡		184	4075	4075	3950

Total Gas Supplied (10,000m³)		用气户数（户）Households Supplied (unit)		用气人口（万人）Population Supplied (10,000persons)	天然气汽车加气站（座）Gas Stations for CNG-Fueled Motor Vehicles (unit)	城市名称 Name of Cities
居民家庭 Households	燃气损失量 Loss Amount		家庭用户 Families Supplied			
312	26	21898	21799	8.72	2	湛　江
	0	4				肇　庆
						梅　州
82	9	4202	4121			阳　江
439	17	68186	67844	23.12	2	东　莞
515		53765	52896	15.87		中　山
611	**9**	**113283**	**112392**	**39.73**		**广　西**
147		60808	60344	20.67		南　宁
288	8	23148	23075	8.08		柳　州
83		15900	15600	5.57		桂　林
0		39	38	0.02		梧　州
20		3016	3000	1.00		钦　州
32		2956	2934	1.48		贵　港
13	0	5000	4985	1.99		玉　林
19		1566	1566	0.62		北　流
10	0	850	850	0.30		来　宾
1626	**222**	**110063**	**108205**	**32.82**	**14**	**海　南**
1030	210	86491	85927	23.00	9	海　口
159	6	15352	15052	6.90	2	三　亚
5		4004	3995	1.20	1	琼　海
44		971	80		1	儋　州
350	1	555	551	0.32	1	文　昌
38	5	2690	2600	1.40		东　方
54973	**5800**	**2180725**	**2036512**	**640.24**	**55**	**重　庆**
133021	**12740**	**3470562**	**3369859**	**960.13**	**115**	**四　川**
77228	6974	1579876	1524467	341.20	43	成　都
1892	17	59196	52081	14.01	2	都江堰
1180	50	43494	43120	12.68	2	彭　州
1057	211	26530	25511	7.65	1	邛　崃
900	100	28210	28000	8.50	1	崇　州
4424	76	165237	162544	51.08	4	自　贡
4761	413	140600	140367	42.11	4	泸　州
2360		98500	97916	29.24	5	德　阳
1311	138	37269	36772	11.11	2	广　汉
940	125	29260	29000	8.40	1	什　邡

城市名称 Name of Cities	储气能力（万立方米） Gas Storage Capacity (10,000m³)	供气管道长度（公里） Length of Gas Supply Pipeline (km)	外购气量（万立方米） Purchased Gas (10,000m³)	供气总量（万立方米） 合计 Total	销售气量 Domestic Consumption
绵竹		334	8394	8394	8393
绵阳		1011	34736	34852	33965
江油	4.0	125	3200	3200	2969
广元		407	4010	4011	3971
遂宁	10.3	410	5906	5997	5557
内江	5.0	388	4319	4319	3836
乐山	3.3	428	10609	10264	10173
峨眉山		148	1366	1337	1337
南充	8.0	549	8255	8255	7560
阆中	5.5	330	2530	2530	2340
眉山		264	1734	1734	1718
宜宾	0.1	367	8324	8324	8073
广安	1.6	276	1746	1746	1691
华蓥		28	448	448	394
达州	4.8	396	4405	4405	3953
万源	1.9	14	108	120	108
雅安	5.9	261	1560	1534	1454
巴中	3.2	285	1708	1708	1630
资阳		476		6561	6174
简阳		171	2400	2400	2208
贵州	**49.4**	**75**	**1671**	**1449**	**1360**
贵阳					
遵义	0.2	20	891	738	738
赤水	0.2	20	777	707	619
兴义	13.0	12	3	3	3
凯里	36.0	22		1	1
云南	**0.9**	**143**	**3**	**835**	**834**
曲靖		9			
保山		118		730	730
昭通	0.9	16	3	105	104
陕西	**82.4**	**5319**	**103093**	**108022**	**106013**
西安	40.3	3121	71048	72253	70997
铜川	2.7	297		2084	1922
宝鸡	19.8	711	8496	8475	8262
咸阳	15.0	464	15589	15694	15662
兴平		78	554	604	605

Total Gas Supplied (10,000m³) 居民家庭 Households	燃气损失量 Loss Amount	用气户数（户） Households Supplied (unit)	家庭用户 Families Supplied	用气人口（万人） Population Supplied (10,000persons)	天然气汽车加气站（座） Gas Stations for CNG-Fueled Motor Vehicles (unit)	城市名称 Name of Cities
716	1	25570	20887	5.51		绵竹
6055	887	242719	238206	68.37	10	绵阳
1466	231	63840	61100	17.72	4	江油
1820	40	68262	67716	17.59	2	广元
2450	440	108602	104137	33.12	7	遂宁
1957	483	97448	96840	29.96	5	内江
2773	90	108102	106115	31.13	6	乐山
480		21086	20638	5.77	2	峨眉山
4536	695	19500	18720	61.60	3	南充
1410	190	65980	63340	19.20	1	阆中
1580	16	44800	44500	13.80	2	眉山
2701	251	98065	94090	30.23	1	宜宾
1023	56	61562	60272	18.08		广安
242	54	12478	12288	3.74		华蓥
2661	452	95458	93773	28.13	3	达州
93	12	1401	1387	1.34		万源
1198	80	26089	25879	10.74	1	雅安
1100	78	26500	25900	12.50	2	巴中
1382	387	43328	42893	13.12		资阳
1325	192	31600	31400	12.50	1	简阳
1006	**89**	**17820**	**17495**	**8.65**	**3**	**贵州**
					2	贵阳
692		8910	8800	4.40	1	遵义
312	88	8312	8100	4.00		赤水
1	1	68	65	0.03		兴义
1	0	530	530	0.22		凯里
732	**1**	**10517**	**10284**	**5.65**	**2**	**云南**
					1	曲靖
730		9000	8768	5.05	1	保山
2	1	1517	1516	0.60		昭通
16927	**2010**	**1290149**	**1265660**	**400.58**	**91**	**陕西**
9854	1257	761964	758923	233.62	69	西安
598	162	45600	45250	15.93	3	铜川
1566	213	165490	165090	54.66	8	宝鸡
1825	32	146247	140098	49.00	6	咸阳
350		18459	18429	7.30		兴平

7-2-3 续 10

城市名称 Name of Cities	储气能力(万立方米) Gas Storage Capacity (10,000m³)	供气管道长度(公里) Length of Gas Supply Pipeline (km)	外购气量(万立方米) Purchased Gas (10,000m³)	供气总量(万立方米) 合计 Total	销售气量 Domestic Consumption
渭南	4.0	153	1428	1426	1426
韩城	0.3	17	43	43	41
延安	0.3	258	3013	3179	3089
汉中		10			
榆林		210	2922	4263	4009
甘肃	**44.7**	**571**	**43804**	**47043**	**46896**
兰州	30.0	399	42006	42173	42027
嘉峪关	6.0	7	6	31	31
平凉	7.5	12	6	3	3
敦煌		137	1786	4836	4836
庆阳	1.0	11			
临夏	0.2	5			0
青海	**34.8**	**744**	**48729**	**103810**	**101490**
西宁	13.8	377	44741	46871	44554
格尔木	21.0	350	3003	55954	55954
德令哈		18	985	985	982
宁夏	**10.5**	**1464**	**7853**	**90762**	**90677**
银川	6.4	1014		81474	81474
灵武		14		100	100
石嘴山		268	2090	2218	2218
吴忠	1.0	104	1460	2667	2590
青铜峡	3.1	64	4303	4303	4295
新疆	**97.6**	**4471**	**94009**	**70603**	**70013**
乌鲁木齐	64.8	2358	39858	39858	39600
克拉玛依		26	1600	1670	1665
吐鲁番	0.5	130	954	1149	1149
哈密	6.0	77	212	316	315
昌吉	0.5	320	2470	2496	2470
阜康	0.3	112	674	674	674
库尔勒		406	8350	8350	8350
阿图什		36	550	550	550
喀什	25.0	360	4499	4499	4499
和田		120	3800	3800	3500
伊宁					
奎屯	0.5	101	183	183	183
乌苏		123	25600	1800	1800
石河子		303	5259	5259	5259

Total Gas Supplied (10,000m³) 居民家庭 Households	燃气损失量 Loss Amount	用气户数(户) Households Supplied (unit)	家庭用户 Families Supplied	用气人口(万人) Population Supplied (10,000persons)	天然气汽车加气站(座) Gas Stations for CNG-Fueled Motor Vehicles (unit)	城市名称 Name of Cities
686		45266	41793	12.54		渭南
41	2	475	475	0.18	1	韩城
750	90	50459	48737	11.20		延安
						汉中
1257	254	56189	46865	16.15	4	榆林
4855	**147**	**460614**	**456050**	**144.91**	**15**	**甘肃**
4484	147	425920	422069	133.50	9	兰州
31		4195	4195	1.23		嘉峪关
3		1200	1200	0.48		平凉
338		29219	28586	9.70	5	敦煌
						庆阳
	0	80			1	临夏
5001	**2320**	**70980**	**68202**	**69.67**	**13**	**青海**
4498	2317	51020	49000	63.00	10	西宁
485		18832	18122	6.29	3	格尔木
18	3	1128	1080	0.38		德令哈
13084	**85**	**175678**	**175255**	**54.66**	**18**	**宁夏**
10073		128805	128805	38.64	14	银川
40	0	2900	2700	0.85		灵武
320		17472	17349	6.99	1	石嘴山
2590	77	20000	20000	6.00	2	吴忠
61	8	6501	6401	2.18	1	青铜峡
21849	**590**	**1018679**	**1009318**	**307.17**	**74**	**新疆**
13397	258	626735	623926	180.90	50	乌鲁木齐
34	5	3633	3512	6.61		克拉玛依
120		9849	9832	3.40	2	吐鲁番
215	1	41000	41000	12.90	1	哈密
1000	26	70931	70841	22.25	4	昌吉
125		9703	9449	3.00	1	阜康
1450		92210	89510	23.27	3	库尔勒
189		8500	8470	3.40	1	阿图什
3223		49366	48090	14.75	3	喀什
200	300	18000	16000	6.30	2	和田
					1	伊宁
95		12115	12100	4.20		奎屯
1800		10800	10800	3.50	1	乌苏
		65837	65788	22.69	5	石河子

7-3-1　2007 年全国城市液化石油气分组资料

地区名称 Name of Regions		储气能力（吨）Gas Storage Capacity (ton)	供气管道长度（公里）Length of Gas Supply Pipeline (km)	外购气量（吨）Purchased Gas (ton)	供气总量（吨）Total Gas Supplied (ton)	销售气量 Domestic Consumption
全　　国	**NationalTotal**	**1598843.6**	**17202**	**13096264**	**14667692**	**14633186**
分　类　一	**Sortone**					
东部地区	East China	1307601.9	14720	10410912	10824596	10803939
中部地区	Central China	220059.2	2002	1961513	2260463	2249793
西部地区	West China	71182.5	480	723839	1582633	1579455
分　类　二	**Sorttwo**					
东部地区	East China	1241283.6	14678	9934632	10361761	10342190
中部地区	Central China	212562.7	1837	1885711	2186621	2176112
西部地区	West China	144997.3	687	1275921	2119310	2114884
分　类　三	**Sortthree**					
东部地区	East China	1193693.1	14127	9467740	9905257	9889510
中部地区	Central China	169096.2	1718	1460763	1762610	1752918
西部地区	West China	144997.3	687	1275921	2119310	2114884
东北地区	Northeast China	91057.0	669	891840	880515	875874

7-3-1 National Urban LPG Supply(2007)

居民家庭 Households	燃气损失量 Loss Amount	用气户数（户） Households Supplied (unit)	家庭用户 Families Supplied	用气人口（万人） Population Supplied (10,000persons)	液化石油气汽车加气站 LPG（座） Gas Stations for LPG-Fueled Motor Vehicles (unit)	地区名称 Name of Regions
7280415	**34506**	**56379987**	**52958549**	**18172.34**	**486**	**全　　国**
						分类一
4984653	20657	37986629	35666075	12032.93	228	东部地区
1365366	10670	14413574	13651435	4753.75	146	中部地区
930396	3178	3979784	3641039	1385.66	112	西部地区
						分类二
4737118	19571	36294494	33993325	11436.61	228	东部地区
1315265	10509	13451712	12804719	4426.81	130	中部地区
1228033	4426	6633781	6160505	2308.92	128	西部地区
						分类三
4423274	15746	33797752	31759064	10717.96	210	东部地区
1052587	9693	10132786	9736338	3395.36	36	中部地区
1228033	4426	6633781	6160505	2308.92	128	西部地区
576522	4641	5815668	5302642	1750.10	112	东北地区

7-3-2 2007年按省分列的城市液化石油气

地区名称 Name of Regions	储气能力（吨） Gas Storage Capacity (ton)	供气管道长度（公里） Length of Gas Supply Pipeline (km)	外购气量（吨） Purchased Gas (ton)	供气总量（吨） Total Gas Supplied (ton)	销售气量 Domestic Consumption
全　国	**1598843.6**	**17202**	**13096264**	**14667692**	**14633186**
北　京	38433.0	236	537190	320434	319631
天　津	31726.0	71	21286	20502	20502
河　北	19755.5	95	189181	264559	264353
山　西	15148.0	275	52652	61678	60564
内蒙古	7496.5	165	75802	73842	73681
辽　宁	47590.5	550	466892	456504	452680
吉　林	21722.0	101	181241	179839	179563
黑龙江	21744.5	18	243707	244172	243631
上　海	21130.0	330	505832	506502	506502
江　苏	112893.3	1802	970919	999243	993496
浙　江	328435.7	3087	857041	938273	937749
安　徽	45204.0	315	306861	602727	601617
福　建	22910.0	2803	444490	407443	407180
江　西	18580.5	404	182314	181379	176801
山　东	71123.4	1182	602750	703495	700726
河　南	16730.0	23	250602	247689	247273
湖　北	45894.7	580	379751	393772	392527
湖　南	27539.0	121	288583	275365	274136
广　东	527498.3	4505	5266856	5673421	5668237
广　西	66318.3	42	476281	462835	461748
海　南	19788.0	18	72195	71384	71134
重　庆	3182.9		80937	81624	81623
四　川	12981.0	71	185169	183257	181020
贵　州	6115.0	89	44285	55563	55550
云　南	15338.0	207	144030	139759	139642
西　藏	500.0			814450	814450
陕　西	13463.0	51	111741	80501	80223
甘　肃	3467.6		24961	85483	85164
青　海	1215.0		12146	11064	11048
宁　夏	4453.0		8601	16671	16594
新　疆	10467.0	62	111968	114262	114141

7-3-2 Urban LPG Supply by Province(2007)

居民家庭 Households	燃气损失量 Loss Amount	用气户数（户） Households Supplied (unit)	家庭用户 Families Supplied	用气人口（万人） Population Supplied (10,000persons)	液化石油气汽车加气站 LPG（座） Gas Stations for LPG-Fueled Motor Vehicles (unit)	地区名称 Name of Regions
7280415	**34506**	**56379987**	**52958549**	**18172.34**	**486**	**全　　国**
187232	803	1901304	1856678	501.39	23	北　　京
17905		193608	192830	55.53	8	天　　津
176924	206	1858230	1740827	677.46		河　　北
31151	1114	360359	347007	186.92	1	山　　西
50102	161	961862	846716	326.94	16	内 蒙 古
313844	3824	2496742	2234261	718.65	18	辽　　宁
98621	276	1590860	1522818	478.37	52	吉　　林
164057	541	1728066	1545563	553.08	42	黑 龙 江
287469		2814326	2773173	749.00	77	上　　海
548113	5747	4883433	4575198	1407.34	6	江　　苏
684573	524	4401524	3963894	1376.50	5	浙　　江
184449	1110	1737945	1651064	551.52	1	安　　徽
194316	264	2054162	1982997	843.71	3	福　　建
131149	4578	1349331	1203069	442.80	1	江　　西
399644	2769	5001355	4767581	1541.25	45	山　　东
207091	416	1880838	1823578	574.64	17	河　　南
254394	1246	2744803	2704979	958.91	15	湖　　北
244353	1229	2059510	2006641	680.57	1	湖　　南
1873076	5184	10336272	9603508	3462.27	43	广　　东
247535	1087	1692135	1672750	596.32		广　　西
54021	250	353538	302378	103.51		海　　南
50286	1	271118	169723	112.50		重　　庆
90306	2237	500957	447970	141.02	17	四　　川
51169	13	506028	480903	169.96		贵　　州
99998	117	852969	815351	235.45	33	云　　南
487002		82729	52346	23.50		西　　藏
22733	278	420639	408803	266.74		陕　　西
28913	319	404218	355257	160.25	10	甘　　肃
8997	16	92852	92650	20.20		青　　海
15561	77	260478	258963	84.92	2	宁　　夏
75430	120	587796	559073	171.12	50	新　　疆

7-3-3 2007年按城市分列的城市液化石油气

城市名称 Name of Cities	储气能力（吨） Gas Storage Capacity（ton）	供气管道长度（公里） Length of Gas Supply Pipeline（km）	外购气量（吨） Purchased Gas（ton）	供气总量（吨） Total Gas Supplied（ton）	销售气量 Domestic Consumption
全　国	**1598843.6**	**17202**	**13096264**	**14667692**	**14633186**
北　京	**38433.0**	**236**	**537190**	**320434**	**319631**
天　津	**31726.0**	**71**	**21286**	**20502**	**20502**
河　北	**19755.5**	**95**	**189181**	**264559**	**264353**
石家庄	1270.0		18322	17750	17750
辛　集	231.0		3616	3576	3576
藁　城	300.0		2900	2700	2700
晋　州			1400	1350	1350
新　乐	300.0		1600	1600	1600
鹿　泉	140.0		898	898	896
唐　山	2500.0		35778	35778	35778
遵　化	60.0		6500	6200	6200
迁　安	320.0		5000	5000	5000
秦皇岛	484.0		12897	12846	12793
邯　郸	750.0	19	3130	3090	2990
武　安	105.0		2660	2660	2660
邢　台	700.0		11071	10916	10916
南　宫		2	3000	3000	3000
沙　河	160.0		2430	2400	2400
保　定	1400.0		8660	8556	8556
涿　州			4877	4877.	4877
定　州	150.0	15	1550	1550	1530
安　国	120.0		2921	2921	2921
高碑店			3465	3465	3465
张家口	445.0	59	13850	13685	13685
承　德	1915.0		8600	8454	8454
沧　州	1860.0		5646	5646	5646

7-3-3 Urban LPG Supply by City (2007)

居民家庭 Households	燃气损失量 Loss Amount	用气户数（户） Households Supplied (unit)	家庭用户 Families Supplied	用气人口（万人） Population Supplied (10,000persons)	液化石油气汽车加气站 LPG（座） Gas Stations for LPG-Fueled Motor Vehicles (unit)	城市名称 Name of Cities
7280415	**34506**	**56379987**	**52958549**	**18172.34**	**486**	**全　　国**
187232	**803**	**1901304**	**1856678**	**501.39**	**23**	**北　　京**
17905		**193608**	**192830**	**55.53**	**8**	**天　　津**
176924	**206**	**1858230**	**1740827**	**677.46**		**河　　北**
15228		284783	279566	85.40		石 家 庄
3460		60110	60016	17.53		辛　　集
2700		26858	26858	10.83		藁　　城
1300		19000	18200	6.80		晋　　州
1500		17606	17461	7.10		新　　乐
840	2	15003	13326	7.14		鹿　　泉
23607		259145	242424	80.38		唐　　山
6000		35038	34983	10.90		遵　　化
		54000		19.60		迁　　安
8446	53	61660	59102	16.89		秦 皇 岛
2990	100	34220	34220	31.21		邯　　郸
2411		18714	18623	7.00		武　　安
10916		83171	83171	29.11		邢　　台
2850		20930	20930	8.30		南　　宫
1920		23560	23385	7.63		沙　　河
7701		104306	103689	69.78		保　　定
4389		39821	37974	17.70		涿　　州
1530	20	12500	12500	4.60		定　　州
2741		22243	21900	8.60		安　　国
2965		21752	21700	8.70		高 碑 店
10690		51285	33800	18.30		张 家 口
7540	0	85666	83765	36.25		承　　德
5646		81046	81046	24.31		沧　　州

7-3-3 续1

城市名称 Name of Cities	储气能力（吨） Gas Storage Capacity (ton)	供气管道长度（公里） Length of Gas Supply Pipeline (km)	外购气量（吨） Purchased Gas (ton)	供气总量（吨） Total Gas Supplied (ton)	销售气量 Domestic Consumption
泊　头	112.5		1600	1600	1570
任　丘	5000.0		2600	79980	79980
黄　骅	160.0		3952	3952	3952
河　间	165.0		4300	4300	4300
廊　坊	160.0		2400	2400	2400
霸　州	270.0		4000	4000	4000
三　河	130.0		1155	1080	1080
衡　水	328.0		3373	3373	3373
冀　州			2016	1943	1942
深　州	220.0		3015	3013	3013
山　西	**15148.0**	**275**	**52652**	**61678**	**60564**
太　原	2500.0	74	24535	24535	24535
古　交	50.0			360	360
大　同	4.50	141	4800	4625	4625
阳　泉	195.0		654	651	651
长　治	100.0		3816	3844	3844
晋　城	125.0		2666	2666	2666
高　平	46.0		690	688	681
朔　州	2000.0		1500	1300	1300
晋　中	285.0	30	2726	2728	2726
介　休	40.0		220	220	220
运　城					
永　济	450.0		1320	1320	1320
河　津	8000.0	30		6000	5000
忻　州	390.0		3000	3000	3000
原　平	50.0		300	300	300
临　汾	130.0		20	3256	3256
侯　马	350.0		2450	2400	2300
吕　梁	155.0		1325	1200	1200
孝　义	142.0		1280	1262	1260
汾　阳	135.5		1350	1323	1320

居民家庭 Households	燃气损失量 Loss Amount	用气户数（户） Households Supplied (unit)	家庭用户 Families Supplied	用气人口（万人） Population Supplied (10,000persons)	液化石油气汽车加气站 LPG（座） Gas Stations for LPG-Fueled Motor Vehicles (unit)	城市名称 Name of Cities
1570	30	54000	54000	17.00		泊头
24820		106780	95360	29.10		任丘
3681		34657	34657	12.37		黄骅
4300		45000	45000	11.78		河间
2400		34200	34200	10.20		廊坊
4000		23800	23800	7.00		霸州
908		7900	6510	5.45		三河
3373		54837	54837	25.30		衡水
1490	1	34105	33290	12.70		冀州
3013		30534	30534	12.50		深州
31151	**1114**	**360359**	**347007**	**186.92**	**1**	**山西**
		32616	32616	36.85		太原
360		2300	2300	1.00		古交
4621		60028	57645	12.90		大同
640		16000	16000	6.00		阳泉
3844		26500	26500	11.00	1	长治
2149		37999	37880	12.50		晋城
640	7	21000	20100	7.00		高平
900		5060	5060	2.40		朔州
1917	2	36806	33756	13.00		晋中
		2000		1.00		介休
				15.00		运城
1050		21000	20000	10.50		永济
5000	1000	880	880	10.00		河津
1700		18000	15750	3.80		忻州
120		5500	5500	2.80		原平
3120		5230	5200	10.97		临汾
1810	100	18100	18100	7.00		侯马
1100		16270	16030	8.00		吕梁
980	2	16200	15800	7.00		孝义
1200	3	18870	17890	8.20		汾阳

7-3-3 续 2

城市名称 Name of Cities	储气能力（吨） Gas Storage Capacity (ton)	供气管道长度（公里） Length of Gas Supply Pipeline (km)	外购气量（吨） Purchased Gas (ton)	供气总量（吨） Total Gas Supplied (ton)	销售气量 Domestic Consumption
内蒙古	**7496.5**	**165**	**75802**	**73842**	**73681**
呼和浩特	2005.0		15349	18420	18420
包头	868.0		4100	4061	4060
乌海	60.0		2000	1600	1600
赤峰	1810.0	162	12304	8170	8072
通辽	300.0		3460	3460	3460
霍林郭勒	25.0	2	210	210	210
鄂尔多斯	50.0		2227	2227	2227
呼伦贝尔	300.0		2450	2464	2439
满洲里	632.5		4435	4207	4198
牙克石	90.0		2250	2208	2200
扎兰屯	60.0		1033	880	880
额尔古纳	20.0		1420	1410	1410
根河	35.0		655	616	616
巴彦淖尔	600.0		15010	15010	15010
乌兰察布	45.0		3500	3500	3500
丰镇	140.0		700	700	680
乌兰浩特	265.0		2700	2700	2700
阿尔山	50.0		185	185	185
二连浩特	50.0	1	414	414	414
锡林浩特	91.0		1400	1400	1400
辽宁	**4759.5**	**550**	**466892**	**456504**	**452680**
沈阳	3362.0		97026	97026	94200
新民	125.0	8	2210	2150	2150
大连	8213.5	292	151584	151584	151503
瓦房店	720.0	6	7978	7978	7978
普兰店	1820.0	33	9617	9617	9520
庄河	850.0	43	6970	6438	6430
鞍山	1200.0		3521	3144	3140
海城	1020.0		7400	7400	7400
抚顺	6013.0		35000	28048	28000

居民家庭 Households	燃气损失量 Loss Amount	用气户数（户） Households Supplied（unit）	家庭用户 Families Supplied	用气人口（万人） Population Supplied（10,000persons）	液化石油气汽车加气站 LPG（座） Gas Stations for LPG-Fueled Motor Vehicles（unit）	城市名称 Name cf Cities
50102	**161**	**961862**	**846716**	**326.94**	**16**	**内蒙古**
16212		154000	150000	49.30		呼和浩特
3581	1	102857	72724	28.81		包头
1284		28000	23200	9.60		乌海
6850	98	201948	198369	59.00	5	赤峰
3300		30000	20000	6.00		通辽
210		11950	11950	5.00	1	霍林郭勒
2016		74990	63290	30.00		鄂尔多斯
2150	25	52187	51187	17.00		呼伦贝尔
3745	9	42926	39982	18.24	1	满洲里
2040	8	22850	21240	8.00		牙克石
700		18150	16500	8.30		扎兰屯
1410		10370	10370	3.30		额尔古纳
604		8824	8454	3.00		根河
		74500	54000	25.00		巴彦淖尔
1620		44800	30000	24.00	1	乌兰察布
500	20	8980	8560	2.69		丰镇
2200		37030	32100	13.00	6	乌兰浩特
176		1500	1400	0.60	2	阿尔山
414		13000	13000	4.00		二连浩特
1090		23000	20390	12.10		锡林浩特
313844	**3824**	**2496742**	**2234261**	**718.65**	**18**	**辽宁**
74200	2826	228500	193367	77.43		沈阳
1700		33140	21398	10.00		新民
57602	81	445708	314727	85.24	13	大连
7978		62260	62260	20.80		瓦房店
7662	97	53997	52200	17.70	1	普兰店
5438	8	59800	58620	18.00	1	庄河
3140	4	22612	22612	8.00		鞍山
7350		95500	94500	32.40		海城
24500	48	242000	212000	62.10		抚顺

7-3-3 续 3

城市名称 Name of Cities	储气能力（吨） Gas Storage Capacity (ton)	供气管道长度（公里） Length of Gas Supply Pipeline (km)	外购气量（吨） Purchased Gas (ton)	供气总量（吨） Total Gas Supplied (ton)	销售气量 Domestic Consumption
本溪	1280.0	25	4200	3900	3875
丹东	1520.0		6160	5740	5740
东港	126.0	3	3506	3506	3506
凤城	200.0	4	4900	4850	4850
锦州	1600.0	39	10060	10000	10000
凌海	450.0	17	4310	4310	4310
北镇	270.0		2920	2920	2920
营口	4100.0	8	25020	25020	25000
盖州	320.0		6300	6300	6270
大石桥	1240.0		8000	8000	8000
阜新	200.0		4830	4822	4822
辽阳	2200.0	3	15967	15967	15967
灯塔	300.0		5215	5215	4900
盘锦	3700.0	10	19679	19679	19641
铁岭	590.0		2925	2926	2925
调兵山	77.0		780	780	780
开原	325.0		6213	5976	5976
朝阳	1234.0		4039	3950	3650
北票	1330.0	26	3267	3022	3020
凌源	725.0	30	2660	2660	2650
葫芦岛	1800.0	4	1800	920	900
兴城	680.0		2835	2657	2657
吉林	**21722.0**	**101**	**181241**	**179839**	**179563**
长春	5100.0		72150	71890	71890
九台	60.0	8	787	787	787
榆树	496.0	15	3190	3190	3190
德惠	147.0		4564	4176	4176
吉林	3200.0		39215	39215	39215
蛟河	60.0		3000	3000	2950
桦甸	271.0		800	800	800
舒兰	70.0	3	1200	1200	1200

居民家庭 Households	燃气损失量 Loss Amount	用气户数（户） Households Supplied (unit)	家庭用户 Families Supplied	用气人口（万人） Population Supplied (10,000persons)	液化石油气汽车加气站 LPG（座） Gas Stations for LPG-Fueled Motor Vehicles (unit)	城市名称 Name of Cities
2441	25	39000	24800	13.50		本溪
5020		56982	54500	17.23		丹东
3229		25310	23210	7.57	1	东港
4050	0	51620	50635	15.00		凤城
9800		66935	65733	19.72		锦州
4310		38100	38100	11.45		凌海
2920		19986	19986	7.00		北镇
20000	20	180000	178000	63.00	1	营口
4850	30	73000	71800	13.00	1	盖州
6700		60000	55000	22.00		大石桥
4713		50611	50164	16.00		阜新
12754		131000	128600	38.60		辽阳
4900	315	27000	27000	7.80		灯塔
19494	38	150224	149213	40.94		盘锦
1487	1	39800	30467	12.10		铁岭
650		4500	3900	1.66		调兵山
5218		67835	64052	18.12		开原
3650	300	27400	27400	11.00		朝阳
2460	2	46203	46203	12.99		北票
2550	10	41928	41300	13.00		凌源
820	20	33000	30000	12.90		葫芦岛
2258		22791	22514	12.40		兴城
98621	**276**	**1590860**	**1522818**	**478.37**	**52**	**吉林**
12000		315744	272814	63.21	30	长春
690		5000	4700	15.10		九台
3190		29900	29900	10.80		榆树
3909		64350	64350	20.10	1	德惠
25473		225933	225933	67.11	9	吉林
2900	50	28500	28000	9.00	1	蛟河
650		33000	32500	12.00		桦甸
1000		21200	21200	15.85		舒兰

7-3-3 续 4

城市名称 Name of Cities	储气能力（吨） Gas Storage Capacity（ton）	供气管道长度（公里） Length of Gas Supply Pipeline（km）	外购气量（吨） Purchased Gas（ton）	供气总量（吨） Total Gas Supplied（ton）	销售气量 Domestic Consumption
磐　　石			550	550	550
四　　平	160.0		210	190	190
公 主 岭	100.0	1	150	290	150
双　　辽	80.0		800	600	600
辽　　源	50.0	13	135	146	118
通　　化	700.0		3700	3700	3700
梅 河 口	392.0	38	4000	3740	3700
集　　安	500.0	4	1160	1100	1096
白　　山	80.0	17	1800	1800	1786
临　　江	280.0		960	865	865
松　　原	5817.0		13200	13200	13200
白　　城	440.0		7300	7300	7300
洮　　南	533.0		1700	1700	1700
大　　安	290.0		2000	2000	2000
延　　吉	466.0		7800	7580	7580
图　　们	1200.0		1160	1160	1160
敦　　化	650.0		4300	4300	4300
珲　　春	300.0		3460	3460	3460
龙　　井	100.0		1000	950	950
和　　龙	180.0	2	950	950	950
黑 龙 江	**21744.5**	**18**	**243707**	**244172**	**243631**
哈 尔 滨	4178.0		82150	82150	82150
双　　城	95.0		5940	5910	5910
尚　　志	230.0		1338	1338	1338
五　　常	580.0		6600	6600	6600
齐齐哈尔	1151.0		10142	10142	10142
讷　　河	150.0		1600	1560	1552
鸡　　西	1452.0		3402	3276	3272
虎　　林	65.0		750	750	750
密　　山	110.0		420	410	410
鹤　　岗	225.0		2729	2729	2709

居民家庭 Households	燃气损失量 Loss Amount	用气户数（户） Households Supplied (unit)	家庭用户 Families Supplied	用气人口（万人） Population Supplied (10,000persons)	液化石油气汽车加气站 LPG（座） Gas Stations for LPG-Fueled Motor Vehicles (unit)	城市名称 Name of Cities
550		22300	22300	7.00		磐石
170		16000	15600	4.00		四平
150	140			6.00		公主岭
500		18000	16000	8.00		双辽
101	28	126350	119840	32.00		辽源
3700		21000	21000	6.30	3	通化
2800	40	47150	46550	15.00	1	梅河口
1060	4	27500	26900	8.00		集安
896	14	70000	60000	20.00		白山
782		19300	19300	6.90		临江
9700		117000	115200	31.00	6	松原
7300		61200	61200	21.00		白城
1700		15000	15000	5.00		洮南
2000		43000	43000	14.00		大安
7070		88433	88431	30.95	1	延吉
1160		15600	15600	5.80		图们
4210		51600	49700	16.19		敦化
3060		65650	65650	14.50		珲春
950		31000	31000	9.30		龙井
950		11150	11150	4.26		和龙
164057	**541**	**1728066**	**1545563**	**553.08**	**42**	**黑龙江**
24780		293970	268120	88.90	12	哈尔滨
5850		40950	39000	16.00		双城
800		20884	20593	9.00	2	尚志
5100		45000	41000	13.00	1	五常
6476		92400	91300	30.20	2	齐齐哈尔
1500	8	30029	29112	6.38		讷河
2972	4	49650	45123	15.60	5	鸡西
350		20000	12000	4.00		虎林
356		29310	26280	7.08		密山
	20	48000	46000	11.50		鹤岗

7-3-3 续 5

城市名称 Name of Cities	储气能力（吨） Gas Storage Capacity（ton）	供气管道长度（公里） Length of Gas Supply Pipeline（km）	外购气量（吨） Purchased Gas（ton）	供气总量（吨） Total Gas Supplied（ton）	销售气量 Domestic Consumption
双鸭山	145.0		1728	1728	1728
大庆	1200.0	8	23351	23351	23330
伊春	797.0		10384	9078	9078
铁力	100.0		2883	2883	2422
佳木斯	525.0		4500	4100	4100
同江	30.0		405	405	405
富锦	200.0		1100	1100	1100
七台河	1458.0		2300	2300	2300
牡丹江	903.5		20000	19257	19250
绥芬河	160.0		840	840	840
海林	205.0		2050	2070	2050
宁安	75.0		1000	1000	1000
穆棱	50.0		480	481	480
黑河	230.0		800	800	800
北安	150.0		2950	2950	2950
五大连池	30.0		65	65	65
绥化	5500.0		42000	42000	42000
安达	120.0		6800	6800	6800
肇东	1500.0	10	3000	6100	6100
海伦	130.0		2000	2000	2000
上海	**21130.0**	**330**	**505832**	**506502**	**506502**
江苏	**112893.2**	**1802**	**970919**	**999243**	**993496**
南京	19590.0	289	165813	165489	165328
无锡	2000.0		20173	20628	20628
江阴	3374.0		32776	32929	32929
宜兴	600.0		32036	30016	30016
徐州	1349.5	4	36300	35250	35140
新沂	1200.0	10	9000	8300	8280
邳州	1125.0	2	12400	12400	12400
常州	3180.0		36748	37025	37025

居民家庭 Households	燃气损失量 Loss Amount	用气户数（户） Households Supplied (unit)	家庭用户 Families Supplied	用气人口（万人） Population Supplied (10,000persons)	液化石油气汽车加气站 LPG（座） Gas Stations for LPG-Fueled Motor Vehicles (unit)	城市名称 Name of Cities
1108		52000	45700	18.10		双鸭山
21030	21	161825	161240	50.81	10	大庆
7573		168216	150104	55.04		伊春
2172	461	19852	19621	7.11		铁力
3000		88770	87770	28.75		佳木斯
398		6900	6500	3.40		同江
1100		8000	8000	5.00		富锦
1500		80000	60000	20.00		七台河
18000	7	150000	140000	51.00	5	牡丹江
450		6500	5500	3.20		绥芬河
2050	20	30000	30000	10.00		海林
800		16800	16340	7.47		宁安
480	1	13128	13128	4.54		穆棱
650		16500	14350	6.00		黑河
2000		20000	15000	6.00		北安
62		3482	3482	1.00	1	五大连池
41900		56900		20.00	4	绥化
4800		60000	54000	19.00		安达
5300		69000	66800	26.00		肇东
1500		30000	29500	9.00		海伦
287469		**2814326**	**2773173**	**749.00**	**77**	**上海**
548113	**5747**	**4883433**	**4575198**	**1407.34**	**6**	**江苏**
80505	161	1097034	1078034	273.50	2	南京
13352		416700	396000	125.01		无锡
26331		69981	69681	19.55		江阴
10120		93812	79576	23.28		宜兴
28680	110	242000	233100	69.37	2	徐州
6000	20	110000	109724	24.00		新沂
7200		91000	85000	30.20		邳州
25531		172135	170780	51.23		常州

城市名称 Name of Cities	储气能力（吨） Gas Storage Capacity (ton)	供气管道长度（公里） Length of Gas Supply Pipeline (km)	外购气量（吨） Purchased Gas (ton)	供气总量（吨） Total Gas Supplied (ton)	销售气量 Domestic Consumption
溧　阳	250.0		7332	7321	7271
金　坛	100.0		5325	5325	5325
苏　州	9244.8		169793	169793	166653
常　熟	4500.0		41217	26591	26591
张家港	35050.0		43000	43000	43000
昆　山	2670.0		24449	24230	24201
吴　江	735.0		15085	15084	15084
太　仓	1345.0		23893	26570	26519
南　通	1623.0	118	34000	33700	33700
如　皋	600.0	129	5312	5047	4542
通　州	700.0	91	1674	30917	30917
海　门	370.0	268	5781	5265	5265
连云港	850.0		8200	7500	7500
淮　安	4320.0		28565	23712	23712
盐　城	1635.0		4085	23405	23279
东　台	400.0	3	5200	4633	4631
大　丰	287.0		8900	8700	8700
扬　州	1270.0		23529	23265	23265
仪　征	870.0	196	8870	8930.	8930
高　邮	880.0	210	13000	13000	13000
江　都	1570.0	67	12707	12685	12685
镇　江	3580.0	13	45604	45321	45155
丹　阳	567.0		9200	9150	9145
扬　中	175.0		4610	4530	4395
句　容	1318.0	93	14500	13253	13240
泰　州	2000.0	286	20405	20365	19230
兴　化	900.0		6100	6000	6000
靖　江	780.0		8000	12720	12620
泰　兴	720.0		13636	13636	13636
姜　堰	645.0		6100	6100	6100
宿　迁	520.0	22	7600	7460	7460

居民家庭 Households	燃气损失量 Loss Amount	用气户数（户） Households Supplied (unit)	家庭用户 Families Supplied	用气人口（万人） Population Supplied (10,000persons)	液化石油气汽车加气站 LPG（座） Gas Stations for LPG-Fueled Motor Vehicles (unit)	城市名称 Name of Cities
4911	50	41093	39893	13.15		溧阳
5025		38309	38258	10.65		金坛
38530	3140	192880	191900	57.57	1	苏州
19287		98785	9789	28.00		常熟
28000		89600	88600	34.30		张家港
18458	29	81491	14803	6.80		昆山
10214		95154	92653	23.55		吴江
6735	51	46393	42206	13.21		太仓
26000		127000	126900	35.89	1	南通
4088	505	73567	72330	21.60		如皋
2582		36740	35934	10.17		通州
4925		64532	57553	18.04		海门
7207		120200	120120	38.20		连云港
21000		269529	268843	78.65		淮安
6440	126	92260	88280	44.59		盐城
4631	2	7730	7730	20.93		东台
5900		6000	4000	6.00		大丰
12084		80692	80562	28.20		扬州
7700		51976	51600	17.00		仪征
10000		62500	62000	17.00		高邮
11152		62910	59270	24.00		江都
16224	166	107118	106821	36.50		镇江
8500	5	73877	73814	22.24		丹阳
3296	135	20566	17566	5.65		扬中
9271	13	71000	62000	13.80		句容
18200	1135	200652	185695	55.04		泰州
5400		40300	39100	14.00		兴化
12000	100	119776	100783	26.70		靖江
10460		90328	89568	19.70		泰兴
5200		44089	43032	14.50		姜堰
6975		83724	81700	35.57		宿迁

7-3-3 续 7

城市名称 Name of Cities	储气能力（吨） Gas Storage Capacity（ton）	供气管道长度（公里） Length of Gas Supply Pipeline（km）	外购气量（吨） Purchased Gas（ton）	供气总量（吨） Total Gas Supplied（ton）	销售气量 Domestic Consumption
浙　江	**328435.7**	**3087**	**857041**	**938273**	**937749**
杭　州	4840.0	614	58906	59051	59051
建　德	420.0		7500	7500	7500
富　阳	200.0		12934	12834	12834
临　安	600.0	28	19325	18120	18120
宁　波	29118.6	674	137416	270768	270501
余　姚	775.0		10096	10175	10175
慈　溪	570.0		21516	21508	21508
奉　化	199.8	26	6080	5713	5696
温　州	2887.0	302	121500	121500	121500
瑞　安	65.0	26	11000	11000	11000
乐　清	585.0		19251	19251	19200
嘉　兴	1639.0	358	42806	42749	42749
海　宁	350.0		33000	4970	4970
平　湖	640.0	19	15300	15300	15300
桐　乡	1540.0	2	15260	15150	15150
湖　州	1590.0	19	11438	11438	11438
绍　兴	2150.0		21408	14940	14940
诸　暨	4050.0		31000	27000	27000
上　虞	224.0		19496	6700	6700
嵊　州	640.0	9	6600	6600	6600
金　华	1162.0	312	20047	19947	19946
兰　溪	940.0	20	6800	6410	6320
义　乌	515.0	25	19060	19060	19060
东　阳	450.0	23	6477	6466	6466
永　康	430.0		12600	12684	12664
衢　州	475.0	7	7700	76000	7600
江　山	300.0	44	6631	6495	6458
舟　山	1937.3		26797	26875	26875
台　州	1757.0	310	68638	71024	71024
温　岭	1005.0	152	11698	11717	11684
临　海	3792.0	80.	35117	34061	34061

居民家庭 Households	燃气损失量 Loss Amount	用气户数（户） Households Supplied (unit)	家庭用户 Families Supplied	用气人口（万人） Population Supplied (10,000persons)	液化石油气汽车加气站 LPG（座） Gas Stations for LPG-Fueled Motor Vehicles (unit)	城市名称 Name of Cities
684573	**524**	**4401524**	**3963894**	**1376.50**	**5**	**浙　江**
35220		485479	481054	154.44	3	杭　州
2500		46000	40500	11.29		建　德
9670		39921	36921	16.27		富　阳
9150		30500	25300	15.80		临　安
189346	267	432538	381270	106.31	1	宁　波
8256		121278	109702	55.88		余　姚
21073		187580	186865	50.31		慈　溪
5576	17	90454	85479	31.73		奉　化
110000		390000	300000	122.40		温　州
6000		7	5	33.99		瑞　安
19200	51	108747	108747	34.51		乐　清
25047		83636	74236	39.41	1	嘉　兴
2900		44200	37700	12.10		海　宁
14600		32020	27000	12.96		平　湖
5920		165372	45320	15.04		桐　乡
6657		239418	179763	67.41		湖　州
13571		157994	152042	40.44		绍　兴
19880		46321	46000	14.10		诸　暨
6700		38000	38000	18.56		上　虞
6600		76867	76867	27.88		嵊　州
18960	1	207057	205557	50.72		金　华
6180	90	6750	6580	18.00		兰　溪
15250		356000	339000	115.07		义　乌
5603		84286	79876	39.93		东　阳
11164	20	74830	74760	21.97		永　康
7300		65743	65733	19.72		衢　州
5932	37	38107	37983	14.40		江　山
14320		68686	67207	12.95		舟　山
51461		353522	351450	109.88		台　州
11245	33	87817	81055	22.75		温　岭
7923		70194	61802	27.36		临　海

城市名称 Name of Cities	储气能力（吨） Gas Storage Capacity（ton）	供气管道长度（公里） Length of Gas Supply Pipeline（km）	外购气量（吨） Purchased Gas（ton）	供气总量（吨） Total Gas Supplied（ton）	销售气量 Domestic Consumption
丽　水	370.0	36	10263	10335	10328
龙　泉	150.0		3381	3333	3331
安　徽	**45204.0**	**315**	**306861**	**602727**	**601617**
合　肥	3366.5	75	53896	41383	40733
芜　湖	9250.0		58440	49184	49184
蚌　埠	2320.0	13	32018	30222	30222
淮　南	1110.0		17100	17000	17000
马鞍山	4310.0		9769	3665	3665
淮　北	1064.0		19025	17035	17035
铜　陵	3000.0	5	18693	18791	18791
安　庆	9630.0	96	18058	346394	346354
桐　城	316.0	30	3850	3800	3750
黄　山	550.0	32	10387	10387	10387
滁　州	645.0		11000	11000	10850
天　长	1545.0		5300	5200	5200
明　光	146.0	6	1728	1698	1698
阜　阳	1400.0		6190	6185	6185
界　首	280.0		2890	2805	2805
宿　州	2181.5		7650	7600	7600
巢　湖	1320.0		6450	6470	6470
六　安	1210.0		3684	3684	3684
亳　州	440.0		10000	10100	10000
池　州	170.0	34	2390	2482	2461
宣　城	400.0	3	4743	4043	3943
宁　国	550.0	22	3600	3600	3600
福　建	**22910.0**	**2803**	**444490**	**407443**	**407180**
福　州	6440.0	1459	108324	108324	108309
福　清	730.0	30	33700	33700	3370
长　乐	200.0	14	2600	2600	2600
厦　门	1800.0	969	118333	110749	110749

居民家庭 Households	燃气损失量 Loss Amount	用气户数（户） Households Supplied (unit)	家庭用户 Families Supplied	用气人口（万人） Population Supplied (10,000persons)	液化石油气汽车加气站 LPG（座） Gas Stations for LPG-Fueled Motor Vehicles (unit)	城市名称 Name of Cities
9728	7	141100	132000	33.92		丽　水
1640	2	31100	28120	9.00		龙　泉
184449	**1110**	**1737945**	**1651064**	**551.52**	**1**	**安　徽**
26102	650	281000	256300	84.90		合　肥
25135		159800	159614	46.98		芜　湖
7183		160358	160245	56.12	1	蚌　埠
16500		136800	136700	45.00		淮　南
3140	0	12960	10980	4.22		马鞍山
16980		117900	104800	36.68		淮　北
2618		28131	28131	5.00		铜　陵
15868	40	134894	124113	41.49		安　庆
2765	50	33132	30400	11.04		桐　城
8937		80586	71600	23.95		黄　山
9170	150	68750	66378	19.33		滁　州
4500		62513	59836	25.01		天　长
1520		29000	29000	9.00		明　光
5990		68640	66500	21.28		阜　阳
2677		19076	18155	6.44		界　首
7560		84350	84000	25.20		宿　州
6300		74326	74201	19.50		巢　湖
3084		40900	40030	15.90		六　安
9000	100	50600	50202	16.50		亳　州
2435	20	21729	11729	9.00		池　州
3845	100	37500	36150	19.00		宣　城
3140		35000	32000	9.98		宁　国
194316	**264**	**2054162**	**1982997**	**843.71**	**3**	**福　建**
58789	15	591979	572535	227.65		福　州
2500		46201	39500	15.30		福　清
2400		72000	65000	20.00		长　乐
17496		449480	435575	208.89	3	厦　门

城市名称 Name of Cities	储气能力（吨） Gas Storage Capacity（ton）	供气管道长度（公里） Length of Gas Supply Pipeline（km）	外购气量（吨） Purchased Gas（ton）	供气总量（吨） Total Gas Supplied（ton）	销售气量 Domestic Consumption
莆　田	466.0	24	8180	8252	8172
三　明	250.0	10	2100	2100	2100
永　安	275.0	33	2940	3033	3002
泉　州	2451.0	22	34765	33773	33763
石　狮	600.0	5	16150	16180	16180
晋　江	3225.0	45	43150	43150	43150
南　安	250.0	11	6800	6800	6800
漳　州	500.0	80	15439	15439	15432
龙　海	355.0	7	6935	6935	6899
南　平	280.0	20	4200	4200	4200
邵　武	1160.0	10	2128	2128	2098
武夷山	250.0	3	1200	1200	1200
建　瓯	310.0	1	2800	2700	2700
建　阳	650.0	1	3700	3700	3700
龙　岩	954.0	25	9863	9863	9863
漳　平	49.0		1200	1200	1200
宁　德	250.0	34	4765	6835	6780
福　安	1175.0		9217	9212	9212
福　鼎	290.0		6000	5700	5700
江　西	**18580.5**	**404**	**182314**	**181379**	**176801**
南　昌	2251.5	390	73784	73271	69560
景德镇	858.0		15640	15610	15610
乐　平	334.0		1898	1898	1896
萍　乡	1002.0		11085	9160	9160
九　江	4730.0		17662	17548	17548
瑞　昌	560.0		4850	4842	4842
新　余	1360.0		1501	1501	1485
鹰　潭	554.0	1	8300	8300	8300
贵　溪	100.0		2851	2851	2800
赣　州	520.0			3728	3728
瑞　金	180.0		4750	4750	4750

居民家庭 Households	燃气损失量 Loss Amount	用气户数（户） Households Supplied (unit)	家庭用户 Families Supplied	用气人口（万人） Population Supplied (10,000persons)	液化石油气汽车加气站 LPG（座） Gas Stations for LPG-Fueled Motor Vehicles (unit)	城市名称 Name of Cities
3316	80	103537	102961	39.05		莆　田
1600		33800	30000	10.50		三　明
2896	30	43180	42980	13.79		永　安
26481	10	163850	160890	73.58		泉　州
14000		36940	34063	16.80		石　狮
1509		32300	30200	12.08		晋　江
4750		41000	40400	15.00		南　安
11876	7	111183	108883	40.54		漳　州
5987	36	43255	40110	15.98		龙　海
4200		50000	50000	19.80		南　平
1547	30	21473	20983	9.24		邵　武
1132		15038	13495	7.32		武夷山
2250		25282	24551	9.27		建　瓯
3700				9.60		建　阳
9489		21432	21410	27.35		龙　岩
1080		8441	8321	6.00		漳　平
5327	55	64977	64176	21.10		宁　德
6892		41214	39764	12.57		福　安
5100		37600	37200	12.30		福　鼎
131149	**4578**	**1349331**	**1203069**	**442.80**	**1**	**江　西**
61843	3711	398935	398572	146.70	1	南　昌
9150		81490	80580	21.83		景德镇
1600	2	13800	13390	7.85		乐　平
5880		51200	49580	17.10		萍　乡
15436		173869	172813	53.60		九　江
4820		25670	24670	8.75		瑞　昌
1485	16	7591	7591	2.63		新　余
500		68000	66000	10.00		鹰　潭
2600	51	16150	16000	6.11		贵　溪
3350		109600	109600	24.40		赣　州
2990		20000	19900	15.00		瑞　金

7-3-3 续 10

城市名称 Name of Cities	储气能力（吨） Gas Storage Capacity（ton）	供气管道长度（公里） Length of Gas Supply Pipeline（km）	外购气量（吨） Purchased Gas（ton）	供气总量（吨） Total Gas Supplied（ton）	销售气量 Domestic Consumption
南　康	280.0		6300	6300	6300
吉　安	2375.0		4980	4980	4980
井冈山	87.0		375	375	375
宜　春	400.0		4900	4900	4900
丰　城	110.0		1120	1120	1120
樟　树	150.0		2010	2010	2010
高　安	305.0	13	1391	1368	1367
抚　州	1900.0		8900	8900	8900
上　饶	65.0		7967	7967	7170
德　兴	459.0		2050		
山　东	**71123.4**	**1182**	**602750**	**703495**	**700726**
济　南	4623.0		48000	47940	47700
章　丘	680.0		5740	5733	5730
青　岛	4445.0	17	79715	79715	79858
胶　州	450.0	40	4196	4196	4196
即　墨	560.0		7830	7830	7830
平　度	1615.0		8410	8300	8280
胶　南	580.0	67	7250	7250	7250
莱　西	100.0	6	4905	4880	4880
淄　博	5100.0	70	115145	115206	114962
枣　庄	2812.0	64	14408	13369	13255
滕　州	1760.0		4152	4063	4050
东　营	6579.3	0	2640	8507	8505
烟　台	3844.7	184	34450	34353	34028
龙　口	3070.0	6	3200	3200	3200
莱　阳			5910	5910	5910
莱　州	1410.0		3810	3360	3360
蓬　莱	624.0	2	3900	3490	3490
招　远	300.0		4757	4750	4749
栖　霞	223.0		2870	2770	2770
海　阳			6000	6000	6000
潍　坊	1700.0	11	1480	8550	8550

居民家庭 Households	燃气损失量 Loss Amount	用气户数（户） Households Supplied (unit)	家庭用户 Families Supplied	用气人口（万人） Population Supplied (10,000persons)	液化石油气汽车加气站 LPG（座） Gas Stations for LPG-Fueled Motor Vehicles (unit)	城市名称 Name of Cities
6300		35000	35000	14.00		南康
		33550	31950	10.51		吉安
300		2550	1989	1.45		井冈山
4200		31020	27680	11.30		宜春
1120		12600	12600	6.20		丰城
1540		38000	38000	16.00		樟树
1367	1	42679	42679	14.12		高安
		130000		36.00		抚州
6668	797	44977	41825	14.64		上饶
		12650	12650	4.61		德兴
399644	**2769**	**5001355**	**4767581**	**1541.25**	**45**	山东
43000	240	394000	394000	192.00		济南
5710	3	45550	45550	13.00		章丘
51038	-143	642780	536487	104.11	11	青岛
3371		47801	47801	20.28		胶州
7830		77875	77875	31.23		即墨
7020	20	56500	53880	19.01		平度
6950		85800	85600	32.70		胶南
4730		70370	70260	19.21		莱西
31098	244	255619	252649	79.14	26	淄博
12601	114	89609	84900	36.49		枣庄
3620	13	23165	22543	10.89	1	滕州
8093	2	55790	55790	17.00		东营
23025	325	257842	250069	76.18	4	烟台
2850		34148	29962	10.63		龙口
5060		64920	64120	20.51		莱阳
3010		75010	75010	26.00		莱州
2950		41035	39585	12.47		蓬莱
4385	1	50891	48918	16.11		招远
2530		34800	32800	11.50		栖霞
6000		67857	67857	18.50		海阳
8200		82050	81700	30.44		潍坊

7-3-3 续 11

城市名称 Name of Cities	储气能力（吨） Gas Storage Capacity (ton)	供气管道长度（公里） Length of Gas Supply Pipeline (km)	外购气量（吨） Purchased Gas (ton)	供气总量（吨） Total Gas Supplied (ton)	销售气量 Domestic Consumption
青　州	1340.0		7500	7505	7490
诸　城	1680.0		10000	8042	8000
寿　光	4100.0		6200	5400	5400
安　丘	452.0		7793	7696	7509
高　密	560.0		6700	6670	6649
昌　邑	590.0		2920	2870	2870
济　宁	160.0	2	6469	6269	6269
曲　阜	243.0		1661	1661	1246
兖　州	480.0	2	4700	4695	4690
邹　城	80.0		1350	1350	1340
泰　安	10.0	10	2000		
新　泰	880.0		4272	4272	4272
肥　城	80.0		900	900	900
威　海	3180.0	115	12185	11591	11589
文　登	480.0	86	7520	7385	7380
荣　成	340.0	301	6852	6823	6796
乳　山	500.0	160	6530	6352	6328
日　照	2045.0	38	11999	11474	11427
莱　芜	510.0		14570	14570	14500
临　沂	2600.0		65040	63889	63888
德　州				4120	4120
乐　陵	1010.0		976	1917	966
禹　城	210.0		810	810	810
聊　城	200.0		2920	2929	2920
临　清	470.0		1100	1100	1100
滨　州	3860.0		3860	3860	3860
菏　泽	4587.4		37154	129975	129854
河　南	**16730.0**	**23**	**250602**	**247689**	**247273**
郑　州	970.0		63000	62000	62000
巩　义	88.0		1380	1390	1380
荥　阳	350.0		3350	3350	3350

居民家庭 Households	燃气损失量 Loss Amount	用气户数（户） Households Supplied (unit)	家庭用户 Families Supplied	用气人口（万人） Population Supplied (10,000persons)	液化石油气汽车加气站 LPG（座） Gas Stations for LPG-Fueled Motor Vehicles (unit)	城市名称 Name of Cities
7490	15	54480	54480	21.00		青　州
6000	42	284200	231200	39.71		诸　城
5400		111428	111428	39.00	1	寿　光
6455	187	63118	62857	22.00		安　丘
6649	21	30000	30000	15.00		高　密
2870		25000	25000	8.30		昌　邑
		7180	6730	8.87		济　宁
1246	415	23856	23856	8.20		曲　阜
3800	5	5	4	7.00		兖　州
	10	9900	9350	9.00		邹　城
		50000	50000	18.50		泰　安
4272		152880	152880	42.76		新　泰
150		2000	1100	4.20		肥　城
8724	2	81923	80285	28.10	1	威　海
5760	5	71030	69710	27.09		文　登
6349	27	98648	93786	33.76	1	荣　成
5787	23	41348	41079	13.91		乳　山
9637	48	236386	235650	50.00		日　照
14200	70	76986	72360	27.70		莱　芜
41185	1	321070	306615	113.51		临　沂
3986		75650	75200	29.00		德　州
966	951	46900	46900	17.60		乐　陵
810		10420	10420	6.00		禹　城
1947	9	96200	94200	39.00		聊　城
		53000		21.00		临　清
3660		92235	92235	36.36		滨　州
9230	121	332100	322900	57.28		菏　泽
207091	**416**	**1880838**	**1823578**	**574.64**	**17**	**河　南**
46000		320990	320990	42.88	7	郑　州
780	10	7050	6700	3.60		巩　义
2300		24600	24000	8.90		荥　阳

7-3-3 续 12

城市名称 Name of Cities	储气能力（吨） Gas Storage Capacity (ton)	供气管道长度（公里） Length of Gas Supply Pipeline (km)	外购气量（吨） Purchased Gas (ton)	供气总量（吨） Total Gas Supplied (ton)	销售气量 Domestic Consumption
新密	270.0		1900	1900	1889
新郑	240.0		1960	1905	1901
登封	45.0		898	930	898
开封	600.0		8521	8521	8521
洛阳	1657.0		22958	22958	22958
偃师	50.0	3	1355	1305	1305
平顶山	400.0	6	1100	1100	1100
舞钢	50.0		260	265	260
汝州	80.0		220	220	220
安阳	670.0	10	9015	8950	8950
林州	50.0		1400	1400	1400
鹤壁	100.0		4850	4850	4850
新乡	600.0		13000	12500	12500
卫辉	60.0		900	900	900
辉县	150.0		4300	4450	4300
焦作	350.0		5312	5281	5281
沁阳	60.0		1500	1542	1542
孟州	80.0		1310	1310	1310
濮阳	370.0	4	12010	12040	12040
许昌	1500.0		8478	8478	8478
禹州	310.0		4000	3950	3950
长葛	100.0		4500	4500	4500
漯河	440.0		12000	11895	11895
三门峡	200.0		2832	2789	2789
义马	120.0		1980	1980	1976
灵宝	250.0		3600	3480	3435
南阳	1540.0		16572	15903	15754
邓州	310.0		2200	2200	2200
商丘	800.0		14000	14005	14000
永城	100.0		1460	1420	1420
信阳	2700.0		8534	8157	8157
周口	450.0		4140	4100	4100

居民家庭 Households	燃气损失量 Loss Amount	用气户数（户） Households Supplied (unit)	家庭用户 Families Supplied	用气人口（万人） Population Supplied (10,000persons)	液化石油气汽车加气站 LPG（座） Gas Stations for LPG-Fueled Motor Vehicles (unit)	城市名称 Name of Cities
1760	11	19500	18600	8.00		新密
1050	4	25000	22100	10.50		新郑
866	32	9808	9730	3.48		登封
8521		69500	69500	23.00	3	开封
18180		124451	112400	38.33		洛阳
1305		32700	32700	7.03		偃师
1100		12000	12000	4.80		平顶山
255	5	4300	4300	1.69		舞钢
170		3500	3450	1.04		汝州
4150		47500	36100	11.12		安阳
1366		17700	17178	6.00		林州
4850		53890	53890	19.00		鹤壁
12200		134000	133800	31.28		新乡
900		10000	10000	3.00		卫辉
4150	150	23900	22190	8.13		辉县
5176		57551	57513	22.43	3	焦作
		17133	17133	7.98		沁阳
1160		1260	1200	4.40		孟州
11201		47345	44650	18.62		濮阳
5100		57000	57000	22.88	1	许昌
3640		40830	40020	13.00		禹州
4500		28050	28050	10.55		长葛
11127		123636	123636	35.90		漯河
1811		38000	37000	13.10		三门峡
1965	4	7900	7900	3.00		义马
3435	45	29344	29344	10.37		灵宝
15563	149	144791	144696	48.23		南阳
2100		18476	18400	7.68		邓州
12016	5	123151	103210	48.50		商丘
1360		12600	11540	4.60	1	永城
7169		80380	79656	31.86	2	信阳
4100		49800	49800	17.00		周口

城市名称 Name of Cities	储气能力（吨） Gas Storage Capacity（ton）	供气管道长度（公里） Length of Gas Supply Pipeline（km）	外购气量（吨） Purchased Gas（ton）	供气总量（吨） Total Gas Supplied（ton）	销售气量 Domestic Consumption
项　城	360.0		1975	1983	1983
驻马店	200.0		2730	2680	2680
济　源	60.0		1102	1102	1102
湖　北	**45894.7**	**580**	**379751**	**393772**	**392527**
武　汉	26050.0	152	190000	190000	190000
黄　石	2132.0	10	27200	26892	26892
大　冶	936.0		5800	5200	5200
十　堰	362.0	318	3620	6474	6357
丹江口	600.0		2100	2100	2070
宜　昌	650.0	30	8058	8058	8058
宜　都	200.0		3500	3300	3300
当　阳	166.0		1620	1620	1620
枝　江	220.0		3200	3200	3200
襄　樊	2555.0		5838	21341	21341
老河口	330.0		3170	3162	3162
枣　阳	250.0		3952	3613	3612
宜　城	400.0		1390	1370	1365
鄂　州	580.0		7800	7800	7600
荆　门	1769.0	1	22837	23039	23009
钟　祥	300.0		3500	3500	3500
孝　感	280.0	15	3150	3110	3100
应　城	450.0		4550	4502	4456
安　陆	162.0		1050	980	960
汉　川	80.0	6	1650	620	580
荆　州	1041.0		8900	8900	8900
石　首	480.0		3800	3800	3800
洪　湖	300.0		4000	4000	4000
松　滋	200.0	2	2980	2980	2978
黄　冈	730.0	8	9010	7770	7770
麻　城	640.0	4	6220	5832	5825
武　穴	550.0		7710	7668	7668
咸　宁	400.0		4500	4500	4500
赤　壁	450		3650	3550	3550

居民家庭 Households	燃气损失量 Loss Amount	用气户数（户） Households Supplied (unit)	家庭用户 Families Supplied	用气人口（万人） Population Supplied (10,000persons)	液化石油气汽车加气站 LPG（座） Gas Stations for LPG-Fueled Motor Vehicles (unit)	城市名称 Name of Cities
1983		21350	21350	8.54		项城
2680		29777	29777	9.53		驻马店
1102		12075	12075	4.69		济源
254394	**1246**	**2744803**	**2704979**	**958.91**	**15**	**湖北**
64497		550889	550338	187.00	14	武汉
26372		186700	186508	60.00		黄石
5200		41000	41000	30.00		大冶
5280	117	158536	158536	47.72		十堰
1780	30	46000	44950	13.00		丹江口
8058		81200	81200	29.00		宜昌
3200		23550	23000	8.50		宜都
1300		39667	36800	18.00		当阳
3200		29300	29300	9.00		枝江
21121		160700	159400	59.00		襄樊
3162		51428	51428	18.45		老河口
2890	1	57142	55950	20.00		枣阳
1265	5	20000	19000	8.00		宜城
7600	200	84775	84775	26.35		鄂州
19664	30	104010	103398	29.78	1	荆门
3500		51108	51108	18.00		钟祥
2980	10	60126	59124	20.72		孝感
4408	46	32331	32223	11.63		应城
942	20	26350	25768	8.49		安陆
568	40	111058	105028	28.66		汉川
8500		99876	99870	39.00		荆州
3600		35890	35160	14.00		石首
4000		97000	97000	29.00		洪湖
2978	2	33875	33875	9.00		松滋
7610		67032	65782	23.10		黄冈
4466	7	57016	53265	19.23		麻城
6488		52460	51235	19.00		武穴
3100		78000	76500	24.50		咸宁
3285		63000	62150	18.20		赤壁

7-3-3 续 14

城市名称 Name of Cities	储气能力（吨） Gas Storage Capacity (ton)	供气管道长度（公里） Length of Gas Supply Pipeline (km)	外购气量（吨） Purchased Gas (ton)	供气总量（吨） Total Gas Supplied (ton)	销售气量 Domestic Consumption
随州	1128.0		5535	5535	5535
广水	75.0		1026	1026	1026
恩施	165.0		500	505	480
利川	40.0		280	260	260
仙桃	617.7	30	8700	8700	8650
潜江	506.0	5	8155	8155	7503
天门	100.0		800	710	700
湖南	**27539.0**	**121**	**288583**	**275365**	**274136**
长沙	4000.0		84000	84000	84000
浏阳	445.0	40	5611	5611	5536
株洲	800.0		15037	15037	15037
醴陵	755.0		5257	5174	5174
湘潭	1879.0		10000	10000	10000
湘乡	2400.0		2015	2100	2100
韶山	1800.0		2286	2346	2303
衡阳	1975.0		30000	17300	17300
耒阳	75.0		400	352	350
常宁	126.0		786	786	786
邵阳	190.0	2	2800	2840	2800
武冈	50.0	17	2300	2301	2300
岳阳	3080.0	18	18045	18122	18110
汨罗	200.0		4800	4600	4600
临湘	240.0		2360	2360	2360
常德	1780.0		24858	24870	24408
津市	272.0		1907	1907	1847
张家界	969.0		6650	6650	6650
益阳	810.0		9800	9600	9600
沅江	480.0	3	2900	2900	2880
郴州	1095.0	38	11036	11039	11036
资兴	700.0		1900	1800	1800
永州	1559.0		16585	16597	16585

居民家庭 Households	燃气损失量 Loss Amount	用气户数（户） Households Supplied（unit）	家庭用户 Families Supplied	用气人口（万人） Population Supplied (10,000persons)	液化石油气汽车加气站 LPG（座） Gas Stations for LPG-Fueled Motor Vehicles（unit）	城市名称 Name cf Cities
5535		55000	55000	22.00		随州
1013		40896	39400	14.68		广水
480	25	6200	6200	2.00		恩施
210		12200	1220	5.00		利川
8000	50	73000	73000	28.00		仙桃
7492	652	57478	56478	16.90		潜江
650	10	10	10	24.00		天门
244353	**1229**	**2059510**	**2006641**	**680.57**	**1**	**湖南**
79500		375600	371000	125.71	1	长沙
5536	75	49818	49818	18.00		浏阳
15037		132012	132012	23.64		株洲
1769		33395	32100	15.40		醴陵
10000		80000	80000	35.00		湘潭
1958		37850	37438	9.00		湘乡
1902	43	7660	6214	4.00		韶山
13000		243975	242405	72.72		衡阳
320	2	99277	96666	29.00		耒阳
660		36788	36666	11.80		常宁
2760	40	50000	50000	18.00		邵阳
2300	1	35920	35920	14.37		武冈
17070	12	117800	112800	44.80		岳阳
3400		3		10.00		汨罗
2360				12.00		临湘
24367	462	180750	180750	36.40		常德
1847	60	30437	30437	8.91		津市
4600		43900	42898	15.50		张家界
9200		70375	70300	25.00		益阳
2860	20	40120	39079	9.25		沅江
6888	3	65180	61290	24.49		郴州
1600		22300	20800	7.55		资兴
16585	12	111463	111463	42.70		永州

城市名称 Name of Cities	储气能力（吨） Gas Storage Capacity（ton）	供气管道长度（公里） Length of Gas Supply Pipeline（km）	外购气量（吨） Purchased Gas（ton）	供气总量（吨） Total Gas Supplied（ton）	销售气量 Domestic Consumption
怀　化	860.0	4	18400	18400	17900
洪　江	106.0		520	500	500
娄　底	380.0		3100	3100	3100
冷水江	84.0		1800	1800	1800
涟　源	129.0		1750	1750	1750
吉　首	300.0		1680	1524	1524
广　东	**527498.3**	**4505**	**5266856**	**5673421**	**5668237**
广　州	20199.4	765	688107	978641	976506
增　城	50.0	73	2300	2300	2300
从　化	800.0		7463	7325	7325
韶　关	300.0		2600	25400	25400
乐　昌	550.0		2330	2330	2330
南　雄	245.0		1190	1182	1180
深　圳	91660.0	368	1508675	1467069	1466793
珠　海	216200.0	88	1002800	1003800	1002800
汕　头	107000.0	87	185000	185000	185000
佛　山	7610.5	641	151100	153966	153006
江　门	3286.0	28	66097	66097	66097
台　山	526.0		27900	27900	27900
开　平	1290.0		26080	24728	24728
鹤　山	428.0		17071	17071	17071
恩　平	200.0		3770	3750	3750
湛　江	8126.0	15	60000	60000	60000
廉　江	450.0		4320	4310	4310
雷　州	240.0		2800	2790	2790
吴　川	20000.0		16000	15000	15000
茂　名	9900.0	19	30691	30367	30367
高　州	1950.0		21600	21585	21585
化　州	500.0		15600	15600	15600
信　宜	750.0		13650	13410	13360
肇　庆	1485.5	100	35884	47379	47269

居民家庭 Households	燃气损失量 Loss Amount	用气户数（户） Households Supplied (unit)	家庭用户 Families Supplied	用气人口（万人） Population Supplied (10,000persons)	液化石油气汽车加气站LPG（座） Gas Stations for LPG-Fueled Motor Vehicles (unit)	城市名称 Name of Cities
10600	500	69400	46680	21.00		怀　化
460		4000	3820	2.00		洪　江
2900		31000	28600	13.50		娄　底
1700		25287	24285	9.46		冷水江
1650		25200	23200	9.37		涟　源
1524		40000	40000	12.00		吉　首
1873076	**5184**	**10336272**	**9603508**	**3462.27**	**43**	广　东
271617	2135	2308252	2277776	736.64	27	广　州
1265		13000	13000	3.60		增　城
5254		50000	50000	15.00		从　化
22000		126000	108000	40.00		韶　关
1985		33000	32000	12.00		乐　昌
1070	2	12640	11830	5.30		南　雄
279235	276	1636388	1613696	583.62	1	深　圳
115000	1000	603700	546800	95.60		珠　海
134800		543100	534700	216.37	1	汕　头
70067	960	449836	414017	171.45		佛　山
37477		337870	330149	114.16		江　门
17230	0	51263	47701	19.01		台　山
		46890	41380	23.45		开　平
12858		38140	38000	17.59		鹤　山
3620		28650	27100	15.80		恩　平
42000		325000	325000	130.00		湛　江
3448		74600	65648	16.30		廉　江
2470	0	38260	30560	12.52		雷　州
13000		29000	28900	11.50		吴　川
23640		189710	104120	46.16		茂　名
15120		65000	56000	30.38		高　州
15130		68512	66254	26.30		化　州
13310	50	47500	43000	22.45		信　宜
28858	110	122572	120096	51.21		肇　庆

城市名称 Name of Cities	储气能力（吨） Gas Storage Capacity（ton）	供气管道长度（公里） Length of Gas Supply Pipeline（km）	外购气量（吨） Purchased Gas（ton）	供气总量（吨） Total Gas Supplied（ton）	销售气量 Domestic Consumption
高　要	75.6		2548	2548	2548
四　会	650.0		9900	9418	9409
惠　州	9012.4	490	135176	282844	282839
梅　州	250.0		20000	24000	24000
兴　宁	201.0		6530	6530	6530
汕　尾	610.0		17500	17540	17500
陆　丰	520.0		6700	6550	6550
河　源	2555.0	200	24100	24088	24068
阳　江	5238.0		101955	107101	107101
阳　春	800.0		3578	3578	3578
清　远	1480.0	130	25800	24800	24800
英　德	650.0	13	183	183	183
连　州	375.0		1889	1878	1878
东　莞	3913.8	963	625089	593773	593552
中　山	550.0		56193	55903	55903
潮　州	2110.0	95	244957	245026	245021
揭　阳	275.0		27060	27010	27010
普　宁	406.0	70	43000	43000	43000
云　浮	2280.0		11820	10800	10800
罗　定	1800.0	359	9850	9850	9500
广　西	**66318.3**	**42**	**476281**	**462835**	**461748**
南　宁	2785.0		80154	79048	79048
柳　州	3255.0		74207	74781	73825
桂　林	1745.0	42	23160	22396	22396
梧　州	520.0		7747	7745	7735
岑　溪	190.0		5500	5338	5313
北　海	6468.8		10980	11980	11980
防城港	4868.0		5632	5563	5563
东　兴	70.0		1628	1628	1628
钦　州	42330.0		177118	165761	165666
贵　港	600.0		12000	11000	11000

居民家庭 Households	燃气损失量 Loss Amount	用气户数（户） Households Supplied (unit)	家庭用户 Families Supplied	用气人口（万人） Population Supplied (10,000persons)	液化石油气汽车加气站 LPG（座） Gas Stations for LPG-Fueled Motor Vehicles (unit)	城市名称 Name of Cities
2168		36100	35520	14.00		高要
7311	9	64230	63228	21.70		四会
212624	5	514298	454297	101.87		惠州
19100		93250	93250	29.30		梅州
6530		52130	52130	18.60		兴宁
17300	40	54000	52000	22.00	4	汕尾
5050		31200	30180	17.03		陆丰
23209	20	4846	4780	25.20		河源
7161		125300	125300	38.40		阳江
3578		31989	31989	12.30		阳春
17200		159300	145200	46.45		清远
160		38000	25500	12.00		英德
1784		40000	36500	10.50		连州
327424	221	870098	318295	444.29		东莞
28960		366225	275261	54.30		中山
21812	5	149353	128733	38.62		潮州
21800		139000		65.00		揭阳
		134381	132579	34.42		普宁
9950		112700	92050	14.90		云浮
9500	350	80989	80989	24.98	10	罗定
247536	**1087**	**1692135**	**1672750**	**596.32**		**广西**
79048		492237	492237	167.37		南宁
32806	956	243080	241000	85.00		柳州
20368		147000	144000	56.00		桂林
7185	10	87050	85500	30.72		梧州
5205	25	32430	30808	14.25		岑溪
8985		80200	79700	27.90		北海
5538		46568	44773	11.91		防城港
1532		13290	12520	5.12		东兴
4051	95	98250	96350	19.34		钦州
10625		50325	50292	26.50		贵港

7-3-3 续 17

城市名称 Name of Cities	储气能力（吨） Gas Storage Capacity（ton）	供气管道长度（公里） Length of Gas Supply Pipeline (km)	外购气量（吨） Purchased Gas (ton)	供气总量（吨） Total Gas Supplied (ton)	销售气量 Domestic Consumption
桂　平	184.0		5890	5745	5745
玉　林	604.8		27885	27815	27815
北　流	680.0		10875	10875	10875
百　色	227.0		5975	5895	5895
贺　州	680.0		5500	5500	5500
河　池	369.2		5000	4774	4774
宜　州	195.5		4800	4800	4800
来　宾	184.0		6100	6100	6100
合　山	200.0		1270	1270	1270
崇　左	77.0		2600	2561	2560
凭　祥	85.0		2260	2260	2260
海　南	**19788.0**	**18**	**72195**	**71384**	**71134**
海　口	14100.0		45000	45218	45000
三　亚	825.0	17	10554	9761	9729
五 指 山	72.0		650	798	798
琼　海	244.0	1	2646	2623	2623
儋　州	390.0		4658	4647	4647
文　昌	3100.0		4880	4750	4750
万　宁	657.0		657	657	657
东　方	400.0		3150	2930	2930
重　庆	**3182.9**		**80937**	**81624**	**81623**
四　川	**12981.0**	**71**	**185169**	**183257**	**181020**
成　都	1800.0		112737	110912	109312
都 江 堰	220.0		3608	3608	3600
彭　州	100.0		520	516	516
邛　崃	55.0		940	940	940
崇　州	2700.0		1602	1554	1549
攀 枝 花	472.0	49	8811	8548	8379
泸　州	590.0		2191	2191	2187

居民家庭 Households	燃气损失量 Loss Amount	用气户数（户） Households Supplied (unit)	家庭用户 Families Supplied	用气人口（万人） Population Supplied (10,000persons)	液化石油气汽车加气站 LPG（座） Gas Stations for LPG-Fueled Motor Vehicles (unit)	城市名称 Name of Cities
5745		28090	28090	11.00		桂平
24315		114250	113835	41.91		玉林
10875		45426	45426	16.00		北流
5597		39000	38300	12.00		百色
5000		28800	24850	13.53		贺州
4520		35000	35000	16.05		河池
4800		19278	19278	8.00		宜州
5400		29800	29700	11.00		来宾
1120		13550	12580	5.92		合山
2560	1	34400	34400	11.00		崇左
2260		14111	14111	5.80		凭祥
54021	**250**	**353538**	**302378**	**103.51**		**海南**
34200	218	188648	148000	56.00		海口
4009	32	35911	29722	10.10		三亚
798		13000	13000	5.00		五指山
2260		32260	29657	8.80		琼海
4647		25800	25800	12.00		儋州
4520		18150	16430	6.71		文昌
657		9500	9500	4.00		万宁
2930		30269	30269	0.90		东方
50286	**1**	**271118**	**169723**	**112.50**		**重庆**
90306	**2237**	**500957**	**447970**	**141.02**	**17**	**四川**
41130	1600	103001	77970	20.23	3	成都
1703	8	12818	11152	3.00		都江堰
472		10820	10715	3.00		彭州
791		7447	7217	2.65		邛崃
1290	5	9980	9300	3.00		崇州
6912	169	52029	47536	15.69		攀枝花
1673	4	8450	7400	2.52		泸州

7-3-3 续 18

城市名称 Name of Cities	储气能力（吨） Gas Storage Capacity（ton）	供气管道长度（公里） Length of Gas Supply Pipeline（km）	外购气量（吨） Purchased Gas（ton）	供气总量（吨） Total Gas Supplied（ton）	销售气量 Domestic Consumption
德　阳	450.0		5130	5130	5130
广　汉			5806	5806	5806
什　邡	30.0		465	470	470
绵　竹			1121	1027	1001
绵　阳	210.0		1272	1847	1830
广　元			2868	2868	2868
遂　宁					
内　江	900.0		11000	11000	11000
乐　山	63.0	14	120	120	120
峨眉山	140.0		1717	1575	1575
南　充	880.0	1	5291	5291	5024
阆　中	85.0	1	1206	1206	1150
眉　山	100.0		4345	4345	4340
宜　宾			600	600	600
华　蓥	300.0		800	760	750
达　州	220.0		180	180	176
万　源			1348	1348	1300
雅　安			1090	991	989
巴　中	26.0		1026	1000	1000
资　阳	80.0		2356	2344	2344
简　阳	3100.0		3100	3100	3100
西　昌	460.0	6	3920	3980	3964
贵　州	**6115.0**	**89**	**44285**	**55563**	**55550**
贵　阳	1547.0		30000	30000	30000
遵　义	1190.0	9		10000	10000
赤　水	20.0	4		340	340
仁　怀	20.0	1		368	368
安　顺	296.0		3650	3650	3650
铜　仁	217.0	75	1740	1740	1740
兴　义	100.0		1070	2000	2000
毕　节	465.0		465	465	465

居民家庭 Households	燃气损失量 Loss Amount	用气户数（户） Households Supplied (unit)	家庭用户 Families Supplied	用气人口（万人） Population Supplied (10,000persons)	液化石油气汽车加气站 LPG（座） Gas Stations for LPG-Fueled Motor Vehicles (unit)	城市名称 Name of Cities
2361		9410	8151	2.33	4	德阳
5625		28612	27815	8.50		广汉
260		965	815	1.00		什邡
501	26	2297	2211	1.00	2	绵竹
1273	17	6886	6571	1.87		绵阳
2570		20840	20605	5.55		广元
					1	遂宁
1750		7300	6900	2.15	5	内江
5		200	200	0.07		乐山
					1	峨眉山
4296	267	14300	13700	4.51		南充
690	56	3090	2970	0.90		阆中
4340	5	36000	36000	10.88		眉山
600		6000	6000	1.88		宜宾
650	10	9870	8650	3.02		华蓥
50	4	610	110	0.04		达州
1131	48	14198	11084	4.00		万源
980	2	11200	11200	3.70		雅安
680		10416		4.90		巴中
2020		18750	18730	5.83	1	资阳
2890		30000	29500	8.80		简阳
3663	16	65468	65468	20.00		西昌
51169	**13**	**506028**	**480903**	**169.96**		**贵州**
30000		200000	200000	56.00		贵阳
8100		138000	117900	48.00		遵义
284		7411	6600	2.20		赤水
354		7513	6578	5.00		仁怀
2985		30250	29080	9.86		安顺
1360		12766	12056	5.00		铜仁
2000		1380	1380	5.10		兴义
465		3750	3750	1.10		毕节

城市名称 Name of Cities	储气能力（吨） Gas Storage Capacity (ton)	供气管道长度（公里） Length of Gas Supply Pipeline (km)	外购气量（吨） Purchased Gas (ton)	供气总量（吨） Total Gas Supplied (ton)	销售气量 Domestic Consumption
凯　里	400.0		6320	6060	6047
都　匀	360.0		560	460	460
福　泉	1500.0		480	480	480
云　南	**15338.0**	**207**	**144030**	**139759**	**139642**
昆　明	5500.0	27	103857	103857	103857
安　宁	240.0		540	540	540
曲　靖	966.0		10000	7000	7000
宣　威	2500.0		2457	2457	2455
玉　溪	845.0	10	4512	4512	4512
保　山	1800.0		1800	1792	1780
昭　通	282.0		1357	1108	1108
丽　江	60.0	4	2500	2603	2600
普　洱	100.0	15	1440	1440	1350
临　沧	190.0		3800	3700	3700
楚　雄	130.0	37	2498	2435	2435
个　旧	70.0		380	380	380
开　远	250.0	106	966	952	952
景　洪	500.0		1840	1810	1800
大　理	750.0		2562	2562	2562
瑞　丽	145.0		1800	1800	1800
潞　西	1010.0	8	1721	810	810
西　藏	**500.0**			**814450**	**814450**
拉　萨				813100	813100
日喀则	500.0			1350	1350
陕　西	**13463.0**	**51**	**111741**	**80501**	**80223**
西　安	6160.0		73351	42581	42579
铜　川	307.0		1578	1608	1556
宝　鸡					
咸　阳	185.0		11000	9900	9900

居民家庭 Households	燃气损失量 Loss Amount	用气户数（户） Households Supplied (unit)	家庭用户 Families Supplied	用气人口（万人） Population Supplied (10,000persons)	液化石油气汽车加气站 LPG（座） Gas Stations for LPG-Fueled Motor Vehicles (unit)	城市名称 Name of Cities
4939	13	50379	49379	18.20		凯　里
300		40000	40000	15.50		都　匀
382		14579	14180	4.00		福　泉
99998	**117**	**852969**	**815351**	**235.45**	**33**	**云　南**
72345		409660	402470	94.20	33	昆　明
320		4000	4000	1.00		安　宁
6000		50000	48100	17.50		曲　靖
2184	2	15800	14062	7.90		宣　威
3950		63000	60000	14.00		玉　溪
1760	12	8640	3000	2.00		保　山
1108		25000	25000	11.23		昭　通
1850	3	18900	15800	8.00		丽　江
1350	90	30000	30000	9.00		普　洱
1500	0	31000	20000	10.30		临　沧
		30000	28000	10.87		楚　雄
247		5850	3800	2.00		个　旧
952		21100	21100	6.80		开　远
1260	10	31000	31000	9.00		景　洪
2562		69922	69922	20.45		大　理
1800		16080	16080	4.20		瑞　丽
810		23017	23017	7.00		潞　西
487002		**82729**	**52346**	**23.50**		**西　藏**
487002		78529	48748	22.00		拉　萨
		4200	3598	1.50		日喀则
22733	**278**	**420639**	**408803**	**266.74**		**陕　西**
2301	2	31025	31021	93.00		西　安
1120	52	22606	21550	13.92		铜　川
		49490	49490	15.14		宝　鸡
		55000	55000	18.00		咸　阳

城市名称 Name of Cities	储气能力（吨） Gas Storage Capacity（ton）	供气管道长度（公里） Length of Gas Supply Pipeline（km）	外购气量（吨） Purchased Gas（ton）	供气总量（吨） Total Gas Supplied（ton）	销售气量 Domestic Consumption
兴　平	80.0		950	950	950
渭　南	570.0		4530	4572	4530
韩　城	200.0		820	800	800
华　阴	90.0		585	585	585
延　安	252.0		5022	5418	5418
汉　中	3452.0		3600	3600	3600
榆　林			7000	7160	7000
安　康	1700.0		1700	1700	1700
商　洛	467.0	51	1605	1627	1605
甘　肃	**346.8**		**24961**	**85483**	**85164**
兰　州	20.0		350	350	350
嘉峪关	300.0				
金　昌	450.0		1250	1266	1230
白　银			843	843	843
天　水				8943	8943
武　威	450.0		3500	3370	3370
张　掖	580.0		2650	2650	2650
平　凉	320.0		2000	17640	17620
酒　泉	220.0		3850	3850	3850
玉　门				36200	36000
庆　阳	13.0		7100	6920	6890
定　西	112.0		580	580	570
陇　南	650.0		620	593	585
临　夏	292.6		1218	1278	1263
合　作	60.0		1000	1000	1000
青　海	**1215.0**		**12146**	**11064**	**11048**
西　宁	615.0		8000	7008	7000
格尔木	220.0		3836	3759	3753
德令哈	380.0		310	297	295
宁　夏	**4453.0**		**8601**	**16671**	**16594**
银　川	1655.0			8012	8012
灵　武	1200.0		900	808	800

居民家庭 Households	燃气损失量 Loss Amount	用气户数（户） Households Supplied (unit)	家庭用户 Families Supplied	用气人口（万人） Population Supplied (10,000persons)	液化石油气汽车加气站 LPG（座） Gas Stations for LPG-Fueled Motor Vehicles (unit)	城市名称 Name of Cities
		1000	1000	7.00		兴　平
3989	42	57968	53812	24.30		渭　南
800		32000	32000	10.00		韩　城
400		13250	12520	4.80		华　阴
5418		68000	68000	20.40		延　安
3100		5000	4350	20.00		汉　中
2500	160	10000	10000	8.00		榆　林
1500		54300	49060	19.02		安　康
1605	22	21000	21000	13.16		商　洛
28913	**319**	**404218**	**355257**	**160.25**	**10**	**甘　肃**
200	0	6650	5450			兰　州
		4567	4567	1.37		嘉峪关
1230	36	20000	20000	8.00		金　昌
835		21080	20680	6.00		白　银
8943		82221	82221	38.98		天　水
3270		27035	25980	13.20		武　威
2200		26100	2595	14.10	1	张　掖
1670	20	37800	29600	13.00	8	平　凉
3600		80000	75000	26.50		酒　泉
535	200	24000	23000	6.30		玉　门
3580	30	27890	23230	13.60		庆　阳
520	10	14875	13560	7.20		定　西
565	8	10880	10720	4.00		陇　南
905	15	11220	7854	3.00	1	临　夏
860		9900	9800	5.00		合　作
8997	**16**	**92852**	**92650**	**20.20**		**青　海**
7000	8	67000	67000	15.00		西　宁
1713	6	22440	22440	4.20		格尔木
284	2	3412	3210	1.00		德令哈
15561	**77**	**260478**	**258963**	**84.92**	**2**	**宁　夏**
7847		139765	139765	41.92	1	银　川
800	8	8700	8700	3.00		灵　武

7-3-3 续 21

城市名称 Name of Cities	储气能力（吨） Gas Storage Capacity（ton）	供气管道长度（公里） Length of Gas Supply Pipeline（km）	外购气量（吨） Purchased Gas（ton）	供气总量（吨） Total Gas Supplied（ton）	销售气量 Domestic Consumption
石嘴山	243.0		1042	1143	1132
吴忠	360.0		2771	3039	3028
青铜峡	215.0		1609	1302	1297
固原	700.0		1273	1272	1230
中卫	80.0		1007	1094	1094
新疆	**10467.0**	**62**	**111968**	**114262**	**114141**
乌鲁木齐	5101.0		48352	47316	47316
克拉玛依	923.0	7	23070	22672	22672
吐鲁番	30.0		187	187	173
哈密	1295.0	54	8139	7867	7853
昌吉	130.0		1720	1588	1586
阜康	50.0		400	350	350
博乐	230.0		980	963	960
库尔勒	250.0		7147	7050	7050
阿克苏	475.0		6500	6300	6300
阿图什	220.0		1187	1215	1199
喀什	246.0		1300	1260	1260
和田	200.0		1800	3850	3800
伊宁	150.0		4260	4260	4260
奎屯	135.0		3700	3003	3000
乌苏	100.0		400	360	360
塔城	100.0		1680	1600	1580
阿勒泰	100.0		817	795	795
石河子	340.0	1		1200	1200
图木舒克	330.0		330	330	330
五家渠	62.0			2097	2097

居民家庭 Households	燃气损失量 Loss Amount	用气户数（户） Households Supplied (unit)	家庭用户 Families Supplied	用气人口（万人） Population Supplied (10,000persons)	液化石油气汽车加气站 LPG（座） Gas Stations for LPG-Fueled Motor Vehicles (unit)	城市名称 Name of Cities
1053	11	26289	26257	11.00		石嘴山
2768	11	24000	24000	8.00		吴忠
1267	5	21691	20791	8.00		青铜峡
860	42	23150	22600	7.00	1	固原
966		16883	16850	6.00		中卫
75430	**120**	**587796**	**559073**	**171.12**	**50**	**新疆**
25163		153719	136006	32.98	31	乌鲁木齐
15073		80333	80333	26.95	1	克拉玛依
139	14	5200	4160	1.45		吐鲁番
4888	14	22717	22517	7.00	5	哈密
1320	2	3100	3100	1.00	1	昌吉
300		2000	1800			阜康
960	3	35000	35000	10.00	1	博乐
4450		11200	10000	3.00	2	库尔勒
5550		86600	85000	25.50	1	阿克苏
1199	16	12000	12000	2.00	1	阿图什
1260		10000	10000	4.00	3	喀什
2700	50	15500	15000	5.00	1	和田
3900		60000	58000	25.00		伊宁
3000	3	31000	31000	9.30	1	奎屯
300		6200	5810	1.50		乌苏
1450	20	13030	12020	5.21	1	塔城
779		13000	12740	3.90	1	阿勒泰
1000		6000	3500	1.00		石河子
		4530	4420	1.33		图木舒克
2000		16667	16667	5.00		五家渠

主要指标解释

人工煤气生产能力

指报告期末燃气生产厂制气、净化、输送等环节的综合生产能力，不包括备用设备能力。一般按设计能力计算，如果实际生产能力大于设计能力时，应按实际测定的生产能力计算。测定时应以制气、净化、输送三个环节中最薄弱的环节为主。

供气管道长度

指报告期末从气源厂压缩机的出口或门站出口至各类用户引入管之间的全部已经通气投入使用的管道长度。不包括煤气生产厂、输配站、液化气储存站、灌瓶站、储配站、气化站、混气站、供应站等厂（站）内的管道。

供气总量

指报告期燃气企业（单位）向用户供应的燃气数量。包括销售量和损失量。

汽车加气站

指专门为燃气机动车（船舶）提供压缩天然气、液化石油气等燃料加气服务的站点。

Explanatory Notes on Main Indicators

Integrated Gas Production Capacity

It refers to the combined capacity of components of the process such as gas production, purification and delivery with an exception of the capacity of backup facilities at the end of reported period. It is usually calculated based on the design capacity. Where the actual capacity surpluses the design capacity, integrated capacity should be calculated based on the actual capacity, mainly depending on the capacity of the weakest component.

Length of Gas Supply Pipelines

It refers to the length of pipes operated in the distance from a compressor's outlet or a gas station exit to pipes connected to individual households at the end of reported period, excluding pipes through coal gas production plant, delivery station, LPG storage station, bottled station, storage station, air mixture station and supply station.

Quantity of Gas Supplied

It refers to amount of gas supplied to end users by gas suppliers at the end of reported period. It includes sales amount and loss amount.

Gas Stations for Gas-Fueled Motor Vehicles

They are designated stations that provide such fuels as compressed natural gas, LPG to gas-fueled motor vehicles.

八、城市集中供热
8. Urban Centralized Heating

简要说明

城市供热指向热用户供应热能的活动，分为集中供热和分散供热。本部分只包括集中供热。集中供热指从一个或多个热源通过热网向城市的热用户供给生产和生活热能的方式，要求具有一定的规模。

Brief Introduction

Urban heating is to supply heat energy to urban customers in two ways: centralized heating and decentralized heating. This section is only about centralized heating, which is to deliver heat from one or more heat sources through network to urban end-users for industrial and domestic purposes.

8 全国历年城市集中供热情况（1981—2007）

8 National Urban Centralized Heating in Past Years（1981—2007）

指标 Item / 年份 Year	供热能力 Heating Capacity		供热总量 Total Heat Supplied		管道长度（公里） Length of Pipelines（km）		集中供热面积（万平方米） Heated Area（10,000m²）
	蒸汽（吨/小时） Steam（Ton/hour）	热水（兆瓦） Hot Water（Mega watts）	蒸汽（万吉焦） Steam（10,000 gigajcules）	热水（万吉焦） Hot Water（10,000 gigajoules）	蒸汽 Steam	热水 Hot Water	
1981 年	754	440	641	183	79	280	1167
1982 年	883	718	627	241	37	491	1451
1983 年	965	987	650	332	67	586	1341
1984 年	1421	1222	996	454	71	761	2445
1985 年	1406	1360	896	521	76	954	2742
1986 年	9630	36103	3467	2704	183	1335	9907
1987 年	16258	27601	6669	3650	163	1576	15282
1988 年	18550	32746	5978	4848	209	2193	13883
1989 年	20177	25987	6782	4334	401	2678	19386
1990 年	20341	20128	7117	21658	157	3100	21263
1991 年	21495	29663	8195	21065	656	3952	27651
1992 年	25491	45386	9267	26670	362	4230	32832
1993 年	31079	48437	10633	29036	532	5161	44164
1994 年	34848	52466	10335	32056	670	6399	50992
1995 年	67601	117286	16414	75161	909	8456	64645
1996 年	62316	103960	17615	56307	9577	24012	73433
1997 年	65207	69539	20604	62661	7054	25446	80755
1998 年	66427	71720	17463	64684	6933	27375	86540
1999 年	70146	80591	22169	69771	7733	30506	96775
2000 年	74148	97417	23828	83321	7963	35819	110766
2001 年	72242	126249	37655	100192	9183	43926	146329
2002 年	83346	148579	57438	122728	10139	48601	155567
2003 年	92590	171472	59136	128950	11939	58028	188956
2004 年	98262	174442	69447	125194	12775	64263	216266
2005 年	106723	197976	71493	139542	14772	71338	252056
2006 年	95204	217699	67794	148011	14012	79943	265853
2007 年	94009	224660	66374	158641	14116	88870	300591

注：1981—1995 年热水供热能力计量单位为兆瓦/小时；1981—2000 年蒸汽供热总量计量单位为万吨。

Note：Heating capacity through hot water from 1981 to 1995 is measured with the unit of maga watts/hour；Heating capacity through steam from 1981 to 2000 is measured with the unit of 10,000 tons.

8-1 2007年全国城市集中供热分组资料

地区名称 Name of Regions		蒸汽 Steam 供热能力（吨/小时） Heating Capacity (Ton/hour)	热电厂供热 Heating By Co-Generation	锅炉房供热 Heating By Boilers	供热总量（万吉焦） Total Heat Supplied (10,000 gigajoules)	热电厂供热 Heating By Co-Generation	锅炉房供热 Heating By Boilers	管道长度（公里） Length of Pipelines (km)
全　国	**National Total**	**94009**	**76330**	**15780**	**66374**	**55580**	**8044**	**14116**
分类一	**Sort one**							
东部地区	East China	63640	52463	8729	45970	38987	4424	9938
中部地区	Central China	19870	16498	3769	10643	9203	1393	2894
西部地区	West China	10500	7370	3282	9757	7391	2224	1273
分类二	**Sort two**							
东部地区	East China	63640	52463	8729	45970	38987	4424	9938
中部地区	Central China	18846	15023	3625	10453	9075	1331	2864
西部地区	West China	11524	8845	3426	9947	7519	2286	1304
分类三	**Sort three**							
东部地区	East China	51921	42784	6689	40084	34000	3381	7916
中部地区	Central China	10936	8423	2223	6996	6144	694	1955
西部地区	West China	11524	8845	3426	9947	7519	2286	1304
东北地区	Northeast China	19629	16279	3442	9343	7917	1681	2930

8-1 National Urban Centralized Heating（2007）

热　　水 Hot Water							供热面积		
供热能力（兆瓦）			供热总量（万吉焦）			管道长度（公里） Length of Pipelines (km)	（万平方米） Heated Area (10,000m²)	住宅 Housing	地区名称 Name of Regions
Heating Capacity (Mega watts)	热电厂供热 Heating By Co-Generation	锅炉房供热 Heating By Boilers	Total Heat Supplied (10,000 gigajoules)	热电厂供热 Heating By Co-Generation	锅炉房供热 Heating By Boilers				
224660	**78030**	**147797**	**158641**	**52288**	**104775**	**88870**	**300591.0**	**212288.3**	**全　　国**
									分类一
119297	36849	83555	72239	20512	51057	54419	173050.9	122692.5	东部地区
74903	36168	39091	61581	28025	32806	25028	93856.8	65602.2	中部地区
30456	5011	25147	24805	3748	20897	9400	33682.4	23992.8	西部地区
									分类二
119297	36849	83555	72239	20512	51057	54419	173050.9	122692.5	东部地区
58861	26278	33487	49155	20853	28178	21116	77746.9	55459.8	中部地区
46497	14901	30752	37230	10920	25525	13313	49792.2	34135.2	西部地区
									分类三
79579	24065	53161	44201	14156	28999	39033	118932.9	80888.9	东部地区
11732	7503	4767	7404	4090	2942	4326	26163.8	18402.0	中部地区
46497	14901	30752	37230	10920	25525	13313	49792.2	34135.2	西部地区
86847	31560	59114	69790	23119	47294	32176	105701.1	78861.4	东北地区

8-2 2007年按省分列的城市集中供热

地区名称 Name of Regions	蒸 汽 Steam 供热能力（吨/小时） Heating Capacity (Ton/hour)	热电厂供热 Heating By Co-Generation	锅炉房供热 Heating By Boilers	供热总量（万吉焦） Total Heat Supplied (10,000 gigajoules)	热电厂供热 Heating By Co-Generation	锅炉房供热 Heating By Boilers	管道长度（公里） Length of Pipelines (km)
全　国	**94009**	**76330**	**15780**	**66374**	**55580**	**8044**	**14116**
北　京	620	470	150	512	512		34
天　津	3620	2752	868	2092	1672	420	496
河　北	10117	7380	1297	8530	5774	894	1204
山　西	1452	650	707	1542	1277	211	633
内蒙古	1024	1475	144	190	129	61	30
辽　宁	11718	9678	2040	5886	4987	1044	2023
吉　林	3587	3390	484	1521	1494	154	502
黑龙江	4323	3210	918	1935	1437	483	407
江　苏	5934	5514	420	5664	5510	75	1004
浙　江	5236	4700	90	5580	5363	8	758
安　徽	3154	3111	40	1700	1689	22	265
福　建							
山　东	26394	21968	3864	17709	15170	1985	4426
河　南	4926	3842	1082	2991	2450	424	937
湖　北	1404	820	394	764	726	38	123
四　川	60	60		39	39		42
陕　西	4079	2595	1450	2452	1663	646	662
甘　肃	4229	3483	1312	5975	4921	1054	416
青　海							
宁　夏	432	40	392	436	32	404	27
新　疆	1700	1192	128	856	735	121	127

8-2 Urban Centralized Heating by Province（2007）

热　水 Hot Water							供热面积		
供热能力（兆瓦）			供热总量（万吉焦）			管道长度（公里） Length of Pipelines (km)	（万平方米） Heated Area (10,000m²)	住宅 Housing	地区名称 Nameof Regions
Heating Capacity (Mega watts)	热电厂供热 Heating By Co-Generation	锅炉房供热 Heating By Boilers	Total Heat Supplied (10,000 gigajoules)	热电厂供热 Heating By Co-Generation	锅炉房供热 Heating By Boilers				
224660	**78030**	**147797**	**158641**	**52288**	**104775**	**88870**	**300591.0**	**212288.3**	全　国
28989	4373	24616	14323	3759	10564	10424	37203.0	23697.2	北　京
13866	2472	11394	7830	788	7042	9842	16907.9	12768.3	天　津
16536	5821	9362	9546	3777	5359	6083	21934.3	15865.2	河　北
8265	5139	3650	5590	3152	2339	2409	17336.6	12031.6	山　西
16042	9891	5605	12427	7173	4629	3912	16109.9	10142.4	内蒙古
39717	12784	30394	28036	6356	22057	15387	54118.1	41803.8	辽　宁
20985	8209	13300	13374	5126	8542	6474	22617.2	16652.7	吉　林
26143	10567	15418	28380	11638	16697	10329	28966.5	20405.6	黑龙江
33	33		73	73			1476.3	408.7	江　苏
233	233		44	44		110	4086.0	97.0	浙　江
165	40	125	38	11	27	77	919.7	437.1	安　徽
286			57			29	272.0	248.0	福　建
19637	11133	7789	12327	5716	6033	12547	37053.8	27804.5	山　东
3224	2324	914	1761	927	560	1832	7041.5	5108.3	河　南
78		78	16		16	10	866.0	825.0	湖　北
							14.0	5.0	四　川
2992	1006	1966	1444	866	577	351	6304.6	4141.3	陕　西
7749	1162	6505	5015	736	3857	2712	7957.0	5865.3	甘　肃
121		187	236		236	77	127.5	84.4	青　海
5127	833	4049	5515	757	4758	1913	4807.0	3764.9	宁　夏
14472	2010	12445	12609	1389	11482	4352	14472.1	10132.0	新　疆

8-3 2007年按城市分列的城市集中供热

城市名称 Name of Cities	蒸汽 Steam						
	供热能力（吨/小时）			供热总量（万吉焦）			管道长度（公里） Length of Pipelines (km)
	Heating Capacity (Ton/hour)	热电厂供热 Heating By Co-Generation	锅炉房供热 Heating By Boilers	Total Heat Supplied (10,000 gigajoules)	热电厂供热 Heating By Co-Generation	锅炉房供热 Heating By Boilers	
全　国	**94009**	**76330**	**15780**	**66374**	**55580**	**8044**	**14116**
北　京	**620**	**470**	**150**	**512**	**512**		**34**
天　津	**3620**	**2752**	**868**	**2092**	**1672**	**420**	**496**
河　北	**10117**	**7380**	**1297**	**8530**	**5774**	**894**	**1204**
石家庄	4284	4284		3534	3534		339
辛　集	260	260		45	45		25
藁　城	200	200		181	181		55
晋　州							
新　乐	225	225		58	58		41
鹿　泉	106	106		77	77		37
唐　山	1409	744	665	1673	870	803	192
遵　化							
迁　安	180	180		35	35		30
秦皇岛							
邯　郸							
武　安	150	150		99	99		12
邢　台	380	380		373	373		49
南　宫							
沙　河	70	70		119	119		7
保　定	1440			1862			82
涿　州	256	256		60	60		35
定　州							
安　国	12		12	6		6	3
高碑店							
张家口	35	35		10	10		7
承　德	375	375		278	278		134
沧　州							
泊　头							
任　丘							
黄　骅							
河　间							
廊　坊	295		295	85		85	69
霸　州							
三　河	325		325				45
衡　水							
冀　州	115	115		35	35		42
深　州							
山　西	**1452**	**650**	**707**	**1542**	**1277**	**211**	**633**
太　原							
古　交	342		342				10
大　同							216

8-3 Urban Centralized Heating by City（2007）

热水 Hot Water							供热面积		
供热能力（兆瓦）			供热总量（万吉焦）						
Heating Capacity (Mega watts)	热电厂供热 Heating By Co-Generation	锅炉房供热 Heating By Boilers	Total Heat Supplied (10,000 gigajoules)	热电厂供热 Heating By Co-Generation	锅炉房供热 Heating By Boilers	管道长度（公里） Length of Pipelines (km)	（万平方米） Heated Area (10,000m²)	住宅 Housing	城市名称 Name of Cities
224660	**78030**	**147797**	**158641**	**52288**	**104775**	**88870**	**300591.0**	**212288.3**	**全国**
28989	**4373**	**24616**	**14323**	**3759**	**10564**	**10424**	**37203.0**	**23697.2**	**北京**
13866	**2472**	**11394**	**7830**	**788**	**7042**	**9842**	**16907.9**	**12768.3**	**天津**
16536	**5821**	**9362**	**9546**	**3777**	**5359**	**6083**	**21934.3**	**15865.2**	**河北**
1822		1747	1021		995	322	5470.0	4562.0	石家庄
199	182	17	122	110	12	83	340.0	276.0	辛集
							244.4	215.4	藁城
36		36	19		19	23	88.0	73.0	晋州
							191.0	156.0	新乐
140		140	138		138	54	158.6	108.0	鹿泉
3578	1623	1326	2148	1348	825	1108	3456.9	2579.0	唐山
264	168	96	127	32	45	80	253.0	195.0	遵化
336	300	36	236	233	3	192	540.0	440.0	迁安
2532	622	1910	1023	277	746	686	1473.6	911.8	秦皇岛
1251	771	480	743	539	204	608	1570.2	1025.7	邯郸
110	110		95	95		195	220.0	148.0	武安
336	336		336	336		194	870.4	698.4	邢台
68		68	72		72	40	108.0	48.0	南宫
170		170	155		155	28	200.0	167.0	沙河
496			88			98	659.0		保定
131		131	89		89	30	326.0	244.0	涿州
60		60	45		45	30	38.0	30.0	定州
154		154	200		196	24	76.0	44.0	安国
188		188	180		180	28	220.0	170.0	高碑店
178	77	101	85	39	46	76	168.0	98.5	张家口
542	457	85	370	335	35	311	854.0	647.0	承德
1100	650	450	525	220	305	425	986.1	721.0	沧州
95		95	23		23	62	49.0	43.0	泊头
451		451	350		350		651.8	280.3	任丘
84		84	45		45	72	159.0	140.0	黄骅
172		172	300		300	13	192.0	166.0	河间
930		930	446		446	712	1100.0	663.0	廊坊
42		42	24		24	22	62.3	57.0	霸州
440		385	278		56	301	680.6	549.9	三河
525	525		163	163		207	330.0	254.0	衡水
8		8	5		5	8	110.4	100.2	冀州
98			95			51	88.0	54.0	深州
8265	**5139**	**3650**	**5590**	**3152**	**2339**	**2409**	**17336.6**	**12031.6**	**山西**
3453	2877	576	1130	829	363	559	6800.0	4900.0	太原
301		301				15	292.8	231.2	古交
237	237		426	426		172	2150.0	1130.0	大同

城市名称 Name of Cities	蒸汽 Steam 供热能力（吨/小时） Heating Capacity (Ton/hour)	热电厂供热 Heating By Co-Generation	锅炉房供热 Heating By Boilers	供热总量（万吉焦） Total Heat Supplied (10,000 gigajoules)	热电厂供热 Heating By Co-Generation	锅炉房供热 Heating By Boilers	管道长度（公里） Length of Pipelines (km)
阳泉	164		164	149		149	14
长治	135		135	53		53	37
潞城							
晋城	104	104		42	42		7
高平							
朔州	100	100		100	100		63
晋中	12		12	9		9	25
介休	150	150		110	110		54
运城	40		40				3
永济	180	71	14	214	160		74
河津							
忻州							
原平							
临汾							
侯马							
霍州							18
吕梁	225	225		655	655		2
孝义				210	210		110
汾阳							
内蒙古	**1024**	**1475**	**144**	**190**	**129**	**61**	**30**
呼和浩特	40		40	12		12	2
包头	582	546	36				
乌海							
赤峰	400	332	68	173	124	49	22
通辽		595					
霍林郭勒							
鄂尔多斯							
呼伦贝尔							
满洲里							
牙克石							
扎兰屯							
额尔古纳							
根河							
巴彦淖尔							
乌兰察布							
丰镇	2	2		5	5		6
乌兰浩特							
阿尔山							
二连浩特							

热水 Hot Water							供热面积		城市名称
供热能力（兆瓦）			供热总量（万吉焦）			管道长度（公里）	（万平方米）	住宅	
Heating Capacity (Mega watts)	热电厂供热 Heating By Co-Generation	锅炉房供热 Heating By Boilers	Total Heat Supplied (10,000 gigajoules)	热电厂供热 Heating By Co-Generation	锅炉房供热 Heating By Boilers	Length of Pipelines (km)	Heated Area (10,000m²)	Housing	Name of Cities
1203	906	297	861	745	116	548	1333.7	1013.3	阳泉
348		348	330		330	100	769.0	615.0	长治
93		93	59		59	110	100.0	73.0	潞城
412		412	167		167	125	910.8	466.0	晋城
23		23	20		20	8	20.0	10.0	高平
251		150	188		123	111	412.6	282.0	朔州
	35	562	387	37	570	188	736.1	537.2	晋中
							230.0	180.0	介休
288	200	88		158	3	36	356.4	356.4	运城
							178.5	178.5	永济
							57.6	57.6	河津
579	288	291	242	9	234	88	370.0	286.0	忻州
164	77	87	175	100	75	81	150.1	116.3	原平
			688	210		45	1180.0	900.0	临汾
471	371	128	202	112	90	72	400.0	214.0	侯马
145		145					100.0		霍州
213	84	129	578	423	155	128	364.0	165.1	吕梁
							270.0	180.0	孝义
84	64	20	137	103	34	23	155.0	140.0	汾阳
16042	**9891**	**5605**	**12427**	**7173**	**4629**	**3912**	**16109.9**	**10142.4**	**内蒙古**
2977	1620	1357	1324	445	879	328	2967.2	1858.0	呼和浩特
4227	2427	1800	2502	1363	1139	1666	3669.2	2970.9	包头
602	451	228	507	287	220	282	703.0	482.0	乌海
2349	2108	241	1620	1447	173	171	2715.3	1168.3	赤峰
1003		486	896	369	527	303	998.2	696.9	通辽
126			531	297	234	76	148.0	98.0	霍林郭勒
1088	370	708	614	50	454	233	1044.2	613.6	鄂尔多斯
338	387	67	517	476	41	90	543.3	334.3	呼伦贝尔
610	350	260	566	351	218	168	549.3	342.1	满洲里
187	175	12	420	408	12	44	300.0	138.0	牙克石
80	98		195	195		32	152.0	89.0	扎兰屯
17	70		103	103		11	48.6	28.0	额尔古纳
91	91		289	289		9	75.5	38.4	根河
444						84	764.0	514.0	巴彦淖尔
256			518			179	320.0		乌兰察布
							41.4	33.4	丰镇
370	780	133	364	203	161	50	491.7	290.0	乌兰浩特
17		17	90		90	11	15.0	9.0	阿尔山
266		266	376		376	62	109.0	70.5	二连浩特

8-3 续 2

城市名称 Name of Cities	蒸汽 Steam 供热能力（吨/小时） Heating Capacity (Ton/hour)	热电厂供热 Heating By Co-Generation	锅炉房供热 Heating By Boilers	供热总量（万吉焦） Total Heat Supplied (10,000 gigajoules)	热电厂供热 Heating By Co-Generation	锅炉房供热 Heating By Boilers	管道长度（公里） Length of Pipelines (km)
锡林浩特							
辽宁	**11718**	**9678**	**2040**	**5886**	**4987**	**1044**	**2023**
沈阳	699	117	582	138	37	101	706
新民							
大连	4967	3664	1303	2675	1721	855	325
瓦房店	180	180		100	100		9
普兰店	241	241		135	135		73
庄河							
鞍山	180	180		165	165		12
海城							
抚顺	1113	962	151	92	252	84	92
本溪	225	225		200	200		110
丹东	860	860		875	875		110
东港							
凤城	185	185		167	167		4
锦州	1162	1162		255	255		70
凌海	17	17		6	6		12
北镇							
营口	225	225		30	30		140
盖州							
大石桥							
阜新							
辽阳	754	750	4	235	231	4	54
灯塔	150	150		217	217		160
盘锦							
铁岭	105	105		17	17		15
调兵山							
开原	165	165		6	6		19
朝阳	270	270		347	347		44
北票							
凌源	220	220		226	226		68
葫芦岛							
兴城							
吉林	**3587**	**3390**	**484**	**1521**	**1494**	**154**	**502**
长春	1629	1382	247	670	727	70	295
九台							
榆树							
德惠							
吉林	1358	1348	10	65	57	8	18

热水 Hot Water							供热面积		城市名称
供热能力（兆瓦）			供热总量（万吉焦）			管道长度（公里）			
Heating Capacity (Mega watts)	热电厂供热 Heating By Co-Generation	锅炉房供热 Heating By Boilers	Total Heat Supplied (10,000 gigajoules)	热电厂供热 Heating By Co-Generation	锅炉房供热 Heating By Boilers	Length of Pipelines (km)	（万平方米） Heated Area (10,000m²)	住宅 Housing	Name of Cities
994	964	30	995	890	105	113	455.0	368.0	锡林浩特
39717	**12784**	**30394**	**28036**	**6356**	**22057**	**15387**	**54118.1**	**41803.8**	**辽宁**
9306	3145	6161	6922	2033	4889	3212	17800.0	13393.0	沈阳
208		208	270		270	117	232.0	183.0	新民
7545	1593	5952	4163	590	3573	2351	11199.4	7823.5	大连
534		534	252		252	259	692.2	594.7	瓦房店
364		364	219		219	88	359.0	286.0	普兰店
312		312	198		198	131	370.0	303.0	庄河
3062	349	2543	2153	420	1733	1508	2816.0	2330.0	鞍山
373	126	218	290	103	187	167	546.7	476.0	海城
335	2379	1614	872	397	852	872	2910.5	2458.0	抚顺
1216		1216	646		646	254	1587.0	1392.6	本溪
1276		1276	1608		1608	348	1340.5	1082.5	丹东
504		504	504		504	64	260.0	227.8	东港
71		71	99		99	136	205.0	169.0	凤城
2292	1364	928	1839	1062	777	1398	2215.1	1973.2	锦州
134		136	113		113	130	158.0	131.0	凌海
62		62	32		32	26	110.0	97.0	北镇
403		403	170		170	22	400.0	341.0	营口
325		325	227		227	96	178.0	150.0	盖州
393		393	242		242	214	407.0	334.0	大石桥
1422	847	575	1004	560	444	594	1671.6	1307.3	阜新
1494	403	1091	1225	232	993	474	1833.8	1524.5	辽阳
							192.0	160.0	灯塔
1592		1592	1000		1000	433	1355.0	937.5	盘锦
1295	92	1203	701	122	579	554	1254.7	989.6	铁岭
854	666	188	238	185	53	302	456.0	389.9	调兵山
326	196	130	191	99	92	255	401.8	322.1	开原
864		864	1341		1341	683	1050.0	740.0	朝阳
189	139	50	179	130	49	113	222.8	146.9	北票
70		70	102		102	75	232.0	213.0	凌源
2665	1485	1180	1128	423	705	420	1446.0	1155.0	葫芦岛
231		231	108		108	91	216.0	172.7	兴城
20985	**8209**	**13300**	**13374**	**5126**	**8542**	**6474**	**22617.2**	**16652.7**	**吉林**
7394	1715	5635	4436	1223	3187	2261	7876.6	5285.0	长春
						15	60.0	48.0	九台
202		202	140		140	58	221.0	189.0	榆树
398		398	284		284	66	349.0	338.0	德惠
2421	1679	742	1402	1147	255	914	3220.1	2560.9	吉林

8-3 续 3

城市名称 Name of Cities	蒸　汽 Steam 供热能力（吨/小时） Heating Capacity (Ton/hour)	热电厂供热 Heating By Co-Generation	锅炉房供热 Heating By Boilers	供热总量（万吉焦） Total Heat Supplied (10,000 gigajoules)	热电厂供热 Heating By Co-Generation	锅炉房供热 Heating By Boilers	管道长度（公里） Length of Pipelines (km)
蛟　河							
舒　兰							
磐　石							
四　平							
公主岭							
双　辽							
辽　源		270	17	150	150		25
通　化							
梅河口	210	210		385	385		2
集　安							
白　山							
临　江							
松　原							
白　城							
洮　南	180	180		175	175		124
大　安							
延　吉							
图　们							
敦　化	210		210	76		76	38
珲　春							
龙　井							
和　龙							
黑龙江	**4323**	**3210**	**918**	**1935**	**1437**	**483**	**407**
哈尔滨	2439	1925	514	1196	885	311	207
双　城							
尚　志							
五　常							
齐齐哈尔	150	150		136	136		10
讷　河							
鸡　西	200		200	60		60	93
虎　林							
密　山							
鹤　岗	150		150	10		10	4
双鸭山							
大　庆	25		25	84		84	15
伊　春	29		9	23		10	10
铁　力	20		20	8		8	15
佳木斯							
同　江							

热水 Hot Water							供热面积		城市名称
供热能力（兆瓦）			供热总量（万吉焦）			管道长度（公里） Length of Pipelines (km)	(万平方米) Heated Area (10,000m^2)	住宅 Housing	Name of Cities
Heating Capacity (Mega watts)	热电厂供热 Heating By Co-Generation	锅炉房供热 Heating By Boilers	Total Heat Supplied (10,000 gigajoules)	热电厂供热 Heating By Co-Generation	锅炉房供热 Heating By Boilers				
				130	75	24	203.7	200.0	蛟河
7		7	84		84	88	200.8	152.6	舒兰
360		360	20		20	40	220.0	166.0	磐石
1430	1340	82	838	758	80	430	1430.0	1086.0	四平
329		329	268		268	74	466.0	314.9	公主岭
1025	1025		95	95		28	114.0	60.0	双辽
	245	52	275	275		215	550.0	430.0	辽源
1032	722	310	610	260	350	201	649.8	515.2	通化
288	160	143	309	160	155	140	420.0	312.0	梅河口
203		203	73		73	88	176.0	156.0	集安
474	474	176	228	228		186	563.4	452.0	白山
105		105	87		87	28	140.0	98.0	临江
561	269	292	567	406	161	534	698.0	470.0	松原
823	201	622	1333	89	1244	249	951.3	652.3	白城
16	16		15	15		38	190.0	170.0	洮南
173		173	25		25	37	100.0	73.0	大安
2271		2271	1310		1310	365	2100.0	1550.0	延吉
195		195	190		190	5	208.0	172.0	图们
788		788	406		406	168	897.0	731.0	敦化
263	249	14	260	252	8	130	390.0	305.0	珲春
113		113	119		119	92	130.0	101.0	龙井
114	114	88		88	21		92.5	64.8	和龙
26143	**10567**	**15418**	**28380**	**11638**	**16697**	**10329**	**28966.5**	**20405.6**	**黑龙江**
8188	3151	5037	6612	2470	4142	1806	10146.0	7038.0	哈尔滨
36		36	39		39	13	45.0	43.0	双城
92		92	110		110	22	98.0	75.0	尚志
145		145	50		50	35	137.0	98.0	五常
2992	900	2092	2143	471	1672	815	2627.4	1938.4	齐齐哈尔
128		128	118		118	24	60.0	54.0	讷河
202	202		400	400		419	645.0	383.0	鸡西
112	112		136	136		91	150.4	95.7	虎林
133		133	152		152	62	142.0	91.0	密山
620	237	225	966	327	639	300	785.0	554.0	鹤岗
1685	885	800	2027	1065	962	184	590.0	530.0	双鸭山
4698	1447	3251	9647	3756	5891	4627	4710.0	3024.3	大庆
919	441	478	831	391	440	334	1190.9	802.0	伊春
150	150		135	135		87	167.4	107.4	铁力
1376	370	1006	1161	429	732	90	1800.0	1280.0	佳木斯
72	72		75	75		45	62.0	44.0	同江

城市名称 Name of Cities	蒸汽 Steam						
	供热能力（吨/小时）			供热总量（万吉焦）			管道长度（公里） Length of Pipelines (km)
	Heating Capacity (Ton/hour)	热电厂供热 Heating By Co-Generation	锅炉房供热 Heating By Boilers	Total Heat Supplied (10,000 gigajoules)	热电厂供热 Heating By Co-Generation	锅炉房供热 Heating By Boilers	
富锦	175			2			3
七台河							
牡丹江	885	885		286	286		25
绥芬河							
海林							
宁安							
穆棱							
黑河							
北安							
五大连池							
绥化	250	250		130	130		25
安达							
肇东							
海伦							
江苏	**5934**	**5514**	**420**	**5664**	**5510**	**75**	**1004**
南京	384	384		472	472		81
宜兴	760	760		630	630		85
徐州	1145	1145		703	703		168
新沂	210	210		292	292		
苏州	1497	1417	80	1564	1489	75	276
昆山	478	478		1035	1035		132
太仓	150	150		145	145		56
连云港	460	460		237	237		47
东台	150	150		126	126		42
大丰				100	110		31
扬州	700	360	340	360	271		86
浙江	**5236**	**4700**	**90**	**5580**	**5363**	**8**	**758**
杭州	315	315		378	378		60
宁波	1647	1607	40	1649	1641	8	264
余姚	90	90		91	91		23
嘉兴	290	260	30				14
桐乡	145			209			35
湖州	360	340	20	542	542		58
绍兴	1200	1200		1656	1656		172
诸暨	101	101		137	137		29
上虞	301			310	310		23
嵊州	392	392		323	323		38
金华	200	200		171	171		31

热水 Hot Water							供热面积		城市名称
供热能力（兆瓦）			供热总量（万吉焦）						
Heating Capacity (Mega watts)	热电厂供热 Heating By Co-Generation	锅炉房供热 Heating By Boilers	Total Heat Supplied (10,000 gigajoules)	热电厂供热 Heating By Co-Generation	锅炉房供热 Heating By Boilers	管道长度（公里） Length of Pipelines (km)	（万平方米） Heated Area (10,000m²)	住宅 Housing	Name of Cities
110	110		152	141		54	129.0	88.0	富锦
486	466	20	505	472	34	198	700.0	482.0	七台河
1572	877	695	1065	755	310	273	2297.0	1872.0	牡丹江
377		377	212		212	105	312.4	188.6	绥芬河
120		120	100		100	27	103.0	99.0	海林
199		199	530		530	42	194.4	136.2	宁安
92	26	66	107	51	56	75	188.6	135.0	穆棱
475	475		319	319		181	470.0	316.0	黑河
572	550	22	209	170	49	253	266.0	165.0	北安
50		50	80		35	35	80.0	66.0	五大连池
							300.0	260.0	绥化
180		180	160		160	26	160.0	105.0	安达
210		210	220		220	65	230.0	200.0	肇东
152	96	56	119	75	44	41	180.0	135.0	海伦
33	**33**		**73**	**73**			**1476.3**	**408.7**	**江苏**
33	33		73	73			203.0	20.0	南京
							3.4		宜兴
							674.8	226.7	徐州
							125.0	18.0	新沂
							143.1		苏州
									昆山
									太仓
							112.0	102.0	连云港
									东台
									大丰
							215.0	42.0	扬州
233	**233**		**44**	**44**		**110**	**4086.0**	**97.0**	**浙江**
158	158		44	44		110	295.0	58.0	杭州
									宁波
75	75						29.0	18.0	余姚
							625.0		嘉兴
							13.0		桐乡
							164.0		湖州
							1075.0		绍兴
							1413.0		诸暨
							150.0		上虞
							185.0		嵊州
							109.0	21.0	金华

8-3 续 5

城市名称 Name of Cities	蒸　汽 Steam						
	供热能力（吨/小时）			供热总量（万吉焦）			管道长度（公里） Length of Pipelines (km)
	Heating Capacity (Ton/hour)	热电厂供热 Heating By Co-Generation	锅炉房供热 Heating By Boilers	Total Heat Supplied (10,000 gigajoules)	热电厂供热 Heating By Co-Generation	锅炉房供热 Heating By Boilers	
台　州	195	195		114	114		11
安　徽	**3154**	**3111**	**40**	**1700**	**1689**	**22**	**265**
合　肥	848	848		241	241	11	132
淮　南	85	85		7	7		30
淮　北	110	110		59	59		6
安　庆	1713	1670	40	1075	1064	11	24
滁　州	220	220		76	76		34
阜　阳	88	88		101	101		32
宿　州	90	90		141	141		7
福　建							
福　州							
山　东	**26394**	**21968**	**3864**	**17709**	**15170**	**1985**	**4426**
济　南	3169	1934	1235	1894	1141	753	446
章　丘							41
青　岛	3808	2868	585	2519	2127	217	307
胶　州	155		155	147		147	30
即　墨	363	285	80	357	324	33	52
平　度	240	240		152	152		70
胶　南	1090	1070	20	549	546	3	190
莱　西	200	200		147	147		150
淄　博	2605	2245	361	1722	1612	110	380
枣　庄	485	160	155	310	158	15	179
滕　州	160			56			22
东　营							68
烟　台	934	789	145	512	454	58	114
龙　口	80	80					8
莱　阳							
莱　州							
蓬　莱	12	12		7	7		6
招　远							
海　阳	160	160		91	91		9
潍　坊	1134	715	419	538	258	254	173
青　州	345	345		456	456		52
诸　城	555	555		709	709		105
寿　光	439	439		656	656		64
安　丘	150	150		112	112		63
高　密	280	280		235	235		72

热水 Hot Water							供热面积		
供热能力（兆瓦）			供热总量（万吉焦）			管道长度（公里）		住宅	城市名称
Heating Capacity (Mega watts)	热电厂供热 Heating By Co-Generation	锅炉房供热 Heating By Boilers	Total Heat Supplied (10,000 gigajoules)	热电厂供热 Heating By Co-Generation	锅炉房供热 Heating By Boilers	Length of Pipelines (km)	（万平方米） Heated Area (10,000m²)	Housing	Name of Cities
							28.0		台州
165	**40**	**125**	**38**	**11**	**27**	**77**	**919.7**	**437.1**	**安徽**
						65	711.3	369.5	合肥
							35.0	30.0	淮南
125		125	27		27	12	67.0	32.0	淮北
							85.0		安庆
40	40		11	11			14.0		滁州
							1.8		阜阳
							5.6	5.6	宿州
286			**57**			**29**	**272.0**	**248.0**	**福建**
286			57			29	272.0	248.0	福州
19637	**11133**	**7789**	**12327**	**5716**	**6033**	**12547**	**37053.8**	**27804.5**	**山东**
649	290	359	693	111	582	698	4256.0	3060.0	济南
451			78			130	286.0	194.0	章丘
1430	476	954	778	212	566	1262	4111.0	3056.3	青岛
289		289	278		278	108	312.0	243.8	胶州
56	56		46	46		48	328.0	238.0	即墨
57		57	50		50	33	205.0	145.0	平度
124	82	42	113	11	102	487	723.1	650.1	胶南
							117.2	98.0	莱西
1338	817	521	828	518	310	1446	2208.1	1821.7	淄博
126	24	102	67		69	142	752.3	644.2	枣庄
							120.0	70.5	滕州
2727	520	2205	2087	433	1441	1586	2516.3	1764.0	东营
2117	1183	934	2203	852	1351	2360	3396.0	2506.0	烟台
402	402		317	317		176	456.0	384.0	龙口
164	144	20	82	80	2	155	195.0	155.0	莱阳
352	182	170	250	60	190	109	331.8	245.0	莱州
191	144	47	148	112	36	104	320.0	263.0	蓬莱
150	150		127	127		300	246.0	208.5	招远
47	47		130	130		13	86.0	58.0	海阳
393	25	368	38	19	21	257	1965.0	1437.4	潍坊
40		40	18		18	75	305.0	216.5	青州
							527.0		诸城
						5	457.6	369.6	寿光
							224.0	213.0	安丘
							250.0	190.0	高密

8-3续6

城市名称 Name of Cities	蒸汽 Steam						
	供热能力（吨/小时）			供热总量（万吉焦）			管道长度（公里） Length of Pipelines (km)
	Heating Capacity (Ton/hour)	热电厂供热 Heating By Co-Generation	锅炉房供热 Heating By Boilers	Total Heat Supplied (10,000 gigajoules)	热电厂供热 Heating By Co-Generation	锅炉房供热 Heating By Boilers	
昌　邑	220	220		306	306		19
济　宁	705	645	60	330	309	21	181
曲　阜	122	122		88	88		16
兖　州	190	190		80			14
邹　城							20
泰　安	648	458	190	401	258	108	117
新　泰	425	365	60	310	171	123	112
肥　城	220	220		107	107		28
威　海	2213	2213		761	761		347
文　登	180	180		164	164		99
荣　成	285	285		37	37		6
乳　山	45	45		31	31		14
日　照	578	425	153	338	279	59	122
莱　芜	1036	820	216	700	630	70	202
临　沂	1120	1090	30	1262	1248	14	163
德　州	900	900		500	500		200
禹　城	95	95		60	60		48
聊　城	160	280		31	2		22
临　清	350	350		206	206		52
滨　州	10	10		39	39		3
菏　泽	528	528		789	789		40
河　南	**4926**	**3842**	**1082**	**2991**	**2450**	**424**	**937**
郑　州	868	140	728	355	34	211	199
巩　义	180	175		26	25		12
荥　阳	90	90		100	100		29
新　郑	158	108	50	38	29	3	30
开　封	105		105	39		39	30
洛　阳	320	260	60	257	178	79	76
偃　师	110	110		9	9		12
平顶山	460	460		385	385		55
安　阳	345	305	40	225	187	38	52
林　州	50	50	3	78	58	20	19
鹤　壁	60	50	10	19	16	3	5
焦　作	210	210		251	251		22
濮　阳	113	113		45	45		37
许　昌	373	373		290	290		99
禹　州	92	92		31	31		33
长　葛	70	70		41	41		8
漯　河	80	80		65	65		14

热水 Hot Water							供热面积		城市名称
供热能力（兆瓦）			供热总量（万吉焦）			管道长度（公里） Length of Pipelines (km)	（万平方米） Heated Area (10,000m²)	住宅 Housing	Name of Cities
Heating Capacity (Mega watts)	热电厂供热 Heating By Co-Generation	锅炉房供热 Heating By Boilers	Total Heat Supplied (10,000 gigajoules)	热电厂供热 Heating By Co-Generation	锅炉房供热 Heating By Boilers				
50		50	62		62	41	163.1	163.1	昌邑
				25			708.0	693.0	济宁
							170.0	130.0	曲阜
80	80		13			1	180.0	107.0	兖州
						5	57.0	44.4	邹城
497		497	400		400	368	1550.0	875.0	泰安
90	90		29	29		22	428.3	343.7	新泰
40		40				62	165.0	114.0	肥城
720	720		715	715		1007	1759.0	1264.0	威海
300	300		105	105		159	404.0	308.0	文登
2704	2564	140	267	185	50	471	296.0	205.0	荣成
168	66	102	168	52	103	184	259.0	195.0	乳山
483	172	311	299	158	141	124	846.4	676.9	日照
575	280	295	360	178	182	138	978.0	876.0	莱芜
1328	1270	58	809	780	29	157	1828.0	1503.0	临沂
394	312		350	300	50		820.0	685.0	德州
60	60		55	55		60	120.0	95.0	禹城
905	537	188	320	62		108	792.0	660.3	聊城
							280.0	150.0	临清
						122	391.8	349.3	滨州
140	140		44	44		24	163.8	134.7	菏泽
3224	**2324**	**914**	**1761**	**927**	**560**	**1832**	**7041.5**	**5108.3**	**河南**
1296	969	327	588	435	153	875	2021.2	1424.0	郑州
							70.0	60.0	巩义
							42.5	31.5	荥阳
450	428	22	305	24	2	95	67.0	57.0	新郑
							130.0	115.0	开封
163	163		11	11		29	619.0	485.0	洛阳
						11	80.0	64.0	偃师
							400.0	250.0	平顶山
						101	522.0	410.0	安阳
							45.0	28.0	林州
317	190	141	79	43	42	159	262.5	183.3	鹤壁
193	135	58	70	32	37	33	416.1	318.7	焦作
366	192	174	340	150	190	280	610.0	440.0	濮阳
							688.0	558.0	许昌
							45.8	4.5	禹州
							17.8	16.2	长葛
16	16		32	32		12	24.6	16.6	漯河

城市名称 Name of Cities	蒸汽 Steam 供热能力（吨/小时） Heating Capacity (Ton/hour)	热电厂供热 Heating By Co-Generation	锅炉房供热 Heating By Boilers	供热总量（万吉焦） Total Heat Supplied (10,000 gigajoules)	热电厂供热 Heating By Co-Generation	锅炉房供热 Heating By Boilers	管道长度（公里） Length of Pipelines (km)
三门峡							
义马	120	70	50	75	75		10
南阳	120	100	20	117	103	14	50
永城	380	364	16	256	239	17	71
驻马店	352	352		120	120		28
济源	270	270		169	169		46
湖北	**1404**	**820**	**394**	**764**	**726**	**38**	**123**
十堰	620	620		422	422		96
襄樊	390	200		304	304		20
潜江	394		394	38		38	7
四川	**60**	**60**		**39**	**39**		**42**
绵阳	60	60		39	39		42
陕西	**4079**	**2595**	**1450**	**2452**	**1663**	**646**	**662**
西安	1680	560	1120	1510	1320	190	296
宝鸡	1386	1385		585	231	214	240
咸阳	380	50	330	260	18	242	83
渭南	120	120		94	94		18
华阴	33			3			
延安							
延安	300	300					
榆林	180	180					25
甘肃	**4229**	**3483**	**1312**	**5975**	**4921**	**1054**	**416**
兰州	4023	3000	1023	5850	4800	1050	108
嘉峪关							
金昌							
白银		283	283				300
天水							
武威							
张掖							
平凉							
酒泉							
玉门	200	200		121	121		7
敦煌	6		6	4		4	1
庆阳							

热水 Hot Water							供热面积		城市名称
供热能力（兆瓦）			供热总量（万吉焦）			管道长度（公里）	（万平方米）	住宅	
Heating Capacity (Mega watts)	热电厂供热 Heating By Co-Generation	锅炉房供热 Heating By Boilers	Total Heat Supplied (10,000 gigajoules)	热电厂供热 Heating By Co-Generation	锅炉房供热 Heating By Boilers	Length of Pipelines (km)	Heated Area (10,000m²)	Housing	Name of Cities
142	142		105	105		83	186.0	130.2	三门峡
							155.0	104.0	义马
192		192	136		136	123	305.0	210.3	南阳
89	89		95	95		28	86.0	60.0	永城
						3	120.0	82.0	驻马店
							128.0	60.0	济源
78		**78**	**16**		**16**	**10**	**866.0**	**825.0**	**湖北**
							530.0	500.0	十堰
							302.0	302.0	襄樊
78		78	16		16	10	34.0	23.0	潜江
							14.0	**5.0**	**四川**
							14.0	5.0	绵阳
2992	**1006**	**1966**	**1444**	**866**	**577**	**351**	**6304.6**	**4141.3**	**陕西**
1627	500	1127	1075	550	525	263	2810.9	2098.4	西安
519		519					1697.4	1304.0	宝鸡
							702.0	33.6	咸阳
							120.0	110.0	渭南
20			1				27.9	14.3	华阴
203	153	50	132	106	26	34	245.7	190.0	延安
353	303	50	236	210	26	34	465.7	190.0	延安
270	50	220				20	235.0	201.0	榆林
7749	**1162**	**6505**	**5015**	**736**	**3857**	**2712**	**7957.0**	**5865.3**	**甘肃**
2672	468	2155	1811	368	1441	630	3456.0	2556.6	兰州
694	694		475	368	106	436	597.8	469.7	嘉峪关
137		137	153		153	171	331.0	284.0	金昌
78		78	26		26	7	302.9	240.8	白银
348		348	320		320	92	415.0	318.0	天水
1440		1407	381			163	830.0	497.0	武威
232		232	109		109	29	163.0	126.0	张掖
297		297	401		401	511	427.0	383.0	平凉
644		644	537		537	217	496.0	360.0	酒泉
112		112	131		131	83	143.0	93.0	玉门
549		549	308		308	245	329.8	200.0	敦煌
90		90	20			28	40.0	36.0	庆阳

8-3续8

城市名称 Name of Cities	蒸汽 Steam 供热能力（吨/小时） Heating Capacity (Ton/hour)	热电厂供热 Heating By Co-Generation	锅炉房供热 Heating By Boilers	供热总量（万吉焦） Total Heat Supplied (10,000 gigajoules)	热电厂供热 Heating By Co-Generation	锅炉房供热 Heating By Boilers	管道长度（公里） Length of Pipelines (km)
定西							
临夏							
合作							
青海							
西宁							
格尔木							
德令哈							
宁夏	**432**	**40**	**392**	**436**	**32**	**404**	**27**
银川	258	40	218	208	32	176	12
灵武							
石嘴山							
吴忠							
青铜峡	174		174	228		228	15
固原							
中卫							
新疆	**1700**	**1192**	**128**	**856**	**735**	**121**	**127**
乌鲁木齐							
克拉玛依							
吐鲁番							
哈密							
昌吉							
阜康							
博乐	110		110	120		120	5
库尔勒							
阿克苏	100	100		40	40		6
喀什	380						
和田							
伊宁	87	87		42	42		
奎屯	4		4				
乌苏							
塔城							
阿勒泰	20	20		7	7		6
石河子	985	985		646	646		106
阿拉尔							
图木舒克							
五家渠	14		14	1		1	4

热水 Hot Water							供热面积		
供热能力（兆瓦）			供热总量（万吉焦）			管道长度（公里） Length of Pipelines (km)	(万平方米) Heated Area (10,000m²)	住宅 Housing	城市名称 Name of Cities
Heating Capacity (Mega watts)	热电厂供热 Heating By Co-Generation	锅炉房供热 Heating By Boilers	Total Heat Supplied (10,000 gigajoules)	热电厂供热 Heating By Co-Generation	锅炉房供热 Heating By Boilers				
205		205	168		168	38	166.4	142.2	定西
193		193	157		157	25	183.1	114.7	临夏
58		58	18			37	76.0	44.3	合作
121		**187**	**236**		**236**	**77**	**127.5**	**84.4**	**青海**
43		43	236		236	7	30.0	21.6	西宁
78		78				47	55.1	38.3	格尔木
		66				23	42.4	24.0	德令哈
5127	**833**	**4049**	**5515**	**757**	**4758**	**1913**	**4807.0**	**3764.9**	**宁夏**
2989	458	2531	2885	441	2444	817	2822.9	2207.1	银川
245			245		245	60	130.0	100.0	灵武
800	375	425	316	316		469	842.2	675.2	石嘴山
465		465	600		600	258	422.0	315.7	吴忠
276		276	386		386	198	222.9	168.9	青铜峡
130		130	111		111	33	160.0	143.0	固原
222		222	972		972	78	207.0	155.0	中卫
14472	**2010**	**12445**	**12609**	**1389**	**11482**	**4352**	**14472.1**	**10132.0**	**新疆**
6403	1202	5201	6107	785	4934	1556	6622.8	4451.2	乌鲁木齐
1117		1465	666		944	710	1278.0	768.4	克拉玛依
222		222	102		102	33	148.0	97.0	吐鲁番
586		586	480		480	256	579.4	449.2	哈密
775	102	428	832	115	717	232	809.0	658.2	昌吉
123		123	333		333	35	129.0	69.5	阜康
338		338	261		261	70	322.9	193.9	博乐
1066		1066	1260		1260	338	776.0	595.7	库尔勒
200		200	90		90	42	599.1	500.0	阿克苏
409		409	474		474	1	521.5	381.2	喀什
120		120	432		432	89	53.4	34.9	和田
374		374			318	110	516.0	362.0	伊宁
477	189	288	547	270	277	251	473.0	331.1	奎屯
120			90		90	32	130.0	99.0	乌苏
1205		1205	118		118	64	155.0	119.0	塔城
218		218	218		272	73	174.0	120.0	阿勒泰
432	417	15	423	219	204	418	953.0	774.0	石河子
100	100					19	85.0	40.8	阿拉尔
42		42	75		75		14.0	7.7	图木舒克
145		145	101		101	23	133.0	79.2	五家渠

主 要 指 标 解 释

供热能力

指供热企业（单位）向城市热用户输送热能的设计能力。

供热总量

指在报告期供热企业（单位）向城市热用户输送全部蒸汽和热水的总热量。

供热管道长度

指从各类热源到热用户建筑物接入口之间的全部蒸汽和热水的管道长度。不包括各类热源厂内部的管道长度。

Explanatory Notes on Main Indicators

Heating Capacity

It refers to the design capacity of heat delivery by heat suppliers to urban customers.

Total Quantity of Heat Supplied

It refers to the total quantity of heat obtained from steam and hot water，which is delivered to urban users by heat suppliers during the reported period.

Length of Heating Pipelines

It refers to the total length of pipes for delivery of steam and hot water from heat sources to entries of buildings，excluding lines within heat sources.

九、城市公共交通

9. Urban Public Transit

简要说明

城市公共交通指城市供公众乘用的、经济方便的各种交通方式的总称，包括公共汽车、电车、轨道交通（地铁、轻轨、有轨电车、索道、缆车）、出租汽车、公共轮渡等客运交通设施。

本部分共分公共汽车和无轨电车、轨道交通、出租汽车和客运轮渡三部分，主要包括城市公共交通的客运能力、运营线路、客运量等内容。

Brief Introduction

Urban public transit is a general designation describing various economical urban public transportation means, including bus, trolley bus and rail transit system (subway, light rail, tram, cableway and cable car), taxi, ferry etc.

This section includes statistics of buse, trolley bus and rail transit system, taxi and ferry through use of such indicators as transportation capacity, operation lines, and number of passengers transported etc.

9 全国历年城市公共交通情况（1978—2007）

9 National Urban Public Transit in Past Years（1978—2007）

指标 Item	公共汽车、电车、轨道交通 Public Bus，Trolley Busand Transit System				客运轮渡 Ferry		出租汽车 Taxi		每万人拥有公交车辆（标台） Motor Vehicle for Public Traffic Per 10,000 Persons (standard unit)
	运营车数（辆） Operated Motor Vehicles (unit)	标准运营车数（标台） Standard Operated Motor Vehicles (standard unit)	运营线路网长度（公里） Length of Operated Traffic Lines (km)	客运总量（万人次） Total Number of Passengers Transferred (10,000 person-times)	运营船数（艘） Number of Operated Ferries (unit)	客运总量（万人次） Total Number of Passengers Transferred (10,000 person-times)	运营车数（辆） Number of Operated Taxis (unit)	客运总量（万人次） Total Number of Passengers Transferred (10,000 person-times)	
1978年	25839		46384	1322816	350	48564	1628		
1979年	29912		50649	1578705					
1980年	32098		58569	1844526	376	58849	3807		
1981年	34189		63558	1981614	393	61165	4674		
1982年	36251		69590	2170486	436	70633	5962		
1983年	38616		78944	2236278	430	74396	5437		
1984年	41282		93444	2369545	453	77687	10425		
1985年	42993		105581	2553736	476	82126	25346		
1986年	49460	56585	145695	2618252	728	85815	54712		2.5
1987年	52504	59484	123455	2725955	772	109562	61525		2.4
1988年	56818	63705	141563	2780708	910	92947	82010		2.2
1989年	59671	66842	156901	2723325	921	86565	98508		2.1
1990年	62215	70140	61700	2768010	890	84319	110697		2.2
1991年	66093	80182	59291	2843151	1281	83949	128281		2.7
1992年	77093	91341	61666	2910475	1199	84235	190345		3

指标 Item	公共汽车、电车、轨道交通 Public Bus, Trolley Busand Transit System				客运轮渡 Ferry		出租汽车 Taxi		每万人拥有公交车辆（标台） Motor Vehicle for Public Traffic Per 10,000 Persons (standard unit)
	运营车数（辆） Operated Motor Vehicles (unit)	标准运营车数（标台） Standard Operated Motor Vehicles (standard unit)	运营线路网长度（公里） Length of Operated Traffic Lines (km)	客运总量（万人次） Total Number of Passengers Transferred (10,000 person-times)	运营船数（艘） Number of Operated Ferries (unit)	客运总量（万人次） Total Number of Passengers Transferred (10,000 person-times)	运营车数（辆） Number of Operated Taxis (unit)	客运总量（万人次） Total Number of Passengers Transferred (10,000 person-times)	
1993 年	88950	99669	64881	2775913	1192	86719	286207		3
1994 年	100848	108788	68097	2723832	1123	80130	393315		3
1995 年	136922	136120	59961	2989802	1630	78993	504040		3.6
1996 年	148109	137620	75708	2562308	1311	99944	585369		3.8
1997 年	169121	166853	77302	2791108	1177	61099	683687		4.5
1998 年	189002	170904	84720	2916788	1399	70720	754247		4.6
1999 年	209884	188804	87365	3198300	1230	62753	791411		5
2000 年	225993	205523	95635	3410451	805	34208	824931		5.3
2001 年	230918	216615	107499	3511208	1077	15590	870023		6.1
2002 年	246129	237007	112239	3728026	1008	28554	884195		6.7
2003 年	264338	258894	137376	3813505	1058	26653	903381		7.7
2004 年	281516	287022	159711	4271898	1145	24420	903734		8.4
2005 年	313296	309597	159166	4836930	1169	25775	936973		8.6
2006 年	315576	337240	125845	4659247	621	24154	928647	1766520	9.1(10.1)
2007 年	347969	379021	140801	5545439	758	26023	959668	2125610	10.2

注：1. 2006 年"运营线路网长度"指标不包含北京市数据。

2. 自 2006 年起，每万人拥有公交车辆按城区人口和城区暂住人口合计为分母计算，括号中为与往年同口径数据。

Note: 1. Length of operated traffic Lines does not include that in Beijing in 2006.

2. Since 2006, motor vehicle for public traffic per 10000 persons has been calculated based on denominator which combines both permanent and temporary residents in urban areas, and the datas in brackets are the same index but calculated by the method of past years.

9-1-1 2007年全国城市公共汽车、无轨电车分组资料

9-1-1 National Urban Bus and Trolley Bus (2007)

地区名称 Name of Regions		运营车数（辆）Operated Motor Vehicles (unit)					标准运营车数（标台）Standard Operated Motor Vehicles (standard unit)	运营线路网长度（公里）Length of Operated Traffic Lines (km)	公交专用车道长度（公里）Bus Accommodation Lane (km)	客运总量（万人次）Total Number of Passengers Transferred (10,000 person-times)
		合计 Total	公共汽车 Public Bus	天然气燃料车 CNG CNG-Fueled Motor Vehicles	液化石油气燃料车 LPG LPG-Fueled Motor Vehicles	无轨电车 Trolley Bus				
全　国	**National Total**	**344489**	**342076**	**49355**	**14955**	**2413**	**370385**	**140038**	**2477**	**5325857**
分类一	**Sort one**									
东部地区	East China	198191	196507	9601	7885	1684	220669	81914	1471	3048996
中部地区	Central China	89615	89047	8361	6781	568	92378	38257	697	1292346
西部地区	West China	56683	56522	31393	289	161	57338	19867	309	984515
分类二	**Sort two**									
东部地区	East China	192406	190722	9601	7885	1684	214077	78771	1421	2931052
中部地区	Central China	85004	84436	5745	6781	568	87290	35082	694	1241277
西部地区	West China	67079	66918	34009	289	161	69018	26185	362	1153528
分类三	**Sort three**									
东部地区	East China	173658	172035	9216	6772	1623	194187	72372	1135	2577331
中部地区	Central China	63492	62974	5185	1415	518	66544	27541	562	959303
西部地区	West China	67079	66918	34009	289	161	69018	26185	362	1153528
东北地区	Northeast China	40260	40149	945	6479	111	40636	13940	418	635695

9-1-2 2007年按省分列的城市公共汽车、无轨电车

9-1-2 Urban Bus and Trolley Bus by Province (2007)

地区名称 Name of Regions	运营车数（辆）Operated Motor Vehicles (unit)					标准运营车数（标台）Standard Operated Motor Vehicles (standard unit)	运营线路网长度（公里）Length of Operated Traffic Lines (km)	公交专用车道长度（公里）Bus Accommodation Lane (km)	客运总量（万人次）Total Number of Passengers Transferred (10,000 person-times)
	合计 Total	公共汽车 Public Bus	天然气燃料车 CNG CNG-Fueled Motor Vehicles	液化石油气燃料车 LPG LPG-Fueled Motor Vehicles	无轨电车 Trolley Bus				
全　国	**344489**	**342076**	**49355**	**14955**	**2413**	**370385**	**140038**	**2477**	**5325857**
北　京	19395	18753	3752		642	26927			422645
天　津	7489	7489	62			7713			102415
河　北	13407	13407	994			13159	5753	29	143232
山　西	5982	5836	506		146	6258	3831	37	84633
内蒙古	4611	4611	2616			5088	3175	3	51069
辽　宁	18748	18687	385	1113	61	19890	6399	286	353721
吉　林	9052	9052	560	2125		8374	3262	101	111111
黑龙江	12460	12410		3241	50	12372	4279	31	170863
上　海	16944	16672	281		272	20275	6754	82	265170
江　苏	23874	23874	2740			26419	16111	182	322230
浙　江	18712	18594	4		118	19839	9150	94	262806
安　徽	9521	9521	1309			9649	3772	66	155909
福　建	8812	8812				8632	3636		183203
江　西	6176	6176				6844	3189	11	105371
山　东	29265	28969	1343		296	30407	14182	186	302850
河　南	13546	13380	816	96	166	13549	5481	149	172633
湖　北	17132	16926	2382	1267	206	18393	6248	222	250175
湖　南	11135	11135	172	52		11851	5020	77	190582
广　东	34429	34134		6772	295	39397	16300	562	546399
广　西	5785	5785				6592	3143	50	117944
海　南	1331	1331	40			1419	486		26381
重　庆	8411	8411	7390			8106	2922		146766
四　川	12280	12280	9359	181		13872	5980	140	229929
贵　州	4670	4670	6			4191	1107	2	94955
云　南	6413	6413	1613	32		6422	2552	46	98305
西　藏	814	814				604	262		6991
陕　西	8435	8371	1529		64	8507	2057	68	159770
甘　肃	3578	3481	2066	66	97	3956	1366	2	60858
青　海	1937	1937	1890			1883	515	29	56798
宁　夏	1633	1633	813			1650	696		13053
新　疆	8512	8512	6727	10		8147	2410	22	117090

9-1-3 2007年按城市分列的城市公共汽车、无轨电车

9-1-3 Urban Bus and Trolley Bus by City (2007)

城市名称 Name of Cities	运营车数（辆）Operated Motor Vehicles (unit)					标准运营车数（标台）Standard Operated Motor Vehicles (standard unit)	运营线路网长度（公里）Length of Operated Traffic Lines (km)	公交专用车道长度（公里）Bus Accommodation Lane (km)	客运总量（万人次）Total Number of Passengers Transferred (10,000 person-times)
	合计 Total	公共汽车 Public Bus	天然气燃料车 CNG CNG-Fueled Motor Vehicles	液化石油气燃料车 LPG LPG-Fueled Motor Vehicles	无轨电车 Trolley Bus				
全　　国	**344489**	**342076**	**49355**	**14955**	**2413**	**370385**	**140038**	**2477**	**5325857**
北　　京	**19395**	**18753**	**3752**		**642**	**26927**			**422645**
天　　津	**7489**	**7489**	**62**			**7713**			**102415**
河　　北	**13407**	**13407**	**994**			**13159**	**5753**	**29**	**143232**
石家庄	2024	2024	703			2316	635	9	33298
辛　　集	137	137				98	102		310
藁　　城	79	79				55	85		71
晋　　州	100	100				70	66		110
新　　乐	128	128				90	62		500
鹿　　泉	61	61				50	38		221
唐　　山	2458	2458				2718	543		24013
遵　　化	48	48				34	60		350
迁　　安	204	204				202	103		317
秦皇岛	893	893				886	312	9	12125
邯　　郸	1658	1658				1324	585	11	17255
武　　安	251	251				192	140		800
邢　　台	834	834				834	331		6859
南　　宫	60	60				42	96		13
沙　　河	101	101				71	100		318
保　　定	661	661				724	324		11199
涿　　州	208	208				146	141		328
定　　州	85	85				85	118		310
安　　国	47	47				33	72		93
高碑店	73	73				51	38		245
张家口	635	635				587	289		8865
承　　德	429	429				511	200		9237
沧　　州	475	475				526	210		5725
泊　　头	99	99				69	60		579
任　　丘	131	131				95	72		860
黄　　骅	112	112				78	102		1145
河　　间	82	82				57	27		12

城市名称 Name of Cities	运营车数（辆）Operated Motor Vehicles (unit)					标准运营车数（标台） Standard Operated Motor Vehicles (standard unit)	运营线路网长度（公里） Length of Operated Traffic Lines (km)	公交专用车道长度（公里） Bus Accommodation Lane (km)	客运总量（万人次） Total Number of Passengers Transferred (10,000 person-times)
	合计 Total	公共汽车 Public Bus	天然气燃料车 CNG CNG-Fueled Motor Vehicles	液化石油气燃料车 LPG LPG-Fueled Motor Vehicles	无轨电车 Trolley Bus				
廊　坊	373	373	251			341	350		5212
霸　州	184	184	40			184	132		253
三　河	136	136				99	82		72
衡　水	436	436				418	162		2370
冀　州	107	107				75	40		65
深　州	98	98				98	76		102
山　西	**5982**	**5836**	**506**		**146**	**6258**	**3831**	**37**	**84633**
太　原	1915	1769	164		146	2169	604	37	34021
古　交	164	164				115	222		1120
大　同	606	606	201			685	298		9855
阳　泉	454	454				498	306		12635
长　治	328	328	111			334	337		7180
潞　城	53	53				41	65		350
晋　城	281	281	30			261	359		2300
高　平	24	24				17	16		216
朔　州	115	115				115	187		1463
晋　中	416	416				541	240		2387
介　休	83	83				61	100		240
运　城	400	400				400	152		3400
永　济	83	83				90	81		650
河　津	83	83				86	210		500
忻　州	112	112				78	86		1100
原　平	29	29				20	34		116
临　汾	403	403				358	104		3625
侯　马	132	132				132	180		980
霍　州	20	20				43	39		120
吕　梁	55	55				55	65		1450
孝　义	128	128				90	72		500
汾　阳	98	98				69	74		425
内蒙古	**4611**	**4611**	**2616**			**5088**	**3175**	**3**	**51069**
呼和浩特	1353	1353	1292			1556	457		23691
包　头	1174	1174	897			1474	580	3	10956
乌　海	419	419				360	300		3075
赤　峰	365	365	40			379	650		5196
通　辽						143	299		
霍林郭勒	42	42				42	35		115

城市名称 Name of Cities	运营车数（辆）Operated Motor Vehicles (unit)					标准运营车数（标台）Standard Operated Motor Vehicles (standard unit)	运营线路网长度（公里）Length of Operated Traffic Lines (km)	公交专用车道长度（公里）Bus Accommodation Lane (km)	客运总量（万人次）Total Number of Passengers Transferred (10,000 person-times)
	合计 Total	公共汽车 Public Bus	天然气燃料车 CNG CNG-Fueled Motor Vehicles	液化石油气燃料车 LPG LPG-Fueled Motor Vehicles	无轨电车 Trolley Bus				
鄂尔多斯	470	470	387			459	194		3102
呼伦贝尔	212	212				173	123		920
满洲里	37	37				27	43		216
牙克石	38	38				27	32		63
扎兰屯	70	70				58	65		500
根河	36	36				25	26		248
巴彦淖尔	112	112				112	114		1000
乌兰察布	89	89				76	133		810
丰镇	17	17				12	27		180
乌兰浩特	96	96				71	53		304
阿尔山	14	14				27	22		3
二连浩特	20	20				20	22		140
锡林浩特	47	47				47			550
辽宁	**18748**	**18687**	**385**	**1113**	**61**	**19890**	**6399**	**286**	**353721**
沈阳	5096	5096		1048		5709	1348	115	102489
新民	30	30				21	27		12
大连	4684	4623			61	5446	822	43	101843
瓦房店	169	169				195	148		7207
普兰店	102	102				102	74		1370
庄河	135	135				135	117		1563
鞍山	1350	1350	214	65		1442	394		20084
海城	476	476				333	90		2060
抚顺	1246	1246				1320	377	5	35500
本溪	592	592				693	218		18711
丹东	415	415				424	293		7466
东港	78	78				55	30		210
凤城	106	106				74	61		784
锦州	537	537				531	210	7	8109
凌海	40	40				28	46		264
北镇	32	32				22	32		62
营口	516	516	171			579	240		8303
盖州	128	128				90	106		1083
大石桥	190	190				133	150		1200
阜新	361	361				297	248	3	4811
辽阳	380	380				379	193		5183
灯塔	38	38				27	36		450
盘锦	429	429				421	163	1	8360

城市名称 Name of Cities	运营车数（辆）Operated Motor Vehicles (unit) 合计 Total	公共汽车 Public Bus	天然气燃料车 CNG CNG-Fueled Motor Vehicles	液化石油气燃料车 LPG LPG-Fueled Motor Vehicles	无轨电车 Trolley Bus	标准运营车数（标台） Standard Operated Motor Vehicles (standard unit)	运营线路网长度（公里） Length of Operated Traffic Lines (km)	公交专用车道长度（公里） Bus Accommodation Lane (km)	客运总量（万人次） Total Number of Passengers Transferred (10,000 person-times)
铁岭	252	252				227	75		3200
调兵山	223	223				231	145		1738
开原	254	254				178	98	24	2698
朝阳	156	156				131	219		1451
北票	124	124				94	30		740
凌源	36	36				25	18		8
葫芦岛	490	490				470	285	44	6462
兴城	83	83				78	106	44	300
吉林	**9052**	**9052**	**560**	**2125**		**8374**	**3262**	**101**	**111111**
长春	3788	3788	560	1531		3667	804	85	52504
九台						39	63		261
榆树	87	87				70	104		200
德惠	102	102				71	120		92
吉林	866	866		474		922	746		19719
蛟河	74	74				74	56		3556
桦甸						53			411
舒兰	112	112				88	40		570
磐石	65	65				46	36		142
四平	660	660				520	160		5076
公主岭	146	146				104	87		1366
双辽	45	45				32	40		368
辽源	331	331				354	162		590
通化	265	265				265	166		5812
梅河口	90	90				63			185
集安	16	16				11			60
白山	238	238				208	98	14	2431
临江	108	108				81	42		1058
松原	456	456				456			6077
白城	233	233				193	171	2	1100
洮南						42	36		220
大安	110	110				77			710
延吉	521	521		120		406	150		5672
图们	38	38				27	30		277
敦化	520	520				362	48		1538
珲春	85	85				60			
龙井	45	45				32	73		6
和龙	51	51				51	30		1110

城市名称 Name of Cities	运营车数（辆）Operated Motor Vehicles (unit)					标准运营车数（标台）Standard Operated Motor Vehicles (standard unit)	运营线路网长度（公里）Length of Operated Traffic Lines (km)	公交专用车道长度（公里）Bus Accommodation Lane (km)	客运总量（万人次）Total Number of Passengers Transferred (10,000 person-times)
	合计 Total	公共汽车 Public Bus	天然气燃料车 CNG CNG-Fueled Motor Vehicles	液化石油气燃料车 LPG LPG-Fueled Motor Vehicles	无轨电车 Trolley Bus				
黑龙江	**12460**	**12410**		**3241**	**50**	**12372**	**4279**	**31**	**170863**
哈尔滨	4705	4655		2921	50	5338	724	8	90918
双城	30	30				21	44		27
尚志	278	278				195	50		229
五常	97	97				68	84		873
齐齐哈尔	946	946				926		11	8200
讷河	40	40				28	8		436
鸡西	667	667				538	350		6472
虎林	26	26				18	27		30
密山	428	428				300	26		1783
鹤岗	398	398				332	148		10200
双鸭山	347	347				271	289		3700
大庆	2045	2045				2272	910		17512
伊春	210	210				156	175		1600
铁力	111	111				78	31		1553
佳木斯	475	475				399	258	12	10402
富锦	50	50					60		300
七台河	371	371				365	255		4000
牡丹江	483	483		320		505	312		9155
绥芬河	37	37				26	39		560
海林	21	21				15	28		40
宁安	63	63				45			376
穆棱	69	69				48	130		232
黑河	95	95				67	55		
北安	91	91				64	50		10
绥化	200	200				140	33		1730
安达	45	45				32	94		500
肇东	110	110				110	80		
海伦	22	22				15	19		25
上海	**16944**	**16672**	**281**		**272**	**20275**	**6754**	**82**	**265170**
江苏	**23874**	**23874**	**2740**			**26419**	**16111**	**182**	**322230**
南京	5589	5589	1891			6626	3036	51	98465
无锡	2855	2855	451			3411	811	40	27784
江阴	368	368				355	290	3	6395
宜兴	211	211				192	136		2920
徐州	1795	1795				2342	1011	54	27562

城市名称 Name of Cities	运营车数（辆）Operated Motor Vehicles (unit) 合计 Total	公共汽车 Public Bus	天然气燃料车 CNG CNG-Fueled Motor Vehicles	液化石油气燃料车 LPG LPG-Fueled Motor Vehicles	无轨电车 Trolley Bus	标准运营车数（标台） Standard Operated Motor Vehicles (standard unit)	运营线路网长度（公里） Length of Operated Traffic Lines (km)	公交专用车道长度（公里） Bus Accommodation Lane (km)	客运总量（万人次） Total Number of Passengers Transferred (10,000 person-times)
新　　沂	331	331				240			500
邳　　州	168	168				168	300		312
常　　州	1779	1779	398			1865	975	6	25973
溧　　阳	376	376				300	137		182
金　　坛	315	315				263	90		701
苏　　州	2475	2475				3023	1278	15	42955
常　　熟	244	244				243	611		2263
张 家 港	367	367				332	405		4505
昆　　山	566	566				618	520		6606
吴　　江	190	190				184	127		2079
太　　仓	68	68				68	187		708
南　　通	707	707				826	590		8717
启　　东	148	148				141	114		2235
如　　皋	89	89				62	168		220
通　　州	31	31				31	87		178
海　　门	63	63				61	93		727
连 云 港	508	508				459	905		14244
淮　　安	741	741				789	847		11813
盐　　城	370	370				381	300		3014
东　　台	71	71				50	128		54
大　　丰	47	47				47	118		600
扬　　州	798	798				901	640		11483
仪　　征	72	72				71	141		112
高　　邮	44	44				44	94		
江　　都	314	314				244	260		316
镇　　江	780	780				888	279	10	9317
丹　　阳	190	190				149	180		580
扬　　中	154	154				110	54		900
句　　容	76	76				76	74		709
泰　　州	262	262				229	405	3	2100
兴　　化	90	90				89	93		780
靖　　江	96	96				93	255		183
泰　　兴	93	93				65	74		390
姜　　堰	74	74				58	98		920
宿　　迁	359	359				325	200		2728
浙　　江	**18712**	**18594**	**4**		**118**	**19839**	**9150**	**94**	**262806**
杭　　州	5435	5317	4		118	6344	1157	46	95413

城市名称 Name of Cities	运营车数（辆）Operated Motor Vehicles（unit） 合计 Total	公共汽车 Public Bus	天然气燃料车 CNG CNG-Fueled Motor Vehicles	液化石油气燃料车 LPG LPG-Fueled Motor Vehicles	无轨电车 Trolley Bus	标准运营车数（标台）Standard Operated Motor Vehicles（standard unit）	运营线路网长度（公里）Length of Operated Traffic Lines（km）	公交专用车道长度（公里）Bus Accommodation Lane（km）	客运总量（万人次）Total Number of Passengers Transferred（10,000 person-times）
建　德	43	43				43	65		1278
富　阳	173	173				164	90		2378
临　安	93	93				93	82		973
宁　波	2777	2777				3187	1312	11	40382
余　姚	311	311				274	79		2161
慈　溪	162	162				130	160		2272
奉　化	240	240				223	161	12	2313
温　州	1874	1874				2123	600	10	26477
瑞　安	171	171				187	158		3511
乐　清	315	315				221	187		2800
嘉　兴	792	792				686	526		7349
海　宁	118	118				90	119		1490
平　湖	105	105				88	70		1585
桐　乡	76	76				54	101		793
湖　州	655	655				630	251		7099
绍　兴	753	753				800	444	3	9283
诸　暨	282	282				112	174		2642
上　虞	350	350				279	100		756
嵊　州	92	92				92	90		1149
金　华	725	725				722	490	12	6600
兰　溪	56	56				57	62		398
义　乌	705	705				764	174		15706
东　阳	126	126				119	150		1398
永　康	110	110				110	55		2700
衢　州	547	547				522	344		6264
江　山	184	184				179	91		1569
舟　山	402	402				392	494		3783
台　州	409	409				587	523		4012
温　岭	235	235				196	289		3507
临　海	245	245				232	361		2564
丽　水	120	120				117	125		1861
龙　泉	31	31				22	66		340
安　徽	**9521**	**9521**	**1309**			**9649**	**3772**	**66**	**155909**
合　肥	2409	2409	525			2559	572	17	55802
芜　湖	854	854	307			857	419	35	15044
蚌　埠	693	693				735	318		17522
淮　南	968	968	62			1030	197		15012

城市名称 Name of Cities	运营车数（辆）Operated Motor Vehicles (unit)					标准运营车数（标台） Standard Operated Motor Vehicles (standard unit)	运营线路网长度（公里） Length of Operated Traffic Lines (km)	公交专用车道长度（公里） Bus Accommodation Lane (km)	客运总量（万人次） Total Number of Passengers Transferred (10,000 person-times)
	合计 Total	公共汽车 Public Bus	天然气燃料车 CNG CNG-Fueled Motor Vehicles	液化石油气燃料车 LPG LPG-Fueled Motor Vehicles	无轨电车 Trolley Bus				
马鞍山	456	456	343			509	360		12947
淮北	990	990				933	191		5102
铜陵	393	393	12			390	122		2100
安庆	308	308				330	195	6	3955
桐城	46	46				46	42		550
黄山	226	226				203	161		1618
滁州	235	235	50			222	120		1519
天长	68	68				73	68		650
明光	43	43				43	35		649
阜阳	457	457				410	180		6470
界首	42	42				29	74		196
宿州	249	249				243	148		3650
巢湖	206	206				208	147		3500
六安	240	240	10			245	104	1	5330
亳州	260	260				182	178		1400
池州	136	136				160	71	7	1456
宣城	122	122				122	37		1010
宁国	120	120				120	33		427
福建	**8812**	**8812**				**8632**	**3636**		**183203**
福州	2067	2067				2270	420		42274
福清	295	295				246	78		33351
长乐	50	50				50	40		
厦门	2520	2520				2514	898		58000
莆田	620	620				620	126		5864
三明	218	218				191	235		5282
永安	177	177				164	122		2583
泉州	715	715				721	293		8971
石狮	158	158				137	30		1380
晋江	339	339				248	162		2862
南安	205	205				209	112		1909
漳州	197	197				196	267		2215
龙海	49	49				34	88		210
南平	211	211				191	177		4665
邵武	69	69				69	96		1383
武夷山	130	130				92	53		1230
建瓯	70	70				55	54		540
建阳	58	58				42	48		1038

城市名称 Name of Cities	运营车数（辆）Operated Motor Vehicles (unit)					标准运营车数（标台）Standard Operated Motor Vehicles (standard unit)	运营线路网长度（公里）Length of Operated Traffic Lines (km)	公交专用车道长度（公里）Bus Accommodation Lane (km)	客运总量（万人次）Total Number of Passengers Transferred (10,000 person-times)
	合计 Total	公共汽车 Public Bus	天然气燃料车 CNG CNG-Fueled Motor Vehicles	液化石油气燃料车 LPG LPG-Fueled Motor Vehicles	无轨电车 Trolley Bus				
龙　岩	305	305				305	91		4094
漳　平	28	28				28	40		240
宁　德	187	187				147	130		2759
福　安	54	54				38	31		1043
福　鼎	90	90				65	45		1310
江　西	**6176**	**6176**				**6844**	**3189**	**11**	**105371**
南　昌	2448	2448				3157	902	2	51104
景德镇	398	398				416	126		8560
乐　平	96	96				73	63		1200
萍　乡	377	377				354	203		6012
九　江	644	644				634	166	4	11487
瑞　昌	27	27				23	65		200
新　余	380	380				352	260		6112
鹰　潭	95	95				95	187		1400
贵　溪	48	48				48	26		84
赣　州	381	381				372	259	3	4474
瑞　金	80	80				56	41		401
南　康	38	38				38	38		865
吉　安	220	220				286	68		4975
井冈山	3	3				2	10		31
宜　春	248	248				245	162		5038
丰　城	91	91				91	102		740
樟　树	196	196				196	108		483
高　安	51	51				48	54		135
抚　州	205	205				208	211	2	
上　饶	150	150				150	138		2070
山　东	**29265**	**28969**	**1343**		**296**	**30407**	**14182**	**186**	**302850**
济　南	4003	3863	62		140	4394	1200	77	68100
章　丘	408	408				314	85		1887
青　岛	4524	4374	514		150	5375	1480	58	78702
胶　州	366	366				368	273		3617
即　墨	422	422				415	256		3312
平　度	213	213				178	290		1110
胶　南	120	120				123	210		2274
莱　西	96	96				96	265		440
淄　博	2813	2813	521			2616	752	21	13956

城市名称 Name of Cities	运营车数（辆）Operated Motor Vehicles (unit) 合 计 Total	公共汽车 Public Bus	天然气燃料车 CNG CNG-Fueled Motor Vehicles	液化石油气燃料车 LPG LPG-Fueled Motor Vehicles	无轨电车 Trolley Bus	标准运营车数（标台） Standard Operated Motor Vehicles (standard unit)	运营线路网长度（公里） Length of Operated Traffic Lines (km)	公交专用车道长度（公里） Bus Accommodation Lane (km)	客运总量（万人次） Total Number of Passengers Transferred (10,000 person-times)
枣　庄	1246	1246				1089	427		6035
滕　州	399	399				368	212		3616
东　营	629	629	70			710	175		4618
烟　台	1823	1817			6	2171	759		23049
龙　口	304	304				261	285		1397
莱　阳	99	99				99	171		1263
莱　州	52	52				40	67		460
蓬　莱	64	64				64	202		362
招　远	48	48				48	78		628
栖　霞	81	81				57	67		396
海　阳	77	77				77	50		80
潍　坊	980	980				1014	499		9511
青　州	197	197				197	208		2200
诸　城	324	324				275	351		2228
寿　光	140	140				125	160		1851
安　丘	66	66				66	151		200
高　密	169	169				169	228		2000
昌　邑	44	44				44	106		875
济　宁	967	967				992	613		10618
曲　阜	78	78				78	90		85
兖　州	272	272				243	100		1667
邹　城	193	193				195	294		880
泰　安	648	648	73			812	356		6800
新　泰	492	492				561	198		1848
肥　城	312	312				226	90		1600
威　海	734	734				852	181	26	8096
文　登	129	129				90	160		342
荣　成	122	122				98	305		1300
乳　山	83	83				67	157		620
日　照	751	751				832	381		7088
莱　芜	718	718				675	356		3220
临　沂	1983	1983				1983	945		11057
德　州	700	700	80			697	300		4250
乐　陵	128	128				70	170		400
禹　城	200	200				162			190
聊　城	486	486				467	35		5240
临　清	70	70				70	300		280
滨　州	346	346	23			318		4	1830

城市名称 Name of Cities	运营车数（辆）Operated Motor Vehicles (unit) 合计 Total	公共汽车 Public Bus	天然气燃料车 CNG CNG-Fueled Motor Vehicles	液化石油气燃料车 LPG LPG-Fueled Motor Vehicles	无轨电车 Trolley Bus	标准运营车数（标台）Standard Operated Motor Vehicles (standard unit)	运营线路网长度（公里）Length of Operated Traffic Lines (km)	公交专用车道长度（公里）Bus Accommodation Lane (km)	客运总量（万人次）Total Number of Passengers Transferred (10,000 person-times)
菏　泽	146	146				166	144		1272
河　南	**13546**	**13380**	**816**	**96**	**166**	**13549**	**5481**	**149**	**172633**
郑　州	3518	3437	640		81	4073	1260	21	64553
巩　义	106	106				112		83	2144
荥　阳	60	60				50	54		900
新　密	216	216				151	32		4336
新　郑	206	206				144			429
登　封	76	76				74	68		1994
开　封	455	455	38			404	222		4028
洛　阳	993	908			85	1232	409		23845
偃　师	182	182				132	45		440
平顶山	581	581				561	257		5088
舞　钢	58	58				50	80		580
汝　州	59	59				51	85		958
安　阳	631	631	138	96		557	190	2	6800
林　州	126	126				88	90		620
鹤　壁	335	335				282	158		2408
新　乡	685	685				890	243		8808
卫　辉	32	32				22			290
辉　县	29	29				20	35		210
焦　作	581	581				601	260	6	6754
沁　阳	108	108				76	24		201
孟　州	32	32				22			
濮　阳	475	475				475	120		1100
许　昌	549	549				480	145		3160
禹　州	222	222				160	95		1800
长　葛	132	132				92	52		684
漯　河	756	756				529	126		5841
三门峡	164	164				168	117		3619
义　马	100	100				103	30	37	762
灵　宝	70	70				55	64		650
南　阳	411	411				459	215		5705
邓　州	30	30				21	50		80
商　丘	400	400				397	135		4100
永　城	161	161				113	74		1140
信　阳	199	199				181	180		1896
周　口	213	213				197	157		2420
项　城	129	129				126	98		800

城市名称 Name of Cities	运营车数（辆）Operated Motor Vehicles (unit)					标准运营车数（标台）Standard Operated Motor Vehicles (standard unit)	运营线路网长度（公里）Length of Operated Traffic Lines (km)	公交专用车道长度（公里）Bus Accommodation Lane (km)	客运总量（万人次）Total Number of Passengers Transferred (10,000 person-times)
	合计 Total	公共汽车 Public Bus	天然气燃料车 CNG CNG-Fueled Motor Vehicles	液化石油气燃料车 LPG LPG-Fueled Motor Vehicles	无轨电车 Trolley Bus				
驻马店	208	208				180	147		2300
济　源	258	258				221	164		1190
湖　北	**17132**	**16926**	**2382**	**1267**	**206**	**18393**	**6248**	**222**	**250175**
武　汉	6600	6394	916	1267	206	8439	1040	31	139000
黄　石	885	885				855	149	6	10100
大　冶	308	308				308	158		982
十　堰	587	587				529	122		14250
丹江口	70	70				55	90		413
宜　昌	1253	1253	472			1212	794	2	11862
宜　都	150	150				105	50		480
当　阳	101	101				101	56		680
枝　江	208	208				146	110		920
襄　樊	773	773	118			773	283		14363
老河口	262	262				252	152	180	724
枣　阳	106	106				74	76		780
宜　城	17	17				12	31		335
鄂　州	480	480				412	320		4060
荆　门	399	399	102			465	249		9980
钟　祥	290	290				251	71		1226
孝　感	406	406				406	261		6775
应　城	164	164				164	50		680
安　陆	76	76				53	75		360
汉　川	42	42				32	62		720
荆　州	614	614	489			602	232		9488
石　首	230	230				230	55		286
洪　湖	219	219				153	20		2310
松　滋	48	48				48	26		450
黄　冈	359	359				340	229		2330
麻　城	304	304				213	186		650
武　穴	155	155				145	166		477
咸　宁	148	148				144	75		2200
赤　壁	157	157				118	120		1650
随　州	486	486	32			486	148		3900
广　水	114	114				114	135		260
恩　施	136	136	56			177	135		1908
利　川	50	50	50			44	70		732
仙　桃	462	462	147			462	230		2000

城市名称 Name of Cities	运营车数（辆）Operated Motor Vehicles (unit) 合　计 Total	公共汽车 Public Bus	天然气燃料车 CNG CNG-Fueled Motor Vehicles	液化石油气燃料车 LPG LPG-Fueled Motor Vehicles	无轨电车 Trolley Bus	标准运营车数（标台）Standard Operated Motor Vehicles (standard unit)	运营线路网长度（公里）Length of Operated Traffic Lines (km)	公交专用车道长度（公里）Bus Accommodation Lane (km)	客运总量（万人次）Total Number of Passengers Transferred (10,000 person-times)
潜　江	383	383				383	172	3	2078
天　门	90	90				90	50		766
湖　南	**11135**	**11135**	**172**	**52**		**11851**	**5020**	**77**	**190582**
长　沙	3252	3252	126	52		3874	899	72	70321
浏　阳	68	68				64	62		950
株　洲	734	734				846	520	3	17200
醴　陵	111	111				119	61		2030
湘　潭	654	654				660	303		9340
湘　乡	100	100				94	47		830
韶　山	40	40				40	11		336
衡　阳	888	888				927	233		15336
耒　阳	336	336				328	52		2533
常　宁	144	144				144	110		1088
邵　阳	369	369				369	362		9914
武　冈	60	60				60	58		397
岳　阳	831	831	46			920	370	2	6181
汨　罗	58	58				58	32		270
临　湘	69	69				48	8		440
常　德	550	550				518	405		9300
津　市	102	102				71	72		128
张家界	171	171				171	235		2400
益　阳	346	346				342	198		7037
沅　江	143	143				100	45		1601
郴　州	443	443				474	180		9756
资　兴	59	59				53	100		940
永　州	450	450				463	231		5889
怀　化	522	522				522	187		7991
洪　江	24	24				17	15		155
娄　底	250	250				240	93		3290
冷水江	141	141				118	52		1560
涟　源	75	75				66	38		738
吉　首	145	145				145	41		2631
广　东	**34429**	**34134**		**6772**	**295**	**39397**	**16300**	**562**	**546399**
广　州	9312	9017		6759	295	11965		55	235674
增　城	144	144				140	81		687
从　化	33	33				35	12		202

城市名称 Name of Cities	运营车数（辆）Operated Motor Vehicles (unit) 合计 Total	公共汽车 Public Bus	天然气燃料车 CNG CNG-Fueled Motor Vehicles	液化石油气燃料车 LPG LPG-Fueled Motor Vehicles	无轨电车 Trolley Bus	标准运营车数（标台）Standard Operated Motor Vehicles (standard unit)	运营线路网长度（公里）Length of Operated Traffic Lines (km)	公交专用车道长度（公里）Bus Accommodation Lane (km)	客运总量（万人次）Total Number of Passengers Transferred (10,000 person-times)
韶　关	292	292				309	174		4754
乐　昌	228	228				161			327
南　雄	25	25				20	20		103
深　圳	10734	10734		13		12457	1820	100	154285
珠　海	1194	1194				1398	811	5	27279
汕　头	599	599				612	947		8751
佛　山	2123	2123				2090	4228	73	14070
江　门	667	667				709	934		10536
台　山	57	57				57	42		1216
开　平	110	110				110	148		135
鹤　山	65	65				46	91		433
恩　平	10	10				7	15		43
湛　江	340	340				375	650	2	4860
廉　江	21	21				15	18		23
雷　州	36	36				25	16		500
吴　川	30	30				21	23		45
茂　名	168	168				133	157	20	1215
高　州	32	32				22	46		300
化　州	27	27				19			256
信　宜	30	30				21	45		45
肇　庆	244	244				260	213		4280
高　要	12	12				12	26		11
四　会	63	63				58	75		801
惠　州	653	653				644	476	75	12511
梅　州	163	163				132	200		1000
兴　宁	44	44				44			320
汕　尾	100	100				85	73	98	875
陆　丰	44	44				31			260
河　源	326	326				302	186		1236
阳　江	157	157				150	209		1523
阳　春	34	34				85	123		309
清　远	230	230				256			3092
英　德	178	178				124	630		2954
连　州	31	31				22	198		241
东　莞	4716	4716				5301	2411	16	35195
中　山	830	830				844	829	37	11349
潮　州	220	220				160	110		2960
普　宁	38	38				27	70		200

城市名称 Name of Cities	运营车数（辆）Operated Motor Vehicles (unit)					标准运营车数（标台）Standard Operated Motor Vehicles (standard unit)	运营线路网长度（公里）Length of Operated Traffic Lines (km)	公交专用车道长度（公里）Bus Accommodation Lane (km)	客运总量（万人次）Total Number of Passengers Transferred (10,000 person-times)
	合计 Total	公共汽车 Public Bus	天然气燃料车 CNG CNG-Fueled Motor Vehicles	液化石油气燃料车 LPG LPG-Fueled Motor Vehicles	无轨电车 Trolley Bus				
云浮	69	69				64	65	81	1275
罗定						49	128		263
广西	**5785**	**5785**				**6592**	**3143**	**50**	**117944**
南宁	2375	2375				2817	734	40	48564
柳州	921	921				1130	345		26445
桂林	648	648				874	233	6	19661
梧州	271	271				313	125		4225
岑溪	35	35				36	47		256
北海	123	123				122	151		1315
防城港	87	87				87	98		500
东兴	94	94				73	58		364
钦州	186	186				153	256	4	2128
贵港	150	150				150	68		2905
桂平	69	69				69	85		295
玉林	176	176				169	172		3656
北流	32	32				22	40		108
百色	87	87				87	65		1280
贺州	65	65				61	90		1070
河池	137	137				136	100		3080
宜州	123	123				95	170		372
来宾	126	126				126	187		1000
合山	19	19				13	19		386
崇左	28	28				26	82		180
凭祥	33	33				33	18		154
海南	**1331**	**1331**	**40**			**1419**	**486**		**26381**
海口	865	865				1056	245		19000
三亚	346	346	40			259	125		6600
五指山							22		
琼海	40	40				40	40		240
儋州							29		
文昌	25	25				25	20		280
万宁	37	37				26			180
东方	18	18				13	5		81
重庆	**8411**	**8411**	**7390**			**8106**	**2922**		**146766**
四川	**12280**	**12280**	**9359**	**181**		**13872**	**5980**	**140**	**229929**
成都	5547	5547	4532			6980	2306	102	106417

城市名称 Name of Cities	运营车数（辆）Operated Motor Vehicles (unit) 合计 Total	公共汽车 Public Bus	天然气燃料车 CNG CNG-Fueled Motor Vehicles	液化石油气燃料车 LPG LPG-Fueled Motor Vehicles	无轨电车 Trolley Bus	标准运营车数（标台）Standard Operated Motor Vehicles (standard unit)	运营线路网长度（公里）Length of Operated Traffic Lines (km)	公交专用车道长度（公里）Bus Accommodation Lane (km)	客运总量（万人次）Total Number of Passengers Transferred (10,000 person-times)
都江堰	91	91	91			67	75		1979
彭州	76	76	76			53	45		291
邛崃	47	47	44			34	29		281
崇州	161	161	161			113	162		525
自贡	755	755	594			810	275		17823
攀枝花	560	560				590	436	2	7668
泸州	583	583	583			650	243	14	14075
德阳	220	220	220			265	117	2	5746
广汉	9	9	9			6	16		16
什邡	66	66	66			46	80		413
绵竹	46	46	46			42	15		243
绵阳	771	771	766			789	248	4	15770
江油	110	110	110			110	102		2120
广元	129	129	118			133	83	6	2800
遂宁	204	204	204			203	78		2088
内江	502	502				502	125		9446
乐山	286	286	105	181		313	122		3635
峨眉山	63	63	63			63	25		295
南充	452	452	378			555	302		11297
阆中	55	55	50			69	148		1030
眉山	232	232	232			232	195		1738
宜宾	396	396	396			423	182	10	9862
广安	40	40	40			42	70		1200
华蓥	39	39				39	38		292
达州	116	116	116			109	89		3500
万源	5	5	5			5	5		61
雅安	48	48	48			52	42		900
巴中	101	101	101			101	31		1200
资阳	139	139	139			139	101		1532
简阳	66	66	66			51	40		395
西昌	365	365				286	155		5291
贵州	**4670**	**4670**	**6**			**4191**	**1107**	**2**	**94955**
贵阳	2372	2372				2237	306	2	55233
清镇							15		
六盘水	389	389				364	96		2958
遵义	503	503				506	211		18705
赤水	8	8	6			6	6		

城市名称 Name of Cities	运营车数（辆）Operated Motor Vehicles (unit) 合　计 Total	公共汽车 Public Bus	天然气燃料车 CNG CNG-Fueled Motor Vehicles	液化石油气燃料车 LPG LPG-Fueled Motor Vehicles	无轨电车 Trolley Bus	标准运营车数（标台）Standard Operated Motor Vehicles (standard unit)	运营线路网长度（公里）Length of Operated Traffic Lines (km)	公交专用车道长度（公里）Bus Accommodation Lane (km)	客运总量（万人次）Total Number of Passengers Transferred (10,000 person-times)
仁　怀	43	43				30	17		706
安　顺	255	255				182	130		4052
铜　仁	87	87				63			1540
兴　义	96	96				96	96		126
毕　节	351	351				246	59		1010
凯　里	229	229				185	69		5302
都　匀	277	277				216	90		5050
福　泉	60	60				60	12		273
云　南	**6413**	**6413**	**1613**	**32**		**6422**	**2552**	**46**	**98305**
昆　明	4514	4514	1546	32		4675	1221	46	63357
安　宁	93	93				89	114		490
曲　靖	338	338				319	146		6034
宣　威	72	72				72	81		1503
玉　溪	150	150				138	113		1953
保　山	80	80	67			80	78		712
昭　通	54	54				46	59		1100
丽　江	156	156				109			4000
普　洱	98	98				98	51		
临　沧	58	58				41	37		58
楚　雄	137	137				128	183		6156
个　旧	64	64				61	84		1892
开　远	96	96				93	59		1908
景　洪	106	106				74			750
大　理	355	355				359	223		8022
潞　西	42	42				40	103		370
西　藏	**814**	**814**				**604**	**262**		**6991**
拉　萨	774	774				576	262		6261
日喀则	40	40				28			730
陕　西	**8435**	**8371**	**1529**		**64**	**8507**	**2057**	**68**	**159770**
西　安	5836	5772	426		64	5969	734	40	114859
铜　川	236	236	94			229			2573
宝　鸡	825	825	615			805	410	24	14853
咸　阳	445	445	217			463	213	1	7895
渭　南	170	170				159	186		1780
韩　城	176	176				123	94		826

城市名称 Name of Cities	运营车数（辆）Operated Motor Vehicles (unit)					标准运营车数（标台） Standard Operated Motor Vehicles (standard unit)	运营线路网长度（公里） Length of Operated Traffic Lines (km)	公交专用车道长度（公里） Bus Accommodation Lane (km)	客运总量（万人次） Total Number of Passengers Transferred (10,000 person-times)
	合计 Total	公共汽车 Public Bus	天然气燃料车 CNG CNG-Fueled Motor Vehicles	液化石油气燃料车 LPG LPG-Fueled Motor Vehicles	无轨电车 Trolley Bus				
华阴	62	62				43	50		6450
延安	128	128	38			153	40		4000
汉中	240	240				240	130		2450
榆林	160	160	139			180	148	3	2000
安康	98	98				91			1422
商洛	59	59				52	52		662
甘肃	**3578**	**3481**	**2066**	**66**	**97**	**3956**	**1366**	**2**	**60858**
兰州	2113	2016	2000		97	2494	330	2	47334
嘉峪关	80	80				56	94		1200
金昌	110	110				110	90		848
白银	202	202				187	268		2727
天水	210	210				213	234		3264
武威						116	75		
张掖	148	148				148			395
平凉	102	102				99	78		1050
酒泉	132	132				132			1708
玉门	88	88				62	47		30
敦煌	45	45	45			45	30		16
庆阳	144	144	21			144	18		
定西	45	45				32	16		653
陇南	23	23				23	10		320
临夏	112	112		66		78	56		1030
合作	24	24				17	20		283
青海	**1937**	**1937**	**1890**			**1883**	**515**	**29**	**56798**
西宁	1710	1710	1710			1703	377	28	55432
格尔木	192	192	180			155	85	1	1136
德令哈	35	35				25	53		230
宁夏	**1633**	**1633**	**813**			**1650**	**696**		**13053**
银川	992	992	783			1022	410		11081
灵武	37	37				27	29		350
石嘴山	97	97				97			483
吴忠	163	163	30			163	70		576
青铜峡	114	114				118	94		563
固原	110	110				103			
中卫	120	120				120	93		

城市名称 Name of Cities	运营车数（辆）Operated Motor Vehicles (unit) 合 计 Total	公共汽车 Public Bus	天然气燃料车 CNG CNG-Fueled Motor Vehicles	液化石油气燃料车 LPG LPG-Fueled Motor Vehicles	无轨电车 Trolley Bus	标准运营车数（标台）Standard Operated Motor Vehicles (standard unit)	运营线路网长度（公里）Length of Operated Traffic Lines (km)	公交专用车道长度（公里）Bus Accommodation Lane (km)	客运总量（万人次）Total Number of Passengers Transferred (10,000 person-times)
新　疆	**8512**	**8512**	**6727**	**10**		**8147**	**2410**	**22**	**117090**
乌鲁木齐	4704	4704	4578			4444	558	17	72139
克拉玛依	439	439	40			383	205		3646
吐 鲁 番	74	74	74			65	26		1417
哈　密	233	233	46			164	82		1728
昌　吉	371	371	338			445	86		6570
阜　康						30			
博　乐	65	65				163	43		1768
库 尔 勒	682	682	669			579	248		5280
阿 克 苏	283	283	260			283	154		3078
阿 图 什	55	55				39	60		120
喀　什	275	275	249			275	205		3825
和　田	123	123				119	57		4497
伊　宁	396	396	88	10		384	254		3795
奎　屯	83	83				69	63		1122
乌　苏	60	60				60			421
塔　城	45	45				45	21		450
阿 勒 泰	106	106				77	46		976
石 河 子	388	388	383			418	157	5	5500
阿 拉 尔	46	46				37	55		302
图木舒克	62	62				44	45		217
五 家 渠	22	22	2			24	45		239

9-2-1 2007年全国城市轨道交通分组资料

9-2-1 National Urban Rail Transit System (2007)

地区名称 Name of Regions		运营车数（辆） Operated Motor Vehicles (unit)				标准运营车数（标台） Standard Operated Motor Vehicles (standard unit)	运营线路网长度（公里） Length of Operated Traffic Lines Network (km)	运营线路长度（公里） Length of Operated Traffic Lines (km)				客运总量（万人次） Total Number of Passengers Transferred (10,000 person-times)
			地铁 Metros	轻轨 Light Rail	有轨电车 Streetcar				地铁 Metros	轻轨 Light Rail	有轨电车 Streetcar	
全　国	**National Total**	**3480**	**2764**	**593**	**108**	**8636**	**763**	**775**	**492**	**222**	**32**	**220582**
分类一	**Sort one**											
东部地区	East China	3239	2764	380	80	8243	697	709	492	164	24	214002
中部地区	Central China	181		153	28	291	49	49		41	8	3233
西部地区	West China	60		60		102	17	17		17		3347
分类二	**Sort two**											
东部地区	East China	3239	2764	380	80	8243	697	709	492	164	24	214002
中部地区	Central China	181		153	28	291	49	49		41	8	3233
西部地区	West China	60		60		102	17	17		17		3347
分类三	**Sort three**											
东部地区	East China	3139	2764	360		7848	624	636	492	115		208179
中部地区	Central China	48		48		120	10	10		10		926
西部地区	West China	60		60		102	17	17		17		3347
东北地区	Northeast China	233		125	108	566	112	112		80	32	8130

9-2-2 2007年按省分列的城市轨道交通

9-2-2 Urban Rail Transit System by Province (2007)

地区名称 Name of Regions	运营车数（辆） Operated Motor Vehicles (unit)	地铁 Metros	轻轨 Light Rail	有轨电车 Streetcar	标准运营车数（标台） Standard Operated Motor Vehicles (Standard Unit)	运营线路网长度（公里） Length of Operated Traffic Lines Network (km)	运营线路长度（公里） Length of Operated Traffic Lines (km)	地铁 Metros	轻轨 Light Rail	有轨电车 Streetcar	客运总量（万人次） Total Number of Passengers Transferred (10,000 person-times)
全　国	**3480**	**2764**	**593**	**108**	**8636**	**763**	**775**	**492**	**222**	**32**	**220582**
北　京	1130	1130			2825	142	142	142			65493
天　津	228	112	116		570	71	71	26	45		3496
辽　宁	100		20	80	395	73	73		49	24	5823
吉　林	133		105	28	171	39	39		31	8	2307
上　海	1117	858	244		2793	251	263	164	70		81397
江　苏	120	120			300	22	22	22			8016
湖　北	48		48		120	10	10		10		926
广　东	544	544			1360	138	138	138			49777
重　庆	60		60		102	17	17		17		3347

9-2-3 2007 年按城市分列的城市轨道交通

9-2-3 Urban Rail Transit System by City (2007)

城市名称 Name of Gities	运营车数（辆） Operated Motor Vehicles (unit)	地铁 Metros	轻轨 Light Rail	有轨电车 Streetcar	标准运营车数（标台） Standard Operated Motor Vehicles (standard unit)	运营线路网长度（公里） Length of Operated Traffic Lines Network (km)	运营线路长度（公里） Length of Operated Traffic Lines (km)	地铁 Metros	轻轨 Light Rail	有轨电车 Streetcar	客运总量（万人次） Total Number of Passengers Transferred (10,000 person-times)
全　国	**3480**	**2764**	**593**	**108**	**8636**	**763**	**775**	**492**	**222**	**32**	**220582**
北　京	**1130**	**1130**			**2825**	**142**	**142**	**142**			**65493**
天　津	**228**	**112**	**116**		**570**	**71**	**71**	**26**	**45**		**3496**
辽　宁	**100**		**20**	**80**	**395**	**73**	**73**		**49**	**24**	**5823**
大　连	100		20	80	395	73	73		49	24	5823
吉　林	**133**		**105**	**28**	**171**	**39**	**39**		**31**	**8**	**2307**
长　春	133		105	28	171	39	39		31	8	2307
上　海	**1117**	**858**	**244**		**2793**	**251**	**263**	**164**	**70**		**81397**
江　苏	**120**	**120**			**300**	**22**	**22**	**22**			**8016**
南　京	120	120			300	22	22	22			8016
湖　北	**48**		**48**		**120**	**10**	**10**		**10**		**926**
武　汉	48		48		120	10	10		10		926
广　东	**544**	**544**			**1360**	**138**	**138**	**138**			**49777**
广　州	412	412			1030	116	116	116			38012
深　圳	132	132			330	22	22	22			11765
重　庆	**60**		**60**		**102**	**17**	**17**		**17**		**3347**

9-3-1 2007年全国城市出租汽车、客运轮渡分组资料

9-3-1 National Urban Taxi and Ferry (2007)

地区名称 Name of Regions		出租汽车 Taxi		客运轮渡 Ferry	
		运营车数（辆）Operated Motor Vehicles (unit)	客运总量（万人次）Total Number of Passengers Transferred (10,000 person-times)	运营船数（艘）Operated Motor Vehicles (unit)	客运总量（万人次）Total Number of Passengers Transferred (10,000 person-times)
全　国	**National Total**	**959668**	**2125610**	**758**	**26023**
分　类　一	**Sort one**				
东部地区	East China	490460	1027807	457	23044
中部地区	Central China	316726	713624	222	2149
西部地区	West China	152482	384171	79	830
分　类　二	**Sort two**				
东部地区	East China	478034	1002878	457	23044
中部地区	Central China	280679	660886	222	2149
西部地区	West China	200955	461838	79	830
分　类　三	**Sort three**				
东部地区	East China	398669	740754	457	23044
中部地区	Central China	169794	419239	61	1710
西部地区	West China	200955	461838	79	830
东北地区	Northeast China	190250	503771	161	439

9-3-2 2007年按省分列的城市出租汽车、客运轮渡

9-3-2 Urban Taxi and Ferry by Province (2007)

地区名称 Name of Regions	出租汽车 Taxi		客运轮渡 Ferry	
	运营车数（辆） Operated Motor Vehicles (unit)	客运总量（万人次） Total Number of Passengers Transferred (10,000 person-times)	运营船数（艘） Operated Motor Vehicles (unit)	客运总量（万人次） Total Number of Passengers Transferred (10,000 person-times)
全　　国	**959668**	**2125610**	**758**	**26023**
北　　京	66646	64111		
天　　津	31939	32470		
河　　北	47538	57753		
山　　西	27658	47782		
内 蒙 古	36047	52738		
辽　　宁	79365	262124		
吉　　林	55456	99599		
黑 龙 江	55429	142048	161	439
上　　海	48614	105117	53	11280
江　　苏	44993	106277	42	2237
浙　　江	32431	87121	91	2750
安　　徽	34391	95606		
福　　建	15736	29406	24	2126
江　　西	10483	17344		
山　　东	55312	93147	34	1044
河　　南	46054	60429		
湖　　北	27327	98577	50	1618
湖　　南	23381	99501	11	92
广　　东	51566	159330	211	3603
广　　西	12426	24930		
海　　南	3894	6029	2	4
重　　庆	17208	74285	66	580
四　　川	25002	103314	13	250
贵　　州	8542	27155		
云　　南	15368	31575		
西　　藏	1341	727		
陕　　西	21392	50086		
甘　　肃	20528	21508		
青　　海	6547	9630		
宁　　夏	11985	11354		
新　　疆	24269	54537		

9-3-3 2007年按城市分列的城市出租汽车、客运轮渡

9-3-3 Urban Taxi and Ferry by City (2007)

城市名称 Name of Cities	出租汽车 Taxi		客运轮渡 Ferry	
	运营车数（辆） Operated Motor Vehicles (unit)	客运总量（万人次） Total Number of Passengers Transferred (10,000 person-times)	运营船数（艘） Operated Motor Vehicles (unit)	客运总量（万人次） Total Number of Passengers Transferred (10,000 person-times)
全国	**959668**	**2125610**	**758**	**26023**
北京	**66646**	**64111**		
天津	**31939**	**32470**		
河北	**47538**	**57753**		
石家庄	6790	11337		
辛集	682	318		
藁城	65	20		
晋州	165	35		
新乐	80	300		
鹿泉	144	31		
唐山	4592	8265		
遵化	210	223		
迁安	290	240		
秦皇岛	4474	4915		
邯郸	4805	7988		
武安	807	726		
邢台	3148	5651		
南宫	130	13		
沙河	345	260		
保定	3036	1660		
涿州	251	63		
定州	546	498		
高碑店	210	568		
张家口	3585	670		
承德	2312	3204		
沧州	3018	5600		
泊头	580	550		
任丘	800	92		
黄骅	600	1533		
河间	340	323		
廊坊	1800	1800		
霸州	1465	280		
三河	550	30		
衡水	1310	410		
冀州	180	53		
深州	228	97		
山西	**27658**	**47782**		

城市名称 Name of Cities	出租汽车 Taxi		客运轮渡 Ferry	
	运营车数（辆）Operated Motor Vehicles (unit)	客运总量（万人次）Total Number of Passengers Transferred (10,000 person-times)	运营船数（艘）Operated Motor Vehicles (unit)	客运总量（万人次）Total Number of Passengers Transferred (10,000 person-times)
太原	8292	19105		
古交	300	600		
大同	4625	5043		
阳泉	1196	5741		
长治	1800	3908		
潞城	115	230		
晋城	1453	438		
朔州	935	1123		
晋中	902	3247		
介休	540	817		
运城	1777	1650		
永济	200	292		
河津	730	1190		
忻州	713	1170		
原平	325	107		
临汾	1803			
侯马	435	858		
霍州	260	2		
吕梁	450	1479		
孝义	513	562		
汾阳	294	220		
内蒙古	**36047**	**52738**		
呼和浩特	4666	13070		
包头	5850			
乌海	953	2847		
赤峰	3304	1651		
通辽	4256			
霍林郭勒	328	124		
鄂尔多斯	1810	2830		
呼伦贝尔	2120	23214		
满洲里	1252	2780		
牙克石	1420			
扎兰屯	1896	135		
额尔古纳	264			
根河	277			
乌兰察布	2800	3100		
丰镇	450	66		
乌兰浩特	2100	1533		
阿尔山	61	10		
二连浩特	490	1377		

城市名称 Name of Cities	出租汽车 Taxi 运营车数(辆) Operated Motor Vehicles (unit)	出租汽车 Taxi 客运总量(万人次) Total Number of Passengers Transferred (10,000 person-times)	客运轮渡 Ferry 运营船数(艘) Operated Motor Vehicles (unit)	客运轮渡 Ferry 客运总量(万人次) Total Number of Passengers Transferred (10,000 person-times)
锡林浩特	1750	1		
辽宁	**79365**	**262124**		
沈阳	17176	42947		
新民	67	39		
大连	9643	29827		
瓦房店	1569	1802		
普兰店	460	632		
庄河	301	880		
鞍山	5375	23719		
海城	1900	1740		
抚顺	4561	15031		
本溪	2594	25610		
丹东	1991	6550		
东港	548	3138		
凤城	397	1567		
锦州	3904	10229		
凌海	430	424		
北镇	189	110		
营口	4900	14509		
盖州	726	43560		
大石桥	1032	1506		
阜新	3010	2200		
辽阳	2560	2366		
灯塔	320	674		
盘锦	3226	10613		
铁岭	2112	9243		
调兵山	669	3156		
开原	820	2159		
朝阳	3010	3400		
北票	426	280		
凌源	300	58		
葫芦岛	4159	3500		
兴城	990	655		
吉林	**55456**	**99599**		
长春	16244	41835		
九台	1600	315		
榆树	1147	3632		
德惠	1622	1246		
吉林	4452	4894		
蛟河	2400	5800		

城市名称 Name of Cities	出租汽车 Taxi		客运轮渡 Ferry	
	运营车数（辆） Operated Motor Vehicles (unit)	客运总量（万人次） Total Number of Passengers Transferred (10,000 person-times)	运营船数（艘） Operated Motor Vehicles (unit)	客运总量（万人次） Total Number of Passengers Transferred (10,000 person-times)
桦甸	563	718		
舒兰	700	700		
磐石	313	281		
四平	4338	4300		
公主岭	1662	2187		
双辽	300			
辽源	1820	1640		
通化	1403	5088		
梅河口	1300	2908		
集安	800	105		
白山	1453	2856		
临江	610	359		
松原	2177	2865		
白城	1774	2600		
洮南	1100	1809		
大安	400	395		
延吉	2500	6295		
图们	450	2053		
敦化	2278	2987		
珲春	1000	6		
龙井	550	905		
和龙	500	820		
黑龙江	**55429**	**142048**	**161**	**439**
哈尔滨	13224	84529	103	417
双城	1367	683		
尚志	116	5		
五常	817	894		
齐齐哈尔	4000	2800	50	10
讷河	1000	1800		
鸡西	2850	2100		
虎林	580	40		
密山	721	1493		
鹤岗	1774	6800		
双鸭山	1500	1100		
大庆	3965	9383		
伊春	3000	1365		
铁力	735	456		
佳木斯	2559	8418		
同江	290	730		
富锦	520	400		

城市名称 Name of Cities	出租汽车 Taxi		客运轮渡 Ferry	
	运营车数（辆） Operated Motor Vehicles (unit)	客运总量（万人次） Total Number of Passengers Transferred (10,000 person-times)	运营船数（艘） Operated Motor Vehicles (unit)	客运总量（万人次） Total Number of Passengers Transferred (10,000 person-times)
七台河	1000	2956		
牡丹江	2705	2100		
绥芬河	1015	802		
海林	1778	648		
宁安	320	55		
穆棱	198	182		
黑河	1043	1256	8	12
北安	722	52		
五大连池	450	240		
绥化	2480	8000		
安达	500			
肇东	3500	2250		
海伦	700	511		
上海	**48614**	**105117**	**53**	**11280**
江苏	**44993**	**106277**	**42**	**2237**
南京	9997	25812	15	1411
无锡	3840	11773		
江阴	413	2691		
宜兴	423	990		
徐州	3559	3938		
新沂	303	580		
邳州	471	1320		
常州	2142	8444		
溧阳	301	549		
金坛	279	733		
苏州	3203	9470		
常熟	609	1152	6	
张家港	477	1010	4	154
昆山	890	1999		
吴江	276	894		
太仓	378	1159	5	490
南通	1277	2466		
启东	436	2168		
如皋	370	70		
通州	193	444		
海门	286	604	8	135
连云港	2110	6315		
淮安	903	2290		
盐城	810	2940		
东台	357	132		

城市名称 Name of Cities	出租汽车 Taxi		客运轮渡 Ferry	
	运营车数（辆）Operated Motor Vehicles (unit)	客运总量（万人次）Total Number of Passengers Transferred (10,000 person-times)	运营船数（艘）Operated Motor Vehicles (unit)	客运总量（万人次）Total Number of Passengers Transferred (10,000 person-times)
大丰	326	607		
扬州	1967	2638		
仪征	601	439		
高邮	325	1608		
江都	623	91		
镇江	1254	3158	4	47
丹阳	497	748		
扬中	233	360		
句容	287	523		
泰州	740	1946		
兴化	400	879		
靖江	1586	1148		
泰兴	665	414		
姜堰	473	934		
宿迁	713	841		
浙江	**32431**	**87121**	**91**	**2750**
杭州	8583	26594		
建德	65	328	15	32
富阳	269	893		
临安	218	660		
宁波	5001	4030		
余姚	340	824		
慈溪	505	2093		
奉化	200	234		
温州	3328	7027		
瑞安	918	1652	3	195
乐清	936	3574		
嘉兴	823	3000		
海宁	287	1152		
平湖	226	166		
桐乡	245	1150		
湖州	962	4767		
绍兴	895	3133		
诸暨	415	1621	5	20
上虞	310	2400		
嵊州	208	984		
金华	862	2007		
兰溪	216	402		
义乌	1298	2945		
东阳	426	1676		

城市名称 Name of Cities	出租汽车 Taxi		客运轮渡 Ferry	
	运营车数（辆） Operated Motor Vehicles (unit)	客运总量（万人次） Total Number of Passengers Transferred (10,000 person-times)	运营船数（艘） Operated Motor Vehicles (unit)	客运总量（万人次） Total Number of Passengers Transferred (10,000 person-times)
永康	308	2160		
衢州	401	2500		
江山	100	445		
舟山	1395	2350	43	2230
台州	1383	4006	3	188
温岭	501	1230		
临海	368	813	22	85
丽水	409	273		
龙泉	30	32		
安徽	**34391**	**95606**		
合肥	6500	20075		
芜湖	2545	7536		
蚌埠	2291	6048		
淮南	2844	2616		
马鞍山	2298	6891		
淮北	1626	1604		
铜陵	1584	2740		
安庆	1780	5878		
桐城	927	250		
黄山	407	1548		
滁州	1257	2523		
天长	632	1250		
明光	325	345		
阜阳	1610	9530		
界首	185	297		
宿州	1298	5550		
巢湖	1620	6218		
六安	1849	4058		
亳州	1000	3300		
池州	600	2678		
宣城	733	1833		
宁国	480	2838		
福建	**15736**	**29406**	**24**	**2126**
福州	3745	12818		
福清	650			
厦门	4137		15	1942
莆田	699	1472	9	184
三明	418	766		
永安	120	1137		
泉州	1700			

城市名称 Name of Cities	出租汽车 Taxi 运营车数（辆） Operated Motor Vehicles (unit)	出租汽车 Taxi 客运总量（万人次） Total Number of Passengers Transferred (10,000 person-times)	客运轮渡 Ferry 运营船数（艘） Operated Motor Vehicles (unit)	客运轮渡 Ferry 客运总量（万人次） Total Number of Passengers Transferred (10,000 person-times)
石狮	194	177		
晋江	36	21		
南安	84	48		
漳州	1052	2303		
龙海	53	117		
南平	1080	3550		
邵武	113	952		
武夷山	70	55		
建瓯	134	98		
建阳	153	662		
龙岩	527	2308		
宁德	372	1859		
福安	315	933		
福鼎	84	130		
江西	**10483**	**17344**		
南昌	3629	340		
景德镇	595	1891		
乐平	50	79		
萍乡	600	1016		
九江	1535	2676		
瑞昌	160	211		
新余	531	2271		
鹰潭	271	1187		
贵溪	138	55		
赣州	592	4144		
瑞金	71	259		
南康	24	43		
吉安	397	784		
井冈山	27	5		
宜春	404	132		
丰城	234	250		
樟树	136	130		
高安	50	22		
抚州	360	1500		
上饶	511	269		
德兴	168	80		
山东	**55312**	**93147**	**34**	**1044**
济南	8100	15330		
章丘	308	675		
青岛	8221	14930	34	1044

城市名称 Name of Cities	出租汽车 Taxi		客运轮渡 Ferry	
	运营车数（辆） Operated Motor Vehicles (unit)	客运总量（万人次） Total Number of Passengers Transferred (10,000 person-times)	运营船数（艘） Operated Motor Vehicles (unit)	客运总量（万人次） Total Number of Passengers Transferred (10,000 person-times)
胶州	245	351		
即墨	218	386		
平度	134	185		
胶南	162	267		
莱西	129	104		
淄博	5967	3236		
枣庄	716	2169		
滕州	406	1110		
东营	3301	3445		
烟台	2122	6052		
龙口	442	728		
莱阳	402	979		
莱州	412	650		
蓬莱	617	812		
招远	345	283		
栖霞	353	557		
海阳	371	634		
潍坊	2116	4177		
青州	314	172		
诸城	369	772		
寿光	244	19		
安丘	132	435		
高密	232	1100		
昌邑	207	500		
济宁	1258	4075		
曲阜	209	175		
兖州	449			
邹城	810	147		
泰安	1292	1368		
新泰	258	377		
肥城	422	260		
威海	1425	4681		
文登	271	607		
荣成	295	630		
乳山	270	690		
日照	1041	2054		
莱芜	1600	2106		
临沂	2750	3169		
德州	2405	3511		
乐陵	120	14		

城市名称 Name of Cities	出租汽车 Taxi 运营车数（辆） Operated Motor Vehicles (unit)	出租汽车 Taxi 客运总量（万人次） Total Number of Passengers Transferred (10,000 person-times)	客运轮渡 Ferry 运营船数（艘） Operated Motor Vehicles (unit)	客运轮渡 Ferry 客运总量（万人次） Total Number of Passengers Transferred (10,000 person-times)
禹城	124	60		
聊城	1436	2447		
临清	333	744		
滨州	703	3183		
菏泽	1256	2791		
河南	**46054**	**60429**		
郑州	10862	10769		
巩义	586	534		
荥阳	379	189		
新密	436	562		
新郑	370	780		
登封	367	339		
开封	2969	3907		
偃师	165	125		
平顶山	2000	2800		
舞钢	130	390		
汝州	200	360		
安阳	1357	1780		
林州	358	706		
鹤壁	726	1910		
新乡	5000	8500		
卫辉	220	400		
辉县	320	230		
焦作	1395	2957		
沁阳	137	137		
孟州	136	126		
濮阳	2000	1400		
许昌	1403	1900		
禹州	650	1015		
长葛	368	280		
漯河	1231	2203		
三门峡	590	885		
义马	150	210		
灵宝	315	601		
南阳	1198	3157		
邓州	200	72		
商丘	3889	3100		
永城	500	603		
信阳	1873	3697		
项城	900	400		

城市名称 Name of Cities	出租汽车 Taxi		客运轮渡 Ferry	
	运营车数（辆） Operated Motor Vehicles (unit)	客运总量（万人次） Total Number of Passengers Transferred (10,000 person-times)	运营船数（艘） Operated Motor Vehicles (unit)	客运总量（万人次） Total Number of Passengers Transferred (10,000 person-times)
驻马店	360	720		
济源	1548	1680		
湖北	**766**	**1005**	**50**	**1618**
武汉	12137	44350	26	1035
黄石	818	2090	9	97
大冶	300	580		
十堰	800	9450		
丹江口	100	355		
宜昌	1463	8945	10	94
宜都	80	195		
当阳	145	450		
枝江	160	430		
襄樊	1700	3366		
老河口	100	107		
枣阳	147	98		
宜城	141	649		
鄂州	400	1820		
荆门	500	2738		
钟祥	214	700		
孝感	687	930		
应城	200	401		
安陆	300	912		
汉川	260	800		
荆州	1588	3210	2	3
石首	300	285	3	389
洪湖	300	3948		
松滋	190	436		
黄冈	593	36		
麻城	375	139		
武穴	201	180		
咸宁	456	2400		
赤壁	390	930		
随州	560	443		
广水	218	227		
恩施	500	2632		
利川	251	1480		
仙桃	600	50		
潜江	350	1942		
天门	303	873		
湖南	**23381**	**99501**	**11**	**92**
长沙	7344	21646		

城市名称 Name of Cities	出租汽车 Taxi 运营车数（辆） Operated Motor Vehicles (unit)	出租汽车 Taxi 客运总量（万人次） Total Number of Passengers Transferred (10,000 person-times)	客运轮渡 Ferry 运营船数（艘） Operated Motor Vehicles (unit)	客运轮渡 Ferry 客运总量（万人次） Total Number of Passengers Transferred (10,000 person-times)
浏阳	400	2000		
株洲	1961	7742		
醴陵	400	1600		
湘潭	1150	6850	5	33
湘乡	300	1000		
韶山	20	103		
衡阳	1398	7247	1	38
耒阳	500	2716		
常宁	220	724		
邵阳	630	2863	2	7
武冈	100	485		
岳阳	1304	3560		
汨罗	169	600		
临湘	266	709		
常德	1132	7078	3	14
津市	150	750		
张家界	550	3039		
益阳	860	5356		
郴州	1100	5067		
资兴	80	207		
永州	500	1926		
怀化	800	7008		
洪江	50	40		
娄底	850	3670		
冷水江	250	790		
涟源	200	710		
吉首	697	4015		
广东	**51566**	**159330**	**211**	**3603**
广州	17645	70754	32	1971
增城	241	253		
从化	200	255		
韶关	884	245		
乐昌	50	49		
南雄	68	5		
深圳	11205	27344		
珠海	1852	8323	14	33
汕头	1441	1351	7	352
佛山	2083	28458	31	464
江门	373	1105		
台山	88	288		
开平	74	2		

城市名称 Name of Cities	出租汽车 Taxi		客运轮渡 Ferry	
	运营车数（辆）Operated Motor Vehicles (unit)	客运总量（万人次）Total Number of Passengers Transferred (10,000 person-times)	运营船数（艘）Operated Motor Vehicles (unit)	客运总量（万人次）Total Number of Passengers Transferred (10,000 person-times)
鹤山	105	51		
恩平	53	27		
湛江	1234	400	8	79
廉江	102	13		
雷州	60	42		
吴川	70	35		
茂名	435	572		
化州	40	125		
信宜	20	20		
肇庆	1047	1691	16	43
高要			12	108
四会	302	183		
惠州	1104	5925		
梅州	408	917		
兴宁	151	95		
汕尾	360	891	7	30
陆丰	52	127		
河源	344	65		
阳江	234	175		
清远	202			
英德	150	237		
连州	100	280		
东莞	6381	5707	24	350
中山	1350	2060	47	152
潮州	923	191		
云浮	30	3		
罗定	105	1066	13	21
广西	**12426**	**24930**		
南宁	3359	6395		
柳州	1396	6318		
桂林	3002	5810		
梧州	716	996		
岑溪	60	90		
北海	600	568		
防城港	99	29		
东兴	100	92		
钦州	200	1905		
贵港	365	639		
桂平	167	35		
玉林	599	39		
北流	63	4		

城市名称 Name of Cities	出租汽车 Taxi		客运轮渡 Ferry	
	运营车数（辆） Operated Motor Vehicles (unit)	客运总量（万人次） Total Number of Passengers Transferred (10,000 person-times)	运营船数（艘） Operated Motor Vehicles (unit)	客运总量（万人次） Total Number of Passengers Transferred (10,000 person-times)
百色	500	1200		
贺州	158	57		
河池	196	81		
宜州	45	21		
来宾	415	436		
合山	53	70		
崇左	152	66		
凭祥	181	79		
海南	**3894**	**6029**	**2**	**4**
海口	1963	3825		
三亚	1032	1500		
五指山	12			
琼海	327	120		
儋州	240	165		
文昌	138	158	2	4
万宁	157	180		
东方	25	81		
重庆	**17208**	**74285**	**66**	**580**
四川	**25002**	**103314**	**13**	**250**
成都	9488	35058		
都江堰	548	5681		
彭州	320	615		
邛崃	200	430		
崇州	200	1595		
自贡	1569	4019		
攀枝花	1455	5266	5	7
泸州	1117	4046	8	243
德阳	550	1518		
广汉	170	139		
什邡	100	280		
绵竹	150	420		
绵阳	1077	2260		
江油	196	429		
广元	395	2859		
遂宁	434	2610		
内江	700	3000		
乐山	810	2443		
峨眉山	114	290		
南充	1020	4998		
阆中	200	1750		
眉山	418	1752		

城市名称 Name of Cities	出租汽车 Taxi 运营车数（辆） Operated Motor Vehicles (unit)	出租汽车 Taxi 客运总量（万人次） Total Number of Passengers Transferred (10,000 person-times)	客运轮渡 Ferry 运营船数（艘） Operated Motor Vehicles (unit)	客运轮渡 Ferry 客运总量（万人次） Total Number of Passengers Transferred (10,000 person-times)
宜宾	527	6640		
广安	327	1731		
华蓥	69	355		
达州	1053	2985		
万源	91	223		
雅安	344	255		
巴中	324	2867		
资阳	556	3937		
简阳	180	1768		
西昌	300	1095		
贵州	**8542**	**27155**		
贵阳	3069	9153		
清镇	145	913		
六盘水	1206	830		
遵义	1040	3695		
赤水	180	1183		
仁怀	230	923		
安顺	480	1052		
铜仁	436	2800		
兴义	548	3315		
毕节	377	1020		
凯里	519	171		
都匀	269	1495		
福泉	43	605		
云南	**15668**	**31575**		
昆明	7742	15497		
安宁	134	370		
曲靖	1589	1831		
宣威	530	1015		
玉溪	317	1226		
保山	549	897		
昭通	531	984		
丽江	777	250		
普洱	260	160		
临沧	207	220		
楚雄	384	1510		
个旧	351	782		
开远	386	1579		
景洪	462	830		
大理	800	3694		
瑞丽	271			

城市名称 Name of Cities	出租汽车 Taxi		客运轮渡 Ferry	
	运营车数（辆） Operated Motor Vehicles (unit)	客运总量（万人次） Total Number of Passengers Transferred (10,000 person-times)	运营船数（艘） Operated Motor Vehicles (unit)	客运总量（万人次） Total Number of Passengers Transferred (10,000 person-times)
潞西	378	730		
西藏	**1341**	**727**		
拉萨	1160			
日喀则	181	727		
陕西	**21392**	**50086**		
西安	11879	25826		
铜川	1265	8524		
宝鸡	1470	6300		
咸阳	1504	917		
兴平	199	10		
渭南	795	1280		
韩城	300	432		
华阴	452	700		
延安	600			
汉中	841	250		
榆林	800	2200		
安康	970	3289		
商洛	317	358		
甘肃	**20528**	**21508**		
兰州	6718	3262		
嘉峪关	581	1020		
金昌	640	605		
白银	2782	2613		
天水	1850			
武威	1970	1600		
平凉	1020	3356		
酒泉	920	1860		
敦煌	984	15		
庆阳	1200	3668		
定西	457	590		
陇南	270	780		
临夏	786	1682		
合作	350	457		
青海	**6547**	**9630**		
西宁	5116	7162		
格尔木	1036	2238		
德令哈	395	230		
宁夏	**11985**	**11354**		
银川	4887	4926		

城市名称 Name of Cities	出租汽车 Taxi		客运轮渡 Ferry	
	运营车数（辆） Operated Motor Vehicles (unit)	客运总量（万人次） Total Number of Passengers Transferred (10,000 person-times)	运营船数（艘） Operated Motor Vehicles (unit)	客运总量（万人次） Total Number of Passengers Transferred (10,000 person-times)
灵武	197	130		
石嘴山	2267	2128		
吴忠	1042	756		
青铜峡	278	453		
固原	2694	2000		
中卫	620	961		
新疆	**24269**	**54537**		
乌鲁木齐	7922	20768		
克拉玛依	1505	4923		
吐鲁番	547	589		
哈密	941	1786		
昌吉	837	550		
阜康	345	315		
博乐	508	2142		
库尔勒	2017	6600		
阿克苏	1000	2056		
阿图什	250	300		
喀什	1820	3050		
和田	793	1485		
伊宁	1363	3383		
奎屯	989	1191		
乌苏	1050	1236		
塔城	437	748		
阿勒泰	330	1661		
石河子	1196	1440		
阿拉尔	89	279		
五家渠	330	35		

主要指标解释

运营车数

指城市用于公共交通运营业务的全部车辆数。新购、新制和调入的运营车辆，自投入运营之日起开始计算；调出、报废和调作他用的运营车辆，自上级主管机关批准之日起不再计入。

标准运营车数

指不同类型的运营车辆按统一的标准当量折合成的运营车数。计算公式：

标准运营车数＝∑（每类型车辆数×相应换算系数）

各类型车辆换算系数标准：

类　　别	车长范围（米）	换算系数	类　　别	车长范围（米）	换算系数
1	＞5～7	0.7	5	＞16～18	2.0
2	＞7～10	1.0	6	＞18	2.5
3	＞10～13	1.3	7	双层	1.9
4	＞13～16	1.7			

注：每类车长的上限值均含在本级中。

Explanatory Notes on Main Indicators

Number of Operated Motor Vehicles

It refers to the total number of motor vehicles operated by public transportation Motor vehicles that have been taken out, discarded and used for other purposes will be no longer taken into consideration since the date of approval by the supervising authorities.

Standard Units of Operated Motor vehicles

Different kinds of operated motor vehicles is converted to an equivalent units based on a standard. The calculation equation is:

Standard units of operational motor vehicle = Σ(number of operational motor vehicle of each kind × conversion coefficient)

Standard conversion coefficient of different kinds of motor vehicles:

Category	Rang of length of motor vehicle (m.)	Conversion coefficient	Category	Rang of length of motor vehicle (m.)	Conversion coefficient
1	>5~7	0.7	5	>16~18	2.0
2	>7~10	1.0	6	>18	2.5
3	>10~13	1.3	7	Double	1.9
4	>13~16	1.7			

Note: Each category also includes motor vehicle with length equivalent to the upper limit.

十、城市道路和桥梁
10. Urban Road and Bridge

简要说明

城市道路指城市供车辆、行人通行的，具备一定技术条件的道路、桥梁、隧道及其附属设施。城市道路由车行道和人行道等组成。在统计时只统计路面宽度在3.5米（含3.5米）以上的各种铺装道路，包括开放型工业区和住宅区道路在内。

本部分包括城市道路、桥梁和防洪，主要包括道路长度和面积、防洪堤长度等内容。

北京市的城市道路分为两部分：北京市城内八区、亦庄开发区以及按照北京市总体规划划定的五环内高速公路里程，以及十个远郊区县县城区域内道路。

Brief Introduction

Urban roads refer to roads, bridges, tunnels and auxiliary facilities that are provided to vehicles and passengers for transportation. Urban roads consist of drive lanes and sidewalks. Only paved roads with width with and above 3. 5m, including roads within on-limits industrial parks and residential communities are included in statistics.

This section includes three parts of statistics in the respect of roads, bridges and flood control. Main indicators, e. g. length of roads, surface area of roads, and length of flood control dikes are employed.

Urban roads in Beijing are composed of two parts: 1. Roads within 8 urban districts and yizhuang Economic Development Zone; 2. freeways within 5 Rings and roads within 10 counties in the suburb.

10 全国历年城市道路和桥梁情况（1978—2007）

10 National Urban Road and Bridge in Past Years（1978—2007）

指　标 Item	道路长度（公里） Length of Roads（km）	道路面积（万平方米） Surface Area of Roads（10,000m²）	防洪堤长度（公里） Length of Flood Control Dikes（km）	人均城市道路面积（平方米） Road Surface Area Per Capita（m²）
1978年	26966	22539	3443	2.93
1979年	28391	24069	3670	2.85
1980年	29485	25255	4342	2.82
1981年	30277	26022	4446	1.81
1982年	31934	27976	5201	1.96
1983年	33934	29962	5577	1.88
1984年	36410	33019	6170	1.84
1985年	38282	35872	5998	1.72
1986年	71886	69856	9952	3.05
1987年	78453	77885	10732	3.1
1988年	88634	91355	12894	3.1
1989年	96078	100591	14506	3.22
1990年	94820	101721	15500	3.13
1991年	88791	99135	13892	3.35
1992年	96689	110526	16015	3.59
1993年	104897	124866	16729	3.7
1994年	111058	137602	16575	3.84
1995年	130308	164886	18885	4.36
1996年	132583	179871	18475	4.96
1997年	138610	192165	18880	5.22
1998年	145163	206136	19550	5.51
1999年	152385	222158	19842	5.91
2000年	159617	237849	20981	6.13
2001年	176016	249431	23798	6.98
2002年	191399	277179	25503	7.87
2003年	208052	315645	29426	9.34
2004年	222964	352955	29515	10.34
2005年	247015	392166	41269	10.92
2006年	241351	411449	38820	11.04（12.36）
2007年	246172	423662	32274	11.43

注：自2006年起，人均城市道路面积按城区人口和城区暂住人口合计为分母计算，括号内为与往年同口径数据。

Note：Since 2006，road surface per capita has been calculated based on denominator which combines both permanent and temporary residents in urban areas，and the data in brackets are the same index but calculated by the method of past years.

10-1 2007年全国城市道路和桥梁分组资料

地区名称	Name of Regions	道路长度（公里） Length of Roads (km)	道路面积（万平方米） Surface Area of Roads (10，000m²)	人行道面积 Surface Area of Sidwalks	桥梁数（座） Number of Bridges (unit)	立交桥 Intersection
全　　国	**National Total**	**246172**	**423662**	**91784**	**48100**	**3382**
分　类　一	**Sort one**					
东部地区	East China	147480	253438	50515	37254	2079
中部地区	Central China	67452	112696	26450	6291	782
西部地区	West China	31239	57528	14819	4555	521
分　类　二	**Sort two**					
东部地区	East China	142146	244286	48699	36700	2011
中部地区	Central China	62581	103680	24238	6008	728
西部地区	West China	41445	75696	18847	5392	643
分　类　三	**Sort three**					
东部地区	East China	130616	224834	43979	35305	1800
中部地区	Central China	46944	82218	19482	4674	428
西部地区	West China	41445	75696	18847	5392	643
东北地区	Northeast China	27167	40914	9476	2729	511

10-1 National Urban Road and Bridge (2007)

道路照明灯盏数（盏）Number of Road Lamps (unit)	安装路灯道路长度（公里）Length of the Road With Street Lamp (km)	防洪堤长度（公里）Length of Flood Control Dikes (km)	百年一遇 Number of the Biggest Floods Every A Century	五十年一遇 Number of the Biggest Floods Every 50 Years	地区名称 Name of Regions
13949521	**154933**	**32274**	**6916**	**10665**	**全　国**
					分类一
8078389	94330	18913	4795	7175	东部地区
3558868	39522	9299	1489	2539	中部地区
2312264	21081	4057	632	951	西部地区
					分类二
7677582	90563	18604	4791	7039	东部地区
3111396	37238	8631	1394	2411	中部地区
3160543	27132	5039	731	1215	西部地区
					分类三
6730317	82429	17486	4596	6561	东部地区
2279341	28478	7126	1027	2063	中部地区
3160543	27132	5039	731	1215	西部地区
1779320	16894	2623	562	826	东北地区

10-2　2007 年按省分列的城市道路和桥梁

10-2　Urban Road and Bridge by Province（2007）

地区名称 Name of Regions	道路长度（公里） Length of Roads (km)	道路面积（万平方米） Surface Area of Roads (10,000m²)	人行道面积 Surface Area of Sidewalks	桥梁数（座） Number of Bridges (unit)	立交桥 Intersection	道路照明灯盏数（盏） Number of Road Lamps (unit)	安装路灯道路长度（公里） Length of the Road With Street Lamp (km)	防洪堤长度（公里） Length of Flood Control Dikes (km)	百年一遇 Number of the Biggest Floods Every A Century	五十年一遇 Number of the Biggest Floods Every 50 Years
全　国	**246172**	**423662**	**91784**	**48100**	**3382**	**13949521**	**154933**	**32274**	**6916**	**10665**
北　京	5540	7734	1237	1943	381	286202	7368	522	182	314
天　津	5679	7775	1764	395	62	217626	1113	1994	639	
河　北	9453	19901	4924	1331	166	469045	7106	843	241	178
山　西	5035	8075	2116	397	78	295601	2120	680	190	171
内蒙古	4871	9016	2212	283	54	447472	2284	668	95	128
辽　宁	11530	19452	4720	1395	211	947265	8134	1118	195	478
吉　林	6084	9415	2096	610	121	328540	3605	809	204	188
黑龙江	9553	12047	2660	724	179	503515	5155	696	163	160
上　海	4295	8363	2480	1816	46	344595		1094	549	146
江　苏	28456	44595	6950	11837	327	1699402	18145	6296	1574	3080
浙　江	13695	25534	5356	7361	175	868549	10623	1753	378	1011
安　徽	8771	15072	2735	929	61	367809	5592	1111	133	457
福　建	5787	9947	1928	1158	54	351897	3225	488	151	55
江　西	4630	7670	1797	521	52	315651	2774	346	20	245
山　东	27092	49677	9549	3887	228	1019424	17981	1699	390	640
河　南	8453	18777	4873	963	98	586521	6614	658	200	163
湖　北	12912	19884	4834	1359	76	392670	6668	2341	276	688
湖　南	7144	12740	3127	505	63	321089	4710	1990	208	339
广　东	29327	48702	9130	5436	353	1358686	15854	2725	487	1135
广　西	5334	9152	1816	554	68	400807	3767	314	4	136
海　南	1292	2606	661	141	8	114891	1014	72	5	2
重　庆	4349	7802	2304	811	162	199711	2380	350	42	56
四　川	8128	14858	3654	1413	128	579685	6714	1281	192	388
贵　州	2146	3238	983	350	28	169922	824	167	17	86
云　南	3129	5515	1392	583	52	231799	2604	1010	131	153
西　藏	316	560	224	29	1	22763	200	37	8	29
陕　西	4072	8969	3006	516	84	446678	2938	400	100	81
甘　肃	2532	5090	1029	313	27	138874	1408	409	112	108
青　海	610	1058	301	63	3	64238	498	35	26	8
宁　夏	1681	3484	721	138	6	157792	1018	130	4	
新　疆	4276	6954	1205	339	30	300802	2497	238		42

10-3　2007年按城市分列的城市道路和桥梁

10-3　Urban Road and Bridge by City (2007)

城市名称 Name of Cities	道路长度（公里） Length of Roads (km)	道路面积（万平方米） Surface Area of Roads (10,000m²)	人行道 Surface Area of Sidewalks	桥梁数（座） Number of Bridges (unit)	立交桥 Intersection	道路照明灯盏数（盏） Number of Road Lamps (unit)	安装路灯道路长度（公里） Length of the Road With Street Lamp (km)	防洪堤长度 Length of Flood Control Dikes (km)	百年一遇 Number of the Biggest Floods Every A Century	五十年一遇 Number of the Biggest Floods Every 50 Years
全　国	**246172**	**423662**	**91784**	**48100**	**3382**	**13949521**	**154933**	**32274**	**6916**	**10665**
北　京	**5540**	**7734**	**1237**	**1943**	**381**	**286202**	**7368**	**522**	**182**	**314**
天　津	**5679**	**7775**	**1764**	**395**	**62**	**217626**	**1113**	**1994**	**639**	
河　北	**9453**	**19901**	**4924**	**1331**	**166**	**469045**	**7106**	**843**	**241**	**178**
石家庄	1104	2657	510	278	44	61048	1039	32	12	
辛　集	152	341	109	14	4	3616	78			
藁　城	103	182	51	17	5	4636	92	8		8
晋　州	93	175	40	13	4	4150	73	16		
新　乐	87	152	32	4		5000	25	2		
鹿　泉	86	163	36	12	3	3198	36	5	3	
唐　山	1427	2552	449	126	28	81900	1256	126	34	92
遵　化	130	298	101	53		3640	120	14	4	10
迁　安	103	229	96	6		6600	103	25	25	
秦皇岛	539	1322	463	121	19	39000	498	79		
邯　郸	926	1935	710	91	11	39630	715	46	46	
武　安	212	346	86	12	1	30200	212			
邢　台	409	999	226	42		15103	151	4		4
南　宫	113	162	40	8		3798	51	3		
沙　河	123	210	60	7		4325	102			
保　定	447	1307	437	149	14	22000	443	32	32	
涿　州	187	364	65	13	6	7891	93	8		8
定　州	123	274	88	14	3	3126	116			
安　国	92	242	84	6		5663	80			
高碑店	85	192	78	11	1	1580	80	1		1
张家口	415	910	282	64		20852	220	101	35	18
承　德	332	464	64	76	1	9083	148	69	34	15
沧　州	289	768	170	18	7	14672	135	27		
泊　头	96	200	52	7	2	6190	60	53		
任　丘	217	342	58	24		7736	84	43		
黄　骅	138	352	65	6		4170	112	22		5
河　间	108	153	15	2		3050	64	30		

城市名称 Name of Cities	道路长度（公里） Length of Roads (km)	道路面积（万平方米） Surface Area of Roads (10,000m²)	人行道 Surface Area of Sidewalks	桥梁数（座） Number of Bridges (unit)	立交桥 Intersection	道路照明灯盏数（盏） Number of Road Lamps (unit)	安装路灯道路长度（公里） Length of the Road With Street Lamp (km)	防洪堤长度 Length of Flood Control Dikes (km)	百年一遇 Number of the Biggest Floods Every A Century	五十年一遇 Number of the Biggest Floods Every 50 Years
廊　坊	406	723	109	40		24077	376	39		
霸　州	152	228	35	3		5016	151	22	10	12
三　河	138	350	64	14	5	5000	72	17		
衡　水	314	595	128	37	5	12398	164	14	6	
冀　州	175	331	72	19	2	6095	112	5		5
深　州	132	383	49	24	1	4602	45			
山　西	**5035**	**8075**	**2116**	**397**	**78**	**295601**	**2120**	**680**	**190**	**171**
太　原	1770	2324	480	105	15	83816		483	125	125
古　交	236	165	66	22		5031	49			
大　同	612	1230	345	83	12	33927	470	19		
阳　泉	383	452	100	32	2	12885	170	54	50	4
长　治	319	400	141	34	4	7719	150	40	3	
潞　城	46	65	20			3700	42	6		6
晋　城	121	280	84	19		11889	121			
高　平	81	118	22	15		21880	45	18		
朔　州	137	414	152	2		13173	111	30	5	13
晋　中	205	521	210	7	7	21514	158			
介　休	110	146	20	5	5	5916	98			
运　城	161	214	53	3	3	11000	148			
永　济	82	184	58	14	5	1720	48			
河　津	83	130	45			2429	68			
忻　州	95	151	22	6	5	27254	83			
原　平	45	117	27	4	4	3100		2		2
临　汾	193	398	98	9	8	15000	173			
侯　马	43	132	22							
霍　州	72	75	15	13	2	901	33			
吕　梁	86	211	54	17		3836	60	16		16
孝　义	78	212	61	5	5	7818	63			
汾　阳	77	136	21	2	1	1093	30	12	7	5
内蒙古	**4871**	**9016**	**2212**	**283**	**54**	**447472**	**2284**	**668**	**95**	**128**
呼和浩特	596	1356	244	41	14	133977	319	129	21	14
包　头	1142	1817	707	30	2	38949	632	165		
乌　海	359	503	69	48	8	15387	6	68		5
赤　峰	296	488	93	29	2	47614	142	39	20	
通　辽	163	555	109	7	4	62534		29		
霍林郭勒	66	157	37	11		2210	18	29		

城市名称 Name of Cities	道路长度（公里） Length of Roads (km)	道路面积（万平方米） Surface Area of Roads (10,000m²)	人行道 Surface Area of Sidewalks	桥梁数（座） Number of Bridges (unit)	立交桥 Intersection	道路照明灯盏数（盏） Number of Road Lamps (unit)	安装路灯道路长度（公里） Length of the Road With Street Lamp (km)	防洪堤长度 Length of Flood Control Dikes (km)	百年一遇 Number of the Biggest Floods Every A Century	五十年一遇 Number of the Biggest Floods Every 50 Years
鄂尔多斯	536	1302	372	5		29361	260	6	1	5
呼伦贝尔	173	269	41	8	1	7126	97	19		19
满洲里	291	494	96	8	5	5385	200	24		
牙克石	54	84	15	3	1	4599	43	12		
扎兰屯	71	113	41	28		7646		50		50
额尔古纳	74	76	2	3		900	43	3		3
根河	37	55	6	4		785	18	25		25
巴彦淖尔	357	714	238	9	3	29257	108			
乌兰察布	170	340	60	18	7	28989	121	19	19	
丰镇	123	104	8	17	3	1781	55	9	9	
乌兰浩特	98	119	12	5	2	10769	43	25	25	
阿尔山	53	47	3	7		1701	11	7		7
二连浩特	88	104	34	2	2	16002	48			
锡林浩特	124	319	25			2500	120	10		
辽宁	**11530**	**19452**	**4720**	**1395**	**211**	**947265**	**8134**	**1118**	**195**	**478**
沈阳	2590	4418	942	268	77	196000	2150	49	31	8
新民	123	210	27	5	3	4089	43	18	0	0
大连	2080	3459	1014	182	57	167099	1631	87	7	42
瓦房店	158	315	130	26	5	75787	142	10	0	10
普兰店	89	287	82	29	3	8903	83	16	1	2
庄河	147	223	37	6	0	20080	127	10	0	10
鞍山	469	1317	404	24	5	45960	283	7	0	7
海城	159	258	38	2	0	3800	61	11	0	11
抚顺	617	978	299	99	17	30410	425	124	77	0
本溪	445	515	107	157	5	19669	303	160	37	8
丹东	342	629	124	108	5	24633	119	85	0	9
东港	88	211	31	4	0	5080	55	21	0	19
凤城	62	81	11	8	1	7193	62	27	0	0
锦州	451	804	175	38	2	16023	408	36	0	35
凌海	66	109	13	16	0	8929	23	10	0	10
北镇	44	57	6	0	0	2766	14	6	0	5
营口	454	567	106	36	2	31090	154	87	25	59
盖州	121	128	21	32	2	2881	25	40	0	40
大石桥	187	269	50	44	4	8000	57	16	0	15
阜新	324	426	98	36	0	12305	280	64	0	64
辽阳	638	797	175	88	2	68491	476	61	17	4
灯塔	107	103	14	2	2	3136	15	0	0	0

城市名称 Name of Cities	道路长度（公里）Length of Roads (km)	道路面积（万平方米）Surface Area of Roads (10,000m²)	人行道 Surface Area of Sidewalks	桥梁数（座）Number of Bridges (unit)	立交桥 Intersection	道路照明灯盏数（盏）Number of Road Lamps (unit)	安装路灯道路长度（公里）Length of the Road With Street Lamp (km)	防洪堤长度 Length of Flood Control Dikes (km)	百年一遇 Number of the Biggest Floods Every A Century	五十年一遇 Number of the Biggest Floods Every 50 Years
盘　锦	379	688	225	55	2	67445	310	43	0	14
铁　岭	257	667	182	16	4	26973	250	22	0	22
调兵山	154	195	37	4	1	8733	154	8	0	0
开　原	100	233	70	8	0	21768	92	0	0	0
朝　阳	228	302	75	11	1	12754	133	19	0	8
北　票	95	132	24	23	4	23893	71	9	0	9
凌　源	87	443	111	4	0	4360	29	10	0	10
葫芦岛	297	468	64	48	5	16652	132	46	0	38
兴　城	172	163	28	16	2	2363	27	16	0	16
吉　林	**6084**	**9415**	**2096**	**610**	**121**	**328540**	**3605**	**809**	**204**	**188**
长　春	1695	3385	851	202	50	75607	1185	251	34	14
九　台	75	116	21	5	2	1012	40	2	2	
榆　树	123	209	56	4		1052	8			
德　惠	135	156	28	2	1	4	40			
吉　林	1043	1265	205	87	28	49380	557	75	75	
蛟　河	148	109	14	12		4748	148	9		9
桦　甸	42	75	26	6						
舒　兰	98	70	15	26	2	3500	25	2	1	1
磐　石	71	96	26	13		1778	71	1		1
四　平	213	312	61	16	6	9298	193			
公主岭	239	340	23	38	10	8183	51	15	13	
双　辽	54	76	10	2	1	1923	27	6		6
辽　源	312	478	68	27	3	12500	130	28		28
通　化	175	214	48	42	6	61187	110	104		
梅河口	93	149	32	14	6	6088	80	30		30
集　安	50	83	18	9		3867	31	27	17	10
白　山	201	272	126	27		17800	38	44		
临　江	43	59	22	12		4220	15	16	4	12
松　原	173	453	163	4	1	19876	70	34	17	17
白　城	184	233	48	9	2	9760	173	23		
洮　南	131	129	17			5560	114	17	17	
大　安	93	142	11	1	1	2984	84	15	12	3
延　吉	156	341	117	14	1	7436	147	27	12	15
图　们	31	47	9	8	1	2378	31	14		6
敦　化	154	183	28	8		4706	140	19		19
珲　春	239	300	44	7		5543	39	10		10
龙　井	78	77	9	4		3261	54	7		7

城市名称 Name of Cities	道路长度（公里） Length of Roads (km)	道路面积（万平方米） Surface Area of Roads (10,000m²)	人行道 Surface Area of Sidewalks	桥梁数（座） Number of Bridges (unit)	立交桥 Intersection	道路照明灯盏数（盏） Number of Road Lamps (unit)	安装路灯道路长度（公里） Length of the Road With Street Lamp (km)	防洪堤长度 Length of Flood Control Dikes (km)	百年一遇 Number of the Biggest Floods Every A Century	五十年一遇 Number of the Biggest Floods Every 50 Years
和　龙	35	46		11		4889	4	33		
黑 龙 江	**9553**	**12047**	**2660**	**724**	**179**	**503515**	**5155**	**696**	**163**	**160**
哈 尔 滨	1351	2784	742	251	103	79409	1061	47		
双　城	110	161	24	6	1	8500	45			
尚　志	104	123	20	13	2	1280	87	7		
五　常	93	110	20	5	1	1700	35			
齐齐哈尔	517	839	96	34	3	31415	402	128	116	
讷　河	39	49	8	5		6009	16	11		
鸡　西	361	539	80	73	4	21116	100	29	12	
虎　林	54	59	5			3032	28			
密　山	197	191	24	5	1	1493	49	13		
鹤　岗	283	303	18	23	3	86288	74	6		
双 鸭 山	352	298	278	14	2	8567	60			
大　庆	2182	2564	590	44	21	67080	1649			
伊　春	696	628	63	67		18475	294	182		110
铁　力	238	62	16	10		3423	41	8		
佳 木 斯	262	345	48	22	4	47812	136			
同　江	82	87	12			1120	27	13		8
富　锦	190	153	9			2000	114			
七 台 河	527	392	70	14	5	43308	147	70		10
牡 丹 江	760	872	181	72	8	29011	358	35	21	6
绥 芬 河	77	102	17	12	1	7449	61	14	14	
海　林	143	162	41	11	11	3907	43	49		6
宁　安	75	63	12	4	1	751	14	3		
穆　棱	135	97	6	19	2	2929	12	13		13
黑　河	73	142	42	3		11021	73	7		7
北　安	104	235	87	6	1	4133	49			
五大连池	21	3	3	1		1282	12	6		
绥　化	155	196	31			3585	100			
安　达	150	174	53	3	2	1433		15		
肇　东	173	253	53	6	3	3000	50	40		
海　伦	49	61	11	1		2987	18			
上　海	**4295**	**8363**	**2480**	**1816**	**46**	**344595**		**1094**	**549**	**146**
江　苏	**28456**	**44595**	**6950**	**11837**	**327**	**1699402**	**18145**	**6296**	**1574**	**3080**
南　京	5273	7991	837	1154	164	172314		1464	119	249
无　锡	4407	5086	508	3849	57	223443	3935	701		701

城市名称 Name of Cities	道路长度（公里） Length of Roads (km)	道路面积（万平方米） Surface Area of Roads (10,000m²)		桥梁数（座） Number of Bridges (unit)		道路照明灯盏数（盏） Number of Road Lamps (unit)	安装路灯道路长度（公里） Length of the Road With Street Lamp (km)	防洪堤长度 Length of Flood Control Dikes (km)		
			人行道 Surface Area of Sidewalks		立交桥 Intersection				百年一遇 Number of the Biggest Floods Every A Century	五十年一遇 Number of the Biggest Floods Every 50 Years
江　阴	292	735	198	73	1	22020	292	4		4
宜　兴	689	751	151	234		3144	51			
徐　州	1236	1700	410	146	26	62629	924	54		44
新　沂	252	648	183	44	2	20626	200	20		
邳　州	334	477	141	53	4	35500	308	164		82
常　州	1551	2247	351	797	1	134528	1452	992	598	394
溧　阳	195	315	87	45		12000	185			
金　坛	202	251	23	28		15388	182	9	3	6
苏　州	2785	5355	604	2183	55	194795	1133	262	28	29
常　熟	553	1139	135	262	2	54791	482	121	32	57
张家港	409	992	157	72		8012	391			
昆　山	526	703	87	171	2	28502	521	1067	541	526
吴　江	388	1004	255	248		15140	384	140		140
太　仓	253	776	232	147	2	11370	253	47		29
南　通	661	1128	106	324	1	100998	658	107		107
启　东	138	191	41	82		19141	138	100		100
如　皋	151	247	33	52		17713	140			
通　州	104	127	23	43		13470	101			
海　门	94	283	54	50		14985	90	17		17
连云港	939	1469	214	147	3	45301	567	19		
淮　安	804	1320	282	110		48239	705	26	21	5
盐　城	404	1022	266	133		60594	294	63		63
东　台	413	308	123	222		13763	176			
大　丰	105	158	40	42		11259	94	6	3	2
扬　州	908	1140	207	167		96817	908	121	8	43
仪　征	220	277	51	21		13046	218	46	15	
高　邮	228	192	34	47		8300	195	17	1	
江　都	269	364	80	52	2	9961	268	41	26	
镇　江	983	1432	181	116	3	49517	551	176		176
丹　阳	336	464	54	68		18686	302	22		
扬　中	55	154	31	27		7571	55	5		
句　容	106	188	56	42		11000	79	15		15
泰　州	798	1125	235	283		59456	746	279		279
兴　化	168	267	46	60		8795	100	12		12
靖　江	305	783	133	85		6412	300	90	90	
泰　兴	262	414	84	68		8200	248	41	41	
姜　堰	123	289	58	35		13869	119			
宿　迁	537	1083	159	55	2	28107	400	48	48	

城市名称 Name of Cities	道路长度（公里）Length of Roads (km)	道路面积（万平方米）Surface Area of Roads (10,000m²)	人行道 Surface Area of Sidewalks	桥梁数（座）Number of Bridges (unit)	立交桥 Intersection	道路照明灯盏数（盏）Number of Road Lamps (unit)	安装路灯道路长度（公里）Length of the Road With Street Lamp (km)	防洪堤长度 Length of Flood Control Dikes (km)	百年一遇 Number of the Biggest Floods Every A Century	五十年一遇 Number of the Biggest Floods Every 50 Years
浙　江	**13695**	**25534**	**5356**	**7361**	**175**	**868549**	**10623**	**1753**	**378**	**1011**
杭　州	1993	4185	863	848	42	155592	1992	167	101	65
建　德	78	101	25	28	3	6637	78	25		25
富　阳	129	248	43	20	2	7082	129	32		23
临　安	83	165	57	24	24	9919	83	31		31
宁　波	1396	1866	428	808	17	105091	1457	82	82	
余　姚	410	735	85	221	7	42000	408	32		
慈　溪	680	1219	170	577		38731	680			
奉　化	253	302	79	68	1	10604	253	22	1	13
温　州	642	1592	321	895		42000	600	98	9	89
瑞　安	215	310	97	191		9387	202	10		
乐　清	316	475	119	92		9076	202	5		5
嘉　兴	538	916	181	365	8	34312	469	44	44	
海　宁	170	347	65	123	3	35200	146	57		57
平　湖	76	259	58	125		10800	75			
桐　乡	238	350	74	133		16728	238			
湖　州	446	1567	543	403		44182	446	411	52	211
绍　兴	462	1108	277	460	2	37473	284	51	51	
诸　暨	175	325	80	21	4	4103	175	61		61
上　虞	204	374	68	102	3	5200	178	18	9	9
嵊　州	147	229	65	8		19311	25	29	12	17
金　华	562	1320	230	92	18	42338	270	31		19
兰　溪	143	272	37	10	5	13850	72	42		42
义　乌	421	1169	202	103	12	28486	293	58	12	11
东　阳	285	598	150	69		16830	243	55		55
永　康	277	634	182	66	6	20436	157	23		
衢　州	358	658	126	67	7	21430	351	48		42
江　山	95	182	42	29	4	5713	78	14		14
舟　山	240	390	67	154		13100	225	86		86
台　州	1775	2137	300	933	2	28201	305	174	5	86
温　岭	214	499	149	206	1	11653	202			
临　海	365	536	76	82	4	8713	112	5		2
丽　水	166	358	89	18		11309	147	21		21
龙　泉	143	108	8	20		3062	48	21		21
安　徽	**8771**	**15072**	**2735**	**929**	**61**	**367809**	**5592**	**1111**	**133**	**457**
合　肥	1932	3552	98	100	6	59863	1345	59		59
芜　湖	856	1586	445	78	11	51849	823	242	98	76

城市名称 Name of Cities	道路长度（公里） Length of Roads (km)	道路面积（万平方米） Surface Area of Roads (10,000m²)	人行道 Surface Area of Sidewalks	桥梁数（座） Number of Bridges (unit)	立交桥 Intersection	道路照明灯盏数（盏） Number of Road Lamps (unit)	安装路灯道路长度（公里） Length of the Road With Street Lamp (km)	防洪堤长度 Length of Flood Control Dikes (km)	百年一遇 Number of the Biggest Floods Every A Century	五十年一遇 Number of the Biggest Floods Every 50 Years
蚌　埠	597	1000	272	71	8	28967	366	37	33	
淮　南	648	947	153	47	4	20846	308	195		195
马鞍山	360	812	357	30		16185	157	90		
淮　北	511	754	107	30	1	15484	104			
铜　陵	281	459	109	26		11300	281	165		
安　庆	410	684	141	59	6	23971	304	50		50
桐　城	88	238	51	6	1	3331		13		13
黄　山	233	411	51	29		18552	164	28		18
滁　州	215	467	106	22	9	17149	23	29		
天　长	182	235	71	28		6250	158	5		5
明　光	139	167	10	12		3100	118	13		
阜　阳	403	854	79	98	4	17666	196	77		
界　首	94	179	41	17		5502	36	8		8
宿　州	409	666	179	40	3	9790	70			
巢　湖	175	420	74	21	4	11000	130	55		
六　安	195	262	57	15		9664	189	2	1	1
亳　州	600	523	171	101		8473	515	11		11
池　州	195	402	73	15		17156	168			
宣　城	135	242	49	46	2	3985	43	20		20
宁　国	113	212	41	38	2	7726	94	12	1	1
福　建	**5787**	**9947**	**1928**	**1158**	**54**	**351897**	**3225**	**488**	**151**	**55**
福　州	1094	1858	220	293	7	64482	852	130	42	23
福　清	107	178	42	22	1	2800	90	15	8	7
长　乐	318	391	49	79		10000	113	31	6	25
厦　门	987	2455	614	121	29	59310				
莆　田	514	599	109	139	1	34265	297	56		
三　明	273	319	90	21	3	7112	85			
永　安	125	161	28	26	2	6825	119	16		
泉　州	371	755	159	52	2	20668	110			
石　狮	110	360	23	39		27350	110	2		
晋　江	222	501	139	16		45800	150			
南　安	113	190	40	26	1	9340	88	27		
漳　州	268	625	118	73	2	12732	248	17	17	
龙　海	91	108	27	24		3845	67	12		
南　平	203	194	28	54	4	4345	84	8		
邵　武	100	139	31	35		5413	99	38		
武夷山	88	130	32	14		3800	85	6	6	

城市名称 Name of Cities	道路长度（公里） Length of Roads (km)	道路面积（万平方米） Surface Area of Roads (10,000m²)	人行道 Surface Area of Sidewalks	桥梁数（座） Number of Bridges (unit)	立交桥 Intersection	道路照明灯盏数（盏） Number of Road Lamps (unit)	安装路灯道路长度（公里） Length of the Road With Street Lamp (km)	防洪堤长度 Length of Flood Control Dikes (km)	百年一遇 Number of the Biggest Floods Every A Century	五十年一遇 Number of the Biggest Floods Every 50 Years
建　瓯	108	85	24	5		2270		4		
建　阳	49	63	3	4		2500	49	2		
龙　岩	299	340	54	31	2	13603	275	72	72	
漳　平	49	62	21	4		5000	46	11		
宁　德	131	236	35	20		5357	117	14		
福　安	94	106	24	18		2430	72	18		
福　鼎	73	92	18	42		2650	69	9		
江　西	**4630**	**7670**	**1797**	**521**	**52**	**315651**	**2774**	**346**	**20**	**245**
南　昌	917	1696	515	133	12	45763	748			
景德镇	208	361	97	28	1	34985	162	7		
乐　平	122	174	41	3	1	5380	67	13		13
萍　乡	213	351	70	28	2	32500	129	32		32
九　江	680	775	154	79	12	19865	154	43		
瑞　昌	97	171	33	33		6019	37	17		10
新　余	224	563	163	29	9	24195	155	18		18
鹰　潭	195	154	43	24	6	8791	82	3		3
贵　溪	84	95	17	6	4	6180	77	3		3
赣　州	395	595	72	10		15278	164	18		18
瑞　金	111	131	21	10		2547	20	87	10	77
南　康	132	196	69	14		4000	100	15		
吉　安	154	281	80	11		15120	150	12		6
井冈山	29	60	16	16		985	23			
宜　春	169	332	70	16		10023	89	3		
丰　城	167	295	55	7	2	8987	91	9		9
樟　树	125	271	93	22		5000	78	7	7	
高　安	85	136	22	11		5143	56			
抚　州	284	596	109	20	3	39373	196	28	3	25
上　饶	189	368	46	12		14491	150	24		24
德　兴	50	69	11	9		11026	46	7		7
山　东	**27092**	**49677**	**9549**	**3887**	**228**	**1019424**	**17981**	**1699**	**390**	**640**
济　南	2667	5137	620	748	72	58284	1100	88	88	
章　丘	188	477	126	33	3	22600	180			
青　岛	3288	5411	1009	235	24	94834	2811	69		20
胶　州	395	628	71	33	3	7018	221	16		
即　墨	677	857	278	54	1	8000	323	29	29	
平　度	448	603	165	73		12695	187	29	29	

城市名称 Name of Cities	道路长度（公里） Length of Roads (km)	道路面积（万平方米） Surface Area of Roads (10,000m²)	人行道 Surface Area of Sidewalks	桥梁数（座） Number of Bridges (unit)	立交桥 Intersection	道路照明灯盏数（盏） Number of Road Lamps (unit)	安装路灯道路长度（公里） Length of the Road With Street Lamp (km)	防洪堤长度 Length of Flood Control Dikes (km)	百年一遇 Number of the Biggest Floods Every A Century	五十年一遇 Number of the Biggest Floods Every 50 Years
胶　南	432	696	175	82		20614	243	35	28	
莱　西	402	647	115	30		16294	129	31	2	29
淄　博	1202	2364	371	253	19	59287	770	63		17
枣　庄	584	1131	254	130	6	31895	437	63		49
滕　州	393	389	96	16	7	17098	261	30		
东　营	621	1679	209	81		32848	445	81		81
烟　台	1152	2137	412	72	14	56610	900	29	14	15
龙　口	298	676	191	29		14808	210	38		38
莱　阳	175	347	102	34	4	4285	72	7	7	
莱　州	85	406	50	2	1	8200	55			
蓬　莱	216	404	100	41	2	9167	174	22	2	8
招　远	178	288	58	40	1	5000	68	27	10	13
栖　霞	85	132	34	24		2866	75	23	23	
海　阳	142	373	130	15	1	4706	135	26		
潍　坊	1235	2024	527	61	9	65493	778	39	1	
青　州	395	732	139	18	5	11591	355	15		15
诸　城	352	1164	286	17		7600	352			
寿　光	921	1064	124	10	1	9266	472	18		18
安　丘	233	433	66	26		2989	111	15	15	
高　密	448	700	197	82	4	9261	328			
昌　邑	126	262	71	21		4756	125			
济　宁	763	1650	360	100	12	23298	50	133	4	
曲　阜	267	443	65	31		18377	140			
兖　州	101	219	36			10714	80	22		22
邹　城	541	405	78	19	6	6300	68			
泰　安	468	872	177	152	8	28623	338	42		42
新　泰	302	930	131	30	5	8882	282	16	11	5
肥　城	96	210	19	32	1	18000	90			
威　海	695	1668	283	201	1	45814	662	85	28	4
文　登	244	603	176	35		9938	230	59		27
荣　成	307	668	100	94		17200	296	32		32
乳　山	239	420	58	49		12319	223	7	7	
日　照	1167	1291	279	61	3	29986	1072	43	5	38
莱　芜	722	1361	260	97	3	32000	690	42		42
临　沂	1331	2788	398	152	2	82088	1065	335	49	74
德　州	560	1020	180	31		17	490			
乐　陵	253	93	15	14		3500				
禹　城	172	287	36	62	3	4050	75			

城市名称 Name of Cities	道路长度（公里） Length of Roads (km)	道路面积（万平方米） Surface Area of Roads (10,000m²)	人行道 Surface Area of Sidewalks	桥梁数（座） Number of Bridges (unit)	立交桥 Intersection	道路照明灯盏数（盏） Number of Road Lamps (unit)	安装路灯道路长度（公里） Length of the Road With Street Lamp (km)	防洪堤长度 Length of Flood Control Dikes (km)	百年一遇 Number of the Biggest Floods Every A Century	五十年一遇 Number of the Biggest Floods Every 50 Years
聊　城	372	1350	376	111		19318	93			
临　清	359	539	169			5600	167	44		44
滨　州	349	897	236	203	1	18549	169	15	7	7
菏　泽	446	802	141	153	6	26786	384	31	31	
河　南	**8453**	**18777**	**4873**	**963**	**98**	**586521**	**6614**	**658**	**200**	**163**
郑　州	1243	2838	621	164	41	61387	1106	58	58	
巩　义	68	206	60	3	3	13200				
荥　阳	100	184	77	9	4	5200	100			
新　密	79	214	48	2		6340	45			
新　郑	70	242	85	8		4000	45			
登　封	130	260	80	20		14264	130			
开　封	317	739	207	65	7	27172	286	105	105	
洛　阳	499	1405	375	74	1	108231	499	30		30
偃　师	80	108	32	1	1	7	54	8		8
平顶山	210	689	108	40	4	16	161	38		
舞　钢	91	161	44	5	1	2670	55			
汝　州	102	156	44	9	1	5205	81			
安　阳	405	828	207	52	6	25350	392	5		5
林　州	110	131	39	7		6348	105			
鹤　壁	229	477	99	27	3	15452	200			
新　乡	398	907	262	32	1	26	350	29		
卫　辉	72	123	20			5343	45	26		
辉　县	96	170	25	10	1	4878	71			
焦　作	378	997	383	71	1	18406	339	8		
沁　阳	139	244	38	5		7227	91	8		
孟　州	71	218	59	4		10000	64	7	7	
濮　阳	205	383	115	17		13642	185			
许　昌	241	512	165	29		14000	195	29		
禹　州	101	294	87	16		7094				
长　葛	108	213	72	12	1	6300	90			
漯　河	319	699	218	19	11	18379	288	37		31
三门峡	128	186	63	9		7000	64			
义　马	94	166	18	3	1	2299	34	46		
灵　宝	76	176	44	5		3509	68	11		11
南　阳	577	953	306	74	4	22126	263	37	12	9
邓　州	141	275	40	45		7501	68	35		
商　丘	340	704	162	25		22000	150	20	5	15

城市名称 Name of Cities	道路长度（公里） Length of Roads (km)	道路面积（万平方米） Surface Area of Roads (10,000m²)	人行道 Surface Area of Sidewalks	桥梁数（座） Number of Bridges (unit)	立交桥 Intersection	道路照明灯盏数（盏） Number of Road Lamps (unit)	安装路灯道路长度（公里） Length of the Road With Street Lamp (km)	防洪堤长度 Length of Flood Control Dikes (km)	百年一遇 Number of the Biggest Floods Every A Century	五十年一遇 Number of the Biggest Floods Every 50 Years
永　城	125	332	85	43		5000	65	13		
信　阳	354	620	155	4	1	11287	165	24		17
周　口	189	539	93	8	1	75456	384	17		17
项　城	106	208	58			3300	88	13	13	
驻马店	282	775	125	26	4	20	108	20		20
济　源	180	445	154	20		26886	180	34		
湖　北	**12912**	**19884**	**4834**	**1359**	**76**	**392670**	**6668**	**2341**	**276**	**688**
武　汉	2515	4771	1608	127	32	145352	225	808		
黄　石	566	867	121	28	2	13000	298	28	28	
大　冶	161	313	110	9	2	2000	40	35		
十　堰	721	702	82	253	9	12663	174	219	9	210
丹江口	150	234	55	33		4462	140	95		95
宜　昌	884	1184	169	86	2	1200	805	73		73
宜　都	100	187	19	23		2327	90	36		36
当　阳	212	289	99	31		1000	90	111		111
枝　江	146	205	37	1		3244	127	8		8
襄　樊	621	1013	214	63		19396	550	83	33	18
老河口	352	356	52	35		4300	7	12		12
枣　阳	123	317	96	4		3849	104	4		
宜　城	136	223	34	14		4382	86	8	8	
鄂　州	454	602	90	29	3	11000	430	67	67	
荆　门	347	558	188	82	3	16280	246	10		
钟　祥	167	415	59	24		2430	59	12		
孝　感	333	530	52	25	4	4000	262			
应　城	210	299	74	4	2	2000	168			
安　陆	148	285	20	8	3	2000	33			
汉　川	201	256	27	19	2	3000	143			
荆　州	774	755	108	87		49000	372	224		
石　首	89	133	31	3		3050	30	80	50	30
洪　湖	434	439	144	5		4175	434	159		
松　滋	108	201	74			2200	90	15		15
黄　冈	340	678	154	5		8020	225	42	30	12
麻　城	348	459	123	51		2930	44	42		4
武　穴	254	461	109	11		4180	209	31		31
咸　宁	187	361	131	19		2200	65	8		
赤　壁	188	287	47	9		2000	61	14		
随　州	187	356	56	21	1	8650	96	93	31	29

城市名称 Name of Cities	道路长度（公里） Length of Roads (km)	道路面积（万平方米） Surface Area of Roads (10,000m²)	人行道 Surface Area of Sidewalks	桥梁数（座） Number of Bridges (unit)	立交桥 Intersection	道路照明灯盏数（盏） Number of Road Lamps (unit)	安装路灯道路长度（公里） Length of the Road With Street Lamp (km)	防洪堤长度 Length of Flood Control Dikes (km)	百年一遇 Number of the Biggest Floods Every A Century	五十年一遇 Number of the Biggest Floods Every 50 Years
广　水	251	285	71	118	7	9050	86	3		3
恩　施	142	139	27	23	2	10290	138	4	3	1
利　川	113	136	33	23	1	8185	78	7	7	
仙　桃	623	796	228	47		13200	525			
潜　江	245	557	217	39	1	4655	100	10	10	
天　门	82	235	75			3000	38			
湖　南	**7144**	**12740**	**3127**	**505**	**63**	**321089**	**4710**	**1990**	**208**	**339**
长　沙	1552	3131	748	87	24	70000	1552	127		127
浏　阳	63	102	35	4		3000	63	2		2
株　洲	557	828	141	55	13	29000	214	63	23	40
醴　陵	137	181	33	26	3	1460	42	7		7
湘　潭	458	1003	265	6		16543	385	276	71	2
湘　乡	61	103	35	3		3354	61	13	13	
韶　山	51	76	13			1298	16			
衡　阳	517	1016	265	21	11	20316	381	66	8	14
耒　阳	187	500	167	3		5000	107	2		2
常　宁	112	208	50	1		1958	100			
邵　阳	312	594	196	14	1	17334	281	26	26	
武　冈	77	196	45	17		3110	16	6	1	5
岳　阳	488	708	150	19	2	952	227	43	8	23
汨　罗	79	174	67	5	2	1780	42	13	13	
临　湘	66	91	25	5	2	1222	47	5		5
常　德	473	816	170	16		29016	407	260	6	48
津　市	76	72	15	1		4142	58	17		
张家界	276	230	48	31		3005	35	43	11	32
益　阳	242	497	114	7		6054	92	901		
沅　江	58	81	26	2		3050	46	30	20	10
郴　州	209	336	104	24	1	24951	69	9		
资　兴	101	113	34	9		3366	71	8	8	
永　州	260	545	106	13	4	14549	142	5		5
怀　化	188	245	45	30		7807	56	3		3
洪　江	17	48	11	1		1148	8	3		3
娄　底	210	388	86	23		37482	85	36		4
冷水江	92	108	26	14		2504	28	8		3
涟　源	94	98	15	19		2600	19	18		4
吉　首	131	252	92	49		5088	60			

城市名称 Name of Cities	道路长度（公里）Length of Roads (km)	道路面积（万平方米）Surface Area of Roads (10,000m²)	人行道 Surface Area of Sidewalks	桥梁数（座）Number of Bridges (unit)	立交桥 Intersection	道路照明灯盏数（盏）Number of Road Lamps (unit)	安装路灯道路长度（公里）Length of the Road With Street Lamp (km)	防洪堤长度 Length of Flood Control Dikes (km)	百年一遇 Number of the Biggest Floods Every A Century	五十年一遇 Number of the Biggest Floods Every 50 Years
广　东	**29327**	**48702**	**9130**	**5436**	**353**	**1358686**	**15854**	**2725**	**487**	**1135**
广　州	5335	9000	1351	1241	168	173764				
增　城	82	260	53	12		14247	74	46		
从　化	75	107	23	10		7835	75	9	4	5
韶　关	535	604	115	45	1	46300	233	67		33
乐　昌	60	60	34	5	1	1900	38			
南　雄	46	61	13	7		3080	35	26	4	22
深　圳	5702	8322	475	1350	111	201415	4580			
珠　海	1246	2649	403	273	2	81638	810	396		82
汕　头	1300	2423	257	142	5	49878	1300	421		122
佛　山	1202	2100	537	117	9	103406	829	209	20	138
江　门	1011	1646	400	158	1	47366	185	236	49	114
台　山	216	204	34	13		10302	216	15		15
开　平	149	288	79	14		14696	119	31	4	5
鹤　山	193	335	154	11		11250	192	53		16
恩　平	263	194	34	122		6235	183	18		18
湛　江	652	1393	630	108	2	22736	336			
廉　江	253	201	80	11		7500	366			
雷　州	60	110	37	15		3188	37			
吴　川	243	178	52	13		7200	180			
茂　名	274	360	120	33	1	9198	218	26	3	12
高　州	75	105	35	11		4768	69	18		18
化　州	81	95	33	5		6450	61	18	17	
信　宜	82	96	11	12		4050	36	43	36	7
肇　庆	389	692	206	53		34071	257	111	12	70
高　要	46	154	61	2		6874	45	14		14
四　会	381	740	234	60		26672	50	268		268
惠　州	798	1218	184	36	2	44037	433	51	51	
梅　州	393	500	130	58	3	21	390	42	12	17
兴　宁	232	286	73			7000	169			
汕　尾	150	198	44	6		7000	150	18	18	
陆　丰	68	191	48	24		2790		42	1	
河　源	115	260	102	27		6470	97	63		23
阳　春	165	112	42			4130	165	8		8
清　远	1000	27	11			33755	385			
英　德	21	30	5	2		3100	10	25		25
连　州	229	381	102	5	1	8326	88	9		
东　莞	4831	10654	2361	1301	38	264586	2908	435	256	101

城市名称 Name of Cities	道路长度（公里） Length of Roads (km)	道路面积（万平方米） Surface Area of Roads (10,000m²)	人行道 Surface Area of Sidewalks	桥梁数（座） Number of Bridges (unit)	立交桥 Intersection	道路照明灯盏数（盏） Number of Road Lamps (unit)	安装路灯道路长度（公里） Length of the Road With Street Lamp (km)	防洪堤长度 Length of Flood Control Dikes (km)	百年一遇 Number of the Biggest Floods Every A Century	五十年一遇 Number of the Biggest Floods Every 50 Years
中　山	230	746	192	90	8	34233				
潮　州	153	380	100			18461	153			
揭　阳	258	301	51	1			250	5		
普　宁	326	461	63	28		6800	36			
云　浮	66	65	22	12		8950	66	2		2
罗　定	341	515	139	3		3008	30			
广　西	**5334**	**9152**	**1816**	**554**	**68**	**400807**	**3767**	**314**	**4**	**136**
南　宁	1089	2347	536	166	24	44484	382	46		37
柳　州	810	1234	215	61	7	40203	800	24		24
桂　林	422	576	107	80	6	53000	421	19		
梧　州	154	225	53	10		69506	149	12		12
岑　溪	92	229	72	7		4844	70	5		5
北　海	326	615	81	12	7	20597	402	81		
防城港	172	268	46	18	1	9468	91	3		3
东　兴	122	140	16	11		2977	34	11		
钦　州	280	534	159	14		16500	201	40	4	8
贵　港	289	618	93	29	11	22291	274	10		7
桂　平	109	139	23	11		6844	108	12		12
玉　林	279	589	105	20	7	16416	181	21		21
北　流	221	265	68	13		10322	148	15		
百　色	155	225	27	4		35000	60	7		
贺　州	139	255	36	27	2	14396	132	2		2
河　池	109	143	35	28	1	12135	65	5		5
宜　州	180	244	48	10		7160	131			
来　宾	62	151	37	6		5063	32			
合　山	59	65	10	2		2100	16			
崇　左	168	184	15	15	2	5250	28	1		
凭　祥	97	106	34	10		2251	42			
海　南	**1292**	**2606**	**661**	**141**	**8**	**114891**	**1014**	**72**	**5**	**2**
海　口	514	1212	250	72	5	42000	405	48		
三　亚	205	282	76	16		17641	166	17		
五指山	36	16	16	8		3638	1	2		2
琼　海	126	235	79	11	1	16890	118			
儋　州	201	331	65	10	1	21075	118			
文　昌	117	211	83	17		4860	116	5	5	
万　宁	33	100	20	4		4000	30			
东　方	60	219	72	3	1	4787	60			

城市名称 Name of Cities	道路长度（公里） Length of Roads (km)	道路面积（万平方米） Surface Area of Roads (10,000m²)	人行道 Surface Area of Sidewalks	桥梁数（座） Number of Bridges (unit)	立交桥 Intersection	道路照明灯盏数（盏） Number of Road Lamps (unit)	安装路灯道路长度（公里） Length of the Road With Street Lamp (km)	防洪堤长度 Length of Flood Control Dikes (km)	百年一遇 Number of the Biggest Floods Every A Century	五十年一遇 Number of the Biggest Floods Every 50 Years
重　　庆	**4349**	**7802**	**2304**	**811**	**162**	**199711**	**2380**	**350**	**42**	**56**
四　　川	**8128**	**14858**	**3654**	**1413**	**128**	**579685**	**6714**	**1281**	**192**	**388**
成　　都	2278	4919	942	448	71	120856	1716	463	114	74
都 江 堰	145	251	54	51		28000	111	56	8	4
彭　　州	89	208	76	9		4859	61	5		
邛　　崃	77	128	47	4		12236	57	4	4	
崇　　州	67	139	41	5		19500	54	15		15
自　　贡	484	574	76	92	21	22016	415	8	5	3
攀 枝 花	469	522	158	83	7	28531	454	7		4
泸　　州	315	636	236	17	3	30441	257	8	1	7
德　　阳	205	421	58	11		33313	192	111	1	2
广　　汉	143	213	50	20		13477	73	1		1
什　　邡	105	135	43	33		5010	90	4		
绵　　竹	111	119	21	32	2	9600	105	28	12	16
绵　　阳	398	928	287	97	10	43737	362	107	12	61
江　　油	111	310	130	15	4	10301	104	35		
广　　元	219	318	79	65		21663	167	55		55
遂　　宁	257	523	109	27	1	9050	248	24	13	3
内　　江	159	294	91	34	3	21820	97	16		
乐　　山	493	633	117	37	2	30487	470	82	10	16
峨 眉 山	45	96	22	17		17821	32	6		
南　　充	396	848	263	39		13000	386	37	4	9
阆　　中	147	240	80	21		7000	143	7		3
眉　　山	296	401	81	15		13167	231	23		23
宜　　宾	151	258	53	14	1	2022	97	7		7
广　　安	83	186	46	10		9230	70			
华　　蓥	75	101	41	19		5	41	22	2	20
达　　州	95	147	26	16		7450	80	4		
万　　源	45	55	9	58		2000	45	43		
雅　　安	122	198	66	20		7295	121	30		6
巴　　中	185	257	116	27		4355	144	21	2	19
资　　阳	124	222	60	36	2	7582	112	12	4	
简　　阳	83	208	96	11	1	3400	36	9		9
西　　昌	156	370	80	30		20461	143	31		31
贵　　州	**2146**	**3238**	**983**	**350**	**28**	**169922**	**824**	**167**	**17**	**86**
贵　　阳	818	1141	394	149	17	85170	289	30		30
清　　镇	21	36	7	4		2000				

城市名称 Name of Cities	道路长度（公里） Length of Roads (km)	道路面积（万平方米） Surface Area of Roads (10,000m²)	人行道 Surface Area of Sidewalks	桥梁数（座） Number of Bridges (unit)	立交桥 Intersection	道路照明灯盏数（盏） Number of Road Lamps (unit)	安装路灯道路长度（公里） Length of the Road With Street Lamp (km)	防洪堤长度 Length of Flood Control Dikes (km)	百年一遇 Number of the Biggest Floods Every A Century	五十年一遇 Number of the Biggest Floods Every 50 Years
六盘水	160	320	64	24	3	18000	140	60		40
遵义	276	385	97	28	2	19890	34	15		
赤水	40	51	12	2		2000	39	2		2
仁怀	26	69	8	5		2000	21	4		
安顺	140	228	59	17	3	8550	125	1		1
铜仁	152	157	65	15		4316		5		
兴义	169	301	91	17	1	6472		10	10	
毕节	103	181	60	33				23	5	
凯里	85	154	49	22		15363	74	2		
都匀	91	163	60	28	2	4749	80	15	2	13
福泉	65	52	17	6		1412	22			
云南	**3129**	**5515**	**1392**	**583**	**52**	**231799**	**2604**	**1010**	**131**	**153**
昆明	1325	2127	484	311	34	53806	1031	847	99	113
安宁	128	269	61	7	2	14000	34	14	14	
曲靖	161	370	74	27		13901	158	12		12
宣威	144	247	58	37	1	12724	132	13		
玉溪	117	321	107	10		11487	113			
保山	135	200	46	5	1	6987	98	3		3
昭通	71	116	23	12		6490	71	28		
丽江	82	200	40			5265	68			
普洱	82	68	16	18	3	5815	72	8		1
临沧	38	107	16	14	1	5000	35	17		
楚雄	188	227	56	25	2	8422	174	7		7
个旧	85	88	19	3		3416	85	4		
开远	80	143	45	8	3	36159	80	27		
景洪	128	267	104	9	2	14234	95	2	2	
大理	247	431	156	62	2	16397	244	22	10	12
瑞丽	13	82	21	5		12613	13	6	6	
潞西	105	252	66	30	1	5083	101			
西藏	**316**	**560**	**224**	**29**	**1**	**22763**	**200**	**37**	**8**	**29**
拉萨	266	428	198	29	1	18683	150	28	8	20
日喀则	50	132	26			4080	50	9		9
陕西	**4072**	**8969**	**3006**	**516**	**84**	**446678**	**2938**	**400**	**100**	**81**
西安	1842	4190	1337	259	48	260122	1371	39	19	20
铜川	260	325	100	56	9	11579	52	59		

城市名称 Name of Cities	道路长度（公里） Length of Roads (km)	道路面积（万平方米） Surface Area of Roads (10,000m²)	人行道 Surface Area of Sidewalks	桥梁数（座） Number of Bridges (unit)	立交桥 Intersection	道路照明灯盏数（盏） Number of Road Lamps (unit)	安装路灯道路长度（公里） Length of the Road With Street Lamp (km)	防洪堤长度 Length of Flood Control Dikes (km)	百年一遇 Number of the Biggest Floods Every A Century	五十年一遇 Number of the Biggest Floods Every 50 Years
宝　鸡	444	1123	438	44		36589	413	96	62	
咸　阳	264	902	311	48	18	37054	238	17	1	9
兴　平	118	170	75	10	1	9772	37			
渭　南	327	680	320	1	1	14900	235	61		
韩　城	97	175	34	12	2	3814	59	7	7	
华　阴	52	57	26	20	2	2092	36	32		
延　安	96	166	53	26		21119	80			
汉　中	172	224	49	7	3	7500	165	11	11	
榆　林	160	348	118	10		20233	110	4		
安　康	157	450	110	2		17904	61			
商　洛	83	159	35	21		4000	81	74		52
甘　肃	**2532**	**5090**	**1029**	**313**	**27**	**138874**	**1408**	**409**	**112**	**108**
兰　州	344	1313	67	177	10	69576	344	131	107	17
嘉峪关	243	282	57	6	6	13243		25		9
金　昌	107	262	85	3	1	2476	41			
白　银	368	459	93	14	3	5620	206			
天　水	302	591	214	34	2	12114	227	158		6
武　威	132	248	73	6		5915	52	12		12
张　掖	84	226	53			4815	68			
平　凉	146	512	56	30	2	7942	120	34		34
酒　泉	214	340	76							
玉　门	127	171	40	1	1	1485	124			
敦　煌	175	178	78	1		4007		7		7
庆　阳	103	143	60	2		2798	80			
定　西	52	109	14	8	1	1590	29	5	5	
陇　南	34	43	6	4	1	1775	21	14		14
临　夏	79	145	27	15		4460	76	9		9
合　作	22	68	30	12		1058	20	14		
青　海	**610**	**1058**	**301**	**63**	**3**	**64238**	**498**	**35**	**26**	**8**
西　宁	379	588	156	50	3	57289	343	31	26	5
格尔木	154	295	95			3727	95			
德令哈	77	175	50	13		3222	60	4		3
宁　夏	**1681**	**3484**	**721**	**138**	**6**	**157792**	**1018**	**130**	**4**	
银　川	459	1259	289	43	2	104505	459			
灵　武	54	108	16			3684	38			

城市名称 Name of Cities	道路长度（公里） Length of Roads (km)	道路面积（万平方米） Surface Area of Roads (10,000m²)	人行道 Surface Area of Sidewalks	桥梁数（座） Number of Bridges (unit)	立交桥 Intersection	道路照明灯盏数（盏） Number of Road Lamps (unit)	安装路灯道路长度（公里） Length of the Road With Street Lamp (km)	防洪堤长度 Length of Flood Control Dikes (km)	百年一遇 Number of the Biggest Floods Every A Century	五十年一遇 Number of the Biggest Floods Every 50 Years
石嘴山	647	903	215	15	1	23870	81	14		
吴忠	98	312	72	9		7179	96			
青铜峡	181	237	35	36	1	4110	147	4	4	
固原	138	345	56	17		3440	93	20		
中卫	104	320	38	18	2	11004	104	92		
新疆	**4276**	**6954**	**1205**	**339**	**30**	**300802**	**2497**	**238**		**42**
乌鲁木齐	1226	1657	323	132	26	73888	1096	15		
克拉玛依	365	700	141	25		29659	174	32		24
吐鲁番	35	86	19			6469	35			
哈密	142	287	46	11		8249	119	16		4
昌吉	134	256	45	8	3	8576	64	8		8
阜康	36	78	11	4		3530	21	3		
博乐	112	128	22	10		6284	41	7		
库尔勒	374	746	142	35		19654		58		
阿克苏	155	414	86	11	1	9000	50			
阿图什	61	112	44			2322	42	52		
喀什	256	477	95	13		19373	247	4		
和田	64	160	25	5		26170	63			
伊宁	286	462	31	17		21939	155	4		4
奎屯	144	202	16	16		6563	65	6		2
乌苏	92	205	27			2000	20			
塔城	81	102	17	19		2436	25			
阿勒泰	51	61	10	26		2638	19	33		
石河子	503	588	75			46667	173			
阿拉尔	60	85	24			1891	21			
图木舒克	50	63	1	1			18			
五家渠	49	85	5	6		3494	49			

主要指标解释

城市道路

指城市供车辆、行人通行的，具备一定技术条件的道路、桥梁、隧道及其附属设施。城市道路由车行道和人行道等组成。在统计时只统计路面宽度在3.5米（含3.5米）以上的各种铺装道路，包括开放型工业区和住宅区道路在内。

道路长度

指道路长度和与道路相通的桥梁、隧道的长度，按车行道中心线计算。

道路面积

指道路面积和与道路相通的广场、桥梁、隧道的面积（统计时，将人行道面积单独统计）。人行道面积按道路两侧面积相加计算，包括步行街和广场，不含人车混行的道路。

桥梁

指为跨越天然或人工障碍物而修建的构筑物。包括跨河桥、立交桥、人行天桥以及人行地下通道等。

道路照明灯盏数

指在城市道路设置的各种照明用灯。一根电杆上有几盏即计算几盏。统计时，仅统计功能照明灯，不统计景观照明灯。

防洪堤长度

指实际修筑的防洪堤长度。统计时应按河道两岸的防洪堤相加计算长度，但如河岸一侧有数道防洪堤时，只计算最长一道的长度。

Explanatory Notes on Main Indicators

Urban roads

They refer to roads, bridges, tunnels and auxiliary facilities that are provided to vehicles and passengers for transportation. Urban roads consist of drive lanes and sidewalks. Only paved roads with width with and above 3.5m, including roads within on-limits industrial parks and residential communities are included in statistics.

Length of Roads

It refers to the length of roads and bridges and tunnels connected to roads. It is calculated based on the length of centerlines of traffic lanes.

Surface Area of Roads

It refers to surface area of roads and squares, bridges and tunnels connected to roads (surface area of sidewalks is calculated separately). Surface area of sidewalks is the area sum of each side of sidewalks including pedestrian streets and squares, excluding car-and-pedestrian mixed roads.

Bridges

They refer to constructed works that span natural or man-made blocks. They include bridges spanning over rivers, crossroads, overpasses and underpasses.

Number of Road Lamps

It refers to the sum of road lamps only for illumination, excluding road lamps for landscape lightening.

Length of Flood Control Dikes

It refers to actual length of constructed dikes, which sums up the length of dike on each bank of river. Where each bank has more than one dike, only the longest dike is calculated.

十一、城市排水和污水处理
11. Urban Drainage and Wastewater Treatment

简要说明

城市排水指由城市排水系统收集、输送、处理和排放城市污水（生活污水、工业废水）和雨水的方式。

城市污水处理指对城市污水通过排水系统集中于一个或几个处所，并利用污水处理设施进行净化处理，最终使处理后的污水和污泥达到规定要求后排放水体或再利用。

城市污水处理设施包括两类，一是污水处理厂，二是污水处理装置。

Brief Introduction

Urban drainage refers to collection, delivery, treatment and discharge of wastewater (domestic wastewater and industrial wastewater) and rainwater through urban drainage system.

Urban wastewater water treatment refers to purifying centralized wastewater through wastewater treatment facilities to make wastewater or sludge meet discharge or recycling standards.

Urban wastewater treatment facilities include wastewater treatment plants and wastewater treatment devices.

11 全国历年城市排水和污水处理情况（1978—2007）

11 National Urban Drainage and Wastewater Treatment in Past Years (1978—2007)

指标 Item	排水管道长度（公里） Length of Sewers (km)	污水年排放量（万立方米） Annual Quantity of Wastewater Discharged (10，000m³)	污水处理厂 座数（座） Wastewater Treatment Plant (unit)	污水处理厂 处理能力（万立方米/日） Treatment Capacity (10，000m³/day)	污水年处理量（万立方米） Annual Treatment Capacity (10，000m³)	污水处理率（%） Wastewater Treatment Rate (%)
1978年	19556	1494493	37	64		
1979年	20432	1633266	36	66		
1980年	21860	1950925	35	70		
1981年	23183	1826460	39	85		
1982年	24638	1852740	39	76		
1983年	26448	2097290	39	90		
1984年	28775	2253145	43	146		
1985年	31556	2318480	51	154		
1986年	42549	963965	64	177		
1987年	47107	2490249	73	198		
1988年	50678	2614897	69	197		
1989年	54510	2611283	72	230		
1990年	57787	2938980	80	277		
1991年	61601	2997034	87	317	445355	14.86
1992年	67672	3017731	100	366	521623	17.29
1993年	75207	3113420	108	449	623163	20.02
1994年	83647	3030082	139	540	518013	17.10
1995年	110293	3502553	141	714	689686	19.69
1996年	112812	3528472	309	1153	833446	23.62
1997年	119739	3514011	307	1292	907928	25.84
1998年	125943	3562912	398	1583	1053342	29.56
1999年	134486	3556821	402	1767	1135532	31.93
2000年	141758	3317957	427	2158	1135608	34.25
2001年	158128	3285850	452	3106	1196960	36.43
2002年	173042	3375959	537	3578	1349377	39.97
2003年	198645	3491616	612	4254	1479932	42.39
2004年	218881	3564601	708	4912	1627966	45.67
2005年	241056	3595162	792	5725	1867615	51.95
2006年	261379	3625281	815	6366	2026224	55.67
2007年	291933	3610118	883	7146	2269847	62.87

注：1978—1995年污水处理厂座数及处理能力均为系统内数

Note: Number of wastewater treatment plants and Treatment capacity from 1978 to 1995 are limited to the statistical figure in the building sector.

11-1 2007年全国城市排水和污水处理分组资料

地区名称 Name of Regions		污水排放量（万立方米） Annual Quantity of Wastewater Discharged ($10,000\ m^3$)	排水管道长度（公里） Length of Sewers (km)	污水管道 Sewers	污水处理厂 Wastewater 座数（座） Wastewater Treatment Plant (unit)	二、三级处理 Secondary and Tertiary Treatment	处理能力（万立方米/日） Treatment Capacity ($10,000m^3$/day)	二、三级处理 Secondary and Tertiary Treatment
全　　国	**National Total**	**3610118**	**291933**	**94431**	**883**	**795**	**7145.5**	**6301.4**
分 类 一	**Sort one**							
东部地区	East China	2188708	186749	60904	525	480	4476.8	3857.2
中部地区	Central China	992155	68480	18759	206	189	1734.8	1603.0
西部地区	West China	429255	36704	14768	152	126	933.9	841.2
分 类 二	**Sort two**							
东部地区	East China	2073440	182057	60207	516	472	4372.3	3772.7
中部地区	Central China	952059	62861	14749	185	170	1618.6	1488.8
西部地区	West China	584619	47015	19475	182	153	1154.6	1039.9
分 类 三	**Sort three**							
东部地区	East China	1845339	170402	58370	481	441	3986.7	3418.6
中部地区	Central China	732005	51137	12469	161	149	1340.2	1237.7
西部地区	West China	584619	47015	19475	182	153	1154.6	1039.9
东北地区	Northeast China	448155	23379	4117	59	52	664.0	605.2

11-1 National Urban Drainage and Wastewater Treatment（2007）

Treatment Plant				其他污水处理设施 Other Wastewater Treatment Facilities		污水处理总量（万立方米） Total Quantity of Wastewater Treated (10,000m³)	再生水 Recycled Water		地区名称 Name of Regions
处理量（万立方米） Quantity of Wastewater Treatment (10,000m³)	二、三级处理 Secondary and Tertiary Treatment	干污泥产生量（吨） Quantity of Dry Mud Produced (ton)	干污泥处置量（吨） Quantity of Dry Mud Treated (ton)	处理能力（万立方米/日） Treatment Capacity (10,000m³/day)	处理量（万立方米） Quantity of Wastewater Treatment (10,000m³)		生产能力（万立方米/日） Recycled Water Production Capacity (10,000m³/day)	利用量（万立方米） Annual Quantity of Wastewater Recycled and Reused (10,000m³)	
1788737	**1575328**	**5414316**	**5148040**	**3191.0**	**481110**	**2269847**	**970.2**	**158630**	**全　国**
									分类一
1194308	1023580	3780390	3651072	1934.8	261174	1455482	660.8	124683	东部地区
377869	347203	1062143	981040	1088.9	191836	569705	151.0	24366	中部地区
216560	204545	571783	515928	167.3	28100	244660	158.2	9581	西部地区
									分类二
1177065	1007132	3744794	3626074	1381.6	221485	1398550	660.8	124681	东部地区
356553	326487	898566	820027	1078.9	190318	546871	142.5	23158	中部地区
255119	241709	770956	701939	730.5	69307	324426	166.7	10791	西部地区
									分类三
1074785	912520	3492507	3414146	1306.7	205842	1280627	634.6	121114	东部地区
309341	281704	804144	740740	791.6	130947	440288	130.3	21148	中部地区
255119	241709	770956	701939	730.5	69307	324426	166.7	10791	西部地区
149492	139395	346709	291215	362.2	75014	224506	38.4	5577	东北地区

11-2 2007年按省分列的城市排水和污水处理

地区名称 Name of Regions	污水排放量(万立方米) Annual Quantity of Wastewater Discharged ($10,000m^3$)	排水管道长度(公里) Length of Sewers (km)	污水管道 Sewers	污水处理厂 Wastewater 座数(座) Wastewater Treatment Plant (unit)	二、三级处理 Secondary and Tertiary Treatment	处理能力(万立方米/日) Treatment Capacity ($10,000m^3$/day)	二、三级处理 Secondary and Tertiary Treatment	处理量(万立方米) Quantity of Wastewater Treatment ($10,000m^3$)
全　国	**3610118**	**291933**	**94431**	**883**	**795**	**7145.5**	**6301.4**	**1788737**
北　京	129820	8526	4357	20	20	312.9	312.9	90302
天　津	69273	12784	6039	14	14	178.5	178.5	40310
河　北	121902	11911	3853	43	43	359.7	359.7	75178
山　西	62336	4367	1296	24	21	129.4	102.9	34634
内蒙古	40096	5619	4010	21	19	116.2	114.2	21316
辽　宁	228101	11655	1837	35	31	385.6	354.1	102280
吉　林	66270	5479	1508	12	11	140.2	138.9	20948
黑龙江	153784	6245	772	12	10	138.2	112.2	26264
上　海	225200	8120	3021	34	33	539.7	369.7	164346
江　苏	269487	34050	11269	111	106	618.5	584.0	171846
浙　江	192773	22064	8840	51	45	434.6	303.6	113593
安　徽	116987	8161	2010	25	21	204.6	173.6	53427
福　建	102825	7091	2834	23	19	207.4	162.9	50556
江　西	63792	5156	1040	11	11	117.8	117.8	19129
山　东	206565	33052	11621	93	85	560.8	505.3	145882
河　南	131511	12398	4176	47	46	371.7	370.7	84554
湖　北	202596	13445	2228	28	24	296.3	252.3	85061
湖　南	154783	7610	1719	26	26	220.4	220.4	32536
广　东	508153	30629	6038	90	76	736.6	642.0	210619
广　西	115268	4692	697	9	8	104.5	84.5	17243
海　南	19341	2175	498	2		38.0		12153
重　庆	52379	5241	2137	23	13	169.8	129.8	38645
四　川	122790	11780	4161	33	26	231.3	201.3	60220
贵　州	28314	3089	1044	12	11	51.5	48.5	11078
云　南	49791	4097	1496	23	22	110.7	110.2	29537
西　藏	7203	310						
陕　西	54494	4303	1963	11	11	75.0	75.0	21043
甘　肃	40673	2653	974	15	15	94.2	94.2	17448
青　海	9560	730	451	2	2	13.5	13.5	3066
宁　夏	21961	1060	245	9	9	51.0	51.0	10390
新　疆	42090	3441	2297	24	17	136.9	117.7	25133

11-2 Urban Drainage and Wastewater Treatment by Province (2007)

Treatment Plant			其他污水处理设施 Other Wastewater Treatment Facilities		污水处理总量（万立方米）	再生水 Recycled Water		地区名称
二、三级处理 Secondary and Tertiary Treatment	干污泥产生量（吨） Quantity of Dry Mud Produced (ton)	干污泥处置量（吨） Quantity of Dry Mud Treated (ton)	处理能力（万立方米/日） Treatment Capacity (10,000m³/day)	处理量（万立方米） Quantity of Wastewater Treatment (10,000m³)	Total Quantity of Wastewater Treated (10,000m³)	生产能力（万立方米/日） Recycled Water Production Capacity (10,000m³/day)	利用量（万立方米） Annual Quantity of Wastewater Recycled and Reused (10,000m³)	Name of Regions
1575328	**5414316**	**5148040**	**3191.0**	**481110**	**2269847**	**970.2**	**158630**	**全　国**
90302	228655	222023	40.5	8563	98865		49501	北　京
40310	92650	92650	14.2	2251	42561	9.8	807	天　津
75178	294126	276980	36.1	5427	80605	37.5	6314	河　北
28211	144740	123570	40.8	4837	39471	4.8	279	山　西
20716	163577	161013	10.0	1518	22834	8.5	1208	内蒙古
94612	252287	211928	74.9	15643	117923	26.3	3567	辽　宁
20929	50238	36368	32.1	4653	25601	3.0	1095	吉　林
23854	44184	42919	255.2	54718	80982	9.2	915	黑龙江
112261	469585	469585			164346			上　海
161959	601033	581121	561.6	55532	227378	136.3	43795	江　苏
79484	396614	389749	94.0	21509	135102	87.4	2936	浙　江
45665	191870	177798	254.2	32646	86073	14.5	2576	安　徽
34616	103209	92754	122.2	18051	68607	2.0	59	福　建
19129	13324	11550	44.5	5951	25080			江　西
133294	501167	496621	123.8	20006	165888	335.3	12017	山　东
84314	183558	158217	23.9	5240	89794	20.0	2444	河　南
71849	184944	183922	209.2	43078	128139	42.0	15043	湖　北
32536	85708	85683	219.0	39195	71731	49.0	806	湖　南
185116	788991	776186	311.3	73793	284412	26.4	5685	广　东
16448	35596	24998	553.2	39689	56932		2	广　西
	16477	16477	3.0	710	12863			海　南
34723	34279	14478	5.9	316	38961	71.1	216	重　庆
55513	273121	273042	35.7	7538	67758	19.1	109	四　川
10122	29812	29812			11078			贵　州
29459	35516	35344	20.9	3035	32572	8.4	2794	云　南
								西　藏
21043	104912	104912	29.0	6873	27916	17.0	961	陕　西
17448	19293	14090	31.6	4677	22125	26.4	12	甘　肃
3066	6836	6836			3066		10	青　海
10390	23662	23628	11.0	2805	13195	10.0	189	宁　夏
22781	44352	13786	33.2	2856	27989	6.2	5290	新　疆

11-3 2007年按城市分列的城市排水和污水处理

城市名称 Name of Cities	污水排放量（万立方米） Annual Quantity of Wastewater Discharged (10,000m³)	排水管道长度（公里） Length of Sewers (km)		污水处理厂 Wastewater				
			污水管道 Sewers	座数（座） Wastewater Treatment Plant (unit)	二、三级处理 Secondary and Tertiary Treatment	处理能力（万立方米/日） Treatment Capacity (10,000m³/day)	二、三级处理 Secondary and Tertiary Treatment	处理量（万立方米） Quantity of Wastewater Treatment (10,000m³)
全　　国	**3610118**	**291933**	**94431**	**878**	**790**	**7145.5**	**6301.4**	**1788737**
北　　京	**129820**	**8526**	**4357**	**20**	**20**	**312.9**	**312.9**	**90302**
天　　津	**69273**	**12784**	**6039**	**14**	**14**	**178.5**	**178.5**	**40310**
河　　北	**121902**	**11911**	**3853**	**43**	**43**	**359.7**	**359.7**	**75178**
石家庄	22327	1655	565	3	3	76.0	76.0	15770
辛　集	2600	138	16	1	1	10.0	10.0	2345
藁　城	940	123	19	1	1	10.0	10.0	720
晋　州	1280	98	13	1	1	3.0	3.0	930
新　乐	427	67	9	1	1	4.0	4.0	328
鹿　泉	776	80	32	1	1	2.0	2.0	559
唐　山	16334	1972	969	8	8	73.9	73.9	13793
遵　化	1067	120	56					
迁　安	2300	141	110	1	1	8.0	8.0	2170
秦皇岛	8431	1141	572	4	4	30.0	30.0	7495
邯　郸	16549	1167	456	4	4	31.5	31.5	8440
武　安	1405	340	202	1	1	3.3	3.3	331
邢　台	5600	539	260	4	4	12.0	12.0	4200
南　宫	590	139	17					
沙　河	653	104	5	1	1	5.0	5.0	522
保　定	7402	713	178	3	3	32.0	32.0	4840
涿　州	2340	99	42					
定　州	980	130						
安　国	990	80						
高碑店	910	129						
张家口	7252	547	72	2	2	22.0	22.0	5044
承　德	5077	290	119					
沧　州	3285	333	35	1	1	10.0	10.0	1971
泊　头	848	109						
任　丘	1145	162						
黄　骅	732	168	28	1	1	5.0	5.0	456
河　间	650	64						
廊　坊	2975	355	23	1	1	8.0	8.0	2380
霸　州	595	94						
三　河	1255	174	20	3	3	4.0	4.0	904

11-3 Urban Drainage and Wastewater Treatment by City (2007)

Treatment Plant			其他污水处理设施 Other Wastewater Treatment Facilities		污水处理总量（万立方米） Total Quantity of Wastewater Treated (10,000m³)	再生水 Recycled Water		城市名称 Name of Cities
二、三级处理 Secondary and Tertiary Treatment	干污泥产生量（吨） Quantity of Dry Mud Produced (ton)	干污泥处置量（吨） Quantity of Dry Mud Treated (ton)	处理能力（万立方米/日） Treatment Capacity (10,000m³/day)	处理量（万立方米） Quantity of Wastewater Treatment (10,000m³)		生产能力（万立方米/日） Recycled Water Production Capacity (10,000m³/day)	利用量（万立方米） Annual Quantity of Wastewater Recycled and Reused (10,000m³)	
1575328	**5414316**	**5148040**	**3191.0**	**481110**	**2269847**	**970.2**	**158630**	**全　国**
90302	**228655**	**222023**	**40.5**	**8563**	**98865**		**49501**	**北　京**
40310	**92650**	**92650**	**14.2**	**2251**	**42561**	**9.8**	**307**	**天　津**
75178	**294126**	**276980**	**36.1**	**5427**	**80605**	**37.5**	**6314**	**河　北**
15770	74036	74036			15770	8.0	2900	石家庄
2345	25000	25000			2345			辛　集
720	3009	3009			720			藁　城
930	949	949			930			晋　州
328	1296	1296			328			新　乐
559	174	174			559			鹿　泉
13793	101980	101980			13793	19.0	2468	唐　山
								遵　化
2170	57	57			2170			迁　安
7495	11218	11218			7495			秦皇岛
8440	7262	7262	22.0	2960	11400			邯　郸
331	1270	1016			331			武　安
4200	3850	2230			4200	5.5	216	邢　台
								南　宫
522	95	95			522			沙　河
4840	7274	7274	5.0	489	5329			保　定
			2.1	756	756			涿　州
			2.2	108	108			定　州
								安　国
			0.1	36	36			高碑店
5044	24242	22442			5044			张家口
								承　德
1971	20673	7666			1971			沧　州
			1.0	252	252			泊　头
			2.0	490	490			任　丘
456	882	882	1.0	88	544			黄　骅
								河　间
2380	9125	8660			2380			廊　坊
								霸　州
904	870	870			904			三　河

11-3 续1

城市名称 Name of Cities	污水排放量（万立方米） Annual Quantity of Wastewater Discharged (10,000m³)	排水管道长度（公里） Length of Sewers (km)	污水管道 Sewers	污水处理厂 Wastewater 座数（座） Wastewater Treatment Plant (unit)	二、三级处理 Secondary and Tertiary Treatment	处理能力（万立方米/日） Treatment Capacity (10,000m³/day)	二、三级处理 Secondary and Tertiary Treatment	处理量（万立方米） Quantity of Wastewater Treatment (10,000m³)
衡　水	2561	328	9	1	1	10.0	10.0	1980
冀　州	521	179	20					
深　州	1105	133	6					
山　西	**62336**	**4367**	**1296**	**24**	**21**	**129.4**	**102.9**	**34634**
太　原	23368	1208	674	6	5	53.6	33.6	15289
古　交	1600	82	47	3	3	3.3	3.3	1079
大　同	7986	327		3	2	13.5	8.5	3625
阳　泉	3460	211	126	1	1	8.0	8.0	2180
长　治	5748	235	16	1	1	10.0	10.0	2450
潞　城	427	59	23	1	1	2.0	2.0	393
晋　城	2555	240	78	1	1	7.5	7.5	2300
高　平	549	88	33					
朔　州	1399	394	116	1	1	3.0	3.0	540
晋　中	2396	391	61	1	1	4.0	4.0	1509
介　休	900	110						
运　城	2580	163	43	1	1	5.0	5.0	1677
永　济	700	109	22					
河　津	500	68	21					
忻　州	1350	88		1	1	6.5	6.5	560
原　平	1150	59	2	1	1	3.5	3.5	329
临　汾	2414	113		1	1	7.0	7.0	2000
侯　马	964	65						
霍　州	500	32						
吕　梁	750	159	34	1	1	1.0	1.0	300
孝　义	620	85		1		1.5		403
汾　阳	420	81						
内蒙古	**40096**	**5619**	**4010**	**21**	**19**	**116.2**	**114.2**	**21316**
呼和浩特	7826	489	510	1	1	10.0	10.0	3550
包　头	8456	1423	1140	5	5	26.5	26.5	5378
乌　海	6357	218	109	1	1	4.0	4.0	1350
赤　峰	3731	286	237	2	2	15.0	15.0	1892
通　辽	4383	506	308	1	1	20.0	20.0	3816
霍林郭勒	300	207	162	1	1	4.0	4.0	232
鄂尔多斯	1388	1049	546	1	1	4.0	4.0	1022
呼伦贝尔	1339	146	54	1	1	5.0	5.0	1165
满洲里	1293	130	97					
牙克石	150	38	38	1	1	3.4	3.4	110

Treatment Plant			其他污水处理设施 Other Wastewater Treatment Facilities		污水处理总量（万立方米） Total Quantity of Wastewater Treated (10,000m³)	再生水 Recycled Water		城市名称 Name of Cities
二、三级处理 Secondary and Tertiary Treatment	干污泥产生量（吨） Quantity of Dry Mud Produced (ton)	干污泥处置量（吨） Quantity of Dry Mud Treated (ton)	处理能力（万立方米/日） Treatment Capacity (10,000m³/day)	处理量（万立方米） Quantity of Wastewater Treatment (10,000m³)		生产能力（万立方米/日） Recycled Water Production Capacity (10,000m³/day)	利用量（万立方米） Annual Quantity of Wastewater Recycled and Reused (10,000m³)	
1980	864	864			1980	5.0	730	衡水
								冀州
			0.7	248	248			深州
28211	**144740**	**123570**	**40.8**	**4837**	**39471**	**4.8**	**279**	**山西**
10217	72045	72045			15289			太原
1079	11440	11440	1.8	485	1564	1.5	137	古交
2677	22490	2000	7.5	1630	5255			大同
2180	14803	14803			2180			阳泉
2450	7200	7200	4.0	1363	3813			长治
393	350	350			393			潞城
2300	5000	5000	7.5		2300	1.8	80	晋城
								高平
540	3500	3500	6.0	660	1200			朔州
1509	1450	1450			1509			晋中
								介休
1677	5380	5380	5.0		1677			运城
			4.0	280	280	1.5	32	永济
								河津
560	400	400			560			忻州
329	680				329			原平
2000					2000			临汾
			1.0	292	292			侯马
								霍州
300			1.0		300			吕梁
	2	2	3.0	127	530			孝义
								汾阳
20716	**163577**	**161013**	**10.0**	**1518**	**22834**	**8.5**	**1208**	**内蒙古**
3550	7200	7200			3550		468	呼和浩特
5378	4360	4360	10.0	1518	6896	8.5	740	包头
1350	18860	18860			1350			乌海
1892	2931	2931			1892			赤峰
3816	111777	111777			3816			通辽
232					232			霍林郭勒
1022					1022			鄂尔多斯
1165	2464				1165			呼伦贝尔
								满洲里
110	2160	2160			110			牙克石

11-3 续 2

城市名称 Name of Cities	污水排放量（万立方米） Annual Quantity of Wastewater Discharged (10,000m³)	排水管道长度（公里） Length of Sewers (km)	污水管道 Sewers	污水处理厂 Wastewater 座数（座） Wastewater Treatment Plant (unit)	二、三级处理 Secondary and Tertiary Treatment	处理能力（万立方米/日） Treatment Capacity (10,000m³/day)	二、三级处理 Secondary and Tertiary Treatment	处理量（万立方米） Quantity of Wastewater Treatment (10,000m³)
扎兰屯	280	30	30	1	1	4.0	4.0	220
额尔古纳	52	4	4					
根河	190	8						
巴彦淖尔	610	456	376	1	1	6.0	6.0	483
乌兰察布	830	191	161	1	1	6.3	6.3	710
丰镇	1605	77	58	1	1	2.0	2.0	438
乌兰浩特	680	107	80	1		2.0		600
阿尔山	45	30	17					
二连浩特	161	78	68	1				
锡林浩特	420	146	15	1	1	4.0	4.0	350
辽宁	**228101**	**11655**	**1837**	**35**	**31**	**385.6**	**354.1**	**102280**
沈阳	55197	3115	727	7	6	128.0	118.0	40285
新民	660	76	18					
大连	29583	2084	314	11	10	68.5	65.5	16816
瓦房店	2160	235	54	1		6.0		1858
普兰店	1285	139	55					
庄河	606	141						
鞍山	36008	768	56	2	2	32.0	32.0	9670
海城	1700	61	12	1	1	3.0	3.0	954
抚顺	12610	720	268	1	1	25.0	25.0	6150
本溪	25287	355	45	2	1	35.0	22.5	8334
丹东	4467	248						
东港	980	85						
凤城	1320	47						
锦州	11580	451	48	1	1	10.0	10.0	3490
凌海	2470	57						
北镇	235	32						
营口	4500	498		1	1	10.0	10.0	1440
盖州	1400	55						
大石桥	1200	98						
阜新	5740	246						
辽阳	9021	655	107	3	3	31.5	31.5	4745
灯塔	350	32						
盘锦	5074	463	22	1	1	10.0	10.0	1825
铁岭	3328	382	90	1	1	10.0	10.0	2414
调兵山	788	24	21	1	1	3.0	3.0	733
开原	698	103						
朝阳	3636	221						

Treatment Plant			其他污水处理设施 Other Wastewater Treatment Facilities		污水处理总量（万立方米） Total Quantity of Wastewater Treated (10,000m³)	再生水 Recycled Water		城市名称 Name of Cities
二、三级处理 Secondary and Tertiary Treatment	干污泥产生量（吨） Quantity of Dry Mud Produced (ton)	干污泥处置量（吨） Quantity of Dry Mud Treated (ton)	处理能力（万立方米/日） Treatment Capacity (10,000m³/day)	处理量（万立方米） Quantity of Wastewater Treatment (10,000m³)		生产能力（万立方米/日） Recycled Water Production Capacity (10,000m³/day)	利用量（万立方米） Annual Quantity of Wastewater Recycled and Reused (10,000m³)	
220	13225	13225			220			扎兰屯
								额尔古纳
								根河
483					483			巴彦淖尔
710					710			乌兰察布
438					438			丰镇
	600	500			600			乌兰浩特
								阿尔山
								二连浩特
350					350			锡林浩特
94612	**252287**	**211928**	**74.9**	**15643**	**117923**	**26.3**	**3567**	**辽宁**
39196	40961	40961			40285			沈阳
								新民
16174	77874	64505	29.8	9820	26636	14.0	1343	大连
	3488	3488			1858			瓦房店
						0.1		普兰店
								庄河
9670					9670			鞍山
954	242	24			954			海城
6150	27893	27893	6.0	1	6151			抚顺
4255	18592	18592			8334			本溪
						2.6	650	丹东
								东港
								凤城
3490	3682	3682	6.5	1504	4994			锦州
								凌海
								北镇
1440	1804	1804			1440			营口
								盖州
								大石桥
								阜新
4745	50069	23297	20.8	3950	8695	2.5	900	辽阳
								灯塔
1825	8625	8625			1825			盘锦
2414	14873	14873	10.0		2414			铁岭
733	2725	2725			733	0.1	24	调兵山
			1.8	368	368			开原
								朝阳

11-3 续3

城市名称 Name of Cities	污水排放量（万立方米） Annual Quantity of Wastewater Discharged (10,000m³)	排水管道长度（公里） Length of Sewers (km)		污水处理厂 Wastewater				
			污水管道 Sewers	座数（座） Wastewater Treatment Plant (unit)	二、三级处理 Secondary and Tertiary Treatment	处理能力（万立方米/日） Treatment Capacity (10,000m³/day)	二、三级处理 Secondary and Tertiary Treatment	处理量（万立方米） Quantity of Wastewater Treatment (10,000m³)
北　票	785	67						
凌　源	824	58						
葫芦岛	3912	51		2	2	13.6	13.6	3566
兴　城	697	88						
吉　林	**66270**	**5479**	**1508**	**12**	**11**	**140.2**	**138.9**	**20948**
长　春	20498	2277	856	3	3	56.5	56.5	9937
九　台	504	60						
榆　树	1462	60						
德　惠	1446	71						
吉　林	16941	816	229	2	2	54.0	54.0	7148
蛟　河	350	50		1		1.3		19
桦　甸	385	42						
舒　兰	584	25						
磐　石	496	48	46					
四　平	1300	138						
公主岭	1235	205	60	3	3	5.9	5.9	675
双　辽	717	148	10	1	1	2.5	2.5	292
辽　源	1560	104	10	1	1	10.0	10.0	1500
通　化	3287	90						
梅河口	1533	80	15					
集　安	470	17						
白　山	1603	112	39					
临　江	450	65						
松　原	2820	107	61					
白　城	1369	237	96					
洮　南	180	100	25					
大　安	560	79	26					
延　吉	3071	186	35	1	1	10.0	10.0	1377
图　们	389	24						
敦　化	1022	82						
珲　春	1308	158						
龙　井	392	53						
和　龙	338	45						
黑龙江	**153784**	**6245**	**772**	**12**	**10**	**138.2**	**112.2**	**26264**
哈尔滨	38690	1490		2	2	65.0	65.0	14200
双　城	770	68	56					
尚　志	565	59	10					

Treatment Plant			其他污水处理设施 Other Wastewater Treatment Facilities		污水处理总量（万立方米） Total Quantity of Wastewater Treated (10,000m³)	再生水 Recycled Water		城市名称 Name of Cities
二、三级处理 Secondary and Tertiary Treatment	干污泥产生量（吨） Quantity of Dry Mud Produced (ton)	干污泥处置量（吨） Quantity of Dry Mud Treated (ton)	处理能力（万立方米/日） Treatment Capacity (10,000m³/day)	处理量（万立方米） Quantity of Wastewater Treatment (10,000m³)		生产能力（万立方米/日） Recycled Water Production Capacity (10,000m³/day)	利用量（万立方米） Annual Quantity of Wastewater Recycled and Reused (10,000m³)	
								北票
								凌源
3566	1459	1459			3566	7.0	650	葫芦岛
								兴城
20929	**50238**	**36368**	**32.1**	**4653**	**25601**	**3.0**	**1095**	**吉林**
9937	13870		9.6	1633	11570	3.0	1095	长春
								九台
								榆树
								德惠
7148	25725	25725			7148			吉林
					19			蛟河
								桦甸
								舒兰
								磐石
								四平
675	4428	4428	5.3	527	1202			公主岭
292	1390	1390			292			双辽
1500	1200	1200	10.0	5	1505			辽源
								通化
								梅河口
								集安
								白山
								临江
			5.0	1690	1690			松原
								白城
								洮南
								大安
1377	3625	3625			1377			延吉
								图们
			2.2	798	798			敦化
								珲春
								龙井
								和龙
23854	**44184**	**42919**	**255.2**	**54718**	**80982**	**9.2**	**915**	**黑龙江**
14200	21274	21274			14200			哈尔滨
								双城
								尚志

城市名称 Name of Cities	污水排放量（万立方米） Annual Quantity of Wastewater Discharged (10,000m³)	排水管道长度（公里） Length of Sewers (km)	污水管道 Sewers	污水处理厂 Wastewater 座数（座） Wastewater Treatment Plant (unit)	二、三级处理 Secondary and Tertiary Treatment	处理能力（万立方米/日） Treatment Capacity (10,000m³/day)	二、三级处理 Secondary and Tertiary Treatment	处理量（万立方米） Quantity of Wastewater Treatment (10,000m³)
五　　常	463	86	34					
齐齐哈尔	8812	613	216	2	1	35.0	10.0	3502
讷　　河	600	49		1		1.0		30
鸡　　西	5000	276	13					
虎　　林	1050	41	41					
密　　山	806	81						
鹤　　岗	3709	212	147					
双 鸭 山	1600	229	30					
大　　庆	56645	1006		4	4	17.2	17.2	3882
伊　　春	2694	183	26					
铁　　力	725	33						
佳 木 斯	7574	303		1	1	10.0	10.0	3650
同　　江	120	19						
富　　锦	395	60						
七 台 河	3650	121	44					
牡 丹 江	11385	387	58	2	2	10.0	10.0	1000
绥 芬 河	170	58	12					
海　　林	765	64	2					
宁　　安	380	67	5					
穆　　棱	430	63						
黑　　河	663	70	12					
北　　安	2048	72	8					
五大连池	35	27						
绥　　化	1800	138	58					
安　　达	600	97						
肇　　东	1400	218						
海　　伦	240	55						
上　　海	**225200**	**8120**	**3021**	**34**	**33**	**539.7**	**369.7**	**164346**
江　　苏	**269487**	**34050**	**11269**	**111**	**106**	**618.5**	**584.0**	**171846**
南　　京	75191	4390	1062	12	12	133.9	133.9	41377
无　　锡	23228	5581	1674	17	17	66.8	66.8	17219
江　　阴	4808	537	87	1	1	10.5	10.5	2954
宜　　兴	2587	480	480	1	1	5.0	5.0	902
徐　　州	13377	1003	612	4	3	31.5	29.5	11587
新　　沂	2430	270	270	1	1	3.0	3.0	800
邳　　州	1656	475	12	1	1	2.0	2.0	730
常　　州	20616	2918	848	13	12	56.1	53.1	13429
溧　　阳	2183	140	10	1	1	2.0	2.0	695

Treatment Plant			其他污水处理设施 Other Wastewater Treatment Facilities		污水处理总量（万立方米）	再生水 Recycled Water		城市名称
二、三级处理 Secondary and Tertiary Treatment	干污泥产生量（吨） Quantity of Dry Mud Produced (ton)	干污泥处置量（吨） Quantity of Dry Mud Treated (ton)	处理能力（万立方米/日） Treatment Capacity (10,000m^3/day)	处理量（万立方米） Quantity of Wastewater Treatment (10,000m^3)	Total Quantity of Wastewater Treated (10,000m^3)	生产能力（万立方米/日） Recycled Water Production Capacity (10,000m^3/day)	利用量（万立方米） Annual Quantity of Wastewater Recycled and Reused (10,000m^3)	Name of Cities
								五　常
1122	410				3502			齐齐哈尔
	4	3			30			讷　河
								鸡　西
								虎　林
								密　山
								鹤　岗
								双鸭山
3882	12150	11296	247.1	51768	55650	4.2	915	大　庆
								伊　春
								铁　力
3650	5509	5509			3650			佳木斯
								同　江
								富　锦
								七台河
1000	4837	4837	8.1	2950	3950	5.0		牡丹江
								绥芬河
								海　林
								宁　安
								穆　棱
								黑　河
								北　安
								五大连池
								绥　化
								安　达
								肇　东
								海　伦
112261	**469585**	**469585**			**164346**			**上　海**
161959	**601033**	**581121**	**561.6**	**55532**	**227378**	**136.3**	**43795**	**江　苏**
41377	107147	106087	258.4	21466	62843	120.0	38900	南　京
17219	94856	94676	104.0	2486	19705			无　锡
2954	19478	19478		1407	4361	10.0	706	江　阴
902	13000	13000	3.0	960	1862			宜　兴
10910	11749	6190			11587			徐　州
800	167	167	4.0	1400	2200	6.0	1819	新　沂
730	7300	6574	48.0	462	1192			邳　州
12633	76549	76549	32.8	4931	18360			常　州
695	3448	3448	4.0	1177	1872			溧　阳

城市名称 Name of Cities	污水排放量（万立方米） Annual Quantity of Wastewater Discharged (10,000m³)	排水管道长度（公里） Length of Sewers (km)	污水管道 Sewers	污水处理厂 Wastewater：座数（座） Wastewater Treatment Plant (unit)	二、三级处理 Secondary and Tertiary Treatment	处理能力（万立方米/日） Treatment Capacity (10,000m³/day)	二、三级处理 Secondary and Tertiary Treatment	处理量（万立方米） Quantity of Wastewater Treatment (10,000m³)
金　　坛	1325	238	90	2	2	5.0	5.0	1128
苏　　州	22255	4200	1533	11	11	63.3	63.3	19403
常　　熟	4663	1575	774	5	5	22.8	22.8	3651
张 家 港	2438	590	180	1	1	6.5	6.5	2027
昆　　山	5528	594	314	4	4	15.9	15.9	4478
吴　　江	9442	935	391	3	3	26.0	26.0	6899
太　　仓	2544	550	178	1		9.0		2366
南　　通	8286	887	352	4	4	25.5	25.5	6300
启　　东	1191	199	40	1	1	2.5	2.5	803
如　　皋	1101	280	68	2	2	4.0	4.0	820
通　　州	1801	113	42	1	1	4.5	4.5	1376
海　　门	919	139	46	1	1	2.0	2.0	663
连 云 港	5434	1084	278	1	1	10.0	10.0	3405
淮　　安	6000	976	196	1		16.5		5069
盐　　城	2248	346	79	2	2	10.0	10.0	1686
东　　台	1580	205	3	1	1	2.5	2.5	300
大　　丰	2000	105		1	1	2.5	2.5	680
扬　　州	8838	753	366	1	1	15.0	15.0	5089
仪　　征	3168	303	30	1	1	8.8	8.8	1605
高　　邮	939	110	25	1	1	2.9	2.9	406
江　　都	1350	206	55	1		4.0		979
镇　　江	11811	1303	488	2	2	13.5	13.5	4923
丹　　阳	3500	329	37	1	1	4.0	4.0	1219
扬　　中	642	108	29	1	1	2.5	2.5	373
句　　容	1247	95	22	1	1	2.5	2.5	927
泰　　州	3157	699	207	3	3	6.5	6.5	1832
兴　　化	759	241	16	1	1	2.0	2.0	
靖　　江	3468	231	123	1	1	4.0	4.0	680
泰　　兴	2435	256	36	1	1	4.0	4.0	1420
姜　　堰	1220	142	30	1	1	3.0	3.0	270
宿　　迁	2122	464	186	2	2	6.5	6.5	1376
浙　　江	**192773**	**22064**	**8840**	**51**	**45**	**434.6**	**303.6**	**113593**
杭　　州	47952	3115	1456	3	1	139.0	24.0	39361
建　　德	816	130	77	1	1	2.0	2.0	547
富　　阳	2688	205	75	1	1	5.0	5.0	1825
临　　安	1434	51	51	1	1	6.0	6.0	1190
宁　　波	35107	3529	1449	6	5	45.0	41.0	13205
余　　姚	3185	480	64	1	1	6.0	6.0	1957

Treatment Plant			其他污水处理设施 Other Wastewater Treatment Facilities		污水处理总量（万立方米） Total Quantity of Wastewater Treated (10,000m^3)	再生水 Recycled Water		城市名称 Name of Cities
二、三级处理 Secondary and Tertiary Treatment	干污泥产生量（吨） Quantity of Dry Mud Produced (ton)	干污泥处置量（吨） Quantity of Dry Mud Treated (ton)	处理能力（万立方米/日） Treatment Capacity (10,000m^3/day)	处理量（万立方米） Quantity of Wastewater Treatment (10,000m^3)		生产能力（万立方米/日） Recycled Water Production Capacity (10,000m^3/day)	利用量（万立方米） Annual Quantity of Wastewater Recycled and Reused (10,000m^3)	
1128	6444	6444			1128			金　坛
19403	103945	103734	7.0	1800	21203		123	苏　州
3651	15546	15546	1.8	597	4248			常　熟
2027			0.3	57	2084			张家港
4478	35238	35238			4478			昆　山
6899	20951	10001	27.1	1440	8339		6	吴　江
	8625	8620			2366			太　仓
6300	13438	12217	2.4	453	6753			南　通
803	5773	5773			803			启　东
820	1400	1400	0.3	74	894			如　皋
1376	3581	3581			1376			通　州
663	2940	2940			663			海　门
3405	2920	2920			3405			连云港
	20518	20518			5069	0.1	18	淮　安
1686	3240	3240	0.3	113	1799		11	盐　城
300	306	306	2.7	915	1215			东　台
680			2.5	680	1360			大　丰
5089	4802	4802	6.7	2423	7512		2146	扬　州
1605	2486	2486	2.5	778	2383			仪　征
406	168	168	2.4	329	735			高　邮
	1245	1245	1.2	286	1265			江　都
4923	2698	2698	18.5	4970	9893	0.2	6	镇　江
1219	290	290	8.0	1336	2555			丹　阳
373	1208	1208	0.5	146	519			扬　中
927	3755	3755	0.5	90	1017			句　容
1832	3182	3182	3.0	808	2640		60	泰　州
			1.2	432	432			兴　化
680	580	580	13.1	2498	3178			靖　江
1420	286	286	2.0	688	2108			泰　兴
270	300	300	3.0	270	540			姜　堰
1376	1474	1474	0.4	60	1436			宿　迁
76894	**396614**	**389749**	**94.0**	**21509**	**135102**	**87.4**	**2936**	**浙　江**
6552	62217	62217			39361			杭　州
547	2010	2010			547			建　德
1825	2390	2390			1825			富　阳
1190	7902	7902			1190			临　安
12421	61125	61125	50.0	14500	27705	3.1		宁　波
1957	1428	1428	0.8	289	2246			余　姚

城市名称 Name of Cities	污水排放量（万立方米）Annual Quantity of Wastewater Discharged (10,000m³)	排水管道长度（公里）Length of Sewers (km)	污水管道 Sewers	污水处理厂 Wastewater 座数（座）Wastewater Treatment Plant (unit)	二、三级处理 Secondary and Tertiary Treatment	处理能力（万立方米/日）Treatment Capacity (10,000m³/day)	二、三级处理 Secondary and Tertiary Treatment	处理量（万立方米）Quantity of Wastewater Treatment (10,000m³)
慈　溪	3875	844	394	2	1	9.0	5.0	2424
奉　化	1625	107	23	1	1	3.5	3.5	875
温　州	15478	1340		3	3	30.0	30.0	7778
瑞　安	1800	245	105	1	1	7.0	7.0	208
乐　清	3015	355	134	1	1	4.0	4.0	
嘉　兴	6662	625	373	1	1	30.0	30.0	3752
海　宁	3750	337	162	1	1	10.0	10.0	2821
平　湖	1887	292	190					1430
桐　乡	2313	343	134	1	1	5.0	5.0	1735
湖　州	5448	1502	387	7	7	24.0	24.0	4417
绍　兴	7927	872	389					6875
诸　暨	2657	218	97	1	1	10.0	10.0	2278
上　虞	2630	436	193	1	1	7.5	7.5	1711
嵊　州	2500	38	31	1	1	15.0	15.0	1080
金　华	3878	1116	418	1	1	8.0	8.0	2327
兰　溪	1496	127	39	1	1	4.0	4.0	40
义　乌	3995	1023	385	1	1	7.0	7.0	2446
东　阳	1905	509	221	1	1	4.0	4.0	1150
永　康	1195	494	172	1		4.0		541
衢　州	9696	740	366	3	3	9.6	9.6	1839
江　山	1630	137	63	1	1	4.0	4.0	144
舟　山	2177	542	387	1	1	2.0	2.0	623
台　州	7554	1228	565	3	3	17.0	17.0	4902
温　岭	1679	294	77	1	1	7.0	7.0	1120
临　海	2227	427	119	1		4.0		1473
丽　水	2200	274	207	1	1	5.0	5.0	1470
龙　泉	392	89	37	1	1	1.0	1.0	49
安　徽	**116987**	**8161**	**2010**	**25**	**21**	**204.6**	**173.6**	**53427**
合　肥	21480	1946	550	4	4	53.5	53.5	17010
芜　湖	8100	755	153	1	1	10.0	10.0	4180
蚌　埠	13696	496	85	1	1	20.0	20.0	6354
淮　南	10936	592	108	2	2	11.0	11.0	2159
马鞍山	19336	460	214	3	3	18.0	18.0	3362
淮　北	3624	279	102	1	1	8.0	8.0	2584
铜　陵	6580	183		1		10.0		3630
安　庆	3845	432	134	2	1	15.1	3.1	2955
桐　城	475	119						
黄　山	1801	91	38	1	1	5.0	5.0	1095

Treatment Plant			其他污水处理设施 Other Wastewater Treatment Facilities		污水处理总量（万立方米） Total Quantity of Wastewater Treated (10,000m³)	再生水 Recycled Water		城市名称 Name of Cities
二、三级处理 Secondary and Tertiary Treatment	干污泥产生量（吨） Quantity of Dry Mud Produced (ton)	干污泥处置量（吨） Quantity of Dry Mud Treated (ton)	处理能力（万立方米/日） Treatment Capacity (10,000m³/day)	处理量（万立方米） Quantity of Wastewater Treatment (10,000m³)		生产能力（万立方米/日） Recycled Water Production Capacity (10,000m³/day)	利用量（万立方米） Annual Quantity of Wastewater Recycled and Reused (10,000m³)	
1479	4565	4360			2424			慈溪
875	5400	5400			875			奉化
7778	10853	10853			7778			温州
208					208			瑞安
								乐清
3605	99135	99135			3752			嘉兴
2821	6596	6596			2821			海宁
1430					1430			平湖
1735	9673	9673	0.8		1735		10	桐乡
4417	30469	30413			4417	42.0	15	湖州
6875					6875			绍兴
2278	4000	4000			2278			诸暨
1711	680	680			1711			上虞
1080	736	736			1080			嵊州
2327	15826	15826	11.8	360	2687	16.7	2163	金华
40					40			兰溪
2446	12410	10710	7.5	629	3075			义乌
1150	4315		4.0		1150			东阳
	143	143			541			永康
1839	5762	5762	14.9	4318	6157			衢州
144			1.7	526	670			江山
623	2960	2960	1.7	684	1307	2.5	740	舟山
4902	26605	26016			4902	23.1	8	台州
1120	3257	3257	0.8	203	1323			温岭
	5400	5400			1473			临海
1470	10749	10749			1470			丽水
49	8	8			49			龙泉
45665	**191870**	**177798**	**254.2**	**32646**	**86073**	**14.5**	**2576**	**安徽**
17010	110206	110206	107.0	4290	21300	10	2153	合肥
4180	297	297	4.2	1498	5678			芜湖
6354	15911	15911	22.7	1474	7828			蚌埠
2159	10490	2098	17.7	5633	7792			淮南
3362	3691	3691	35.4	12300	15662			马鞍山
2584	2400	1600			2584			淮北
	9832	9832			3630			铜陵
755	4180				2955	0.3	43	安庆
			0.2	28	28			桐城
1095	2315	2315	2.3	246	1341	0.4	134	黄山

11-3 续 7

城市名称 Name of Cities	污水排放量（万立方米） Annual Quantity of Wastewater Discharged (10,000m³)	排水管道长度（公里） Length of Sewers (km)	污水管道 Sewers	污水处理厂 Wastewater 座数（座） Wastewater Treatment Plant (unit)	二、三级处理 Secondary and Tertiary Treatment	处理能力（万立方米/日） Treatment Capacity (10,000m³/day)	二、三级处理 Secondary and Tertiary Treatment	处理量（万立方米） Quantity of Wastewater Treatment (10,000m³)
滁　州	2385	322	25					
天　长	1031	103	11	1		3.0		132
明　光	680	150	51	1	1	2.0	2.0	360
阜　阳	4335	364	88	1	1	10.0	10.0	2720
界　首	1212	94	16	1	1	5.0	5.0	620
宿　州	4198	515	66	1	1	8.0	8.0	1440
巢　湖	2827	148	72	1		6.0		1800
六　安	4563	77	77	1	1	8.0	8.0	1490
亳　州	2000	328	56	1	1	8.0	8.0	886
池　州	1680	339	103	1	1	4.0	4.0	650
宣　城	1453	245	50					
宁　国	750	123	11					
福　建	**102825**	**7091**	**2834**	**23**	**19**	**207.4**	**162.9**	**50556**
福　州	19952	1005	431	1		35.0		12658
福　清	3568	260	96	1	1	6.2	6.2	2248
长　乐	1200	202	50	1	1	5.0	5.0	45
厦　门	19459	1506	530	8	8	81.7	81.7	16484
莆　田	4258	668	308	1	1	8.0	8.0	2536
三　明	4078	94	6	1	1	9.5	9.5	979
永　安	3693	99		1	1	2.0	2.0	524
泉　州	8557	406	255	1	1	15.0	15.0	3513
石　狮	7645	248	105	1		5.0		1700
晋　江	9840	820	384	1		4.0		1399
南　安	600	144	45	1	1	2.5	2.5	337
漳　州	3221	617	272	1	1	10.0	10.0	2366
龙　海	1298	94	5	1	1	5.0	5.0	
南　平	5452	88	21	1	1	8.0	8.0	2720
邵　武	1235	95						
武夷山	438	138	48	1		0.5		183
建　瓯	794	30	5					
建　阳	574	28	25					
龙　岩	3576	180	84	1	1	10.0	10.0	2864
漳　平	560	43	43					
宁　德	1024	121	46					
福　安	932	129	31					
福　鼎	871	76	44					

Treatment Plant			其他污水处理设施 Other Wastewater Treatment Facilities		污水处理总量（万立方米） Total Quantity of Wastewater Treated (10,000m³)	再生水 Recycled Water		城市名称 Name of Cities
二、三级处理 Secondary and Tertiary Treatment	干污泥产生量（吨） Quantity of Dry Mud Produced (ton)	干污泥处置量（吨） Quantity of Dry Mud Treated (ton)	处理能力（万立方米/日） Treatment Capacity (10,000m³/day)	处理量（万立方米） Quantity of Wastewater Treatment (10,000m³)		生产能力（万立方米/日） Recycled Water Production Capacity (10,000m³/day)	利用量（万立方米） Annual Quantity of Wastewater Recycled and Reused (10,000m³)	
			25.7	1107	1107			滁　州
	26	26	3.0	132	264	3	3	天　长
360	300		0.4	63	423			明　光
2720	16950	16950	3.2	664	3384	0.8	243	阜　阳
620	900	500	1.3	206	826			界　首
1440	7200	7200	9.8	1755	3195			宿　州
	4320	4320	1.0	310	2110			巢　湖
1490	1258	1258	16.0	1490	2980			六　安
886	1554	1554	2.5	700	1586			亳　州
650	40	40			650			池　州
			1.8	650	650			宣　城
				100	100			宁　国
34616	**103209**	**92754**	**122.2**	**18051**	**68607**	**2.0**	**59**	**福　建**
	16746	9938	7.5	2058	14716			福　州
2248	3647				2248			福　清
45					45			长　乐
16484	23993	23993			16484	2.0	59	厦　门
2536	13174	13174			2536			莆　田
979	770	770	17.8	1876	2855			三　明
524	1902	1902	37.4	1629	2153			永　安
3513	2274	2274	13.3	3085	6598			泉　州
	4200	4200	10.0	2550	4250			石　狮
	1290	1290	19.0	5380	6779			晋　江
337					337			南　安
2366	28313	28313			2366			漳　州
			4.0	271	271			龙　海
2720	4696	4696	10.0	420	3140			南　平
			2.0	558	558			邵　武
	3	3	0.5		183			武夷山
								建　瓯
								建　阳
2864	2201	2201			2864			龙　岩
			0.7	224	224			漳　平
								宁　德
								福　安
								福　鼎

城市名称 Name of Cities	污水排放量（万立方米） Annual Quantity of Wastewater Discharged (10,000m³)	排水管道长度（公里） Length of Sewers (km)		污水处理厂 Wastewater				
			污水管道 Sewers	座数（座） Wastewater Treatment Plant (unit)	二、三级处理 Secondary and Tertiary Treatment	处理能力（万立方米/日） Treatment Capacity (10,000m³/day)	二、三级处理 Secondary and Tertiary Treatment	处理量（万立方米） Quantity of Wastewater Treatment (10,000m³)
江　西	**63792**	**5156**	**1040**	**11**	**11**	**117.8**	**117.8**	**19129**
南　昌	18055	1183		4	4	81.0	81.0	11544
景德镇	3791	161						
乐　平	1631	85						
萍　乡	3810	255						
九　江	5727	538	134	1	1	6.0	6.0	2101
瑞　昌	781	89						
新　余	5184	599	206	1	1	8.0	8.0	1104
鹰　潭	1415	80	1					
贵　溪	808	92	21					
赣　州	4220	346	111					
瑞　金	1100	51	12					
南　康	712	186	17					
吉　安	1502	233	146	1	1	4.0	4.0	525
井冈山	273	14	5	1	1	0.8	0.8	145
宜　春	2178	290	112	1	1	4.0	4.0	1416
丰　城	2387	147	147					
樟　树	3279	154	18					
高　安	1079	96	23					
抚　州	3024	269	18	1	1	6.0	6.0	395
上　饶	2396	239	69	1	1	8.0	8.0	1899
德　兴	440	49						
山　东	**206565**	**33052**	**11621**	**93**	**85**	**560.8**	**505.3**	**145882**
济　南	25600	2800	900	1	1	42.0	42.0	13744
章　丘	2400	613	254	1	1	5.0	5.0	1683
青　岛	24676	4079	2050	9	8	58.5	53.0	15996
胶　州	1709	361	245	1	1	5.0	5.0	1458
即　墨	2524	518		1	1	6.0	6.0	1916
平　度	1901	490	118	1		7.0		1508
胶　南	3235	730	547	2	2	9.0	9.0	3031
莱　西	2135	626	335	1	1	8.0	8.0	2028
淄　博	18443	1517	493	8	7	57.0	47.0	14981
枣　庄	5601	733	123	7	7	22.0	22.0	3232
滕　州	3536	401	472	2	2	11.0	11.0	2457
东　营	4902	1278	349	2	2	15.0	15.0	2830
烟　台	8641	1700	644	2	2	29.0	29.0	7608
龙　口	1153	336	75	1	1	5.0	5.0	953
莱　阳	1449	246	25	1	1	4.0	4.0	1247

Treatment Plant			其他污水处理设施 Other Wastewater Treatment Facilities		污水处理总量（万立方米） Total Quantity of Wastewater Treated (10,000m³)	再生水 Recycled Water		城市名称 Name of Cities
二、三级处理 Secondary and Tertiary Treatment	干污泥产生量（吨） Quantity of Dry Mud Produced (ton)	干污泥处置量（吨） Quantity of Dry Mud Treated (ton)	处理能力（万立方米/日） Treatment Capacity (10,000m³/day)	处理量（万立方米） Quantity of Wastewater Treatment (10,000m³)		生产能力（万立方米/日） Recycled Water Production Capacity (10,000m³/day)	利用量（万立方米） Annual Quantity of Wastewater Recycled and Reused (10,000m³)	
19129	**13324**	**11550**	**44.5**	**5951**	**25080**			**江　西**
11544	8801	7027			11544			南　昌
								景德镇
								乐　平
								萍　乡
2101	762	762	13.5	2264	4365			九　江
								瑞　昌
1104			20.0	2090	3194			新　余
			5.0	1202	1202			鹰　潭
								贵　溪
								赣　州
								瑞　金
								南　康
525					525			吉　安
145	130	130			145			井冈山
1416	18	18			1416			宜　春
								丰　城
								樟　树
								高　安
395			6.0	395	790			抚　州
1899	3613	3613			1899			上　饶
								德　兴
133294	**501167**	**496621**	**123.8**	**20006**	**165888**	**335.3**	**12017**	**山　东**
13744			10.0	1926	15670	11.0	3000	济　南
1683	823	823	2.5	440	2123	1.0	100	章　丘
14810	90676	90172	36.1	3984	19980	5.6	693	青　岛
1458	3270	3270	1.6	89	1547			胶　州
1916	10220	10220	3.6	424	2340			即　墨
	2151	2121			1508			平　度
3031	38725	38725			3031		100	胶　南
2028	3285	3285			2028			莱　西
14143	75958	72306	7.4	1805	16786	10.0	838	淄　博
3232	5985	5815	1.0	135	3367	4.0	302	枣　庄
2457	6059	6059	0.3	109	2566			滕　州
2830			6.1	987	3817	12.8	1013	东　营
7608	57909	57909	4.2	474	8082	4.0	13	烟　台
953	950	950			953			龙　口
1247	4950	4950			1247			莱　阳

城市名称 Name of Cities	污水排放量（万立方米） Annual Quantity of Wastewater Discharged (10,000m³)	排水管道长度（公里） Length of Sewers (km)	污水管道 Sewers	污水处理厂 Wastewater 座数（座） Wastewater Treatment Plant (unit)	二、三级处理 Secondary and Tertiary Treatment	处理能力（万立方米/日） Treatment Capacity (10,000m³/day)	二、三级处理 Secondary and Tertiary Treatment	处理量（万立方米） Quantity of Wastewater Treatment (10,000m³)
莱　州	1084	465	465	1	1	5.0	5.0	890
蓬　莱	588	226	76	1	1	2.0	2.0	456
招　远	1344	255	33	1	1	5.0	5.0	657
栖　霞	536	52	14	1	1	2.0	2.0	490
海　阳	960	223	52	1		2.0		730
潍　坊	6548	878	212	4	4	17.2	17.2	4783
青　州	2068	421	127	2	2	7.0	7.0	1830
诸　城	2723	336	163	2	2	10.6	10.6	2500
寿　光	4224	431	44	1	1	12.0	12.0	3898
安　丘	2147	200	148	1	1	6.0	6.0	1868
高　密	3482	335		2	2	8.5	8.5	2984
昌　邑	1486	97		2	2	6.0	6.0	1361
济　宁	8325	811	122	2	2	24.0	24.0	7513
曲　阜	1272	140		1	1	4.0	4.0	1200
兖　州	2080	62	2	1	1	4.0	4.0	1354
邹　城	5084	164	110	1	1	8.0	8.0	2342
泰　安	4807	1111	299	1	1	16.0	16.0	3641
新　泰	2517	769	58	1	1	8.0	8.0	1938
肥　城	1555	200	95	1	1	4.0	4.0	1131
威　海	4811	2128	720	4	3	14.5	10.5	4020
文　登	1639	363	273	1	1	4.0	4.0	1408
荣　成	1178	474	397	1	1	5.0	5.0	978
乳　山	818	313	122	1	1	2.0	2.0	620
日　照	4859	877	357	2	2	10.0	10.0	3500
莱　芜	4680	640	58	3	3	9.5	9.5	2374
临　沂	7746	1554	415	4	2	28.0	6.0	6852
德　州	3856	780		1	1	10.0	10.0	2020
乐　陵	2190	195	100	1	1	2.0	2.0	720
禹　城	1568	106	95	1	1	5.0	5.0	666
聊　城	2738	819	84	2	1	10.0	5.0	1506
临　清	2607	304	60	1	1	6.0	6.0	1150
滨　州	3940	643	195	3	3	12.0	12.0	1458
菏　泽	3200	252	95	1	1	8.0	8.0	2372
河　南	**131511**	**12398**	**4176**	**47**	**46**	**371.7**	**370.7**	**84554**
郑　州	21026	2827	1474	3	3	80.0	80.0	19421
巩　义	1225	158	74	1	1	2.0	2.0	729
荥　阳	648	165		1	1	1.5	1.5	484
新　密	860	87	27	1	1	2.5	2.5	518

Treatment Plant			其他污水处理设施 Other Wastewater Treatment Facilities		污水处理总量（万立方米） Total Quantity of Wastewater Treated (10,000m³)	再生水 Recycled Water		城市名称 Name of Cities
二、三级处理 Secondary and Tertiary Treatment	干污泥产生量（吨） Quantity of Dry Mud Produced (ton)	干污泥处置量（吨） Quantity of Dry Mud Treated (ton)	处理能力（万立方米/日） Treatment Capacity (10,000m³/day)	处理量（万立方米） Quantity of Wastewater Treatment (10,000m³)		生产能力（万立方米/日） Recycled Water Production Capacity (10,000m³/day)	利用量（万立方米） Annual Quantity of Wastewater Recycled and Reused (10,000m³)	
890	1008	1008			890	2.0		莱　州
456	580	580	0.2	30	486			蓬　莱
657	2847	2847			657			招　远
490	450	450	2.0		490	1.0	98	栖　霞
	3120	3120			730		680	海　阳
4783	10751	10751			4783	1.1	320	潍　坊
1830	1885	1885			1830		720	青　州
2500	57731	57731			2500			诸　城
3898	4307	4307			3898			寿　光
1868	6570	6570			1868			安　丘
2984	7400	7400			2984			高　密
1361	1905	1905			1361			昌　邑
7513	13822	13822			7513			济　宁
1200					1200			曲　阜
1354			3.0	700	2054			兖　州
2342	3192	3192	0.1	2590	4932			邹　城
3641	3492	3492	1.1	306	3947	2.0	662	泰　安
1938	2800	2800			1938			新　泰
1131	922	922			1131	4.0	321	肥　城
2174	13456	13456			4020	3.5	1151	威　海
1408	11500	11500			1408	0.2	20	文　登
978	6300	6300	5.6	32	1010	1.0	106	荣　成
620	896	896			620			乳　山
3500	2143	2143	6.0	639	4139	4.0	1256	日　照
2374	4837	4837	6.0	1651	4025	3.0	310	莱　芜
481	24249	24249	1.0	300	7152	4.0	120	临　沂
2020	2370	2370	2.0	700	2720			德　州
720			2.0	720	1440			乐　陵
666	1140	1140	2.0	700	1366			禹　城
1397	3997	3997	4.4	915	2421			聊　城
1150	3945	3945	15.6	350	1500	260.0	180	临　清
1458	27	27			1458	1.1	9	滨　州
2372	2564	2374			2372			菏　泽
84314	**183558**	**158217**	**23.9**	**5240**	**89794**	**20.0**	**2444**	**河　南**
19421	28790	9485	0.4	80	19501	5.0	1679	郑　州
729					729			巩　义
484			0.3	90	574			荥　阳
518	4610	4610			518			新　密

城市名称 Name of Cities	污水排放量（万立方米）Annual Quantity of Wastewater Discharged (10,000m³)	排水管道长度（公里）Length of Sewers (km)	污水管道 Sewers	污水处理厂 Wastewater 座数（座）Wastewater Treatment Plant (unit)	二、三级处理 Secondary and Tertiary Treatment	处理能力（万立方米/日）Treatment Capacity (10,000m³/day)	二、三级处理 Secondary and Tertiary Treatment	处理量（万立方米）Quantity of Wastewater Treatment (10,000m³)
新　　郑	1107	96		1	1	3.0	3.0	950
登　　封	450	151		1	1	3.0	3.0	450
开　　封	5337	441		1	1	8.0	8.0	1400
洛　　阳	13459	1133	384	2	2	40.0	40.0	10545
偃　　师	780	72	30	1	1	2.0	2.0	548
平 顶 山	6776	283	89	1	1	25.0	25.0	5400
舞　　钢	2620	50	40	1	1	1.0	1.0	147
汝　　州	732	115		1	1	4.0	4.0	602
安　　阳	9450	641	300	4	4	26.7	26.7	5208
林　　州	993	108	18	1	1	2.5	2.5	220
鹤　　壁	3000	263	40	2	2	11.0	11.0	2252
新　　乡	7120	631	275	2	2	30.0	30.0	4984
卫　　辉	1515	88	27	1	1	2.5	2.5	
辉　　县	1200	131	26	1	1	2.5	2.5	784
焦　　作	6020	613	133	1	1	10.0	10.0	3639
沁　　阳	888	185		1	1	2.0	2.0	728
孟　　州	1600	176	86	1	1	3.0	3.0	
濮　　阳	5628	266	121	1	1	10.0	10.0	1500
许　　昌	3102	411	256	1	1	8.0	8.0	2490
禹　　州	1632	136	54	1	1	5.0	5.0	
长　　葛	1186	128	32	1	1	3.0	3.0	1032
漯　　河	7231	429		1	1	13.0	13.0	2848
三 门 峡	1830	151	61	1	1	8.0	8.0	1820
义　　马	991	48		1	1	2.5	2.5	300
灵　　宝	1320	94	11	1	1	3.0	3.0	834
南　　阳	4447	609	156	1	1	10.0	10.0	2131
邓　　州	815	112		1	1	3.0	3.0	
商　　丘	3510	229	74	1	1	8.0	8.0	2949
永　　城	360	140	8	1		1.0		240
信　　阳	3937	40	18	1	1	10.0	10.0	2628
周　　口	1800	300	165	1	1	5.0	5.0	1314
项　　城	1782	244	107	2	2	5.0	5.0	1262
驻 马 店	2837	383	49	1	1	10.0	10.0	2555
济　　源	2297	264	41	1	1	5.0	5.0	1642
湖　　北	**202596**	**13445**	**2228**	**28**	**24**	**296.3**	**252.3**	**85061**
武　　汉	69455	6126	414	11	9	162.5	134.5	51881
黄　　石	13100	432	140	2	1	16.5	4.0	4730
大　　冶	2000	125	20					

Treatment Plant			其他污水处理设施 Other Wastewater Treatment Facilities		污水处理总量（万立方米）	再生水 Recycled Water		城市名称
二、三级处理 Secondary and Tertiary Treatment	干污泥产生量（吨） Quantity of Dry Mud Produced (ton)	干污泥处置量（吨） Quantity of Dry Mud Treated (ton)	处理能力（万立方米/日） Treatment Capacity (10,000m³/day)	处理量（万立方米） Quantity of Wastewater Treatment (10,000m³)	Total Quantity of Wastewater Treated (10,000m³)	生产能力（万立方米/日） Recycled Water Production Capacity (10,000m³/day)	利用量（万立方米） Annual Quantity of Wastewater Recycled and Reused (10,000m³)	Name of Cities
950	1300	1250			950	3.0		新郑
450	6000	6000			450			登封
1400	200	200			1400			开封
10545	15252	15252			10545	7.0	755	洛阳
548	365	365			548			偃师
5400	4832	4832	1.2	430	5830			平顶山
147			4.0	1080	1227			舞钢
602	1174	1174			602			汝州
5208	23194	23194	9.5	2300	7508			安阳
220	306	306			220			林州
2252	4939	4939			2252			鹤壁
4984	4640	4640			4984			新乡
								卫辉
784	431	431			784			辉县
3639	7347	7347			3639			焦作
728	730	730			728			沁阳
								孟州
1500					1500			濮阳
2490	5840	4960			2490	5.0		许昌
			8.0	1095	1095			禹州
1032	949	949			1032			长葛
2848	12000	9000	0.5	165	3013			漯河
1820	1216	1216			1820			三门峡
300	776	776			300			义马
834	3368	3368			834			灵宝
2131	33280	33280			2131			南阳
								邓州
2949	1050				2949			商丘
	220	220			240			永城
2628	376				2628			信阳
1314	1900	1900			1314			周口
1262	1769	1089			1262			项城
2555	10600	10600			2555			驻马店
1642	6104	6104			1642			济源
71849	**184944**	**183922**	**209.2**	**43078**	**128139**	**42.0**	**15043**	**湖北**
43019	156023	156023	19.5	4007	55888	42.0	15043	武汉
880	3160	3160	35.2	4800	9530			黄石
			5.0	1000	1000			大冶

城市名称 Name of Cities	污水排放量（万立方米） Annual Quantity of Wastewater Discharged (10,000m³)	排水管道长度（公里） Length of Sewers (km)	污水管道 Sewers	污水处理厂 Wastewater 座数（座） Wastewater Treatment Plant (unit)	二、三级处理 Secondary and Tertiary Treatment	处理能力（万立方米/日） Treatment Capacity (10,000m³/day)	二、三级处理 Secondary and Tertiary Treatment	处理量（万立方米） Quantity of Wastewater Treatment (10,000m³)
十　堰	10290	372	320	1	1	16.5	16.5	2000
丹江口	1787	178						
宜　昌	8214	461	300	4	4	26.8	26.8	6751
宜　都	1310	101						
当　阳	900	116						
枝　江	860	121						
襄　樊	9682	531	65	1	1	20.0	20.0	6778
老河口	1430	208	38					
枣　阳	1212	139	21					
宜　城	1278	106	8					
鄂　州	24172	324	270	1	1	6.0	6.0	1500
荆　门	3460	460	206	1	1	5.0	5.0	1800
钟　祥	1560	116	17					
孝　感	2612	265	17	1		3.5		500
应　城	1708	91						
安　陆	2527	101						
汉　川	1561	119						
荆　州	8706	379	79	1	1	10.0	10.0	2470
石　首	800	162		1	1	1.5	1.5	540
洪　湖	3498	255	127	1	1	7.0	7.0	657
松　滋	650	205						
黄　冈	2975	178	28					
麻　城	2090	127						
武　穴	1790	75						
咸　宁	2050	92	30					
赤　壁	2620	145	15					
随　州	2250	150						
广　水	1239	83	5					
恩　施	1800	71	16	1	1	6.0	6.0	1482
利　川	945	37						
仙　桃	5011	503	50	1	1	8.5	8.5	1900
潜　江	4254	365	25	1	1	6.5	6.5	2072
天　门	2800	126	17					
湖　南	**154783**	**7610**	**1719**	**26**	**26**	**220.4**	**220.4**	**32536**
长　沙	29000	1132		5	5	90.0	90.0	12698
浏　阳	1200	68		2	2	5.0	5.0	815
株　洲	14400	536	52	3	3	17.2	17.2	4526
醴　陵	720	76						

Treatment Plant			其他污水处理设施 Other Wastewater Treatment Facilities		污水处理总量（万立方米）	再生水 Recycled Water		城市名称
二、三级处理 Secondary and Tertiary Treatment	干污泥产生量（吨） Quantity of Dry Mud Produced (ton)	干污泥处置量（吨） Quantity of Dry Mud Treated (ton)	处理能力（万立方米/日） Treatment Capacity (10,000m³/day)	处理量（万立方米） Quantity of Wastewater Treatment (10,000m³)	Total Quantity of Wastewater Treated (10,000m³)	生产能力（万立方米/日） Recycled Water Production Capacity (10,000m³/day)	利用量（万立方米） Annual Quantity of Wastewater Recycled and Reused (10,000m³)	Name of Cities
2000	4278	4278	17.3	2260	4260			十堰
								丹江口
6751	9461	9452			6751			宜昌
			4.4	940	940			宜都
			4.0	500	500			当阳
			1.8	640	640			枝江
6778	1013		2.6	560	7338			襄樊
			5.0	1245	1245			老河口
			8.5	850	850			枣阳
								宜城
1500			53.4	12900	14400			鄂州
1800	2382	2382	9.0	1205	3005			荆门
			2.5	870	870			钟祥
	10	10	3.0	1080	1580			孝感
			3.5	1242	1242			应城
			1.7	530	530			安陆
			1.6	581	581			汉川
2470	4912	4912	1.6	578	3048			荆州
540					540			石首
657	3500	3500			657			洪湖
								松滋
			7.5	1914	1914			黄冈
			5.0	1040	1040			麻城
			2.7	910	910			武穴
								咸宁
								赤壁
			5.0	1102	1102			随州
			3.0	520	520			广水
1482	205	205	0.1	36	1518			恩施
			0.5	146	146			利川
1900			3.0	780	2680			仙桃
2072			2.8	842	2914			潜江
								天门
32536	**85708**	**85683**	**219.0**	**39195**	**71731**	**49.0**	**806**	**湖南**
12698	32800	32800	4.0	1426	14124			长沙
815	6205	6205			815			浏阳
4526	15341	15341	17.0	4400	8926		465	株洲
			3.6	288	288			醴陵

城市名称 Name of Cities	污水排放量（万立方米） Annual Quantity of Wastewater Discharged (10,000m³)	排水管道长度（公里） Length of Sewers (km)		污水处理厂 Wastewater				
			污水管道 Sewers	座数（座） Wastewater Treatment Plant (unit)	二、三级处理 Secondary and Tertiary Treatment	处理能力（万立方米/日） Treatment Capacity (10,000m³/day)	二、三级处理 Secondary and Tertiary Treatment	处理量（万立方米） Quantity of Wastewater Treatment (10,000m³)
湘　潭	14000	675	175	1	1	10.0	10.0	2315
湘　乡	2300	63	19					
韶　山	365	150	30	1	1	0.5	0.5	169
衡　阳	11080	758	135	1	1	15.0	15.0	
耒　阳	1520	226	65					
常　宁	2520	229	68					
邵　阳	5988	465	28	1	1	10.0	10.0	
武　冈	1670	120						
岳　阳	13500	458		1	1	10.0	10.0	2569
汨　罗	966	86						
临　湘	1460	132		1	1	6.0	6.0	629
常　德	5350	429	281	1	1	15.0	15.0	2635
津　市	1243	59	59					
张家界	1600	151	26	3	3	2.7	2.7	803
益　阳	3505	452	452	1	1	10.0	10.0	1761
沅　江	2480	30	15					
郴　州	6610	233	118	1	1	8.0	8.0	1530
资　兴	896	52	28	1	1	1.0	1.0	223
永　州	6110	283	131	1	1	10.0	10.0	1863
怀　化	5660	145		1	1	5.0	5.0	
洪　江	398	22						
娄　底	7100	298	14	1	1	5.0	5.0	
冷水江	9060	87						
涟　源	1300	52						
吉　首	2782	143	23					
广　东	**508153**	**30629**	**6038**	**90**	**76**	**736.6**	**642.0**	**210619**
广　州	101566	5548	11	10	6	183.7	175.3	62147
增　城	6978	100	95	1	1	2.5	2.5	367
从　化	1096	72		1	1	0.6	0.6	
韶　关	3342	371	6	3	3	8.8	8.8	1367
乐　昌	2							
南　雄	483	36	28	1	1	1.5	1.5	183
深　圳	121346	6808	2245	14	12	226.7	223.0	60049
珠　海	19239	1136	516	7	7	27.8	27.8	8582
汕　头	20655	1607	155	1	1	14.0	14.0	4961
佛　山	34384	1372	179	16	13	78.0	27.0	24354
江　门	16451	1094	70	3	3	13.0	13.0	4246
台　山	2533	816	8	1	1	4.0	4.0	

Treatment Plant			其他污水处理设施 Other Wastewater Treatment Facilities		污水处理总量（万立方米） Total Quantity of Wastewater Treated (10,000m³)	再生水 Recycled Water		城市名称 Name of Cities
二、三级处理 Secondary and Tertiary Treatment	干污泥产生量（吨） Quantity of Dry Mud Produced (ton)	干污泥处置量（吨） Quantity of Dry Mud Treated (ton)	处理能力（万立方米/日） Treatment Capacity (10,000m³/day)	处理量（万立方米） Quantity of Wastewater Treatment (10,000m³)		生产能力（万立方米/日） Recycled Water Production Capacity (10,000m³/day)	利用量（万立方米） Annual Quantity of Wastewater Recycled and Reused (10,000m³)	
2315	2765	2765	20.0	6054	8369	10.0	310	湘潭
			5.2	820	820			湘乡
169					169			韶山
			27.3	1940	1940			衡阳
			1.2	356	356			耒阳
			2.2	705	705			常宁
			5.0	1648	1648			邵阳
			1.0	234	234			武冈
2569	2984	2984	20.0	6014	8583			岳阳
			3.0	119	119			汨罗
629	395	395			629			临湘
2635			3.0	711	3346			常德
			6.0	436	436			津市
803	75	50	0.9	276	1079			张家界
1761	17352	17352			1761			益阳
			2.0	780	780			沅江
1530	4541	4541	12.0	3037	4567			郴州
223			1.8	510	733			资兴
1863	3250	3250	13.0	400	2263	39.0	31	永州
			3.4	1017	1017			怀化
			0.7	60	60			洪江
			38.5	2800	2800			娄底
			22.0	4005	4005			冷水江
			4.0	365	365			涟源
			2.2	794	794			吉首
185116	**788991**	**776186**	**311.3**	**73793**	**284412**	**26.4**	**5685**	广东
61336	301959	301959	159.0	13160	75307			广州
367	13		5.0	734	1101	1.2	10	增城
	82	82	0.6	178	178			从化
1367	765	765	10.3	1810	3177			韶关
								乐昌
183	25	25			183			南雄
58721	328800	328800	50.7	18505	78554		105	深圳
8582	15232	11774			8582			珠海
4961	16605	16605			4961			汕头
7326	35264	35032			24354			佛山
4246	9804	9804			4246			江门
								台山

城市名称 Name of Cities	污水排放量（万立方米） Annual Quantity of Wastewater Discharged (10,000m³)	排水管道长度（公里） Length of Sewers (km)		污水处理厂 Wastewater				
			污水管道 Sewers	座数（座） Wastewater Treatment Plant (unit)	二、三级处理 Secondary and Tertiary Treatment	处理能力（万立方米/日） Treatment Capacity (10,000m³/day)	二、三级处理 Secondary and Tertiary Treatment	处理量（万立方米） Quantity of Wastewater Treatment (10,000m³)
开　平	3136	307	307	1		5.0		525
鹤　山	2731	197	13	1	1	2.0	2.0	778
恩　平	1072	173						
湛　江	18250	207	9	1	1	5.0	5.0	1814
廉　江	816	186						
雷　州	886	54	12					
吴　川	985	120	30					
茂　名	4756	278	139	1	1	9.5	9.5	2986
高　州	1271	118	89					
化　州	1738	79						
信　宜	1450	98						
肇　庆	6374	474	61	2	2	11.0	11.0	3913
高　要	1298	101	42	1	1	2.0	2.0	576
四　会	2750	218		1	1	3.0	3.0	1100
惠　州	20171	601	543	3	2	27.0	24.0	7469
梅　州	3152	290		1	1	5.0	5.0	990
兴　宁	1362	628	323					
汕　尾	1732	168	65					
陆　丰	730	160						
河　源	1996	159	56	1	1	4.0	4.0	1235
阳　江	3745	7	4	1	1	2.0	2.0	723
阳　春	1200	118	6	1	1	2.0	2.0	715
清　远	602	216	86	1		2.0		468
英　德	2754	44	24	1	1	3.0	3.0	697
连　州	706	134	3					
东　莞	73675	5100	782	10	9	60.5	59.0	12565
中　山	6046	493	44	1		20.0		3897
潮　州	3440	300		1	1	8.0	8.0	2602
揭　阳	5114	158		1	1			
普　宁	2055	300						
云　浮	1780	44	9	1	1	3.0	3.0	1095
罗　定	2305	139	78	1	1	2.0	2.0	215
广　西	**115268**	**4692**	**697**	**9**	**8**	**104.5**	**84.5**	**17243**
南　宁	23503	679	110	2	2	44.0	44.0	5536
柳　州	38481	774	43	1	1	10.0	10.0	3500
桂　林	9166	498	301	4	4	22.5	22.5	5914
梧　州	3774	108						
岑　溪	944	47						

Treatment Plant			其他污水处理设施 Other Wastewater Treatment Facilities		污水处理总量（万立方米） Total Quantity of Wastewater Treated (10,000m³)	再生水 Recycled Water		城市名称 Name of Cities
二、三级处理 Secondary and Tertiary Treatment	干污泥产生量（吨） Quantity of Dry Mud Produced (ton)	干污泥处置量（吨） Quantity of Dry Mud Treated (ton)	处理能力（万立方米/日） Treatment Capacity (10,000m³/day)	处理量（万立方米） Quantity of Wastewater Treatment (10,000m³)		生产能力（万立方米/日） Recycled Water Production Capacity (10,000m³/day)	利用量（万立方米） Annual Quantity of Wastewater Recycled and Reused (10,000m³)	
	1425	1425	7.0	1050	1575			开平
778	500	500			778			鹤山
								恩平
1814	8030	8030	50.0	7893	9707			湛江
								廉江
								雷州
								吴川
2986	8500	83			2986			茂名
			5.0					高州
								化州
								信宜
3913	13313	13313	5.4	420	4333			肇庆
576	369	369	2.0	50	626			高要
1100	1860	1860	0.3	100	1200			四会
6753	4447	4447			7469			惠州
990	126	126	5.0	900	1890			梅州
								兴宁
								汕尾
								陆丰
1235	1643	1643			1235			河源
723	685		2.0	723	1446			阳江
715	800	800			715			阳春
	1080	1080			468			清远
697	1050	1050	6.0	1697	2394			英德
								连州
11835	6059	6059		25498	38063	25.2	5570	东莞
	27078	27078			3897			中山
2602	2807	2807			2602			潮州
								揭阳
								普宁
1095	670	670	1.0	360	1455			云浮
215			2.0	715	930			罗定
16448	**35596**	**24998**	**553.2**	**39689**	**56932**		**2**	**广西**
5536	11729	3660	82.4	13104	18640			南宁
3500	14896	14565	413.6	18387	21887		2	柳州
5914	8796	6598	11.6	480	6394			桂林
								梧州
								岑溪

11-3 续 14

城市名称 Name of Cities	污水排放量（万立方米） Annual Quantity of Wastewater Discharged ($10,000m^3$)	排水管道长度（公里） Length of Sewers (km)		污水处理厂 Wastewater				
			污水管道 Sewers	座数（座） Wastewater Treatment Plant (unit)	二、三级处理 Secondary and Tertiary Treatment	处理能力（万立方米/日） Treatment Capacity ($10,000m^3$/day)	二、三级处理 Secondary and Tertiary Treatment	处理量（万立方米） Quantity of Wastewater Treatment ($10,000m^3$)
北　海	2920	281	18	1		20.0		795
防城港	1921	140						
东　兴	732	96	9					
钦　州	2783	278	129	1	1	8.0	8.0	1498
贵　港	7979	226	60					
桂　平	1809	75						
玉　林	3829	283						
北　流	2317	189						
百　色	3232	97	2					
贺　州	1300	185	14					
河　池	4160	120						
宜　州	3019	321						
来　宾	1675	125	7					
合　山	604	57						
崇　左	814	84						
凭　祥	306	29	4					
海　南	**19341**	**2175**	**498**	**2**		**38.0**		**12153**
海　口	12030	943	338	1		30.0		10249
三　亚	3626	327	111	1		8.0		1904
五指山		2						
琼　海	1099	260	49					
儋　州	837	252						
文　昌	798	294						
万　宁	260	60						
东　方	691	37						
重　庆	**52379**	**5241**	**2137**	**23**	**13**	**169.8**	**129.8**	**38645**
四　川	**122790**	**11780**	**4161**	**33**	**26**	**231.3**	**201.3**	**60220**
成　都	39962	3949	1739	4	3	110.5	104.5	32444
都江堰	2277	204	27	1	1	4.0	4.0	763
彭　州	1334	173	54	1	1	3.0	3.0	540
邛　崃	884	163	24	1		2.0		305
崇　州	970	133						
自　贡	5102	409	42	2	2	6.5	6.5	2375
攀枝花	8065	524	471	2	2	7.5	7.5	2080
泸　州	8453	649	16	1	1	5.0	5.0	1206
德　阳	4552	307	26	1	1	10.0	10.0	3325
广　汉	2810	172	29					

Treatment Plant			其他污水处理设施 Other Wastewater Treatment Facilities		污水处理总量（万立方米）	再生水 Recycled Water		城市名称
二、三级处理 Secondary and Tertiary Treatment	干污泥产生量（吨） Quantity of Dry Mud Produced (ton)	干污泥处置量（吨） Quantity of Dry Mud Treated (ton)	处理能力（万立方米/日） Treatment Capacity (10,000m^3/day)	处理量（万立方米） Quantity of Wastewater Treatment (10,000m^3)	Total Quantity of Wastewater Treated (10,000m^3)	生产能力（万立方米/日） Recycled Water Production Capacity (10,000m^3/day)	利用量（万立方米） Annual Quantity of Wastewater Recycled and Reused (10,000m^3)	Name of Cities
			5.0	634	1429			北　海
								防城港
								东　兴
1498	175	175	2.0	490	1988			钦　州
			2.9	910	910			贵　港
			1.2	420	420			桂　平
								玉　林
								北　流
								百　色
								贺　州
			28.1	3611	3611			河　池
			6.3	1651	1651			宜　州
			0.1	2	2			来　宾
								合　山
								崇　左
								凭　祥
	16477	**16477**	**3.0**	**710**	**12863**			**海　南**
	13672	13672			10249			海　口
	2805	2805	3.0	710	2614			三　亚
								五指山
								琼　海
								儋　州
								文　昌
								万　宁
								东　方
34723	**34279**	**14478**	**5.9**	**316**	**38961**	**71.1**	**216**	**重　庆**
55513	**273121**	**273042**	**35.7**	**7538**	**67758**	**19.1**	**109**	**四　川**
30698	118043	118043	1.2	320	32764	0.1	32	成　都
763	75				763			都江堰
540	3600	3600			540			彭　州
	477	473	2.0	365	670			邛　崃
								崇　州
2375	8841	8841	8.4	1321	3696			自　贡
2080	2506	2506	0.9	214	2294			攀枝花
1206	40000	40000	14.1	4253	5459			泸　州
3325	3200	3200			3325			德　阳
								广　汉

11-3 续 15

城市名称 Name of Cities	污水排放量（万立方米） Annual Quantity of Wastewater Discharged (10,000m³)	排水管道长度（公里） Length of Sewers (km)		污水处理厂 Wastewater				
			污水管道 Sewers	座数（座） Wastewater Treatment Plant (unit)	二、三级处理 Secondary and Tertiary Treatment	处理能力（万立方米/日） Treatment Capacity (10,000m³/day)	二、三级处理 Secondary and Tertiary Treatment	处理量（万立方米） Quantity of Wastewater Treatment (10,000m³)
什邡	925	103	29	1	1	3.0	3.0	
绵竹	645	121						
绵阳	6527	762	344	3	3	17.1	17.1	5448
江油	818	158	81	1		5.0		580
广元	1935	257	121	1	1	5.0	5.0	1438
遂宁	1419	381	179	2	2	5.0	5.0	1095
内江	2526	205	17	1		5.0		813
乐山	3338	419	22	1	1	5.0	5.0	1409
峨眉山	850	47	10	1	1	4.0	4.0	489
南充	5330	630	198	1	1	6.0	6.0	1514
阆中	1513	172	53	1		3.0		202
眉山	2671	252	205	1		4.0		852
宜宾	4004	200	11	1		5.0		209
广安	670	213	94	1	1	1.7	1.7	529
华蓥	982	101	12					
达州	5690	118	108	1	1	4.0	4.0	800
万源	819	63						
雅安	1095	105	24	1	1	5.0	5.0	482
巴中	1831	163	27	1	1	4.0	4.0	1098
资阳	2008	138	52					
简阳	680	64	22					
西昌	2105	425	124	1	1	1.0	1.0	224
贵州	**28314**	**3089**	**1044**	**12**	**11**	**51.5**	**48.5**	**11078**
贵阳	13854	1798	899	4	4	18.5	18.5	4994
清镇	127	42						
六盘水	1749	60		1	1	5.0	5.0	1038
遵义	5012	222		2	1	8.0	5.0	2426
赤水	259	71		1	1	2.0	2.0	219
仁怀	447	35		1	1	2.0	2.0	401
安顺	900	132	32					
铜仁	1520	152						
兴义	1140	200	40	1	1	3.0	3.0	397
毕节	1022	68	65	1	1	8.0	8.0	1003
凯里	1233	143		1	1	5.0	5.0	600
都匀	692	128						
福泉	359	38	8					
云南	**49791**	**4097**	**1496**	**23**	**22**	**110.7**	**110.2**	**29537**

Treatment Plant			其他污水处理设施 Other Wastewater Treatment Facilities		污水处理总量（万立方米） Total Quantity of Wastewater Treated (10,000m³)	再生水 Recycled Water		城市名称 Name of Cities
二、三级处理 Secondary and Tertiary Treatment	干污泥产生量（吨） Quantity of Dry Mud Produced (ton)	干污泥处置量（吨） Quantity of Dry Mud Treated (ton)	处理能力（万立方米/日） Treatment Capacity (10,000m³/day)	处理量（万立方米） Quantity of Wastewater Treatment (10,000m³)		生产能力（万立方米/日） Recycled Water Production Capacity (10,000m³/day)	利用量（万立方米） Annual Quantity of Wastewater Recycled and Reused (10,000m³)	
								什　邡
								绵　竹
5448	6697	6697	0.1	4	5452			绵　阳
	1968	1968			580			江　油
1438	175	175			1438			广　元
1095	1589	1589			1095			遂　宁
	949	949			813		37	内　江
1409	1091	1091			1409			乐　山
489	537	537			489			峨眉山
1514	5880	5880			1514	6.0	30	南　充
					202	3.0		阆　中
	1100	1100	4.0	852	1704			眉　山
			5.0	209	418			宜　宾
529	231	231			529			广　安
								华　蓥
800	1080	1080			800			达　州
								万　源
482	73013	73013			482			雅　安
1098	1977	1977			1098	10.0	10	巴　中
								资　阳
								简　阳
224	92	92			224			西　昌
10122	**29812**	**29812**			**11078**			**贵　州**
4994	23147	23147			4994			贵　阳
								清　镇
1038	5865	5865			1038			六盘水
1470					2426			遵　义
219	400	400			219			赤　水
401	400	400			401			仁　怀
								安　顺
								铜　仁
397					397			兴　义
1003					1003			毕　节
600					600			凯　里
								都　匀
								福　泉
29459	**35516**	**35344**	**20.9**	**3035**	**32572**	**8.4**	**2794**	**云　南**

城市名称 Name of Cities	污水排放量（万立方米） Annual Quantity of Wastewater Discharged (10,000m³)	排水管道长度（公里） Length of Sewers (km)		污水处理厂 Wastewater				
			污水管道 Sewers	座数（座） Wastewater Treatment Plant (unit)	二、三级处理 Secondary and Tertiary Treatment	处理能力（万立方米/日） Treatment Capacity (10,000m³/day)	二、三级处理 Secondary and Tertiary Treatment	处理量（万立方米） Quantity of Wastewater Treatment (10,000m³)
昆　明	27586	1263	490	6	6	55.5	55.5	17633
安　宁	1270	150	45	1	1	3.3	3.3	980
曲　靖	2586	383	255	1	1	8.0	8.0	1820
宣　威	2398	124	39	1	1	3.0	3.0	739
玉　溪	2278	323	78	1	1	5.0	5.0	1222
保　山	2016	256	136	1	1	1.0	1.0	360
昭　通	983	96	28	1	1	6.0	6.0	490
丽　江	910	102	75	2	2	4.0	4.0	862
普　洱	695	162	35	1	1	2.0	2.0	
临　沧	400	60						
楚　雄	1385	82	18	1	1	4.0	4.0	905
个　旧	1073	91	3	1	1	3.0	3.0	902
开　远	2435	104	28	1	1	3.0	3.0	715
景　洪	1132	84	24	1	1	5.0	5.0	748
大　理	2041	398	164	2	1	5.9	5.4	1924
瑞　丽	387	133	28	1	1	0.5	0.5	129
潞　西	216	286	50	1	1	1.5	1.5	108
西　藏	**7203**	**310**						
拉　萨	6203	240						
日喀则	1000	70						
陕　西	**54494**	**4303**	**1963**	**11**	**11**	**75.0**	**75.0**	**21043**
西　安	24719	1964	864	4	4	43.5	43.5	12338
铜　川	1105	277	136	1	1	3.5	3.5	641
宝　鸡	4974	454	215	1	1	9.0	9.0	2880
咸　阳	9169	323	228	1	1	2.5	2.5	816
兴　平	1784	37						
渭　南	2430	272	79	1	1	6.0	6.0	1648
韩　城	2145	83	41					
华　阴	1038	57						
延　安	1075		61	1	1	2.5	2.5	820
汉　中	3000	392	330	1	1	5.0	5.0	1900
榆　林	800	280						
安　康	1300	89	3	1	1	3.0	3.0	
商　洛	955	75	6					
甘　肃	**40673**	**2653**	**974**	**15**	**15**	**94.2**	**94.2**	**17448**

Treatment Plant			其他污水处理设施 Other Wastewater Treatment Facilities		污水处理总量（万立方米） Total Quantity of Wastewater Treated (10,000m^3)	再生水 Recycled Water		城市名称 Name of Cities
二、三级处理 Secondary and Tertiary Treatment	干污泥产生量（吨） Quantity of Dry Mud Produced (ton)	干污泥处置量（吨） Quantity of Dry Mud Treated (ton)	处理能力（万立方米/日） Treatment Capacity (10,000m^3/day)	处理量（万立方米） Quantity of Wastewater Treatment (10,000m^3)		生产能力（万立方米/日） Recycled Water Production Capacity (10,000m^3/day)	利用量（万立方米） Annual Quantity of Wastewater Recycled and Reused (10,000m^3)	
17633	19921	19921			17633		2192	昆　明
980	322	250			980			安　宁
1820	1136	1136	4.9	503	2323			曲　靖
739	739	739	6.8	1415	2154			宣　威
1222	1396	1396			1222			玉　溪
360			1.0	360	720	1.0		保　山
490	1296	1296	6.0	490	980	2.4		昭　通
862	1100	1000	0.2	30	892	2.0	560	丽　江
								普　洱
								临　沧
905	1643	1643			905			楚　雄
902	910	910			902	3.0	37	个　旧
715	3627	3627			715			开　远
748	247	247			748			景　洪
1846	1619	1619			1924		5	大　理
129	1350	1350	0.5	129	258			瑞　丽
108	210	210	1.5	108	216			潞　西
								西　藏
								拉　萨
								日喀则
21043	**104912**	**104912**	**29.0**	**6873**	**27916**	**17.0**	**961**	**陕　西**
12338	87147	87147	10.0	2880	15218	16.0	961	西　安
641	704	704			641			铜　川
2880	5494	5494	3.0	820	3700	1.0		宝　鸡
816	2920	2920	10.0	2862	3678			咸　阳
								兴　平
1648	4112	4112	6.0	311	1959			渭　南
								韩　城
								华　阴
820	2025	2025			820			延　安
1900	1050	1050			1900			汉　中
								榆　林
	1460	1460						安　康
								商　洛
17448	**19293**	**14090**	**31.6**	**4677**	**22125**	**26.4**	**12**	**甘　肃**

城市名称 Name of Cities	污水排放量（万立方米） Annual Quantity of Wastewater Discharged (10,000m³)	排水管道长度（公里） Length of Sewers (km)		污水处理厂 Wastewater				
			污水管道 Sewers	座数（座） Wastewater Treatment Plant (unit)	二、三级处理 Secondary and Tertiary Treatment	处理能力（万立方米/日） Treatment Capacity (10,000m³/day)	二、三级处理 Secondary and Tertiary Treatment	处理量（万立方米） Quantity of Wastewater Treatment (10,000m³)
兰　州	21900	555		4	4	46.0	46.0	8067
嘉峪关	2713	320	320	1	1	5.0	5.0	1796
金　昌	2797	54	54	1	1	8.0	8.0	1624
白　银	3202	136	102	1	1	4.0	4.0	730
天　水	2091	321	19	1	1	6.0	6.0	1278
武　威	1095	130		1	1	9.0	9.0	843
张　掖	946	198		1	1	4.0	4.0	770
平　凉	1050	190	122	1	1	5.0	5.0	420
酒　泉	1470	234	210	1	1	4.0	4.0	1084
玉　门	1107	126	26	1	1	0.7	0.7	220
敦　煌	600	122	22					
庆　阳	342	72	11					
定　西	310	78	28	1	1	1.0	1.0	216
陇　南	295	49	15					
临　夏	600	38	25	1	1	1.5	1.5	400
合　作	155	30	20					
青　海	**9560**	**730**	**451**	**2**	**2**	**13.5**	**13.5**	**3066**
西　宁	7496	515	295	1	1	8.5	8.5	2700
格尔木	2064	142	142	1	1	5.0	5.0	366
德令哈		73	14					
宁　夏	**21961**	**1060**	**245**	**9**	**9**	**51.0**	**51.0**	**10390**
银　川	7247	421	11	4	4	30.0	30.0	5959
灵　武	237	51						
石嘴山	6800	198	198	1	1	6.0	6.0	1168
吴　忠	2198	88		1	1	6.0	6.0	1912
青铜峡	4273	88	28	1	1	3.0	3.0	442
固　原	396	130	8	1	1	2.0	2.0	288
中　卫	810	84		1	1	4.0	4.0	621
新　疆	**42090**	**3441**	**2297**	**24**	**17**	**136.9**	**117.7**	**25133**
乌鲁木齐	17712	1023	966	4	3	35.0	32.0	8448
克拉玛依	4282	349	81	3	3	16.7	16.7	3814
吐鲁番	335	50	50	1		3.0		218
哈　密	1284	196	196	1	1	10.0	10.0	985
昌　吉	1116	133		1	1	10.0	10.0	1082
阜　康	210	41		1		3.0		189
博　乐	395	55	55					

Treatment Plant			其他污水处理设施 Other Wastewater Treatment Facilities		污水处理总量（万立方米） Total Quantity of Wastewater Treated (10,000m³)	再生水 Recycled Water		城市名称 Name of Cities
二、三级处理 Secondary and Tertiary Treatment	干污泥产生量（吨） Quantity of Dry Mud Produced (ton)	干污泥处置量（吨） Quantity of Dry Mud Treated (ton)	处理能力（万立方米/日） Treatment Capacity (10,000m³/day)	处理量（万立方米） Quantity of Wastewater Treatment (10,000m³)		生产能力（万立方米/日） Recycled Water Production Capacity (10,000m³/day)	利用量（万立方米） Annual Quantity of Wastewater Recycled and Reused (10,000m³)	
8067	3085	375	8.0	2900	10967	0.1	10	兰州
1796	2000	2000	5.0	2	1798			嘉峪关
1624	20	20	5.0	808	2432	8.0		金昌
730	4183	4138	3.1	517	1247			白银
1278					1278			天水
843	3150	3150			843			武威
770					770			张掖
420	2740	292	5.0	150	570			平凉
1084	3000	3000			1084			酒泉
220	20	20			220			玉门
			2.5	300	300			敦煌
								庆阳
216	1095	1095			216	18.3	2	定西
			3.0					陇南
400					400			临夏
								合作
3066	**6836**	**6836**			**3066**		**10**	**青海**
2700	6836	6836			2700		10	西宁
366					366			格尔木
								德令哈
10390	**23662**	**23628**	**11.0**	**2805**	**13195**	**10.0**	**189**	**宁夏**
5959	6712	6712			5959	4.0	96	银川
								灵武
1168					1168	6.0	93	石嘴山
1912	12134	12134	1.0	1	1913			吴忠
442	1755	1755	10.0	2804	3246			青铜峡
288	1000	1000			288			固原
621	2061	2027			621			中卫
22371	**44352**	**13786**	**33.2**	**2856**	**27989**	**6.2**	**5290**	**新疆**
7790	4458	4458	7.0	1154	9602		3289	乌鲁木齐
3814	6009	5893			3814	1.2	504	克拉玛依
					218			吐鲁番
985	821	821	0.4	145	1130			哈密
1082	720	720			1082			昌吉
	1000	1000			189			阜康
			1.5	300	300			博乐

城市名称 Name of Cities	污水排放量（万立方米） Annual Quantity of Wastewater Discharged (10,000m³)	排水管道长度（公里） Length of Sewers (km)		污水处理厂 Wastewater				
			污水管道 Sewers	座数（座） Wastewater Treatment Plant (unit)	二、三级处理 Secondary and Tertiary Treatment	处理能力（万立方米/日） Treatment Capacity (10,000m³/day)	二、三级处理 Secondary and Tertiary Treatment	处理量（万立方米） Quantity of Wastewater Treatment (10,000m³)
库尔勒	3615	244		2	2	20.0	20.0	3363
阿克苏	1350	150	150	1	1	6.0	6.0	1350
阿图什	310	42	42	1		1.0		300
喀什	1970	130		1	1			
和田	653	66	66	1		4.0		522
伊宁	2080	220	186	1	1	6.5	6.5	1457
奎屯	1228	162	162	1		4.8		825
乌苏	461	77	3	1	1	3.0	3.0	371
塔城	300	69	61	1	1	2.0	2.0	291
阿勒泰	373	28		1	1	1.5	1.5	368
石河子	3845	275	230	1	1	10.0	10.0	1500
阿拉尔	183	82						
图木舒克	108	25	25	1		0.4		50
五家渠	280	24	24					

Treatment Plant			其他污水处理设施 Other Wastewater Treatment Facilities		污水处理总量（万立方米） Total Quantity of Wastewater Treated (10,000m³)	再生水 Recycled Water		城市名称 Name of Cities
二、三级处理 Secondary and Tertiary Treatment	干污泥产生量（吨） Quantity of Dry Mud Produced (ton)	干污泥处置量（吨） Quantity of Dry Mud Treated (ton)	处理能力（万立方米/日） Treatment Capacity (10,000m³/day)	处理量（万立方米） Quantity of Wastewater Treatment (10,000m³)		生产能力（万立方米/日） Recycled Water Production Capacity (10,000m³/day)	利用量（万立方米） Annual Quantity of Wastewater Recycled and Reused (10,000m³)	
3363			0.9	162	3525	5.0	1460	库尔勒
1350					1350			阿克苏
					300			阿图什
								喀什
					522			和田
1457	30450				1457			伊宁
	750	750			825			奎屯
371			3.0	37	408		37	乌苏
291	30	30			291			塔城
368	14	14			368			阿勒泰
1500	100	100	20.0	1008	2508			石河子
								阿拉尔
			0.4	50	100			图木舒克
								五家渠

主要指标解释

污水排放总量

指生活污水、工业废水的排放总量，包括从排水管道和排水沟（渠）排出的污水量。

(1) 可按每条管道、沟（渠）排放口的实际观测的日平均流量与报告期日历日数的乘积。

(2) 有排水测量设备的，可按实际测量值计算；

(3) 如无观测值，也可按当地供水总量乘以污水排放系数确定。

城市分类污水排放系数

城市污水分类	污水排放系数
城市污水	0.7～0.8
城市综合生活污水	0.8～0.9
城市工业废水	0.7～0.9

排水管道长度

指所有排水总管、干管、支管、检查井及连接井进出口等长度之和。

污水处理量

指污水处理厂（或污水处理装置）实际处理的污水量。包括物理处理量、生物处理量和化学处理量。

污水处理厂干污泥产生量

指报告期内污水处理厂在污水处理过程中干污泥的最终产生量。干污泥是指污水处理过程中分离出来的固体，含水率85％以下。

污水处理厂干污泥处置量

指报告期内经过污泥消化、调理、浓缩、脱水等手段进行处理后，采用土地填埋、焚烧等方法对污泥进行最终安全处置的量。

Explanatory Notes on Main Indicators

Quantity of wastewater discharged

It refers to the total quantity of domestic sewage and industrial wastewater discharged, including effluents of sewers, ditches, and canals.

(1) It is calculated by multiplying the daily average of measured discharges from sewers, ditches and canals with calendar days during the reported period.

(2) If there is a device to read actual quantity of discharge, it is calculated based on reading.

(3) If without such ad device, it is calculated by multiplying total quantity of water supply with wastewater drainage coefficient.

Category of urban wastewater	Wastewater drainage coefficient
Urban wastewater	0.7—0.8
Urban domestic wastewater	0.8—0.9
Urban industrial wastewater	0.7—0.9

Length of drainage pipelines

The total length of drainage pipelines is the length of mains, trunks, branches plus distance between inlet and outlet in manholes and junction wells.

Quantity of Wastewater Treated

It refers to the actual quantity of wastewater treated by wastewater treatment plants and other treatment facilities in a physical, or chemical or biological way.

Quantity of Dry Sludge Produced in Wastewater Treatment Plants

It refers to the final quantity of dry sludge produced in the process of wastewater treatment plants. Dry sludge is the solid mass with moisture below 85%, which is separated from the wastewater treatment process.

Quantity of Dry Sludge Treated in Wastewater Treatment Plants

It refers to total quantity of dry sludge that has been treated through land fill or incinerated after being digested, conditioned, densified and dewatered at reported period.

十二、城市园林绿化

12. Urban Landscaping

简要说明

城市绿地指以自然植被和人工植被为主要存在形态的城市用地。它包含两个层次的内容：一是城市建设用地范围内用于绿化的土地；二是城市建设用地之外，对城市生态、景观和居民休闲生活具有积极作用、绿化环境较好的区域。

本部分主要反映城市的园林绿化情况，如绿化覆盖面积、园林绿地面积、公园面积等。

从2006年起，根据最新的《城市绿地分类标准》，不再统计公共绿地面积指标，改为公园绿地面积，比原公共绿地面积范围略大。

Brief Introduction

Urban green land refers to urban useable land covered by natural or artificial vegetation. It has two implications：one refers to land specifically for landscaping within rang of urban construction land，the other refers to areas with high green coverage rate，which plays an active role in protection of urban ecology，landscaping and provides comfort environment to the people，

This section includes main indicators such as green coverage area，area of green space and area of public green space

Since 2006，according to the latest *Standard on Category of Urban Green Space*，area of public recreational green space instead of area of public green space is included in statistics.

12 全国历年城市园林绿化情况（1981—2007）

12 National Urban Landscaping in Past Years (1981—2007)

计量单位：公顷 Measurement Unit：Hectare

指标 Item	建成区绿化覆盖面积 Built District Green Coverage Area	建成区园林绿地面积 Built District Area of Parks and Green land	公园绿地面积 Public Green Space	公园面积 Park Area	人均公园绿地面积（平方米） Public Green Space Per Capita (m^2)	建成区园林绿地率（%） Green Space Rate of Built District (%)	建成区绿化覆盖率（%） Green Coverage Rate of Built District (%)
1981年		110037	21637	14739	1.50		
1982年		121433	23619	15769	1.65		
1983年		135304	27188	18373	1.71		
1984年		146625	29037	20455	1.62		
1985年		159291	32766	21896	1.57		
1986年		153235	42255	30740	1.84		16.90
1987年		161444	47752	32001	1.90		17.10
1988年		180144	52047	36260	1.76		17.00
1989年		196256	52604	38313	1.69		17.80
1990年	246829		57863	39084	1.78		19.20
1991年	282280		61233	41532	2.07		20.10
1992年	313284		65512	45741	2.13		21.00
1993年	354127		73052	48621	2.16		21.30
1994年	396595		82060	55468	2.29		22.10
1995年	461319		93985	72857	2.49		23.90
1996年	493915	385056	99945	68055	2.76	19.05	24.43
1997年	530877	427766	107800	68933	2.93	20.57	25.53
1998年	567837	466197	120326	73198	3.22	21.81	26.56
1999年	593698	495696	131930	77137	3.51	23.03	27.58
2000年	631767	531088	143146	82090	3.69	23.67	28.15
2001年	681914	582952	163023	90621	4.56	24.26	28.38
2002年	772749	670131	188826	100037	5.36	25.80	29.75
2003年	881675	771730	219514	113462	6.49	27.26	31.15
2004年	962517	842865	252286	133846	7.39	27.72	31.66
2005年	1058381	927064	283263	157713	7.89	28.51	32.54
2006年	1181762	1040823	309544	208056	8.3（9.3）	30.92	35.11
2007年	1251573	1110330	332654	202244	8.98	31.30	35.29

注：1. 自2006年起，"公共绿地"统计为"公园绿地"。
2. 自2006年起，"人均公共绿地面积"统计为以城区人口和城区暂住人口合计为分母计算的"人均公园绿地面积"，括号内数据约为与往年同口径数据。

Note：1. Since 2006，Public Green Space is changed to Public Recreatinal Green Space.
2. Since 2006，Public recreational green space per capita has been calculated based on denominator which combines both permanent and temporary resiclents in urban areas，and the datas in brackets are the same index but calculated by the method of past years.

12-1 2007年全国城市园林绿化分组资料

12-1 National Urban Landscaping (2007)

地区名称 Name of Regions		绿化覆盖面积（公顷）Green Coverage Area (hectare)	建成区 Built District	园林绿地面积（公顷）Area of Parks and Green land (hectare)	建成区 Built District	公园绿地面积（公顷）Public Green Space (hectare)	公园个数（个）Number of Parks (unit)	公园面积（公顷）Park Area (hectare)
全　国	**National Total**	**2190798**	**1251573**	**1708995**	**1110330**	**332654**	**7913**	**202244**
分类一	**Sort one**							
东部地区	East China	1346584	729645	979177	653823	200800	5360	119552
中部地区	Central China	598928	350829	522169	306864	88672	1477	50884
西部地区	West China	245286	171099	207649	149643	43182	1076	31808
分类二	**Sort two**							
东部地区	East China	1285961	703510	925858	631797	193856	5236	114526
中部地区	Central China	571014	325937	498101	283581	80833	1378	44216
西部地区	West China	333823	222126	285036	194952	57965	1299	43502
分类三	**Sort three**							
东部地区	East China	1198590	631561	848970	565467	175565	4966	104239
中部地区	Central China	317525	249181	248984	217289	61320	1104	34354
西部地区	West China	333823	222126	285036	194952	57965	1299	43502
东北地区	Northeast China	340860	148705	326005	132622	37804	544	20149

12-2 2007 年按省分列的城市园林绿化

12-2 Urban Landscaping by Province (2007)

地区名称 Name of Regions	绿化覆盖面积（公顷） Green Coverage Area (hectare)	建成区 Built District	园林绿地面积（公顷） Area of Parks and Green land (hectare)	建成区 Built District	公园绿地面积（公顷） Public Green Space (hectare)	公园个数（个） Number of Parks (unit)	公园面积（公顷） Park Area (hectare)
全　国	**2190798**	**1251573**	**1708995**	**1110330**	**332654**	**7913**	**202244**
北　京	46635	46635	44840	44840	11821	258	6390
河　北	65382	53806	50829	44631	12307	279	7443
山　西	31895	25230	21775	20377	6738	145	3726
内蒙古	27914	24892	24068	23283	7839	99	6668
辽　宁	87371	71949	76888	66330	18291	270	10287
吉　林	35162	32863	28980	27771	8141	86	3336
黑龙江	218327	43893	220137	38521	11372	188	6526
上　海	33501	33299	31789	31626	13899	146	1675
江　苏	241680	116157	180784	104276	29125	601	11787
浙　江	75090	66917	63303	59521	15379	764	11378
安　徽	77058	43369	59147	38656	9704	190	7001
福　建	52476	30317	28841	27473	7833	307	5378
江　西	33759	31268	31127	28754	6381	152	3338
山　东	146076	118973	125615	104693	35479	517	16522
河　南	62765	60966	53158	51456	15493	234	8028
湖　北	64561	48788	44035	42361	14484	224	6716
湖　南	47487	39560	39742	35685	8520	159	5545
广　东	487704	157203	274680	141315	47612	2054	42492
广　西	60623	26135	53319	22026	6944	124	5026
海　南	50046	8254	48289	7092	2110	40	1174
重　庆	26978	21229	24185	19300	6479	102	2786
四　川	62056	45427	55918	41127	12037	264	6227
贵　州	33255	12085	27193	10626	3071	49	2866
云　南	20725	17905	16511	15439	4417	281	10176
西　藏	2118	1923	1983	185	249	21	417
陕　西	28237	24600	21524	19854	6199	102	2215
甘　肃	16766	13354	12598	12028	3537	75	2001
青　海	3102	3040	3022	2960	851	19	464
宁　夏	12897	9800	12067	8891	2116	43	1777
新　疆	39152	21736	32648	19233	4226	120	2879

12-3 2007年按城市分列的城市园林绿化

12-3 Urban Landscaping by City (2007)

城市名称 Name of Cities	绿化覆盖面积（公顷） Green Coverage Area (hectare)	建成区 Built District	园林绿地面积（公顷） Area of Parks and Green land (hectare)	建成区 Built District	公园绿地面积（公顷） Public Green Space (hectare)	公园个数（个） Number of Parks (unit)	公园面积（公顷） Park Area (hectare)
全　国	**2190798**	**1251573**	**1708995**	**1110330**	**332654**	**7913**	**202244**
北　京	**46635**	**46635**	**44840**	**44840**	**11821**	**258**	**6390**
河　北	**65382**	**53806**	**50829**	**44631**	**12307**	**279**	**7443**
石家庄	7617	6920	7039	6270	1867	39	793
辛　集	953	878	798	736	120	3	14
藁　城	570	570	483	483	79	6	75
晋　州	445	438	346	338	55	3	17
新　乐	319	257	223	172	56	5	30
鹿　泉	651	576	502	446	54	1	38
唐　山	9057	9057	7850	7850	1883	54	1767
遵　化	572	474	509	420	100	4	35
迁　安	1110	1060	933	933	244	12	348
秦皇岛	4482	3735	3965	3219	792	17	470
邯　郸	7643	4563	3817	3741	1709	17	896
武　安	1090	1090	910	910	193	6	115
邢　台	5530	2590	3502	2010	589	11	172
南　宫	198	198	160	160	85	3	63
沙　河	421	416	301	292	74	4	52
保　定	3811	3811	3276	3276	849	10	218
涿　州	1056	934	764	764	151	5	21
定　州	336	336	232	232	104	1	24
安　国	416	381	272	272	61	3	38
高碑店	526	526	401	401	52	2	34
张家口	2711	2711	2268	2228	415	10	260
承　德	2397	2395	2143	2097	930	21	1130
沧　州	1398	1398	1140	1140	212	5	81
泊　头	742	742	439	439	52	2	8
任　丘	1684	1186	904	698	230	2	30
黄　骅	412	366	300	261	112	5	103
河　间	422	401	222	217	27	2	20
廊　坊	4196	2493	3969	2265	533	4	271
霸　州	546	546	493	493	82	2	2
三　河	613	514	295	173	114	3	54

城市名称 Name of Cities	绿化覆盖面积（公顷） Green Coverage Area (hectare)	建成区 Built District	园林绿地面积（公顷） Area of Parks and Green land (hectare)	建成区 Built District	公园绿地面积（公顷） Public Green Space (hectare)	公园个数（个） Number of Parks (unit)	公园面积（公顷） Park Area (hectare)
衡　水	1106	1102	824	789	240	8	141
冀　州	1430	539	1102	459	138	5	108
深　州	922	603	447	447	105	4	15
山　西	**31895**	**25230**	**21775**	**20377**	**6738**	**145**	**3726**
太　原	7615	7615	7214	6610	1961	40	1630
古　交	393	393	308	308	76	2	75
大　同	2876	2876	2188	2188	577	7	249
阳　泉	2329	1491	739	545	354	10	264
长　治	2075	2075	1934	1934	417	4	127
潞　城	292	292	254	254	54	1	7
晋　城	1406	1406	1385	1368	371	16	309
高　平	215	215	171	171	60	2	60
朔　州	1672	1528	1429	1102	528	10	373
晋　中	1271	1101	986	986	306	11	136
介　休	616	616	521	521	215		20
运　城	3000	795	617	617	183	4	15
永　济	2060	740	574	574	48	4	55
河　津	1800	450	154	154	49	1	60
忻　州	268	268	268	268	25	2	23
原　平	184	183	169	151	12	1	5
临　汾	1695	1062	995	804	483	5	76
侯　马	686	686	598	598	118	6	60
霍　州	135	135	80	80	15	2	6
吕　梁	489	485	406	406	325	6	118
孝　义	468	468	520	488	296	6	50
汾　阳	350	350	265	250	265	5	8
内 蒙 古	**27914**	**24892**	**24068**	**23283**	**7839**	**99**	**6668**
呼和浩特	5304	5067	4791	4791	1854	19	2380
包　头	7224	6583	6673	6379	1834	17	1335
乌　海	1164	1164	1187	1148	420	6	334
赤　峰	1722	1722	1515	1515	371	14	251
通　辽	1334	1334	1158	1158	445	3	242
霍林郭勒	340	340	299	231	25	1	15
鄂尔多斯	1755	1755	1704	1704	303	10	210
呼伦贝尔	889	889	878	878	544	2	484

城市名称 Name of Cities	绿化覆盖面积（公顷）Green Coverage Area (hectare)	建成区 Built District	园林绿地面积（公顷）Area of Parks and Green land (hectare)	建成区 Built District	公园绿地面积（公顷）Public Green Space (hectare)	公园个数（个）Number of Parks (unit)	公园面积（公顷）Park Area (hectare)
满洲里	835	835	717	711	213	4	48
牙克石	477	477	438	438	68	1	66
扎兰屯	2397	463	468	433	150	1	68
额尔古纳	351	351	299	299	39	1	10
根河	421	421	325	325	35	2	27
巴彦淖尔	956	774	832	832	141	7	118
乌兰察布	894	894	1184	875	888	2	578
丰镇	250	232	178	178	111	4	96
乌兰浩特	663	657	651	647	332	2	332
阿尔山	306	302	122	118	4		12
二连浩特	228	228	249	223	26	1	26
锡林浩特	404	404	400	400	36	2	36
辽宁	**87371**	**71949**	**76888**	**66330**	**18291**	**270**	**10287**
沈阳	23350	14451	22549	12856	5255	55	3738
新民	382	382	333	333	136	2	13
大连	12194	11173	11819	11819	2781	50	1105
瓦房店	1061	980	1024	896	330	6	237
普兰店	1362	784	1076	780	298	3	194
庄河	1010	1010	1010	930	171	2	156
鞍山	5197	5197	5097	5096	1277	7	481
海城	880	880	636	636	197	3	90
抚顺	5779	4891	4221	4221	1009	15	742
本溪	4709	4586	4436	4436	742	10	357
丹东	1994	1994	1914	1914	404	5	292
东港	714	664	492	490	101	2	37
凤城	784	529	361	361	91	1	30
锦州	3940	2460	2322	2322	698	15	376
凌海	558	471	342	342	119	4	89
北镇	228	131	196	196	21	4	13
营口	3411	3411	3113	3113	915	13	637
盖州	810	810	317	317	75	1	75
大石桥	887	887	745	745	178	3	30
阜新	2307	2242	1991	1991	547	13	379
辽阳	3087	3087	2821	2821	583	11	141
灯塔	186	186	137	137	31	1	13

城市名称 Name of Cities	绿化覆盖面积（公顷） Green Coverage Area (hectare)	建成区 Built District	园林绿地面积（公顷） Area of Parks and Green land (hectare)	建成区 Built District	公园绿地面积（公顷） Public Green Space (hectare)	公园个数（个） Number of Parks (unit)	公园面积（公顷） Park Area (hectare)
盘　　锦	2236	2178	1922	1922	409	8	254
铁　　岭	1677	1677	1485	1485	388	8	77
调 兵 山	687	518	463	463	163	4	108
开　　原	606	500	500	432	161	3	36
朝　　阳	2299	955	892	892	400	5	135
北　　票	433	369	267	267	86	1	60
凌　　源	755	698	674	390	108	2	19
葫 芦 岛	2727	2727	2663	2657	512	7	290
兴　　城	1121	1121	1070	1070	105	6	83
吉　　林	**35162**	**32863**	**28980**	**27771**	**8141**	**86**	**3336**
长　　春	11468	11231	9891	9503	3027	15	728
九　　台	339	339	265	265	100	2	17
榆　　树	434	375	340	337	104	2	19
德　　惠	645	645	648	602	82	2	23
吉　　林	7982	6990	6100	6100	1323	8	429
蛟　　河	262	241	198	198	110	5	210
桦　　甸	629	629	550	316	238	1	7
舒　　兰	351	336	336	336	30	1	30
磐　　石	387	387	298	298	72	1	72
四　　平	788	733	164	154	153	2	34
公 主 岭	451	400	407	406	42	1	32
双　　辽	144	81	67	39	58	1	20
辽　　源	1095	1069	1069	1069	207	6	128
通　　化	1537	1439	1439	1245	425	5	272
梅 河 口	380	380	361	361	100	1	98
集　　安	526	526	501	501	91	4	44
白　　山	646	636	567	567	264	3	109
临　　江	139	125	115	109	60	3	22
松　　原	1590	1429	1306	1306	474	7	347
白　　城	1171	1137	1061	989	198	3	93
洮　　南	585	585	483	483	102	1	17
大　　安	406	374	253	121	121	1	143
延　　吉	1136	1056	922	922	231	4	130
图　　们	111	111	100	100	5	2	6
敦　　化	791	691	751	656	332	1	284

城市名称 Name of Cities	绿化覆盖面积（公顷） Green Coverage Area（hectare）	建成区 Built District	园林绿地面积（公顷） Area of Parks and Green land（hectare）	建成区 Built District	公园绿地面积（公顷） Public Green Space（hectare）	公园个数（个） Number of Parks（unit）	公园面积（公顷） Park Area（hectare）
珲　春	527	527	427	427	97	1	12
龙　井	414	163	155	155	59	2	8
和　龙	228	228	206	206	36	1	2
黑龙江	**218327**	**43893**	**220137**	**38521**	**11372**	**188**	**6526**
哈尔滨	11138	10289	9066	9066	2768	33	698
双　城	1380	423	440	155	230	3	47
尚　志	280	190	255	255	144	3	112
五　常	1040	443	289	289	100	4	185
齐齐哈尔	156295	3219	167403	2907	755	12	556
讷　河	260	260	246	246	80	1	60
鸡　西	3204	3157	2307	2307	522	3	675
虎　林	149	148	105	105	47	3	8
密　山	655	440	617	417	167	3	59
鹤　岗	1665	1217	1950	1416	702	5	626
双鸭山	2003	1900	1898	1654	594	8	150
大　庆	20181	5894	17530	5193	1654	9	222
伊　春	3890	3798	3812	3709	1299	28	1235
铁　力	536	520	520	520	83	4	35
佳木斯	2394	2394	2298	2298	532	16	532
同　江	350	325	144	144	74	4	64
富　锦	420	420	290	290	90	1	3
七台河	2047	2047	1850	1850	364	6	325
牡丹江	6212	2865	6092	2741	429	9	405
绥芬河	593	570	505	505	36	10	38
海　林	361	268	209	209	89	8	89
宁　安	197	154	135	78	17	1	39
穆　棱	198	198	132	132	56	1	39
黑　河	346	346	331	331	67	2	63
北　安	361	361	349	349	81	2	30
五大连池	49	48	48	48	44	1	44
绥　化	760	740	652	652	110	1	33
安　达	364	318	290	281	74	4	23
肇　东	685	627	90	90	90	2	110
海　伦	314	314	284	284	74	1	21
上　海	**33501**	**33299**	**31789**	**31626**	**13899**	**146**	**1675**

城市名称 Name of Cities	绿化覆盖面积（公顷）Green Coverage Area (hectare)	建成区 Built District	园林绿地面积（公顷）Area of Parks and Green land (hectare)	建成区 Built District	公园绿地面积（公顷）Public Green Space (hectare)	公园个数（个）Number of Parks (unit)	公园面积（公顷）Park Area (hectare)
江　　苏	**241680**	**116157**	**180784**	**104276**	**29125**	**601**	**11787**
南　　京	81279	26517	75612	24027	6064	60	2717
无　　锡	15751	8567	15176	8039	2814	38	1290
江　　阴	2252	2252	1851	1851	458	11	137
宜　　兴	3569	2673	2336	2200	498	12	250
徐　　州	9556	6919	8771	6111	1567	38	922
新　　沂	1100	1090	815	815	291	4	41
邳　　州	1654	1532	1346	1346	467	6	132
常　　州	7929	4680	6057	4185	1389	21	458
溧　　阳	832	832	728	728	153	6	114
金　　坛	690	689	628	627	144	4	102
苏　　州	11165	10091	8676	8676	3294	141	1566
常　　熟	5731	5514	5635	5423	1331	12	244
张 家 港	2766	2766	2313	2313	671	7	287
昆　　山	19631	1917	1696	1696	381	27	381
吴　　江	9951	3063	6716	2979	420	4	38
太　　仓	1349	953	842	842	209	2	10
南　　通	3320	2565	2770	2240	750	13	150
启　　东	569	555	466	466	35	4	35
如　　皋	532	488	433	432	163	2	45
通　　州	430	405	418	390	80	3	50
海　　门	653	653	618	618	116	1	9
连 云 港	17103	3375	2952	2951	689	11	189
淮　　安	6185	3724	3430	3430	931	9	289
盐　　城	3630	3040	3189	2666	685	36	603
东　　台	1545	1152	1042	997	210	1	35
大　　丰	550	533	452	400	52	1	22
扬　　州	3428	3107	2903	2903	1268	7	250
仪　　征	1418	1418	1280	1280	148	3	37
高　　邮	690	690	539	539	154	1	3
江　　都	1708	1157	1109	1041	251	2	12
镇　　江	6106	3871	5839	3560	1220	17	598
丹　　阳	1145	708	1019	622	247	2	26
扬　　中	936	376	846	335	74	2	21
句　　容	618	617	590	590	162	2	104

城市名称 Name of Cities	绿化覆盖面积（公顷）Green Coverage Area (hectare)	建成区 Built District	园林绿地面积（公顷）Area of Parks and Green land (hectare)	建成区 Built District	公园绿地面积（公顷）Public Green Space (hectare)	公园个数（个）Number of Parks (unit)	公园面积（公顷）Park Area (hectare)
泰　州	5238	2247	1997	1997	472	10	249
兴　化	668	668	581	581	131	12	101
靖　江	1443	1227	1295	1221	312	6	75
泰　兴	770	770	714	714	238	4	36
姜　堰	750	740	656	654	166	2	25
宿　迁	7040	2016	6448	1791	420	7	134
浙　江	**75090**	**66917**	**63303**	**59521**	**15379**	**764**	**11378**
杭　州	13284	13284	12141	12141	3486	138	1412
建　德	328	308	307	288	103	11	66
富　阳	535	535	491	491	205	13	139
临　安	422	422	385	385	71	7	30
宁　波	8304	8304	7520	7520	1638	106	659
余　姚	1651	1453	1479	1243	440	12	65
慈　溪	1733	1239	1148	1059	196	36	91
奉　化	474	474	527	421	195	21	87
温　州	3523	3523	3246	3246	842	10	487
瑞　安	578	578	535	535	168	5	247
乐　清	541	430	326	326	326		
嘉　兴	3966	3097	3680	2899	561	33	455
海　宁	1503	1137	1432	977	173	14	68
平　湖	736	647	648	574	156	4	61
桐　乡	1218	1203	1085	1066	200	4	30
湖　州	3134	3056	2830	2718	764	34	519
绍　兴	6022	3881	3324	3299	980	41	3543
诸　暨	2505	1381	2011	1218	344	14	231
上　虞	838	838	742	742	242	16	138
嵊　州	1509	1317	1146	1146	187	7	174
金　华	2681	2681	2491	2491	647	32	386
兰　溪	890	890	858	812	126	14	152
义　乌	2881	2881	2543	2543	518	21	336
东　阳	1275	1265	1087	1087	239	7	85
永　康	2010	1365	1153	1153	162	9	58
衢　州	1877	1877	1633	1633	332	43	342
江　山	634	615	643	608	142	4	33
舟　山	1985	1980	1742	1734	601	11	317

城市名称 Name of Cities	绿化覆盖面积（公顷） Green Coverage Area (hectare)	建成区 Built District	园林绿地面积（公顷） Area of Parks and Green land (hectare)	建成区 Built District	公园绿地面积（公顷） Public Green Space (hectare)	公园个数（个） Number of Parks (unit)	公园面积（公顷） Park Area (hectare)
台　州	3124	2401	2159	1671	514	43	432
温　岭	1604	1213	1063	1063	205	24	170
临　海	1390	1386	1342	1342	264	13	221
丽　水	891	891	762	762	207	11	199
龙　泉	1044	365	824	328	145	6	145
安　徽	**77058**	**43369**	**59147**	**38656**	**9704**	**190**	**7001**
合　肥	9892	8848	8143	7728	1923	24	1923
芜　湖	4475	4469	4520	4416	830	9	392
蚌　埠	3578	2688	2626	2626	739	6	739
淮　南	4116	3760	3591	3458	1165	9	545
马鞍山	4756	2941	2825	2825	656	10	283
淮　北	3667	2589	3567	2466	992	7	992
铜　陵	2403	1840	2164	1760	444	7	233
安　庆	10226	2424	2302	2299	520	8	206
桐　城	4046	223	4028	204	68	4	59
黄　山	13125	1671	12334	1584	339	16	135
滁　州	2637	1362	2129	894	142	8	56
天　长	372	372	301	301	14	4	5
明　光	59	55	63	61	49	2	32
阜　阳	1628	1587	1499	1493	315	5	115
界　首	1018	388	152	152	37	1	25
宿　州	1435	1397	1048	998	240	19	273
巢　湖	1372	1298	1342	1120	152	9	159
六　安	1748	1585	1665	1366	272	11	125
亳　州	1211	1150	643	643	170	12	96
池　州	1180	1018	890	890	330	6	311
宣　城	3278	1021	2622	801	169	6	127
宁　国	836	683	693	571	138	7	170
福　建	**52476**	**30317**	**28841**	**27473**	**7833**	**307**	**5378**
福　州	6985	6064	5978	5439	1600	38	1385
福　清	320	320	285	285	99	14	22
长　乐	768	690	556	556	215	39	194
厦　门	6799	6541	6349	6110	1783	43	1283
莆　田	2786	2089	2305	1825	586	13	207
三　明	1381	1010	899	882	224	12	151

城市名称 Name of Cities	绿化覆盖面积（公顷） Green Coverage Area（hectare）	建成区 Built District	园林绿地面积（公顷） Area of Parks and Green land（hectare）	建成区 Built District	公园绿地面积（公顷） Public Green Space（hectare）	公园个数（个） Number of Parks（unit）	公园面积（公顷） Park Area（hectare）
永安	865	764	696	696	154	7	99
泉州	3849	3077	2851	2844	768	21	406
石狮	605	605	461	461	86	6	82
晋江	1278	1097	1014	1014	198	6	128
南安	686	601	526	520	153	8	45
漳州	1937	1937	1890	1890	398	25	372
龙海	599	576	508	507	242	10	93
南平	803	788	744	728	219	12	197
邵武	489	449	377	377	88	6	63
武夷山	2739	287	227	222	55	8	39
建瓯	338	338	280	279	54	9	54
建阳	353	323	277	275	94	2	
龙岩	1443	1209	1219	1164	251	7	182
漳平	268	268	238	238	81	4	61
宁德	669	635	602	602	285	6	178
福安	16100	255	195	195	65	7	38
福鼎	416	394	364	364	135	4	99
江西	**33759**	**31268**	**31127**	**28754**	**6381**	**152**	**3338**
南昌	7272	7272	6840	6840	1712	26	736
景德镇	3462	3218	3318	3084	445	8	99
乐平	611	497	585	416	139	8	120
萍乡	1595	1595	1390	1390	315	7	181
九江	3562	3562	3380	3380	624	7	377
瑞昌	403	363	367	348	93	1	42
新余	1907	1838	1717	1717	336	12	236
鹰潭	1185	1145	933	933	158	4	148
贵溪	684	684	640	640	130	3	122
赣州	2667	2001	2514	1847	464	17	428
瑞金	653	653	653	528	126	1	44
南康	626	602	561	561	128	4	71
吉安	1840	1350	1681	1190	206	4	51
井冈山	305	291	283	270	80	5	57
宜春	1423	1310	1315	1237	344	7	208
丰城	1068	1068	994	994	172	10	
樟树	741	690	601	601	170	3	49

城市名称 Name of Cities	绿化覆盖面积（公顷） Green Coverage Area (hectare)	建成区 Built District	园林绿地面积（公顷） Area of Parks and Green land (hectare)	建成区 Built District	公园绿地面积（公顷） Public Green Space (hectare)	公园个数（个） Number of Parks (unit)	公园面积（公顷） Park Area (hectare)
高　安	550	283	276	235	50	2	60
抚　州	1472	1456	1514	1293	420	10	125
上　饶	1333	990	1170	891	209	12	127
德　兴	400	400	395	359	60	1	57
山　东	**146076**	**118973**	**125615**	**104693**	**35479**	**517**	**16522**
济　南	11592	11592	10151	9564	3255	36	1515
章　丘	1343	1343	1245	1245	329	5	222
青　岛	15679	9479	15369	9191	3661	73	1268
胶　州	1616	1454	1288	1288	284	5	81
即　墨	1935	1915	1808	1808	536	4	153
平　度	2110	1661	1505	1495	286	3	48
胶　南	2313	2313	1946	1907	562	2	133
莱　西	1415	1337	1186	1186	393	3	268
淄　博	14393	8137	13729	6940	2063	25	708
枣　庄	3763	3567	3191	2893	707	21	344
滕　州	1482	1453	1363	1223	299	2	31
东　营	5396	3616	5100	3324	978	26	914
烟　台	7839	7839	7407	7356	1956	22	432
龙　口	2099	1520	1347	1347	250	7	35
莱　阳	1210	1210	986	986	213	1	73
莱　州	1355	1278	1120	1120	267	6	36
蓬　莱	1377	1014	1060	905	198	6	52
招　远	967	967	842	842	270	5	71
栖　霞	335	335	311	261	142	3	28
海　阳	1239	1239	1125	1125	322	4	352
潍　坊	7164	4820	6205	4189	1107	16	1041
青　州	1455	1446	1131	1131	292	12	114
诸　城	1325	1325	1210	1210	440	6	226
寿　光	2352	1504	2105	1405	471	8	471
安　丘	1201	1201	956	956	691	5	749
高　密	1678	1489	1341	1297	821	2	36
昌　邑	1000	900	890	890	234	3	384
济　宁	4907	2470	2378	2358	659	7	171
曲　阜	645	645	533	533	396	16	528
兖　州	1109	1081	955	940	222	7	52

城市名称 Name of Cities	绿化覆盖面积（公顷） Green Coverage Area（hectare）	建成区 Built District	园林绿地面积（公顷） Area of Parks and Green land（hectare）	建成区 Built District	公园绿地面积（公顷） Public Green Space（hectare）	公园个数（个） Number of Parks（unit）	公园面积（公顷） Park Area（hectare）
邹　城	1241	1230	1166	1066	439	8	15
泰　安	4367	4032	3465	3268	892	20	332
新　泰	2529	2529	2314	2314	725	11	680
肥　城	1243	1023	1066	984	310	3	330
威　海	5463	5045	4670	4507	1315	16	429
文　登	1734	1694	1517	1517	508	9	356
荣　成	2004	1886	1752	1727	753	8	572
乳　山	931	931	884	877	210	6	48
日　照	2780	2732	2496	2496	1107	6	267
莱　芜	2832	2464	2417	2272	744	9	251
临　沂	5489	4490	4217	3882	2157	18	702
德　州	1860	1806	1758	1753	1120	10	145
乐　陵	630	620	278	190	65		
禹　城	630	425	312	312	109	4	56
聊　城	3045	2225	1821	1821	882	13	985
临　清	1017	799	817	611	289	4	86
滨　州	2675	2593	2245	2219	890	10	450
菏　泽	3312	2299	2637	1962	660	9	282
河　南	**62765**	**60966**	**53158**	**51456**	**15493**	**234**	**8028**
郑　州	11373	10836	9287	8866	2487	58	1502
巩　义	813	813	669	669	193	1	38
荥　阳	750	750	610	610	135	3	100
新　密	646	646	532	532	174	1	210
新　郑	695	695	517	517	134	1	66
登　封	563	563	379	378	144	9	66
开　封	2156	2156	1813	1813	412	13	254
洛　阳	5543	5543	4774	4774	1532	12	583
偃　师	656	636	617	617	154	3	147
平顶山	2186	2074	1707	1707	699	13	344
舞　钢	538	526	487	487	118	2	76
汝　州	418	418	594	170	170	2	22
安　阳	2750	2630	2264	2264	555	5	113
林　州	653	653	584	550	172	1	153
鹤　壁	1670	1670	1453	1453	414	4	236
新　乡	3535	3535	3073	3073	794	16	131

城市名称 Name of Cities	绿化覆盖面积（公顷） Green Coverage Area (hectare)	建成区 Built District	园林绿地面积（公顷） Area of Parks and Green land (hectare)	建成区 Built District	公园绿地面积（公顷） Public Green Space (hectare)	公园个数（个） Number of Parks (unit)	公园面积（公顷） Park Area (hectare)
卫　辉	470	470	371	369			
辉　县	665	665	609	609	124	4	70
焦　作	3025	3025	2660	2660	709	11	652
沁　阳	384	361	255	205	90	3	25
孟　州	480	480	403	403	80	2	85
濮　阳	1482	1482	1330	1250	500	8	500
许　昌	2686	2682	2436	2385	501	5	135
禹　州	1270	1115	973	933	305	1	215
长　葛	590	590	418	418	196	2	133
漯　河	2378	2258	1814	1814	799	12	155
三门峡	1189	1189	1113	1113	404	5	370
义　马	500	480	400	380	150	3	198
灵　宝	492	438	376	376	131	1	61
南　阳	2737	2737	2339	2331	1242	7	758
邓　州	337	325	247	235	106	1	35
商　丘	2053	1774	1774	1774	437	3	106
永　城	345	345	255	255	128	6	106
信　阳	1423	1423	1159	1159	324	1	20
周　口	1860	1550	1754	1261	251	2	131
项　城	935	924	831	768	234	1	45
驻马店	1486	1486	1302	1302	272	4	74
济　源	1033	1023	979	976	223	8	112
湖　北	**64561**	**48788**	**44035**	**42361**	**14484**	**224**	**6716**
武　汉	8399	8399	7168	7168	4216	52	1672
黄　石	2434	2434	2267	2267	801	16	567
大　冶	830	660	710	710	150	4	160
十　堰	12394	2707	2617	2617	428	4	362
丹江口	1011	1011	988	988	988	3	146
宜　昌	3021	2944	2565	2565	771	29	366
宜　都	570	483	422	422	123	3	42
当　阳	746	664	664	664	132	4	135
枝　江	482	482	442	442	142	2	32
襄　樊	4810	2989	3111	2879	757	6	393
老河口	1119	1119	1009	1008	163	6	104
枣　阳	601	541	485	485	190	3	40

城市名称 Name of Cities	绿化覆盖面积（公顷）Green Coverage Area (hectare)	建成区 Built District	园林绿地面积（公顷）Area of Parks and Green land (hectare)	建成区 Built District	公园绿地面积（公顷）Public Green Space (hectare)	公园个数（个）Number of Parks (unit)	公园面积（公顷）Park Area (hectare)
宜　城	517	408	322	311	45	1	30
鄂　州	1521	1521	1155	1155	362	4	256
荆　门	2158	2158	1976	1976	378	3	233
钟　祥	728	678	640	640	215	2	220
孝　感	1415	1249	1491	1065	253	6	182
应　城	707	664	533	420	129	2	26
安　陆	671	548	509	509	132	3	83
汉　川	520	416	400	333	137	3	40
荆　州	2245	2245	1834	1834	414	21	310
石　首	953	927	814	814	130	2	155
洪　湖	2826	2264	2133	2133	373	6	30
松　滋	694	561	398	398	283	1	50
黄　冈	1032	911	873	852	281	2	22
麻　城	896	812	680	678	124	3	107
武　穴	637	612	512	512	272	1	4
咸　宁	895	847	454	443	280	4	119
赤　壁	697	611	531	531	168	5	70
随　州	1171	1163	1116	1115	265	2	45
广　水	462	407	293	293	210	4	15
恩　施	1610	701	1403	614	171	4	189
利　川	697	534	89	89	89		
仙　桃	2357	1553	1374	1374	414	5	156
潜　江	1650	1650	1488	1488	350	4	160
天　门	1085	915	569	569	148	4	195
湖　南	**47487**	**39560**	**39742**	**35685**	**8520**	**159**	**5545**
长　沙	8541	6571	7180	5656	1892	21	1302
浏　阳	672	672	620	620	131	3	82
株　洲	3359	3359	3227	3227	564	14	564
醴　陵	782	782	663	685	190	2	73
湘　潭	4740	3042	2821	2808	608	7	88
湘　乡	276	236	124	124	71	2	83
韶　山	246	230	227	227	50	4	27
衡　阳	3948	3581	3283	3283	757	11	168
耒　阳	1300	1261	1103	1103	232	5	85
常　宁	623	369	333	333	118	1	19

城市名称 Name of Cities	绿化覆盖面积（公顷） Green Coverage Area (hectare)	建成区 Built District	园林绿地面积（公顷） Area of Parks and Green land (hectare)	建成区 Built District	公园绿地面积（公顷） Public Green Space (hectare)	公园个数（个） Number of Parks (unit)	公园面积（公顷） Park Area (hectare)
邵　阳	1868	1428	1505	1272	420	8	460
武　冈	450	373	471	296	166	4	203
岳　阳	3021	3021	2849	2849	569	7	225
汨　罗	506	506	390	400	131	2	100
临　湘	329	329	244	244	86		
常　德	2986	2847	2607	2514	525	13	450
津　市	752	442	696	381	111	4	108
张家界	1468	762	969	673	145	3	115
益　阳	1685	1685	1625	1625	272	5	238
沅　江	420	360	343	343	42	2	45
郴　州	1479	1478	1281	1281	245	7	230
资　兴	822	822	740	740	117	1	120
永　州	1526	1411	1379	1379	241	3	117
怀　化	1784	1115	1558	1072	226	5	226
洪　江	65	65	38	40	17	2	21
娄　底	1940	1520	1762	1358	280	9	207
冷水江	727	493	710	465	111	4	69
涟　源	659	287	584	269	50	2	24
吉　首	513	513	410	418	153	3	96
广　东	**487704**	**157203**	**274680**	**141315**	**47612**	**2054**	**42492**
广　州	123590	31337	28575	28575	8035	199	4257
增　城	1098	1048	977	977	290	6	304
从　化	498	498	701	481	382	5	363
韶　关	3301	3249	3007	3007	594	54	414
乐　昌	449	449	389	388	135	6	135
南　雄	413	278	148	147	107	6	105
深　圳	97608	34380	96384	29872	13871	575	15873
珠　海	30573	5261	5105	4720	1254	28	1074
汕　头	6118	6118	5759	5759	2611	28	1198
佛　山	6386	4746	4655	4507	1522	103	1073
江　门	8978	4402	4150	4150	1025	43	753
台　山	1574	831	1569	799	281	12	121
开　平	1294	1022	1131	948	148	7	116
鹤　山	691	672	652	642	151	7	136
恩　平	1192	1125	531	486	146	3	103

城市名称 Name of Cities	绿化覆盖面积（公顷） Green Coverage Area (hectare)	建成区 Built District	园林绿地面积（公顷） Area of Parks and Green land (hectare)	建成区 Built District	公园绿地面积（公顷） Public Green Space (hectare)	公园个数（个） Number of Parks (unit)	公园面积（公顷） Park Area (hectare)
湛江	56408	3419	3040	3039	740	26	704
廉江	945	945	936	936	666	5	609
雷州	1023	306	257	225	123	4	110
吴川	880	514	354	354	29	4	60
茂名	4864	2794	2552	2547	386	13	213
高州	1412	656	545	541	138	7	170
化州	956	650	533	530	132	4	100
信宜	2500	860	1275	600	165	3	150
肇庆	8190	2328	4636	1949	1014	14	3746
高要	800	800	768	768	258	5	146
四会	871	622	732	547	202	6	52
惠州	4086	4086	3670	3650	880	43	496
梅州	1389	1389	1201	1201	369	10	277
兴宁	556	436	556		191	5	289
汕尾	1300	384	369	369	89	4	89
陆丰	1900	621	605	602	24	2	23
河源	21543	1060	18991	964	232	14	214
阳江	1164	37	1427	37	369	6	329
阳春	702	702	682	680	180	3	197
清远	1321	1321	1299	1299	92	3	36
英德	717	717	754	754	126	4	211
连州	456	436	410	340	79	8	61
东莞	71832	28446	66439	26677	8355	714	5618
中山	3108	3108	2843	2843	417	27	276
潮州	1726	1726	1542	1542	396	18	396
揭阳	2715	1338	2715	1338	918		1318
普宁	8830	703	702	702	17	7	22
云浮	1097	733	854	563	213	7	225
罗定	650	650	260	260	260	6	330
广西	**60623**	**26135**	**53319**	**22026**	**6944**	**124**	**5026**
南宁	34954	7137	33962	6145	2053	16	1723
柳州	6337	4200	5182	3610	1565	24	1176
桂林	2372	2372	2185	2185	516	11	361
梧州	1972	1137	1927	1092	277	8	232
岑溪	457	377	452	371	255	4	250

城市名称 Name of Cities	绿化覆盖面积（公顷）Green Coverage Area (hectare)	建成区 Built District	园林绿地面积（公顷）Area of Parks and Green land (hectare)	建成区 Built District	公园绿地面积（公顷）Public Green Space (hectare)	公园个数（个）Number of Parks (unit)	公园面积（公顷）Park Area (hectare)
北　海	3878	1788	1108	1108	192	8	121
防城港	395	353	337	316	71	2	31
东　兴	301	234	182	182	52	2	16
钦　州	1199	1199	902	645	145	6	29
贵　港	1258	1257	1001	1001	385	2	133
桂　平	411	411	371	371	108	3	11
玉　林	1434	1114	1250	991	486	5	431
北　流	980	527	857	425	156	8	111
百　色	1223	1028	1007	1007	159	4	68
贺　州	640	640	589	570	91	3	81
河　池	506	476	438	438	82	4	67
宜　州	437	437	327	327	108	3	30
来　宾	460	460	328	328	78	3	36
合　山	348	193	169	169	27	2	15
崇　左	603	520	496	496	82	4	43
凭　祥	458	275	249	249	56	2	56
海　南	**50046**	**8254**	**48289**	**7092**	**2110**	**40**	**1174**
海　口	4098	3661	3285	3285	834	16	491
三　亚	1148	1034	1094	826	533	4	122
五指山	265	265	201	201	58	2	22
琼　海	882	807	724	724	241	2	233
儋　州	42048	1062	41801	929	187	10	159
文　昌	720	540	378	378	80	2	35
万　宁	319	319	240	240	97	2	105
东　方	566	566	566	509	80	2	5
重　庆	**26978**	**21229**	**24185**	**19300**	**6479**	**102**	**2785**
四　川	**62056**	**45427**	**55918**	**41127**	**12037**	**264**	**6227**
成　都	15837	15540	14495	14326	4111	97	2163
都江堰	12577	987	12430	851	242	5	180
彭　州	374	374	355	355	118	1	13
邛　崃	2251	550	1744	525	130	2	3
崇　州	681	681	605	603	152	1	3
自　贡	1703	1694	1454	1448	348	9	173
攀枝花	2163	2129	1954	1954	497	13	323
泸　州	1774	1671	1623	1499	452	7	325

城市名称 Name of Cities	绿化覆盖面积（公顷） Green Coverage Area (hectare)	建成区 Built District	园林绿地面积（公顷） Area of Parks and Green land (hectare)	建成区 Built District	公园绿地面积（公顷） Public Green Space (hectare)	公园个数（个） Number of Parks (unit)	公园面积（公顷） Park Area (hectare)
德阳	1221	1221	1091	1080	290	6	183
广汉	781	780	592	592	147	4	107
什邡	225	225	192	171	87	2	7
绵竹	404	340	332	325	85	2	6
绵阳	3627	2629	3449	2420	632	8	337
江油	800	737	730	673	122	3	83
广元	1236	1206	1177	1176	246	5	106
遂宁	1562	1562	1480	1480	295	10	236
内江	650	583	605	534	138	5	32
乐山	1689	1583	1583	1520	441	10	288
峨眉山	470	470	378	378	90		
南充	2620	2330	2168	2022	595	10	482
阆中	673	653	587	567	171	3	120
眉山	1220	1210	936	931	359	3	45
宜宾	1439	1439	1308	1308	419	4	255
广安	889	889	773	773	330	6	145
华蓥	195	185	165	156	95	2	20
达州	828	728	738	728	278	8	123
万源	167	119	108	98	34	5	73
雅安	1307	455	445	440	195	15	116
巴中	569	455	437	371	225	4	66
资阳	603	588	554	551	250	4	108
简阳	513	409	382	377	178	5	49
西昌	1008	1005	1048	895	285	5	57
贵州	**33255**	**12085**	**27193**	**10626**	**3071**	**49**	**2866**
贵阳	20478	5337	19864	5177	1915	10	2081
清镇	106	57	30	29	5		
六盘水	1200	950	208	183	72	3	77
遵义	2257	2115	2056	1909	345	4	337
赤水	264	204	274	243	64	2	15
仁怀	256	188	134	133	21	1	1
安顺	2160	434	1945	383	60	2	4
铜仁	665	665	606	606	98	3	1
兴义	1172	550	619	550	134	7	56
毕节	180	150	159	150	11	4	11

城市名称 Name of Cities	绿化覆盖面积（公顷）Green Coverage Area (hectare)	建成区 Built District	园林绿地面积（公顷）Area of Parks and Green land (hectare)	建成区 Built District	公园绿地面积（公顷）Public Green Space (hectare)	公园个数（个）Number of Parks (unit)	公园面积（公顷）Park Area (hectare)
凯　里	3610	573	506	471	94	4	80
都　匀	569	566	529	529	178	6	129
福　泉	338	296	263	263	74	3	74
云　南	**20725**	**17905**	**16511**	**15439**	**4417**	**281**	**10176**
昆　明	10294	8827	8261	7672	2059	218	7670
安　宁	959	809	711	711	90	5	97
曲　靖	1302	1202	1191	1091	279	5	72
宣　威	496	183	463	140	88	2	68
玉　溪	781	740	744	744	193	5	193
保　山	218	114	70	47	70	2	20
昭　通	675	675	282	282	84	5	119
丽　江	571	523	457	447	310	5	276
普　洱	631	631	581	581	37	2	190
临　沧	345	305	308	281	28	3	10
楚　雄	606	606	560	560	218	5	346
个　旧	621	402	396	396	237	2	210
开　远	571	512	466	466	85	5	588
景　洪	815	815	704	704	193	4	140
大　理	865	779	654	654	345	11	126
瑞　丽	515	366	335	335	50		
潞　西	460	416	328	328	51	2	51
西　藏	**2118**	**1923**	**1983**	**185**	**249**	**21**	**417**
拉　萨	1849	1849	1796		115	14	115
日喀则	269	74	187	185	134	7	302
陕　西	**28237**	**24600**	**21524**	**19854**	**6199**	**102**	**2215**
西　安	11087	10639	8670	8336	2520	50	1129
铜　川	2129	1372	1372	1186	298	2	28
宝　鸡	2944	2944	2384	2384	768	9	436
咸　阳	2987	2725	2262	2254	818	8	301
兴　平	530	446	403	403	98		
渭　南	1368	1347	1154	1133	295	2	38
韩　城	820	663	606	503	126	5	19
华　阴	434	434	367	272	39	6	14
延　安	797	797	734	734	281	7	6
汉　中	603	530	382	357	347	3	78

城市名称 Name of Cities	绿化覆盖面积（公顷） Green Coverage Area (hectare)	建成区 Built District	园林绿地面积（公顷） Area of Parks and Green land (hectare)	建成区 Built District	公园绿地面积（公顷） Public Green Space (hectare)	公园个数（个） Number of Parks (unit)	公园面积（公顷） Park Area (hectare)
榆　林	2200	1151	1866	968	152	1	5
安　康	1038	1038	875	875	337	4	23
商　洛	1300	514	449	449	120	5	88
甘　肃	**16766**	**13354**	**12598**	**12028**	**3537**	**75**	**2001**
兰　州	4507	3942	3920	3920	1626	14	550
嘉峪关	1429	1429	1351	1351	258	4	305
金　昌	1032	919	947	843	244	2	56
白　银	923	899	769	762	157	6	130
天　水	1451	1451	1276	1276	374	12	260
武　威	608	608	594	593	96	4	96
张　掖	559	559	497	497	134	2	100
平　凉	1730	978	1247	832	196	6	132
酒　泉	940	928	857	857	146	3	68
玉　门	492	481	382	382	68	2	51
敦　煌	328	316	249	249	72	6	56
庆　阳	230	230	182	146	52	2	43
定　西	252	224	186	186	59	3	106
陇　南	1920	26	23	22	19	5	2
临　夏	314	313	86	80	19	2	29
合　作	51	51	32	32	17	2	17
青　海	**3102**	**3040**	**3022**	**2960**	**851**	**19**	**464**
西　宁	2278	2278	2225	2225	781	16	424
格尔木	498	436	491	429	44	2	23
德令哈	326	326	306	306	26	1	17
宁　夏	**12897**	**9800**	**12067**	**8891**	**2116**	**43**	**1777**
银　川	5073	3854	4859	3702	767	16	486
灵　武	266	240	234	210	43	2	43
石嘴山	4672	3014	4177	2574	526	6	378
吴　忠	599	421	824	536	215	4	156
青铜峡	732	732	665	665	132	5	82
固　原	780	780	859	772	67	3	67
中　卫	775	759	449	432	366	7	565
新　疆	**39152**	**21736**	**32648**	**19233**	**4226**	**120**	**2879**
乌鲁木齐	15576	6343	13457	5575	1534	26	987

城市名称 Name of Cities	绿化覆盖面积（公顷） Green Coverage Area (hectare)	建成区 Built District	园林绿地面积（公顷） Area of Parks and Green land (hectare)	建成区 Built District	公园绿地面积（公顷） Public Green Space (hectare)	公园个数（个） Number of Parks (unit)	公园面积（公顷） Park Area (hectare)
克拉玛依	2459	2114	2206	1905	278	22	178
吐鲁番	380	380	275	275	12	1	6
哈密	1193	1193	1050	1050	177	4	44
昌吉	1181	1134	1058	1011	202	5	164
阜康	233	185	226	226	33		
博乐	483	483	442	442	132	2	185
库尔勒	6285	1722	6001	1506	232	3	127
阿克苏	1182	1112	1127	1057	238	7	138
阿图什	360	197	197	197	13	1	13
喀什	1056	937	959	840	228	2	102
和田	417	357	261	233	115	3	115
伊宁	1229	1229	1090	1090	226	4	174
奎屯	1218	943	866	866	91	4	91
乌苏	2267	507	441	441	52	3	19
塔城	777	524	494	494	121	9	117
阿勒泰	703	372	690	358	122	6	80
石河子	1120	1120	955	955	257	14	256
阿拉尔	261	112	248	107	76	2	72
图木舒克	252	252	152	152	20		
五家渠	520	520	453	453	67	2	11

主要指标解释

绿化覆盖面积

指城市中的乔木、灌木、草坪等所有植被的垂直投影面积。包括公园绿地、防护绿地、生产绿地、附属绿地、其他绿地的绿化种植覆盖面积、屋顶绿化覆盖面积以及零散树木的覆盖面积。乔木树冠下重迭的灌木和草本植物不能重复计算。

绿地面积

指报告期末用作园林和绿化的各种绿地面积。包括公园绿地、生产绿地、防护绿地、附属绿地和其他绿地的面积。

公园绿地

城市中向公众开放的、以游憩为主要功能，有一定的游憩设施和服务设施，同时兼有健全生态、美化景观、防灾减灾等综合作用的绿化用地。它是城市建设用地、城市绿地系统和城市市政公用设施的重要组成部分。

公园

指常年开放的供公众游览、观赏、休憩、开展科学、文化及休闲等活动，有较完善的设施和良好的绿化环境、景观优美的公园绿地。包括综合性公园、儿童公园、文物古迹公园、纪念性公园、风景名胜公园、动物园、植物园、带状公园等。不包括居住小区及小区以下的游园。统计时只统计市级和区级的综合公园、专类公园和带状公园。

Explanatory Notes on Main Indicators

Green Coverage Area

It refers to the vertical shadow area of vegetation such as trees (arbors), shrubs and grasslands. It is the area sum of public recreational green space, green land for production, shelter belt, green space attached, roof greening and scattered trees coverage. The coverage area of bushes and herbs under the shadow of trees should not be counted for repetitively.

Area of Green Space

It refers to the area of all spaces for parks and greening at the end of reported period, which includes area of public recreational green space, green land for production, shelter belt, green spaces attached, and other green space.

Public Recreational Green Space

It refers to land which provides recreation and service facilities as well as landscape to the public. It is an important part of urban construction land, urban green space system and utilities facilities.

Parks

They refer to places open to the public for excursion, recreation, rest cultural and scientific activities with complete service facilities and green environment. There are different kinds of parks, including general park, Children Park, park featuring historic sites and culture relic, memorial park, Scenic Park, zoo, botanic garden, and Belt Park.

Recreational space within communities is not included in statistics, while only general parks, theme parks and belt parks at city or district level are included in statistics.

十三、国家级风景名胜区
13. State-Level Scenic Spots and Historic Sites

简要说明

本部分主要反映经国务院审定公布的国家级风景名胜区的资料，包括风景名胜区的面积、游人量、经营收入、支出、固定资产投资等内容。

2007 年国家风景名胜区共 187 处，本年鉴汇总了 185 处，盘山、雅砻河 2 处缺报。因有个别风景名胜区同一景区分属多个地区，如北京八达岭与十三陵分报、壶口瀑布由山西和陕西分报、长江三峡由重庆和湖北分报、河南王屋山与云台山分报，湖南省福寿山——汨罗江景区单独填报，故按 190 个列示。

Brief Introduction

This section mainly includes information about state-level scenic spots and historic sites under approval of the state council , and covers indicators such as area, number of tourists, income revenue, expenditure, investment in fixed assets etc.

There were 187 state-level scenic spots and historic sites in 2007, of which only 185 are included in this yearbook for lack of information of Pan Moutiain and Yalong River. As some scenic spots or historic sites are located in more than one region or province which declared at the same time, 190 state-level scenic spots and historic sites were listed in this yearbook.

13 2007 年全国国家级风景名胜区

风景名胜区名称 Name of Scenic Spots	风景名胜区面积 (平方公里) Area of Scenic Spots (km^2)	供游览面积 Tourism-Only Area	游人量 (万人次) Number of Tourists (10,000 person-times)	境外游人 Foreign Tourists	景区资金收入 合计 (万元) Total Revenues of Scenic Spots Fund (10,000 RMB)	国家拨款 Financial Allocation of Nation
全国	**75963**	**33833**	**41279**	**1771**	**3335900**	**118026**
北京	**540**	**370**	**1166**	**195**	**58230**	**4683**
八达岭	328	328	623	76	27116	4683
十三陵	127	2	520	116	30172	
石花洞	85	40	23	3	942	
河北	**3698**	**2719**	**2822**	**51**	**71499**	**1890**
苍岩山	63	30	49	1	710	198
嶂石岩	120	30	8		5252	600
西柏坡—天桂山	256	200	240		30500	500
秦皇岛北戴河	366	160	1800	30	23800	
野三坡	499	499	340	5	4347	592
承德避暑山庄外八庙	2394	1800	385	15	6890	
山西	**993**	**235**	**423**	**12**	**23670**	
恒山	147	42	65	9	3000	
五老峰	300	30	10		181	
五台山	376	53	330	1	19959	
黄河壶口瀑布	100	60	12	1	220	
北武当山	70	50	6	1	310	
内蒙古	**1234**	**242**	**73**		**30**	**30**
扎兰屯	1234	242	73		30	30
辽宁	**1762**	**1256**	**1972**	**46**	**95529**	**8**
大连海滨—旅顺口	244	78	695	14	72100	
金石滩	110	62	240	2	3170	
鞍山千山	125	84	225	21	3827	
本溪水洞	45	19	47	2	3063	
鸭绿江	824	824	125	4	2650	
青山沟	127	82	10		356	
凤凰山	217	60	50	1	620	
医巫闾山	23	13	150	2	9500	
兴城海滨	47	34	430		243	8
吉林	**817**	**168**	**164**	**3**	**12186**	**80**

13 State-Level Scenic Spots and Historic Sites across the Country (2007)

经营收入（万元） Operational Income (10,000 RMB)	门票 Ticket Fees	景区资金支出合计（万元） Total Expenditure of Scenic Spots Fund (10,000 RMB)	经营支出 Operational Expenditure	固定资产投资完成额 Completed Investment of Fixed Assets	维护支出 Maintenance Expenditure	风景名胜区名称 Name of Scenic Spots
2735047	**910654**	**2312925**	**624128**	**1574280**	**228666**	**全国**
53547	**41048**	**45837**	**115**	**21292**	**3066**	**北京**
22433	20386	17608	115	17493	151	八达岭
30172	19720	27345		2915	2915	十三陵
942	942	884		884		石花洞
69457	**31048**	**22442**	**8739**	**13657**	**4939**	**河北**
512	506	630	207	423	116	苍岩山
4500	152	150	30	74	46	嶂石岩
30000	2800	2200	1300	900	180	西柏坡—天桂山
23800	17680	8750	4500	4250	2700	秦皇岛北戴河
3755	3660	3912	2202	1710	97	野三坡
6890	6250	6800	500	6300	1800	承德避暑山庄外八庙
15790	**11298**	**17388**	**2930**	**4442**	**4212**	**山西**
3000	3000	2800		2800	2800	恒山
181	158	3026	2800	216	36	五老峰
12189	7770	11162		1156	1156	五台山
220	220	150	30	120	120	黄河壶口瀑布
200	150	7746	100	150	100	北武当山
		60	**40**	**20**	**20**	**内蒙古**
		60	40	20	20	扎兰屯
91771	**20976**	**92450**	**36417**	**49207**	**9290**	**辽宁**
70000	8590	68000	30000	34700	5000	大连海滨—旅顺口
3170	2018	4580	2480	2100	1700	金石滩
3827	2030	2844	318	1100	64	鞍山千山
3063	3063	3133	155	2978	165	本溪水洞
2650	1700	2500		2500	20	鸭绿江
356	315	322	3	319	17	青山沟
620	600	1328	761	567	90	凤凰山
7850	2450	9500	2700	4700	2180	医巫闾山
235	210	243		243	54	兴城海滨
11530	**2806**	**2395**	**533**	**1842**	**580**	**吉林**

13 续 1

风景名胜区名称 Name of Scenic Spots	风景名胜区面积（平方公里） Area of Scenic Spots (km²)	供游览面积 Tourism-Only Area	游人量（万人次） Number of Tourists (10,000 person-times)	境外游人 Foreign Tourists	景区资金收入 合计（万元） Total Revenues of Scenic Spots Fund (10,000 RMB)	国家拨款 Financial Allocation of Nation
八大部—净月潭	96	96	96	3	5400	
松花湖	550	50	60		6626	50
防川	139	7	6		100	
仙景台	32	15	2		60	30
黑龙江	**2274**	**1234**	**80**	**6**	**11203**	**2197**
镜泊湖	1214	514	30	3	8006	330
五大连池	1060	720	50	3	3197	1867
江苏	**1149**	**280**	**5502**	**122**	**185752**	**3975**
南京钟山	31	16	798	15	32885	1331
太湖	888	91	3754	99	97275	2477
云台山	201	169	427	7	34783	167
蜀岗瘦西湖	12	2	233	1	16000	
三山	17	2	290		4809	
浙江	**3792**	**1751**	**5576**	**221**	**421869**	**50955**
杭州西湖	59	59	2437	176	76227	39817
富春江—新安江	1364	202	715	13	275879	560
雪窦山	140	85	399	11	8247	
楠溪江	670	670	92		1190	350
百丈漈—飞云湖	137	15	85	4	977	451
雁荡山	449	291	272	1	19657	4101
莫干山	43	10	15	1	3339	961
浣江—五泄	74	45	82		3970	70
双龙	80	60	68	2	1740	
方岩	152	88	76	3	1986	130
江郎山	67	12	13	1	1936	167
普陀山	42	27	361	7	17164	2238
嵊泗列岛	37	3	121	1	1200	
天台山	132	95	422	1	3520	1525
仙居	158	15	131		1768	
方山—长屿硐天	26	26	119		1869	585
仙都	162	48	168		1200	
安徽	**2046**	**1118**	**659**	**39**	**365720**	**2283**
采石	64	40	57		2691	1158
天柱山	102	102	30	6	41500	300

经营收入（万元） Operational Income (10,000 RMB)	门票 Ticket Fees	景区资金支出合计（万元） Total Expenditure of Scenic Spots Fund (10,000 RMB)	经营支出 Operational Expenditure	固定资产投资完成额 Completed Investment of Fixed Assets	维护支出 Maintenance Expenditure	风景名胜区名称 Name of Scenic Spots
5400	2500	1852	151	1701	500	八大部—净月潭
6000	176	80		80	30	松花湖
100	100	158	122	36	30	防川
30	30	305	260	25	20	仙景台
7344	**2962**	**8519**	**2121**	**5798**	**900**	**黑龙江**
6014	1662	5721	121	5000	600	镜泊湖
1330	1300	2798	2000	798	300	五大连池
167628	**97578**	**164454**	**72599**	**87514**	**15830**	**江苏**
26717	23852	32398	5873	26524	3660	南京钟山
92872	51829	71644	34959	32345	7139	太湖
28064	7643	22991	7627	15364	1200	云台山
16000	12000	32612	22662	9950	500	蜀岗瘦西湖
3975	2254	4809	1478	3331	3331	三山
347430	**84815**	**370046**	**89815**	**275331**	**30747**	**浙江**
36410	25910	61087	19000	42087	18740	杭州西湖
264817	30252	203006	7590	192101	3645	富春江—新安江
8247	7563	9169	2861	6308	174	雪窦山
840	840	350	300	50	50	楠溪江
420	393	1945	1444	501	274	百丈漈—飞云湖
5674	5422	5938	365	5520	235	雁荡山
2378	1006	2215	116	2099	243	莫干山
2900	2129	56000	49000	7000	4000	浣江—五泄
1740	1640	850		850	10	双龙
1856	1135	1988	770	1218	522	方岩
426	348	2015	367	448	157	江郎山
14701	1836	16933	3554	13296	1493	普陀山
780	420	820	410	360	50	嵊泗列岛
1995	1768	2426	1100	1326	630	天台山
1768	1700	740	77	464	59	仙居
1278	1253	1564	761	803	145	方山—长屿硐天
1200	1200	3000	2100	900	320	仙都
362263	**56863**	**197559**	**42318**	**155139**	**6298**	**安徽**
791	617	2357	1197	1153	420	采石
41200	3200	41260	8000	33200	900	天柱山

13 续 2

风景名胜区名称 Name of Scenic Spots	风景名胜区面积 (平方公里) Area of Scenic Spots (km^2)	供游览面积 Tourism-Only Area	游人量 (万人次) Number of Tourists (10,000 person-times)	境外游人 Foreign Tourists	景区资金收入 合计 (万元) Total Revenues of Scenic Spots Fund (10,000 RMB)	国家拨款 Financial Allocation of Nation
花亭湖风景区	257	168	20		5280	500
齐云山	110	56	17	2	430	
黄山	154	60	204	21	115736	160
花山谜窟—浙江	118	80	33	4	1325	
琅琊山	115	30	44	1	3020	165
巢湖	1004	460				
九华山	120	120	213	5	194100	
太极洞	2	2	41		1638	
福建	**1308**	**428**	**2137**	**89**	**124367**	**12691**
十八重溪	62	23	7		205	155
青云山	52	12	61		3700	
鼓山	50	20	235	40	714	382
海坛	71		18		65	
鼓浪屿—万石山	209	12	1108	7	38559	10462
玉华洞	45	9	75	2	920	
金湖	140	64	60	5	2400	
桃源洞—鳞隐石林	29	29	14	1	603	
清源山	62	25	29	3	978	192
武夷山	79	69	250	20	25000	
冠豸山	123	51	135	10	985	
鸳鸯溪	66	22	30	1	2438	1500
太姥山	320	92	115		47800	
江西	**2827**	**1456**	**1249**	**23**	**187112**	**1880**
梅岭—滕王阁	154	34	100		3088	
高岭—瑶里	109	80	11		1849	450
云居山—柘林湖	680	544	103		3630	230
庐山	282	37	280	8	132000	
仙女湖	198	180	65	1	2204	
龙虎山	220	130	160	5	7720	
三百山	138	35	23		540	
武功山	445	186	6	1	620	
井冈山	333	120	350	6	25000	
龟峰	39	39	48		1180	
三清山	229	71	103	2	9281	1200

经营收入（万元）Operational Income (10,000 RMB)	门票 Ticket Fees	景区资金支出合计（万元）Total Expenditure of Scenic Spots Fund (10,000 RMB)	经营支出 Operational Expenditure	固定资产投资完成额 Completed Investment of Fixed Assets	维护支出 Maintenance Expenditure	风景名胜区名称 Name of Scenic Spots
4348	400	4478	3698	780	320	花亭湖风景区
430	280	471	200	236	35	齐云山
115576	37836	91980	6280	85700	3708	黄山
1325	1283	1593	474	1119	25	花山谜窟—渐江
2855	975	2680	320	2360	640	琅琊山
						巢湖
194100	10884	51600	21544	30056		九华山
1638	1388	1140	605	535	250	太极洞
63236	**20347**	**84495**	**29502**	**51461**	**1762**	**福建**
50		210	10	200		十八重溪
3700	1600	7500	7000	500		青云山
332	180	783	240	543	120	鼓山
65		77		77		海坛
27457	12440	31077	6916	21134	973	鼓浪屿—万石山
920	900	2100	1830	270	210	玉华洞
2400	2400	1700	1700			金湖
603	574	550	181	369	17	桃源洞—鳞隐石林
786	748	1045	23	717	27	清源山
25000		29000	3000	26000		武夷山
985	985	1403	102	1301	215	冠豸山
938	520	5550	5000	350	200	鸳鸯溪
		3500	3500			太姥山
166002	**51572**	**328952**	**188117**	**137975**	**19245**	**江西**
3088	3088	2221	556	1665	556	梅岭—滕王阁
1399	406	3600	2800	800	300	高岭—瑶里
3400	1100	43900	43900			云居山—柘林湖
113000	19000	132000	16359	113000	2641	庐山
2204	1893	2000	300	1700	250	仙女湖
7720	4635	5200	1200	4000	220	龙虎山
310	230	3051	2771	280	59	三百山
620	160	900		900	100	武功山
25000	20000	59900	45000	14900	14900	井冈山
1180	1060	1180	231	730	219	龟峰
8081		75000	75000			三清山

13续3

风景名胜区名称 Name of Scenic Spots	风景名胜区面积（平方公里） Area of Scenic Spots (km²)	供游览面积 Tourism-Only Area	游人量（万人次） Number of Tourists (10,000 person-times)	境外游人 Foreign Tourists	景区资金收入 合计（万元） Total Revenues of Scenic Spots Fund (10,000 RMB)	国家拨款 Financial Allocation of Nation
山东	**1112**	**388**	**3946**	**53**	**69701**	**3574**
青岛崂山	462	169	2641	12	13589	1302
博山	73	20	370	3	4100	500
胶东半岛海滨	92	26	669	24	36785	
青州	59	48	33	1	485	
泰山	426	125	233	13	14742	1772
河南	**1294**	**903**	**1874**	**36**	**71226**	**73**
嵩山	152	38	601	19	21000	
洛阳龙门	9	3	167	8	11612	73
石人山	268	268	60		1300	
林虑山	310	100	228		2580	
云台山	55	45	253	7	20300	
青天河	106	80	231	1	8037	
神农山	102	96	148	1	1500	
鸡公山	27	8	112		3110	
王屋山	265	265	74		1787	
湖北	**1282**	**527**	**522**	**30**	**51518**	**4652**
武汉东湖	82	25	165	5	12712	4595
武当山	312	170	101	5	29800	
长江三峡湖北段	30	15	32	1	2557	37
隆中	209	12	26	12	1435	
大洪山	321	185	143	7	3580	
九宫山	210	40	50		800	
陆山	118	80	5		634	20
湖南	**1771**	**1251**	**2325**	**118**	**465420**	**6773**
岳麓山	35	6	123	9	2813	559
韶山	112	78	329	1	40615	3000
衡山	101	70	292	2	21400	
崀山	108	68	45	1	2300	1500
岳阳楼洞庭湖	265	217	70	4	4000	
福寿山—汨罗江	200	100	16		110	
桃花源	158	92	65	5	4090	84
武陵源	369	297	1287	92	383546	
紫鹊界梯田—梅山龙宫	89	89	26		2565	1625

经营收入（万元） Operational Income (10,000 RMB)	门　票 Ticket Fees	景区资金支出合计（万元） Total Expenditure of Scenic Spots Fund (10,000 RMB)	经营支出 Operational Expenditure	固定资产投资完成额 Completed Investment of Fixed Assets	维护支出 Maintenance Expenditure	风景名胜区名称 Name of Scenic Spots
63388	**57803**	**60318**	**8831**	**49632**	**19760**	**山东**
10683	10683	13383	1772	11576	1058	青岛崂山
3500	1900	3530	1050	910	775	博山
36785	34242	27641	5500	21891	3162	胶东半岛海滨
475	450	510		510	20	青州
11945	10528	15254	509	14745	14745	泰山
59712	**50632**	**49487**	**18110**	**22809**	**3955**	**河南**
21000	21000	1594		1594	1594	嵩山
8774	2765	9936	800	2987	153	洛阳龙门
1300	600	6600	6000	300	300	石人山
2067	2067	947		498	498	林虑山
15000	15000	20000	8910	11000	100	云台山
6232	6030	5030		5030	480	青天河
1332	1268	900	300	600	600	神农山
2220	115	3800	1800	420	230	鸡公山
1787	1787	680	300	380		王屋山
39693	**13546**	**19398**	**2964**	**16394**	**13035**	**湖北**
8117	2987	11768	394	11374	11374	武汉东湖
23272	6528					武当山
2135	422	2075	580	1495	556	长江三峡湖北段
1245	1085	861		861	383	隆中
3510	1550	3060	1670	1350	462	大洪山
800	550	1000	300	700	110	九宫山
614	424	634	20	614	150	陆山
162401	**35484**	**422425**	**6024**	**401863**	**9241**	**湖南**
2253	1872	2813	132	2600	212	岳麓山
37615	12131	22350	1389	8680	7400	韶山
21310	12700	1010	252	677	154	衡山
800	800	2600	900	1000	700	崀山
4000	3500	1600	1000	600	380	岳阳楼洞庭湖
80	60	210		189	100	福寿山—汨罗江
2756	821	3658	95	2190	75	桃花源
89807		383546		383546		武陵源
880	880	1950	1600	350	200	紫鹊界梯田—梅山龙宫

风景名胜区名称 Name of Scenic Spots	风景名胜区面积（平方公里） Area of Scenic Spots (km^2)	供游览面积 Tourism-Only Area	游人量（万人次） Number of Tourists (10,000 person-times)	境外游人 Foreign Tourists	景区资金收入 合计（万元） Total Revenues of Scenic Spots Fund (10,000 RMB)	国家拨款 Financial Allocation of Nation
猛洞河	226	158	56	3	2000	
德夯	108	76	16	1	1981	5
广东	**695**	**287**	**2937**	**41**	**60813**	**12272**
白云山	21	7	2053	32	17716	6348
丹霞山	290	60	152	4	2652	
西樵山	20	14	59	3	7604	4596
湖光岩	14	9	60	1	1447	514
肇庆星湖	20	13	262		7174	442
惠州西湖	22	16	190	1	1060	372
罗浮山	308	168	161		23160	
广西	**6465**	**2423**	**953**	**67**	**27331**	**20**
桂林漓江	2064	2000	887	66	26680	
桂平西山	1400	408	63	1	555	20
花山	3001	15	3		96	
海南	**84**	**8**	**712**	**52**	**31789**	
三亚热带海滨	84	8	712	52	31789	
重庆	**2242**	**829**	**275**	**20**	**38844**	**302**
重庆缙云山	170	7	21	1	493	59
四面山	213	106	50	1	18600	23
金佛山	266	220	37	1	4520	20
长江三峡重庆段	1095	400	129	17	13410	200
天坑地缝	397	10	1		22	
芙蓉江	101	86	37		1799	
四川	**19084**	**5733**	**1972**	**104**	**510208**	**3098**
西岭雪山	483	115	58	2	9150	850
青城山—都江堰	150	49	350	14	16321	
龙门山	81	35	49	2	940	175
天台山	106	34	20	2	2255	305
剑门蜀道	597	292	196	1	1844	21
白龙湖	482	334	1		210	20
峨眉山	138	43	668	44	364294	
蜀南竹海	120	44	58	1	29497	1488
石海洞乡	156	14	24		1651	
光雾山—诺水河	775	310	30		3300	100

经营收入（万元） Operational Income (10,000 RMB)	门票 Ticket Fees	景区资金支出合计（万元） Total Expenditure of Scenic Spots Fund (10,000 RMB)	经营支出 Operational Expenditure	固定资产投资完成额 Completed Investment of Fixed Assets	维护支出 Maintenance Expenditure	风景名胜区名称 Name of Scenic Spots
2000	2000	1985	213	1771	10	猛洞河
900	720	703	443	260	10	德夯
42952	**19065**	**62751**	**13946**	**45718**	**10762**	**广东**
11368	5118	17072	2458	14613	1916	白云山
2501	2261	2609	132	2385	91	丹霞山
3008	2651	8783	4828	3955	2865	西樵山
933	914	2285	1576	709	697	湖光岩
6732	6732	7029	67	4669	4669	肇庆星湖
410	339	1063	35	1027	273	惠州西湖
18000	1050	23910	4850	18360	251	罗浮山
26311	**3742**	**21680**	**484**	**21125**	**18730**	**广西**
25680	3500	21084	484	20600	18600	桂林漓江
535	182	500		500	120	桂平西山
96	60	96		25	10	花山
31789	**24742**	**28040**	**2838**	**12064**	**3998**	**海南**
31789	24742	28040	2838	12064	3998	三亚热带海滨
38482	**17291**	**27738**	**10177**	**16245**	**2426**	**重庆**
431	230	692	3	689	530	重庆缙云山
18520	1600	4530	1830	1410	1290	四面山
4500	440	10800	6500	4300	210	金佛山
13210	13200	10601	948	9627	226	长江三峡重庆段
22	22	115	66	49		天坑地缝
1799	1799	1000	830	170	170	芙蓉江
501900	**99356**	**159973**	**46303**	**106835**	**28478**	**四川**
6550	2528	4532	444	3200	440	西岭雪山
16261	16018	3845		3631	214	青城山—都江堰
765	716	715		715	300	龙门山
1950	790	1508	700	118	78	天台山
1823	594	1359	270	230	30	剑门蜀道
190	2	190	90	100	25	白龙湖
364294	27313	78534	28815	49719	23587	峨眉山
28009	2269	21053	1250	19803	2829	蜀南竹海
1651	1568	1660		1391	85	石海洞乡
3200	500	1500	600	900	180	光雾山—诺水河

13 续 5

风景名胜区名称 Name of Scenic Spots	风景名胜区面积（平方公里） Area of Scenic Spots (km^2)	供游览面积 Tourism-Only Area	游人量（万人次） Number of Tourists (10,000 person-times)	境外游人 Foreign Tourists	景区资金收入 合计（万元） Total Revenues of Scenic Spots Fund (10,000 RMB)	国家拨款 Financial Allocation of Nation
黄龙寺—九寨沟	2060	755	440	28	72951	64
四姑娘山	480	110	11	1	798	75
贡嘎山	11055	2354	48	8		
泸沽湖	161	161	11	1	6400	
螺髻山	2240	1083	8		597	
贵州	**3329**	**1380**	**942**	**40**	**163767**	**3178**
红枫湖	200	180	14	1	820	
赤水	630	328	70	3	3614	
龙宫	60	15	105	15	4505	300
黄果树	163	33	403	4	142374	1800
紫云格凸河穿洞	57	11	23		402	216
九龙洞	56	14	7	5	118	
马岭河峡谷	450	74	10	3	428	
九洞天	86	26				
织金洞	307	2	28	1	1204	255
㵲阳河	625	425	134		1762	77
黎平侗乡	153	7	74	3	3830	50
荔波樟江	275	103	70	5	4230	450
都匀斗篷山—剑江	267	162	4		480	30
云南	**2782**	**562**	**2032**	**293**	**103759**	**2190**
昆明滇池	685	10	456	12	9860	
九乡	17	2	77	15	5816	
路南石林	350	16	260	23	30000	
腾冲热地火山	115	52	73	5	7304	30
丽江玉龙雪山	360	180	386	220	31000	
建水	70	42	29	1	1627	
阿庐	19	19	22	6	760	30
普者黑	204	93	86		1200	
西双版纳	25	25	253	3	11813	
大理	198	121	56	2	2479	630
三江并流	67	2				
瑞丽江—大盈江	672		334	6	1900	1500
陕西	**728**	**196**	**568**	**81**	**138805**	**14**
临潼骊山	87	53	341	80	119427	

经营收入（万元） Operational Income (10,000 RMB)	门票 Ticket Fees	景区资金支出合计（万元） Total Expenditure of Scenic Spots Fund (10,000 RMB)	经营支出 Operational Expenditure	固定资产投资完成额 Completed Investment of Fixed Assets	维护支出 Maintenance Expenditure	风景名胜区名称 Name of Scenic Spots
72887	45461	38649	11939	25428	596	黄龙寺—九寨沟
723	677	4558	2075	1300	14	四姑娘山
						贡嘎山
3000	650	1600	120	300	100	泸沽湖
597	270	270				螺髻山
157482	**22647**	**38551**	**8313**	**28841**	**2694**	**贵州**
550	280	780	110	320		红枫湖
3614	2947	5311	3345	1500	602	赤水
4205	2465	3683	837	2846	80	龙宫
140574	12705	20800		20800		黄果树
186	186	316	66	250	3	紫云格凸河穿洞
64	64	61	5	20	20	九龙洞
428	378	428	128	58	38	马岭河峡谷
						九洞天
949	841	988	65	923	27	织金洞
1685	1685	1762	77	1685	1685	㵲阳河
3650	27	2786	2500	150	90	黎平侗乡
1500	1000	1250	920	163	60	荔波樟江
77	69	386	260	126	89	都匀斗篷山—剑江
96125	**81562**	**63425**	**26717**	**30906**	**15318**	**云南**
6060	3800	8200	2000	4000	3800	昆明滇池
5816	5816	1258	75	856	325	九乡
30000	30000	19000	9000	10000	8000	路南石林
5630	1661	6700	5335	1300	175	腾冲热地火山
31000	29000	4500	3500	1000	756	丽江玉龙雪山
1627	1106	1428		1146	140	建水
730	667	1068	48	674	346	阿庐
1200	917	2569	1579	990	300	普者黑
11813	7440	13528	2065	8885	1104	西双版纳
1849	755	1944	615	1325	142	大理
		30		30	30	三江并流
400	400	3200	2500	700	200	瑞丽江—大盈江
138211	**46012**	**11096**	**1756**	**9340**	**2400**	**陕西**
119427	32457					临潼骊山

13 续 6

风景名胜区名称 Name of Scenic Spots	风景名胜区面积（平方公里） Area of Scenic Spots (km²)	供游览面积 Tourism-Only Area	游人量（万人次） Number of Tourists (10,000 person-times)	境外游人 Foreign Tourists	景区资金收入 合计（万元） Total Revenues of Scenic Spots Fund (10,000 RMB)	国家拨款 Financial Allocation of Nation
宝鸡天台山	134	15	13		764	14
洽川	177	115	13		2400	
华山	148		108	1	11042	
黄河壶口瀑布	178	12	32		1458	
黄帝陵	3	1	60		3710	
甘肃	**1099**	**250**	**140**	**15**	**32837**	**730**
麦积山	215	215	60	3	26100	600
崆峒山	84	20	30	3	1390	130
鸣沙山	800	15	50	9	5347	
青海	**4573**	**4573**	**28**	**4**	**850**	
青海湖	4573	4573	28	4	850	
宁夏	**86**	**24**	**48**	**5**	**1753**	
西夏王陵	86	24	48	5	1753	
新疆	**6897**	**3242**	**182**	**5**	**10114**	**478**
库木塔格沙漠	1880	250	30	1	396	250
天山天池	548	28	85	4	7728	228
赛里木湖	1301	1301	30		180	
博斯腾湖	3168	1663	37		1810	

13 continued 5

经营收入（万元）Operational Income (10,000 RMB)	门票 Ticket Fees	景区资金支出合计（万元）Total Expenditure of Scenic Spots Fund (10,000 RMB)	经营支出 Operational Expenditure	固定资产投资完成额 Completed Investment of Fixed Assets	维护支出 Maintenance Expenditure	风景名胜区名称 Name of Scenic Spots
170	130	764	580	184	90	宝鸡天台山
2400	302					洽川
11042	9419	7330	1158	6172	398	华山
1458		229	9	220	30	黄河壶口瀑布
3710	3700	2769	9	2760	1878	黄帝陵
8807	**7312**	**8899**	**1965**	**6897**	**679**	**甘肃**
2200	1200	2450	1920	503	160	麦积山
1260	1260	3078	25	3053	349	崆峒山
5347	4852	3371	20	3341	170	鸣沙山
850	**658**	**699**		**699**		**青海**
850	658	699		699		青海湖
1753	**1367**	**812**	**253**	**559**	**158**	**宁夏**
1753	1367	812	253	559	158	西夏王陵
9195	**8124**	**3038**	**2201**	**677**	**145**	**新疆**
146	123	386	248	138	130	库木塔格沙漠
7500	7500	1468	1468			天山天池
120	120	180		20	15	赛里木湖
1429	381	1004	485	519		博斯腾湖

主 要 指 标 解 释

国家级风景名胜区

风景名胜区指风景名胜资源集中、自然环境优美、具有一定规模和游览条件，供人游览、观赏、休息和进行科学文化活动的地域。国家级风景名胜区指经国务院审定公布的风景名胜区。

风景名胜区面积

指经政府审定批准所确定的风景名胜区规划面积。

供游览面积

指报告期末风景名胜区内实际可供游人游览的面积。

Explanatory Notes on Main Indicators

State-level Scenic Spots and Historic Sites

Scenic spots and historic sites are areas boasting concentrated natural beauty and resources of historic interests, where people could tour, sightsee, rest or conduct scientific and cultur activities. State-level scenic spots and historic sites are scenic spots and historic sites approved and publicized by the State Council.

Area of Scenic Spots and Historic Sites

It is the planned area of scenic spots and historic sites that has been examined and approved by the state council.

Tourism Area

It is the actual area for tourists in scenic spots and historic sites at the end of the reported period.

十四、城市市容环境卫生
14. Urban Environmental Sanitation

简要说明

本部分主要包括道路清扫保洁，生活垃圾、粪便的清运、处理等内容。

Brief Introduction

This section mainly includes such indicators as roads cleaned and maintained, domestic garbage, night soil transferred and treated etc.

14 全国历年城市市容环境卫生情况（1979—2007）

14 National Urban Environmental Sanitation in Past Years（1979—2007）

指标 Item / 年份 Year	生活垃圾清运量（万吨） Quantity of Domestic Garbage Disposal (10,000 tons)	垃圾无害化处理厂（场）座数（座） Number of Harmless Treatment Plants/Grounds (unit)	无害化处理能力（吨/日） Harmless Treatment Capacity (tons/day)	垃圾无害化处理量（万吨） Quantity of Harmless Treated Garbage (10,000 tons)	粪便清运量（万吨） Volume of Soil Disposal (10,000 tons)	公厕数量（座） Number of Public Lavatories (unit)	市容环卫专用车辆设备总数（台） Number of Motor Vehicles Designated for Municipal Environmental Sanitation (unit)	每万人拥有公厕（座） Number of Public Lavatories per 10,000 Population (unit)
1979 年	2508	12	1937		2156	54180	5316	
1980 年	3132	17	2107	215	1643	61927	6792	
1981 年	2606	30	3260	162	1547	54280	7917	3.77
1982 年	3125	27	2847	190	1689	56929	9570	3.99
1983 年	3452	28	3247	243	1641	62904	10836	3.95
1984 年	3757	24	1578	188	1538	64178	11633	3.57
1985 年	4477	14	2071	232	1748	68631	13103	3.28
1986 年	5009	23	2396	70	2710	82746	19832	3.61
1987 年	5398	23	2426	54	2422	88949	21418	3.54
1988 年	5751	29	3254	75	2353	92823	22793	3.14
1989 年	6292	37	4378	111	2603	96536	25076	3.09
1990 年	6767	66	7010	212	2385	96677	25658	2.97
1991 年	7636	169	29731	1239	2764	99972	27854	3.38
1992 年	8262	371	71502	2829	3002	95136	30026	3.09
1993 年	8791	499	124508	3945	3168	97653	32835	2.89
1994 年	9952	609	1308322	4782	3395	96234	34398	2.69
1995 年	10671	932	1837322	6014	3066	113461	39218	3.00
1996 年	10825	574	155826	5568	2931	109570	40256	3.02
1997 年	10982	635	180081	6292	2845	108812	41538	2.95
1998 年	11302	655	201281	6783	2915	107947	42975	2.89
1999 年	11415	696	237393	7232	2844	107064	44238	2.85
2000 年	11819	660	210175	7255	2829	106471	44846	2.74
2001 年	13470	741	224736	7840	2990	107656	50467	3.01
2002 年	13650	651	215511	7404	3160	110836	52752	3.15
2003 年	14857	575	219607	7545	3475	107949	56068	3.18
2004 年	15509	559	238519	8089	3576	109629	60238	3.21
2005 年	15577	471	256312	8051	3805	114917	64205	3.20
2006 年	14841	419	258048	7873	2131	107331	66020	2.88（3.22）
2007 年	15215	458	279309	9438	2506	112604	71609	3.04

注：1. 1980 年—1995 年垃圾无害化处理厂、垃圾无害化处理量包含垃圾加粪便。
2. 自 2006 年起，生活垃圾填埋场的统计采用新的认定标准，生活垃圾无害化处理数据与往年不可比。

Note：1. Quantity of garbage disposed harmlessly from 1980 to 1995 consists of quantity of garbage and soil.
2. Since 2006，treatment of domestic garbage through sanitary landfill has adopted new certification standard，so the datas of harmless treatmented garbage are not compared with the past years.

14-1 2007年全国城市市容环境卫生分组资料

地区名称 Name of Regions		道路清扫保洁面积（万平方米）Surface Area of Roads Cleaned and Maintained (10，000m²)	机械化 Mechanization	清运量（万吨）Collected and Transported (10,000 tons)	密闭车（箱）清运量 Quantity of Garbage Transported	生活垃圾处理量（万吨）Volume of Garbage Transported (10,000 tons)	生活垃圾 无害化处理厂（场）数（座）Number of Harmless Treatment Plants/Grounds (unit)	卫生填埋 Sanitary Landfill	堆肥 Compost	焚烧 Incineration	无害化处理能 Harmless Treatment Capacity (ton/day)	卫生填埋 Sanitary Landfill
全　国	**National Total**	**379355**	**100362**	**15214.5**	**11275.0**	**12310.85**	**460**	**366**	**17**	**66**	**271791**	**215179**
分 类 一	**Sort one**											
东部地区	East China	230931	68996	8074.0	6643.7	7105.23	246	170	13	56	166108	117053
中部地区	Central China	101000	19781	4820.6	3026.6	3323.73	126	114	3	6	63447	58693
西部地区	West China	47424	11585	2319.9	1604.8	1881.89	88	82	1	4	42236	39433
分 类 二	**Sort two**											
东部地区	East China	221744	67165	7827.6	6460.9	6912.59	233	161	11	54	162228	114073
中部地区	Central China	92422	18792	4470.7	2706.9	3084.29	116	105	2	6	58770	54816
西部地区	West China	65189	14405	2916.2	2107.1	2313.97	111	100	4	6	50793	46290
分 类 三	**Sort three**											
东部地区	East China	197462	62944	7056.2	6036.2	6230.47	221	151	10	53	151781	105276
中部地区	Central China	70512	15719	2939.4	2042.6	2367.64	93	83	2	5	44965	41461
西部地区	West China	65189	14405	2916.2	2107.1	2313.97	111	100	4	6	50793	46290
东北地区	Northeast China	46192	7294	2302.7	1089.0	1398.77	35	32	1	2	24252	22152

14-1 National Urban Environmental Sanitation（2007）

Domestic Garbage						粪便 Excrement and Urine		公厕数（座）Number of Latrines (unit)		市容环卫专用车辆设备总数（台）Number of Motor Vehicles Designated for Municipal Environmental Sanitation (unit)	地区名称 Name of Regions
力（吨/日）		Quantity of Harmless Treated Garbage (10,000 tons)	无害化处理量（万吨）			清运量（万吨）Quantity of Excrement and Urine Transported (10,000 tons)	处理量（万吨）Quantity of Harmless Treated Excrement and Urine (10,000 tons)		三类以上 Third Type and over		
堆肥 Compost	焚烧 Incineration		卫生填埋 Sanitary Landfill	堆肥 Compost	焚烧 Incineration						
7890	**44682**	**9437.7**	**7663.6**	**250.0**	**1435.1**	**2506.3**	**908.3**	**112604**	**63660**	**71609**	**全　国**
											分类一
5903	40782	5982.1	4445.4	178.8	1291.9	1425.1	599.4	56996	36711	45024	东部地区
1584	2200	2097.1	1940.5	57.9	75.8	849.8	197.9	41027	16491	17409	中部地区
403	1700	1358.6	1278.0	13.3	67.4	231.4	111.1	14581	10458	9176	西部地区
											分类二
5503	40282	5813.6	4305.2	169.0	1273.4	1403.0	595.0	55297	35664	43792	东部地区
784	2200	1908.2	1774.0	35.6	75.8	753.2	171.4	36578	15268	16117	中部地区
1603	2200	1716.0	1584.7	45.4	85.9	350.0	141.9	20729	12728	11700	西部地区
											分类三
4253	39882	5377.6	3905.7	147.1	1258.8	1250.6	555.3	47408	34813	39734	东部地区
784	1750	1470.0	1352.3	35.6	59.3	425.9	67.7	20821	11988	10736	中部地区
1603	2200	1716.0	1584.7	45.4	85.9	350.0	141.9	20729	12728	11700	西部地区
1250	850	874.2	821.2	21.9	31.0	479.8	143.5	23646	4131	9439	东北地区

14-2 2007年按省分列的城市市容环境卫生

地区名称 Name of Regions	道路清扫保洁面积（万平方米）Surface Area of Roads Cleaned and Maintained ($10,000m^2$)	机械化 Mechanization	清运量（万吨）Collected and Transported (10,000 tons)	密闭车（箱）清运量 Quantity of Garbage Transported	生活垃圾处理量（万吨）Volume of Garbage Transported (10,000 tons)	生活垃圾 无害化处理厂（场）数（座）Number of Harmless Treatment Plants/Grounds (unit)	卫生填埋 Sanitary Landfill	堆肥 Compost	焚烧 Incineration	无害化处理能力（吨/日）Harmless Treatment Capacity (ton/day)	卫生填埋 Sanitary Landfill
全　国	**379355**	**100362**	**15214.53**	**11274.97**	**12310.85**	**460**	**366**	**17**	**66**	**271791**	**215179**
北　京	11741	5760	600.94	600.94	575.26	17	13	3	1	10350	9330
天　津	5249	2105	165.01	165.01	153.97	7	5		2	7600	5800
河　北	16942	3753	686.46	538.50	591.78	18	12	4	2	8600	5550
山　西	8350	2977	365.14	197.78	145.03	10	8		2	6636	4789
内蒙古	8578	989	349.93	319.66	239.44	10	9	1		4677	3877
辽　宁	24282	4221	771.38	424.72	682.12	12	10	1	1	11947	8797
吉　林	8988	1506	568.16	354.66	357.55	8	7		1	5231	4781
黑龙江	12922	1567	963.15	309.63	359.10	15	15			8574	8574
上　海	12503	7299	690.66	652.44	548.55	12	4	2	2	16765	12595
江　苏	31072	10153	898.43	809.86	878.31	32	23		9	21787	14818
浙　江	23075	6986	772.04	625.20	755.08	41	27		14	22881	12946
安　徽	11897	1766	400.24	275.24	365.87	12	10		1	5997	5047
福　建	8771	2680	376.10	331.09	363.50	16	11	1	4	7350	4297
江　西	6833	1221	252.15	202.65	247.93	11	11			4815	4815
山　东	37294	10267	945.00	750.09	898.67	41	36		3	23659	19859
河　南	19239	2536	737.46	527.97	496.03	31	26	2	2	16458	14304
湖　北	14141	2479	673.24	461.12	601.61	15	14			7746	7346
湖　南	10052	4740	511.17	377.86	511.17	14	14			8650	8650
广　东	48069	13885	1833.77	1539.12	1386.34	33	17		15	31039	18431
广　西	9187	1831	246.43	182.73	192.64	13	9	2	2	5361	4261
海　南	2746	56	87.81	23.95	79.01	4	3		1	1750	1650
重　庆	5081	1426	200.52	141.17	175.54	10	9		1	5440	4440
四　川	11453	4318	548.53	369.42	437.85	23	20		2	11270	10370
贵　州	2647	668	183.90	67.39	154.94	9	9			4755	4755
云　南	5349	926	256.58	206.97	220.86	13	12	1		8051	7648
西　藏	606	20	21.89	18.00	14.60	1	1			400	400
陕　西	7420	1706	333.64	266.79	237.12	6	5		1	5522	5022
甘　肃	4314	428	259.92	164.72	243.40	8	8			1830	1830
青　海	1573	248	64.71	56.94	64.40	4	4			400	400
宁　夏	2848	378	109.98	71.33	64.94	5	5			1330	1330
新　疆	6133	1467	340.19	242.02	268.24	9	9			3238	3238

14-2 Urban Environmental Sanitation by Province (2007)

Domestic Garbage (吨/日)		无害化处理量（万吨）				粪便 Excrement and Urine		公厕数		市容环卫专用车辆设备总数（台）	地区名称
堆肥 Compost	焚烧 Incineration	Volume of Harmless Treated Garbage (10,000 tons)	卫生填埋 Sanitary Landfill	堆肥 Compost	焚烧 Incineration	清运量（万吨） Quantity of Excrement and Urine Transported (10,000 tons)	处理量（万吨） Quantity of Harmless Treated Excrement and Urine (10,000 tons)	（座） Number of Latrines (unit)	三类以上 Third Type and over	Number of Motor Vehicles Designated for Municipal Environmental Sanitation (unit)	Name of Regions
7890	**44682**	**9437.69**	**7663.58**	**249.97**	**1435.05**	**2506.29**	**908.32**	**112604**	**63660**	**71609**	**全　国**
900	120	575.26	535.08	39.14	1.04	189.07	170.78	5333	5308	6253	北　京
	1800	153.97	113.23		40.74	28.94		1376	545	1783	天　津
1850	1200	366.38	277.91	46.14	42.33	169.4	126.03	5605	2575	2940	河　北
	1100	139.29	121.29		18.00	112.98	15.45	3941	1039	1912	山　西
800		188.88	166.58	22.30		96.58	26.45	4449	1223	1292	内蒙古
1250	400	436.01	399.51	21.90	14.60	152.42	39.77	7889	851	4058	辽　宁
	450	216.89	200.46		16.43	137.47	50.59	4976	1054	2137	吉　林
		221.25	221.25			189.88	53.14	10781	2226	3244	黑龙江
1500	2500	546.73	377.32	58.73	108.02	232.34		5378	3003	4489	上　海
	6969	780.85	577.83		203.02	140.18	64.52	8520	7038	5589	江　苏
	9935	674.39	408.25		266.14	79.17	49.80	6654	4977	3614	浙　江
	600	196.39	176.68		10.50	27.87	9.11	2719	2026	1117	安　徽
3	3050	306.97	167.53	3.11	136.33	17.25		1464	1207	1835	福　建
		177.80	177.80			77.81	1.44	1672	1087	876	江　西
	2700	762.72	662.94		67.08	119.84	101.46	5398	3498	4638	山　东
784	1150	404.86	337.78	35.60	30.82	87.38	39.81	5681	3071	2625	河　南
		281.96	268.97			81.53	1.84	4094	3011	2720	湖　北
		269.73	269.73			38.30	0.02	2714	1754	1486	湖　南
	11508	1155.79	735.60		389.64	267.45	36.66	7345	6526	8255	广　东
600	500	168.50	140.20	9.80	18.50	22.03	4.38	1699	1047	1232	广　西
	100	54.50	50.00		4.50	6.97	6.00	335	136	338	海　南
	1000	165.09	111.03		54.06	63.87	14.60	2026	1325	1085	重　庆
	200	383.52	361.82		11.70	27.18	18.17	3514	3005	2366	四　川
		130.85	130.85			16.57	4.00	1067	839	605	贵　州
403		206.36	193.11	13.25		45.08	44.38	901	614	1345	云　南
		14.60	14.60			0.73		211	140	81	西　藏
	500	174.92	173.32		1.60	25.84	8.82	2104	1589	1344	陕　西
		68.40	68.40			22.39	16.57	985	689	517	甘　肃
		61.40	61.40			1.75		490	156	238	青　海
		57.64	57.64			7.91	1.13	825	446	373	宁　夏
		95.79	95.79			20.11	3.40	2458	1655	1222	新　疆

14-3 2007年按城市分列的城市市容环境卫生

城市名称 Name of Cities	道路清扫保洁面积（万平方米） Surface Area of Roads Cleaned and Maintained (10,000m²)	机械化 Mechanization	清运量（万吨） Quantity of Collected and Transported (10,000 tons)	密闭车（箱）清运量 Quantity of Garbage Transported	生活垃圾 处理量（万吨） Quantity of Garbage Treatment (10,000 tons)	生活垃圾 无害化处理厂（场）数（座） Number of Harmless Treatment Plants/Grounds (unit)	卫生填埋 Sanitary Landfill	堆肥 Compost	焚烧 Incineration	生活垃圾 无害化处理能力 Harmless Treatment Capacity (ton/day)	卫生填埋 Sanitary Landfill
全　　国	**379355**	**100362**	**15214.53**	**11274.97**	**12310.85**	**460**	**366**	**17**	**66**	**271791**	**215179**
北　　京	**11741**	**5760**	**600.94**	**600.94**	**575.26**	**17**	**13**	**3**	**1**	**10350**	**9330**
天　　津	**5249**	**2105**	**165.01**	**165.01**	**153.97**	**7**	**5**		**2**	**7600**	**5800**
河　　北	**16942**	**3753**	**686.46**	**538.50**	**591.78**	**18**	**12**	**4**	**2**	**8600**	**5550**
石 家 庄	3027	1554	117.00	114.00	117.00	3	1	1	1	3500	2000
辛　　集	255	102	9.80	9.80	9.80						
藁　　城	164	1	7.00	5.00	7.00						
晋　　州	115		7.60		7.60						
新　　乐	100		7.00	7.00							
鹿　　泉	105	36	4.60	3.60	4.60						
唐　　山	1549	152	55.51	46.59	55.51	4	4				
遵　　化	310	60	12.00	7.00	12.00						
迁　　安	182	77	4.92	4.92	4.92	1	1			200	200
秦 皇 岛	1041	150	42.36	41.30	42.36	4	2	2		1600	900
邯　　郸	1762	345	40.00	36.20	36.65	1	1				
武　　安	346	190	9.00	8.00	9.00						
邢　　台	745	30	43.00	43.00	43.00	1	1			700	700
南　　宫	122		8.50		5.00						
沙　　河	372	20	26.00	18.00	13.00						
保　　定	1394	104	31.83	31.00	31.83	1	1			1050	1050
涿　　州	278	40	8.80	8.80	7.30						
定　　州	230		12.10		12.10						
安　　国	201	35	16.00		16.00						
高 碑 店	130	26	12.00		12.00						
张 家 口	745	38	53.50	48.00	13.16	1	1			700	700
承　　德	416	50	30.80	9.00	29.00						
沧　　州	515	90	18.25	18.25	13.33	1			1	400	
泊　　头	154		7.50	3.40	3.40						
任　　丘	265	63	17.50	17.50	17.50						
黄　　骅	185	62	7.50	6.20	7.50						

14-3 Urban Environmental Sanitation by City (2007)

Domestic Garbage (吨/日)		无害化处理量（万吨）				粪便 Excrement and Urine		公厕数		市容环卫专用车辆设备总数（台）	
堆肥 Compost	焚烧 Incineration	Quantity of Harmless Treated Garbage (10,000 tons)	卫生填埋 Sanitary Landfill	堆肥 Compost	焚烧 Incineration	清运量（万吨） Quantity of Excrement and Urine Transported (10,000 tons)	处理量（万吨） Quantity of Harmless Treated Excrement and Urine (10,000 tons)	（座） Number of Latrines (unit)	三类以上 Third Type and over	Number of Motor Vehicles Designated for Municipal Environmental Sanitation (unit)	城市名称 Name of Cities
7890	**44682**	**9437.69**	**7663.90**	**249.97**	**1435.05**	**2506.29**	**908.32**	**112604**	**63660**	**71509**	**全　国**
900	**120**	**575.26**	**535.08**	**39.14**	**1.04**	**189.07**	**170.78**	**5333**	**5308**	**6253**	**北　京**
	1800	**153.97**	**113.23**		**40.74**	**28.94**		**1376**	**545**	**1783**	**天　津**
1850	**1200**	**366.38**	**277.91**	**46.14**	**42.33**	**169.40**	**126.03**	**5605**	**2575**	**2940**	**河　北**
700	800	117.00	63.00	25.00	29.00	18.01	18.00	535	524	247	石家庄
						1.30	1.30	59	44	22	辛　集
						1.90	1.90	24	20	19	藁　城
						1.30	1.30	19	19	2	晋　州
						3.00		26	26	19	新　乐
		4.60	4.60			1.00	1.80	10	10	12	鹿　泉
		45.71	45.71			10.53	10.53	1673	322	309	唐　山
						2.00	2.00	131	60	67	遵　化
		4.92	4.92			0.12	0.12	80	40	23	迁　安
700		42.36	35.04	7.32		5.32		189	66	101	秦皇岛
		36.65	36.65			16.73	10.00	395	185	393	邯　郸
						0.13	0.13	58	58	54	武　安
		43.00	43.00			22.20	22.20	158	123	115	邢　台
						3.00		30	18	13	南　宫
						0.42	0.21	42	40	40	沙　河
		31.83	31.83			3.10	3.10	125	112	145	保　定
						1.30	0.70	59	37	46	涿　州
						0.10		26	21	51	定　州
						0.29	0.29	23	16	38	安　国
						0.70	0.70	9	9	15	高碑店
		13.16	13.16			11.80	11.80	528	115	142	张家口
						6.99	6.80	270	2	53	承　德
	400	13.33			13.33	18.00		369	137	100	沧　州
						1.20	1.20	121	13	28	泊　头
						6.50	6.50	48	48	119	任　丘
						4.20	4.10	82	56	45	黄　骅

14-3 续 1

城市名称 Name of Cities	道路清扫保洁面积(万平方米) Surface Area of Roads Cleaned and Maintained ($10,000m^2$)	机械化 Mechanization	清运量(万吨) Quantity of Collected and Transported (10,000 tons)	密闭车(箱)清运量 Quantity of Garbage Transported	生活垃圾处理量(万吨) Quantity of Garbage Treatment (10,000 tons)	生活垃圾 无害化处理厂(场)数(座) Number of Harmless Treatment Plants/Grounds (unit)	卫生填埋 Sanitary Landfill	堆肥 Compost	焚烧 Incineration	无害化处理能力 Harmless Treatment Capacity (ton/day)	卫生填埋 Sanitary Landfill
河　间	89		3.80								
廊　坊	620	108	14.54	14.54	13.82	1		1		450	
霸　州	268	95	6.00	3.00	6.00						
三　河	287	181	13.50	13.50	12.50						
衡　水	584	144	19.45	16.20	18.20						
冀　州	217		12.50		6.00						
深　州	169		6.60	4.70	4.70						
山　西	**8350**	**2977**	**365.14**	**197.78**	**145.03**	**10**	**8**		**2**	**4789**	**4789**
太　原	2840	1988	86.00	86.00	74.82	1	1			3100	3100
古　交	116	20	7.00	7.00	5.74						
大　同	731		36.00								
阳　泉	355	39	19.00	11.55	3.80	1	1			604	604
长　治	480	111	23.40		23.40	2	1		1		
潞　城	60	12	6.58		6.07	1	1				
晋　城	376	89	12.76		11.49	1	1			500	500
高　平	90	15	8.50	8.30							
朔　州	282		23.30	12.10	3.87	1	1			355	355
晋　中	650	59	16.00	16.00							
介　休	159	56	6.00	4.30		1			1		
运　城	706		30.00		8.04	1	1				
永　济	78		7.26	3.23							
河　津	40	10	3.00	2.00							
忻　州	151	46	11.00	11.00							
原　平	63		4.50								
临　汾	398	346	19.00	15.00							
侯　马	155	50	14.24								
霍　州	80		5.00								
吕　梁	200	80	7.80	7.80	7.80	1	1			230	230
孝　义	245	56	10.00	10.00							
汾　阳	95		8.80	3.50							
内蒙古	**8578**	**989**	**349.93**	**319.66**	**239.44**	**10**	**9**	**1**		**4677**	**3877**
呼和浩特	1951	75	39.90	39.90	36.98	2	1	1		1550	750

Domestic Garbage						粪便 Excrement and Urine		公厕数		市容环卫专用车辆设备总数（台） Number of Motor Vehicles Designated for Municipal Environmental Sanitation (unit)	城市名称 Name of Cities
（吨/日）		无害化处理量（万吨）				清运量（万吨） Quantity of Excrement and Urine Transported (10,000 tons)	处理量（万吨） Quantity of Harmless Treated Excrement and Urine (10,000 tons)	（座） Number of Latrines (unit)	三类以上 Third Type and over		
堆肥 Compost	焚烧 Incineration	Quantity of Harmless Treated Garbage (10,000 tons)	卫生填埋 Sanitary Landfill	堆肥 Compost	焚烧 Incineration						
						2.80		44	24	26	河间
450		13.82		13.82		4.65	4.65	136	136	205	廊坊
						3.70	3.70	160	160	38	霸州
						3.56	3.50	64	34	210	三河
						7.45	4.10	60	60	56	衡水
						3.00	2.20	32	24	171	冀州
						3.10	3.20	20	16	16	深州
	1100	**139.29**	**121.29**		**18.00**	**112.98**	**15.45**	**3941**	**1039**	**1912**	**山西**
		74.82	74.82			17.00	14.79	624	486	566	太原
						0.12		28	6	20	古交
						64.00		2169	70	395	大同
		3.80	3.80			9.88		462	32	103	阳泉
	600	23.40	5.40		18.00	0.56	0.56	163	163	154	长治
		6.07	6.07			0.25		7	6	21	潞城
		11.49	11.49			10.22		62	62	143	晋城
								10	1	20	高平
		3.87	3.87			7.20	0.10	40	18	46	朔州
						2.19		104	10	50	晋中
	500							20		34	介休
		8.04	8.04					38	31	31	运城
						0.12		15	13	30	永济
								14		22	河津
								16	16	17	忻州
						0.24		8		20	原平
								35	21	79	临汾
								32	32	38	侯马
								12		15	霍州
		7.80	7.80					49	49	51	吕梁
								17	17	35	孝义
						1.20		16	6	22	汾阳
800		**188.88**	**166.58**	**22.30**		**96.58**	**26.45**	**4449**	**1223**	**1292**	**内蒙古**
800		36.98	14.68	22.30		4.40		429	309	233	呼和浩特

14-3 续 2

城市名称 Name of Cities	道路清扫保洁面积（万平方米）Surface Area of Roads Cleaned and Maintained (10,000m²)	机械化 Mechanization	生活垃圾 清运量（万吨）Quantity of Collected and Transported (10,000 tons)	密闭车（箱）清运量 Quantity of Garbage Transported	生活垃圾处理量（万吨）Quantity of Garbage Treatment (10,000 tons)	无害化处理厂（场）数（座）Number of Harmless Treatment Plants/Grounds (unit)	卫生填埋 Sanitary Landfill	堆肥 Compost	焚烧 Incineration	无害化处理能力 Harmless Treatment Capacity (ton/day)	卫生填埋 Sanitary Landfill
包　头	1385	125	65.31	63.80	63.49	2	2			1600	1600
乌　海	471	175	23.01	23.01	19.00	1	1			2	2
赤　峰	941	50	35.43	34.96	29.12	1	1				
通　辽	516	1	25.00	25.00	25.00						
霍林郭勒	50		7.00	8.00							
鄂尔多斯	1178	260	22.18	22.08	19.35	1	1			530	530
呼伦贝尔	247	54	16.38	16.38							
满洲里	281	4	14.00	18.00							
牙克石	93		7.61	6.13							
扎兰屯	80		11.10								
额尔古纳	52		3.00								
根　河	46		5.00								
巴彦淖尔	258	50	14.70	14.67	14.67	1	1			750	750
乌兰察布	198	38	18.36	18.36							
丰　镇	171	8	8.83	4.80	8.83						
乌兰浩特	220	136	17.05	17.00	16.20	1	1				
阿尔山	18		2.50								
二连浩特	182		6.57	6.57							
锡林浩特	240	13	7.00	1.00	6.80	1	1			245	245
辽　宁	**24282**	**4221**	**771.38**	**424.72**	**682.12**	**12**	**10**	**1**	**1**	**10447**	**8797**
沈　阳	9348	1937	170.51	170.51	170.51	2	2			3500	3500
新　民	100	39	8.50								
大　连	2929	839	79.00	79.00	79.00	1	1			2356	2356
瓦房店	864		13.00	13.00	13.00	1	1			400	400
普兰店	236		8.00	2.20	8.00						
庄　河	276		8.90								
鞍　山	1663	324	39.00	32.00	39.00	1	1			1200	1200
海　城	180		21.90	6.00	21.90						
抚　顺	1162	232	41.00		41.00						
本　溪	534	69	39.66	19.00	38.00						
丹　东	706	85	27.33	8.89	27.33						
东　港	179		5.75	1.20	5.75						

Domestic Garbage (吨/日)		无害化处理量（万吨）				粪便 Excrement and Urine		公厕数		市容环卫专用车辆设备总数（台）	
堆肥 Compost	焚烧 Incineration	Quantity of Harmless Treated Garbage (10,000 tons)	卫生填埋 Sanitary Landfill	堆肥 Compost	焚烧 Incineration	清运量（万吨） Quantity of Excrement and Urine Transported (10,000 tons)	处理量（万吨） Quantity of Harmless Treated Excrement and Urine (10,000 tons)	（座） Number of Latrines (unit)	三类以上 Third Type and over	Number of Motor Vehicles Designated for Municipal Environmental Sanitation (unit)	城市名称 Name of Cities
		59.45	59.45			23.18		229	203	238	包　头
		19.00	19.00			18.19		585		97	乌　海
		16.43	16.43			4.22	4.26	198	85	62	赤　峰
						9.00	9.00	210		51	通　辽
								52		22	霍林郭勒
		19.35	19.35			8.62		666	156	112	鄂尔多斯
						1.10		158	36	50	呼伦贝尔
						2.00		329		73	满洲里
						0.26		24	3	26	牙克石
						2.92		40		29	扎兰屯
						1.40		10		12	额尔古纳
								30	2	12	根　河
		14.67	14.67			7.93	7.93	403	35	55	巴彦淖尔
						5.80		324	280	90	乌兰察布
						1.46	1.46	224	41	56	丰　镇
		16.20	16.20			1.80	1.80	201	16	19	乌兰浩特
						0.50		39		7	阿尔山
						0.80		65	34	19	二连浩特
		6.80	6.80			3.00	2.00	233	23	29	锡林浩特
1250	**400**	**436.01**	**399.51**	**21.90**	**14.60**	**152.42**	**39.77**	**7889**	**851**	**4058**	**辽　宁**
		170.51	170.51			19.23		1168	323	1461	沈　阳
						4.30		127		40	新　民
		79.00	79.00			7.00	7.00	532	217	374	大　连
		13.00	13.00			3.50		154	23	75	瓦房店
						0.55	0.55	80	5	53	普兰店
						6.80		330	5	34	庄　河
		39.00	39.00			0.85		97		187	鞍　山
						3.10	3.10	143		30	海　城
						6.29		470		171	抚　顺
						22.80		348	14	128	本　溪
						9.82	9.82	916	15	214	丹　东
						2.10	2.10	207	2	32	东　港

14-3 续 3

城市名称 Name of Cities	道路清扫保洁面积（万平方米）Surface Area of Roads Cleaned and Maintained (10,000m²)	机械化 Mechanization	生活垃圾 清运量（万吨）Quantity of Collected and Transported (10,000 tons)	密闭车（箱）清运量 Quantity of Garbage Transported	生活垃圾处理量（万吨）Quantity of Garbage Treatment (10,000 tons)	无害化处理厂（场）数（座）Number of Harmless Treatment Plants/Grounds (unit)	卫生填埋 Sanitary Landfill	堆肥 Compost	焚烧 Incineration	无害化处理能力 Harmless Treatment Capacity (ton/day)	卫生填埋 Sanitary Landfill
凤　　城	170	70	9.90	8.00	9.90						
锦　　州	821		32.00	13.00	32.00	1		1		1250	
凌　　海	119		9.20		9.20						
北　　镇	47		4.80		4.80						
营　　口	563	175	36.00	8.50	22.00						
盖　　州	85		14.00		12.00						
大 石 桥	192		10.90								
阜　　新	420		44.00	20.00	29.00	1	1				
辽　　阳	864	156	22.56	9.01	22.55	1	1			480	480
灯　　塔	121		5.00		5.00						
盘　　锦	665	88	16.00	12.00	14.60	1			1	400	
铁　　岭	517		13.79	8.00	13.50	1	1			370	370
调 兵 山	140		8.50	0.80	8.50	1	1			241	241
开　　原	180	93	7.11	7.11	7.11						
朝　　阳	372		32.00		32.00	1	1			250	250
北　　票	93		12.95								
凌　　源	128	109	12.00	6.00							
葫 芦 岛	474	5	6.63		7.47						
兴　　城	134		11.49	0.50	9.00						
吉　　林	**8988**	**1506**	**568.16**	**354.66**	**357.55**	**8**	**7**		**1**	**5231**	**4781**
长　　春	2554	514	118.04	118.04	115.30	2	1		1	2950	2500
九　　台	80		9.00								
榆　　树	150		30.00								
德　　惠	190	125	14.40	14.40	12.40						
吉　　林	1616	228	33.66	31.38	33.66						
蛟　　河	120		12.00		12.00						
桦　　甸	206		9.48	2.35							
舒　　兰	101		8.00	2.00	8.00						
磐　　石	106	7	11.60	7.54	11.00						
四　　平	396		37.80	11.00							
公 主 岭	251		19.69	4.25	7.90						
双　　辽	90		19.00	7.00							

Domestic Garbage						粪便 Excrement and Urine		公厕数		市容环卫专用车辆设备总数（台） Number of Motor Vehicles Designated for Municipal Environmental Sanitation (unit)	城市名称 Name of Cities
（吨/日）		无害化处理量（万吨）				清运量（万吨） Quantity of Excrement and Urine Transported (10,000 tons)	处理量（万吨） Quantity of Harmless Treated Excrement and Urine (10,000 tons)	（座） Number of Latrines (unit)	三类以上 Third Type and over		
堆肥 Compost	焚烧 Incineration	Quantity of Harmless Treated Garbage (10,000 tons)	卫生填埋 Sanitary Landfill	堆肥 Compost	焚烧 Incineration						
						3.00	3.00	98		25	凤城
1250		21.90		21.90		4.80	4.00	258	64	227	锦州
						5.20		137	3	32	凌海
						0.65		46		18	北镇
						7.00		354	16	135	营口
						1.50		135		23	盖州
						2.00		90		78	大石桥
		29.00	29.00			5.40		540	16	106	阜新
		18.00	18.00			13.20	0.40	429	32	167	辽阳
						1.80	1.80	12		19	灯塔
	400	14.60			14.60	4.00		130	26	147	盘锦
		13.50	13.50			1.92		172	20	47	铁岭
		5.50	5.50			1.00	1.00	35	4	15	调兵山
						1.80		62		19	开原
		32.00	32.00			5.50	5.50	227	54	69	朝阳
						3.00		405		30	北票
						1.50		22		35	凌源
						1.31		66	12	45	葫芦岛
						1.50	1.50	99		21	兴城
	450	**216.89**	**200.46**		**16.43**	**137.47**	**50.59**	**4976**	**1054**	**2137**	**吉林**
	450	100.90	84.47		16.43	11.00	2.00	883	570	684	长春
						1.50		151	3	47	九台
						3.60		44		79	榆树
						0.50	0.50	139	14	48	德惠
						11.20		434	70	208	吉林
							1.50	50		15	蛟河
						5.00		59	9	13	桦甸
						3.00	2.50	65	5	16	舒兰
						7.10	7.10	48		29	磐石
								380		397	四平
						42.57	2.19	4		13	公主岭
								76		17	双辽

城市名称 Name of Cities	道路清扫保洁面积（万平方米）Surface Area of Roads Cleaned and Maintained (10,000m²)	机械化 Mechanization	清运量（万吨）Quantity of Collected and Transported (10,000 tons)	密闭车（箱）清运量 Quantity of Garbage Transported	生活垃圾处理量（万吨）Quantity of Garbage Treatment (10,000 tons)	生活垃圾 无害化处理厂（场）数（座）Number of Harmless Treatment Plants/Grounds (unit)	卫生填埋 Sanitary Landfill	堆肥 Compost	焚烧 Incineration	无害化处理能力 Harmless Treatment Capacity (ton/day)	卫生填埋 Sanitary Landfill
辽 源	333	199	19.00	15.00							
通 化	195	65	37.00	18.30	37.00	1	1			600	600
梅 河 口	155	37	16.50	16.50	16.00						
集 安	57	20	5.50	5.50							
白 山	229	40	15.80	15.00	15.00						
临 江	90		12.00	1.50	0.30						
松 原	344	120	22.50	12.00	13.50	1	1				
白 城	327		16.80	11.00	14.90	1	1			500	500
洮 南	244		14.90	0.60							
大 安	99		10.50								
延 吉	428	11	33.00	33.00	33.00	1	1			823	823
图 们	62		6.40	4.10							
敦 化	228	68	11.39		11.39	1	1			358	358
珲 春	217	60	12.00	12.00	10.00						
龙 井	55	12	6.20	6.20	6.20	1	1				
和 龙	65		6.00	6.00							
黑 龙 江	**12922**	**1567**	**963.15**	**309.63**	**359.10**	**15**	**15**			**8574**	**8574**
哈 尔 滨	3482	243	122.28	84.13	100.68	2	2			2400	2400
双 城	164		16.00	16.00							
尚 志	125		9.80	9.80							
五 常	100	30	9.58								
齐齐哈尔	897		66.60	10.00	29.00	3	3			936	936
讷 河	48	40	16.00								
鸡 西	313	60	27.50		25.00	1	1			400	400
虎 林	59		7.90								
密 山	62	2	13.00	8.00							
鹤 岗	298	98	74.60								
双 鸭 山	178	33	46.00	8.00	10.37	1	1			527	527
大 庆	3076	615	22.20	22.20	22.20	4	4			900	900
伊 春	694	83	133.29	8.50							
铁 力	86	31	8.00	6.00							
佳 木 斯	564	150	38.00	30.00	31.75	1	1			1150	1150

Domestic Garbage (吨/日)		无害化处理量（万吨）				粪便 Excrement and Urine		公厕数		市容环卫专用车辆设备总数（台）	城市名称
堆肥 Compost	焚烧 Incineration	Quantity of Harmless Treated Garbage (10,000 tons)	卫生填埋 Sanitary Landfill	堆肥 Compost	焚烧 Incineration	清运量（万吨） Quantity of Excrement and Urine Transported (10,000 tons)	处理量（万吨） Quantity of Harmless Treated Excrement and Urine (10,000 tons)	（座） Number of Latrines (unit)	三类以上 Third Type and over	Number of Motor Vehicles Designated for Municipal Environmental Sanitation (unit)	Name of Cities
						8.00	8.00	788	45	5	辽源
		37.00	37.00			2.00		216	216	57	通化
						7.20	15.50	115		38	梅河口
						9.10		48	13	20	集安
						3.00	3.00	191	30	76	白山
						3.00		32	8	30	临江
		13.50	13.50			2.30		213	3	44	松原
		14.90	14.90			1.90		89	21	29	白城
						1.20		78	7	26	洮南
						0.30		165			大安
		33.00	33.00			7.00	4.50	178	28	78	延吉
						1.50		83	6	15	图们
		11.39	11.39			2.50	2.50	114		41	敦化
						1.60	1.00	102	4	42	珲春
		6.20	6.20			0.30	0.30	120	2	20	龙井
						1.10		111		20	和龙
		221.25	**221.25**			**189.88**	**53.14**	**10781**	**2226**	**3244**	**黑龙江**
		42.23	42.23			21.98	3.64	550	385	441	哈尔滨
						4.00		295	3	45	双城
						1.60		42	12	42	尚志
						13.00		24		25	五常
		29.00	29.00			24.00		1115		234	齐齐哈尔
						5.00		172		62	讷河
		25.00	25.00			1.00	1.00	1700		212	鸡西
						1.20		54	3	21	虎林
						1.80		130	13	29	密山
						6.50		511	17	113	鹤岗
		10.37	10.37			6.00		793	391	92	双鸭山
		22.20	22.20					261	261	573	大庆
						14.80		596	23	253	伊春
								66	9	33	铁力
		31.75	31.75			13.00	13.00	1288	116	93	佳木斯

城市名称 Name of Cities	道路清扫保洁面积（万平方米） Surface Area of Roads Cleaned and Maintained (10,000m²)	机械化 Mechanization	清运量（万吨） Quantity of Collected and Transported (10,000 tons)	密闭车（箱）清运量 Quantity of Garbage Transported	生活垃圾处理量（万吨） Quantity of Garbage Treatment (10,000 tons)	无害化处理厂（场）数（座） Number of Harmless Treatment Plants/Grounds (unit)	卫生填埋 Sanitary Landfill	堆肥 Compost	焚烧 Incineration	生活垃圾无害化处理能力 Harmless Treatment Capacity (ton/day)	卫生填埋 Sanitary Landfill
同　江	32		9.00								
富　锦	121		12.00	6.00							
七台河	330	10	35.00	17.00	24.50	1	1			711	711
牡丹江	658	75	33.70	33.70	33.70	1	1			1300	1300
绥芬河	140	40	13.40	13.40	1.50						
海　林	87	57	7.90	5.50	7.90						
宁　安	8		3.00	3.00	2.50	1	1			250	250
穆　棱	61		7.50								
黑　河	295		11.00	7.40							
北　安	85		11.00								
五大连池	32		3.40								
绥　化	268		44.00	21.00							
安　达	148		52.00								
肇　东	460		100.00		70.00						
海　伦	51		9.50								
上　海	**12503**	**7299**	**690.66**	**652.44**	**548.55**	**12**	**4**	**2**	**2**	**16765**	**12595**
江　苏	**31072**	**10153**	**898.43**	**809.86**	**878.31**	**32**	**23**		**9**	**21787**	**14818**
南　京	6893	1021	160.60	155.20	155.20	2	2			4000	4000
无　锡	2009	450	88.87	87.30	81.11	3	1		2	3000	1000
江　阴	333	142	16.00		16.00	1	1				
宜　兴	460	80	7.70	7.70	7.70	1			1	650	
徐　州	1044	480	55.21	40.00	50.00	1	1			1500	1500
新　沂	125		8.70	8.70	8.70						
邳　州	420	40	10.90	10.90	10.90						
常　州	1508	485	43.48	43.48	43.48	2	1		1	1500	1200
溧　阳	170	74	7.11	7.11	7.11	1	1			200	200
金　坛	246	98	4.05	4.05	4.05	1	1			178	178
苏　州	6369	2889	109.70	109.70	109.70	2	1		1	1201	
常　熟	910	430	39.09	24.50	39.09	1			1	1800	
张家港	370	255	14.91	14.91	14.91	1	1			550	550
昆　山	409	106	31.42	31.42	31.42	1			1		
吴　江	471	280	19.29	6.51	19.29	1	1			600	600

Domestic Garbage (吨/日) 堆肥 Compost	焚烧 Incineration	无害化处理量（万吨） Quantity of Harmless Treated Garbage (10,000 tons)	卫生填埋 Sanitary Landfill	堆肥 Compost	焚烧 Incineration	粪便 Excrement and Urine 清运量（万吨） Quantity of Excrement and Urine Transported (10,000 tons)	处理量（万吨） Quantity of Harmless Treated Excrement and Urine (10,000 tons)	公厕数（座） Number of Latrines (unit)	三类以上 Third Type and over	市容环卫专用车辆设备总数（台） Number of Motor Vehicles Designated for Municipal Environmental Sanitation (unit)	城市名称 Name of Cities
						1.30		34	1	41	同江
						2.00		74		53	富锦
		24.50	24.50			1.50	1.50	320	170	315	七台河
		33.70	33.70			11.00	11.00	784	22	135	牡丹江
						1.80	1.50	41	5	33	绥芬河
						1.50	1.50	41	2	11	海林
		2.50	2.50			1.00		110		18	宁安
						1.50		78	14	12	穆棱
						10.00		87	7	29	黑河
						10.00		315		5	北安
						1.40		45		20	五大连池
						3.00		286	14	23	绥化
						8.00		109	10	73	安达
						20.00	20.00	800	740	200	肇东
						2.00		60	8	8	海伦
1500	**2500**	**546.73**	**377.32**	**58.73**	**108.02**	**232.34**		**5378**	**3003**	**4489**	**上海**
	6969	**780.85**	**577.83**		**203.02**	**140.18**	**64.52**	**8520**	**7038**	**5589**	**江苏**
		138.79	138.79			10.36	2.57	1060	884	974	南京
	2000	81.11	38.76		42.35		18.73	706	504	602	无锡
		16.00	16.00			8.00		132	132	112	江阴
	650	7.70			7.70	0.45		150	150	69	宜兴
		50.00	50.00			0.21		543	338	188	徐州
						0.32		60	60	12	新沂
						0.20	0.20	46	40	38	邳州
	300	43.48	38.78		4.70	0.73	0.73	788	748	289	常州
		4.84	4.84			0.30		53	53	61	溧阳
		4.05	4.05			1.03	1.03	58	58	30	金坛
	1201	109.70	65.87		43.83	1.66	1.66	785	734	1328	苏州
	1800	39.09			39.09	46.98		133	133	164	常熟
		14.91	14.91			2.47	2.47	51	51	132	张家港
		31.42			31.42	1.95	1.95	68	68	63	昆山
		19.29	19.29			2.87	1.02	90	42	50	吴江

14-3 续 6

城市名称 Name of Cities	道路清扫保洁面积（万平方米）Surface Area of Roads Cleaned and Maintained (10,000m²)	机械化 Mechanization	清运量（万吨）Quantity of Collected and Transported (10,000 tons)	密闭车（箱）清运量 Quantity of Garbage Transported	生活垃圾处理量（万吨）Quantity of Garbage Treatment (10,000 tons)	生活垃圾 无害化处理厂（场）数（座）Number of Harmless Treatment Plants/Grounds (unit)	卫生填埋 Sanitary Landfill	堆肥 Compost	焚烧 Incineration	无害化处理能力 Harmless Treatment Capacity (ton/day)	卫生填埋 Sanitary Landfill
太　仓	508	254	16.40	16.30	16.40	1			1	18	
南　通	860	214	26.55	26.55	26.55	1	1			1120	1120
启　东	120	7	5.00	5.00	5.00						
如　皋	225	48	5.34	5.34	5.34						
通　州	105	42	3.39	1.00	3.39						
海　门	217	87	5.15	5.15	5.15	1	1			200	200
连云港	1033	510	17.90	17.90	17.80	1	1			800	800
淮　安	710	294	20.00	20.00	20.00	1	1			1250	1250
盐　城	627	184	18.27	17.35	17.53	1			1	1000	
东　台	127		6.91		6.91						
大　丰	167	60	5.50	5.50	5.10						
扬　州	920	368	23.34	23.34	23.34	1	1			750	750
仪　征	143	58	4.45	4.45	4.45	1	1			120	120
高　邮	132	48	4.70	4.70	4.70						
江　都	313	87	5.98	5.00	5.98						
镇　江	702	341	27.80	27.80	27.80	1	1			550	550
丹　阳	298	28	10.73	10.73	10.73	1	1			350	350
扬　中	130	61	4.32	3.60	4.32	1	1			120	120
句　容	374	75	4.40	4.40	4.40	1	1			130	130
泰　州	542	148	17.00	17.00	17.00	1	1				
兴　化	126	12	10.00	10.00	10.00						
靖　江	126	53	10.99		10.59						
泰　兴	56	23	5.50	5.50	5.50						
姜　堰	240	168	5.40	5.40	5.40						
宿　迁	534	153	16.38	16.37	16.27	1	1			200	200
浙　江	**23075**	**6986**	**772.04**	**625.20**	**755.08**	**41**	**27**		**14**	**22881**	**12946**
杭　州	3985	2263	161.94	139.50	161.94	5	3		2	4065	2815
建　德	75	44	6.55	6.55	6.55	1	1			300	300
富　阳	275	60	6.85	6.85	6.85	2	1		1	1000	200
临　安	250	53	6.60	6.60	6.60	1	1			280	280
宁　波	1835	807	66.46	66.46	66.46	3	1		2	2900	800
余　姚	496	93	21.80	20.10	21.80	1	1			500	500

Domestic Garbage						粪便 Excrement and Urine		公厕数		市容环卫专用车辆设备总数（台）	
（吨/日）		无害化处理量（万吨）				清运量（万吨）	处理量（万吨）	（座）	三类以上		城市名称
堆肥 Compost	焚烧 Incineration	Quantity of Harmless Treated Garbage (10,000 tons)	卫生填埋 Sanitary Landfill	堆肥 Compost	焚烧 Incineration	Quantity of Excrement and Urine Transported (10,000 tons)	Quantity of Harmless Treated Excrement and Urine (10,000 tons)	Number of Latrines (unit)	Third Type and over	Number of Motor Vehicles Designated for Municipal Environmental Sanitation (unit)	Name of Cities
	18	16.40			16.40	2.92	2.56	52	52	111	太仓
		26.55	26.55			7.10	7.10	209	207	145	南通
						2.40	2.40	64	64	42	启东
		5.34	5.34			2.00		48	48	52	如皋
		3.39	3.39			0.60		37	37	29	通州
		5.15	5.15			0.62	0.62	72	72	30	海门
		17.80	17.80			2.65		408	286	159	连云港
		20.00	20.00			7.20	7.20	523	523	111	淮安
	1000	17.53			17.53	15.00		156	149	60	盐城
						1.64	1.64	91	77	26	东台
						0.73	0.60	75	19	34	大丰
		23.34	23.34			3.65	3.65	297	283	120	扬州
		4.45	4.45			0.63		66	66	28	仪征
							0.30	62	62	21	高邮
								109	105	37	江都
		27.80	27.80			2.40	2.40	237	226	179	镇江
		10.73	10.73			1.43	1.43	136	97	59	丹阳
		4.32	4.32					24	24	19	扬中
		4.40	4.40			0.30		33	33	19	句容
		17.00	17.00			0.64	0.63	248	202	65	泰州
						2.79		288	124	22	兴化
						1.03	1.03	66	54	38	靖江
						5.20	0.90	81	58	30	泰兴
						0.78	0.78	124	96	9	姜堰
		16.27	16.27			0.94	0.92	291	79	32	宿迁
	9935	**674.39**	**408.25**		**266.14**	**79.17**	**49.80**	**6654**	**4977**	**3614**	**浙江**
	1250	161.94	133.32		28.62	14.98	1.26	1302	1154	925	杭州
		6.55	6.55			0.04		22	22	35	建德
	800	6.85	1.84		5.01	0.35		30	30	86	富阳
		6.60	6.60			0.44	0.44	38	38	54	临安
	2100	65.65	15.28		50.37	13.03	13.03	335	296	422	宁波
		21.80	21.80			1.70	1.70	326	93	82	余姚

14-3 续 7

城市名称 Name of Cities	道路清扫保洁面积（万平方米）Surface Area of Roads Cleaned and Maintained (10,000m²)	机械化 Mechanization	清运量（万吨）Quantity of Collected and Transported (10,000 tons)	密闭车（箱）清运量 Quantity of Garbage Transported	生活垃圾 生活垃圾处理量（万吨）Quantity of Garbage Treatment (10,000 tons)	无害化处理厂（场）数（座）Number of Harmless Treatment Plants/Grounds (unit)	卫生填埋 Sanitary Landfill	堆肥 Compost	焚烧 Incineration	无害化处理能力 Harmless Treatment Capacity (ton/day)	卫生填埋 Sanitary Landfill
慈　溪	868	115	26.49	25.88	26.49						
奉　化	188	60	13.24	13.24	13.24	1	1			453	453
温　州	1802	366	80.00	75.00	74.00	3			3	2085	
瑞　安	201	67	12.14		8.07	1	1			300	300
乐　清	311	47	14.00		10.60						
嘉　兴	1111	404	23.14	23.14	22.87	1			1	1000	
海　宁	374	119	8.90	8.90	8.90	1	1			98	98
平　湖	187	57	5.60	5.60	5.60						
桐　乡	603	155	6.29	6.29	6.29	1			1	400	
湖　州	1225	330	22.50	21.90	22.50	1	1			470	470
绍　兴	644	143	25.57	25.57	25.57	2	1		1	1600	1200
诸　暨	485	188	9.25		9.25	2	1		1	760	360
上　虞	260	104	14.00	10.00	14.00	2	1		1	760	260
嵊　州	128	46	9.83	9.83	9.83	1	1			330	330
金　华	1006	142	21.83	21.15	21.83	1	1			1000	1000
兰　溪	230		7.90		7.80						
义　乌	900	248	44.28	44.28	44.28	1			1	1000	
东　阳	582	60	16.19		16.19						
永　康	630	162	14.60	14.60	14.60						
衢　州	747	158	10.46	10.46	10.46	1	1			300	300
江　山	248	37	6.54	6.53	6.54	1	1			100	100
舟　山	375	73	19.80		19.80	1	1			600	600
台　州	1345	300	45.47	32.44	42.83	3	3			1220	1220
温　岭	398	103	13.70	13.25	13.50	1	1			570	570
临　海	484	112	11.84	10.13	11.84	1	1			500	500
丽　水	717	47	15.00	0.82	14.80	1	1			200	200
龙　泉	110	23	3.28	0.13	3.20	1	1			90	90
安　徽	**11897**	**1766**	**400.24**	**275.24**	**365.87**	**12**	**10**		**1**	**5997**	**5047**
合　肥	1822	316	53.29	53.29	53.29	1	1			1460	1460
芜　湖	1247	262	32.30	32.30	32.30	2	1		1	1200	600
蚌　埠	927	39	31.70	1.46	31.70	1	1			800	800
淮　南	819	135	32.00	32.00	32.00						

Domestic Garbage (吨/日)		无害化处理量（万吨） Quantity of Harmless Treated Garbage (10,000 tons)				粪便 Excrement and Urine		公厕数		市容环卫专用车辆设备总数（台） Number of Motor Vehicles Designated for Municipal Environmental Sanitation (unit)	城市名称 Name of Cities
堆肥 Compost	焚烧 Incineration	Quantity of Harmless Treated Garbage (10,000 tons)	卫生填埋 Sanitary Landfill	堆肥 Compost	焚烧 Incineration	清运量（万吨） Quantity of Excrement and Urine Transported (10,000 tons)	处理量（万吨） Quantity of Harmless Treated Excrement and Urine (10,000 tons)	（座） Number of Latrines (unit)	三类以上 Third Type and over		
						3.50	3.31	543	515	101	慈溪
		13.24	13.24			3.46	3.56	142	142	31	奉化
	2085	74.00			74.00	5.90		714	426	320	温州
		8.07	8.07				1.56	57	33	16	瑞安
						2.20	2.20	195	93	62	乐清
	1000	22.87			22.87	3.12	2.80	171	167	86	嘉兴
		8.90	8.90			1.50	1.50	55	55	28	海宁
		5.60			5.60	2.30		31	27	29	平湖
	400	6.29			6.29	1.50	1.50	35	35	41	桐乡
		19.50	19.50			3.49	3.19	333	320	78	湖州
	400	25.57	9.77		15.80	6.10	3.20	467	245	90	绍兴
	400	9.25	5.11		4.14			46	46	55	诸暨
	500	14.00	4.00		10.00	0.30		43	1	68	上虞
		9.83	9.83			0.42	0.42	54	54	32	嵊州
		21.47	21.47			0.32		114	114	92	金华
						0.50		36		16	兰溪
	1000	43.44			43.44	1.49	1.49	446	446	131	义乌
						0.30	0.30	49	40	65	东阳
						1.50		33	31	47	永康
		10.46	10.46			0.14	0.14	151	144	59	衢州
		6.54	6.54			0.14		64	64	83	江山
		19.80	19.80			2.60	2.60	148	29	94	舟山
		42.83	42.83			4.68	3.10	323	147	147	台州
		13.50	13.50			0.50	0.50	163	43	53	温岭
		11.84	11.84			1.00	1.00	77	59	94	临海
		14.80	14.80			1.00	1.00	81	38	63	丽水
		3.20	3.20			0.67		30	30	29	龙泉
	600	**196.39**	**176.68**		**10.50**	**27.87**	**9.11**	**2719**	**2026**	**1117**	**安徽**
		53.29	53.29			1.20		181	120	185	合肥
	600	32.30	21.80		10.50			290	290	93	芜湖
		21.30	21.30			3.20	3.20	303	204	69	蚌埠
						0.43		189	170	62	淮南

城市名称 Name of Cities	道路清扫保洁面积（万平方米） Surface Area of Roads Cleaned and Maintained (10,000m²)	机械化 Mechanization	生活垃圾 清运量（万吨） Quantity of Collected and Transported (10,000 tons)	密闭车（箱）清运量 Quantity of Garbage Transported	生活垃圾处理量（万吨） Quantity of Garbage Treatment (10,000 tons)	无害化处理厂（场）数 （座） Number of Harmless Treatment Plants/Grounds (unit)	卫生填埋 Sanitary Landfill	堆肥 Compost	焚烧 Incineration	无害化处理能力 Harmless Treatment Capacity (ton/day)	卫生填埋 Sanitary Landfill
马鞍山	654	200	13.30	13.30	13.30	1	1			467	467
淮北	618	192	10.80	10.80	9.21	1				350	
铜陵	535	117	15.40	15.40	13.87	1	1			500	500
安庆	899	30	26.23	19.54	26.14						
桐城	180	80	7.20		7.20						
黄山	228	130	12.65	12.65	12.32	1	1			220	220
滁州	513		13.00		13.00						
天长	92		10.00	10.00	3.96						
明光	96		8.50		8.50						
阜阳	395	20	24.48	24.48	24.48						
界首	118	18	8.91	5.02	5.70						
宿州	669	31	34.90		15.70						
巢湖	520	60	13.50	13.50	13.50	1	1			400	400
六安	367		12.88	10.60	12.50	1	1			400	400
亳州	327		10.00		8.00	1	1			200	200
池州	564	120	8.30		8.30	1	1				
宣城	207		12.00	12.00	12.00						
宁国	100	16	8.90	8.90	8.90						
福建	**8771**	**2680**	**376.10**	**331.09**	**363.50**	**16**	**11**	**1**	**4**	**7350**	**4297**
福州	1786	671	72.00	70.00	72.00	1			1	1200	
福清	394	50	17.90	17.90	17.00						
长乐	190	55	4.00	3.50	3.36	1	1			160	160
厦门	1962	525	83.18	83.18	83.18	1	1			1650	1650
莆田	465	160	16.57	10.54	15.58	1	1			250	250
三明	211	77	10.74	8.60	10.08	1	1			250	250
永安	85	37	5.89	5.88	5.89	1	1			200	200
泉州	730	150	23.90		23.90	1	1			657	657
石狮	303	106	18.60	18.60	18.50	1			1	700	
晋江	435	205	32.32	32.32	32.10	2	1		1	1150	400
南安	256	76	10.80	10.80	5.40						
漳州	560	200	13.96	13.96	13.73	1			1	400	
龙海	125	21	3.11	2.85	3.11	1		1		3	

Domestic Garbage (吨/日) 堆肥 Compost	焚烧 Incineration	无害化处理量（万吨） Quantity of Harmless Treated Garbage (10,000 tons)	卫生填埋 Sanitary Landfill	堆肥 Compost	焚烧 Incineration	粪便 Excrement and Urine 清运量（万吨） Quantity of Excrement and Urine Transported (10,000 tons)	处理量（万吨） Quantity of Harmless Treated Excrement and Urine (10,000 tons)	公厕数（座） Number of Latrines (unit)	三类以上 Third Type and over	市容环卫专用车辆设备总数（台） Number of Motor Vehicles Designated for Municipal Environmental Sanitation (unit)	城市名称 Name of Cities
		13.30	13.30			0.54	0.54	123	123	56	马鞍山
		9.21				0.17	0.17	35	35	31	淮北
		13.87	13.87					120	120	49	铜陵
						3.08		177	158	55	安庆
								15		23	桐城
		10.82	10.82					38	10	39	黄山
						1.80		170	96	13	滁州
						4.00		162	142	36	天长
						0.70	0.70	15	8	10	明光
						0.60		196	150	84	阜阳
						0.50	0.50	96	46	45	界首
						2.55		86	5	113	宿州
		13.50	13.50			4.00	4.00	82	61	26	巢湖
		12.50	12.50			0.50		91	70	30	六安
		8.00	8.00			4.00		210	109	28	亳州
		8.30	8.30			0.60		91	76	34	池州
								16		21	宣城
								33	33	15	宁国
3	**3050**	**306.97**	**167.53**	**3.11**	**136.33**	**17.25**		**1464**	**1207**	**1835**	**福建**
	1200	72.00			72.00	2.60		371	371	350	福州
								31	31	55	福清
		3.36	3.36					70	60	30	长乐
		83.18	83.18					193	193	669	厦门
		15.58	15.58					5	3	10	莆田
		10.08	10.08					40	40	30	三明
		5.89	5.89					48	48	29	永安
		23.90	23.90					142		191	泉州
	700	18.50			18.50	0.60		27	24	36	石狮
	750	32.10			32.10			61	61	125	晋江
								60	30	68	南安
	400	13.73			13.73			64	64	57	漳州
3		3.11		3.11				34	34	32	龙海

城市名称 Name of Cities	道路清扫保洁面积（万平方米）Surface Area of Roads Cleaned and Maintained (10,000m²)	机械化 Mechanization	生活垃圾								
			清运量（万吨）Quantity of Collected and Transported (10,000 tons)	密闭车（箱）清运量 Quantity of Garbage Transported	生活垃圾处理量（万吨）Quantity of Garbage Treatment (10,000 tons)	无害化处理厂（场）数				无害化处理能力	
						（座）Number of Harmless Treatment Plants/Grounds (unit)	卫生填埋 Sanitary Landfill	堆肥 Compost	焚烧 Incineration	Harmless Treatment Capacity (ton/day)	卫生填埋 Sanitary Landfill
南　平	162		7.60	7.60	7.30	1	1			200	200
邵　武	83	47	5.90	2.99	5.82						
武夷山	60	20	4.00	2.70	3.40						
建　瓯	93	16	4.70	3.53	4.00						
建　阳	84		5.90	5.90	5.02						
龙　岩	280	80	12.69	12.10	12.10	1	1			300	300
漳　平	56		2.20	2.20	2.10	1	1			80	80
宁　德	178	74	10.70	8.10	10.50						
福　安	103	40	4.04	4.04	4.04	1	1			150	150
福　鼎	170	70	5.40	3.80	5.39						
江　西	**6833**	**1221**	**252.15**	**202.65**	**247.93**	**11**	**11**			**4815**	**4815**
南　昌	2287	228	75.00	75.00	75.00	1	1			2125	2125
景德镇	242	63	12.79		12.79	1	1			360	360
乐　平	81		2.81		2.81						
萍　乡	346	68	25.00	24.00	25.00	1	1			600	600
九　江	614	118	16.04	9.06	16.04	1	1			60	60
瑞　昌	145	29	4.38	4.38	4.38						
新　余	611	171	15.71	15.71	15.71	1	1			255	255
鹰　潭	120	10	6.00	3.00	5.00	1	1			250	250
贵　溪	78		4.60	3.10	4.60						
赣　州	328	70	14.80	14.80	14.80	1	1			300	300
瑞　金	60		3.50		3.50						
南　康	210	17	5.11	5.11	5.11						
吉　安	283	219	11.00	10.00	11.00	1	1			300	300
井冈山	75	10	2.80	2.04	2.80	1	1			35	35
宜　春	332	106	8.43	8.43	8.43	1	1			300	300
丰　城	200	1	7.30		7.01						
樟　树	114		4.93	4.93	4.20						
高　安	80	28	6.80	6.50	6.60						
抚　州	307	20	12.30	4.30	10.30	1	1			230	230
上　饶	224	60	10.65	10.65	10.65						
德　兴	96	3	2.20	1.64	2.20						

Domestic Garbage (吨/日) 堆肥 Compost	焚烧 Incineration	无害化处理量（万吨） Quantity of Harmless Treated Garbage (10,000 tons)	卫生填埋 Sanitary Landfill	堆肥 Compost	焚烧 Incineration	粪便 Excrement and Urine 清运量（万吨） Quantity of Excrement and Urine Transported (10,000 tons)	处理量（万吨） Quantity of Harmless Treated Excrement and Urine (10,000 tons)	公厕数（座） Number of Latrines (unit)	三类以上 Third Type and over	市容环卫专用车辆设备总数（台） Number of Motor Vehicles Designated for Municipal Environmental Sanitation (unit)	城市名称 Name of Cities
		7.30	7.30			5.00		46	46	24	南平
						4.60		40		12	邵武
						2.45		17	17	23	武夷山
						2.00		24	24	14	建瓯
								10	10	9	建阳
		12.10	12.10					63	63	22	龙岩
		2.10	2.10					9	9	6	漳平
								49	39	22	宁德
		4.04	4.04					25	25	12	福安
								35	15	9	福鼎
		177.80	**177.80**			**77.81**	**1.44**	**1672**	**1087**	**876**	**江西**
		75.00	75.00			0.30	0.30	289	220	241	南昌
		12.58	12.58					149		36	景德镇
						0.30	0.30	56	30	4	乐平
		21.40	21.40			3.00		132	132	82	萍乡
		16.04	16.04			57.70		260	149	75	九江
						0.12		36	36	25	瑞昌
		4.75	4.75			0.34	0.34	81	31	57	新余
		5.00	5.00					15	15	20	鹰潭
								17	4	7	贵溪
		14.80	14.80			1.18		86	82	61	赣州
								34		18	瑞金
								35		17	南康
		11.00	11.00					48	33	29	吉安
		2.80	2.80					3	3	8	井冈山
		8.43	8.43			0.50	0.50	102	102	43	宜春
						0.23		35		43	丰城
						0.09		22	14	21	樟树
						2.00		30	24	34	高安
		6.00	6.00			1.40		141	124	23	抚州
						10.65		92	80	23	上饶
								9	8	9	德兴

14-3 续 10

城市名称 Name of Cities	道路清扫保洁面积（万平方米） Surface Area of Roads Cleaned and Maintained (10,000m²)	机械化 Mechanization	清运量（万吨） Quantity of Collected and Transported (10,000 tons)	密闭车（箱）清运量 Quantity of Garbage Transported	生活垃圾处理量（万吨） Quantity of Garbage Treatment (10,000 tons)	无害化处理厂（场）数（座） Number of Harmless Treatment Plants/Grounds (unit)	卫生填埋 Sanitary Landfill	堆肥 Compost	焚烧 Incineration	生活垃圾无害化处理能力 Harmless Treatment Capacity (ton/day)	卫生填埋 Sanitary Landfill
山　东	**37294**	**10267**	**945.00**	**750.09**	**898.67**	**41**	**36**		**3**	**23659**	**19859**
济　南	2855	1175	92.50	74.10	80.30	1	1			2500	2500
章　丘	454	207	8.10	6.48	6.90	1	1			600	600
青　岛	2504	554	127.83	127.83	127.83	2	2			3608	3608
胶　州	420	178	11.80	2.60	11.80	1	1			390	390
即　墨	583	158	14.40		14.40	1	1			500	500
平　度	420	32	13.01	13.01	13.01	1	1			400	400
胶　南	685	209	12.40	6.40	12.40	1	1			590	590
莱　西	557	100	12.20	4.30	12.20	1	1			280	280
淄　博	2337	714	50.02	40.75	50.02	1			1	1200	
枣　庄	923	80	45.90	12.50	30.80	1	1			30	30
滕　州	296	108	13.00	3.31	11.92						
东　营	2048	495	20.46	18.21	20.46	2	2			70	70
烟　台	1588	511	38.99	38.99	38.99	1	1			1000	1000
龙　口	504	267	8.08	8.08	8.08	1	1			500	500
莱　阳	133	41	8.40	8.40	8.40	1	1			540	540
莱　州	210	63	9.04	9.04	9.04	1	1			330	330
蓬　莱	324	131	6.10	6.10	6.10	1	1			220	220
招　远	291	110	6.12	6.12	6.12						
栖　霞	150		5.81	5.81	5.81						
海　阳	165	45	7.00	3.00	7.00	1	1			200	200
潍　坊	2454	1226	27.79	27.79	24.90	1	1			700	700
青　州	472	90	14.25	9.00	13.51	1	1			370	370
诸　城	400	40	14.20	14.20	14.20						
寿　光	1034	95	13.10	11.40	11.40	1	1				
安　丘	296		7.91	7.91	7.91						
高　密	427	80	8.40	8.40	8.40						
昌　邑	260	63	4.90	4.90	4.90	1	1			200	200
济　宁	837	433	25.95	22.75	25.95	1				600	
曲　阜	150	30	10.50	4.30	10.50						
兖　州	517	165	11.88	11.88	11.48						
邹　城	278	73	15.40	15.40	15.30	1	1			400	400
泰　安	1301	100	26.70	26.00	26.70	1	1			750	750

Domestic Garbage (吨/日)		无害化处理量（万吨）				粪便 Excrement and Urine		公厕数		市容环卫专用车辆设备总数（台） Number of Motor Vehicles Designated for Municipal Environmental Sanitation (unit)	城市名称 Name of Cities
堆肥 Compost	焚烧 Incineration	Quantity of Harmless Treated Garbage (10,000 tons)	卫生填埋 Sanitary Landfill	堆肥 Compost	焚烧 Incineration	清运量（万吨） Quantity of Excrement and Urine Transported (10,000 tons)	处理量（万吨） Quantity of Harmless Treated Excrement and Urine (10,000 tons)	（座） Number of Latrines (unit)	三类以上 Third Type and over		
	2700	**762.72**	**662.94**		**67.08**	**119.84**	**101.46**	**5398**	**3498**	**4638**	**山　东**
		80.30	80.30			19.67	10.50	509	361	422	济　南
		6.90	6.90			7.01	7.01	136	131	41	章　丘
		127.83	127.83			8.36	11.05	411	411	371	青　岛
		11.80	11.80			1.30	1.30	95	95	39	胶　州
		14.40	14.40			1.70	1.70	47	47	117	即　墨
		13.01	13.01			0.90	0.90	61	61	123	平　度
		12.40	12.40			1.00	1.00	107	107	40	胶　南
		12.20	12.20			0.50		21	16	40	莱　西
	1200	49.08			49.08	6.37	2.11	403	363	260	淄　博
		9.36	9.36			2.74	2.30	291	102	94	枣　庄
						2.30		250	10	59	滕　州
		20.46	20.46			0.31	0.31	173	105	174	东　营
		38.99	38.99			1.52	1.52	142	95	245	烟　台
		8.08	8.08			1.77		41	41	61	龙　口
		8.40	8.40			1.90	1.90	56	56	37	莱　阳
		9.04	9.04					42	42	27	莱　州
		6.10	6.10			0.54	0.54	35	35	45	蓬　莱
						0.24		52	52	74	招　远
						0.52	0.52	12	12	10	栖　霞
		7.00	7.00			1.40	1.50	11	10	29	海　阳
		24.90	24.90			0.38		150	150	193	潍　坊
		13.51	13.51			1.00	1.00	45	17	23	青　州
						10.90	10.90	72	72	17	诸　城
		11.40	11.40			0.17		66	46	82	寿　光
						3.20	3.20	16	16	14	安　丘
						1.80	1.80	24	24	19	高　密
		4.90	4.90			1.00		18	17	24	昌　邑
		21.90						112	77	124	济　宁
						0.06		22	6	30	曲　阜
						0.40	0.40	42		30	兖　州
		15.30	15.30			0.02		31	31	66	邹　城
		26.70	26.70			1.46	1.46	129		70	泰　安

城市名称 Name of Cities	道路清扫保洁面积（万平方米）Surface Area of Roads Cleaned and Maintained (10,000m²)	机械化 Mechanization	生活垃圾 清运量（万吨）Quantity of Collected and Transported (10,000 tons)	密闭车（箱）清运量 Quantity of Garbage Transported	生活垃圾处理量（万吨）Quantity of Garbage Treatment (10,000 tons)	无害化处理厂（场）数（座）Number of Harmless Treatment Plants/Grounds (unit)	卫生填埋 Sanitary Landfill	堆肥 Compost	焚烧 Incineration	无害化处理能力 Harmless Treatment Capacity (ton/day)	卫生填埋 Sanitary Landfill
新泰	762	45	15.50	15.50	15.50	1	1			450	450
肥城	370	98	7.00	2.40	6.50	1	1			210	210
威海	1022	339	23.70	23.70	23.70	1	1			850	850
文登	340	75	8.86	8.38	8.86	1	1			280	280
荣成	467	150	10.30	10.30	10.30	2	2			280	280
乳山	310	50	6.99	6.99	6.99	1	1			300	300
日照	1070	300	19.27	19.27	19.27	1	1			500	500
莱芜	1203	385	16.30	16.00	16.30	1	1			516	516
临沂	1955	376	38.47	33.82	38.47	2	1		1	1900	900
德州	722	288	23.40	21.00	21.90	1	1			800	800
乐陵	35	32	6.57	6.57	8.07						
禹城	34	10	6.18		6.18						
聊城	520	109	19.90	19.90	18.00	1	1			595	595
临清	460	120	15.90		14.10						
滨州	811	177	13.52	2.30	10.80	1				500	
菏泽	1340	140	21.00	5.00	17.00	1			1	500	
河南	**19239**	**2536**	**737.46**	**527.97**	**496.03**	**31**	**26**	**2**	**2**	**16458**	**14304**
郑州	2790	563	124.77	104.30	107.22	2	1		1	3450	2400
巩义	2207	30	7.63			1	1			350	350
荥阳	260	53	5.20	5.20	4.80	1	1			202	202
新密	249		7.00		6.00						
新郑	180	39	5.20	5.00	5.20	1	1			150	150
登封	338	2	8.00		7.60	1	1			200	200
开封	909	71	44.74	44.74	29.20						
洛阳	1319	278	48.80	44.50	44.00	2	2			2232	2232
偃师	140		8.52	5.52	8.52	1	1			290	290
平顶山	472	22	25.00	25.00	25.00						
舞钢	116	5	5.00	4.00							
汝州	160		8.10	8.00	0.66	1				220	
安阳	623	127	29.12	29.12	27.38	1	1			700	700
林州	446		46.00	10.00							
鹤壁	554	8	15.00	14.00	10.50	1	1			530	530

Domestic Garbage						粪便 Excrement and Urine		公厕数		市容环卫专用车辆设备总数（台）	
（吨/日）		无害化处理量（万吨）									
堆肥 Compost	焚烧 Incineration	Quantity of Harmless Treated Garbage (10,000 tons)	卫生填埋 Sanitary Landfill	堆肥 Compost	焚烧 Incineration	清运量（万吨） Quantity of Excrement and Urine Transported (10,000 tons)	处理量（万吨） Quantity of Harmless Treated Excrement and Urine (10,000 tons)	（座） Number of Latrines (unit)	三类以上 Third Type and over	Number of Motor Vehicles Designated for Municipal Environmental Sanitation (unit)	城市名称 Name of Cities
		15.50	15.50					49	49	45	新泰
		6.50	6.50			0.40	0.40	14	6	23	肥城
		23.70	23.70			6.50	6.50	101	101	165	威海
		8.86	8.86			0.60		44	44	38	文登
		10.30	10.30			0.50		40	40	35	荣成
		6.99	6.99			0.50	0.50	47	47	23	乳山
		18.25	18.25			0.60		102	102	85	日照
		14.70	14.70			0.65	0.65	125	125	136	莱芜
	1000	36.26	35.26		1.00	3.90	3.90	174	151	214	临沂
		21.90	21.90			16.00	16.00	389		180	德州
						2.00	2.00			23	乐陵
						1.20	1.58	8	8	23	禹城
		18.00	18.00			3.00	3.90	152	70	61	聊城
						1.80	1.80	360	12	487	临清
		10.80				0.44		51	23	35	滨州
	500	17.00			17.00	1.31	1.31	120	112	62	菏泽
784	**1150**	**404.86**	**337.78**	**35.60**	**30.82**	**87.38**	**39.81**	**5681**	**3071**	**2625**	**河南**
	1050	107.22	80.00		27.22	2.80		920		315	郑州
						0.02		28	28	21	巩义
		4.80	4.80			0.50	0.50	43	43	13	荥阳
								45		19	新密
		5.20	5.20			5.00		40	30	25	新郑
		7.60	7.60					35	34	15	登封
						5.50	5.50	420	136	113	开封
		44.00	44.00			0.66	0.66	515	155	266	洛阳
		8.52	8.52					34		8	偃师
						3.50	25.00	89	89	81	平顶山
						0.50		67	36	41	舞钢
		0.66						30	24	27	汝州
		27.38	27.38			0.57	0.57	383	383	216	安阳
						4.00		36		38	林州
		10.50	10.50			2.00		63	55	53	鹤壁

城市名称 Name of Cities	道路清扫保洁面积（万平方米） Surface Area of Roads Cleaned and Maintained ($10,000m^2$)	机械化 Mechanization	清运量（万吨） Quantity of Collected and Transported (10,000 tons)	密闭车（箱）清运量 Quantity of Garbage Transported	生活垃圾处理量（万吨） Quantity of Garbage Treatment (10,000 tons)	生活垃圾 无害化处理厂（场）数（座） Number of Harmless Treatment Plants/Grounds (unit)	卫生填埋 Sanitary Landfill	堆肥 Compost	焚烧 Incineration	无害化处理能力 Harmless Treatment Capacity (ton/day)	卫生填埋 Sanitary Landfill
新乡	810	115	29.02	29.02	29.02	1	1			865	865
卫辉	147		8.50								
辉县	105		7.70								
焦作	747	280	26.68	26.68	26.68	3	1	1	1	1640	970
沁阳	118	3	9.10		0.05	1	1				
孟州	198	15	6.20	6.20	6.20						
濮阳	548	38	22.00	13.00		1	1			500	500
许昌	400	94	20.10	18.06	16.51	1		1		214	
禹州	520	130	18.00	16.70		1	1			240	240
长葛	185	55	9.12	9.12	9.12						
漯河	488	160	22.00	22.00	22.00	1	1			840	840
三门峡	150		8.00	8.00	7.00	1	1			360	360
义马	242		7.00	7.00							
灵宝	153		6.30	6.00	6.30	1	1			220	220
南阳	958	36	32.59	14.84	24.70	1	1			745	745
邓州	236	15	12.00								
商丘	496	147	27.00		21.90	1	1			600	600
永城	260	50	9.00			1	1			340	340
信阳	237		14.49	14.49	14.49	1	1				
周口	460		15.00	10.00		1	1			400	400
项城	228	35	12.10		12.10	1	1			290	290
驻马店	459	80	18.20	18.20	14.60	1	1			570	570
济源	331	85	9.28	9.28	9.28	1	1			310	310
湖北	**14141**	**2479**	**673.24**	**461.12**	**601.61**	**15**	**14**			**7746**	**7346**
武汉	5414	1360	215.34	215.34	171.54	2	2			3190	3190
黄石	487	195	28.90	28.80	28.90	1	1			654	654
大冶	185		11.10		7.30						
十堰	512	18	21.89	14.68	21.00	1	1			500	500
丹江口	90		7.10								
宜昌	708	93	28.17	28.17	25.32	3	3			602	602
宜都	118		7.50	7.50	6.10						
当阳	176	10	8.00	8.00	7.00						

Domestic Garbage (吨/日)		无害化处理量（万吨）				粪便 Excrement and Urine		公厕数		市容环卫专用车辆设备总数（台） Number of Motor Vehicles Designated for Municipal Environmental Sanitation (unit)	城市名称 Name of Cities
堆肥 Compost	焚烧 Incineration	Quantity of Harmless Treated Garbage (10,000 tons)	卫生填埋 Sanitary Landfill	堆肥 Compost	焚烧 Incineration	清运量（万吨） Quantity of Excrement and Urine Transported (10,000 tons)	处理量（万吨） Quantity of Harmless Treated Excrement and Urine (10,000 tons)	（座） Number of Latrines (unit)	三类以上 Third Type and over		
		29.02	29.02			12.00	1.20	307	307	125	新乡
						0.50		178	11	30	卫辉
						4.85		46	46	23	辉县
570	100	22.69		19.09	3.60			216	216	132	焦作
		0.05	0.05					27		23	沁阳
								10		6	孟州
								122		172	濮阳
214		16.51		16.51		0.89	2.00	139	138	71	许昌
								30		90	禹州
								14	9	37	长葛
		22.00	22.00			4.05	4.03	245	236	68	漯河
		7.00	7.00			0.50		54	48	45	三门峡
								28	28	26	义马
		6.30	6.30			8.00		32	32	6	灵宝
		24.70	24.70			9.00		415	275	185	南阳
						6.00		70	35	20	邓州
		21.90	21.90			14.60		408	208	114	商丘
						0.11		78	51	30	永城
		14.49	14.49					39	39	28	信阳
								95	89	25	周口
		0.44	0.44			0.20		48	44	28	项城
		14.60	14.60			1.28		240	154	47	驻马店
		9.28	9.28			0.35	0.35	92	92	34	济源
		281.96	**268.97**			**81.53**	**1.84**	**4094**	**3011**	**2720**	**湖北**
		116.40	116.40			64.80		852	768	1277	武汉
		23.86	23.86			0.60		274	244	102	黄石
								24		16	大冶
		21.00	21.00			0.06	0.10	49	49	66	十堰
						1.00		50	50	9	丹江口
		25.32	25.32			0.14		149	149	160	宜昌
						1.20		44	44	22	宜都
								52		28	当阳

14-3 续13

城市名称 Name of Cities	道路清扫保洁面积（万平方米）Surface Area of Roads Cleaned and Maintained (10,000m²)	机械化 Mechanization	清运量（万吨）Quantity of Collected and Transported (10,000 tons)	密闭车（箱）清运量 Quantity of Garbage Transported	生活垃圾处理量（万吨）Quantity of Garbage Treatment (10,000 tons)	生活垃圾 无害化处理厂（场）数（座）Number of Harmless Treatment Plants/Grounds (unit)	卫生填埋 Sanitary Landfill	堆肥 Compost	焚烧 Incineration	无害化处理能力 Harmless Treatment Capacity (ton/day)	卫生填埋 Sanitary Landfill
枝江	113	39	6.40	6.40	5.90						
襄樊	764	49	26.00	26.00	26.00	1	1			630	630
老河口	138	87	8.02	8.02	8.02	1	1			120	120
枣阳	298		9.56	9.56	9.56						
宜城	150	20	7.00	5.00	6.57						
鄂州	355	85	14.18	10.00	14.00						
荆门	318	52	18.40	17.21	18.30	1	1			500	500
钟祥	157		10.90	4.60	10.90	1	1			300	300
孝感	280	33	8.70	8.20	8.60	1	1			350	350
应城	98	42	4.30	3.50	4.00						
安陆	75		7.20	6.50	6.60						
汉川	73		9.10	7.00	8.60						
荆州	576		29.19	3.07	29.19						
石首	138		13.90		13.90						
洪湖	321	30	18.00		18.00						
松滋	104		7.31		7.31						
黄冈	282	110	13.90	12.50	12.70						
麻城	125	61	8.90	2.50	8.34						
武穴	156		8.00	4.80	7.80						
咸宁	320	1	24.00	14.00	24.00						
赤壁	240		17.90		17.90						
随州	176		12.00	0.75	11.70						
广水	176		6.40		5.70						
恩施	130	80	6.92	6.92	6.80	1	1			200	200
利川	93	36	5.00								
仙桃	345	78	18.56	2.10	18.56	1				400	
潜江	367		15.00		15.00	1	1			300	300
天门	83		10.50		10.50						
湖南	**10052**	**4740**	**511.17**	**377.86**	**511.17**	**14**	**14**			**8650**	**8650**
长沙	3033	3032	85.00	85.00	85.00	1	1			2000	2000
浏阳	160	40	10.00	10.00	10.00						
株洲	689	325	26.10	15.00	26.10	1	1			800	800

Domestic Garbage (吨/日) 堆肥 Compost	焚烧 Incineration	无害化处理量（万吨） Quantity of Harmless Treated Garbage (10,000 tons)	卫生填埋 Sanitary Landfill	堆肥 Compost	焚烧 Incineration	粪便 Excrement and Urine 清运量（万吨） Quantity of Excrement and Urine Transported (10,000 tons)	处理量（万吨） Quantity of Harmless Treated Excrement and Urine (10,000 tons)	公厕数（座） Number of Latrines (unit)	三类以上 Third Type and over	市容环卫专用车辆设备总数（台） Number of Motor Vehicles Designated for Municipal Environmental Sanitation (unit)	城市名称 Name of Cities
						0.80		34		13	枝　江
		26.00	26.00			1.00	1.00	174	174	44	襄　樊
		8.02	8.02			0.70	0.71	98	5	12	老河口
								30	30	17	枣　阳
								24	24	10	宜　城
								206	96	91	鄂　州
		18.30	18.30					120	120	35	荆　门
		10.90	10.90					30	30	46	钟　祥
		8.60	8.60					71	71	23	孝　感
								45	45	9	应　城
								45	45	21	安　陆
								60	44	28	汉　川
						1.10		274	195	67	荆　州
						1.00		50	33	16	石　首
						4.00		177	177	63	洪　湖
								20		15	松　滋
								85	78	72	黄　冈
						0.70		77	77	43	麻　城
						0.50		77		40	武　穴
								45	5	35	咸　宁
								7		20	赤　壁
						0.75		138	29	46	随　州
						2.80		127	19	27	广　水
		6.80	6.80			0.03	0.03	50	18	52	恩　施
								18	18	23	利　川
		12.99						266	266	85	仙　桃
		3.77	3.77			0.35		139	108	75	潜　江
								113		12	天　门
		269.73	**269.73**			**38.30**	**0.02**	**2714**	**1754**	**1486**	**湖　南**
		85.00	85.00					545	465	308	长　沙
								45	15	12	浏　阳
		26.10	26.10			28.50		263	84	108	株　洲

14-3 续14

城市名称 Name of Cities	道路清扫保洁面积（万平方米）Surface Area of Roads Cleaned and Maintained ($10,000m^2$)	机械化 Mechanization	生活垃圾 清运量（万吨）Quantity of Collected and Transported (10,000 tons)	密闭车（箱）清运量 Quantity of Garbage Transported	生活垃圾处理量（万吨）Quantity of Garbage Treatment (10,000 tons)	无害化处理厂（场）数（座）Number of Harmless Treatment Plants/Grounds (unit)	卫生填埋 Sanitary Landfill	堆肥 Compost	焚烧 Incineration	无害化处理能力 Harmless Treatment Capacity (ton/day)	卫生填埋 Sanitary Landfill
醴　　陵	125	53	17.10	3.25	17.10						
湘　　潭	365	75	36.04	24.46	36.04	1	1			600	600
湘　　乡	51		8.00		8.00						
韶　　山	40		4.80	4.50	4.80	1	1			200	200
衡　　阳	447		36.00	36.00	36.00	1	1			630	630
耒　　阳	160		17.20	12.20	17.20						
常　　宁	120		9.30	7.90	9.30						
邵　　阳	420	40	25.00	16.40	25.00						
武　　冈	120	60	10.00	8.00	10.00						
岳　　阳	655	290	21.25	21.25	21.25	1	1			600	600
汨　　罗	151		13.20	7.50	13.20						
临　　湘	99		9.30	7.40	9.30						
常　　德	856	115	19.80	19.80	19.80	1	1			500	500
津　　市	108	54	13.59		13.59						
张 家 界	153	23	15.00	2.00	15.00	1	1			360	360
益　　阳	317	152	13.80	13.80	13.80	1	1			400	400
沅　　江	80	42	8.00	8.00	8.00						
郴　　州	224	120	15.06	15.06	15.06	1	1			500	500
资　　兴	147		8.60	6.00	8.60						
永　　州	623	52	20.36	9.58	20.36	1	1			860	860
怀　　化	290		19.19	19.19	19.19	1	1			500	500
洪　　江	40		4.40		4.40						
娄　　底	305	126	15.07	15.07	15.07	1	1			400	400
冷 水 江	76	28	8.40	5.00	8.40						
涟　　源	43	20	8.31	5.50	8.31						
吉　　首	155	93	13.30		13.30	1	1			300	300
广　　东	**48069**	**13885**	**1833.77**	**1539.12**	**1386.34**	**33**	**17**		**15**	**31039**	**18431**
广　　州	8862	2776	340.00	340.00	334.95	2	1		1	7640	6600
增　　城	329		9.13	9.13	9.13						
从　　化	286	80	8.18	8.18	8.18						
韶　　关	498	80	20.78	19.00	20.78	1	1			500	500
乐　　昌	78		4.43	2.88	4.43						

Domestic Garbage (吨/日)		无害化处理量（万吨）				粪便 Excrement and Urine		公厕数		市容环卫专用车辆设备总数（台） Number of Motor Vehicles Designated for Municipal Environmental Sanitation (unit)	城市名称 Name of Cities
堆肥 Compost	焚烧 Incineration	Quantity of Harmless Treated Garbage (10,000 tons)	卫生填埋 Sanitary Landfill	堆肥 Compost	焚烧 Incineration	清运量（万吨） Quantity of Excrement and Urine Transported (10,000 tons)	处理量（万吨） Quantity of Harmless Treated Excrement and Urine (10,000 tons)	（座） Number of Latrines (unit)	三类以上 Third Type and over		
						0.50		27	12	21	醴陵
		36.04	36.04			0.68		172	168	43	湘潭
								25	25	17	湘乡
		0.80	0.80					23	19	13	韶山
		36.00	36.00					267		74	衡阳
								25		40	耒阳
								5		20	常宁
						3.10		138	138	54	邵阳
						0.10		45	35	23	武冈
		21.25	21.25					152	64	104	岳阳
								22	19	17	汨罗
								10	10	13	临湘
		19.80	19.80					166	142	90	常德
						0.40		61	24	7	津市
								28		45	张家界
		13.80	13.80					135	135	70	益阳
								27	18	14	沅江
		15.06	15.06			0.02	0.02	37	37	62	郴州
								17	17	17	资兴
		4.60	4.60					176	97	122	永州
		5.09	5.09					103	103	43	怀化
								6		1	洪江
		2.59	2.59					85	83	68	娄底
								44	40	25	冷水江
								10	4	15	涟源
		3.60	3.60			5.00		55		35	吉首
	11508	**1155.79**	**735.60**		**389.64**	**267.45**	**36.66**	**7345**	**6526**	**8255**	**广东**
	1040	280.00	243.00		37.00	29.72	22.40	1006	1006	1606	广州
								25	25	20	增城
						0.43		26	26	21	从化
		16.40	16.40			1.80		169	169	79	韶关
						0.05		10	10	16	乐昌

14-3 续 15

城市名称 Name of Cities	道路清扫保洁面积（万平方米） Surface Area of Roads Cleaned and Maintained (10,000m²)	机械化 Mechanization	生活垃圾 清运量（万吨） Quantity of Collected and Transported (10,000 tons)	密闭车（箱）清运量 Quantity of Garbage Transported	生活垃圾处理量（万吨） Quantity of Garbage Treatment (10,000 tons)	无害化处理厂（场）数（座） Number of Harmless Treatment Plants/Grounds (unit)	卫生填埋 Sanitary Landfill	堆肥 Compost	焚烧 Incineration	无害化处理能力 Harmless Treatment Capacity (ton/day)	卫生填埋 Sanitary Landfill
南 雄	73		3.14	3.14	3.13						
深 圳	6605	2206	407.00	407.00	382.80	9	2		7	9200	4100
珠 海	2191	678	62.50	50.60	45.34	2	1		1	1600	1000
汕 头	1215	26	72.50	58.98	50.58	2	2			1250	1250
佛 山	2194	570	72.93	72.93	72.04	4	2		2	3000	2000
江 门	915	356	35.21	31.47	35.21	1	1			260	260
台 山	374	25	7.88	7.88	7.88						
开 平	580	130	10.50	0.37	10.50						
鹤 山	171	17	8.20	8.20	8.20						
恩 平	125		12.90		12.90						
湛 江	880	196	23.45	21.11	19.92	1	1			600	600
廉 江	167	25	7.40	5.80							
雷 州	830		9.92	9.92							
吴 川	170		5.43	2.93							
茂 名	429	60	17.41	12.62	16.60						
高 州	150		4.85		4.80						
化 州	180		5.25	4.50	5.25						
信 宜	120	20	5.01		5.00						
肇 庆	720	141	14.64	12.73	13.98						
高 要	80		5.85	5.85	4.10						
四 会	405	30	10.00	8.00	8.50						
惠 州	1579	387	40.62	36.97	36.97	2	1		1	850	250
梅 州	365		16.00	16.00	16.00						
兴 宁	104		7.00								
汕 尾	220		8.02	0.50							
陆 丰	100		7.19								
河 源	217	62	12.30	1.04	12.30						
阳 江	198	69	9.33	2.48	6.83	1	1			325	325
阳 春	139	50	7.10	4.00	7.10						
清 远	559	260	13.30	7.91	10.06	1	1				
英 德	172		5.15		4.95						
连 州	128		4.70		4.70						
东 莞	13601	5237	395.46	297.76	115.65	3			3	3168	

Domestic Garbage (吨/日)		无害化处理量（万吨）				粪便 Excrement and Urine		公厕数		市容环卫专用车辆设备总数（台）	
堆肥 Compost	焚烧 Incineration	Quantity of Harmless Treated Garbage (10,000 tons)	卫生填埋 Sanitary Landfill	堆肥 Compost	焚烧 Incineration	清运量（万吨） Quantity of Excrement and Urine Transported (10,000 tons)	处理量（万吨） Quantity of Harmless Treated Excrement and Urine (10,000 tons)	（座） Number of Latrines (unit)	三类以上 Third Type and over	Number of Motor Vehicles Designated for Municipal Environmental Sanitation (unit)	城市名称 Name of Cities
								13	13	9	南雄
	5100	382.80	206.40		176.40			1420	1420	1429	深圳
	600	45.34	22.84		22.50	0.03		105	100	257	珠海
		45.10	45.10			3.40	0.12	158	158	353	汕头
	1000	72.04	59.68		12.36	3.68	0.89	288	264	717	佛山
		23.98	23.98			1.34	1.34	347	98	294	江门
						0.93	0.93	33		32	台山
								32	32	36	开平
						0.42	0.42	12	12	31	鹤山
								10	10	13	恩平
		19.92	19.92			1.85		256	256	121	湛江
						0.21		19	19	22	廉江
								11		11	雷州
						0.83		42	10	24	吴川
								59	59	79	茂名
						0.13	0.13	42	27	19	高州
						0.96	0.96	18	18	17	化州
						0.70		34	30	36	信宜
		11.08	11.08			1.54		227	219	82	肇庆
		4.10	4.10			1.00		5	5	3	高要
							1.20	28		23	四会
	600	36.97	11.24		25.73	1.14	0.88	114	109	144	惠州
						0.43		42	42	33	梅州
								16		25	兴宁
								14	14	13	汕尾
						3.16		9		120	陆丰
						0.78	0.78	93	93	34	河源
		6.83	6.83			0.14		39	39	42	阳江
								18	18	27	阳春
		10.06	10.06					24	24	29	清远
						0.01	0.16	10		11	英德
						0.70	0.15	25	25	10	连州
	3168	115.65			115.65	56.79	6.30	2157	1841	1841	东莞

14-3 续 16

城市名称 Name of Cities	道路清扫保洁面积（万平方米）Surface Area of Roads Cleaned and Maintained (10,000m²)	机械化 Mechanization	清运量（万吨）Quantity of Collected and Transported (10,000 tons)	密闭车（箱）清运量 Quantity of Garbage Transported	生活垃圾处理量（万吨）Quantity of Garbage Treatment (10,000 tons)	无害化处理厂（场）数（座）Number of Harmless Treatment Plants/Grounds (unit)				生活垃圾无害化处理能力 Harmless Treatment Capacity (ton/day)	
							卫生填埋 Sanitary Landfill	堆肥 Compost	焚烧 Incineration		卫生填埋 Sanitary Landfill
中　山	906	305	32.30	32.30	30.55	1				1100	
潮　州	380	99	25.83	8.74	25.83	1	1			750	750
揭　阳	206		33.10	26.30	27.01	1	1			650	650
普　宁	175		14.80	1.90							
云　浮	213		5.08		4.19	1	1			146	146
罗　定	180		12.00								
广　西	**9187**	**1831**	**246.43**	**182.73**	**192.64**	**13**	**9**	**2**	**2**	**5361**	**4261**
南　宁	2429	439	49.25	49.25	49.25	2	1	1		1481	1281
柳　州	2027	512	30.77	28.01	30.77	1	1			600	600
桂　林	1254	409	21.88	21.88	21.88	2	1	1		900	500
梧　州	324	48	14.90	6.00	13.40						
岑　溪	98		3.60	2.52							
北　海	464	105	14.80	13.30	14.80	1	1			400	400
防城港	306		9.53	7.80	3.30	1	1			150	150
东　兴	112	40	6.70	5.20	5.70						
钦　州	454	46	15.70	4.78	12.36	1	1			300	300
贵　港	252		14.83	14.59	14.60	1	1			400	400
桂　平	80		6.16								
玉　林	391	120	13.00	13.00	13.00	1			1	350	
北　流	168		5.50	5.50	5.50	1			1	150	
百　色	114	23	7.20	2.00	7.20	1	1			230	230
贺　州	214	49	5.29	4.50							
河　池	101	40	5.40	0.40	0.88	1	1			400	400
宜　州	78		5.90	4.00							
来　宾	145		6.19								
合　山	32		1.10								
崇　左	104		6.58								
凭　祥	40		2.15								
海　南	**2746**	**56**	**87.81**	**23.95**	**79.01**	**4**	**3**		**1**	**1750**	**1650**
海　口	1683	56	35.60		29.60	1	1			1100	1100
三　亚	47		16.20	16.20	14.40	1	1			400	400
五指山	35		2.50		2.37						

Domestic Garbage (吨/日)		无害化处理量（万吨）				粪便 Excrement and Urine		公厕数		市容环卫专用车辆设备总数（台）Number of Motor Vehicles Designated for Municipal Environmental Sanitation (unit)	城市名称 Name of Cities
堆肥 Compost	焚烧 Incineration	Quantity of Harmless Treated Garbage (10,000 tons)	卫生填埋 Sanitary Landfill	堆肥 Compost	焚烧 Incineration	清运量（万吨）Quantity of Excrement and Urine Transported (10,000 tons)	处理量（万吨）Quantity of Harmless Treated Excrement and Urine (10,000 tons)	（座）Number of Latrines (unit)	三类以上 Third Type and over		
		30.55				19.70		120	120	385	中山
		25.83	25.83					176	176	102	潮州
		27.01	27.01			1.48		30		28	揭阳
						1.10		15		15	普宁
		2.13	2.13					19	14	6	云浮
						133.00		29	25	25	罗定
600	**500**	**168.50**	**140.20**	**9.80**	**18.50**	**22.03**	**4.38**	**1699**	**1047**	**1232**	**广西**
200		49.25	46.78	2.47		2.29	0.09	661	164	348	南宁
		30.77	30.77			3.65	3.65	255	249	199	柳州
400		21.88	14.55	7.33				288	288	235	桂林
						0.96		53	31	28	梧州
								6	6	11	岑溪
		14.80	14.80			0.50		79	79	51	北海
		3.30	3.30			1.20		17	17	26	防城港
						1.10		17	3	11	东兴
		12.36	12.36			0.71	0.64	56	15	23	钦州
		14.60	14.60			0.12		16	16	43	贵港
								23		37	桂平
	350	13.00			13.00	2.50		42	42	55	玉林
	150	5.50			5.50	1.00		24	24	7	北流
		2.16	2.16			1.00		66	66	11	百色
								31	15	27	贺州
		0.88	0.88					19	8	26	河池
								7	7	15	宜州
						7.00		16		26	来宾
								12	12	10	合山
								6	5	14	崇左
								5		19	凭祥
	100	**54.50**	**50.00**		**4.50**	**6.97**	**6.00**	**335**	**136**	**338**	**海南**
		29.60	29.60			6.00	6.00	168		192	海口
		14.40	14.40			0.10		57	57	51	三亚
								6	3	5	五指山

14-3 续 17

城市名称 Name of Cities	道路清扫保洁面积（万平方米）Surface Area of Roads Cleaned and Maintained (10,000m²)	机械化 Mechanization	清运量（万吨）Quantity of Collected and Transported (10,000 tons)	密闭车（箱）清运量 Quantity of Garbage Transported	生活垃圾处理量（万吨）Quantity of Garbage Treatment (10,000 tons)	无害化处理厂（场）数（座）Number of Harmless Treatment Plants/Grounds (unit)	卫生填埋 Sanitary Landfill	堆肥 Compost	焚烧 Incineration	生活垃圾 无害化处理能力 Harmless Treatment Capacity (ton/day)	卫生填埋 Sanitary Landfill
琼海	307		4.50		4.50	1			1	100	
儋州	333		9.13		9.13						
文昌	168		4.38	0.95	4.01						
万宁	68		6.50	3.80	6.00	1	1			150	150
东方	105		9.00	3.00	9.00						
重庆	**5081**	**1426**	**200.52**	**141.17**	**175.54**	**10**	**9**		**1**	**5440**	**4440**
四川	**11453**	**4318**	**548.53**	**369.42**	**437.85**	**23**	**20**		**2**	**11270**	**10370**
成都	2807	1647	181.52	149.81	178.35	2	1		1	4800	4600
都江堰	231	53	11.12	10.22	10.22						
彭州	177		7.10	0.60	5.83						
邛崃	125	39	7.24	7.06	6.50	1	1			300	300
崇州	139	98	5.60	5.60	5.50	1			1		
自贡	528	47	16.11	1.14	11.62	1	1			400	400
攀枝花	457	131	22.58	22.58	21.13	3	3			680	680
泸州	533	126	22.85	18.25	22.70	1	1			500	500
德阳	373	180	12.01	9.50	6.90	1	1			310	310
广汉	185	28	11.82		5.50						
什邡	135	102	6.15	4.75	5.78						
绵竹	116	56	5.30	2.00	5.10						
绵阳	692	348	19.40	19.22	19.20	2	1			1230	530
江油	220	55	5.40	5.40	5.30						
广元	313	44	13.11	12.19	9.46	1	1			300	300
遂宁	488	40	17.00	5.00	13.80	1	1			400	400
内江	280	18	15.00		1.90						
乐山	429	160	14.00	13.77	11.75	1	1				
峨眉山	92	57	5.00	5.00							
南充	746	158	25.19	12.05	20.55	1	1			500	500
阆中	193	62	7.78	3.60	6.39	1	1			200	200
眉山	380	305	14.28	14.28	1.20						
宜宾	190	114	12.00	12.00	9.00	1	1			600	600
广安	263	10	7.27		5.87						
华蓥	171		5.60	5.60	2.50						

Domestic Garbage						粪便 Excrement and Urine		公厕数		市容环卫专用车辆设备总数（台）	城市名称
（吨/日）		无害化处理量（万吨）				清运量（万吨）	处理量（万吨）	（座）	三类以上		
堆肥 Compost	焚烧 Incineration	Quantity of Harmless Treated Garbage (10,000 tons)	卫生填埋 Sanitary Landfill	堆肥 Compost	焚烧 Incineration	Quantity of Excrement and Urine Transported (10,000 tons)	Quantity of Harmless Treated Excrement and Urine (10,000 tons)	Number of Latrines (unit)	Third Type and over	Number of Motor Vehicles Designated for Municipal Environmental Sanitation (unit)	Name of Cities
	100	4.50			4.50	0.10		9		11	琼海
								76	76	36	儋州
						0.77		9		21	文昌
		6.00	6.00					8		14	万宁
								2		8	东方
	1000	**165.09**	**111.03**		**54.06**	**63.87**	**14.60**	**2026**	**1325**	**1085**	**重庆**
	200	**383.52**	**361.82**		**11.70**	**27.18**	**18.17**	**3514**	**3005**	**2366**	**四川**
	200	174.35	168.15		6.20	4.96		1347	1329	1165	成都
						0.20		64	49	54	都江堰
								24	24	13	彭州
		6.50	6.50					26	26	19	邛崃
		5.50			5.50			56	56	14	崇州
		11.62	11.62			1.10		152	14	67	自贡
		21.13	21.13				0.01	80	80	113	攀枝花
		18.20	18.20			3.62		118	105	48	泸州
		6.90	6.90					95		47	德阳
						4.10		61	43	30	广汉
						0.20		25	25	35	什邡
						0.61		45	21	13	绵竹
		19.20	19.20			0.20	0.02	196	191	30	绵阳
						0.04	0.04	72	72	12	江油
		9.46	9.46			1.90		66	54	45	广元
		13.80	13.80			0.40		86	83	25	遂宁
						2.80		90	21	36	内江
		8.05	8.05			1.02		119	108	72	乐山
						0.38		29	29	26	峨眉山
		20.55	20.55			2.50		212	212	56	南充
		6.39	6.39			1.50		98	98	18	阆中
		1.20	1.20					78	78	60	眉山
		9.00	9.00				18.00			94	宜宾
		5.87	5.87					28	22	22	广安
								40	24	12	华蓥

14-3 续 18

城市名称 Name of Cities	道路清扫保洁面积（万平方米） Surface Area of Roads Cleaned and Maintained (10,000m²)	机械化 Mechanization	生活垃圾 清运量（万吨） Quantity of Collected and Transported (10,000 tons)	密闭车（箱）清运量 Quantity of Garbage Transported	生活垃圾处理量（万吨） Quantity of Garbage Treatment (10,000 tons)	无害化处理厂（场）数（座） Number of Harmless Treatment Plants/Grounds (unit)	卫生填埋 Sanitary Landfill	堆肥 Compost	焚烧 Incineration	无害化处理能力 Harmless Treatment Capacity (ton/day)	卫生填埋 Sanitary Landfill
达　州	219	175	13.00								
万　源	54	6	5.00								
雅　安	168	156	9.70	8.30	8.80	1	1			250	250
巴　中	164	15	16.80		12.00	1	1			300	300
资　阳	240	40	12.50	9.50	10.00	1	1			300	300
简　阳	100	40	9.10		4.00	1	1			200	200
西　昌	245	8	12.00	12.00	11.00	1	1				
贵　州	**2647**	**668**	**183.90**	**67.39**	**154.94**	**9**	**9**			**4755**	**4755**
贵　阳	1164	244	56.59	20.59	51.28	2	2			2330	2330
清　镇	56		4.20	4.20							
六盘水	264	84	18.00	10.00	18.00	1	1			500	500
遵　义	379	225	22.00		21.90	1	1			600	600
赤　水	31		5.00								
仁　怀	42		5.00		3.65	1	1			100	100
安　顺	210		14.60	10.00	14.60						
铜　仁	100	10	11.40	11.40	7.60	1	1			210	210
兴　义	54		8.70								
毕　节	75	25	10.00	9.00	9.50	1	1			425	425
凯　里	136	40	9.22	2.20	9.22	1	1			340	340
都　匀	96	40	9.70		9.70	1	1			250	250
福　泉	40		9.49		9.49						
云　南	**5349**	**926**	**256.58**	**206.97**	**220.86**	**13**	**12**	**1**		**8051**	**7648**
昆　明	2271	643	99.45	98.55	86.60	2	2			5450	5450
安　宁	162	25	5.11	4.57	4.50	1	1			161	161
曲　靖	329	85	15.40	15.40	15.23	1	1			470	470
宣　威	134		8.00	6.00	7.80	1	1			250	250
玉　溪	255	40	13.25	5.11	13.25	1		1		403	
保　山	252		27.74	23.74	17.00	1	1			120	120
昭　通	96	45	7.40	4.10	5.25						
丽　江	178		16.00	5.00	16.00						
普　洱	138	36	4.38	4.38							
临　沧	72		5.80	5.80	5.00	1	1			150	150

Domestic Garbage						粪便 Excrement and Urine		公厕数		市容环卫专用车辆设备总数（台） Number of Motor Vehicles Designated for Municipal Environmental Sanitation (unit)	城市名称 Name of Cities
（吨/日）		无害化处理量（万吨）									
堆肥 Compost	焚烧 Incineration	Quantity of Harmless Treated Garbage (10,000 tons)	卫生填埋 Sanitary Landfill	堆肥 Compost	焚烧 Incineration	清运量（万吨） Quantity of Excrement and Urine Transported (10,000 tons)	处理量（万吨） Quantity of Harmless Treated Excrement and Urine (10,000 tons)	（座） Number of Latrines (unit)	三类以上 Third Type and over		
								31	6	54	达州
						0.50		47	29	11	万源
		8.80	8.80			0.20		45	45	26	雅安
		12.00	12.00					26	11	21	巴中
		10.00						27	27	24	资阳
		4.00	4.00			0.35	0.10	25	25	16	简阳
		11.00	11.00			0.60		106	98	38	西昌
		130.85	**130.85**			**16.57**	**4.00**	**1067**	**839**	**605**	**贵州**
		51.28	51.28			1.45		453	453	240	贵阳
								9	1	10	清镇
		18.00	18.00			1.62	1.50	62	7	112	六盘水
		21.90	21.90					302	302	107	遵义
								12	10	11	赤水
		3.65	3.65					18	14	21	仁怀
								72	37	17	安顺
		7.60	7.60			10.00		10		14	铜仁
								12		7	兴义
		9.50	9.50			1.00		29	15	30	毕节
		9.22	9.22					36		9	凯里
		9.70	9.70			2.50	2.50	32		20	都匀
								20		7	福泉
403		**206.36**	**193.11**	**13.25**		**45.08**	**44.38**	**901**	**614**	**1345**	**云南**
		86.60	86.60			30.95	34.30	170	113	822	昆明
		4.50	4.50			0.28	0.23	36	26	23	安宁
		15.23	15.23			1.80	1.80	59	54	96	曲靖
		7.80	7.80			2.50	2.30	16		14	宣威
403		13.25		13.25		1.50	1.50	37	37	39	玉溪
		17.00	17.00					38	33	49	保山
						0.10		34	31	35	昭通
		16.00	16.00			1.90		70	28	52	丽江
						0.10		57	57	11	普洱
		5.00	5.00			0.70	0.48	23	5	13	临沧

城市名称 Name of Cities	道路清扫保洁面积（万平方米） Surface Area of Roads Cleaned and Maintained (10,000m²)	机械化 Mechanization	生活垃圾 清运量（万吨） Quantity of Collected and Transported (10,000 tons)	密闭车（箱）清运量 Quantity of Garbage Transported	生活垃圾处理量（万吨） Quantity of Garbage Treatment (10,000 tons)	无害化处理厂（场）数 （座） Number of Harmless Treatment Plants/Grounds (unit)	卫生填埋 Sanitary Landfill	堆肥 Compost	焚烧 Incineration	无害化处理能力 Harmless Treatment Capacity (ton/day)	卫生填埋 Sanitary Landfill
楚　　雄	185		7.91		7.91	1	1			300	300
个　　旧	72	16	4.40	3.50	4.40	1	1			160	160
开　　远	210	36	5.75	4.40	5.75						
景　　洪	160		8.49		8.49	1	1				
大　　理	305		15.18	15.18	15.18	1	1			450	450
瑞　　丽	130		5.02	5.02	5.00	1	1			137	137
潞　　西	400		7.30	6.22	3.50						
西　　藏	**606**	**20**	**21.89**	**18.00**	**14.60**	**1**	**1**			**400**	**400**
拉　　萨	473	20	18.25	18.00	14.60	1	1			400	400
日 喀 则	133		3.64								
陕　　西	**7420**	**1706**	**333.64**	**266.79**	**237.12**	**6**	**5**		**1**	**5522**	**5022**
西　　安	3646	1038	147.33	132.92	119.67	2	1		1	3800	3300
铜　　川	255	83	14.90	6.64	14.70						
宝　　鸡	955	190	22.54	22.51	22.54	1	1			802	802
咸　　阳	702	196	30.60	30.60	5.50						
兴　　平	138		11.35								
渭　　南	189	42	14.58	14.58	14.58	1	1			500	500
韩　　城	116	19	8.50	8.50	8.50						
华　　阴	58		10.80		5.50						
延　　安	446	82	10.04	10.04	8.13	1	1			220	220
汉　　中	244	6	13.00	13.00	10.00						
榆　　林	470	50	19.00	9.00	18.00						
安　　康	129		21.00	9.00							
商　　洛	72		10.00	10.00	10.00	1	1			200	200
甘　　肃	**4314**	**428**	**259.92**	**164.72**	**243.40**	**8**	**8**			**1830**	**1830**
兰　　州	1036	6	110.60	106.90	108.90						
嘉 峪 关	342	70	7.16	1.20	7.16	1	1			220	220
金　　昌	380		10.22	9.71	9.71	1	1			280	280
白　　银	243	80	9.14	8.00	7.80	1	1				
天　　水	281	90	36.00		36.00						
武　　威	231		13.10		10.00						

Domestic Garbage						粪便 Excrement and Urine		公厕数		市容环卫专用车辆设备总数（台） Number of Motor Vehicles Designated for Municipal Environmental Sanitation (unit)	城市名称 Name of Cities
（吨/日）		无害化处理量（万吨）				清运量（万吨） Quantity of Excrement and Urine Transported (10,000 tons)	处理量（万吨） Quantity of Harmless Treated Excrement and Urine (10,000 tons)	（座） Number of Latrines (unit)	三类以上 Third Type and over		
堆肥 Compost	焚烧 Incineration	Quantity of Harmless Treated Garbage (10,000 tons)	卫生填埋 Sanitary Landfill	堆肥 Compost	焚烧 Incineration						
		7.91	7.91			0.81	0.81	57	5	38	楚雄
		4.40	4.40			1.20		49	41	34	个旧
						0.18	0.18	112	92	20	开远
		8.49	8.49					36	10	16	景洪
		15.18	15.18			2.62	2.62	70	61	43	大理
		5.00	5.00			0.04	0.04	13	13	14	瑞丽
						0.40	0.12	24	8	26	潞西
		14.60	**14.60**			**0.73**		**211**	**140**	**81**	**西藏**
		14.60	14.60			0.73		174	140	75	拉萨
								37		6	日喀则
	500	**174.92**	**173.32**		**1.60**	**25.84**	**8.82**	**2104**	**1589**	**1344**	**陕西**
	500	119.67	118.07		1.60	3.83	3.83	962	958	768	西安
						3.70		90	89	30	铜川
		22.54	22.54			1.30	1.30	178	158	108	宝鸡
								321	99	96	咸阳
								9	9	11	兴平
		14.58	14.58			0.18		30	30	27	渭南
								21	21	15	韩城
								58	44	12	华阴
		8.13	8.13			1.83		121	95	67	延安
							3.00	77	32	26	汉中
						15.00	0.69	171	38	79	榆林
								50		77	安康
		10.00	10.00					16	16	28	商洛
		68.40	**68.40**			**22.39**	**16.57**	**985**	**689**	**517**	**甘肃**
						7.17	7.17	270	209	215	兰州
		7.16	7.16			0.20	0.20	97	79	25	嘉峪关
		9.71	9.71			0.54		57	38	28	金昌
		7.80	7.80			0.13	8.50	50	45	36	白银
								48	29	27	天水
								96	70	48	武威

城市名称 Name of Cities	道路清扫保洁面积（万平方米） Surface Area of Roads Cleaned and Maintained (10,000m²)	机械化 Mechanization	清运量（万吨） Quantity of Collected and Transported (10,000 tons)	密闭车（箱）清运量 Quantity of Garbage Transported	生活垃圾处理量（万吨） Quantity of Garbage Treatment (10,000 tons)	无害化处理厂（场）数（座） Number of Harmless Treatment Plants/Grounds (unit)	卫生填埋 Sanitary Landfill	堆肥 Compost	焚烧 Incineration	生活垃圾 无害化处理能力 Harmless Treatment Capacity (ton/day)	卫生填埋 Sanitary Landfill
张　　掖	250		5.20	1.70	4.60	1	1			280	280
平　　凉	486	10	11.80	7.80	11.13	1	1			350	350
酒　　泉	330	150	12.20	12.20	11.80	1	1			500	500
玉　　门	240		3.60	3.60	3.40						
敦　　煌	110	22	5.80	5.80	5.10						
庆　　阳	139		9.10	4.50	8.20	1	1				
定　　西	85		8.00	0.01	6.00						
陇　　南	42		5.60		5.60						
临　　夏	68		8.90	2.00	8.00	1	1			200	200
合　　作	51		3.50	1.30							
青　　海	**1573**	**248**	**64.71**	**56.94**	**64.40**	**4**	**4**			**400**	**400**
西　　宁	964	145	56.00	50.27	56.00	3	3				
格 尔 木	398	80	5.71	3.67	5.40	1	1			400	400
德 令 哈	211	23	3.00	3.00	3.00						
宁　　夏	**2848**	**378**	**109.98**	**71.33**	**64.94**	**5**	**5**			**1330**	**1330**
银　　川	1376	333	24.00	24.00	24.00	1	1			1000	1000
灵　　武	137		5.65		5.58	1	1				
石 嘴 山	326	25	42.03	17.53							
吴　　忠	269	20	12.70	12.70	12.56	1	1				
青 铜 峡	166		9.00	9.00	7.50	1	1				
固　　原	220		9.00	7.20	8.00	1	1			330	330
中　　卫	354		7.60	0.90	7.30						
新　　疆	**6133**	**1467**	**340.19**	**242.02**	**268.24**	**9**	**9**			**3238**	**3238**
乌鲁木齐	1592	491	141.60	117.01	80.52	1	1			2000	2000
克拉玛依	700	137	12.81	0.98	12.63	3	3			450	450
吐 鲁 番	120		10.70		10.70						
哈　　密	394	40	13.20	12.00	13.20						
昌　　吉	280	193	14.00	2.50	14.00	1	1			450	450
阜　　康	80	30	3.69	3.69	3.69						
博　　乐	120		9.10		8.66						
库 尔 勒	560	140	27.30	27.30	27.30	1	1				

Domestic Garbage						粪便 Excrement and Urine		公厕数		市容环卫专用车辆设备总数（台） Number of Motor Vehicles Designated for Municipal Environmental Sanitation (unit)	城市名称 Name of Cities
（吨/日）		无害化处理量（万吨）				清运量（万吨） Quantity of Excrement and Urine Transported (10,000 tons)	处理量（万吨） Quantity of Harmless Treated Excrement and Urine (10,000 tons)	（座） Number of Latrines (unit)	三类以上 Third Type and over		
堆肥 Compost	焚烧 Incineration	Quantity of Harmless Treated Garbage (10,000 tons)	卫生填埋 Sanitary Landfill	堆肥 Compost	焚烧 Incineration						
		4.60	4.60					61	35	15	张　掖
		11.13	11.13			7.00		62	46	12	平　凉
		11.80	11.80			0.20	0.20	35	21	16	酒　泉
						0.10	0.10	24	18	10	玉　门
						0.40	0.40	38	35	15	敦　煌
		8.20	8.20			1.00		53	36	24	庆　阳
						5.50		30	28	9	定　西
								36		18	陇　南
		8.00	8.00			0.05		19		14	临　夏
						0.10		9		5	合　作
		61.40	**61.40**			**1.75**		**490**	**156**	**238**	**青　海**
		56.00	56.00			1.75		435	142	202	西　宁
		5.40	5.40					27	14	22	格尔木
								28		14	德令哈
		57.64	**57.64**			**7.91**	**1.13**	**825**	**446**	**373**	**宁　夏**
		24.00	24.00			1.02		275	275	165	银　川
		5.58	5.58				0.13	23	15	18	灵　武
						4.98		373	38	67	石嘴山
		12.56	12.56			0.80		36	35	52	吴　忠
		7.50	7.50			0.96		64	51	24	青铜峡
		8.00	8.00			0.15	1.00	39	32	36	固　原
								15		11	中　卫
		95.79	**95.79**			**20.11**	**3.40**	**2458**	**1655**	**1222**	**新　疆**
		39.68	39.68			1.21		1157	841	515	乌鲁木齐
		9.61	9.61			0.50		181	112	111	克拉玛依
								29		15	吐鲁番
								63	4	73	哈　密
		14.00	14.00			14.70	0.70	150	134	47	昌　吉
								29	29	20	阜　康
								15		4	博　乐
		18.80	18.80					121	121	91	库尔勒

14-3 续21

城市名称 Name of Cities	道路清扫保洁面积（万平方米）Surface Area of Roads Cleaned and Maintained (10,000m²)	机械化 Mechanization	生活垃圾 清运量（万吨）Quantity of Collected and Transported (10,000 tons)	密闭车（箱）清运量 Quantity of Garbage Transported	生活垃圾处理量（万吨）Quantity of Garbage Treatment (10,000 tons)	无害化处理厂（场）数（座）Number of Harmless Treatment Plants/Grounds (unit)	卫生填埋 Sanitary Landfill	堆肥 Compost	焚烧 Incineration	无害化处理能力 Harmless Treatment Capacity (ton/day)	卫生填埋 Sanitary Landfill
阿克苏	486	43	10.30	10.30	10.30						
阿图什	56		3.00	3.00	3.00						
喀什	360	150	18.25	18.25	18.25						
和田	158		7.54	5.40	6.10	1	1				
伊宁	209	1	24.60	24.60	24.15						
奎屯	158		3.70	0.85	3.70	1	1			198	198
乌苏	95	40	7.40	5.00	6.30						
塔城	69	48	8.50	4.60	8.24						
阿勒泰	82	16	3.99	3.99	3.90	1	1			140	140
石河子	311	138	14.42	2.55	13.60						
阿拉尔	63		3.00								
图木舒克	58		0.19								
五家渠	182		2.90								

Domestic Garbage						粪便 Excrement and Urine		公厕数		市容环卫专用车辆设备总数（台）Number of Motor Vehicles Designated for Municipal Environmental Sanitation (unit)	城市名称 Name of Cities
（吨/日）		无害化处理量（万吨）				清运量（万吨）Quantity of Excrement and Urine Transported (10,000 tons)	处理量（万吨）Quantity of Harmless Treated Excrement and Urine (10,000 tons)	（座）Number of Latrines (unit)	三类以上 Third Type and over		
堆肥 Compost	焚烧 Incineration	Quantity of Harmless Treated Garbage (10,000 tons)	卫生填埋 Sanitary Landfill	堆肥 Compost	焚烧 Incineration						
								125	73	52	阿克苏
								13		9	阿图什
								86	86	48	喀什
		6.10	6.10					19	2	8	和田
						1.00		74	74	58	伊宁
		3.70	3.70					55	14		奎屯
						2.70	2.70	85	55	20	乌苏
								23	23	25	塔城
		3.90	3.90					57	14	39	阿勒泰
								91	72	60	石河子
								13		7	阿拉尔
								2	1	1	图木舒克
								70		19	五家渠

主要指标解释

道路清扫保洁面积

指报告期末对城市道路和公共场所（主要包括城市行车道、人行道、车行隧道、人行过街地下通道、道路附属绿地、地铁站、高架路、人行过街天桥、立交桥、广场、停车场及其他设施等）进行清扫保洁的面积。一天清扫保洁多次的，按清扫保洁面积最大的一次计算。

生活垃圾、粪便清运量

指报告期收集和运送到各生活垃圾、粪便处理场（厂）和生活垃圾、粪便最终消纳点的生活垃圾、粪便的数量。统计时仅计算从生活垃圾、粪便源头和从生活垃圾转运站直接送到处理场和最终消纳点的清运量，对于二次中转的清运量不做重复计算。

公共厕所

指供城市居民和流动人口使用，在道路两旁或公共场所等处设置的厕所。分为独立式、附属式和活动式三种类型。统计时只统计独立式和活动式，不统计附属式公厕。

独立式公共厕所按建筑类别应分为三类，活动式公共厕所按其结构特点和服务对象应分为组装厕所、单体厕所、汽车厕所、拖动厕所和无障碍厕所五种类别。

市容环卫专用车辆设备

指用于环境卫生作业、监察的专用车辆和设备，包括用于道路清扫、冲洗、洒水、除雪、垃圾粪便清运、市容监察以及与其配套使用的车辆和设备。如：垃圾车、扫路机（车）、洗路车、洒水车、真空吸粪车、除雪机、装载机、推土机、压实机、垃圾破碎机、垃圾筛选机、盐粉撒布机、吸泥渣车和专用船舶等。对于长期租赁的车辆及设备也统计在内。

Explanatory Notes on Main Indicators

Area of Roads Cleaned and Maintained

It refers to the area of urban roads and public places cleaned and maintained at the end of reported period, including drive lanes, sidewalks, drive tunnels, underpasses, roads attached to green space, metro stations, elevated roads, crossroads, overpasses, squares, parking areas and other facilities. Where a place is cleaned and maintained several times a day, only the time with maximum area cleaned is considered.

Quantity of Domestic Garbage and Soil Transferred

It refers to the total quantity of domestic garbage and soil collected and transferred to treatment grounds. Only quantity collected and transferred from domestic garbage and soil sources or from domestic garbage transfer stations to treatment grounds is calculated with exception of quantity of domestic garbage and soil transferred second time.

Latrines

They are used by urban residents and flowing population, including latrines placed at both sides of a road and public place. They usually consist of detached latrine movable latrine and attached latrine. Only detached latrines rather than latrines attached to public buildings are included in the statistics.

Detached latrine is classified into three types. Moveable latrine is classified into fabricated latrine, separated latrine, motor latrine, trail latrine and barrier-free latrine.

Specific Vehicles and Equipment for Urban Environment Sanitation

They refer to vehicles and equipment specifically for environment sanitation operation and supervision, including vehicles and equipment used to clean, flush and water the roads, remove snow, clean and transfer garbage and soil, environment sanitation monitoring, as well as other vehicles and equipment supplemented, such as garbage truck, road clearing truck, road washing truck, sprinkling car, vacuum soil absorbing car, snow remover, loading machine, bulldozer, compactor, garbage crusher, garbage screening machine, salt powder sprinkling machine and special shipping. Vehicles and equipment for long-term lease are also included in the statistics.